Excel 2019

Das Handbuch zur Software

von
Helmut Vonhoegen

Vierfarben

Liebe Leserin, lieber Leser,

arbeiten Sie regelmäßig mit Excel? Müssen Sie die Tabellenkalkulation sogar im beruflichen Kontext einsetzen? Gehören Sie zu den Excel-Anwendern, die mit dem Programm vertraut sind und die die Tricks und Kniffe kennen? Vielleicht wissen Sie zwar um die Stärken dieses Programms, brauchen aber noch etwas Hilfe dabei, die passende Formel zu finden? Oder kennen Sie sich mit Excel eigentlich gar nicht aus und sind unsicher, ob und wie das Programm Sie bei Ihren täglichen Aufgaben unterstützen kann?

Egal zu welcher Gruppe Sie sich zählen: Helmut Vonhoegen wird Ihnen mit diesem umfassenden Buch in jedem Fall weiterhelfen können. Ob zur Gedächtnisauffrischung oder als Einführung, ob als praktische Anleitung oder als Nachschlagewerk – dieses Handbuch bietet Ihnen Antworten auf alle Fragen, die bei der Arbeit mit Excel 2019 oder Excel 365 aufkommen. Natürlich werden Sie hier auch fündig, wenn Sie noch mit einer älteren Excel-Version arbeiten.

Alle Beispiele aus dem Buch können Sie auf der Webseite zum Buch herunterladen. Gehen Sie dazu auf *www.rheinwerk-verlag.de/4759/*. Klicken Sie auf den Reiter **Materialien zum Buch**. Den Download starten Sie mit dem Button **Herunterladen**.

Dieses Buch wurde mit größter Sorgfalt geschrieben und hergestellt. Sollten Sie dennoch einmal Fehler finden oder inhaltliche Anregungen haben, freue ich mich, wenn Sie mit mir in Kontakt treten. Für konstruktive Kritik bin ich dabei ebenso offen wie für lobende Worte. Doch zunächst einmal wünsche ich Ihnen viel Freude beim Lesen!

Ihr Erik Lipperts
Lektorat Vierfarben

erik.lipperts@rheinwerk-verlag.de

Auf einen Blick

1 Basiswissen für die Arbeit mit Excel 2019 ... 31
2 Aufbau von Kalkulationstabellen ... 145
3 Mit Formeln arbeiten ... 243
4 Tabellenblätter gestalten ... 323
5 Auswertung und Prognose ... 409
6 Optimierung ... 439
7 Daten grafisch präsentieren ... 455
8 Diagramme optimal einsetzen ... 515
9 Datenvisualisierung mit Sparklines ... 551
10 Tabellenblätter grafisch aufbereiten ... 561
11 Dokumente für die Veröffentlichung vorbereiten ... 609
12 Arbeitsmappen veröffentlichen ... 617
13 Excel-Daten im Web ... 647
14 Gemeinsame Arbeit an Arbeitsmappen ... 679
15 Tabellenfunktionen ... 689
16 Informationen als Tabellen ordnen und verwalten ... 777
17 Datenabfragen und Datenauszüge ... 809
18 Pivot-Tabellen und -Diagramme ... 835
19 Arbeit mit externen Daten ... 905
20 Export und Import von Dateien ... 931
21 Daten mit anderen Anwendungen austauschen ... 941
22 Routineaufgaben mit Makros automatisieren ... 955
23 Visual Basic für Applikationen ... 973
24 Excel online und mobil ... 1043

Wir hoffen, dass Sie Freude an diesem Buch haben und sich Ihre Erwartungen erfüllen. Ihre Anregungen und Kommentare sind uns jederzeit willkommen. Bitte bewerten Sie doch das Buch auf unserer Website unter **www.rheinwerk-verlag.de/feedback**.

An diesem Buch haben viele mitgewirkt, insbesondere:

Lektorat Erik Lipperts
Korrektorat Marita Böhm, München
Herstellung Norbert Englert
Einbandgestaltung Silke Braun
Titelbild Shutterstock: 179996153 © wavebreakmedia
Typografie und Layout Vera Brauner
Satz III-Satz, Husby
Druck Beltz Grafische Betriebe, Bad Langensalza

Dieses Buch wurde gesetzt aus der ITC Charter (10,25 pt/14 pt) in FrameMaker.
Gedruckt wurde es auf chlorfrei gebleichtem Offsetpapier (80 g/m²).
Hergestellt in Deutschland.

Bibliografische Information der Deutschen Nationalbibliothek:
Die Deutsche Nationalbibliothek verzeichnet diese Publikation in der Deutschen Nationalbibliografie; detaillierte bibliografische Daten sind im Internet über *http://dnb.dnb.de* abrufbar.

ISBN 978-3-8421-0556-0

1. Auflage 2019, 1. Nachdruck 2020

Vierfarben ist eine Marke des Rheinwerk Verlags. Der Name Vierfarben spielt an auf den Vierfarbdruck, eine Technik zur Erstellung farbiger Bücher. Der Name steht für die Kunst, die Dinge einfach zu machen, um aus dem Einfachen das Ganze lebendig zur Anschauung zu bringen.

Informationen zu unserem Verlag und Kontaktmöglichkeiten finden Sie auf unserer Verlagswebsite **www.rheinwerk-verlag.de**. Dort können Sie sich auch umfassend über unser aktuelles Programm informieren und unsere Bücher und E-Books bestellen.

Inhalt

Vorwort 27

1 Basiswissen für die Arbeit mit Excel 2019 31

1.1 Einsteigen mit einem Kostenvergleich 31
1.1.1 Zuerst die Beschriftungen 31
1.1.2 Daten eintragen 34
1.1.3 Was kostet das? 35
1.1.4 Sichern der Ergebnisse 38
1.1.5 Arbeit mit der Tabelle 41
1.1.6 Verbesserungen der Darstellung 42
1.1.7 Die Tabelle ausdrucken 43

1.2 Ein paar Grundbegriffe vorweg 44
1.2.1 Arbeitsmappe, Arbeitsblatt und Zelle 44
1.2.2 Zellinhalt und Zellformat 47
1.2.3 Zellgruppen – Bereiche 47

1.3 Excel starten und beenden 50
1.3.1 Start für ein neues Dokument unter Windows 10 50
1.3.2 Starten mit einem vorhandenen Dokument 53
1.3.3 Selbst gebaute Startvarianten 55
1.3.4 Schneller Wechsel zwischen Arbeitsmappen 56
1.3.5 Excel mit bestimmten Arbeitsmappen starten 57
1.3.6 Excel beenden 57

1.4 Baustelle für Tabellen und Diagramme 58
1.4.1 Zwei Bedienungsmodi 58
1.4.2 Lokale und vernetzte Benutzer 62
1.4.3 Das Anwendungsfenster 64
1.4.4 Das Menüband 66
1.4.5 Die Schnellzugriffsleiste 68
1.4.6 Das Schnellanalysetool 69
1.4.7 Die Backstage-Ansicht 70
1.4.8 Tastenkombinationen und Tastenfolgen 71
1.4.9 Die Bearbeitungsleiste 72

1.4.10 Statusinformationen 74
1.4.11 Der Bereich der Arbeitsmappe 77
1.4.12 Ansichten 79
1.4.13 Anpassen des Menübands 80
1.4.14 Anpassen der Schnellzugriffsleiste 83
1.4.15 Aufgabenbereiche 84
1.4.16 Befehle zurücknehmen oder wiederholen 85

1.5 Dateiformate 86
1.5.1 Hinweise zur Sprachfamilie XML 86
1.5.2 Der Standard Open XML 87
1.5.3 Vorteile der Container-Formate 87
1.5.4 Strict-Open-XML-Arbeitsmappen 88
1.5.5 Struktur der Open-XML-Formate 88
1.5.6 Dateierweiterungen 89
1.5.7 Konvertierung 90
1.5.8 Alternativ: OpenDocument-Kalkulationstabelle 91

1.6 Optionen für die Arbeit mit Excel 93
1.6.1 Excel bedarfsgerecht einrichten 93
1.6.2 Bildschirmelemente ein- oder ausblenden 97
1.6.3 Bearbeitungsoptionen 99
1.6.4 Speicheroptionen 102
1.6.5 Add-Ins einbinden 103
1.6.6 Liste der integrierten Excel-Add-Ins (VBA) 104
1.6.7 Liste der integrierten COM-Add-Ins 105

1.7 Add-Ins für Office 105

1.8 Umgang mit Dokumenten 107
1.8.1 Effektive Dateiverwaltung 108
1.8.2 Speichern von Dokumenten 108
1.8.3 Wahl der Ansicht 109
1.8.4 Auswahl des gewünschten Ordners 111
1.8.5 Schnellzugriff 112
1.8.6 Neue Ordner anlegen 113
1.8.7 Dateiname und Dateityp 113
1.8.8 Metadaten zu einer Datei eintragen 114
1.8.9 Zuletzt verwendete Dateien öffnen 116
1.8.10 Neue Arbeitsmappen anlegen 117
1.8.11 Arbeit mit Onlinevorlagen 118

1.8.12 Ablage eigener Mustervorlagen ... 118
1.8.13 Vorhandene Dateien öffnen ... 119
1.8.14 Der Dialog »Datei öffnen« ... 119
1.8.15 Mehrere Dateien gleichzeitig öffnen ... 121
1.8.16 Dateien mit Suchschablonen finden ... 122
1.8.17 Suchen über das Suchfeld ... 122
1.8.18 Fertige Dokumente schreibgeschützt öffnen ... 124
1.8.19 Auswahl des Ordners ... 125
1.8.20 Dateiverwaltung vor Ort ... 125
1.8.21 Optionen für die Sicherheit: Kennwortschutz und Verschlüsselung ... 126
1.8.22 Automatische Sicherung und Wiederherstellung ... 128
1.8.23 Versionsverwaltung ... 130
1.8.24 Sicherheitscenter ... 131
1.8.25 Recherchen – lokal und im Web ... 136

1.9 Speichern in der Cloud ... 137

1.9.1 OneDrive ... 138
1.9.2 Herunterladen aus der Cloud ... 139
1.9.3 Lokale OneDrive-Ordner ... 140

1.10 Besonderheiten der 64-Bit-Version ... 140

1.11 Hilfe in Excel 2019 ... 141

1.11.1 Hilfsassistent ... 141
1.11.2 Die Registerkarte Hilfe ... 144

2 Aufbau von Kalkulationstabellen 145

2.1 Planung und Design von Kalkulationsmodellen ... 145

2.1.1 Was beim Tabellenaufbau zu beachten ist ... 145
2.1.2 Beschriftungen, Werte, Berechnungsvorschriften ... 146
2.1.3 Struktur einer Einnahmen-Ausgaben-Tabelle festlegen ... 147

2.2 Navigation und Bereichsauswahl ... 150

2.2.1 Blattwahl und Gruppenbearbeitung ... 150
2.2.2 Zellen und Zellenbereiche auswählen ... 151
2.2.3 Bewegen und Auswählen mit der Tastatur ... 156
2.2.4 Markierung bestimmter Inhalte ... 161

2.3 Effektive Dateneingabe und Datenänderung ... 163

2.3.1 Texte und Zeichenfolgen ... 164
2.3.2 Eingabe von Zahlen ... 166

2.3.3 Eingabe- und Ausgabeformat ... 167
2.3.4 Brüche, führende Nullen, Datum und Uhrzeit ... 169
2.3.5 Inhalte ändern, suchen und löschen ... 172
2.3.6 Löschmethoden ... 177
2.3.7 Löschen großer Bereiche ... 179
2.3.8 Rechtschreibprüfung und AutoKorrektur ... 180
2.3.9 Eingaben automatisch ersetzen ... 182

2.4 Daten automatisch erzeugen ... 184

2.4.1 Datenreihen mit der Maus aufziehen ... 185
2.4.2 Reihen auf einem Touchscreen ... 186
2.4.3 Reihen oder Kopien? ... 186
2.4.4 Aufsteigende und absteigende Reihen ... 187
2.4.5 Zeitreihen ... 187
2.4.6 Arithmetische Reihen ... 188
2.4.7 Geometrische Reihen ... 188
2.4.8 Eine Trendanalyse aufziehen ... 189
2.4.9 Spezielle Optionen bei Datumswerten ... 189
2.4.10 Reihenbildung im Dialog ... 191
2.4.11 Selbst definierte Listen ... 192
2.4.12 Eingaben per Mustererkennung ... 193

2.5 Prüfung der Dateneingabe ... 195

2.5.1 Gültigkeitsregeln für eine Preisspalte ... 195
2.5.2 Markieren falscher Daten ... 197
2.5.3 Eingabelisten ... 198
2.5.4 Prüfungen per Formel ... 199
2.5.5 Regeln ändern oder löschen ... 200
2.5.6 Regeln übertragen ... 200

2.6 Arbeitsblätter neu organisieren und umbauen ... 200

2.6.1 Zellbereiche umordnen oder kopieren ... 200
2.6.2 Verschieben über die Zwischenablage ... 203
2.6.3 Verschieben mit der Tastatur ... 204
2.6.4 Verschieben auf dem Touchscreen ... 204
2.6.5 Kopieren in Nachbarzellen ... 205
2.6.6 Kopieren mit Bezug auf die Nachbarspalte ... 206
2.6.7 Kopieren in nicht angrenzende Zellen ... 206
2.6.8 Kopieren und einfügen ... 207
2.6.9 Kopieren auf andere Blätter oder Mappen ... 207

2.6.10 Kopieren über die Zwischenablage ... 208
2.6.11 Kopieren in mehrere Blätter ... 214
2.6.12 Mehrere Bereiche gleichzeitig kopieren ... 215
2.6.13 Kopieren von Formaten ... 217
2.6.14 Transponieren beim Kopieren ... 219
2.6.15 Löschen und Einfügen von Zellen ... 220
2.6.16 Spaltenbreite anpassen ... 224
2.6.17 Spalten ausblenden und einblenden ... 226
2.6.18 Ändern der Zeilenhöhe ... 227
2.6.19 Ausblenden und Einblenden von Zeilen ... 228

2.7 Effektiver Umgang mit Arbeitsmappen ... 228

2.7.1 Arbeitsmappen als Organisationsmittel ... 228
2.7.2 Hinzufügen von Blättern ... 229
2.7.3 Einfügen von Fenstern ... 230
2.7.4 Verbergen von Arbeitsmappen, Fenstern oder Blättern ... 231
2.7.5 Überflüssige Blätter löschen ... 232
2.7.6 Reihenfolge der Blätter ändern ... 233
2.7.7 Blätter kopieren ... 233
2.7.8 Übersicht in großen Arbeitsblättern ... 234
2.7.9 Ansichten eines Arbeitsblatts definieren ... 236
2.7.10 Definition einer Ansicht ... 237
2.7.11 Kommentare ... 238

3 Mit Formeln arbeiten 243

3.1 Der Aufbau von Formeln ... 243

3.1.1 Schnelle Summen mit AutoBerechnung ... 243
3.1.2 Die Rolle der Formeln ... 244
3.1.3 Formeltypen ... 245
3.1.4 Datentypen ... 245
3.1.5 Operatoren und ihre Priorität ... 246
3.1.6 Tabelle der Operatoren ... 246
3.1.7 Addition und Subtraktion ... 248
3.1.8 Multiplikation und Division ... 248
3.1.9 Texte verketten ... 249
3.1.10 Tests mit logischen Formeln ... 250
3.1.11 Funktionen ... 251

3.2 Eingabe von Formeln und Funktionen ... 252
3.2.1 Konstanten in Formeln ... 252
3.2.2 Eingabe von Bezügen ... 253
3.2.3 Bereichsangaben ... 254
3.2.4 Tipps zur Eingabe von Bezügen ... 256
3.2.5 3D-Bezüge ... 257
3.2.6 Eingabe externer Bezüge ... 258
3.2.7 Hilfe bei der Eingabe von Funktionen ... 258
3.2.8 Manuelle Eingabe von Funktionen ... 259
3.2.9 Formeleingabe mit dem Dialog »Funktion einfügen« ... 262
3.2.10 Funktionen bearbeiten ... 264
3.2.11 Verschachtelte Funktionen ... 265
3.2.12 Bildung von Gesamtsummen ... 268

3.3 Relative und absolute Bezüge ... 269
3.3.1 Arbeit mit relativen Bezügen ... 269
3.3.2 Absolute und gemischte Bezüge ... 271
3.3.3 Mögliche Bezugsarten ... 271
3.3.4 Teilabsolute Bezüge ... 273
3.3.5 Aufsummierung durch Mischbezüge ... 274
3.3.6 Verknüpfte Bereiche und Schnittmengen ... 275
3.3.7 Berechnungen mit dem Schnellanalysetool ... 276

3.4 Beschreibende Bereichsnamen ... 276
3.4.1 Vorteile von Bereichsnamen ... 276
3.4.2 Namensgebung ... 278
3.4.3 Bereichsnamen festlegen ... 280
3.4.4 Namen definieren ... 281
3.4.5 Namensmanagement ... 282
3.4.6 Benannte Formeln definieren ... 283
3.4.7 Benannte Werte oder Textelemente ... 283
3.4.8 Übernahme von Namen aus Beschriftungen ... 284
3.4.9 Anwenden von Namen in Formeln ... 285
3.4.10 Korrektur von Namensdefinitionen ... 287
3.4.11 Formeln mit noch nicht definierten Namen ... 288
3.4.12 Einfügen von Namen in eine Formel ... 288

3.5 Matrixformeln ... 289
3.5.1 Matrixbereiche ... 289
3.5.2 Mit Matrixformeln arbeiten ... 290

3.5.3 Vereinfachung von Berechnungen ... 293
3.5.4 Ändern einer Matrixformel ... 293

3.6 Qualität sichern und Fehler vermeiden ... 294
3.6.1 Fehler in Formeln vermeiden ... 295
3.6.2 Syntaxprüfung ... 298
3.6.3 Fehler durch Werte ... 299
3.6.4 Fehlerüberprüfung im Hintergrund ... 300
3.6.5 Formelüberwachung ... 302
3.6.6 Werteprüfung im Überwachungsfenster ... 305
3.6.7 Zirkuläre Formeln ... 305
3.6.8 Formeln schrittweise prüfen ... 306
3.6.9 Formeln dokumentieren ... 307

3.7 Tabellen mit Formeln verknüpfen ... 308
3.7.1 Schreibweise externer Bezüge ... 308
3.7.2 Einsatz externer Bezüge ... 309

3.8 Auswirkungen der Zellbearbeitung auf Formeln ... 313

3.9 Kontrolle der Neuberechnung ... 316

4 Tabellenblätter gestalten 323

4.1 Wahl des Zahlenformats ... 326
4.1.1 Arbeitsweise des Standardformats ... 327
4.1.2 Eingabeformat bestimmt Ausgabeformat ... 328
4.1.3 Formatsymbole ... 328
4.1.4 Definition eines bestimmten Zahlenformats ... 330
4.1.5 Internationale Währungsformate ... 332
4.1.6 Datums- und Zeitformate ... 334
4.1.7 Text- und Sonderformate ... 334
4.1.8 Selbst definierte Formate ... 335
4.1.9 Formatcodes ... 336
4.1.10 Das Problem mit den Nullen ... 340
4.1.11 Euro-Formate ... 340
4.1.12 Jahreszahlen ... 341

4.2 Schriftgestaltung und Ausrichtung ... 344
4.2.1 Wahl der passenden Schriften ... 344
4.2.2 Beschriftungen und Zellwerte ausrichten ... 351
4.2.3 Überschriften über mehrere Spalten zentrieren ... 353

4.3 Rahmen und Muster ... 358
- 4.3.1 Palette der Rahmenlinien ... 359
- 4.3.2 Rahmen zeichnen ... 361
- 4.3.3 Farben und Füllmuster ... 362
- 4.3.4 Farben als Organisationsmittel ... 365
- 4.3.5 Bildhintergründe ... 366

4.4 Blätter mit Designs schmücken ... 366
- 4.4.1 Ein anderes Design zuordnen ... 368
- 4.4.2 Designs anpassen ... 369

4.5 Blätter und Mappen schützen ... 371
- 4.5.1 Änderungen freigeben oder verhindern ... 372
- 4.5.2 Eingabebereiche freigeben ... 374
- 4.5.3 Differenzierter Bereichsschutz ... 374

4.6 Einheitliche Gestaltung mit Formatvorlagen ... 376
- 4.6.1 Formate kopieren ... 376
- 4.6.2 Wiederverwendbare Formatvorlagen ... 378
- 4.6.3 Formatvorlagen in andere Arbeitsmappen übernehmen ... 381
- 4.6.4 Festlegen von Formatvorlagen ohne Musterzelle ... 382

4.7 Tabellenformatvorlagen ... 383
- 4.7.1 Vorgabe eines Tabellenformats ... 384
- 4.7.2 Zuweisen eines Tabellenformats ... 385
- 4.7.3 Entwurf eines Tabellenformats ... 387
- 4.7.4 Löschen von Tabellenformaten ... 389

4.8 Datenanalyse mit bedingten Formaten ... 389
- 4.8.1 Datenbalken ... 389
- 4.8.2 Farbskalen ... 392
- 4.8.3 Symbolsätze ... 393
- 4.8.4 Einfache Vergleichsregeln ... 395
- 4.8.5 Komplexere Regeln ... 395
- 4.8.6 Regelverwaltung ... 396
- 4.8.7 Schnelle Formatzuweisung mit dem Schnellanalysetool ... 398

4.9 Mehr Übersicht durch Gliederungsebenen ... 398
- 4.9.1 Steuerung der Gliederungsfunktion ... 400
- 4.9.2 Teilergebnisse erzeugen ... 403
- 4.9.3 Manuelle Gliederung ... 404

4.10 Dateneingabe über Steuerelemente ... 405
4.10.1 Datenauswahl über ein Kombinationsfeld ... 405
4.10.2 Bildlaufleiste und Drehfeld ... 407

5 Auswertung und Prognose 409

5.1 Berechnungen ohne Formeln ... 409
5.2 Ergebnisse konsolidieren ... 411
5.2.1 Konsolidieren nach Position ... 411
5.2.2 Konsolidieren nach Rubrik ... 414
5.3 Add-In für statistische Datenanalyse ... 416
5.4 Was wäre, wenn 419
5.4.1 Datentabelle mit einer Variablen ... 419
5.4.2 Mehrfachoperation mit zwei Variablen ... 422
5.5 Planspiele mit Szenarios ... 423
5.5.1 Wozu Szenarios gut sind ... 424
5.5.2 Planungsalternativen für Werbeetat ... 425
5.5.3 Definition eines Szenarios ... 426
5.5.4 Bearbeiten von Szenarios ... 430
5.5.5 Zusammenfassende Berichte ... 432
5.6 Prognose aufgrund vorhandener Daten ... 434

6 Optimierung 439

6.1 Zielwertsuche ... 439
6.2 Lösungen mit dem Solver suchen ... 441
6.2.1 Zur Arbeitsweise des Solvers ... 442
6.2.2 Beispiel Materialkostenoptimierung ... 446
6.2.3 Die Schritte zur Lösung des Verpackungsproblems ... 446
6.2.4 Auswertung der Ergebnisse und Berichte ... 452
6.2.5 Weiterführende Hinweise ... 453

7 Daten grafisch präsentieren 455

7.1 Grafische Auswertung mit Diagrammen ... 455
7.1.1 Die Elemente von Diagrammen ... 455
7.1.2 Nicht rechtwinklige Koordinatensysteme ... 457

7.1.3 Datenreihen und Datenpunkte ... 458
7.1.4 Zusätzliche Elemente eines Diagramms ... 459
7.1.5 Diagrammbereich und Zeichnungsfläche ... 460

7.2 Diagrammtypen in Excel ... 460
7.2.1 Diagramme mit rechtwinkligem Koordinatensystem ... 461
7.2.2 Diskrete oder kontinuierliche Unterteilungen ... 461
7.2.3 Diagramme mit nichtnumerischer x-Achse ... 461
7.2.4 Diagramme ohne rechtwinkliges Koordinatensystem ... 462

7.3 Von der Tabelle zum Diagramm ... 462
7.3.1 Säulendiagramm – erster Versuch ... 463
7.3.2 Diagrammempfehlungen ... 465
7.3.3 Das schnelle Diagramm ... 466
7.3.4 Übersicht über die Werkzeuge zur Diagrammgestaltung ... 466
7.3.5 Diagrammfilter ... 469
7.3.6 Titel, Legenden und weitere Optionen ... 470
7.3.7 Ort des Diagramms festlegen ... 473

7.4 Zur Verknüpfung von Tabelle und Diagramm ... 474

7.5 Diagramme optimieren ... 476
7.5.1 Aktuelle Auswahl formatieren ... 477
7.5.2 Kontextmenüs ... 479
7.5.3 Diagrammtypen mischen ... 480
7.5.4 Formverbesserungen ... 482
7.5.5 Größe und Lage des Diagramms ändern ... 483

7.6 Diagramme gestalten ... 484
7.6.1 Veränderung des Diagrammtyps ... 485
7.6.2 Diagrammlayouts und Diagrammformatvorlagen ... 486
7.6.3 Benutzerdefinierte Vorlagen ... 490
7.6.4 Datenreihen anordnen ... 490
7.6.5 Einfügen und Formatieren von Beschriftungen ... 494
7.6.6 Formatierung der Achsen ... 496
7.6.7 Bessere Lesbarkeit mit Gitternetzlinien ... 501
7.6.8 Datenreihen und Datenpunkte formatieren ... 503
7.6.9 Datenbeschriftungen ... 506
7.6.10 Trendermittlung ... 509
7.6.11 Bezugslinien, Spannweiten und Abweichungsbalken ... 511
7.6.12 Säulen aus Bildern ... 513

8 Diagramme optimal einsetzen 515

8.1 Standarddiagramme 515
8.1.1 Säulen- und Balkendiagramme 516
8.1.2 Balkendiagramme – bei langen Rubriken 517
8.1.3 Liniendiagramme – besonders geeignet für Trends 518
8.1.4 Kreisdiagramme – wenn es um Anteile geht 520

8.2 Wertdifferenzierung mit Flächen- und Spannweitendiagrammen 522
8.2.1 Flächendiagramme 523
8.2.2 Spannweitendiagramme – nicht nur für Kurse 523

8.3 Mehrfachverteilung und Zyklen – Ring- und Netzdiagramme 525
8.3.1 Ringdiagramm zum Vergleich von Datengruppen 525
8.3.2 Netzdiagramme für Zyklen 526

8.4 Wertebeziehungen – xy-Diagramme und Blasendiagramme 528
8.4.1 Einen Diagrammtyp korrigieren 529
8.4.2 Blasendiagramme als Variante von xy-Diagrammen 530

8.5 Verbunddiagramme 531
8.5.1 Dimensionsunterschiede ausgleichen 532
8.5.2 Verbundtypen 532

8.6 3D-Optik und echte 3D-Diagramme 533
8.6.1 Echte und unechte 3D-Diagramme 534
8.6.2 Entscheidend ist der Blickwinkel 534
8.6.3 Diagramme mit drei Achsen 537
8.6.4 Anwendungsbeispiele für 3D-Diagramme 537
8.6.5 Die echten 3D-Untertypen 537
8.6.6 Ein 3D-Diagramm mit gleichberechtigten Reihen und Rubriken 538

8.7 3D-Oberflächendiagramme – für kontinuierliche Darstellungen 540

8.8 Neuere Diagrammtypen 542
8.8.1 Statistische Diagramme 542
8.8.2 Wasserfall 545
8.8.3 Sunburst 546
8.8.4 Treemap 547
8.8.5 Trichterdiagramme 547
8.8.6 Kartendiagramme 548

8.9 Dreidimensionale Karten 548
8.9.1 Vorbereitung der Datenbasis 549
8.9.2 Visualisierung mit 3D-Karten 549

9 Datenvisualisierung mit Sparklines 551

9.1 Merkmale und Verwendungsmöglichkeiten ... 551
9.2 Einfügen von Sparklines ... 552
9.3 Darstellungsvarianten ... 555
9.4 Bearbeiten von Sparklines ... 556
9.4.1 Ändern des Typs ... 556
9.4.2 Zuordnen von Farben ... 556
9.4.3 Einstellungen zu den Achsen ... 557
9.4.4 Behandlung leerer Zellen ... 557
9.4.5 Gruppen- oder Einzelbehandlung ... 558
9.4.6 Aufheben der Gruppierung ... 558
9.4.7 Löschen von Sparklines ... 559
9.4.8 Datenquellen bearbeiten ... 559

10 Tabellenblätter grafisch aufbereiten 561

10.1 Vorgegebene und freie Formen zeichnen ... 562
10.1.1 Eine einfache Form zeichnen ... 563
10.1.2 Ungerade Linien ... 566
10.1.3 Ein Flussdiagramm anlegen ... 569
10.2 Feinarbeit an grafischen Objekten ... 572
10.2.1 Größe, Proportion und Drehung ändern ... 572
10.2.2 Der Aufgabenbereich »Form formatieren« ... 573
10.2.3 Objekte verschieben oder kopieren ... 574
10.2.4 Attribute für Objekte ... 574
10.2.5 Umriss und Füllung ... 575
10.2.6 Bézierkurven bearbeiten ... 577
10.2.7 Techniken für komplexe Zeichnungen ... 579
10.2.8 Formeffekte ... 582
10.2.9 Frei verschiebbare Textfelder ... 586
10.2.10 Textdekor für Tabellen ... 587
10.3 Organigramme im Schnellgang ... 588
10.4 Grafiken übernehmen und bearbeiten ... 590
10.4.1 Bilder aus Dateien einfügen ... 590
10.4.2 Bildbearbeitung vor Ort ... 591
10.4.3 Einfügen von Screenshots ... 596

10.5 Piktogramme nutzen 597
10.5.1 Piktogrammbibliothek 597
10.5.2 Eigene Vektorgrafiken einfügen 598
10.6 3D-Modelle und 3D-Karten 599
10.6.1 Eine 3D-Illustration aus einer Datei 599
10.6.2 Eine 3D-Illustration online importieren 601
10.7 Freihandzeichnen 603
10.7.1 Markierungen und Handkommentare 603
10.7.2 Skizzen 604
10.7.3 Mathematische Gleichungen 605
10.8 Bilder aus dem Netz fischen 606
10.8.1 Einfügen eines Fotos in ein Tabellenblatt 606
10.8.2 Bilder aus OneDrive übernehmen 607
10.9 Schnappschüsse von Tabellen 608

11 Dokumente für die Veröffentlichung vorbereiten 609

11.1 Dokumentinspektion 609
11.1.1 Dokumentprüfung 610
11.1.2 Barrierefreiheit 612
11.1.3 Die Kompatibilität prüfen 613
11.1.4 Kapazitätsprobleme 614
11.1.5 Prüfbericht 614
11.1.6 Dokumente abschließen 615
11.2 Dokumente verschlüsseln 616

12 Arbeitsmappen veröffentlichen 617

12.1 Vorbereitung von Arbeitsblättern zum Druck 617
12.1.1 Festlegen des Druckumfangs 618
12.1.2 Seitengestaltung 621
12.1.3 Wahl des Papierformats und des Druckformats 624
12.1.4 Kopf- und Fußzeilen 630
12.1.5 Bestimmung der Ränder 634
12.1.6 Interaktive Kontrolle der Seitenaufteilung 636
12.1.7 Prüfung des Layouts in der Druckvorschau 638

12.2 Druckerauswahl und Druckereinstellungen 639
12.2.1 Drucken im Schnellverfahren 641
12.2.2 Auswahl der Druckoptionen 642

12.3 Tabellen per E-Mail versenden 643
12.3.1 Eine Arbeitsmappe als Anhang versenden 643
12.3.2 Die Arbeitsmappe als PDF versenden 644

12.4 Erstellen einer PDF- oder XPS-Kopie 645

13 Excel-Daten im Web 647

13.1 Von Excel zu HTML und zurück 648

13.2 Daten für das Web bereitstellen 651
13.2.1 Daten von Excel ins Web bringen 651
13.2.2 Auszüge aus Arbeitsmappen als Webseiten aufbereiten 654

13.3 Dokumente mit Hyperlinks verknüpfen 655
13.3.1 Hyperlinks mithilfe der Tabellenfunktion 661
13.3.2 Formatieren von Hyperlinks 663
13.3.3 Hyperlink von grafischem Objekt 664
13.3.4 Hyperlinks ändern 664

13.4 Verarbeiten von XML-Daten 665
13.4.1 Übernahme von XML-Daten 665
13.4.2 Datenquelle und Tabelle verknüpfen 673
13.4.3 Tabelle auf Basis eines eigenen Schemas 676
13.4.4 XML-Dokumente erzeugen 677
13.4.5 Einschränkungen 677

14 Gemeinsame Arbeit an Arbeitsmappen 679

14.1 Teamarbeit in lokalen Netzen 679
14.1.1 Eine Arbeitsmappe freigeben 680
14.1.2 Änderungen sichtbar machen 682
14.1.3 Änderungen überprüfen 683
14.1.4 Freigabe am Einzelarbeitsplatz 684
14.1.5 Einschränkungen bei freigegebenen Mappen 684

14.2 Teamarbeit über OneDrive 685
14.2.1 Arbeitsmappen freigeben 685
14.2.2 Gemeinsam arbeiten 687

15 Tabellenfunktionen 689

15.1 Mit Excel 2013 eingeführte Funktionen 689

15.2 Neue Funktionen seit Excel 2016 691

15.3 Aufbau und Einsatz von Funktionen 691

15.3.1 Argumente für Funktionen 692

15.3.2 Funktionen in Makros 693

15.4 Finanzmathematische Funktionen 693

15.4.1 Funktionen für die Rentenberechnung 693

15.4.2 Berechnungen zu Darlehen 695

15.4.3 Berechnung von Abschreibungen 695

15.4.4 Beispiel für die Berechnung der Abschreibung 696

15.4.5 Funktionen für Wertpapierberechnungen 697

15.4.6 Liste der finanzmathematischen Funktionen 700

15.5 Datums- und Zeitfunktionen 704

15.5.1 Der Vorteil der seriellen Werte 705

15.5.2 Periodische Datumsreihen berechnen 705

15.5.3 Periodische Zeitreihen berechnen 706

15.5.4 Arbeitszeitberechnung 707

15.5.5 Liste der Datums- und Zeitfunktionen 709

15.6 Mathematische Funktionen 710

15.6.1 Summen und bedingte Summen 710

15.6.2 Werte runden 713

15.6.3 Mathematische Grundfunktionen 715

15.6.4 Fakultät und Kombinationen 716

15.6.5 Zufallszahlen erzeugen 717

15.6.6 Trigonometrische Funktionen 717

15.6.7 Hyperbolische Funktionen 718

15.6.8 Liste der mathematischen Funktionen 719

15.7 Statistische Funktionen 723

15.7.1 Überblick über die Statistikfunktionen 723

15.7.2 Stichproben und Grundgesamtheiten 725

15.7.3 Zufallsvariablen und Wahrscheinlichkeit 725

15.7.4 Untersuchung von Stichproben 726

15.7.5 Statistische Tests 726

15.7.6 Verteilungsfunktionen 727

15.7.7 Berechnung der Standardabweichung bei Testergebnissen 729

15.7.8 Bedingte Maximal- und Minimalwerte ... 730
15.7.9 Liste der statistischen Funktionen ... 731
15.7.10 Liste der kompatiblen Funktionen ... 739

15.8 Nachschlage- und Verweisfunktionen ... 742
15.8.1 Verweistabellen abfragen ... 742
15.8.2 Arbeit mit INDEX()-Funktionen ... 744
15.8.3 Beispiel für die Funktion WAHL() ... 745
15.8.4 Liste der Nachschlage- und Verweisfunktionen ... 747

15.9 Datenbankfunktionen ... 748
15.9.1 Auswertung einer Tabelle ... 749
15.9.2 Liste der Datenbankfunktionen ... 750

15.10 Cube-Funktionen ... 751
15.10.1 Besonderheiten der Cube-Funktionen ... 752
15.10.2 Liste der Cube-Funktionen ... 752

15.11 Textfunktionen ... 753
15.11.1 Zeichenfolgen verknüpfen ... 753
15.11.2 Sortierung durch Textfunktionen ... 755
15.11.3 Logische Werte in Texte aufnehmen ... 755
15.11.4 Verknüpfung von Text mit Datum ... 755
15.11.5 Liste der Textfunktionen ... 755

15.12 Logische Funktionen ... 757
15.12.1 WAHR oder FALSCH als Argumente ... 758
15.12.2 Prüfen von Bedingungen ... 759
15.12.3 Prüfung mehrerer Bedingungen ... 760
15.12.4 Texte automatisch anpassen ... 761
15.12.5 Bedingte Textanzeige ... 762
15.12.6 Prüfung von Texten ... 762
15.12.7 Prüfungen mit komplexen Bedingungen ... 763
15.12.8 Mehrfachverzweigungen ... 764
15.12.9 Liste der logischen Funktionen ... 765

15.13 Informationsfunktionen ... 766
15.13.1 Anwendungsbeispiel: Fehlervermeidung ... 766
15.13.2 Liste der Informationsfunktionen ... 766

15.14 Technische Funktionen ... 767
15.14.1 Umwandeln von Maßeinheiten ... 767
15.14.2 Bessel-Funktionen ... 769
15.14.3 Umrechnungen zwischen Zahlensystemen ... 769

15.14.4 Berechnungen mit komplexen Zahlen 770
15.14.5 Liste der technischen Funktionen 771

15.15 Webfunktionen 774
15.15.1 Webabfragen 775
15.15.2 Liste der Webfunktionen 775

16 Informationen als Tabellen ordnen und verwalten 777

16.1 Möglichkeiten für den Einsatz von Tabellen 778
16.2 Die Struktur von Tabellen definieren 779
16.2.1 Bestandstabelle für ein Weinlager 779
16.2.2 Datentypen und Feldlängen 781
16.2.3 Regeln für die Wahl der Spaltennamen 782
16.3 Tabellenbereiche 782
16.3.1 Zellbereiche in Tabellenbereiche umwandeln 783
16.3.2 Formatierung der Tabellen 785
16.3.3 Optionen für Tabellen 786
16.3.4 Einfrieren von Beschriftungen 786
16.3.5 Daten eingeben 787
16.3.6 Eindeutigkeit und Duplikate 787
16.3.7 Bereichserweiterung und Formate 788
16.3.8 Tabellen erweitern 789
16.3.9 Einfügen von Ergebniszeilen 790
16.3.10 Berechnete Spalten 790
16.3.11 Arbeit mit strukturierten Verweisen 791
16.4 Daten sortieren 793
16.4.1 Sortierschlüssel 794
16.4.2 Sortierreihenfolge 795
16.4.3 Benutzerdefiniertes Sortieren 798
16.4.4 Sortieren nach Formatierungen 800
16.4.5 Sortieren mit einer selbst definierten Reihenfolge 801
16.5 Daten in Gruppen zusammenfassen 803

17 Datenabfragen und Datenauszüge 809

17.1 Relevante Daten herausfiltern 809
17.1.1 Ortsunabhängiges Filtern und Sortieren 811

17.1.2 Textfilter 811
17.1.3 Zahlenfilter 812
17.1.4 Datumsfilter 813
17.1.5 Farbfilter 815
17.1.6 Sortieren 816
17.1.7 Suchen und Filtern 816
17.1.8 Filtern und Sortieren nach Zellwerten 819
17.1.9 Filter kombinieren 819
17.1.10 Filtern mit Datenschnitten 821

17.2 Komplexe Abfragen mit Spezialfiltern 822
17.2.1 Tabelle und Kriterienbereich 822
17.2.2 Datenextrakte im Ausgabebereich 823
17.2.3 Bestandsprüfung mit Spezialfilter 824
17.2.4 Welche Auswahlkriterien sind möglich? 826
17.2.5 Suchen mit berechneten Kriterien 830

17.3 Weiterverarbeitung gefilterter Daten 831

17.4 Berechnungen mit Datenbankfunktionen 833

18 Pivot-Tabellen und -Diagramme 835

18.1 Datenanalyse mit Pivot-Tabellen 838
18.1.1 Von den Quelldaten zur Pivot-Tabelle 838
18.1.2 Layout der Pivot-Tabelle 842
18.1.3 Empfohlene Pivot-Tabellen 847
18.1.4 Wertespalten hinzufügen 848
18.1.5 Ändern des Pivot-Tabellen-Layouts 849
18.1.6 Optionen für den Pivot-Tabellenbericht 852
18.1.7 Hinzufügen von Feldern 853
18.1.8 Sortieren in der Pivot-Tabelle 855
18.1.9 Schnelle Datenauszüge zu einzelnen Werten 858
18.1.10 Datenschnitte 858
18.1.11 Einstellungsänderungen zu einzelnen Feldern 862
18.1.12 Teil- und Gesamtergebnisse ein- und ausblenden 864
18.1.13 Optionen für Layout und Druck 864
18.1.14 Ändern der Berechnungsart 865
18.1.15 Besondere Möglichkeiten bei Berichtsfiltern 867
18.1.16 Ein- und Ausblenden von Detailinformationen 868

18.1.17 Neue Gruppen zusammenstellen ... 869
18.1.18 Zahlenmaterial ordnen ... 871
18.1.19 Einfügen von Zeitachsen ... 873
18.1.20 Berechnete Felder und Elemente in Pivot-Tabellen ... 875
18.1.21 Pivot-Tabellen formatieren ... 878
18.1.22 Schnelle Markierung von Datengruppen ... 879
18.1.23 Bedingte Formate in Pivot-Tabellen ... 880
18.1.24 Ändern der Datenquelle, Verschieben, Löschen ... 881
18.1.25 Pivot-Tabelle aus externen Daten ... 881
18.1.26 Standardformat für Pivot-Tabellen ... 882

18.2 Dynamische Diagramme aus Pivot-Tabellen ... 883

18.3 Datenmodelle mit mehreren Tabellen ... 886
18.3.1 Aufbau eines Modells für eine Pivot-Tabelle ... 886
18.3.2 Definition von Beziehungen ... 888

18.4 PowerPivot ... 889
18.4.1 Aktivieren des Add-Ins ... 891
18.4.2 Datenaufbereitung ... 891
18.4.3 Interaktive Verknüpfung von Tabellen ... 895
18.4.4 Zugriff über CUBE-Funktionen ... 898
18.4.5 Erstellen berechneter Spalten ... 899
18.4.6 Erstellen einer Hierarchie ... 900

18.5 Veröffentlichen auf Power BI ... 902
18.5.1 Der Zugang zu Power BI ... 902
18.5.2 Erste Schritte auf das Dashboard ... 903

19 Arbeit mit externen Daten 905

19.1 Access-Daten importieren ... 907

19.2 Zugriff auf SQL-Server-Datenbanken ... 912

19.3 Abfrage von XML-Dateien ... 916

19.4 Einlesen einer CSV-Datei ... 918

19.5 Direkte Abfragen im Internet ... 921
19.5.1 DAX-Kurse online ins Tabellenblatt holen ... 922
19.5.2 Berechnen des Depotwerts ... 925
19.5.3 Wiederverwendung einer Webabfrage ... 926
19.5.4 Abfragen zusammenführen ... 926

20 Export und Import von Dateien 931

20.1 Unterstützte Dateiformate ... 931
20.1.1 Ausgabeformate ... 933
20.1.2 Importformate ... 934
20.1.3 Arbeiten im Kompatibilitätsmodus ... 934
20.1.4 Textformate ... 935

20.2 Import von Textdateien ... 935
20.2.1 Übernahme einer Adressliste ... 936
20.2.2 Das Datenformat »Feste Breite« ... 939

20.3 Texte auf Spalten verteilen ... 940

21 Daten mit anderen Anwendungen austauschen 941

21.1 Austausch über die Zwischenablage ... 941
21.1.1 Word übernimmt Daten von Excel ... 942
21.1.2 Daten über die Zwischenablage exportieren ... 942
21.1.3 Arbeitsweise der Zwischenablage ... 943
21.1.4 Übernahme von Textpassagen aus Word ... 944

21.2 Dateien dynamisch verknüpfen ... 945
21.2.1 Verknüpfung zwischen Tabelle und Text ... 946
21.2.2 Steuerung der Aktualisierung ... 947

21.3 Einsatz von verknüpften Objekten ... 948

21.4 Ausgeliehene Leistungen mit eingebetteten Objekten ... 949
21.4.1 Bedienungsanleitung als Word-Objekt ... 950
21.4.2 Diagramme aus Excel in Word ... 951
21.4.3 Diagramme für PowerPoint-Folien ... 953
21.4.4 Einbetten oder Verknüpfen? ... 954

22 Routineaufgaben mit Makros automatisieren 955

22.1 Makros aufzeichnen ... 955
22.1.1 Vorbereitungen ... 956
22.1.2 Aufzeichnung für einen Zeitplan ... 959
22.1.3 Wie sieht die Aufzeichnung aus? ... 960
22.1.4 Die Arbeitsmappe mit dem Makro speichern ... 962
22.1.5 Das Makro ausführen ... 962

22.2 Makros in den Arbeitsablauf einbinden ... 963
22.3 Eine Tabelle per Makro kippen ... 967
22.4 Makros für die Diagrammgestaltung ... 970
22.5 Makros von älteren Excel-Versionen ... 972

23 Visual Basic für Applikationen 973

23.1 Grundlagen von VBA ... 973
23.1.1 Das Objektmodell von Excel ... 973
23.1.2 Ereignisse steuern den Programmablauf ... 976
23.1.3 Variablen und Konstanten in VBA ... 976
23.1.4 Grundeinheiten und Sprachelemente ... 983
23.2 Die Entwicklungsumgebung ... 993
23.2.1 Projekt-Explorer und Modulfenster ... 994
23.2.2 Editierhilfen ... 1000
23.2.3 Programme testen ... 1008
23.2.4 Ausdruck von Code und Formularen ... 1011
23.3 Ein- und Ausgabe ... 1011
23.3.1 Einfacher Eingabedialog ... 1012
23.3.2 Meldungsdialoge ... 1013
23.3.3 Bereiche in Tabellen auswählen ... 1014
23.3.4 Zellen Werte zuweisen ... 1016
23.3.5 Formeln eintragen ... 1016
23.3.6 Daten aus Tabellen auslesen ... 1018
23.3.7 Makro für eine Blattliste ... 1019
23.4 Entwurf von Formularen ... 1020
23.4.1 Entwicklung eines Eingabeformulars ... 1020
23.4.2 Eingabeelemente einbauen ... 1022
23.4.3 Einbau von Schaltflächen ... 1023
23.4.4 Eingabe der Prozeduren ... 1024
23.4.5 Erweiterbare Toolsammlung ... 1029
23.5 Tabellenfunktionen in VBA ... 1030
23.5.1 Integrierte Funktionen aufrufen ... 1030
23.5.2 Eigene Tabellenfunktionen ... 1031
23.5.3 Den Blattnamen abfragen ... 1034

23.6 Prozeduren für Standardaufgaben 1035
23.6.1 Prozedur zum Formatieren 1035
23.6.2 Beispiele für Plausibilitätsprüfungen 1035
23.6.3 Daten aus einem Formular in eine neue Zeile übernehmen 1036
23.6.4 Lesen von Daten aus einer Textdatei 1038
23.6.5 Einen Bereich neu definieren 1040
23.6.6 Einen Wert in einer Spalte finden und ersetzen 1040
23.6.7 Werte in eine Liste von Arbeitsmappen einfügen 1040

24 Excel online und mobil 1043

24.1 Kalkulationstabellen im Web 1043
24.2 Excel Mobile 1049

Anhang – Funktionstasten, Tasten und Tastenkombinationen 1055

A.1 Allgemeine Tastenfunktionen im Überblick 1055
A.2 Editiertasten und -tastenkombinationen 1060
A.3 Navigations- und Markierungstasten 1061

Stichwortverzeichnis 1063

Vorwort

Sie erwarten ein nützliches Buch über Excel; aber um welches Programm geht es denn dabei? Microsoft forciert schon seit einigen Jahren die Umstellung von Programmen, die der Kunde einmalig kauft, zu Diensten, die er dauerhaft abonniert. Diese Dienste heißen in diesem Fall »Office 365«, und »Excel 365« ist ein Teil davon. Das hat zweifellos Vorteile, insbesondere wenn die Zusammenarbeit mit den von Microsoft angebotenen Cloud-Diensten wie OneDrive genutzt wird. Die Programme der Abo-Version lassen sich zudem ständig erweitern, und Sie können das Tempo der Updates beeinflussen. Die besonders Neugierigen und Risikobereiten werden zu Insider-Programmen eingeladen, in denen Funktionen getestet werden, die erst später für die Allgemeinheit freigegeben werden.

Excel 2019 und Excel 365

Microsoft hätte sicherlich gerne alle potenziellen Kunden für diese Abo-Lösung gewonnen, musste aber einsehen, dass nicht jeder damit glücklich ist; insbesondere die Cloud macht manchen doch Bauchschmerzen, weil nicht jeder seine Daten mit Serverfarmen irgendwo in der Welt zu teilen bereit ist.

Der Kompromiss sieht nun so aus, dass Microsoft noch einmal eine neue Kaufversion auf den Markt gebracht hat: Excel 2019. Sie entspricht von den Funktionen und der Benutzeroberfläche her bis auf einige Ausnahmen dem Stand, den Excel 365 im September 2018 erreicht hat.

Wenn Sie mit der Kaufversion arbeiten wollen, haben Sie mit diesem Buch also für die nächsten Jahre eine verlässliche Grundlage, denn die Kaufversion wird zwar bei Bedarf mit Sicherheitsupdates versorgt, der Funktionsumfang bleibt aber stabil. Sind Sie Abo-Kunde, kann das Buch Ihnen ebenfalls helfen, es ist aber wahrscheinlich, dass Sie wenigstens alle halbe Jahre eine Reihe von zusätzlichen Funktionen und vielleicht auch ein paar Änderungen finden werden. Da Microsoft diese Neuerungen aber in der Regel auch innerhalb des Programms, über die Hilfe und eingestreute Hinweise, gut dokumentiert, müssen diese Dinge auf der Basis der in diesem Buch aufbereiteten Kenntnisse kein großes Problem darstellen. Leider haben gedruckte Bücher in dieser Hinsicht etwas Statisches, sie können ja nicht einfach mitwachsen.

Beim Start von Excel 2019 gab es eine ziemlich genaue Übereinstimmung zwischen der Kaufversion Excel 2019 und Excel 365 auf dem Stand von September 2018. Schon im Oktober gab Microsoft aber für Excel 365 die vorher den Insidern vorgestellten neuen Symbole für die Menüleisten frei.

Auf Dauer strebt Microsoft wohl eine Vereinfachung der Menüleiste an. Für Outlook gibt es bereits wahlweise die Möglichkeit, mit einer einzeiligen Menüleiste zu arbeiten, die zunächst nur die wichtigsten Befehle anbietet. In Excel wird diese Absicht schwieriger zu verwirklichen sein. Die neuen Symbole für Excel 365 zielen aber schon einmal in die Richtung, die Symbole in der Menüleiste besser erkennbar zu machen. Deshalb sind die neuen Symbole als skalierbare Vektorgrafiken angelegt. Die aktive Registerkarte wird außerdem durch einen Unterstrich hervorgehoben. Die Abbildung zeigt, wie das aussieht.

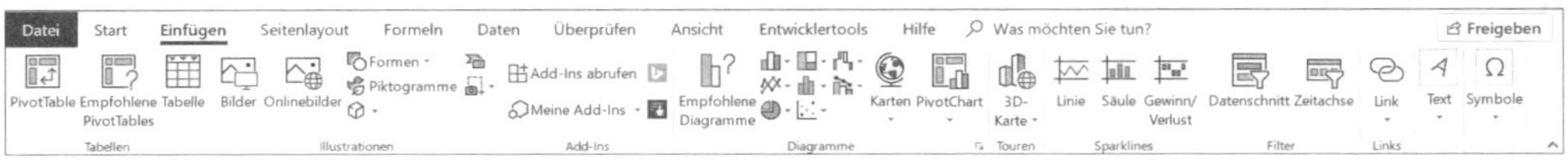

Abbildung 1.1 Die neuen Symbole für die Registerkarte »Einfügen«

In diesem Buch finden Sie in den Abbildungen die Menüleisten für Excel 2019. Da, wo komplette Registerkarten gezeigt werden, finden Sie zusätzlich jeweils die Version mit den neueren Symbolen. Was die Situation erleichtert: Die Zuordnung der Symbole zu den Befehlen und Optionen in Excel ist unverändert.

Neuerungen

Die Neuerungen, die Microsoft in Excel 365 seit der Veröffentlichung von Excel 2016 eingefügt hat, finden Sie nun auch in Excel 2019. Ohne ins Detail zu gehen, geht es hauptsächlich um folgende:

- neue Tabellenfunktionen
- neue Diagrammtypen
- Unterstützung von skalierbaren Vektorgrafiken
- intelligente Suche und Übersetzen
- einfachere Unterstützung der Barrierefreiheit
- bessere Unterstützung der Arbeit mit dem Stift auf Touchscreens

- die neue Registerkarte **Zeichnen** für Markierungen, Skizzen, mathematische Gleichungen etc.
- stark erweiterter Zugriff auf externe Datenquellen
- erweiterte Funktionen für die Abfrage von Daten mit Power Query
- Verbesserungen für Pivot-Tabellen
- Verbesserungen für PowerPivot
- schneller Zugriff auf geteilte Arbeitsmappen
- ein schwarzes Office-Design
- Veröffentlichen in Power BI

Insgesamt hat sich das Programm gegenüber der Version 2016 nur in Teilbereichen verändert. Die erweiterten Abfragefunktionen erlauben nicht nur den Zugriff auf zahlreiche ganz unterschiedliche Datenquellen, das Datenmaterial lässt sich vor dem Import in eine Arbeitsmappe über den Power-Query-Editor in vielfältiger Weise aufbereiten, transformieren, mischen und zusammenfassen.

Was das Buch bietet

Dieses Buch ist für alle gedacht, die Excel 2019 oder Excel 365 professionell einsetzen wollen. Alle Funktionen werden an praktischen Beispielen – hauptsächlich aus dem beruflichen Alltag – vorgestellt. Die Beispiele werden meist Schritt für Schritt erläutert, sodass Sie sie jeweils bis zum Endergebnis nachvollziehen können. Sie sind so gewählt, dass »by the way« die Leistungsfähigkeit des Programms in allen Bereichen ausgetestet wird.

In Kapitel 1 sind die Grundlagen für die Arbeit mit Excel zusammengestellt. An einem ersten Beispiel erhalten Sie einen Überblick über die Verfahrensweise von Excel 2019.

Die Kapitel 2 bis 4 behandeln den Kernbereich der Tabellenkalkulation, den Einsatz von Formeln und die Gestaltung der Tabellen. Die Kapitel 5 und 6 stellen die Werkzeuge zur Analyse vorhandener Daten vor. Die Kapitel 7 bis 10 zeigen die Umsetzung von Zahlenmaterial in Diagramme, Sparklines und den Einsatz freier Grafiken im Tabellenblatt.

In den Kapiteln 11 bis 14 sind alle Formen der Veröffentlichung von Kalkulationsmodellen und Diagrammen zusammengefasst, vom Ausdruck auf dem lokalen Drucker über den E-Mail-Versand bis hin zur Präsentation von Daten im Internet oder einem firmeneigenen Intranet. Zugleich werden die verschiedenen Formen der Kooperation beschrieben, die Excel im internen Netz und im Web unterstützt.

In den Kapiteln 15 bis 18 finden Sie zunächst komplette Listen der Tabellenfunktionen mit zahlreichen Beispielen und fortgeschrittene Funktionen wie den Aufbau und die Abfrage von Datentabellen. Außerdem werden die Auswertung solcher Tabellen in Pivot-Tabellen und -Diagrammen und die Handhabung umfangreicher Datenmodelle mit PowerPivot behandelt.

Schwerpunkte der Kapitel 19 bis 21 sind der Import und der Export von Daten zwischen Excel und anderen Anwendungen und Datenquellen der unterschiedlichsten Art.

Die Kapitel 22 und 23 geben Ihnen einen kompakten Einstieg in die Automatisierung immer wiederkehrender Routineaufgaben und zeigen, wie Sie Excel mit Visual Basic für Applikationen an Ihre Bedürfnisse anpassen können. In Kapitel 24 wird noch kurz auf die Web- und die Mobil-Variante von Excel 2019 eingegangen.

Bücher dieses Formats werden in der Regel nicht wie Romane von Anfang bis Ende verschlungen. Wer direkt auf ein bestimmtes Thema zugreifen will, findet als Zugangspfad neben dem Inhaltsverzeichnis einen ausführlichen Index.

Helmut Vonhoegen

hv@helmut-vonhoegen.de
www.helmut-vonhoegen.de

1 Basiswissen für die Arbeit mit Excel 2019

Die Benutzerumgebung eines Programms erschließt sich meist am schnellsten, wenn ein erster Versuch unternommen wird, etwas Brauchbares darin zu produzieren. Deshalb beginnt dieses Kapitel mit einem Beispiel. Danach werden einige grundlegende Begriffe und Zusammenhänge in Excel erläutert, damit Sie für den Rest des Buches eine sichere Basis haben.

1.1 Einsteigen mit einem Kostenvergleich

Eine ganz typische Anwendung für Excel ist die Kalkulation von Anschaffungen. Angenommen, Sie wollen in Ihrer Firma oder in einer Arbeitsgruppe ein kleines drahtloses Netz von Arbeitsplätzen aufbauen – mit einem Desktop-PC, fünf Notebooks und drei Tablets. Für die Vernetzung wird zusätzlich noch ein Access Point mit integriertem Router benötigt. Für den Internetzugang soll ein DSL-Anschluss verwendet werden, damit alle Geräte ins Web gelangen können. Sie wollen wissen, wie viel Sie sich leisten können, was das Nötigste kostet und was die Extras. Bei den Notebooks sollen die Kosten für die Ausstattungsmerkmale 15- oder 17-Zoll-Monitore, 500-GB- oder 1-TB-Festplatten, bei den Tablets die Ausstattung mit oder ohne Tastatur verglichen werden.

1.1.1 Zuerst die Beschriftungen

Zunächst erstellen Sie das Grundgerüst für die Kalkulation, indem Sie die Zeilen und Spalten der Tabelle beschriften.

1 Öffnen Sie Excel 2019 über das Startmenü. Nach dem Einblenden des Excel-Logos wird das Excel-Fenster aufgebaut. Zunächst erscheint ein Startbildschirm, der eine Schaltfläche für eine neue Arbeitsmappe und einen schnellen Zugriff auf die zuletzt bearbeiteten Arbeitsmappen anbietet, außerdem eine Reihe von Links zu Vorlagen. Dieser Startbildschirm lässt sich über **Datei ▸ Optionen** unter **Allgemein ▸ Startoptionen** auch abschalten. In diesem Fall bietet Excel gleich eine neue Arbeitsmappe an.

2 Anders als in älteren Versionen öffnet Excel für jede Arbeitsmappe ein eigenes Anwendungsfenster. In der Titelleiste erscheint als Vorgabe der Name »Mappe1«.

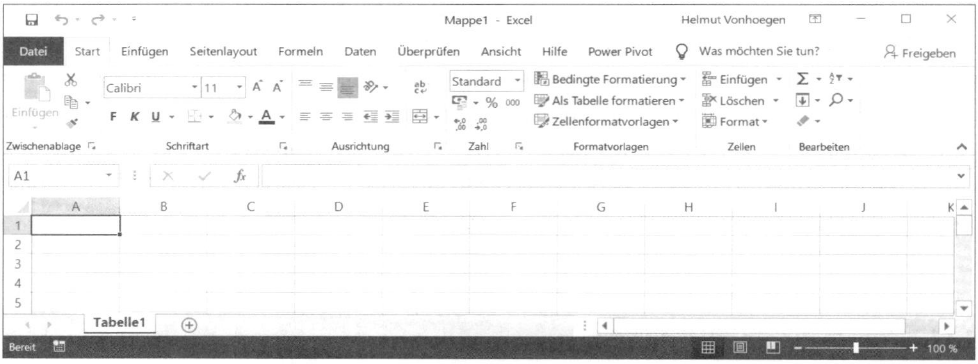

3 Zunächst sollten Sie Ihre Anschaffungsliste eingeben, am besten in der ersten Spalte. Bewegen Sie den Mauszeiger auf die zweite Zelle in der ersten Spalte, und drücken Sie die linke Maustaste. Anstatt mit der Maus zu arbeiten, können Sie auch die Richtungstasten verwenden. Auf einem Touchscreen tippen Sie die entsprechende Zelle einfach an. Die Zelle wird mit einem stärkeren grünen Rahmen markiert und damit ausgewählt.

4 In diese Zelle geben Sie zunächst eine Überschrift für die ganze Tabelle ein, etwa: *Hardwarekosten für eine Arbeitsgruppe*. Klicken Sie zuerst im Menüband auf der am Anfang immer sichtbaren Registerkarte **Start** in der Gruppe **Schriftart** auf das Symbol **Fett**, tippen Sie dann die Überschrift ein, und beenden Sie den Eintrag mit [↵]. Der Zellzeiger wird automatisch eine Zelle tiefer gesetzt.

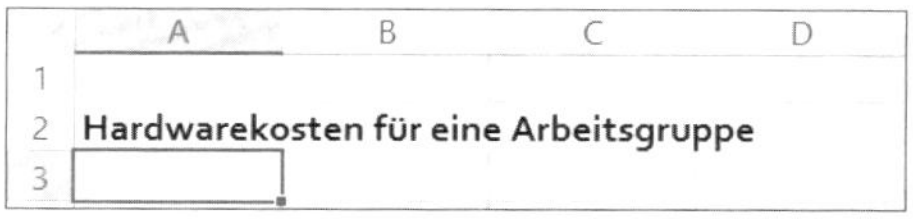

5 Markieren Sie die Zelle A5, und tragen Sie in der Spalte Zelle für Zelle die Bezeichnungen für die einzelnen Komponenten ein, die benötigt werden. Um die Aufpreise für die zusätzlichen Ausstattungsmerkmale der Notebooks oder für verschiedene Typen von Tablets zu erfassen, richten Sie entsprechende Zeilen dafür ein. Beenden Sie jeden Eintrag mit [↵].

6 Um die Ausstattungsvarianten für die Notebooks etwas deutlicher abzuheben, können Sie mit einem Einzug arbeiten. Markieren Sie mit gedrückter Maustaste die Zellen A7 bis A8, und verwenden Sie dann in der Gruppe **Ausrichtung** das Symbol **Einzug vergrößern**.

7 Zum Abschluss führen Sie den Mauszeiger auf die Linie zwischen den Spaltenköpfen **A** und **B**. Drücken Sie die linke Maustaste, und ziehen Sie den Zeiger so weit nach rechts, bis alle Texte der Komponenten in die Spalte passen.

8 Wählen Sie die Zelle A4, und beginnen Sie hier mit der Beschriftung der Spalten. Beenden Sie jeden Eintrag mit [Tab] oder [→].

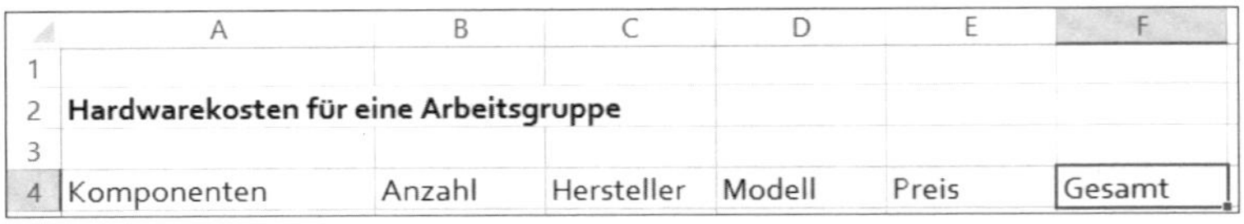

1.1.2 Daten eintragen

Wenn die Beschriftung der Zeilen und Spalten abgeschlossen ist, können Sie mit der Eingabe der Daten beginnen:

1 Wählen Sie die Zelle B5, und tragen Sie untereinander jeweils die Anzahl der notwendigen Komponenten ein. Bei den Notebooks können Sie sich entscheiden, ob die Zusatzausstattung jeweils für alle oder nur für einen Teil der Geräte durchgerechnet werden soll.

2 Da die vorgegebene Spaltenbreite hier zu groß ist, positionieren Sie den Zellzeiger zwischen den Spaltenköpfen B und C, und führen Sie einen Doppelklick oder Doppeltipp aus. Die Spaltenbreite wird an die benötigte Breite angepasst.

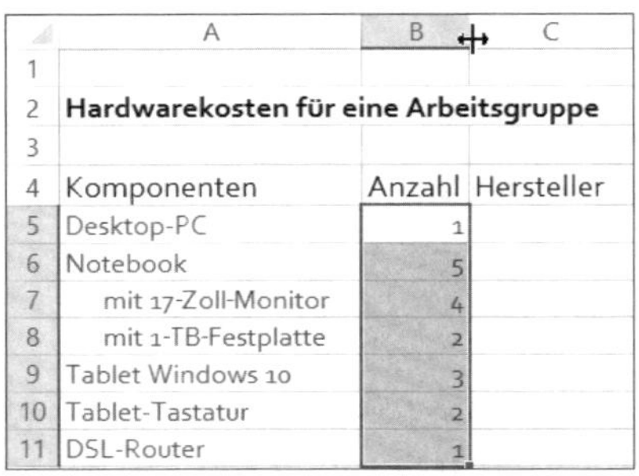

3 Markieren Sie die Zelle C5, um die Namen der Hersteller einzutragen. Beenden Sie Ihre Eingaben jeweils mit [↵]. Wenn Komponenten von einem bereits aufgeführten Hersteller kommen, können Sie einfach den Eingabevorschlag übernehmen, den Excel macht, sobald der erste Buchstabe gleich ist.

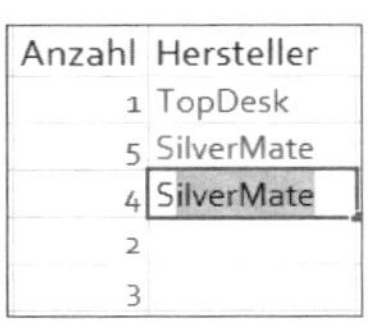

4 Unter *Modell* geben Sie die jeweiligen Typenbezeichnungen ein. In der Preisspalte können nun die Beträge eingetragen werden, die Ihnen von den jeweiligen Anbietern bekannt sind. Markieren Sie anschließend die Zellen E5 bis E12, und verwenden Sie das Symbol **Buchhaltungszahlenformat** in der Gruppe **Zahl**.

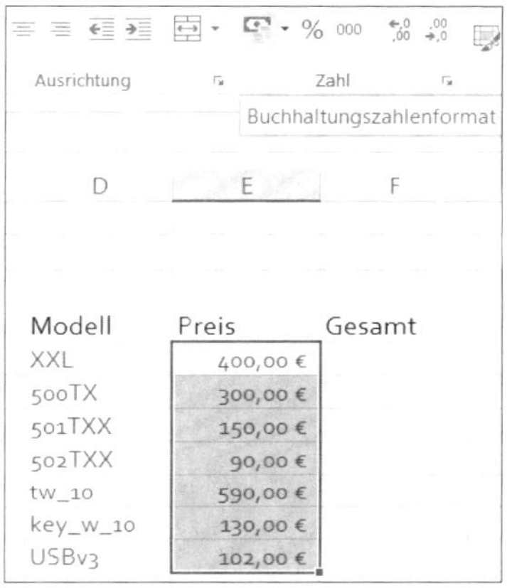

1.1.3 Was kostet das?

Sind alle Preise eingegeben, kann berechnet werden, was die Minimalausstattung kostet und wie hoch der Preis für die zusätzlichen Wünsche ist. Dazu müssen zunächst die Einzelpreise mit der vorgesehenen Anzahl multipliziert werden.

1 Wählen Sie die Zelle F5 aus. Geben Sie ein Gleichheitszeichen ein, und markieren Sie anschließend die Zelle E5. Geben Sie ein Sternchen für die Multiplikation ein, und wählen Sie anschließend die Zelle B5. Beenden Sie die Formel mit dem Häkchen in der Bearbeitungsleiste, sodass die Zelle anschließend ausgewählt bleibt. Das Ergebnis der Formel, also das, was in der Schulmathematik normalerweise auf der anderen Seite des Gleichheitszeichens erscheinen würde, ist das, was die Zelle schließlich anzeigt.

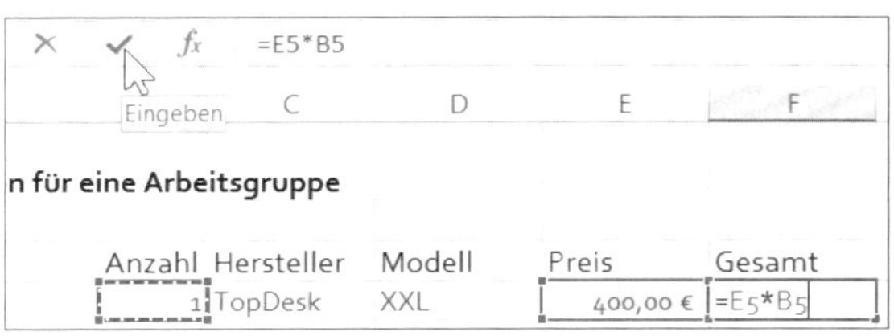

2 Setzen Sie den Mauszeiger genau auf das Ausfüllkästchen der markierten Zelle, also den kleinen Würfel in der unteren rechten Ecke des Zellrahmens, und führen Sie einen Doppelklick aus. Excel füllt die Spalte mit Kopien der Formel in Zelle F5 bis zu Zelle F11, wobei sich das Programm an der Länge der Spalte D – soweit sie Werte enthält – orientiert. Dabei werden die Zellbezüge zeilenweise angepasst. Excel blendet unten die Schaltfläche **Auto-Ausfülloptionen** ein. Wenn Sie den kleinen Pfeil benutzen, werden verschiedene Ausfüllvarianten angeboten. In diesem Fall ist die Voreinstellung **Zellen kopieren** aber die richtige. Sie müssen also keine Veränderung vornehmen.

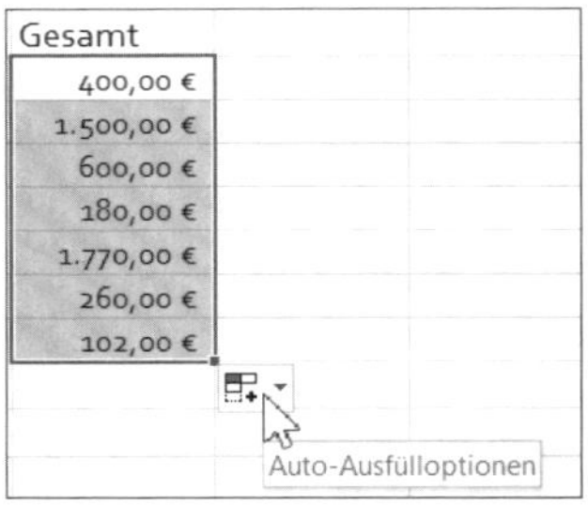

Auf dem Touchscreen ist die Vorgehensweise etwas anders. Sie halten den Finger oder Stift einen Moment auf der Zelle F5. Es erscheint ein horizontales Kontextmenü. Tippen Sie auf das Symbol **AutoAusfüllen**. Excel blendet unter der rechten Ecke der markierten Zelle ein Ausfüllsymbol ein. Ziehen Sie dieses bis zur Zelle F11.

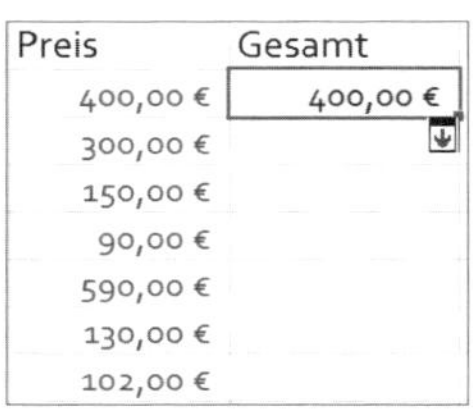

3 Die Spalte F übernimmt das Euro-Format in diesem Fall automatisch, da ein Währungsbetrag multipliziert wurde. Nur ist jetzt die Spaltenbreite eventuell zu gering, um alle Werte korrekt anzuzeigen. Die nicht hineinpassenden Werte werden unter Umständen mit #-Zeichen angezeigt. Das ist aber nur dann der Fall, wenn die Spaltenbreite vorher schon einmal manuell verändert wurde. Wenn Sie die Spalte wie oben beschrieben verbreitern, erscheinen wieder die kompletten Werte.

4 Nun fehlt noch die Gesamtsumme. Setzen Sie den Zellzeiger in die Zelle F12, und benutzen Sie auf der Registerkarte **Start** das Symbol **Summe** in der Gruppe **Bearbeiten**. Sie sehen, Excel ist »intelligent« genug, zu erkennen, dass Sie den darüberliegenden Bereich summieren wollen, und markiert ihn mit einem durchbrochenen grünen Rahmen. Bestätigen Sie mit [↵] oder mit dem Symbol **Eingeben** in der Bearbeitungsleiste.

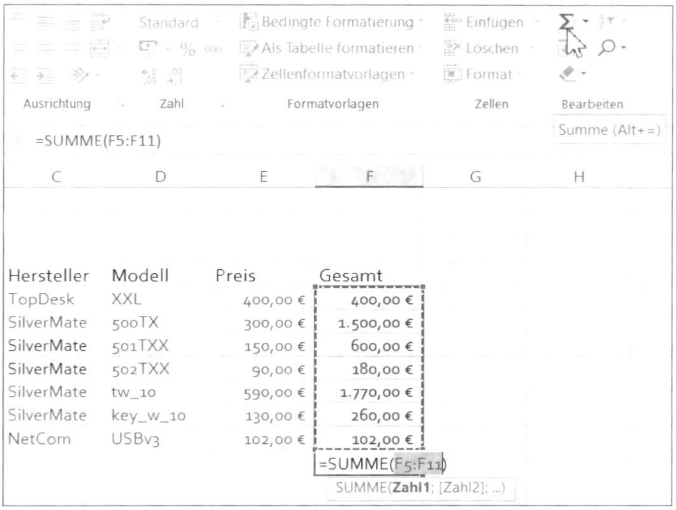

5 Um die Tabelle abzuschließen, schreiben Sie in Zelle E12 noch »Gesamtsumme« und verbreitern die Spalte E ein wenig.

	A	B	C	D	E	F
1						
2	**Hardwarekosten für eine Arbeitsgruppe**					
3						
4	Komponenten	Anzahl	Hersteller	Modell	Preis	Gesamt
5	Desktop-PC	1	TopDesk	XXL	400,00 €	400,00 €
6	Notebook	5	SilverMate	500TX	300,00 €	1.500,00 €
7	mit 17-Zoll-Monitor	4	SilverMate	501TXX	150,00 €	600,00 €
8	mit 1-TB-Festplatte	2	SilverMate	502TXX	90,00 €	180,00 €
9	Tablet Windows 10	3	SilverMate	tw_10	590,00 €	1.770,00 €
10	Tablet-Tastatur	2	SilverMate	key_w_10	130,00 €	260,00 €
11	DSL-Router	1	NetCom	USBv3	102,00 €	102,00 €
12					Gesamtsumme	4.812,00 €

Der erste Schritt ist getan. Die Tabelle leistet, was sie leisten soll, auch wenn alles noch etwas schmucklos aussieht.

1.1.4 Sichern der Ergebnisse

Spätestens an dieser Stelle, am besten aber schon nach der Eingabe der Beschriftungen, sollten Sie das Kalkulationsmodell erst einmal sichern, das sich bisher – jedenfalls in der endgültigen Fassung – ja nur im Hauptspeicher Ihres Systems befindet.

1 Wählen Sie dazu über die Registerkarte **Datei** den Befehl **Speichern unter**.

2 Auf der nun erscheinenden Seite stellt Excel 2019 Ihnen neben der lokalen Speicherung Ihrer Dokumente auf dem eigenen Gerät oder im lokalen Netz gleich auch die Speicherung auf Servern im Internet zur Verfügung, sei es in OneDrive oder an anderen Webspeicherorten. Die Schaltfläche mit dem Pfeil nach links ❶ führt jeweils zu den anderen Registerkarten zurück, falls es nicht automatisch geschieht, wenn die auf dieser Registerkarte gewählte Funktion beendet ist. Auf die Speicherung im Web gehen wir weiter unten in Abschnitt 1.9, »Speichern in der Cloud«, noch ein.

3 Wenn Sie es zunächst bei der lokalen Speicherung belassen wollen, wählen Sie in der linken Spalte der Seite unter **Speichern unter** die Schaltfläche **Dieser PC**.

4 Ist **Dieser PC** ausgewählt, werden in der rechten Spalte die bisher schon verwendeten Ordner angeboten. Wenn Sie einen dieser Ordner wählen, wird der Dialog **Speichern unter** für diesen Ordner geöffnet. Die Schaltfläche **Durchsuchen** ❷ öffnet ansonsten immer zunächst den Dialog mit dem zuletzt verwendeten Ordner.

5 Im Dialog wird Ihnen unter **Dateiname** ❸ ein Name für die Arbeitsmappe abverlangt. Excel erlaubt Ihnen, ausführliche Namen einzugeben, wie *Kalkulation_Team_Netz*. Nutzen Sie diese Möglichkeit, damit Sie Ihre Tabellen möglichst gut wiederfinden.

6 Der vorgegebene **Dateityp** ❹ kann in diesem Fall einfach übernommen werden.

7 Als Ort der Dateiablage gibt Excel den Standardordner *Dokumente* vor, falls Sie nicht über die Schaltfläche **Optionen** auf der Registerkarte **Datei** unter **Speichern** und **Lokaler Standardspeicherort für Datei** einen anderen Ordner ausgewählt oder zuletzt einen anderen Ordner zum Speichern verwendet haben.

8 Die Eingabefelder **Autoren**, **Firma** etc. ❺ können Sie verwenden, um weitere Angaben zum jeweiligen Dokument zu machen. Diese Metadaten werden in der Detailansicht eines Ordners angezeigt, wenn die entsprechenden Spalten über das Kontextmenü der Spaltenbeschriftungen eingeblendet werden.

9 Die Option **Miniaturansicht speichern** ❻ sorgt dafür, dass später im Dialog **Öffnen** eine Vorschau auf die Tabelle verfügbar ist. Bestätigen Sie Ihre Angaben mit **Speichern** ❼. Wenn Sie eine Arbeitsmappe speichern, bleibt sie weiter geöffnet, sodass Sie daran weitere Änderungen vornehmen können.

10 Wenn Sie die Tabelle später erneut sichern wollen, benutzen Sie das vorgegebene Symbol **Speichern** ❽ in der Schnellzugriffsleiste, denn das Kind hat ja inzwischen einen Namen, und Excel weiß damit, wohin die Daten gespeichert werden sollen. `Strg` + `S` hat den gleichen Effekt.

11 Sind Sie mit der Arbeit an der Mappe – für diese Sitzung – fertig, können die Mappe und das dazugehörige Anwendungsfenster auch endgültig geschlossen werden. Verwenden Sie dazu das **Schließen**-Symbol in der Titelleiste der Mappe. Sie können auch den Befehl **Datei ▸ Schließen** oder `Strg` + `F4` nehmen.

12 Um später wieder auf das Kalkulationsblatt zuzugreifen, verwenden Sie über die Registerkarte **Datei** den Befehl **Öffnen**. Ähnlich wie bei dem Befehl **Speichern unter** zeigt Excel 2019 zunächst eine Seite an, die verschiedene Plätze für Arbeitsmappen und zugleich eine Liste der zuletzt bearbeiteten Arbeitsmappen anbietet. Wie viele Dateien in dieser Liste erscheinen, können Sie über **Datei ▸ Optionen ▸ Erweitert** unter **Anzeige ▸ Diese Anzahl zuletzt verwendeter Dateien anzeigen** einstellen. Wenn Sie mit dem Startbildschirm von Excel 2019 arbeiten, wird Ihnen unter **Zuletzt verwendet** die zuvor bearbeitete Mappe immer als erste angeboten.

13 Außerdem können Sie über das Kontextmenü der Dateien oder Ordner mit **An Liste anheften** dafür sorgen, dass bestimmte Elemente auf jeden Fall in der Liste angezeigt werden. **Aus Liste lösen** hebt die Fixierung wieder auf.

14 Mit der Schaltfläche **Nicht gespeicherte Arbeitsmappen wiederherstellen** ❾ können Sie eine ohne Speicherung geschlossene Arbeitsmappe wiederherstellen. Excel speichert diese Dateien provisorisch in dem Ordner *UnsavedFiles*, der jeweils dem Benutzer zugeordnet ist.

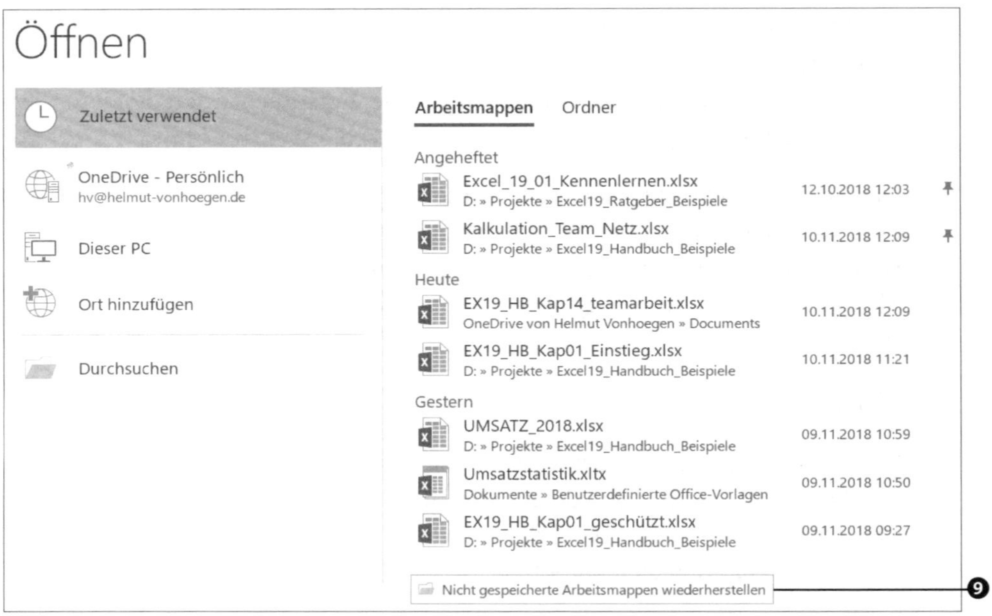

15 Wenn Sie die Option **Dieser PC** wählen, werden der aktuelle Ordner und die zuletzt verwendeten Ordner angeboten, außerdem die Schaltfläche **Durchsuchen**, die den vertrauten Dialog **Öffnen** mit dem zuletzt verwendeten Ordner öffnet.

16 Im Dialogfeld **Öffnen** werden die vorhandenen Arbeitsmappen aufgelistet. Wählen Sie den betreffenden Namen und dann **Öffnen**. Wenn Sie über die Pfeilschaltfläche zu **Ansicht ändern** ❿ die Option **Extra große Symbole** wählen, können Sie schon vor dem Öffnen kontrollieren, ob Sie die richtige Datei erwischt haben, vorausgesetzt, sie ist wie beschrieben mit einer Vorschaugrafik abgespeichert worden.

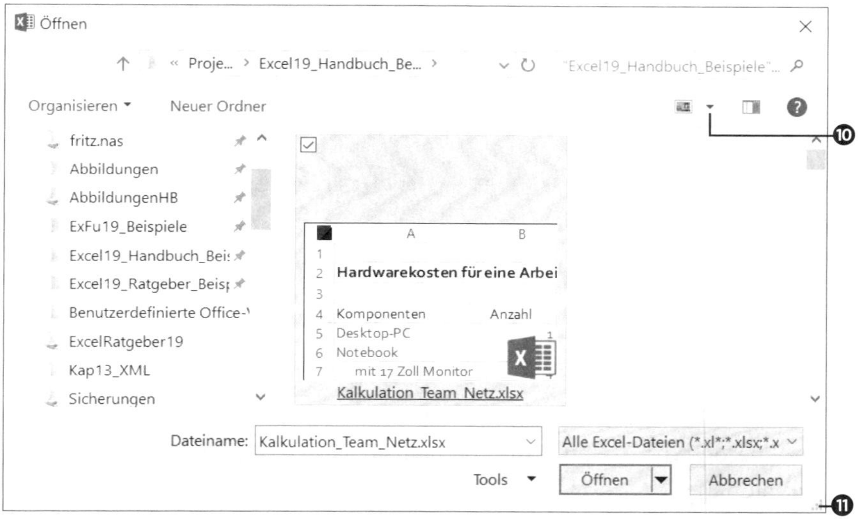

Ziehen Sie, wenn nötig, das Dialogfeld an der unteren rechten Ecke ⓫ größer, damit Sie genug sehen können.

1.1.5 Arbeit mit der Tabelle

Unsere erste Beispieltabelle ist so aufgebaut, dass Sie leicht durchspielen können, wie sich verschiedene Optionen auf die Gesamtkosten auswirken. Wenn Sie z. B. berechnen wollen, was es kostet, wenn gleich alle Notebooks mit 1-TB-Festplatten ausgestattet werden, wählen Sie die Zelle B8 aus und überschreiben die bisherige Anzahl mit der Zahl 5. Excel rechnet die Summen sofort neu durch.

1.1.6 Verbesserungen der Darstellung

Obwohl die Tabelle, was die Berechnungen betrifft, schon leistet, was sie soll, sind Sie möglicherweise mit dem etwas schmucklosen Outfit nicht zufrieden. Die schnellste Abhilfe kann hier eine automatische Formatierung mit einer Vorlage schaffen.

1 Ziehen Sie mit der Maus über die Zellen A4 bis F4, um diesen Zellbereich auszuwählen. Auf dem Touchscreen tippen Sie A4 an und ziehen den rechten Anfasser bis zu F4. Benutzen Sie im Menüband auf der Registerkarte **Start** in der Gruppe **Formatvorlagen** die Schaltfläche **Zellenformatvorlagen** ❶.

2 In der Palette werden zahlreiche Formatmuster angeboten. Wählen Sie ein Formatmuster für die Spaltenüberschriften per Klick oder Tipp aus.

3 Markieren Sie noch die Zellen A4 bis F12, und ordnen Sie aus der Palette **Schriftart ▸ Rahmenlinien** ❷ die Option **Alle Rahmenlinien** zu.

4 Markieren Sie B4 bis F12, und verwenden Sie unter **Ausrichtung** die Schaltflächen **Rechtsbündig ausrichten** ❸ und **Einzug vergrößern** ❹.

Die Abbildung zeigt, dass ein paar Formatierungsschritte das Kalkulationsmodell durchaus übersichtlicher machen.

1.1.7 Die Tabelle ausdrucken

Wenn nun zu dem gerade beschriebenen Kalkulationsmodell noch eine Besprechung mit der Geschäftsleitung stattfinden soll, ist es sinnvoll, die Tabelle auszudrucken.

1. Vor dem Ausdruck sollten Sie zunächst prüfen, wie der Druck in etwa aussehen wird. Dazu bietet Excel eine Druckvorschau, die Sie über die Registerkarte **Datei** und **Drucken** erreichen.

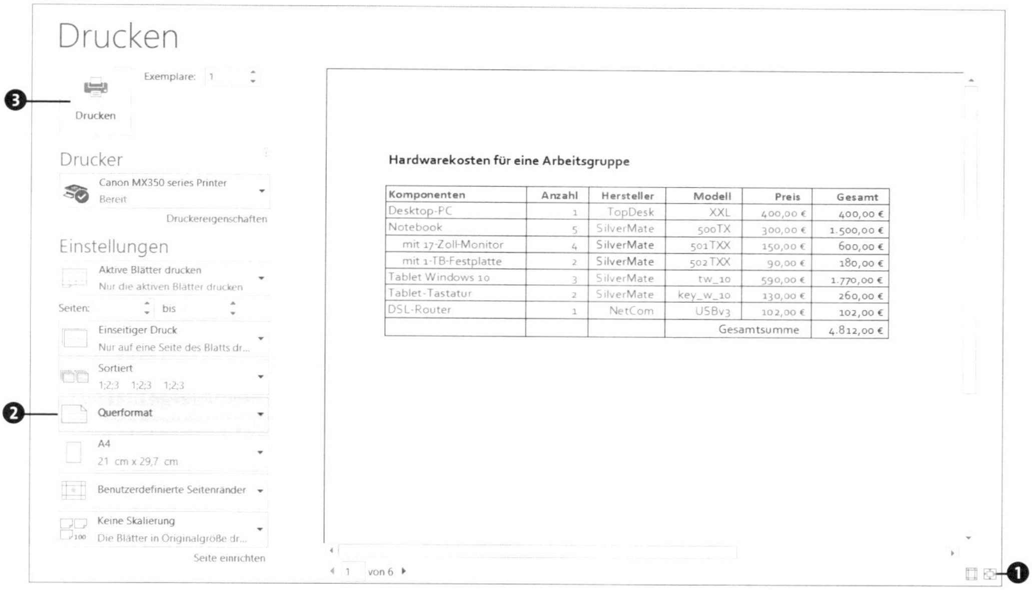

2. In dieser Ansicht können Sie vorab das Druckergebnis prüfen. Klicken Sie auf die Schaltfläche **Auf Seite zoomen** ❶ in der Ecke unten rechts, um Details zu sehen.
3. Sollte die Tabelle nicht auf eine Seite passen, nutzen Sie hier unter **Einstellungen** die Schaltfläche für die Ausrichtung ❷, und wählen Sie **Querformat**.
4. Klicken Sie dann auf die Schaltfläche **Drucken** ❸, um den Ausdruck zu starten.

Wenn Sie Ihre Anschaffungen wie auf dem hier gezeigten Kalkulationsblatt durchrechnen, behalten Sie Ihre Ausgaben leichter im Griff.

1.2 Ein paar Grundbegriffe vorweg

Die Arbeitsumgebung in Excel ist angelehnt an die Situation, die Ihnen von der Arbeit am Schreibtisch vertraut ist. Excel stellt Ihnen auf dem Desktop einen Arbeitsbereich zur Verfügung, in dem in verschiedenen Fenstern verschiedene Vorgänge gleichzeitig behandelt werden können.

1.2.1 Arbeitsmappe, Arbeitsblatt und Zelle

Für die einzelnen Arbeitsvorgänge bietet Ihnen Excel jeweils Arbeitsmappen an. Eine solche Mappe, ähnlich wie ein Hefter oder Aktenordner, kann z. B. alle Tabellen und Diagramme zur Verwaltung eines Lagers zusammenfassen. Ein besonderer Vorteil der Mappen ist, dass bestimmte Operationen gleich für mehrere Tabellen durchgeführt werden können, etwa die Formatierung bestimmter Tabellenbereiche. Außerdem sind Berechnungen möglich, die Daten aus mehreren Tabellen verwerten. Eine Arbeitsmappe wird zunächst mit einer frei wählbaren Anzahl von Blättern eröffnet. Vorgegeben ist in Excel 2019 nur ein einziges Blatt. Über **Datei ▸ Optionen ▸ Allgemein** kann unter **So viele Arbeitsblätter einfügen:** die Vorgabe für neue Arbeitsmappen auf bis zu 255 Blätter erweitert werden. Das ist zugleich auch das Maximum, das für eine Arbeitsmappe erlaubt ist.

Blatttypen

In Excel werden die einzelnen Blätter einer Arbeitsmappe durch beschriftete Register am unteren Rand gekennzeichnet, die auch unterschiedlich eingefärbt werden können. Eine Mappe kann verschiedene Blatttypen enthalten: Blätter für Tabellen, für Diagramme und – aus Gründen der Kompatibilität mit den älteren Excel-Versionen – Blätter für den Entwurf von Dialogfeldern nach der Methode von Excel 5. Auch Vorlagen für Excel-4-Makros und internationale Excel-4-Makrovorlagen werden weiterhin angeboten.

Excel vergibt jeweils vorläufige Blattnamen, die innerhalb des jeweiligen Blatttyps automatisch durchnummeriert werden. Diese Namen sollten in der Regel durch aussagekräftigere Namen ersetzt werden. Bis zu 31 Zeichen sind erlaubt, auch Leerzeichen. Es reicht ein Doppelklick oder Doppeltipp auf ein Register, um seinen Namen zu bearbeiten. Die Registerfarbe wählen Sie über das Kontextmenü des Registers.

Tabellenblatt und Zelladresse

Die Blätter für Tabellen sind in Spalten und Zeilen eingeteilt. Bereits in Excel 2007 ist die Aufnahmekapazität der Blätter beträchtlich erweitert worden. Anstelle der bis dahin maximal möglichen 256 Spalten sind nun bis zu 16.384 Spalten erlaubt. Dabei werden die Spalten mit Buchstaben von A bis XFD gekennzeichnet. Die Zeilenkapazität wurde von maximal 65.536 auf 1.048.576 Zeilen ausgedehnt, die von 1 ausgehend durchnummeriert werden. Bei der Arbeit mit Datenmodellen sind sogar zwei Millionen Tabellenzeilen möglich.

Inwieweit Sie diese enormen Kapazitäten tatsächlich ausnutzen können, hängt stark vom Ausbau Ihres Hauptspeichers ab. Um solche Datenmengen bewältigen zu können, wurde das beim Speichern einer Arbeitsmappe überprüfte Arbeitsspeicherlimit in der 32-Bit-Version von Excel 2019 auf maximal 4 GB ausgeweitet. Außerdem können Prozessoren mit mehreren Kernen genutzt werden. Benötigen Sie noch größere Arbeitsmappen, sollten Sie die 64-Bit-Version von Excel nutzen, die diese Begrenzung durchbricht. Sie ist in Excel 2019 jetzt die vorgegebene Version. Mehr dazu erfahren Sie in Abschnitt 1.10, »Besonderheiten der 64-Bit-Version«. Allerdings lassen sich solche Tabellenmonster von anderen Anwendern, die mit 32 Bit arbeiten, dann nicht öffnen.

Im Schnittpunkt von Spalte und Zeile liegt die Zelle. Die Zelle ist der Ort, an dem sich etwas eintragen lässt. Die Zahl der Zeichen, die jede Zelle aufnehmen kann, liegt aktuell bei 32.767. Formeln können bis zu 8.000 Zeichen enthalten.

	A	B
1	**Zielnamensraum**	**Anzahl Zeichen**
2	Werden Schemas für aktuelle XML-Dokumente modelliert, sollten die Möglichkeiten der Namensräume genutzt werden. Das gilt vor allem, wenn das Schema ein Vokabular für einen bestimmten Gegenstandsbereich definiert, auf den sich zahlreiche Anwendungen beziehen.	258
3	Die Zuordnung von Namen zu den Komponenten eines bestimmten Schemas kann in jedem Fall einen eigenen Namensraum konstituieren, die Empfehlung nennt ihn target namespace. Dieser Zielnamensraum wird dadurch gebildet, dass er über eine entsprechende Deklaration identifiziert wird. Dafür können entsprechende Attribute in das Element <xsd:schema> eingefügt werden. Allerdings ist dies nicht unbedingt erforderlich, der Zielnamensraum ist optional.	444

Abbildung 1.1 Beispiel für Zellen mit großen Zeichenmengen

Die Schachtelungsebenen von Formeln wurden seit Excel 2007 von 7 auf 64 erhöht. Wie bei einem Schachbrett wird die Position der Zelle im Blatt über die Beschriftung von Spalte und Zeile bestimmt. Jede Zelle hat eine eindeutige Adresse. Die vollständige Adresse einer Zelle lautet beispielsweise:

```
[Bericht3]Kosten!F6
```

Das bedeutet:

Adressbestandteil	Bedeutung
[Bericht3]	Zelle liegt in der Datei mit dem Namen *Bericht3*.
Kosten!	Zelle liegt im Blatt mit dem Namen *Kosten*.
F	Zelle liegt in Spalte F.
6	Zelle liegt in Zeile 6.

Der Name der Arbeitsmappe wird also immer in eckige Klammern gesetzt. Damit erkennbar ist, dass ein Name ein Blatt bezeichnet und nicht einen Zellbereich, wird dahinter ein Ausrufezeichen gesetzt. Bei der Eingabe einer Formel kann der Dateiname weggelassen werden, wenn die Zelle in der aktuellen Arbeitsmappe liegt, also in der Datei, die im aktiven Anwendungsfenster angezeigt wird. Liegt die Zelle in dem Blatt, in dem der Zellzeiger augenblicklich steht, kann auch die Blattbezeichnung entfallen.

Excel erlaubt seit der ersten Version auch noch eine andere Schreibweise für Zellbezüge, bei der mit den Nummern der Zeilen und Spalten gearbeitet wird. Anstelle von *B2* kann auch *Z2S2* verwendet werden. Voraussetzung ist, dass Sie über die Registerkarte **Datei** und die Schaltfläche **Optionen** diese andere Bezugsart auf dem Register **Formeln** einschalten. Das ist unter **Arbeiten mit Formeln** mit der Option **Z1S1-Bezugsart** möglich. In diesem Buch wird die alternative Bezugsart nicht verwendet.

Die aktive Zelle

Jeweils eine Zelle der Tabelle ist durch einen stärkeren, grünen Rand hervorgehoben und damit als aktive Zelle markiert. Die Markierung heißt auch Zellzeiger. Unten rechts am Rahmen befindet sich das sogenannte Ausfüllkästchen. Eine markierte Zelle ist empfangsbereit für die manuelle Dateneingabe. Ist das Kästchen nicht sichtbar, wurde diese Funktion abgeschaltet. Das kann sinnvoll sein, wenn Sie Anwendungen erstellen, in denen nur an bestimmten Stellen Eingaben erlaubt sein sollen. Verwenden Sie **Datei ▸ Optionen ▸ Erweitert**, und wählen Sie unter **Bearbeitungsoptionen** die Option **Ausfüllkästchen und Drag & Drop von Zellen aktivieren**, um das Ausfüllkästchen wieder einzublenden.

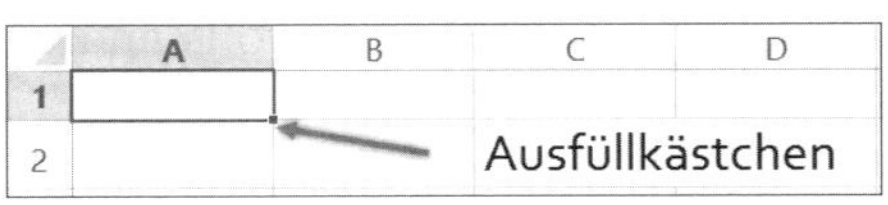

Abbildung 1.2 Die Zelle und das Ausfüllkästchen

Wenn Sie Befehle ausführen, die eine Zelle betreffen können, gelten diese Befehle jeweils für die markierte Zelle. Der Zellzeiger kann mit der Maus, den Richtungstasten oder durch Befehle wie **Gehe zu** versetzt werden.

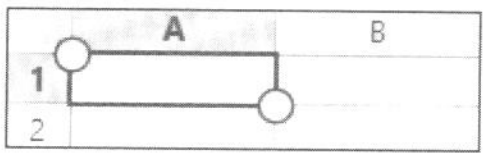

Abbildung 1.3 Die markierte Zelle auf dem Touchscreen mit den beiden Anfassern

Auf einem Touchscreen markieren Sie die Zelle durch Antippen. Kleine Korrekturen an der Zellauswahl erreichen Sie in diesem Fall, wenn Sie die Rahmenlinie der Zelle an der Seite doppelt antippen, an der die Verschiebung stattfinden soll. Das angesprochene Ausfüllkästchen wird auf dem Touchscreen des Surface-Tablets auch angeboten, wenn Sie statt mit den Fingern mit dem Microsoft-Stift arbeiten.

1.2.2 Zellinhalt und Zellformat

Bei jeder Zelle können mindestens zwei Dimensionen unterschieden werden. Die eine Dimension ist der Inhalt der Zelle. Eine Zelle kann einen Eintrag enthalten oder leer sein. Die zweite Dimension ist das Format der Zelle. Das ist die Art und Weise, wie der Inhalt der Zelle angezeigt wird, in welchem Zahlenformat, in welcher Schriftart, in welcher Farbe etc.

Die beiden Dimensionen werden in Excel getrennt behandelt. Sie können den Inhalt einer Zelle löschen, das gewählte Format aber beibehalten, oder umgekehrt das Format einer Zelle kopieren, ohne den Inhalt mitzunehmen. Zu dieser Dimension gehören auch Eigenschaften, die den Schutz der Zelle gegen Veränderungen betreffen, oder Gültigkeitsregeln für die Dateneingabe. Als eine dritte Dimension kann noch ein Kommentar angelegt werden, der etwa Hinweise zu einem Wert oder einer Formel enthält. Eine Sonderstellung nehmen Zellen ein, die *Sparklines* aufnehmen. Diese werden in einer weiteren Dimension der Zelle abgelegt. Mehr dazu erfahren Sie in Kapitel 9, »Datenvisualisierung mit Sparklines«.

1.2.3 Zellgruppen – Bereiche

Befehle in Excel lassen sich nicht bloß auf einzelne Zellen, sondern auch auf Gruppen von Zellen anwenden, die *Bereiche* genannt werden. Ein Bereich ist eine rechteckige Gruppe von Zellen, die entweder manuell markiert oder über eine Bereichsadresse angesprochen wird. Ist ein Zellbereich ausgewählt, legt Excel einen grünen Rahmen um die Auswahl und färbt die Zellen mit einer Hintergrundfarbe ein. Auch die Zeilen- und Spaltenköpfe werden entsprechend eingefärbt. Das Ausfüllkästchen erscheint am unteren rechten Rand.

Ein Zellbereich besteht mindestens aus einer Zelle, maximal aus allen Zellen eines Blatts oder der Arbeitsmappe. Bereiche in einem Blatt sind zweidimensional, ein Bereich kann aber auch Zellen aus benachbarten Arbeitsblättern umfassen. Bereiche werden über die Adressen von zwei gegenüberliegenden oder diagonal gepaarten Eckzellen definiert. Ihre Adressen werden durch die Angabe »von – bis« bestimmt. Der Bereich in Abbildung 1.4 hat die Adresse A1:D5.

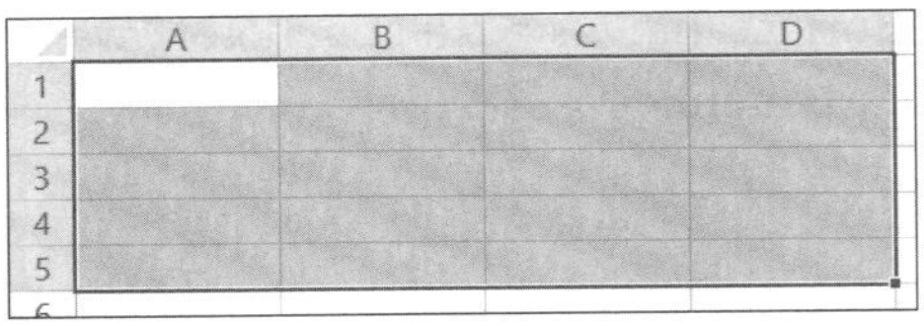

Abbildung 1.4 In diesem Zellbereich ist A1 die aktive Zelle.

Auf einem Touchscreen sieht der markierte Bereich etwas anders aus, wenn Sie im Modus **Fingereingabe** arbeiten.

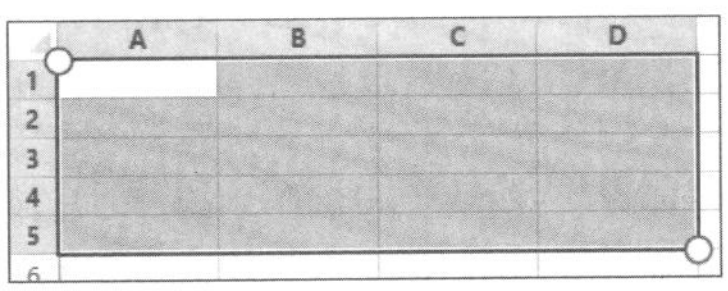

Abbildung 1.5 Der gleiche Zellbereich auf einem Touchscreen

Wenn Sie eine Zelle dagegen mit dem Stift antippen, arbeitet die Stiftspitze wie der Mauszeiger, der Rahmen des Bereichs und das Ausfüllkästchen lassen sich mit der Stiftspitze also genauso ziehen wie mit der Maus. Excel erkennt automatisch, ob eine Zelle mit dem Finger oder mit dem Stift markiert wird. Es ist also kein Problem, eine Zelle mal mit dem Finger und mal mit dem Stift auszuwählen. Voraussetzung ist allerdings, dass in den **Excel-Optionen** unter **Erweitert** die Option **Stift standardmäßig verwenden...** aktiviert ist.

Die aktive Zelle im ausgewählten Zellbereich ist am weißen Hintergrund erkennbar. Außerdem ist es möglich, Zellen und Bereiche mit Namen zu belegen, sodass sie auch über diesen Namen ansprechbar sind.

Mehrfachbereiche

Excel erlaubt auch die gleichzeitige Auswahl von Zellengruppen, die nicht aneinandergrenzen. Auf diese Mehrfachbereiche können die meisten der Operationen angewendet werden, die für Einzelbereiche möglich sind. **Ausschneiden**, **Zellen löschen** oder **Zellen einfügen** ist aber nur bei Einzelbereichen erlaubt.

Datentypen

Die Zellen der Arbeitsblätter können grundsätzlich zwei Typen von Daten aufnehmen:

1. **Konstanten** sind fixe Daten, die direkt in die Zelle eingegeben werden: Zahlen, Texte wie Beschriftungen, Namen, Artikelbezeichnungen etc., Datumsangaben wie 12.10.2018 oder Zeitangaben wie 12:33.
2. **Formeln** sind Rechenvorschriften oder Vorschriften zur Manipulation von Daten. Sie veranlassen das Programm, in der Zelle das Ergebnis auszugeben. Formeln beginnen immer mit einem Gleichheitszeichen und können ihrerseits konstante Werte, Bezüge auf Zellen und Zellbereiche, Zell- oder Bereichsnamen, Operatoren und Funktionen enthalten.

Formel	Bedeutung
=b2	Liefert den Wert der Zelle B2.
=b3+b4	Liefert die Summe der beiden Zellinhalte.
=Nettobetrag*MwSt	Berechnet den Bruttobetrag aus Werten der beiden benannten Bereiche.
=LINKS(b3; 15)	Liefert die ersten 15 Zeichen des Inhalts der Zelle B3.

Enthält eine Zelle eine Formel, ist die Formel in der Bearbeitungsleiste sichtbar, wenn die Zelle markiert ist, während in der Zelle selbst das Ergebnis erscheint.

Zeichenfolgen und numerische Werte

Die zweite Unterscheidung, die hier von Bedeutung ist, ist die zwischen Zeichenfolgen und numerischen Werten. Konstanten sind entweder Zeichenfolgen oder numerische Werte. Formeln liefern entweder Zeichenfolgen oder numerische Werte als Ergebnis. Logische Ausdrücke liefern die beiden Werte WAHR oder FALSCH, die den Werten 1 und 0 entsprechen (logische Werte können deshalb auch in einfache Rechenoperationen einbezogen werden).

Zeichenfolgen können Texte, aber auch Zahlenfolgen sein. Zum Beispiel können Artikelnummern als Zeichenfolgen abgelegt werden. Wenn Sie Daten für eine Zelle eingetragen haben, prüft das Programm, ob der Eintrag als Zeichenfolge oder als Wert zu verstehen ist, und gibt die Daten entsprechend aus. Zeichenfolgen werden zunächst linksbündig, Werte rechtsbündig ausgegeben.

1.3 Excel starten und beenden

Programme wie Excel dienen dem Zweck, Dokumente anzulegen. Der Programmstart sollte so zügig wie möglich ablaufen. Sie haben gleich mehrere Möglichkeiten.

1.3.1 Start für ein neues Dokument unter Windows 10

Excel 2019 setzt als Betriebssystem Windows 10 voraus. Mit Windows 10 bietet Microsoft einen Kompromiss zwischen dem mit Windows 8 etwas gewaltsam eingeführten Startbildschirm und dem früher üblichen Startmenü. Wie das aktuelle Startmenü aussieht, können Sie über die **Windows-Einstellungen** unter **Personalisierung ▶ Start** festlegen.

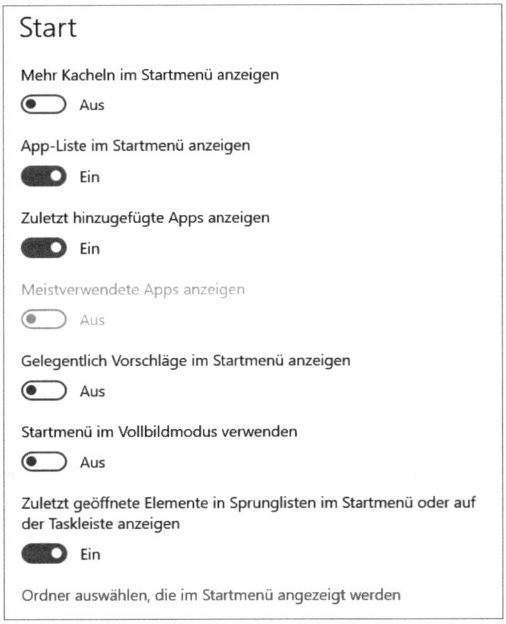

Abbildung 1.6 Optionen für das Startmenü

Sie können selbst entscheiden, ob Sie für Excel im Startmenü eine Kachel anlegen, um die Anwendung damit zu starten. Öffnen Sie mit der rechten Maustaste das Kontextmenü zu dem Listeneintrag für Excel, und wählen Sie **An "Start" anheften**, um eine Kachel anzulegen. Ein Klick oder Tipp auf diese Kachel startet dann das Programm. Die meist bequemere Alternative ist hier die Option **An Taskleiste anheften**. Wurde das Symbol des Programms in die Taskleiste eingefügt, reicht ein Klick oder Tipp darauf, um Excel zu öffnen.

Abbildung 1.7 Die Kachel für Excel 2019 auf dem Startbildschirm von Windows 10

Wenn Sie die Kachel mit der rechten Maustaste anklicken oder die Kachel mit dem Finger etwas halten, erscheint ein Kontextmenü mit einigen Optionen, die für die meisten Kacheln zur Verfügung stehen.

Von "Start" lösen entfernt die Kachel wieder aus dem Startmenü, was vielleicht sinnvoll ist, wenn Sie das Programm lieber über die Taskleiste auf dem Desktop starten wollen. Die zweite Option **Größe ändern** bietet je nach der jeweiligen Anwendung zwei bis vier verschiedene Größen für die Kachel an.

Die dritte Option verknüpft das Programm mit der Taskleiste auf dem Desktop oder löst es wieder davon. Die vierte Option erlaubt die Deinstallation des ganzen Programms.

Sie führt in den Dialog **Programme und Features**, die Sie vom Desktop aus auch über das Menü erreichen, das Ihnen die Tastenkombination [Windows] + [X] anbietet.

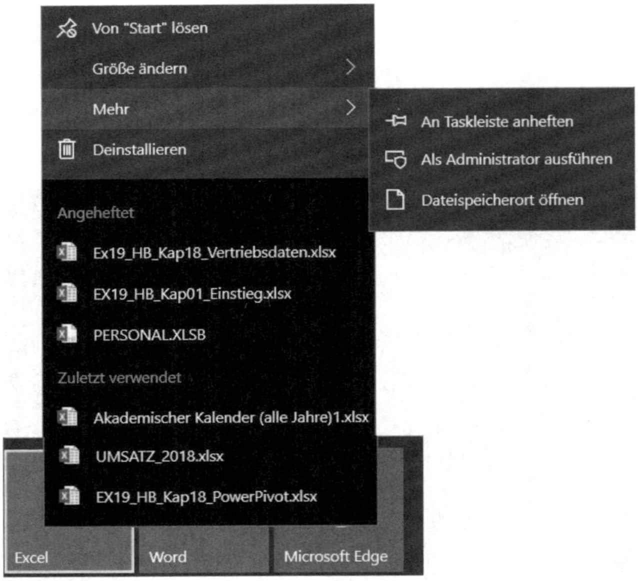

Abbildung 1.8 Optionen zur Programmkachel

In speziellen Fällen ist es sinnvoll, das Programm mit Administratorrechten zu öffnen, was die Option **Als Administrator ausführen** anbietet. Die Option **Dateipfad öffnen** zeigt Ihnen im Explorer den Link auf das Programm Excel in dem dafür verwendeten Ordner. Vorgabe ist *ProgramData > Microsoft > Windows > Start Menu > Programs*.

Wenn Sie nun Excel 2019 per Klick oder Tipp auf den Eintrag im Startmenü, auf die Kachel oder auf das Symbol in der Taskleiste starten, wird Ihnen zunächst der schon angesprochene Startbildschirm angeboten, der neben einem Muster für eine neue Arbeitsmappe auch eine ganze Reihe von Vorlagen bereitstellt. Dabei werden Ihnen im linken Bereich immer auch die zuletzt bearbeiteten Mappen unter **Zuletzt verwendet** angeboten.

Rechts von den Dateinamen finden Sie jeweils ein kleines Stiftsymbol, mit dem Sie eine Datei an die Spitze dieser Liste rücken können, um zu gewährleisten, dass sie in jedem Fall angezeigt wird. Das Kontextmenü zu einem solchen Listeneintrag bietet noch einige nützliche Befehle wie **Kopie öffnen** oder **Pfad in die Zwischenablage kopieren** an.

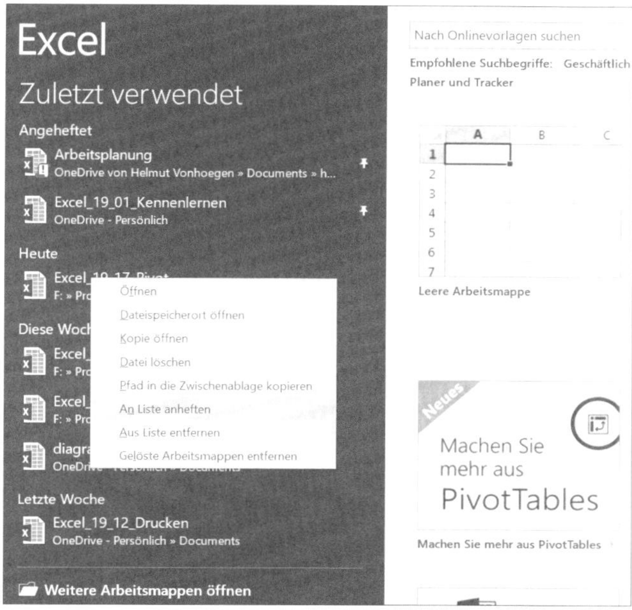

Abbildung 1.9 Der Startbildschirm beschleunigt den Zugang zu Ihren Dokumenten.

Über den Mustervorlagen erscheint noch ein Suchfeld, um online nach weiteren Vorlagen zu suchen. Unter dem Suchfeld finden Sie Namen von Vorlagenkategorien, die weitere Vorlagen einblenden. Haben Sie den Startbildschirm dagegen abgeschaltet, wird das Programm gleich mit einer leeren Arbeitsmappe geöffnet. Vorgegeben wird der Name »Mappe1«.

1.3.2 Starten mit einem vorhandenen Dokument

Um die Arbeit an einer bereits gespeicherten Arbeitsmappe fortzusetzen, benutzen Sie den Befehl **Datei ▸ Öffnen**. In diesem Fall werden ebenfalls unter **Zuletzt verwendet** die entsprechenden Mappen zur Direktauswahl angeboten. Befindet sich die Mappe aber nicht in der Liste, wählen Sie zunächst unter **Dieser PC** einen der schon verwendeten Ordner oder gleich die Schaltfläche **Durchsuchen**.

Anstatt erst das Programm zu starten und darin ein vorhandenes Dokument zu öffnen, können Sie auch umgekehrt verfahren.

1 Unter Windows 10 öffnen Sie über das Kontextmenü des Startsymbols oder mit ⊞ + E den Explorer.

2 Wählen Sie das gewünschte Dokument in dem entsprechenden Ordner.

3 Je nach Einstellung der Ordneroptionen starten Sie Excel mit der ausgewählten Arbeitsmappe per Klick oder Tipp oder mit Doppelklick oder Doppeltipp.

Wenn Sie den genauen Namen der Datei nicht parat haben oder den Ordner nicht mehr wissen, in dem die Datei abgelegt ist, benutzen Sie die Suchfunktion:

1 Verwenden Sie das Lupensymbol in der Taskleiste oder die Tastenkombination [Win]+[S].

2 Geben Sie die ersten Zeichen des Namens ein. Excel zeigt, falls die Suche erfolgreich ist, die entsprechenden Fundstellen an.

3 Ein Klick oder Tipp öffnet das Programm mit der ausgewählten Arbeitsmappe.

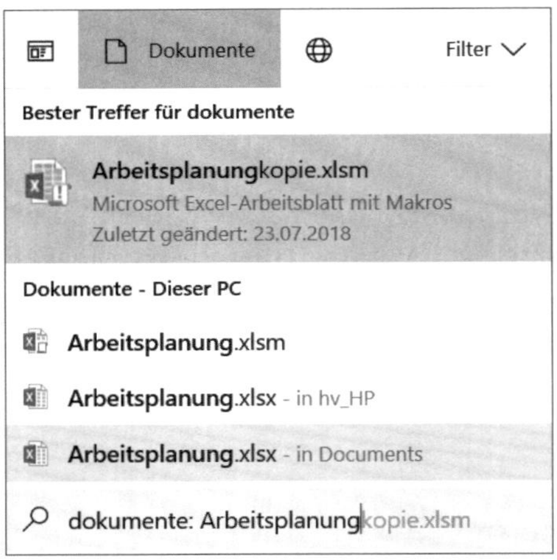

Abbildung 1.10 Suche nach einer Datei in Windows 10

Außerdem erlaubt Ihnen das Kontextmenü für das Excel-Symbol in der Taskleise einen schnellen Zugang zu den zuletzt bearbeiteten Arbeitsmappen. Diese Menüs werden als *Sprungliste* bezeichnet.

Zu jedem Eintrag gibt es ein Kontextmenü, mit dem Sie die Arbeitsmappe sofort ausdrucken können. Windows 10 bietet diese Sprunglisten auch direkt über die Kontextmenüs im Startmenü an, wenn unter den **Windows-Einstellungen** zu **Start** die Option **Zuletzt geöffnete Elemente in Sprunglisten im Startmenü oder auf der Taskleiste anzeigen** aktiviert ist.

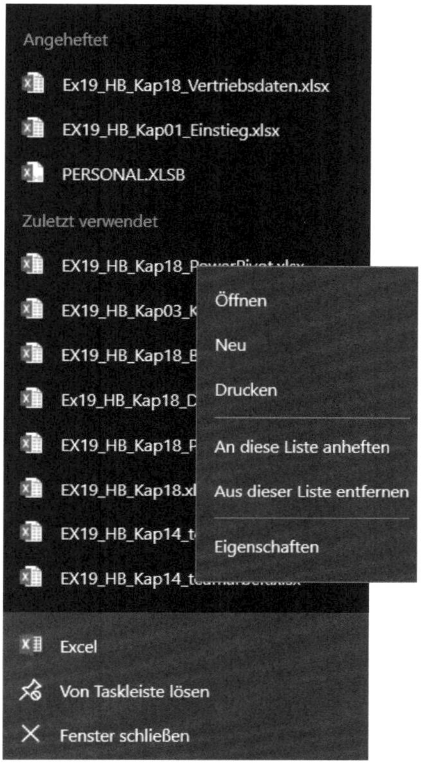

Abbildung 1.11 Kontextmenü zum Taskleistensymbol von Excel

TIPP

Arbeitsmappen an die Sprungliste anheften

Normalerweise enthält die Sprungliste immer nur die Arbeitsmappen, die tatsächlich zuletzt verwendet wurden. Längere Zeit nicht benutzte Mappen fallen aus dieser Liste heraus. Wollen Sie eine Mappe in jedem Fall in der Sprungliste behalten, klicken Sie auf das Symbol mit der Nadel am Ende der Zeile, oder wählen Sie im Kontextmenü **An diese Liste anheften**. Die Mappe wird dann in den Bereich der angehefteten Arbeitsmappen eingefügt.

1.3.3 Selbst gebaute Startvarianten

Eine weitere Möglichkeit, Excel mit einer bestimmten Datei zu öffnen, an der längere Zeit gearbeitet wird, sind Verknüpfungen auf dem Desktop.

1 Wählen Sie die gewünschte Arbeitsmappe über den Explorer in dem Ordner aus, in dem sie abgelegt ist.

2 Verwenden Sie im Kontextmenü zu dieser Arbeitsmappe die Option **Senden an ▸ Desktop (Verknüpfung erstellen)**.

3 Schieben Sie das Symbol an die gewünschte Stelle.

4 Ein Klick oder Tipp auf das Verknüpfungssymbol öffnet die Anwendung mit der gewählten Arbeitsmappe.

Wer täglich den Fortgang eines Projekts in einer Excel-Tabelle kontrolliert, hat auch so einen schnellen Zugriff darauf. In ähnlicher Weise können Sie Verknüpfungen zu einem bestimmten Ordner auf dem Desktop ablegen.

1.3.4 Schneller Wechsel zwischen Arbeitsmappen

Wenn Sie mit mehreren Arbeitsmappen gleichzeitig arbeiten, wird für jede Mappe ein eigenes Anwendungssymbol in der Taskleiste angezeigt. Ob diese nebeneinander erscheinen oder in Form kleiner Stapel, hängt von der Einstellung ab, die Sie für die Eigenschaften der Taskleiste wählen.

Das Kontextmenü der Taskleiste bietet dafür die Option **Taskleisteneinstellungen** an. Sie können dann im Dialog auf dem Register **Taskleiste** unter **Schaltflächen der Taskleiste gruppieren** wählen, ob eine Gruppierung immer, nie oder nur bei Platzmangel erfolgen soll.

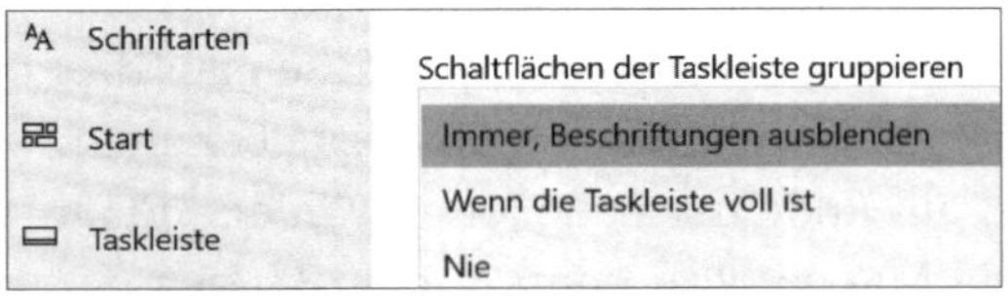

Abbildung 1.12 Einstellungen für das Taskleistensymbol

Berührt der Mauszeiger einen Stapel, können Sie mit der Mausbewegung zwischen den verschiedenen Miniaturansichten wechseln, um die entsprechende Mappe anzuzeigen. Dadurch wird der Wechsel zwischen den Arbeitsmappen vereinfacht. Per Mausklick auf die entsprechende Miniaturansicht können Sie dann gezielt zu einer bestimmten Arbeitsmappe springen.

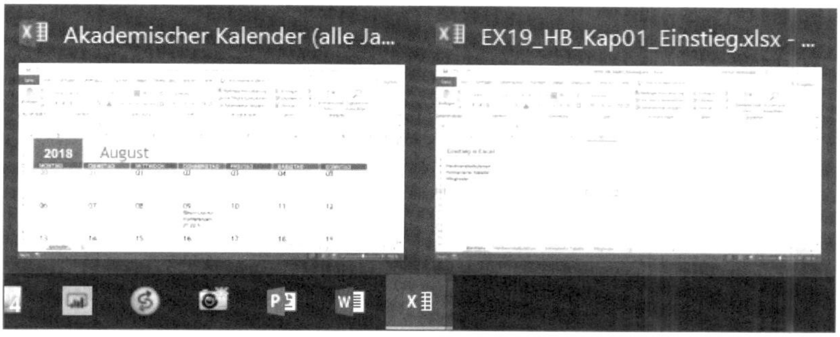

Abbildung 1.13 Zwei Miniaturansichten über dem Taskleistensymbol

Mit dem Finger berühren Sie den Stapel und dann die gewünschte Miniaturansicht. Mit dem Stift halten Sie die Spitze über den Stapel. Um zwischen den Dokumenten zu wechseln, können Sie über die Registerkarte **Ansicht** in der Gruppe **Fenster** das Menü der Schaltfläche **Fenster wechseln** verwenden. Außerdem werden noch Tastenkombinationen für den Wechsel angeboten:

- [Strg] + [⭾] oder [Strg] + [F6] aktiviert das nächste Fenster.
- [⇧] + [Strg] + [⭾] oder [⇧] + [Strg] + [F6] aktiviert das vorangegangene Fenster.

1.3.5 Excel mit bestimmten Arbeitsmappen starten

Wenn Sie täglich dieselben Arbeitsmappen benötigen, etwa Tabellen für Lagerbewegungen, können Sie die Arbeitsmappen auch in dem Ordner *XLSTART* speichern, der bei der Installation von Excel 2019 automatisch angelegt wird. Sie finden diesen Ordner als Unterordner zu dem Ordner, in dem die aktuelle Office-Version abgelegt ist. Alle Arbeitsmappen, die hier gespeichert sind, werden immer zusammen mit Excel geöffnet. Zusätzlich kann noch ein weiterer Startordner bestimmt werden. Dazu finden Sie auf dem Register **Erweitert** im Dialogfeld **Excel-Optionen** unter **Allgemein** und **Beim Start alle Dateien öffnen in** ein Textfeld, in dem Sie den vollständigen Pfad eines solchen Ordners eintragen können. Wenn Sie die Mappen selbst in anderen Ordnern belassen wollen, können Sie auch Verknüpfungen in den Startordnern ablegen.

1.3.6 Excel beenden

Wenn Sie die Arbeitssitzung mit Excel 2019 beenden wollen, sollten Sie das auf eine ordentliche Weise tun. So wird gewährleistet, dass die in der Arbeitssitzung gewählten

Einstellungen zu Beginn der nächsten Sitzung wieder zur Verfügung stehen. Um ein Anwendungsfenster für Excel 2019 zu beenden, können Sie zwei Wege gehen:

1. Klick oder Tipp auf die Schaltfläche **Schließen** in der Titelleiste
2. Alt + F4

Excel prüft automatisch, ob aktuelle Änderungen noch nicht gespeichert wurden. Ist dies der Fall, werden Sie gefragt, ob Sie diese speichern wollen.

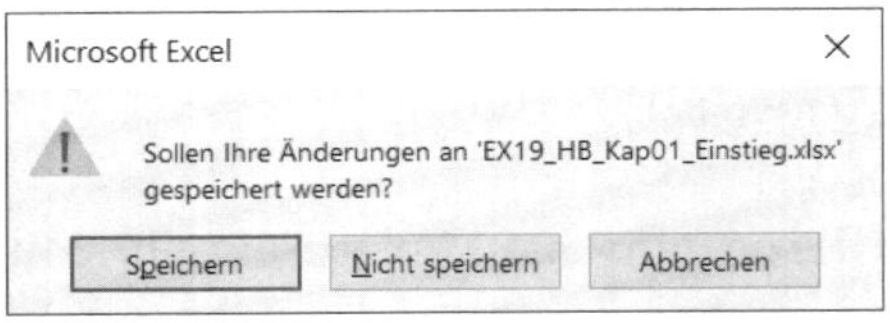

Abbildung 1.14 Nachfrage beim Schließen einer Arbeitsmappe

Wenn Sie mit **Speichern** antworten, werden alle Änderungen gesichert, bei **Nicht speichern** werden die Änderungen verworfen. Das kann sinnvoll sein, wenn Sie Dinge ausprobiert haben, die Sie verwerfen wollen. Der Befehl **Schließen** auf der Registerkarte **Datei** schließt nur die aktuelle Arbeitsmappe, lässt aber das Anwendungsfenster geöffnet.

1.4 Baustelle für Tabellen und Diagramme

Der Gerätepark in der IT-Branche hat sich in den letzten Jahren rasant verändert. Insbesondere mit den Tablets und Smartphones mit ihren berührungsempfindlichen Bildschirmen sind die eigenen Finger als Bedienungswerkzeuge neu entdeckt worden. Maus und Tastatur haben mit den flinken Fingern und den damit möglichen Gesten Konkurrenz bekommen. Wer große Mengen von Daten eingeben muss, wird sicher weiterhin lieber mit einer richtigen Tastatur als mit einer virtuellen auf dem Bildschirm arbeiten, aber in vielen Situationen, insbesondere unterwegs, ist der Zugriff auf Arbeitsmappen über ein Tablet eine gute Sache, die schnell zur Gewohnheit werden kann.

1.4.1 Zwei Bedienungsmodi

Excel 2019 bietet zwei Bedienungsmodi an, einmal die klassische Maus- und Tastaturbedienung, zum anderen die Bedienung mit den Fingern oder mit einem Stift, wie sie Tablets oder berührungsempfindliche Bildschirme möglich machen. Um solche Geräte möglichst gut zu unterstützen, ist für Excel 2019 ein spezieller Touch-Modus eingerichtet. Die Umschaltung in diesen Modus erfolgt auf Tablets normalerweise automatisch,

Sie finden dafür in der Schnellzugriffsleiste aber auch eine Schaltfläche **Touch-/Mausmodus**, mit deren Hilfe Sie manuell zwischen den Modi wechseln können.

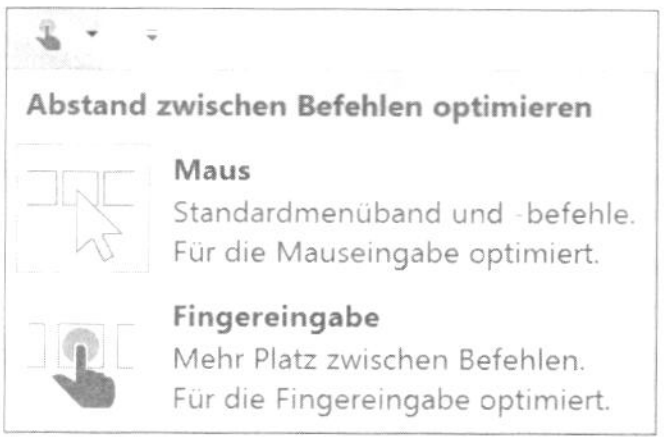

Abbildung 1.15 Das Menü zum Wechsel des Eingabemodus

Im Modus **Fingereingabe** werden die Schnellzugriffsleiste und das Menüband mit Schaltflächen dargestellt, die einen etwas größeren Abstand voneinander haben, damit die Finger beim Antippen das gewünschte Symbol sicherer treffen können.

Abbildung 1.16 Das gespreizte Menüband für die Fingereingabe

Auch bei Kontextmenüs wie etwa dem für die Statusleiste ist der Abstand der Optionen vergrößert. Bei einigen Kontextmenüs wurde die Aufteilung der Optionen so geändert, dass die am häufigsten verwendeten nebeneinander und die weniger häufig verwendeten untereinander angeordnet sind. Paletten wie die für die Farbauswahl werden vergrößert, damit Sie die einzelnen Muster leichter treffen.

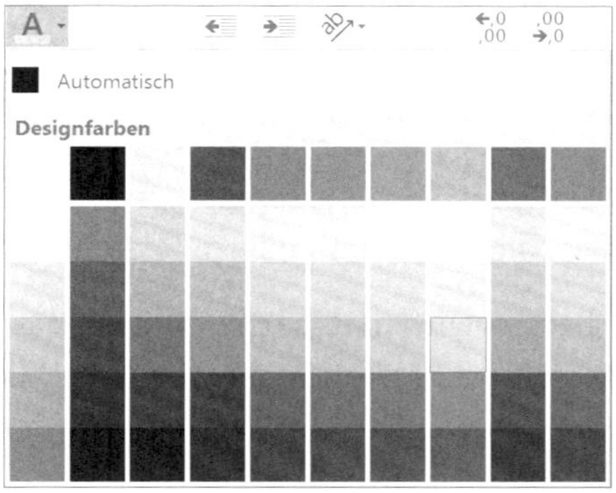

Abbildung 1.17 Die vergrößerte Farbpalette für die Fingereingabe

Um eine Zelle zu markieren, reicht ein Tipp darauf. In der gleichen Weise markieren Sie die Einfügeposition in einem Text. Das Ziehen mit der Maus, mit dem in Excel Zellbereiche markiert werden, lässt sich ebenfalls ganz gut durch das Ziehen mit dem Finger imitieren, wobei Excel zur Erleichterung an den Ecken der Bereiche kleine runde Anfasser anbietet.

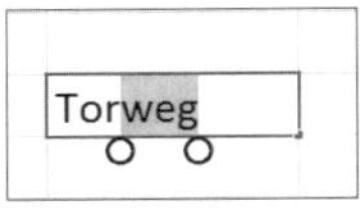

Abbildung 1.18 Markierung innerhalb einer Zelle bei der Fingereingabe

Soll innerhalb einer Zelle ein Teil des Textes markiert werden, tippen Sie den Text an einer Stelle an und verschieben den Kreis, der dort dann angezeigt wird, um die Auswahl zu erweitern. Das geht in beide Richtungen. Am Ende ist an jeder Seite der Auswahl ein Kreis zu sehen, mit dem die Auswahl erneut korrigiert werden kann.

Um den Inhalt einer Zelle zu löschen, halten Sie den Finger kurz auf der Zelle und wählen in dem dann eingeblendeten horizontalen Kontextmenü die Schaltfläche **Markierung löschen**. Angetippte grafische Objekte ziehen Sie an die gewünschte Stelle. Soll die Größe eines Objekts verändert werden, tippen Sie darauf und ziehen an den Anfassern.

Der Doppelklick wird durch ein doppeltes Antippen erledigt. So wird z. B. eine Zelle zum Bearbeiten geöffnet. Für den Klick mit der rechten Maustaste gibt es ebenfalls eine Fingerentsprechung. Wird etwa ein Zellbereich, ein Spalten- oder Zeilenkopf oder ein anderes Element, dem ein Kontextmenü zugeordnet ist, mit dem Finger etwas länger berührt, blendet Excel die entsprechenden Befehle ein, nur die Anordnung ist – wie oben schon gezeigt – in einigen Fällen etwas anders als bei der Bedienung mit der Maus.

Eine spezielle Geste ist das Wischen. In diesem Fall kommt es auf die Richtung an. Wenn Sie im Zellraster nach oben wischen, wird der Bildschirmausschnitt nach unten verschoben, wischen Sie nach links, werden die Spalten angezeigt, die weiter rechts liegen. Die Arbeit mit zwei Fingern erlaubt auch noch einige zusätzliche Gesten. So können Sie mit dem Spreizen oder Zusammenziehen sehr einfach den Bildschirmausschnitt vergrößern oder verkleinern, was häufig hilfreich ist, etwa um Formeln in einer Zelle zu bearbeiten.

Bei Tablets, die nur mit einer virtuellen Tastatur arbeiten, wird in der Taskleiste ein Tastatursymbol angeboten, das die Tastatur einblendet. Mit der Schaltfläche oben links ❶ können Sie verschiedene Tastaturlayouts wählen.

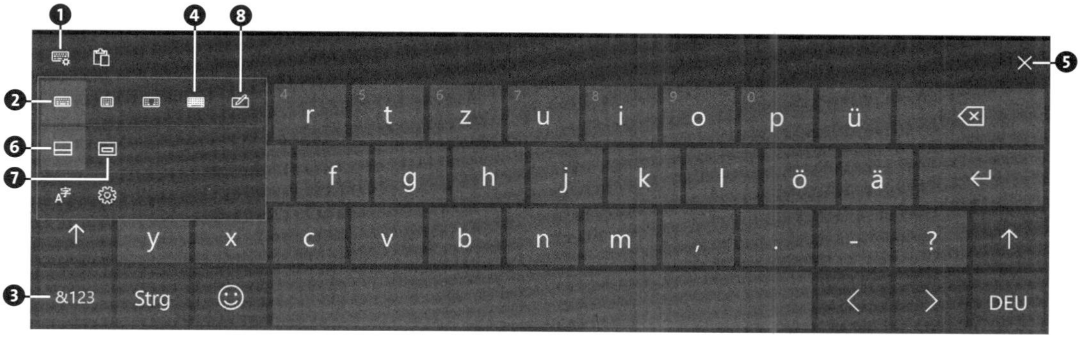

Abbildung 1.19 Die Bildschirmtastatur mit dem Menü zur Auswahl des Layouts

Das Layout zu der ersten Schaltfläche darunter ❷ ist anders als die normale PC-Tastatur, die Eingabe von Buchstaben und Zahlen ist getrennt, Sie wechseln mit der Taste **&123 / abc** ❸. Für die Arbeit mit Excel sollten Sie in der Regel die vierte Schaltfläche ❹ verwenden, die ungefähr der normalen PC-Tastatur entspricht. Ein Tipp auf die **Schließen**-Schaltfläche mit dem Kreuz ❺ blendet die Bildschirmtastatur wieder aus. Um die virtuelle Tastatur fortwährend an derselben Stelle zu halten, tippen Sie die erste Schaltfläche in der zweiten Reihe an ❻, die Schaltfläche daneben ❼ macht die Tastatur frei beweglich. Ist die Tastatur eingeblendet, verschiebt Excel den Bildschirmausschnitt automatisch so, dass Sie immer die Eingabestelle sehen können.

Wenn Excel über einen Touchscreen gesteuert wird, steht als zusätzliche Eingabemöglichkeit noch die Freihandeingabe ❽ zur Verfügung, um Zeichen per Finger oder Stift einzugeben, die per Zeichenerkennung als Ziffern und Buchstaben in die aktive Zelle eingetragen werden, sobald Sie die Taste [↵] betätigen.

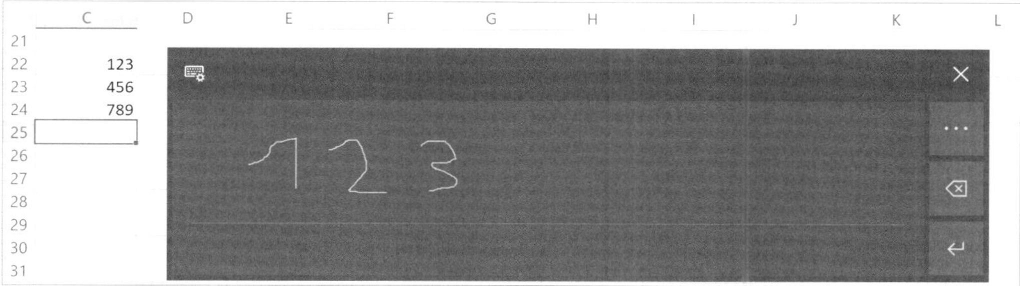

Abbildung 1.20 Dateneingabe per Finger oder Stift

Das Surface-Tablet kann natürlich auch über anklickbare Cover-Tastaturen bedient werden. (Es ist übrigens auch kein Problem, an die USB-Schnittstelle eine USB-Maus oder eine USB-Tastatur anzuschließen, dies wird ohne Umstände unterstützt.)

1.4.2 Lokale und vernetzte Benutzer

Seit Excel 2013 unterscheidet Microsoft zwischen lokalen Benutzern, die nur auf ihrem Gerät agieren wollen, und solchen, die sich über ein Konto bei Microsoft anmelden, insbesondere um Cloud-Dienste wie OneDrive zu nutzen. Die Anmeldung wird über den Link **Anmelden** in der rechten Ecke des Anwendungsfensters angeboten, solange das Programm noch keinem Konto zugeordnet ist. Benutzen Sie einfach den Link **Eins erstellen!**.

Abbildung 1.21 Der erste Schritt zur Anmeldung eines Kontos

Neben der Anmeldung als Person mit einem Konto, das Sie auch für andere Dienste von Microsoft nutzen können, wird auch die Anmeldung für eine Organisation, eine Schule oder für Unternehmen, die Office 365 abonniert haben, angeboten.

Wenn Sie sich mit einem Konto bei Microsoft anmelden, erscheinen die entsprechenden Kontodaten in der rechten Ecke des Anwendungsfensters und auf der Seite **Konto**, die Sie über die Registerkarte **Datei** öffnen. Sie können sich mit verschiedenen Webdiensten wie OneDrive oder Office 365 SharePoint verbinden, wenn Sie die entsprechenden Zugangsdaten angeben. Verwenden Sie dazu die Schaltfläche **Dienst hinzufügen**.

Zur Belohnung für Ihre Anmeldung erhalten Sie auf dieser Seite unter **Office-Hintergrund** noch ein paar Schmuckelemente, die Sie für den Kopf der Anwendung auswählen können.

Unabhängig davon, ob Sie nur lokal arbeiten wollen oder bei Microsoft ein Konto angemeldet haben, finden Sie auf der Seite **Konto** unter **Office-Design** die Auswahlmöglichkeit für das Basisdesign von Excel. Diese Auswahl gilt immer für alle Office-Anwendungen gleichzeitig.

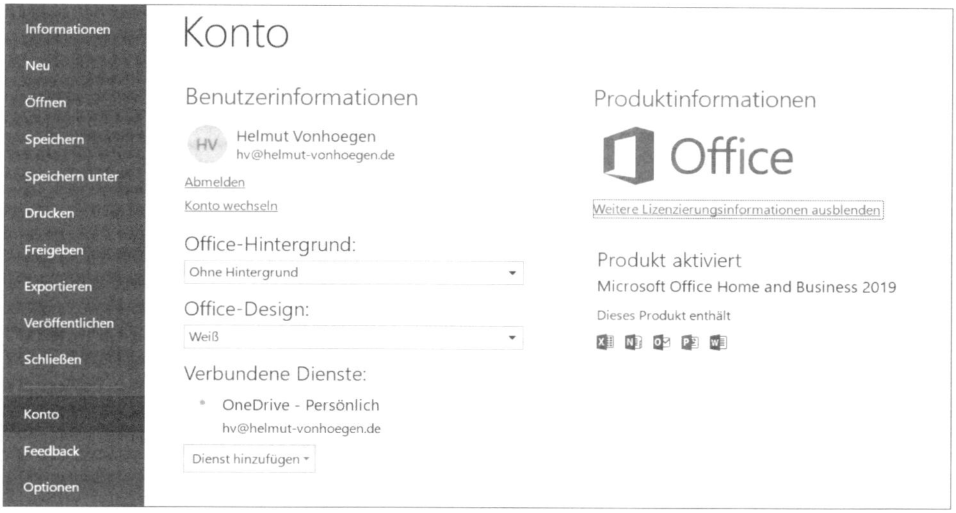

Abbildung 1.22 Die Seite mit den Kontodaten

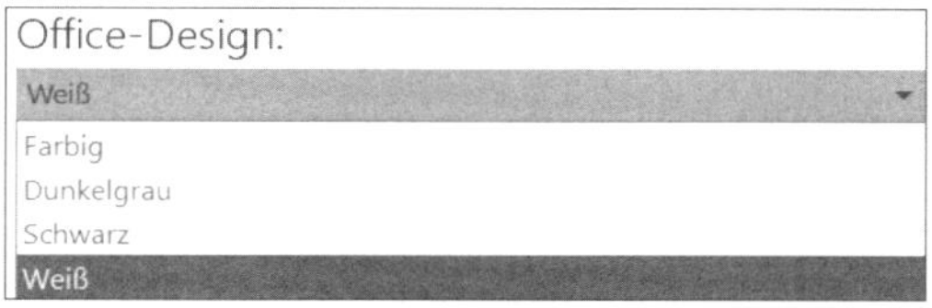

Abbildung 1.23 Hier wählen Sie das Basisdesign für Ihre Office-Anwendungen.

Die Abbildungen in diesem Buch basieren durchgehend auf dem Office-Design **Weiß**. Das schwarze Design ist neu für Excel 2019.

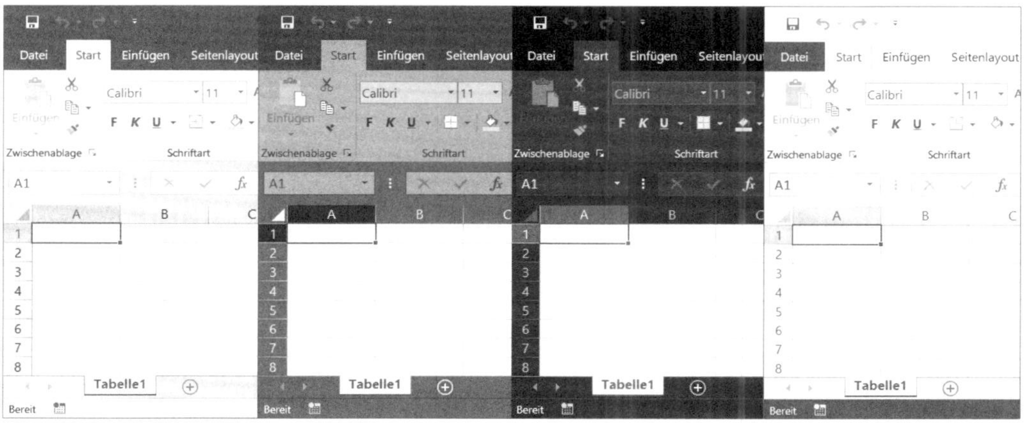

Abbildung 1.24 Die vier Designs für Excel

1.4.3 Das Anwendungsfenster

Wenn Sie Excel 2019 starten, erscheint – wie schon angesprochen – ein Programmfenster für eine einzelne Arbeitsmappe. Es ist also nicht mehr möglich, mehrere Arbeitsmappen gleichzeitig in einem Anwendungsfenster zu handhaben. Für die gleichzeitige Arbeit an mehreren Arbeitsmappen öffnen Sie einfach entsprechend viele Anwendungsfenster.

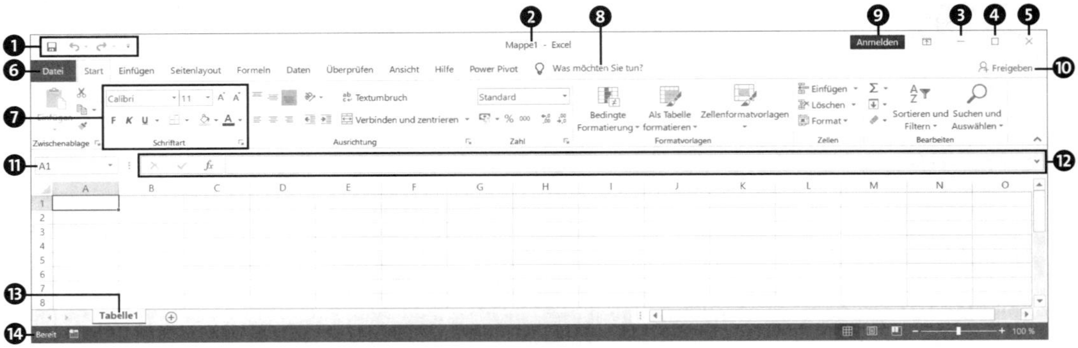

Abbildung 1.25 Bildschirmelemente in Excel 2019

Jedes dieser Fenster hat eine Titelleiste mit vier Schaltflächen am rechten Rand und einen sehr reduzierten Rahmen – das vermeidet Platzvergeudung. Hier ein kurzer Überblick über die verschiedenen Elemente:

❶ Die Schnellzugriffsleiste enthält häufig benötigte Symbole, sie lässt sich in der Titelleiste oder unter dem Menüband anordnen.

❷ Die Titelleiste zeigt in der Mitte den Namen der Arbeitsmappe an.

❸ Das Symbol **Minimieren** schließt das Fenster vorübergehend. Für Excel finden Sie dann in der Taskleiste am unteren Bildschirmrand eine Schaltfläche. Ein Klick oder Tipp darauf öffnet das Excel-Fenster erneut.

❹ Die Schaltfläche **Maximieren/Verkleinern** schaltet zwischen Vollbild und Normalbild um. Beim Vollbild benutzt Excel den gesamten Bildschirm, sodass Sie möglichst viel von Ihrer Tabelle sehen können. Beim Normalbild kann das Fenster in der Größe verändert werden. Dazu brauchen Sie nur mit dem Mauszeiger auf den Fensterrand zu gehen und mit gedrückter linker Maustaste in die gewünschte Richtung zu ziehen. Das macht Sinn, wenn Sie auf dem Bildschirm mehr als ein Programmfenster gleichzeitig sehen wollen. Der Mauszeiger erscheint dabei als Doppelpfeil.

❺ Mit der **Schließen**-Schaltfläche beenden Sie das einzelne Anwendungsfenster.

❻ Die Registerkarte **Datei** führt in die Backstage-Ansicht des Programms. Die anderen Registerkarten in dieser Leiste öffnen jeweils die Befehle und Optionen zu einem bestimmten Funktionsbereich.

❼ Innerhalb des Menübands sind auf jeder Registerkarte verwandte Befehle und Symbole als Gruppen zusammengefasst.

❽ Ein Klick oder Tipp in das Suchfeld **Was möchten Sie tun?** erlaubt Ihnen die Eingabe einer Frage und öffnet den Zugang zu den Hilfsangeboten.

❾ Über die Schaltfläche **Anmelden** richten Sie ein Benutzerkonto ein und verwalten es, anschließend erscheint hier der Benutzername. Über diesen Link haben Sie die Möglichkeit, die Kontoeinstellungen zu bearbeiten oder auch das Konto zu wechseln, falls mehrere Personen mit dem Programm arbeiten. Die entsprechenden Befehle sind auch über **Datei ▸ Konto** zugänglich.

❿ Die **Freigeben**-Schaltfläche erlaubt die Weitergabe der Arbeitsmappe.

⓫ Das Namenfeld zeigt die aktuelle Adresse oder den Bereich sowie zuletzt verwendete Funktionen an.

⓬ Die Bearbeitungsleiste dient dem Editieren von Formeln und Zellwerten.

⓭ Die Blattregister führen zu den verschiedenen Blättern einer Arbeitsmappe.

⓮ Die Statusleiste zeigt den jeweiligen Zustand der Anwendung an und liefert schnelle Auswertungen von markierten Zellbereichen.

Über das Symbol **Menüband-Anzeigeoptionen** ⓯ regeln Sie, wie und wann das Menüband eingeblendet wird.

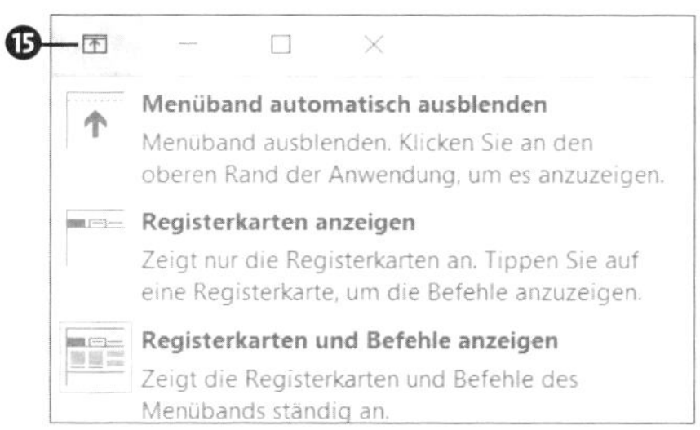

Abbildung 1.26 Optionen zum Menüband

Die Option **Menüband automatisch ausblenden** schaltet in den Vollbildmodus, der das Anwendungsfenster auf die maximale Größe ausweitet und alles ausblendet, was insbesondere zum Ansehen der Tabellenblätter nicht unbedingt notwendig ist. Ein Klick oder Tipp auf den oberen Rand blendet das Menüband nur vorübergehend wieder ein.

Sobald Sie einen Befehl abgeschlossen haben und eine beliebige Zelle anklicken, wird das Band wieder ausgeblendet.

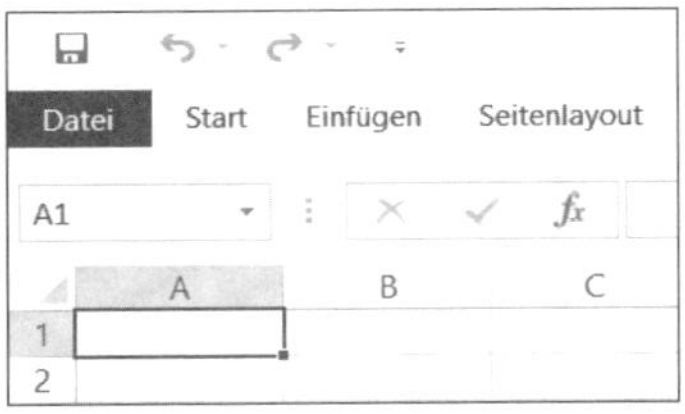

Abbildung 1.27 Register ohne Befehle

Die Option **Registerkarten anzeigen** blendet nur die Register des Menübands ein. Erst die Auswahl eines Registers zeigt dann das dazugehörige Band. Mit der Auswahl einer beliebigen Zelle wird das Band wieder ausgeblendet.

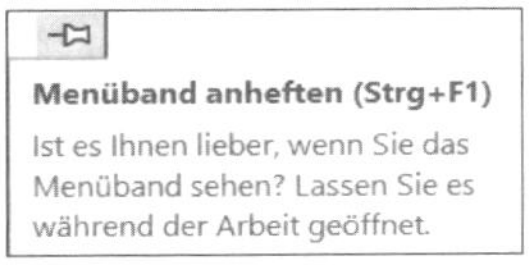

Abbildung 1.28 Das Pinnnadel-Symbol zum Anheften

Mit dem Pinnnadel-Symbol **Menüband anheften** oder mit `Strg`+`F1` können Sie das Menüband wieder dauerhaft sichtbar machen. Dies lässt sich mit der Pfeilschaltfläche **Menüband lösen** oder erneut mit `Strg`+`F1` wieder rückgängig machen. Die beiden Optionen sind insbesondere bei der Arbeit auf Tablets oder Notebooks häufig ganz praktisch.

Die letzte Option des Symbols **Menüband-Anzeigeoptionen** ist **Registerkarten und Befehle anzeigen**. Sie blendet das Menüband dauerhaft ein.

1.4.4 Das Menüband

Die Werkzeuge, mit denen Sie das Programm steuern, wurden mit der Version Excel 2007 neu gestaltet. Anstelle der klassischen Menüs mit ihren Befehlshierarchien und der verschiedenen Symbolleisten wurde ein Menüband in Form von sich überlagernden Registerkarten angeboten, wobei die Register auf diesen Karten in einer Leiste unter der Titelleiste angeordnet sind. Die Zusammenstellung der Elemente des Menübands können Sie teilweise an Ihre eigenen Arbeitsgewohnheiten und -anforderungen anpassen. Darüber erfahren Sie im nächsten Abschnitt noch mehr.

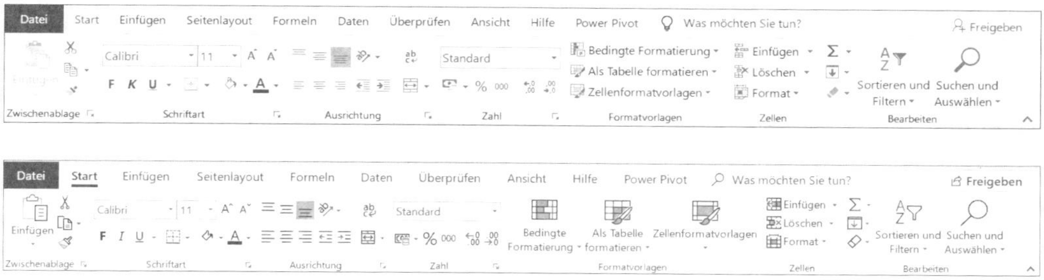

Abbildung 1.29 Das Menüband mit der Registerkarte »Start« im Vordergrund – oben Excel 2019, unten Excel 365

Die Registerkarten bieten jeweils aufgabenbezogene Gruppen von Symbolen oder Befehlen an. Diese Gruppen können ganz unterschiedliche Typen von Steuerelementen enthalten: Schaltflächen, die Untermenüs oder Aufgabenbereiche öffnen, Schaltflächen, die Auswahlpaletten anbieten, Kontrollfelder zum Abhaken, Drehfelder zur Auswahl von Werten etc. In einigen Fällen finden Sie in der unteren rechten Ecke einer Gruppe noch einen sogenannten *Dialogfeldstarter* ❶, der – wie der Name schon verrät – ein Dialogfeld mit umfassenderen Optionen öffnet. So erreichen Sie etwa in der Gruppe **Start ▸ Zahl** auf diese Weise das aus älteren Versionen vertraute Dialogfeld **Zellen formatieren**.

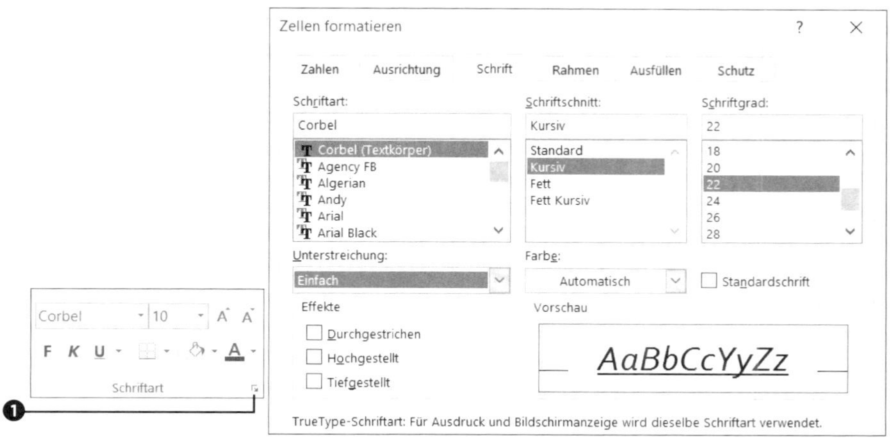

Abbildung 1.30 Gruppe mit Dialogfeldstarter und zugehörigem Dialog

Die Registerkarten werden einfach per Klick oder Tipp auf die jeweiligen Register in den Vordergrund gerückt, sofern Excel aufgrund der aktuellen Arbeitssituation nicht automatisch die dafür benötigte Registerkarte einblendet.

Die Zahl der sichtbaren Registerkarten hängt von der jeweiligen Arbeitssituation ab, sodass Funktionen, die in einem bestimmten Zusammenhang zunächst keine Rolle spielen, auch nicht sichtbar sind. Dies trägt zur Entwirrung der Benutzeroberfläche bei. Das Menüband passt sich der aktuellen Breite des Programmfensters an. Ist zu wenig Platz für die Anzeige aller Gruppen einer Registerkarte vorhanden, werden schrittweise einzelne Gruppen vorübergehend durch schmalere Schaltflächen ersetzt. Im Grenzfall wird das Menüband vorübergehend ganz ausgeblendet.

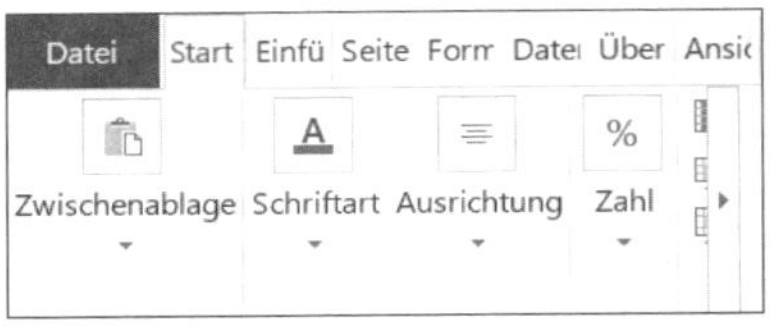

Abbildung 1.31 Stark komprimiertes Menüband

Das Menüband kann auch über das Kontextmenü mit **Menüband reduzieren** so weit ausgeblendet werden, dass nur noch die Register sichtbar sind. Derselbe Befehl hebt die Minimierung wieder auf. Alternativ kann ein Register doppelt angeklickt oder angetippt werden, um es zu minimieren und wieder einzublenden.

1.4.5 Die Schnellzugriffsleiste

Über oder unter dem Menüband zeigt Excel als Vorgabe einige Symbole an, die zu der *Symbolleiste für den Schnellzugriff* gehören. Die Platzierung können Sie über das Menü ändern, das die kleine Pfeilschaltfläche am Ende der Leiste öffnet. Die Option **Unter dem Menüband anzeigen** verschiebt die Leiste nach unten, **Über dem Menüband anzeigen** versetzt die Leiste in den linken Teil der Titelleiste. In dem Menü zur Schnellzugriffsleiste werden Ihnen auch noch einige weitere Befehle angeboten, die Sie durch Abhaken in die Leiste einfügen können.

Wie das Menüband lässt sich die Schnellzugriffsleiste über das abgebildete Menü oder den Kontextmenübefehl **Symbolleiste für den Schnellzugriff anpassen** vom Benutzer frei zusammenstellen, wie weiter unten noch beschrieben wird. Es ist sinnvoll, hier insbesondere die Symbole zu versammeln, die am häufigsten benötigt werden. Auch einige Funktionen aus älteren Versionen, die im Menüband nicht mehr auftauchen, können Sie auf diesem Wege wieder zugänglich machen.

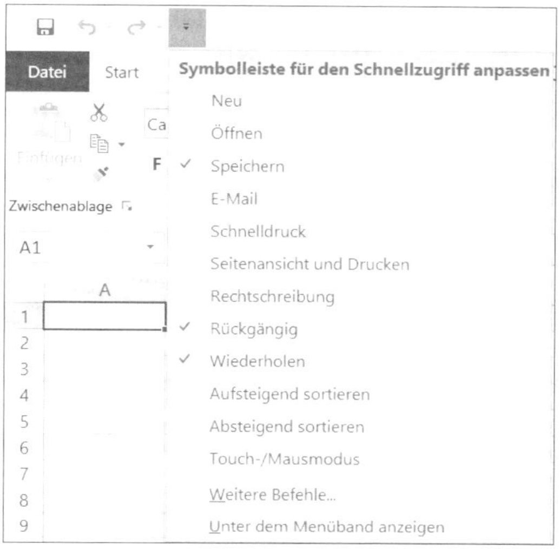

Abbildung 1.32 Die Schnellzugriffsleiste und das Menü zum Anpassen derselben

1.4.6 Das Schnellanalysetool

Ein hilfreiches Bedienungsinstrument ist das Schnellanalysetool. Es besteht zunächst aus einer Schaltfläche, die eingeblendet wird, sobald ein Bereich markiert ist, der in mehr als einer Zelle Werte enthält. Ein Klick oder Tipp öffnet eine Art Sprechblase mit einer Menüzeile und darunter jeweils einer Reihe von Symbolen zu dem ausgewählten Menüpunkt. Sie wird auch mit `Strg` + `Q` eingeblendet, wobei in diesem Fall nicht einmal der Bereich vorher markiert werden muss, es genügt, wenn der Zellzeiger sich innerhalb des betreffenden Bereichs befindet. Wird das Schnellanalysetool nicht angeboten, prüfen Sie die Einstellung **Optionen für Schnellanalyse anzeigen** unter **Datei ▸ Excel-Optionen ▸ Allgemein**.

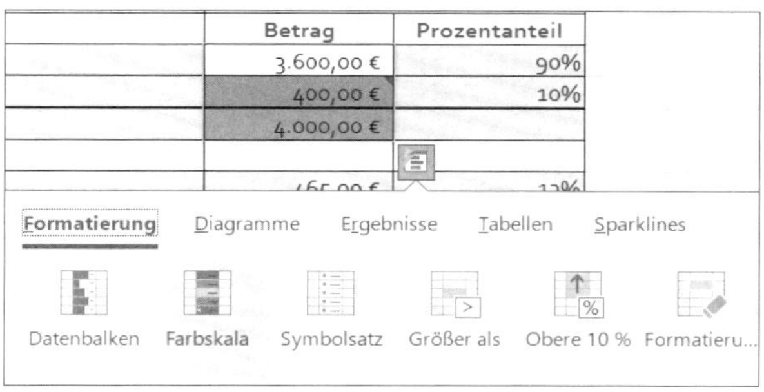

Abbildung 1.33 Die »Sprechblase« des Schnellanalysetools

In diesem Tool finden Sie eine Reihe typischer Auswertungsmöglichkeiten für Datenbereiche wie die Zuordnung bedingter Formate oder die Ausgabe als Diagramm. Die einzelnen Optionen werden in den entsprechenden Kapiteln dieses Buches vorgestellt.

1.4.7 Die Backstage-Ansicht

Das Menü auf dem Register **Datei** ist so ziemlich das einzige Menü, das von der alten Menühierarchie übrig geblieben ist. Es wird per Klick oder Tipp auf das Register **Datei** geöffnet. Der Bereich, den das Register **Datei** bereitstellt, wird auch als *Backstage* bezeichnet. Während die anderen Register alle Befehle und Optionen anbieten, die innerhalb einer Arbeitsmappe etwas anrichten, betreffen die Befehle und Optionen »hinter der Bühne« immer ganze Arbeitsmappen.

Das Register **Datei** enthält die Grundfunktionen **Informationen**, **Neu**, **Öffnen**, **Speichern**, **Speichern unter**, **Drucken**, **Freigeben**, **Exportieren**, **Veröffentlichen** und **Schließen**, außerdem **Konto** für die Benutzerverwaltung. Die entsprechenden Schaltflächen öffnen jeweils Seiten mit einer Art Untermenü, um zwischen verschiedenen Optionen zu wählen. Einige Schaltflächen öffnen noch weitere Auswahlmöglichkeiten im rechten Teil des Fensters.

Abbildung 1.34 Die Registerkarte »Datei«

Der Befehl **Optionen** öffnet dagegen ein umfangreiches eigenes Dialogfeld für die zahllosen Einstellungen, mit denen Sie die Arbeitsweise des Programms an Ihre Bedürfnisse anpassen können. Die Schaltfläche mit dem Pfeil nach links, die im Kopf des Menüs erscheint, führt jeweils in die normale Ansicht des Programms zurück. Häufig benötigte Befehle wie **Drucken** oder **Optionen** lassen sich übrigens auch in die Schnellzugriffsleiste einfügen, was durchaus praktisch ist.

Über **Feedback** können Sie Microsoft kontaktieren, wenn Ihnen an der Arbeitsweise des Programms etwas auffällt. Links zu den letzten Arbeitsmappen werden darunter nur angezeigt, wenn Sie bei der Option **Schnellzugriff auf diese Anzahl zuletzt verwendeter Arbeitsmappen** einen entsprechenden Wert eingeben. Sie finden sie über **Datei ▸ Optionen** unter **Erweitert ▸ Anzeige**.

1.4.8 Tastenkombinationen und Tastenfolgen

Die meisten Anwender werden das Menüband und die Schnellzugriffsleiste wahrscheinlich mit der Maus oder durch Antippen mit Finger oder Stift bedienen. Aber Excel lässt auch Maus-Phobiker oder Sehnenscheiden-Geschädigte nicht im Regen stehen. Es ist durchaus möglich, das Programm mit der Tastatur zu meistern. Dabei können Sie spezielle Tastenfolgen verwenden, die alle mit [Alt] beginnen. Anders als bei den meisten Tastenkombinationen brauchen Sie die verschiedenen Tasten aber nicht gleichzeitig zu drücken. Wenn Sie [Alt] drücken, erscheinen im Menüband zunächst Buchstaben für die verschiedenen Registerkarten.

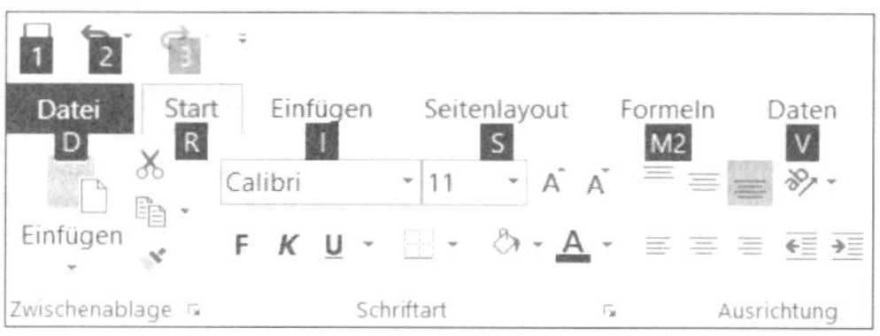

Abbildung 1.35 Anzeige der Zeichen für die möglichen Tastenfolgen

Die Buchstaben sind allerdings von den englischen Befehlen abgeleitet – etwa [I] für **Insert**. Sobald Sie nun einen dieser Buchstaben eingeben, erscheinen Buchstaben für die verschiedenen Optionen in den Gruppen auf dem ausgewählten Register. [Esc] blendet die Buchstaben notfalls wieder aus. Auf den ersten Blick erscheint dieses Angebot vielleicht wenig attraktiv, aber um zu einer markierten Tabelle ein Säulendiagramm zu erzeugen, reicht die Tastenfolge [Alt], [I], [D], [W] und [↵]. Die Muster von Paletten oder die Optionen in einer Liste wählen Sie mit [Tab] oder den Richtungstasten aus und bestätigen mit [Enter].

Innerhalb der Dialogfelder, die über die Dialogfeldstarter geöffnet werden, können Sie Optionen auswählen, indem Sie [Alt] gedrückt halten und den unterstrichenen Buchstaben der Option verwenden. Um über das Register **Ausrichtung** im Dialog **Zellen formatieren** Texte als Blocksatz anzuzeigen, benutzen Sie [Alt]+[V] und markieren mit den Richtungstasten die Option **Blocksatz**, um sie dann mit [Enter] zu bestätigen. Registerkarten in Dialogfeldern werden mit [Strg]+[Tab] in den Vordergrund gebracht. Benutzen Sie [Tab], um innerhalb des Registers zum nächsten Element zu gehen, die Leertaste zum Abhaken, die Richtungstasten, um aus einer Liste zu wählen, und [Enter], um die Auswahl zu bestätigen.

Mit Tastenkombinationen arbeiten

Für eine ganze Reihe von Befehlen werden außerdem noch Tastenkombinationen angeboten. Im Anhang finden Sie eine umfangreiche Liste dazu. Wenn Sie sich die für Sie nützlichen Kombinationen merken, hat das den Vorteil, dass Sie bei der Dateneingabe das Bedienungsinstrument nicht wechseln müssen.

Falls Sie von einer Version vor Excel 2007 umsteigen, mag es für Sie hilfreich sein, dass Excel 2019 zahlreiche Tastenkombinationen von Excel 2003 weiter unterstützt. Der Dialog **Gehe zu** kann also weiterhin mit [Strg]+[G] geöffnet werden. Auch eine Reihe von [Alt]-Tastenkombinationen, die bereits in der Version 2003 für den Aufruf der Menübefehle verwendet wurden, arbeitet noch. So rufen Sie etwa die Zielwertsuche wie vorher mit [Alt]+[X]+[W] auf.

1.4.9 Die Bearbeitungsleiste

Die Bearbeitungsleiste ist für die Dateneingabe nicht unbedingt notwendig, weil die Daten direkt in die Zelle eingegeben und auch dort bearbeitet werden können. Die Leiste kann also bei Bedarf über das Register **Ansicht** in der Gruppe **Anzeigen** ausgeblendet werden, sodass etwas mehr Platz für die Arbeitsmappenfenster verfügbar ist. Solange das Tabellenblatt entwickelt wird, insbesondere bei der Eingabe und Korrektur von Formeln, ist es wegen der größeren Übersichtlichkeit aber meist vorteilhaft, die Bearbeitungsleiste zu benutzen.

Namenfeld

Die Bearbeitungsleiste besteht aus mehreren Teilen. Im ersten Abschnitt, *Namenfeld* genannt, wird jeweils der Bezug der aktiven Zelle, die Referenz des ausgewählten Objekts oder die Größe einer Auswahl angezeigt. Sind Bereiche benannt worden, erscheint der Name, wenn die zugehörigen Zellen vollständig markiert sind. Soll ein Bereich von 50 Zeilen und zwölf Spalten markiert werden, um für eine geplante Tabelle ein bestimmtes Format vorzugeben, können Sie hier beim Aufziehen die Größe des Bereichs kontrollieren. Wenn im Namenfeld *50Z x 12S* erscheint, lassen Sie die Maustaste, den Finger oder Stift wieder los.

Die Schaltfläche mit dem Pfeil öffnet die Liste der bisher benannten Bereiche. Ein Klick oder Tipp auf einen dieser Namen versetzt den Zellzeiger direkt auf das gewählte Element. Außerdem können hier auch direkt Namen für vorher ausgewählte Zellen oder Zellbereiche eingetragen werden.

Abbildung 1.36 Liste mit Namen

Eingabesymbole

Das rechte Feld in der Bearbeitungsleiste ist so lange leer, bis Sie in einer Zelle Daten eingeben oder ändern. Sobald ein Zeichen in die aktive Zelle eingegeben ist, werden die ersten beiden Schaltflächen vor dem Feld aktiviert: die Schaltfläche mit dem Andreaskreuz für den Abbruch der Eingabe und die Schaltfläche mit dem Häkchen für die Bestätigung der Eingabe. Immer angezeigt wird dagegen die Schaltfläche **Funktion einfügen**. Sie öffnet das gleichnamige Dialogfeld, das Ihnen hilft, Funktionen in eine Formel einzugeben.

Abbildung 1.37 Schaltflächen für die Eingabe

Eingabebereich

Das rechte Feld ist der Eingabebereich, in dem der Inhalt der aktiven Zelle bearbeitet wird. Ist eine Zelle mit Daten gefüllt, werden hier die Daten angezeigt, wenn die Zelle markiert wird, und zwar ohne Formatierung. Ist der Inhalt der Zelle eine Formel, wird die Formel angezeigt, während die Zelle selbst das Ergebnis der Formel liefert. Sobald

Sie mit der Eingabe einer Formel beginnen, indem Sie ein Gleichheitszeichen eingeben, wird das Namenfeld durch eine Schaltfläche ersetzt, die immer die zuletzt benutzten Funktionen anzeigt. Der Pfeil daneben öffnet die Palette der zuletzt verwendeten Funktionen.

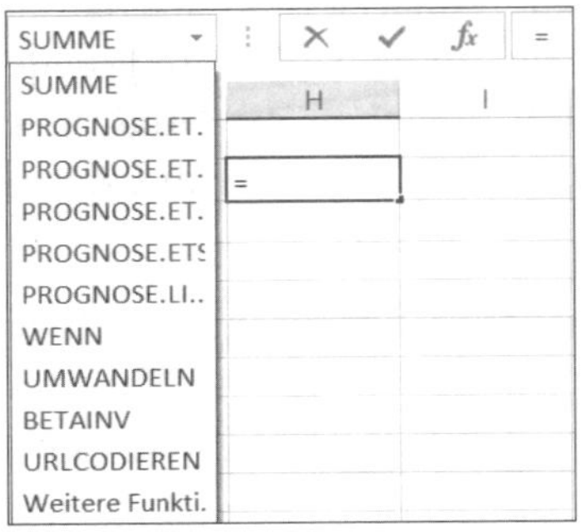

Abbildung 1.38 Geöffnete Funktionspalette

Bei der Eingabe komplexer Formeln ist es häufig hilfreich, die Bearbeitungsleiste durch Ziehen des unteren Randes auf mehrere Zeilen auszudehnen. Mit der kleinen Schaltfläche am Ende der Leiste kann die mehrzeilige Anzeige aus- und eingeblendet werden. Die Raumaufteilung zwischen dem Namenfeld und dem Rest der Bearbeitungsleiste verändern Sie durch Ziehen an der Abtrennung mit der vertikalen Punktlinie.

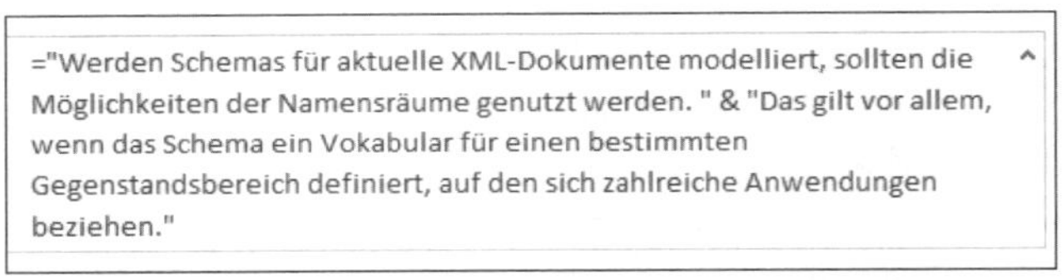

Abbildung 1.39 Nur zur Demonstration – eine besonders lang geratene Formel

1.4.10 Statusinformationen

Am unteren Rand des Excel-Fensters ist außer im Vollbildmodus die Statusleiste sichtbar. Hier werden aktuelle Meldungen des Programms ausgegeben. Außerdem erscheinen hier situationsbezogene Bedienungshinweise, etwa »Markieren Sie den Zielbereich ...«, wenn Sie einen Bereich kopiert haben. Es lohnt sich also, immer mal einen Blick dorthin zu werfen. Ansonsten wird der jeweilige Status des Programms angezeigt. Sie können sehen, ob das Programm »bereit« ist, Daten entgegenzunehmen. Es kann sich in verschiedenen Zuständen befinden, in denen unterschiedliche Operationen möglich oder nicht möglich sind. Was im Einzelnen in der Statusleiste angezeigt werden soll, können Sie über ein umfangreiches Kontextmenü festlegen, wenn Sie die Leiste mit rechts anklicken oder mit dem Finger kurz festhalten.

Abbildung 1.40 Kontextmenü der Statusleiste

Die folgende Tabelle zeigt die Bedeutung der Modusanzeigen.

Anzeige	Bedeutung
Bereit	Das Programm erwartet die Eingabe von Daten oder Befehlen.
Eingeben	Der Inhalt einer Zelle wird gerade neu eingegeben.
Bearbeiten	Der Inhalt einer Zelle wird bearbeitet.
Zeigen	Das Programm erwartet, dass Sie den Zellzeiger bewegen, um eine Zelle oder einen Bereich zu markieren.
Berechnen	Die Arbeitsmappe muss neu berechnet werden, weil die automatische Neuberechnung ausgeschaltet ist und Daten geändert worden sind.

In den Feldern rechts daneben können Tastatureinstellungen angezeigt werden:

Zur Auswahl hinzufügen	Die Tasten ⇧ + F8 sind gedrückt, um weitere Bereiche zu markieren.
Auswahl erweitern	F8 ist gedrückt worden, um einen Bereich zu erweitern.
Num	Die Num-Feststelltaste ist gedrückt worden.
Feste Dezimalstelle	Über **Excel-Optionen ▸ Erweitert ▸ Dezimalkomma automatisch einfügen** ist eine feste Anzahl von Dezimalstellen gewählt worden. Das Komma muss nicht eingegeben werden.
Rollen	Die Bildlauffeststelltaste ist gedrückt. Richtungstasten verschieben den Bildschirmausschnitt, nicht die Zellmarkierung.
Feststelltaste	Die Feststelltaste für Großbuchstaben ist gedrückt worden.

Abbildung 1.41 Statusanzeigen in der Statusleiste

Ganz links finden Sie die Modusanzeige, daneben die Tastaturanzeigen. Die Schaltfläche mit dem angedeuteten Listing links startet eine Makroaufzeichnung, die dann über die gleiche Schaltfläche wieder beendet werden kann.

Rechts neben diesen Anzeigen können noch verschiedene Schnellauswertungen aktuell markierter Daten angefordert werden, etwa **Summe**, **Anzahl** oder **Mittelwert**. Welche Anzeigen und Auswertungen in der Statusleiste erscheinen, entscheiden Sie über das oben abgebildete Kontextmenü.

Abbildung 1.42 Schnellauswertungen in der Statusleiste

Die drei Ansichtsschaltflächen rechts erlauben einen schnellen Wechsel zwischen der Normalansicht, der Seitenlayoutansicht und der Umbruchvorschau.

Abbildung 1.43 Wahl der Ansichts- und Zoom-Schaltflächen

Ganz praktisch ist auch der Schieberegler, mit dem das Tabellenblatt stufenlos gezoomt werden kann. Stattdessen können Sie hier auch mit den Plus- und Minusschaltflächen arbeiten. Rechts daneben wird immer die gewählte Vergrößerungsstufe in Prozent angezeigt. Ein Klick oder Tipp darauf öffnet einen kleinen Dialog, der verschiedene Vergrößerungsstufen anbietet. Darunter finden Sie auch die Option **An Markierung anpassen**, die einen ausgewählten Zellbereich jeweils auf die aktuelle Fenstergröße ausdehnt.

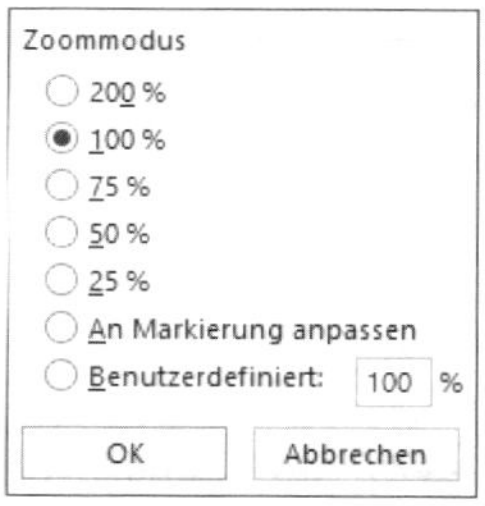

Abbildung 1.44 Das Zoom-Menü

1.4.11 Der Bereich der Arbeitsmappe

Unterhalb der Bearbeitungsleiste beginnt der Raum für die Blätter der Arbeitsmappe. Wenn Sie neu in das Programm einsteigen, bietet Excel normalerweise eine leere Arbeitsmappe mit der Bezeichnung *Mappe1* – bis *MappeN*, falls Sie bereits (vielleicht unbeabsichtigt) Arbeitsmappen unter einem der Vorgabenamen abgespeichert haben sollten. Auch wenn Sie über das Register **Datei** mit **Neu ▸ Leere Arbeitsmappe** ein neues Anwendungsfenster öffnen, vergibt Excel zunächst Vorgabenamen. Sie können die Fenster auf dem Desktop frei anordnen.

Als Vorgabe steckt Excel 2019 zunächst immer nur ein Blatt in eine Mappe. Die Schaltfläche mit dem Pluszeichen legt zusätzliche Blätter an und aktiviert sie zugleich. ⇧ + F11 hat fast den gleichen Effekt, fügt das neue Blatt aber vor dem bisher aktiven Blatt ein und aktiviert es. Innerhalb der Arbeitsmappe können Blätter verschiedener Art angelegt werden: Tabellenblätter, Diagrammblätter, Makro-Blätter etc. Sie werden als Vorgabe separat durchnummeriert.

Bei jedem Blatt für Tabellen befinden sich oben die Spaltenköpfe mit alphabetischen Bezeichnungen ❶ und links die Zeilenköpfe mit Zeilennummern ❷. In der linken oberen Ecke ❸ finden Sie das Feld **Alles auswählen**, mit dem alle Zellen der Tabelle auf einmal ausgewählt werden. Das Tabellenblatt hat Bildlaufleisten ❹, um gerade verdeckte Tabellenbereiche zu erreichen. Auch diese Leisten haben ein Kontextmenü.

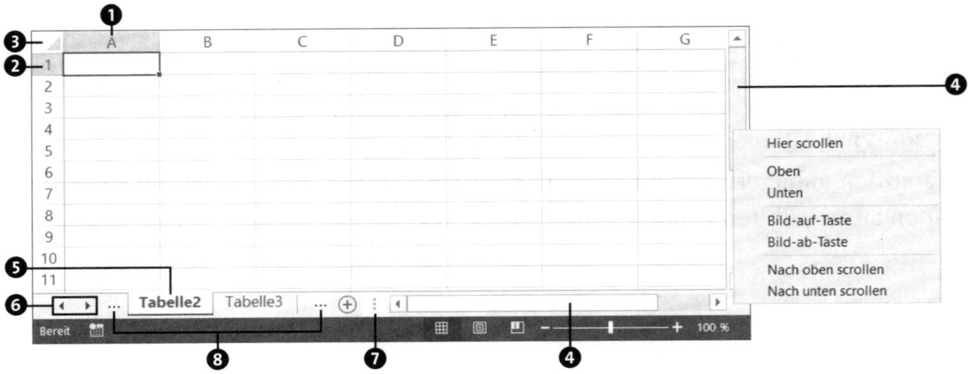

Abbildung 1.45 Bedienelemente des Arbeitsmappenfensters

Jedes Blatt in der Arbeitsmappe hat am unteren Rand ein Register ❺. Ein Klick oder Tipp darauf wählt das Blatt aus. Das aktive Blatt ist markiert durch die fette, grüne Schrift für den Blattnamen. Um Register verfügbar zu machen, die nicht sichtbar sind, arbeiten Sie mit den kleinen Schaltflächen links neben den Registern ❻, die aber nur aktiviert sind, wenn tatsächlich Register nicht sichtbar sind. Kombiniert mit `Strg` führen sie zum ersten oder letzten Blatt in der Mappe. Das Registerteilungsfeld mit den drei vertikalen Punkten ❼ kann verschoben werden, um mehr oder weniger Register anzuzeigen. Schaltflächen mit drei horizontalen Punkten ❽ machen immer das benachbarte Blatt zum aktiven Blatt.

Im Modus **Fingereingabe** haben Sie noch eine weitere Möglichkeit, die sichtbaren Register zu verändern. Sie können die Register in eine der beiden Richtungen ziehen oder – für ganz schnelle Änderungen – mit einer Wischbewegung entfernte Register ins Bild holen.

Wenn Sie die kleinen Registerschaltflächen mit rechts anklicken oder kurz festhalten, wird eine Liste der Register eingeblendet, die ebenfalls zur Anwahl verwendet werden kann.

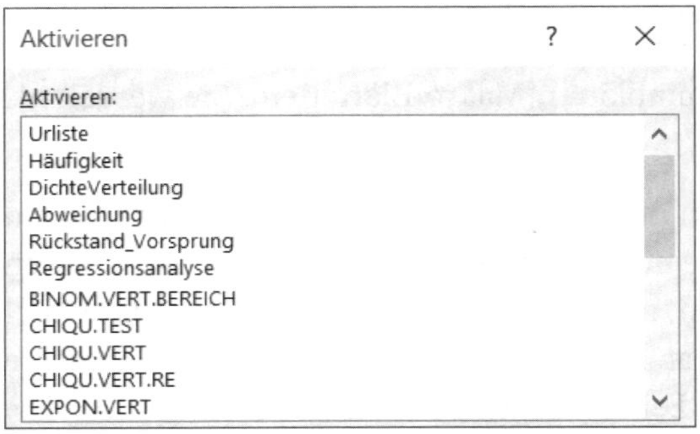

Abbildung 1.46 Menü mit den Blattnamen einer Arbeitsmappe

Sprechende Blattnamen

Um den Vorgabenamen zu ändern, klicken oder tippen Sie doppelt auf das entsprechende Blattregister und tragen den Namen ein. Auch der Befehl **Umbenennen** im Kontextmenü des Blattregisters führt zum Ziel. Bis zu 31 Zeichen sind erlaubt, darunter auch Leerzeichen. Nicht erlaubt in Blattnamen sind eckige Klammern, Ausrufe- und Fragezeichen, Doppelpunkte, Sternzeichen, Schrägstriche und der Backslash, da diese Zeichen zu Missverständnissen in Zellbezügen führen würden. (Namensänderungen von Blättern werden übrigens automatisch in bereits vorhandene Zellbezüge übernommen.)

1.4.12 Ansichten

Neben der normalen Ansicht einer Arbeitsmappe stellt Excel 2019 noch eine spezielle Ansicht für das Seitenlayout zur Verfügung, die durchaus auch als Arbeitsansicht, also für die Eingabe von Daten und Formeln, genutzt werden kann. In dieser Ansicht lassen sich Kopf- und Fußzeilen für die Ausgabe der Seiten direkt editieren, außerdem ist die Verteilung der Daten auf verschiedene Seiten leichter zu kontrollieren. Das Umschalten zwischen den Ansichten kann direkt über die schon angesprochenen Ansichtssymbole in der Statusleiste erfolgen oder über die Schaltflächen in der Gruppe **Ansicht ▸ Arbeitsmappenansichten**.

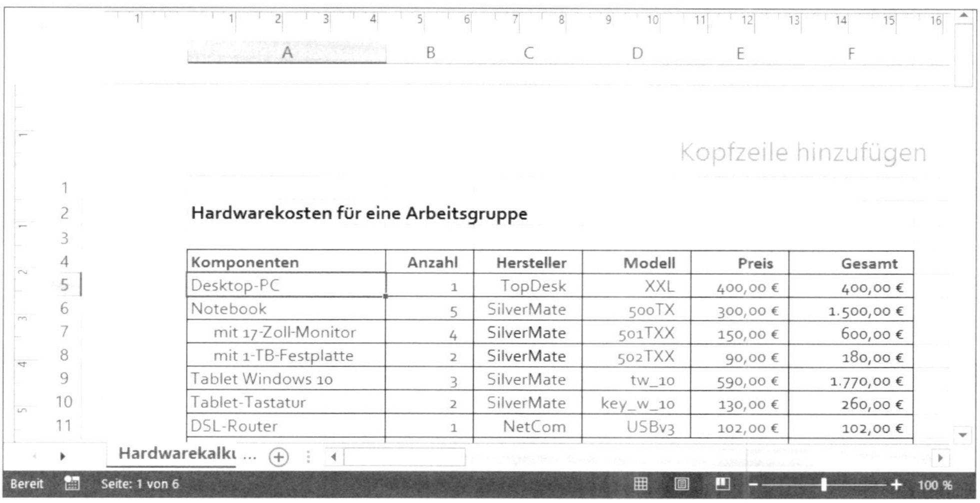

Komponenten	Anzahl	Hersteller	Modell	Preis	Gesamt
Desktop-PC	1	TopDesk	XXL	400,00 €	400,00 €
Notebook	5	SilverMate	500TX	300,00 €	1.500,00 €
mit 17-Zoll-Monitor	4	SilverMate	501TXX	150,00 €	600,00 €
mit 1-TB-Festplatte	2	SilverMate	502TXX	90,00 €	180,00 €
Tablet Windows 10	3	SilverMate	tw_10	590,00 €	1.770,00 €
Tablet-Tastatur	2	SilverMate	key_w_10	130,00 €	260,00 €
DSL-Router	1	NetCom	USBv3	102,00 €	102,00 €

Abbildung 1.47 Seitenlayoutansicht

Parallelansicht

In Excel 2019 gibt es auch die Möglichkeit, die Fenster für zwei Arbeitsmappen gleicher Struktur parallel anzuordnen, sodass Positionen leichter miteinander verglichen werden können. Wenn beide Arbeitsmappen geöffnet sind, kann dazu in einem der Anwendungsfenster der Befehl **Ansicht ▸ Fenster ▸ Nebeneinander anzeigen** ❶ verwendet werden. Mit der Schaltfläche **Synchrones Scrollen** ❷ in derselben Gruppe erreichen Sie, dass die Bewegung des Zellzeigers in der einen Tabelle jeweils auch in der anderen Tabelle nachvollzogen wird. Diese Einstellung ist vorgegeben, muss also abgeschaltet werden, wenn sich die Zellzeiger unabhängig voneinander bewegen sollen. Ob die Fenster vertikal oder horizontal angeordnet werden, entscheiden Sie über den Dialog der Schaltfläche **Alle anordnen** ❸.

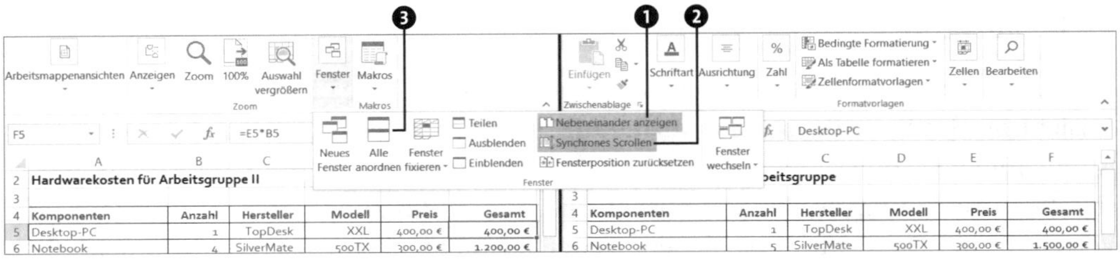

Abbildung 1.48 Nebeneinandergestellte Arbeitsmappenfenster

1.4.13 Anpassen des Menübands

Um das Menüband zu verändern, wählen Sie im Kontextmenü des Bandes den Befehl **Menüband anpassen**. Dieser Befehl zeigt in dem Dialog **Excel-Optionen** die Seite **Menüband anpassen** an. Die Anpassung kann über das Listenfeld rechts oben ❹ auf die **Hauptregisterkarten** oder die **Registerkarten für Tools** eingeschränkt werden.

Über die Optionsfelder lassen sich Registerkarten ausblenden, wenn das Häkchen davor gelöscht wird. Wer nicht beabsichtigt, mit Excel programmierte Anwendungen zu entwickeln, hat die Möglichkeit, die Registerkarte **Entwicklertools** abgewählt zu lassen. Vorgegebene Register lassen sich zwar nicht entfernen, aber verbergen, etwa um die Bearbeitungsmöglichkeiten an bestimmten Arbeitsplätzen einzuschränken. Die Befehle in den vorgegebenen Registern und Gruppen lassen sich ebenfalls nicht ändern. Sie können hier also nichts hinzufügen oder entfernen.

Zwei Verfahren stehen Ihnen dagegen offen: Sie können einer Registerkarte eine neue Gruppe hinzufügen oder eine ganz neue Registerkarte anlegen und dort dann entsprechende Gruppen einfügen. In die neuen Gruppen fügen Sie vorhandene Befehle oder Aufrufe für selbst entwickelte Makros oder Add-Ins ein.

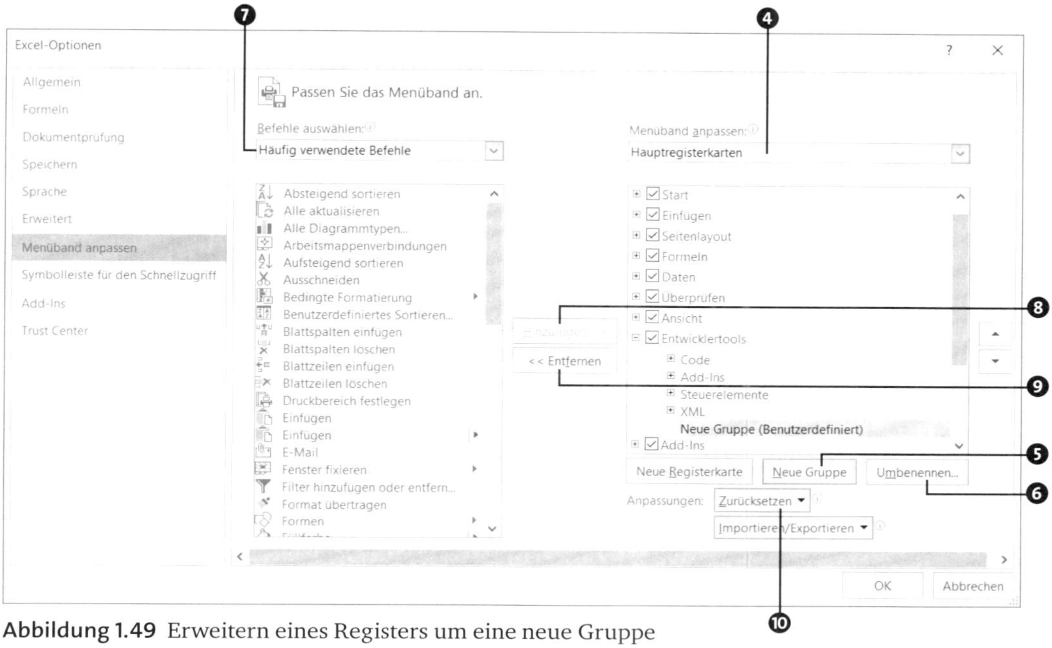

Abbildung 1.49 Erweitern eines Registers um eine neue Gruppe

Soll eine Registerkarte um eine Gruppe erweitert werden, markieren Sie zunächst den Namen des Registers und benutzen die Schaltfläche **Neue Gruppe** ❺. Mit den kleinen Pfeiltasten lässt sich die zunächst ans Ende gerückte Gruppe beliebig platzieren. Mit der Schaltfläche **Umbenennen** ❻ vergeben Sie einen passenden Namen. Solange nun die neue Gruppe ausgewählt ist, lassen sich dieser Gruppe Befehle hinzufügen, etwa eigene Makros.

Wählen Sie unter **Befehle auswählen** ❼ zunächst die Befehlskategorie. Wenn Sie nicht wissen, in welcher Kategorie der Befehl zu finden ist, wählen Sie einfach **Alle Befehle**. Als gesonderte Gruppe können Sie auch die Befehle anzeigen lassen, die im Menüband gar nicht erscheinen. Markieren Sie im Listenfeld links die gewünschten Befehle oder auch Makros, und klicken Sie auf **Hinzufügen** ❽, um sie der aktuell markierten Gruppe zuzuordnen. Sollen Symbole dagegen aus der Menübandgruppe entfernt werden, klicken Sie auf **Entfernen** ❾. Über die Pfeiltasten können Sie die Reihenfolge markierter Befehle in der Gruppe anpassen.

Soll eine ganz neue Registerkarte angelegt werden, etwa um bestimmte Makros schneller aufzurufen, benutzen Sie zunächst die Schaltfläche **Neue Registerkarte** ❿. Eine erste Gruppe dafür wird automatisch mit angelegt.

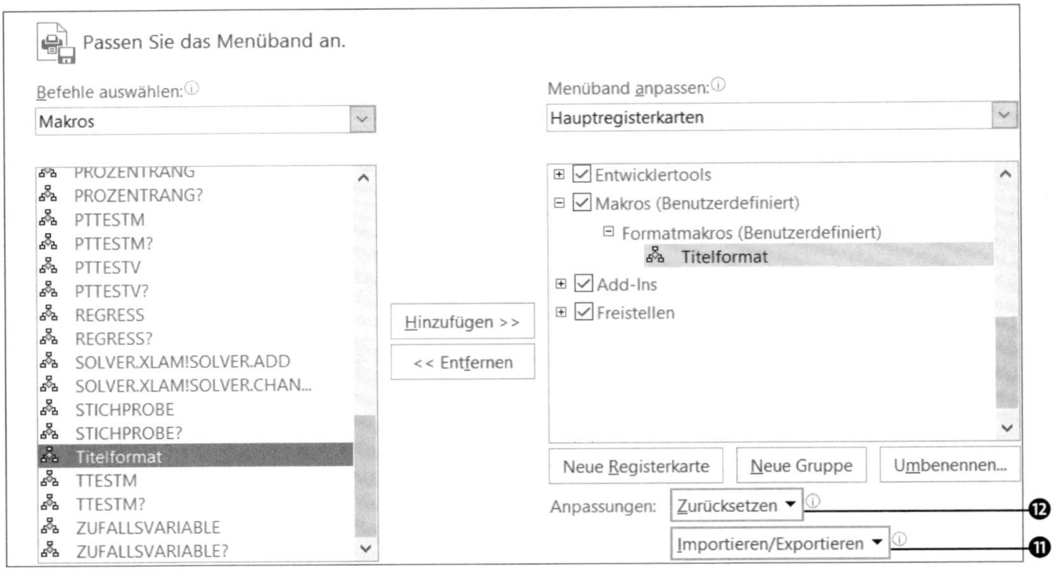

Abbildung 1.50 Ein neues Register für eigene Makros

Ändern Sie mit **Umbenennen** die Namen von Register und Gruppe, und legen Sie weitere Gruppen an. Füllen Sie die Gruppen wie oben beschrieben.

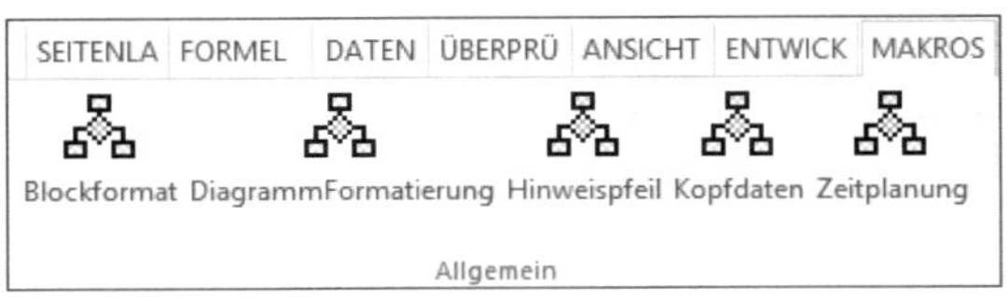

Abbildung 1.51 Die neue Gruppe auf der neuen Registerkarte

Praktisch ist auch die Möglichkeit, die Änderungen am Menüband in eine kleine Datei zu exportieren, sodass sie auf einem anderen Rechner importiert werden können. Verwenden Sie dazu die Schaltflächen **Importieren/Exportieren** ⓫ und **Alle Anpassungen exportieren**, und geben Sie einen passenden Dateinamen an. Die Daten werden in einer Office-Oberflächendatei mit dem Dateityp *.exportedUI* abgelegt. An anderer Stelle lassen sich diese Daten über dieselbe Schaltfläche und den Befehl **Anpassungsdatei importieren** einlesen.

Mit **Zurücksetzen** ⓬ kann die Werksvorgabe für das Menüband jederzeit wiederhergestellt werden. Das Menü der Schaltfläche erlaubt es, entweder alle Anpassungen zurückzusetzen oder nur die Änderungen an der gerade ausgewählten Registerkarte.

1.4.14 Anpassen der Schnellzugriffsleiste

In gleicher Weise können Sie auch die Symbolleiste für den Schnellzugriff im Dialog **Excel-Optionen** anpassen. Wählen Sie im Kontextmenü zu dieser Leiste den Befehl **Weitere Befehle**. Wenn Sie diese Anpassung nur für eine bestimmte Arbeitsmappe vornehmen wollen, wählen Sie im rechten Listenfeld zunächst die Option **Für <Name der Mappe>**, ansonsten arbeiten Sie mit der vorgegebenen Einstellung **Für alle Dokumente**.

Im linken Fenster markieren Sie anschließend die gewünschten Befehle und fügen sie mit der Schaltfläche **Hinzufügen** nacheinander ein. Die Position eines markierten Befehls in der Leiste ändern Sie mit den kleinen Pfeiltasten ganz rechts. Ganz praktisch sind die neue Symbolen für **Hochgestellt** und **Tiefgestellt**, die Sie unter **Alle Befehle** finden. Sie erleichtern die Eingabe von Maßeinheiten wie m^2 oder m^3. Auch in diesem Dialog finden Sie Schaltflächen zum Zurücksetzen oder zum Exportieren und Importieren mithilfe einer Datei vom Typ **.exportedUI*.

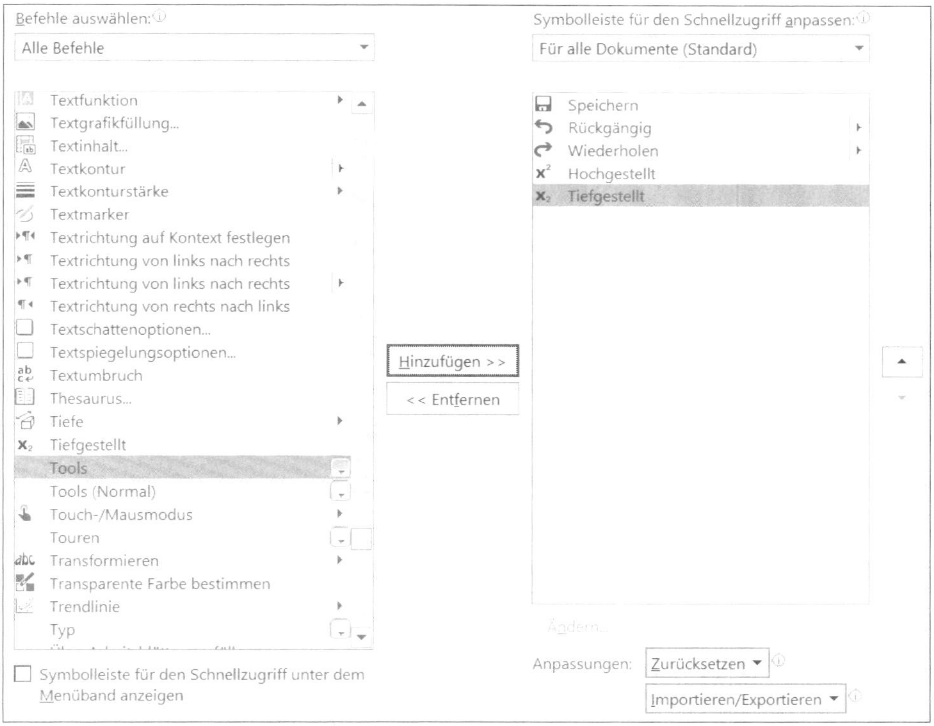

Abbildung 1.52 Anpassen der Schnellzugriffsleiste

Anstatt über den Dialog zu gehen, gibt es aber noch ein Schnellverfahren. Immer wenn Sie merken, dass Sie eine bestimmte Schaltfläche im Menüband besonders häufig benutzen, können Sie im Kontextmenü dazu den Befehl **Zu Symbolleiste für den Schnellzugriff hinzufügen** aufrufen.

1.4.15 Aufgabenbereiche

Einige Befehle in Excel 2019 blenden Aufgabenbereiche ein, wie **Überprüfen ▸ Rechtschreibung ▸ Thesaurus** oder **Überprüfen ▸ Einblicke ▸ Intelligente Suche**, eine Erweiterung der früheren Funktion **Recherche**. In großem Umfang werden Aufgabenbereiche für die Formatierung grafischer Objekte und Diagramme eingesetzt. Sie ersetzen die in älteren Versionen dafür verwendeten Dialogfelder.

Das Fenster eines Aufgabenbereichs wird entweder am linken oder rechten Rand des Arbeitsbereichs angedockt. Dazu ziehen Sie die Titelzeile in die entsprechende Richtung; der Mauszeiger zeigt dabei ein Doppelkreuz.

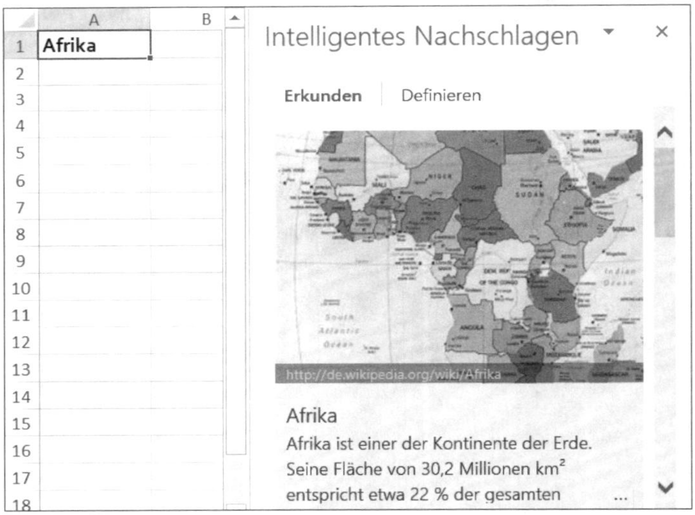

Abbildung 1.53 Aufgabenbereich für »Intelligentes Nachschlagen«

Wenn Sie das Menü zu dem kleinen Pfeil oben rechts öffnen, stehen Ihnen auch Befehle zur Veränderung der Größe und zum Schließen zur Verfügung. Die Größenveränderung geht von der rechten unteren Ecke aus, der Mauszeiger erscheint dabei als Doppelpfeil. Der Aufgabenbereich kann auch außerhalb des Anwendungsfensters abgelegt werden. Ein Doppelklick oder -tipp auf die Titelleiste rückt das Feld in die zuletzt verwendete Dock-Position zurück.

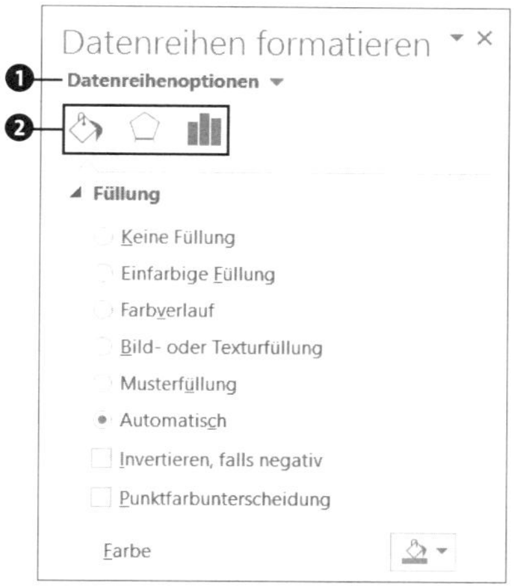

Abbildung 1.54 Aufgabenbereich zu einem Diagrammelement

Bei den Aufgabenbereichen, die der Formatierung dienen, finden Sie unter dem Titel häufig eine Zeile mit ein oder zwei Kategorien von Optionen ❶ und darunter eine Zeile mit Symbolen ❷, um Fülloptionen von Effekten zu trennen.

1.4.16 Befehle zurücknehmen oder wiederholen

Excel merkt sich die letzten Befehle bzw. Eingaben, die es ausgeführt hat. Genauer gesagt, es speichert die Situation, die jeweils vor der Ausführung der letzten Befehle oder der letzten Eingaben bestanden hat, sodass diese bei Bedarf wiederhergestellt werden kann. Dies geschieht mithilfe der Schaltfläche **Rückgängig** ❶, die in der Schnellzugriffsleiste vorgegeben ist. Sollen mehrere Schritte zurückgenommen werden, kann die Liste der notierten Schritte über den kleinen Pfeil neben dem Symbol geöffnet werden. Hier markieren Sie durch Ziehen die Schritte, die zurückgenommen werden sollen, ein Klick oder Tipp führt die Rücknahme dann aus. Dabei werden die zuletzt ausgeführten Schritte immer zuerst angezeigt. Anstatt auf das Symbol zu klicken, können Sie auch die Tastenkombination `Strg` + `Z` drücken.

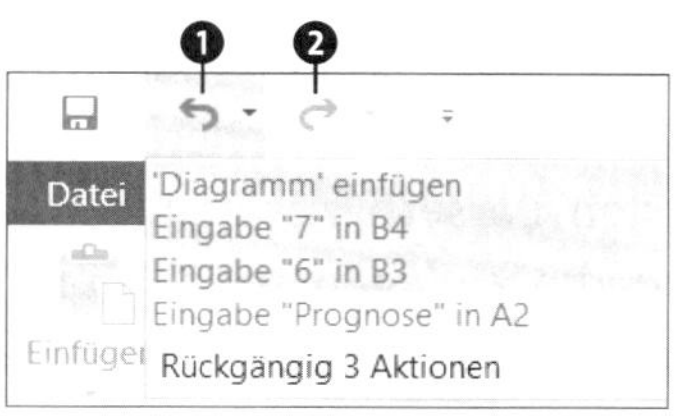

Abbildung 1.55 Liste der letzten Schritte

Allerdings lassen sich nicht alle Befehle rückgängig machen. Das gilt etwa für das Löschen eines ganzen Blatts. Bei diesem Befehl erscheint deshalb, falls das Blatt Daten enthält, vorher ein entsprechender Hinweis. Wenn Sie eine Aktion rückgängig gemacht haben, haben Sie noch eine Chance zur Umkehr – über die Schaltfläche **Wiederholen** ❷, die ebenfalls vorgegeben ist. Sind irrtümlich fünf Eingaben rückgängig gemacht worden, lassen sie sich Schritt für Schritt mit dem Symbol **Wiederholen** wiederherstellen.

1.5 Dateiformate

Nachdem Microsoft bereits mit Excel XP ein XML-basiertes Dateiformat als Zweitformat eingeführt hatte und in der Version Excel 2003 die XML-Unterstützung noch einmal deutlich ausgeweitet hat, wurde mit Excel 2007 die Gewichtung umgekehrt. Die Dateiformate auf der Basis von XML stellten jetzt die Standardformate dar, die binäre Variante der Arbeitsmappe wurde dagegen als Zweitformat angeboten. Damit trägt Microsoft der Tatsache Rechnung, dass sich XML-Dokumente inzwischen weltweit als plattformübergreifender Standard für die Datenspeicherung durchgesetzt haben.

1.5.1 Hinweise zur Sprachfamilie XML

XML, Kürzel für »extensible markup language«, ist inzwischen als Standard für die Beschreibung strukturierter Daten etabliert. Die vom World Wide Web Consortium (W3C) kontrollierte Sprache benutzt ähnlich wie HTML einfache Element-Tags und Attribute, die aber im Unterschied zu HTML nicht die Darstellung von Datenelementen festlegen, sondern nur ihre Bedeutung. Der Inhalt der Information wird von ihrer Form getrennt. Wie HTML-Dokumente sind auch XML-Dokumente reine Textdateien. Da das Datenformat unabhängig von der gewählten Plattform und der eingesetzten Anwendung ist, eignet es sich hervorragend für den Datenaustausch zwischen ungleichen Systemen und Anwendungen. Die Dokumente bestehen aus einer Hierarchie von Elementen, die immer von einem Wurzelelement ausgeht und sich deshalb als Baum darstellen lässt.

Ein XML-Dokument wird als wohlgeformt eingestuft, wenn es bestimmte formale Regeln einhält, insbesondere die, dass zu jedem Start-Tag ein genau passendes End-Tag existiert – was z. B. in HTML keineswegs immer der Fall ist und dort so toleriert wird. Wohlgeformte XML-Dokumente können von entsprechenden Parsern zusätzlich auf Gültigkeit hin geprüft werden, wenn Schemata definiert sind, die festlegen, welche Tags und Attribute wo und wie zum Einsatz kommen dürfen. (Mehr zum Thema XML finden Sie in meinem Buch *XML. Einstieg, Praxis, Referenz*, Rheinwerk Computing, 2018.)

Die Tatsache, dass XML als Datenformat unabhängig von konkreten Anwendungen und Plattformen ist, eröffnet Excel eine beträchtliche Erweiterung seiner Einsatzmöglichkeiten. Durch die Unterstützung von XML wird das Programm zum Analysewerkzeug für Informationen beliebiger Herkunft und kann seine Ergebnisse wiederum an Anwendungen auf beliebigen Plattformen weiterreichen, die ebenfalls mit XML umgehen können.

1.5.2 Der Standard Open XML

Für die Kernprogramme seines Office-Pakets – Excel, Word und PowerPoint – verwendet Microsoft seit der Version Office 2007 einheitlich XML-basierte Dateiformate. Anders als noch in der Version Office 2003 kombiniert Microsoft die eigenen XML-Formate allerdings nun mit der inzwischen zu einem Quasi-Standard gewordenen ZIP-Technologie. Wird eine Arbeitsmappe erstellt, entsteht also ein komprimiertes ZIP-Archiv, auch wenn die Dateiendung *.xlsx* dies nicht auf den ersten Blick erkennen lässt. Beim Öffnen wird das Archiv automatisch expandiert, beim erneuten Speichern wieder komprimiert.

Wenn Sie die Dateiendung mit *.zip* überschreiben und den Inhalt in einen Ordner extrahieren, finden Sie eine mehrstufige Hierarchie von Komponenten, von denen die große Mehrzahl aus XML-Dokumenten besteht, die sich mit jedem Texteditor ansehen und bearbeiten lassen. Da es sich hauptsächlich um reine Textdateien handelt, lassen diese sich gut komprimieren, sodass im Endeffekt kleinere Dateigrößen möglich sind als bei binären Formaten.

Excel 2019 trennt gleichzeitig Arbeitsmappen, die keine Makros enthalten, von solchen, die Makros enthalten. Im Normalfall enthält eine Arbeitsmappe also keinen ausführbaren Code, sodass sie ohne Risiko per E-Mail oder innerhalb von Netzen ausgetauscht werden kann. Einer solchen Datei kann auch nicht nachträglich ein Makro hinzugefügt werden. Arbeitsmappen, die Makros oder OLE-Objekte enthalten, werden mit einer eigenen Dateiendung geführt und können so leicht identifiziert werden, um eventuell notwendige Sicherheitsmaßnahmen ergreifen zu können. Das neue Dateiformat ist also im Kern ein Container-Format, bei dem festgelegt ist, in welchen Beziehungen die darin enthaltenen Komponenten stehen.

1.5.3 Vorteile der Container-Formate

Ein weiterer Vorteil dieses auf den ersten Blick kompliziert wirkenden Verfahrens ist, dass das Dokument auch dann noch verwendet werden kann, wenn einzelne Komponenten defekt sind, etwa durch Übertragungsfehler im Netz. Bei einer binären Datei führte ein solcher Fehler oft dazu, dass die Datei insgesamt nicht mehr geöffnet werden konnte. Einzelne Komponenten, etwa ein eingefügtes Bild, können auch ausgetauscht werden, ohne auf Excel zurückgreifen zu müssen. Dokumenteigenschaften wie der Name des Autors, Themen oder Stichwörter lassen sich ebenfalls »von außen« ändern, etwa durch eine kleine Batch-Anwendung, die in mehreren Dokumenten nach einem Namen sucht und ihn ersetzt.

Die in den verschiedenen XML-Dateien verwendeten Schemata sind von Microsoft offengelegt worden, die Beschreibung des Standards ist allerdings 6.000 Seiten stark. Die Spezifikation für die Formate und Schemata ist unter einer gebührenfreien Lizenz veröffentlicht. Seit August 2008 ist Open XML auch als ISO-Standard anerkannt.

1.5.4 Strict-Open-XML-Arbeitsmappen

Allerdings hat Microsoft eine Zeit gebraucht, um den selbst initiierten Standard auch komplett in den eigenen Dateiformaten umzusetzen. Dies ist erst mit der Variante *Strict Open XML-Arbeitsmappe* gelungen, die Excel 2019 als alternatives Format anbietet, ebenfalls mit der Dateiendung *.xlsx*. Dieses Format arbeitet endlich auch mit Datumswerten im ISO-Format 8601 und bereinigt den Fehler in der Schaltjahrberechnung für das Jahr 1900, der von den bisherigen Excel-Versionen immer mitgeschleppt worden ist. Wenn Sie eine solche Datei in Excel 2010 öffnen, erhalten Sie einen Hinweis, dass dies ein neueres Dateiformat ist, können aber auf die Datei mit der angebotenen Schaltfläche **Öffnen** zugreifen. (Wenn Sie eine Datei in dem neuen Format speichern, wird der Inhalt einer Zelle, die das falsche Datum 29.2.1900 enthält, in Text verwandelt.)

1.5.5 Struktur der Open-XML-Formate

Eine Datei im Open-XML-Format besteht aus einer beliebigen Anzahl von Komponenten, die über eine Auflistung zusammengehalten werden. Die Mehrzahl der Komponenten sind XML-Dateien, im Container können aber auch Nicht-XML-Komponenten vorhanden sein, etwa Binärdateien, die eingebettete Bilder oder OLE-Objekte darstellen. Es wird also darauf verzichtet, Bilder in XML zu codieren, was ja durchaus möglich wäre. Der Zusammenhang der einzelnen Komponenten wird durch spezielle Beziehungskomponenten festgelegt. Durch die Zusammenfassung der Komponenten in einem ZIP-Container bleibt das Dokument für den Anwender eine einzelne Dateiinstanz, die er wie gewohnt speichern oder öffnen kann. Der komplexe Untergrund bleibt im Verborgenen.

Abbildung 1.56 zeigt, in welche Komponenten eine Arbeitsmappe hauptsächlich zerlegt wird und wie diese miteinander zusammenhängen.

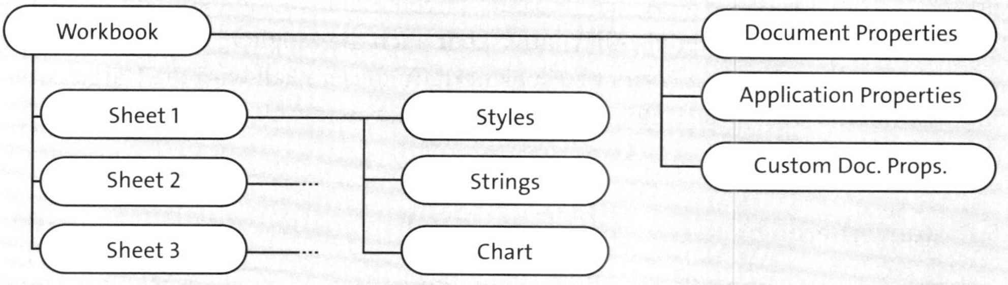

Abbildung 1.56 Komponenten in einem Excel-Container

Excel 2019 erzeugt zwar eine vorgegebene Ordnerstruktur, die in der Abbildung für eine Beispieldatei gezeigt wird. Diese Ordnerhierarchie ist aber nicht verpflichtend. Die Anordnung und auch die Namen der Komponenten können innerhalb des ZIP-Containers geändert werden, allerdings müssen dann auch die definierten Beziehungen entsprechend angepasst werden. Für die verschiedenen Inhaltstypen werden jeweils Komponenten auf der Basis der zugehörigen XML-Schemata erzeugt.

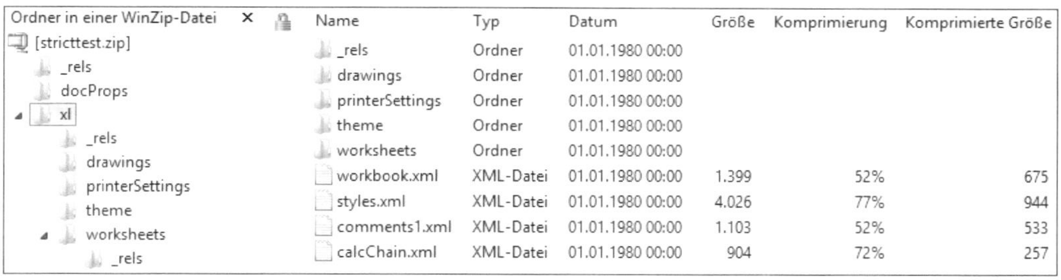

Name	Typ	Datum	Größe	Komprimierung	Komprimierte Größe
_rels	Ordner	01.01.1980 00:00			
drawings	Ordner	01.01.1980 00:00			
printerSettings	Ordner	01.01.1980 00:00			
theme	Ordner	01.01.1980 00:00			
worksheets	Ordner	01.01.1980 00:00			
workbook.xml	XML-Datei	01.01.1980 00:00	1.399	52%	675
styles.xml	XML-Datei	01.01.1980 00:00	4.026	77%	944
comments1.xml	XML-Datei	01.01.1980 00:00	1.103	52%	533
calcChain.xml	XML-Datei	01.01.1980 00:00	904	72%	257

Abbildung 1.57 Beispiel für die Ordnerhierarchie einer Arbeitsmappe

1.5.6 Dateierweiterungen

Excel verwendet seit der Version 2007 als Standarddateiformat Dateien mit der Typenbezeichnung *.xlsx*. Die altbekannte Dateierweiterung *.xls* wird also um ein X am Ende erweitert, um darauf hinzuweisen, dass es sich um ein XML-Dokument handelt. Enthält die Mappe Makros, wird die Endung *.xlsm* verwendet. Für Mustervorlagen gilt der Dateityp *.xltx*. Mustervorlagen sind Dateien, die als Gestaltungsmuster für Tabellen, Diagramme oder Makrovorlagen dienen. Beispiele sind etwa Rechnungs- oder Bestellformulare. Sollen diese Vorlagen auch Makros enthalten dürfen, verwenden Sie den Dateityp *.xltm*.

Add-Ins auf der Basis von VBA, die in Excel eingebunden werden können, haben die Dateiendung *.xlam*. Es bleibt als Alternative aber auch die Möglichkeit, Arbeitsmappen wie bisher in einem binären Format zu speichern. In diesem Fall wird die Dateierweiterung *.xlsb* verwendet. Diese Dateien dürfen auch Makros enthalten.

1.5.7 Konvertierung

Wird eine Arbeitsmappe geladen, die in einer älteren Dateiversion gespeichert ist, verwendet Excel 2019 einen speziellen Kompatibilitätsmodus, was auch in der Titelleiste angezeigt wird. In diesem Modus sind die neueren Features von Excel 2019 automatisch deaktiviert und können auch nicht manuell aktiviert werden. Auf dem Register **Datei** wird unter **Informationen** die Schaltfläche **Konvertieren** angeboten, mit der Sie die Datei in das neue Format umwandeln und dabei die bisherige Datei löschen können.

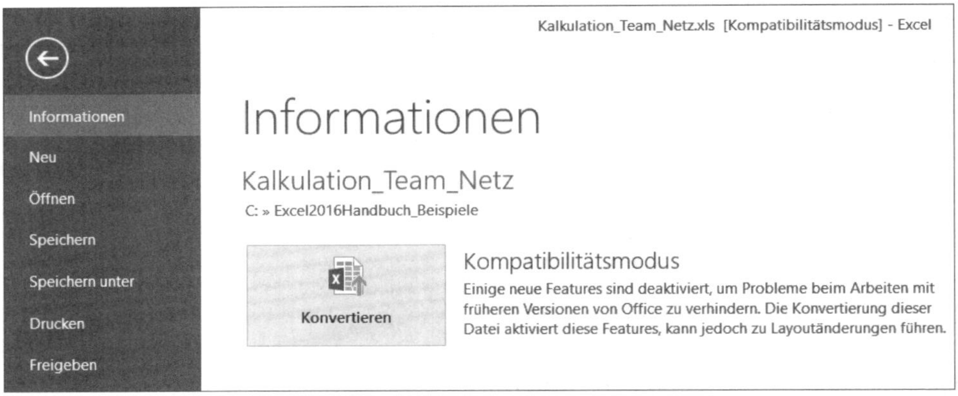

Abbildung 1.58 Schaltfläche für die Konvertierung

Je nachdem, ob die Datei Makros enthält oder nicht, wird als Dateiendung automatisch *.xlsm* oder *.xlsx* verwendet. Unter Umständen erhalten Sie Hinweise auf Genauigkeitsverluste, die bei der Konvertierung auftreten können. Die Arbeitsmappe muss dann einmal geschlossen und erneut geöffnet werden, um mit dem neuen Format arbeiten zu können. Dies wird nach Abschluss der Konvertierung über ein Dialogfeld auch angeboten. Aus Gründen der Vorsicht kann es allerdings sinnvoll sein, die Datei nicht auf der Stelle zu konvertieren, sondern sie zunächst unter einem anderen Namen im neuen Format zu speichern.

1.5.8 Alternativ: OpenDocument-Kalkulationstabelle

Seit einigen Jahren hat sich mit dem OpenDocument Format (ODF) noch ein anderes, ebenfalls XML-basiertes Dateiformat etabliert, das insbesondere von OpenOffice, dem freien Office-Paket, verwendet wird, das aktuell von der Apache Software Foundation weiterentwickelt wird. ODF wurde bereits im November 2006 von der ISO unter der Bezeichnung ISO/IEC DIS 26300 Open Document Format for Office Applications (OpenDocument) v1.0 standardisiert.

Allgemeine Merkmale

Auch bei OpenDocument werden XML-Technologien und ZIP-Komprimierung kombiniert. Dokumente werden im einfachsten Fall als einzelne XML-Datei oder in Form eines ZIP-Pakets mit einer Kollektion von Subdokumenten und binären Komponenten gespeichert. Der Aufbau ist für alle Anwendungen gleich.

Jedes OpenDocument-Paket enthält einen Ordner *META-INF*, der die Datei *manifest.xml* beherbergt. Sie enthält eine Liste der im Archiv enthaltenen Dateien mit dem jeweiligen Medientyp. Die Komponenten sind meist XML-Dateien, die die Dokumentstruktur, den Dokumentinhalt, die Dokumentstile und die Dokumenteinstellungen beschreiben. Wie auch bei Open XML werden eventuelle Mediendateien im Binärformat eingefügt. Die Datei *meta.xml* enthält die Metadaten der Datei, etwa Titel, Beschreibung, Autor, Erstellungsdatum, Schlüsselwörter. Die Datei *content.xml* enthält die Daten der Arbeitsmappe. In *styles.xml* sind alle im Dokument verwendeten Formate gespeichert. Die Dokumente haben anwendungsbezogene Dateierweiterungen, die Dateiendung für Kalkulationstabellen ist *.ods*.

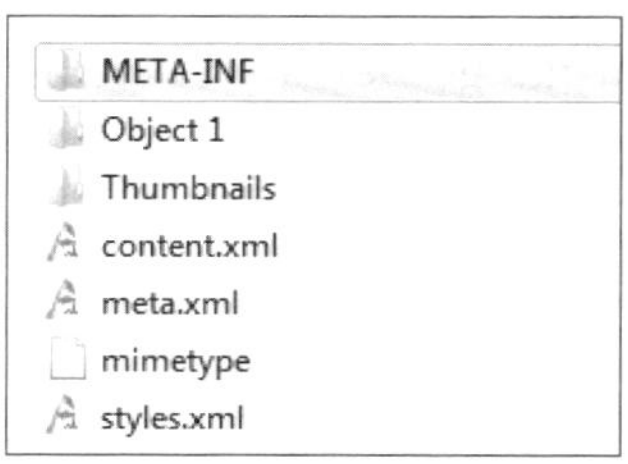

Abbildung 1.59 Ordnerstruktur einer Arbeitsmappe im ODS-Format

ODF oder Open XML?

ODF ist als Konkurrenzprodukt zu Open XML vorangetrieben worden. Der Ansatz ist strukturell sehr ähnlich, beide kombinieren ein komprimiertes Archiv mit XML-Dokumenten. Die Schemata von ODF sind kompakter, decken aber nicht alle Optionen ab, die mit den Microsoft-Office-Anwendungen zur Verfügung stehen. Der Entwurf von ODF erfolgte eher *from scratch*, während Microsoft versucht hat, alle Merkmale, die in den riesigen Dokumentbeständen aus der MS-Office-Familie realisiert sind, in den XML-Schemata lückenlos nachzubilden.

Der Streit, welches der beiden Formate unterstützenswerter ist, wurde insbesondere in der Phase der noch offenen ISO-Standardisierung von Open XML ziemlich aufgebauscht, wobei Ressentiments gegen Microsoft häufig von einer sachlichen Beurteilung abgehalten haben. Im Grunde sollten die Endanwender diesen Formatwettstreit eher gelassen registrieren. Die Entwicklung der Markup-Sprachen für Office-Dokumente ist vermutlich auch mit den beiden jetzt verfügbaren Standards keineswegs abgeschlossen, weil beide an unterschiedlichen Stellen ihre Stärken und Schwächen aufweisen und die Erwartungen an das, was ein Dokument leisten soll, zudem nicht fixiert sind. Der entscheidende Punkt ist sowieso, dass mit dem XML-Format die fixe Bindung der Dokumente an die Quellanwendung aufgelöst wird. Und zum anderen lassen sich XML-Dokumente eben viel einfacher als andere Formate von einem XML-Jargon in einen anderen übersetzen.

Speichern als ODS-Datei

Soll eine einzelne Arbeitsmappe zuerst oder auch nachträglich im ODS-Format gespeichert werden, wählen Sie den Dateityp direkt im Dialog **Speichern unter**, oder Sie klicken über das Register **Datei** unter **Exportieren** auf die Schaltfläche **Dateityp ändern**, wählen **OpenDocument-Kalkulationstabelle** und dann die Schaltfläche **Speichern unter**. Diese öffnet den Dialog **Speichern unter** mit dem gewünschten Dateityp.

Wird eine Open-XML-Arbeitsmappe nachträglich im ODS-Format gespeichert, können Sie in der Regel davon ausgehen, dass die Daten und Formeln den Formatwechsel unbeschadet überstehen. Anders ist es mit der Formatierung. Hier kann es zu kleineren oder größeren Abweichungen kommen, weil einige Formatmerkmale, die in Open XML unterstützt werden, in ODS entweder nur teilweise oder gar nicht unterstützt werden.

Auch einige Operationen, die Excel 2019 anbietet, werden in ODS nicht unterstützt. Auf ihren Einsatz sollten Sie also verzichten, wenn ODS das Zielformat ist:

- Nicht unterstützt wird beim Drucken die Funktion **Wiederholungszeilen oben** bzw. **Wiederholungsspalten links**.

- Ebenfalls nicht unterstützt werden das verschlüsselte Speichern von Dateien und die Freigabe von Arbeitsmappen für die gemeinsame Arbeit daran.
- Was Tabellen betrifft, fehlt die Unterstützung für Ergebniszeilen und Tabellenformatvorlagen.
- Bei Pivot-Tabellen fehlt die Unterstützung von Formatvorlagen, berechneten Feldern und OLAP-Tabellen.
- Nicht unterstützt werden auch OLAP-Formeln und das Datentool **Konsolidierung**.
- Bei Diagrammen fehlt die Unterstützung von Datentabellen, Bezugslinien, Spannweitenlinien, Führungslinien für Datenbeschriftungen, gefüllten Netzdiagrammen, PivotCharts und Diagrammblättern.
- Im Bereich der Grafikobjekte fehlt die Unterstützung der Optionen für 3-D-Formen, ActiveX-Steuerelemente und Formularsteuerelemente, Signaturzeilenobjekte, unsichtbare Objekte, Designs und für Hyperlinks auf Formen.

Wenn Sie generell mit ODS arbeiten wollen, können Sie über **Datei ▸ Optionen ▸ Speichern** unter **Dateien in diesem Format speichern** als Zielformat **OpenDocument-Kalkulationstabelle (*.ods)** vorgeben. Beim ersten Start von Excel 2019 wird zudem ein Dialog angeboten, in dem Sie bereits vorweg den vorgegebenen Dateityp wählen können.

1.6 Optionen für die Arbeit mit Excel

Was Sie persönlich mit Excel 2019 tun, kann sich sehr von dem unterscheiden, was andere damit machen. Manche Leute benutzen Excel 2019 in erster Linie als Rechenknecht. Andere nutzen hauptsächlich die Tabellenfunktionen. Wieder andere interessiert vor allem die Umsetzung von Zahlen in Diagramme. Entwickler setzen die Werkzeuge ein, mit denen sich programmierte Lösungen erstellen lassen. Um diesen verschiedenen Bedürfnissen optimal gerecht zu werden, ist Excel 2019 anpassungsfähig ausgelegt. Sie können Ihren Arbeitsplatz auf das abstimmen, was Sie benötigen.

1.6.1 Excel bedarfsgerecht einrichten

Am Anfang der Arbeit mit Excel ist es sinnvoll, die Optionen einzustellen, die im Dialog **Excel-Optionen** unter **Allgemein** angeboten werden.

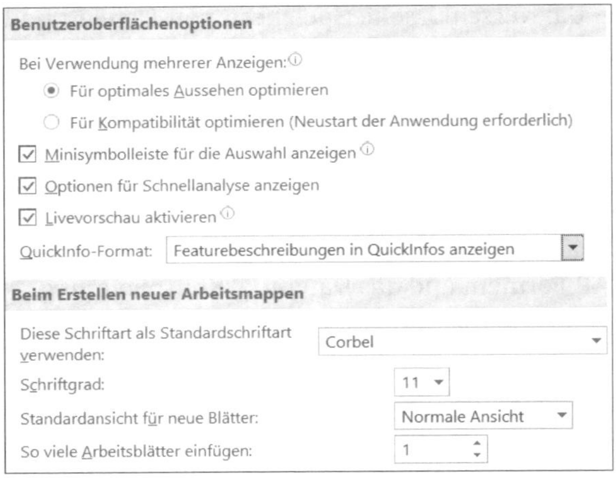

Abbildung 1.60 Allgemeine Optionen für Excel 2019

Die erste Einstellung unter **Benutzeroberflächenoptionen** betrifft die Arbeit mit mehreren Monitoren. Die Voreinstellung **Für optimales Aussehen optimieren** kann, wenn es zu Darstellungsproblemen kommt, versuchsweise durch die Option **Für Kompatibilität optimieren** ... ersetzt werden.

Die nächste angebotene Option ist **Minisymbolleiste für die Auswahl anzeigen**. Solange diese Einstellung aktiviert ist, werden über einem ausgewählten Text in einer Zelle oder in der Bearbeitungsleiste die gebräuchlichsten Formatierungssymbole angeboten. Diese Option bezieht sich also nicht auf das Kontextmenü ausgewählter Zellbereiche, hier lässt sich die Minisymbolleiste nicht abschalten.

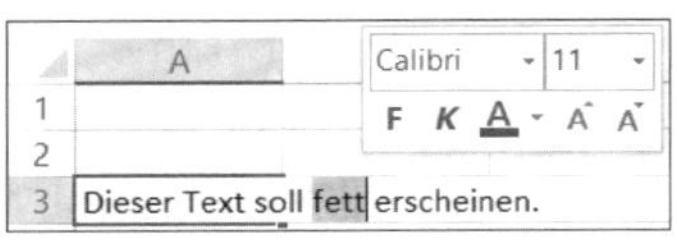

Abbildung 1.61 Die Minisymbolleiste zu einem in der Zelle ausgewählten Text

Die Schaltfläche für die schon angesprochene **Schnellanalyse** kann unter **Optionen für Schnellanalyse anzeigen** bei Bedarf auch deaktiviert werden. Über die Tastenkombination `Strg` + `Q` steht diese Funktion dann aber trotzdem zur Verfügung.

Eine praktische Funktion ist die **Livevorschau**, die die Wirkung vieler Einstellungsoptionen, etwa Farbwahl oder Schriftgröße, sofort für den ausgewählten Bereich anzeigt, noch bevor die Auswahl endgültig bestätigt ist. Nervöse Zeitgenossen mag die dadurch am Bildschirm manchmal entstehende Unruhe aber vielleicht irritieren, sie sollten dann hier die Option **Livevorschau aktivieren** abschalten. Die Option **QuickInfo-Format** betrifft die Anzeige von Bildschirmhinweisen zu Befehlen und Optionen in der Menüleiste. Hier kann zwischen ausführlichen und kurzen Tipps oder gar keinen Tipps gewählt werden.

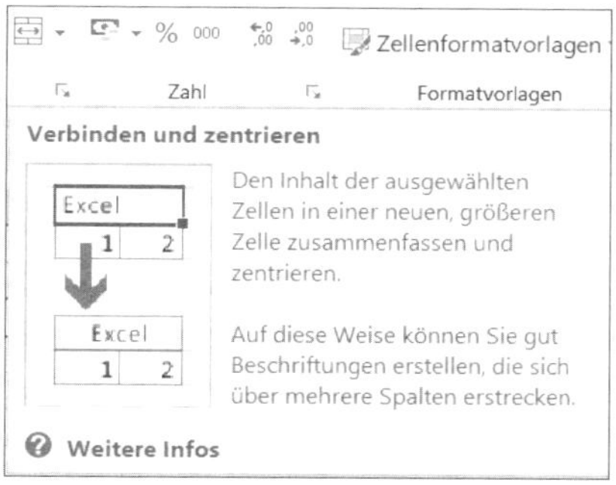

Abbildung 1.62 Ausführliche QuickInfo

Die zweite Gruppe betrifft allgemeine Vorgaben für neue Dokumente. Hier können Sie eine Standardschrift für die Dateneingabe und einen passenden Schriftgrad vorgeben. Excel gibt eine Standardschrift für Überschriften – **Calibri Light** – und eine für den Textkörper – 11 Punkt **Calibri** – vor. Außerdem können Sie festlegen, ob als Vorgabe in der Normalansicht, in der Seitenlayoutansicht oder der Umbruchvorschau gearbeitet werden soll. Diese Änderungen werden erst wirksam, wenn Excel erneut gestartet wird. Auch die Anzahl der Blätter, die eine neue Arbeitsmappe enthalten soll, ist hier einstellbar.

Schließlich kann unter **Microsoft Office-Kopie personalisieren** noch der Benutzername bestimmt werden, der dann automatisch als Metainformation den Dokumenteigenschaften zugewiesen wird. Über die Option **Immer diese Werte verwenden** legen Sie fest, ob die Einstellungen in dieser Gruppe unabhängig von der Anmeldung mit einem Konto bei *Office.com* gelten sollen.

Abbildung 1.63 Persönliche Optionen

Um das Aussehen von Excel an Ihren persönlichen Geschmack anzupassen, finden Sie noch zwei Listenfelder. Das erste unter dem Namen **Office-Hintergrund** bietet Ihnen verschiedene Dekors an, die den Kopfbereich des Anwendungsfensters betreffen. Wie schon erwähnt, wird diese Option einem lokalen Benutzer aber vorenthalten.

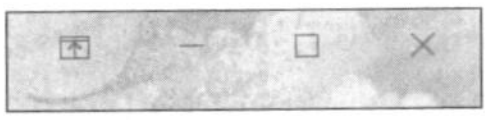

Abbildung 1.64 Der Hintergrund namens »Wolken« – mit etwas mehr Kontrast angezeigt

Unter **Office-Design** werden neben der Vorgabe **Farbig** noch **Dunkelgrau**, **Schwarz** und **Weiß** angeboten, mit denen der Hintergrund der Anwendung eingefärbt werden kann.

Die Aktivierung der »intelligenten Office-Dienste« betrifft auf dem Register **Überprüfen** die Funktionen **Intelligente Suche** und **Übersetzen**. Wer an dem zu Microsoft gehörenden beruflichen Netzwerk *LinkedIn* teilnimmt, kann noch Dienste aktivieren, die aus Excel heraus eine direkte Verbindung zu LinkedIn erlauben. Unter **Startoptionen** finden Sie in eine Schaltfläche **Standardprogramme**, die Sie in den Dialog der Systemsteuerung führt, in dem die Zuordnung von Dateitypen zu Excel vorgenommen oder geändert werden kann. Schon angesprochen wurde die Einstellung **Startbildschirm beim Start dieser Anwendung anzeigen**, die Sie hier deaktivieren können.

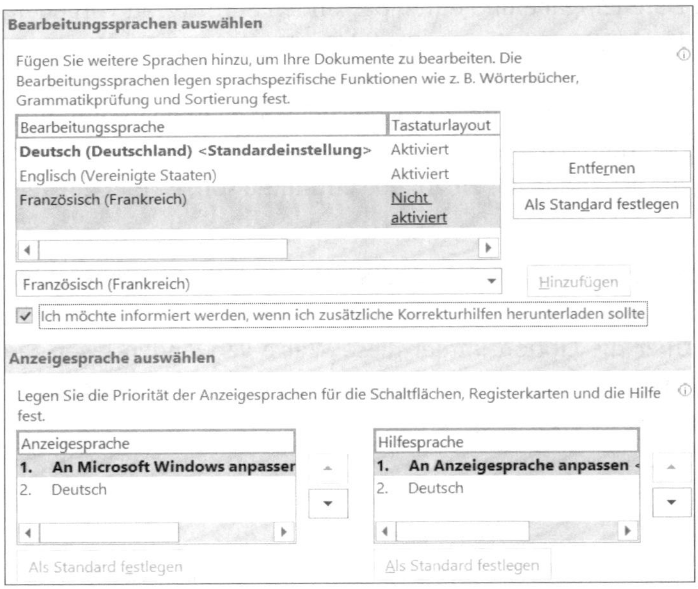

Abbildung 1.65 Wahl der Bearbeitungssprache

Unter **Sprache** wird in Excel 2019 eine eigene Seite angeboten, auf der Sie neben einer primären Sprache noch zusätzliche Bearbeitungssprachen auswählen können. Öffnen Sie dazu das Listenfeld unter der Liste mit den bereits ausgewählten Bearbeitungssprachen, wählen Sie die zusätzliche Sprache, und klicken Sie auf **Hinzufügen**. Im unteren

Teil lässt sich bei mehreren Sprachen festlegen, welche bevorzugt für die Programmanzeigen und die Hilfe verwendet werden.

1.6.2 Bildschirmelemente ein- oder ausblenden

Einige der Elemente, die normalerweise auf dem Excel-Bildschirm erscheinen, können bei Bedarf ausgeblendet werden. Wenn es etwa nur darum geht, Daten anzusehen, kann auf die für die Bearbeitung notwendigen Bildschirmelemente verzichtet werden. Dazu stehen auf dem Register **Ansicht** einige Einstellungen in der Gruppe **Anzeigen** zur Verfügung.

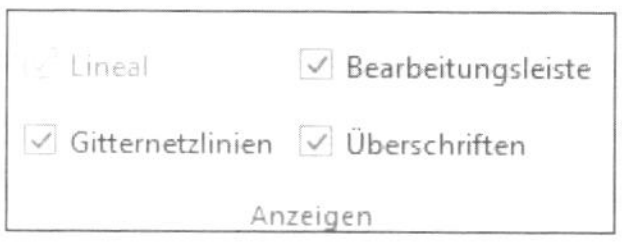

Abbildung 1.66 Die Gruppe »Anzeigen«

Insbesondere, wenn Tabellen fertig entwickelt sind, ist die Bearbeitungsleiste entbehrlich. Sie kann hier ad hoc abgewählt werden, sodass Sie mehr Platz für die Anzeige der Tabellen erhalten. Anstelle der Optionen auf der Registerkarte **Ansicht** können auch zahlreiche Wahlmöglichkeiten genutzt werden, die im Dialogfeld **Excel-Optionen** angeboten werden, und zwar auf der Seite **Erweitert**. Hier stehen Einstellungen zur Verfügung, die eine unterschiedliche Reichweite haben. Die Einstellungen unter **Anzeige** gelten für die Arbeit mit Excel generell, und zwar so lange, bis sie erneut geändert werden.

Zunächst kann unter **Anzeige** die Anzahl der Dateien angegeben werden, die in der Liste **Zuletzt verwendet** auf der Registerkarte **Datei** unter **Öffnen** angezeigt werden. Zusätzlich können Sie unter **Schnellzugriff** noch die Zahl der Dateien angeben, die direkt unter dem Menü des Dateiregisters angeboten werden, also unabhängig von der gerade ausgewählten Seite auf diesem Register. Auch die Anzahl der zuletzt verwendeten Ordner lässt sich hier angeben. Unter **Linealeinheiten** wird noch festgelegt, welcher Maßstab in dem Lineal benutzt werden soll, das in der Ansicht **Seitenlayout** angezeigt wird.

Neben der Anzeige der Bearbeitungsleiste und der QuickInfos zu Funktionen kann hier noch die Hardwaregrafikbeschleunigung deaktiviert werden. Wenn Zellen Kommentare zugewiesen sind, kann die Anzeige der Kommentare und der kleinen Indikatoren, die auf Kommentare verweisen, aus- oder eingeschaltet werden. Oder es wird die Einstellung verwendet, dass zunächst nur die Indikatoren sichtbar sind, die Kommentare dagegen erst bei Berührung der Zelle mit der Maus.

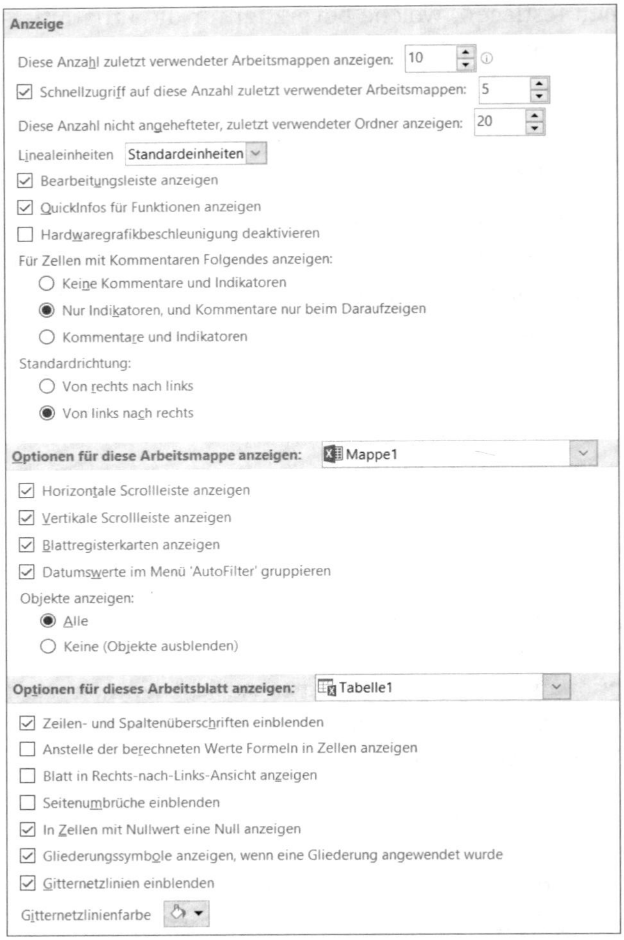

Abbildung 1.67 Optionen zur Anzeige

Anzeigeoptionen für einzelne Arbeitsmappen

Unter **Optionen für diese Arbeitsmappe anzeigen** sind die Einstellungen zusammengestellt, die gezielt nur bestimmten Mappen zugewiesen werden können, wobei die Auswahl, falls mehrere Mappen geöffnet sind, über das kleine Listenfeld vorgenommen wird. Die Einstellungen werden jeweils mit der Mappe gespeichert. Hier geht es zunächst um das Ein- oder Ausblenden der Bildlaufleisten oder der Blattregister. Die Option **Datumswerte im Menü 'AutoFilter' gruppieren** bewirkt, dass im Kontextmenü eines solchen Filters z. B. Gruppen für Monate oder Jahre angeboten werden. Mehr dazu erfahren Sie in Kapitel 16, »Informationen als Tabellen ordnen und verwalten«.

Was die Anzeige von Objekten betrifft, werden die Optionen **Alle** oder **Keine** angeboten. Dies gilt für die Anzeige von Diagrammen, Grafikobjekten, Schaltflächen, Textfeldern und von Objekten, die mit dem Befehl **Einfügen ▸ Text ▸ Objekt** eingebettet werden. Die Einstellung **Keine** kann bei großen Blättern mit zahlreichen Diagrammen vorübergehend nützlich sein, wenn es im Moment nur um die Tabellendaten geht. Sie beschleunigt die Navigation auf dem Blatt. Die Option blendet alle Grafikobjekte aus und verhindert auch, dass sie mit ausgedruckt werden. Es gibt übrigens eine Tastenkombination, mit der Sie ganz schnell zwischen den beiden Einstellungen wechseln können: [Strg]+[6].

Blattoptionen

Unter **Optionen für dieses Arbeitsblatt anzeigen** lassen sich gezielt Einstellungen für einzelne Blätter festlegen, die über das Listenfeld ausgewählt werden. Hier können die Zeilen- und Spaltenüberschriften aus- und eingeblendet werden. Wenn Sie zur Prüfung eines Kalkulationsmodells im Tabellenblatt alle Formeln auf einmal sehen wollen, haken Sie das Kästchen bei **Anstelle der berechneten Werte Formeln in Zellen anzeigen** ab. Die Anzeige der Formeln ist auch eine Möglichkeit, um Kalkulationsmodelle zu dokumentieren. Wird **Seitenumbrüche einblenden** abgehakt, werden Hilfslinien eingeblendet, die den Seitenwechsel bei großen Tabellen markieren.

Die Option **In Zellen mit Nullwert eine Null anzeigen** lässt sich abwählen, um eben dies zu verhindern. Das ist sinnvoll bei Tabellen, in denen wegen noch fehlender Werte sehr viele Formeln zunächst den Wert null liefern. Sie sollten aber beachten, dass diese Einstellung dann generell für das ganze Tabellenblatt gilt. Oft ist es aber so, dass an der einen Stelle die Null eher stört, während sie an der anderen Stelle eine wichtige Information ist. Deshalb ist es in der Regel günstiger, die Frage, ob Nullen angezeigt werden sollen oder nicht, differenziert über das Zahlenformat zu regeln. Mehr dazu erfahren Sie in Abschnitt 4.1, »Wahl des Zahlenformats«.

Die Anzeige der Gliederungssymbole wird hier aktiviert oder abgeschaltet. Was die Gitternetzlinien betrifft, kann eine andere Farbe gewählt werden. Wenn ein Tabellenblatt fertig gestaltet ist, ist es häufig ratsam, die Anzeige der Gitternetzlinien ganz abzuschalten und die Tabellenbereiche mit eigenen Rahmenlinien zu ordnen. Dadurch erscheint die Tabelle selbst meist übersichtlicher.

1.6.3 Bearbeitungsoptionen

Eine große Gruppe von Optionen auf der Seite **Erweitert** betrifft die Bearbeitung des Arbeitsblatts. Unter **Bearbeitungsoptionen** wird die Wirkung der Eingabetaste auf die Zellmarkierung festgelegt. Der Zellzeiger wird mit den Optionen zu **Richtung** entweder in die nächste Zelle in der Zeile, also nach rechts, oder in die nächste Zelle in der Spalte, also nach unten, verschoben. Je nachdem, in welcher Reihenfolge Daten eingegeben werden, ist mal die eine, mal die andere Einstellung praktischer.

Normalerweise ist es sinnvoll, die voreingestellte Option **Ausfüllkästchen und Drag & Drop von Zellen aktivieren** zu verwenden. Das gilt auch für die beiden Optionen **Direkte Zellbearbeitung zulassen** und **Datenbereichsformate und -formeln erweitern**, die die Übernahme von Formeln und Formaten bei Bereichserweiterungen sicherstellen. Auch die Option **AutoVervollständigen für Zellwerte aktivieren** sollte in der Regel eingeschaltet bleiben.

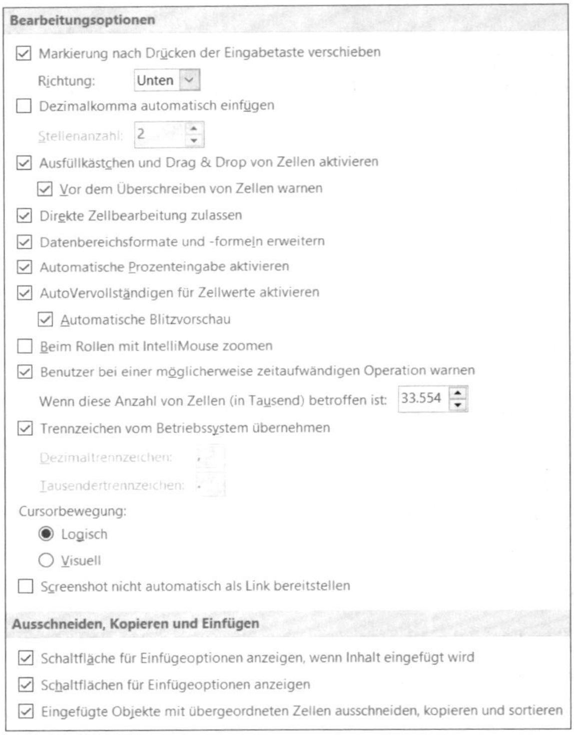

Abbildung 1.68 Bearbeitungsoptionen auf der Seite »Erweitert«

Die Option **Automatische Blitzvorschau** aktiviert eine erweiterte Füllfunktion für Tabellenspalten, die im Englischen als **Flash Fill**, in der eher misslungenen deutschen Übersetzung als **Blitzvorschau** bezeichnet wird. Die Option **Screenshot nicht automatisch als Link bereitstellen** verhindert, dass der Screenshot einer Webseite, den Sie in eine Arbeitsmappe mit der Funktion **Screenshot** einfügen, automatisch als Schaltfläche funktioniert, um zur entsprechenden Webseite zu navigieren.

Beibehalten werden sollten auch die Optionen unter **Ausschneiden, Kopieren und Einfügen**. Sie sorgen dafür, dass nach diesen Vorgängen jeweils Schaltflächen mit kleinen Menüs eingeblendet werden, um genau auszuwählen, was geschehen soll. In der Gruppe **Diagramm** finden Sie Einstellungen, die den Umgang mit Datenpunkten betreffen. Sie können hier zwischen einer Einstellung für alle folgenden Arbeitsmappen wählen oder unter **Aktuelle Arbeitsmappe** eine Arbeitsmappe auswählen und die Option **Eigenschaften orientieren sich am Diagrammdatenpunkt in der aktuellen Arbeitsmappe** verwenden.

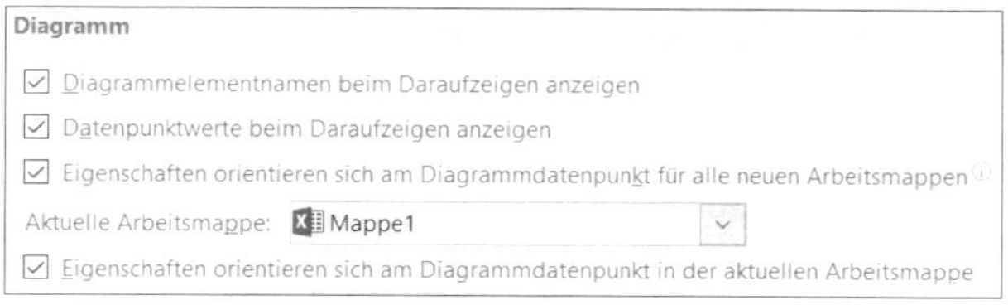

Abbildung 1.69 Optionen zu Diagrammen

In der Gruppe **Formeln** finden Sie eine Option, die die Beschleunigung der Berechnungen in großen Arbeitsmappen betrifft. Excel 2019 ist in der Lage, die Berechnungsarbeit auf parallele Threads aufzuteilen. Wenn Sie mehrkernige Prozessoren verwenden, sollte diese Option deshalb aktiviert sein.

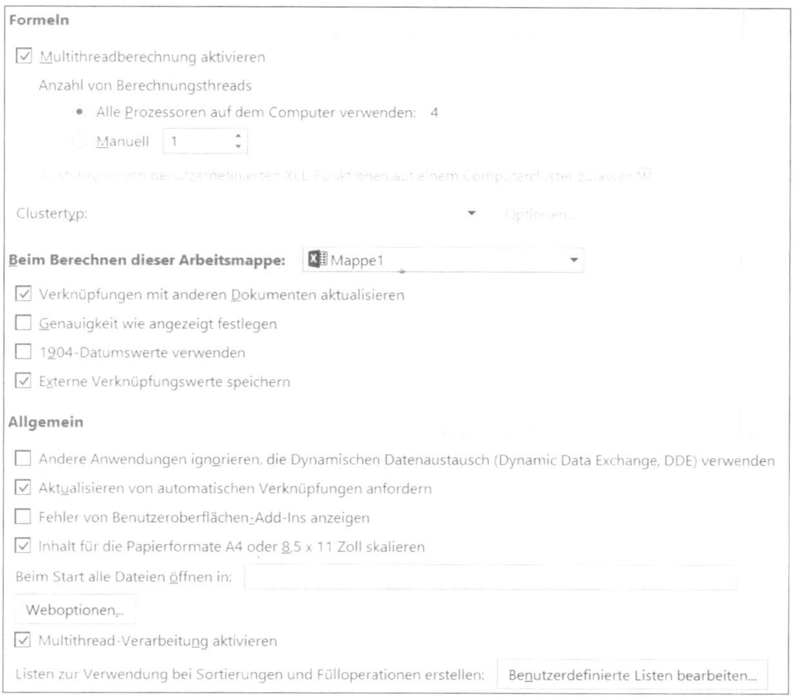

Abbildung 1.70 Weitere Optionen auf der Seite »Erweitert«

Auf der Seite **Daten** finden Sie noch einige Optionen, die den Umgang mit Pivot-Tabellen und Datenmodellen betreffen. Wenn es um große Datenmengen geht, kann die Funktion **Rückgängig** deaktiviert werden.

Auf die anderen Einstellungen auf der Seite **Erweitert** wird in den späteren Abschnitten jeweils passend zum Thema eingegangen. Dies gilt auch für die Optionen auf der Seite **Formeln**, die in Abschnitt 3.9, »Kontrolle der Neuberechnung«, behandelt werden.

1.6.4 Speicheroptionen

Auf der Seite **Speichern** haben Sie die Möglichkeit, dafür zu sorgen, dass die lokale Speicherung immer zuerst angeboten wird. Wenn Sie die Option **Standardmäßig auf Computer speichern** aktivieren, wird auf der Seite **Speichern unter** immer erst die Option **Dieser PC** als Speicherort vorgegeben.

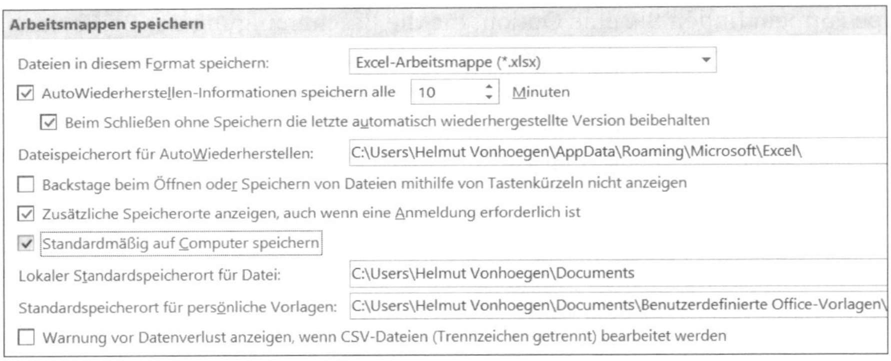

Abbildung 1.71 Optionen zum Speichern der Arbeitsmappe

Getrennt davon ist im Dialog noch der Standardspeicherort vorgegeben, unter Windows 10 ist dies z. B. *C:\Users\<Benutzername>\Documents*. Außerdem kann das Dateiformat, das als Standard gelten soll, unter **Dateien in diesem Format speichern** bei Bedarf geändert werden. Wenn Sie die Daten einer Tabelle in eine CSV-Datei speichern wollen, erhalten Sie, wenn **Warnung vor Datenverlust** ... nicht deaktiviert ist, folgende Warnung, dass dabei etwas verloren gehen kann.

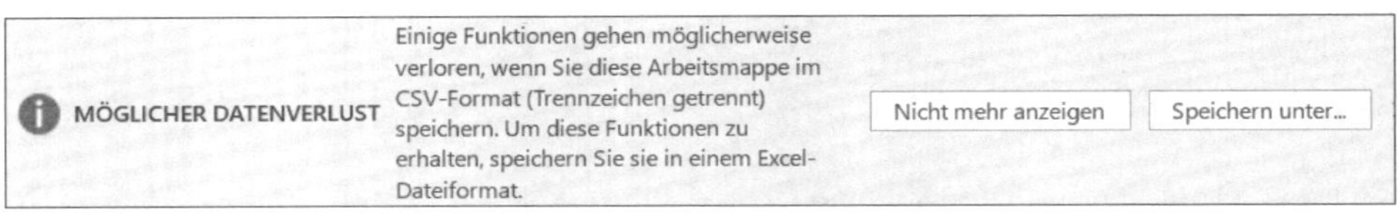

Abbildung 1.72 Warnung beim Speichern in Format CSV

Wer dieses Format häufig benötigt, kann diese Warnung mit **Nicht mehr anzeigen** abschalten.

1.6.5 Add-Ins einbinden

Ein Teil der komplexeren Funktionen von Excel wird über Zusatzprogramme realisiert. Das können Excel-Add-Ins, COM-Add-Ins, Aktionen – früher SmartTags genannt – oder XML-Erweiterungspakete sein. COM-Add-Ins – COM ist die Abkürzung für *Component Object Model* – sind ActiveX-Komponenten, meist in der Form von DLLs, die über eine spezielle Schnittstelle mit der Wirtsanwendung kommunizieren.

Ist ein Add-In geladen, finden Sie im Menüband meist zusätzliche Optionen, mit denen die Leistungen des Zusatzprogramms in Anspruch genommen werden können. Andere Add-Ins bieten Tabellenfunktionen, die dann über den Dialog **Funktion einfügen** mit angeboten werden. Die Liste der aktivierten oder deaktivierten Add-Ins wird über **Datei ▸ Optionen** auf der Seite **Add-Ins** angezeigt. Da nicht in jeder Arbeitssituation alle Add-Ins benötigt werden, arbeitet Excel mit einer Startliste der Add-Ins, die in einer Sitzung bereitzustellen sind. Um Add-Ins zu aktivieren oder zu deaktivieren, wählen Sie unter **Verwalten** zunächst den Typ des Add-Ins und dann die Schaltfläche **Los**.

Abbildung 1.73 Die Seite »Add-Ins«

Um ein Add-In zu aktivieren, haken Sie im jeweiligen Dialog das Kästchen vor dem Namen ab. Um das Add-In aus der Startliste herauszunehmen, löschen Sie das Häkchen. Erscheint das Zusatzprogramm nicht unter **Verfügbare Add-Ins**, versuchen Sie es mit der Schaltfläche **Durchsuchen**. Vielleicht befindet sich das Add-In nur in einem anderen Ordner. Wählen Sie die gewünschte Datei aus, und bestätigen Sie die Auswahl mit **OK**.

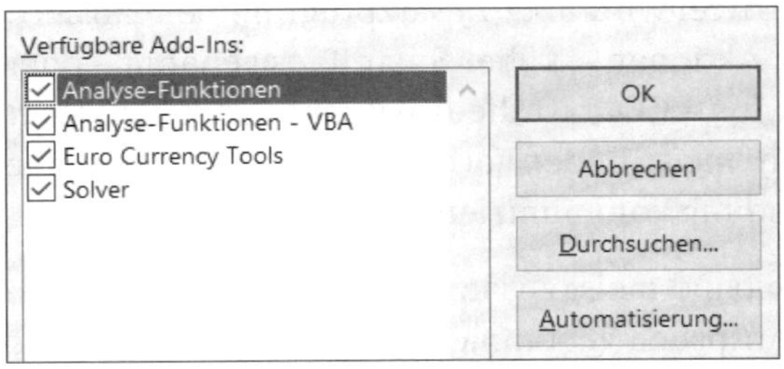

Abbildung 1.74 Der Dialog »Add-Ins«

Wenn Sie ein Zusatzprogramm nur für eine Sitzung benötigen, können Sie es einfach über den Dialog **Öffnen** laden. Die Dateiendung für ein Excel-Add-In ist *.xlam*, ältere Add-Ins verwenden die Endung *.xla*. Solange Sie das Register **Entwicklertools** in die Oberfläche eingebunden haben, wird Ihnen auf diesem Register auch eine Gruppe **Add-Ins** mit Schaltflächen zum Laden der Komponenten angeboten.

Zusätzlich haben Sie noch die Möglichkeit, eigene VBA-Add-Ins zu erstellen, mit denen Sie Ihre eigenen Makros in Excel integrieren können. Enthält eine Arbeitsmappe entsprechende Module, müssen Sie beim Abspeichern der Mappe dazu im Dialogfeld **Speichern unter** als Dateityp **Excel-Add-In (*.xlam)** verwenden.

1.6.6 Liste der integrierten Excel-Add-Ins (VBA)

Die folgenden Excel-Add-Ins sind in allen Editionen enthalten:

Name	Kurzbeschreibung
Analyse-Funktionen	Liefert zahlreiche zusätzliche finanzmathematische sowie technische Funktionen und bietet Werkzeuge für statistische Analysen.
Analyse-Funktionen VBA	Liefert zahlreiche zusätzliche finanzmathematische und technische VBA-Funktionen.

Name	Kurzbeschreibung
Euro Currency Tools	Liefert eine Schaltfläche für das Euro-Format und die Tabellenfunktion `EUROCONVERT()` zum Umrechnen zwischen den Währungen.
Solver	Dient der Lösung von Gleichungs- und Ungleichungssystemen mit mehreren Unbekannten.

1.6.7 Liste der integrierten COM-Add-Ins

Was COM-Add-Ins betrifft, sind je nach der verwendeten Edition die folgenden Komponenten in Excel 2019 integriert:

Name	Kurzbeschreibung
Microsoft Power Map for Excel	Tool für die Visualisierung von Daten mithilfe von Kartenmaterial. Aktiviert auf den Ebenen Zellbereich, Blatt oder Arbeitsmappe. Fügt im Register **Einfügen** in der Gruppe **Touren** die Schaltfläche **3D-Karte** ein.
Microsoft PowerPivot for Excel	Eine umfangreiche Erweiterung der Pivot-Funktionen. Fügt ein neues Register **PowerPivot** mit mehreren Gruppen in das Menüband ein.
Microsoft Power View for Excel	Tool für schnelle Auswertungen aus einer oder aus mehreren Tabellen. Wenn das Add-In aktiviert ist, können Sie über **Menüband anpassen** den Befehl **Power View** in eine neue Gruppe des Menübands einfügen.

1.7 Add-Ins für Office

Eine andere Art der Erweiterung von Excel 2019 sind die Add-Ins für Office, die in Arbeitsmappen eingebunden werden können. Microsoft bietet dafür einen Store, lässt aber den Entwicklern die Möglichkeit, auch andere Stores zu benutzen. Technisch bestehen diese Apps z. B. aus Webkomponenten, die mit Skript-Code gesteuert werden.

Unter **Einfügen ▸ Add-Ins** werden über **Add-Ins abrufen** ein **Store** und eine Schaltfläche **Meine Add-Ins**, mit der Sie auf bereits heruntergeladene Add-Ins zugreifen können, angeboten.

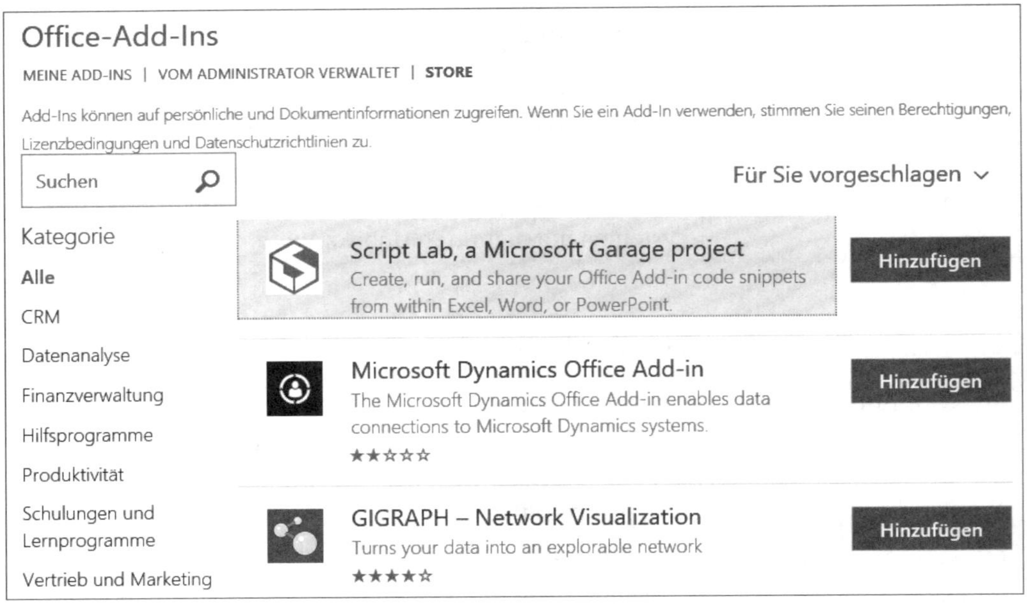

Abbildung 1.75 Das Angebot des Stores und die Schaltflächen in der Gruppe »Add-Ins«

Add-Ins wie **People Graph** legen eigene Ebenen auf das Arbeitsblatt. Abbildung 1.76 zeigt ein Beispiel, das die Mitgliederverteilung auf mehrere Städte visualisiert.

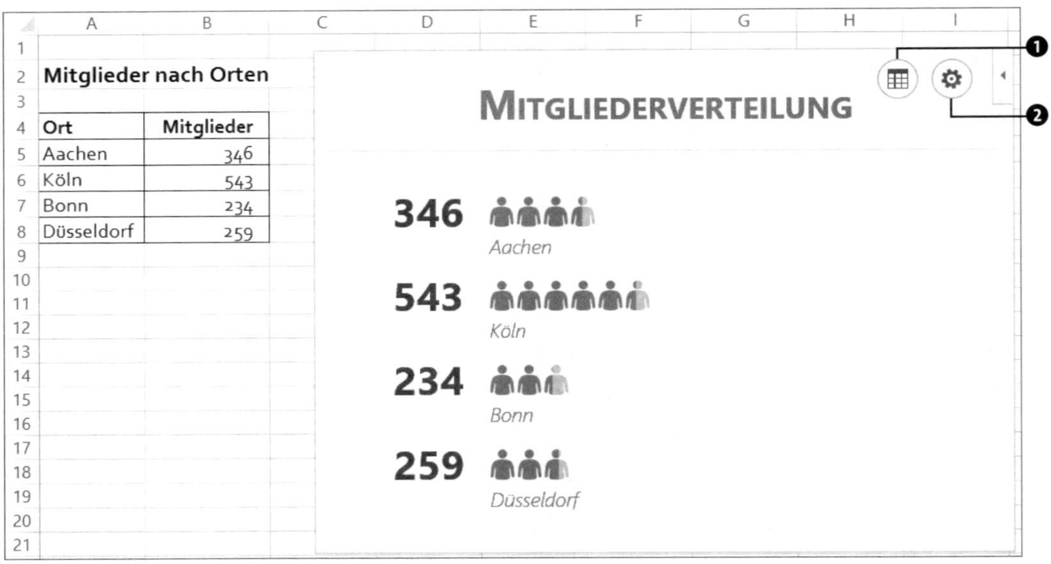

Abbildung 1.76 Beispiel für People Graph

Ein Klick oder Tipp blendet die beiden Schaltflächen ein. Das Symbol **Daten** ❶ führt zu der Aufforderung, zwei Spalten im Arbeitsblatt zu markieren, die die Daten liefern, das Symbol **Einstellungen** ❷ erlaubt die Auswahl des Designs. Da es sich um ein grafisches Element handelt, steht, wenn Sie die Ebene auswählen, per Klick oder Tipp auf den Rand das Register **Format** mit den üblichen Zeichentools zur Verfügung. Die Anpassung von Größe und Lage erfolgt wie üblich über die Anfasser.

Ein anderer Add-In-Typ legt keine eigene Ebene auf das Arbeitsblatt, sondern fügt einen neuen Aufgabenbereich ein. Ein Beispiel dafür ist das englische Wörterbuch **Merriam-Webster**.

Abbildung 1.77 Diese App fügt einen eigenen Aufgabenbereich ein.

Die Beispiele deuten an, dass sich mithilfe solcher Add-Ins ziemlich attraktive Erweiterungen für Ihre Arbeitsmappen erstellen lassen – für die Entwicklung rund um Office sicher ein lohnendes Arbeitsfeld.

1.8 Umgang mit Dokumenten

Seit den ersten Versionen von Excel hat sich die Speicherkapazität der PCs immens vervielfacht. Hunderte von Ordnern und Tausende von Dateien sind üblich. Je verzweigter die Ordnerstruktur auf einem Laufwerk ist, desto wichtiger werden Werkzeuge, die einen schnellen Zugriff auf die gewünschte Stelle sichern. Sonst geht zu viel Zeit mit dem Suchen von Dateien und dem Ansteuern bestimmter Ordner verloren.

1.8.1 Effektive Dateiverwaltung

Wenn Daten auf einem Datenträger abgespeichert werden, sind immer zwei Entscheidungen fällig:

1. Jede Datei braucht einen Namen, unter dem sie wiedergefunden werden kann.
2. Es muss entschieden werden, in welchem Ordner und auf welchem Laufwerk die Datei abgelegt werden soll.

Es ist zwar erlaubt, Dateinamen mehrfach zu verwenden, wenn die Dateien auf unterschiedliche Ordner verteilt werden, eindeutige Namen machen das Wiederfinden aber in der Regel einfacher. Bei Sicherungskopien ist es allerdings angebracht, die Originalnamen beizubehalten. Um an die gespeicherten Daten wieder heranzukommen, müssen folglich der Name und der Speicherort, also Ordner und Laufwerk, bekannt sein. Das klingt simpler, als es manchmal ist. Es ist schließlich nicht einfach, sich zu merken, wo sich denn nun die gerade dringend gesuchten Daten befinden. Hier helfen Methoden, Daten aufzuspüren, auch wenn der Dateiname und der Ablageort nicht mehr präsent sind.

1.8.2 Speichern von Dokumenten

Erst das Speichern auf einem Laufwerk stellt sicher, dass Daten dauerhaft greifbar sind. Die Speicherung im Hauptspeicher ist ja immer nur eine flüchtige Angelegenheit, was schmerzlich deutlich wird, wenn einmal der Strom ausfällt und Daten, die noch nicht gesichert wurden, verloren sind. Beim ersten Speichern über das Dialogfeld **Speichern unter** müssen der Datei Name und Ort zugewiesen werden, beim späteren **Speichern** wird davon ausgegangen, dass Name und Ort beibehalten werden.

Die Anordnung im Dialogfeld legt nahe, dass Sie zuerst klären, in welchem Ordner die Datei abgelegt werden soll. Als Vorgabe wird immer der aktuell in Gebrauch befindliche Ordner angeboten. Enthält der angezeigte Ordner bereits Unterordner oder Dateien, werden sie in dem großen Listenfeld angezeigt. Die Anzeige des jeweiligen Ordnerinhalts können Sie mit der Schaltfläche **Ordner ausblenden** bzw. **Ordner durchsuchen** ❶ auch ab- und wieder einschalten.

Ersteres ist dann sinnvoll, wenn Sie eine Folge von Arbeitsmappen immer in denselben Ordner sichern wollen. Soll später beim Öffnen eine Vorschau verfügbar sein, muss die Option **Miniaturansicht speichern** ❷ markiert werden. Mit **Speichern** ❸ wird die Sicherung der Arbeitsmappe vorgenommen.

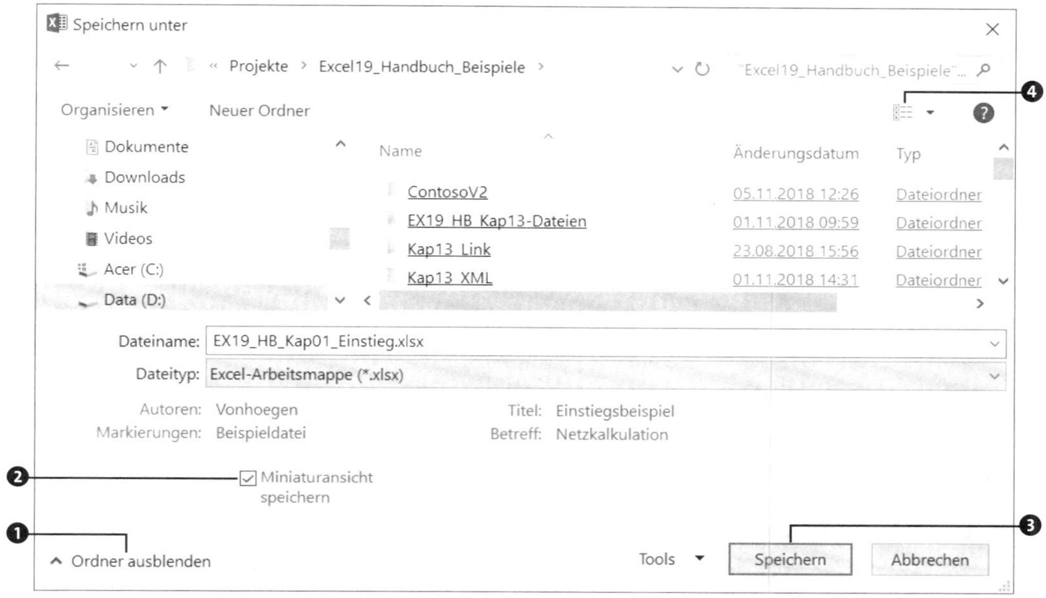

Abbildung 1.78 Das Dialogfeld »Speichern unter« mit der Ansicht »Details«

Backstage umgehen

Wenn Sie zum Speichern einer neuen Arbeitsmappe den Weg über die Registerkarte **Datei** verkürzen wollen, benutzen Sie die Funktiontaste F12. Sie öffnet den Dialog **Datei speichern unter** sofort. Die Tastenkombination Strg + S benutzt dagegen beim ersten Speichern noch das Register. Wenn Sie allerdings über **Datei ▸ Optionen ▸ Speichern** unter **Arbeitsmappen speichern** die Option **Backstage beim Öffnen oder Speichern von Dateien mithilfe von Tastenkürzeln nicht anzeigen** abhaken, wird die Registerkarte **Datei** auch beim Speichern mit Strg + S oder beim Öffnen mit Strg + O nicht angezeigt.

1.8.3 Wahl der Ansicht

Wie viele Informationen zu den einzelnen Dateien in den Dialogfeldern **Speichern unter** oder **Öffnen** erscheinen, hängt davon ab, welche der Ansichtsoptionen gerade gewählt ist. Mit einem Klick auf die Schaltfläche **Ansicht ändern** ❹ wechseln Sie reihum zur nächsten Ansicht. Ansonsten erreichen Sie die verschiedenen Optionen über den Pfeil rechts von der Schaltfläche **Ansicht ändern**. Sie können entweder direkt eine der Ansichten anklicken oder mit dem Slider die verschiedenen Ansichten probeweise durchgehen, bevor Sie sich für die im Moment günstigste entscheiden.

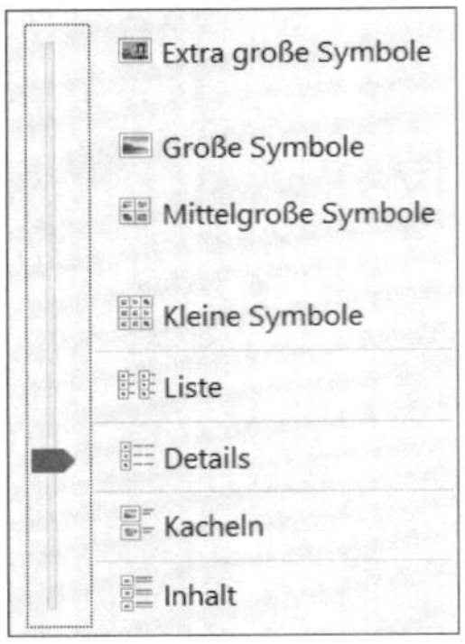

Abbildung 1.79 Slider für die Wahl der Ansicht

Die informativste Darstellung bietet immer noch die Ansicht **Details**. Sie gibt zusätzliche Informationen wie **Größe**, **Typ** und das letzte **Änderungsdatum** an. Welche Spalten eingeblendet werden, lässt sich über das Kontextmenü der Leiste mit den Spaltennamen abhaken oder über den Dialog **Details auswählen**, den die Option **Weitere** öffnet.

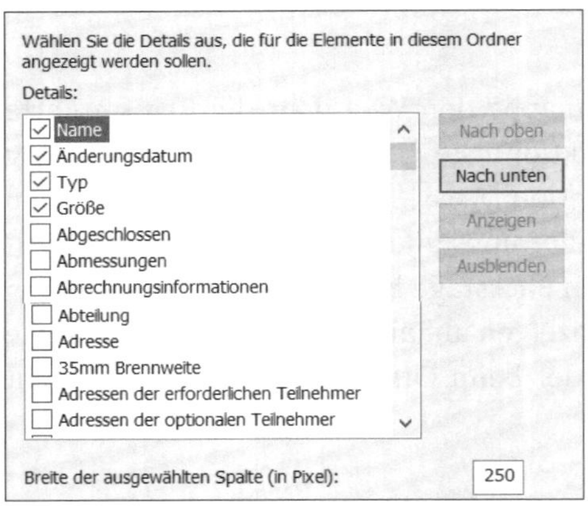

Abbildung 1.80 Das Dialogfeld »Details auswählen«

Die Bezeichnungen der Spalten liegen auf kleinen Schaltflächen, die ganz praktisch sind. Ein Klick oder Tipp etwa auf die Schaltfläche **Name** sortiert die Spalte alphabetisch, aufsteigend oder nach einem weiteren Klick oder Tipp absteigend. Wenn Sie nach dem Änderungsdatum absteigend sortieren lassen, wird das jüngste Dokument immer zuerst angezeigt.

Markierungen

Zusätzlich können den Dokumenten auch kategorisierende Markierungen oder Tags zugeordnet werden, die dann in einer eigenen Spalte angezeigt und als Auswahlkriterium verwendet werden können. In Abbildung 1.81 sind etwa mehrere Arbeitsmappen mit dem Stichwort *Beispieldatei* markiert. Dies kann im Dialog **Speichern unter** geschehen, wie oben bereits beschrieben. Diese Mappen können dann sehr einfach als Gruppe zusammengestellt werden, indem aus dem Kontextmenü der Spaltenbezeichnung **Markierungen** die gewünschte Markierung abgehakt wird. Dann werden auch nur die Dateien gelistet, die die entsprechende Markierung mitbringen. Das Markieren ist eine einfache Art, auch nachträglich Ordnung in größere Dokumentbestände zu bringen.

Abbildung 1.81 Ordnen mithilfe von Markierungen

An den Rändern kann das Dialogfeld durch Ziehen ausgeweitet werden, um mehr Elemente sichtbar zu machen oder um vor dem Öffnen eine brauchbare Vorschau zu erreichen. Die gewählte Größe bleibt auch beim nächsten Zugriff auf das Dialogfeld erhalten.

Die Anzeige der bisher in dem Ordner vorhandenen Dateien hilft Ihnen bei der Vergabe des Dateinamens. Da ja jede Datei einen eigenen Namen benötigt, vermeiden Sie so, einen Namen zu wählen, der schon existiert. Die Anzeige hilft aber auch, Namen zu vermeiden, die vorhandenen Namen sehr ähnlich sind und damit das Wiederfinden erschweren. Natürlich besteht auch die Möglichkeit, absichtlich einen schon vorhandenen Namen zu wählen, wenn der bisherige Inhalt dieser Datei überschrieben werden soll. In diesem Fall wird der ausgewählte Name in das Feld **Dateiname** übernommen. Excel fragt dann sicherheitshalber noch einmal nach, ob Sie das auch wirklich wollen. Sollen Namen durchnummeriert werden, können Sie aber auch den jeweils letzten Namen in einer Reihe über das Listenfeld zu **Dateiname** auswählen und dann die Ziffer ändern, anstatt den Namen jedes Mal komplett einzugeben.

1.8.4 Auswahl des gewünschten Ordners

Was ist nun, wenn im Dialogfeld zunächst nicht der gewünschte Zielordner angeboten wird? Hier können die kleinen Pfeilschaltflächen in dem ersten Listenfeld verwendet werden. Die erste Schaltfläche links ❶ bietet einen schnellen Zugriff auf den Desktop, den Computer insgesamt, das Netzwerk und andere, häufig verwendete Ressourcen.

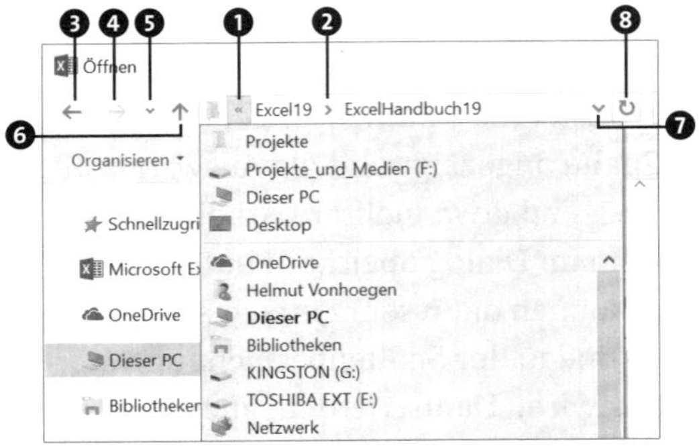

Abbildung 1.82 Schnellauswahl des Speicherorts

Enthält die darüber ausgewählte Ebene weitere Unterebenen, werden diese jeweils unter der folgenden Pfeilschaltfläche ❷ aufgelistet (klicken Sie darauf, um sich die Liste anzeigen zu lassen). Diese Vorgehensweise erlaubt einen schnellen Wechsel zwischen verschiedenen Ordnern und ergänzt so die Navigationsmöglichkeiten, die die Pfeilschaltflächen links oben anbieten. Sie führen einen Schritt zurück ❸ oder wieder vorwärts ❹, zeigen die zuletzt verwendeten Ordner ❺ oder führen zum übergeordneten Ordner ❻, wobei die ersten drei erst aktiviert werden, wenn Sie sich in der Ordnerhierarchie bereits mindestens einen Schritt bewegt haben. Die Pfeilschaltfläche am Ende des Listenfelds ❼ öffnet die Liste der zuletzt verwendeten Pfade. Daneben befindet sich eine Schaltfläche, mit der die Ansicht zum ausgewählten Pfad bei Bedarf aktualisiert werden kann ❽. Dies ist z. B. notwendig, wenn inzwischen von einer anderen Anwendung aus oder über einen Netzzugriff eine Datei eingefügt oder verändert worden ist.

1.8.5 Schnellzugriff

Die Suche nach dem richtigen Ablageort kann mit Links im Navigationsbereich des Dialogs verkürzt werden. Diesen können Sie über die Schaltfläche **Organisieren** und die Option **Layout ▸ Navigationsbereich** ein- und ausblenden. Die Liste der bevorzugten Ordner wird über das kleine Dreieck vor dem Namen geöffnet; ein Klick oder Tipp auf **Schnellzugriff** öffnet den Ordner **Häufig verwendete Ordner**.

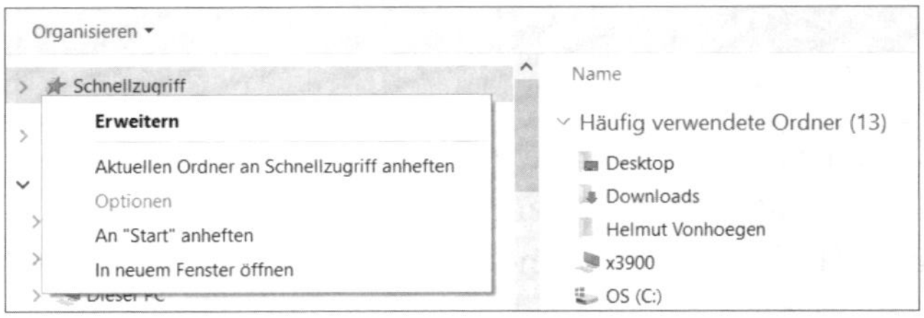

Abbildung 1.83 Navigationsfenster mit dem Kontextmenü zu »Schnellzugriff«

Die Schaltfläche bietet auch ein Kontextmenü an. Mit dem Befehl **Aktuellen Ort an Schnellzugriff anheften** wird der gerade ausgewählte Ordner in die Linkliste aufgenommen.

1.8.6 Neue Ordner anlegen

Wird ein ganz neuer Ordner benötigt, ist das schnell erledigt. Geklärt sein sollte aber vorher, wo das neue Element in der Ordnerstruktur inhaltlich am besten hineinpasst.

1. Sorgen Sie zunächst dafür, dass im Dialogfeld das Laufwerk sowie der Ordner angezeigt werden, in dem der neue Ordner eingefügt werden soll.
2. Klicken Sie auf die Schaltfläche **Neuer Ordner**.

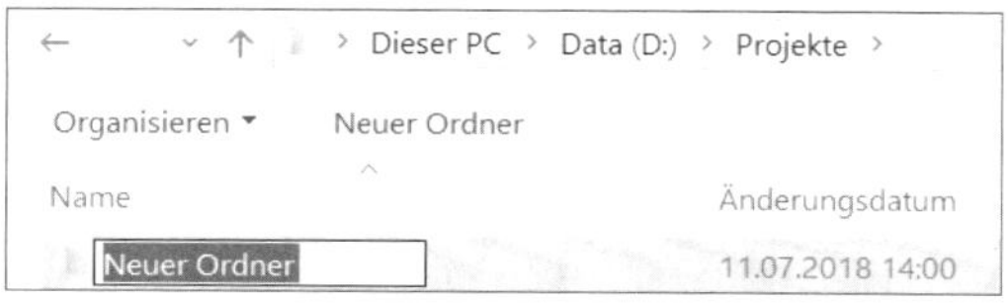

3. Überschreiben Sie den eingeblendeten Dummy-Namen.
4. Per Mausklick wird der neue Ordner anschließend als aktueller Ordner übernommen und kann sogleich zum Speichern genutzt werden.

Welche Ordner auf einem System sinnvoll sind, hängt natürlich ganz davon ab, was Sie vorhaben. Auf jeden Fall sollten Sie Dokumente nicht mit Programmen vermischen. Meist ist es angebracht, eigene Ordner für unterschiedliche Arbeitsbereiche anzulegen und insbesondere Privates und Geschäftliches zu trennen.

1.8.7 Dateiname und Dateityp

Wenn der Ablageort geklärt ist, muss der Name des Dokuments festgelegt werden. Jedes Dokument braucht einen Namen, über den es möglichst gut wiedererkannt werden kann. Das ist gar nicht so einfach, wenn Sie bedenken, welche Datenberge inzwischen auf einem gewöhnlichen Laufwerk untergebracht werden können. Sie dürfen durchaus auch längere Dateinamen verwenden, sogar solche mit Leerzeichen dazwischen.

Zur Not darf der Name bis zu 255 Zeichen verbrauchen, aber Übertreibungen sind ja bekanntlich selten gut. Im Textfeld **Dateiname** erscheint bei neuen und noch leeren Arbeitsmappen zunächst der vorläufige Standardname. Sie sollten diesen durch einen möglichst klaren und eindeutigen Namen ersetzen. Den jeweiligen Dateityp fügt das Programm automatisch an, wenn Sie ihn nicht eintragen.

Unter **Dateityp** muss normalerweise nichts geändert werden. Nur wenn Sie sie in einem anderen Datenformat als bisher abspeichern wollen, damit die Daten von einem anderen Programm weiterverarbeitet werden können, öffnen Sie das einzeilige Listenfeld und wählen das gewünschte Format. Die Typenbezeichnung erscheint dann automatisch auch im Namenfeld.

Abbildung 1.84 Liste der möglichen Dateitypen

Wenn Sie Ihre Eintragungen in dem Dialogfeld mit **Speichern** bestätigen, wird die Datei mit dem von Ihnen vergebenen Namen im ausgewählten Ordner gespeichert. Die Datei bleibt aber auf dem Bildschirm, sodass Sie daran weiterarbeiten können.

1.8.8 Metadaten zu einer Datei eintragen

Zusätzlich zu Dateiname und Dateityp kann noch eine Reihe von Metadaten zu einem Dokument direkt im Dialog **Speichern unter** eingegeben werden. Der Dialog bietet hier mehrere Textfelder dafür an, wenn Sie die Ordner ausblenden und den unteren rechten Rand etwas nach unten ziehen: **Autoren**, **Markierungen**, **Titel**, **Betreff** etc.

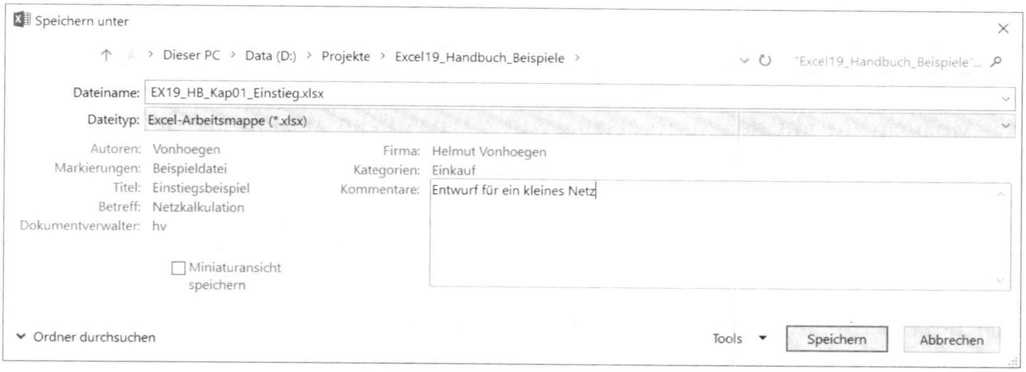

Abbildung 1.85 Metadaten direkt im Dialog eingeben

Die Eingabefelder bieten Eingabeaufforderungen an, die Sie einfach markieren und überschreiben können. Für die Eingabe der Metadaten gibt es noch ein alternatives Verfahren, das Sie unabhängig vom Dialog **Speichern unter** verwenden können. Dazu benutzen Sie auf dem Register **Datei** den Befehl **Informationen**. Im rechten Teil der Seite werden die Dateieigenschaften angezeigt, wobei Sie mit dem Link **Alle Eigenschaften anzeigen** bzw. **Weniger Eigenschaften anzeigen** die Anzahl der Daten erweitern oder reduzieren können.

Abbildung 1.86 Metadaten im Bereich »Informationen«

Soweit es dabei um Metainformationen geht, die nicht automatisch gesetzt werden, wie die Größe der Datei oder die Änderungsdaten, lassen sich alle Angaben editieren, wenn Sie das entsprechende Textfeld mit einem Klick oder Tipp öffnen. Hier haben Sie auch die Möglichkeit, mit der Aufforderung **Autor hinzufügen** zusätzliche Autoren in das Textfeld einzutragen.

Über den Metadaten wird außerdem die Schaltfläche **Eigenschaften** mit der Option **Erweiterte Eigenschaften** angeboten, die das Dialogfeld **Eigenschaften** öffnet. Die Einträge auf der Registerkarte **Zusammenfassung** sind hauptsächlich dazu gedacht, den Urheber des Dokuments und die Themen und Stichwörter festzuhalten, die den Inhalt des Dokuments ausmachen.

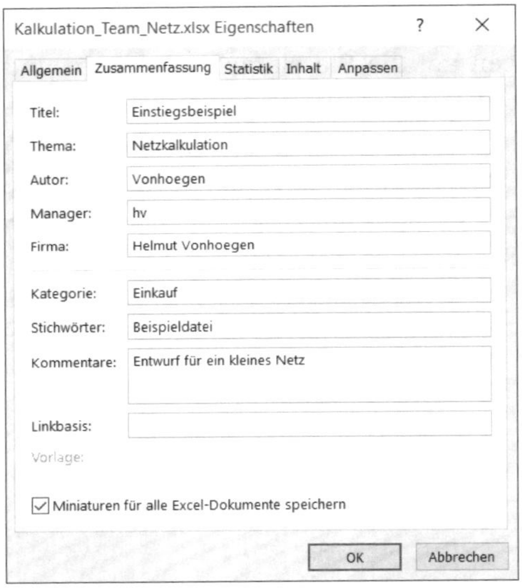

Abbildung 1.87 Das Register »Zusammenfassung«

1.8.9 Zuletzt verwendete Dateien öffnen

Wenn Sie die Arbeit an einem Dokument wiederaufnehmen oder die Informationen darin ansehen wollen, muss die Datei zunächst wieder geladen werden. Es gibt zahlreiche Möglichkeiten, eine zuletzt bearbeitete Datei zu öffnen. So werden, wie schon oben erwähnt, auf der Startseite unter **Zuletzt verwendet** die jüngst bearbeiteten Dateien angeboten. Ein Klick oder Tipp auf einen bestimmten Dateinamen öffnet die gewählte Datei. Ist das Excel-Symbol in die Taskleiste eingefügt, bietet das Kontextmenü dazu die Sprungliste mit den zuletzt verwendeten Arbeitsmappen an.

1.8.10 Neue Arbeitsmappen anlegen

Soll eine ganz neue Mappe angelegt werden, öffnen Sie die Registerkarte **Datei**, und benutzen Sie die Schaltfläche **Neu**. Im rechten Bereich des Fensters werden neben einer Schaltfläche **Leere Arbeitsmappe** auch zahlreiche Vorlagen angeboten. Ein ähnliches Angebot macht auch die Startseite von Excel, wenn Sie das Programm damit starten. Ein Klick oder Tipp auf **Leere Arbeitsmappe** reicht aus, um sofort mit der Arbeit an der Mappe zu beginnen. Excel vergibt einen Standardnamen, den Sie möglichst gleich über den Dialog **Speichern unter** überschreiben sollten.

Manchmal ist es sinnvoll, eine Arbeitsmappe auf der Basis einer bestehenden Mappe zu erstellen. Die Einträge in den Listen mit den zuletzt verwendeten Mappen auf der Startseite oder auf der Seite zu **Datei ▸ Öffnen** bieten deshalb über das Kontextmenü immer auch die Option **Kopie öffnen** an. Excel erzeugt dann eine Kopie des Originals. An den Dateinamen wird eine Zahl angehängt. Sie sollten aber dann möglichst bald einen endgültigen Namen für die neue Arbeitsmappe vergeben.

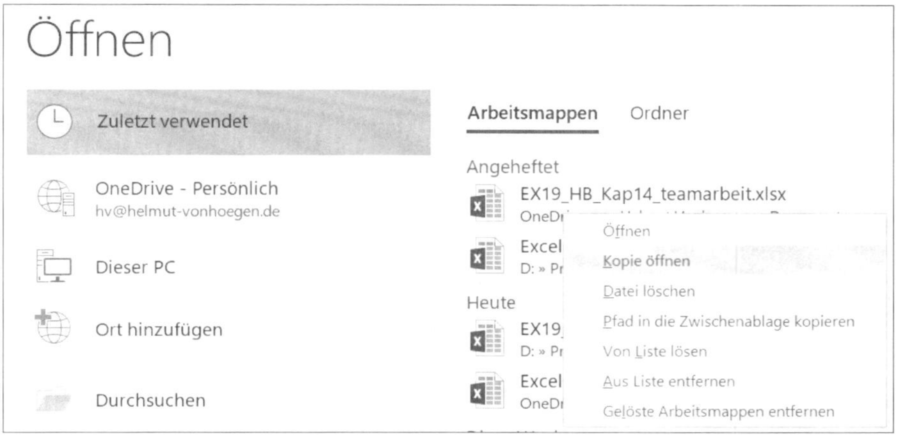

Abbildung 1.88 Kontextmenü zu einer zuletzt verwendeten Mappe

Das angesprochene Kontextmenü zu einer zuletzt verwendeten Datei enthält noch einige weitere praktische Optionen. **Pfad in die Zwischenablage kopieren** ist manchmal hilfreich, wenn Sie einen komplexen Pfad an einer anderen Stelle benötigen. Mit **Aus Liste entfernen** werden markierte Arbeitsmappen aus der Liste entfernt, **Nicht angeheftete Arbeitsmappen löschen** entfernt alle Dateien aus der Liste, die nicht mit **An Liste anheften** in den beständigen Teil der Liste übernommen wurden. **Aus Liste lösen** zieht die Datei aus diesem Teil der Liste wieder heraus. Durch eine geschickte Handhabung der Liste mit diesen Optionen lässt sich der Zugriff auf die Arbeitsmappen, die den Schwerpunkt Ihrer täglichen Arbeit ausmachen, oft wesentlich beschleunigen.

1.8.11 Arbeit mit Onlinevorlagen

Wie schon angesprochen, werden auf der Seite **Neu** auch zahlreiche Onlinevorlagen angeboten. Wenn Sie sich z. B. einen Kalender in einer Arbeitsmappe anlegen wollen, können Sie die Vorlage **Tagesplan** auswählen. Zunächst werden ein paar Infos zu dieser Vorlage angezeigt. Die Schaltfläche **Erstellen** startet dann das Herunterladen.

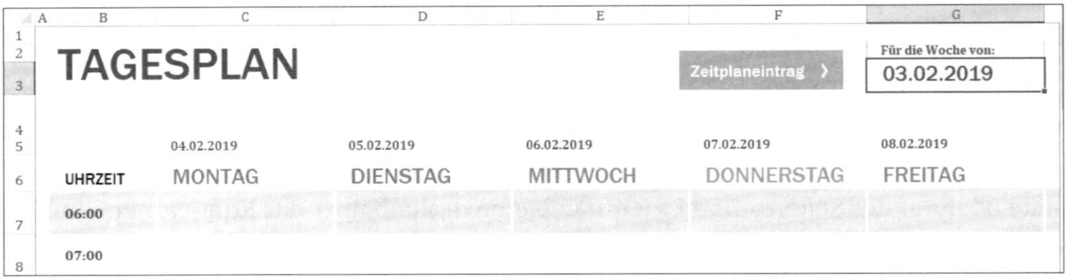

Abbildung 1.89 Die Vorlage »Tagesplan«

Wenn Sie gezielt nach einer Vorlage zu einem bestimmten Thema suchen, geben Sie einen entsprechenden Ausdruck in dem Eingabefeld mit der Lupe ein. Zu dem Begriff »Aufgabenliste« gibt es gleich mehr als ein Dutzend Treffer.

Abbildung 1.90 Treffer zum Suchbegriff »Aufgabenliste«

1.8.12 Ablage eigener Mustervorlagen

Die Einrichtung eigener Mustervorlagen ist seit Excel 2013 ein wenig geändert worden. In den früheren Versionen wurden Dateien, die Sie mit der Dateiendung *.xltx* oder *.xltm* angelegt haben, automatisch in dem benutzerbezogenen Standardvorlagenordner ...*\AppData\Roaming\Microsoft\Templates* gespeichert. In Excel 2019 können Sie selbst entscheiden, in welchem Ordner Ihre Vorlagen abgelegt werden. Dies geschieht über **Datei ▸ Optionen ▸ Speichern** unter **Standardspeicherort für persönliche Vorlagen**. Dieser Ordner wird im Dialog **Speichern unter** anschließend automatisch eingestellt, wenn Sie für eine Datei die Dateiendung *.xltx* wählen. Sind nun Mustervorlagen in diesem Ordner abgelegt, stehen sie auf der Seite **Datei ▸ Neu** unter **Persönlich** zur Verfügung.

Abbildung 1.91 Eine eigene Vorlage erscheint unter »Persönlich«.

1.8.13 Vorhandene Dateien öffnen

Wenn Sie die Arbeit an einem Dokument wiederaufnehmen oder die Informationen darin einsehen wollen, muss die Datei zunächst wieder geladen werden. Dazu gibt es zahlreiche Möglichkeiten. So werden, wie schon oben erwähnt, auf der Startseite von Excel 2019 unter **Zuletzt verwendet** die jüngst bearbeiteten Dateien angeboten. Ein Klick oder Tipp auf einen bestimmten Dateinamen öffnet die gewählte Datei. Haben Sie das Excel-Symbol an die Taskleiste geheftet, bietet nach einem Klick mit der rechten Maustaste die Sprungliste die zuletzt verwendeten Arbeitsmappen an. Wenn die letzte Arbeit an einer bestimmten Arbeitsmappe allerdings schon längere Zeit zurückliegt, erscheint sie nicht mehr unter den zuletzt verwendeten Arbeitsmappen oder in der Sprungliste (ältere Einträge werden durch neuere »verdrängt«, es sei denn, sie sind »angeheftet«).

1.8.14 Der Dialog »Datei öffnen«

Wird eine Datei nicht bereits im Register **Datei** unter den zuletzt bearbeiteten Dateien angeboten, steht Ihnen dort der Befehl **Öffnen** zur Verfügung, der zunächst eine Seite mit den bisher verwendeten Speicherorten und den zuletzt verwendeten Arbeitsmappen anbietet.

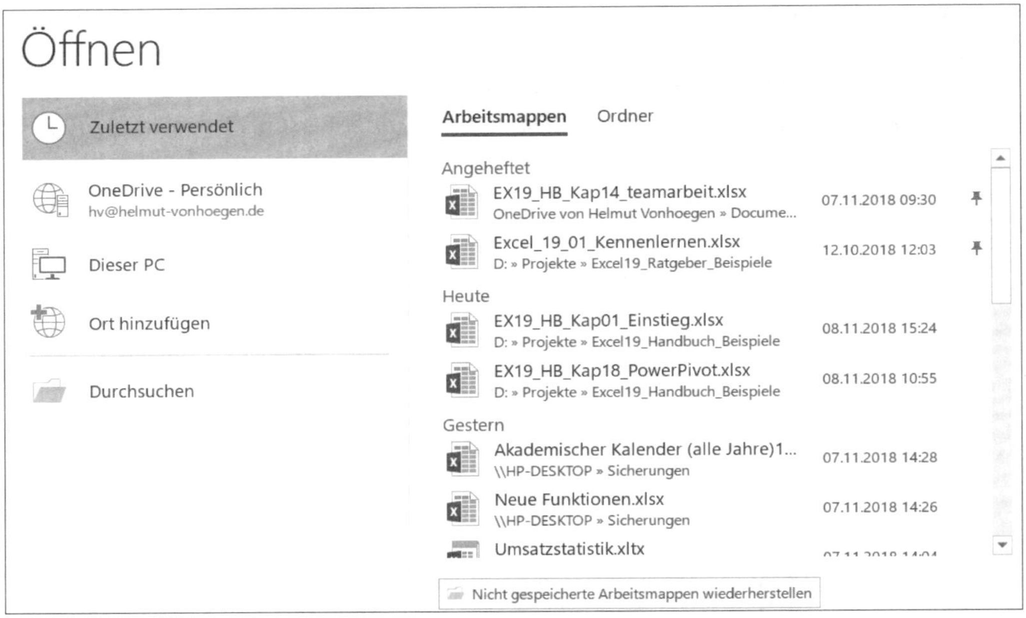

Abbildung 1.92 Die Seite »Datei« ▶ »Öffnen«

Wenn Sie unter **Öffnen** die Option **Dieser PC** auswählen, wird im rechten Teil der Seite der aktuelle Ordner mit seinen Unterordnern und Dateien angeboten. Wenn Sie einen der Ordner auswählen, wird der Dialog **Öffnen** für diesen Ordner geöffnet.

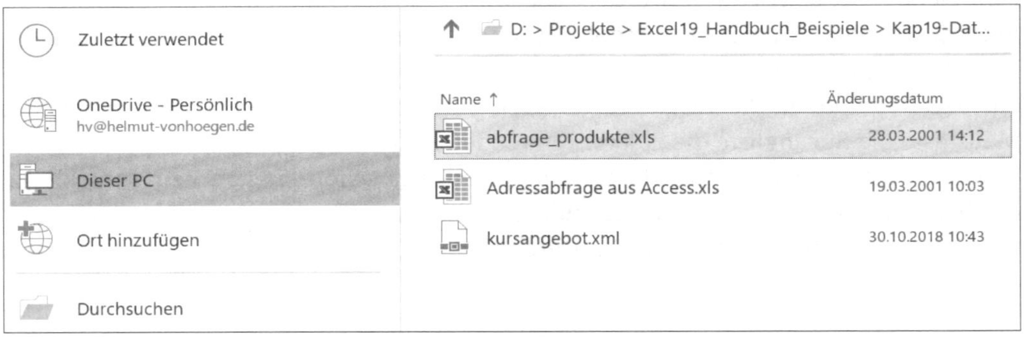

Abbildung 1.93 Liste der Ordner des Dokumentenordners

Ist die gewünschte Datei nicht in einem der angebotenen Ordner zu vermuten, benutzen Sie gleich die Schaltfläche **Durchsuchen**. In diesem Fall wird der Dialog mit dem zuletzt verwendeten Ordner geöffnet.

Was jeweils in dem großen Listenfeld angezeigt wird, bestimmen Sie wieder über die Schaltfläche **Ansicht ändern**, die schon für das Dialogfeld **Speichern unter** beschrieben wurde. Vor dem Öffnen einer Arbeitsmappe kann es sinnvoll sein, erst mal einen Blick auf den Inhalt zu werfen. Dabei hilft oft die Ansicht **Extra große Symbole**, die immer einen Ausschnitt der Tabelle anzeigt, vorausgesetzt, beim Abspeichern sind Vorschaugrafiken erzeugt worden. Es ist also nicht unbedingt nötig, eine Datei gleich zu öffnen, um nachzusehen, ob sie die gesuchten Daten enthält.

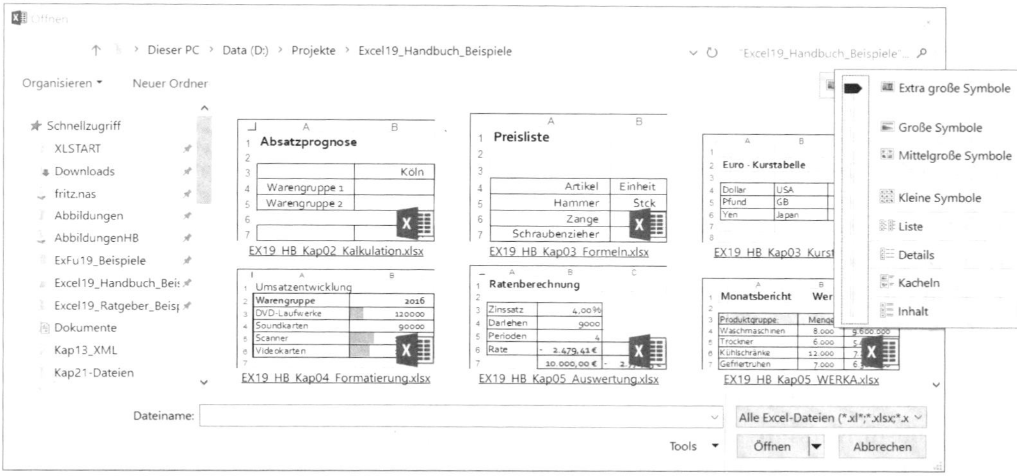

Abbildung 1.94 Das Dialogfeld »Öffnen« mit extra großen Symbolen

HINWEIS

Nachfrage beim Öffnen einer Datei

Sie werden beim Öffnen einer Datei darauf hingewiesen, dass die Datei bereits geöffnet ist und Sie, wenn Sie fortfahren, alle Änderungen an der schon geöffneten Datei verlieren. In der Regel sollten Sie das Öffnen mit **Nein** stoppen. Es kommt allerdings auch vor, dass das Überschreiben von Änderungen gerade gewünscht ist, etwa, wenn Sie versucht haben, eine Arbeitsmappe anders zu formatieren, und mit dem Ergebnis nicht zufrieden sind.

1.8.15 Mehrere Dateien gleichzeitig öffnen

Soll eine Gruppe von Dateien gleichzeitig geöffnet werden, markieren Sie zunächst die erste Datei und dann bei gedrückter [⇧]-Taste die letzte Datei in der Gruppe. Um einzelne Dateien hinzuzufügen oder wieder aus der Auswahl herauszunehmen, halten Sie beim Auswählen [Strg] gedrückt. (Im Modus **Fingereingabe** tippen Sie die Tasten nur an.) Anschließend klicken Sie auf **Öffnen**. Alternativ können Sie auch einen Bereich aufziehen, der mehrere Dateien umschließt.

Wenn Sie bei den Ordneroptionen im Explorer auf der Registerkarte **Allgemein** auf **Öffnen durch einfachen Klick** umgestellt haben, werden die Dateien durch Berühren mit dem Mauszeiger zum Öffnen ausgewählt. Auch hier kann die Mehrfachauswahl mit der [⇧]- oder [Strg]-Taste gesteuert werden. Sie können den Namen der Datei auch direkt in dem Textfeld **Dateiname** eingeben und dann mit **Öffnen** bestätigen. Das Listenfeld ist aktiviert, wenn Sie das Dialogfeld öffnen.

1.8.16 Dateien mit Suchschablonen finden

Anstelle des vollständigen Namens können Sie auch mit einem Teil des Namens, also mit einer Suchschablone, zum Zuge kommen. Auch mehrere Suchschablonen sind erlaubt, getrennt durch Semikola. Anstatt einen Namen oder eine Suchschablone einzutragen, kann häufig auch aus der Liste ausgewählt werden, die über das Pfeilfeld geöffnet wird. Diese Liste enthält die zuletzt verwendeten Namen und Suchschablonen. Um z. B. alle Dateien des Ordners, die mit dem Buchstaben »M« anfangen, zu sehen, geben Sie `m*` ein und bestätigen Ihre Eingabe mit [↵]. Die Auswahl erscheint im Listenfeld. Sie können mit den üblichen Jokerzeichen arbeiten. *Akte?.xlsx* listet die Dateien *Akte1.xlsx, Akte2.xlsx* … auf.

1.8.17 Suchen über das Suchfeld

Statt über Joker-Zeichen im Feld **Dateiname** können Sie Dateien auch direkt über das Suchfeld in der rechten Ecke des Dialogfelds suchen. Wenn Sie dort eine Folge von Zeichen eingeben, werden diese von Excel mit den Dateinamen in dem gerade ausgewählten Ordner verglichen. Sie brauchen also nicht mit den Joker-Zeichen zu arbeiten. Excel prüft, ob die angegebene Zeichenfolge irgendwo in den Dateinamen des aktuellen Ordners vorkommt.

Excel benutzt den Suchbegriff im Suchfeld, um Dateien zu finden, in deren Namen die angegebene Zeichenfolge vorkommt. Die von Excel automatisch notierten Eigenschaften der Datei wie Änderungsdatum, Typ oder Größe und die von Ihnen eingegebenen Metadaten können Sie im Suchfeld ebenfalls für eine gezielte Suche nach Dateien einsetzen, die bestimmte Kriterien erfüllen. Haben Sie z. B. bei mehreren Arbeitsmappen als Kategorie »Einkauf« angegeben, geben Sie als Suchbegriff in das Suchfeld einfach ein: »Kategorie: Einkauf«. Vergessen Sie dabei nicht den Doppelpunkt.

Abbildung 1.95 Suchen mit Metadaten

Wenn es in dem ausgewählten Ordner entsprechende Arbeitsmappen gibt, werden sie gefunden. Excel setzt hier eine spezielle Abfragesprache ein, die mit Schlüssel-Wert-Paaren arbeitet. *Kategorie* ist also in dem abgebildeten Beispiel der Schlüssel, *Einkauf* der Wert. Der Doppelpunkt dient zur Trennung zwischen Schlüssel und Wert. Einige Schlüssel schlägt Excel selbst vor, wenn Sie das Suchfeld verwenden, etwa *Änderungsdatum* und *Größe*.

Abbildung 1.96 Für das Änderungsdatum als Suchkriterium werden zahlreiche Optionen vorgegeben.

Alle üblichen Vergleichsoperatoren, also =, <, >, <=, >=, dürfen Sie in solchen Suchausdrücken verwenden. Getrennt durch Leerzeichen, können Sie auch gleich mehrere Kriterien angeben. Auf diese Weise lassen sich sehr feinmaschige Suchmuster erstellen.

1.8.18 Fertige Dokumente schreibgeschützt öffnen

Bei manchen Dateien ist es von vornherein sinnvoll, sie nur zum Lesen zu öffnen. Eine Datei mit endgültigen Daten sollte in der Regel nicht mehr verändert werden. Hier kann dann im Dialogfeld **Öffnen** gleich mit dem Befehl **Schreibgeschützt öffnen** gearbeitet werden, der angeboten wird, wenn Sie den Pfeil bei der Schaltfläche **Öffnen** benutzen. In dem Fall entfällt auch die Abfrage des Kennworts für den Schreibzugriff, sofern die Datei gesperrt worden ist.

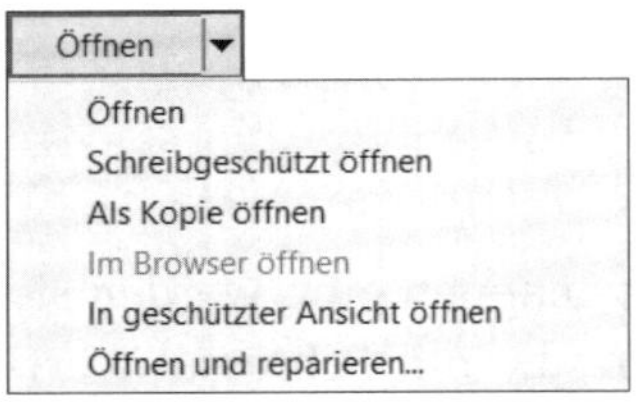

Abbildung 1.97 Menü zur Schaltfläche »Öffnen«

Mit dem Schreibschutz verhindern Sie, dass Sie durch einen Bedienungsfehler irrtümlich an der Originaldatei etwas ändern. Wenn Sie Änderungen an der geöffneten Datei vornehmen, können Sie diese nur unter einem neuen Namen speichern. Über das Menü zur Schaltfläche **Öffnen** kann die Datei auch gleich als Kopie geöffnet werden. In der Titelleiste erscheint dann *Kopie(1)* ... In diesem Fall bleibt die Originaldatei in jedem Fall unverändert. Eine weitere Option ist **Im Browser öffnen**, die aber nur aktiviert ist, wenn es sich um eine HTML-Datei handelt.

Eine weitere Option ist **In geschützter Ansicht öffnen.** Damit ist ein spezieller Modus gemeint, der verwendet werden kann, um mit Dateien umzugehen, die eventuell Sicherheitsrisiken enthalten könnten. Das gilt insbesondere für Dateien, die aus dem Netz heruntergeladen wurden. Über **Datei ▸ Optionen ▸ Trust Center** und die Schaltfläche **Einstellungen für das Trust Center** wird ein Dialog aufgerufen, in dem unter **Geschützte Ansicht** bestimmt werden kann, für welche Dokumenttypen die geschützte Ansicht generell aktiviert werden soll.

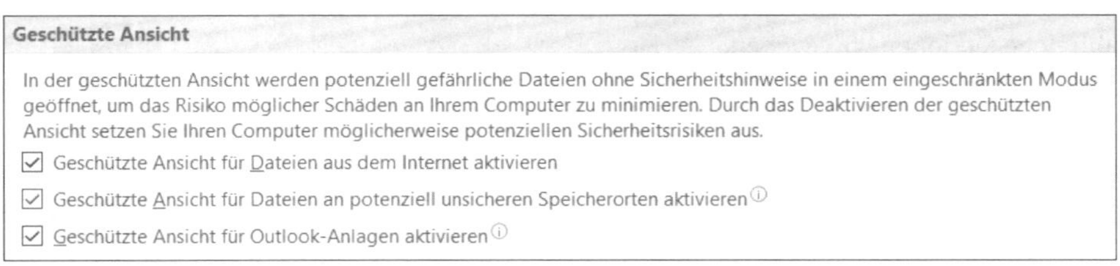

Abbildung 1.98 Optionen für die geschützte Ansicht

Das können z. B. Arbeitsmappen sein, die aus dem Internet heruntergeladen wurden oder von Speicherorten in einem lokalen Netz stammen, die nicht bereits als sicher eingestuft sind. Entscheiden Sie sich nach einer Prüfung der Arbeitsmappe, diese für die normale Bearbeitung zuzulassen, verwenden Sie die dann angebotene Schaltfläche **Bearbeitung aktivieren**.

1.8.19 Auswahl des Ordners

Befindet sich Ihre Datei in einem anderen als dem gerade angezeigten Ordner oder sogar auf einem anderen Laufwerk, müssen Sie zunächst das Laufwerk bzw. den Ordner auswählen, in dem Ihre Datei angesiedelt ist. Hier stehen wieder die Schaltflächen zur Verfügung, die schon für das Dialogfeld **Speichern unter** beschrieben worden sind.

1.8.20 Dateiverwaltung vor Ort

In die Dialogfelder **Speichern unter** und **Öffnen** sind eine ganze Reihe von Grundfunktionen zur Dateiverwaltung eingebaut, die ansonsten über den Explorer zur Verfügung stehen. Wenn Sie das Kontextmenü zu einer markierten Datei oder Dateiauswahl öffnen – per Mausklick mit rechts oder durch Halten mit Finger oder Stift –, werden Ihnen zahlreiche Optionen angeboten. Sind Tools wie WinZip oder ein Antivirenprogramm installiert, ist dieses Menü entsprechend erweitert.

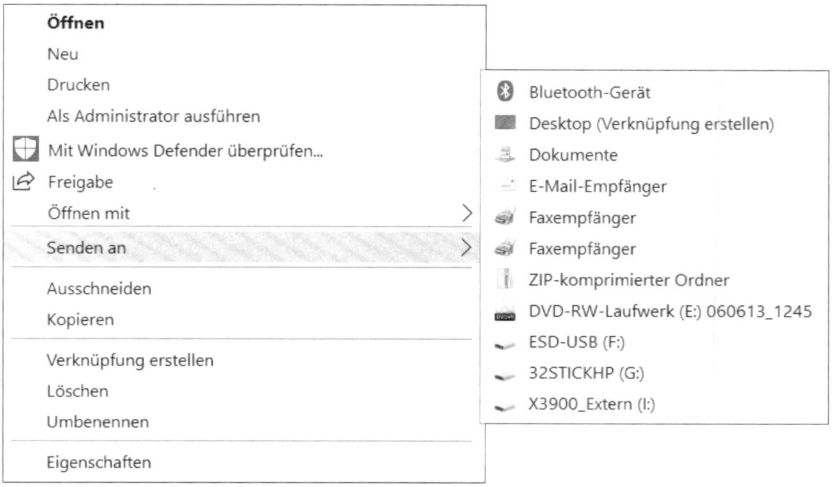

Abbildung 1.99 Kontextmenü zur Dateiauswahl

Sie können z. B. eine Datei sofort ausdrucken, ohne sie erst im Programmfenster öffnen zu müssen. Mit **Senden an** kann die Datei schnell in einen komprimierten Ordner, eine CD oder einen USB-Stick kopiert oder auch direkt als E-Mail versendet werden. Praktisch ist auch die Möglichkeit, eine Datei in den Ordner **Dokumente** zu verschieben oder eine Verknüpfung auf den Desktop zu legen.

Sie können hier auch Dateien löschen. Sie werden zur Sicherheit gefragt, ob Sie die Datei in den Papierkorb verschieben wollen. Der Papierkorb ist das Sicherheitsnetz beim Löschen, falls er nicht über das Register **Eigenschaften** außer Kraft gesetzt worden ist. Erst wenn die Datei auch aus dem Papierkorb gelöscht ist, existiert sie nicht mehr (wenn es auch Tools gibt, die selbst in diesem Fall möglicherweise noch helfen können). Wenn Sie eine Datei irrtümlich in den Papierkorb geschoben haben, benutzen Sie im Kontextmenü des Papierkorbs den Befehl **Öffnen**. Markieren Sie die jeweilige Datei, und wählen Sie über das Kontextmenü **Wiederherstellen**.

Dateinamen ändern

Sie können eine Datei an Ort und Stelle umbenennen, wenn sich herausstellt, dass der bisherige Name nicht mehr passt. Wählen Sie über das Kontextmenü die Option **Umbenennen**, und ändern Sie den Namen. Bestätigen Sie die Änderung mit [↵].

1.8.21 Optionen für die Sicherheit: Kennwortschutz und Verschlüsselung

Wenn Ihre Dokumente personenbezogene oder aus anderen Gründen kritische Daten enthalten, sollten Sie die Möglichkeiten nutzen, um Dateien vor unbefugtem Zugriff oder unbefugter Veränderung zu schützen.

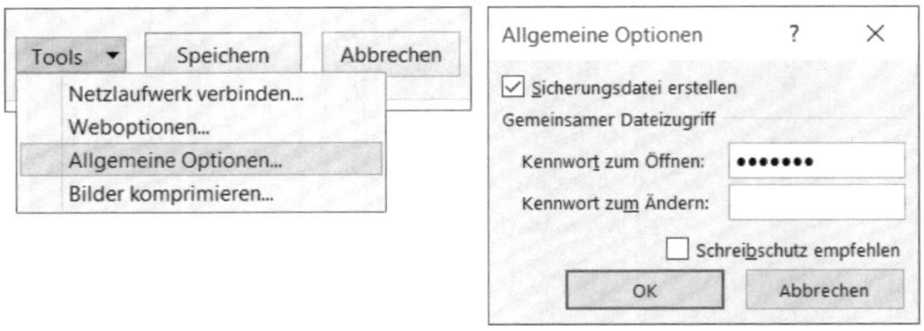

Abbildung 1.100 Vergabe von Kennwörtern vor dem Speichern

Für komplette Dateien bietet Excel im Dialogfeld **Speichern unter** über die Schaltfläche **Tools** einige einfache Maßnahmen für den Schutz Ihrer Daten an. Das Dialogfeld zu **Allgemeine Optionen** erlaubt es, gleich zwei Kennwörter zu vergeben.

Zugangsschutz

Das **Kennwort zum Öffnen** sperrt überhaupt den Zugang zu einer Arbeitsmappe. Nur wer das hier eingegebene Kennwort beim Öffnen der Datei korrekt eingibt, hat eine Chance, auf die Daten zuzugreifen. Geben Sie eine Zeichenfolge von maximal 15 Zeichen ein. Alle Zeichen, auch Leerzeichen, sind erlaubt. Wenn Sie, was der Sicherheit dient, Groß- und Kleinbuchstaben mischen, müssen Sie sich die genaue Schreibweise merken. Excel verlangt bei der Wiedereingabe des Kennworts eine exakte Übereinstimmung. Wenn Sie nur diese Sperre beim Öffnen der Datei errichten wollen, reicht es, das Kennwort mit **OK** zu bestätigen. Es muss dann zur Sicherheit gegen Tippfehler noch einmal eingegeben werden.

Schreibschutz

Zusätzlich oder auch unabhängig von der Zugriffssperre für die ganze Arbeitsmappe kann unter **Kennwort zum Ändern** ein zweites Kennwort vergeben werden, mit dem die Datei nur gegen Veränderungen geschützt wird. Auch hier wird eine Kontrolleingabe verlangt.

Benutzen Sie nur das Schreibschutzkennwort, bedeutet dies, dass zwar jeder die Datei öffnen darf, Änderungen aber nur vornehmen kann, wer dieses Schreibschutzkennwort kennt. Ist das Schreibschutzkennwort beim Öffnen richtig eingegeben, wird der Schreibschutz aufgehoben. Im anderen Fall können Sie die Schaltfläche **Schreibschutz** benutzen. Die Datei erscheint im Fenster mit dem Namenszusatz **Schreibgeschützt.** Änderungen sind zwar möglich, aber wenn Sie auf **Speichern** klicken, wird die Datei nicht gespeichert, sondern das Dialogfeld **Datei speichern unter** mit dem Dateinamen *Kopie von ...* angeboten, d. h., Sie können die geänderte Datei zwar unter einem anderen Namen abspeichern, die Originaldatei aber bleibt unverändert.

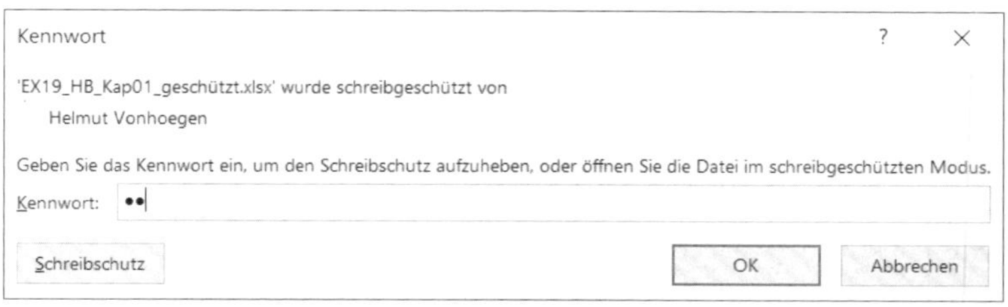

Abbildung 1.101 Abfrage bei Schreibschutz

Natürlich können Sie die beiden Kennwörter auch gleichzeitig verwenden, also sowohl vor das Öffnen als auch vor das Ändern eine Sperre setzen. Wenn Sie das Kontrollkästchen **Schreibschutz empfehlen** abhaken, erzeugt Excel beim Öffnen dieser Datei einen entsprechenden Hinweis, falls die Schaltfläche **Schreibschutz** nicht benutzt wurde. Alternativ können Sie im Dialog **Öffnen** auch die kleine Schaltfläche zum **Öffnen** und dann die Option **Schreibgeschützt öffnen** verwenden. Zusätzlich können Sie nun noch in diesem Dialog die Option **Sicherungsdatei erstellen** aktivieren. Dies hat zur Folge, dass bei jedem Speichern noch eine Backup-Datei angelegt wird.

Kennwort vergessen?

Allen gut gemeinten Ermahnungen zum Trotz, Kennwörter sorgfältig und sicher aufzubewahren, kann es vorkommen, dass sie verloren gehen oder vergessen werden. Hier hilft dann zur Not der Einsatz von Spezialprogrammen, etwa dem Programm Office Key von Passware, das über *www.lostpassword.com* geordert werden kann.

Entfernen oder Ändern von Kennwörtern

Sollte sich ergeben, dass der Schutz einer Arbeitsmappe durch ein Kennwort nicht mehr notwendig ist, können Sie als derjenige, der das Kennwort kennt, diesen Schutz jederzeit aufheben. Löschen Sie den Eintrag im Dialogfeld mit `Entf`, und bestätigen Sie mit **OK**. Sie werden dann gefragt, ob Sie den alten Zustand der Datei überschreiben wollen, was Sie wiederum bestätigen. Anstatt das Kennwort zu entfernen, können Sie nach demselben Verfahren auch ein anderes Kennwort eingeben.

1.8.22 Automatische Sicherung und Wiederherstellung

Trotz aller Verbesserungen der Systemsicherheit kann es vorkommen, dass das Betriebssystem oder ein Programm abstürzt oder durch einen Stromausfall ein Abbruch erzwungen wird. Normalerweise würden im Fall eines Abbruchs alle Änderungen an einer Arbeitsmappe verloren gehen, die nach der letzten Speicherung vorgenommen wurden.

Um die möglichen Verluste zu verringern, ist in Excel als Vorgabe die Funktion **AutoWiederherstellen** aktiviert. Sie ist kein Ersatz für das normale Speichern, sorgt aber dafür, dass die Informationen über Änderungen seit der letzten normalen Speicherung in bestimmten Intervallen automatisch auf dem Laufwerk zwischengelagert werden, um im Fehlerfall darauf zurückgreifen zu können und den potenziellen Datenverlust so gering wie möglich zu halten. In Excel kann die automatische Zwischenspeicherung über **Datei ▸ Optionen** auf der Seite **Speichern** unter **AutoWiederherstellen-Informationen speichern alle ... Minuten** an- bzw. abgeschaltet werden.

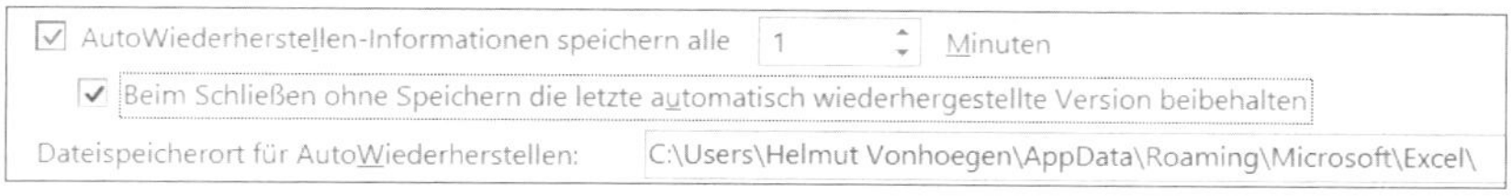

Abbildung 1.102 Optionen für »AutoWiederherstellen« in Excel

Vorgegeben ist jeweils ein Sicherungsintervall von zehn Minuten, was bei umfangreicher Dateneingabe durchaus zu lang sein kann. Wählen Sie hier den Wert, der zu Ihrer Arbeitsweise am besten passt. Zusätzlich kann dort noch ein spezieller Ordner für die Sicherungen angegeben werden. Außerdem sollte noch die Option **Beim Schließen ohne Speichern die letzte automatisch gespeicherte Version beibehalten** aktiviert bleiben. Sollten Sie es einmal mit einer Arbeitsmappe zu tun haben, bei der die automatische Wiederherstellung nicht erwünscht ist, kann diese Mappe unter **AutoWiederherstellen-Ausnahmen für** ausgewählt und die Wiederherstellung gezielt für diese Mappe deaktiviert werden.

Wird das Programm im Fall einer unplanmäßigen Beendigung erneut geöffnet, erscheint auf dem Startbildschirm ein Link **Wiederhergestellte Dateien anzeigen**, der das Aufgabenbereichsfenster **Dokumentwiederherstellung** mit einer Liste der verfügbaren Dateien öffnet. Wenn Sie ohne Startbildschirm arbeiten, wird dieses Fenster automatisch eingeblendet. Für jede Datei wird hier eine Schaltfläche mit einem kleinen Menü angeboten, um die Datei entweder zur Ansicht zu öffnen oder eventuell unter einem neuen Namen zu speichern. Dateien, die nicht mehr benötigt werden, können auch gleich gelöscht werden. Sind Reparaturen an der Datei vorgenommen worden, können sie angezeigt werden.

Abbildung 1.103 Menü zu einer wiederhergestellten Datei

Wird neben der als Original gekennzeichneten Datei noch eine als **Wiederhergestellt** bezeichnete Datei angeboten, ist es in der Regel sinnvoll, die wiederhergestellte Version zu öffnen bzw. zu speichern, denn sie enthält einen neueren Stand als die Originalversion. Wenn Sie in Eile sind, können Sie auch zunächst mal alle Versionen unter unterschiedlichen Namen speichern, um sie später in Ruhe zu vergleichen.

Die Reparatur einer Datei kann auch über den Dialog **Öffnen** angestoßen werden. Wenn Sie die Vermutung haben, dass eine Datei nicht korrekt abgespeichert wurde, sollten Sie im Dialog **Öffnen** aus dem Menü zu der Schaltfläche **Öffnen** die Option **Öffnen und reparieren** aufrufen. Sie haben dann die Wahl, mit **Reparieren** eine komplette Reparatur zu versuchen oder mit **Daten extrahieren** wenigstens die Daten und Formeln aus der Datei auszulesen. Im zweiten Fall müssen Sie noch angeben, wie Excel verfahren soll, wenn bestimmte Bezüge in einer Formel, etwa auf benannte Zellbereiche, nicht wiederhergestellt werden können. **In Werte umwandeln** rettet dann wenigstens den aktuellen Wert der Zelle, ansonsten wird versucht, die Formeln wiederherzustellen. Excel legt eine Protokolldatei im XML-Format über die Reparaturen an und zeigt einen Link dorthin im Dialog **Reparaturen in ...** an.

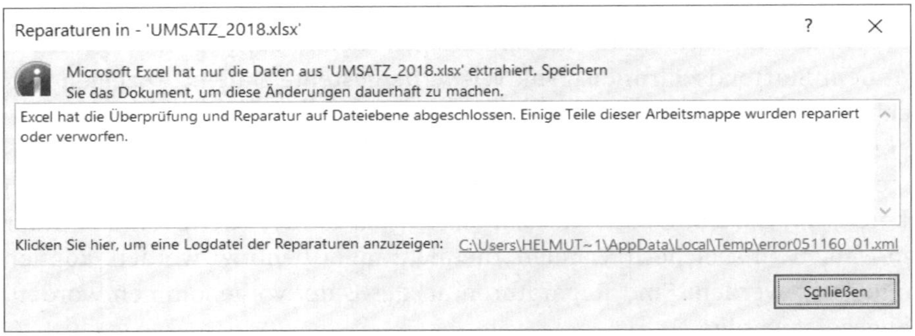

Abbildung 1.104 Hinweise bei der Reparatur einer Datei

1.8.23 Versionsverwaltung

Excel 2019 bietet die Möglichkeit, mehrere Versionen einer Arbeitsmappe zu handhaben. Diese Versionen entstehen automatisch, solange die vorhin beschriebene automatische Zwischenspeicherung im Dialog **Excel-Optionen** aktiviert ist. Gibt es zu einer geöffneten Datei mehrere Versionen, wird auf dem Register **Datei** unter **Informationen** ▸ **Arbeitsmappe verwalten** die Liste der Versionen angezeigt.

Abbildung 1.105 Angebot mehrerer Versionen einer Arbeitsmappe

Handelt es sich nicht um die neueste Version, erscheint beim Öffnen per Klick oder Tipp über der Arbeitsmappe eine entsprechende Hinweisleiste, die die Schaltfläche **Wiederherstellen** anbietet. Außerdem wird die Datei zunächst nur schreibgeschützt geöffnet. Mithilfe der Schaltfläche können Sie dann die zuletzt gespeicherte Version mit der ausgewählten Version überschreiben.

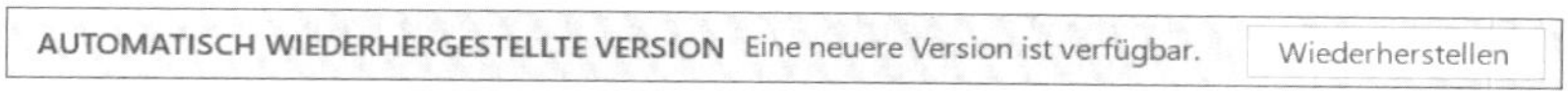

Abbildung 1.106 Hinweis zu einer Version

Wiederherstellen heißt in diesem Fall, dass die ausgewählte Version als aktuelle Version festgelegt wird. Zur Sicherheit erfolgt noch einmal eine Nachfrage, ob tatsächlich die bisher zuletzt gespeicherte Version mit der ausgewählten Version überschrieben werden soll. Wollen Sie auf die ältere Version zurückgehen, brauchen Sie dies hier nur zu bestätigen. Die Versionen in der Versionsliste bleiben erhalten, bis sie explizit gelöscht werden (maximal vier Tage). Dafür wird im Kontextmenü eines Versionslinks der Befehl **Diese Version löschen** ❶ angeboten.

Die Schaltfläche **Arbeitsmappe verwalten** ❷ bietet auch noch die Option **Nicht gespeicherte Arbeitsmappen wiederherstellen** an. Sie blendet den Dialog **Öffnen** mit dem Ordner *UnsavedFiles* ein. Hier sind alle Dateien aufgelistet, die bei vorangegangenen Schließvorgängen in Excel nicht gesichert worden sind, falls es solche Mappen gibt. Dies geschieht aber nur, solange über **Datei ▸ Optionen** unter **Speichern** auch die Option **Beim Schließen ohne Speichern die letzte automatisch gespeicherte Version beibehalten** aktiviert bleibt.

Der Ordner enthält die Dateien jeweils in dem Zustand der letzten automatischen Sicherung. Dabei wird übrigens das binäre Datenformat verwendet. Wird eine dieser Dateien geöffnet, erscheint ein entsprechender Hinweis. Mit der Schaltfläche **Speichern unter** lässt sich dann das Speichern nachholen.

1.8.24 Sicherheitscenter

Maßnahmen, die eine höhere Sicherheit gewährleisten sollen, sind in Excel 2019 in einem Sicherheitscenter gebündelt, das Sie über **Datei ▸ Optionen ▸ Trust Center** erreichen. Die Schaltfläche **Einstellungen für das Trust Center** öffnet ein umfangreiches Dialogfeld dafür.

Um Ausnahmen von den ansonsten über diesen Dialog festgelegten Sicherheitsrichtlinien zuzulassen, bietet der Dialog über die Seite **Vertrauenswürdige Speicherorte** insbesondere die Möglichkeit, bestimmte Pfade als sichere Speicherorte einzustufen. Dies ist in erster Linie von Bedeutung, wenn Sie mit Arbeitsmappen arbeiten, die Makros oder ActiveX-Steuerelemente enthalten.

Über die Schaltfläche **Neuen Speicherort hinzufügen** können Sie die entsprechenden Pfade angeben. Einige sichere Speicherorte werden vorgegeben, etwa der Ordner für die Vorlagen und der Startordner *XLStart*. Die beiden letzten Optionen dieser Seite werden auch noch einmal separat über die Seite **Vertrauenswürdige Dokumente** angeboten. Sie erlauben Ihnen, die Berücksichtigung der Vertrauenswürdigkeit von Dokumenten in einem Netz zuzulassen oder sie ganz zu deaktivieren. Mit der Schaltfläche **Löschen** können Sie auch in einem Zug die Zuordnung der Vertrauenswürdigkeit für alle Dokumente aufheben.

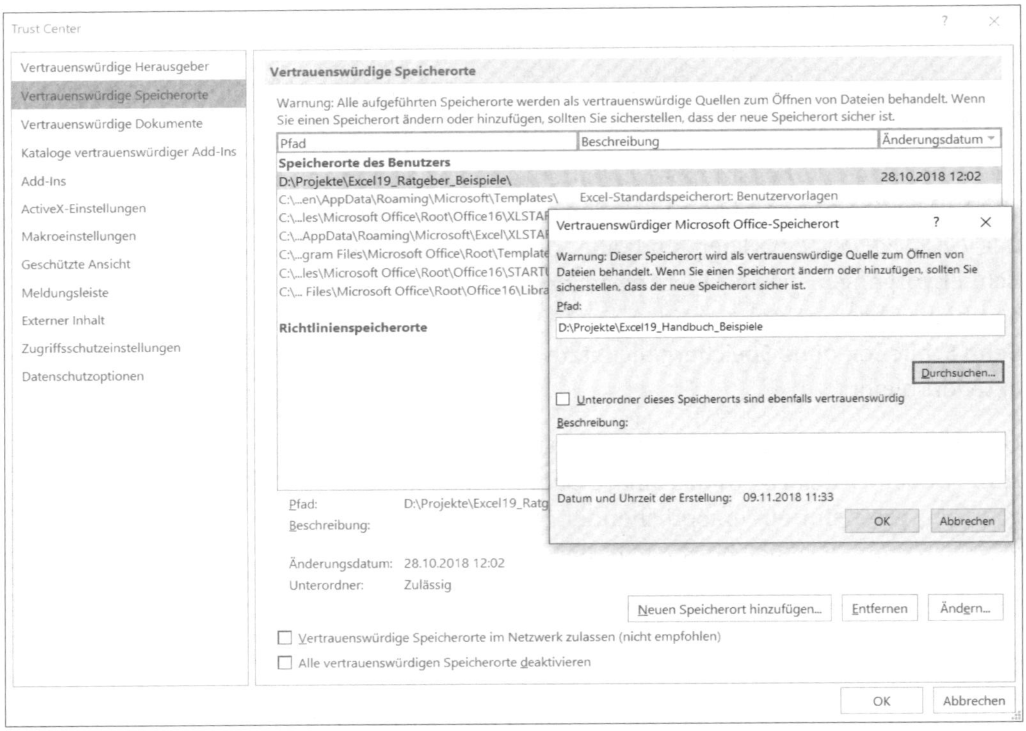

Abbildung 1.107 Wahl der sicheren Speicherorte

Wird ein Dokument mit einer ungeprüften Herkunft aus dem Netz geöffnet, erscheint eine Warnung, die es Ihnen erlaubt, das Dokument in die Reihe der vertrauenswürdigen Dokumente aufzunehmen.

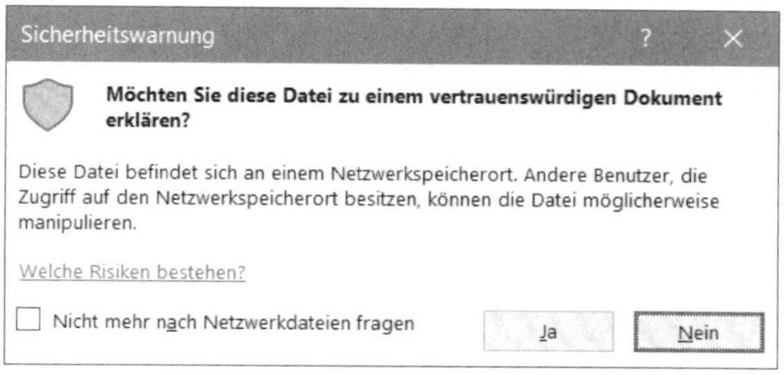

Abbildung 1.108 Sicherheitswarnung bei Dateien aus dem Netz

Wird ein Dokument, das Makros enthält, geöffnet, erscheint in der Regel zunächst eine Sicherheitswarnung auf einem Balken über der Bearbeitungsleiste mit dem Hinweis, dass die Makros deaktiviert wurden.

Abbildung 1.109 Warnhinweis bei Makros

Wenn Sie die Schaltfläche **Inhalt aktivieren** anklicken, weil Sie die Datei als unbedenklich einstufen, wird das Dokument anschließend in die Liste der vertrauenswürdigen Dokumente aufgenommen. Beim nächsten Öffnen erfolgt keine Nachfrage mehr.

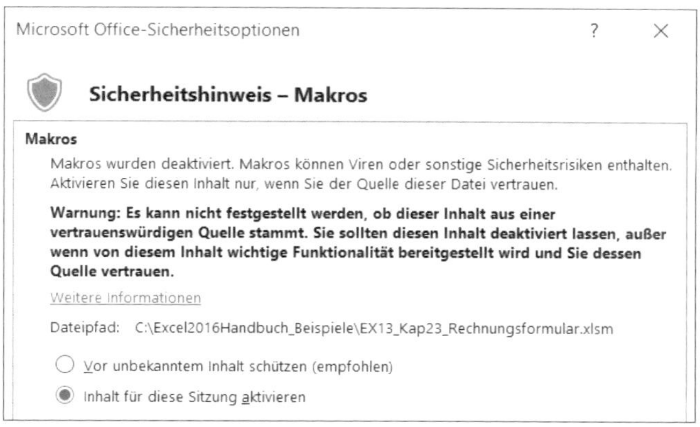

Abbildung 1.110 Freigabe für eine Sitzung

Auch auf der Registerkarte **Datei** erscheint unter **Informationen** eine solche Warnung. Die Schaltfläche **Inhalt aktivieren** erlaubt es, über **Erweiterte Optionen** zusätzlich die Makros einer Datei nur für die aktuelle Sitzung zu aktivieren.

Über die Seite **Kataloge vertrauenswürdiger Web-Add-Ins** legen Sie fest, wie mit den Add-Ins umgegangen werden soll, die für die Office-Programme angeboten werden.

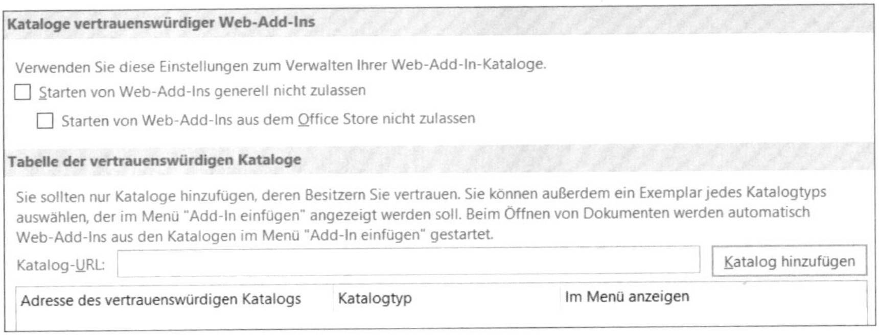

Abbildung 1.111 Sicherheitsrichtlinien für App-Kataloge

Zunächst wird diese rabiate Option angeboten: **Starten von Web-Add-Ins generell nicht zulassen**. Add-Ins aus dem Office Store von Microsoft können dann – wenn Sie ihnen vertrauen – ausgenommen werden. Anstelle der generellen Weigerung lassen sich hier auch die Webadressen von Add-In-Katalogen angeben, denen Sie vertrauen. Mit **Katalog hinzufügen** geben Sie die entsprechende URL an. Die Seite **Add-Ins** erlaubt es, nicht signierte Add-Ins zu blockieren oder auch gleich alle Add-Ins zu deaktivieren.

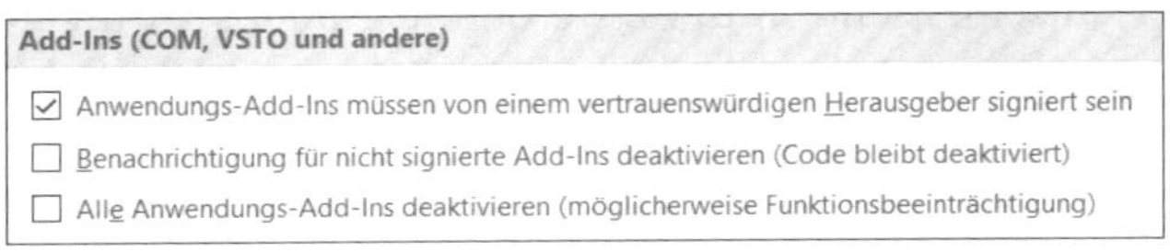

Abbildung 1.112 Einstellungen zu Add-Ins

Falls Dokumente ActiveX-Steuerelemente enthalten, greifen die Einstellungen auf der Seite **ActiveX-Einstellungen**.

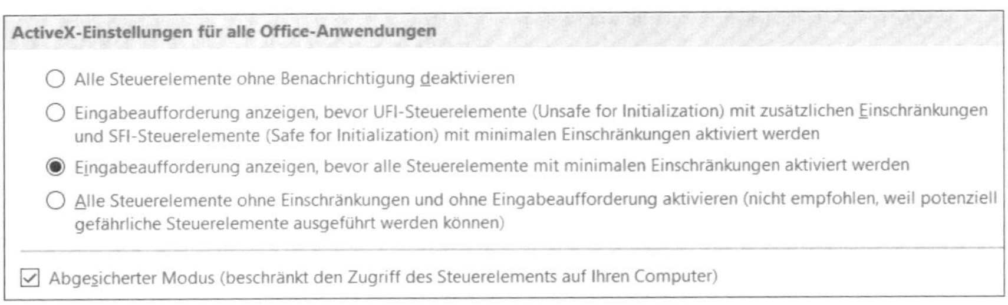

Abbildung 1.113 Einstellungen zu ActiveX-Steuerelementen

Über die Seite **Makroeinstellungen** kann eine automatische oder manuelle Deaktivierung festgelegt werden. Signierte Makros können von der Deaktivierung ausgenommen werden. Die Option **Zugriff auf das VBA-Projektobjektmodell vertrauen** erlaubt es, mit

VBA-Code automatische Abläufe von Excel-Anwendungen zu programmieren und dabei das Objektmodell zu nutzen. Soll verhindert werden, dass solcher Code auf dem System ausgeführt werden kann, muss diese Option deaktiviert werden.

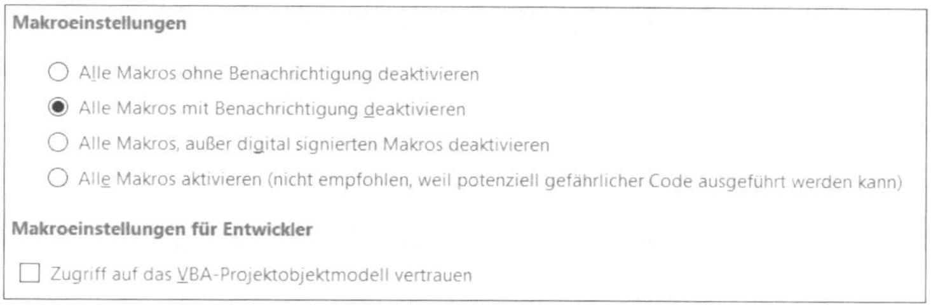

Abbildung 1.114 Einstellungen zu Makros

Die Option **Geschützte Ansicht** ist schon angesprochen worden. Mit den drei Optionen wird festgelegt, bei welchen Dateitypen dieser eingeschränkte Modus aktiviert sein soll. Unter **Meldungsleiste** lassen sich Meldungen zu gesperrten Inhalten verhindern. Auf der Seite **Externer Inhalt** sind Einstellungen zur Behandlung von Datenverbindungen für den Zugriff auf externe Datenquellen und von Verknüpfungen zwischen Arbeitsmappen möglich.

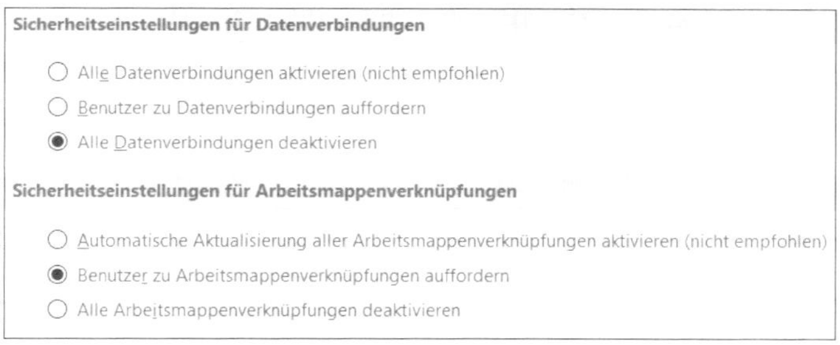

Abbildung 1.115 Einstellungen zu »Externer Inhalt«

Wird eine Datei aus einem Ordner im Netz geöffnet, erscheint unter Umständen die folgende Warnung:

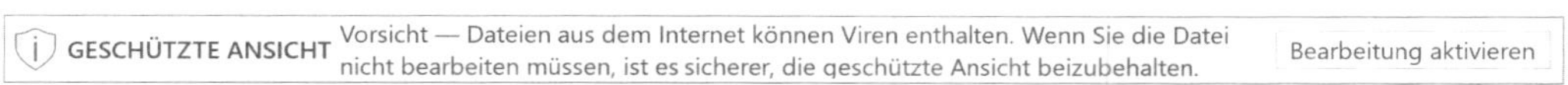

Abbildung 1.116 Warnung beim Öffnen einer Datei aus dem Netz

Wenn Sie für bestimmte Dateitypen grundsätzliche Einschränkungen festlegen wollen, benutzen Sie die Seite **Zugriffsschutzeinstellungen** (Abbildung 1.117). Vorgegeben ist z. B., dass ältere Dateiformate wie Excel 4 zunächst immer in geschützter Ansicht geöffnet werden.

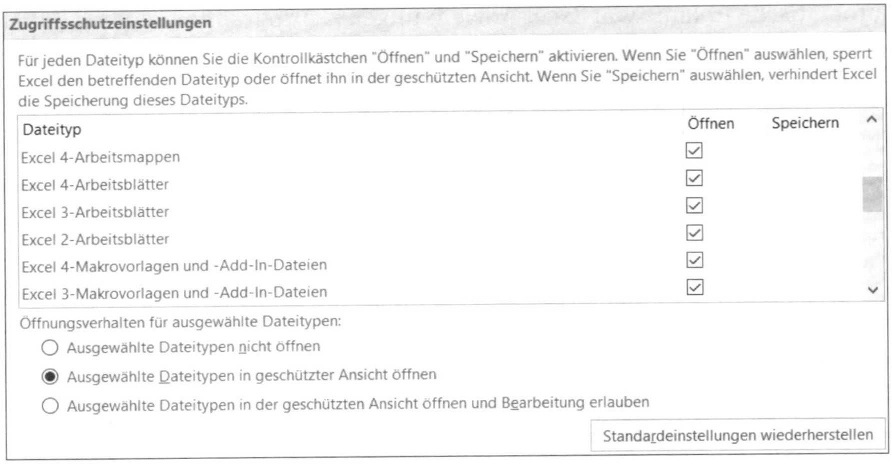

Abbildung 1.117 Zugriffsschutz für bestimmte Dateiformate

Schließlich lassen sich unter **Datenschutzoptionen** noch Festlegungen treffen, die den Datenaustausch mit *Office.com* betreffen (Abbildung 1.118). Hier geht es hauptsächlich um Fragen des Vertrauens. Wer eher vorsichtig ist, kann beide Optionen abwählen. Außerdem lassen sich über die beiden letzten Schaltflächen noch Sprachrichtungen für die Übersetzungsfunktion und Nachschlagewerke aus- oder abwählen.

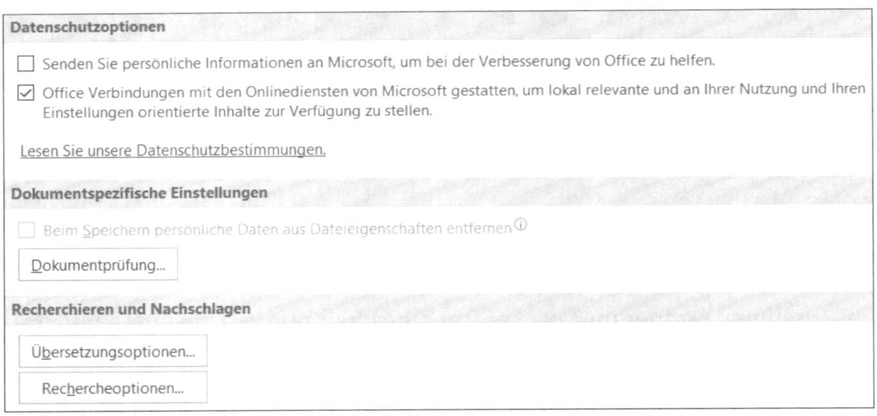

Abbildung 1.118 Optionen zum Datenaustausch mit Microsoft

1.8.25 Recherchen – lokal und im Web

Eine praktische Funktion in allen Office-2019-Anwendungen ist der eingebaute Zugriff auf Nachschlagewerke. Über das Register **Überprüfen** stehen in den Gruppen **Recht-**

schreibung, **Einblicke** und **Sprache** Schaltflächen für **Thesaurus**, **Intelligente Suche** und **Übersetzen** zur Verfügung. Jedes Mal wird dazu ein Aufgabenbereich geöffnet.

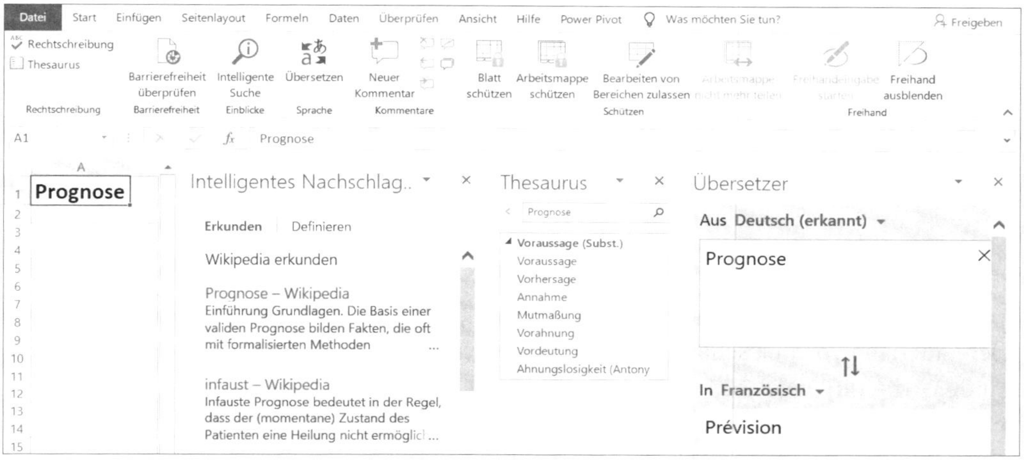

Abbildung 1.119 Die Aufgabenbereiche: »Intelligentes Nachschlagen«, »Thesaurus«, »Recherchieren«

Neu ist der Aufgabenbereich **Intelligentes Nachschlagen**, der über **Intelligente Suche** geöffnet wird. Wenn im Tabellenblatt ein Begriff ausgewählt ist, finden Sie dazu in der Regel Informationen aus mehreren Quellen im Web oder wenigstens Links zu solchen Quellen.

Wenn Sie eine Alternative zu dem Wort suchen, zeigt der Aufgabenbereich **Thesaurus** sofort die Varianten an, die das Programm in den gerade ausgewählten Nachschlagewerken findet. Das Kontextmenü jeder angezeigten Variante enthält den Befehl **Einfügen**, mit dem das ausgewählte Original sofort ersetzt werden kann.

Die Funktion **Übersetzen** öffnet den Aufgabenbereich **Übersetzer**. Über **Aus** und **In** wählen Sie die Richtung der Übersetzung – vorausgesetzt, die entsprechenden Wörterbücher sind installiert.

1.9 Speichern in der Cloud

Die Speicherung von Daten auf externen Servern, wie sie heute insbesondere unter dem wolkigen Namen angepriesen wird, ist ein Angebot, das trotz aller Sicherheitsbedenken immer mehr Akzeptanz findet. Solange es um wenig brisante Daten geht, ist die Hemmschwelle, sie einem fremden Anbieter anzuvertrauen, sicher geringer als bei Daten, bei denen es wichtig ist, dass kein Unbefugter darauf zugreifen kann. Generell sind Daten in der Cloud in der Regel vielleicht sogar besser gesichert als bei einem Benutzer, der vergisst, die notwendigen Backups und Systemaktualisierungen auf seinem eigenen System zu machen. Dennoch können die allgemeinen Sicherheitsprobleme, die die IT-Branche noch lange beschäftigen werden, eben auch bei der Cloud nicht einfach wegdiskutiert werden. Die kriminelle Energie hat in dieser Branche Betätigungsfelder gefunden, deren Reichweite durch das Internet ganz neue Dimensionen angenommen hat.

1.9.1 OneDrive

Wenn Sie aber dennoch genug Vertrauen in Cloud-Lösungen haben, werden Sie vielleicht auch die Vorteile schätzen lernen. Die Microsoft-Lösung mit OneDrive ist sehr eng mit der Arbeit in Excel 365 verknüpft, lässt sich aber auch mit Excel 2019 jederzeit nutzen. Voraussetzung ist nur das oben in Abschnitt 1.4.2, »Lokale und vernetzte Benutzer«, schon beschriebene Microsoft-Konto. Sie haben mehrere Möglichkeiten:

- Sie benutzen OneDrive als den Hauptspeicherplatz Ihrer Dateien und laden die Dokumente nur bei Bedarf auf das lokale Gerät herunter.
- Sie benutzen OneDrive, um Ihre lokalen Dateien zusätzlich in der Cloud zu speichern, gewissermaßen als Sicherheitspolster. Da OneDrive gleichzeitig der Host für Excel Online ist, erlaubt diese Ihnen oder Anwendern, die Sie dazu einladen, Ihre Arbeitsmappen von beliebigen Geräten aus im Web anzusehen. Die Kontrolle über Inhalt und Form der Arbeitsmappe verbleibt in diesem Fall ganz auf der lokalen Seite.
- Sie kopieren Ihre Arbeitsmappen nicht nur zum Anschauen in die Cloud, sondern lassen es auch zu, dass Änderungen daran vorgenommen werden. Sie benutzen die Cloud als Medium für Teamwork oder zur Unterstützung für das mobile Arbeiten.

An dieser Stelle zeigen wir Ihnen zunächst, wie Sie Dateien auf OneDrive speichern und von OneDrive bei Bedarf auch wieder lokal öffnen können. Der Teamwork-Aspekt wird in Kapitel 14, »Gemeinsame Arbeit an Arbeitsmappen«, kurz vorgestellt, die Oberfläche von Excel Online ist in Kapitel 24, »Excel online und mobil«, beschrieben.

Betreiben Sie Ihre lokale Excel-Version mit einem Microsoft-Konto, wird Ihnen der Speicherort auf OneDrive automatisch angeboten, wenn Sie über das Register **Datei** den Befehl **Speichern unter** aufrufen. Sie finden bereits verwendete Ordner und Dokumente im rechten Teil des Fensters.

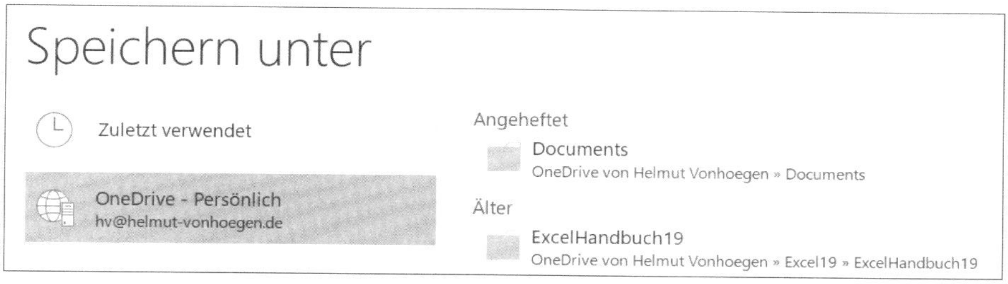

Abbildung 1.120 OneDrive als Speicherort auf dem Register »Datei«

Ein Klick oder Tipp auf einen Eintrag öffnet den Dialog **Speichern unter** mit dem gewählten Speicherort. In der Adresszeile finden Sie die URL Ihres OneDrive-Speicherorts. Sie können mit der Schaltfläche **Neuer Ordner** auch einen zusätzlichen Ordner oder Unterordner anlegen. Ansonsten verfahren Sie wie beim Speichern in einem lokalen Ordner. Alternativ können Sie auch die Schaltfläche **OneDrive** doppelt anklicken oder antippen, um gleich die oberste Ebene der Ordnerhierarchie auf OneDrive zu erreichen.

Abbildung 1.121 Der Dialog zum Speichern auf OneDrive

Starten Sie den Speichervorgang mit der Schaltfläche **Speichern**. In der Statusleiste erscheint kurz ein Hinweis, dass die Daten auf den Server übertragen werden.

1.9.2 Herunterladen aus der Cloud

Wenn Sie eine Arbeitsmappe von OneDrive in der lokalen Anwendung öffnen wollen, benutzen Sie **Datei ▸ Öffnen** und wählen zunächst als Ort den entsprechenden One-

Drive-Ordner aus und darin die gewünschte Datei. Wurde erst kürzlich auf diese Mappe zugegriffen, finden Sie diese auch in der Liste **Zuletzt verwendet**.

1.9.3 Lokale OneDrive-Ordner

Da nicht in jeder Situation eine Verbindung zum Internet vorhanden ist, gibt es zu OneDrive noch eine lokale Komponente, die Sie von der OneDrive-Seite über den Link **OneDrive-Apps** herunterladen können. Dabei wird ein OneDrive-Ordner im Explorer angelegt, in den Sie alle Dokumente schieben können, die – sobald eine Verbindung besteht – auf OneDrive hochgeladen werden sollen.

Abbildung 1.122 Der lokale OneDrive-Ordner

1.10 Besonderheiten der 64-Bit-Version

Da die Zahl der Systeme, die ein 64-Bit-Betriebssystem nutzen, ständig zunimmt, hat Microsoft bereits für Excel 2010 eine 64-Bit-Version angeboten, um die Möglichkeiten eines solchen Systems voll auszunutzen. Wenn Sie ein 64-Bit-Betriebssystem einsetzen, haben Sie die Wahl, Excel in der 32-Bit-Version zu nutzen oder, was jetzt Vorgabe ist, auch bei der Anwendung auf 64 Bit umzusteigen.

Vorteile von 64 Bit für Excel

Da 64-Bit-Lösungen einen wesentlich größeren Speicherraum anbieten können, auch über die 4-GB-Grenze hinaus, ergibt sich die Möglichkeit, Arbeitsmappen von gigantischer Größe in den Hauptspeicher zu laden und mit den entsprechenden Datenmengen dennoch flüssig zu arbeiten. Weniger bedeutend sind – wie man hört – die Geschwindigkeitsvorteile.

Was zu beachten ist

Im Prinzip macht es keinen Unterschied, ob eine Arbeitsmappe von einer 32-Bit-Version bearbeitet wird oder von einer 64-Bit-Version. Der reibungslose Austausch stößt nur da zwangsläufig an eine Grenze, wo Sie tatsächlich Arbeitsmappen in einer Größe anlegen, die nur von der 64-Bit-Version bearbeitet werden kann. Da schon die 32-Bit-Version inzwischen sehr große Dateien erlaubt, wird dies nicht unbedingt häufig der Fall sein.

Darüber hinaus sollten Sie beachten, dass VBA-Lösungen, die für 32 Bit entwickelt wurden, nicht in allen Fällen ohne Anpassungen in der 64-Bit-Version laufen. Auch wenn Sie in Ihren eigenen Lösungen ActiveX-Steuerelemente, COM-Add-Ins oder XLLs verwenden, werden spezielle 64-Bit-Versionen dieser Komponenten benötigt. Microsoft stellt deshalb ein spezielles SDK für diese Version zur Verfügung.

1.11 Hilfe in Excel 2019

Programme wie Excel 2019 erfordern wegen ihrer Komplexität und Funktionsfülle leicht zugängliche Unterstützungsfunktionen. Ein Zugang dazu ist das Suchfeld **Was möchten Sie tun?** in der Leiste **Register**. Tragen Sie hier ein, was Sie gerade tun wollen oder zu welchem Punkt Sie Hilfe benötigen. Einige Angebote werden Ihnen unter **Versuchen Sie dies:** schon gemacht, frühere Anfragen werden unter **Zuletzt verwendet** aufgelistet.

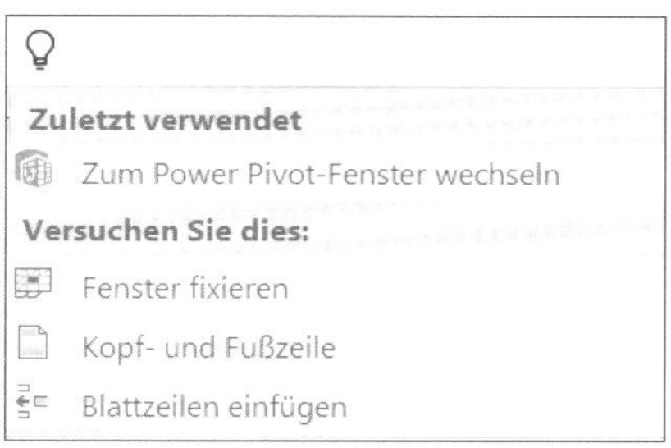

Abbildung 1.123 Angebote zum Ausprobieren

1.11.1 Hilfsassistent

Das Hilfesystem belässt es aber nicht dabei, Sie über einen fraglichen Punkt zu informieren. In vielen Fällen werden die Befehle, mit denen Sie einen angesprochenen Schritt ausführen können, direkt als Option angeboten, die Hilfe übernimmt also die Rolle eines Assistenten, der für Sie routinemäßige Aufgaben direkt erledigt. Am besten wird das durch ein Beispiel deutlich. Wir gehen einmal davon aus, dass Sie auf einem Tabellenblatt eine längere Datenliste angelegt haben. Sie wollen diese Liste sortieren.

1 Setzen Sie den Zellzeiger in eine beliebige Zelle der Liste, und tippen Sie in das Suchfeld, um die Option **Filter erstellen** auszuwählen.

2 Sie erhalten ein Menü mit mehreren Optionen, darunter **Sortieren und Filtern**. Wenn Sie diese auswählen, wird Ihnen sofort eine auf- oder absteigende Sortierung in Bezug auf die Spalte angeboten, in der der Zellzeiger steht.

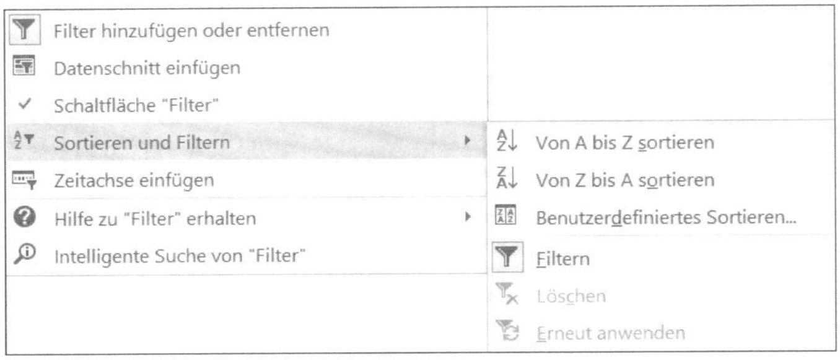

3 Wenn Sie die gewünschte Sortierung wählen, wird die Liste sofort entsprechend sortiert.

Im Menü zu Schritt 2 finden Sie am Ende auch die Optionen **Intelligentes Nachschlagen von** und **Hilfe zu**. Die erste Option öffnet den Aufgabenbereich **Intelligentes Nachschlagen** zu dem angesprochenen Thema. Hier finden Sie Hinweise aus unterschiedlichen Quellen im Web.

Abbildung 1.124 Der Aufgabenbereich »Intelligentes Nachschlagen« zum Thema »Filter«

Die Option **Hilfe zu ...** bietet zunächst häufig eine kleine Liste an, mit Hilfsangeboten zum Thema, darunter auch kleine Wie-geht-das-Videos.

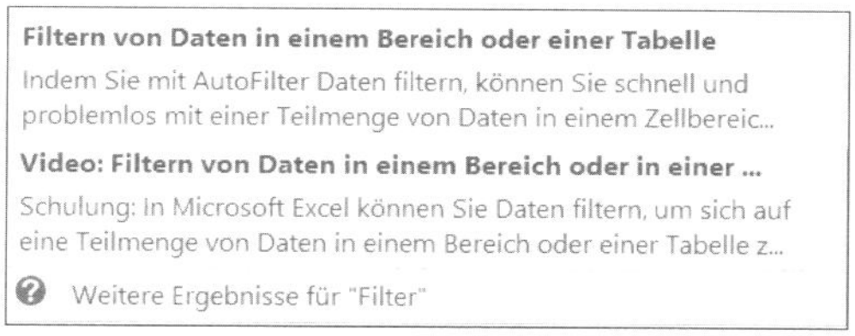

Abbildung 1.125 Hilfsangebot zum Thema »Filtern«

Der Link **Weitere Ergebnisse ...** öffnet den Aufgabenbereich **Hilfe** mit häufig zahlreichen Links zu dem betreffenden Thema. Dieses Fenster können Sie auch mit der Funktionstaste F1 öffnen. Wenn Sie in einem Dialogfeld die Taste F1 benutzen oder – falls vorhanden – auf das kleine Fragezeichen in der Titelleiste klicken, werden gezielt Informationen zu den entsprechenden Funktionen des Dialogs angeboten.

Auch hier ist unter dem Titel ein Eingabefeld ❶ eingerichtet, in das Sie direkt Fragen eintippen können. Wenn Sie z. B. »Mittelwert berechnen« eingeben, erhalten Sie einen Link auf die Funktion `MITTELWERT()` und Links zu Themen im Umkreis des Themas.

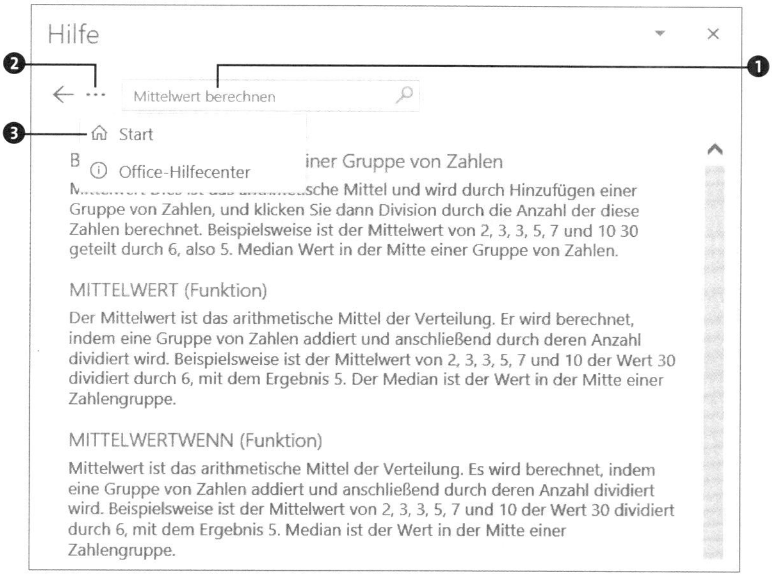

Abbildung 1.126 Beispiel für eine Anfrage im Aufgabenbereich »Hilfe«

Das Menü mit den drei Punkten ❷ bietet das Haussymbol ❸ für eine Übersicht mit verschiedenen Zugangspunkten an. Der Pfeil führt immer einen Schritt zurück. **Office-Hilfecenter** öffnet die Online-Hilfe.

Die einzelnen Hilfetexte enthalten oft weitere Links zu verwandten Themen oder zu näheren Erläuterungen einzelner Punkte. Wollen Sie die Hilfetexte lieber auf Papier studieren, benutzen Sie das Symbol **Drucken**.

Wenn Sie Texte herauskopieren wollen, können Sie den betreffenden Abschnitt markieren. Der markierte Text kann dann direkt in eine Word-Datei gezogen werden. Ein Kontextmenü gibt es dagegen nicht mehr. Dafür funktionieren aber die Tastenkombinationen `Strg`+`C` und `Strg`+`V`. Das ist sehr praktisch, wenn Sie Beispiele für Funktionen ausprobieren wollen.

1.11.2 Die Registerkarte Hilfe

Wenn Sie es nicht über **Datei ▸ Optionen ▸ Menüband anpassen** ausblenden, finden Sie im Menüband noch ein eigenes Register für Hilfe und Support.

Abbildung 1.127 Die Registerkarte »Hilfe« mit verschiedenen Support-Angeboten

Das Fragezeichen öffnet den Aufgabenbereich **Hilfe**. Über **Feedback** können Sie Meldungen an Microsoft geben, wenn Sie auf einen Fehler stoßen oder einen Verbesserungsvorschlag haben. **Schulung anzeigen** bietet im Aufgabenbereich **Hilfe** Videoschulungen und Lösungsbeispiele an. Die Excel 365-Abonenten finden über **Neuerungen** Infos zu neuen Funktionen.

2 Aufbau von Kalkulationstabellen

Dieses Kapitel zeigt Ihnen zunächst, wie Sie den Aufbau einer Tabelle zur Lösung einer bestimmten Aufgabenstellung am besten festlegen können. Als Beispiel wird dabei eine Einnahmen-Ausgaben-Rechnung zur Kontrolle Ihrer Finanzen verwendet. Anschließend erfahren Sie, wie Sie am effektivsten Ihre Daten eingeben. Schließlich werden alle Basisoperationen behandelt, die für die Handhabung von Kalkulationsmodellen wesentlich sind.

2.1 Planung und Design von Kalkulationsmodellen

Programme wie Excel verführen ein wenig dazu, nach dem Start gleich mit dem Eintragen von Beschriftungen und Daten loszulegen. Oft kommt dann eine Tabelle heraus, die bei näherem Hinsehen doch nicht überzeugt. Dann sind Umstellungen – Verschiebung von Spalten oder Zeilen, Einfügung vergessener Rubriken etc. – notwendig. Obwohl sich solche Korrekturen in Excel relativ leicht erledigen lassen, ist es in der Regel doch effektiver, ein paar Dinge vorher zu klären. Das kann z. B. auf einem eigenen Blatt in der Arbeitsmappe geschehen, das zur Dokumentation des Kalkulationsmodells verwendet wird.

2.1.1 Was beim Tabellenaufbau zu beachten ist

Die Überlegungen, die vor dem Eintippen von Daten in eine Tabelle ratsam sind, betreffen meist die folgenden Fragestellungen – oder wenigstens einige davon:

- Welchen Zweck hat die Tabelle? Welche Informationen soll sie liefern? Für welche Entscheidung?
- Welche Daten müssen für den angegebenen Zweck bereitgestellt werden?
- Auf welche Informationen soll die Aufmerksamkeit gelenkt werden?
- Wer gibt die Daten ein, wer wertet sie aus?
- Welche Daten werden manuell eingegeben? Welche Daten werden aus vorhandenen Datenbeständen übernommen? Gibt es Verknüpfungen zu anderen Tabellen?

- Um welche Zeiträume, Gebiete, Gegenstände oder Personen geht es in der Tabelle?
- Wie lange sind die Daten gültig? Welche Daten sind statisch, welche ändern sich in welchem Rhythmus?
- Welche Genauigkeit ist notwendig, welche realisierbar?
- Welche Berechnungen sind vorgesehen?
- Wie wird die Korrektheit der Daten und Berechnungen gewährleistet?
- Welche Daten werden grafisch ausgewertet?
- Wie werden die Daten publiziert, in welcher Form und für wen?

Tabellen werden in der Regel eingesetzt, um bestimmte Tatbestände, Zusammenhänge und Entwicklungen in einer geordneten Form darzustellen. Eine Tabelle sollte die Informationen enthalten, die dafür notwendig sind. Für die Einnahmen-Ausgaben-Rechnung bedeutet dies, es müssen alle Einnahmen- und Ausgaben-Posten aufgeführt werden, damit die Situation korrekt wiedergegeben wird. Überflüssige Daten sollten erst gar nicht in die Tabelle aufgenommen werden, weil sie die Übersicht erschweren. Oft ist es auch besser, Daten auf mehrere Tabellen aufzuteilen, als das gesamte Material zu einem Thema in eine Tabelle zu pressen.

Bei der Tabelle für die Einnahmen und Ausgaben könnten z. B. die Beträge für die einzelnen Versicherungen auch einzeln aufgeführt werden. Das würde die Sache in diesem Fall aber eher unübersichtlicher machen. Ein gesondertes Blatt für die Versicherungsbeträge ist hier also sinnvoller. Um im Bedarfsfall schnell auf diese Tabelle zugreifen zu können, kann z. B. mit einem Hyperlink gearbeitet werden, der von der einen Tabelle in die andere führt.

2.1.2 Beschriftungen, Werte, Berechnungsvorschriften

In den meisten Fällen besteht der Inhalt einer Tabelle aus drei wesentlichen Bestandteilen:

1. Beschriftungen für die verwendeten Spalten und Zeilen
2. Werte
3. Berechnungsvorschriften (Formeln)

Häufig entsprechen diesen auch drei Phasen in der Entwicklung einer Tabelle. Erst wird mit den Beschriftungen die Struktur der Tabelle festgelegt, dann werden die Werte – das

Zahlenmaterial für die Berechnungen – eingegeben. Schließlich werden die Formeln konstruiert. Bei Formularen, die erst später ausgefüllt werden sollen, können die Formeln auch vorher eingetragen werden. Es ist dann aber oft sinnvoll, die Formeln mit ein paar Testwerten zu prüfen, die später gelöscht werden.

Beschriftungsregeln

Die Beschriftung von Tabellen sollte einigen Leitlinien folgen, um Übersichtlichkeit zu gewährleisten:

- Der zeitliche, räumliche, sachliche oder personale Geltungsbereich sollte eindeutig erkennbar sein.
- Die Spaltenbeschriftungen sollten so knapp wie möglich gehalten sein, damit viele Datenspalten im Fenster sichtbar bleiben. Dinge, die zusammengehören, sollten nebeneinander angeordnet werden. Quersummen sollten einheitlich jeweils hinter oder vor den Wertespalten platziert werden.
- Die Zeilenbeschriftungen sollten möglichst eine einheitliche Zeilenhöhe haben, um nicht Dinge hervorzuheben, die nicht hervorgehoben werden sollen.
- Wenn möglich, sollten große Tabellen eher in die Länge wachsen als in die Breite. Benutzen Sie die Elemente zur Spaltenbeschriftung, deren Anzahl kleiner ist.
- Sollen Summen gebildet werden, ist es günstiger, die Werte senkrecht anzuordnen. Quersummen sollten möglichst nur mit einer übersichtlichen Zahl von Werten gebildet werden.

2.1.3 Struktur einer Einnahmen-Ausgaben-Tabelle festlegen

Die Struktur einer Tabelle wird in der Regel durch die Unterscheidungsmerkmale bestimmt, die für die betreffenden Daten gelten.

Beschriftungen

Für die Einnahmen-Ausgaben-Rechnung ist eine zweiteilige Tabelle sinnvoll. Auf der einen Seite werden die Einnahmen zusammengestellt, auf der anderen Seite die Ausgaben. Es ist ganz praktisch, hier mit Einzügen zu arbeiten, um die übergeordneten Beschriftungen und solche für die einzelnen Einkommensarten etwas voneinander abzuheben.

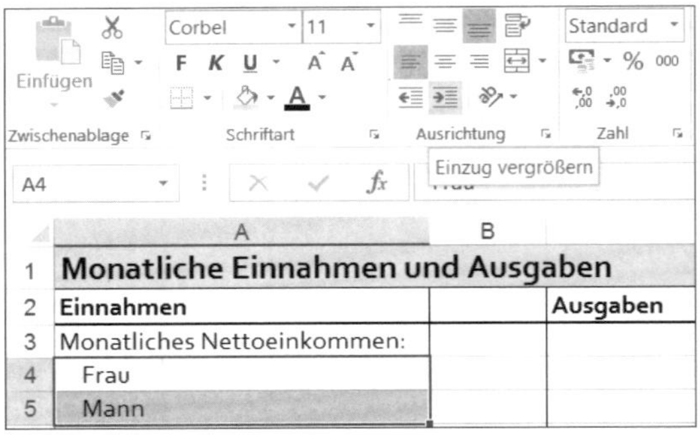

Abbildung 2.1 Beschriftungen für die Einnahmen, mit Einzügen geordnet

Bei den Ausgaben ist eine brauchbare Einteilung in der Regel etwas schwieriger als bei den Einnahmen. Es kommt darauf an, eine Einteilung nach Ausgabearten zu finden, sodass sich die Ausgabebeträge eindeutig zuordnen lassen. Die abgebildete Lösung ist natürlich nur ein Vorschlag.

	A	B	C	D
1	**Monatliche Einnahmen und Ausgaben**			**Jan 19**
2	**Einnahmen**		**Ausgaben**	
3	Monatliches Nettoeinkommen:		Miete und sonstige Wohnungsausgaben	
4	Frau		Aufwendungen für Auto	
5	Mann		Aufwendungen für öffentliche Verkehrsmittel	
6			Versicherungsbeiträge	
7			Vertraglich festgelegte Sparraten	
8			Zins- und Tilgungsraten	
9			Ausgaben für die Haushaltsführung	
10	Weitere regelmäßige Einkünfte:		Aufwendungen für die Kinder	
11	Kindergeld		Aufwendungen für private Anschaffungen	
12	Kapitalerträge		Aufwendungen für den Urlaub	
13			Aufwendungen für Information, Bildung etc.	
14			Aufwendungen für die Gesundheit und Sport	
15			Aufwendungen für Unterhaltung	
16			Spenden	
17			Sonstige Ausgaben	
18	**Gesamteinnahmen**		**Gesamtausgaben**	

Abbildung 2.2 Die fertig beschriftete Tabelle

Berechnungsvorschrift festlegen

Gerechnet werden muss in dieser Tabelle nicht viel. Es müssen nur jeweils die beiden Spalten für die Einnahmen und die Ausgaben zusammengerechnet werden. Wenn die Eingabe der Beschriftungen abgeschlossen ist, können die Formeln schon eingetragen werden:

1 Setzen Sie den Zellzeiger auf die Zelle B18.

2 Benutzen Sie das Symbol **AutoSumme** auf der Registerkarte **Start** in der Gruppe **Bearbeiten**. Da Excel in diesem Fall wegen der noch leeren Zellen den zu summierenden Bereich nicht automatisch erkennen kann, müssen Sie über den Bereich B3 bis B17 ziehen und die Formel mit [↵] bestätigen.

3 Verfahren Sie für die Zelle D18 entsprechend.

... und die Werte einfügen

Da es sich bei allen Werten um Euro-Beträge handelt, sollten Sie die Bereiche B3:B18 und D3:D18 noch mit dem Währungsformat belegen. Wenn Sie die Tabelle in diesem Zustand als Vorlage abspeichern, können Sie das Formular jederzeit benutzen, um Ihre monatlichen Kosten zu berechnen.

	A	B	C	D
1	**Monatliche Einnahmen und Ausgaben**			**Jan 19**
2	**Einnahmen**		**Ausgaben**	
3	Monatliches Nettoeinkommen:		Miete und sonstige Wohnungsausgaben	900,00 €
4	Frau	3.000,00 €	Aufwendungen für Auto	500,00 €
5	Mann	3.800,00 €	Aufwendungen für öffentliche Verkehrsmittel	250,00 €
6			Versicherungsbeiträge	600,00 €
7			Vertraglich festgelegte Sparraten	200,00 €
8			Zins- und Tilgungsraten	340,00 €
9			Ausgaben für die Haushaltsführung	1.200,00 €
10	Weitere regelmäßige Einkünfte:		Aufwendungen für die Kinder	500,00 €
11	Kindergeld	188,00 €	Aufwendungen für private Anschaffungen	300,00 €
12	Kapitalerträge	200,00 €	Aufwendungen für den Urlaub	
13			Aufwendungen für Information, Bildung etc.	400,00 €
14			Aufwendungen für die Gesundheit und Sport	200,00 €
15			Aufwendungen für Unterhaltung	300,00 €
16			Spenden	100,00 €
17			Sonstige Ausgaben	
18	**Gesamteinnahmen**	7.188,00 €	**Gesamtausgaben**	5.790,00 €

Abbildung 2.3 Ausgefüllte Einnahmen-Ausgaben-Rechnung

Wenn Sie die Berechnung nicht nur einmal, sondern jeden Monat anstellen wollen, sollten Sie das erste Blatt einfach immer wieder kopieren, wenn ein neuer Monat abgeschlossen ist, und in Zelle D1 den jeweiligen Monat eintragen. Öffnen Sie dazu das Kontextmenü des Blattregisters, und wählen Sie **Verschieben/Kopieren**. Wählen Sie die Option **Kopie erstellen** aus und unter **Einfügen vor** das nächste Tabellenblatt. Bei Blättern, die monatlich ausgefüllt werden, sollten Sie die Register jeweils mit den Monatsnamen beschriften. Klicken oder tippen Sie doppelt auf das Register, und tragen Sie den Monatsnamen ein.

2.2 Navigation und Bereichsauswahl

Sowohl bei der Eingabe von Daten und Formeln als auch bei der Gestaltung und Bearbeitung von Zellen, Zellbereichen und Objekten gilt in Excel immer die Reihenfolge: erst auswählen, dann handeln. Die Auswahl von Zellen, Zellbereichen und Blättern oder von anderen Objekten gehört deshalb zu den häufigsten Arbeitsschritten. Sie sparen viel Zeit, wenn Sie die verschiedenen Auswahlmethoden blind beherrschen und in jeder Situation die effektivste Methode anwenden. Das gilt insbesondere bei großen Tabellen, von denen im Bildschirmfenster immer nur ein kleiner Ausschnitt sichtbar ist. Die Auswahl kann mit der Maus oder der Tastatur erfolgen. Was günstiger ist, hängt von den Umständen ab. Es ist oft praktisch, die erste Zelle, in die etwas eingetragen werden soll, per Mausklick zu wählen und die Nachbarzellen dann mit den Richtungstasten.

Wenn Sie mit einem Touchscreen arbeiten, ersetzen Gesten mit den Fingern die Arbeit mit der Maus. Wenn das Gerät es zulässt, können Sie anstelle der Finger auch einen Stift benutzen. Bei einem Tablet verwenden Sie anstelle einer separaten Tastatur möglicherweise eine Bildschirmtastatur. Wir beschreiben in den folgenden Abschnitten in erster Linie die »klassische« Bedienung mit Maus und Tastatur, fügen aber, wo es notwendig ist, die abweichende Beschreibung der Arbeit im Touch-Modus hinzu. Wenn Sie mit einer Bildschirmtastatur arbeiten, müssen Sie beachten, dass es keine direkten Kombinationen von Finger und Tasten auf dieser Tastatur gibt. Es gibt aber in vielen Fällen die Möglichkeit, im Modus **Fingereingabe** zunächst eine Taste anzutippen und dann mit dem Finger etwas zu tun. Es gibt aber nicht für alle Verfahren, die mit Maus und Tastatur möglich sind, eine genau entsprechende Alternative für diesen Modus.

2.2.1 Blattwahl und Gruppenbearbeitung

Angenommen, Sie haben die Einnahmen-Ausgaben-Rechnung aus dem letzten Abschnitt für mehrere Monate durchgeführt. Um die Daten für Mai zu sehen, reicht ein Klick oder Tipp auf das Register des entsprechenden Blatts. Per Tastatur kann mit [Strg]+[Bild↓] bzw. [Strg]+[Bild↑] zu dem gewünschten Blatt gewechselt werden.

Sollen mehrere Blätter einheitlich formatiert oder gemeinsam ausgedruckt werden, können sie gleichzeitig ausgewählt werden. Handelt es sich um benachbarte Blätter, klicken Sie zunächst auf das erste und dann mit gedrückter ⇧-Taste auf das letzte Register der Gruppe. Um einzelne Blätter hinzuzufügen oder aus der Gruppe herauszunehmen, verwenden Sie Strg und einen Klick oder Tipp auf das Register. Das gerade aktive Blatt – gekennzeichnet durch die fette grüne Schrift – lässt sich allerdings nicht aus der Gruppe herausnehmen! Die Register der anderen Blätter der ausgewählten Blattgruppe haben ebenfalls eine fette, aber je nach gewähltem Office-Design schwarze oder weiße Schrift. Im Titel der Arbeitsmappe erscheint der Zusatz **[Gruppe]**. Wenn Sie mit der Bildschirmtastatur arbeiten, tippen Sie ⇧ bzw. Strg nur an, bevor Sie auf die Blattregister tippen.

Dieser Gruppenmodus kann auch benutzt werden, um z. B. in einem Zug alle Blätter mit einer gemeinsamen Titelzeile zu versehen. Jede Eingabe in eine Zelle eines Blatts, das zu einer Gruppe gehört, erscheint an derselben Stelle auf den anderen Blättern der Gruppe. Ein Klick oder Tipp auf ein Register außerhalb der Gruppe hebt die Mehrfachauswahl wieder auf. Um alle Blätter gleichzeitig auszuwählen, benutzen Sie im Kontextmenü eines Registers die Option **Alle Blätter auswählen**. Die dann angebotene Option **Gruppierung aufheben** macht die Auswahl wieder rückgängig.

2.2.2 Zellen und Zellenbereiche auswählen

Solange eine Zelle im Fenster sichtbar ist, genügt ein Mausklick oder ein Tipp mit Finger oder Stift für die Auswahl. Etwas mehr Mühe bereitet die Auswahl von Zellen, die von der aktuellen Position des Zellzeigers weit entfernt sind. Hier helfen die Bildlaufleisten, mit denen der Bildschirmausschnitt zunächst verschoben werden kann, um dann die sichtbar gewordene Zelle auszuwählen.

Beim Ziehen des vertikalen Bildlaufbalkens wird der Bildausschnitt zeilenweise verschoben, bei der horizontalen Bildlaufleiste gilt Entsprechendes für die Spalten. Wenn Sie gleichzeitig ⇧ gedrückt halten, wird der Bildwechsel beschleunigt. Ein Klick oder Tipp auf die Pfeile in der Bildlaufleiste versetzt das Fenster um eine Zeile oder Spalte, wenn Sie die Pfeile gedrückt halten, ist der Wechsel kontinuierlich. Ein Klick oder Tipp unter- oder oberhalb der Bildlaufleiste verschiebt den Ausschnitt jeweils in der Größenordnung des aktuellen Fensters.

Auf dem Touchscreen haben Sie zusätzlich die Möglichkeit, den Bildschirmausschnitt dadurch zu verändern, dass Sie das Gitternetz horizontal oder vertikal mit dem Finger verschieben. Noch schneller geht es, wenn Sie innerhalb des Gitternetzes jeweils in die entgegengesetzte Richtung wischen.

Zellbereiche in einem Blatt

Um Zellbereiche auszuwählen, ziehen Sie mit gedrückter linker Maustaste über den gewünschten Bereich. Die Richtung spielt keine Rolle. Die Zelle, bei der Sie den Mauszeiger zum Ziehen aufsetzen, ist in jedem Fall die aktive Zelle des Bereichs. Soll der Bereich über den aktuell sichtbaren Ausschnitt hinaus erweitert werden, ziehen Sie einfach über den Rand des Fensterausschnitts hinaus, bis der vorgesehene Tabellenbereich sichtbar wird. Lassen Sie die Maustaste los, wenn die richtige Position erreicht ist. Ein eingeblendeter Zähler am bewegten Rand hilft, den Bereich korrekt zu bestimmen. Wenn Sie zu weit geraten, ziehen Sie einfach ein Stück in die entgegengesetzte Richtung.

Wenn ein großer Bereich mit der Maus markiert werden soll, ist eine andere Technik allerdings meist effektiver. Sie klicken zunächst die erste Eckzelle des Bereichs an und halten dann beim Anklicken der gegenüberliegenden Eckzelle gleichzeitig die ⇧-Taste gedrückt. Ist die Markierung nicht ganz korrekt, klicken Sie erneut mit gedrückter ⇧-Taste auf die richtige Stelle. Diese Technik ist insbesondere bei Bereichen sinnvoll, bei denen Sie, um die letzte Zelle sichtbar zu machen, zunächst mit den Bildlaufleisten den Bildausschnitt verschieben müssen. Haben Sie einen Bereich ausgewählt, der nicht korrekt ist, hebt jeder Klick auf eine einzelne Zelle den Bereich wieder auf. Dagegen hebt die Ausführung eines Befehls, der den Bereich betrifft, die Auswahl nicht auf, sodass dieselbe Auswahl für mehrere Befehle benutzt werden kann.

Eine weitere Methode ist, die erste Eckzelle auszuwählen, F8 zu drücken – in der Statuszeile erscheint **Auswahl erweitern** – und anschließend die gegenüberliegende Eckzelle zu wählen. Sie müssen noch einmal F8 tippen, um den Erweiterungsmodus wieder aufzuheben.

Um einen Bereich mit dem Finger zu markieren, tippen Sie die linke obere Eckzelle an und ziehen anschließend die dann eingeblendeten runden Anfasser in die entsprechende Richtung.

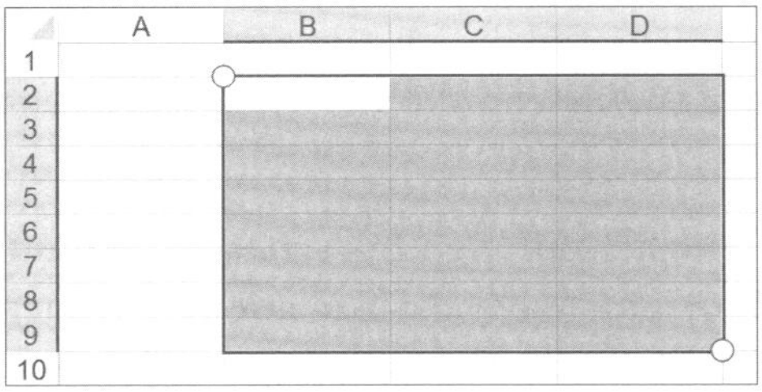

Abbildung 2.4 Ein durch Ziehen an den runden Anfassern markierter Bereich

Auch im Modus **Fingereingabe** haben Sie die Alternative, mit [F8] zu arbeiten, wie gerade beschrieben.

Auswahl von Zeilen und Spalten

Eine komplette Spalte oder Zeile kann einfach mit einem Klick oder Tipp auf den Spalten- bzw. Zeilenkopf ausgewählt werden. Um mehrere Zeilen oder Spalten gleichzeitig zu markieren, ziehen Sie mit der Maus über die Zeilen- bzw. Spaltenköpfe. Die Anzahl der markierten Elemente wird zur besseren Orientierung immer angezeigt.

Abbildung 2.5 Auswahl der beiden Einnahmen-Spalten

Im Modus **Fingereingabe** ziehen Sie die runden Anfasser, die auf beiden Seiten der ausgewählten Spalte erscheinen.

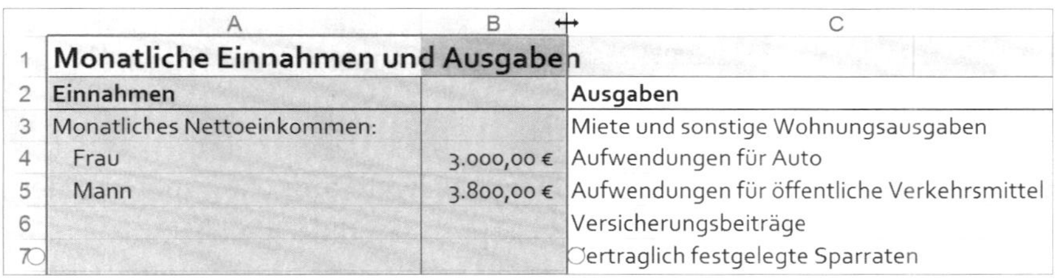

Abbildung 2.6 Mehrspaltiger Bereich mit runden Anfassern auf dem Touchscreen

Um die gesamte Tabelle auf einen Schlag auszuwählen, klicken oder tippen Sie auf das Feld **Alles auswählen** in der linken oberen Ecke, in der sich die Leisten der Spalten- und Zeilenköpfe kreuzen.

Mehrfachauswahl

Zwar muss ein Bereich immer die Form eines Rechtecks haben, doch Excel erlaubt die Kombination mehrerer Rechtecke zu einer Mehrfachauswahl. So können auch nicht benachbarte Zellen markiert werden, etwa um sie einheitlich zu formatieren. Die Bereiche dürfen sich sogar überschneiden.

Wenn Sie z. B. die beiden Zahlenspalten in der Einnahmen-Ausgaben-Rechnung mit einer anderen Farbe hinterlegen wollen, verfahren Sie folgendermaßen: Der erste Bereich in Spalte B wird wie gewohnt durch Ziehen definiert. Um die Ausgaben-Werte mit zu markieren, muss dann während des Ziehens in der Spalte D zusätzlich die [Strg]-Taste gedrückt werden. Die aktive Zelle liegt dabei immer in dem zuletzt markierten Bereich.

	A	B	C	D
1	**Monatliche Einnahmen und Ausgaben**			**Jan 19**
2	**Einnahmen**		**Ausgaben**	
3	Monatliches Nettoeinkommen:		Miete und sonstige Wohnungsausgaben	900,00 €
4	Frau	3.000,00 €	Aufwendungen für Auto	500,00 €
5	Mann	3.800,00 €	Aufwendungen für öffentliche Verkehrsmittel	250,00 €
6			Versicherungsbeiträge	600,00 €
7			Vertraglich festgelegte Sparraten	200,00 €
8			Zins- und Tilgungsraten	340,00 €
9			Ausgaben für die Haushaltsführung	1.200,00 €
10	Weitere regelmäßige Einkünfte:		Aufwendungen für die Kinder	500,00 €
11	Kindergeld	188,00 €	Aufwendungen für private Anschaffungen	300,00 €
12	Kapitalerträge	200,00 €	Aufwendungen für den Urlaub	
13			Aufwendungen für Information, Bildung etc.	400,00 €
14			Aufwendungen für die Gesundheit und Sport	200,00 €
15			Aufwendungen für Unterhaltung	300,00 €
16			Spenden	100,00 €
17			Sonstige Ausgaben	
18	**Gesamteinnahmen**	7.188,00 €	**Gesamtausgaben**	5.790,00 €

Abbildung 2.7 Die beiden markierten Zahlenspalten

Sollen komplette Spalten oder Zeilen in eine Mehrfachauswahl aufgenommen werden, muss beim Klicken auf die Spalten- oder Zeilenköpfe ebenfalls gleichzeitig [Strg] gedrückt werden.

Auch hier haben Sie wieder die Alternative der Funktionstaste. Sie drücken nach der Auswahl des ersten Bereichs [⇧]+[F8], wählen dann den Anfang des zweiten Bereichs, drücken [F8] und klicken oder tippen auf das Ende des zweiten Bereichs. Mit [F8] schließen Sie die Mehrfachauswahl ab.

Sollen einzelne Zellen oder Zellbereiche nachträglich aus der Mehrfachauswahl entfernt werden, halten Sie [Strg] und klicken oder tippen mit einem Stift auf die Zellen, die nicht mehr zum Bereich gehören sollen oder ziehen über den entsprechenden Zellbereich. Diese Methode funktioniert allerdings auf dem Touchscreen nicht mit dem Finger.

Bewegen innerhalb eines Bereichs

Manchmal ist es vorteilhaft, für die Eingabe von Daten nicht einzelne Zellen, sondern einen Zellbereich zu markieren. Dabei muss aber beachtet werden, dass die Richtungstasten dann nicht zum Abschluss der Dateneingabe benutzt werden dürfen, weil die Richtungstaste die Bereichsauswahl aufhebt. Die Maus dürfen Sie ebenfalls innerhalb eines markierten Bereichs nicht benutzen, ein Mausklick würde die bisherige Auswahl ja auch wieder aufheben. Es gelten folgende Tastenfunktionen:

Tastenkombination	Wirkung
[↵]	Zelle nach unten
[⇧] + [↵]	Zelle nach oben
[⇆]	Zelle nach rechts
[⇧] + [⇆]	Zelle nach links

Alle Tastenfunktionen im Bereich arbeiten kreisförmig, d. h., nach der letzten Zelle rechts unten folgt wieder die erste Zelle links oben.

Datenblöcke nutzen

Wenn in einem Arbeitsblatt mehrere Tabellen als Datenblöcke angelegt sind, entstehen zusätzliche Möglichkeiten der Navigation. Datenblöcke sind geschlossene Zellbereiche, die keine leeren Zellen enthalten. Wenn der Rahmen einer aktiven Zelle an einer Seite doppelt angeklickt wird, springt die Zellmarkierung in die Richtung der benutzten Seite, entweder bis zum Ende des Datenblocks, zu dem die Zelle gehört, oder vor den nächsten in der Richtung existierenden Datenblock.

Das ist nützlich, wenn Tabellen nebeneinander oder untereinander angeordnet sind, getrennt jeweils durch leere Spalten oder Zeilen. Auf diese Weise kann in sehr breiten Tabellen auch schnell von der Zeilenbeschriftung ganz links zu einer Spalte mit den Quersummen ganz rechts gesprungen werden. In Kombination mit der [⇧]-Taste bewirkt der Doppelklick auf den Markierungsrahmen, dass ein Bereich bis zum Ende des Blocks oder bis vor den nächsten Block ausgedehnt wird. Eine lange Spalte, die ohne Leerzellen, also ganz mit Daten gefüllt ist, kann auf diese Weise sehr schnell markiert werden.

Sie klicken die oberste Zelle an und klicken doppelt auf den unteren Rahmen der Zellmarkierung, wobei Sie die [⇧]-Taste gedrückt halten. Um parallele Spalten mit einzubeziehen, reicht ein weiterer Doppelklick bei gedrückter [⇧]-Taste auf den rechten Rahmen der Bereichsmarkierung.

	A	B	C	D	E	F	G	H
1								
2		Datenblock 1				Datenblock 2		
3				1. Sprung	2. Sprung			3. Sprung
4			100 m Ergebnisse				200 m Ergebnisse	
5		Tag	Rang	Zeit		Tag	Rang	Zeit
6		10.06.2015	3	12,34		10.06.2015	2	22,83
7		11.06.2015	2	12,45		11.06.2015	4	23,03
8		12.06.2015	4	12,23		12.06.2015	1	22,63
9		13.06.2015	1	12,10		13.06.2015	2	22,39

Abbildung 2.8 Sprünge bei Datenblöcken

2.2.3 Bewegen und Auswählen mit der Tastatur

Für die Zellauswahl mit der Tastatur sind die Richtungstasten [←], [↓], [↑] und [→] zuständig. Ein Anschlag versetzt den Zellzeiger jeweils um eine Spalte oder Zeile. Wenn Sie eine Richtungstaste festhalten, rollt das Bild kontinuierlich nach rechts oder links, nach oben oder unten. Bei größeren Bewegungen sind Tastenkombinationen günstiger.

Bewegen in der Tabelle

Für kleine und größere Bewegungen innerhalb des Zellrasters gibt es eine ganze Reihe von Tasten und Tastenkombinationen. Vor allem für umfangreiche Arbeitsmappen gibt es einige praktische Verfahren, die die Arbeit erleichtern.

Tastenkombination	Wirkung
[→] oder [⇥]	Spalte nach rechts
[←] oder [⇧] + [⇥]	Spalte nach links
[↓]	Zeile nach unten
[↑]	Zeile nach oben
[Pos1]	Sprung zum Zeilenanfang
[Strg] + [Pos1]	Sprung zum Tabellenanfang
[Strg] + [Ende]	Sprung an das Ende des benutzten Tabellenbereichs
[Bild↓]	ein Fenster nach unten
[Bild↑]	ein Fenster nach oben

Tastenkombination	Wirkung
Strg + Bild ↓	Sprung zum nächsten Blatt
Strg + Bild ↑	Sprung zum vorherigen Blatt
Strg + ←	Macht die aktive Zelle wieder sichtbar, wenn der Ausschnitt vorher mit einer Bildlaufleiste oder mit der Taste Rollen verschoben worden ist.
Strg + ↑	Sprung in der Spalte nach oben zum Anfang eines Datenblocks bzw. zum Ende des nächsten Datenblocks
Strg + ↓	Sprung in der Spalte nach unten zum Ende eines Datenblocks bzw. zum Anfang des nächsten Datenblocks
Strg + ←	Sprung in der Zeile nach links zum Anfang eines Datenblocks bzw. zum Ende des nächsten Datenblocks
Strg + →	Sprung in der Zeile nach rechts zum Ende eines Datenblocks bzw. zum Anfang des nächsten Datenblocks

TIPP

Wenn die Bewegung im Blatt zu langsam wird

Wenn Sie eine große Tabelle mit vielen Diagrammen und sonstigen grafischen Objekten haben, kann das Bewegen in der Tabelle träge sein. Sie können den Bildlauf beschleunigen, wenn Sie unter **Excel-Optionen ▸ Erweitert ▸ Optionen für diese Arbeitsmappe anzeigen** die Einstellung **Objekte anzeigen als: Keine (Objekte ausblenden)** wählen. Noch schneller geht's mit Strg + 6.

Bereichsmarkierung

Tastenkombination	Wirkung
⇧ + Richtungstaste	Ausweiten der Auswahl um eine Zeile oder Spalte
⇧ + Pos1	Ausweiten der Auswahl bis zum Zeilenanfang
⇧ + Leertaste	Auswählen der ganzen Zeile
Strg + Leertaste	Auswählen der ganzen Spalte
Strg + ⇧ + Pos1	Ausweiten der Auswahl bis zum Tabellenanfang
Strg + ⇧ + Ende	Ausweiten der Auswahl bis an das Tabellenende

Tastenkombination	Wirkung
Strg + ⇧ + Leertaste	Auswählen der ganzen Tabelle
⇧ + Bild ↓	Ausweiten der Auswahl um ein Fenster nach unten
⇧ + Bild ↑	Ausweiten der Auswahl um ein Fenster nach oben
Strg + ⇧ + Richtungstaste	Ausweiten der Auswahl zum Ende/Anfang des Blocks in die Richtung der jeweiligen Taste bzw. zum Anfang/Ende des nächsten Datenblocks
Strg + *	Markiert den ganzen Datenblock, in dem sich die aktive Zelle befindet; anstelle der letzten Tastenkombination kann auch die Schaltfläche mit den vier Pfeilen (**Aktuellen Bereich markieren**) benutzt werden, die Sie in die Schnellzugriffsleiste einfügen können.
⇧ + ←	Reduzieren der Auswahl auf die aktive Zelle
Strg + A	Markiert das gesamte Arbeitsblatt. Steht der Zellzeiger in einem Zellbereich, wird dieser ausgewählt, erst die Wiederholung der Tastenkombination wählt das ganze Blatt aus. In der Bearbeitungsleiste angewendet wird der gesamte Inhalt ausgewählt

Beim Markieren mit der Tastatur gibt es ebenfalls die Alternative, die erste Eckzelle auszuwählen, F8 zu drücken, dann die letzte Eckzelle zu wählen und anschließend noch einmal F8 zu drücken.

Tasten im Modus »Beenden«

Ähnlich wie Tastenkombinationen für die Bewegung und Auswahl bei Datenblöcken wirken einige Tasten, wenn mit der Ende-Taste der Modus **Beenden** eingeschaltet wird, was in der Statuszeile angezeigt wird. Dabei muss die Ende-Taste nicht festgehalten werden. Der Modus wird anschließend sofort wieder aufgehoben.

Tastenkombination	Wirkung
Ende	Ein- oder Ausschalten des Modus **Beenden**
Ende + Richtungstaste	Sprung in Spalte oder Zeile zum Ende bzw. zum Anfang eines Datenblocks

Tastenkombination	Wirkung
Ende + Pos1	Sprung an das Tabellenende
Ende + ↵	Sprung zur letzten Zelle in der aktuellen Zeile
Ende + ⇧ + Richtungstaste	Ausweiten der Auswahl bis an das Ende bzw. den Anfang eines Datenblocks entsprechend der jeweiligen Richtungstaste
Ende + ⇧ + Pos1	Ausweiten der Auswahl bis an das Tabellenende
Ende + ⇧ + ↵	Ausweiten der Auswahl bis zur letzten Zelle in der aktuellen Zeile

Dabei bedeutet Tabellenende die Zelle, in der sich die unterste Zeile und die am weitesten rechts liegende Spalte, die beide noch Werte oder Formate enthalten, kreuzen.

Tasten im Rollen-Modus

Mit der Taste Rollen lässt sich der Bildlauf-Feststellmodus ein- und ausschalten. In diesem Modus – in der Statusleiste wird **Rollen** angezeigt – haben die in der Tabelle gezeigten Tasten eine andere als die gewöhnliche Funktion.

Tastenkombination	Wirkung
Richtungstasten	Verschieben des Fensterausschnitts um eine Spalte oder Zeile, wobei aber die Stellung der aktiven Zelle nicht verändert wird
Pos1	Bewegen zur linken oberen Zelle im Fenster
Ende	Bewegen zur rechten unteren Zelle im Fenster
⇧ + Pos1	Ausweiten der Auswahl bis zur linken oberen Zelle im Fenster
⇧ + Ende	Ausweiten der Auswahl bis zur rechten unteren Zelle im Fenster

Mehrfachbereiche per Tastatur auswählen

Um mit der Tastatur mehrere Tabellenbereiche gleichzeitig auszuwählen, verfahren Sie beim ersten Bereich wie gewohnt und markieren z. B. mit ⇧ und den Richtungstasten.

Bevor Sie einen weiteren Bereich hinzufügen können, müssen Sie nun den letzten Bereich »einfrieren«, damit er durch die nächste Bereichsmarkierung nicht aufgehoben wird. Das geschieht wieder durch die Tastenkombination [⇧]+[F8]. In der Statusleiste erscheint die Anzeige **Abschnitt hinzufügen oder entfernen**.

Auswahl über das Namenfeld

Wenn Sie die Adresse einer weiter entfernten Zelle kennen, die ausgewählt werden soll, können Sie mit dem Namenfeld in der Bearbeitungsleiste arbeiten. Um etwa mithilfe des Namenfeldes zur Zelle F400 zu springen, brauchen Sie nur die Zelladresse F400 dort einzutragen und mit [↵] zu bestätigen. Sie können auch eine Bereichsadresse wie F200:G400 eintragen, um einen entsprechenden Bereich zu markieren. Wenn Sie Adressen wie F200:G400; H200:I400 eintragen, können Sie auch nicht zusammenhängende Bereiche markieren.

Hat ein Bereich bereits einen Namen, reicht ein Klick oder Tipp auf diesen Namen in der Namenliste, um ihn auszuwählen. Die Liste enthält nicht nur die Namen des gerade aktiven Blatts, sondern alle Namen in der Arbeitsmappe. Das Namenfeld kann auch umgekehrt zum Benennen eines Bereichs benutzt werden. Dazu muss der Bereich zunächst markiert werden. Dann klicken oder tippen Sie auf den Pfeil beim Namenfeld, tragen den Namen ein und bestätigen mit [↵]. Auf die Arbeit mit benannten Bereichen wird in Kapitel 3, »Mit Formeln arbeiten«, noch ausführlich eingegangen.

Der Befehl »Gehe zu« oder F5

Ähnlich wie mithilfe des Namenfeldes lässt sich mit dem Befehl **Start ▸ Bearbeiten ▸ Suchen und Auswählen ▸ Gehe zu** arbeiten. Excel bietet ein kleines Dialogfeld an, in dem unter **Verweis** die Adresse der Zelle eingetragen werden kann, die zur aktiven Zelle werden soll. Auch Adressen von Zellen in anderen geöffneten Arbeitsmappen können angegeben werden, wenn der komplette Dateiname in eckigen Klammern davorgesetzt wird.

Anstelle einer Zelladresse kann auch der Name einer Zelle oder eines Bereichs ausgewählt werden, wenn die Zielzelle oder der Bereich, dem sie angehört, vorher mit einem Namen belegt worden ist. Wenn Sie den Befehl einmal benutzt haben, notiert sich Excel in der Namenliste jeweils an der ersten Stelle die Adresse der letzten aktiven

Zelle, also die Absprungadresse. Das hilft Ihnen, zu der Absprungstelle auch wieder schnell zurückzukommen. Sie brauchen nur [F5] und [↵] zu drücken. Sie können auf diese Weise auch sehr einfach zwischen zwei weit entfernten Zellbereichen hin- und herspringen.

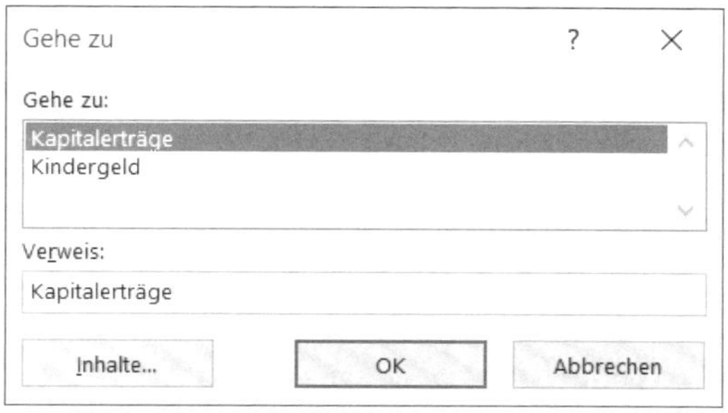

Abbildung 2.9 Das Dialogfeld »Gehe zu«

Der Befehl **Gehe zu** kann auch verwendet werden, um einen Bereich zu markieren. Wenn Sie z. B. unter **Verweis** A1:Z300 eintragen, wird der entsprechende Bereich markiert. Sie können auch zuerst den Zellzeiger auf A1 setzen, [F5] drücken und dann die Eingabe Z300 mit [⇧]+**OK** oder [⇧]+[↵] bestätigen. Auch Mehrfachbereiche lassen sich hier eintragen, indem Sie die einzelnen Bereichsadressen jeweils durch ein Semikolon trennen.

2.2.4 Markierung bestimmter Inhalte

In manchen Situationen ist es wünschenswert, Zellen auszuwählen, die bestimmte gemeinsame Eigenschaften haben. Wenn Sie z. B. in einem großen Tabellenbereich die Zellen aufspüren wollen, in die noch keine Daten eingetragen worden sind, etwa, weil die entsprechenden Werte noch fehlen, können Sie den Bereich zunächst insgesamt markieren und dann – z. B. mit [F5] – das Dialogfeld **Gehe zu** öffnen. Die Schaltfläche **Inhalte** liefert ein Dialogfeld, in dem Sie die Option **Leerzellen** auswählen, um alle Zellen im Bereich zu markieren, in die noch nichts eingetragen wurde. Wenn Sie den Dialog bestätigen, zeigt die Tabelle einen Mehrfachbereich mit allen Zellen, die noch nicht ausgefüllt sind. Sie können die fehlenden Daten bequem eintragen, wenn Sie jede Eingabe mit [⇥] beenden. Der Zellzeiger springt dann jedes Mal in die nächste leere Zelle.

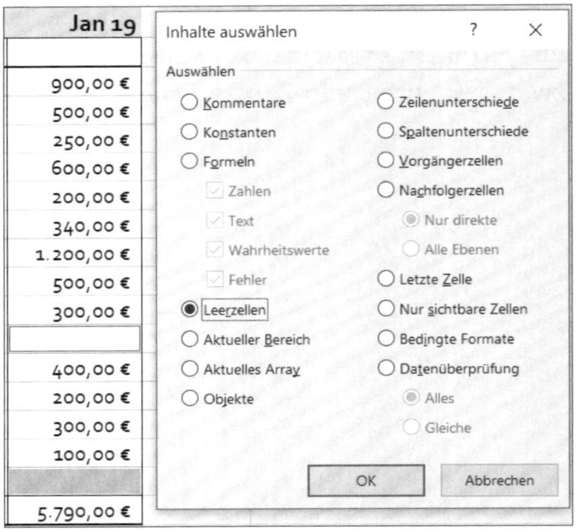

Abbildung 2.10 Markierung leerer Zellen über das Dialogfeld »Inhalte auswählen«

Mit dieser Funktion können Sie entweder die ganze Tabelle, eine Auswahl von Tabellenblättern oder einen markierten Tabellenbereich durchsuchen, und zwar nach verschiedenen Kriterien, von denen aber jeweils nur eines angewendet werden kann. Als Kriterien können ausgewählt werden:

- **Kommentare**
- **Konstanten**
- **Formeln**

Bei Konstanten oder Formeln können vier mögliche Datentypen abgehakt werden: **Zahlen**, **Text**, **Wahrheitswerte** und **Fehler**.

- **Leerzellen:** Markiert die leeren Zellen innerhalb des benutzten Arbeitsblattbereichs.
- **Aktueller Bereich:** Markiert den Zellblock, in dem sich die aktuelle Zelle befindet.
- **Aktuelles Array:** Markiert die gesamte Matrix, in der sich die aktuelle Zelle befindet.
- **Objekte:** Markiert alle Objekte der Datei, vorausgesetzt, die Objekte sind nicht vorher mit **Überprüfen ▸ Änderungen ▸ Blatt schützen** und Abwahl der Option **Objekte bearbeiten** geschützt worden.
- **Zeilenunterschiede:** Liefert in einem vorher markierten Bereich von Datenzeilen die Zellen, deren Inhalt von der zeilenweise entsprechenden Zelle der Vergleichsspalte abweicht. Die Vergleichsspalte ist die Spalte, in die Sie die aktive Zelle setzen. Mit dieser Funktion können Spalten miteinander verglichen werden.

- **Spaltenunterschiede:** Liefert in einem vorher markierten Bereich von Datenspalten die Zellen, deren Inhalt von der spaltenweise entsprechenden Zelle der Vergleichszeile abweicht.
- **Vorgängerzellen:** Markiert die Zellen, auf die sich die vorher ausgewählten Formeln beziehen. Die Suche kann auf alle Ebenen ausgedehnt oder auf die direkt vorrangigen Zellen eingeschränkt werden.
- **Nachfolgerzellen:** Markiert die Zellen, deren Formeln durch die vorher ausgewählten Zellen beeinflusst werden. Die Suche kann auf alle Ebenen ausgedehnt oder auf die direkt abhängigen Zellen eingeschränkt werden.
- **Letzte Zelle:** Markiert die Zelle, in der sich die unterste Zeile und die am weitesten rechts liegende Spalte kreuzen, die beide noch Inhalte oder Formate enthalten.
- **Nur sichtbare Zellen:** Schließt ausgeblendete Zellen aus einer Markierung aus. Wenn Sie einen Bereich markieren, werden eventuell verborgene Zellen normalerweise ebenfalls markiert. (Nur beim Drucken werden die verborgenen Zellen des Druckbereichs automatisch ausgelassen.)
- **Bedingte Formate:** Markiert die Zellen, für die bedingte Formate vergeben worden sind.
- **Datenüberprüfung:** Markiert Zellen, für die bestimmte Gültigkeitsregeln festgelegt worden sind. Sollen alle Zellen markiert werden, wählen Sie die Option **Alle**, sollen nur die Zellen markiert werden, für die dieselbe Regel gilt wie für die gerade markierte Zelle, benutzen Sie die Option **Gleiche**.

Die Fundstellen werden als Bereich oder Mehrfachbereich markiert. Sind mehrere Blätter ausgewählt, ist die Funktion allerdings nur sinnvoll, wenn die Blätter im Gruppenmodus angelegt worden sind. Das Programm markiert auf jedem der Blätter dieselben Zellen, abhängig von der Situation in dem aktiven Blatt.

2.3 Effektive Dateneingabe und Datenänderung

Mit der Bewegung des Zellzeigers kontrollieren Sie, wo Sie Daten oder Formeln im Zellraster eingeben. Das Zellraster hilft Ihnen dabei, Ihre Daten sinnvoll zu ordnen. In diesem Abschnitt geht es darum, wie Sie am besten die verschiedenen Typen von Daten in ein Arbeitsblatt eintragen und Zellinhalte, wenn notwendig, ändern. Wenn Sie in eine Zelle etwas eintragen, prüft Excel, was es mit den eingegebenen Zeichen anfangen kann. Das Programm entscheidet, ob die Eingabe als numerischer Wert, als Zeichenfolge oder als Formel verstanden werden kann.

2.3.1 Texte und Zeichenfolgen

Alle Eingaben, die Excel nicht als numerischen Wert oder Formel interpretieren kann, behandelt das Programm als Zeichenfolge. Sie darf beliebige Zeichen enthalten und bis zu 32.767 Zeichen lang sein. Jedes Zeichen kann dabei individuell formatiert werden, während Zahlen immer einheitlich formatiert werden. Soll eine Zahl als Zeichenfolge behandelt werden, muss Excel ausdrücklich dazu angewiesen werden. Das kann auf zweierlei Weise geschehen:

1. Sie formatieren den Zellbereich mit dem Format **Text**. Dies kann sowohl vor als auch nach der Eingabe geschehen.
2. Sie setzen vor die Ziffern ein einfaches Anführungszeichen. Dieses Zeichen wird in der Zelle nicht angezeigt.

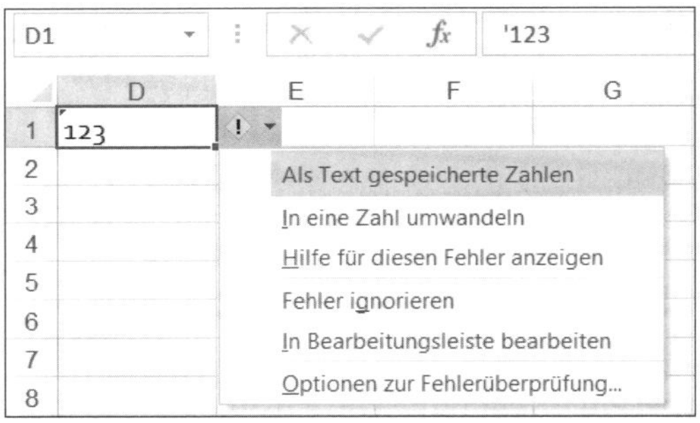

Abbildung 2.11 Menü zu einem Hinweis

Excel blendet in diesem Fall zunächst einen Fehlerhinweis ein, falls die Fehlerprüfung nicht abgeschaltet ist. Wenn Sie das Menü zu dem Fehlersymbol per Klick oder Tipp öffnen, können Sie die Option **Fehler ignorieren** verwenden oder über **Optionen zur Fehlerüberprüfung** die Regel **Zahlen, die als Text formatiert sind** generell abwählen, dann erscheint dieser Hinweis in Zukunft nicht mehr.

Umbruch in der Zelle

Beschriftungen erfordern häufig längere Eingaben, um den Inhalt eindeutig zu kennzeichnen. Hier hilft die Möglichkeit, den Text innerhalb der Zelle zu umbrechen. Das ist möglich mit der Schaltfläche **Start ▸ Ausrichtung ▸ Textumbruch**. Excel hantiert mit dem Umbruch allerdings etwas brutal. Zwar wird die Zeilenhöhe automatisch angepasst, aber ein Wort, das nicht mehr in die Spalte passt, wird einfach zerschnitten, ohne Trennstrich und Beachtung von Trennregeln. Sie können versuchen, durch Verbreiterung der Spalte ein besseres Ergebnis zu erreichen. Dabei wird allerdings die Zeilenhöhe nicht mehr automatisch angepasst. Dann sollten Sie die untere Begrenzung des Zeilenkopfes doppelt anklicken oder antippen. Wenn Sie dagegen den Text nachträglich so kürzen, dass er weniger Zeilen benötigt, wird die Zeilenhöhe automatisch angepasst.

Sie können den Umbruch aber auch von Hand steuern. Drücken Sie bei der Dateneingabe dort, wo eine neue Zeile beginnen soll, [Alt]+[↵]. Excel schaltet für diese Zelle den Textumbruch von selbst ein. Eine andere Möglichkeit ist, bei der Eingabe Trennvorschläge zu machen. Wenn Sie z. B. *Vorjahres-menge* eingeben, trennt Excel an dem Trennzeichen, wenn Sie den Umbruch einschalten. Dieses Verfahren sollte allerdings möglichst vermieden werden, wenn Sie die Spalte mit der Spaltenbeschriftung benennen wollen oder wenn die Spaltenbeschriftung als Feldname in einer Pivot-Tabelle vorgesehen ist. Denn in diesen Fällen würde Excel das Trennzeichen nicht ignorieren können. Das bedeutet, bei Bereichsnamen würde der Trennstrich durch einen Unterstrich ersetzt werden; bei Pivot-Tabellen wäre der Trennstrich Teil des Feldnamens.

Eingaben übernehmen – AutoVervollständigen

Manchmal kommen bestimmte Eingaben in einer Spalte mehrfach vor, etwa die Namen von Produktgruppen oder Lieferanten in einer Artikelliste. Um Ihnen hier zu helfen, merkt sich Excel pro Spalte die bereits vorhandenen Eingaben. Gibt es z. B. bereits den Produktgruppennamen *Jalousie*, schlägt Excel beim nächsten *J* die Vervollständigung zu *Jalousie* vor. Es spielt keine Rolle, ob die Zelle, in die Sie etwas eintippen, über, unter oder zwischen den bisherigen Beschriftungen in der Spalte liegt. Da der Vorschlag markiert ist, löscht jeder neue Anschlag alle markierten Zeichen. Wenn Sie den Vorschlag also nicht gebrauchen können, werden Sie nicht aufgehalten. Soll ein Teil der angebotenen Zeichen übernommen werden, sollten Sie die restlichen Zeichen in der Bearbeitungsleiste anfügen. Klicken oder tippen Sie dazu an die Stelle, ab der der Eintrag anders aussieht.

	A	B	C
1	**Artnr**	**Bezeichnung**	**Warengruppe**
2	7777	Jalousie Ccxs	Jalousie
3	5556	Rollo BT 33	Rollo
4	8444	Markise Blue Sk	Markise
5	8443	Jalousie VVx	Jalousie
6	8666	Rollo Dark	

Abbildung 2.12 Beispiel für einen Eingabevorschlag

Sie können dieses Verhalten auch abschalten, wenn Sie über **Excel-Optionen** auf der Seite **Erweitert** unter **Bearbeitungsoptionen** die Option **AutoVervollständigen für Zellwerte aktivieren** abwählen.

Wenn Sie in einer Spalte wiederholt dieselben Beschriftungen verwenden wollen, gibt es auch noch einen anderen Weg, sich Tipparbeit zu ersparen. Wenn Sie eine Zelle, die direkt unter bereits ausgefüllten Zellen in einer Spalte liegt, mit der rechten Maustaste anklicken, können Sie vorhandene Einträge über den Befehl **Dropdown-Auswahlliste** übernehmen. Im Modus **Fingereingabe** halten Sie den Finger auf der Zelle, tippen auf den Pfeil am Ende und wählen den Befehl dort.

Abbildung 2.13 Anzeige einer Auswahlliste für eine Spalte

2.3.2 Eingabe von Zahlen

Während Texte in einem Kalkulationsprogramm oft hauptsächlich für Beschriftungen eingesetzt werden, liefern die Zahlen das Futter für die Rechenarbeit. Für die Zahleneingabe sollten ein paar Regeln beachtet werden:

- Werte gleichen Typs sollten gleich formatiert werden.
- Wo es auf Dezimalstellen nicht ankommt, sollten sie weggelassen werden, damit die Tabelle übersichtlicher wird.
- Fehlen Werte zunächst, sollte festgelegt werden, ob die Zelle leer bleibt, ob eine Null eingetragen wird oder die Funktion `NV()`, die dann mit `#NV` anzeigt, dass der Wert noch nicht vorhanden ist.

Sie können Ziffern und bestimmte Sonderzeichen verwenden: Plus- oder Minuszeichen, Dezimalzeichen, Tausenderabtrennung, Schrägstriche, Klammern, Prozentzeichen, E bzw. e für die wissenschaftliche Schreibweise und Währungszeichen wie EUR, € oder $. Werden ausschließlich Ziffern eingegeben, wird die Eingabe als Vorgabe rechtsbündig ausgerichtet. Kommen neben Zahlen noch Sonderzeichen vor, prüft Excel, ob die Eingabe insgesamt einem der gültigen Zahlenformate entspricht. Ist das der Fall, wird die Eingabe als Zahl ausgegeben.

2.3.3 Eingabe- und Ausgabeformat

In neuen Arbeitsblättern arbeitet Excel bei Zahlen zunächst mit dem sogenannten Standardformat. Dabei handelt es sich gewissermaßen um ein Minimalformat, das automatisch vergeben wird, bevor speziellere Zahlenformate gewählt werden. Auf dieses Standardformat werden Zahlen auch zurückgesetzt, wenn Sie in einem Zellbereich das Format löschen. Sie haben aber schon bei der Dateneingabe die Möglichkeit, über dieses Minimalformat hinauszugehen. Entspricht die Eingabe einem gültigen Zahlenformat, wird dieses Format für die Zelle festgelegt und die eingegebene Zahl entsprechend angezeigt. Das gilt so lange, bis der Zelle ein anderes Format zugewiesen wird. Wenn Sie also z. B. in B1

```
1.000.000
```

eingeben, wird die Zahl genauso angezeigt, weil eine Zahl mit Tausenderabtrennung ein gültiges Zahlenformat ist. Die Zelle erhält durch die Dateneingabe ein fixes Zahlenformat. Sie merken dies, wenn Sie den Wert in Zelle B1 mit

```
2000000
```

überschreiben, ohne Punkte für die Tausenderabtrennung zu benutzen. In der Zelle erscheint:

```
2.000.000
```

Auf diese Weise können Sie also mit dem ersten Eintrag in eine Zelle das Zahlenformat festlegen. Wenn Sie allerdings eine Spalte von 400 Zahlen eingeben sollen, wäre es überflüssige Arbeit, die Zeichen für Tausenderabtrennung und Währungszeichen immer mit einzugeben. Da ist es praktischer, schon vor oder nach der Eingabe ein Format festzulegen, das diese Zeichen automatisch erzeugt, und nur die nackten Zahlen einzutippen. Von diesen Möglichkeiten der Zahlenformatierung handelt ausführlich Abschnitt 4.1, »Wahl des Zahlenformats«.

Excel bietet noch eine weitere Alternative. Wenn Sie in der ersten Zelle einer Spalte das Format durch die Eingabe vorgeben, können Sie mit der Maus das Ausfüllkästchen bis ans Ende der Spalte ziehen. Klicken Sie dann auf die Schaltfläche **Auto-Ausfülloptionen**, und nehmen Sie aus dem Menü, das das kleine Dreieck öffnet, die Option **Nur Formate ausfüllen**. Die zunächst angezeigten Zahlenkopien verschwinden wieder, aber die Zellen haben nun das Format der ersten Zelle.

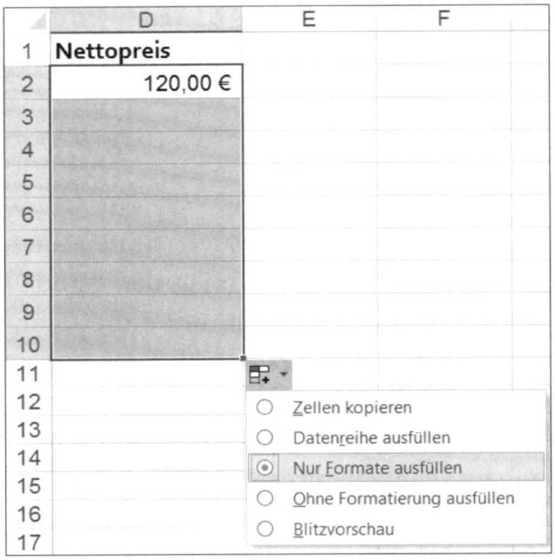

Abbildung 2.14 Ausdehnen einer Bereichsformatierung mit dem Ausfüllkästchen

Im Modus **Fingereingabe** tippen Sie auf die Zelle und im Kontextmenü auf **AutoAusfüllen**. Dann ziehen Sie das Pfeilsymbol nach unten und verwenden im Menü der Schaltfläche **AutoAusfüllen** ebenfalls den Befehl **Nur Formate** ausfüllen.

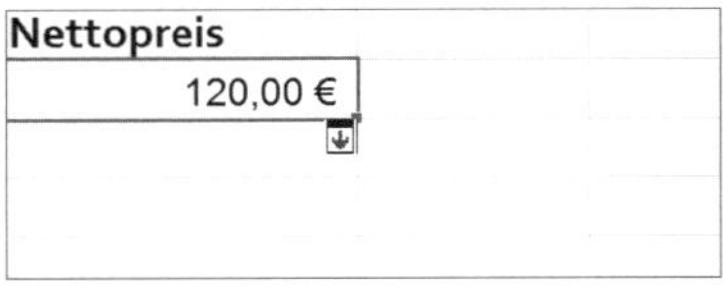

Abbildung 2.15 AutoAusfüllen im Modus »Fingereingabe«

Zahlengröße und Spaltenbreite

Ist eine eingegebene Zahl größer als die Spaltenbreite, lässt Excel, solange das Standardformat nicht durch ein anderes Format ersetzt ist, zunächst Dezimalstellen weg. Hilft auch dies nicht, wird die wissenschaftliche Schreibweise mit Exponent benutzt, z. B. 3,45E+12.

Bei allen anderen Zahlenformaten erweitert Excel automatisch die Spalte, wenn zu wenig Platz ist. Dieses freundliche Verhalten gilt aber nur, wenn die Spaltenbreite nicht bereits manuell verändert worden ist. Ist die Spaltenbreite vorher verändert worden, gibt Excel anstelle der Zahl, die nicht in die Spalte passt, eine Reihe von #-Zeichen aus. Immerhin zeigt Excel den Wert an, wenn der Mauszeiger eine solche Zelle berührt. In einem solchen Fall sollte entweder die Spaltenbreite angepasst oder ein günstigeres Format gewählt werden.

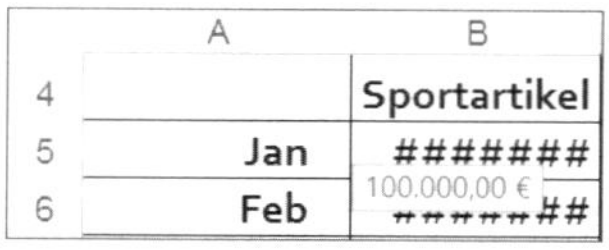

Abbildung 2.16 Zu große Werte in einer Spalte

Ist es nicht möglich, für die eingegebenen Zeichen ein gültiges Zahlenformat zu finden, wird die Eingabe einfach als Zeichenfolge eingestuft und dementsprechend zunächst linksbündig in der Zelle ausgegeben. Wenn Sie z. B. bei der Eingabe eines Datums irrtümlich 13.13.2018 eingeben, wird dies einfach als Text gewertet.

2.3.4 Brüche, führende Nullen, Datum und Uhrzeit

Wenn Sie sich über unterschiedlich angezeigte Ergebnisse von eingegebenen Bruchzahlen oder Zahlen mit führenden Nullen wundern, helfen Ihnen die folgenden Abschnitte weiter: Es liegt an den Eingabeformaten und der Interpretation von Eingaben, die Excel vornimmt.

Eingabe von Brüchen

Etwas eigentümlich ist die Art und Weise, wie Excel auf die Eingabe von Brüchen reagiert. Wenn Sie z. B. `1/3` eintippen, zeigt die Zelle `01.Mrz` an. `4/100` wird dagegen einfach als Text interpretiert, weil dieser Eintrag nicht in ein gültiges Datum umgesetzt werden kann, aber auch keine Formel ist, da das Gleichheitszeichen am Anfang fehlt. Dagegen wird `2 3/4` anstandslos angenommen und als Wert von 2,75 verstanden, wie die Anzeige in der Bearbeitungsleiste zeigt. `0 1/3` ergibt das gewünschte Ergebnis `1/3`. Die andere Möglichkeit ist, den Bereich vorher mit dem einstelligen Bruchformat zu formatieren.

Eingabe führender Nullen

Eine kleine Hürde errichtet Excel auch bei der Eingabe von Zahlen, die mit Nullen beginnen. Normalerweise schneidet Excel führende Nullen nämlich einfach ab. Aus 007 wird schlicht 7, sowohl in der Zelle als auch in der Bearbeitungsleiste, d. h., die Eingabe wird auf ihren numerischen Wert reduziert.

Nun sind aber gerade bei Nummerierungssystemen – typische Beispiele dafür sind Kundennummern, Artikelnummern oder Belegnummern – oft führende Nullen erwünscht. Eine Lösung des Problems wäre, die »Zahl« als Text einzugeben, wie im letzten Abschnitt behandelt. Damit hat die Zahl aber ihren Zahlencharakter verloren. Das wäre bei Belegnummern nachteilig, weil diese ja oft hochgezählt werden sollen.

Wenn die Zahl als Zahl mit führenden Nullen eingegeben werden soll, kann ein spezielles Format definiert werden. Dies ist möglich, wenn Sie über **Start ▸ Zahl** die Liste zu **Zahlenformat** öffnen und die Option **Weitere Zahlenformate** nutzen. In der Kategorie **Benutzerdefiniert** auf dem Register **Zahlen** geben Sie unter **Typ** ein Zahlenmuster mit so vielen Nullen ein, wie die entsprechende Nummer Stellen hat.

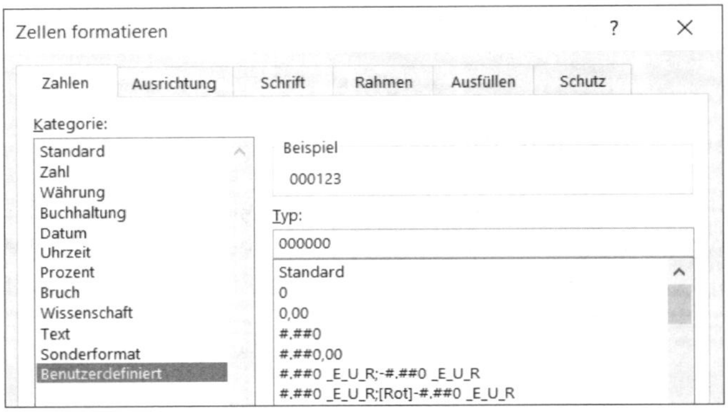

Abbildung 2.17 Formatmuster für eine Zahl mit führenden Nullen

Eingabe mit fixen Dezimalstellen

Wenn in einer Arbeitsmappe ausschließlich Zahlen mit immer der gleichen Anzahl von Nachkommastellen vorkommen, z. B. nur Euro-Beträge, kann eine Funktion genutzt werden, die die Eingabe des Kommas überflüssig macht. Am besten verwenden Sie dabei zur Eingabe der Zahlen den Zahlenblock. Drücken Sie dazu auf die [Num]-Taste. Wählen Sie unter **Excel-Optionen** die Seite **Erweitert**, und haken Sie das Kästchen **Dezimalkomma automatisch einfügen** ab. Stellen Sie z. B. 2 als **Stellenanzahl** ein. Nun werden die letzten zwei Stellen jeder Zahl automatisch als Dezimalstellen betrachtet, und das Komma wird automatisch gesetzt. Auch eine Null vor dem Komma muss nicht mehr eingegeben werden. Da diese Einstellung für die gesamte Arbeitsmappe gilt, sollten Sie die Bereiche, die nicht mit Nachkommastellen eingegeben werden sollen, etwa Absatzzahlen, vor der Eingabe mit einem passenden Zahlenformat belegen und zwei Nullen am Ende eingeben.

Eingabe von Datum und Uhrzeit

Excel betrachtet Datum und Uhrzeit als numerische Werte. Das hat den großen Vorteil, dass z. B. die Frage, welches Datum 20 Tage nach dem aktuellen Tagesdatum liegt, durch eine einfache Addition geklärt werden kann. Datums- und Zeitwerte können entweder über Datums- und Zeitfunktionen, also über Formeln, in eine Zelle eingetragen werden oder direkt als Konstanten. Für die Eingabe eines Datums als Konstante sind verschiedene Eingabeformate erlaubt, je nach den gewählten Ländereinstellungen:

```
12-10-18
12/10/18
12.12.17
12.12.2018
12.Dezember 2018
12/10
12-10
12-Jan-18
4-Feb
Jan-08
4-Februar
```

Das alles sind gültige Eingabeformate. Das Standardausgabeformat hängt wiederum von den Ländereinstellungen ab. Diese können über die Systemsteuerung von Windows geändert werden. Unvollständige Datumsangaben ergänzt Excel automatisch. Fehlt das Jahr, wird das aktuelle Jahr ergänzt. Fehlt der Tag, wird der Monatserste genommen. Das vollständige Datum wird jeweils in der Bearbeitungsleiste angezeigt und ist Grundlage eventueller Berechnungen.

Zeitangaben können in einem der folgenden Formate eingegeben werden:

```
10:30       10:30 PM
10:30 am    10:30:30
```

Wird PM/AM weggelassen, nimmt Excel AM an. Kleinbuchstaben werden in Großbuchstaben umgewandelt. In der Bearbeitungsleiste erscheint die Zeit immer in der 24-Stunden-Schreibweise. 7:12 PM erscheint als 19:12:00. Das aktuelle Datum und die Uhrzeit Ihres Geräts übernehmen Sie mit [Strg]+[.] bzw. [Strg]+[:]. Zeit und Datum können auch hintereinander in einer Zelle eingegeben werden, müssen dann aber durch ein Leerzeichen getrennt werden.

HINWEIS

Seriennummern für Datum und Zeit

Excel speichert Eingaben, die es als Datums- oder Zeitwerte erkennt, intern in Form einer Seriennummer, mit der die Anzahl der Tage seit dem 1.1.1900 – oder alternativ seit dem 1.1.1904 – gezählt wird.

Die Zeit wird über die Dezimalstellen der Seriennummer festgehalten. 12 Uhr entspricht dabei 0,5. Die Seriennummer wird sichtbar, wenn Sie das Format löschen.

Eingabesteuerung

Vorgabe ist, dass der Zellzeiger nach Bestätigung mit [↵] auf die darunterliegende Zelle rückt. Das gilt nicht, wenn Sie die Dateneingabe mit einem Klick oder Tipp auf das Symbol **Eingeben** in der Bearbeitungsleiste abschließen. Das Vorrücken des Zellzeigers kann über **Excel-Optionen** auch abgeschaltet oder umdirigiert werden, wie in Kapitel 1, »Basiswissen für die Arbeit mit Excel 2019«, beschrieben.

2.3.5 Inhalte ändern, suchen und löschen

Jeder Eintrag kann wieder überschrieben werden, solange Sie das Arbeitsblatt nicht gegen nachträgliche Veränderungen sperren. Um eine falsche oder nicht mehr aktuelle Zahl zu ersetzen, wählen Sie die Zelle aus, tippen die neue Zahl ein und bestätigen sie. Bei längeren Eingaben, wie Beschriftungen oder auch bei Formeln, wäre es dagegen nicht effektiv, wegen eines Tippfehlers oder einer kleinen Änderung den ganzen Zellinhalt neu einzutragen. Hier ist eine Überarbeitung effektiver.

Bearbeiten in der Zelle

Excel stellt es Ihnen frei, den Zellinhalt direkt in der Zelle oder in der Bearbeitungsleiste zu bearbeiten. Um den Zellinhalt direkt in der Zelle zu bearbeiten, klicken oder tippen Sie doppelt auf die entsprechende Zelle oder drücken [F2]. Das Programm wechselt in den Bearbeitungsmodus. Bei Formeln wird anstelle des Ergebnisses die Formel angezeigt. Ein blinkender Strich zeigt die Einfügestelle an.

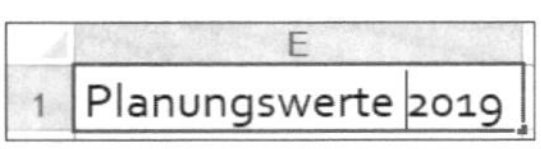

Abbildung 2.18 Zum Bearbeiten geöffnete Zelle

Auf dem Touchscreen wird die Einfügestelle mit einem Strich angezeigt, der am unteren Ende noch einen runden Anfasser hat.

Abbildung 2.19 Einfügestelle mit Anfasser im Modus »Fingereingabe«

Mit einem Klick oder Tipp oder mit den Richtungstasten versetzen Sie die Einfügestelle. Quittiert wird die Korrektur in der Zelle mit einem Klick oder Tipp auf eine andere Zelle oder mit [↵].

... oder in der Bearbeitungsleiste

Um den Zellinhalt in der Bearbeitungsleiste zu bearbeiten, wählen Sie die Zelle zunächst aus, damit der Zellinhalt in der Bearbeitungsleiste angezeigt wird. Wenn Sie eine bestimmte Stelle ändern wollen, klicken oder tippen Sie gleich auf diese Stelle in der Bearbeitungsleiste. Mit der Maus können Sie Zeichen, die Sie durch andere ersetzen wollen, durch Ziehen markieren. Auf dem Touchscreen ziehen Sie den runden Anfasser, um die Zeichen zu markieren.

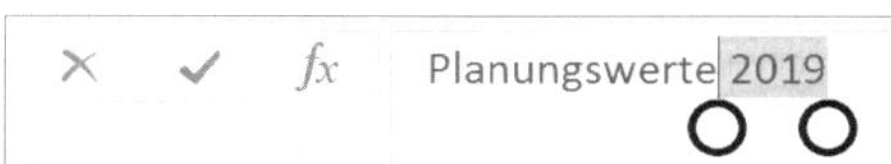

Abbildung 2.20 Markieren eines Zellinhalts durch Ziehen der Anfasser

Ganze Wörter oder Argumente in einer Formel können per Doppelklick oder Doppeltipp markiert werden. Wenn Sie die [⇧]-Taste festhalten, können Sie eine Markierung auch bis zu der Stelle erweitern, an die Sie den Mauszeiger setzen. Das nächste eingegebene Zeichen ersetzt dann jeweils die markierten Zeichen. Weitere Zeichen werden an der Stelle eingefügt. Das Programm arbeitet also normalerweise im Einfügemodus.

Sie können aber auch die Einfügestelle auf das erste Zeichen setzen, das überschrieben werden soll, und dann mit [Einfg] den Überschreibmodus einschalten. Die Einfügestelle wird durch einen grauen Hintergrund für das gerade berührte Zeichen angezeigt. Sind die Zeichen überschrieben, schalten Sie mit [Einfg] wieder in den Einfügemodus zurück.

Tastenfunktionen zur Zellbearbeitung

Innerhalb der Bearbeitungsleiste oder innerhalb einer zum Bearbeiten geöffneten Zelle haben einige Tasten und Tastenkombinationen eine ganz spezielle Wirkung.

Tastenkombination	Wirkung
Pos1	Springt zum Anfang des Eintrags.
Ende	Springt zum Ende des Eintrags.
Strg + →	Springt ein Wort oder Argument nach rechts.
Strg + ←	Springt ein Wort oder Argument nach links.
⇧ + →	Erweitert die Markierung um ein Zeichen nach rechts.
⇧ + ←	Erweitert die Markierung um ein Zeichen nach links.
Strg + ⇧ + →	Erweitert die Markierung um ein Wort oder Argument nach rechts.
Strg + ⇧ + ←	Erweitert die Markierung um ein Wort oder Argument nach links.
Strg + ⇧ + Pos1	Erweitert die Markierung bis zum Anfang des Eintrags.
Strg + ⇧ + Ende	Erweitert die Markierung bis zum Ende des Eintrags.
Strg + ⇧ + A	Einfügen der Argumente bei einer Funktion. Kann benutzt werden, wenn die erste Klammer hinter dem Funktionsnamen eingegeben ist.
Entf	Löscht markierte Zeichen oder das Zeichen rechts von der Einfügemarke.
←	Löscht markierte Zeichen oder das Zeichen links von der Einfügemarke.
Strg + Entf	Löscht ab Einfügemarke oder Markierung bis zum Ende des Eintrags.
Strg + A	Markiert den gesamten Inhalt der Zelle in der Bearbeitungsleiste oder in der zum Bearbeiten geöffneten Zelle.
Strg + C	Kopiert die markierten Zeichen in die Zwischenablage.
Strg + X	Schneidet die markierten Zeichen aus und versetzt sie in die Zwischenablage.
Strg + V	Fügt die Daten aus der Zwischenablage an der Einfügestelle oder anstelle der markierten Zeichen ein.

Ausgeschnittene oder kopierte Zeichenfolgen können eine markierte Zeichenfolge ersetzen, aber auch in eine andere Zelle oder in die Bearbeitungsleiste einer anderen Zelle eingefügt werden. Wenn Sie längere Texte oder komplizierte Formeln bearbeiten, sollten Sie auch die Bearbeitungsbefehle nutzen, die Excel anbietet. Die Befehle **Ausschneiden**, **Kopieren**, **Einfügen** und **Löschen** stehen auch in der Bearbeitungsleiste und bei der direkten Zellbearbeitung zur Verfügung.

Suchen von Zeichen oder Zahlen

Es kommt vor, dass sich Namen, Bezeichnungen oder auch Zahlenwerte nachträglich ändern. Dann hilft das Dialogfeld **Suchen und Ersetzen**, das Sie auf dem Register **Start** in der Gruppe **Bearbeiten** mit **Suchen und Auswählen** und den Optionen **Suchen** oder **Ersetzen** öffnen. Das Dialogfeld bietet für das Suchen und das Ersetzen getrennte Register, die – was die Optionen betrifft – aber weitgehend übereinstimmen. Zwei Punkte sollten Sie dabei beachten:

1. Excel vergleicht ein Suchkriterium mit dem Zellinhalt der Zellbereiche, die in die Suche einbezogen sind. Excel findet einen Treffer, wenn die Zeichenfolge des Suchkriteriums im Zellinhalt vorkommt. Mit dem Kriterium *Hut* finden Sie also als Vorgabe auch Zellen mit dem Inhalt *Sommerhut* oder *Hutschachtel*. Das gilt auch für Zahlenwerte: Das Kriterium *5* findet sowohl *5*, *15*, *57* etc. Soll der Zellinhalt dagegen exakt mit dem Suchkriterium übereinstimmen, müssen Sie die Option **Gesamten Zellinhalt vergleichen** ❶ aktivieren.
2. Bei der Suche von Zahlenwerten, Datums- oder Zeitwerten vergleicht Excel als Vorgabe das Suchkriterium immer mit dem gespeicherten Inhalt der Zelle, wie er in der Bearbeitungsleiste sichtbar wird, nicht mit dem in der Zelle angezeigten Inhalt. Um einen Datumswert zu finden, der in der Zelle als *12. Dez* angezeigt wird, kann als Suchkriterium z. B. »12.12.2018« angegeben werden. Der Datumswert wird aber auch gefunden, wenn Sie nur »2018« als Kriterium angeben, denn es stimmt dann wenigstens mit einem Teil des Zellinhalts überein.

Die Suche nach Zahlen und Zeichenketten lässt sich bei Bedarf über die Schaltfläche **Optionen** ❷ und die entsprechenden Optionen bei **Durchsuchen:** ❸ auf die gesamte Arbeitsmappe ausdehnen, ist also nicht auf das Blatt begrenzt. Mit der Liste zu **Suchen:** ❹ kann festgelegt werden, ob die Suche zeilenweise oder spaltenweise stattfinden soll. Außerdem kann über **Suchen in:** ❺ die Suche auf Formeln, Werte oder Kommentare beschränkt werden.

Wenn Sie auf dem Register **Suchen** die Schaltfläche **Alle suchen** ❻ verwenden, werden alle Fundstellen in einer Tabelle oder Arbeitsmappe aufgelistet. Die einzelnen Tabellenzeilen lassen sich zum Ansteuern der Stellen per Klick oder Tipp oder mit den Richtungstasten benutzen.

Um das Dialogfeld **Suchen** schnell zu öffnen, können Sie auch die Tastenkombination Strg + F verwenden. Besonders praktisch ist auch ⇧ + F4, um noch einmal mit demselben Suchbegriff vorwärts, und Strg + ⇧ + F4, um rückwärts zu suchen. Dabei wird das Dialogfeld nicht noch einmal geöffnet.

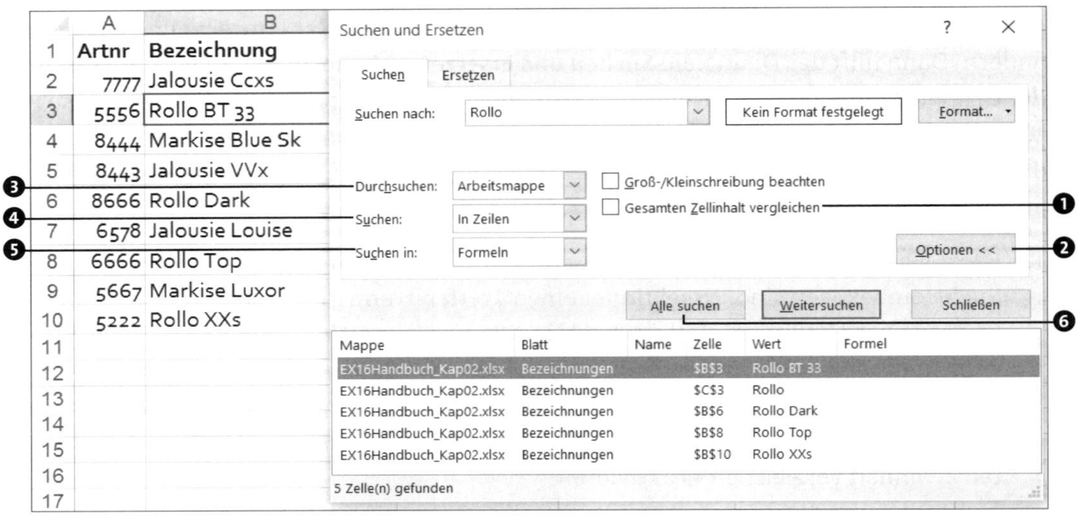

Abbildung 2.21 Tabelle der Fundstellen

In Excel können aber nicht nur Zahlen und Zeichenketten, sondern auch Formate gesucht oder ersetzt werden, um z. B. Zellen, bei denen die Jahreszahlen nur zweistellig angezeigt werden, mit kompletten Jahreszahlen auszustatten. Das Dialogfeld liefert über die Schaltfläche **Optionen** zusätzliche Schaltflächen mit der Bezeichnung **Format**, deren Pfeil ein kleines Menü öffnet. Die erste Option öffnet ein Dialogfeld **Format suchen**, das dem für Zellformate entspricht.

Besonders praktisch ist die zweite Option **Format von Zelle wählen**, die Sie immer dann einsetzen können, wenn Sie nach Zellen suchen, die einem in der Mappe vorhandenen Format entsprechen. Die Musterzelle mit dem fraglichen Format lässt sich dann per Klick oder Tipp auswählen. Soll die Suche nach Formaten beendet werden, um wieder nur nach inhaltlichen Kriterien zu suchen, benutzen Sie die Option **Löschen: Format suchen**.

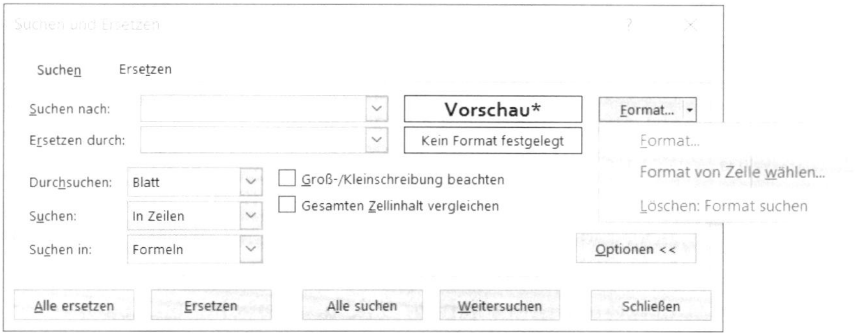

Abbildung 2.22 Optionen beim Suchen und Ersetzen

Das Menü der Schaltfläche **Suchen und Auswählen** bietet auch Optionen an, um direkt Zellen mit Formeln, Konstanten, bedingten Formaten oder Kommentaren zu markieren.

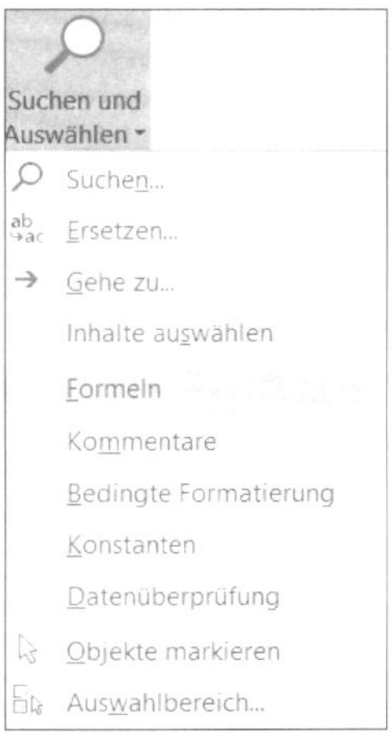

Abbildung 2.23 Menü der Schaltfläche »Suchen und Auswählen«

2.3.6 Löschmethoden

Unter dem Begriff *Löschen* kann in Bezug auf die Eigenschaften einer Zelle oder eines Zellbereichs Verschiedenes verstanden werden:

- Löschen des Zellinhalts
- Löschen des Zellformats
- Löschen von Kommentaren

- Löschen von Links
- Löschen von Sparklines

Davon muss das Entfernen von Zellen unterschieden werden, das ebenfalls als Löschen bezeichnet wird. Dies wird weiter unten behandelt. Wird der Inhalt einer Zelle gelöscht, ist die Zelle leer. Diese Banalität muss hier deshalb betont werden, weil eine Zelle manchmal zwar leer aussieht, aber nicht leer ist. Das kann vorkommen, wenn eine Zelle Leerzeichen enthält. Wenn Sie die Zelle doppelt anklicken, steht die Einfügestelle nicht ganz links, sondern rechts vom letzten Leerzeichen. Solche übersehenen Leerzeichen können z. B. beim Abfragen von Tabellen Verwirrung stiften.

Das Löschen des Zellformats wiederum bedeutet nicht, dass die Zelle anschließend überhaupt keine Formateigenschaften mehr hat. Die Zelle wird lediglich auf das Standardformat zurückgesetzt. Wenn Sie also z. B. eine bestimmte Schrift gewählt haben, wird die Zelle wieder auf die Standardschriftart zurückgesetzt. Entsprechendes gilt für das Zahlenformat.

Die Taste `Entf` löscht nur den Zellinhalt. Die Formatierung der Zelle bleibt davon unberührt. Kommentare oder Sparklines bleiben erhalten. Wenn Sie Zellinhalte in einer Zelle oder einem Bereich mit der Maus löschen wollen, müssen Sie diese nur markieren und dann das Ausfüllkästchen soweit nach innen ziehen, bis der gesamte Bereich durch das Raster abgedeckt wird. Wenn Sie loslassen, ist der markierte Bereich gelöscht. Im Modus **Fingereingabe** können Sie ähnlich verfahren, wenn Sie über das Kontextmenü des Bereichs das Pfeilsymbol zum Befehl **AutoAusfüllen** einblenden und dieses dann in den Bereich hineinziehen.

Im Modus **Fingereingabe** gibt es noch eine andere schnelle Löschmethode: Tippen Sie die Zelle oder den Bereich an, und benutzen Sie im Kontextmenü den Befehl **Markierung löschen**.

Abbildung 2.24 Zellinhalte auf dem Touchscreen löschen

Wollen Sie ganze Spalten oder Zeilen löschen, markieren Sie die Spalten oder Zeilen, indem Sie die Spalten- bzw. Zeilenköpfe anklicken oder antippen. Sollen mehrere Spalten oder Zeilen gelöscht werden, ziehen Sie mit der Maus über die entsprechenden Spalten- oder Zeilenköpfe. Ziehen Sie dann das Ausfüllkästchen nach innen. Wenn Sie loslassen, sind die Inhalte der Spalten oder Zeilen gelöscht. Merken Sie beim Ziehen in den ausgewählten Bereich, dass Sie den falschen Bereich markiert haben, ziehen Sie den Mauszeiger einfach wieder bis zum Ausfüllkästchen zurück und lassen die Maustaste los. Sollen mit dem Inhalt zugleich die Formatierung und eventuelle Kommentare gelöscht werden, müssen Sie beim Ziehen des Ausfüllkästchens gleichzeitig `Strg` gedrückt halten. In diesem Fall erscheint neben dem Fadenkreuz noch ein Pluszeichen.

Auf dem Touchscreen tippen Sie jeweils den Kopf der ersten Spalte oder Zeile an und erweitern die Auswahl durch Ziehen an den runden Anfassern. Halten Sie den Finger kurz in dem markierten Bereich, und wählen Sie im Kontextmenü die Option **Markierung löschen**.

2.3.7 Löschen großer Bereiche

Die Methode mit dem Ausfüllkästchen ist praktisch bei einzelnen Zellen oder kleinen Bereichen. Bei großen Bereichen ist es einfacher, zunächst den Bereich zu markieren und anschließend mit `Entf` oder **Start ▸ Bearbeiten ▸ Löschen** zu arbeiten.

Abbildung 2.25 Menü der Schaltfläche »Löschen«

Der Befehl öffnet ein Menü, in dem Sie bestimmen können, was gelöscht werden soll: alles, nur die Formatierung, nur der Zellinhalt, nur Hyperlinks oder nur die Kommentare. Wenn ein Link ausgewählt ist, wird auch die Option **Links entfernen** aktiviert, die zusätzlich noch die Formatierung der Zelle entfernt.

Über das Kontextmenü zu einem Bereich können Sie auch den Befehl **Inhalte löschen** verwenden. Alle beschriebenen Löschvorgänge lassen sich mit der Schaltfläche **Rückgängig** wieder ungeschehen machen, falls Sie den falschen Bereich erwischt haben. Eine Sonderrolle spielen Zellen, die Sparklines enthalten (siehe Kapitel 9, »Datenvisualisierung mit Sparklines«). Diese gehören weder zum Zellinhalt noch zum Zellformat. Um sie zu löschen, verwenden Sie aus dem Menü der Schaltfläche **Löschen** die Option **Alle löschen**.

2.3.8 Rechtschreibprüfung und AutoKorrektur

Eine Tabelle oder ein Diagramm können noch so elegant formatiert sein, wenn sich in den Texten Rechtschreibfehler eingenistet haben, ist es immer ärgerlich. Fehler in der Schreibweise können aber auch zu falschen Informationen führen, etwa, wenn bei einer Bestellung eine Bezeichnung für ein Produkt nicht stimmt.

Prüfung mit Wörterbüchern

Excel bietet Wörterbücher für verschiedene Sprachen an, sodass Sie ohne Probleme auch Arbeitsmappen mit englischen, französischen oder spanischen Beschriftungen prüfen können. Wenn Sie zur Prüfung einer Arbeitsmappe oder eines markierten Bereichs das Wörterbuch einer anderen Sprache verwenden wollen, wählen Sie im Dialogfeld **Rechtschreibung** die gewünschte Sprache aus der Liste bei **Wörterbuchsprache** aus.

Da die Wörterbücher aber weder alle möglichen Wortkombinationen noch die Spezialausdrücke Ihres Arbeitsbereichs – Fachausdrücke, Produktnamen, Abkürzungen, Firmennamen oder Kundennamen – kennen können, besteht gleichzeitig die Möglichkeit, sich zusätzliche eigene Wörterbücher (Benutzerwörterbücher) anzulegen. Diese können dann jeweils zur Prüfung der Schreibweise mit herangezogen werden. Ausgeschlossen von der Prüfung sind geschützte Dokumente, Formeln und Texte, die Ergebnis einer Formel sind.

Um Texte noch in der Bearbeitungsleiste bzw. der zur Bearbeitung geöffneten Zelle zu prüfen, haben Sie zwei Möglichkeiten: Wollen Sie ein bestimmtes Wort oder nur einen Teil des Zellinhalts prüfen lassen, müssen Sie diese zunächst markieren. Soll der gesamte Zellinhalt geprüft werden, können Sie gleich die Rechtschreibprüfung aufrufen. Am schnellsten geht das mit [F7] oder der Schaltfläche **ABC** aus der Gruppe **Überprüfen ▸ Rechtschreibung**. Im Tabellenblatt prüft Excel jeweils ab der Position der aktiven Zelle. Wurde vorher ein Bereich markiert, wird nur der Bereich geprüft. Findet Excel keinen Fehler, erhalten Sie nur die Bestätigung, dass die Prüfung abgeschlossen ist.

Sollte der Fehlerteufel zugeschlagen haben, öffnet Excel das schon angesprochene Dialogfeld **Rechtschreibung**. Sofern möglich, gibt Excel unter **Vorschläge** Korrekturmöglichkeiten vor, die mit **Ändern** ❶ übernommen werden. Werden keine oder keine verwertbaren Vorschläge angeboten, können Sie den korrekten Wert im ersten Textfeld eintragen und mit **Ändern** übernehmen. Mit **Immer ändern** ❷ erreichen Sie, dass der Fehler beim nächsten Vorkommen automatisch korrigiert wird.

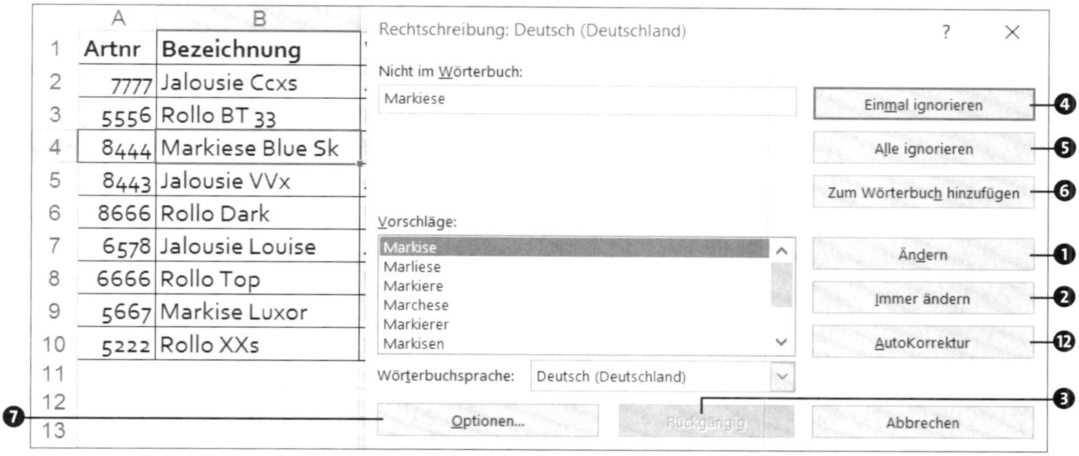

Abbildung 2.26 Änderungsvorschläge im Dialog der Rechtschreibprüfung

Solange der Dialog geöffnet ist, kann eine solche Korrektur mit der Schaltfläche **Rückgängig** ❸ auch wieder zurückgenommen werden. Wird nach dem Schließen des Dialogs die Schaltfläche **Rückgängig** aus der Schnellzugriffsleiste benutzt, werden dagegen alle Korrekturen, die innerhalb des Dialogs vorgenommen wurden, wieder zurückgenommen.

Ist das Wort richtig geschrieben, obwohl es nicht im Wörterbuch oder Benutzerwörterbuch steht, können Sie **Einmal ignorieren** ❹ anklicken. Excel belässt das Wort, wie es ist, und sucht den nächsten Fehler. **Alle ignorieren** ❺ belässt auch alle weiteren Vorkommen dieses Wortes unverändert. Dazu verwaltet das Programm eine entsprechende Liste. Die andere Möglichkeit ist, das monierte Wort mit **Zum Wörterbuch hinzufügen** ❻ in eines der Benutzerwörterbücher aufzunehmen. Wenn Sie nicht mit dem vorgegebenen Standardbenutzerwörterbuch *RoamingCustom.dic* arbeiten wollen, klicken Sie zunächst auf die Schaltfläche **Optionen** ❼.

Diese führt in den Dialog **Excel-Optionen**, in dem Sie auf der Seite **Dokumentprüfung** neben einer Reihe von Einstellungen für die Rechtschreibprüfung eine Schaltfläche **Benutzerwörterbücher** ❽ finden. Wählen Sie hier das gewünschte Wörterbuch aus der Liste aus. Wird das Wörterbuch noch nicht in der Liste angezeigt, klicken Sie auf **Hinzufügen** ❾, und geben Sie den Pfad des Wörterbuchs an. Um ein ganz neues Wörterbuch anzulegen, wählen Sie die Schaltfläche **Neu** ❿ und geben einen passenden Namen an.

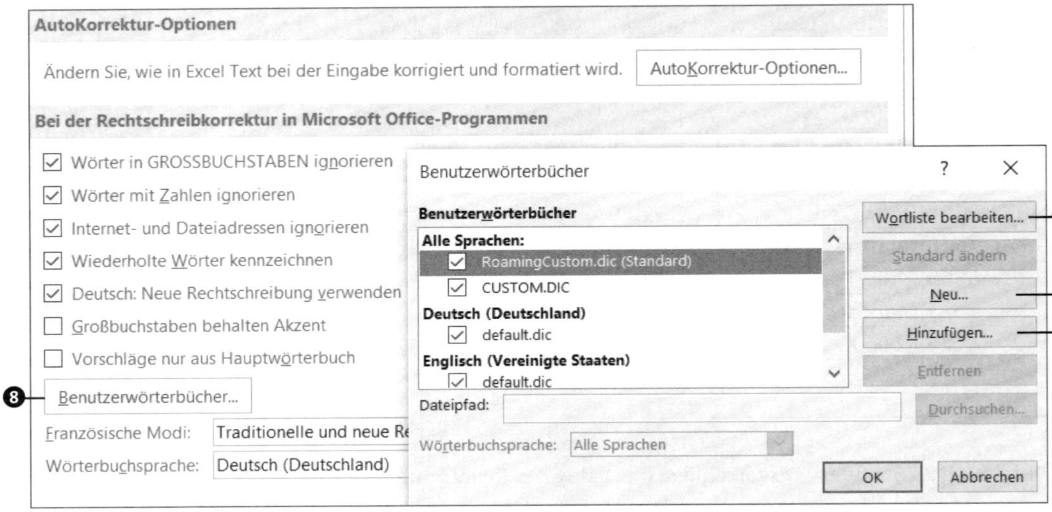

Abbildung 2.27 Einstellungen zur Dokumentprüfung

Soll die Wortliste eines der Benutzerwörterbücher an dieser Stelle bearbeitet werden, markieren Sie zunächst das entsprechende Benutzerwörterbuch und klicken dann auf **Wortliste bearbeiten** ⓫.

Die Schaltfläche **AutoKorrektur** ⓬ im Dialog **Rechtschreibung** (Abbildung 2.26) erlaubt außerdem, das falsche und das richtige Wort auch in die Liste einzufügen, die die gleich thematisierte Funktion **AutoKorrektur** verwendet. Immer wenn Sie in Zukunft das Wort falsch eintippen, wird es automatisch durch das richtige ersetzt.

2.3.9 Eingaben automatisch ersetzen

Die Rechtschreibprüfung wird ergänzt durch die gerade angesprochene Funktion **AutoKorrektur**. Damit werden Fehler schon beim Eintippen abgefangen und automatisch korrigiert. Wer z. B. anstelle von *Firma* irrtümlich *Frima* eintippt, erhält beim Verlassen der Zelle trotzdem *Firma*. Die AutoKorrektur kann auch benutzt werden, um für häufig vorkommende lange Einträge Kürzel zu verwenden. Wenn Sie z. B. in Ihren Tabellen häufiger den Eintrag *Finanzkasse* benötigen, geht es auch mit dem Kürzel *FK*. Was jeweils wodurch ersetzt werden soll, können Sie über das Dialogfeld **AutoKorrektur** festlegen. Sie erreichen es über **Datei ▸ Optionen ▸ Dokumentprüfung** und die Schaltfläche **AutoKorrektur-Optionen**.

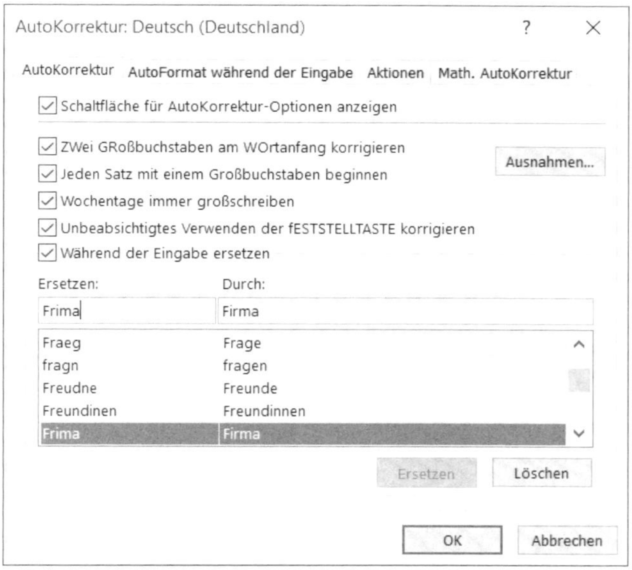

Abbildung 2.28 Das Dialogfeld »AutoKorrektur«

Dort wird eine Liste geführt, die schon eine Reihe von Einträgen mit häufig vorkommenden Fehlern und Kürzeln enthält. Außerdem werden als Vorgabe einige Standardfehler korrigiert, wie etwa zwei Großbuchstaben am Wortanfang. Da das in Abkürzungen aber vorkommen kann, lassen sich über die Schaltfläche **Ausnahmen** entsprechende Zeichenfolgen ablegen. **AutoKorrektur** ist auch für die Eingabe von Sonderzeichen praktisch. Wenn Sie z. B. öfter das Zeichen für den japanischen Yen benötigen, können Sie im Dialogfeld **AutoKorrektur** unter **Ersetzen** z. B. *yy* eingeben und unter **Durch** die Tastenkombination [Alt]+[0] [1] [6] [5].

Mathematische AutoKorrektur

Seit Excel 2010 gibt es in diesem Dialog auch das Register **Math. AutoKorrektur**. Hier ist bereits eine ganze Reihe von Paaren mit Ersatzzeichenfolgen vorgegeben, die zum Einfügen von mathematischen Symbolen verwendet werden können, etwa `\phi` für das Zeichen Φ. Diese Zeichen stehen allerdings nur bei der Eingabe von mathematischen Formeln mit dem Formeleditor zur Verfügung, den Sie über **Einfügen** in der Gruppe **Symbole** finden.

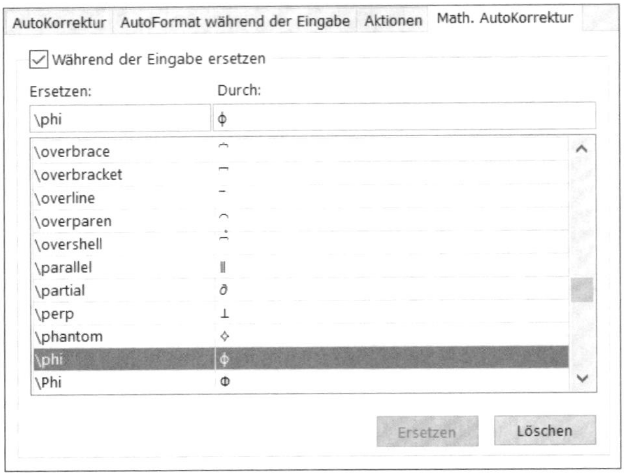

Abbildung 2.29 Ersatzzeichenfolgen für mathematische Symbole

2.4 Daten automatisch erzeugen

Überall, wo ein Zellbereich mit Daten gefüllt werden soll, die eine erkennbare Reihe bilden, lässt sich die Dateneingabe automatisieren. Reihen vereinfachen die Beschriftung von Zeilen und Spalten und die fortlaufende Nummerierung, z. B. von Artikeln oder Lagerplätzen. Auch wenn Sie Testdaten für Planspiele oder den Test von Formeln oder Makros brauchen, können Sie mit der Ausfüllfunktion viel Zeit sparen.

Zwei Methoden stehen zur Verfügung, die Arbeit mit dem Ausfüllkästchen bzw. dem **AutoAusfüllen**-Symbol auf dem Touchscreen und der Befehl **Start ▸ Bearbeiten ▸ Ausfüllen**. Die Schaltfläche öffnet ein Menü mit mehreren Optionen zur Reihenbildung.

Abbildung 2.30 Menü der Schaltfläche »Ausfüllen«

Bei kleinen Reihen kommen Sie mit der ersten Methode schnell zum Ziel, bei großen Reihen gibt der Befehl mehr Kontrolle über die Reihenbildung.

2.4.1 Datenreihen mit der Maus aufziehen

Eine häufig benötigte Datenreihe sind Quartalsbezeichnungen. Hier ist das Aufziehen ganz praktisch:

1. Sie geben die Bezeichnung für das Quartal ein, mit dem die Reihe beginnen soll – es muss nicht das erste Quartal sein.
2. Sie setzen den Mauszeiger genau auf das Ausfüllkästchen.
3. Mit gedrückter linker Maustaste wird der Hilfsrahmen, der dann erscheint, entweder innerhalb der Zeile nach rechts oder auch nach links oder innerhalb der Spalte nach unten oder oben ausgedehnt. Zur Kontrolle wird immer angezeigt, welches Quartal gerade erreicht wurde.

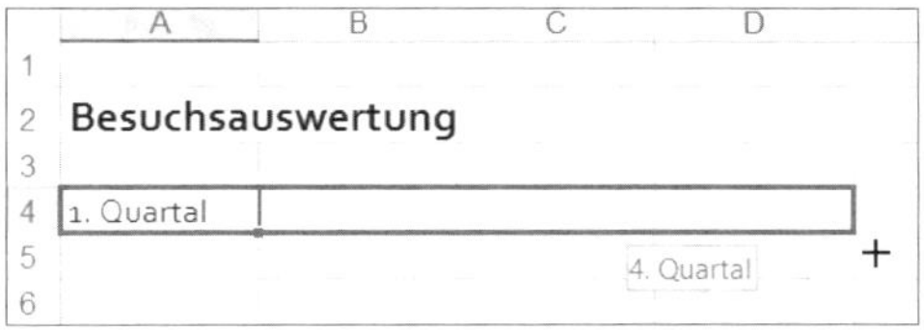

4. Ist eine Reihe zu lang geraten, können Sie das Ausfüllkästchen so weit in die entgegengesetzte Richtung ziehen, bis die überflüssigen Zellen wieder gelöscht sind.
5. Wird die Maustaste wieder losgelassen, ist der mit dem Hilfsrahmen ausgewählte Bereich ausgefüllt.

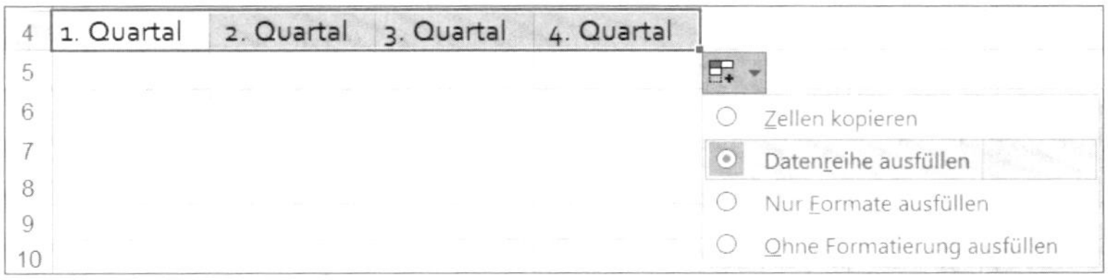

Excel blendet normalerweise die Schaltfläche **Auto-Ausfülloptionen** ein. Ein Klick öffnet ein Menü, in dem Sie z. B. wählen können, dass im Ausnahmefall die Formate der Ausgangszelle nicht mit übernommen werden. Im Normalfall überträgt Excel beim Ausfüllen auch die Formatierung der Ausgangszelle auf die neuen Zellen.

2.4.2 Reihen auf einem Touchscreen

Ausgewählte Zellen auf einem Touchscreen bieten Ihnen zunächst kein Ausfüllkästchen an, es sei denn, Sie arbeiten mit einem Surface-Stift und haben unter **Datei ▸ Optionen ▸ Erweitert ▸ Stift** die Option **Stift standardmäßig verwenden** aktiviert. Sie können aber, wie schon angesprochen, ein etwas größeres Kästchen einblenden, mit dem sich auch mit dem Finger Reihen bilden lassen.

1. Wenn Sie die Zelle für das 1. Quartal kurz berühren, erscheint im Kontextmenü die Schaltfläche **AutoAusfüllen**.
2. Diese Schaltfläche blendet anstelle des Ausfüllkästchens ein etwas größeres Symbol mit einem Pfeil ein.

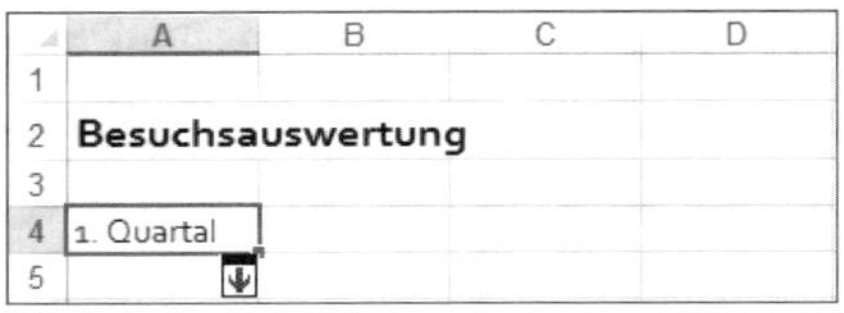

3. Wenn Sie dieses Symbol mit dem Finger nach rechts ziehen, fügt Excel eine Reihe mit den anderen Quartalen ein.

Das **AutoAusfüllen**-Symbol kann auch nach unten gezogen werden, um spaltenweise Reihen zu bilden. Wenn Sie das Symbol nach oben oder nach links ziehen, wird eine bestehende Reihe verkürzt oder eine neue absteigende Reihe gebildet.

2.4.3 Reihen oder Kopien?

Was die Reihenbildung beim Ziehen liefert, hängt vom Inhalt der zunächst markierten Ausgangszelle(n) ab. Das Programm prüft, ob sich daraus eine fortlaufende Reihe erzeugen lässt oder nicht. Wenn nicht, werden die Zellinhalte nur kopiert. Wenn Sie verhindern wollen, dass Excel eine mögliche Reihe erzeugt, wo Sie nur Kopien haben wollen, müssen Sie beim Ziehen mit der Maus `Strg` gedrückt halten. Dann werden nur Kopien geliefert. Oder Sie verwenden die Option **Zellen kopieren** über die Schaltfläche **Auto-Ausfülloptionen**. Damit kann eine Reihe auch nachträglich in eine Folge von Kopien verwandelt werden und umgekehrt. Die Schaltfläche wird übrigens erst bei der nächsten Dateneingabe oder beim nächsten Speichern wieder ausgeblendet.

Steht in der Ausgangszelle ein Name wie *Müller*, erzeugt das Ziehen des Ausfüllkästchens oder des **AutoAusfüllen**-Symbols lauter *Müller*-Zellen. Schreiben Sie dagegen in die erste Zelle *Haus 1*, unterstellt das Programm, dass Sie eine Reihe von Häusern durchnummerieren wollen, also *Haus 1*, *Haus 2*, *Haus 3*. Dabei spielt es keine Rolle, wo die Zählnummer steht, ob am Anfang des Zelleintrags oder am Ende. Am Anfang muss sie allerdings durch ein Leerzeichen vom Text getrennt sein. Dabei kann hinter der Nummer noch ein Punkt stehen. Ein Eintrag wie *1.Tag* ergibt immer nur *1.Tag*, während *1. Tag* oder auch *1 MByte* eine durchnummerierte Reihe ergibt. Außerdem kann noch *1er* benutzt werden, um eine Ordinalzahlenreihe zu erzeugen.

Soll eine fortlaufende Nummerierung erzeugt werden, reicht es aus, in die erste Zelle 1 oder eine andere Startzahl einzugeben. Allerdings muss dann über **Auto-Ausfülloptionen** die Option **Datenreihe ausfüllen** gewählt werden, weil Excel die Zahl sonst nur kopiert. Alternativ können Sie beim Ziehen mit der Maus auch die `Strg`-Taste gedrückt halten. Wenn die Aufeinanderfolge nicht in Einer-Schritten erfolgen soll, ist es notwendig, zunächst zwei Zellen auszufüllen und zu markieren. Die erste Zelle enthält den Ausgangswert und die zweite Zelle den nächsten Wert, sodass das Programm den Schrittwert (**Inkrement**) erkennen kann.

2.4.4 Aufsteigende und absteigende Reihen

Das Ausfüllkästchen bzw. das **AutoAusfüllen**-Symbol wird in die rechten oder in die unteren Nachbarzellen gezogen, um aufsteigende Reihen zu erzeugen. Wird es dagegen zu den linken oder den oberen Nachbarzellen gezogen, werden absteigende Reihen erzeugt. Dabei muss unbedingt über den zunächst markierten Bereich hinausgezogen werden, weil dieser sonst gelöscht wird!

2.4.5 Zeitreihen

Zeitreihen können linear wie beim Datum oder kreisförmig wie bei der Uhrzeit oder bei Wochentagen oder Monatsreihen sein. Die Abstände werden entweder nach dem ersten Wert automatisch in Einer-Schritten oder durch den Inhalt einer zweiten Zelle bestimmt. Hier einige Beispiele:

Anfangswerte	Fortsetzung der Reihe
8:15	9:15 10:15 11:15
Di	Mi Do Fr Sa So Mo Di
Montag	Dienstag Mittwoch Donnerstag

Anfangswerte	Fortsetzung der Reihe
1. Mai 15. Mai	29. Mai 12. Jun 26. Jun 10. Jul
Januar	Februar März April
Mai 13 Sept 13	Jan 14 Mai 14 Sep 14
1. Quartal	2. Quartal 3. Quartal

Quartal kann ausgeschrieben oder abgekürzt werden: *Qrtl* oder *Q*. Monatsnamen und Tagesnamen können ausgeschrieben oder auf drei bzw. zwei Buchstaben abgekürzt werden.

2.4.6 Arithmetische Reihen

Arithmetische Reihen sind Reihen mit konstantem Abstand. Um sie mit der Maus zu erzeugen, müssen zwei Zellen markiert sein, die den ersten und den zweiten Wert der Reihe enthalten.

Anfangswerte	Fortsetzung der Reihe
4 7	10 13 16 19
1.	2. 3. 4.
6 3	0 –3 –6
1,2 1,6	2 2,4 2,8
1er	2er 3er 4er
1er 5er	9er 13er 17er

2.4.7 Geometrische Reihen

Bei geometrischen Reihen wird jeweils der vorangegangene Wert mit einem konstanten Faktor multipliziert. Diese Reihen können allerdings nur über das Dialogfeld **Reihe** erzeugt werden, das mit **Start ▸ Bearbeiten ▸ Ausfüllen ▸ Datenreihe** geöffnet wird. Die hier angebotenen Optionen entsprechen ansonsten den Operationen mit dem Ausfüllkästchen bzw. dem Symbol **AutoAusfüllen**.

Anfangswerte	Fortsetzung der Reihe
2 (Inkrement 2)	4 8 16
3 (Inkrement 5)	3 15 75

2.4.8 Eine Trendanalyse aufziehen

Ausfüllkästchen oder das **AutoAusfüllen**-Symbol ermöglichen sogar eine einfache Trendanalyse. Sie können z. B. in einer Spalte Besucherzahlen der letzten sechs Monate eingeben, die sechs Zellen markieren und dann das Ausfüllkästchen bzw. das Symbol **AutoAusfüllen** um weitere sechs Zellen nach unten ziehen. Sie erhalten eine arithmetische Trendberechnung für das zweite Halbjahr nach der Methode der kleinsten Quadrate. Die Ausgangswerte bleiben dabei unverändert. Abbildung 2.31 zeigt ein Beispiel mit einem Flächendiagramm, das die Zahlenreihe auswertet.

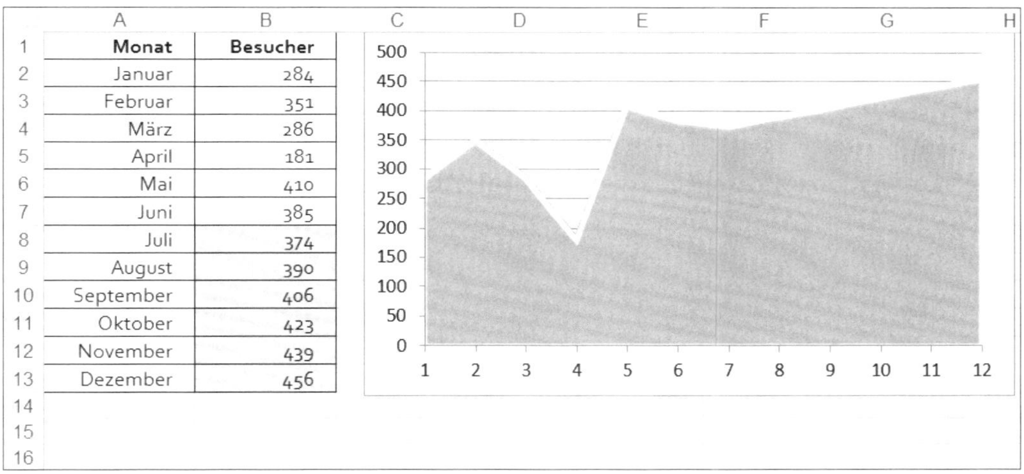

Abbildung 2.31 Lineare Trendanalyse von Besucherzahlen

2.4.9 Spezielle Optionen bei Datumswerten

Benötigen Sie eine Liste von Wochentagen, finden Sie im Menü der Schaltfläche **AutoAusfülloptionen** die Option **Arbeitstage ausfüllen**, die automatisch nur die Werktage aufreiht.

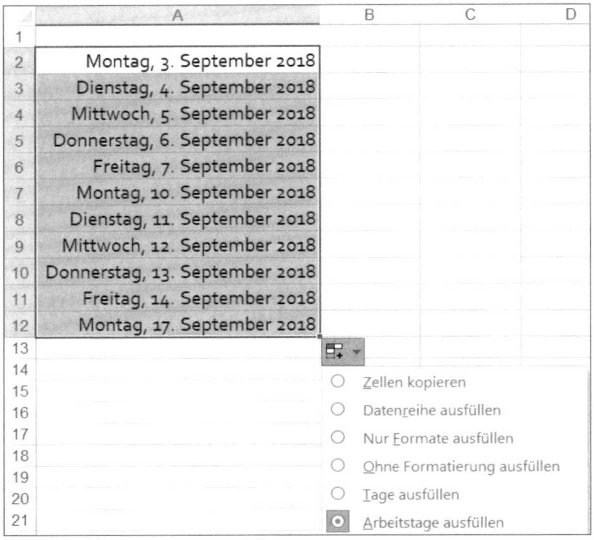

Abbildung 2.32 Spezielle Reihenoptionen bei Datumswerten

Wenn Sie das Ausfüllkästchen mit der rechten Maustaste ziehen, werden im Menü der Schaltfläche **Auto-Ausfülloptionen** noch zusätzliche Optionen angeboten. Bei Zahlenwerten können hier neben arithmetischen Trends auch exponentielle Wachstumstrends berechnet werden, wobei auch in diesem Fall die Ausgangswerte nicht verändert werden.

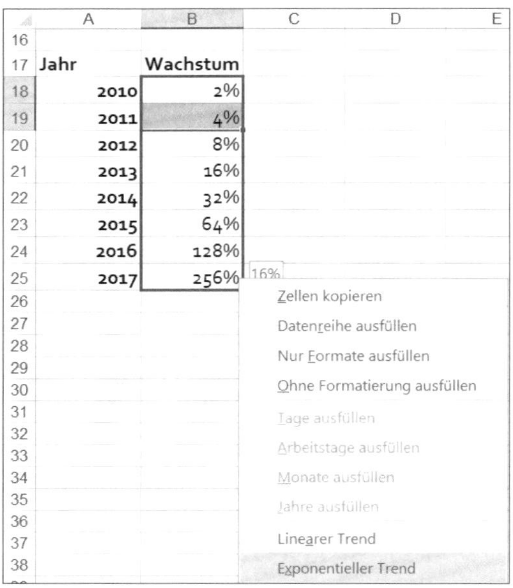

Abbildung 2.33 Exponentieller Trend mit dem Ausfüllkästchen

2.4.10 Reihenbildung im Dialog

Der Dialog zu **Start ▸ Bearbeiten ▸ Ausfüllen ▸ Datenreihe** bietet noch einige zusätzliche Möglichkeiten. Allerdings ist das Verfahren etwas anders. Zwei Varianten stehen zur Wahl:

1. Sie markieren vor Aufruf des Befehls den kompletten Bereich, der gefüllt werden soll, einschließlich der Startzelle. Dabei können auch mehrere Zellen gleichzeitig als Startzellen eingesetzt werden, wie Abbildung 2.34 zeigt.

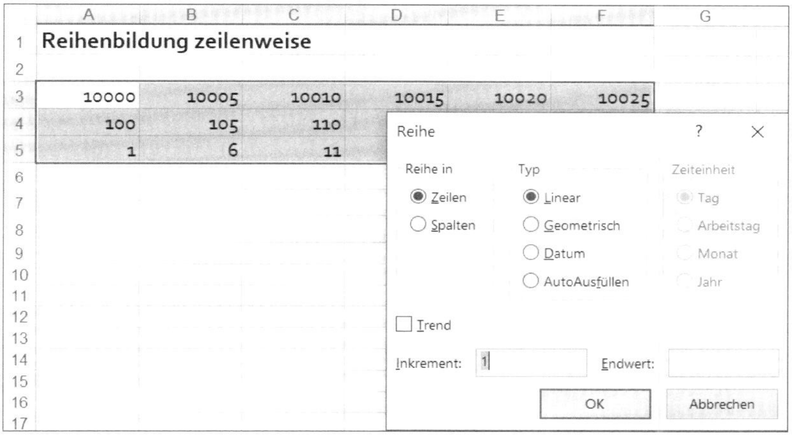

Abbildung 2.34 Der komplette Bereich der Reihe ist vorher markiert.

2. Sie wählen nur die Ausgangszelle(n) und steuern die Ausdehnung der Datenreihe über den Endwert im Dialogfeld.

Wenn Sie nur die Ausgangszelle(n) ausgewählt haben, wählen Sie unter **Reihe in** aus, ob die Reihe in der Zeile, d. h. nach rechts, oder in der Spalte, also nach unten, gebildet werden soll. In der zweiten Optionsgruppe wird der **Typ** der Datenreihe ausgewählt. Excel gibt den Typ aufgrund der markierten Startzelle vor.

- **Linear**: Der unter **Inkrement** eingegebene Schrittwert wird jeweils auf den letzten Wert aufaddiert. Ist das Kontrollkästchen **Trend** abgehakt, wird der Schrittwert unter **Inkrement** ignoriert und ein linearer Trend berechnet. Im Unterschied zur entsprechenden Mausfunktion werden dabei die Ausgangswerte überschrieben.
- **Geometrisch**: Multipliziert den letzten Wert jeweils mit dem Schrittwert. Ist das Kontrollkästchen **Trend** abgehakt, wird der Schrittwert ignoriert und ein geometrischer Trend berechnet. Die Ausgangswerte werden überschrieben.

- **Datum**: Wenn diese Einstellung gewählt ist, kann unter **Zeiteinheit** die Einheit gewählt werden, die für die Reihe benutzt werden soll. Der Schrittwert bezieht sich dann auf diese Einheit.
- **AutoAusfüllen**: Bei dieser Einstellung werden **Inkrement** und **Endwert** ignoriert. Diese Einstellung setzt voraus, dass der komplette Bereich für die Reihe vorher markiert ist und die Art der Reihe durch die Werte in den Ausgangszellen erkennbar ist. Diese Einstellung entspricht dem, was Sie mit dem Ziehen des Ausfüllkästchens erreichen.

Außer bei der Option **AutoAusfüllen** und bei der Einstellung **Trend** können Sie unter **Inkrement** den Schrittwert für eine Datenreihe eingeben. **Endwert** muss nur eingegeben werden, wenn Sie nicht den kompletten Bereich für die Reihe markieren. Mit dem Endwert können Sie exakt angeben, bei welchem Wert die Reihe aufhören soll. Der Wert muss in einem Format eingegeben werden, der dem Typ der Reihe entspricht, bei Zeitwerten also das Datum oder die Uhrzeit in einem der gültigen Formate.

In dem Menü der Schaltfläche **Ausfüllen** finden Sie noch eine Option **Ausrichten**, die nur auf Zellbereiche anwendbar ist, die Zeichenfolgen enthalten. Die Funktion bewirkt, dass Zeichenfolgen, die auf mehrere Zellen in einer Spalte oder Zeile verteilt sind, auf so wenige Zellen wie möglich zusammengezogen werden, wobei die Spaltenbreite entscheidend dafür ist, wie viele Zeilen betroffen sind.

2.4.11 Selbst definierte Listen

Zusätzlich zu den bisher beschriebenen Datenreihen lassen sich auch Datenreihen erzeugen, die ganz unabhängig von numerischen Reihen oder Zeitreihen sind. Das kann z. B. die Liste der Filialen oder Abteilungen einer Firma sein oder eine Aufstellung über Produktgruppen.

Definition einer Liste von Niederlassungen

Um die Orte verschiedener Niederlassungen als Datenreihe zu definieren, verfahren Sie folgendermaßen:

1. Wählen Sie im Dialog **Excel-Optionen** auf der Seite **Erweitert** unter **Allgemein** die Schaltfläche **Benutzerdefinierte Listen bearbeiten**.

2 Sie können die Liste hier entweder direkt eintragen oder aus einer Spalte oder Zeile eines Arbeitsblatts importieren. Wählen Sie zunächst im linken Feld die Position **Neue Liste**.

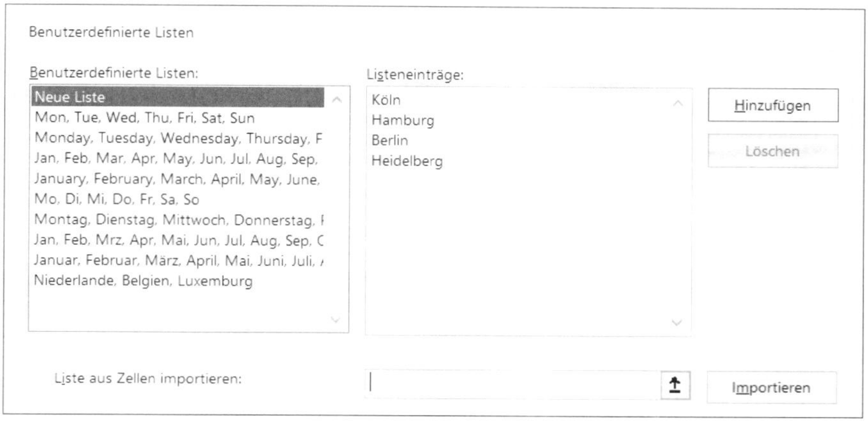

3 Wenn Sie die Liste manuell eintragen wollen, schreiben Sie die einzelnen Werte unter **Listeneinträge** untereinander. Schließen Sie jeden Eintrag mit [↵] ab. Klicken Sie am Ende auf **Hinzufügen**.

Bei umfangreichen Listen oder wenn Sie Werte aus vorhandenen Tabellen übernehmen können, ist es praktischer, die Listeneinträge zu importieren. Wählen Sie unter **Liste aus Zellen importieren** den entsprechenden Bereich, und klicken Sie auf **Importieren**.

Um eine selbst definierte Liste im Arbeitsblatt zu verwenden, müssen Sie nur einen gültigen Eintrag aus der Liste in die erste Zelle des Bereichs eintragen, der gefüllt werden soll. Wenn Sie dann das Ausfüllkästchen bzw. das Symbol **AutoAusfüllen** nach rechts oder nach unten ziehen, erscheinen die übrigen Einträge aus der Liste. Die Listen arbeiten kreisförmig. Anstatt den Bereich mit der Reihe aufzuziehen, können Sie auch den zu füllenden Bereich vorher markieren und dann **Start ▸ Bearbeiten ▸ Ausfüllen ▸ Datenreihe** mit der Option **AutoAusfüllen** wählen.

2.4.12 Eingaben per Mustererkennung

Eine neuere Methode, Spalten mit Inhalt zu füllen, wird unter dem etwas irreführenden Namen **Blitzvorschau** angeboten. Dabei geht es um ein Verfahren, das mit Mustererkennung arbeitet. Ein erstes Beispiel soll zeigen, was gemeint ist. Die Methode kann z. B. als Hilfe beim Umgang mit Adressen eingesetzt werden:

1 Sie übernehmen aus einer externen Datenquelle eine Spalte mit Zu- und Vornamen, getrennt durch ein Komma.

2 Nun wollen Sie den Zunamen separat in der Nachbarspalte als Benutzernamen ablegen. Dazu genügt es, in der ersten Zelle dieser zweiten Spalte den ersten Benutzernamen abzulegen.

3 Wenn Sie dann in der zweiten Zelle darunter den Befehl **Start ▸ Bearbeiten ▸ Ausfüllen ▸ Blitzvorschau** verwenden – oder schneller noch [Strg]+[E] benutzen –, nimmt das Programm an, dass Sie diese Freistellung des Zunamens in der gesamten Spalte haben wollen, und erledigt dies auf der Stelle.

4 Bei der ersten Zelle erscheint die Schaltfläche **Blitzvorschauoptionen** mit Befehlen, um notfalls das Ausfüllen rückgängig zu machen oder um die gefüllten Zellen auszuwählen.

Dieses Verfahren funktioniert auch mit zahlreichen anderen Mustern. Wenn Sie z. B. eine Spalte mit ISBN-Nummern haben und wollen die zweite Zahl freistellen, können Sie ebenso verfahren, falls die Zahlengruppen durch Striche getrennt sind.

Umgekehrt geht es auch. Sie können z. B. den Inhalt von zwei verschiedenen Spalten in einer neuen Spalte zusammenfügen, etwa die getrennten Vor- und Zunamen zu einem Kundennamen. Dabei lassen sich auch bestimmte erkennbare Bestandteile durch andere ersetzen. Es ist also möglich, an bestimmten Stellen Zeichenfolgen oder Ziffern hinzuzufügen. Wenn das erste Muster nicht eindeutig ist, arbeiten Sie mit zwei oder drei Mustern, sodass das Programm möglichst exakt verfahren kann.

Eine einmal erzeugte Reihe lässt sich auch später noch automatisch ändern. Wenn Sie in dem Beispiel mit den Vor- und Zunamen in der ersten Zelle der Reihe den Vornamen nachträglich abkürzen, werden auch die anderen Vornamen in der Spalte abgekürzt. Abbildung 2.35 zeigt eine Reihe von Beispielen.

	A	B	C
1	Helmut Vonhoegen (Hrsg.)	H. Vonhoegen (ed.)	
2	Helmut Kraus (Hrsg.)	H. Kraus (ed.)	
3	Andreas Maslo (Hrsg.)	A. Maslo (ed.)	
4			
5	049-221-888888	+49(221) 888888	
6	049-211-77777	+49(211) 77777	
7	001-77777-999999	+01(77777) 999999	
8			
9	(6/7) + (7/5)	(6 / 7) & (7 //5)	
10	(3/6) + (5/3)	(3 / 6) & (6 //3)	
11	(2/5) + (6/3)	(2 / 5) & (5 //3)	
12			
13	3-540-653566-2	35406535662	
14	34-77-666-555	3477666555	
15	345-7777-66-7777	3457777667777	
16			
17	haus 1	köln	ein Haus in Köln
18	haus 2	bonn	ein Haus in Bonn
19	haus 3	berlin	ein Haus in Berlin

Abbildung 2.35 Beispiele für die Funktion »Blitzvorschau«

Blitzvorschau macht in vielen Fällen komplizierte Textumwandlungen mithilfe von Makros und Textfunktionen überflüssig. Der Befehl wird übrigens auch auf dem Register **Daten** in der Gruppe **Datentools** noch einmal angeboten.

2.5 Prüfung der Dateneingabe

Die Dateneingabe in eine Zelle erfolgt zunächst ohne jede Kontrolle über den Datentyp, den Wert oder die Länge der Eingabe, es sei denn, die Eingabe wird über Makros gesteuert. Excel bietet aber die Möglichkeit, auch ohne Programmierung Regeln für Daten festzulegen, die in bestimmten Zellbereichen erlaubt sind.

2.5.1 Gültigkeitsregeln für eine Preisspalte

Um etwa bei einer Preisliste auszuschließen, dass irrtümlich ein negativer Preis eingegeben wird oder durch einen doppelten Tastenanschlag ein Preis, der über dem des teuersten Artikels liegt, können entsprechende Kriterien festgelegt werden:

1. Markieren Sie den Zellbereich, für den Gültigkeitsregeln gelten sollen.
2. Wählen Sie auf der Registerkarte **Daten** in der Gruppe **Datentools** die Schaltfläche **Datenüberprüfung**. Im Register **Einstellungen** wählen Sie unter **Zulassen** den Listeneintrag **Dezimal** und unter **Daten** den Eintrag **zwischen**.

3 Unter **Minimum** kann dann *0* und unter **Maximum** *300* eingetragen werden.

4 Es ist sinnvoll, das Kontrollkästchen **Leere Zellen ignorieren** abzuhaken, damit der Fall, dass der Preis noch nicht eingegeben worden ist, nicht zu einer Fehlermeldung führt.

5 Auf dem Registerblatt **Eingabemeldung** kann zusätzlich noch ein Hinweis eingetragen werden, der angezeigt wird, wenn eine der Zellen ausgewählt ist. Lassen Sie dazu das Kontrollfeld bei **Eingabemeldung anzeigen, wenn Zelle ausgewählt wird** abgehakt.

6 Geben Sie nun eine Titelzeile, etwa *Preiseingabe*, und den Text der Eingabemeldung ein.

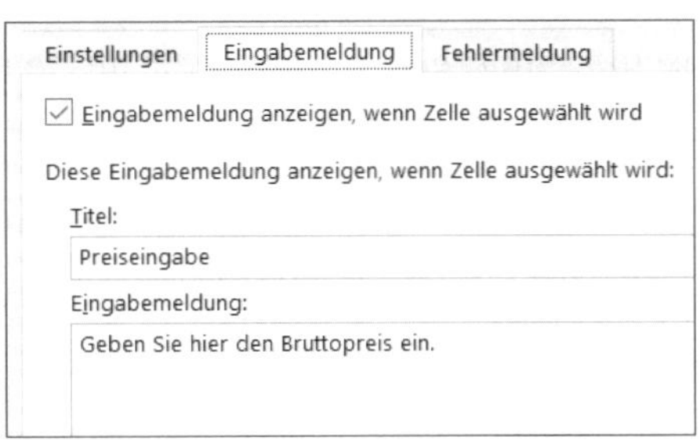

7 Schließlich sollte auf dem Registerblatt **Fehlermeldung** ein entsprechender Text eingetragen werden, der Hinweise bei Fehleingaben gibt.

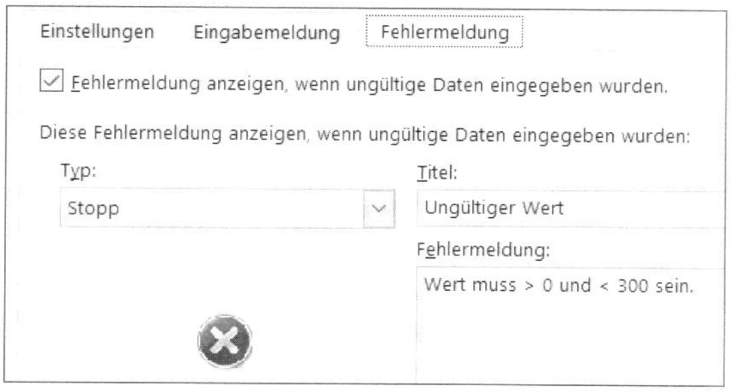

8 Unter **Typ** wird das Merkzeichen ausgewählt, mit dem die Fehlermeldung beginnt. Das ist nicht nur eine optische Wahl, sondern damit entscheiden Sie auch, wie sich Excel im Fehlerfall verhält. Wenn Sie die Option **Stopp** wählen, wird verhindert, dass die falsche Eingabe in die Zelle eingetragen wird. Sie müssen die Eingabe wiederholen oder abbrechen. Bei den Optionen **Warnung** oder **Information** kann die falsche Eingabe wahlweise zugelassen oder abgelehnt werden.

Ist nun eine solche Zelle ausgewählt, erscheint zunächst die festgelegte Eingabeaufforderung, und zwar in Form eines Kommentars. Wird nun z. B. ein zu hoher Preis eingegeben, erscheint die vorher definierte Fehlermeldung.

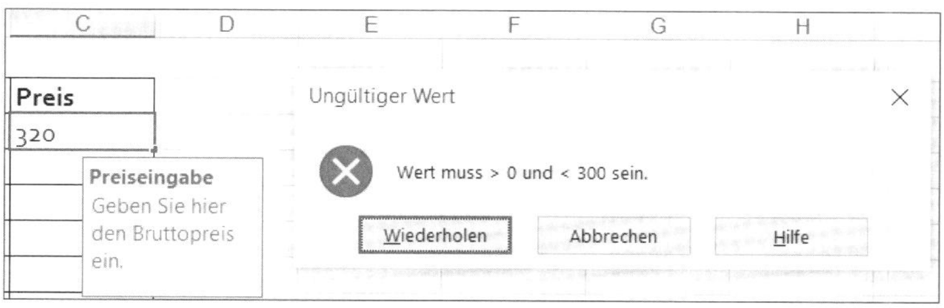

Abbildung 2.36 Fehlermeldung bei einem zu hohen Preis

2.5.2 Markieren falscher Daten

Wenn Sie »ungültige« Daten über die Optionen **Warnung** oder **Informationen** zugelassen haben, bietet Ihnen das Menü zur Schaltfläche **Start ▸ Datentools ▸ Datenüberprüfung** die Option **Ungültige Daten einkreisen**, mit der die entsprechenden Zellen später rot markiert werden können. Mit der Option darunter – **Gültigkeitskreise löschen** – kann die Fehlerkennzeichnung wieder gelöscht werden.

Abbildung 2.37 Markierte ungültige Daten

Gültigkeitsregeln können auch für Zellen festgelegt werden, die nicht zur Eingabe, sondern zur Berechnung verwendet werden. Überschreitet der berechnete Wert etwa ein bestimmtes Maximum, wird die Zelle bei der Überprüfung rot eingekreist.

2.5.3 Eingabelisten

Zur Datenüberprüfung lassen sich auch Listen verwenden, aus denen die möglichen Eingaben ohne Eintippen übernommen werden können. In der abgebildeten Preisliste sind als Gebindeeinheit normalerweise nur *m*, *cm* und *Stck* zugelassen. Dies erreichen Sie, wenn Sie auf dem Register **Einstellungen** unter **Zulassen** den Eintrag **Liste** wählen.

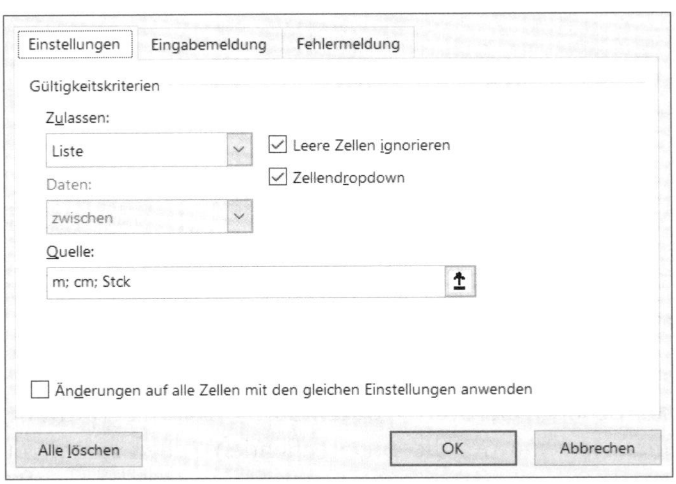

Abbildung 2.38 Eintrag einer Liste erlaubter Werte

Die Liste selbst kann unter **Quelle** eingetragen werden: *m; cm; Stck* – das genügt in diesem Fall. Anstelle des Eintrags der möglichen Werte kann auch ein Verweis auf einen Zellbereich verwendet werden, in dem sich eine entsprechende Liste befindet. Am besten nehmen Sie dazu den Namen eines benannten Bereichs, damit der Bezug bei einer Vergrößerung der Liste nicht neu eingetragen werden muss. Wird eine Zelle ausgewählt, für die eine solche Gültigkeitsregel festgelegt ist, erscheint eine kleine Schaltfläche, mit der die Liste der möglichen Einträge geöffnet werden kann. Es reicht dann ein Klick auf den gewünschten Eintrag, um ihn zu übernehmen. Voraussetzung ist allerdings, dass auf der Registerkarte **Einstellungen** die Option **Zellendropdown** abgehakt bleibt.

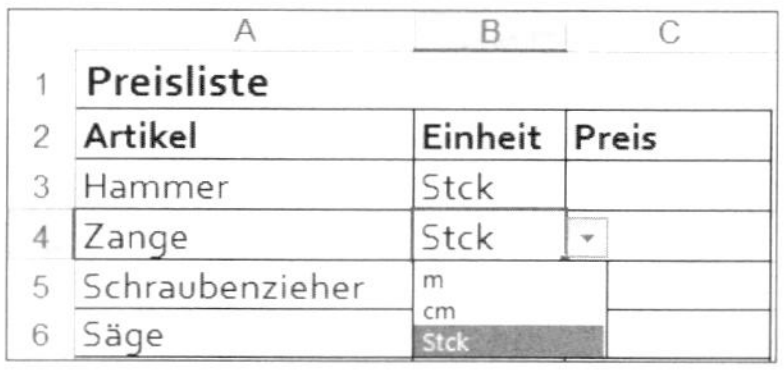

Abbildung 2.39 Markierte Zelle mit geöffneter Liste

2.5.4 Prüfungen per Formel

Zusätzlich zur Einschränkung der Eingaben auf bestimmte Werte, Datumsangaben oder Zeitangaben gibt es auch die Möglichkeit, Formeln zur Prüfung auf Gültigkeit hin zu verwenden. Wenn Sie z. B. die Eingabe von Werten über einen variierbaren Grenzwert in einer anderen Spalte kontrollieren wollen, können Sie die Zelle mit diesem Grenzwert entsprechend benennen und auf dem Register **Einstellungen** unter **Zulassen** die Option **Benutzerdefiniert** wählen. Unter **Formel** kann dann z. B. `=B3 <= Grenzwert` eingetragen werden, falls die Spalte ab A3 beginnt. Für den Fall der Grenzüberschreitung geben Sie unter **Fehlermeldung** einen passenden Hinweis wie *Wert zu hoch* ein, um eine Neueingabe zu veranlassen.

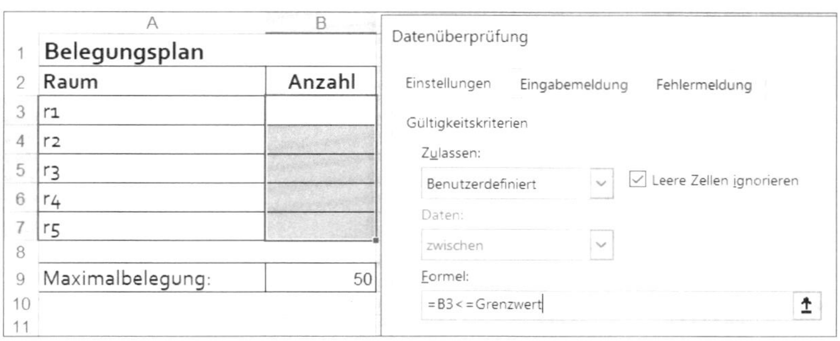

Abbildung 2.40 Datenkontrolle über eine Formel

2.5.5 Regeln ändern oder löschen

Soll eine Gültigkeitsregel geändert werden, ist es nicht nötig, zunächst wieder alle Zellen zu markieren, für die die bisherige Gültigkeitsregel gilt. Es reicht, wenn Sie eine davon betroffene Zelle auswählen.

1. Wählen Sie wieder **Daten ▸ Datentools ▸ Datenüberprüfung**, und ändern Sie die entsprechenden Einträge im Dialogfeld.
2. Haken Sie das Kontrollkästchen bei **Änderungen auf alle Zellen mit den gleichen Einstellungen anwenden** ab.

Excel überträgt die neue Regel auf alle Zellen, für die die alte Regel galt. Sollen Regeln ganz gelöscht werden, klicken Sie im Dialogfeld auf die Schaltfläche **Alle löschen**.

2.5.6 Regeln übertragen

Wenn Sie eine Gültigkeitsregel auf weitere Bereiche ausdehnen wollen, markieren Sie die Zellen, für die die Regel bisher galt, und zusätzlich die Zellen, auf die die Regel ausgedehnt werden soll. Wenn Sie dann erneut **Datenüberprüfung** verwenden, werden Sie gefragt, ob Sie die Gültigkeitsprüfung auf die neuen Zellen ausdehnen wollen. Antworten Sie mit **Ja**, und bestätigen Sie nur noch die Daten im Dialogfeld. Auch beim Verschieben oder Kopieren von Zellen werden vorhandene Regeln mitgenommen. Mit dem Ausfüllkästchen oder dem Symbol **AutoAusfüllen** kann eine Gültigkeitsregel auf benachbarte Zellen ausgeweitet werden.

2.6 Arbeitsblätter neu organisieren und umbauen

Im Gegensatz zu Zeichen, die Sie auf ein Blatt Papier schreiben, »kleben« die Zeichen im Tabellenblatt nicht an der Zelle fest. Sie brauchen weder Schere noch Klebstoff, um den Aufbau einer Tabelle zu ändern.

2.6.1 Zellbereiche umordnen oder kopieren

Um Beschriftungen, Werte oder Formeln neu anzuordnen, bietet Excel die Operation **Verschieben** an. Die Daten werden an der alten Position gelöscht und erscheinen an der neuen. Ebenso fundamental für die Arbeit in einem Arbeitsblatt ist die Operation **Kopieren**. Sie kann immer angewendet werden, wenn Daten an mehreren Stellen benötigt werden, insbesondere jedoch, um aus einer Formel strukturgleiche Formeln zu erzeugen. Das Kopieren lohnt sich oft auch, wenn die Kopie nachträglich noch etwas überarbeitet werden muss.

Sowohl beim **Verschieben** als auch beim **Kopieren** werden normalerweise neben dem Zellinhalt auch das Format der betroffenen Zellen und eventuell vorhandene Kommentare mitgenommen. Beim Kopieren ist es aber ebenso möglich, Inhalt, Format und Kommentare getrennt zu behandeln.

Zelleinträge mit der Maus verschieben

Die einfachste Methode, Inhalt und Format einer Zelle oder eines markierten Bereichs an eine andere Position zu verschieben, ist Drag & Drop.

1. Setzen Sie den Zellzeiger auf den Markierungsrahmen, sodass er die Form eines Pfeils mit einem Pfeilkreuz annimmt.

2. Drücken Sie die linke Maustaste, und ziehen Sie den Rahmen an die Zielposition. Zur Kontrolle erscheint immer die gerade erreichte Zelladresse.

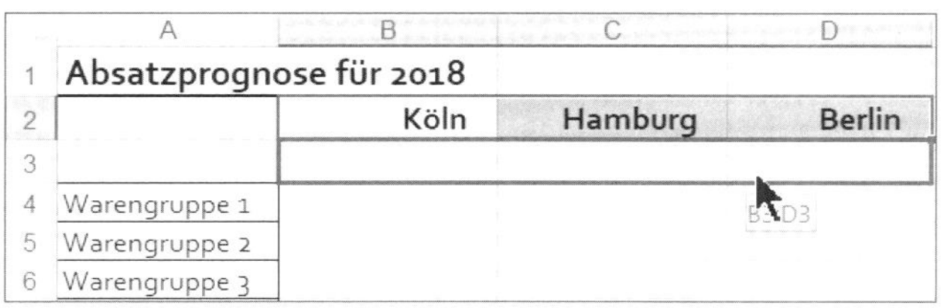

3. An der Zielposition lassen Sie die Maustaste los.

Wenn Sie über den Fensterrand hinausziehen, rollt das Fenster in die entsprechende Richtung. Auch ganze Zeilen oder Spalten lassen sich mit dieser fixen Methode verschieben. Sie müssen dafür nur die entsprechenden Zeilen- oder Spaltenköpfe markieren und den Rahmen ziehen. Auf diese Weise kann etwa die Reihenfolge der Spalten in einer Tabelle in wenigen Sekunden geändert werden. Befinden sich an der Zielposition bereits Daten, fragt Excel vorsichtshalber nach, ob diese Zellen überschrieben werden sollen.

Versetzen und einfügen

Wenn Sie Zellinhalte an einen Ort verschieben wollen, an dem für diese Zellinhalte durch das Einfügen neuer Zellen erst Platz geschaffen werden muss, können Sie auch diese Operation mit der Maus in einem Zug ausführen.

Angenommen, Sie haben eine Tabelle, in der die Werte für das erste Quartal für zwei Jahre zunächst als Block nebeneinanderstehen. Zum besseren Vergleich sollen die Spalten so umgeordnet werden, dass die Werte für den Vergleichsmonat nebeneinanderstehen.

1. Um dies zu erreichen, markieren Sie jeweils die Monatsspalte, die verschoben werden soll.
2. Setzen Sie den Zellzeiger auf den Markierungsrand, halten Sie die [⇧]-Taste gedrückt, und ziehen Sie mit dem Mauszeiger an die Zielposition.

	A	B	C	D	E	F
11	Absatzentwicklung					
12		Jan 17	Feb 17	Mrz 17	1. Quartal 2017	Jan 18
13	Produkt 1	10000	12000	12000	34000	11000
14	Produkt 2	12000	14400	17280	43680	11000
15	Produkt 3	13000	15600	18720	47320	13000
16	Produkt 4	11000	13200	15840	40040	12000
17	Produkt 5	10000	12000	14400	36400	14000

3. Am Mauszeiger erscheint ein I-Baum, den Sie genau auf die Spaltenlinie setzen müssen, an der die Zellen eingefügt werden sollen.

Sobald Sie die Maustaste loslassen, werden die Daten am Ursprungsort entfernt und erscheinen im Einfügebereich. Die bisherigen Daten werden nach rechts versetzt.

Verschieben auf andere Blätter oder Mappen

Um einen Bereich auf ein anderes Blatt zu verschieben, verfahren Sie folgendermaßen:

1. Markieren Sie den Bereich.
2. Halten Sie die [Alt]-Taste gedrückt, und ziehen Sie den Bereich am Rahmen auf das Register des Blatts, das den Bereich aufnehmen soll.
3. Das Blatt wird zum aktiven Blatt, und Sie können den markierten Bereich dorthin bewegen, wo er abgelegt werden soll.

Das Verschieben von Zellen mit der Maus ist in Excel nicht auf das aktive Arbeitsblatt beschränkt. Soll ein Bereich aus einer Arbeitsmappe in eine andere gezogen werden, sollten Sie die Fenster der beiden Mappen so anordnen, dass die Blattregister beider Mappen sichtbar sind. Um den Bereich zu verschieben, können Sie den markierten Zellbereich am Rahmen direkt in die andere Arbeitsmappe ziehen.

2.6.2 Verschieben über die Zwischenablage

Bei großen Bereichen ist es meist praktischer, sie mit **Ausschneiden** und **Einfügen** zu verschieben. Diese beiden Befehle benutzen die Zwischenablage von Windows. Am schnellsten geht das mit der Schaltfläche **Ausschneiden** und der Schaltfläche **Einfügen** in der Gruppe **Start ▶ Zwischenablage** oder mit [Strg]+[X] und [Strg]+[V]:

1 Markieren Sie den Zellbereich, der verschoben werden soll, und klicken Sie auf **Ausschneiden ❶**. Excel kopiert die markierten Daten in die Zwischenablage und umgibt die Markierung mit einem Laufrahmen.

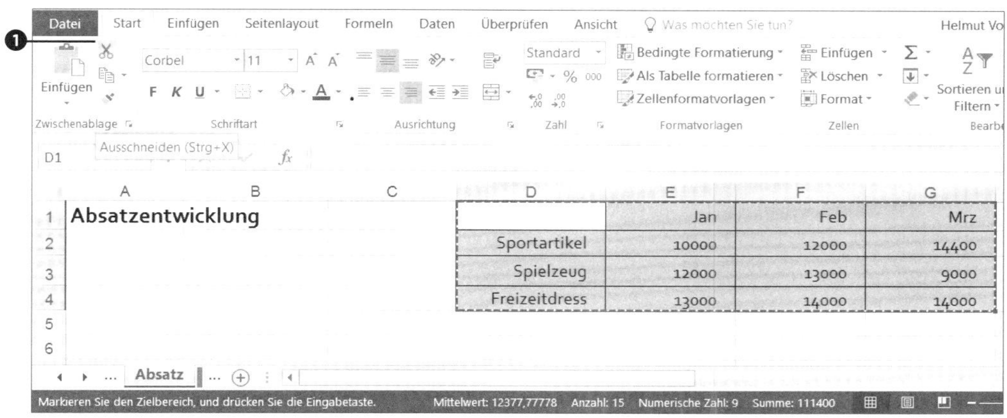

2 Wählen Sie die linke obere Zelle des Einfügebereichs oder den gesamten Einfügebereich. Auch Überschneidungen mit dem Quellbereich sind erlaubt, wenn als Ziel die Eckzelle oder ein gleich großer Bereich angegeben wird. Liegt der Zielbereich auf einem anderen Blatt, wählen Sie vorher das jeweilige Blattregister. Liegt er in einer anderen Datei, wählen Sie das entsprechende Fenster. Sie können Ihre Auswahl so lange korrigieren, bis sie stimmt. Wenn Sie den Vorgang abbrechen wollen, drücken Sie [Esc].

3 Schließen Sie die Verschiebung mit **Einfügen** ❷ oder mit [↵] ab.

Muss am Einfügebereich erst Platz geschaffen werden, klicken Sie den Zielbereich mit rechts an und wählen **Ausgeschnittene Zellen einfügen**. Dieser Befehl wird nur angeboten, wenn sich ausgeschnittene Daten in der Zwischenablage befinden. Wenn es mehr als eine Möglichkeit zum Einfügen gibt, erscheint ein kleines Dialogfeld. Darin können Sie entscheiden, ob die bisherigen Zellinhalte an der Einfügestelle nach rechts oder nach unten verschoben werden sollen.

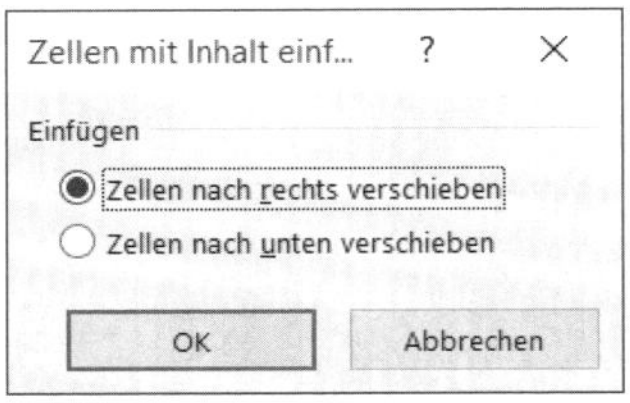

Abbildung 2.41 Das Dialogfeld »Zellen mit Inhalt einfügen«

2.6.3 Verschieben mit der Tastatur

Wer die Maus nicht einsetzt, kann auch per Tastatur verschieben. Sie markieren den Bereich und verwenden [⇧]+[Entf]. Anschließend setzen Sie die aktive Zelle auf die linke obere Ecke des Einfügebereichs. Nun müssen Sie nur noch mit [↵] bestätigen.

2.6.4 Verschieben auf dem Touchscreen

Bereiche lassen sich zwar im Modus **Fingereingabe** leicht aufziehen oder nachträglich in der Größe ändern. Sie lassen sich aber nicht mit dem Finger verschieben. Dafür bleibt aber der Weg über die Zwischenablage:

1. Berühren Sie den markierten Bereich, bis das Kontextmenü erscheint.
2. Tippen Sie auf **Ausschneiden**.
3. Tippen Sie zweimal auf die Eckzelle des Zielbereichs. Wählen Sie im Kontextmenü **Einfügen**.

Der Zielbereich bleibt in diesem Fall markiert, sodass Sie gleich weitere Befehle darauf anwenden können.

Wenn Sie dagegen mit einem Surface-Stift arbeiten, können Sie mit der Stiftspitze wie mit dem Mauszeiger arbeiten und einen markierten Zellbereich an eine andere Stelle ziehen. Für das Kopieren gilt das Gleiche, wenn Sie dabei `Strg` gedrückt halten.

2.6.5 Kopieren in Nachbarzellen

Für das Kopieren von Zellen gibt es verschiedene Verfahren. Es kommt oft vor, dass ein Wert oder eine Formel in die angrenzenden Zellen kopiert werden soll. Das Kopieren mithilfe des Ausfüllkästchens oder des Symbols **AutoAusfüllen** auf dem Touchscreen ist schon angesprochen worden. Sie können auch die Symbole unter **Start ▸ Bearbeiten ▸ Ausfüllen** verwenden.

In diesem Fall markieren Sie erst den Bereich mit den zu kopierenden Inhalten und den Zielbereich als Block und wählen anschließend aus dem Menü zu **Ausfüllen** das Symbol mit der passenden Kopierrichtung. Soll ein einzelner Zellwert nur in die rechts daneben- oder darunterliegende Zelle kopiert werden, genügt es, erst die leere Zielzelle auszuwählen und dann das entsprechende Pfeilsymbol zu verwenden.

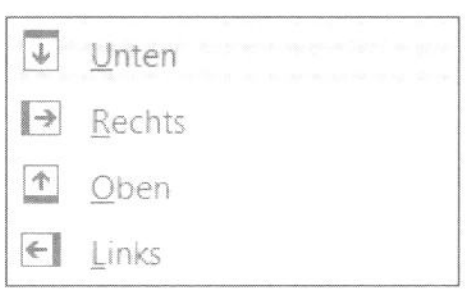

Abbildung 2.42 Richtungssymbole im Menü »Ausfüllen«

Um mit der Maus zu kopieren, wählen Sie die Zelle aus, die kopiert werden soll, und ziehen das Ausfüllkästchen über die Zellen in der Zeile oder der Spalte, die mit Kopien gefüllt werden sollen. Ebenso können Sie mehrere Zellen gleichzeitig kopieren, die in einer Zeile oder Spalte oder einem Zellbereich liegen.

Im Abschnitt über Datenreihen ist bereits beschrieben worden, dass Excel beim Ziehen des Ausfüllkästchens oder des Symbols **AutoAusfüllen** gleichsam darauf lauert, ob es einen Anlass findet, eine Reihe zu bilden. Wo das nicht möglich ist, wird einfach kopiert. Das ist der Fall bei Formeln, bei einzelnen Zahlen und bei Texten, sofern sie über keinen Zähler am Anfang oder am Ende verfügen. Aber selbst wenn eine Reihenbildung möglich ist, können Sie mithilfe der Auto-Ausfülloption **Zellen kopieren** auch nachträglich noch erreichen, dass nur kopiert wird. Alternativ dazu können Sie beim Ziehen die `Strg`-Taste festhalten.

2.6.6 Kopieren mit Bezug auf die Nachbarspalte

Für das Kopieren von Formeln ist die Möglichkeit besonders interessant, den Inhalt einer Zelle so weit nach unten zu kopieren, wie die linke oder die rechte Nachbarspalte reicht. Ein typisches Beispiel sind Quersummen wie in Abbildung 2.43.

	A	B	C	D	E
1	**Absatzentwicklung**				
2					
3		Jan	Feb	Mrz	1. Quartal
4	Sportartikel	10000	12000	14400	36400
5	Spielzeug	12000	13000	9000	34000
6	Freizeitdress	13000	14000	14000	41000

Abbildung 2.43 Erste Quersumme per Doppelklick kopieren

Hier sollen jeweils die Werte von drei Monaten addiert werden. Entwickeln Sie die erste Formel, und lassen Sie die Zelle markiert. Klicken Sie doppelt auf das Ausfüllkästchen. Die Formel wird so weit nach unten kopiert, wie Werte in der Spalte D vorhanden sind.

2.6.7 Kopieren in nicht angrenzende Zellen

Sollen Daten in nicht angrenzende Zellen kopiert werden, können Sie innerhalb des Arbeitsblatts ebenfalls mit der Maus arbeiten. Sie markieren die Originalzellen und ziehen den Rahmen, wobei Sie gleichzeitig die `Strg`-Taste gedrückt halten. Sobald Sie loslassen, erscheint die Kopie am neuen Ort. Überragt der Zielbereich den Bildschirmausschnitt, ziehen Sie ein wenig über die Bildlaufleiste hinaus. Der Bildschirmausschnitt wird so lange verschoben, bis Sie die Maustaste loslassen.

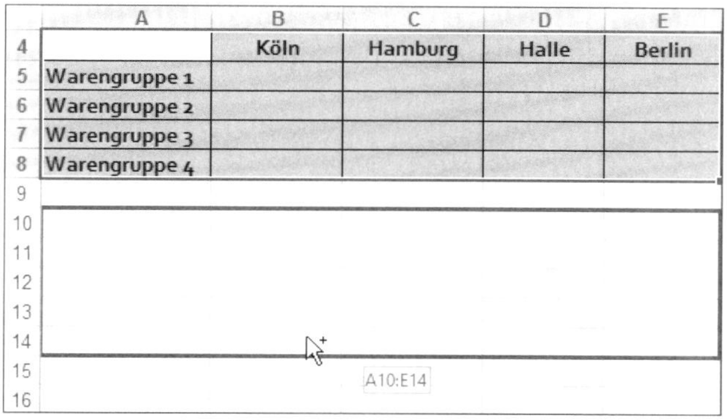

Abbildung 2.44 Kopieren von Beschriftungen

2.6.8 Kopieren und einfügen

Normalerweise wird beim Kopieren der Zielbereich durch die Kopie überschrieben. Es ist jedoch auch möglich, vorher Platz für die Kopie zu schaffen. Halten Sie beim Ziehen des Bereichsrahmens gleichzeitig die beiden Tasten [⇧] und [Strg] fest. Der Mauszeiger erscheint als I-Baum. Sie müssen diesen I-Baum genau zwischen die Spalten bzw. Zeilen setzen, wo die neuen Zellen eingefügt und mit den Daten aus dem Quellbereich gefüllt werden sollen. Steht der I-Baum auf einer Spaltenlinie, werden die bisherigen Daten nach rechts verschoben, steht er auf einer Zeilenlinie, werden sie nach unten verschoben.

2.6.9 Kopieren auf andere Blätter oder Mappen

Auch das Kopieren von Zellen mit der Maus ist in Excel nicht auf das aktive Arbeitsblatt beschränkt. Um einen Bereich auf ein anderes Blatt zu kopieren, verfahren Sie folgendermaßen:

1. Markieren Sie den Bereich.
2. Halten Sie die [Alt]-Taste und zusätzlich die [Strg]-Taste gedrückt, und ziehen Sie den Bereich am Rahmen in das Register des Blatts, das die Kopie des Bereichs aufnehmen soll.
3. Das Blatt wird zum aktiven Blatt, und Sie können den markierten Bereich dorthin bewegen, wohin er kopiert werden soll.

Um einen Bereich aus einer Arbeitsmappe in eine andere zu kopieren, können Sie direkt den markierten Zellbereich am Rahmen in die andere Arbeitsmappe ziehen. Sie müssen dabei nur [Strg] gedrückt halten.

TIPP

Drag & Drop abschalten

Über **Datei ▸ Optionen ▸ Erweitert ▸ Bearbeitungsoptionen** kann die Option **Ausfüllkästchen und Drag & Drop von Zellen aktivieren** auch abgeschaltet werden. Das ist sinnvoll, wenn Sie z. B. verhindern wollen, dass unerfahrene Anwender in fertigen Arbeitsmappen herumexperimentieren.

2.6.10 Kopieren über die Zwischenablage

Wie beim Verschieben kann auch beim Kopieren der Weg über die Zwischenablage gewählt werden. Normalerweise kombinieren Sie dabei die Schaltflächen **Kopieren** ❶ und **Einfügen** ❷ aus der Gruppe **Start ▸ Zwischenablage** oder drücken die Tastenkombinationen [Strg]+[C] und [Strg]+[V].

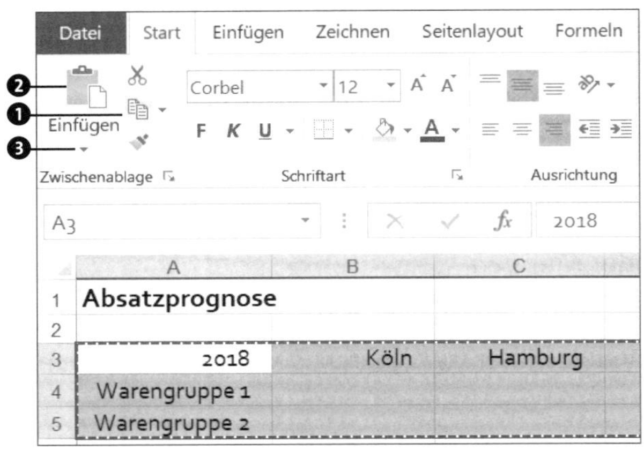

Abbildung 2.45 Kopieren der Auswahl in die Zwischenablage

Ein Klick auf den Pfeil ❸ unten an der Schaltfläche **Einfügen** öffnet in Excel ein umfangreiches Menü mit visuellen Einfügeoptionen. Das Besondere daran ist, dass die Symbole für die verschiedenen Optionen nicht nur optisch andeuten, welche Einfügeoperation angeboten wird, sondern an der Einfügestelle wird auch schon eine Vorschau des Ergebnisses angezeigt.

Sie fahren mit dem Mauszeiger über die verschiedenen Symbole oder halten den Stift darüber und können in Ruhe prüfen, welches Einfügeergebnis am besten passt. Erst wenn Sie ein Symbol anklicken oder antippen, wird das Einfügen vorgenommen. Am Ende des Zielbereichs erscheint dann noch einmal ein Symbol, das dieselben Einfügeoptionen anbietet, sodass der Vorgang nachträglich noch einmal korrigiert werden kann, falls versehentlich die falsche Option gewählt wurde. Drücken Sie [↵], um den Vorgang abzuschließen, damit die Markierung des Quellbereichs mit dem Laufrahmen aufgehoben wird.

Das erste Symbol unter **Einfügen** fügt die kopierten Zellen komplett ein, das zweite Symbol übernimmt nur die Formeln, das dritte Formeln und Zahlenformate, das vierte sorgt dafür, dass die ursprüngliche Formatierung beibehalten wird. In der zweiten Zeile wird ein Symbol angeboten, das vorhandene Rahmenlinien im Quellbereich nicht übernimmt, ein Symbol, das dafür sorgt, dass die Spaltenbreite aus dem Quellbereich auch in den Zielbereich übernommen wird, und schließlich ein Symbol, das die Tabelle »kippt« (Spalten und Zeilen tauschen ihren Platz), wie es die Vorschau in Abbildung 2.46 zeigt.

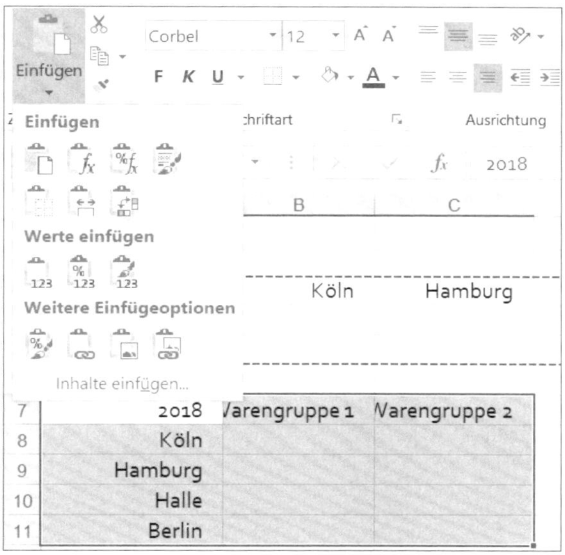

Abbildung 2.46 Vorschau zur Option »Transponieren«

Die zweite Gruppe ist mit **Werte einfügen** überschrieben. Das erste Symbol übernimmt nur die Werte in den Zielbereich. Das ist praktisch, wenn Sie anstelle von Formeln nur die Werte kopieren wollen. Das zweite Symbol übernimmt zusätzlich zu den Werten auch das Zahlenformat aus dem Quellbereich, das dritte Symbol übernimmt die komplette Formatierung des Quellbereichs, also auch Rahmen oder Hintergrundfarben etc.

Die dritte Gruppe **Weitere Einfügeoptionen** bietet zunächst ein Symbol an, mit dem nur die Formatierung übernommen wird. Das zweite Symbol bewirkt eine Verknüpfung zwischen Quell- und Zielbereich, sodass Änderungen im Quellbereich auch im Zielbereich übernommen werden. Dieses Thema wird in Kapitel 3, »Mit Formeln arbeiten«, noch im Detail behandelt. Das dritte Symbol macht einen Snapshot aus dem kopierten Bereich und fügt diesen als grafisches Objekt in die Tabelle ein, das vierte Symbol sorgt für ein verknüpftes Abbild des Quellbereichs. Dieses Thema wird uns in Kapitel 10, »Tabellenblätter grafisch aufbereiten«, beschäftigen.

Angehängt ist noch die Option **Inhalte einfügen**, die einige der beschriebenen Optionen im Dialogfeld anbietet. Zusätzlich sind über diesen Dialog noch ein paar Operationen möglich, die manchmal ganz hilfreich sein können, etwa die Anwendung von Rechenoperationen auf alle Zellen eines Zielbereichs. Darüber erfahren Sie in Kapitel 5, »Auswertung und Prognose«, mehr.

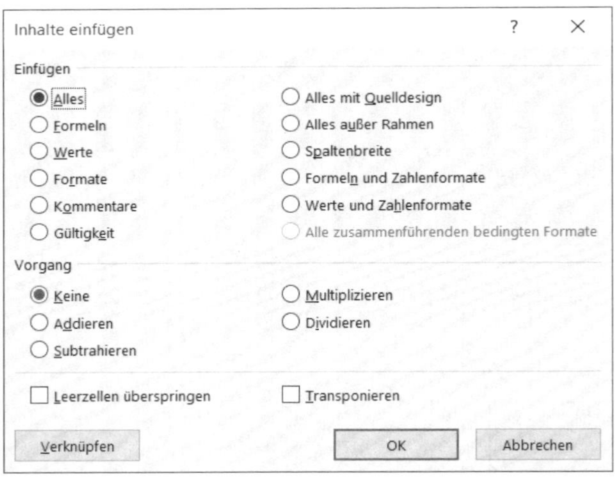

Abbildung 2.47 Der Dialog »Inhalte einfügen«

Wenn Sie das Menü der Schaltfläche **Einfügen** auf einem Touchscreen im Modus **Fingereingabe** öffnen, zeigt Excel ein vertikales Menü mit größeren Abständen für die verschiedenen Optionen, damit Sie die Befehle leichter treffen können (Abbildung 2.48). Eine Livevorschau steht hier aber nicht zur Verfügung. Da aber nach dem Einfügen mit einer der Optionen normalerweise noch einmal die Schaltfläche **Einfügeoptionen** angeboten wird, lässt sich ein Fehler beim Einfügen schnell wieder korrigieren. Auch dieses Menü ist vertikal angeordnet. Bestätigen Sie das Einfügen mit [↵].

Abbildung 2.48 Das Menü der Schaltfläche »Einfügen« auf dem Touchscreen

Mehrfach aus der Zwischenablage einfügen

Die Kopie über die Zwischenablage erlaubt auch, die dort zwischengespeicherten Daten nacheinander an beliebig vielen Stellen einzufügen. Die Abfolge der Schritte ist dabei folgende:

1. Sie markieren die Zelle oder den Zellbereich, der kopiert werden soll.
2. Mit **Kopieren** kopiert Excel die markierten Daten in die Zwischenablage und umgibt die Markierung mit einem Laufrahmen.
3. Markieren Sie die linke obere Zelle des Einfügebereichs oder den gesamten Einfügebereich. Liegt dieser auf einem anderen Blatt, wählen Sie vorher das entsprechende Blattregister. Liegt er in einer anderen Datei, wählen Sie das jeweilige Fenster. Sie können Ihre Auswahl so lange verändern, bis sie korrekt ist. Wenn Sie den Vorgang abbrechen wollen, drücken Sie [Esc].

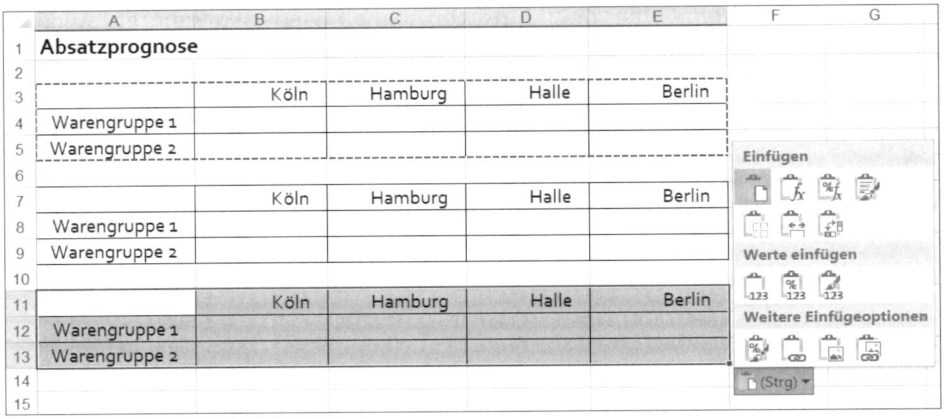

4 Kopieren Sie die Daten aus der Zwischenablage mithilfe der Schaltfläche **Einfügen**, also ohne das Menü der Schaltfläche zu öffnen. Excel fügt den Zellbereich aus der Zwischenablage komplett ein, bietet aber wieder am Ende des Einfügebereichs die Schaltfläche **Einfügeoptionen** an. Ein Klick oder Tipp öffnet das Menü, um die Art des Kopierens zu korrigieren.

5 Wünschen Sie eine weitere Kopie, wählen Sie den nächsten Zielbereich und fügen die Daten dort wieder mit **Einfügen** ein, ansonsten schließen Sie mit [↵] ab.

Über **Datei ▸ Optionen ▸ Erweitert** können die Optionsschaltflächen, die beim Ausschneiden, Kopieren und Einfügen von Daten oder Zellen angeboten werden, auch abgeschaltet werden, falls sie Ihnen eher lästig sind.

Wenn als Zielbereich nicht nur eine Zelle, sondern ein Bereich angegeben wird, hängt das Verhalten von Excel davon ab, wie der Originalbereich aussieht. Abbildung 2.49 zeigt einige Beispiele, wobei das Original jeweils grau hinterlegt ist.

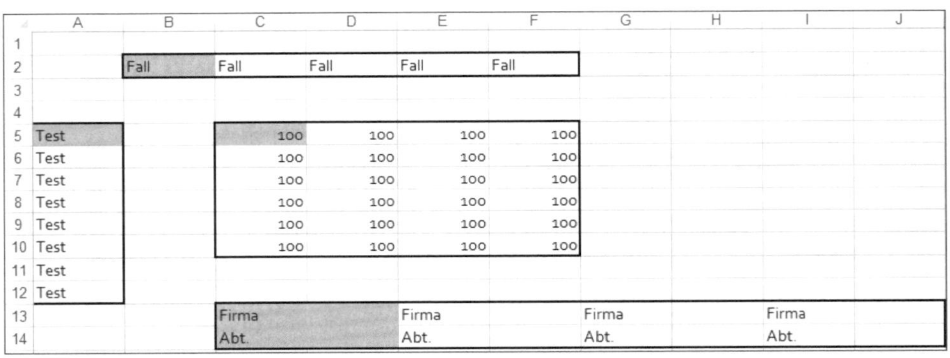

Abbildung 2.49 Original und Kopie(n)

Wenn der Ausgangsbereich mehr als eine Zelle umfasst, muss der Zielbereich eine der folgenden Bedingungen erfüllen:

- Als Zielbereich wird nur die linke obere Eckzelle angegeben. Bei einspaltigen Ausgangsbereichen sind auch mehrere Startzellen in einer Zeile erlaubt, bei einzeiligen Ausgangsbereichen mehrere Startzellen in einer Spalte.
- Die Anzahl der Zeilen ist gleich.
- Die Anzahl der Spalten ist gleich.
- Der Zielbereich ist genauso groß wie der Ausgangsbereich.
- Der Zielbereich ist so groß, dass er mehrfach durch den Ausgangsbereich gefüllt werden kann.

Wenn keine dieser Bedingungen erfüllt ist, erhalten Sie eine Fehlermeldung und sollten den Zielbereich korrigieren.

Beim Einfügen Platz schaffen

Enthält der Zielbereich bereits Daten, können die Daten an der Einfügestelle nach rechts oder nach unten verschoben werden. Verwenden Sie dazu anstelle des Befehls **Einfügen** den Befehl **Kopierte Zellen** aus dem Kontextmenü des Zielbereichs. In dem kleinen Dialogfeld wählen Sie, wohin die an der Einfügestelle vorhandenen Daten gerückt werden sollen, nach rechts oder nach unten.

Kopieren von Mehrfachbereichen

Während der Befehl **Ausschneiden** für Mehrfachbereiche nicht zur Verfügung steht, können solche Bereiche durchaus über die Zwischenablage kopiert werden. Allerdings besteht eine Einschränkung: Die einzelnen Teile des Mehrfachbereichs müssen eine gemeinsame Dimension haben – entweder die Breite oder die Höhe – und parallel zueinander sein, also bei gleicher Höhe in derselben Zeile oder bei gleicher Breite in derselben Spalte beginnen. Beim Einfügen werden die Teilbereiche nebeneinander oder untereinander eingefügt. Abbildung 2.50 zeigt ein Beispiel.

	Artnr	Bezeichnung	Absatz	Umsatz Vorjahr	Umsatz	Veränderung		Artnr	Absatz	Umsatz
4	Artnr	Bezeichnung	Absatz	Umsatz Vorjahr	Umsatz	Veränderung		Artnr	Absatz	Umsatz
5	7777	Jalousie Ccxs	1200	217.800 €	237.600 €	+9,09%		7777	1200	237.600 €
6	7778	Jalousie Ccxx	3300	539.400 €	574.200 €	+6,45%		7778	3300	574.200 €
7	7774	Jalousie Vvxx	4000	792.000 €	880.000 €	+11,11%		7774	4000	880.000 €

Abbildung 2.50 Kopieren bei Mehrfachauswahl

2.6.11 Kopieren in mehrere Blätter

Eine spezielle Möglichkeit des Kopierens existiert, wenn mehrere Blätter gleichzeitig ausgewählt sind. Dann kann ein markierter Bereich im aktiven Blatt gleichzeitig in die entsprechenden Bereiche der anderen ausgewählten Blätter kopiert werden. Stellen Sie zunächst die Blätter zusammen, die zu der Blattgruppe gehören. Wählen Sie dann den Zellbereich, der kopiert werden soll. Kopieren Sie ihn in die Zwischenablage. Nun müssen Sie nur noch den Befehl **Start ▸ Bearbeiten ▸ Ausfüllen ▸ Über Arbeitsblätter** aufrufen. In dem kleinen Dialogfeld können Sie auswählen, was kopiert werden soll: der Zellinhalt, das Format oder beides.

Verschieben und kopieren mit dem Kontextmenü

Die bisher beschriebenen Möglichkeiten, zu verschieben, zu kopieren und einzufügen, werden auch über die Kontextmenüs der betroffenen Zellbereiche angeboten.

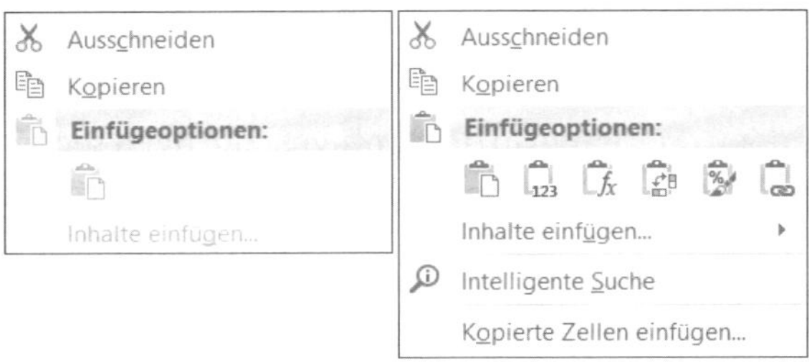

Abbildung 2.51 Kontextmenüs des Quell- und des Zielbereichs

Das Menü zu dem markierten Quellbereich deaktiviert die Befehle zum Einfügen. Das Menü zu einem Zielbereich enthält die visuellen Einfügeoptionen und bietet zusätzlich die schon angesprochene Option **Kopierte Zellen einfügen**.

Ergänzend steht für die Mausbedienung noch ein erweitertes Kontextmenü zur Verfügung. Um dieses Menü zu nutzen, markieren Sie die Zellen, die Sie verschieben oder kopieren wollen. Setzen Sie den Zellzeiger auf den Rahmen, und ziehen Sie mit gedrückter rechter Maustaste den Hilfsrahmen an die Zielposition. Dort erscheint das in Abbildung 2.52 gezeigte Menü.

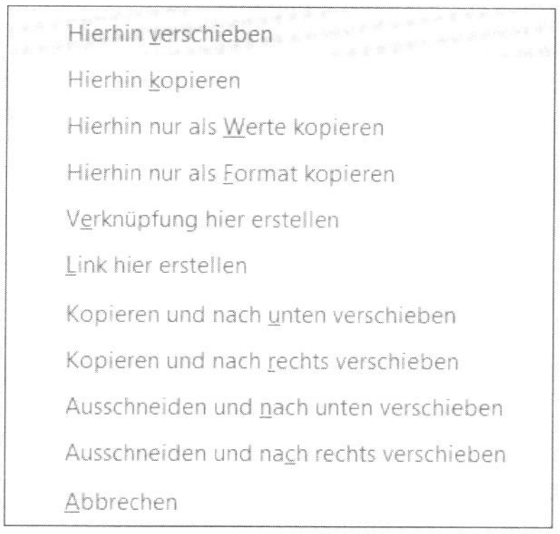

Abbildung 2.52 Kontextmenü für Verschieben und Kopieren

Auf dem Touchscreen sind die Befehle **Einfügen**, **Ausschneiden** und **Kopieren** im horizontalen Teil des Kontextmenüs untergebracht.

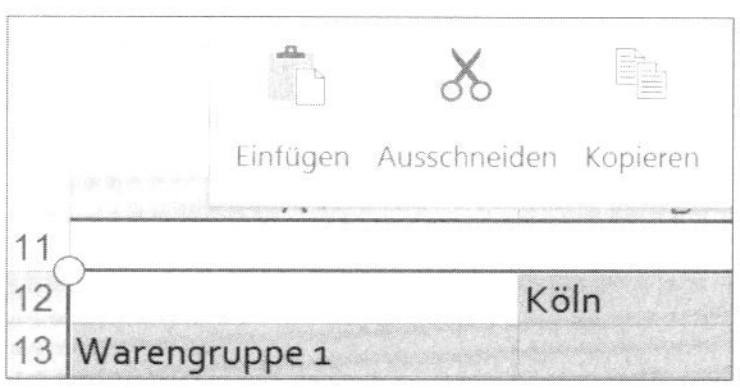

Abbildung 2.53 Die Befehle zum Kopieren, Ausschneiden und Einfügen auf dem Touchscreen

2.6.12 Mehrere Bereiche gleichzeitig kopieren

Eine weitere Arbeitserleichterung beim Aufbau von Kalkulationsmodellen ist die erweiterte Office-Zwischenablage, die bis zu 24 Elemente zwischenspeichern kann. Sie ergänzt die Zwischenablage von Windows, die immer nur ein Element aufnimmt.

Wenn Sie den Aufgabenbereich **Zwischenablage** eingeblendet lassen – ein Klick oder Tipp auf den Dialogfeldstarter in der rechten unteren Ecke der Gruppe **Zwischenablage** blendet ihn ein –, werden alle Elemente, die Sie nacheinander kopieren oder ausschneiden, dort aufgelistet.

Abbildung 2.54 Der Aufgabenbereich »Zwischenablage« mit seinen Optionen

Sie können das Fenster über die Schaltfläche **Optionen** im Aufgabenbereich auch mit der Option **Sammeln ohne Anzeige** ausblenden und die Sammlung der Kopien über ein Symbol in der Taskleiste verfolgen. Ein Klick auf das Symbol öffnet den Aufgabenbereich erneut.

Abbildung 2.55 Das Symbol der erweiterten Zwischenablage in der Taskleiste

Angenommen, Sie wollen Spalten aus einer Tabelle kopieren und an anderer Stelle als Spaltenblock zusammenfügen. Verfahren Sie folgendermaßen:

1. Markieren Sie nacheinander die Spalten, und verwenden Sie jedes Mal den Befehl **Kopieren**.
2. Wenn Sie den Befehl **Kopieren** mehr als einmal verwenden, blendet Excel je nach der über die Schaltfläche **Optionen** gewählten Einstellung automatisch den Aufgabenbereich **Zwischenablage** ein. Der zeigt die aktuellen Elemente der Office-Zwischenablage mit den ersten Daten des Ausschnitts an und für jedes Element ein kleines Menü.

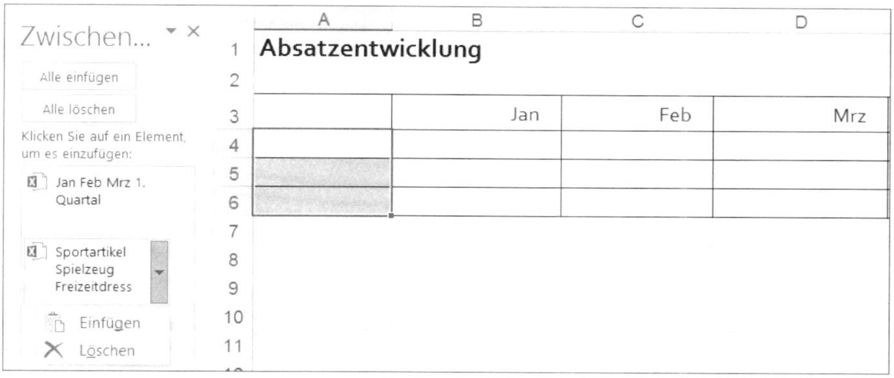

3 Markieren Sie die Zelle, in die das erste Element eingefügt werden soll, und klicken oder tippen Sie dann auf das Element. Verfahren Sie mit den anderen Elementen entsprechend.

4 Zum Abschluss ist es sinnvoll, die Office-Zwischenablage mit der Schaltfläche **Alle löschen** ganz zu bereinigen, um für die nächsten Vorgänge eine saubere Ausgangsposition zu schaffen.

Einzelne Elemente können über das kleine Menü gelöscht werden, das die Schaltfläche am rechten Rand öffnet. Wenn die Zwischenablage bereits 24 Stücke enthält, wird das bisher erste Element durch das neue Element ersetzt. Die Schaltfläche **Alle einfügen** kann verwendet werden, um verschiedene zwischengespeicherte Stücke an einem neuen Ort zusammenzufügen. Excel setzt die Zellbereiche untereinander, sodass eventuell eine Nachbearbeitung nötig ist.

2.6.13 Kopieren von Formaten

Es ist schon angesprochen worden, dass beim Kopieren von Zellbereichen der Inhalt und das Format getrennt behandelt werden können. Normalerweise kopiert Excel Inhalt und Format gleichzeitig, und das ist in den meisten Fällen auch sinnvoll. Manchmal ist es aber praktisch, ein Format getrennt zu kopieren, entweder auf Zellen, die noch leer sind, also vor der Dateneingabe, oder auf Zellen, die bereits gefüllt sind.

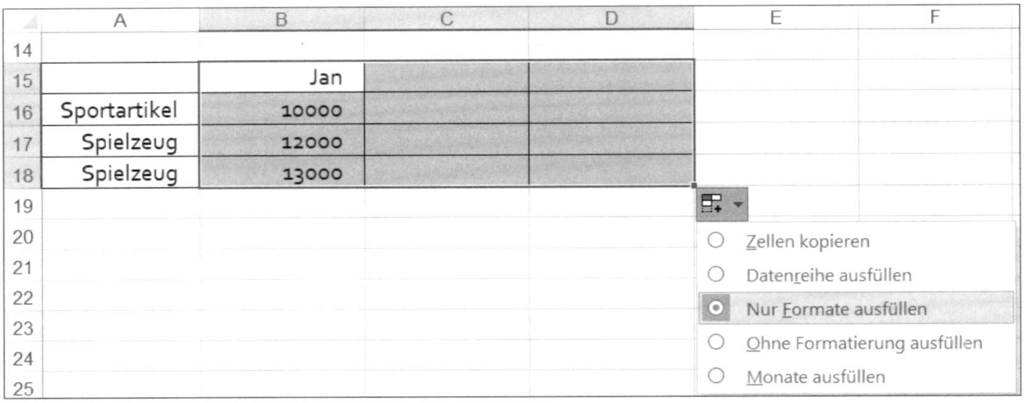

Abbildung 2.56 Kopieren von Formaten

Angenommen, Sie wollen eine Tabelle um drei Spalten erweitern und dabei das Format der bisher letzten Spalte übernehmen. Dann können Sie diese Spalte markieren und das Ausfüllkästchen oder das Symbol **AutoAusfüllen** so viele Spalten nach rechts ziehen, bis alle Spalten eingeschlossen sind, die dieses Format erhalten sollen. Am Ende benutzen Sie über die Schaltfläche **Auto-Ausfülloptionen** die Option **Nur Formate ausfüllen**. Sie löscht die zunächst mitkopierten Inhalte und behält nur die Formate. Beim Einfügen von Zeilen werden entsprechende Optionen angeboten.

Mit Formaten malen

Eine bevorzugte Möglichkeit, Formate an beliebige Stellen zu kopieren, bietet die Schaltfläche mit dem Pinsel, die Sie in der Gruppe **Start ▸ Zwischenablage** unter dem Namen **Format übertragen** finden. Wenn Sie diese Schaltfläche anklicken, kann das Format der aktiven Zelle auf die nächste Zelle oder den Zellbereich übertragen werden, den Sie auswählen. Der Mauszeiger verwandelt sich so lange in ein Kreuz mit einem Pinsel. Wenn Sie die Schaltfläche doppelt anklicken, können Sie den Formatpinsel sogar mehrfach verwenden, und zwar so lange, bis Sie die Schaltfläche erneut anklicken. Wenn Sie häufig mit diesem Befehl arbeiten, ist es ratsam, ihn in die Symbolleiste für den Schnellzugriff einzufügen.

Auch im Modus **Fingereingabe** können Sie mit dem Pinselsymbol arbeiten. Sie tippen die Schaltfläche an und dann die Zelle, die das Format der markierten Zelle oder des Zellbereichs übernehmen soll.

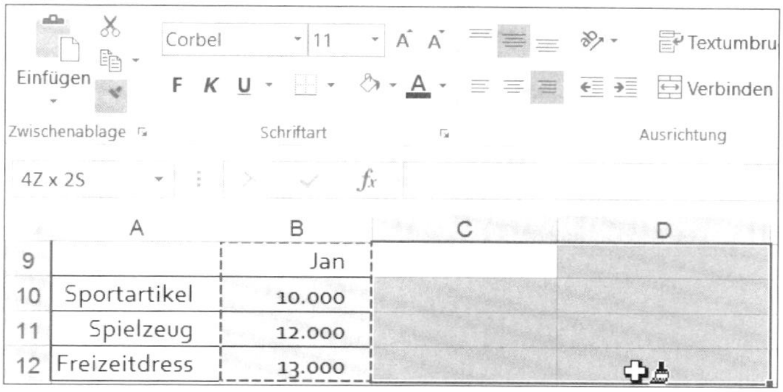

Abbildung 2.57 Formatieren mit dem Pinselsymbol

2.6.14 Transponieren beim Kopieren

Eine spezielle Art des Kopierens von Daten ist das Transponieren, das oben schon kurz angesprochen wurde. Dabei werden Daten, die bisher in Spalten angeordnet waren, auf Zeilen verteilt, Daten aus Zeilen dagegen auf Spalten. Auf diese Weise kann eine Tabelle gewissermaßen gekippt oder gedreht werden. Der Drehpunkt ist jeweils die linke obere Ecke des Bereichs. Zwar stellt Excel mit dem Pivot-Tabellen-Assistenten umfangreiche Möglichkeiten zur Verfügung, Tabellen umzuordnen, aber die Option **Transponieren** hat damit doch nicht ihre Bedeutung verloren. Wenn eine Tabelle z. B. zu sehr in die Breite gewachsen ist, kann sie auf diese Weise sehr einfach umgestülpt werden.

Um Ihnen die Funktion an einem Beispiel zu verdeutlichen, wird eine einfache Quartalsauswertung verwendet. Dabei sind die Daten für eine Warengruppe jeweils in einer Zeile zusammengestellt. Es ist möglich, diese Anordnung zu kippen, sodass die Werte pro Warengruppe spaltenweise angeordnet sind:

1. Markieren Sie den gesamten Tabellenbereich, und kopieren Sie ihn in die Zwischenablage.
2. Nun müssen Sie nur die Eckzelle der neuen Tabelle markieren und die Option **Transponieren** aus dem Menü der Schaltfläche **Einfügen** aufrufen.
3. Heben Sie mit `Esc` die Auswahl des Ursprungsbereichs wieder auf.

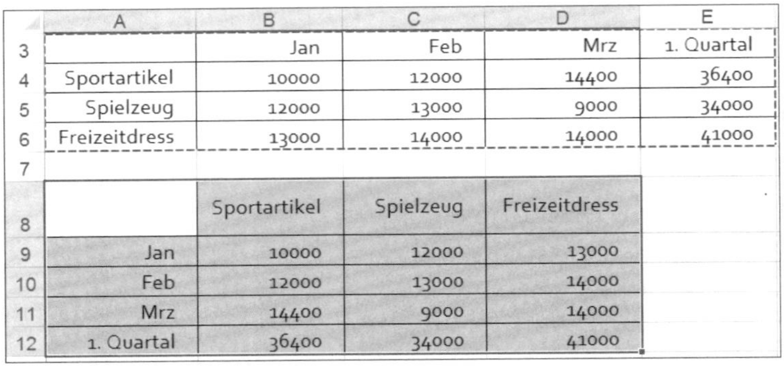

	A	B	C	D	E
3		Jan	Feb	Mrz	1. Quartal
4	Sportartikel	10000	12000	14400	36400
5	Spielzeug	12000	13000	9000	34000
6	Freizeitdress	13000	14000	14000	41000
7					
8		Sportartikel	Spielzeug	Freizeitdress	
9	Jan	10000	12000	13000	
10	Feb	12000	13000	14000	
11	Mrz	14400	9000	14000	
12	1. Quartal	36400	34000	41000	

Abbildung 2.58 Transponieren einer Tabelle

2.6.15 Löschen und Einfügen von Zellen

Es ist nicht nur möglich, Inhalt und Format einer Zelle zu löschen, sondern auch die Zelle selbst. Allerdings ist diese Ausdrucksweise nicht präzise, denn in Wirklichkeit werden nur die Inhalte der umliegenden Zellen so verschoben, dass die durch das Löschen entstandene Lücke geschlossen wird. Wenn Sie in dem abgebildeten Beispiel die Zelle B3 löschen, verhält sich Excel aber zunächst so, als ob es B3 nicht mehr gäbe. Die Formel in C3, die sich bisher auf B3 bezog, verliert ebendiesen Bezug und reagiert mit der Fehlermeldung `#Bezug!`. Die Zelle wird mit einem entsprechenden Fehlerhinweis versehen. Gemeint ist also damit, dass der bisherige Bezug zerstört ist, denn wenn Sie den Bezug auf B3 erneut eingeben, arbeitet die Formel wieder korrekt.

Wird eine Spalte gelöscht, werden alle rechts davon liegenden Spalten um eine Spalte nach links verschoben. Für Zeilen gilt Entsprechendes, die tiefer liegenden Zeilen werden nach oben verschoben.

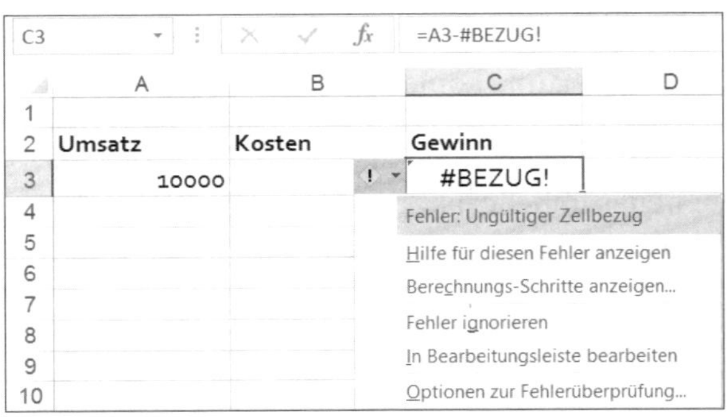

Abbildung 2.59 Hinweis nach dem Verlust eines Bezugs

Auch beim Löschen von Zellen können Sie mit der Maus arbeiten. Sie markieren den Bereich der Zellen, die gelöscht werden sollen. Dann setzen Sie den Mauszeiger auf das Ausfüllkästchen und halten die [⇧]-Taste gedrückt. Der Mauszeiger verwandelt sich in einen Doppelpfeil mit zwei Querstrichen. Nun ziehen Sie mit dem Mauszeiger so weit in die Markierung hinein, bis der ganze Bereich mit dem Raster gefüllt ist. Achten Sie dabei auf die Richtung, in die Sie ziehen. Wenn Sie von unten nach oben ziehen, werden die Zellen unterhalb der Markierung nach oben verschoben. Ziehen Sie dagegen nach links, werden die Zellen rechts von dem markierten Bereich nach links verschoben! Auch ganze Zeilen oder Spalten lassen sich auf diese Weise löschen. Wählen Sie dazu die Zeilen- oder Spaltenköpfe aus, und ziehen Sie bei gedrückter [⇧]-Taste das Ausfüllkästchen in die Markierung hinein.

Um markierte Zellbereiche mit dem Finger zu löschen, berühren Sie die Markierung und benutzen im Kontextmenü zunächst den Pfeil am Ende des horizontalen Teils und dann im vertikalen Teil die Option **Zellen löschen**.

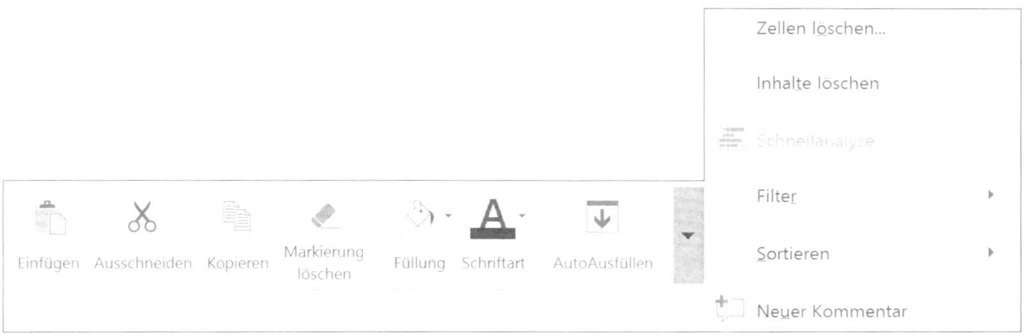

Abbildung 2.60 Das zweiteilige Kontextmenü auf dem Touchscreen

Löschbefehl für Zellen

Einen Löschbefehl für Zellen finden Sie natürlich auch im Menüband, und zwar unter **Start ▸ Zellen ▸ Löschen ▸ Zellen löschen**. In jedem Fall markieren Sie zunächst den Bereich. Der Befehl **Zellen löschen** öffnet ein Dialogfeld, in dem Sie entscheiden können, ob die umliegenden Zellen nach links oder nach oben verschoben werden sollen. Außerdem können Sie auch die von der Markierung berührten Zeilen oder Spalten komplett löschen. Das geht allerdings schneller, wenn Sie dazu die Zeilen- oder Spaltenköpfe markieren und dann den Befehl aufrufen. In diesem Fall entfällt die Nachfrage über das Dialogfeld.

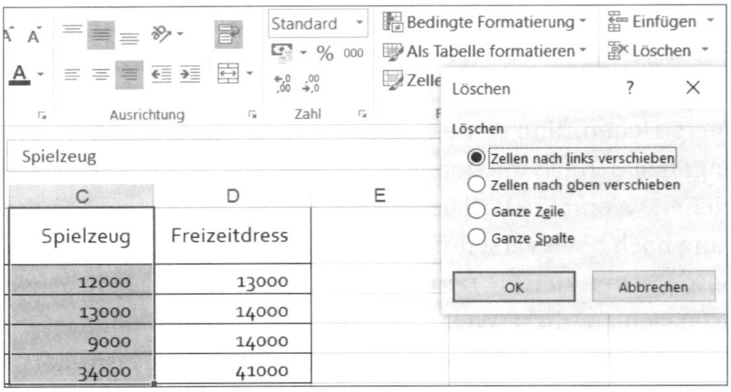

Abbildung 2.61 Löschen von Zellbereichen

Einfügen von Zellen

Ganz ähnlich wie das Löschen von Zellen mit der Maus funktioniert auch das Einfügen von Zellen, Zeilen und Spalten. Der Unterschied ist eigentlich nur, dass der Mauszeiger aus dem markierten Bereich herausgezogen wird. Angenommen, Sie geben Werte in einer Spalte ein und entdecken nach einigen Eingaben, dass Sie irrtümlich einen Wert vergessen haben. Die folgenden Werte stehen also alle eine Zelle zu hoch. Sie können den letzten richtigen Wert markieren und dann das Ausfüllkästchen mit gedrückter ⇧-Taste eine Zelle nach unten ziehen.

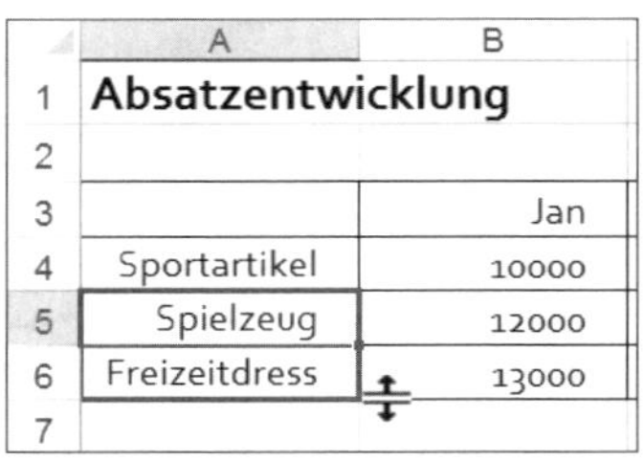

Abbildung 2.62 Einfügen von Zellen per Maus

Der Mauszeiger verwandelt sich dabei in einen Doppelpfeil mit zwei Querlinien. Sobald Sie die Maustaste loslassen, finden Sie unter der zunächst markierten Zelle eine leere Zelle. Die anderen Zellen in der Spalte sind alle um eine Zelle nach unten versetzt. Natürlich können Sie auch mehrere Zellen einfügen, indem Sie entsprechend viele Zellen nach unten ziehen. Ebenso können Sie leere Zellen rechts von der markierten Zelle schaffen.

Zusätzliche Zeilen und Spalten

Das naheliegende Verfahren für das Einfügen ganzer Zeilen und Spalten benutzt wie das Löschen von Zeilen und Spalten die Zeilen- bzw. Spaltenköpfe. Markieren Sie die Zeile, unter der Zeilen eingefügt werden sollen, oder die Spalte, neben der Sie nach rechts Spalten einfügen wollen. Ziehen Sie mit gedrückter ⇧-Taste das Ausfüllkästchen nach unten oder nach rechts. Dehnen Sie den Rahmen auf mehrere Zeilen oder Spalten aus, wenn Sie mehrere Zeilen oder Spalten einfügen wollen. Excel überträgt als Vorgabe beim Einfügen die Formatierung der markierten Zellen auf die neuen Zellen.

Nach dem Einfügen erscheint die Schaltfläche **Einfügeoptionen**, über deren Menü Sie entscheiden können, ob das Format für die neuen Zellen von den darüberliegenden oder den darunterliegenden Zellen übernommen oder ob es ganz gelöscht werden soll.

Abbildung 2.63 Kontextmenü beim Einfügen von Zeilen

Natürlich stehen auch Befehle, Symbole und Tastenkombinationen zum Einfügen zur Verfügung. Im Unterschied zum Einfügen mit der Maus, bei dem Sie immer zunächst die Zelle markieren, unter der oder rechts von der eingefügt werden soll, markieren Sie hier zunächst exakt den Zellbereich, der für neue Zellen freigemacht werden soll. Wenn Sie dann **Start ▸ Zellen ▸ Einfügen ▸ Zellen einfügen** wählen, erscheint ein kleines Dialogfeld.

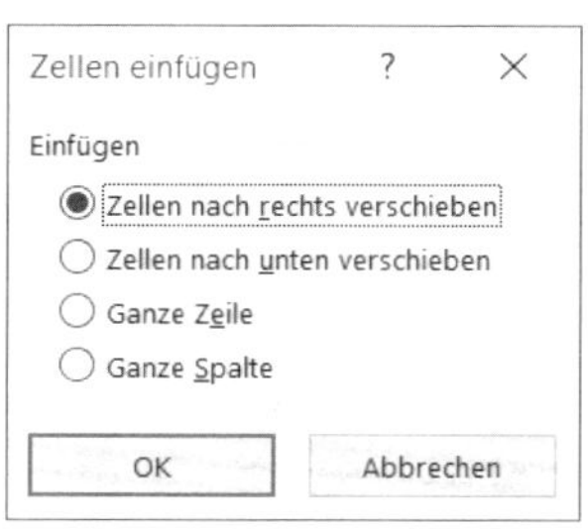

Abbildung 2.64 Das Dialogfeld »Zellen einfügen«

Den gleichen Dialog öffnet auch die Tastenkombination [Strg]+[+]. Entscheiden Sie hier, ob die bisherigen Zellen an der Einfügestelle nach rechts oder nach unten verschoben werden sollen. Die Optionen **Ganze Zeile** bzw. **Ganze Spalte** fügen komplette Zeilen oder Spalten an der Einfügestelle ein. Stattdessen können Sie auch Zeilen- oder Spaltenköpfe und dann über das Kontextmenü den Eintrag **Zellen einfügen** wählen.

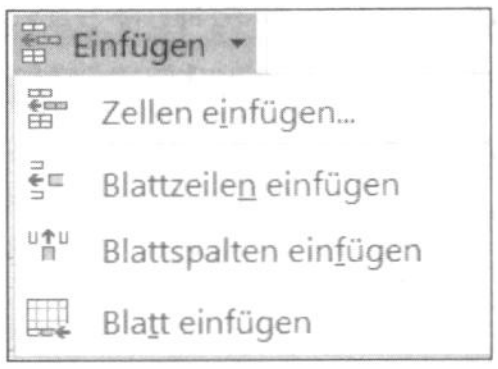

Abbildung 2.65 Menü der Befehle zum Einfügen

Anstelle der Option **Zellen einfügen** können Sie im Menü der Schaltfläche **Einfügen** auch gleich die Optionen **Blattzeilen einfügen** oder **Blattspalten einfügen** verwenden. Wie beim Löschen von Zeilen und Spalten muss auch beim Einfügen beachtet werden, welche Auswirkungen dieser Schritt auf gerade verdeckte Tabellenteile hat. Die Wirkung auf Formeln ist dagegen in der Regel gutartig. Bereichsadressen werden automatisch angepasst. Sind mehrere Blätter ausgewählt, werden Zellen in allen ausgewählten Blättern eingefügt.

2.6.16 Spaltenbreite anpassen

Excel legt neue Arbeitsblätter immer mit einer vorgegebenen Spaltenbreite an. Wenn diese Spaltenbreite nicht ausreicht, können Sie die Breite einzelner Spalten oder Spaltengruppen oder die Breite aller Spalten gleichzeitig ändern. Außerdem lässt sich die Standardbreite ändern, sodass alle Spalten, deren Breite bisher nicht geändert worden ist, eine andere Standardbreite erhalten. Schließlich können Sie es auch Excel selbst überlassen, die Breite der ausgewählten Spalten zu optimieren. Dabei richtet sich das Programm nach dem längsten Eintrag, der sich in der Spalte befindet.

Außerdem lässt sich die Änderung der Spaltenbreite auch dazu nutzen, um Spalten vorübergehend auszublenden. Dabei wird die Spaltenbreite auf null gesetzt. Ausblenden ist harmloser als Löschen, weil Excel die Daten behält und auch wieder einblenden kann. Um für einzelne oder auch mehrere Spalten die Breite zu verändern, reicht es aus, wenn jeweils eine Zelle pro Spalte in einer beliebigen Zeile markiert wird. Sie können aber auch die Spaltenköpfe auswählen.

Ändern durch Ziehen

Das schnelle, aber ungenauere Verfahren besteht darin, die rechte Begrenzung des Spaltenkopfes mit der Maus nach rechts oder links zu ziehen. Dabei wird eine Hilfslinie zur Orientierung gezogen, mit der Sie prüfen können, ob die Zellinhalte nun hineinpassen. Wenn Sie mehrere Spalten markiert haben – auch eine Mehrfachauswahl von nicht zusammenhängenden Spalten ist hier erlaubt –, werden alle ausgewählten Spalten gleichmäßig verändert.

Auf dem Touchscreen ziehen Sie die Spaltenbegrenzung mit dem Finger an den runden Anfassern oder mit dem Stift den Rand des Spaltenkopfes, nachdem Sie den Spaltenkopf mit einem Tipp ausgewählt haben.

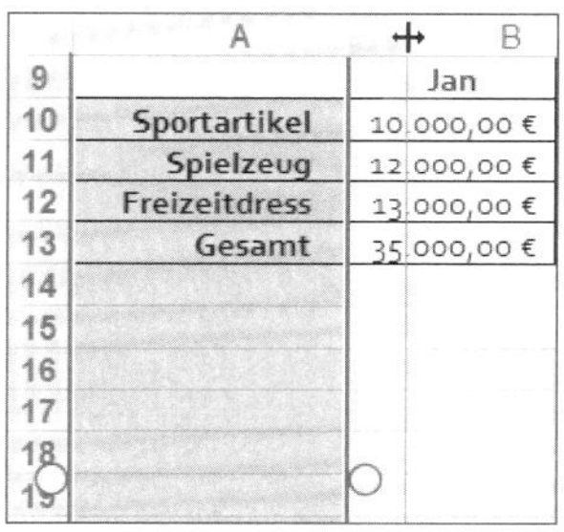

Abbildung 2.66 Spalten breiter ziehen auf dem Touchscreen

Um alle Spalten auf einen Schlag zu verändern, können Sie das Feld **Alles auswählen** anklicken oder antippen. Ziehen Sie mit der Maus den Rand eines beliebigen Spaltenkopfes. Alle Spalten erhalten dieselbe Breite – egal, welche Breite vorher eingestellt war. Auf dem Touchscreen benutzen Sie das Kontextmenü zu einem Spaltenkopf und dort den Befehl **Spaltenbreite**, der angeboten wird, wenn Sie den Pfeil am Ende antippen.

Der Befehl »Format«

Wenn Sie exakte Breiten sicherstellen wollen, ist es ratsam, mit dem Befehl **Start ▸ Zellen ▸ Format** und der Option **Spaltenbreite** zu arbeiten. Hier können Sie einen Wert zwischen 0 und 255 eintragen, um die Anzahl der Zeichen zu bestimmen, die in die Spalte passen sollen. Dieser Wert bezieht sich jeweils auf die gewählte Standardschriftart und -größe. Sie dürfen hier auch mit Nachkommastellen arbeiten.

Der Befehl **Format ▸ Standardbreite** kann für zwei verschiedene Dinge genutzt werden. Zum einen können Sie damit die Breite von Spalten, die schon einmal geändert worden sind, auf die aktuelle Standardbreite oder auch auf eine neue Standardbreite zurücksetzen. Dazu müssen diese Spalten in die Spaltenauswahl eingeschlossen werden.

Werden bisher geänderte Spalten dagegen nicht ausgewählt, sondern eine beliebige andere Spalte, kann zum anderen erreicht werden, dass alle Spalten, die bisher noch nicht in der Breite geändert worden sind, an eine neue Standardbreite angepasst werden, während die anderen unverändert bleiben.

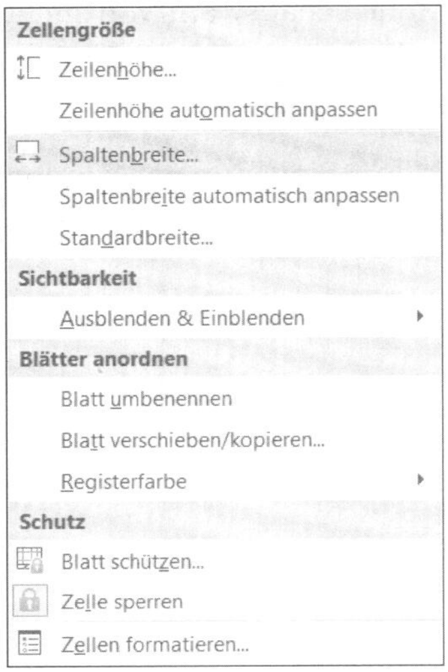

Abbildung 2.67 Ändern der Spaltenbreite über den Befehl »Format«

Soll die optimale Spaltenbreite eingestellt werden, klicken oder tippen Sie doppelt auf den rechten Rand des Spaltenkopfes. Das entspricht dem Befehl **Format ▸ Spaltenbreite automatisch anpassen**. Beachten Sie, dass dieses Verfahren zu unerwünschten Ergebnissen führen kann, wenn in der Spalte Überschriften vorkommen, die länger sind als alle sonstigen Einträge. In solch einer Situation ist es meist besser, die Überschrift in die Nachbarzelle hineinragen zu lassen und die Spaltenbreite manuell einzustellen.

2.6.17 Spalten ausblenden und einblenden

Wenn bestimmte Spalten für eine Fragestellung nicht wichtig sind oder wenn bestimmte Anwender Daten in einer Spalte nicht sehen sollen, können diese Spalten ausgeblendet werden. Um Spalten für Anzeige und Druck zu verbergen, ziehen Sie den Spaltenkopfrand so weit nach links, bis die Spalte verschwunden ist. Das geht auch mit Finger oder Stift auf dem Touchscreen. Ein Doppelstrich zwischen den Spaltenköpfen kennzeichnet die Stelle.

Alternativ können Sie auch das Kontextmenü benutzt nutzen. Wenn Sie markierte Spaltenköpfe mit der rechten Maustaste anklicken oder mit dem Finger gedrückt halten, erscheint ein Menü mit dem Befehl **Ausblenden**. Das Touchscreen-Menü ordnet die meisten Befehle wieder horizontal an, nur die Befehle hinter dem Pfeil erscheinen vertikal. Sind zwei Spaltenköpfe markiert, zwischen denen sich ausgeblendete Spalten befinden, können diese über das Kontextmenü auch wieder eingeblendet werden. Entsprechende Befehle finden Sie auch in dem Menü **Start ▸ Zellen ▸ Format ▸ Ausblenden & Einblenden**.

2.6.18 Ändern der Zeilenhöhe

Excel benutzt als Standardzeilenhöhe die Höhe, die notwendig ist, um die gewählte Standardschriftart in dem gewählten Grad unterzubringen. Wird in einer Zeile eine größere Schrift verwendet, wird die Zeilenhöhe automatisch angepasst. Wird die Schrift wieder verkleinert, wird die Zeile auf die Standardhöhe zurückgesetzt.

Sie können die Höhe einzelner Zeilen oder Zeilengruppen oder die Höhe aller Zeilen gleichzeitig ändern. Zudem können Sie es auch Excel selbst überlassen, die Höhe der ausgewählten Zeilen zu optimieren. Dabei richtet sich das Programm nach der größten Schrift, die sich in der jeweiligen Zeile befindet. Schließlich lässt sich die Änderung der Zeilenhöhe auch benutzen, um Zeilen vorübergehend auszublenden. Um für einzelne oder auch mehrere Zeilen die Höhe zu verändern, genügt es, wenn jeweils eine Zelle pro Zeile in einer beliebigen Spalte markiert wird. Sie können aber auch die Zeilenköpfe auswählen.

Zeilenränder ziehen

Das schnellste Verfahren besteht darin, die untere Begrenzung des Zeilenkopfes mit der Maus nach oben oder unten zu ziehen. Dabei wird die jeweils erreichte Punkt- und Pixelanzahl angezeigt. Wenn Sie mehrere Zeilen markiert haben – auch eine Mehrfachauswahl nicht zusammenhängender Zeilen ist hier erlaubt –, werden alle ausgewählten Zeilen gleichmäßig verändert.

Auf dem Touchscreen tippen Sie den Zeilenkopf an und ziehen den Rand in die gewünschte Position. Soll für eine ausgewählte Zeile die optimale Zeilenhöhe eingestellt werden, klicken oder tippen Sie doppelt auf den unteren Rand des Zeilenkopfes.

Befehle für die Zeilenhöhe

Der zuletzt beschriebene Schritt entspricht dem Befehl **Format ▸ Zeilenhöhe automatisch anpassen**. Um alle Zeilen zu verändern, können Sie das Feld **Alles auswählen** anklicken oder antippen. Wenn Sie einheitliche Höhen sicherstellen wollen, ist es ratsam, mit dem Befehl **Start ▸ Zellen ▸ Format ▸ Zeilenhöhe** zu arbeiten. Hier können Sie Werte zwischen 0 und 409 Punkt eintragen. Punkt ist die Maßeinheit, die ja auch für die Schriftgröße verwendet wird.

2.6.19 Ausblenden und Einblenden von Zeilen

Wie Spalten können auch Zeilen ganz einfach ausgeblendet werden. Um Zeilen zu verbergen, ziehen Sie den unteren Zeilenkopfrand so weit nach oben, bis die Zeile verschwunden ist. Eine doppelte Linie zwischen den Zeilenköpfen kennzeichnet jeweils die Stellen, an denen etwas ausgeblendet worden ist. Anstatt den Zeilenrand zu ziehen, kann auch das Kontextmenü zum Ausblenden benutzt werden. Wenn Sie markierte Zeilenköpfe mit der rechten Maustaste anklicken oder mit Finger oder Stift festhalten, erscheint ein Menü mit dem Befehl **Ausblenden**. Sind zwei Zeilenköpfe markiert, zwischen denen sich ausgeblendete Zeilen befinden, können diese über das Kontextmenü eingeblendet werden.

2.7 Effektiver Umgang mit Arbeitsmappen

Damit die Arbeitsmappe als Arbeitserleichterung und Ordnungsfaktor zur Geltung kommt, sollte eine klare Abfolge der Blätter gewählt werden. Das mag eine zeitliche Reihenfolge sein, etwa Kostenblätter für jeden Monat, eine räumliche Einteilung nach Abteilungen oder Vertriebsgebieten oder eine personelle oder sachliche Anordnung. Mehrere übersichtliche Mappen sind sicher einer »unordentlichen« Riesenmappe vorzuziehen. Andererseits sollten Tabellen, die über Formeln verknüpft sind, möglichst in einer Mappe zusammengefasst werden.

2.7.1 Arbeitsmappen als Organisationsmittel

Einer der Vorteile von Arbeitsmappen ist, dass von der Sache her zusammengehörende Dokumente nicht einzeln geladen werden müssen. Arbeitsmappen sind auch für die Weitergabe von Dokumenten vorteilhaft. Es ist wesentlich einfacher, anderen Personen eine Arbeitsmappe als eine Reihe von separaten Dateien zu übergeben. Ein weiteres Plus der Mappen ist, dass sie die Gruppenbearbeitung von Tabellen erlauben. Ein einheitliches Tabellenlayout für mehrere Tabellen einer Mappe kann so leicht hergestellt und durchgehalten werden.

Arbeitsmappen können auf unterschiedliche Weise entstehen. Sie können entweder gleich am Anfang eine bestimmte Zahl von Blättern erzeugen oder die Mappe allmählich durch Hinzufügen einzelner Blätter wachsen lassen. Außerdem lassen sich jederzeit Blätter aus anderen Arbeitsmappen einfügen, im Original durch Verschieben von einer Mappe zur anderen oder als Kopie.

2.7.2 Hinzufügen von Blättern

Wenn die in der Arbeitsmappe vorhandenen Blätter nicht ausreichen, können Sie jederzeit neue Blätter hinzufügen. Solange Sie normale Tabellenblätter jeweils am Ende der Mappe anfügen wollen, benutzen Sie dazu einfach die immer rechts von den Blattregistern angebotene Schaltfläche mit dem Pluszeichen.

Abbildung 2.68 Die Schaltfläche für ein neues Blatt

Anstelle der Schaltfläche können Sie auch den Befehl **Start ▸ Zellen ▸ Einfügen ▸ Blatt einfügen** verwenden. Soll ein Blatt zwischen bestehenden Blättern eingefügt oder ein anderer Blatttyp verwendet werden, aktivieren Sie das Blatt, vor dem das neue Blatt eingefügt werden soll, mit der rechten Maustaste. Oder halten Sie das Register mit dem Finger gedrückt, bis das Kontextmenü erscheint. Wählen Sie im Kontextmenü **Einfügen**. Der Befehl öffnet einen Dialog mit mehreren Registern.

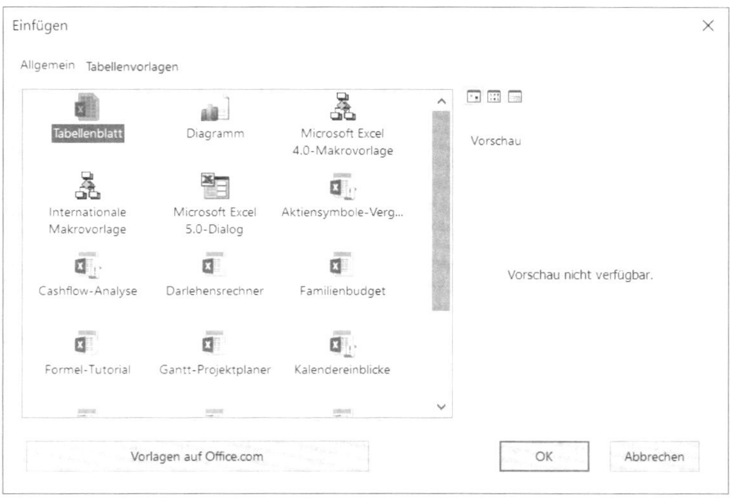

Abbildung 2.69 Dialog für neue Blätter

Für ein neues Tabellenblatt wählen Sie auf dem Register **Allgemein** die Option **Tabellenblatt**. Auch Diagramme können als separate Blätter eingefügt werden. Wenn Sie vorher Daten für das Diagramm markieren, wird das Diagramm sofort auf dem neuen Blatt ausgegeben und kann anschließend mit den im Menüband eingeblendeten Werkzeugen bearbeitet werden.

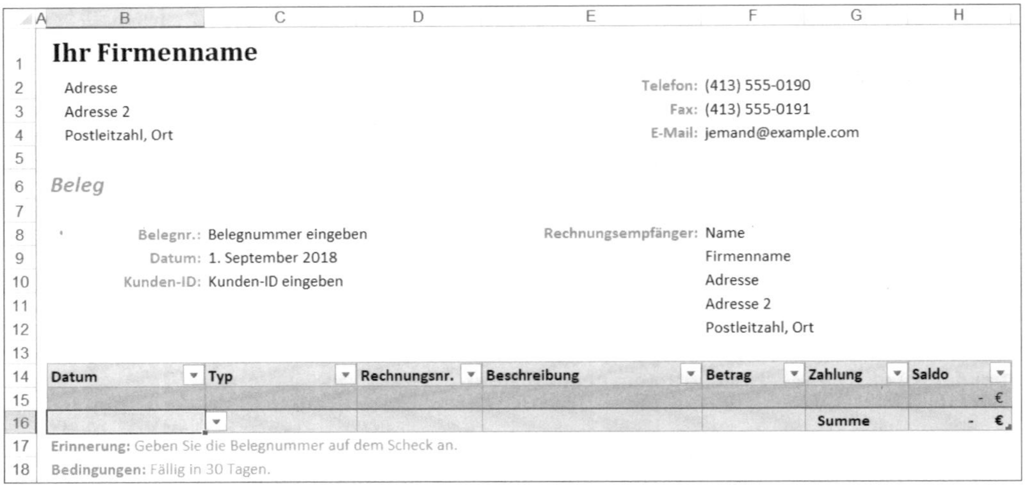

Abbildung 2.70 Neues Blatt auf der Basis einer Vorlage

Das Dialogfeld bietet über das Register **Tabellenvorlagen** auch Vorlagen an. Auf diesem Weg kann z. B. ein Rechnungsformular eingefügt werden, das als Vorlage vorliegt. Über die Schaltfläche **Vorlagen auf Office.com** steht Ihnen das Vorlagenangebot von Microsoft zur Verfügung.

2.7.3 Einfügen von Fenstern

Insbesondere bei umfangreichen Arbeitsmappen kann es sinnvoll sein, mehr als ein Fenster für die Anzeige der Blätter zu verwenden. Das gilt z. B. für den Fall, dass Sie Daten auf verschiedenen Blättern miteinander vergleichen wollen. Dazu bietet Excel den Befehl **Ansicht ▸ Fenster ▸ Neues Fenster** an. Excel öffnet ein zweites Anwendungsfenster und zeigt auch dort die aktuelle Arbeitsmappe an. In diesem neuen Fenster können Sie anschließend unabhängig vom ersten Fenster navigieren. Zur Unterscheidung fügt Excel in der Titelleiste eine entsprechende Nummer an den Dateinamen an, getrennt durch einen Doppelpunkt. Ist das zusätzliche Fenster nicht mehr nötig, schließen Sie es mit dem **Schließen**-Symbol.

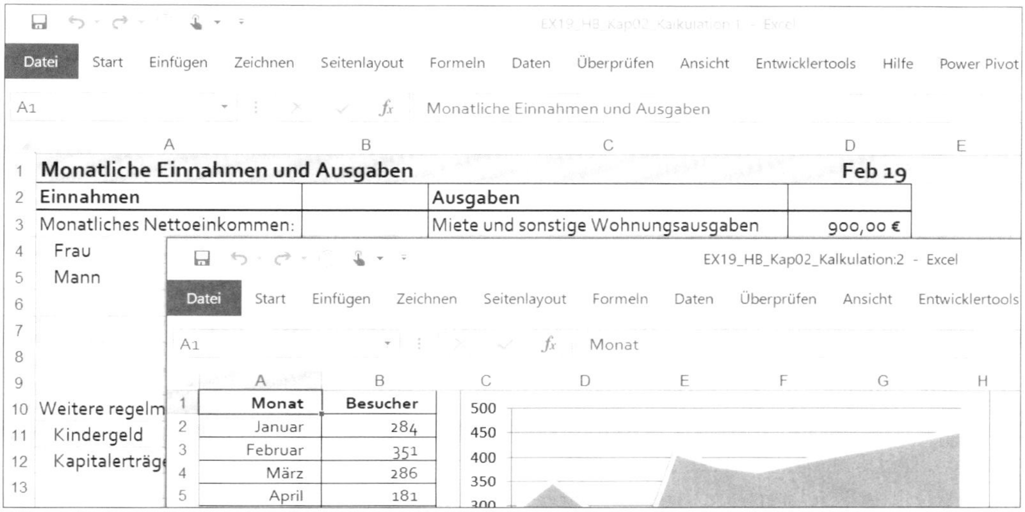

Abbildung 2.71 Beispiel für eine Mappe, bei der unterschiedliche Blätter in getrennten Fenstern angezeigt werden

2.7.4 Verbergen von Arbeitsmappen, Fenstern oder Blättern

Einzelne Arbeitsmappen, zusätzliche Fenster für eine Arbeitsmappe oder einzelne Blätter einer Arbeitsmappe lassen sich während der Sitzung bei Bedarf ausblenden. Sie sind dann zwar weiter im Hauptspeicher vorhanden, sodass Makros darin weiterverwendet werden können. Auch Formelbezüge auf verborgene Tabellen arbeiten anstandslos weiter. Nur manuelle Änderungen sind nicht möglich, solange die Dokumente ausgeblendet sind.

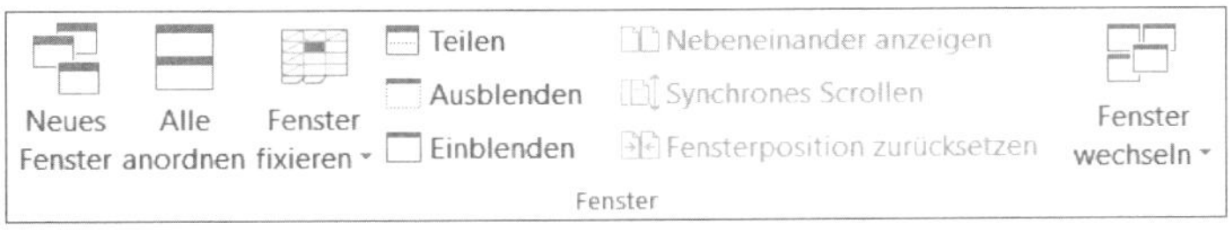

Abbildung 2.72 Die Gruppe »Fenster« auf dem Register »Ansicht«

Das Ausblenden ganzer Arbeitsmappen oder zusätzlicher Fenster für eine Arbeitsmappe verbessert die Übersichtlichkeit im Arbeitsbereich, weil weniger Fenster gleichzeitig angezeigt werden. Um eine Arbeitsmappe oder ein zusätzliches Fenster auszublenden, wählen Sie, wenn die Arbeitsmappe oder das Fenster aktiviert ist, die Option **Ansicht ▸ Fenster ▸ Ausblenden**. Sind während einer Arbeitssitzung ausgeblendete Arbeitsmappen oder zusätzliche Fenster vorhanden, können Sie über **Ansicht ▸ Fenster ▸ Einblen-**

den ein Dialogfeld öffnen, in dem eine Liste ausgeblendeter Arbeitsmappen oder Fenster zur Auswahl angeboten wird. Verborgene Arbeitsmappen oder Fenster werden darüber einzeln wieder eingeblendet.

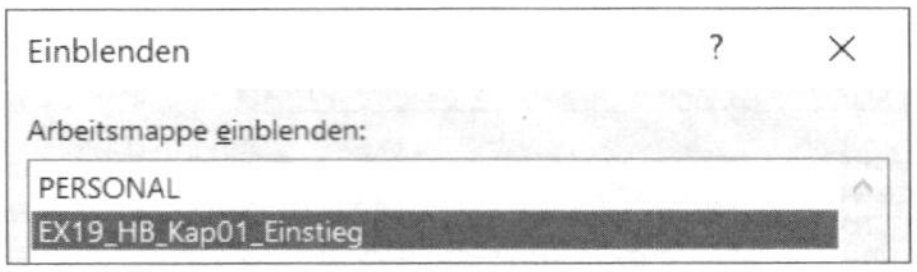

Abbildung 2.73 Einblenden verborgener Arbeitsmappen

Verborgene Blätter sind ganz praktisch, um darauf bestimmte benannte Konstanten abzulegen, auf die sich Formeln in den sichtbaren Blättern beziehen, etwa Mehrwertsteuersätze oder Umrechnungskurse. Um ein Blatt oder eine Auswahl von Blättern zu verbergen, wählen Sie die entsprechenden Blätter aus und rufen über das Kontextmenü der ausgewählten Register den Befehl **Ausblenden** auf. Einblenden lassen sich verborgene Blätter nur einzeln. Wählen Sie dazu im Kontextmenü eines beliebigen Blattregisters den Befehl **Einblenden**, und markieren Sie im Dialogfeld das jeweilige Blatt. Entsprechende Befehle finden Sie auch unter **Start ▸ Zellen ▸ Format ▸ Ausblenden & Einblenden.**

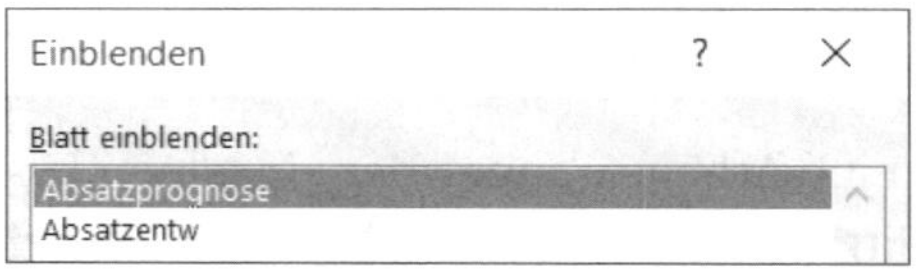

Abbildung 2.74 Wiedereinblenden verborgener Blätter

2.7.5 Überflüssige Blätter löschen

Wenn einzelne Blätter nicht mehr benötigt werden, können sie jederzeit gelöscht werden. Beachten Sie beim Löschen von Blättern jedoch, dass dadurch Zellbezüge in Formeln anderer Blätter zerstört werden können. Sie sollten nur Blätter löschen, auf die sich keine Formeln in der übrigen Arbeitsmappe beziehen.

1. Aktivieren Sie das Blatt, oder wählen Sie die Blätter aus, die gelöscht werden sollen.
2. Wählen Sie aus dem Kontextmenü **Löschen** oder auf dem Register **Start** den Befehl **Zellen ▸ Löschen ▸ Blatt löschen.**
3. Vor dem tatsächlichen Löschen werden Sie, falls die Blätter Daten enthalten, noch einmal darauf hingewiesen, dass die Löschung endgültig ist. Klicken Sie auf **Abbrechen**, wenn Sie irrtümlich das falsche Blatt ausgewählt haben.

2.7.6 Reihenfolge der Blätter ändern

Wenn Sie die Blätter anders anordnen wollen, ziehen Sie die Blattregister einfach mit der Maus dorthin, wo sie erscheinen sollen. Das gilt sowohl für ein einzelnes Blatt als auch für eine Gruppe ausgewählter Blätter. Der Mauszeiger verwandelt sich dabei in ein kleines Blatt oder einen kleinen Blätterstapel. Ein kleines Dreieck zeigt die Stelle an, wo die Blätter eingereiht werden. Sind mehrere nicht benachbarte Blätter ausgewählt, werden die Blätter an der neuen Stelle hintereinander eingereiht.

Abbildung 2.75 Verschieben eines Stapels von Blättern

Auf dem Touchscreen können Sie im Modus **Fingereingabe** Verschiebungen über das Kontextmenü und den Befehl **Verschieben oder kopieren** vornehmen. Der Stift arbeitet dagegen wie der Mauszeiger.

2.7.7 Blätter kopieren

Oft ist es sinnvoll, eine Tabelle in der Arbeitsmappe zu kopieren, z. B., wenn sie ein Formular enthält, das mehrfach benutzt werden kann. Wählen Sie wieder zunächst das Blatt oder die Blätter aus. Ziehen Sie mit gleichzeitig gedrückter [Strg]-Taste die Auswahl an die Stelle, an der die Kopie erscheinen soll. Excel fügt automatisch Indexnummern hinter den Namen der neuen Blätter ein, damit keine Doppelnamen in der Mappe entstehen. Am besten ersetzen Sie diese gleich durch die passenden Namen.

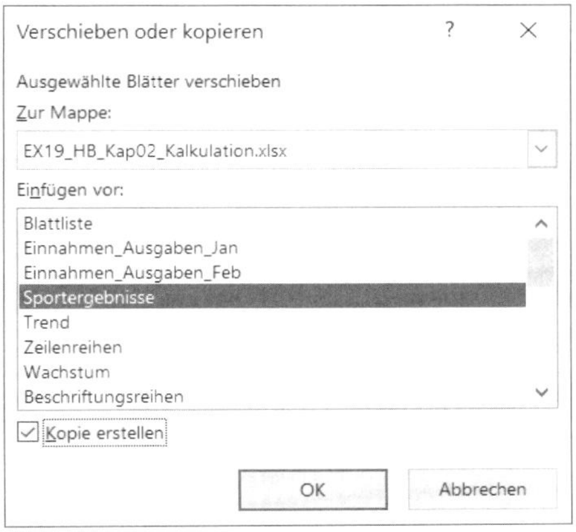

Abbildung 2.76 Das Dialogfeld für das Kopieren oder Verschieben von Blättern

Für das Versetzen oder Kopieren von Blättern können Sie auch im Kontextmenü eines Registers **Verschieben oder kopieren** oder über **Start ▸ Zellen ▸ Format** den Befehl **Blatt verschieben/kopieren** aufrufen. Im Dialogfeld wählen Sie unter **Einfügen vor:** aus, an welcher Stelle die Kopie eingefügt wird. Soll eine Kopie erstellt werden, haken Sie **Kopie erstellen** ab. Über das Listenfeld **zur Mappe:** können auch andere Arbeitsmappen oder eine neue Arbeitsmappe als Ziel gewählt werden.

TIPP

Schnelles Umordnen zwischen Mappen

Sie haben eine ganze Reihe von Arbeitsmappen angelegt, aber die Ordnung gefällt Ihnen nicht mehr. Viele Blätter sind in der falschen Mappe. Am besten öffnen Sie zwei oder mehr Mappen und wählen dann in einem der Fenster eine der Optionen, die über **Ansicht ▸ Fenster ▸ Alle anordnen** angeboten werden, sodass die Register aller Mappen gleichzeitig sichtbar sind. Dann können Sie die Register einfach jeweils mit der Maus in die Mappe ziehen, in die die Blätter gehören.

2.7.8 Übersicht in großen Arbeitsblättern

Wenn Sie eine Tabelle auf dem Papier und eine Tabelle auf einem Bildschirm vergleichen, hat das Papier – falls es groß genug ist – einen Vorteil, der am Bildschirm bisher nur schwer wettgemacht werden konnte. Beim Betrachten einer großen Tabelle kann der Blick in Bruchteilen von Sekunden zu einer beliebigen Stelle wandern. Am Bildschirm dagegen muss häufig der Bildschirmausschnitt über die Gesamttabelle geschoben werden. Trotz Bildlaufleisten, Mausbewegungen und einiger nützlicher Tastenkombinationen ist das insbesondere bei kleinen Monitoren immer eine eher lästige Angelegenheit.

Zoomen

Eine mögliche Abhilfe bietet die Funktion **Zoom**, für die ein spezieller Slider am rechten unteren Fensterrand zur Verfügung steht. Durch Ziehen oder per Klick oder Tipp auf die Plus- oder Minussymbole wird innerhalb des Fensters das Liniengitter samt Inhalt gleichmäßig vergrößert oder verkleinert. Ein Klick oder Tipp auf die Prozentanzeige öffnet außerdem das Dialogfeld **Zoom**.

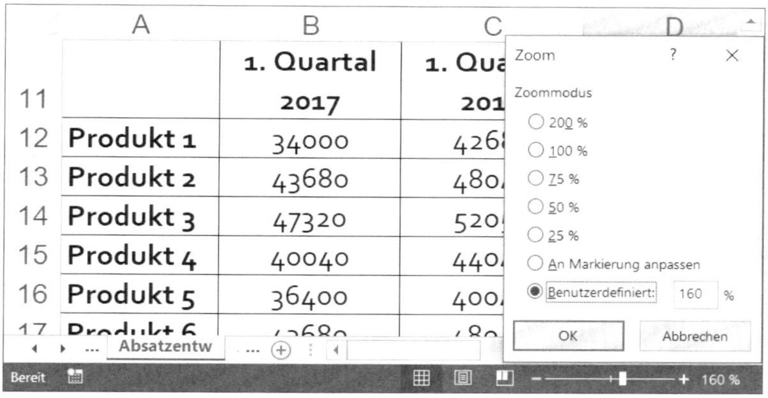

Abbildung 2.77 Zoom-Slider und Zoom-Dialog

Der Dialog kann auch über den Befehl **Ansicht ▸ Zoom ▸ Zoom** geöffnet werden. Excel stellt darin verschiedene Vergrößerungs- bzw. Verkleinerungsstufen zur Auswahl. Mit **An Markierung anpassen** wird ein vorher ausgewählter Bereich so verändert, dass er den gesamten Bereich des aktiven Fensters einnimmt. Schließlich ist auch eine stufenlose Veränderung möglich. Unter **Benutzerdefiniert** lassen sich Prozentsätze zwischen 10 und 400 % von der Originalgröße einstellen.

Außerdem lässt sich noch das Rad der Maus zum Zoomen verwenden, vorausgesetzt, über **Datei ▸ Optionen ▸ Erweitert** ist unter **Bearbeitungsoptionen** die Option **Beim Rollen mit IntelliMouse zoomen** aktiviert. Ist die Tabelle gezoomt, kann sie ganz normal weiterbearbeitet werden. Auf den Ausdruck der Tabelle hat die Funktion keinen Einfluss, die Skalierung des Ausdrucks wird mithilfe der Einstellungen unter **Datei ▸ Drucken** oder der Optionen im Dialogfeld **Seite einrichten** erreicht.

Auf dem Touchscreen steht Ihnen noch eine andere Methode zur Verfügung, um den Tabellenausschnitt bei Bedarf zu vergrößern oder zu verkleinern: Sie berühren mit zwei Fingern den Bildschirm und spreizen sie auseinander oder ziehen sie zusammen.

Fixieren von Beschriftungen

Bei großen Tabellenblättern kann es zum Problem werden, dass Sie im Fenster die Beschriftungen der Spalten und Zeilen nicht sehen, wenn Sie den Bildausschnitt verschieben. Hier hilft die Fixierung der Beschriftungen. Im folgenden Beispiel sollen die erste Spalte und die ersten drei Zeilen fixiert werden. Setzen Sie den Zellzeiger in die Zelle B4, also rechts neben die Spalte(n) und/oder unter die Zeile(n), die sichtbar bleiben sollen, wenn das Fenster verschoben wird. Wählen Sie dann den Befehl **Ansicht ▸ Fenster ▸ Fenster fixieren ▸ Fenster fixieren**. Die Schaltfläche zeigt ein Menü an, in dem auch die Möglichkeit angeboten wird, jeweils nur die oberste Zeile oder die erste Spalte zu fixieren.

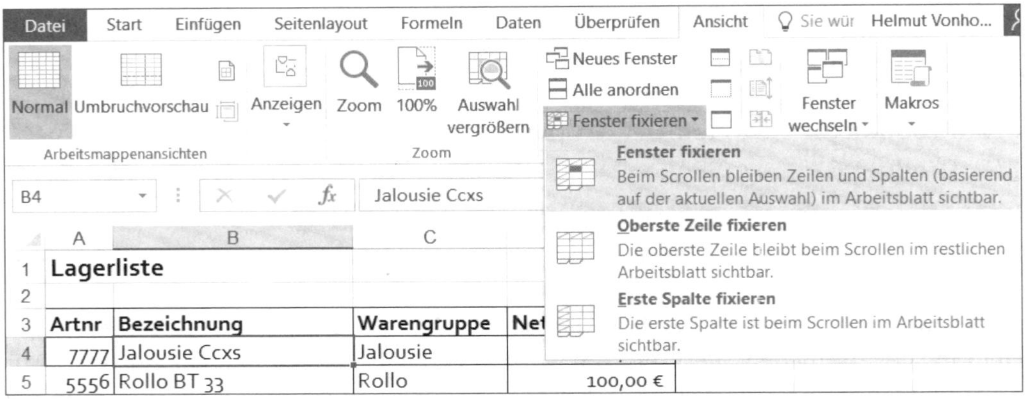

Abbildung 2.78 Fixieren von Tabellenbeschriftungen

Die Fixierung kann immer nur einmal pro Tabellenblatt eingesetzt werden. Wenn Sie also zwei oder mehrere große Tabellen verwenden, spricht alles dafür, diese auf mehrere Blätter zu verteilen. Die fixierten Bereiche können weiter mit dem Zellzeiger angefahren werden, wenn etwas geändert werden soll. Um die Fixierung wieder aufzuheben, wählen Sie **Ansicht ▸ Fenster ▸ Fenster fixieren ▸ Fixierung aufheben**. Beachten Sie, dass die Fixierung von Spalten oder Zeilen keinen Einfluss auf den Ausdruck hat. Wenn Sie einen ähnlichen Effekt beim Druck erreichen wollen, müssen Sie über **Seitenlayout ▸ Seite einrichten ▸ Drucktitel** entsprechende Einstellungen für Wiederholungszeilen oder -spalten festlegen.

2.7.9 Ansichten eines Arbeitsblatts definieren

Eine Tabelle kann Daten enthalten, die für verschiedene Adressaten gedacht sind. Nicht jeder braucht die gleiche Zusammenstellung der Daten, bzw. nicht jeder soll sie erhalten. In einer Liste mit Einkaufs- und Verkaufspreisen sollen z. B. in dem einen Fall die Einkaufspreise, im anderen Fall die Verkaufspreise verdeckt bleiben, wenn eine Liste gedruckt wird. Bei Tabellen können die Daten nach unterschiedlichen Kriterien gefiltert werden, wie in Kapitel 16, »Informationen als Tabellen ordnen und verwalten«, und Kapitel 17, »Datenabfragen und Datenauszüge«, beschrieben wird. Jedes Abfrageergebnis kann als separate Ansicht auf eine bestimmte Tabelle festgehalten und wieder aufgerufen werden, ohne die Filterbefehle jedes Mal neu eingeben zu müssen. Für jede benannte Ansicht können unterschiedliche Spalten oder Zeilen des Arbeitsblatts ausgeblendet werden. Sie können auch die Spaltenbreite oder Zeilenhöhe für jede Ansicht anders gestalten. Weitere Dinge, die Sie bestimmen können, sind:

- Bildschirmeinstellungen, etwa das Ausschalten der Gitternetzlinien oder der Seitenumbruchlinien
- markierte Zellen
- Fenstergröße und -position
- Fensterausschnitte
- fixierte Zeilen und Spalten
- Filtereinstellungen bei Datenlisten
- Festlegung eines Druckbereichs oder andere Druckeinstellungen

2.7.10 Definition einer Ansicht

Um eine Ansicht zu definieren, die jeweils nur bestimmte Daten anzeigt, gehen Sie folgendermaßen vor:

1. Aktivieren Sie das Tabellenblatt, für das Sie eine Ansicht bestimmen wollen (Ansichten für Gruppen von Blättern sind nicht möglich).
2. Wählen Sie die Anzeige- und Druckeinstellungen, die Sie für diese Ansicht benutzen wollen.
3. Verwenden Sie dann die Schaltfläche **Ansicht ▸ Arbeitsmappenansichten ▸ Benutzerdef. Ansichten**. Das Dialogfeld zeigt links ein Fenster, in dem – wenn vorhanden – bereits definierte Ansichten angezeigt werden. Die Schaltfläche **Hinzufügen** führt zu einem weiteren Dialogfeld.

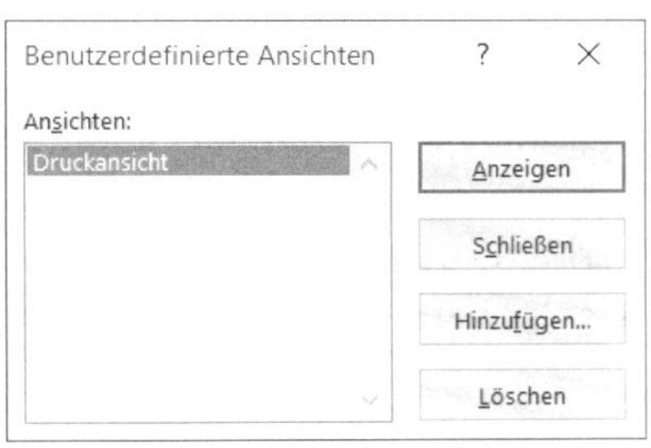

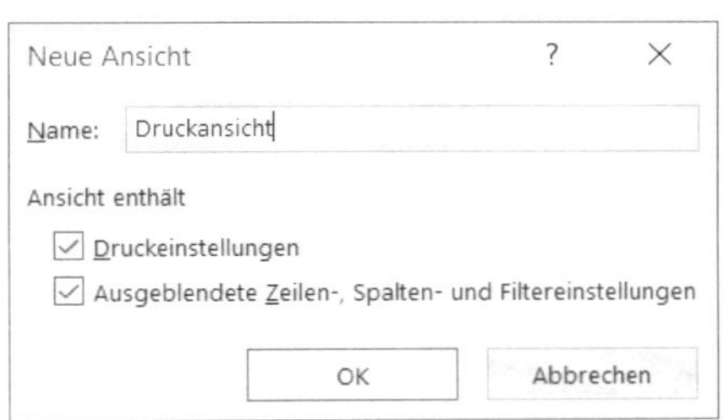

4 Geben Sie einen Namen für die aktuelle Ansicht an. Bezeichnungen aus mehreren Wörtern sind erlaubt.

5 Zusätzlich können Sie zwei Kontrollkästchen bei Bedarf abhaken bzw. abgehakt lassen, die festlegen, ob die in der aktuellen Ansicht enthaltenen Druckeinstellungen bzw. Ausblendungen von Zeilen/Spalten und Filtereinstellungen mitgespeichert werden sollen.

Sobald eine Ansicht definiert ist, kann sie jederzeit wieder angezeigt werden. Markieren Sie dazu im Dialogfeld unter **Ansichten** den entsprechenden Namen, und wählen Sie **Anzeigen**. Wenn Sie mit Ansichten arbeiten, ist es in der Regel sinnvoll, zunächst auch die »Normalansicht« der Tabelle als eine der möglichen Ansichten zu definieren.

2.7.11 Kommentare

Je umfangreicher ein Kalkulationsmodell, desto notwendiger wird ein gewisses Maß an Dokumentation. Sie sollte sicherstellen, dass immer ersichtlich bleibt, auf welche Weise Rechenergebnisse erzeugt werden. Das hilft Ihnen bei der Pflege des Modells. Noch dringender sind solche Erläuterungen für andere Personen, die mit Ihrem Modell arbeiten oder es weiterentwickeln sollen. Bedacht werden müssen auch Vorschriften, die die Prüfbarkeit von Berechnungen betreffen, etwa in der Buchhaltung.

Wenn Sie sich angewöhnen, wichtige Tabellenbereiche mit selbsterklärenden Namen zu belegen und auch in den Formeln mit Bereichsnamen zu arbeiten, dokumentiert sich eine Arbeitsmappe in einem bestimmten Umfang selbst. Reicht dies nicht aus, sollten Sie die notwendigen Informationen über die gesamte Tabelle, über bestimmte Berechnungsmethoden, Hinweise zur Datenpflege und -aktualisierung etc. in einer leicht zugänglichen Form der Tabelle hinzufügen.

Textpassagen und Textfelder

Excel bietet dafür eine ganze Reihe von Möglichkeiten. Eine naheliegende Form sind erläuternde Textpassagen in freien Zellbereichen oder auch auf einem eigenen Blatt in der Arbeitsmappe. Da eine Zelle über 30.000 Zeichen aufnehmen kann und zudem Zellen zusammengefasst werden können, lassen sich erläuternde Texte im Tabellenblatt leicht einfügen. Abbildung 2.79 zeigt eine Textpassage neben einer Tabelle, für die ein Zellblock zu einer Zelle zusammengefasst wurde.

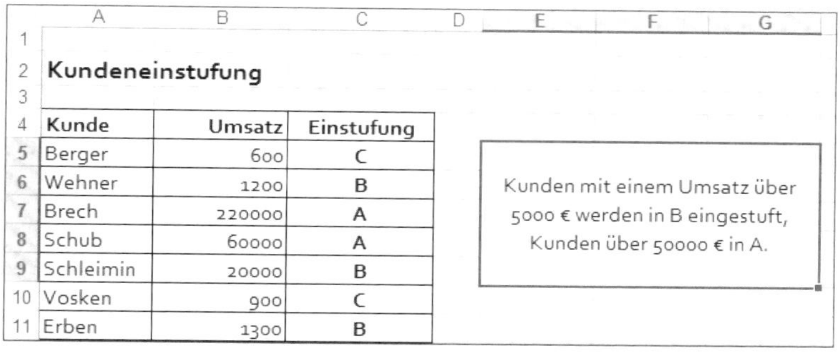

Abbildung 2.79 Text in einer erweiterten Zelle

Für kleinere Texte können Sie auch ein Textfeld verwenden, das Sie mit der Schaltfläche **Textfeld** aus der Gruppe **Einfügen ▸ Text** erzeugen. Mit der Maus ziehen Sie das Feld auf die gewünschte Größe. Lassen Sie die Maustaste los, kann der Text direkt in das Feld eingetragen werden. Der Text wird automatisch innerhalb des festgelegten Rahmens umbrochen. Ein Klick auf eine Zelle außerhalb des Textfeldes beendet die Texteingabe.

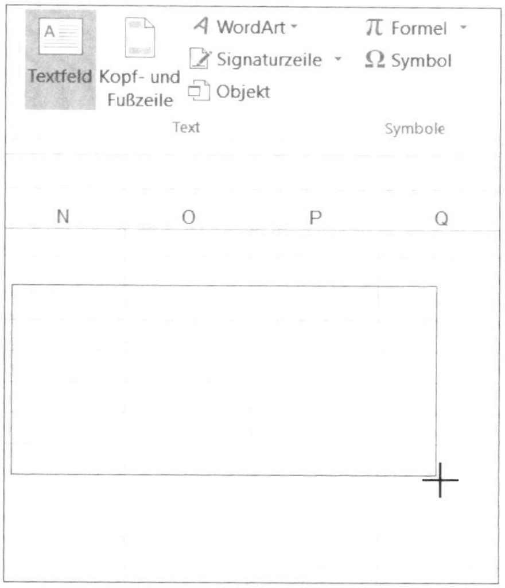

Abbildung 2.80 Aufziehen eines Textfeldes

Solche Textfelder haben den Vorteil, dass sie unabhängig von den Daten in der Tabelle hin- und hergeschoben werden können. Wenn ein solches Textfeld z. B. bestimmte Hinweise für die Bearbeitung der Tabelle enthält, etwa Vorschriften für die korrekte Dateneingabe, kann der Text an jede beliebige Stelle des Arbeitsblatts gezogen werden, an der Sie gerade Daten bearbeiten wollen.

Arbeit mit Kommentaren

Bezogen auf einzelne Zellen sind Kommentare ideale Mittel der Selbsterklärung einer Tabelle. Kommentare, die zu einer Zelle angelegt worden sind, werden normalerweise angezeigt, wenn sich der Mauszeiger über der betreffenden Zelle befindet. Hier ein kleines Beispiel zu der Einnahmen-Ausgaben-Rechnung aus Abschnitt 2.1, »Planung und Design von Kalkulationsmodellen«. Insbesondere wenn andere Personen Daten erfassen sollen, aber auch, wenn bei der Eingabe bestimmte Dinge beachtet werden müssen, ist ein Kommentar das Mittel der Wahl. Wenn Sie einen Hinweis zu einer Zelle, etwa »Dieser Wert wird von der Buchhaltung zur Verfügung gestellt« aufzeichnen, wird der Satz sofort angezeigt, wenn der Zellzeiger die Zelle berührt. Wenn Sie die Eingabe bestimmter Werte in einer Zelle kontrollieren wollen, sollten Sie allerdings besser mit den in Abschnitt 2.5, »Prüfung der Dateneingabe«, beschriebenen Gültigkeitsregeln arbeiten.

Ausgaben	
Miete und sonstige Wohnungsausgaben	900,00 €
Aufwendungen für Auto	500,00 €
Aufwendungen für öffentliche Verkehrsmittel	250,00 €
Versicherungsbeiträge	600,00 €

helmut vonhoegen:
Versicherung, Steuer, Benzin, Reparaturen, ADAC

Abbildung 2.81 Kommentar zu einer Eingabe

Natürlich lässt sich das auch unterbinden, wenn Sie diese Hinweise nicht mehr benötigen. Über **Datei ▸ Optionen ▸ Erweitert** müssen Sie dazu unter **Anzeige** nur die Option **Keine Kommentare und Indikatoren** wählen. Sie können hier aber auch umgekehrt festlegen, dass die Kommentare immer angezeigt werden – also auch, wenn der Zellzeiger an einer ganz anderen Stelle steht. Das entspricht der Option **Kommentare und Indikatoren**.

Kommentare eingeben

Falls Sie Ihrer Tabelle zusätzliche Informationen hinzufügen wollen, geben Sie einen neuen Kommentar auf folgende Weise ein:

1. Wählen Sie erst die Zelle, zu der Sie etwas notieren wollen. (Ist ein Bereich markiert, wird der Kommentarindikator immer an die erste Zelle geheftet.)
2. Wählen Sie **Überprüfen ▸ Kommentare ▸ Neuer Kommentar** oder [⇧]+[F2].
3. Excel öffnet ein Textfeld und setzt den Namen des Benutzers an den Anfang. Das ist insbesondere bei Teamarbeit an Tabellen praktisch.

4 Nun können Sie Ihre Anmerkung zu der Zelle, der Formel etc. direkt vor Ort eintragen. Schließen Sie den Kommentar durch Klick oder Tipp außerhalb des Feldes ab.

Muss etwas korrigiert werden, wählen Sie im Kontextmenü der kommentierten Zelle **Kommentar bearbeiten**. Wählen Sie die Textstelle aus, an der etwas eingefügt werden soll, oder markieren Sie durch Ziehen eine Stelle, die ersetzt werden soll. Wenn Sie nur die Textbearbeitung beenden wollen, entscheiden Sie sich im Kontextmenü zu dem Kommentarfeld für die Option **Textbearbeitung beenden**. Dann bleibt das Kommentarfeld weiter markiert.

Soll das Kommentarfeld etwas von der Zelle weggeschoben werden, ziehen Sie den Rahmen in die gewünschte Richtung. Der Pfeil zu dem kleinen roten Dreieck wird entsprechend verlängert. Um das Kommentarfeld zu vergrößern oder zu verkleinern, reicht das Ziehen an den Markierungen im Rahmen. Um die Schrift anders zu formatieren, markieren Sie den Text oder einen Teil davon und wählen im Kontextmenü den Befehl **Kommentar formatieren**.

Um bequem mit Kommentaren zu arbeiten, bietet die Gruppe **Überprüfen ▸ Kommentare** eine Reihe von Symbolen, etwa um vorhandene Kommentare bequem anzusteuern, ein- oder auszublenden oder zu löschen.

Abbildung 2.82 Die Gruppe »Kommentare«

Kommentare können mit den Tabellendaten ausgedruckt werden. Wählen Sie im Dialogfeld **Seite einrichten** die Registerkarte **Blatt**, und legen Sie unter **Drucken ▸ Kommentare** fest, ob die Kommentare, wenn überhaupt, jeweils am Ende des Blatts gedruckt werden sollen oder so, wie sie auch auf dem Blatt angezeigt werden. Das Dialogfeld wird über den Dialogfeldstarter der Gruppe **Seitenlayout ▸ Seite einrichten** geöffnet.

3 Mit Formeln arbeiten

Der Einsatz von Excel lohnt sich zwar schon, wenn es nur darum geht, Informationen in ordentlicher Form zusammenzustellen, denn gerade die tabellarische Anordnung ist für die übersichtliche Darstellung von Daten gut geeignet. Ob Sie nun eine Checkliste für eine Dienstreise, einen Terminkalender für ein Projekt oder einen Stellenplan für eine Abteilung brauchen, all diese Aufgaben lassen sich in einem Arbeitsblatt effektiv erledigen. So richtig zum Zuge kommen die Fähigkeiten von Excel aber erst, wenn Sie Excel für sich rechnen lassen. Das geschieht in erster Linie durch die Eingabe von Formeln.

3.1 Der Aufbau von Formeln

Bevor auf die Konstruktion von Formeln im Detail eingegangen wird, soll an dieser Stelle zunächst noch auf eine Funktion von Excel hingewiesen werden, die Ihnen Rechenergebnisse ohne Formeln anbietet.

3.1.1 Schnelle Summen mit AutoBerechnung

Wenn Sie sofort wissen wollen, welchen Gesamtbetrag eine Gruppe von Werten ergibt, können Sie auch ganz ohne Formeln ans Ziel kommen. Sobald Sie mehr als eine Zelle markieren, gibt Ihnen Excel unaufgefordert Werte wie den **Mittelwert**, die **Anzahl** und die **Summe** dieser Werte in der Statusleiste aus. Das funktioniert nicht nur bei geschlossenen Zellblöcken, sondern auch, wenn Sie nicht zusammenhängende Zellen markieren. Das erspart Ihnen in vielen Fällen den Griff zum Taschenrechner.

Anstelle der vorgegebenen Auswertungen kann über das Menü **Statusleiste anpassen** auch ein anderes Ergebnis errechnet werden. Dazu müssen Sie den Ergebnisbereich in der Statusleiste nur mit der rechten Maustaste anklicken und die gewünschte Berechnungsart auswählen. Das Menü bleibt geöffnet, bis Sie eine Zelle auswählen oder [Esc] drücken. Auf dem Touchscreen berühren Sie mit Finger oder Stift die Statusleiste, bis das Kontextmenü erscheint, und wählen die gewünschten Optionen durch Antippen an oder ab. Tippen Sie auf eine beliebige Zelle, um das Menü wieder zu schließen.

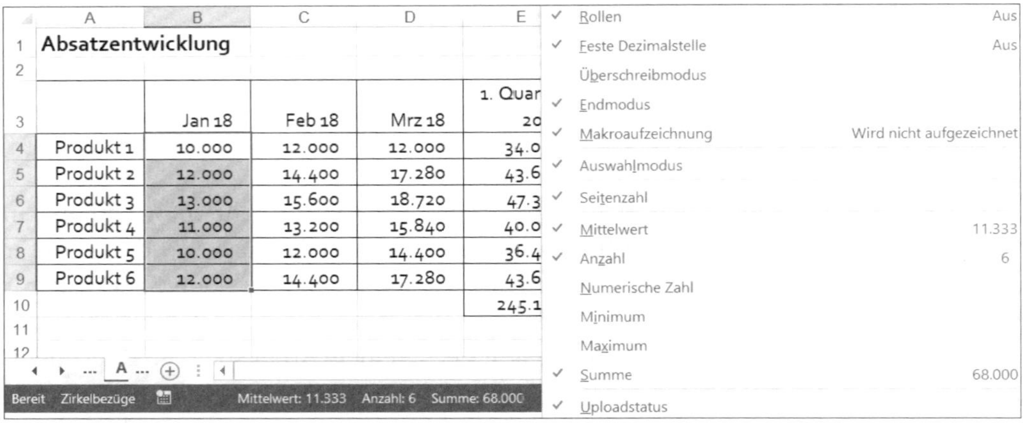

Abbildung 3.1 Auswertungen markierter Zellen in der Statusleiste und Wahl der Berechnungsart

3.1.2 Die Rolle der Formeln

Eine Formel ist in Excel so etwas wie ein Dauerauftrag an das Programm. Mit einer Formel bestimmen Sie, dass Excel immer wieder bestimmte Dinge erledigt. Das kann z. B. eine Rechenvorschrift sein wie »Bilde die Summe einer Zahlenkolonne« oder »Multipliziere den Betrag mit dem Faktor 1,19« oder aber eine Anweisung wie »Setze eine Bezeichnung aus den aktuellen Werten von zwei Zellen zusammen«. Ist die entsprechende Formel einmal gebildet, vielleicht am Anfang durchaus mit gewissen Mühen, steht sie anschließend gleichsam auf Abruf zur Verfügung. Ändern sich die Zahlen in der Kolonne oder der Betrag oder eine der Zeichenketten, liefern die Formeln sofort wieder das aktuelle Ergebnis.

Formelketten

Material für Formeln können dabei nicht nur Zahlen und Zeichenfolgen, sondern auch selbst wiederum andere Formeln sein. Das heißt z. B., mit dem Ergebnis einer Formel in der Zelle B12 wird in der Zelle F18 weitergerechnet. Die Zelle F18 ihrerseits gibt ihr Ergebnis an eine Formel in der Zelle H15 weiter. Auf diese Weise entstehen regelrechte Formelketten. Je länger eine solche Kette ist, desto größer ist allerdings auch die Möglichkeit, dass die Übersicht darüber, wie im Arbeitsblatt gerechnet wird, verloren geht. Über Maßnahmen, damit umzugehen, erfahren Sie in Abschnitt 3.6, »Qualität sichern und Fehler vermeiden«, mehr.

3.1.3 Formeltypen

Normalerweise liefert eine Formel nur einen Wert für die Zelle, in die sie eingetragen ist. Eine spezielle Variante sind Matrixformeln, die Werte für mehrere Zellen berechnen bzw. Wertegruppen gleichzeitig auswerten können. Excel kennt verschiedene Typen von Formeln:

- **Arithmetische Formeln** enthalten Konstanten, Zellbezüge und arithmetische Operatoren (+ – * / ^). Diese Formeln errechnen das Ergebnis und zeigen es in der Zelle an, die die Formel enthält. Beispiele für arithmetische Formeln:

  ```
  =B7+C7
  =8000 * 1,19
  =C5/5
  ```

- **Zeichenfolgen-Formeln** erlauben die Verknüpfung zweier oder mehrerer Zeichenfolgen mit dem &-Operator. Beispiele für solche Textverkettungen:

  ```
  ="Audio"&2011
  ="Farbe "&H4
  ="Margo "&"Lewin"
  ```

- **Logische Formeln** enthalten Vergleiche zwischen Konstanten oder Zellbezügen mithilfe von Vergleichsoperatoren. Formeln wie `=Z8 > H5` ergeben den Wert `WAHR`, wenn die darin formulierte Beziehung der beiden Zellwerte tatsächlich wahr ist; wenn nicht, liefert eine solche Formel den Wert `FALSCH`. Der angezeigte Wert `WAHR` hat gleichzeitig den numerischen Wert `1`, der Wert `FALSCH` den numerischen Wert `0` (`=WAHR + 1` ergibt also 2!).

- **Formeln, die Funktionen enthalten**, z. B. die Summenfunktion:

  ```
  =Summe(F1:F30)
  ```

3.1.4 Datentypen

Die verschiedenen Typen können in einer Formel auch gemischt auftreten. Dabei muss aber beachtet werden, dass die Ergebnisse der verschiedenen Teile einer Formel Daten liefern, die vom Typ her verträglich sind. Eine Funktion, die eine Zeichenfolge zum Ergebnis hat, kann nicht multipliziert werden. Das macht auch wenig Sinn. Dagegen lässt der &-Operator auch Zahlen als Operanden zu, wandelt sie aber automatisch in Zeichenfolgen um.

```
=1111&2222
```

ergibt die Zeichenfolge 11112222.

3.1.5 Operatoren und ihre Priorität

Die einfachsten Formeln, die in einer Zelle abgelegt werden können, sind Formeln, in denen Zahlen mit den Operatoren der Grundrechenarten verknüpft werden. Die Schreibweise entspricht, abgesehen von dem vorangestellten Gleichheitszeichen, dem gewohnten Bild:

```
=13+25-5
=25*4/3
=3^2
```

Anstelle von Zahlen, also von Konstanten, können Variablen in die Formeln eingeführt werden. In der Algebra werden für Variablen bekanntlich Buchstaben benutzt. Wenn Sie mit Excel arbeiten, dienen die Zell- oder Bereichsadressen dazu, Variablen in eine Formel einzubeziehen. Die Operatoren in einer Formel werden entsprechend ihrer Priorität behandelt. Die folgende Liste zeigt die Rangfolge der Priorität. Die höchste Priorität ist 1.

3.1.6 Tabelle der Operatoren

Operator	Beispiel	Bedeutung	Priorität
Bezugsoperatoren			
:	`B3:B7`	Bereich	1
Leer	`B3:E8 C4:F12`	Schnittmenge	2
;	`B3:B12;C3:C12`	Verbindung	3
Arithmetische Operatoren			
–	`-(5*2)`	Vorzeichen	4
%	`10 %`	Prozent	5
^	`5^2`	Potenzierung	6
*	`5*6`	Multiplikation	7
/	`6/3`	Division	7
+	`7+4`	Addition	8
–	`4-2`	Subtraktion	8

Operator	Beispiel	Bedeutung	Priorität
Verkettungsoperator			
&	`B2&B3`	Textverkettung	9
Vergleichsoperatoren			
=	`B5=B7`	gleich	10
<>	`B5<>B7`	ungleich	10
>	`B5>B7`	größer als	10
<	`B5<B7`	kleiner als	10
<=	`B5<=B7`	kleiner oder gleich	10
>=	`B5>=B7`	größer oder gleich	10

Die Priorität bestimmt die Reihenfolge, in der Excel die Operatoren auswertet. Nehmen Sie das folgende Beispiel: Ein numerischer Ausdruck lautet:

```
=5+6*3-7
```

Würde das Programm schlicht von links nach rechts vorgehen, ergäbe sich

```
5+6    = 11
11*3   = 33
33-7   = 26
```

Tatsächlich aber führt Excel korrekterweise zunächst die Multiplikation durch, die Priorität vor der Addition und Subtraktion hat:

```
6*3    = 18
5+18-7 = 16
```

Die Operation mit der höheren Priorität wird also zuerst ausgeführt. Bei Operatoren derselben Priorität wird von links nach rechts gearbeitet. Soll die Rangfolge der Prioritäten unterlaufen werden, kann wie üblich mit Klammern gearbeitet werden. Bei

```
=(5*6)*(3-7)
```

wird zunächst das Innere der beiden Klammern berechnet. Das ergibt:

```
=30*-4
=-120
```

3.1.7 Addition und Subtraktion

Die folgende Liste zeigt einige Beispiele für korrekt eingegebene Formeln, um Ihnen die Schreibweise zu demonstrieren. Wie Sie sehen, können auch Datumswerte als Operanden in den Berechnungen verwendet werden:

```
=12+27
=-15+33
=C17+F18-J21
=B14
=$B16-$C$16
=-(B13+B14+C17)
=SUMME(B12:F12)+1000
=SUMME(B12:B17)+SUMME(C12:C19)
=DATUM(12;12;01)+90
=SUMME00+SUMME01
```

Das letzte Beispiel verwendet Bereichsnamen. Es ist allerdings nur dann zulässig, wenn mit den beiden Namen jeweils nur eine Zelle benannt wird. Ist ein Bereich aus mehreren Zellen benannt, liefert die Formel die Fehlermeldung #WERT!.

3.1.8 Multiplikation und Division

Bei der Multiplikation und Division muss beachtet werden, wie sich das Ergebnis in Bezug auf die Dezimalstellen verhält. Bei der Multiplikation addieren sich die Nachkommastellen:

```
=33,33*33,33 ergibt 1110,8889
=33,33*33,33*33,33 ergibt 37025,927037
```

Wird die Darstellung des Ergebnisses durch die Zellformatierung auf zwei Dezimalstellen reduziert, erscheint zwar in der Zelle ein gerundeter Wert, im Beispiel also 1.110,89 bzw. 37.025,93; intern bleibt aber das genauere Ergebnis gespeichert. Wird auf diese Zelle in einer anderen Formel Bezug genommen, rechnet diese Formel mit den vier bzw. sechs Dezimalstellen weiter. Werden solche Werte dann erneut multipliziert, kann es zu deutlichen Differenzen kommen, je nachdem, ob mit den intern gespeicherten Werten oder mit gerundeten Werten weitergerechnet wird. Abbildung 3.2 zeigt ein kleines Beispiel.

	A	B	C	D	E
1	**Beispiel für Rundungsdifferenzen:**				
2					
3	**Formel:**	**Ergebnis:**	**gerundet:**		
4	=12,13*12,6	152,838	152,84	=17*B8	10598,71
5	=13,87*32,77	454,5199	454,52	=17*C8	10598,82
6	=3,66*2,66	9,7356	9,74		
7	=2,12*3	6,36	6,36		
8	=SUMME(B4:B7)	623,4535	623,46		
9		▲			

Abbildung 3.2 Beispiel für Rundungsdifferenzen

In der Spalte C sind die Ergebnisse der benachbarten Spalte B mit der Funktion `RUNDEN()` bearbeitet worden. In E4 ist das nicht gerundete Gesamtergebnis mit 17 multipliziert, in E5 das gerundete Gesamtergebnis. Die Differenz ist deutlich.

Division durch null abfangen

Bei der Division ist die Anzahl der Dezimalstellen, die der Quotient erhält, ganz unterschiedlich. Hier kommt zu dem bei der Multiplikation angesprochenen Rundungsproblem ein weiteres hinzu, das unbedingt beachtet werden muss: Die Division durch null ist nicht erlaubt. Solange der Divisor direkt eingegeben wird, lässt sich dieser Fehler relativ leicht vermeiden. Was aber, wenn der Divisor eine Zelladresse oder eine Funktion ist, deren Ergebnis unvorhersehbar ist, wenn also der Divisor eine Variable, eine Unbekannte, ist? Für diesen Fall muss Vorsorge getroffen werden.

Der Fall, dass ein Divisor mit dem Wert 0 verwendet wird, sollte unterbunden werden. Das ist möglich mit der Funktion `WENN()`. Dem Programm kann damit erklärt werden, was anstelle einer Division zu geschehen hat, wenn der Divisor tatsächlich den Wert 0 annehmen sollte. Das kann etwa so aussehen:

```
=WENN(B3<>0;RUNDEN(A3/B3;2);"")
```

Wenn der Wert der Zelle B3 ungleich 0 ist, wird die Division A3/B3 durchgeführt; ist B3 aber tatsächlich gleich 0, findet die Division erst gar nicht statt, die Zelle bleibt leer. Stattdessen könnte auch ein entsprechender Hinweis ausgegeben werden.

3.1.9 Texte verketten

Gelegentlich ist es sinnvoll, eine Zeichenfolge in einer Zelle durch eine Formel zu erzeugen, die verschiedene Zeichen oder Zeichenfolgen verknüpft. Angenommen, Sie wollen

Artikelnummern um zwei Zeichen erweitern, die die Warengruppe beinhalten. Wenn Sie in die Zelle C9

```
=C5&C8
```

eintragen, wird der Inhalt von Zelle C5 mit dem Inhalt von Zelle C8 verkettet. Wenn C5 das Warengruppenkennzeichen *PX* enthält und C8 die Artikelnummer *3370086*, ist das Ergebnis in Zelle C9 *PX3370086*. Es macht übrigens nichts aus, wenn die Artikelnummer in C8 als Zahl und nicht als Zeichenfolge eingetragen worden ist. Der Operator wandelt die Zahl automatisch in eine Zeichenfolge um. Anschließend können Sie diese Formel noch in ihr Ergebnis verwandeln. Kopieren Sie die Zellen in die Zwischenablage, und fügen Sie sie an derselben Stelle wieder ein, indem Sie über das Kontextmenü **Inhalte einfügen** aufrufen und die Option **Werte** verwenden. Wollen Sie zwischen den beiden Textelementen ein Leerzeichen sehen, schreiben Sie:

```
=C5&" "&C8
```

Vergessen Sie nicht, die Formel mit dem Gleichheitszeichen zu beginnen, damit Excel überhaupt merkt, dass es eine Formel berechnen soll. Wenn Sie nur

```
C5&C8
```

in die Zelle schreiben, nimmt Excel die Eintragung als ganz normalen Text.

3.1.10 Tests mit logischen Formeln

Logische Formeln werden benutzt, um zu prüfen, ob bestimmte Tatsachen oder Bedingungen gegeben sind oder nicht. Wenn Sie die Entscheidung über eine Investition z. B. davon abhängig machen wollen, ob sich die Kosten innerhalb von fünf Jahren amortisiert haben, können Sie diese Bedingung als logische Formel formulieren:

```
=Kosten < Ersparnisse
```

Voraussetzung ist, dass Sie die Zelle, die die Kosten summiert, mit dem Namen *Kosten* belegt haben und die Zelle, die die Summe der Ersparnisse der letzten fünf Jahre enthält, mit dem Namen *Ersparnisse*. Wenn Sie eine solche Formel eintragen, vergleicht Excel die Werte der beiden Zellen. Ist die Bedingung erfüllt, sind also die Kosten kleiner als die Summe der Ersparnisse, zeigt die Zelle den Wert `WAHR`. Trotz der Anzeige des Wortes `WAHR` hat die Zelle zugleich den numerischen Wert 1. Ist das Ergebnis nicht so günstig, sind die Kosten also noch nicht gedeckt, erscheint in der Zelle `FALSCH`. Das entspricht dem numerischen Wert 0.

Das ist ganz praktisch für Prüfsummen. Wenn Sie z. B. in drei Zellen untereinander Bedingungen in Form logischer Formeln ablegen, können Sie sehr einfach prüfen, ob alle Bedingungen erfüllt sind. Sie addieren einfach die Wahrheitswerte. Ist das Ergebnis =3, sind alle Bedingungen erfüllt. Logische Formeln kennen also nur zwei mögliche Ergebnisse: `WAHR` oder `FALSCH` (in Abbildung 3.3 werden die logischen Formeln zur Dokumentation in Spalte D zusätzlich als Text angezeigt).

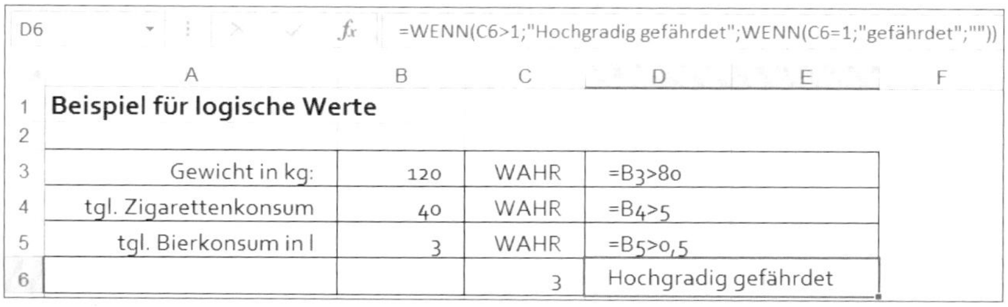

D6 =WENN(C6>1;"Hochgradig gefährdet";WENN(C6=1;"gefährdet";""))

	A	B	C	D	E	F
1	**Beispiel für logische Werte**					
2						
3	Gewicht in kg:	120	WAHR	=B3>80		
4	tgl. Zigarettenkonsum	40	WAHR	=B4>5		
5	tgl. Bierkonsum in l	3	WAHR	=B5>0,5		
6			3	Hochgradig gefährdet		

Abbildung 3.3 Logische Werte lassen sich auch addieren.

Eine logische Formel kann nicht nur eine Bedingung enthalten, sondern auch mehrere gleichzeitig. Diese Bedingungen können entweder alternativ oder additiv formuliert werden.

3.1.11 Funktionen

Funktionen sind spezielle Ausdrücke, die entweder direkt als Formel oder als Teil einer Formel verwendet werden können. Auch wenn eine Formel nur aus einer Funktion besteht, muss sie wie üblich mit einem Gleichheitszeichen beginnen. Im zweiten Fall werden die Funktionen mithilfe von Operatoren mit den anderen Teilen einer Formel verknüpft. Die folgenden Formeln

```
=A3-SUMME(A10:A20)
=B4/RUNDEN(C6;2)
```

sind gültige Ausdrücke, während in dem nächsten Beispiel ein Operator fehlt:

```
=MITTELWERT(kosten)G6
```

Funktionen ersetzen z. T. komplexe Berechnungen, wobei Sie sich um die Art und Weise der Berechnung aber nicht zu kümmern brauchen. Sie füttern die Funktionen nur mit den notwendigen Argumenten, den Rest erledigt das Programm. Bis zu 255 Argumente sind bei einer Funktion möglich, wobei Argumente häufig Zellbereiche sind, die wiederum zahlreiche Werte enthalten können. Eine Summenfunktion etwa kann mit einer Bereichsangabe wie A3:A1000003 ohne Weiteres eine Million Werte in einem Zug addieren.

Funktionen können auch geschachtelt werden, d. h., das Argument einer Funktion kann selbst wieder eine Funktion sein. Eine Verschachtelungstiefe von bis zu 64 Ebenen ist erlaubt. In Kapitel 15, »Tabellenfunktionen«, finden Sie eine kurze Referenz aller Funktionen, die Excel anbietet.

3.2 Eingabe von Formeln und Funktionen

Um fehlerfreie Formeln zu produzieren, sind einige Regeln zu beachten:

- Das erste Zeichen einer Formel ist immer das Gleichheitszeichen. Es ist zwar erlaubt, stattdessen mit einem Plus- oder Minuszeichen zu beginnen, aber Excel setzt automatisch ein Gleichheitszeichen an die erste Stelle; das Pluszeichen wird sogar ganz ignoriert.
- Zeichenfolgen müssen in doppelte Anführungszeichen gesetzt werden.
- Formeln können zwar durch Leerzeichen lesbarer gemacht werden, ein Leerzeichen darf aber nicht zwischen dem Funktionsnamen und der ersten Klammer erscheinen.

Excel erleichtert die Eingabe umfangreicher Formeln dadurch, dass die Bearbeitungsleiste automatisch um die dafür benötigten Zeilen erweitert wird. Mithilfe der Schaltfläche mit der Pfeilspitze am rechten Ende können diese zusätzlichen Zeilen aus- und eingeblendet werden. Außerdem kann der untere Rand der Bearbeitungsleiste nach unten gezogen werden, um Platz zu schaffen. Um sehr lange Formeln übersichtlicher zu gestalten, können Sie außerdem mit [Alt] + [↵] Zeilenschaltungen erzeugen.

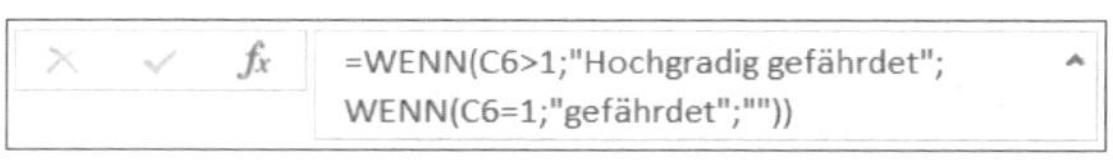

Abbildung 3.4 Erweiterte Bearbeitungsleiste mit umfangreicher Formel

3.2.1 Konstanten in Formeln

Wenn Zahlen in einer Formel als Konstanten vorkommen, müssen Sie beachten, dass – im Unterschied zur direkten Eingabe von Zahlen in eine Zelle – die Klammern für negative Zahlen, die Punkte für die Tausenderabtrennung oder Währungszeichen nicht erlaubt sind. Dagegen kann das Prozentzeichen als Prozentoperator benutzt werden. Um 10 % des Wertes in Zelle A1 zu erhalten, schreiben Sie:

```
=A1*10%
```

Ein Datum oder eine Zeitangabe kann in einer Formel über eine entsprechende Funktion erzeugt oder als Konstante eingegeben werden. Im zweiten Fall müssen Sie die Werte aber in doppelte Anführungszeichen setzen. Um das Datum zu berechnen, das 100 Tage nach dem 6.10.17 liegt, schreiben Sie:

```
="6/10/17"+100
```

Da die obige Eingabe eine nur zweistellige Jahreszahl enthält, bietet Excel in diesem Fall sofort eine Schaltfläche mit einem Menü an, das Sie auf diese Tatsache hinweist und Ihnen erlaubt, die Jahreszahl in eine vierstellige Zahl umzuwandeln und dabei eindeutig einem Jahrhundert zuzuordnen.

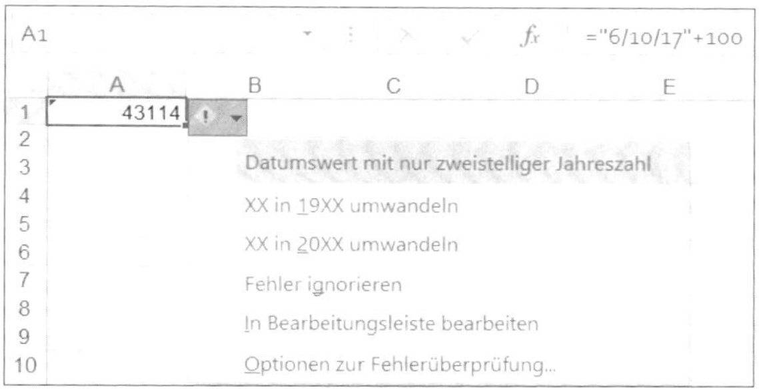

Abbildung 3.5 Kontextmenü zu einer zweistelligen Jahreszahl

Textkonstanten müssen in einer Formel immer in doppelten Anführungszeichen eingegeben werden. Wenn Sie allerdings den Dialog **Funktion einfügen** benutzen, werden die Anführungszeichen automatisch gesetzt, falls Sie eine Zeichenfolge in ein Argumentfeld eintragen. Bei einer Textverknüpfung mit dem &-Operator können auch Zahlen mit einem Text verknüpft werden:

```
="Gründungsjahr " & 2004
```

ist eine erlaubte Schreibweise und ergibt `Gründungsjahr 2004` in der Zelle.

3.2.2 Eingabe von Bezügen

Bezüge in einer Formel können entweder manuell eingegeben werden oder durch Markierung der Zelle oder des Bereichs. Im zweiten Fall schaltet Excel automatisch in den Modus **Zeigen**, wie in der Statuszeile angezeigt. In diesem Modus können Sie so lange auswählen, bis Sie den nächsten Operator eintragen.

Nehmen Sie als Beispiel folgende Formel für die Berechnung einer einfachen Relation:

```
=B4/B5
```

Wenn Sie bei der Eingabe den Modus **Zeigen** ausnutzen wollen, müssen Sie zunächst das Gleichheitszeichen eingeben. Dann können Sie die Zelle B4 anklicken oder antippen. Das Programm wechselt in den Modus **Zeigen** ❶. Die Zelladresse erscheint in der Zelle und in der Bearbeitungsleiste. Wenn Sie irrtümlich die falsche Zelle ausgewählt haben, wählen Sie noch einmal. Tippen Sie dann das Divisionszeichen. Markieren Sie anschließend die Zelle B5. Bestätigen Sie die Formel mit dem Häkchen in der Bearbeitungsleiste ❷. Ist die Formel misslungen, verwerfen Sie die Eingabe mit der Schaltfläche **Abbrechen** ❸.

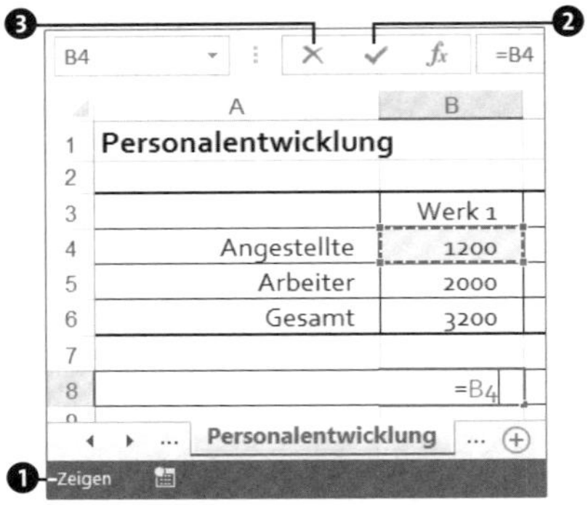

Abbildung 3.6 Zeigen auf einen Bereich bei der Formeleingabe

Die Technik mit der Tastatur ist ähnlich. Geben Sie ein Gleichheitszeichen ein. Sobald Sie irgendeine Richtungstaste drücken, wechselt das Programm in den Modus **Zeigen**. Markieren Sie mit den Richtungstasten die Zelle B4. Geben Sie das Divisionszeichen ein etc. Quittieren Sie die fertige Formel mit [↵]. Ist die Formel nicht in Ordnung, brechen Sie die Eingabe mit [Esc] ab.

Beachten Sie dabei, dass Sie, solange Sie sich im Modus **Zeigen** befinden, die Formeleingabe weder mit den Richtungstasten noch per Klick oder Tipp auf eine andere Zelle beenden können, wie es bei der Eingabe von Werten der Fall ist. Nur wenn eine Formel mit einer schließenden Klammer endet, lässt sie sich per Klick oder Tipp oder mit den Richtungstasten abschließen, da die Eingabe der Klammer automatisch wieder in den Modus **Eingeben** schaltet.

3.2.3 Bereichsangaben

Wenn Sie einen Bereichsbezug als Argument in einer Formel benötigen, haben Sie zwei Möglichkeiten: Ist der Bereich nicht benannt, können Sie zunächst so vorgehen wie bei der Eingabe des Zellbezugs. Anstatt mit der Maus aber nur eine Zelle anzuklicken, markieren Sie durch Ziehen der Maus den Bereich, den Sie benutzen wollen. Mit dem Finger tippen Sie die erste Zelle des Bereichs an und ziehen den runden Anfasser bis zur letzten Zelle des Bereichs.

Wenn Sie mit der Tastatur arbeiten, müssen Sie zunächst wieder eine Richtungstaste anschlagen, um in den Modus **Zeigen** zu gelangen. Markieren Sie zunächst die Zelle, in der der Bereich beginnen soll. Halten Sie dann die [⇧]-Taste gedrückt, während Sie den Bereich mit den Richtungstasten markieren. Beenden Sie die Bereichsmarkierung mit der [↵]-Taste. Soll die Formel dagegen noch fortgesetzt werden, beenden Sie die Bereichsmarkierung mit einer schließenden Klammer oder einem Operator. Anstatt mit der [⇧]-Taste zu arbeiten, können Sie auch [F8] benutzen, um den Bereich auszudehnen. Sie wählen die Startzelle, drücken [F8] und dann die letzte Zelle des Bereichs.

Wenn ein Bereich mit den Methoden, die wir Ihnen weiter unten im Detail noch vorstellen, benannt ist, tippen Sie z. B. zunächst

```
=SUMME(
```

ein. Nun können Sie den gewünschten Bereichsnamen, z. B. *Werk_1*, über **Formeln ▸ Definierte Namen ▸ In Formel verwenden** auswählen oder mit [F3] einfügen. [F3] öffnet das Dialogfeld **Namen einfügen**, wo Sie den vorgesehenen Namen doppelt anklicken oder antippen. Sie können die Formel quittieren. Die letzte Klammer wird automatisch gesetzt. Dies gilt allerdings nur, wenn nicht mehr als eine schließende Klammer vorkommt, wenn die Formel also nur aus einer Funktion besteht.

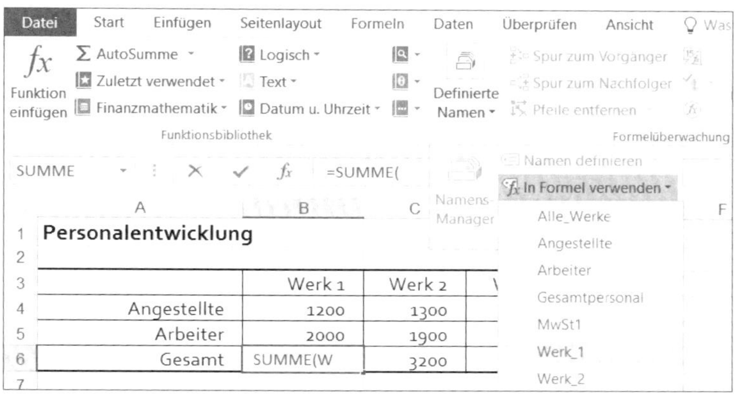

Abbildung 3.7 Einfügen eines Bereichsnamens in eine Formel

Excel bietet noch eine weitere Unterstützung für Bereichsnamen an, wenn Sie eine Formel eingeben. Sobald Sie den ersten Buchstaben des Namens eingeben, werden die möglichen Namen zu diesem Anfangsbuchstaben in der Funktionsliste mit angeboten, wie Abbildung 3.8 zeigt. Per Doppelklick oder -tipp wird der Name in die Formel übernommen. Wenn der richtige Name ausgewählt ist, können Sie ihn auch mit [↹] übernehmen.

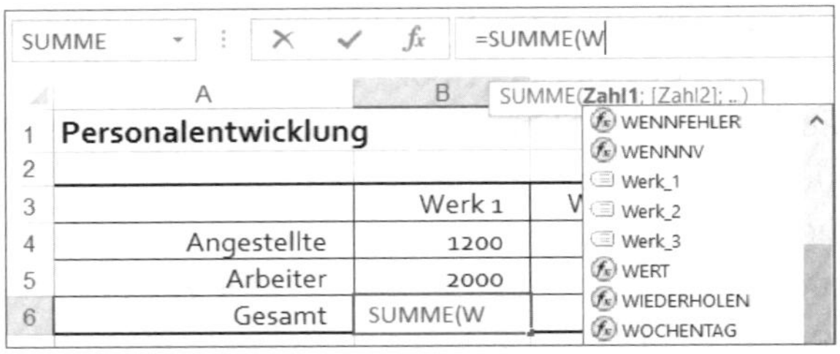

Abbildung 3.8 Unterstützung bei der manuellen Angabe von Bereichsnamen

3.2.4 Tipps zur Eingabe von Bezügen

Bezieht sich ein Argument auf eine Zelle oder einen Zellbereich, der weit von der Formelzelle entfernt ist, benutzen Sie am besten die Bildlaufleisten, um den Fensterausschnitt entsprechend zu verschieben, klicken dann auf die dortige Zelle oder ziehen mit der Maus über den gewünschten Bereich. Sobald die Formel abgeschlossen ist, rückt die Zelle, die die Formel enthält, wieder ins Bild. Mit dem Finger können Sie den Bildschirmausschnitt auch direkt durch Ziehen des Gitternetzes oder eine entsprechende Wischbewegung verschieben, um entferntere Zellen sichtbar zu machen.

Liegen Zellbezüge in einem entfernten Tabellenbereich, ist es hilfreich, vor der Formeleingabe das Fenster so zu teilen, dass dieser Bereich sichtbar ist. Setzen Sie den Zellzeiger auf eine Zelle, die die Position der Trennlinie angibt. Wählen Sie **Ansicht ▸ Fenster ▸ Teilen** ❶. Soll die Teilung noch korrigiert werden, verschieben Sie die Trennlinien ❷. Ein Doppelklick oder -tipp entfernt die Trennlinien wieder. (Der in früheren Versionen verwendete Teiler in den Bildlaufleisten wird nicht mehr angeboten.)

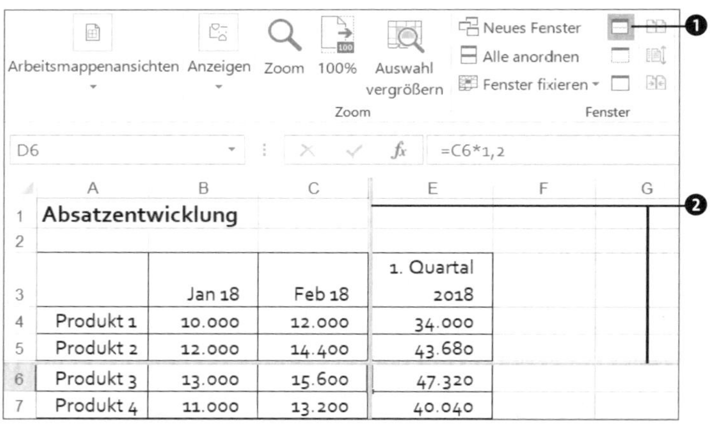

Abbildung 3.9 Geteiltes Fenster

Wollen Sie mehrere Bereiche der Tabelle gleichzeitig sehen, können Sie auch mit **Ansicht ▸ Fenster ▸ Neues Fenster** entsprechend viele zusätzliche Fenster der aktiven Datei erzeugen und diese mit **Fenster ▸ Alle anordnen ▸ Unterteilt** so anordnen, dass die verschiedenen Bereiche sichtbar sind. Dazu sollte **Fenster der aktiven Arbeitsmappe** abgehakt werden, damit die gesamte Arbeitsfläche ausgenutzt wird. Weitere geöffnete Arbeitsmappen werden dann verdeckt. Im anderen Fall wird der Bildschirm so geteilt, dass alle offenen Arbeitsmappen zu sehen sind.

Bezüge auf andere Blätter

Sollen sich Formeln auf andere Blätter innerhalb derselben Arbeitsmappe beziehen, muss jeweils vor die Bereichsadressen oder -namen der Blattname gesetzt werden, getrennt durch ein Ausrufezeichen. Wenn Sie im Modus **Zeigen** zunächst durch einen Klick oder Tipp auf das Register das Blatt und dann den jeweiligen Bereich auswählen, wird der Blattname automatisch in die Formel übernommen.

3.2.5 3D-Bezüge

Eine spezielle Möglichkeit der Arbeitsmappen sind 3D-Formeln. Denken Sie an eine Tabelle, die die Ergebnisse von vier gleich strukturierten Tabellen zusammenfasst, etwa die Produktionsergebnisse von vier Werken. Diese vier Tabellen folgen in der Mappe direkt aufeinander und sind vom Inhalt her so aufgebaut, dass sie deckungsgleich sind. Das Ergebnis von Artikel A für den Monat Januar steht also in allen vier Tabellen an der gleichen Blattadresse. Unter diesen Voraussetzungen kann eine fünfte Tabelle angelegt werden, die die Ergebnisse der vier Werke zusammenfasst. Auch diese Tabelle hat den gleichen Aufbau wie die anderen Tabellen.

In dieser zusammenfassenden Tabelle kann nun mit einer Summenformel operiert werden, die mit einem dreidimensionalen Bereich arbeitet, also sinngemäß: »Summiere die Werte, die in den vier Tabellen jeweils in der Zelle B7 stehen.« Die Schreibweise lautet:

```
=SUMME(Werk1:Werk4!B7)
```

Diese Formel können Sie in alle Zellen kopieren, die Sie für das Gesamtergebnis der vier Werke benötigen. Wenn Sie einen 3D-Bezug durch Zeigen mit der Maus eingeben wollen, müssen Sie zunächst die Blätter auswählen und dann die Zelle oder den Bereich. Klicken Sie auf das Register des ersten Blatts, das zu dem Bereich gehören soll, dann mit gedrückter [⇧]-Taste auf das letzte Blatt des Bereichs. Danach markieren Sie die Zelle oder den Bereich.

Excel passt 3D-Bezüge automatisch an, wenn aus dem Bereich Blätter gelöscht oder auch wenn neue Blätter in den Bereich eingefügt werden. Werden Blätter aus dem Bereich heraus verschoben oder wird die ganze Blattgruppe verschoben, werden die Bezüge ebenfalls angepasst. Wird das letzte Blatt der Gruppe weiter nach rechts versetzt, werden die Blätter dazwischen in den Bereich mit aufgenommen. Entsprechendes gilt, wenn das erste Blatt weiter zurückversetzt wird.

3.2.6 Eingabe externer Bezüge

Bezieht sich eine Formel auf Werte in einer anderen Arbeitsmappe, ist es in der Regel am besten, diese Tabelle vor Eingabe der Formel ebenfalls zu öffnen. Um in einer Formel dann auf Zellen dieser zweiten Tabelle Bezug zu nehmen, müssen Sie zwischen den Fenstern wechseln. Das geht am einfachsten, wenn Sie beide Fenster mit **Ansicht ▸ Fenster ▸ Alle anordnen** gleichzeitig sichtbar machen. Dann können Sie während der Eingabe in der Bearbeitungsleiste das andere Fenster aktivieren und die Zellbezüge markieren.

Wenn Sie in einer Tabelle eine Formel entwickeln, die sich auf Daten aus einer anderen Arbeitsmappe bezieht, gilt folgende Schreibweise:

```
=[MAPPE1]Tabelle1!$E$2
```

Der Name der Arbeitsmappe muss also in eckigen Klammern eingeschlossen sein. Der Name des Tabellenblatts wird mit einem Ausrufezeichen von der Zelladresse oder einem Bereichsnamen abgetrennt.

3.2.7 Hilfe bei der Eingabe von Funktionen

Excel verlangt bei der Benutzung von Funktionen die exakte Beachtung der vorgeschriebenen Schreibweise. Nicht von Belang ist, ob Groß- oder Kleinbuchstaben verwendet werden. Angesichts der über 450 Funktionen, die Excel 2019 für Tabellenformeln bereitstellt, ist es eine Notwendigkeit, die Eingabe dieser Funktionen durch das Programm zu unterstützen. Niemand kann sich all diese Funktionen und schon gar nicht die oft zahlreichen Argumente dieser Funktionen merken. Damit Sie nicht ständig nachsehen müssen, welche Argumente eine bestimmte Funktion braucht, hilft Ihnen Excel 2019 entweder mit direkt eingeblendeten QuickInfos oder mit dem Dialog **Funktion einfügen**.

In der Hilfe finden Sie zudem jeweils ein fertiges Beispiel, das Sie sich zum Ausprobieren der Funktion auch leicht in das Arbeitsblatt kopieren können. Dazu müssen Sie die dafür angebotene Tabelle – ohne Spalten- und Zeilenköpfe – nur mit der Maus markieren und dann mit `Strg` + `C` und `Strg` + `V` an die gewünschte Stelle des Arbeitsblatts übertragen.

Beispiel

Kopieren Sie die Beispieldaten in der folgenden Tabelle, und fügen Sie sie in Zelle A1 eines neuen Excel-Arbeitsblatts ein. Um die Ergebnisse der Formeln anzuzeigen, markieren Sie sie, drücken Sie F2 und dann die EINGABETASTE. Im Bedarfsfall können Sie die Breite der Spalten anpassen, damit alle Daten angezeigt werden.

Daten	Beschreibung	
500,000 €	Betrag, der an jedem Monatsende für eine Rente aus einer Lebensversicherung ausgezahlt wird	
8%	Verzinsung für den ausgezahlten Betrag	
20	Dauer der Auszahlung in Jahren	
Formel	**Beschreibung**	**Ergebnis**
=BW(A3/12; 12*A4; A2; ; 0)	Der Barwert der Rente bei den Konditionen in A2:A4	(59.777,15 €)

Abbildung 3.10 Funktionsbeispiel in der Hilfe

Sie haben mehrere Möglichkeiten, eine Funktion in eine Formel einzubauen, und bei jeder dieser Optionen hilft Ihnen Excel in der einen oder anderen Form.

3.2.8 Manuelle Eingabe von Funktionen

Wenn Sie sich gut mit den Funktionen auskennen, können Sie die Funktionen direkt in die Zelle eintragen. Excel unterstützt Sie dabei mit der Funktion **AutoVervollständigen für Formeln**, sofern diese über **Datei** ▸ **Optionen** ▸ **Formeln** nicht unter **Arbeiten mit Formeln** abgeschaltet ist. Bei Bedarf kann die Funktion aber auch im Bearbeitungsmodus mit `Alt` + `↓` ein- und ausgeschaltet werden.

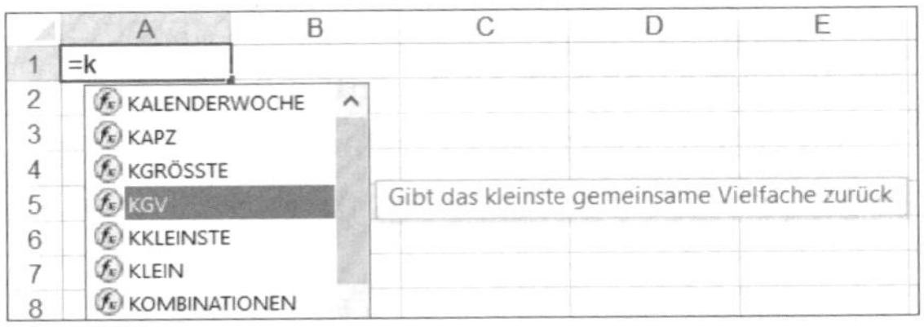

Abbildung 3.11 Auflistung möglicher Funktionen bei der Eingabe

Die manuelle Eingabe beginnt immer mit dem Gleichheitszeichen. Sobald Sie in eine Zelle ein Gleichheitszeichen und einen ersten Buchstaben eingeben, listet Excel die mit diesem Zeichen beginnenden Funktionen zur Auswahl auf. Jeder weitere Buchstabe, den Sie eingeben, filtert die Auswahl entsprechend. Zu jeder per Klick oder Tipp oder mit den Richtungstasten markierten Funktion wird eine Kurzinformation angezeigt. Ein Doppelklick oder -tipp oder die Taste [⇆] übernimmt eine ausgewählte Funktion.

Wenn Sie die genaue Schreibweise der Funktion nicht wissen, reicht es jetzt auch schon, wenn Sie einen Teil des Namens angeben können. `=WOCHE` bietet beispielsweise alle Funktionen an, die mit Wochenberechnungen zu tun haben.

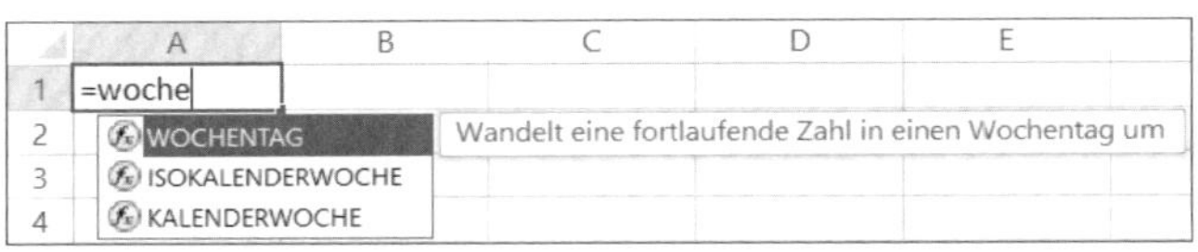

Abbildung 3.12 Die verbesserte Funktion AutoVervollständigen

Sobald der komplette Name einer Funktion und die erste Klammer für die Argumente direkt in der Zelle oder in der Bearbeitungsleiste eingegeben sind, werden QuickInfos eingeblendet, die zeigen, welche Argumente die Funktion verlangt, jedenfalls solange die Option **QuickInfos für Funktionen anzeigen** nicht über **Datei ▸ Optionen ▸ Erweitert ▸ Anzeige** abgeschaltet ist.

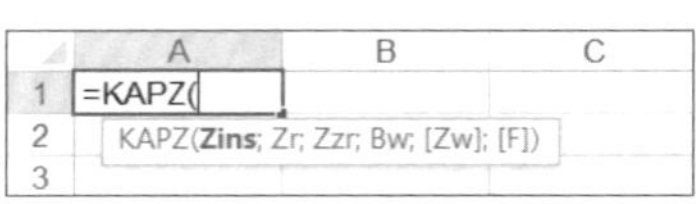

Abbildung 3.13 QuickInfos zur Funktion KGV()

Werden zu einer Funktion bestimmte Werte als Argumente erwartet, werden diese ebenfalls angeboten. Die Funktion `AGGREGAT()` erwartet z. B. bestimmte Zahlencodes für das erste Argument. Die möglichen Codes und ihre Bedeutung werden als Liste angeboten.

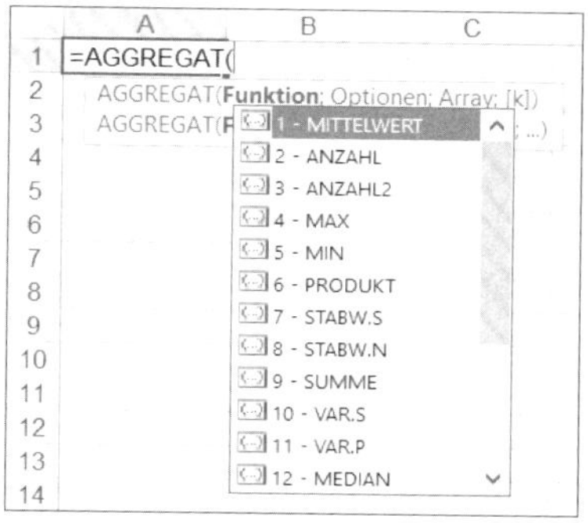

Abbildung 3.14 Angebotene Codes für das erste Argument der Funktion AGGREGAT()

Die einzelnen Elemente in der QuickInfo arbeiten wie Hyperlinks. Wenn Sie einen Platzhalter für ein Argument nachträglich anklicken oder antippen, wird das Argument in der Formel ausgewählt und kann, falls nötig, korrigiert werden. Klicken oder tippen Sie dagegen auf den Funktionsnamen, wird die Hilfe zu dieser Funktion eingeblendet.

Für den schnellen Zugriff auf bestimmte Funktionen stellt Excel 2019 außerdem in der Gruppe **Formeln ▸ Funktionsbibliothek** für die wichtigsten Funktionskategorien eigene Symbole zur Verfügung, die entsprechende Funktionslisten zur Auswahl stellen, wie Abbildung 3.15 zeigt.

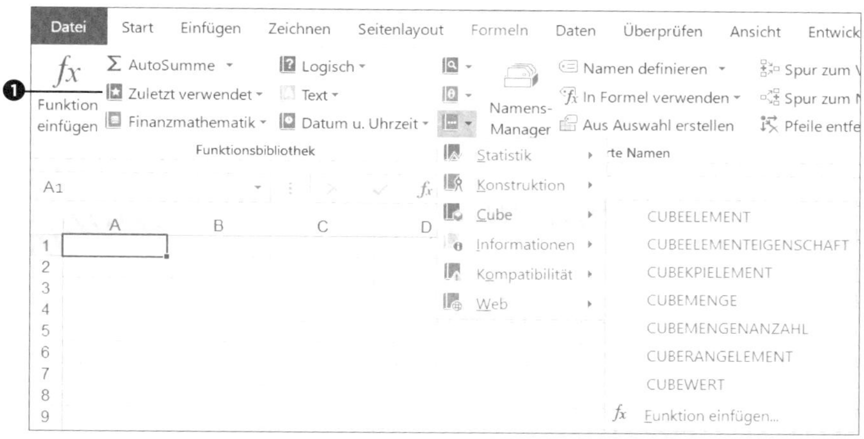

Abbildung 3.15 Das Angebot der Funktionsbibliothek

Ein Klick oder Tipp auf eine der Funktionen fügt diese in die aktuelle Zelle ein und öffnet sofort das im nächsten Abschnitt beschriebene Dialogfeld für die Eingabe der Funktionsargumente. Die zuletzt verwendeten Funktionen werden über eine eigene Schaltfläche ❶ angeboten.

3.2.9 Formeleingabe mit dem Dialog »Funktion einfügen«

Anstatt Funktionen direkt in eine Zelle einzutragen, können Sie auch mit dem Dialog **Funktion einfügen** arbeiten. Markieren Sie erst die Zelle, und klicken oder tippen Sie in der Bearbeitungsleiste auf das Symbol **fx**. Oder wählen Sie den Befehl **Formeln ▶ Funktion einfügen** oder ⇧+F3. Das Gleichheitszeichen wird automatisch an den Anfang der Formel gesetzt.

Was nützen Funktionen, wenn niemand weiß, welche für ein konkretes Problem die Lösung anbietet? Welche Funktion kann z. B. eingesetzt werden, um Barwertberechnungen durchzuführen? Wenn Sie das Dialogfeld **Funktion einfügen** öffnen, wird Ihnen deshalb zuerst die Option **Funktion suchen** angeboten. Geben Sie etwa *Barwert berechnen* ein, und bestätigen Sie mit **OK**. Excel stellt Ihnen unter der Kategorie **Empfohlen** die für Barwertberechnungen verwendbaren Funktionen zur Verfügung.

Abbildung 3.16 Suche nach Funktionen für einen speziellen Zweck

Wissen Sie schon, welche Funktion Sie benötigen, wählen Sie erst die Kategorie **Finanzmathematik** aus, zu der diese Funktion gehört.

Im nächsten Schritt wählen Sie dann die Funktion selbst. Um in der Liste der Funktionen zu blättern, können Sie mit den Bildlaufleisten arbeiten. Meist hilft es, den Anfangsbuchstaben der Funktion einzutippen, um das Auffinden zu beschleunigen, falls die Liste länger ist.

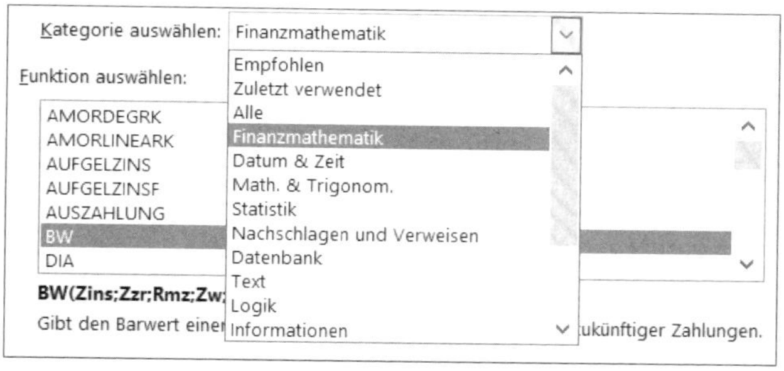

Abbildung 3.17 Liste der Kategorien

Wenn Sie unsicher sind, in welcher Kategorie die Funktion eingeordnet ist, wählen Sie einfach **Alle**. Wird eine Funktion markiert, erscheint unten eine kurze Erklärung und die Syntax der Funktion. Wenn die richtige Funktion markiert ist, verwenden Sie die Schaltfläche **OK** oder einen Doppelklick oder -tipp, um in das Dialogfeld **Funktionsargumente** zu gelangen.

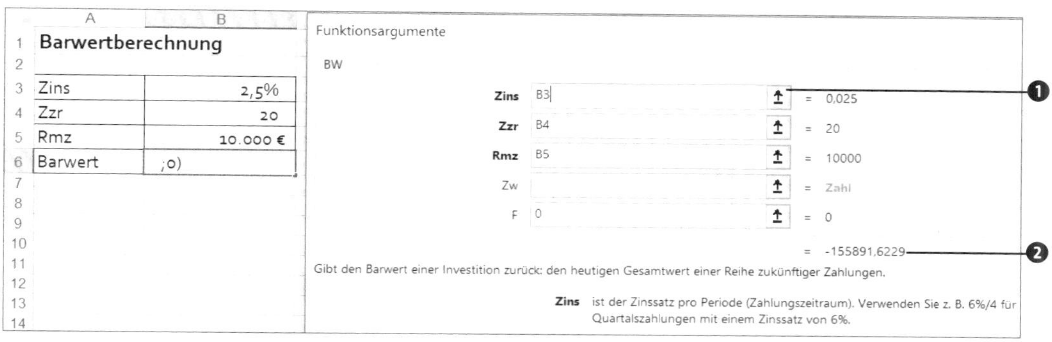

Abbildung 3.18 Der Dialog für die Argumente, die die Funktion benötigt

In diesem Dialog ist für jedes Argument ein Eingabefeld vorgesehen. Wenn die Einfügestelle in einem Feld steht, erhalten Sie Hinweise, welche Art von Daten benötigt wird. Obligatorische Argumente sind fett formatiert. Eventuell müssen Argumente mit der Bildlaufleiste sichtbar gemacht werden.

Um Bezüge auf Bereiche einzugeben, können Sie auf die kleine Schaltfläche ❶ klicken oder tippen, die das Dialogfeld vorübergehend einschrumpft. Markieren Sie den Bereich, und benutzen Sie dann wieder das kleine Symbol am Ende des Eingabefeldes. Noch bequemer ist es, wenn Sie das Dialogfeld etwas zur Seite schieben können und dann einfach jeweils den Bereich im Arbeitsblatt markieren, der die benötigten Werte enthält. Während der Eingabe wird das erwartete Formelergebnis ❷ angezeigt, soweit das möglich ist, sodass Sie fehlerhafte Eingaben oft schon im Dialog erkennen können.

Abbildung 3.19 Markieren eines Bereichs für ein Funktionsargument

Verwenden häufig benutzter Funktionen

Wenn es um eine immer wieder verwendete Funktion geht, geben Sie in der betreffenden Zelle ein Gleichheitszeichen ein und klicken anschließend in der Bearbeitungsleiste auf den Pfeil neben dem Namenfeld, um die Liste der zuletzt verwendeten Funktionen zu öffnen und die gewünschte Funktion auszuwählen.

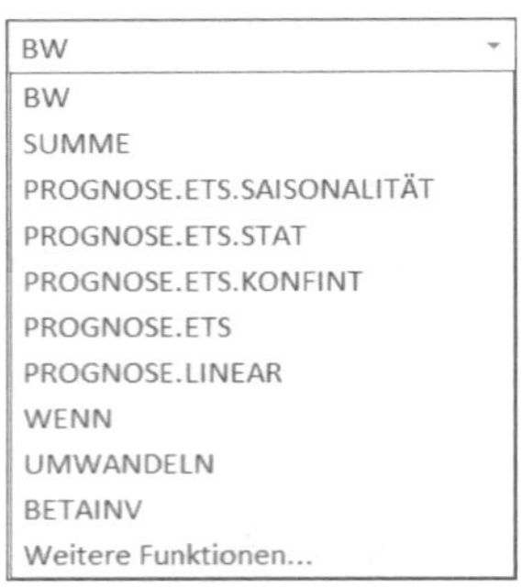

Abbildung 3.20 Liste der zuletzt verwendeten Funktionen

3.2.10 Funktionen bearbeiten

Wenn Sie das Funktionssymbol und dann eine Funktion in einer Formel anklicken oder -tippen, können die Argumente im entsprechenden Dialog geändert werden. Enthält die Formel mehrere Funktionen, markieren Sie sie einfach nacheinander. Benötigen Sie eine Funktion an einer bestimmten Stelle innerhalb einer Formel, benutzen Sie die Schaltfläche **Funktion einfügen** erneut.

Wenn Sie eine Formel haben, in der eine oder mehrere Funktionen mit anderen Operatoren gemischt sind, erscheint ein verkürztes Dialogfeld **Funktionsargumente**, das nur das Gesamtergebnis der Formel ausgibt, solange keine Funktion markiert ist.

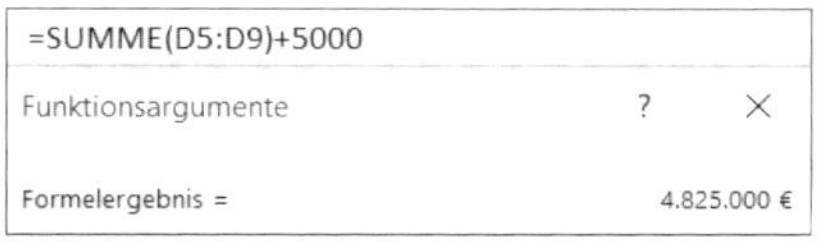

Abbildung 3.21 Verkürztes Dialogfeld

3.2.11 Verschachtelte Funktionen

Der Dialog **Funktion einfügen** unterstützt Sie insbesondere auch bei der Eingabe verschachtelter Funktionen, bei denen normalerweise die Fehleranfälligkeit am höchsten ist. Es kann nämlich schnell geschehen, dass bei der manuellen Eingabe solch komplexer Formeln ein Argument oder eine Klammer vergessen wird. Das Verfahren soll hier am Beispiel einer verschachtelten Funktion `WENN()` vorgeführt werden. Angenommen, Sie wollen Ihre Kunden in drei Gruppen einteilen, je nach der Höhe des Umsatzes:

1. Kleinkunden mit einem Umsatz bis 1.000 €
2. Mittelkunden mit einem Umsatz bis 50.000 €
3. Großkunden mit einem Umsatz über 50.000 €

In der Spalte neben den Umsätzen soll jeweils ein Kennzeichen für die Einstufung abgelegt werden. Das kann mit einer Funktion `WENN()` geschehen.

1 Klicken oder tippen Sie auf die Schaltfläche **Funktion einfügen**, und wählen Sie aus der Kategorie **Logik** die Funktion `WENN()`. Bestätigen Sie mit **OK**. Im ersten Argumentfeld **Wahrheitstest** wählen Sie zunächst die Zelle B4 mit dem ersten Umsatzwert aus und geben dann *>=1000* ein.

Diese Bedingung fängt die Kleinkunden ab. Hinter dem Eingabefeld können Sie sofort sehen, ob die Bedingung beim ausgewählten Umsatz erfüllt ist oder nicht. `=FALSCH` heißt, die Bedingung ist im ersten Fall nicht erfüllt.

2 Wählen Sie dann das Feld **Wert_wenn_wahr** aus. Wenn die erste Bedingung erfüllt ist, soll nun eine zweite Bedingung geprüft werden. Also muss beim zweiten Argument wieder eine Funktion `WENN()` eingefügt werden.

3 Benutzen Sie die Schaltfläche **WENN** im Namenfeld der Bearbeitungsleiste, die nach der ersten Verwendung der Funktion `WENN()` automatisch angeboten wird. Es erscheint wieder das Dialogfeld für die Eingabe der drei Argumente für die Funktion `WENN()`.

4 Tragen Sie die zweite Bedingung ein: *B4>=50000*.

5 Geben Sie nun in das Feld **Wert_wenn_wahr** den Buchstaben *A* ein. Anführungszeichen sind nicht notwendig, im Gegensatz zur manuellen Eingabe einer Funktion direkt in der Bearbeitungsleiste.

6 In das Feld **Wert_wenn_falsch** tragen Sie den Buchstaben *B* ein.

7 Klicken oder tippen Sie dann auf das erste WENN in der Bearbeitungsleiste, erscheint wieder das Dialogfeld der übergeordneten Funktion. Geben Sie hier als **Wert_wenn_falsch** den Buchstaben *C* ein, und bestätigen Sie mit **OK** oder [↵].

8 Damit ist die Formel fertig und muss nur noch in die anderen Zellen kopiert werden.

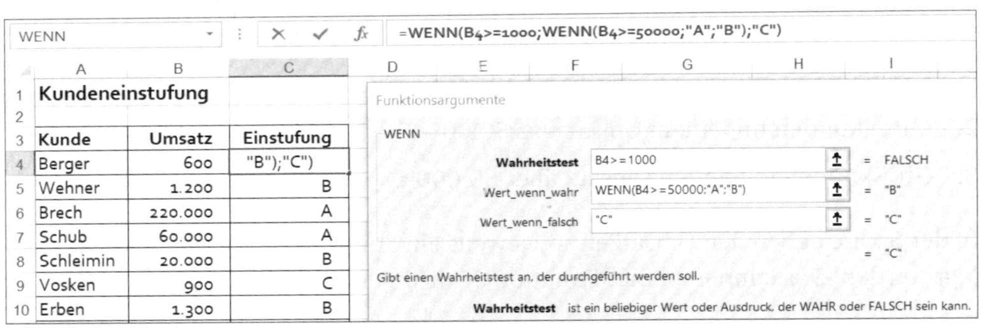

Auch wenn Sie in einer fertigen Funktion nachträglich ein Argument durch eine Funktion ersetzen wollen, können Sie mit dem Funktionssymbol arbeiten.

Hinweise zur Summenfunktion

Bei der wahrscheinlich am häufigsten benutzten Funktion, der Summenfunktion, nimmt Ihnen das Symbol **Summe** in der Gruppe **Start ▸ Bearbeiten** oder die Tastenkombination [Alt]+[=] fast die ganze Arbeit ab. Die Funktion des Symbols ist noch um einige einfache statistische Funktionen erweitert worden. Wenn Sie anstelle der Summe eine andere Berechnung vornehmen wollen, können Sie ähnlich verfahren. Über den Pfeil neben dem Symbol erreichen Sie etwa die Funktion `MITTELWERT()` oder können sich die

Werte **Minimum** oder **Maximum** ausgeben lassen. Das Symbol wird zusätzlich noch einmal auf dem Register **Formeln** angeboten.

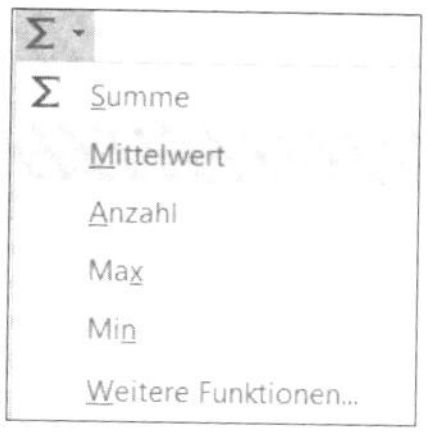

Abbildung 3.22 Menü der Summenschaltfläche

Wenn Sie in einer Spalte einen zusammenhängenden Zahlenbereich eingegeben haben, genügt es, wenn Sie den Zellzeiger in eine beliebige Zelle unterhalb dieses Bereichs setzen und das Symbol doppelt anklicken. Es ist gleichgültig, wie viele leere Zellen dazwischenliegen. Das Programm summiert nur den Bereich, der Zahlen enthält. Auf dem Touchscreen tippen Sie das Symbol an und wählen die Option **Summe**. ↵ oder ⇥ schließen die Formel ab.

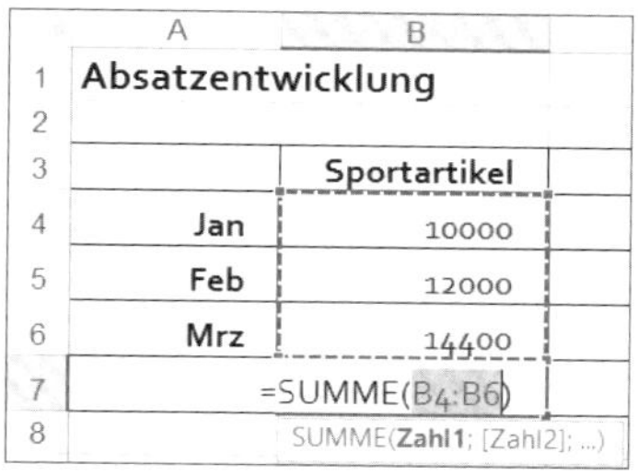

Abbildung 3.23 Markierter Bereich für die Funktion SUMME()

Entsprechendes gilt für einen Wertebereich in einer Zeile. Hier müssen Sie nur den Zellzeiger in eine Zelle rechts von diesem Bereich setzen, um die entsprechende Summenfunktion zu erhalten.

Haben Sie eine Zelle markiert, die sowohl einen Bereich von Werten über sich als auch einen Bereich von Werten links neben sich hat, wird der Bereich addiert, der näher ist (also weniger leere Zellen zwischen sich und der Formelzelle hat)! Sind die Abstände gleich, wird der Spaltenbereich addiert, weil Excel annimmt, dass die Spaltensumme wahrscheinlich eher Ihren Absichten entspricht. Falls Sie den Bereich, den Excel beim Klick auf das Summensymbol vorschlägt, nicht gebrauchen können, ziehen Sie einfach mit der Maus über den Zellbereich, der stattdessen verwendet werden soll.

Zeilen- und Spaltensumme gleichzeitig bilden

Es ist schon angesprochen worden, dass Sie mithilfe des Summensymbols mehrere Formeln gleichzeitig eintragen können. Besonders effektiv ist, dass bei einem geschlossenen Datenblock die Zeilen- und Spaltensummen auch gleichzeitig gebildet werden können. Abbildung 3.24 zeigt ein Beispiel. Sie markieren in diesem Fall den gesamten Zahlenbereich einschließlich der Zellen, die die Summenformeln aufnehmen sollen. Anschließend benutzen Sie das Summensymbol.

	A	B	C	D	E
1	**Absatzentwicklung**				
2					
3		**Sportartikel**	**Spielzeug**	**Freizeitdress**	**Gesamt**
4	**Jan**	10000	12000	13000	35000
5	**Feb**	12000	14400	15600	42000
6	**Mrz**	14400	17280	18720	50400
7	**Gesamt**	36400	43680	47320	127400

Abbildung 3.24 Bildung von Quer- und Spaltensummen in einem Zug

3.2.12 Bildung von Gesamtsummen

Eine weitere Spezialität des Summensymbols ist, dass bei einer Tabelle, die mehrere Gruppen von Werten in einer Spalte enthält, Zwischensummen gezogen werden können. Um nun diese Zwischensummen zu einer Gesamtsumme zusammenzufassen, müssen Sie nur die Zelle markieren, die die Gesamtsumme aufnehmen soll. Das Summensymbol liefert in diesem Fall das Gesamtergebnis aus den in der Spalte vorhandenen Zwischensummen.

	A	B	C
1	**Wochenergebnisse**		
2			
3	Mo	120	
4	Di	130	
5	Mi	110	
6	Do	130	
7	Fr	140	
8	1. Woche	630	
9	Mo	120	
10	Di	130	
11	Mi	110	
12	Do	130	
13	Fr	140	
14	2. Woche	630	
15	=SUMME(B14;B8)		
16	SUMME(Zahl1; **[Zahl2]**; [Zahl3]; ...)		

Abbildung 3.25 Zwischensummen ziehen mit dem Summensymbol

Das beschriebene Verfahren gilt natürlich auch für Zwischensummen in einer Zeile. Wenn Sie z. B. vier Quartalsergebnisse aus je drei Monatsspalten zusammenfassen wollen, liefert das Summensymbol das Jahresergebnis.

3.3 Relative und absolute Bezüge

Um die Art und Weise, wie Excel mit Formeln arbeitet, etwas näher kennenzulernen, soll zunächst ein einfaches Beispiel im Detail behandelt werden: In der folgenden Tabelle sind die Umsätze und die Kosten einer Firma für verschiedene Artikelgruppen zusammengestellt.

	A	B	C	D
1	**Betriebsergebnis**			**2018**
2				
3	**Artikelgruppe**	**Umsatz**	**Kosten**	**Gewinn**
4	Möbel	2.000.000 €	1.240.000 €	760.000 €
5	Teppiche	3.000.000 €	1.900.000 €	1.100.000 €
6	Wohnungsbedarf	1.500.000 €	1.050.000 €	450.000 €
7	Gartenmöbel	250.000 €	150.000 €	100.000 €
8	**Gesamt**	6.750.000 €	4.340.000 €	2.410.000 €

Abbildung 3.26 Umsätze und Kosten für verschiedene Artikelgruppen

3.3.1 Arbeit mit relativen Bezügen

In dieser Tabelle sind zwei Berechnungen erforderlich, die Bildung von Gesamtsummen für die Spalten und die Berechnung des Rohgewinns durch Abzug der Kosten vom Umsatz. Anstatt in einer Formel die Zahlen direkt einzugeben, arbeiten Sie mit den Adressen der Zellen. Auf den Inhalt der Zellen wird dabei über die Angabe ihrer Adressen Bezug genommen. Eine Formel holt sich dann jedes Mal den Wert, der unter dieser Adresse abgelegt ist. Anstelle von Konstanten benutzen Sie also Variablen.

Bildung der Gesamtsummen

Für die Bildung der Gesamtsummen bietet Excel die schon angesprochene Funktion `SUMME()`. Diese Funktion ist in der Lage, alle numerischen Werte in einem angegebenen Bereich von Zellen zu addieren. Excel muss dafür nur wissen, wie groß der Bereich ist. Der Bereich wird der Funktion als Bereichsadresse übergeben. Eine Bereichsadresse ist eine Angabe in der Art »Von – Bis«. Der Bereich wird definiert über die Adresse der Zelle, mit der der Bereich beginnt, und die Adresse der Zelle, mit der der Bereich endet, getrennt durch einen Doppelpunkt. Wenn Sie in der Beispieltabelle die Zelle B8 auswählen, könnten Sie

```
=SUMME(B4:B7)
```

eintragen. Wie oben beschrieben, ist es in diesem Fall aber praktischer, das Summensymbol doppelt anzuklicken. Anstatt die Summe für jede Spalte einzeln zu bilden, können Sie die Sache auch in einem Zug erledigen: Markieren Sie die Zellen B8 bis D8. Benutzen Sie das Summensymbol.

Berechnung des Gewinns

Um den Rohgewinn zu ermitteln, werden einfach vom Umsatz die Kosten abgezogen. Die Formel für die erste Zeile ist:

```
=B4-C4
```

Zelle D4 liefert das verlangte Ergebnis. Wenn die Zelle D4 noch markiert ist, müssen Sie nur das Ausfüllkästchen doppelt anklicken, um die Formeln für die anderen Artikelgruppen zu erzeugen. Anstelle des Doppelklicks kann das Ausfüllkästchen auch mit der Maus nach unten gezogen werden. Der Doppelklick ist aber insbesondere bei langen Spalten praktischer. Im Modus **Fingereingabe** blenden Sie über das Kontextmenü das Symbol **AutoAusfüllen** ein und ziehen es bis ans Ende der Spalte.

Wenn Sie den Mauszeiger auf eine der neuen Formeln setzen, sehen Sie, dass Excel bei den verwendeten Zelladressen jedes Mal die Zeilennummer geändert hat. Beim Kopieren werden die Adressen der Umsatz- und Kosten-Zellen also nicht als fixe Adressen behandelt, sondern sinngemäß angepasst. Diese Anpassung ist meist erwünscht, aber nicht immer. Wenn Sie z. B. den Prozentsatz einzelner Artikelgruppen am Gesamtgewinn berechnen wollen, würde diese Anpassung zu Fehlern führen. Excel unterscheidet deshalb grundsätzlich zwei verschiedene Bezugsarten: relative und absolute Bezüge. Abgeleitet davon sind die Mischbezüge, bei denen ein Teil des Bezugs relativ, ein anderer absolut ist.

Was heißt relativ?

Bei einem relativen Bezug notiert Excel intern die Position der Zelle, auf die Bezug genommen wird, in der Form, dass die relative Entfernung von der Zelle gemessen wird, die den Bezug enthält. Nehmen Sie noch einmal die erste Gewinnformel in der Zelle D4:

```
=B4-C4
```

Excel übersetzt diese Formel in folgende Anweisung: »Ziehe von dem Wert in der Zelle, die zwei Zellen weiter links liegt, den Wert ab, der eine Zelle weiter links liegt.« Wenn Sie diese Formel nach unten kopieren, kann diese Beschreibung der Rechenaufgabe unverändert bleiben, nur bezieht sie sich nun auf die Zellen B5 und C5 etc. Wenn Sie einen relativen Bezug verwenden, weisen Sie also Excel an, diesen Bezug automatisch zu verändern, wenn die Formel an eine andere Stelle versetzt oder kopiert wird.

3.3.2 Absolute und gemischte Bezüge

Bei einem absoluten Bezug auf eine Zelle dagegen ist immer genau diese Zelle gemeint und keine andere. Wenn Sie einen absoluten Bezug verwenden, bestimmen Sie, dass der Bezug beim Kopieren und Versetzen nicht verändert werden darf, sodass er sich immer auf dieselbe Zelle bezieht. Relative und absolute Bezüge können in einer Adresse auch gemischt werden. Gemischte oder teilabsolute Bezüge werden beim Kopieren folgendermaßen behandelt: Der absolute Teil des Bezugs bleibt unverändert, der relative Teil des Bezugs wird angepasst.

3.3.3 Mögliche Bezugsarten

Bezug	**Bedeutung**
`B2`	Ist ein relativer Bezug auf die Zelle B2.
`$B$2`	Ist ein absoluter Bezug auf die Zelle B2.
`$B2`	Ist ein gemischter Bezug, bei dem der Bezug auf die Spalte absolut gesetzt ist, während der Bezug auf die Zeile relativ bleibt.
`B$2`	Ist ein gemischter Bezug, bei dem der Bezug auf die Zeile absolut gesetzt ist, während der Bezug auf die Spalte relativ bleibt.

Wann welche Bezugsart?

Der relative Bezug ist für Excel der Normalfall. Jeder einfache Zellbezug mithilfe der Zelladressen ist ein relativer Bezug. Dagegen werden bei Bezügen auf benannte Bereiche grundsätzlich absolute Bezüge verwendet. Wird der benannte Bereich durch Löschen von Zeilen oder Spalten oder durch Einfügen von Zeilen oder Spalten verkleinert oder vergrößert, werden die Bereichsadressen aber automatisch angepasst. Wird ein benannter Bereich verschoben, werden die Bezüge ebenfalls automatisch angepasst. Wann ist es notwendig, mit absoluten oder gemischten Bezügen zu arbeiten? Der Fall der Prozentrechnung wurde schon angesprochen. Wenn Sie in unserem Beispiel in Zelle E4 die Formel

```
=B4/B8
```

eingeben, um den Anteil des Gruppenumsatzes am Gesamtumsatz zu berechnen, erhalten Sie zunächst ein durchaus brauchbares Ergebnis. Benutzen Sie in der Gruppe **Start ▸ Zahl** die Schaltfläche **Prozentformat**, um die Prozentdarstellung zu erreichen. Ein Problem tritt nun auf, wenn Sie versuchen, die Formel nach unten zu kopieren. Excel gibt anstelle der Ergebnisse Fehlerwerte aus. Wenn Sie den Zellzeiger auf die Zelle E5 setzen, erscheint eine Schaltfläche, die zunächst einen Hinweis auf den Fehler gibt. Wenn Sie die Schaltfläche anklicken oder -tippen, werden Ihnen verschiedene Optionen angeboten, auf den Fehler zu reagieren oder genauere Informationen dazu einzuholen.

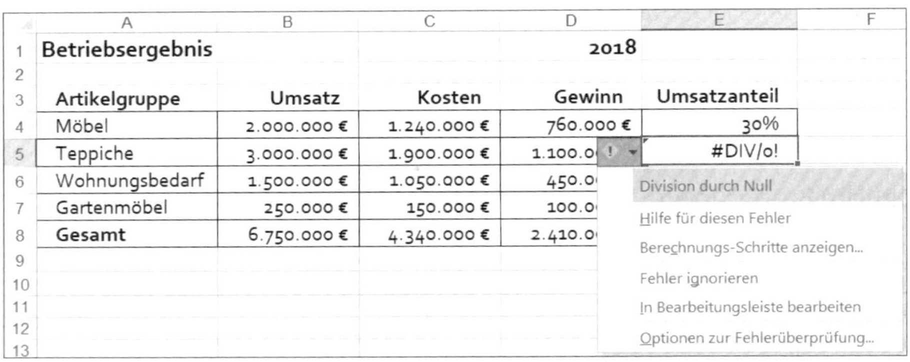

Abbildung 3.27 Das Menü zur Fehlerschaltfläche

Wenn Sie die Option **In Bearbeitungsleiste bearbeiten** wählen, wird der Fehler sofort erkennbar. Die Formel bezieht sich zwar zunächst korrekt auf die zweite Artikelgruppe, dann aber nicht auf das Gesamtergebnis in B8, sondern auf die nächste Zelle B9, die leer ist. Leere Zellen behandelt Excel aber als Zellen mit dem Wert 0. Die Tatsache, dass auch der Bezug auf das Gesamtergebnis als relativer Bezug eingegeben worden ist, führt deshalb zu dem Fehlerwert `#DIV/0!`, da ja eine Division durch null nach Adam Riese nicht erlaubt ist. Um den Fehler zu beheben, muss deshalb in allen Formeln der Bezug auf das Gesamtergebnis absolut gesetzt werden. Nur dann lässt sich die Formel kopieren.

WENNS × ✓ fx =B5/B9

	A	B	C	D	E
1	**Betriebsergebnis**			**2018**	
2					
3	**Artikelgruppe**	**Umsatz**	**Kosten**	**Gewinn**	**Umsatzanteil**
4	Möbel	2.000.000 €	1.240.000 €	760.000 €	30%
5	Teppiche	3.000.000 €	1.900.000 €	1.100.000 €	=B5/B9
6	Wohnungsbedarf	1.500.000 €	1.050.000 €	450.000 €	#DIV/0!
7	Gartenmöbel	250.000 €	150.000 €	100.000 €	#DIV/0!
8	**Gesamt**	6.750.000 €	4.340.000 €	2.410.000 €	100%
9					
10					

Abbildung 3.28 Fehler im Bezug der Formel

Bezugsart ändern

Beim Ändern der Bezugsart ist die Funktionstaste F4 ganz hilfreich, die es überflüssig macht, die sonst nötigen Dollar-Zeichen manuell einzugeben:

1. Wählen Sie die Zelle E4 aus und in der Bearbeitungsleiste die Adresse B8.
2. Mit F4 verwandeln Sie den Bezug in einen absoluten Bezug.
3. Die geänderte Formel `=B4/$B$8` kann nun ohne Probleme bis zur Zelle E8 kopiert werden.

Dabei ist es egal, ob die Einfügestelle direkt vor oder direkt hinter dem Bezug steht oder ob der Bezug insgesamt markiert ist. Wenn Sie F4 mehrfach drücken, wird zwischen den möglichen Bezugsarten kreisförmig gewechselt.

3	**Artikelgruppe**	**Umsatz**	**Kosten**	**Gewinn**	**Umsatzanteil**
4	Möbel	2.000.000 €	1.240.000 €	760.000 €	30%
5	Teppiche	3.000.000 €	1.900.000 €	1.100.000 €	44%
6	Wohnungsbedarf	1.500.000 €	1.050.000 €	450.000 €	22%
7	Gartenmöbel	250.000 €	150.000 €	100.000 €	4%
8	**Gesamt**	6.750.000 €	4.340.000 €	2.410.000 €	100%

Abbildung 3.29 Die Tabelle mit der korrigierten Prozentformel

3.3.4 Teilabsolute Bezüge

Im Beispiel ist der Bezug auf die Zelle, die das Gesamtergebnis enthält, zunächst ganz absolut gesetzt worden. Es hätte auch ausgereicht, nur die Zeilennummer absolut zu setzen, da die Spaltenbezeichnung beim Kopieren gleich bleibt. Die Adresse `=B$8` ist ein teilabsoluter Bezug. Angenommen, Sie wollen nicht nur die Prozentanteile in Bezug auf den Umsatz, sondern auch in Bezug auf die Kosten und den Gewinn ermitteln:

1 Geben Sie dazu in Zelle E4 die Formel *=B4/B$8* ein.

2 Diese Formel lässt sich ohne weitere Änderungen kopieren. Verwenden Sie dazu die Schaltfläche **Kopieren**.

3 Markieren Sie E4 bis G8.

4 Benutzen Sie die Schaltfläche **Einfügen**.

	A	B	C	D	E	F	G
1	**Betriebsergebnis**			**2018**			
2							
3	**Artikelgruppe**	**Umsatz**	**Kosten**	**Gewinn**	**Umsatzanteil**	**Kostenanteil**	**Gewinnanteil**
4	Möbel	2.000.000 €	1.240.000 €	760.000 €	30%	29%	32%
5	Teppiche	3.000.000 €	1.900.000 €	1.100.000 €	44%	44%	46%
6	Wohnungsbedarf	1.500.000 €	1.050.000 €	450.000 €	22%	24%	19%
7	Gartenmöbel	250.000 €	150.000 €	100.000 €	4%	3%	4%
8	**Gesamt**	6.750.000 €	4.340.000 €	2.410.000 €	100%	100%	100%

Abbildung 3.30 Anteil der Artikelgruppen an den Gesamtergebnissen

Das Ergebnis zeigt die Anteile der Artikelgruppen an den verschiedenen Gesamtergebnissen. Dadurch, dass in der Formel die Spaltenbuchstaben relativ benutzt werden, lässt sich die Formel in E4 gleich auf alle drei Spalten kopieren. An diesem Beispiel können Sie auch sehen, dass Sie ohne Weiteres eine Zelle auf einen ganzen Bereich kopieren können, wobei die Originalzelle auf sich selbst kopiert wird.

3.3.5 Aufsummierung durch Mischbezüge

Durch eine geschickte Mischung von Bereichsbezügen können auch Aufsummierungen vorgenommen werden. Hier das einfache Beispiel einer Wochenauswertung mit einer Spalte von Quersummen, die jeweils die Vortagsergebnisse mit enthalten. Die erste Quersumme in der Zelle G4 enthält die Formel

```
=SUMME($B$4:F4)
```

Mit dem ersten Argument wird ein fixer Ausgangspunkt gesetzt. Sie können diese Formeln nach unten kopieren. In der Zelle G5 steht dann die Formel

```
=SUMME($B$4:F5)
```

die das aufgelaufene Ergebnis für beide Zeilen liefert.

G8 =SUMME($B$4:F8)

	A	B	C	D	E	F	G
1	**Wochenergebnis**						
2							
3		Sorte 1	Sorte 2	Sorte 3	Sorte 4	Sorte 5	aufgelaufenes Gesamtergebnis
4	Montag	200	300	250	340	230	1320
5	Dienstag	200	300	250	340	230	2640
6	Mittwoch	200	300	250	340	230	3960
7	Donnerstag	200	300	250	340	230	5280
8	Freitag	200	300	250	340	230	6600

Abbildung 3.31 Beispiel für Aufsummierung

3.3.6 Verknüpfte Bereiche und Schnittmengen

Excel kann Bereichsbezüge auch verknüpfen bzw. Schnittmengen von Bereichen bilden. Die Bereichsverknüpfung erfolgt mit dem Semikolon. Um z. B. die Summe zweier nicht verbundener Zeilen zu bilden, benutzen Sie eine Formel wie:

```
=SUMME(B4:B12;D4:D12)
```

Um die Schnittmenge zweier Bereiche für eine Formel zu erhalten, kann mit dem Schnittmengenoperator, dem Leerzeichen, gearbeitet werden. Abbildung 3.32 zeigt ein Beispiel für die Verwendung einer Schnittmenge. Die Schnittmenge ist durch eine andere Farbe hervorgehoben, die Bereiche sind es durch einen Rahmen. Schnittmengenbezüge sind interessant, wenn auf Teilmengen in einer Tabelle zugegriffen werden soll. Die Arbeit mit Schnittmengen ist besonders effektiv, wenn die Bereiche selbst vorher benannt wurden. Darauf wird in Abschnitt 3.4.4, »Namen definieren«, noch näher eingegangen.

Anstelle der in Abbildung 3.32 verwendeten Formel könnte auch eine Formel benutzt werden, die nur die Zeilennummern und die Spaltenbeschriftungen verwendet. Der Bereich ist in diesem Fall die Schnittmenge zweier kompletter Spalten und Zeilen:

```
=Summe(C:D 6:7)
```

	A	B	C	D	E
1	**Summierung einer Schnittmenge**				
2					
3		Saal 1	Saal 2	Saal 3	Saal 4
4	1. Tag	200	300	300	230
5	2. Tag	300	230	230	230
6	3. Tag	230	300	300	300
7	4. Tag	249	320	320	320
8	5. Tag	300	320	320	320
9	6. Tag	230	320	320	320
10					
11	Gesamt für Saal 2 und 3 am 3. und 4. Tag:				1240

Abbildung 3.32 Beispiel für die Summierung einer Schnittmenge

3.3.7 Berechnungen mit dem Schnellanalysetool

Für viele Berechnungen, die Zellbereiche betreffen, finden Sie auch in dem Schnellanalysetool eine komfortable Lösung. Wenn der Bereich markiert ist, wählen Sie über die Schaltfläche **Schnellanalyse** die Menüoption **Ergebnisse**. Unter dem Menü finden Sie fünf Symbole für zeilenweise und fünf Symbole für spaltenweise Auswertungen. Mit den kleinen Pfeilen blenden Sie verdeckte Symbole ein.

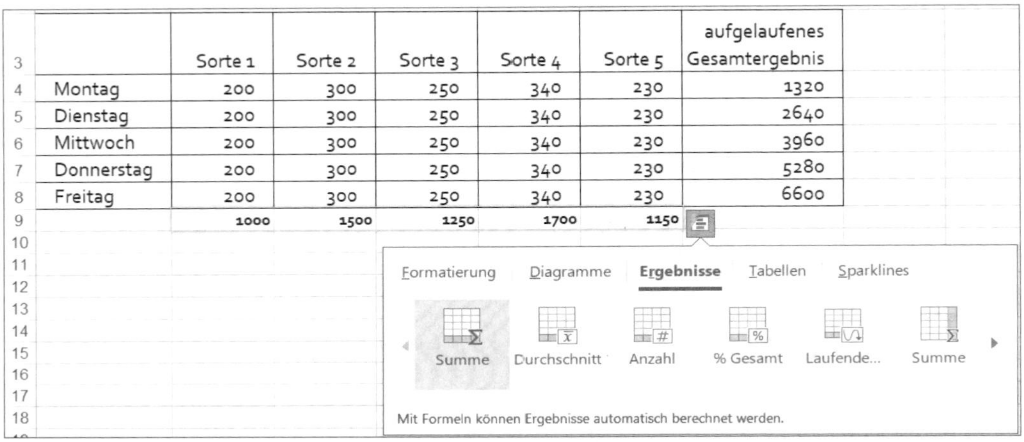

		Sorte 1	Sorte 2	Sorte 3	Sorte 4	Sorte 5	aufgelaufenes Gesamtergebnis
3		Sorte 1	Sorte 2	Sorte 3	Sorte 4	Sorte 5	aufgelaufenes Gesamtergebnis
4	Montag	200	300	250	340	230	1320
5	Dienstag	200	300	250	340	230	2640
6	Mittwoch	200	300	250	340	230	3960
7	Donnerstag	200	300	250	340	230	5280
8	Freitag	200	300	250	340	230	6600
9		1000	1500	1250	1700	1150	

Abbildung 3.33 Bildung von Spaltensummen für den Zellbereich B4:F8

Das Tool arbeitet mit einer Livevorschau, es zeigt also die Ergebnisse schon an, wenn der Mauszeiger eines der Symbole berührt. Die berechneten Werte werden in der nächsten Zeile oder in der nächsten Spalte angezeigt. Wenn Sie das Tool erneut auf den gleichen Bereich anwenden, erhalten Sie den Hinweis, dass schon berechnete Werte vorhanden sind. Mit **OK** werden diese überschrieben.

3.4 Beschreibende Bereichsnamen

Der Bezug auf Zellen und Bereiche kann nicht nur über Adressen hergestellt werden. Zellen und Bereiche lassen sich auch benennen, sodass der Bezug über den zugewiesenen Namen erfolgen kann. Eine Spezialität von Excel, die hier ebenfalls beschrieben werden soll, ist, dass auch Formeln und Werte, die nicht in eine Zelle eingetragen sind, mit einem Namen verknüpft werden können.

3.4.1 Vorteile von Bereichsnamen

Die Verwendung solcher Namen ist zwar nicht unbedingt notwendig, aber sie macht die Arbeit mit Excel wesentlich komfortabler, zumal sich Namen auch besser verstehen und merken lassen als abstrakte Adressen. Schließlich werden bei vielen Operationen Bereiche angesprochen oder müssen Bereiche definiert werden: beim Gestalten des Arbeitsblatts, beim Kopieren oder Verschieben von Daten, beim Drucken, beim Aufbau von Diagrammen. Die meisten Formeln verwenden Bezüge auf Bereiche als Argument.

Wiederverwendbarkeit

Der erste Vorteil von Namen ist, dass sie immer wieder verwendet werden können. Ist ein Bereich einmal mit einem Namen belegt, kann der Bereich immer wieder über diesen Namen angesprochen werden, ohne jedes Mal die Adressen angeben oder markieren zu müssen.

Zwar ist bei kleinen Tabellen die Markierung von Bereichen mit Maus, Finger oder Stift oder den Richtungstasten nur eine Sache von Sekunden. Das sieht bei einem Bereich, der über mehrere Bildschirmseiten reicht, aber schon anders aus. Wenn Sie in der rechten unteren Ecke angekommen sind, haben Sie alle anderen Ecken des Bereichs aus den Augen verloren. Vielleicht sind Sie inzwischen unsicher, ob Sie den Bereich in der richtigen Zelle begonnen haben. Kurzum, Sie sind ganz froh, wenn der Bereich schließlich nach allen Seiten korrekt bestimmt ist. Da ist es sicher einfacher, einen einmal definierten Bereich aus einer Namenliste aufzurufen. Bei jedem Befehl, der Bereichsangaben erfordert, können Sie anstelle von Adressen den Bereichsnamen angeben. Dasselbe gilt für Bereiche in Formeln.

Verständlichkeit

Solange Sie einfache Summenformeln verwenden, die direkt unter der addierten Kolonne stehen, ist leicht zu überblicken, was in einer Formel errechnet wird. Das ändert sich aber schon dann, wenn an einer ganz anderen Stelle des Arbeitsblatts mit dem Ergebnis dieser Formel weitergerechnet werden soll. Dann steht dort vielleicht

```
=G20*1,05
```

Wofür aber steht der Wert in der Zelle G20? Haben Sie die Zelle G20 aber mit dem Namen *Gewinn2018* benannt, lautet die Formel:

```
=Gewinn2018*1,05
```

Bei dieser Formel wissen Sie und auch jede andere Person, die mit dem Arbeitsblatt arbeiten soll, worum es geht. Oder vergleichen Sie die beiden folgenden Formelpaare:

```
=J50-M50-P50
=Umsatz-Materialkosten-Personalkosten
```

und

```
=WENN(SUMME(F5:F50)>(SUMME(E5:E50)*1,10);"Ziel erreicht";"")
=WENN(Gewinn2018>(Gewinn2017*1,10);"Ziel erreicht";"")
```

Zweifelsfrei ist die zweite Version der Formel die verständlichere. Noch viel notwendiger werden solche benannten Bereiche, wenn Sie mit mehrstufigen Verweisen arbeiten. Dieser Vorteil kommt besonders auch bei Bezügen auf Bereiche in anderen Arbeitsmappen zum Tragen, wo Sie ja nicht immer sofort sehen können, was etwa unter B10:B30 abgelegt ist.

Flexibilität

Wird ein Bereichsname in verschiedenen Formeln verwendet, muss nicht jede Formel einzeln angefasst werden, wenn sich die Adressen des Bereichs ändern. In vielen Fällen wird die Bereichsänderung sogar automatisch vorgenommen, etwa, wenn in einem definierten Bereich eine Zeile eingefügt oder gelöscht wird.

Ähnliches gilt, wenn ein Wert, z. B. ein bestimmter Umrechnungsfaktor oder ein Steuersatz, als benannter Wert definiert wird. Formeln, die den Namen benutzen, müssen nicht geändert werden, wenn dem Namen ein anderer Wert zugewiesen wird. Denken Sie etwa an die berüchtigten Mehrwertsteuer-Erhöhungen. Werden Formeln selbst mit einem Namen verknüpft, gilt Entsprechendes. Alle Zellen, die den Namen direkt oder als Teil einer Formel verwenden, müssen nicht geändert werden, wenn die benannte Formel selbst korrigiert wird.

Leichtere Navigation

Eine ebenso praktische Sache ist, dass Sie benannte Zellen und Bereiche direkt über den Namen auswählen können. Am schnellsten gelingt dies über die Namenliste in der Bearbeitungsleiste. Auch mit dem Befehl **Start ▸ Bearbeiten ▸ Suchen und Auswählen ▸ Gehe zu** oder mit `Strg`+`G` oder `F5` erhalten Sie die Liste der definierten Namen. Diese Technik erspart Ihnen gerade bei großen Arbeitsblättern oft mühseliges Herumsuchen.

3.4.2 Namensgebung

Das Programm kennt verschiedene Weisen, Namen zu vergeben:

- Mithilfe des Namenfeldes in der Bearbeitungsleiste kann die aktuelle Markierung in der Tabelle direkt benannt werden.

- Mit dem Befehl **Formeln ▸ Definierte Namen ▸ Namen definieren ▸ Namen definieren** ❶ können Namen für Zellen, Bereiche, Werte oder Formeln vergeben werden.
- Mit dem Befehl **Formeln ▸ Definierte Namen ▸ Aus Auswahl erstellen** ❷ können Zellen oder Zellbereiche mit Namen verknüpft werden, die im Arbeitsblatt bereits als Beschriftung eingetragen sind. Voraussetzung ist, dass die Zelle mit dem Namen an die Zelle oder den Zellbereich angrenzt, der benannt werden soll.
- Schließlich können Namen über den Befehl **Formeln ▸ Definierte Namen ▸ Namens-Manager** ❸ vergeben werden.

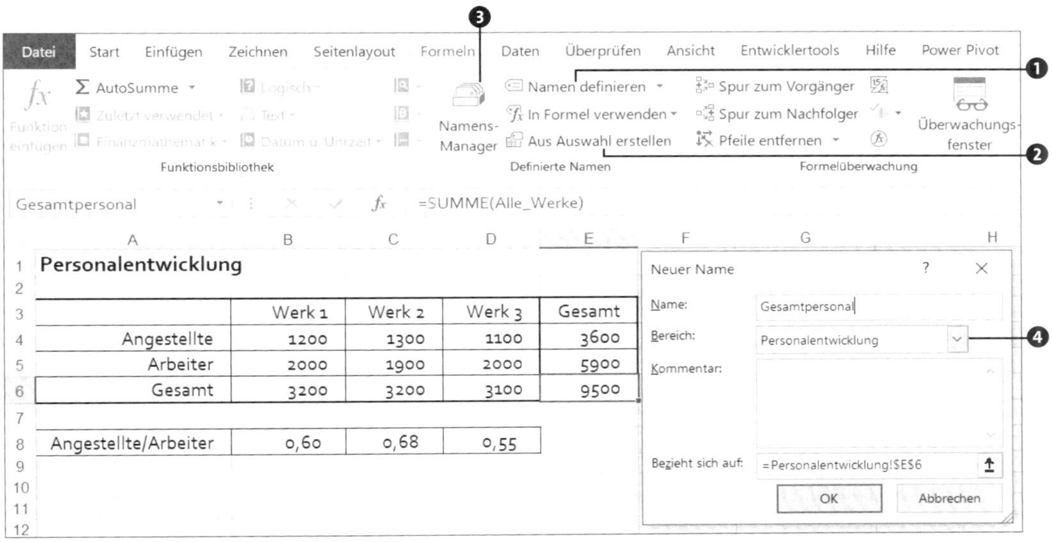

Abbildung 3.34 Definition eines blattspezifischen Namens

Normalerweise kann eine Liste von Namen pro Arbeitsmappe verwendet werden. Jeder Name muss dabei eindeutig sein. Im Namenfeld werden alle Namen angezeigt, die in der Mappe vorkommen – egal, in welchem Blatt der benannte Bereich liegt. Es ist aber auch möglich, Namen zu vergeben, die nur für das einzelne Blatt gelten, für das sie definiert sind. Das ist dann vorteilhaft, wenn etwa in mehreren Blättern derselbe Name für einen gleichartigen Wert verwendet werden soll, z. B. *Gesamtpersonal*. Dazu muss jeweils der Befehl **Formeln ▸ Definierte Namen ▸ Namen definieren ▸ Namen definieren** aufgerufen werden. Im Dialog wird unter **Bereich** ❹ die Vorgabe **Arbeitsmappe** durch den Namen des jeweiligen Blatts ersetzt, der über das Listenfeld ausgewählt werden kann.

Um solche Namen in Formeln zu verwenden, muss der Blattname getrennt durch ein Ausrufezeichen vor den eigentlichen Namen gesetzt werden – etwa *Personalentwick-*

lung!Gesamtpersonal. Im Namenfeld erscheint der blattspezifische Name nur, wenn das entsprechende Blatt aktiviert ist. Wird ein blattspezifischer Name in einer Formel dieses Blatts verwendet, kann der Blattname weggelassen werden. Existiert der Name *Gesamtpersonal* auch für die ganze Mappe, wird dieser Name in dem Blatt ignoriert, für das der blattspezifische Name definiert ist. Nimmt dagegen eine Formel eines anderen Blatts Bezug auf den blattspezifischen Namen, muss der qualifizierte Name – also mit dem vorgesetzten Blattnamen – angegeben werden.

Syntaxregeln für Namen

Einige Regeln müssen Sie bei der Vergabe von Bereichsnamen beachten:

- Bereichsnamen können bis zu 255 Zeichen enthalten.
- Groß- und Kleinschreibung ist bedeutungslos.
- Das erste Zeichen darf keine Zahl sein. Erlaubt sind Buchstaben und die Zeichen Unterstrich (_) und Schrägstrich (\).
- Sonderzeichen wie ! { + * – / @ < > & # dürfen nicht benutzt werden.
- Leerzeichen, Doppelpunkt und Semikolon sind nicht erlaubt, weil diese Zeichen ja als Bereichsoperatoren benutzt werden. Verwenden Sie zur Trennung den Unterstrich (_) oder den Punkt.
- Bereichsnamen dürfen nicht wie mögliche Zelladressen lauten. B10 oder AA3 ist also nicht zulässig.
- Die Zeichen *C* oder *c* bzw. *R* oder *r* dürfen nicht als Namen verwendet werden, sie sind intern als Kurzform für die Auswahl der aktuellen Spalte oder Zeile reserviert.

HINWEIS

Groß- und Kleinschreibung

Obwohl die Groß- und Kleinschreibung bei Formelbezügen nicht beachtet wird, ist es doch sinnvoll, sie zu verwenden. Wird der Name dann nur mit Kleinbuchstaben in einer Formel eingegeben, wandelt Excel ihn entsprechend um, wenn der Name korrekt ist. Geschieht das nicht, hat sich vielleicht ein Tippfehler eingeschlichen.

3.4.3 Bereichsnamen festlegen

Der schnellste Weg, einen Namen für eine Zelle oder einen Bereich zu vergeben, führt über das Namenfeld in der Bearbeitungsleiste:

1 Sie markieren den Zellbereich und benutzen den Pfeil am Ende des Namenfeldes.

2 Sie geben den Namen ein und bestätigen mit [↵].

3 Beim nächsten Öffnen der Namenliste wird der neue Name mit angeboten. Ein Klick oder Tipp auf den Namen wählt den Bereich aus.

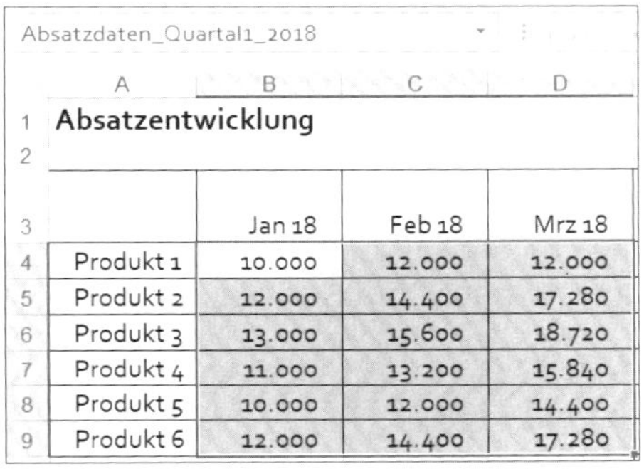

3.4.4 Namen definieren

Etwas mehr Kontrolle bietet der Befehl **Namen definieren** aus der Gruppe **Formeln ▶ Definierte Namen**:

1 Wenn Sie einzelne Zellbereiche benennen wollen, ist es am besten, diese zunächst zu markieren.

2 Benutzen Sie die Schaltfläche **Namen definieren** und in deren Menü die Option **Namen definieren**.

3 Grenzt die aktive Zelle des markierten Bereichs an eine Zelle mit einer Beschriftung, wird diese im Namenfeld vorgegeben, wenn der Bereich Zahlen enthält, ansonsten wird der Inhalt der aktiven Zelle vorgeschlagen. Wollen Sie einen neuen Namen vergeben, tragen Sie ihn direkt im Feld **Name** ein.

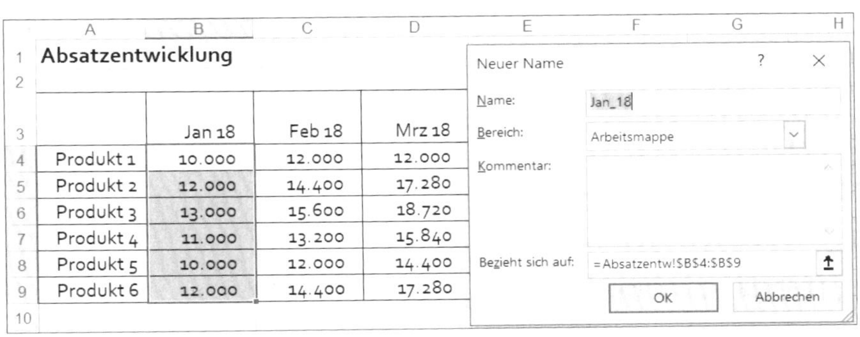

4 Unter **Bereich** kann die Vorgabe **Arbeitsmappe** übernommen werden, wenn der Name innerhalb der Arbeitsmappe eindeutig ist.

5 Wenn der richtige Bezug unter **Bezieht sich auf** schon markiert ist, können Sie mit **OK** oder mit der [↵]-Taste quittieren. Excel schreibt den Bezug automatisch mit absoluten Adressen (relative Adressen bei benannten Bereichen sind zwar möglich, aber in der Regel wenig sinnvoll).

Ansonsten können Sie den Bezug korrigieren oder neu eingeben. Der Bezug muss mit einem Gleichheitszeichen beginnen. Auch Mehrfachbereiche können benannt werden. Die einzelnen Bereichsadressen werden dabei durch ein Semikolon getrennt. Soll die Schnittmenge zwischen zwei Bereichen benannt werden, müssen Sie ein Leerzeichen zwischen die beiden Bereichsadressen setzen.

3.4.5 Namensmanagement

Um den Einsatz umfangreicher Namenlisten zu vereinfachen, verfügt Excel über einen **Namens-Manager**, der über die gleichnamige Schaltfläche in der Gruppe **Formeln ▸ Definierte Namen** oder mit [Strg]+[F3] aufgerufen wird. Der Dialog gibt eine übersichtliche Anzeige der in einer Arbeitsmappe vorhandenen Namen und ist mit dem oben verwendeten Dialogfeld für die Namensdefinition verknüpft, das Sie über die Schaltflächen **Neu** oder **Bearbeiten** erreichen.

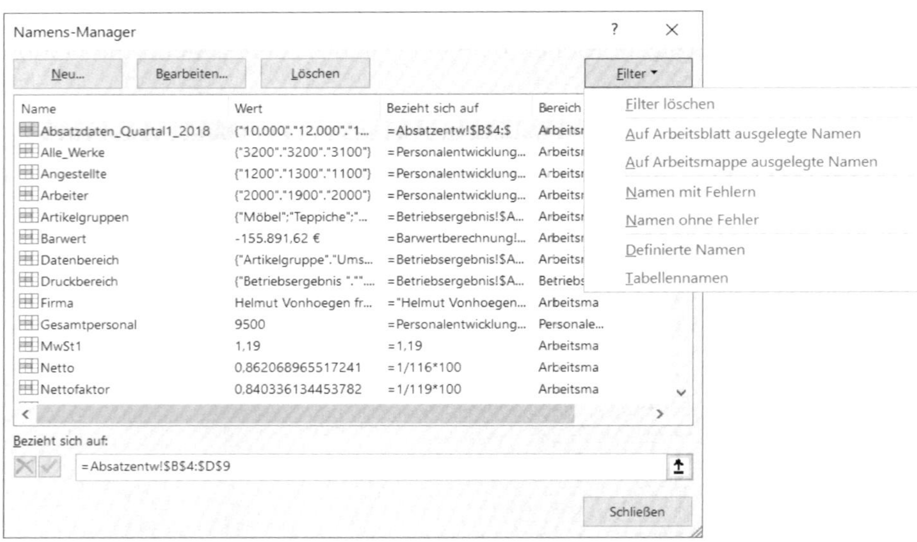

Abbildung 3.35 Verwaltung umfangreicher Namensvergaben mit dem Namens-Manager

Zum Entfernen überflüssig gewordener Namen verwenden Sie die Schaltfläche **Löschen**. Interessant ist hier insbesondere auch die Filterfunktion, die verschiedene Auswahlmöglichkeiten anbietet, etwa die Einschränkung auf blattbezogene Namen.

3.4.6 Benannte Formeln definieren

Das Verfahren, eine Formel mit einem Namen zu verknüpfen, ähnelt der Vergabe von Zell- und Bereichsnamen. Excel speichert die Definition zwar zusammen mit der Arbeitsmappe, aber nicht in einer Zelle. Die Formel wird direkt im Dialogfeld eingetragen, in dem der Name definiert wird, und zwar anstelle eines Bereichsbezugs.

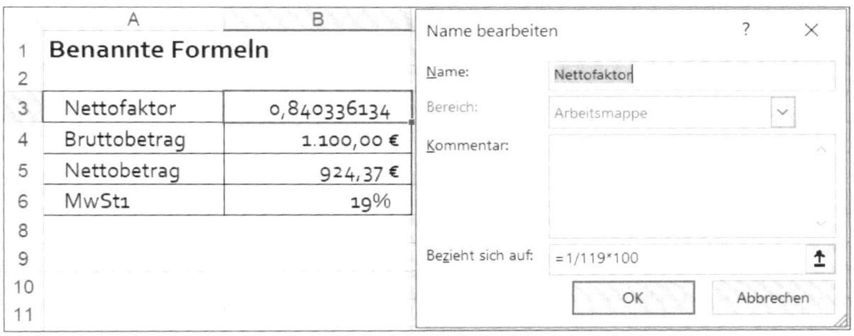

Abbildung 3.36 Beispiel für eine benannte Formel

Angenommen, Sie müssen häufiger von Bruttobeträgen auf den Nettobetrag zurückrechnen. Wählen Sie den Befehl **Namen definieren**. Tragen Sie unter **Name** etwa *Nettofaktor* ein. Die Formel für die Umrechnung kann dann in das Feld **Bezieht sich auf** eingetragen werden:

```
=1/119*100
```

Enthält nun B4 den Bruttobetrag einer Rechnung, kann der Nettobetrag in B5 mit der folgenden Formel berechnet werden:

```
=B4*Nettofaktor
```

3.4.7 Benannte Werte oder Textelemente

Sie können auch bestimmte Werte oder Textkonstanten mit einem Namen belegen. Um z. B. den Mehrwertsteuersatz abzulegen, geben Sie in das Bezugsfeld einfach `=19%` ein.

Wenn der Wert mit *MWST1* benannt ist, geben Sie in einer Formel zur Berechnung der Mehrwertsteuer für einen Betrag in B10 ein:

```
=B10 * MWST1
```

Wenn Sie eine Textkonstante unter **Bezieht sich auf** eintragen, muss sie in Anführungszeichen eingeschlossen werden. Wenn Sie etwa unter dem Namen *Firma* den kompletten Firmennamen ablegen, liefert Ihnen der Eintrag `=Firma` in einer Zelle den entsprechenden Namen. Sowohl benannte Formeln als auch benannte Konstanten werden bei der Formeleingabe mit in der Funktionsliste angeboten, wie Abbildung 3.37 zeigt.

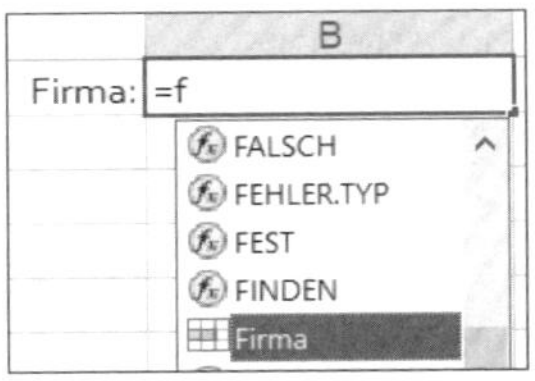

Abbildung 3.37 Eine benannte Konstante in der Funktionsliste

3.4.8 Übernahme von Namen aus Beschriftungen

Bei gleichmäßig aufgebauten Tabellen mit fertiger Spalten- und Zeilenbeschriftung können Namen für die Wertespalten und -zeilen auch automatisch erzeugt werden. Excel übernimmt einfach die vorhandenen Beschriftungen als Namen. Dabei werden die Namen nach den oben beschriebenen Regeln angepasst. Ist das erste Zeichen eine Zahl, wird ein Unterstrich davorgesetzt. Auch Leerzeichen und Semikola werden durch Unterstriche ersetzt. Datumswerte werden in Zeichenfolgen verwandelt, wobei das gegebene Format verwendet wird.

Die Zellen, die benannt werden sollen, können über oder unter den Zellen mit der Beschriftung liegen oder rechts oder links neben diesen Zellen. Zellbereiche sind hier immer Zellgruppen in einer Zeile oder in einer Spalte. Wie Excel sich bei diesem Verfahren verhält, zeigt das folgende Beispiel.

Um hier zu einer korrekten Übernahme der Namen zu kommen, muss zunächst der Bereich A3 bis D5 markiert werden. Die Zeile mit den Gesamtsummen wird erst einmal ausgelassen, damit im nächsten Schritt die Namen für die Spaltenwerte in den Summenformeln verwendet werden können. Dann können Sie **Formeln ▸ Definierte Namen ▸ Aus Auswahl erstellen** ❶ aufrufen oder Strg + ⇧ + F3 drücken.

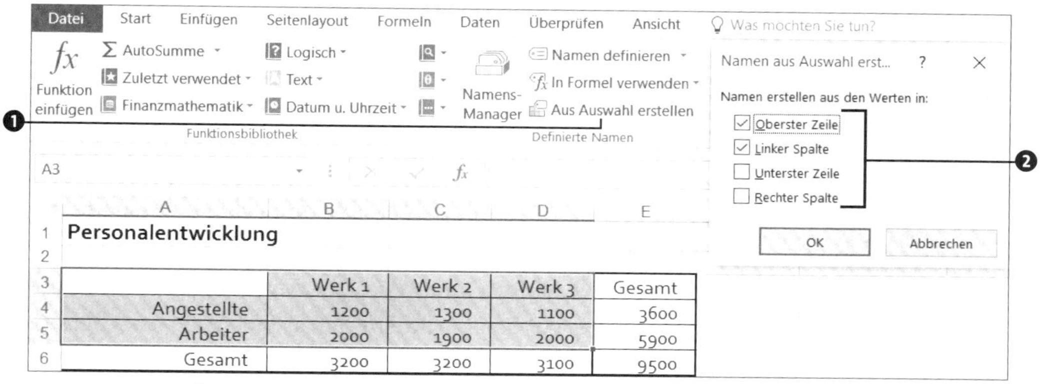

Abbildung 3.38 Übernahme bestehender Beschriftungen als Bereichsnamen

Sie finden vier Kontrollkästchen ❷, von denen die beiden ersten aufgrund der Situation im vorher ausgewählten Bereich abgehakt sind. Die oberste Zeile und die linke Spalte sollen die Namen liefern. Sie müssen deshalb hier nichts ändern. Wenn Sie quittieren, erzeugt Excel benannte Bereiche, zwei Zeilenbereiche und drei Spaltenbereiche. Die folgende Liste zeigt die Bereichsnamen im Namens-Manager. Wie Sie sehen, hat Excel automatisch *Werk 1* in *Werk_1* transformiert.

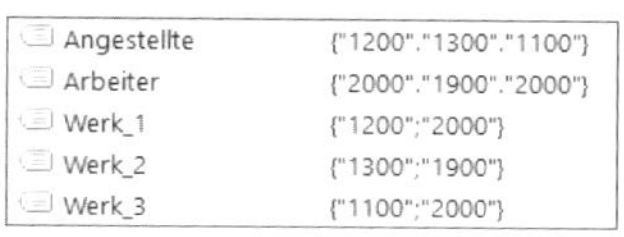

Abbildung 3.39 Liste der übernommenen Bereichsnamen

Sie können die Bereiche nun sehr schnell über das Namenfeld auswählen. Mit [F5] lassen sich auch Schnittmengen zweier Bereiche auswählen. Wählen Sie den Namen des ersten Bereichs aus, und setzen Sie getrennt durch ein Leerzeichen den Namen des zweiten Bereichs dahinter. *Angestellte Werk_2* wählt dann genau die Zahl der Angestellten in Werk 2 aus.

3.4.9 Anwenden von Namen in Formeln

Wenn Sie Bereiche benennen, werden die Bezüge auf diese Bereiche in schon vorhandenen Formeln nicht automatisch ersetzt. Dies muss vielmehr ausdrücklich mit dem Befehl **Namen übernehmen** geschehen, der als zweite Option zur Schaltfläche **Formeln ▸ Definierte Namen ▸ Namen definieren** angeboten wird. Es spielt dabei keine Rolle, wo der Zellzeiger steht.

Welche Namen in den Formeln verwendet werden sollen, können Sie durch Anklicken oder Antippen auswählen. Die Auswahl hat auch Auswirkungen auf Formeln, die Sie später eingeben. Excel ersetzt eine passende Bereichsmarkierung automatisch durch den Bereichsnamen.

Im Dialog oben sind die Namen *Angestellte* und *Arbeiter* mit ausgewählt. Wenn Sie jetzt eine Quersumme für Zeile 4 und 5 eingeben, werden *Angestellte* und *Arbeiter* als Bereichsnamen in die Formel übernommen. Allerdings müssen Sie in diesem Fall beachten, dass die Bereichsnamen absolute Adressen sind. Die Quersumme für Angestellte lässt sich also nicht mehr einfach in die nächste Zeile kopieren. Es ist deshalb besser, auch die Quersummen zuerst mit Zelladressen anzulegen und zu kopieren und erst dann die Namen zu übernehmen.

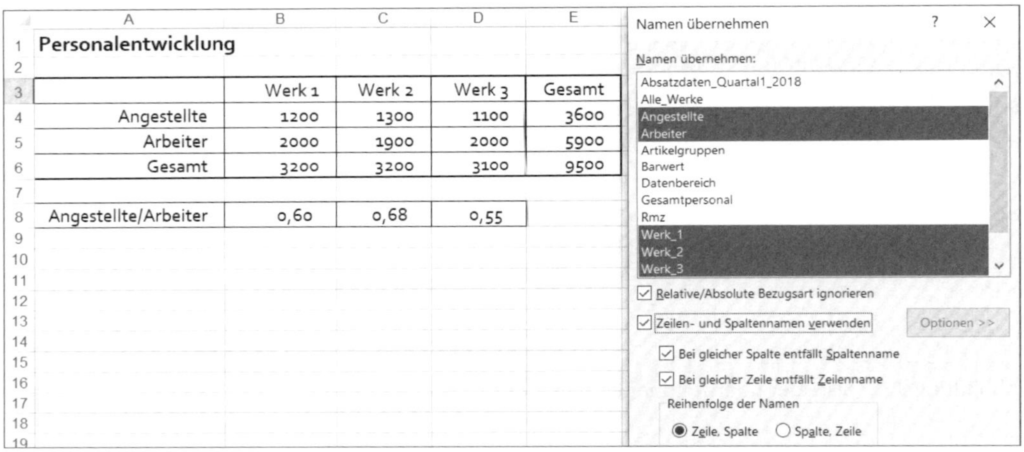

Abbildung 3.40 Das Dialogfeld »Namen übernehmen«

Wie sich Excel bei der Anwendung der Namen im Detail verhalten soll, kann über **Optionen** gesteuert werden. Das Kontrollkästchen **Relative/Absolute Bezugsart ignorieren** sollte in der Regel aktiviert sein. Damit wird erreicht, dass ein Bezug auf einen Bereich unabhängig von der in der Formel verwendeten Bezugsart ersetzt wird. Ist die Option abgewählt, werden nur absolute Zellbezüge durch die Bereichsnamen ersetzt.

Haken Sie beim Anwenden der Namen das Kontrollkästchen **Zeilen- und Spaltennamen verwenden** ab, können Sie festlegen, ob in Formeln, die Schnittmengen von Bereichen auswerten, bei Bezügen innerhalb einer Spalte oder innerhalb einer Zeile die entsprechenden Namen entfallen können, um die Formulierung der Formel zu vereinfachen. Außerdem können Sie bestimmen, ob bei Bezügen, bei denen Spalte und Zeile angegeben werden müssen, erst die Zeile oder erst die Spalte angegeben wird. Wenn Sie z. B.

die Relation Angestellte/Arbeiter pro Werk berechnen wollen, reicht es aus, in Zelle B8 die Formel

```
=Angestellte/Arbeiter
```

anstelle von

```
=Angestellte Werk_1/Arbeiter Werk_1
```

einzutragen, da ja die Spaltenbezeichnung bei beiden Bezügen gleich ist. Die verkürzte Formel hat außerdem den Vorteil, dass sie sich ohne Änderung auf die Zellen C8 und D8 kopieren lässt, was bei der zweiten Formel nicht möglich ist.

3.4.10 Korrektur von Namensdefinitionen

Wenn Sie die Definition eines Namens korrigieren wollen, weil sich der Aufbau Ihres Blatts verändert hat, verwenden Sie den Namens-Manager, und markieren Sie in der Namenliste den entsprechenden Namen. Über die Schaltfläche **Bearbeiten** verändern Sie dann die Bereichsadressen. Bei solchen Änderungen sollten Sie allerdings prüfen, ob und inwiefern davon Formeln betroffen sind, die sich bereits auf diesen Bereich beziehen. Das Programm passt die Formeln automatisch an die neuen Adressen des Bereichs an. Wenn das Ihren Wünschen entspricht, haben Sie keine weitere Arbeit.

Falls Sie während der Entwicklung eines komplexen Arbeitsblatts merken, dass bestimmte Namen, die Sie bisher benutzt haben, missverständlich oder nicht eindeutig genug sind, können Sie die Namen jederzeit über den Namens-Manager ändern, ohne die Bezüge neu definieren zu müssen. Wählen Sie im Dialogfeld dazu zunächst den alten Namen aus, und korrigieren Sie ihn über die Schaltfläche **Bearbeiten**. Die Bezugsadressen werden übernommen.

TIPP

Überflüssige Namen löschen!

Bereiche, die nur irrtümlich angelegt wurden oder durch einen Umbau des Blatts überflüssig geworden sind, sollten Sie möglichst umgehend löschen. Verschieben Sie diese Aktion nicht auf irgendwann, denn dann haben Sie vielleicht schon vergessen, welche Bereiche gelöscht werden dürfen.

Sie können einem Bereich auch mehrere Namen geben, wenn dadurch die Logik Ihrer Formeln deutlicher wird. Es kann z. B. sein, dass für eine Formel ein Wert aus einer benannten Zelle einen Minimalwert darstellt, für eine zweite Formel aber einen Maximalwert.

3.4.11 Formeln mit noch nicht definierten Namen

Bei der Bildung von Formeln ist es durchaus möglich, schon Namen zu verwenden, die noch nicht definiert sind. Der Name erscheint in der Zelle und der Bearbeitungsleiste, die Zelle liefert aber noch den Fehlerwert `#NAME?`. Sobald der Name dann festgelegt ist, verschwindet dieser Wert, und die Formel arbeitet korrekt. Das hat auch den Vorteil, dass der Name der Formel nicht mehr ausdrücklich über den Dialog **Namen übernehmen** zugeordnet werden muss.

3.4.12 Einfügen von Namen in eine Formel

Soll ein Name bei der Eingabe einer Formel oder im Dialog **Funktionsargumente** eingefügt werden, können Sie den Namen entweder direkt an der Einfügestelle einfügen oder ein vorher markiertes Argument durch einen Namen ersetzen. Verwenden Sie [F3] oder den Befehl **Formeln ▸ In Formeln verwenden** und den gewünschten Namen.

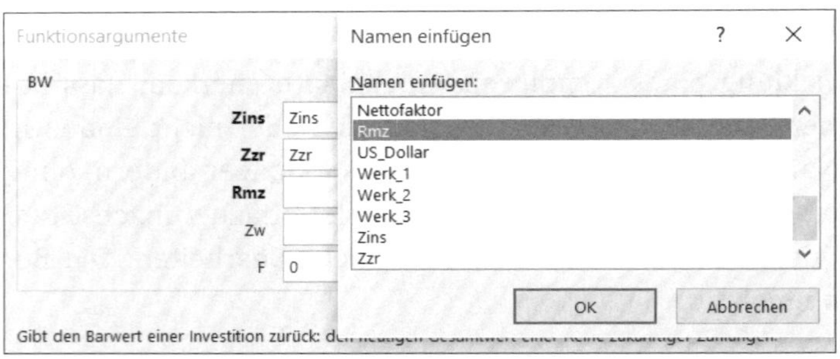

Abbildung 3.41 Übernahme eines Namens als Argument für eine Funktion

HINWEIS

Keine Bezüge auf Beschriftungen mehr

Anstelle der ausdrücklichen Vergabe von Namen bot die Version Excel 2003 auch die Möglichkeit, Namen von Zeilen- oder Spaltenbeschriftungen direkt in Formeln zu verwenden. Diese Option wird aber bereits seit Excel 2010 nicht mehr unterstützt. Beim Laden älterer Arbeitsmappen, die mit dieser Variante gearbeitet haben, erhalten Sie den Hinweis, dass die entsprechenden Bezüge in Formeln durch normale Zellbezüge ersetzt werden, wenn Sie die Arbeitsmappe laden.

3.5 Matrixformeln

Durch eine einfache Formel wie etwa `=B2*B3` wird eine Operation ausgelöst, bei der ein einzelner Wert, der in einer Zelle abgelegt ist, mit einem einzelnen Wert aus einer anderen Zelle multipliziert wird und das Ergebnis wiederum nur in der Zelle erscheint, die die Formel enthält. Excel erlaubt darüber hinaus aber auch, als Argument einer Formel gleich mehrere Werte zu benutzen. Auch als Ergebnis einer Formel können gleich mehrere Werte produziert werden. Dies ist z. B. bei bestimmten Funktionen der Fall. In beiden Fällen sind diese Werte in einer bestimmten Form angeordnet, die *Matrix* oder *Array* genannt wird.

3.5.1 Matrixbereiche

Die einfachste Vorstellung von einer Matrix ist die von einem geschlossenen Bereich von Zellen, die Werte enthalten. Die kleinste Matrix bestünde aus zwei neben- oder untereinanderliegenden Wertezellen. Die Größe nach oben ist nur durch den vorhandenen Speicher begrenzt. Für eine Matrix wird ein rechteckiger Zellbereich verwendet, in dem jede Zelle einen Wert enthält. Eine Matrix entspricht also, sofern es sich bei den Werten um numerische Werte handelt, dem, was auch in der Algebra »Matrix« genannt wird. Ein einfaches Beispiel ist das folgende Zahlenschema aus zwei Zeilen und drei Spalten.

23	26	65
16	10	45

Die Besonderheit, die zu beachten ist, besteht darin, dass Excel eine Matrix als eine Einheit behandelt, bei der die einzelnen Elemente in verschiedener Hinsicht auch nicht gesondert behandelt werden können. Soll eine Matrix als Argument in einer Formel verwendet werden, gibt es zwei Möglichkeiten:

Die erste Möglichkeit ist, in der Formel den Bezug auf einen rechteckigen Zellbereich einzugeben, der die Werte der Matrix enthält. Nehmen Sie als Beispiel die Funktion `INDEX()`, die als erstes Argument eine Matrix erwartet. In dieser Formel ist die Matrix durch eine einfache Zellbereichsangabe definiert:

```
=INDEX(B4:D6;2;2)
```

Die zweite Möglichkeit ist eine Matrixkonstante. Die kleine Matrix oben ist ein Beispiel einer solchen Matrixkonstanten. Die Schreibweise innerhalb einer Formel sieht folgendermaßen aus: Die gesamte Matrix wird in geschweifte Klammern gesetzt. Bei Matrixkonstanten muss dies manuell geschehen. Die einzelnen Werte einer Zeile werden jeweils durch einen Punkt getrennt, die Zeilen dagegen durch ein Semikolon. Das oben angeführte Zahlenschema sieht in der Bearbeitungsleiste dann so aus:

```
{23.26.65;16.10.45}
```

Das Beispiel ist eine 2×3-Matrix, d. h., sie besteht aus zwei Zeilen und drei Spalten. Dabei werden die Daten zeilenweise angegeben. Eine Matrixkonstante muss immer aus gleich langen Zeilen bzw. Spalten bestehen. Der Ausdruck

```
{1.2.3;1.2}
```

ist deshalb nicht erlaubt, da die zweite Zeile nur zwei Werte enthält, die erste dagegen drei.

Matrixkonstanten können nicht nur Zahlen, sondern auch Texte, Wahrheitswerte oder Fehlerwerte enthalten. Dabei muss das Format der Eingabe beachtet werden. Texte müssen immer in Anführungszeichen gesetzt werden. Bei Zahlen ist die Eingabe der Tausenderabtrennung durch einen Punkt nicht erlaubt, da der Punkt an dieser Stelle ja zur Trennung der einzelnen Elemente der Matrix benutzt wird. Auch Währungszeichen, Klammern und Prozentzeichen sind nicht erlaubt. Formeln können nicht Element einer Matrixkonstanten sein, auch wenn sie selbst nur aus Konstanten bestehen, der folgende Ausdruck ist deshalb nicht gültig:

```
{4+12.4.67}
```

Die verschiedenen Datentypen können in einer Matrix durchaus gemischt werden, wenn der Datentyp zu den entsprechenden Operatoren oder Funktionen passt. Einzelne Zellbezüge oder Bereichsnamen können nicht Bestandteil einer Matrixkonstanten sein.

```
{4.B3.16}
```

ist also nicht erlaubt.

3.5.2 Mit Matrixformeln arbeiten

Neben Matrixbereichen und Matrixkonstanten, die als Argumente oder Ergebnisse von Formeln erscheinen, können auch spezielle Matrix- oder Arrayformeln verwendet werden. Diese Formeln enthalten dann ihrerseits Matrixbereiche oder auch Matrixkonstanten als Argumente.

Bei Excel wird unterschieden zwischen Einzelwertformeln und Matrixformeln. Eine Einzelwertformel liefert einen bestimmten Wert aufgrund der Werte der Zellen, auf die

die Formel Bezug nimmt. Eine Matrixformel dagegen kann verschiedene Ergebnisse für eine vorher markierte Matrix »gleichzeitig« liefern. Wie ist das zu verstehen?

Abbildung 3.42 zeigt ein einfaches Beispiel. Die Anzahl der Übernachtungen in der Spalte B soll jeweils mit dem entsprechenden Zimmerpreis multipliziert werden. Anstatt die Werte einzeln zu multiplizieren, werden einfach die beiden Zellbereiche in Spalte B und C miteinander multipliziert. Die Formel in der markierten Matrix muss nur einmal eingegeben werden und wird dann praktisch automatisch auf alle Zellen der Matrix kopiert. Die in der Formel bestimmten Operationen werden dabei jeweils mit den entsprechenden Daten ausgeführt.

D4 fx {=B4:B9*C4:C9}

	A	B	C	D
1	**Beispiel für eine Matrixformel**			
2				
3	**Gast**	**Übernachtungen**	**Zimmerpreis**	**Gesamt**
4	Herdis	12	80	960
5	Schröder	14	80	1120
6	Bernd	6	120	720
7	Tulin	21	120	2520
8	Redor	23	100	2300
9	Benrad	24	80	1920

Abbildung 3.42 Beispiel für eine Matrixformel

Matrixformeln sind also eine Arbeitserleichterung für den Fall, dass bestimmte Formeln wiederholt verwendet werden sollen. Anstelle einer Matrixformel könnten Sie auch mehrere Einzelwertformeln durch Kopieren erzeugen. Doch abgesehen von dem größeren Aufwand, besteht hier auch der Nachteil, dass eine Gruppe von Einzelwertformeln mehr Speicher benötigt als die entsprechende Matrixformel. Auch eine spätere Änderung ist einfacher, wenn Sie eine Matrixformel verwenden können, weil eben nur eine Formel geändert werden muss.

Eingabe einer Matrixformel

Die Vorgehensweise, um eine Formel als Matrixformel einzugeben, soll am folgenden Beispiel demonstriert werden:

1 Der erste Schritt ist die Markierung des Zellbereichs, der die Matrixformeln aufnehmen soll. In der folgenden Abbildung ist das der Zellbereich D4:D6. Dieser Schritt ist ganz entscheidend, denn wenn Sie nur eine Zelle markieren, liefert die Matrixformel auch nur ein einziges Ergebnis. Die Größe dieser Ergebnismatrix sollte in der

Regel exakt so groß sein, dass die Matrixformel alle Ergebnisse erzeugen kann, die durch die Wertegruppe(n), auf die sich die Formel bezieht, möglich sind. Ist die Ergebnismatrix kleiner, werden mögliche Ergebnisse »unterschlagen«, ist sie dagegen größer, erscheint in den überzähligen Zellen der Wert `NV` als Hinweis darauf, dass für diesen Fall keine Werte vorliegen, mit denen die Formel arbeiten kann.

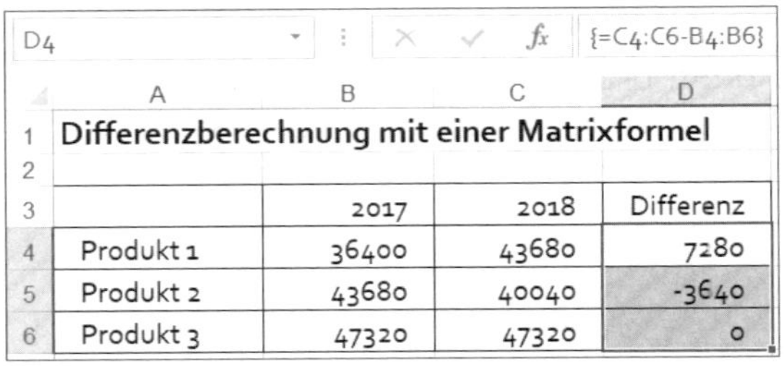
D4 {=C4:C6-B4:B6}

	A	B	C	D
1	Differenzberechnung mit einer Matrixformel			
2				
3		2017	2018	Differenz
4	Produkt 1	36400	43680	7280
5	Produkt 2	43680	40040	-3640
6	Produkt 3	47320	47320	0

2 Der zweite Schritt ist die Eingabe der Formel in eine der Zellen der Ergebnismatrix. Dabei spielt es keine Rolle, in welche dieser Zellen die Formel eingetragen wird. Die Formel kann wie jede Einzelwertformel Konstanten, Operatoren, Zellbezüge und Funktionen enthalten. Die Besonderheit besteht darin, dass in der Formel Bezug auf Wertegruppen genommen wird, die in der Matrixformel dann zeilen- oder spaltenweise ausgewertet werden.

3 Im Beispiel sollen die Werte aus der Spalte für 2018 von der Spalte der Werte für 2017 abgezogen werden. Die Formel lautet also:

```
{=C4:C6-B4:B6}
```

Die geschweiften Klammern, die die gesamte Formel einschließen und sie damit als Matrixformel kennzeichnen, dürfen allerdings nicht manuell eingegeben werden. Sie werden automatisch erzeugt, wenn die Formel korrekt quittiert wird. Dies geschieht in diesem Fall nicht wie bei den Einzelwertformeln durch einen Klick auf das Häkchen oder durch [↵]. Um Excel zu veranlassen, eine Formel als Matrixformel zu behandeln, muss die Formel mit der Tastenkombination [Strg]+[⇧]+[↵] abgeschlossen werden.

Wenn Sie sich die Ergebnisspalte anschauen, können Sie feststellen, dass Excel in jede Zelle dieselbe Formel gesetzt hat. Trotzdem sind die Ergebnisse verschieden. Die Matrixformel bewirkt nämlich, um beim Beispiel zu bleiben, dass in der ersten Ergebniszelle D4 die Differenz C4–B4 berechnet wird, in D5 aber C5–B5 etc. Das gewählte Beispiel setzt also zwei gleich große Zellbereiche miteinander in Beziehung und erzeugt eine entsprechend große Ergebnismatrix.

3.5.3 Vereinfachung von Berechnungen

Das folgende Beispiel ist etwas komplexer. Es zeigt, dass Matrixformeln auch dazu benutzt werden können, um ein Tabellenmodell zu vereinfachen. Das ist möglich, indem in der Formel Rechenschritte zusammengefasst werden, die normalerweise über Zwischenergebnisse berechnet werden müssten.

C7 fx {=SUMME(B4:B6*C4:C6)}

	A	B	C	D	E
1	**Berechnung des Gesamtgewichts**				
2					
3		Menge	Gewicht		Menge * Gewicht
4	Artikel 1	100	200		20000
5	Artikel 2	120	150		18000
6	Artikel 3	200	130		26000
7		Gesamtgewicht	64000		64000

Abbildung 3.43 Gewichtsberechnung

Soll z. B. das Gesamtgewicht einer Ladung berechnet werden, ist der übliche Weg, das jeweilige Gewicht der verschiedenen Artikel mit der Stückzahl zu multiplizieren und dann die Ergebnisse zu addieren, wie in der Spalte E zu sehen ist. Wird dagegen mit einer Matrixformel gearbeitet, ist es nicht erforderlich, die Ergebnisse der Multiplikation in der Tabelle darzustellen. Die Formel

```
{=SUMME(B4:B6*C4:C6)}
```

speichert die Zwischenergebnisse intern und gibt nur das Gesamtergebnis in der Zelle C7 aus. Auf die Zwischenergebnisse kann also auch nicht zugegriffen werden. Diese Vorgehensweise ist allerdings nur dann sinnvoll, wenn diese Zwischenergebnisse nicht für andere Berechnungen von Belang sind. Außerdem muss beachtet werden, dass ein Kalkulationsmodell auch überprüfbar bleiben muss.

3.5.4 Ändern einer Matrixformel

Wollen Sie eine Matrixformel ändern, können Sie eine beliebige Formelzelle in der Matrix auswählen. Sobald Sie die Bearbeitungsleiste aktivieren, verschwinden dort die geschweiften Klammern. Wenn die Änderungen an der Formel abgeschlossen sind, muss die Formel erneut mit `Strg` + `⇧` + `↵` quittiert werden. Daraufhin werden alle zur Matrix gehörenden Formeln geändert.

Dieser Abschluss ist unbedingt notwendig, sonst erhalten Sie die Fehlermeldung, dass ein Teil einer Matrix nicht geändert werden kann. Das hat seinen Grund darin, dass

Excel eine solche Formelmatrix als eine Einheit betrachtet. Es ist also nicht möglich, einzelne Elemente einer Matrix gesondert zu bearbeiten. Ausgenommen von dieser Regel sind Operationen, die nur die Gestaltung betreffen. Alle inhaltlichen Veränderungen betreffen aber immer die gesamte Matrix. Deshalb können einzelne Zellen auch nicht gelöscht oder verschoben werden. Nur die komplette Matrix kann gelöscht oder verschoben werden. Auch das Einfügen von Zellen in eine Matrix, die mit Matrixformeln belegt ist, führt zu einer Fehlermeldung. Dagegen ist es durchaus möglich, den Inhalt einzelner Zellen an eine andere Stelle der Tabelle zu kopieren. Die Bezüge werden dabei automatisch angepasst.

Wenn es gewünscht ist, Matrixformeln in Einzelwerte – also in ihr jeweiliges Ergebnis – zu verwandeln, muss zunächst die gesamte Matrix markiert werden. Mit dem Befehl **Start ▸ Zwischenablage ▸ Kopieren** bringen Sie die Daten in die Zwischenablage und fügen sie anschließend an derselben Stelle mit **Start ▸ Zwischenablage ▸ Einfügen ▸ Inhalte einfügen** und der Option **Werte** wieder ein. Die Formeln werden durch ihr Ergebnis überschrieben.

TIPP

Markierung eines Matrixbereichs

Um einen Matrixbereich vollständig zu markieren, genügt es, eine Zelle des Bereichs zu wählen und dann [Strg]+[/] zu drücken. Diese Tastenkombination entspricht der Option **Aktuelles Array** in dem Dialogfeld **Inhalte auswählen** des Befehls **Gehe zu.**

3.6 Qualität sichern und Fehler vermeiden

Dieser Abschnitt geht zunächst auf einige Qualitätsmerkmale ein, die beim Aufbau von Kalkulationsmodellen im Blick bleiben sollten, und stellt verschiedene Instrumente vor, die Excel anbietet, um Fehler zu finden und zu vermeiden.

Überprüfbarkeit

Bei der Fülle an Befehlen und Funktionen lässt sich von niemandem voraussagen, welche Ideen Anwender zur Lösung ihrer Aufgaben entwickeln. Generell kann allerdings gefordert werden, dass die Art und Weise, wie in einem Arbeitsblatt bestimmte Resultate produziert werden, nachvollziehbar und damit überprüfbar bleibt. Ein Formelsystem, das der Entwickler selbst nach einem halben Jahr nicht mehr durchschaut, ist sicher nicht wünschenswert. Aber auch andere Benutzer einer Tabelle, z. B. die vorgesetzte Stelle oder die Kollegen, die im Urlaub die Arbeit übernehmen sollen, haben ein Recht auf Durchblick. Bei Tabellen, die steuerrelevante Daten enthalten, müssen zudem die entsprechenden Vorschriften beachtet werden.

Die Möglichkeit, Zellinhalte zu kommentieren, kann genutzt werden, wenn komplexe Berechnungen notwendig sind. Oft ist es auch sinnvoll, direkte Hinweise in der Tabelle abzulegen. Anstatt z. B. einen bestimmten Umrechnungsfaktor in irgendeiner Zelle gleichsam wortlos zu platzieren, sollte davor oder darüber wenigstens der Name des Faktors angegeben werden. Sonst könnte vielleicht jemand auf die Idee kommen, die herrenlos in der Tabelle auftauchende Zahl als überflüssig zu löschen, worauf dann im Extremfall möglicherweise ganze Formelsysteme kollabieren.

Flexibilität

Neben der Übersichtlichkeit spielt der Grundsatz der Flexibilität eine wichtige Rolle. Anstatt z. B. in den Formeln eines Rechnungsformulars mit einem konstanten Mehrwertsteuersatz zu rechnen, ist es sinnvoller, mit der Adresse einer Zelle zu arbeiten, die den aktuellen Mehrwertsteuersatz enthält. Ändert sich dieser, müssen nicht alle Formeln geändert werden, die diesen Wert benutzen, sondern nur eine Zelle.

Fehlerfreiheit

Das entscheidende Qualitätskriterium bei einer Kalkulationstabelle ist die Fehlerfreiheit. Dies betrifft einerseits die Korrektheit der Daten, die in ein Modell einfließen, insbesondere aber die Frage, ob die verwendeten Formeln und Funktionen richtig arbeiten und einwandfreie Ergebnisse liefern.

3.6.1 Fehler in Formeln vermeiden

Gerade in puncto Fehlervermeidung haben sich die Entwickler besonders angestrengt. Die Instrumente zur Fehlerprüfung sind immer wieder erweitert worden und geben dem Anwender eine größere Sicherheit, zu korrekten Ergebnissen zu gelangen. Es gibt ganz unterschiedliche Arten von Fehlern, die bei der Arbeit mit Formeln vorkommen. Die unangenehmste Art ist sicher die der logischen Fehler, weil Excel solchen Fehlern von sich aus nichts entgegenzusetzen hat. Wenn Sie z. B. in einer Bedingung `UND(PLZ<50000; PLZ>60000)` eintragen statt `UND(PLZ> 49999; PLZ<60000)`, wird Excel daran nichts auszusetzen haben, aber Sie wundern sich dann vielleicht, warum das Programm dazu keine Daten findet.

Fehler bei der Formeleingabe

Günstiger ist die Situation, wenn Sie die vorgeschriebene Schreibweise von Formeln nicht beachten. Excel bietet in vielen Fällen die automatische Korrektur von Fehlern bei der Formeleingabe an. Wenn Sie z. B. einen Ausdruck mit einer öffnenden Klammer eingeben und dann die abschließende Klammer vergessen, schlägt Excel eine Korrektur mit einer schließenden Klammer vor. Sie können den Vorschlag annehmen oder ablehnen, falls eine Klammer an der falschen Stelle steht. Abbildung 3.44 zeigt ein kleines Beispiel. Wird der Korrekturvorschlag nicht angenommen, folgt eine ausführlichere Beschreibung des Fehlers.

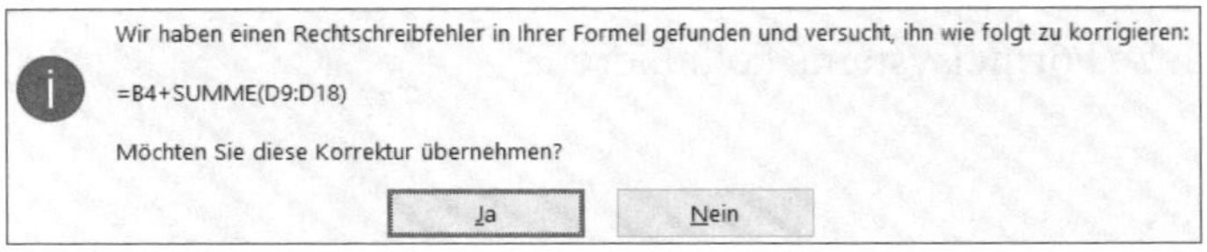

Abbildung 3.44 Korrekturvorschlag nach einem Fehler in einer Formel

Für ein gutes Dutzend immer wieder vorkommender Fehler bietet Excel solche Korrekturvorschläge an. Das gilt z. B., wenn Sie bei Zelladressen die Zeilennummer vor den Spaltenbuchstaben setzen und etwa anstelle von *B6* den Wert *6B* eingeben. Auch Leerzeichen an der falschen Stelle werden erkannt, z. B. zwischen Funktionsnamen und erster Klammer, ebenso fehlende Anführungszeichen oder Doppelpunkte an der falschen Stelle.

Zwar kann Excel in einfachen Fällen für fehlende Klammern brauchbare Korrekturvorschläge machen, nicht aber da, wo es mehrere Möglichkeiten gibt, die Klammer zu setzen. Um Ihnen bei der Suche nach der Stelle, an der eine Klammer fehlt oder zu viel ist, zu helfen, zeigt Excel zusammengehörende Klammerpaare vorübergehend in Fettschrift an, wenn Sie mit den Richtungstasten darüberstreichen. Wird etwa eine öffnende Klammer nicht fett angezeigt, heißt das, es fehlt die entsprechende schließende Klammer. Außerdem werden Klammerpaare unterschiedlich eingefärbt, wenn die Zelle zum Bearbeiten geöffnet ist.

Korrektur von Bezügen

Bezieht sich eine Formel auf eine falsche Zelle oder einen falschen Zellbereich, lassen sich die Bezüge nachträglich mit der Maus ändern. Klicken Sie doppelt auf die Formelzelle. Excel ordnet den verschiedenen Zell- oder Bereichsbezügen, die in der Formel verwendet werden, unterschiedliche Farben zu. Die entsprechenden Zellen und Bereiche werden in der Tabelle selbst mit entsprechend farbigen Rahmen gekennzeichnet. Diese

Markierungen lassen sich mit der Maus bewegen, sodass ein falscher Zellbezug oder eine falsche Bereichsangabe für eine Summenformel durch Ziehen und Verschieben korrigiert werden kann.

Abbildung 3.45 zeigt ein Beispiel: Die erste Formel multipliziert den *VKPreis* mit dem *Rabattsatz 1* von 70 %. Es soll aber der *Rabattsatz 2* von 80 % verwendet werden:

1. Klicken oder tippen Sie die Zelle mit der Formel doppelt an.
2. Ziehen Sie den farbigen Rahmen um die Zelle mit den 70 % auf die Zelle mit den 80 %.
3. Beenden Sie die Korrektur mit [↵].

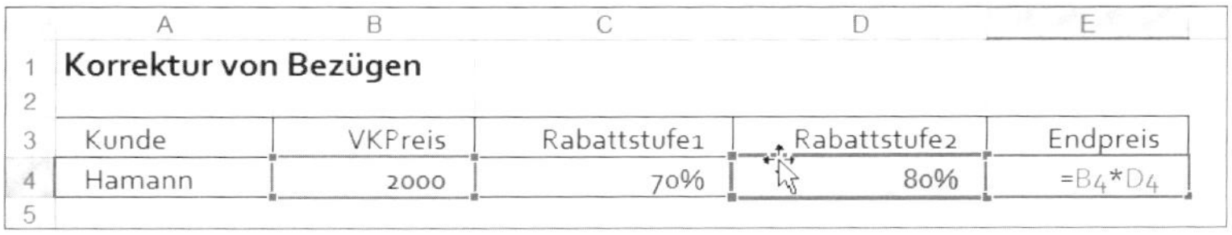

Abbildung 3.45 Markierte Zellbezüge bei der Formelbearbeitung

Zweites Beispiel: Sie haben eine Quersumme für eine Zeile gebildet, und der Bereich ist nicht korrekt. Es sind nicht alle Zellen in den Bereich aufgenommen worden, der summiert werden soll.

1. Klicken Sie die Zelle mit der Summenformel doppelt an.
2. Setzen Sie den Mauszeiger auf die Markierung in der rechten unteren Ecke der farbigen Bereichsmarkierung.
3. Ziehen Sie das Kästchen so weit nach rechts, bis alle Zellen eingeschlossen sind, die summiert werden sollen.

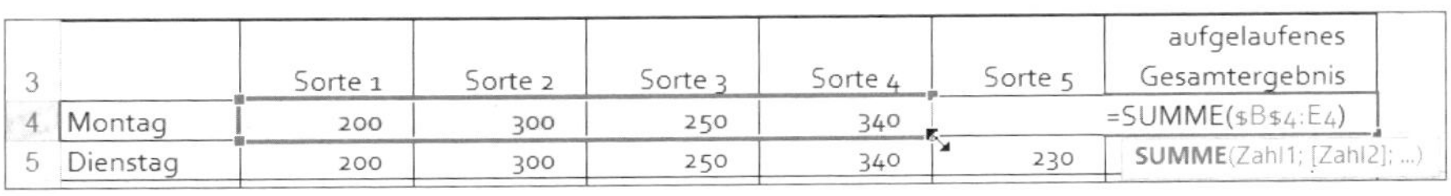

Abbildung 3.46 Korrektur eines Bereichs durch Ziehen mit der Maus

Auch auf dem Touchscreen können Sie in ähnlicher Weise vorgehen. Tippen Sie die Zelle zum Ändern doppelt an. Die Zellen, auf die die Formel Bezug nimmt, werden in verschiedenen Farben eingerahmt, entsprechend der Textfarbe für die Argumente in der

Formel. Mithilfe der Anfasser können Sie die Zellmarkierungen für Argumente mit falschen Bezügen korrigieren.

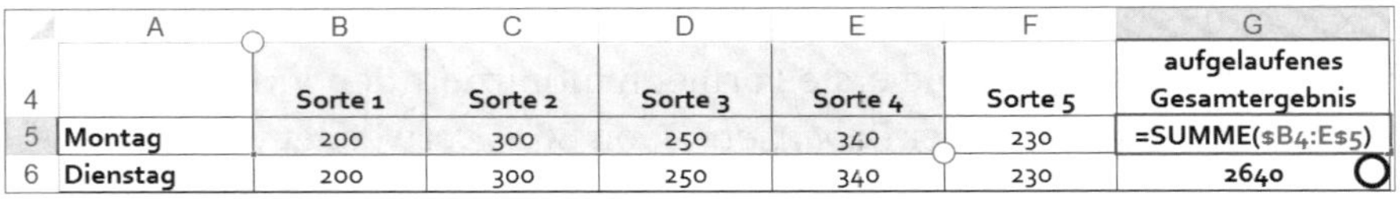

	A	B	C	D	E	F	G
4		Sorte 1	Sorte 2	Sorte 3	Sorte 4	Sorte 5	aufgelaufenes Gesamtergebnis
5	Montag	200	300	250	340	230	=SUMME($B4:E$5)
6	Dienstag	200	300	250	340	230	2640

Abbildung 3.47 Korrektur eines Bereichs durch Ziehen an den Anfassern

3.6.2 Syntaxprüfung

Wenn Sie eine Formel eingeben, prüft Excel automatisch, ob die Formel von der Syntax her korrekt ist, bevor das Ergebnis in der Zelle akzeptiert wird. Ist z. B. bei der Funktion `GDA()` ein Argument vergessen worden, erscheint die Fehlermeldung, dass Argumente fehlen. Quittieren Sie die Meldung, verbleibt das Programm in der Bearbeitungsleiste und markiert die Stelle, wo der Fehler liegt. Durch die schon angesprochenen QuickInfos, die bei der Bearbeitung von Funktionen normalerweise eingeblendet werden, ist die Kontrolle über die Argumente der Funktion einfach. Wenn Sie die Einfügestelle oder die Markierung auf ein Argument innerhalb einer Funktion setzen, wird immer genau der Platzhalter in der QuickInfo hervorgehoben, dem das berührte Argument entspricht.

Abbildung 3.48 Kontrolle der Argumente mithilfe der QuickInfos

Geben Sie irrtümlich ein Argument zu viel ein, erhalten Sie eine entsprechende Meldung, und Sie werden nicht wieder aus der Bearbeitungsleiste losgelassen.

Die Syntaxprüfung überlisten

Trotz aller Hilfen kann es bei komplexen Formeln, insbesondere bei verschachtelten Funktionen, dazu kommen, dass Sie den Fehler im Augenblick partout nicht entdecken können. Da Excel Sie aber nicht aus der Bearbeitungsleiste freilässt, solange Sie nicht die Schaltfläche **Abbrechen** benutzen und dabei in Kauf nehmen, den gesamten Eintrag zu verlieren, sollten Sie Excel überlisten. Gehen Sie mit `Pos1` oder durch Antippen an den Anfang des Eintrags, und tippen Sie ein einfaches Anführungszeichen ein. Dadurch wandeln Sie die Formel in einen Texteintrag um, der in der Zelle angezeigt wird. Nun haben Sie wenigstens die Chance, sich eine Denkpause zu gönnen, oder Zeit zur Beratung mit einem hilfsbereiten Kollegen – die soll es ja geben. Wenn Sie die Lösung kennen, müssen Sie nur das Anführungszeichen und den Fehler entfernen.

Typische Syntaxfehler

Es gibt Fehler, die sehr häufig auftreten und die wir hier aufführen wollen, damit Sie sie von vorneherein vermeiden können:

- Der Funktionsname ist nicht korrekt geschrieben.
- Die Formel enthält Leerzeichen an Stellen, an denen sie nicht erlaubt sind. Zwischen dem Funktionsnamen und der ersten Klammer darf kein Leerzeichen stehen. Sonst sind Leerzeichen erlaubt.
- Ein logischer Ausdruck ist unvollständig. Es ist beispielsweise nicht erlaubt, einen Vergleich wie

  ```
  =UND(B1>C1; >D1)
  ```

  zu schreiben; Sie müssen

  ```
  =UND(B1>C1; B1>D1)
  ```

  schreiben, weil sonst der zweite Teil des Vergleichs kein gültiger logischer Ausdruck ist.
- Die Anzahl der Argumente für eine Funktion stimmt nicht, es sind zu wenige oder zu viele Argumente.
- Ein Argumenttrennzeichen fehlt zwischen zwei Argumenten.
- Eine Klammer fehlt. Der letzte Fehler taucht vor allem bei verschachtelten Funktionen häufig auf.

Diese Fehler lassen sich weitgehend vermeiden, wenn der Dialog **Funktion einfügen** zur Eingabe verwendet wird.

3.6.3 Fehler durch Werte

Excel kann neben den Syntaxfehlern auch Fehler finden, die mit den Werten bzw. Argumenten zu tun haben, mit denen die Formel arbeiten soll. Sind diese für die Formel nicht brauchbar, wird in der Zelle ein Fehlerwert ausgegeben. Excel gibt Ihnen gleich einen erläuternden Hinweis, wenn Sie den Zeiger auf die eingeblendete Hinweis-Schaltfläche rücken. In der abgebildeten Formel wird z. B. der nicht definierte Name *Grenzwert* verwendet.

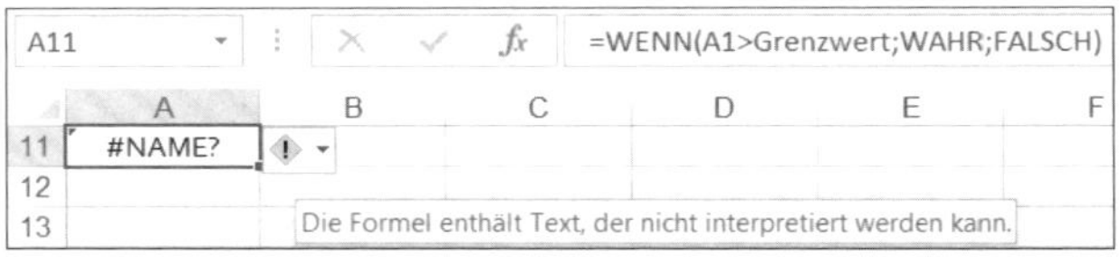

Abbildung 3.49 Hinweis zum Fehlerwert #NAME?

In der folgenden Liste sind die Fehlerwerte und ihre Bedeutung zusammengestellt.

Fehlerwert	Bedeutung
`#BEZUG!`	Die Formel bezieht sich auf eine gelöschte Zelle. Erscheint auch bei externen Bezügen, wenn die externe Datei nicht auffindbar ist.
`#DIV/0!`	In der Formel wird versucht, durch null zu teilen.
`#NV`	Der erwartete Wert ist nicht vorhanden.
`#NAME?`	Der in der Formel verwendete Name ist bisher nicht definiert worden.
`#NULL!`	Versuch, die Schnittmenge zweier Bereiche, die sich nicht schneiden, mit dem Schnittmengenoperator (Leerzeichen) zu bestimmen
`#WERT!`	Ein Argument oder Operand hat den falschen Datentyp.
`#ZAHL!`	Tritt auf, wenn ein Schätzwert in einer Funktion, die einen solchen Wert erwartet, unbrauchbar ist.

3.6.4 Fehlerüberprüfung im Hintergrund

Seit Excel 2002 ist eine automatische **Fehlerüberprüfung** eingebaut, die im Hintergrund abläuft und über die Seite **Formeln** im Dialog **Excel-Optionen** gesteuert und bei Bedarf auch deaktiviert werden kann. Unter **Regeln für die Fehlerüberprüfung** können Sie festlegen, in welchen Fällen die Fehlerüberprüfung den Fehlerindikator einblenden soll.

Die Überprüfung kann nicht nur auf Fehlerwerte in einer Zelle reagieren, sondern auch bei Formeln mit Eigenschaften warnen, die vermuten lassen, dass etwas nicht in Ordnung sein könnte. Das gilt z. B. für Summenformeln, die sich nicht auf alle Zellen im Bereich darüber beziehen. Wählen Sie selbst, wie streng die Prüfung sein soll. Stimmen Sie die Kriterien auch auf Ihre Arbeitsweise ab. Wenn Sie z. B. immer zuerst die Formeln entwickeln, bevor Sie Werte eingeben, sollten Sie das Kriterium **Formeln, die sich auf leere Zellen beziehen** abwählen.

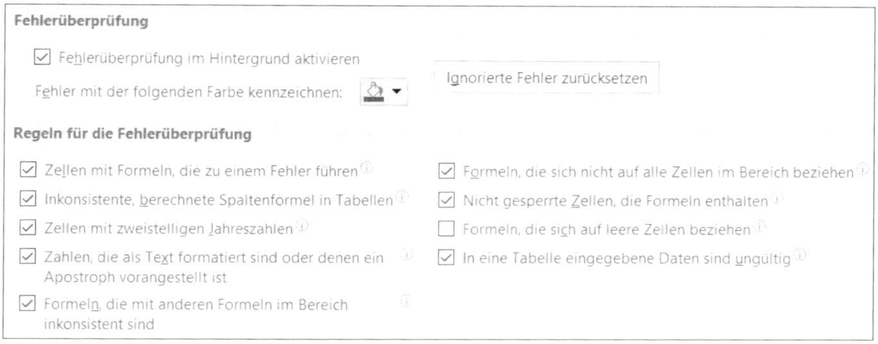

Abbildung 3.50 Einstellungen für die Fehlerüberprüfung

Solange die Fehlerüberprüfung im Hintergrund aktiviert ist, erscheinen bei einer Zelle, die einen Fehlerwert liefert oder eine der hier abgehakten Bedingungen erfüllt, kleine, farbige Fehlerindikatoren. Die Farbe dafür kann über die Schaltfläche unter **Fehlerüberprüfung** ausgewählt werden. Wird die Zelle markiert, erscheint ein Fehlersymbol. Wird es vom Mauszeiger berührt, finden Sie einen Hinweis auf den Fehler. Ein Klick oder Tipp öffnet ein Menü für mögliche Reaktionen auf den Fehler.

Die erste Zeile enthält immer eine kurze Problembeschreibung. Mit **Hilfe für diesen Fehler** finden Sie Details zu dem monierten Tatbestand. Wenn möglich, wird eine Option angeboten, mit der der Fehler direkt korrigiert werden kann. In Abbildung 3.51 wird z. B. angeboten, den Bezug des Bereichs der Summenfunktion zu erweitern.

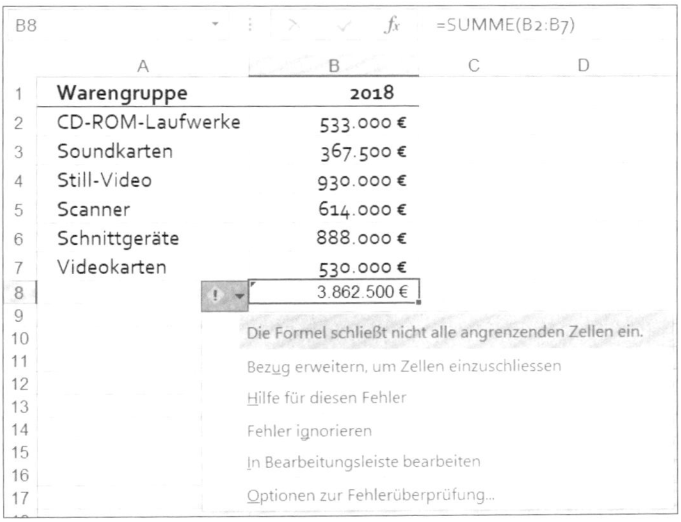

Abbildung 3.51 Optionen beim Auftauchen eines Regelverstoßes

Das Beispiel in der Abbildung ist aber zugleich ein Fall von falschem Alarm. Die Warnung bezieht sich darauf, dass die Zelle mit der Jahreszahl nicht mit in den Summenbereich aufgenommen wird. Da Excel die Bedeutung der Zahl als Jahreszahl nicht in jedem Fall erkennen kann, kommt es zur Warnung. In diesem Fall können Sie mit der Option **Fehler ignorieren** den Fehlerhinweis abschalten. Mit der Schaltfläche **Ignorierte Fehler zurücksetzen** unter **Fehlerüberprüfung** im Dialog **Excel-Optionen** lässt sich das auch wieder rückgängig machen.

Wenn Sie das hier angesprochene Problem vermeiden wollen, sollten Sie die Zelle mit der Jahreszahl als Spaltenüberschrift mit einem benutzerdefinierten Datumsformat belegen, das nur die Jahreszahl anzeigt, also mit dem Formatcode JJJJ. In diesem Fall wird Excel den Bereich für eine Summenfunktion automatisch so bestimmen, dass die Jahreszahl ausgenommen wird.

3.6.5 Formelüberwachung

Für die Kontrolle von Formeln stellt Excel neben der gerade beschriebenen Hintergrundüberprüfung noch eine ganze Reihe von Werkzeugen zur Verfügung, die auf dem Register **Formeln** in der Gruppe **Formelüberwachung** zusammengestellt sind.

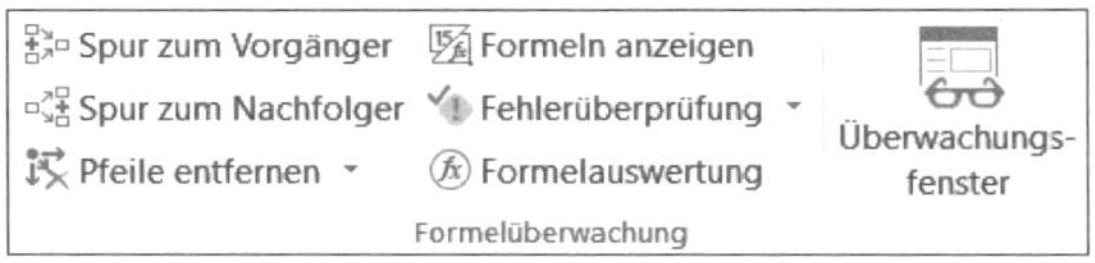

Abbildung 3.52 Werkzeuge für die Kontrolle von Formeln

Manuelle Fehlerprüfung

Die Fehlerüberprüfung kann hier für jedes Arbeitsblatt auch manuell über die Schaltfläche **Fehlerüberprüfung** und die gleichnamige Option im Menü der Schaltfläche aufgerufen werden, unabhängig davon, ob die Fehlerüberprüfung im Hintergrund aktiviert ist oder nicht. Mit **Weiter** und **Zurück** lassen sich die Zellen mit Fehlerwerten oder Warnindikatoren einzeln ansteuern, der Dialog zeigt dann jeweils eine kurze Beschreibung des Fehlers und bietet Schaltflächen für das weitere Vorgehen an.

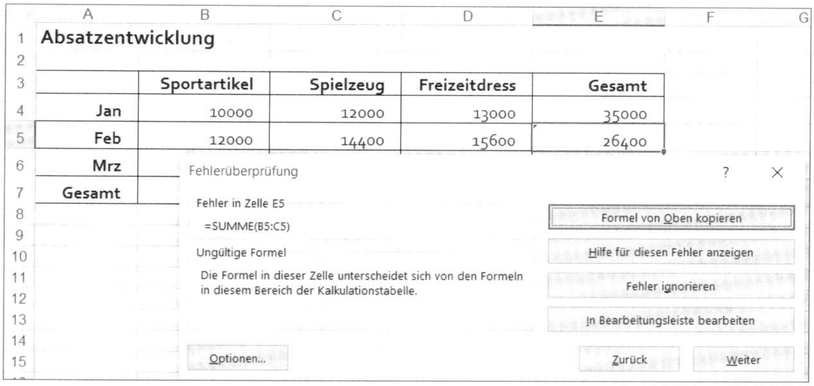

Abbildung 3.53 Fehler schrittweise im Blatt überprüfen

Spuren verfolgen

Am unangenehmsten sind Fehler, die nicht auffallen, etwa logische Fehler oder Bezüge auf die falsche Zelle. Wenn ein Kalkulationsmodell wächst, wenn mit den Ergebnissen von Formeln in anderen Formeln weitergerechnet wird, kann manchmal die Übersicht verloren gehen. Hier helfen Schaltflächen, die vorübergehend optische Verknüpfungen zwischen Zellbereichen erzeugen.

Wollen Sie prüfen, von welchen Zellen eine gerade ausgewählte Formel abhängig ist, benutzen Sie in der Gruppe **Formelüberwachung** die Schaltfläche **Spur zum Vorgänger**. Excel macht die Verbindungen zwischen Zellen mit Pfeilen sichtbar. Das Pfeilende wird jeweils durch einen Punkt gekennzeichnet. Hat der Vorgänger selbst noch einen Vorgänger, wiederholen Sie den Befehl für diesen Vorgänger. Sie können dieses Verfahren für mehrere Zellen wiederholen. Es hilft aber nichts, einen Bereich von Zellen zu markieren; die Überwachung arbeitet immer nur für die aktive Zelle. Wenn Sie alle Vorgängerzellen ab Pfeilende markieren wollen, klicken Sie doppelt auf den Spurpfeil. Ein erneuter Doppelklick markiert wieder die Zelle an der Pfeilspitze. Das ist besonders praktisch, wenn Pfeilspitze und Pfeilende weit auseinanderliegen.

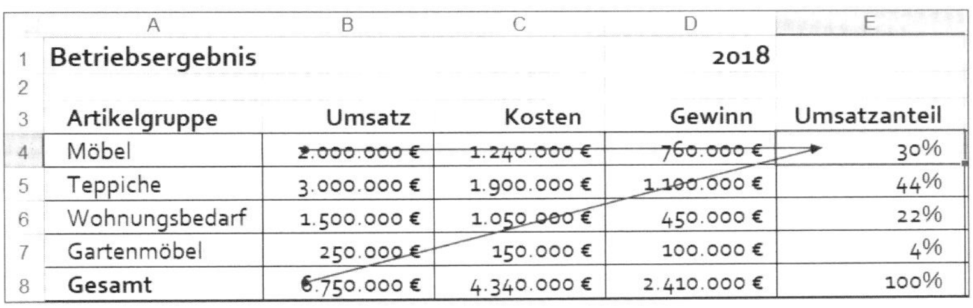

Abbildung 3.54 Anzeige der Zellen, die den Wert in E4 beeinflussen

Wenn Sie eine Zelle mit einem Fehlerwert auswählen, können Sie in dem Menü der Schaltfläche **Fehlerüberprüfung** die Option **Spur zum Fehler** verwenden, um die Zellen zu finden, die für den Fehler verantwortlich sein können.

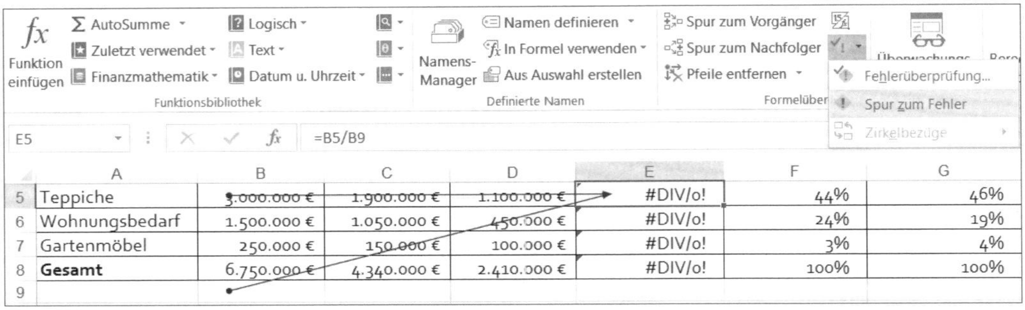

Abbildung 3.55 Anzeige der Zellen, von denen die Formel in E5 abhängig ist

Wollen Sie umgekehrt wissen, auf welche Zellen die markierte Zelle Einfluss hat, benutzen Sie die Schaltfläche **Spur zum Nachfolger**. Hat der Nachfolger selbst wiederum Nachfolger, verwenden Sie die Schaltfläche erneut.

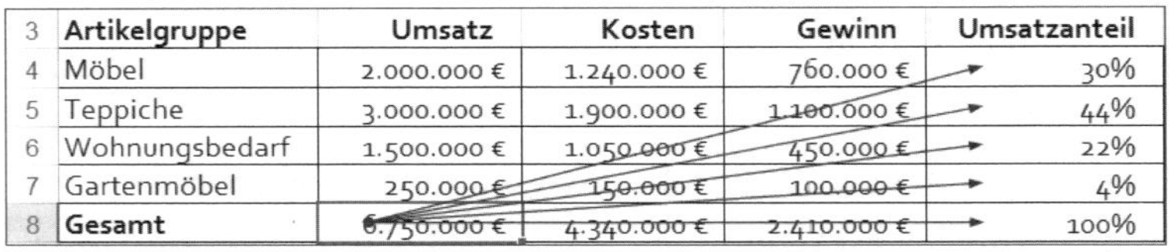

Abbildung 3.56 Anzeige der Zellen, die von B8 beeinflusst werden

Etwas anders sieht es aus, wenn eine Spur in ein anderes Tabellenblatt oder in eine andere Arbeitsmappe führt (dafür muss diese Mappe ebenfalls geöffnet sein). In beiden Fällen wird ein Pfeil zu oder von einem kleinen Tabellenmuster angezeigt. Wenn Sie den Pfeil doppelt anklicken oder -tippen, erscheint das Dialogfeld **Gehe zu** mit der Adresse der Nachfolger- bzw. Vorgängerzelle. Ein Doppelklick oder -tipp auf diese Adresse führt zu der entsprechenden Zelle.

Spuren entfernen

Werden die Spurpfeile nicht mehr benötigt, können sie über die Schaltfläche **Pfeile entfernen** in der Gruppe **Formelüberwachung** entfernt werden. Anstatt alle Pfeile gleichzeitig zu entfernen, können die beiden Spurtypen auch getrennt über das Menü der Schaltfläche gelöscht werden.

3.6.6 Werteprüfung im Überwachungsfenster

In Excel gibt es auch ein Überwachungsfenster, in dem Sie gezielt die Entwicklung der Werte ausgewählter Zellen verfolgen können. Es wird über die Schaltfläche **Formeln ▸ Formelüberwachung ▸ Überwachungsfenster** eingeblendet. Zunächst lassen sich dann über die dortige Schaltfläche **Überwachung hinzufügen** beliebige Zellen oder Zellbereiche auswählen, deren jeweils aktuelle Werte im Überwachungsfenster kontrolliert werden sollen.

Jede Änderung von Werten wird anschließend sofort in diesem Fenster angezeigt. Das ist insbesondere dann vorteilhaft, wenn Zellen überprüft werden, die im Arbeitsblatt selbst weit auseinander- oder auf verschiedenen Blättern liegen. Ein Doppelklick oder -tipp auf einen Listeneintrag markiert sofort die betreffende Zelle.

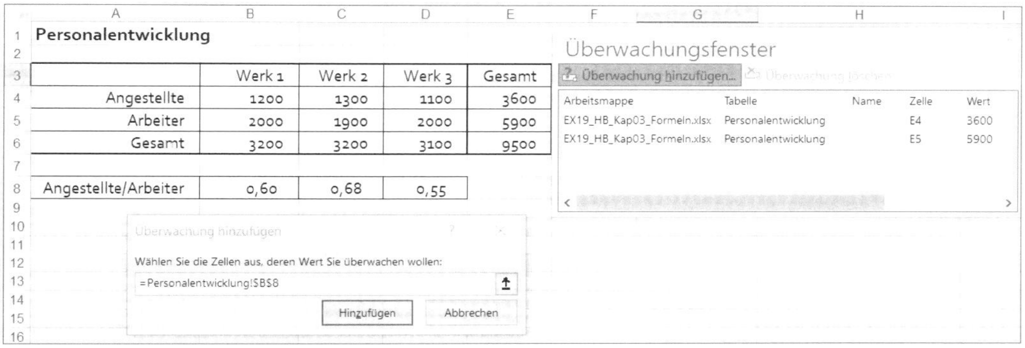

Abbildung 3.57 Werteprüfung im Überwachungsfenster

3.6.7 Zirkuläre Formeln

Unterstützt werden Sie von Excel auch, wenn eine Formel zirkulär ist. Hier ein einfaches Beispiel. In der Zelle B9 ist folgende Funktion eingetragen:

```
=SUMME(B4:B9)
```

Die Zelle B9, die die Summe anzeigen soll, gehört selbst zu der Kolonne, die summiert wird. Wenn Sie versuchen, die Summenformel zu bestätigen, erhalten Sie eine Fehlermeldung, die Sie darauf hinweist, dass in der Arbeitsmappe ein Zirkelbezug gefunden wurde. Diese Warnung erhalten Sie auch, wenn Sie eine Arbeitsmappe öffnen, die einen solchen Bezug enthält.

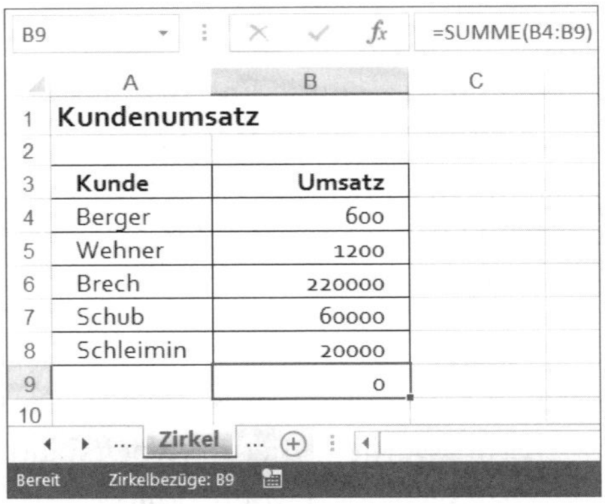

Abbildung 3.58 Fehlermeldung bei Zirkelbezug

In der Statusleiste wird die Adresse der Zelle angezeigt, die den Zirkelbezug verursacht. Die Zelle, die die zirkuläre Formel enthält, wird auf den Wert 0 gesetzt. Über den Umgang mit zirkulären Formeln erfahren Sie in Abschnitt 3.9, »Kontrolle der Neuberechnung«, mehr.

3.6.8 Formeln schrittweise prüfen

Angenommen, Sie haben eine komplizierte Formel eingegeben und bekommen auch keine Fehlermeldung angezeigt, aber das Ergebnis kann trotzdem nicht stimmen. Wie ist der Fehler zu finden? Eine Möglichkeit, den Fehler einzukreisen, besteht darin, sich für einzelne Teile der Formel jeweils das Ergebnis anzeigen zu lassen. Markieren Sie den betreffenden Teil der Formel, und drücken Sie dann [F9]. Excel zeigt das Ergebnis für diesen Teil der Formel an. Drücken Sie [Esc], um die Formel wieder in den alten Zustand zu versetzen.

Excel bietet alternativ dazu den Befehl **Formelauswertung** ❶, den Sie über **Formeln** ▸ **Formelüberwachung** erreichen. Im Dialog wird die vorher markierte Formel angezeigt. Mit der Schaltfläche **Auswerten** ❷ lässt sich der jeweils unterstrichene Teil einer Formel berechnen. **Einzelschritt** ❸ zeigt den Wert der markierten Stelle, **Prozedurschritt** ❹ setzt diesen Wert in die Formel ein. Die Formel in der Zelle selbst bleibt bei dieser Prüfung aber im Unterschied zu dem Verfahren mit [F9] unverändert.

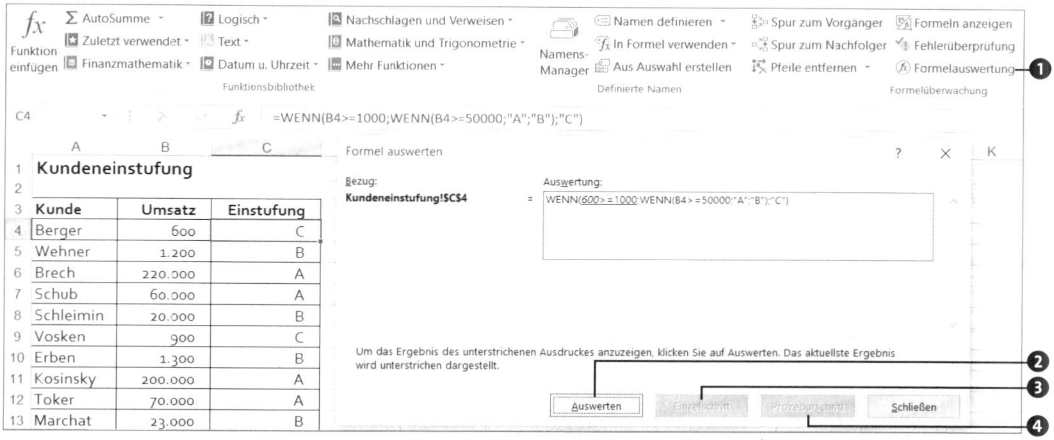

Abbildung 3.59 Eine verschachtelte Funktion schrittweise auswerten

3.6.9 Formeln dokumentieren

Als eine schöne Zugabe, die insbesondere für die Dokumentation oder für die Ausbildung interessant ist, stellt Excel 2019 einen kompletten Editor für mathematische Formeln zur Verfügung. Über **Einfügen ▸ Symbole ▸ Formel** werden spezielle **Formeltools** eingeblendet. Sie bieten neben zahlreichen mathematischen Symbolen in der Gruppe **Strukturen** auch bereits verschiedene Paletten mit Formelskeletten an, um das Editieren komplexer Formeln zu erleichtern.

Ist eine Formel oder ein Teil darin ausgewählt, stehen dafür auch die **Zeichentools** über das Register **Format** zur Verfügung, um die Darstellung ansprechend zu gestalten. Excel verwendet Textfelder für die Darstellung solcher Formeln.

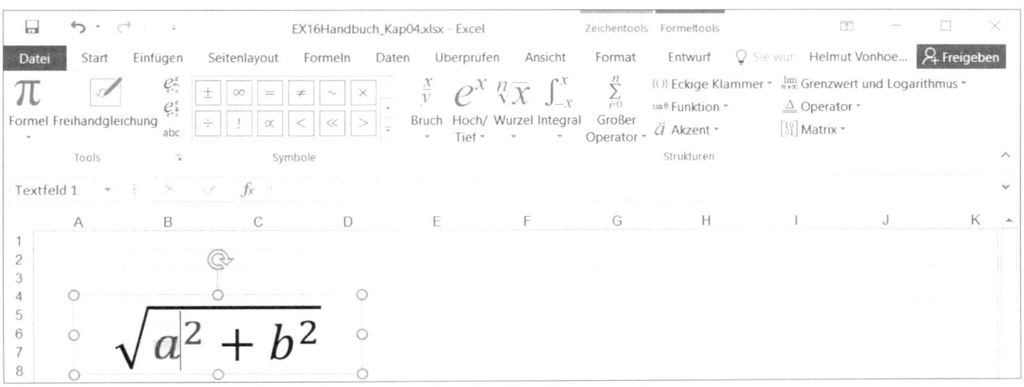

Abbildung 3.60 Eine Formel als grafisches Objekt

3.7 Tabellen mit Formeln verknüpfen

Eine Formel kann sich nicht nur auf Zellen im selben Tabellenblatt oder auf ein anderes Tabellenblatt in derselben Arbeitsmappe beziehen. Auch Bezüge auf Werte in anderen Arbeitsmappen sind möglich. Solche externen Bezüge haben Sie schon bei der Behandlung der Eingabe der verschiedenen Bezugsarten in Abschnitt 3.3, »Relative und absolute Bezüge«, kennengelernt. Der Bezug kann einfach sein, indem der Wert einer Zelle direkt in eine andere Zelle übernommen wird, etwa:

```
=[QUELL.xlsx]Tabelle1!$G$10
```

Der Wert kann aber auch als Operand in einer Formel oder als Argument in einer Funktion eingesetzt werden wie bei:

```
=[QUELL.xlsx]Tabelle1!$G$10*MWST
```

Die Formel mit dem externen Bezug erscheint in der abhängigen Arbeitsmappe, der Bezug verweist auf die Quellarbeitsmappe.

3.7.1 Schreibweise externer Bezüge

Der Bezug auf Zellbereiche in einer anderen Datei kann dadurch hergestellt werden, dass den üblichen Adressen mit dem Blattnamen und den Spalten- und Zeilenangaben der Name der anderen Datei vorgesetzt wird. Dieser Name muss, um ihn von einem Blattnamen zu unterscheiden, in eckige Klammern gesetzt werden. Der Blattname wiederum ist durch ein Ausrufezeichen vom restlichen Teil des Bezugs getrennt. Die Schreibweise bei Bereichen ist vereinfacht, der Dateiname und der Blattname müssen nur einmal eingegeben werden.

```
=SUMME([QUELL.xlsx]Tabelle1!$G$10:$G$20)
```

ist eine gültige Summenformel. Liegt die Quellarbeitsmappe in einem anderen Ordner oder sogar auf einem anderen Laufwerk, müssen die Laufwerksbezeichnung und der Ordnername ebenfalls angegeben werden:

```
=SUMME('D:\EXTAB\[QUELL.xlsx]Tabelle1!'$G$10:$G$20)
```

Einfacher ist die Formeleingabe auch im Fall der Verknüpfung von Dateien, wenn Sie mit benannten Bereichen arbeiten. Sobald Sie bei der Formeleingabe die andere Arbeitsmappe aktiviert haben, können Sie dort das Namenfeld oder F3 benutzen, um den entsprechenden Namen einzufügen.

Verknüpfen durch Kopieren

Einfache externe Bezüge können Sie auch durch Kopieren über die Zwischenablage erzeugen. Wechseln Sie dazu in die Quellarbeitsmappe. Markieren Sie die Zelle oder den Bereich der Zellen, die als Quelldaten verwendet werden sollen, und kopieren Sie diese in die Zwischenablage. Wechseln Sie dann in die abhängige Arbeitsmappe, und markieren Sie die Zelle oder den Bereich, in der oder in dem die Quelldaten erscheinen sollen. Verwenden Sie aus dem Menü der Schaltfläche **Einfügen** den Befehl **Verknüpfung einfügen**.

3.7.2 Einsatz externer Bezüge

Die Notwendigkeit, in Excel solche externen Bezüge zu nutzen, ist durch die Möglichkeit, mit umfangreichen Arbeitsmappen zu arbeiten, sicher geringer geworden. In sehr vielen Fällen können ja die Tabellen, die sich über Formeln aufeinander beziehen, gleich in einer Arbeitsmappe zusammengefasst werden. Sie sollten diesen Weg schon deswegen vorziehen, weil innerhalb der Arbeitsmappe die Kontrolle über die korrekte Arbeit der Formeln einfacher ist.

Dennoch kann es immer wieder Situationen geben, in denen es sinnvoll und erforderlich ist, sich in Formeln auf Werte aus anderen Arbeitsmappen zu beziehen. Das gilt insbesondere dann, wenn bestimmte Konstanten in ganz verschiedenen Arbeitsmappen benutzt werden. Natürlich wäre es möglich, diese Werte jeweils in die verschiedenen Mappen zu kopieren. Wenn sich diese Werte aber ändern, muss gewährleistet sein, dass sie in allen Mappen gleichzeitig geändert werden. Das ist durch einen externen Bezug bequemer möglich.

Beispiel Wechselkurse

Nehmen Sie als Beispiel eine Tabelle, in der täglich die Daten verschiedener Wechselkurse gepflegt werden. Auf diese Tabelle beziehen sich mehrere Arbeitsmappen, die aufgrund dieser Kurse Preisberechnungen anstellen. Die Arbeitsmappe mit den Wechselkursen stellt in diesem Zusammenhang die Quellarbeitsmappe dar, die anderen Mappen, die sich über externe Bezüge auf die Quellarbeitsmappe beziehen, sind in diesem Sinne abhängige Arbeitsmappen.

Die Ergebnisse der Formeln sind von den Wertveränderungen in der Quellarbeitsmappe abhängig. Zwar ist es bei der Eingabe der Bezüge sehr praktisch, wenn beide Seiten der Verknüpfung auf dem Desktop geöffnet sind, aber notwendig ist es nicht. Die Quellarbeitsmappe muss nicht geöffnet sein, um die Verbindung herstellen zu können. Abbildung 3.61 zeigt einen kleinen Auszug aus der Wechselkurstabelle und ein Beispiel für eine Preiskalkulation, die sich auf diese Quelldaten bezieht. Ändert sich nun z. B. der Dollar-Kurs, muss nur die Wechselkurstabelle aktualisiert werden.

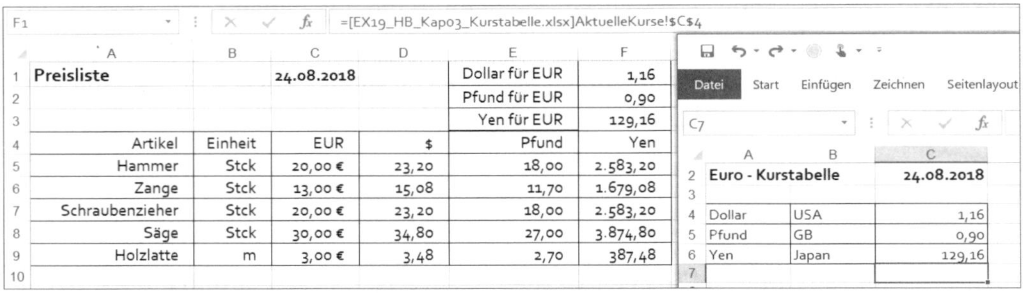

Abbildung 3.61 Verknüpfung zweier Tabellen

Es ist sinnvoll, zunächst die Tabelle mit den Kursen anzulegen und diese abzuspeichern, sodass sie ihren endgültigen Namen erhält. Dann können Sie in den anderen Arbeitsmappen die Bezüge auf diese Quelldatei herstellen. Wenn Sie diese Reihenfolge nicht einhalten, sondern versuchen, eine abhängige Mappe zu speichern, bevor die Quellarbeitsmappe gespeichert ist, werden Sie gefragt, ob Sie die Tabelle mit Bezügen zu nicht gespeicherten Dateien speichern wollen.

Das aber ist keineswegs zu empfehlen. Excel würde den vorläufigen Standardnamen *Mappe(n)* in die Formel eintragen. Da aber in der Regel diese Standardnamen ersetzt werden, wenn eine Tabelle abgespeichert wird, geht in diesem Fall der Bezug verloren, da eine Datei mit diesem Standardnamen ja anschließend nicht mehr existiert. Wenn Sie dann später die abhängige Datei wieder öffnen, erhalten Sie ein Dialogfeld mit dem Titel **Datei nicht gefunden**.

Noch eleganter erscheint eine solche Lösung, wenn Sie in der Arbeitsmappe mit den Wechselkursen mit einem Datenbereich arbeiten, der seine Daten von einer Tabelle einer Webseite bezieht, die die aktuellen Kurse anbietet. Diese Vorgehensweise wird in Abschnitt 19.4, »Einlesen einer CSV-Datei«, am Beispiel von Aktienkursen vorgestellt.

Verknüpfungen reparieren

Verknüpfungen zwischen Dateien sind nicht bruchsicher. Kann eine Formel in der abhängigen Datei keine Werte anzeigen, hilft der Dialog **Verknüpfungen bearbeiten**, den Sie über **Daten ▸ Abfragen und Verbindungen ▸ Verknüpfungen bearbeiten** erreichen.

Er erlaubt, eine gebrochene Verbindung wieder in einen ordnungsgemäßen Zustand zu bringen, sodass die betreffenden Formeln auch wieder korrekte Bezüge verwenden und die Daten aus der Quelldatei übernehmen können.

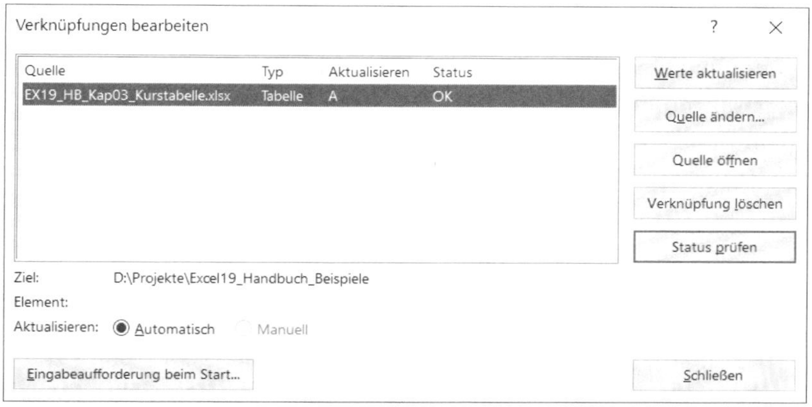

Abbildung 3.62 Das Dialogfeld »Verknüpfungen bearbeiten«

Dazu wählen Sie zunächst die Zeile mit der kritischen Verknüpfung aus und benutzen dann im Dialog die Schaltfläche **Quelle ändern**. Wenn Sie die richtige Datei im Dialogfeld **Quelle ändern** bestimmen, wird wieder eine entsprechende Verbindung aufgebaut und der Bezug in der Formel korrigiert.

Im Dialog **Verknüpfungen bearbeiten** gibt es auch die Schaltfläche **Status prüfen**, mit der Sie den Zustand der Verknüpfungen jederzeit checken können, ohne die Quelldateien zu öffnen.

Aktualisierung

Sobald eine abhängige Arbeitsmappe mit den Verknüpfungsformeln abgespeichert ist, besteht eine feste Verbindung zur Quellarbeitsmappe. Wenn in der Quellarbeitsmappe eine Position geändert wird, auf die sich eine Formel in der abhängigen Arbeitsmappe bezieht, ändert sich normalerweise auch der Wert in der abhängigen Arbeitsmappe. Wenn sie nicht gleichzeitig geöffnet ist, geschieht dies allerdings erst in dem Augenblick, in dem die abhängige Arbeitsmappe erneut geöffnet wird. Wird nur die abhängige Tabelle geöffnet, erscheint unter Umständen die Abfrage, ob die Änderungen aktualisiert werden sollen. Diese Frage sollten Sie normalerweise mit **Aktualisieren** beantworten, denn dann übernimmt die abhängige Mappe Änderungen aus der Quellarbeitsmappe, die darin in der Zwischenzeit vorgenommen wurden.

Über die Schaltfläche **Eingabeaufforderung beim Start** im Dialog **Verknüpfungen bearbeiten** können Sie das Verhalten von Excel in diesem Punkt steuern. Mit der ersten Option **Benutzer entscheidet, ob eine Warnung angezeigt wird** erreichen Sie die angesprochene Abfrage beim Öffnen der Datei. Wenn Sie sicher sind, dass Sie die aktuellen Quelldaten immer übernehmen wollen, können Sie die dritte Option **Keine Warnung anzeigen und Verknüpfung aktualisieren** wählen. Soll grundsätzlich nur eine manuelle Aktualisierung durchgeführt werden, können Sie die zweite Option wählen. Dies hat aber den Nachteil, dass Sie oder ein anderer Benutzer keinen Hinweis dazu erhalten, dass die Quelldaten geändert worden sind.

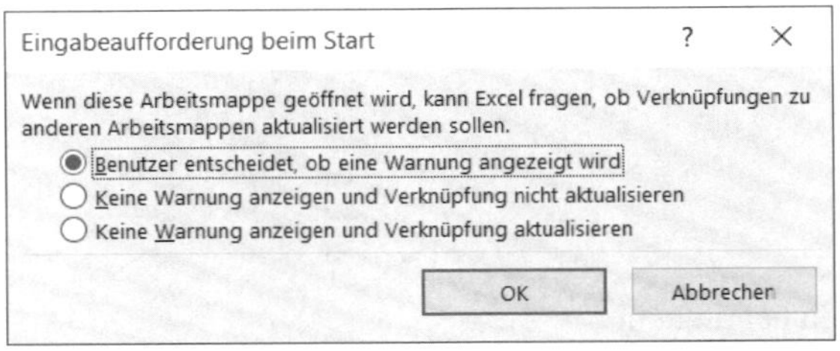

Abbildung 3.63 Optionen für das Öffnen verknüpfter Arbeitsmappen

Verknüpfungen sind zerbrechlich

So reizvoll diese technischen Möglichkeiten sind: Sie tun gut daran, die organisatorischen Konsequenzen solcher Verknüpfungen sorgfältig abzuwägen und zu klären. Wenn z. B. jemand auf die Idee kommt, den Namen einer Quellarbeitsmappe zu ändern, verliert die Formel in der abhängigen Arbeitsmappe ihren Bezug. Das Problem, dass die vorrangige Datei nicht mehr gefunden wird, kann natürlich auch dann entstehen, wenn eine Datei auf der Festplatte in einen anderen Ordner oder auf ein anderes Laufwerk verschoben wird. In diesem Fall können Sie so verfahren wie eben beschrieben und die Verknüpfung auf die andere Datei umleiten.

Vorsicht ist auch geboten, wenn Dateien, die solche externen Bezüge enthalten, auf einen anderen Computer kopiert werden. Wird nur die abhängige Tabelle kopiert, ist der Bezug natürlich nicht mehr herzustellen. In diesem Fall sollten Sie die Frage nach der Aktualisierung mit **Nein** beantworten. Dann wird die Tabelle mit den zuletzt verwendeten Werten ausgegeben.

Vermieden werden muss auch, dass die Daten in der Quelldatei verschoben werden, wenn die abhängigen Arbeitsmappen nicht geöffnet sind. Dann bezieht sich eine Formel möglicherweise auf den ganz falschen Wert. Sind alle betroffenen Dateien geöffnet, ist es dagegen kein Problem, Daten in der Quelldatei zu verschieben. Die Bezüge in den abhängigen Arbeitsmappen werden automatisch angepasst.

Das Problem kann am besten dadurch vermieden werden, dass externe Bezüge immer auf benannte Bereiche in der Quelldatei hergestellt werden. Da Excel die Adressen benannter Zellen und Bereiche auch beim Einfügen und Löschen automatisch anpasst, bezieht sich die abhängige Tabelle immer auf die richtige Stelle in der Quellarbeitsmappe. Wenn es Probleme mit einem externen Bezug gibt, können Sie die Quelldatei über **Daten ▸ Abfragen und Verbindungen ▸ Verknüpfungen bearbeiten** erreichen. Markieren Sie die betreffende Verknüpfung, und wählen Sie **Quelle öffnen**.

Manuell aktualisieren

Wenn Sie in einem Netz arbeiten, kann es auch vorkommen, dass verschiedene Anwender Änderungen an einer Quellarbeitsmappe vornehmen, während Sie selbst an einer abhängigen Datei arbeiten. In einer solchen Situation können Sie den aktuellen Stand in die abhängige Datei übernehmen, wenn Sie im Dialog **Verknüpfungen bearbeiten** die betreffende Verknüpfung markieren und die Schaltfläche **Werte aktualisieren** anklicken. Auch Mehrfachmarkierungen sind möglich, wenn Sie die [⇧]-Taste gedrückt halten.

Auflösen einer Verknüpfung

Wenn eine Verknüpfung nicht mehr notwendig ist, z. B., weil keine Änderung der Daten mehr zu erwarten ist, können Sie den aktuellen Wert in der abhängigen Datei einfrieren und die Verbindung quasi kappen. Handelt es sich um einen einfachen Bezug, erreichen Sie das dadurch, dass Sie die Zelle mit **Start ▸ Kopieren** in die Zwischenablage bringen und dann mit **Start ▸ Einfügen ▸ Inhalte einfügen** und der Option **Werte** den Bezug mit seinem aktuellen Ergebnis überschreiben. Ist der externe Bezug nur Teil einer Formel, können Sie so vorgehen: Markieren Sie den Bezug in der Formel, und drücken Sie [F9]. Excel ersetzt den Bezug durch sein Ergebnis.

3.8 Auswirkungen der Zellbearbeitung auf Formeln

Bei der Behandlung der verschiedenen Bezugsarten ist bereits kurz angesprochen worden, was geschieht, wenn Formeln kopiert oder versetzt werden. An dieser Stelle soll das Thema etwas vertieft werden, damit Sie Klarheit haben, wie sich Excel in diesen Fällen verhält.

Verschieben

Angenommen, in Zelle G5 steht die Formel `=B5-C5`. Wenn Sie die Formel in die Zelle K5 verschieben, ändert sich an der Formel überhaupt nichts. In K5 steht `=B5-C5`. Das gilt natürlich auch bei absoluten Bezügen. Bei einer Matrixformel kann allerdings immer nur die ganze Matrix verschoben werden. Wird nicht die Formel verschoben, sondern eine Zelle, auf die sich eine Formel bezieht, wird die Formel dagegen angepasst. Wenn Sie also den Inhalt von C5 zu D5 verschieben, steht in K5 anschließend die Formel `=B5-D5`. Das gilt auch, wenn die Formel absolute Bezüge verwendet.

Kopieren

Beim Kopieren von Formeln hängen die Folgen davon ab, welche Bezüge Sie verwendet haben. Wird bei dem obigen Beispiel die Formel `=B5-C5` von G5 nach G6 kopiert, wird sie angepasst und `=B6-C6` berechnet. Sind die Bezüge dagegen absolut, steht auch in Zelle G6 die Formel `=$B$5-$C$5`. Bei Matrixformeln lassen sich auch einzelne Zellen der Matrix kopieren.

Einfügen

Beim Einfügen müssen zwei Fälle unterschieden werden. Im ersten Fall wird eine Zelle, auf die sich eine Formel bezieht, durch das Einfügen von Zellen, Spalten oder Zeilen verschoben. Wird z. B. zwischen Spalte B und Spalte C eine neue Spalte eingefügt, wird die Formel `=B5-C5` verändert in `=B5-D5`. Das gilt auch bei absoluten Bezügen.

Der zweite Fall ist, dass durch das Einfügen von Zellen, Spalten oder Zeilen ein Bereichsbezug verändert wird. Das gilt auch für benannte Bereiche. Angenommen, in Zelle B10 steht `=SUMME(B5:B9)`. Sie fügen bei Zeile 7 zwei Zeilen ein. Die Formel wird automatisch auf `=SUMME(B5:B11)` erweitert. Wird dagegen bei Zeile 5 – also vor dem Bereich – eine Zeile eingefügt, gehört sie nicht zum summierten Bereich, die Formel lautet `=SUMME(B6:B12)`. Wird die letzte Zelle des Bereichs markiert und eine Zeile eingefügt, verschiebt Excel die bisher letzte Zeile um eine Zeile nach unten. Aus `=SUMME(B5:B12)` wird `=SUMME(B5:B13)`.

Der Haken an der Sache ist, dass dadurch die Reihenfolge in dem Bereich möglicherweise nicht mehr der entspricht, die Sie haben wollen. Lässt sich das nicht durch eine Sortierung regeln, ist es besser, die neue Zeile vor der Zeile einzufügen, die die Summenformel enthält, und die Bereichsdefinition in der Formel zu korrigieren. Das oben Gesagte gilt auch für benannte Bereiche.

Spezialfall Matrix

Bei Matrixformeln gilt die Einschränkung, dass in die Ergebnismatrix keine Zellen eingefügt werden können. Wenn Sie es versuchen, erhalten Sie eine Fehlermeldung. Ist es notwendig, muss die Matrixformel für den neuen Bereich neu eingegeben werden. Handelt es sich um eine komplizierte Formel, können Sie einen kleinen Trick anwenden. Klicken Sie doppelt auf die erste Formel. Markieren Sie den ganzen Eintrag, und kopieren Sie ihn in die Zwischenablage. Brechen Sie die Bearbeitung mit [Esc] ab. Markieren Sie mit [Strg]+[/] die Ergebnismatrix, und löschen Sie diese. Markieren Sie die neue Ergebnismatrix. Klicken Sie doppelt auf die aktive Zelle, und verwenden Sie **Bearbeiten ▸ Einfügen**, um die alte Formel einzutragen. Nun müssen in der Regel die Bereiche für die Argumente bzw. Operanden korrigiert werden. Markieren Sie diese per Doppelklick, und markieren Sie die neuen Bereiche. Schließen Sie mit [Strg]+[⇧]+[↵] ab.

Löschen

Wird der Inhalt einer Zelle gelöscht, auf die sich eine Formel bezieht, wird die leere Zelle in der Formel so gewertet, als ob Sie den Wert 0 eingetragen hätten. Zu einem Problem wird das nur dann, wenn die Zelle den Wert für einen Operanden oder für ein Argument liefert, bei dem der Wert 0 nicht zugelassen ist. Ein Beispiel ist die Division durch null oder das Argument Tag oder Monat bei der Funktion `DATUM()`. In diesen Fällen liefert die Formel einen Fehlerwert.

Entfernen von Zellen

Wird nicht der Inhalt einer Zelle, sondern die Zelle selbst entfernt, verliert eine Formel, die sich auf diese einzelne Zelle bezieht, eben diesen Bezug und reagiert mit der Fehlermeldung `#Bezug!`. Dann muss die Formel manuell korrigiert werden. Wird eine Zelle entfernt, auf die sich eine Matrixformel bezieht, erscheint `#NV`. Anders ist die Situation, wenn die entfernte Zelle zu einem Bereich gehört, der Werte für ein Argument einer Formel liefert. Nehmen Sie als Beispiel wieder eine einfache Summenformel wie `=SUMME(B2:B12)`. Wird eine der Zellen entfernt, wird die Formel in jedem Fall korrekt angepasst.

Wird eine Zelle entfernt, die eine Formel enthält, hat dies nur dann fehlerhafte Auswirkungen, wenn sich eine andere Formel auf diese Formel bezogen hat. Auch dann erscheint dort der Fehlerwert `#BEZUG!`. Zellen, die zu einer Ergebnismatrix gehören, können nicht einzeln entfernt werden.

3.9 Kontrolle der Neuberechnung

Normalerweise berechnet Excel unaufgefordert alle die Formeln neu durch, die von der Neueingabe oder Änderung von Werten oder Formeln oder von neuen Namensfestlegungen betroffen sind. Formeln, die nicht von einer Änderung berührt sind, werden auch nicht neu berechnet. Die Berechnung läuft im Hintergrund ab; falls Sie in dieser Zeit gerade Daten eingeben oder bestimmte Befehle ausführen, wird die Berechnung vorübergehend unterbrochen und anschließend fortgesetzt.

Berechnungsoptionen

Alle Optionen, die die Berechnungsmethode von Excel beeinflussen, sind auf der Seite **Formeln** zusammengestellt, die der Befehl **Datei ▸ Optionen** anbietet. Unter **Arbeitsmappenberechnung** besteht hauptsächlich die Wahl zwischen **Automatisch** und **Manuell**. Diese Einstellung gilt immer so lange, bis sie geändert wird. Die automatische Neuberechnung ist in Excel zwar auf die Zellen beschränkt, die von einer Datenänderung berührt werden, dennoch kann es bei großen Arbeitsmappen sinnvoll sein, die automatische Neuberechnung auszuschalten, damit nicht bei jeder eingegebenen Zahl nachgerechnet wird. Die Option **Automatisch außer bei Datentabellen** ist dazu gedacht, umfangreiche Datentabellen aus der automatischen Berechnung herauszunehmen, weil solche Tabellen einen höheren Rechenaufwand erfordern können.

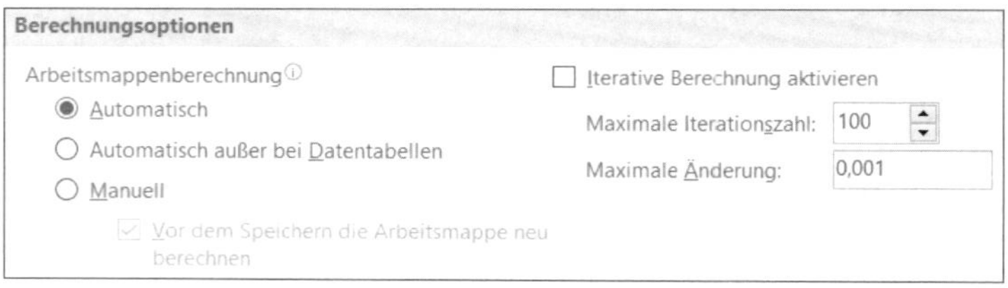

Abbildung 3.64 Wahl der Berechnungsoptionen

Eine manuelle Neuberechnung wird eingeschaltet mit der Option **Manuell**. Dabei wird das Kontrollkästchen **Vor dem Speichern die Arbeitsmappe neu berechnen** automatisch aktiviert. Es gibt auch meist keinen Grund, daran etwas zu ändern, weil damit wenigstens garantiert ist, dass die Datei immer vollständig durchgerechnet ist, wenn sie abgespeichert wird. Wenn Sie allerdings an einer großen Arbeitsmappe arbeiten und häufiger zwischendurch abspeichern, kann es doch angenehmer sein, das Kontrollkästchen leer zu lassen. Für den schnellen Wechsel zwischen den Berechnungsverfahren kann auch das Menü der Schaltfläche **Berechnungsoptionen** in der Gruppe **Formeln ▸ Berechnung** benutzt werden.

Alle Optionen gelten übrigens immer für alle gerade geöffneten Arbeitsmappen. Excel speichert zwar die gewählte Option mit der Mappe, nutzt aber stets die Einstellung der zuletzt geöffneten Mappe. Wenn Sie also gewährleisten wollen, dass bestimmte Mappen manuell berechnet werden, sollten Sie diese immer separat öffnen.

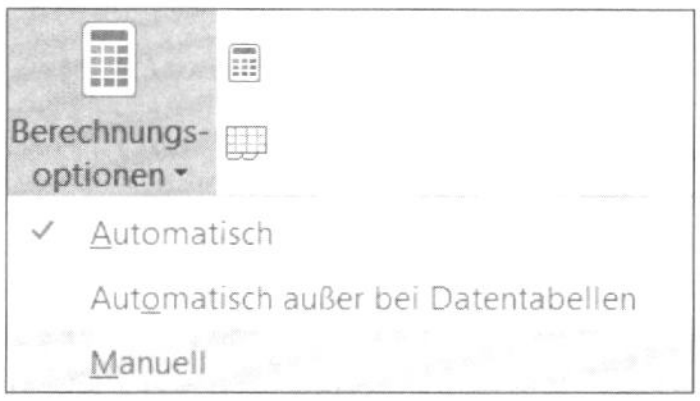

Abbildung 3.65 Berechnungsoptionen auf dem Register »Formeln«

Ist die manuelle Neuberechnung eingeschaltet, wird die Neuberechnung der gerade offenen Arbeitsmappen mit F9 oder der Schaltfläche **Neu berechnen** in der Gruppe **Formeln ▶ Berechnung** gestartet. Soll nur das gerade aktive Arbeitsblatt neu berechnet werden, können Sie auch die Schaltfläche **Blatt berechnen** oder die Tastenkombination ⇧ + F9 verwenden.

Sobald in der Arbeitsmappe ein Wert eingegeben wird, der eine Formel betrifft, erscheint in der Statusleiste die Aufforderung: **Berechnen**. Ein Klick oder Tipp auf diese Schaltfläche startet ebenfalls die Neuberechnung.

Abbildung 3.66 Hinweis auf ausstehende Neuberechnung

HINWEIS

Berechnung aktualisieren

Insbesondere vor dem Drucken einer Tabelle oder der Anzeige einer Grafik sollten Sie darauf achten, dass das Blatt vorher durchgerechnet wird, weil Sie sonst eventuell falsche Ergebnisse zu Papier oder zur Darstellung bringen.

Kontrolle iterativer Berechnungen

Iterative Berechnungen sind wiederholte Berechnungen, die mit Zirkelbezügen arbeiten. Von Zirkelbezügen wird bei Excel gesprochen, wenn z. B. in einer Formel in der Zelle C7 ein Operand oder ein Argument C7 auftaucht. Die Formel bezieht sich also in diesem Fall auf sich selbst, die Berechnung läuft sozusagen im Kreis.

Solche Zirkelbezüge können irrtümlich – durch die Markierung der falschen Zelle – entstehen. Dann sind sie natürlich unerwünscht. Sie können aber auch bewusst eingesetzt werden, um bestimmte Berechnungsprobleme zu lösen. Das gilt z. B. für Gleichungen, bei denen nur Näherungswerte errechnet werden können. Hier wird angenommen, dass durch Wiederholung der Berechnung allmählich eine Annäherung an einen Wert erfolgt, der sich auch bei erneuter Neuberechnung nicht mehr oder nicht mehr wesentlich verändert. Abbildung 3.67 zeigt ein einfaches Beispiel aus der Kostenrechnung.

In der betrieblichen Kostenstellenrechnung kann es zu einer wechselseitigen Entlastung der verschiedenen Vorkostenstellen kommen. Die Vorkostenstelle A übernimmt einen Prozentsatz der Kosten der Vorkostenstelle B, während umgekehrt die Vorkostenstelle B einen bestimmten Prozentsatz der Vorkostenstelle A übernimmt. Dies wird als ständige Umlage bezeichnet.

	A	B	C	D	E	F	G
1	**Iterative Berechnung: Beispiel Kostenrechnung**						
2							
3			Vorkostenstelle A		Vorkostenstelle B		
4			Umlage		Umlage		
5			von Kstst. B		von Kstst. A		
6	**Primäre Kosten**			2000		4000	
7	Umlage 1 von A				20	400	
8		B	5	200			
9	Umlage 2 von A				20	40	
10		B	5	200			
11	Umlage 3 von A				20	4	
12		B	5	2			
13	**Primäre und sekundäre Kosten**			2222		4444	
14							
15				=D6+(5%*F13)		=F6+(20%*D13)	
16							
17	Vorkostenstelle B übernimmt jeweils 20% der Kosten von Vorkostenstelle A.						
18	Vorkostenstelle A übernimmt jeweils 5 % von Vorkostenstelle B.						

Abbildung 3.67 Iterative Umlageberechnung

In der Abbildung ist die schrittweise Berechnung dieser ständigen Umlage an einem kleinen Beispiel demonstriert. Die etwas mühsame Hilfsrechnung von Umlage zu Umlage, bis nichts mehr umzulegen ist, kann ersetzt werden durch zwei Formeln, die Zirkelbezüge verwenden. Die Formel in D13 lautet:

```
=D6+(5%*F13)
```

während die Formel in F13

```
=F6+(20%*D13)
```

heißt. Das entspricht den Gleichungen

```
D13=D6+(5%*(F6+(20%*D13)))
F13=F6+(20%*(D6+(5%*F13)))
```

wobei D13 und F13 jeweils auf beiden Seiten des Gleichheitszeichens auftauchen. Die Formeln in D13 und F13 beziehen sich also praktisch auf sich selbst, denn D13 bezieht sich auf F13, das sich aber wiederum auf D13 bezieht. Für F13 gilt das Gleiche.

Anzahl der Wiederholungen und minimale Abweichung

Wenn in einer Tabelle Zirkelbezüge vorkommen sollen, haben Sie die Möglichkeit, das Verhalten von Excel zu steuern. Wird im Dialog **Excel-Optionen**, den Sie über **Datei ▸ Optionen ▸ Formeln** öffnen, unter **Berechnungsoptionen** das Kontrollkästchen **Iterative Berechnung aktivieren** abgehakt, ist eine wiederholte Berechnung zugelassen.

Abbildung 3.68 Optionen zur iterativen Berechnung

Dabei kann die maximale Anzahl der Wiederholungen bestimmt werden. Excel gibt unter **Maximale Iterationszahl** den Wert 100 vor. Die Berechnung wird also spätestens nach der hundertsten Wiederholung gestoppt und das erreichte Ergebnis angezeigt. In der Statusleiste wird angezeigt, wie viele Iterationen schon durchlaufen sind.

Der zweite Wert, mit dem die iterative Berechnung gesteuert werden kann, ist **Maximale Änderung**. Die Vorgabe ist 0,001. Damit ist gemeint, dass die Berechnung dann nicht mehr wiederholt wird, wenn die verschiedenen Berechnungen zu Ergebnissen führen, deren Differenz kleiner ist als der Änderungshöchstwert. Das ist wichtig, wenn es sich um die Berechnung eines Näherungswertes handelt. Welcher Wert hier der richtige ist, hängt natürlich von der Dimension ab, die das erwartete Ergebnis hat. Erwarten Sie z. B. Werte mit sechs Nachkommastellen, ist 0,001 ein zu grobes Maß.

Multithreading

Im Dialog **Excel-Optionen** wird unter **Erweitert** in der Gruppe **Formeln** noch die Option **Multithreadberechnung aktivieren** angeboten. Bei komplexen Berechnungen, etwa für umfangreiche Pivot-Tabellen oder Datenmodelle, lässt sich durch ein paralleles Arbeiten eine höhere Geschwindigkeit erreichen. Wenn Sie mit mehreren Prozessoren auf Ihrem System arbeiten, können Sie angeben, wie viele davon für diese Funktion verwendet werden sollen. Dabei ermittelt das Programm automatisch die Anzahl der vorhandenen physischen oder logischen Prozessoren und aktiviert als Vorgabe die Option **Alle Prozessoren auf dem Computer verwenden**.

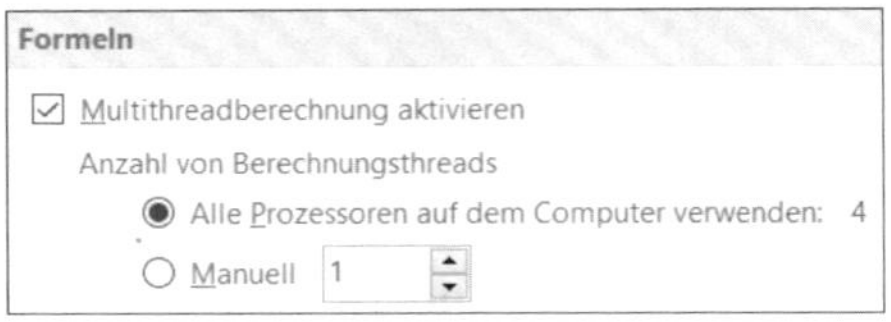

Abbildung 3.69 Optionen zur Parallelbearbeitung

Optionen für die Arbeitsmappe

Während sich die bisher behandelten Optionen auf das Verhalten in der gesamten Arbeitssitzung beziehen, können Sie im Dialog **Excel-Optionen** unter **Erweitert** auch Berechnungsoptionen für einzelne Arbeitsmappen festlegen. Die unter **Beim Berechnen dieser Arbeitsmappe** angeordneten Optionen werden mit der Mappe gespeichert.

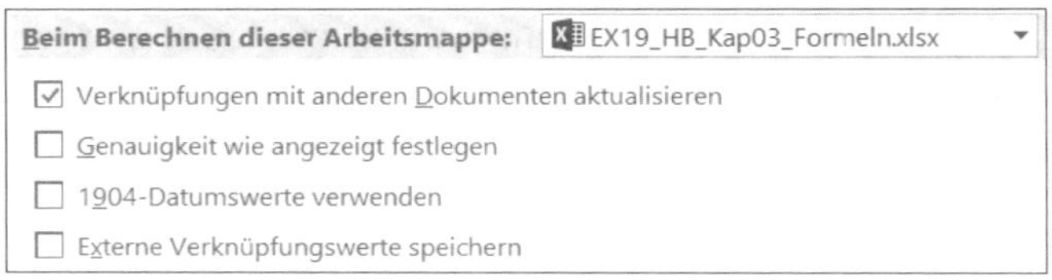

Abbildung 3.70 Optionen für die aktuelle Arbeitsmappe

Wird **Verknüpfungen mit anderen Dokumenten aktualisieren** abgehakt, werden Bezüge auf Daten aus anderen Windows-Anwendungen, etwa Tabellen aus einem Word-Dokument, bei der Neuberechnung aktualisiert. Im anderen Fall wird mit den Werten gerechnet, die die fremde Anwendung zuletzt bereitgestellt hat.

Interessant für die praktische Arbeit ist insbesondere die Option **Genauigkeit wie angezeigt festlegen**, die normalerweise nicht ausgewählt ist. Wird die Option gewählt, ersetzt Excel in der betreffenden Arbeitsmappe die intern gespeicherten Werte durch die angezeigten Werte. Was ist damit gemeint? Wenn eine Formel ein Ergebnis mit sieben Dezimalstellen berechnet und Sie die Anzeige mit zwei Dezimalstellen formatieren, rechnet Excel normalerweise dennoch mit den sieben Dezimalstellen weiter, wenn sich eine andere Formel auf diesen Wert bezieht. Die Option **Genauigkeit wie angezeigt festlegen** dagegen ersetzt die intern gespeicherten Werte durch die formatierten Werte. Am Ende hat der Wert also tatsächlich nur noch zwei Dezimalstellen. Da diese Umwandlung ziemlich gravierend ist, werden Sie mit der Meldung **Daten verlieren damit endgültig an**

Genauigkeit um Bestätigung gebeten. Beachten Sie, dass diese Option immer für die gesamte Arbeitsmappe gilt.

Die Genauigkeit, mit der Excel rechnen kann, ist generell auf 15 Ziffern beschränkt, wobei die Ziffern in beliebiger Weise auf die Vor- und Nachkommastellen verteilt sein dürfen. Jede Ziffer, die rechts neben der 15. Stelle eingegeben wird, wird als Null angezeigt und gespeichert. Wenn Sie z. B. in eine Zelle

```
12345678901234567890
```

eingeben, erscheint in der Bearbeitungsleiste, wie Excel diesen Wert speichert:

```
12345678901234500000
```

Im Standardformat wird

```
1,234567E+19
```

angezeigt, im Zahlenformat ohne Nachkommastellen:

```
12345678901234500000
```

All das sagt noch nichts darüber aus, wie groß eine Zahl sein kann. Hier gilt eine Grenze von `9,99999999999999+307` für positive und `-9,99999999999999+307` für negative Zahlen, das entspricht ziemlich genau einer `1` oder `-1` mit 308 Nullen.

Die Wahl der Option **1904-Datumswerte verwenden** bedeutet, dass die Datumsseriennummer, die für die Datumsberechnung verwendet wird, nicht mit der Zahl 1 für den 1.1.1900, sondern der Zahl 0 für den 1.1.1904 beginnt. Dieses Datumssystem wird auf dem Apple Macintosh verwendet. Apple vermied damit das Problem, dass das Jahr 1900 kein Schaltjahr war. Bei der Berechnung ab 1900 wurde dies ignoriert, weshalb das Datum 29.2.1900 fälschlicherweise akzeptiert wird. (In dem neuen Datenformat Strict Open XML ist das – wie bereits erwähnt – nicht mehr der Fall.)

Wer häufig Arbeitsmappen zwischen Mac und PC austauscht, kann auf die alternativen Datumswerte zurückgreifen. Beachten Sie aber, dass ein nachträglicher Wechsel für bereits eingetragene Datumswerte in einer Arbeitsmappe zu einer entsprechenden Verschiebung um 1462 Tage führt, sodass Korrekturen durch Addieren oder Subtrahieren mit diesem Wert notwendig werden. Am besten verwenden Sie dazu die Funktion **Einfügen ▸ Inhalte einfügen ▸ Addieren** oder **Subtrahieren**.

Wenn Sie **Externe Verknüpfungswerte speichern** abgehakt lassen, speichert Excel Kopien der Werte aus anderen Arbeitsmappen, mit denen die aktive Arbeitsmappe verknüpft ist, in einem Zwischenspeicher, um z. B. die Berechnung von Formeln mit diesen Werten zu beschleunigen. Ist der verknüpfte Quelldatenbereich sehr groß, kann das eine Menge Speicherplatz verbrauchen. Deshalb haben Sie die Möglichkeit, dieses Verhalten von Excel zu unterbinden.

4 Tabellenblätter gestalten

Die Ansprüche, die über die Forderung nach Korrektheit der Daten und Formeln hinaus an die Gestaltung von Tabellenblättern gestellt werden, sind sehr unterschiedlich. Tabellen, die nur intern verwendet werden, sind in puncto Formatierung nicht so kritisch wie etwa ein Angebot an einen Kunden oder ein Bericht für die Führungsetage. In jedem Fall sollte der Aufwand für die Gestaltung in einer vernünftigen Relation zur Verwendung der Tabelle stehen. Berücksichtigt werden muss auch die Frage, in welcher Form die Ergebnisse vorgelegt werden. Ein Ausdruck auf Papier erlaubt z. B. andere Schriftgrößen als eine Präsentation, die an die Wand projiziert wird. Soll ein Angebot im Internet publiziert werden, sind wieder andere Anforderungen zu beachten, z. B. die Barrierefreiheit. Was aus einer ungeschminkten Tabelle mit etwas Format-Make-up werden kann, zeigen die beiden folgenden Abbildungen.

	A	B	C	D	E	F
1	Novamedia: Quartalsergebnisse 2018					
2						
3	Warengruppe	1. Quartal	2. Quartal	3. Quartal	4. Quartal	Gesamt
4	DVD-Laufwerke	120000	123000	140000	150000	533000
5	Soundkarten	90000	95000	92000	90500	367500
6	Scanner	145000	149000	155000	165000	614000
7	Videokarten	134000	120000	136000	140000	530000
8		489000	487000	523000	545500	2044500

Abbildung 4.1 Eine Tabelle vor der Formatierung

	A	B	C	D	E	F
1	Novamedia: Quartalsergebnisse 2018					
2						
3	Warengruppe	1. Quartal	2. Quartal	3. Quartal	4. Quartal	Gesamt
4	DVD-Laufwerke	120.000 €	123.000 €	140.000 €	150.000 €	533.000 €
5	Soundkarten	90.000 €	95.000 €	92.000 €	90.500 €	367.500 €
6	Scanner	145.000 €	149.000 €	155.000 €	165.000 €	614.000 €
7	Videokarten	134.000 €	120.000 €	136.000 €	140.000 €	530.000 €
8		489.000 €	487.000 €	523.000 €	545.500 €	2.044.500 €

Abbildung 4.2 Nach ein paar Minuten Arbeit

Natürlich geht es hier immer auch um Fragen des Geschmacks, über die bekanntlich selten Einigkeit zu erzielen sind. Bei einem professionellen Design wird aber in der Regel versucht, den Inhalt der Tabelle zu stützen und die Informationen gut lesbar und übersichtlich zu präsentieren. Die Gestaltung sollte erkennen lassen, was zusammengehört und was getrennt zu betrachten ist. Die wesentlichen Informationen sollten in den Blick gerückt werden, besonders auffällige Ergebnisse ins Auge fallen, damit sie nicht übersehen werden.

Es macht zudem immer einen guten Eindruck, wenn Ihre Tabellenblätter ein einheitliches und damit auch wiedererkennbares Design haben. Das kann durch Formatvorlagen und Designs erreicht werden, die in diesem Kapitel noch ausführlich behandelt werden. Ein weiterer Weg sind Mustervorlagen, die bereits in Kapitel 1, »Basiswissen für die Arbeit mit Excel 2019«, vorgestellt wurden.

Formate für Zellen und Zellbereiche

Abgesehen von der Spaltenbreite und der Zeilenhöhe, sind die außergewöhnlich vielfältigen Gestaltungsmöglichkeiten in Excel hauptsächlich auf die Zellen oder Zellbereiche bezogen. Zum Format einer Zelle gehören all die Eigenschaften, die unabhängig vom Inhalt der Zelle sind. Dabei geht es um folgende Fragen:

- Wie sollen Werte dargestellt werden?
- Wie wird der Zellinhalt in der Zelle ausgerichtet?
- Wie soll die Schrift aussehen?
- Soll die Zelle durch Linien oder Rahmen hervorgehoben werden?
- Welche Farbe und welches Muster sollen für den Zellhintergrund verwendet werden?
- Soll die Zelle gegen Veränderungen geschützt werden?

Formatierungswerkzeuge

Die Basiswerkzeuge für die Formatierung von Zellbereichen sind auf dem Register **Start** in den benachbarten Gruppen **Schriftart**, **Ausrichtung**, **Zahl**, **Formatvorlagen** und **Zellen** zusammengestellt.

Die ersten drei Gruppen bieten in der rechten unteren Ecke außerdem Dialogfeldstarter an, die jeweils per Klick oder Tipp unterschiedliche Register des Dialogs **Zellen formatie-**

ren öffnen, der über den gleichnamigen Befehl auch über das Kontextmenü jedes Zellbereichs erreichbar ist. Hier finden Sie zur Beantwortung jeder der oben aufgelisteten Fragen eine eigene Registerkarte.

Abbildung 4.3 Basiswerkzeuge für die Formatierung auf dem Register »Start«

Das Kontextmenü von Zellbereichen enthält außerdem eine Zusammenstellung der am häufigsten benötigten Formatierungssymbole.

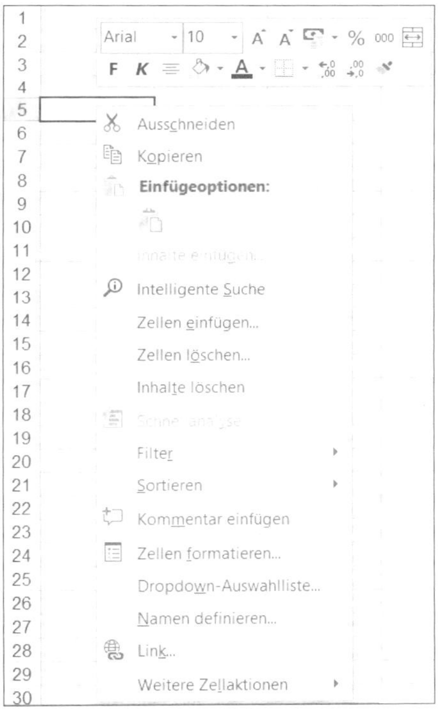

Abbildung 4.4 Erweitertes Kontextmenü zu Zellbereichen

Wenn Sie auf einem Touchscreen arbeiten, erreichen Sie das Kontextmenü, wie schon beschrieben, indem Sie den markierten Bereich noch einmal kurz mit dem Finger berühren. In dem horizontalen Menü finden Sie Symbole für die Schriftfarbe und die Hintergrundfüllung. Der Befehl **Zellen formatieren** wird erst angezeigt, wenn Sie mit dem Pfeil am Ende den vertikalen Teil des Menüs öffnen.

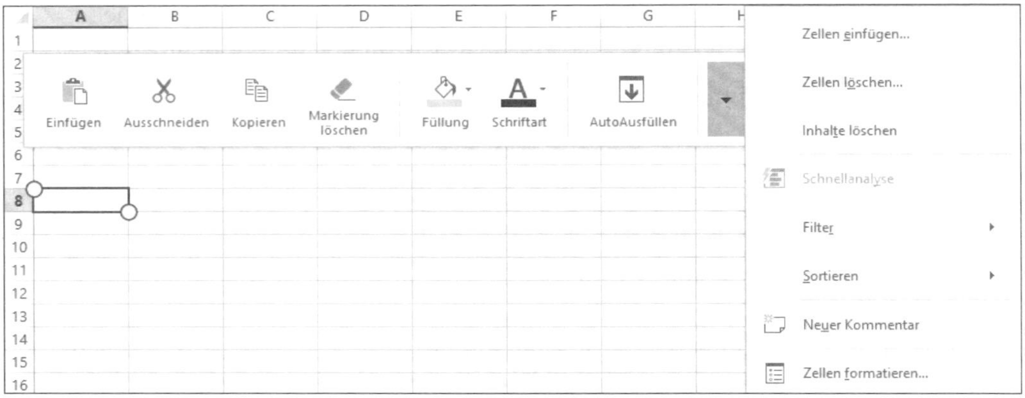

Abbildung 4.5 Kontextmenü zu einer Zelle auf dem Touchscreen

Wenn Sie den Zellbereich mit dem Stift berühren, wird das gleiche Menü angeboten wie bei der Maus.

Wer nicht mit Maus, Finger oder Stift arbeiten will, kann auch eine ganze Reihe von Tastenkombinationen bei der Formatierung von Zellen einsetzen. Sie werden übrigens angezeigt, wenn der Mauszeiger das entsprechende Symbol im Menüband berührt oder der Stift darüber gehalten wird.

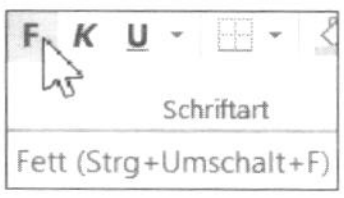

Abbildung 4.6 Anzeige der Tastenkombination zu einem Format

4.1 Wahl des Zahlenformats

Das Zahlenformat bestimmt die Art und Weise, wie der in die Zelle eingetragene Wert dargestellt wird. Bei numerischen Werten betrifft das insbesondere die Frage, ob und mit wie vielen Dezimalstellen eine Zahl ausgegeben werden soll. Hier werden zwei verschiedene Anforderungen gestellt.

Übersichtlichkeit und Genauigkeit

Einmal sollen Zahlenwerte übersichtlich und gut lesbar sein. Eine Zahlenkolonne mit einer unterschiedlichen Anzahl von Dezimalstellen ist meist ziemlich verwirrend. Sehr große Zahlen sind ohne eine Aufteilung in Ziffergruppen schwer zu überblicken.

Die andere Anforderung ist die der Genauigkeit. Wenn es um Rechnungsbeträge geht, muss in der Regel mit zwei Dezimalstellen gearbeitet werden. Bei einer Umsatzstatistik aber können die Stellen hinter dem Komma weggelassen werden, oft reicht es sogar, mit Tausendern zu arbeiten. Eine Formel liefert Ihnen eventuell Ergebnisse mit einer unvorhersehbaren Anzahl von Dezimalstellen. Wie soll Excel damit verfahren? Soll das Ergebnis auf eine bestimmte Stellenanzahl gerundet werden?

Über das Format kann auch die Frage geregelt werden, wie negative Zahlen erscheinen. Neben Minuszeichen und Klammern können solche Werte etwa auch durch eine rote Textfarbe hervorgehoben werden. Wenn Sie sich hier für eine spezielle Formatierung entscheiden, sollte sie natürlich möglichst einheitlich in allen Tabellen durchgehalten werden.

Vorgegebene und selbst definierte Formate

Excel bietet Ihnen eine große Zahl eingebauter Zahlenformate an, die unter verschiedenen Kategorien gruppiert sind. Wenn dieses Angebot für Ihren Bedarf nicht ausreicht, können Sie jederzeit eigene Formate hinzufügen. Die Formate werden mithilfe bestimmter Codezeichen festgelegt, die weiter unten beschrieben werden.

4.1.1 Arbeitsweise des Standardformats

Solange Sie am Format von Zellen in einem neuen Tabellenblatt nichts ändern, verwendet Excel ein Standardformat, das Zahlen je nach den Umständen unterschiedlich darstellt, das Zahlenformat also noch nicht fixiert. Bei diesem Format können bis zu elf Stellen angezeigt werden. Führende Nullen vor dem Komma (mit Ausnahme der direkt vor dem Komma stehenden Null) und nachfolgende Nullen hinter dem Komma werden weggelassen. Aus der Eingabe `01,30` wird also in der Anzeige `1,3`.

Ist die Spaltenbreite für einen Wert zu gering, werden zunächst eventuelle Dezimalstellen weggelassen, wobei automatisch gerundet wird. Hilft auch das nicht oder hat die Zahl mehr als elf Stellen, wird die eingegebene Zahl im wissenschaftlichen Format, also in Exponentialschreibweise – `6,3333E+33` –, ausgegeben, wobei die Mantisse mit der jeweils notwendigen Anzahl von Dezimalstellen angezeigt wird, der Exponent mit mindestens zwei Stellen. Das Ergebnis von `3 * 10^10` wird z. B. als `3E+10` angezeigt.

4.1.2 Eingabeformat bestimmt Ausgabeformat

Eine Besonderheit dieses allgemeinen Formats ist schon angesprochen worden. Durch die Art der Eingabe können Sie erreichen, dass das Standardformat automatisch durch ein anderes Format ersetzt wird. Die Tabelle zeigt einige Beispiele.

Eingabe	Ausgabe	Benutztes Format
12000€	12.000 €	Währung mit Euro-Symbol
€12000	€ 12.000	Währung mit Euro-Symbol
12000 EUR	12.000 EUR	Währung mit Euro-Kürzel
12.000,33	12.000,33	Zahl
12,25 %	12,25%	Prozent
133e2 oder 133E+02	1,33E+04	Wissenschaft
7.3.18	07.03.2018	Datum
1/3	01.März	Datum
6:30	06:30	Uhrzeit
0 1/3	1/3	Bruch

Sie haben also die Möglichkeit, durch die Art der Eingabe das Format der Zelle zu bestimmen. Die Fixierung des Formats über die Art und Weise, wie die Daten eingegeben werden, ist in vielen Fällen ein durchaus gangbarer Weg, da er spezielle Befehle für die Formatierung überflüssig macht. Sie können z. B. so vorgehen, dass Sie eine erste Zelle in einer Spalte durch die Eingabe eines Euro-Betrags mit zwei Nachkommastellen im Format festlegen und dann dieses Format für die ganze Spalte übernehmen. Das geht besonders schnell, wenn Sie aus der Gruppe **Start ▸ Zwischenablage** die Schaltfläche **Format übertragen** – die mit dem Pinsel – benutzen. Wenn die erste Zelle markiert ist, klicken oder tippen Sie auf **Format übertragen** und markieren dann den entsprechenden Spaltenkopf. Für die gängigsten Formate im kommerziellen Bereich genügt dieses Verfahren vollkommen.

4.1.3 Formatsymbole

Für die gebräuchlichsten Zahlenformate stellt Excel in der Gruppe **Start ▸ Zahl** eine Formatpalette und eine Reihe von Schaltflächen zur Verfügung. Das Listenfeld der Palette zeigt jeweils das Format der aktuellen Zelle an. Die Palette enthält zahlreiche Formate aus den verschiedenen Kategorien, die einem vorher ausgewählten Zellbereich einfach per Klick oder Tipp zugeordnet werden. Auf dem Touchscreen können Sie mit Finger oder Stift in der Palette nach oben wischen, wenn Optionen unten noch verdeckt sind.

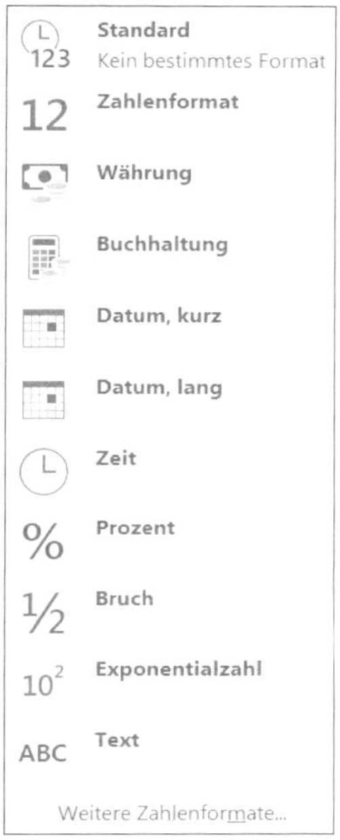

Abbildung 4.7 Palette für gängige Zahlenformate

Die angesprochenen Schaltflächen werden ebenfalls in der Minisymbolleiste des Kontextmenüs zu einem Zellbereich angeboten. Auch einige Tastenkombinationen sind für Zahlenformate einsetzbar, wie die folgende Tabelle zeigt.

Symbol	Tastenkombination	Format
		Buchhaltungszahlenformat mit zwei Dezimalstellen
	Strg + ⇧ + $	Währungszahlenformat mit zwei Dezimalstellen
%	Strg + ⇧ + %	Prozentformat
000	Strg + ⇧ + !	Zahlenformat mit 1.000er-Trennzeichen
		Dezimalstelle hinzufügen
		eine Dezimalstelle weniger

Das Währungssymbol bietet über die Pfeilschaltfläche ein Menü an, das den schnellen Wechsel zwischen verschiedenen Währungsformaten unterstützt.

4.1.4 Definition eines bestimmten Zahlenformats

Mehr Kontrolle über die Formatierung haben Sie über das Dialogfeld **Zellen formatieren**, das auch mit `Strg` + `1` geöffnet wird. Dabei spielt es keine Rolle, ob die Zellen vor oder nach der Eingabe von Daten formatiert werden.

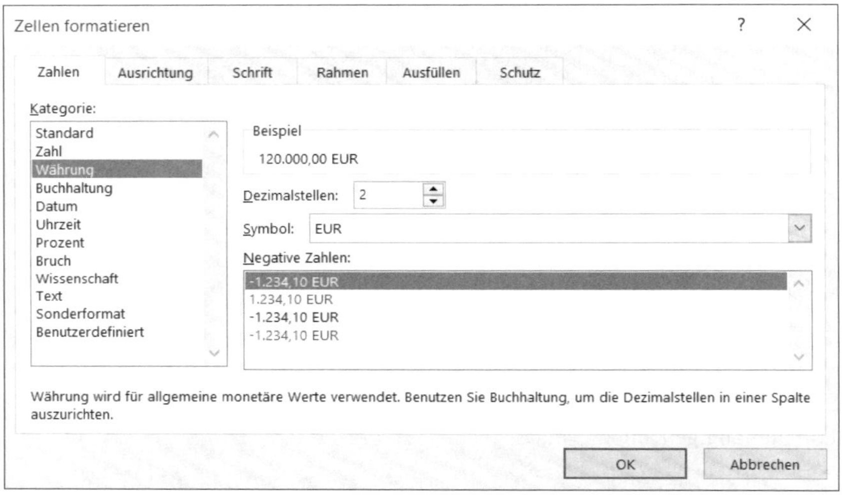

Abbildung 4.8 Das Dialogfeld »Zellen formatieren« mit dem Register »Zahlen«

TIPP

Falsche Formate wieder loswerden

Sie haben sich beim Eingeben einer Zahl vertippt und anstelle des Kommas einen Punkt eingegeben. Anstelle von *12,12* steht da jetzt *12. Dez*. Wenn Sie die Zahl nun richtig eingeben, erscheint in der Zelle *12. Jan* und in der Bearbeitungszeile das entsprechende Datum für das Jahr *1900*.

Das Problem ist, dass Sie durch die erste Eingabe das Standardformat der Zelle durch ein Datumsformat ersetzt haben. Die zweite Eingabe versucht Excel dann auch als Datum zu verstehen, kann aber nur die 12 vor dem Komma »verstehen«. Wenn Sie die Zelle auswählen und **Start ▸ Bearbeiten ▸ Löschen ▸ Formate löschen** wählen oder das Zahlenformat noch einmal über ein Formatsymbol zuordnen, zeigt Excel *12,12* wieder richtig an.

Es ist allerdings oft vorteilhaft, einen Zellbereich schon vor der Dateneingabe zu formatieren, weil dann die Daten gleich so angezeigt werden, wie Sie sie letztlich sehen wollen. Es kann auch sinnvoll sein, zunächst für das gesamte Tabellenblatt ein Hauptformat zu bestimmen und dann die davon abweichenden Bereiche gesondert zu formatieren. Dazu können Sie das Feld **Alles auswählen** verwenden.

Zahlenformat für einen Zellbereich

Angenommen, Sie wollen in einer Tabelle mit statistischen Auswertungen Zahlen mit der Tausenderabtrennung, aber ohne Nachkommastellen anzeigen lassen:

1. Wählen Sie zunächst den Zellbereich aus. Sollen mehrere Blätter gleich formatiert werden, sollten Sie zunächst die Gruppe der Blätter zusammenstellen und dann im aktiven Blatt die Bereiche markieren.
2. Öffnen Sie das Dialogfeld **Zellen formatieren**.
3. Auf dem Register **Zahlen** gibt Excel zunächst das aktuelle Format der aktiven Zelle vor, es sei denn, Sie haben einen Bereich ausgewählt, in dem unterschiedliche Formate verwendet werden. Dann wird kein Format markiert.
4. Wählen Sie zunächst unter **Kategorie** den Eintrag **Zahl**. Wie Sie sehen, können bei den Formaten der Kategorie **Zahl** die verschiedenen Elemente des Formats einzeln ausgewählt werden.

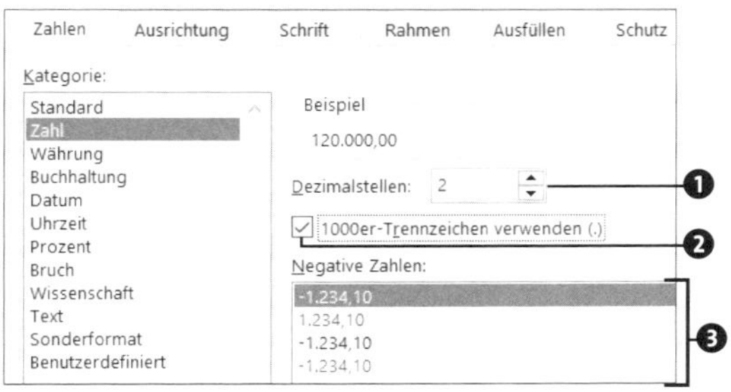

5. Setzen Sie in diesem Fall mit den kleinen Schaltflächen ❶ die Anzahl der Dezimalstellen auf null.
6. Das Häkchen bei **1000er-Trennzeichen verwenden** ❷ kann übernommen werden.
7. Was die Darstellung der negativen Zahlen angeht, wählen Sie einfach aus der kleinen Liste ❸ die gewünschte Einstellung.

8 Wenn das unter **Beispiel** angezeigte Format Ihren Wünschen entspricht, bestätigen Sie mit **OK**.

HINWEIS

Auf das Standardformat zurücksetzen

Soll ein Format auf das Standardformat zurückgesetzt werden, können Sie im Dialogfeld unter **Kategorie** ▸ **Standard** auswählen. Auch wenn Sie das Format einer Zelle löschen, wird das Standardformat wiederhergestellt, allerdings nicht nur für das Zahlenformat, sondern auch für die anderen Formateigenschaften der Zelle, wie Schrift, Farbe etc.

4.1.5 Internationale Währungsformate

Es ist in Excel kein Problem, in einem Tabellenblatt mit unterschiedlichen Währungen zu operieren. Unter den Kategorien **Währung** und **Buchhaltung** werden Zahlenformate mit Währungszeichen angeboten. Diese Formate verwenden gleichzeitig das Tausendertrennzeichen. In der Liste für das Währungssymbol werden zahlreiche Währungszeichen zur Auswahl gestellt. Es ist also kein Umstand, in einer Spalte Euro-Beträge anzuzeigen, in der nächsten Dollar oder britische Pfund.

	A	B	C	D
1	Internationale Preisliste			
2				
3		Euro	Dollar	Pfund
4	Artikel 1	50,00 €	$57,00	£36,00
5	Artikel 2	75,00 €	$85,50	£54,00
6	Artikel 3	100,00 €	$114,00	£72,00
7	Artikel 4	125,00 €	$142,50	£90,00
8	Artikel 5	150,00 €	$171,00	£108,00
9	Artikel 6	175,00 €	$199,50	£126,00

Abbildung 4.9 Tabelle mit unterschiedlichen Währungsformaten

Zahlenformate speziell für die buchhalterische Dateneingabe, z. B. für Bilanzen und Journale, werden unter **Buchhaltung** angeboten. Bei diesen Formaten werden Nullwerte mit einem Bindestrich dargestellt. Die Zahlen werden so ausgerichtet, dass bei gleicher Anzahl von Dezimalstellen das Komma immer an derselben Stelle steht – egal, ob Währungssymbole angezeigt werden oder nicht. Das Minuszeichen bei negativen Werten wird linksbündig dargestellt. In Abbildung 4.10 sehen Sie die Wirkung einiger dieser Formate.

	A	B	C	D
1	**Beipiele für Zahlenformate**			
2				
3	Kategorie	Eingabe	Ausgabe	Formatcodes
4	Zahl	12000,25	12.000,25	#.##0,00
5		-2390	-2.390,00	
6		0	0,00	
7				
8	Währung	12000,25	12.000,00 €	#.##0,00 €;-#.##0,00 €
9		-2390	-2.390 €	
10		0	0 €	
11				
12	Buchhaltung	12000,25	12.000,00 €	_-*#.##0,00 €_-;-*#.##0,00 €_-;_-*"-" €_;_-@_-
13		-2390	- 2.390 €	
14		0	- €	

Abbildung 4.10 Verschiedene Zahlenformate und die entsprechenden Formatcodes

Für Prozentzahlen kann in der Kategorie **Prozent** die Anzahl der Dezimalstellen eingestellt werden.

Unter **Bruch** gibt es zahlreiche Formatangebote. Wenn Sie das Format **Einstellig** einem Zellbereich schon vor der Dateneingabe zuordnen, können Sie z. B. *1/4* eingeben, ohne dass Excel daraus ein Datum macht. Es ist dann nicht notwendig, *0 1/4* einzugeben. Bei den anderen Beispielen wird die Zahl in der Zelle jeweils auf- oder abgerundet, um die Anzahl der Viertel oder Zehntel etc. anzuzeigen.

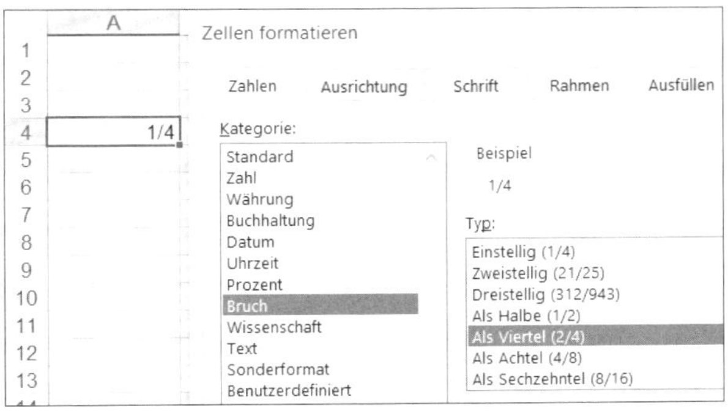

Abbildung 4.11 Bruchformate

Unter **Wissenschaft** steht das Exponentialformat zur Verfügung, wobei die Anzahl der Dezimalstellen in der Mantisse frei gewählt werden kann. Bei diesem Format wird die Zahl jeweils als Produkt einer Zahl mit einer Zehnerpotenz dargestellt. Diese Darstellungsform ist insbesondere für sehr große oder sehr kleine Zahlen geeignet, wie sie im technisch-wissenschaftlichen Bereich häufig vorkommen.

4.1.6 Datums- und Zeitformate

Neben den Zahlenformaten bietet Excel zahlreiche Formate für die Anzeige von Datums- und Zeitangaben an. Auf internationale Formate aus vielen Ländern können Sie zugreifen, wenn Sie über das Listenfeld **Gebietsschema** eine entsprechende Einstellung wählen. Sehr praktisch ist auch das lange Datumsformat, bei dem gleich der Name des Tages vor dem Datum ausgegeben wird, was die Erstellung von Zeitplänen sehr erleichtert. Abbildung 4.12 zeigt die integrierten Formate. Welches Ausgabeformat von Excel automatisch benutzt wird, ist von den in der Systemsteuerung gewählten Einstellungen unter **Region** abhängig. Wenn Sie z. B. dort auf der Registerkarte **Datum** das kurze Datumsformat TT.MM.JJJJ auswählen, wird eine zweistellige Jahreszahl automatisch vierstellig ausgegeben.

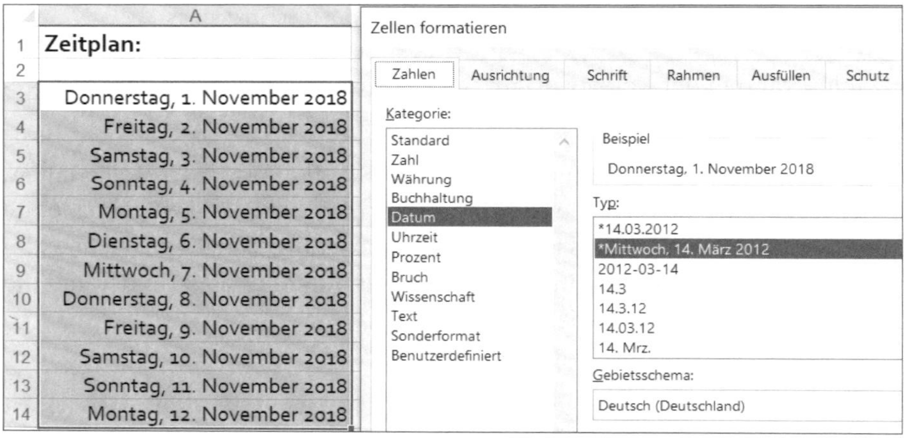

Abbildung 4.12 Ein besonders praktisches Datumsformat mit dem Wochentag

4.1.7 Text- und Sonderformate

Ein spezielles Format ist das Format **Text**. Wenn Sie einen leeren Zellbereich mit diesem Format belegen, werden auch alle Zahlen, die Sie anschließend eingeben, von Excel als Zeichenfolgen behandelt und entsprechend linksbündig ausgerichtet. Diese Verfahrensweise ist praktisch, wenn Sie z. B. Codenummern, Kundennummern, Telefonnummern etc. eingeben wollen.

Ganz hilfreich ist auch eine Reihe von Sonderformaten, wie sie für Postleitzahlen, ISBN oder Versicherungsnummern benötigt werden. Auch hier sind Formate für bestimmte Länder verfügbar, die Sie über **Gebietsschema** auswählen können.

4.1.8 Selbst definierte Formate

Wenn die integrierten Zahlenformate nicht ausreichen, können Sie das Dialogfeld **Zellen formatieren** nutzen, um eigene Formate zu definieren. Eine Formatbeschreibung kann aus bis zu vier Bestandteilen bestehen, die jeweils durch Semikola getrennt werden:

```
positives Format; negatives Format; Nullformat; Textformat
```

Enthält ein Zahlenformat nur drei Bestandteile, bedeutet dies, dass es kein spezielles Textformat gibt. Enthält die Zelle Text, wird er ganz normal als Text ausgegeben. Enthält ein Zahlenformat nur zwei Bestandteile, gilt das erste für positives Format und Nullformat, das zweite für negatives Format. Ist nur ein Bestandteil gegeben, gilt dies für positives Format, negatives Format und Nullformat. Solche »benutzerdefinierten« Formate können mithilfe eines vorhandenen Formats oder von Hand gestaltet werden. Angenommen, Sie wollen sechsstellige Belegnummern verwenden, die führende Nullen anzeigen. Sie können folgendermaßen verfahren:

1. Markieren Sie den Zellbereich.
2. Wählen Sie im Dialogfeld **Zellen formatieren** unter **Kategorie** den Eintrag **Benutzerdefiniert** ❶.

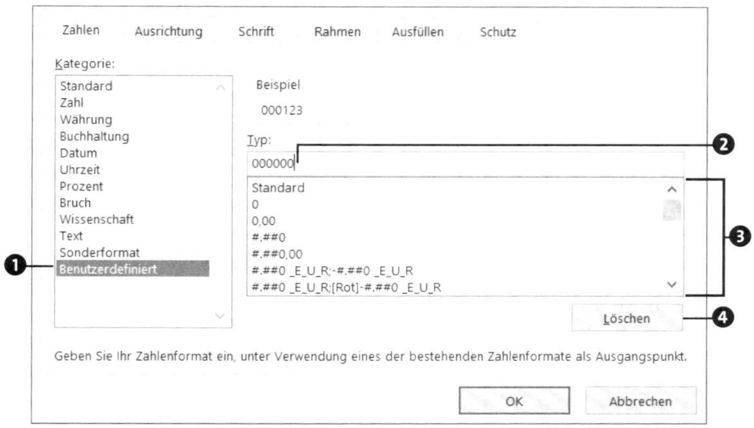

3. In dem Listenfeld werden Ihnen Formatmuster angeboten, die Sie als Ausgangsmaterial für das eigene Format verwenden können. Wählen Sie den Eintrag mit der Null aus.
4. Ergänzen Sie in dem Eingabefeld **Typ** ❷ die restlichen fünf Nullen, und bestätigen Sie mit **OK**.

Wenn Sie das einmal definierte Format erneut auf eine Zelle anwenden wollen, wiederholen Sie die Schritte 1 und 2. Wählen Sie dann aus der Liste ❸ das neue Format. Excel zeigt es immer am Ende der Liste an. Benutzerdefinierte Formate können jederzeit wieder gelöscht werden. Markieren Sie dazu das Format in der Liste, und klicken Sie auf die Schaltfläche **Löschen** ❹.

4.1.9 Formatcodes

Für die Darstellung der Zahlenformate verwendet Excel bestimmte Codezeichen, die in der folgenden Liste zusammengestellt sind. Dabei wird mit den verschiedenen Platzhaltern für Ziffern gesteuert, wie viele Dezimalstellen angezeigt werden. Excel erlaubt maximal 15 Dezimalstellen. Auch die Behandlung führender oder nachfolgender Nullen wird mithilfe dieser Codezeichen geregelt. Vorzeichen können vor oder hinter die Zahl gesetzt werden. Excel zeigt normalerweise nur negative Vorzeichen an. Das Pluszeichen muss also ausdrücklich in das Formatmuster eingefügt werden, wenn es angezeigt werden soll.

Formatcode	Bedeutung
Standard	Anzeige im Standardformat
kein Eintrag	Daten werden nicht angezeigt – Beispiel: ;;;. Dieses Format kann zum Verbergen von Daten genutzt werden.
#	Platzhalter für eine Ziffer. Führende Nullen vor und nachfolgende Nullen hinter dem Komma werden nicht angezeigt. Excel rundet auf die angegebenen Dezimalstellen. Sind vor dem Komma mehr Ziffern vorhanden als #-Zeichen, werden sie angezeigt.
0 (Null)	Platzhalter für eine Ziffer einschließlich führender Nullen vor und nachfolgender Nullen hinter dem Komma. Hat die Zahl weniger Ziffern als das Format, werden Nullen dafür angezeigt.
?	Platzhalter für eine Ziffer; führende Nullen vor und nachfolgende Nullen hinter dem Komma werden als Leerzeichen ausgegeben. Hat die Zahl weniger Ziffern als das Format, werden Leerzeichen dafür eingesetzt. Dadurch steht das Komma immer an derselben Stelle, auch wenn unterschiedliche Dezimalstellen angezeigt werden. Das gilt auch für Brüche.

Formatcode	Bedeutung
Komma	Dezimalzeichen
%	Prozentzeichen; Excel multipliziert den Wert mit 100 und fügt das Prozentzeichen hinzu.
Punkt	Tausendertrennzeichen; kann auch benutzt werden, um eine Zahl auf Tausender, Millionen etc. zu normieren. (#.. zeigt z. B. nur die Millionen an.)
¢ £ ¥	Währungszeichen, die mit gedrückter NUM LOCK-Taste und den ANSI-Codes ALT+0162, ALT+0163 und ALT+0165 eingegeben werden.
E- E+ e- e+	Wissenschaftliches Zahlenformat; die Anzahl der Nullen bzw. #-Zeichen zur Rechten legt die Anzahl der Stellen im Exponenten fest. E- oder e- zeigt nur das Minuszeichen an, E+ oder e+ beide Vorzeichen des Exponenten.
€ $ - + / ( ) { } < > ^ ´ = ! & ~ : Leerzeichen	Anzeige des betreffenden Zeichens. Sollen andere Zeichen angezeigt werden, setzen Sie sie in doppelte Anführungszeichen oder setzen \ davor. Der Bindestrich kann z. B. als Trennzeichen verwendet werden. Beispiel: ##-###-##
*	Füllt die Zelle nach links mit dem unmittelbar folgenden Zeichen auf. ** kann z. B. als Sperrzeichen bei der Scheckausfüllung verwendet werden.
Unterstrich	Fügt eine Leerstelle von der Breite des nächsten Zeichens ein. _) kann z. B. benutzt werden, um positive Zahlen genau unter negative Zahlen zu setzen, die in Klammern angezeigt werden.
"Text"	Der Text innerhalb der Anführungszeichen wird angezeigt. Das erlaubt Ihnen z. B., die Maßeinheit direkt hinter eine Zahl zu setzen. Beispiel: #0,00 "qm".
@	Platzhalter für eine beliebig lange Zeichenfolge
M oder MM	Monatszahl ohne oder mit führenden Nullen (3 oder 03)
MMM	abgekürzter Monatsname (Jan, Feb etc.)
MMMM	ausgeschriebener Monatsname
MMMMM	Monatsname mit einem Buchstaben

Formatcode	Bedeutung
T oder TT	Tag als Zahl ohne oder mit führenden Nullen (9 oder 09)
TTT	abgekürzter Tagesname (Sa, So)
TTTT	ausgeschriebener Tagesname
JJ oder JJJJ	zweistellige oder vierstellige Jahreszahl (93 oder 1993)
h oder hh	Stundenzahl ohne oder mit führenden Nullen (3 oder 03); wird im 12-Stunden-Format angezeigt, wenn das Format auch AM oder PM enthält.
m oder mm	Minutenzahl ohne oder mit führenden Nullen (3 oder 03); muss auf h oder hh folgen, wird sonst als Monatszahl interpretiert.
s oder ss	Sekundenzahl ohne oder mit führenden Nullen (3 oder 03)
[ ]	Erlaubt Zeitformate mit mehr als 24 Stunden bzw. mehr als 60 Minuten oder Sekunden. Dabei muss jeweils der äußerste linke Teil des Zeitformats in eckige Klammern gesetzt werden, z. B. [H]:mm:ss. Dieses Format erlaubt die Summierung mehrtägiger Zeiträume im Stundenformat. Werden Zahlen ohne Formatzeichen eingegeben, ergeben sie ein Vielfaches von 24 Stunden. Drei ergibt z. B. 72:00:00.
AM/am/A/a PM/pm/P/p	Bewirkt, dass die Uhrzeit im 12-Stunden-Format angezeigt wird: AM, am, A oder a für die Zeit bis Mittag (ante meridiem = vormittags), PM, pm, P oder p für die Zeit bis Mitternacht (post meridiem = nachmittags). Ohne Angabe wird die Zeit im 24-Stunden-Format angezeigt.
[Farbe]	Die folgenden Zeichen werden in der angegebenen Farbe angezeigt. Möglich sind die Einträge SCHWARZ, BLAU, ZYAN, GRÜN, MAGENTA, ROT, WEISS, GELB oder FARBE n, wobei n für eine Zahl zwischen 0 und 56 steht und die Nummer der Farbe aus der Farbpalette angibt, die Excel verwendet.
[Bedingung Wert]	Kann für bedingte Formate genutzt werden. Als Bedingung kann einer der folgenden Operatoren eingegeben werden: <, >, =, >=, <=, <>. Wert steht für eine beliebige Zahl. Ein Beispiel wäre [>1000]: Das anschließend beschriebene Format wird verwendet, wenn die Zelle die Bedingung erfüllt, also größer 1.000 ist.

4

Die folgenden Abbildungen zeigen eine Reihe von Formaten und ihre Wirkung.

	A	B	C	D
1	**Benutzerdefinierte Zahlenformate**			
2				
3	Kategorie	Eingabe	Ausgabe	Formatcodes
4	Zahl	003344	00-33-44	00-00-00
5		0,1234	0,1234	0,0000
6			Wert fehlt	0;-0;"Wert fehlt"
7				
8	Währung	1200,66	1.201 ¥	#.##0 ¥
9		30000	30.000,00 ¥	#.##0,00 ¥

Abbildung 4.13 Benutzerdefinierte Zahlenformate

	A	B	C	D
1	**Benutzerdefinierte Datums- und Zeitformate**			
2				
3	Kategorie	Eingabe	Ausgabe	Formatcodes
4	Datum	08.12.2018	Samstag 8. Dez 2018	TTTT T.MMM JJJJ
5		09.12.2018	Dezember 2018	MMMM JJJJ
6		10.12.2018	Montag	TTTT
7	Zeit	12:30:10	Samstag 12:30	TTTT h:mm
8		12:30:10	Beginn: 12:30	"Beginn:" h:mm
9		12:30:10	12 Stunden 30 Minuten	[h] "Stunden" mm "Minuten"

Abbildung 4.14 Benutzerdefinierte Datums- und Zeitformate

	A	B	C	D
1	**Bedingte Formate und Formate mit Zusatztext**			
2				
3	Kategorie	Eingabe	Ausgabe	Formatcodes
4	Datum	08.01.2018	Frist überschritten 08.01.18	[>31.12.17] "Frist überschritten" TT.MM.JJ
5				
6	Zahl	1200	1200 qm	0 "qm"
7		1000	Startwert: 1000	"Startwert:" 0
8		900	Unzulässiger Wert	[>1000] "Unzulässiger Wert"; 0

Abbildung 4.15 Bedingte Formate und Formate mit Zusatztext

TIPP

Probleme mit der Zeitrechnung

Sie wollen verschiedene Zeiten zusammenrechnen und geben immer die Stunden und Minuten ein. Wenn Sie die Summe bilden, kommt ein unsinniger Wert heraus. Was ist zu tun? Normalerweise versteht Excel eine Angabe wie 15:30 als Zeitangabe – »es ist 15:30 Uhr« – und nicht als Angabe über eine verflossene Zeit. Wenn Sie 15:30 und 13:30 addieren, zeigt Excel deshalb 5:00, also wieder die Uhrzeit an. Sie können aber Excel veranlassen, Zeitsummen ordentlich auszugeben, wenn Sie ein spezielles Format verwenden. Geben Sie im Dialogfeld **Zellen formatieren** unter der Kategorie **Benutzerdefiniert** das Format [hh]:mm ein. Dann kommt bei unserem Beispiel 29:00 heraus, es wird also die Gesamtzahl der Stunden und Minuten angegeben.

4.1.10 Das Problem mit den Nullen

Bei Tabellen, die erst innerhalb größerer Zeiträume mit Daten gefüllt werden, stellt sich häufig das Problem der Nullwerte. Sollen Formeln Nullwerte anzeigen, andere Zeichen oder gar nichts? Sie haben verschiedene Möglichkeiten: Sie können für die gesamte Arbeitsmappe die Anzeige der Nullwerte unterdrücken. Dazu finden Sie über **Datei ▸ Optionen** unter **Erweitert ▸ Optionen für dieses Arbeitsblatt anzeigen** die Option **In Zellen mit Nullwert eine Null anzeigen**. Wird das Häkchen gelöscht, werden Nullwerte nicht angezeigt.

Die zweite Möglichkeit ist, ein Format zu definieren, bei dem die Nullwerte unterdrückt oder etwa durch einen Bindestrich ersetzt werden. Beispiel: `0,00;-0,00;;` oder `0,00;-0,00;"-"`. Die zweite Methode erlaubt Ihnen differenziertere Lösungen. Das Format kann etwa auf bestimmte Formeln beschränkt werden. Für Formeln, bei denen es gerade interessant ist, ob sie null ergeben, etwa bei Prüfwerten, kann dann ein anderes Format gewählt werden.

Die dritte Möglichkeit ist, in die Zellen, für die noch die Werte fehlen, die Funktion `=NV()` einzutragen. In der Zelle erscheint `#NV`, auch die Formeln, die sich auf diese Zellen beziehen, liefern den Wert `#NV` als Hinweis auf fehlende Werte.

Schließlich können Sie die Anzeige von Nullwerten natürlich auch über Formeln abfangen. Die folgende Formel zeigt z. B. in Zelle F3 die Quersumme nur dann an, wenn sie ungleich null ist.

```
=WENN(SUMME(A3:E3) <> 0;SUMME(A3:E3);"")
```

4.1.11 Euro-Formate

Seit dem 1.1.2002 hat der Euro die nationalen Währungen im Euro-Raum abgelöst. Zur Kennzeichnung der Währung kann sowohl die Buchstabenfolge EUR als auch das Euro-Symbol, das von der Europäischen Kommission bestimmt worden ist, verwendet werden.

In Excel haben Sie – wie bereits beschrieben – die Möglichkeit, Zahlen so zu formatieren, dass das Währungszeichen automatisch vor oder hinter dem Betrag angezeigt wird. Auf der Registerkarte **Zahlen** finden Sie in dem Listenfeld **Symbol** sowohl eine Option für die Anzeige **€ 123** als auch **123 €**. Auch die Zeichenfolge **EUR** kann hier eingestellt werden. Sie können über die Regionsoptionen in der Systemsteuerung vorgeben, welche Variante als Standardwährungszeichen verwendet wird. Sie erreichen das Register **Währung** über die Schaltfläche **Weitere Einstellungen**.

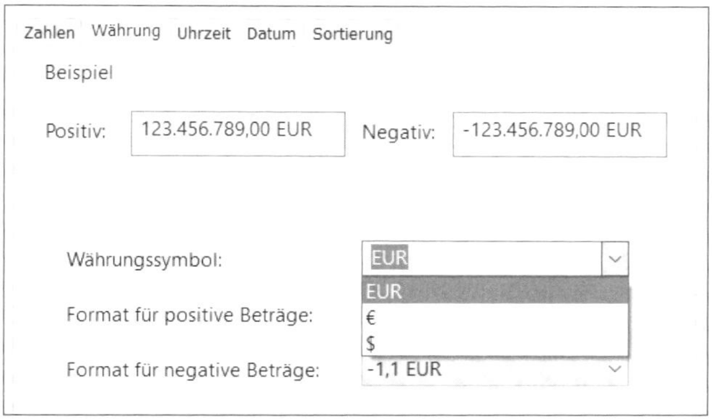

Abbildung 4.16 Einstellung des Standardwährungszeichens

4.1.12 Jahreszahlen

Das Jahr 2000 wurde für Computer zu einem Problem, weil wir uns angewöhnt hatten, bei den Jahreszahlen die Jahrhunderte wegzulassen. Der sicherste Weg für die Zukunft wäre natürlich, mit der eingefleischten Gewohnheit aufzuhören und immer die komplette Jahreszahl einzugeben. Aber das ist nicht ganz ohne Mühen. Eventuell müssen Tabellenspalten verbreitert werden, um das Datum voll anzeigen zu können.

Excel erleichtert Ihnen den Schritt zur Nutzung vierstelliger Jahreszahlen durch das Angebot von Datumsformaten mit der vollständigen Jahreszahl über das Dialogfeld **Zellen formatieren**. Ein Format gibt die Eingabe mit Tageszahl, Monatszahl und kompletter Jahreszahl aus – etwa 7.9.2015, andere benutzen die komplette oder die abgekürzte Monatsbezeichnung, z. B. 7. Sep. 2015.

Interpretation unvollständiger Jahreszahlen

Damit auch weiterhin »unvollständige« Jahreszahlen vernünftig verarbeitet werden, bietet Ihnen Excel zwei Vorgehensweisen an. Wenn Sie in einer Zelle ein Datum ohne die

Jahrhundertangabe eingeben, verhält sich Excel im Standardverfahren folgendermaßen: Eine Eingabe wie *12.10.07* wird als 12.10.2007 verstanden. Dieses Verhalten gilt für alle Jahreszahlen von 00 bis 29. Geben Sie eine Zahl zwischen 30 und 99 an, vermutet Excel, dass das 20. Jahrhundert gemeint ist, und setzt die 19 als Jahrhundertzahl davor. Die Eingabe *12.10.33* wird also als 12.10.1933 verwendet.

Eingabe		Ausgabe
10.12.07	-->	10.12.2007
10.12.29	-->	10.12.2029
10.08.34	-->	10.08.1934
12.12.88	-->	12.12.1988

Abbildung 4.17 Beispiele für die Ausgabe unvollständiger Jahreszahlen

Excel zeigt die komplette Jahreszahl in der Bearbeitungsleiste automatisch an, wenn die Zelle ausgewählt wird. Wenn Sie eine Zelle nachträglich umformatieren, sodass die Jahreszahl tatsächlich vierstellig angezeigt wird, können Sie das Ergebnis ebenfalls prüfen. Intern speichert Excel also immer die komplette Jahreszahl.

Benötigen Sie aus irgendeinem Grund ein Datum aus dem Jahr 1904, etwa das Geburtsdatum Ihrer (Ur-)Großmutter, können Sie das Datum vierstellig eingeben, auch wenn die Zelle nur für eine zweistellige Jahreszahl formatiert ist.

Das oben beschriebene Zeitfenster kann notfalls auch verschoben werden. Über **Systemsteuerung** und **Region** finden Sie über die Schaltfläche **Weitere Einstellungen** eine Registerkarte **Datum** mit einer entsprechenden Option in der Gruppe **Kalender** (Abbildung 4.18). Sie könnten z. B. eine Einstellung von 1940 bis 2039 wählen. Dann würde Excel die Eingabe von 12.10.33 in das 21. Jahrhundert verlegen. Eine solche Verschiebung des Zeitfensters sollte aber nur vorgenommen werden, wenn es dafür gute Gründe gibt. Falls es z. B. darum geht, häufig Geburtsdaten aus dem Anfang des 20. Jahrhunderts korrekt zu verarbeiten, kann es sinnvoll sein, das Zeitfenster zurückzusetzen, damit die Eingabe *15* als 1915 und nicht als 2015 verstanden wird. Wichtig ist dann insbesondere, dass in einer Firma alle Geräte mit einem einheitlichen Zeitfenster arbeiten.

Sie können auf dieser Registerkarte auch dafür sorgen, dass ein mit zwei Stellen eingegebenes Jahr automatisch mit vier Ziffern angezeigt wird, zumindest als Standardanzeige. Eine nachträgliche Verkürzung über ein entsprechendes Format ist damit allerdings nicht ausgeschlossen. Wählen Sie dazu unter **Datum (kurz)** eine Einstellung wie **TT.MM.JJJJ**.

Wenn Sie nachträglich in einer Arbeitsmappe Zellen aufspüren wollen, die mit zweistelligen Jahreszahlen arbeiten, können Sie auch die **Fehlerüberprüfung** verwenden, die in

Abschnitt 3.6, »Qualität sichern und Fehler vermeiden«, beschrieben ist. Haken Sie dazu über **Datei ▸ Optionen ▸ Formeln** unter **Regeln für die Fehlerüberprüfung** die Regel **Zellen mit zweistelligen Jahreszahlen** ab.

Abbildung 4.18 Das Zeitfenster im Ausnahmefall verschieben

Besonderheiten der Datumsfunktion

Anders als bei der direkten Eingabe eines Datums in eine Zelle verhält sich Excel, wenn das Datum durch eine Datumsfunktion erzeugt wird. Wird bei `=DATUM(Jahr; Monat; Tag)` das Jahr nur mit zwei Stellen eingegeben, ergänzt Excel nicht nach der oben beschriebenen Zeitfensterregel, sondern addiert immer 1900 dazu. Das gilt für alle Eingaben für das Jahr, die von 0 bis 1899 reichen. Das Datum 10.10.2000 kann also auch mit `=DATUM(100; 10; 10)` angegeben werden.

Ein Datum für 2000 und darüber kann aber auch mit einer vierstelligen Jahreszahl eingegeben werden. Alle vierstelligen Eingaben von 1900 bis 9999 werden so verarbeitet. Wird das 1904-Datumssystem verwendet, gilt Entsprechendes für Zahlen von 4 bis 1899 und 1904 bis 9999. Für den Anwender ist dieses abweichende Verhalten sicher gewöhnungsbedürftig, die Funktion bietet Ihnen aber eine größere Flexibilität für Datumsberechnungen über größere Zeiträume hinweg. Beachten Sie, dass es noch eine ganze Reihe von Funktionen in Excel gibt, die ein Datum als Argument verlangen. Ist dieses Argument als Datum in einer Zelle abgelegt, gilt auch hier die Fensterregel. Wird das Argument mit der Datumsfunktion erzeugt, gilt das zuletzt beschriebene Verhalten.

4.2 Schriftgestaltung und Ausrichtung

Große Bedeutung für ein ansprechendes Aussehen Ihrer Tabellen hat die Art und Weise, wie Sie die Schrift einsetzen und wie Sie die Zellinhalte innerhalb der Zellstruktur ausrichten. Dabei geht es zum einen um die gute Lesbarkeit der Daten in den Tabellenspalten und zum anderen um eine ansprechende Gestaltung der Überschriften und Beschriftungen.

4.2.1 Wahl der passenden Schriften

Wenn von der Schrift für eine Zelle die Rede ist, werden drei Eigenschaften unterschieden: die Schriftart, die Größe der Schrift, also der Schriftgrad, und schließlich der Schriftschnitt, der z. B. aus einer Kombination verschiedener Schriftattribute wie fett und kursiv bestehen kann.

Schriftart

Die Zahl der Schriftarten, die auf einem Computer eingesetzt werden können, ist inzwischen fast unüberschaubar geworden. Die Wahl der Schriftart sollte mit dem Inhalt des Dokuments zumindest verträglich sein. Kalligraphische Schriften wie ZurichCalligraphic eignen sich sicher für eine Einladung zu einer Geburtstagsparty – für Excel durchaus eine leicht lösbare Aufgabe –, bei einer Gewinn- und Verlustrechnung wirkt eine so schöne Schrift dagegen eher deplatziert. Wenig erfreulich wirkt meist auch, wenn Sie zu viele Schriftarten in einem Blatt mischen. Meist reichen zwei verschiedene Schriftarten völlig aus, zumal Sie ja noch die Möglichkeit haben, die Schriftgrade oder -schnitte zu variieren. Die Schriftarten lassen sich in zwei große Gruppen einteilen:

1. Schriften mit Serifen
2. Schriften ohne Serifen

Serifen sind die kleinen Abschlussstriche am Kopf oder am Fuß eines Buchstabens, entstanden übrigens aus dem Meißelschlag bei der Herstellung römischer Steinschriften. Wenn Sie diesbezüglich einmal einen Blick in eine Zeitschrift oder in dieses Buch werfen, werden Sie feststellen, dass in den meisten Fällen – wie auch in diesem Buch – für die Textpassagen eine Serifenschrift, wie z. B. Times New Roman, verwendet wird. Überschriften dagegen erscheinen häufig in einer serifenlosen Schrift wie Calibri, Corbel oder Arial.

Die Serifenschrift ist bei längeren Textpassagen angenehmer zu lesen, weil sie den Augen Hilfestellung beim Erkennen der Buchstaben gibt. Das große I und das kleine l sind z. B. in einer Serifenschrift besser zu unterscheiden. Serifenlose Überschriften wirken dagegen meist klarer und weiträumiger. Auch für Zahlenkolonnen ist die serifenlose Schrift meist vorzuziehen.

Schriftgrad

Der Schriftgrad wird üblicherweise in Punkt gemessen. Eine Schriftgröße von 8 Punkt ist ziemlich klein. Für Zahlenkolonnen sind 10 oder 11 Punkt meist angemessen. Wenn Sie Tabellen an die Wand projizieren wollen, ist es besser, 12 oder 14 Punkt zu verwenden. Für die Beschriftung von Zeilen und Spalten können gerne auch 12 Punkt verwendet werden. Tabellenüberschriften oder Diagrammtitel vertragen gut einen Schriftgrad von 14 Punkt oder noch größere Schriften. Eine schöne Überschrift ist immer ein guter Blickfang.

Schriftschnitt

Schriftattribute wie **Fett**, **Kursiv** und **Unterstrichen** können zwar beliebig gemischt werden, aber auch hier führt der sparsame Gebrauch der verschiedenen Möglichkeiten meist zu geschmackvolleren Lösungen. Vor allem sollten solche Hervorhebungen nicht ohne Grund verwendet werden, und wenn sie verwendet werden, dann möglichst einheitlich. Wenn Sie z. B. Gesamtsummen doppelt unterstreichen, sollte das durchgängig in der gesamten Arbeitsmappe erfolgen. Dabei können Formatvorlagen helfen, die weiter unten behandelt werden.

Verändern der Standardschriftart

Excel 2019 gibt zunächst als **Schriftart für Textkörper** die Calibri mit einem Schriftgrad von 11 Punkt und als **Schriftart für Überschriften** eine Calibri light vor. Diese Vorgabe kann über **Datei ▸ Optionen ▸ Allgemein** unter **Diese Schriftart als Standardschriftart verwenden** geändert werden. Öffnen Sie dazu das Listenfeld, und wählen Sie die gewünschte Schriftart. Die Größe der Schrift wird unter **Schriftgrad** festgelegt. Diese Veränderung wird allerdings erst wirksam, wenn Sie Excel neu starten. Für dieses Buch wurde meist mit der Schrift Corbel gearbeitet, die insbesondere die Lesbarkeit und Unterscheidbarkeit von Zahlen verbessert.

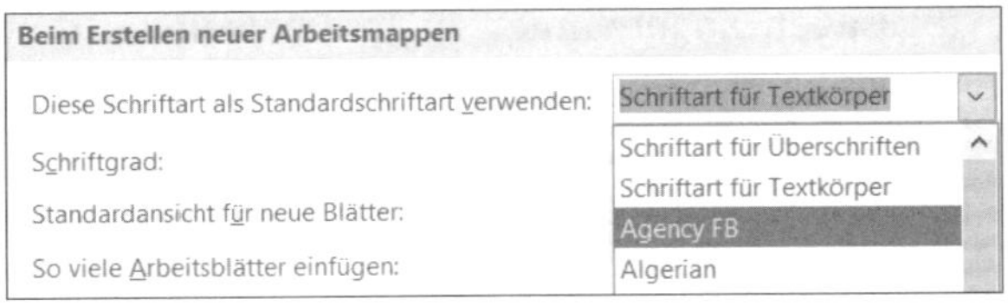

Abbildung 4.19 Wahl der Standardschriftart

Die Gruppe »Schriftart«

Soll die Schrift für einen Zellbereich ausgewählt werden, markieren Sie die betreffenden Zellen und verwenden auf dem Register **Start** die Schaltflächen und Listenfelder, die in der Gruppe **Schriftart** zusammengestellt sind.

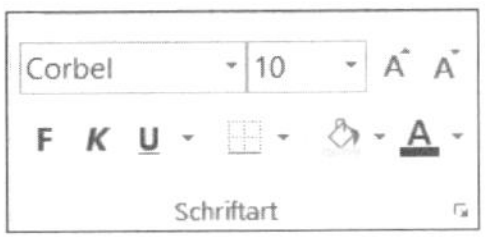

Abbildung 4.20 Die Gruppe »Schriftart«

In den Listenfeldern für Schriftart und Schriftgrad wird immer die aktuelle Eigenschaft der gerade aktiven Zelle angezeigt. Wird die Liste der Schriftarten mithilfe der kleinen Pfeilschaltfläche geöffnet, werden die Schriftartenbezeichnungen gleich in der jeweiligen Schriftart angezeigt. Aber nicht nur dies, die markierte Zelle übernimmt jeweils auch die Schriftart der Schrift, die Sie in der Liste mit der Maus berühren. Auf diese Weise lässt sich die gewünschte Schrift einfach durch Ausprobieren leicht finden. Ein Klick oder Tipp ordnet die gewünschte Schriftart der Markierung zu.

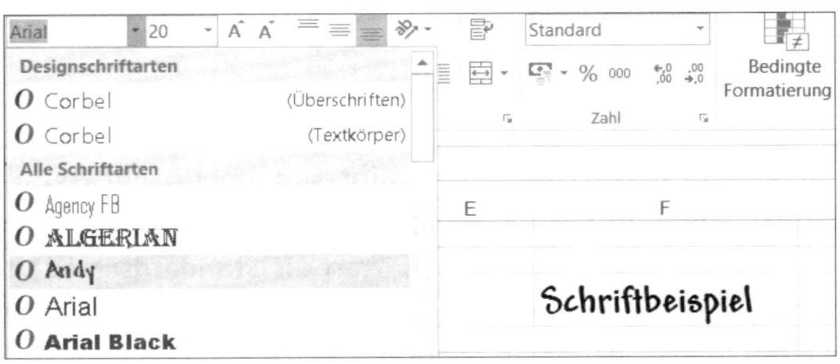

Abbildung 4.21 Zellen probeweise umformatieren

Um die Auswahl mit den Fingern zu erleichtern, werden im Modus **Fingereingabe** die einzelnen Optionen mit einem größeren Abstand angeboten. Außerdem können Sie in dieser Liste durch Ziehen oder Wischen nach oben oder unten gerade nicht sichtbare

Schriften ins Bild rücken. Wenn Sie den Namen der Schrift kennen, reicht es meist, den ersten oder die ersten beiden Buchstaben einzutippen, um die entsprechenden Schriften in der Liste an den Anfang der Liste zu rücken. Die Liste kann mit dem Anfasser am unteren Rand verkürzt oder verlängert werden. Die probeweise Präsentation der Schriftart durch die Berührung mit dem Mauszeiger oder mit dem Stift vor der abschließenden Zuweisung per Klick oder Tipp ist normalerweise eingeschaltet und gehört zur Funktion **Livevorschau**, die auch für zahlreiche andere Formatierungsfunktionen gilt.

Auch bei der Auswahl des Schriftgrads hilft die Livevorschau, die optimale Größe zu finden. Sie kann bei Bedarf im Dialog **Excel-Optionen** unter **Allgemein** auch abgeschaltet werden. Im Modus **Fingereingabe** ist allerdings keine Vorschau möglich.

Abbildung 4.22 Das Listenfeld für Schriftgrade

Alternativ lässt sich der optimale Schriftgrad auch mithilfe der beiden Schaltflächen ansteuern, die den aktuellen Schriftgrad jeweils stufenweise nach oben ❶ oder unten ❷ verändern. Die anderen Schaltflächen in der Gruppe dienen der Schriftgestaltung. Die Schaltfläche des Symbols **Unterstreichen** bietet über den kleinen Pfeil die Optionen **Unterstreichen** und **Doppelt unterstreichen** an.

Symbol	Funktion
F	Fett
K	Kursiv
U	Unterstreichen, Doppelt unterstreichen

Die Symbole für diese Schriftattribute sind Schalter. Wird eine Zelle fett geschrieben, erscheint das Symbol für **Fett** mit einem farbigen Hintergrund, wenn die Zelle ausgewählt wird. Klicken Sie das Symbol noch einmal an, wird die fette Darstellung der

Schrift wieder aufgehoben. Für einige Schriftattribute können auch Tastenkombinationen verwendet werden, Excel bietet teilweise sogar zwei davon an.

Tastenkombination	Wirkung
Strg + 2 oder Strg + ⇧ + F	Schaltet **Fett** ein/aus.
Strg + 3 oder Strg + ⇧ + K	Schaltet **Kursiv** ein/aus.
Strg + 4 oder Strg + ⇧ + U	Schaltet **Unterstreichen** ein/aus.
Strg + 5	Schaltet **Durchgestrichen** ein/aus.

Schriftfarbe

Das Symbol **Schriftfarbe** ist mit einer Farbpalette verknüpft, die mit der Maus über den Pfeil geöffnet wird. Wenn Sie nur für einen Bereich eine Farbe vergeben wollen, können Sie gleich auf das gewünschte Farbmuster klicken. Die Schrift im markierten Bereich wird eingefärbt, und die Schaltfläche selbst übernimmt ebenfalls die gewählte Farbe. Wenn Sie also anschließend einen anderen Zellbereich markieren, müssen Sie nur noch den linken Teil der Schaltfläche anklicken.

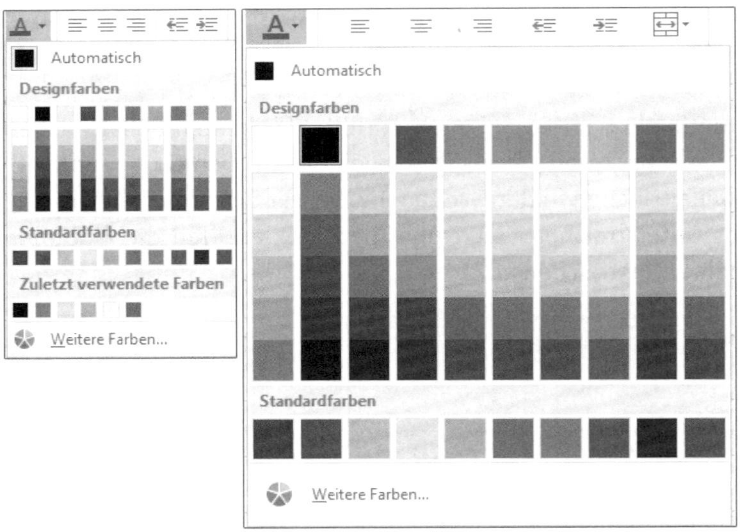

Abbildung 4.23 Die Farbpalette für die Schriftfarbe – links für den Modus »Maus«, rechts für den Modus »Fingereingabe«

Im Modus **Fingereingabe** wird die Palette so vergrößert angeboten, dass die verschiedenen Farbmuster leicht zu treffen sind. Die Palette wird mit einem Tipp auf die Schaltfläche geöffnet. Die Farbauswahl wird jedes Mal durch Antippen des Farbmusters vorgenommen.

Eine ähnliche Palette bietet auch die Schaltfläche **Füllfarbe** an, die weiter unten noch näher beschrieben wird. Auch auf die hier angesiedelte Schaltfläche für Rahmenlinien soll weiter unten eingegangen werden.

Schriftregister

Außer diesen Werkzeugen aus der Gruppe **Schriftart** steht Ihnen über den Dialogfeldstarter der Gruppe für diesen Zweck noch die Registerkarte **Schrift** im Dialog **Zellen formatieren** zur Verfügung. Sie können die Schrifteigenschaften eingeben oder aus den Listenfeldern auswählen. Beim **Schriftgrad** lassen sich auch Bruchteile wie 10,5 eingeben. Wenn Sie unter **Schriftart**, **Schriftschnitt** und **Schriftgrad** die gewünschten Eigenschaften der Schrift für die markierten Zellen auswählen, erhalten Sie unter **Vorschau** jeweils ein Schriftmuster.

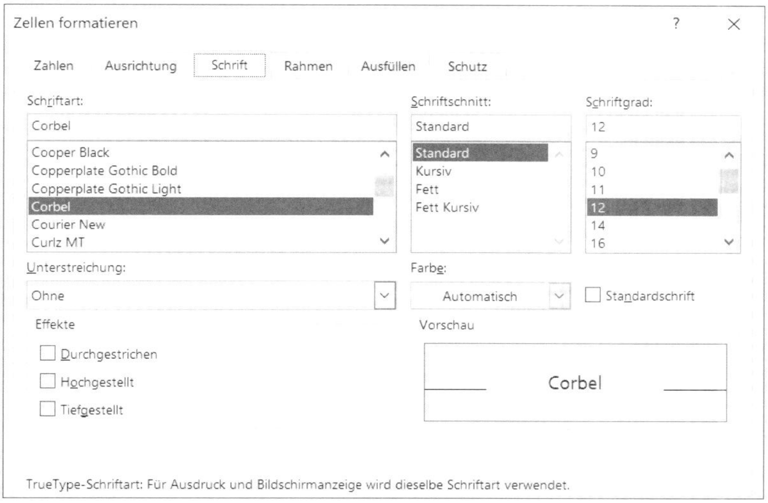

Abbildung 4.24 Die Registerkarte »Schrift« im Dialog »Zellen formatieren«

HINWEIS

Änderungsvorschläge markieren

Die Option **Durchgestrichen** ist ganz nützlich, wenn Tabellenblätter von mehreren Mitarbeitern bearbeitet werden. Sie können auf diese Weise vorschlagen, dass bestimmte Texte oder Werte gestrichen werden, ohne die Daten gleich löschen zu müssen. Wird der Vorschlag verworfen, kann das Attribut wieder gelöscht werden.

In dem Feld **Unterstreichung** können zusätzlich verschiedene Formen der Unterstreichung gewählt werden. Soll die Farbe des Textes geändert werden, öffnen Sie mit dem Pfeil zu **Farbe** die Liste der Farbmuster. Unter **Effekte** wählen Sie, ob der Text durchgestrichen, hochgestellt oder tiefgestellt erscheint. Wird das Kästchen bei **Standardschrift** abgehakt, wird der ausgewählte Bereich wieder auf die aktuelle Standardschriftart zurückgesetzt.

Über das Kontextmenü einer Zellauswahl gelangen Sie auch über **Zellen formatieren** in das Dialogfeld. Häufig reicht es aber aus, im Kontextmenü mit den Schaltflächen der schon angesprochenen Minisymbolleiste zu arbeiten, die im linken Teil ebenfalls die wichtigsten Schriftwerkzeuge anbietet. Wollen Sie vorweg für das gesamte Tabellenblatt eine Hauptschrift festlegen, wählen Sie mit dem Feld **Alles auswählen** zunächst das gesamte Blatt.

Auf dem Touchscreen öffnen Sie das etwas anders angeordnete Kontextmenü, wenn Sie einen ausgewählten Bereich noch einmal antippen. Die Schaltflächen **Füllung** und **Schriftfarbe** öffnen die oben beschriebenen Paletten.

Gestaltung einzelner Buchstaben in einer Zelle

Es ist schon erwähnt worden, dass Sie die Schrift nicht nur für eine ganze Zelle, sondern auch für einzelne Zeichen oder Wörter eines Zelleintrags ändern können. Soll z. B. der erste Buchstabe einer Überschrift noch einmal besonders hervorgehoben werden, können Sie dieses Zeichen direkt in der Zelle oder in der Bearbeitungsleiste markieren und dann mit einem der Schriftsymbole aus der eingeblendeten Minisymbolleiste oder mit dem Dialogfeld **Zellen formatieren** arbeiten. Ähnlich verfahren Sie bei Diagrammbeschriftungen.

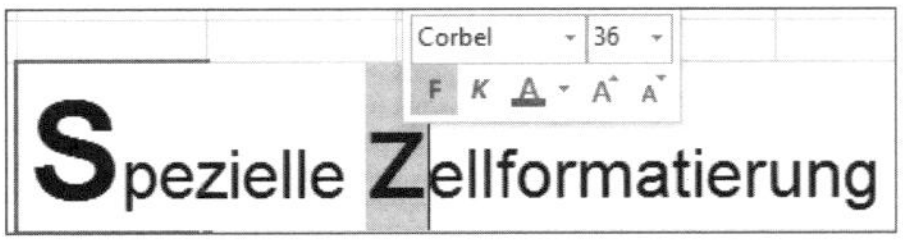

Abbildung 4.25 Einzelne Zeichen in einer Zelle formatieren

Im Modus **Fingereingabe** markieren Sie den gewünschten Teil eines Zellinhalts durch Ziehen an dem runden Anfasser. Tippen Sie die Auswahl kurz an, erscheint ein horizontales Kontextmenü, das einen Teil der Optionen aus der Minisymbolleiste für die Mausbedienung enthält. Alle anderen Einstellungen wählen Sie in diesem Modus am besten über die Menüleiste.

Abbildung 4.26 Formatierung von Zeichen in einer Zelle auf dem Touchscreen

HINWEIS

Tücken der Gruppenbearbeitung

Sie haben mehrere Blätter markiert, um ihnen eine einheitliche Schrift zuzuweisen. Anschließend haben Sie in der Überschrift des ersten Blatts einen kleinen Fehler entdeckt und ihn korrigiert. Zu Ihrem Schreck bemerken Sie nun, dass alle Blätter dieselbe Überschrift haben. Sie haben vergessen, nach dem Formatieren der Blattgruppe den Gruppenmodus wieder auszuschalten. Der Gruppenmodus wird in der Titelleiste angezeigt. Es reicht zum Aufheben der Klick oder Tipp auf ein einzelnes Register außerhalb der Gruppe. Gehören alle Blätter zur Gruppe, wählen Sie über das Kontextmenü der Gruppe die Option **Gruppierung aufheben**.

4.2.2 Beschriftungen und Zellwerte ausrichten

Solange Sie nichts anderes bestimmen, richtet Excel Texte am linken Rand der Zelle, also linksbündig, Zahlen dagegen rechtsbündig aus. Logische Werte wie `WAHR` und `FALSCH` oder Fehlerwerte werden als Vorgabe in die Mitte der Zelle gesetzt, also zentriert. Wie das Ergebnis einer Formel ausgerichtet wird, hängt von dem Datentyp ab, den sie als Ergebnis liefert.

	F	G
31	**Wert**	**Person**
32	100	Tester1
33	110	Tester2
34	200	Tester3
35	180	Tester4

Abbildung 4.27 Hier ist eine Änderung der Ausrichtung ratsam.

In vielen Fällen ist die Vorgabeausrichtung nicht befriedigend. Wenn z. B. eine Textspalte rechts von einer Zahlenspalte steht, klebt der Text an den Zahlen. Wenn die Spaltenüberschrift linksbündig, die Zahlen aber rechtsbündig stehen, macht das oft einen ziemlich ungeordneten Eindruck.

Eine entsprechende Anpassung der Ausrichtung trägt wesentlich dazu bei, die Tabelle übersichtlich zu gestalten. Um die Ausrichtung eines Zellbereichs zu ändern, muss wie immer zunächst markiert werden, was verändert werden soll. Für die gängigsten Optionen stehen auf der Registerkarte **Start** in der Gruppe **Ausrichtung** zahlreiche Symbole zur Verfügung.

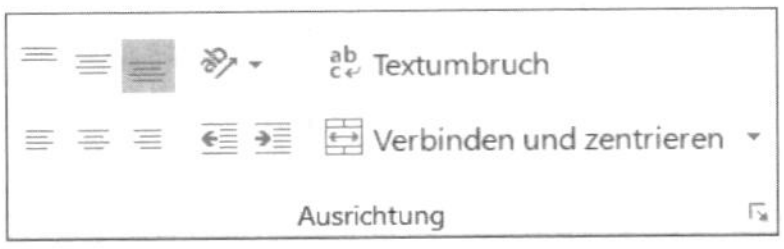

Abbildung 4.28 Die Gruppe »Ausrichtung«

Die obere Symbolreihe enthält Schaltflächen für die vertikale Ausrichtung der Zellinhalte; daneben gibt es noch ein Symbol **Ausrichtung** mit einem eigenen Menü. Zuletzt ist in der Reihe ein Symbol **Textumbruch** zu finden, das verwendet werden kann, wenn die Zelle mit mehrzeiligen Beschriftungen gefüllt werden soll.

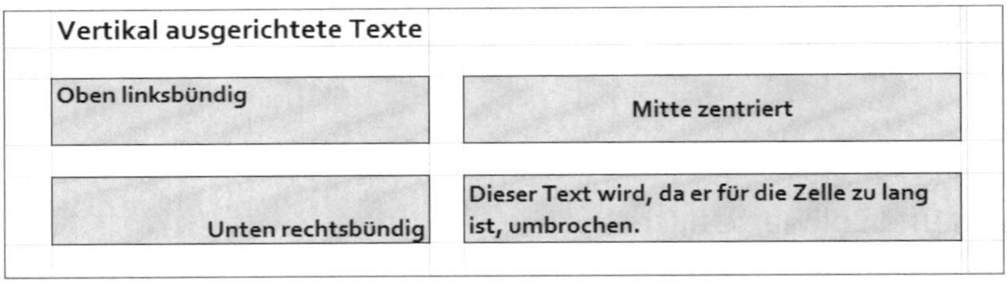

Abbildung 4.29 Beispiele für vertikale Ausrichtung

Die untere Reihe in der Gruppe **Ausrichtung** enthält die am meisten benötigten Symbole für die horizontale Ausrichtung. Hier kann **Linksbündig ausrichten**, **Zentrieren** oder **Rechtsbündig ausrichten** gewählt werden. Beachten Sie, dass Texte, die länger sind als die Spaltenbreite, bei rechtsbündiger Ausrichtung die linken Nachbarzellen überlappen, sofern diese leer sind, bei linksbündigen Texten werden die rechten Nachbarzellen überlappt, bei zentrierter Anordnung die Zellen rechts und links. Daneben sind zwei Symbole für die schrittweise Verkleinerung oder Vergrößerung von Einzügen zu finden. Dazu gleich mehr.

Die letzte Schaltfläche in dieser Reihe bietet ein Menü mit verschiedenen Befehlen für die Zusammenfassung von Zellen an. Die erste Option ist **Verbinden und zentrieren**. Dazu zeigen wir Ihnen im nächsten Abschnitt ein Beispiel.

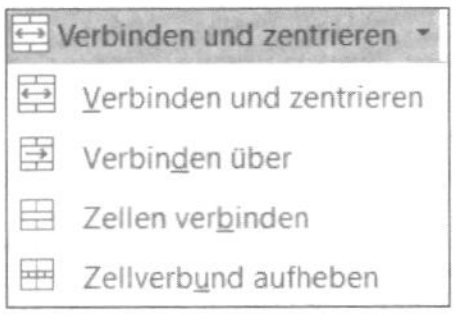

Abbildung 4.30 Das Menü der Schaltfläche »Verbinden und zentrieren«

4.2.3 Überschriften über mehrere Spalten zentrieren

Bei Tabellenüberschriften mit zahlreichen Spalten besteht oft der Wunsch, die Überschrift genau in der Mitte der Tabelle zu platzieren:

1. Geben Sie den Titel in die am weitesten links liegende Spalte ein.
2. Markieren Sie dann von dieser Zelle aus einen Bereich, der bis zur letzten verwendeten Spalte der Tabelle reicht.
3. Wählen Sie unter **Start ▸ Ausrichtung** die Option **Verbinden und zentrieren.**

Die Voraussetzung dafür, dass Sie das gewünschte Ergebnis erreichen, ist allerdings, dass die Zellen, auf die die Zellmarkierung ausgedehnt wurde, leer sind bzw. bleiben.

Das Register »Ausrichtung«

Noch mehr Variationen erlaubt die Registerkarte **Ausrichtung** im Dialog **Zellen formatieren**, die auch hier über den Dialogfeldstarter der Gruppe geöffnet wird. Das Dialogfeld bietet unter **Textausrichtung** separate Einstellungen für die horizontale und für die vertikale Anordnung der Zellinhalte an. Bei **Horizontal** kann neben der oben beschriebenen Standardeinstellung wieder **Links**, **Zentriert** oder **Rechts** gewählt werden. Die Option **Blocksatz** führt dazu, dass der Text bündig nach beiden Seiten angeordnet wird.

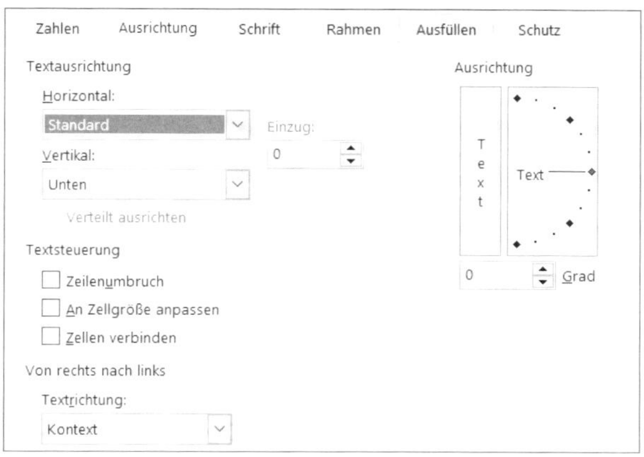

Abbildung 4.31 Das Register »Ausrichtung« im Dialog »Zellen formatieren«

Die Option **Ausfüllen** bewirkt, dass die Zelle mit der eingegebenen Zeichenfolge ganz ausgefüllt wird, d. h., die Zeichenfolge wird so oft wiederholt, bis nichts mehr hineinpasst. Sie kann z. B. verwendet werden, um Zellen mit *** aufzufüllen.

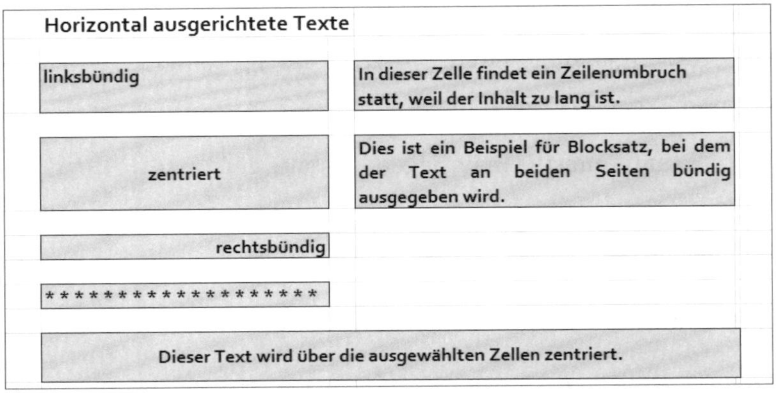

Abbildung 4.32 Beispiele für horizontale Ausrichtung

Die Option **Über Auswahl zentrieren** setzt den Inhalt der ersten Zelle in einer Auswahl von z. B. drei Zellen in die Mitte, verbindet die Zellen aber nicht. Wird in eine Nachbarzelle anschließend etwas eingegeben, wird der Raum zwischen den beiden Einträgen aufgeteilt. Seit Excel 2002 gibt es auch die Möglichkeit, für internationale Anwendungen die Textrichtung zu ändern, etwa für arabische Schriften.

Einzüge, um Beschriftungen zu gruppieren

Insbesondere bei Zeilenbeschriftungen ist es oft erwünscht, die Beschriftungen nach bestimmten Kategorien zu ordnen. Hier ist es praktisch, untergeordnete Kategorien durch Einrücken des Textes kenntlich zu machen. Das folgende Beispiel zeigt eine Aufstellung von Kostenarten.

Abbildung 4.33 Zeilenbeschriftungen mit Einzügen ordnen

Die Kosten sind in zwei Hauptgruppen gegliedert: Sach- und Personalkosten. Für die einzelnen Positionen jeder Gruppe wird ein Einzug verwendet. Auf der Registerkarte

Ausrichtung ist dafür als Textausrichtung **Links** ausgewählt und bei **Einzug** der Wert 3 eingegeben worden. Anstelle des Dialogfeldes können auch die beiden Einzugssymbole ❶ in der Gruppe **Ausrichtung** benutzt werden; ein Klick oder Tipp verändert den Einzug jeweils um eine Stelle. So lässt sich leicht ausprobieren, bei welchem Einzug das Ergebnis optimal ist.

Längere Beschriftungen

Häufig sind die Daten in einer Spalte nur eine Stelle lang, etwa bei bestimmten Kennzeichen, die Spaltenbeschriftung aber ist ausführlich. Lässt sich eine längere Beschriftung nicht vermeiden, kann zusätzlich zur horizontalen Ausrichtung noch der Textumbruch eingesetzt werden. Texte, die über die Spaltengrenze hinausragen, werden dann innerhalb der Zelle umbrochen. Die Zeilenhöhe wird automatisch angepasst.

Der Textumbruch in dieser Art hat allerdings den Nachteil, dass immer die Höhe für die gesamte Zeile angepasst wird. Sind die Beschriftungen in den anderen Spalten wesentlich kürzer, kann es zu weniger schönen Ergebnissen kommen. Hier hilft dann eventuell eine Veränderung der vertikalen Anordnung des Textes in den betreffenden Zellen. In dem folgenden Beispiel etwa sind die kürzeren Beschriftungen vertikal mittig ausgerichtet.

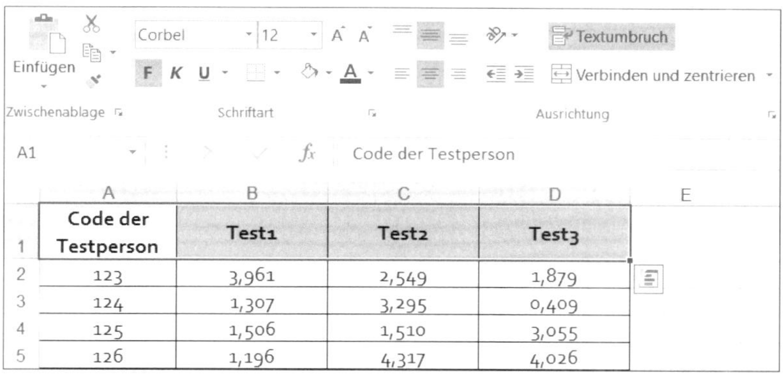

Abbildung 4.34 Kombination von Textumbruch und vertikaler Ausrichtung

Schräge oder senkrechte Beschriftungen

Eine andere Lösung für längere Beschriftungen ist eine schräge oder auch senkrechte Anordnung. Die schräge Anordnung ist eine mögliche Lösung bei schmalen Spalten. Die folgende Tabelle zeigt, wie auch schmale Spalten mit längeren Beschriftungen versehen werden können.

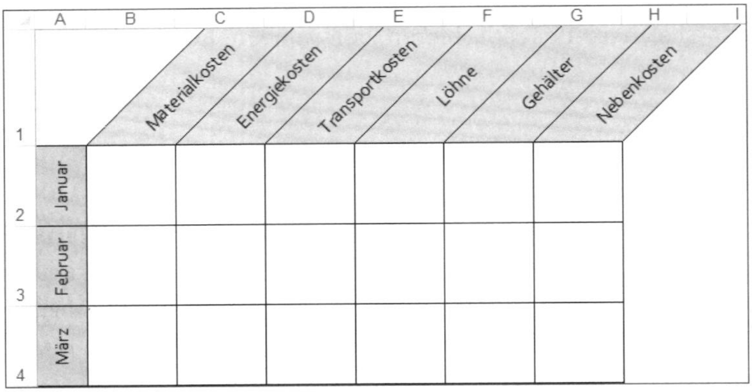

Abbildung 4.35 Tabelle mit vertikalen und schrägen Beschriftungen

Wenn die Beschriftungen markiert sind, bietet das Menü der Schaltfläche **Ausrichtung** Optionen an, um die Texte im Uhrzeigersinn oder gegen den Uhrzeigersinn zu drehen, vertikal anzuordnen oder ganz nach oben oder unten zu drehen. Auch senkrechte Beschriftungen von Tabellenbereichen sind möglich.

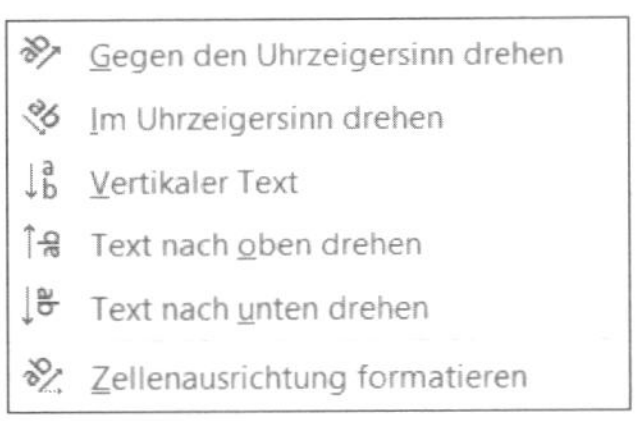

Abbildung 4.36 Optionen der Schaltfläche »Ausrichtung«

Wird **Vertikaler Text** ausgewählt, erscheint der Text Buchstabe für Buchstabe von oben nach unten. Wird der Text nach oben gedreht, erscheint der Text von unten nach oben ausgerichtet, wird er nach unten gedreht, verläuft der Text von oben nach unten. Wenn Sie bisher waagerechte Texte senkrecht ausrichten, passt Excel die Zeilenhöhe automatisch an den längsten Eintrag an, die Spaltenbreite bleibt dagegen zunächst unverändert.

Feinere Einstellungsmöglichkeiten bietet auch hier das Dialogfeld **Zellen formatieren**. Wählen Sie dazu auf dem Register **Ausrichtung** unter **Ausrichtung** den gewünschten Winkel. Sie können den roten Punkt in dem Halbkreis mit Maus, Finger oder Stift ziehen oder eine Stelle in dem Halbkreis anklicken oder antippen oder auch einen Wert unter **Grad** eingeben oder einstellen.

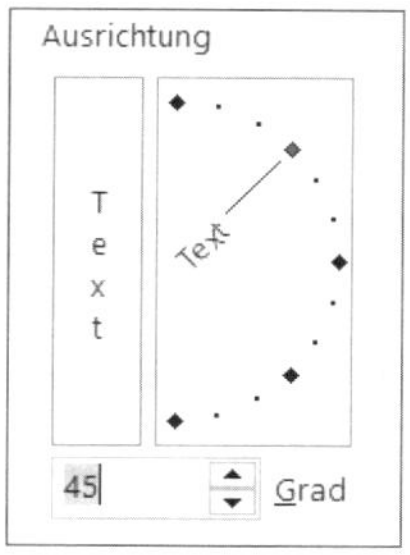

Abbildung 4.37 Festlegen der Schräge

Zellen für längere Texte zusammenfassen

So, wie sich bei Zeilenbeschriftungen Gruppen durch Einzüge herstellen lassen, können bei den Spaltenbeschriftungen Gruppen sehr schön durch das Zusammenfassen von Zellen geschaffen werden. In der folgenden Tabelle ist ein Teil der Beschriftung für einen Betriebsabrechnungsbogen zu sehen. Darin sind die Fertigungsstellen zunächst unterteilt nach Fertigungshauptstellen und Fertigungshilfsstellen. Darunter liegen dann jeweils die Bezeichnungen der einzelnen Stellen selbst als Spaltenbeschriftungen. In diesem Fall können Sie folgendermaßen vorgehen:

1. Markieren Sie in der Zeile über den **Fertigungshauptstellen** so viele Zellen, wie Hauptstellen angelegt sind.
2. Benutzen Sie in der Gruppe **Ausrichtung** die Schaltfläche **Verbinden und zentrieren**. Alle markierten Zellen werden zu einer Zelle zusammengefasst. Die Adresse wird von der ersten Zelle übernommen. Tragen Sie *Fertigungshauptstellen* ein.
3. Entsprechend verfahren Sie mit den Zellen über den Beschriftungen der Fertigungshilfsstellen. Tragen Sie in die zusammengefasste Zelle *Fertigungshilfsstellen* ein.
4. Noch eine Zeile darüber markieren Sie jetzt alle Zellen über den Haupt- und Hilfsstellen und fassen sie zu einer einzigen Zelle zusammen. Tragen Sie *Fertigungsstellen* ein.

Solche zusammengefassten Zellen sind sehr praktisch, wenn Sie einen Tabellentitel oder auch einen längeren Text in einer Tabelle ablegen wollen. Möchten Sie die Zusammenfassung der Zellen wieder aufheben, wählen Sie die Option **Zellverbund aufheben**, die das Menü der Schaltfläche **Verbinden und zentrieren** anbietet.

	A	B	C	D	E	F	G
1	Fertigungsstellen						
2	Fertigungshauptstellen				Fertigungshilfsstellen		
3	A	B	C	D	Lohnbüro	Reparaturwerkstatt	Arbeitsbüro
4							
5							
6							
7							

Abbildung 4.38 Tabellentitel und Text mit zusammengefassten Zellen

Das Zusammenfassen von Zellen erleichtert die Gestaltung von Tabellen und Formularen in hohem Maße. Es gibt Ihnen größere Freiheit im Aufbau der Tabellen. Dabei behalten die zusammengefassten Zellen ansonsten alle Eigenschaften einer »normalen« Zelle. Sie werden über eine Zelladresse angesprochen, können kopiert und verschoben werden etc.

Automatische Anpassung der Schriftgröße

Excel bietet noch eine weitere Möglichkeit an, um die Beschriftungen oder auch Werte passend in die Tabelle einzufügen. Sie können festlegen, dass in einer Zelle die Schrift automatisch kleiner ausgegeben wird, wenn der Zellinhalt durch eine Korrektur umfangreicher wird, ohne dass der zugeordnete Schriftgrad tatsächlich geändert werden muss. Haken Sie dazu auf dem Register **Ausrichtung** unter **Textsteuerung** das Kontrollkästchen **An Zellgröße anpassen** ab.

Wird in eine der so formatierten Zellen etwas eingetragen, was nicht in die Zelle passt, gibt Excel den Zellinhalt in einer kleineren Schrift aus, sodass alle Daten angezeigt werden können. Dieser Zelleigenschaft sind natürlich Grenzen gesetzt. Wird der Zellinhalt zu umfangreich, hört die Schrift auf, lesbar zu bleiben. Dann müssen Sie andere Maßnahmen treffen.

4.3 Rahmen und Muster

Linien und Rahmen sowie Farben und Muster für den Zellhintergrund sind bewährte Mittel, Ihre Tabellen übersichtlich zu gestalten. Linien sind z. B. gut geeignet, um Summenzeilen von den summierten Zahlenkolonnen zu trennen oder auch die Beschriftungen von den Bereichen, in die die Daten eingegeben werden. Mit Rahmen lassen sich in einem umfangreichen Tabellenblatt verschiedene Teilbereiche übersichtlich zusammenfassen. Mit Farben und Hintergrundmustern kann die Aufmerksamkeit gezielt auf wichtige Informationen gelenkt werden, etwa auf besonders herausragende oder auch besonders kritische Werte.

Vor allem, wenn Sie im Fenster oder auch nur für den Ausdruck die Gitternetzlinien ausblenden wollen, sollten Sie diese Mittel einsetzen, um den gesamten Aufbau der Tabelle übersichtlich zu strukturieren und einen gefälligen Gesamteindruck der Arbeit hervorzurufen. Das gilt im Besonderen für Formulare, die öfter verwendet werden, wie Rechnungsformulare, Lieferscheine, Bestellformulare etc.

Ein chaotisches Tabellenblatt dagegen macht nicht nur einen schlechten Eindruck und verärgert vielleicht den Empfänger. Möglicherweise werden auch entscheidende Informationen einfach übersehen. Nicht jeder hat ja die Zeit, eine Tabelle von der ersten bis zur letzten Zeile durchzusehen.

4.3.1 Palette der Rahmenlinien

Wenn Sie eine Zelle oder einen Bereich markiert haben, den Sie mit Linien oder Rahmen versehen wollen, haben Sie mehrere Möglichkeiten.

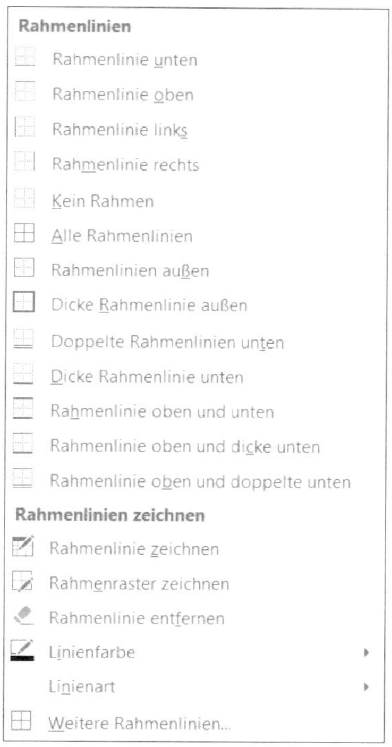

Abbildung 4.39 Umfangreiche Rahmenlinienpalette

Wer mit der Maus arbeitet, kann das Rahmenliniensymbol aus der Gruppe **Start ▸ Schriftart** einsetzen, das ähnlich genutzt wird, wie es oben am Beispiel des Symbols für **Schriftfarbe** beschrieben wurde. Sie haben die Wahl zwischen zwölf vorgegebenen Rahmenlinien (Abbildung 4.39). Beachten Sie, dass sich bis auf die Option **Alle Rahmenlinien**, die alle Zellen eines ausgewählten Zellbereichs betrifft, alle anderen Optionen jeweils auf den gesamten Zellbereich beziehen. Um einen Zellbereich von anderen Bereichen abzutrennen, kann so z. B. eine dicke Rahmenlinie darum gezeichnet werden, wie in Abbildung 4.40 zu sehen.

	A	B	C	D	E
1					
2			Euro	Dollar	Pfund
3		Artikel 1	50,00 €	$52,63	£22,73
4		Artikel 2	75,00 €	$78,95	£34,09
5		Artikel 3	100,00 €	$105,26	£45,45
6		Artikel 4	125,00 €	$131,58	£56,82
7		Artikel 5	150,00 €	$157,89	£68,18
8		Artikel 6	175,00 €	$184,21	£79,55

Abbildung 4.40 Zellbereich mit dicker Rahmenlinie außen

Um alle Rahmenlinien für einen markierten Bereich wieder zu entfernen, wählen Sie **Kein Rahmen**. Die Option **Weitere Rahmenlinien** öffnet in diesem Fall das Register **Rahmen** im Dialog **Zellen formatieren**. Im Modus **Fingereingabe** ist die Rahmenpalette wieder etwas auseinandergezogen, um die Auswahl zu erleichtern. Per Tipp wählen Sie das gewünschte Muster aus.

Die Registerkarte »Rahmen«

Die Vergabe von Rahmen und Linien mithilfe des Dialogfeldes **Zellen formatieren** ist etwas weniger elegant, weil dabei immer nur eine Auswahl für den gerade markierten Bereich getroffen werden kann. Dafür aber haben Sie auf der Registerkarte **Rahmen** mehr Auswahlmöglichkeiten. So sind hier auch diagonale Linien möglich, etwa um einen Bereich für einen späteren Löschvorgang zu markieren.

1 Markieren Sie die Zelle oder den Zellbereich, der gerahmt oder mit Linien versehen werden soll.

2 Zunächst können Sie auf der Registerkarte **Rahmen** eine Voreinstellung wählen, die dann anschließend verfeinert werden kann. Wenn Sie **Außen** anklicken oder antippen, wird der markierte Zellbereich insgesamt mit einem Rahmen versehen. **Innen** dagegen sorgt für ein Linienraster innerhalb des markierten Bereichs. Mit **Keine**

werden alle eventuell schon vorhandenen Rahmen wieder gelöscht. **Außen** und **Innen** können gleichzeitig verwendet werden.

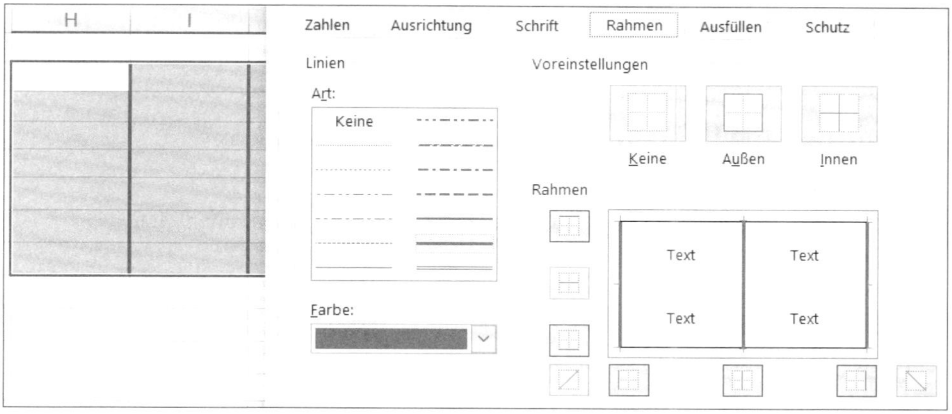

3 Im Feld **Rahmen** wird das Ergebnis der Voreinstellung angezeigt. Jede der Linien im Feld **Rahmen** kann anschließend per Klick oder Tipp entfernt werden. Fehlende Linien können wieder per Klick in das Rahmenfeld oder auf eines der Symbole um das Feld herum eingefügt werden.

4 Sollen unterschiedliche Linienarten und Linienfarben benutzt werden, wählen Sie erst per Mausklick im rechten Feld eines der Linienmuster aus und unter **Farbe** eines der Farbmuster. Alle Linien, die anschließend eingefügt werden, entsprechen so lange der ausgewählten Linienart und -farbe, bis Sie eine andere Auswahl treffen.

Sie können die Optionen beliebig kombinieren. Zum Beispiel ist es möglich, jede Zelle im Bereich mit einem dünnen Strich unten zu versehen, die Spalten aber mit fetten Strichen zu trennen.

4.3.2 Rahmen zeichnen

Anstatt die Zellen zuerst zu markieren und dann zu umrahmen, können Sie auch eines der beiden Zeichenwerkzeuge verwenden, die die Rahmenlinienpalette im unteren Teil anbietet. In der Palette lässt sich die Art und Farbe der Linien über Auswahllisten vorherbestimmen. Zum Zeichnen stehen die beiden Optionen **Rahmenlinie zeichnen** und **Rahmenraster zeichnen** zur Verfügung.

Im ersten Fall wird ein Rahmen um den anschließend mit dem Zeichenstift aufgezogenen Bereich gezogen, im zweiten Fall wird auf den ausgewählten Bereich ein komplettes

Zellraster gelegt. Der Zeichenvorgang wird abgeschlossen mit einem erneuten Klick auf das Rahmenliniensymbol.

	Euro	Dollar	Pfund
Artikel 1	50,00 €	$55,00	£36,00
Artikel 2	51,00 €	$56,10	£36,72
Artikel 3	52,00 €	$57,20	£37,44
Artikel 4	53,00 €	$58,30	£38,16
Artikel 5	54,00 €	$59,40	£38,88
Artikel 6	55,00 €	$60,50	£39,60

Abbildung 4.41 Einrahmen der Preistabelle mit dem Zeichenstift für Rahmenlinien

Für nachträgliche Korrekturen wird in der Palette ein Radiergummisymbol angeboten, das die Löschfunktion aktiviert. Mit der Maus lassen sich dann falsch platzierte Rahmen oder Raster leicht entfernen. Erst eine andere Auswahl in der Palette deaktiviert die Löschfunktion. Die Funktionen zum Zeichnen von Rahmen stehen im Modus **Fingereingabe** nicht zur Verfügung.

4.3.3 Farben und Füllmuster

Für die Gestaltung des Zellhintergrunds mit Farben wird in der Gruppe **Start ▸ Schriftart** die Schaltfläche **Füllfarbe** angeboten. Die Palette, die ein Klick oder Tipp auf den kleinen Pfeil öffnet, bietet eine Vorauswahl von Farben, ähnlich wie die schon behandelte Palette zur Schriftfarbe. Auch hier ist die Palette im Modus **Fingereingabe** vergrößert.

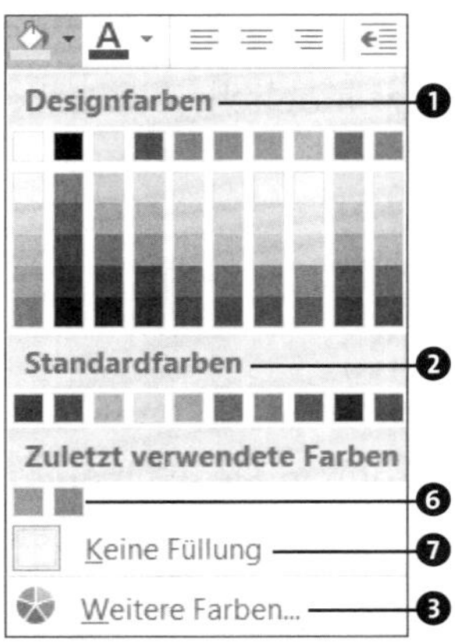

Abbildung 4.42 Die Palette zum Symbol »Füllfarbe«

Dabei wird unterschieden zwischen **Designfarben** ❶ und **Standardfarben** ❷. Die Designfarben sind aufeinander abgestimmte Farbgruppen, die über die später noch behandelte

Schaltfläche **Designfarben** in der Gruppe **Seitenlayout ▸ Designs** gepflegt werden. Die Standardfarben sind Farbvorgaben von Excel, die z. B. auch bei der Einfärbung von Diagrammen bevorzugt verwendet werden, wenn die Farben nicht vom Benutzer zugewiesen werden. Die Schaltfläche **Weitere Farben** ❸ öffnet einen Dialog mit zwei Registern. Auf dem Register **Standard** können Sie bei Bedarf einen Austausch der vorgegebenen Standardfarben vornehmen. Die aktuelle Farbe wird dabei durch die Farbe ersetzt, die Sie in dem Farbensechseck per Klick oder Tipp auswählen.

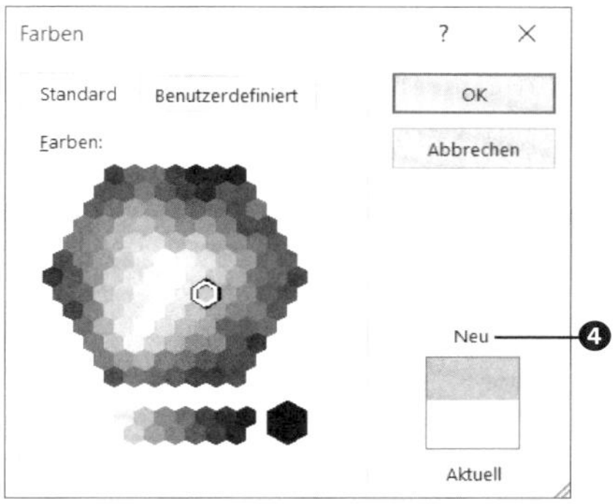

Abbildung 4.43 Austausch einer Standardfarbe

Reicht Ihnen dieses Farbangebot nicht aus, können Sie auf dem Register **Benutzerdefiniert** eine eigene Farbe aus den Grundfarben zusammenmischen. In dem großen Farbfeld können Sie nun entweder ganz zielsicher eine bestimmte Stelle anklicken oder mit Maus, Finger oder Stift in dem Feld herumziehen, bis das kleine Monitorfenster darunter unter **Neu** ❹ die gewünschte Farbe anzeigt. Ebenso lässt sich in dem schmalen Streifen verfahren, der Helligkeitsleiste ❺, die immer verschiedene Beimischungen von Weiß bzw. Schwarz zu der im linken Feld ausgewählten Farbe anzeigt.

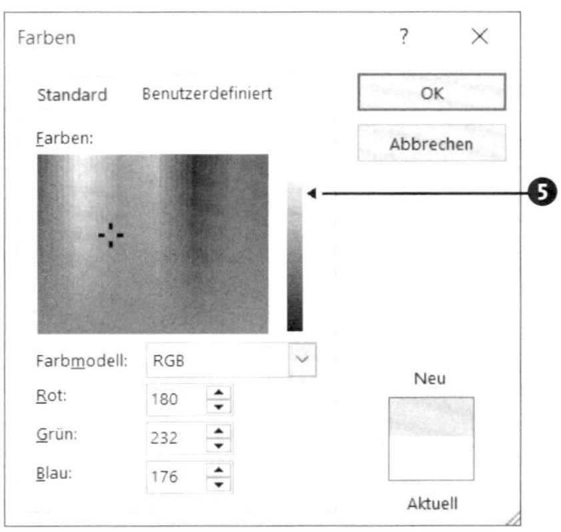

Abbildung 4.44 Mischen benutzerdefinierter Farben

Alternativ zum Ziehen, Klicken und Tippen in den Farbfeldern lassen sich auch die Zahlenwerte einstellen, die für die beiden von Excel unterstützten Farbsysteme gültig sind. Das Farbsystem HSL arbeitet mit den drei Faktoren **Farbton**, **Sättigung** und **Intensität**, das RGB-System mit der Mischung der Farben **Rot**, **Grün** und **Blau**. Beide Systeme können unabhängig voneinander verwendet werden. In der Palette tauchen eigene Farben unter der Rubrik **Zuletzt verwendete Farben** (❻ an Abbildung 4.42) auf, sodass Sie leicht darauf zurückgreifen können.

Wenn Sie z. B. Spalten stärker voneinander abheben oder eine Spalte mit besonders vorzüglichen Ergebnissen herausheben wollen, steht dem nichts im Wege. Markieren Sie die Spalte, und wählen Sie eine Farbe aus der Palette. Mit **Keine Füllung** (❼ an Abbildung 4.42) kann die Hintergrundfarbe auch wieder gelöscht werden.

	A	B	C	D
14		Euro	Dollar	Pfund
15	Artikel 1	50,00 €	$55,00	£36,00
16	Artikel 2	75,00 €	$82,50	£54,00
17	Artikel 3	100,00 €	$110,00	£72,00
18	Artikel 4	125,00 €	$137,50	£90,00
19	Artikel 5	150,00 €	$165,00	£108,00
20	Artikel 6	175,00 €	$192,50	£126,00

Abbildung 4.45 Unterschiedlich eingefärbte Spalten für bessere Lesbarkeit

Die Registerkarte »Ausfüllen«

Die Einfärbung der Zellen können Sie auch über die Registerkarte **Ausfüllen** im Dialog **Zellen formatieren** vornehmen. Dabei können Sie unter **Hintergrundfarbe** aus derselben Palette auswählen wie bei der Schaltfläche **Füllfarbe**.

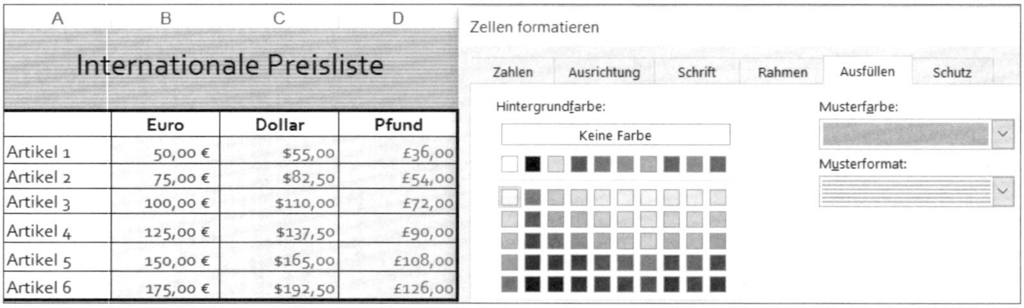

Abbildung 4.46 Die Registerkarte »Ausfüllen«

Zusätzlich lassen sich im Listenfeld **Musterformat** auch Schraffuren für die markierten Zellen wählen, die auf den jeweiligen Hintergrund gelegt werden. Über **Musterfarbe** kann eine bestimmte Farbe für die Schraffur ausgewählt werden. Es ist also z. B. möglich, auf einen einfarbigen Hintergrund ein Linienmuster zu legen, um eine Titelzeile hervorzuheben.

Weniger ist mehr

Mit den Farben in einem Tabellenblatt verhält es sich ähnlich wie mit den Schriften. Die Leichtigkeit, mit der Zellen eingefärbt werden können, führt manchmal in Versuchung, zu viel des Guten zu tun. Mehr als drei oder vier Farben auf einem einzigen Blatt machen das Bild unruhig, verwirren das Publikum und ermüden schnell die Augen. Bei solchen Farbmustern stellt sich natürlich immer auch die Frage, wie der entsprechende Bereich im Druck erscheinen wird. Deshalb sollten Sie am Anfang ein wenig experimentieren, um die Kombinationen herauszufinden, die wirklich brauchbar sind. Schließlich sollen die Daten ja noch lesbar bleiben.

4.3.4 Farben als Organisationsmittel

Farben und Muster können auch ohne Daten für viele Zwecke gut eingesetzt werden. Für die Urlaubsplanung einer Abteilung oder einer kleinen Firma können mithilfe solcher Muster z. B. sehr leicht Übersichten erzeugt werden. Abbildung 4.47 zeigt ein Beispiel. Hier ein Tipp, wie so ein Plan ausgefüllt werden kann: Legen Sie in einer Zelle – in der Abbildung ist es A15 – ein Farbmuster ab. Soll nun ein mehrtägiger Urlaub eingetragen werden, klicken Sie auf diese Farbzelle und anschließend auf die Schaltfläche **Format übertragen**. Ziehen Sie mit dem Pinsel über die entsprechenden Tage.

	A	B	C	D	E	F	G	H	I	J	K	L	M
1	**Urlaubsplan 2018**												
2													
3	**Name**	01. Jan	02. Jan	03. Jan	04. Jan	05. Jan	06. Jan	07. Jan	08. Jan	09. Jan	10. Jan		
4													
5	Klaris												
6	Toka												
7	Border												
8	Ernest												
9	Berwang												
10	Deront												
11	Dumas												
12	Heming												

Abbildung 4.47 Urlaubsplanung mit Zellhintergrundfarben

Farben lassen sich in Listen, die Sie abarbeiten wollen, auch sehr gut verwenden, um zu kennzeichnen, was schon erledigt ist.

	A	B	C	D	E
4				Zeichen	Seiten
6	Kapitel 1	Einstieg	100,0%	165041	107
7	Kapitel 2	Kalkulation	101,3%	149459	92
8	Kapitel 3	Formeln	100,4%	129937	81
9	Kapitel 4	Format	100,0%	123190	83

Abbildung 4.48 Kennzeichnen fertiger Teile mit einer Hintergrundfarbe

4.3.5 Bildhintergründe

Mit dem Befehl **Seitenlayout ▸ Seite einrichten ▸ Hintergrund** lassen sich Bilder als Hintergrund unter das Zahlenwerk einer Tabelle legen. Der Befehl öffnet zunächst die Seite **Bilder einfügen**, auf der verschiedene Quellen für Bildmaterial angeboten werden.

Die Schaltfläche **Durchsuchen** zur Option **Aus einer Datei** öffnet ein Dialogfeld, in dem Sie eine Grafikdatei auswählen können. Alle üblichen Dateitypen werden unterstützt. Excel kachelt das gesamte Tabellenblatt mit dem gewählten Bild aus. Auf diese Art lassen sich z. B. Abbildungen von Papierstrukturen, dekorative Texturen oder auch Fotos als Hintergrund benutzen. Wenn Sie den Hintergrund wieder entfernen wollen, wählen Sie an derselben Stelle in der Gruppe **Seite einrichten** den Befehl **Hintergrund löschen**.

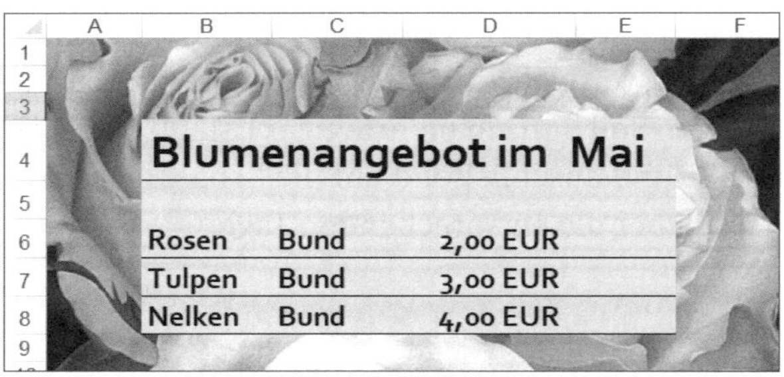

Abbildung 4.49 Bildhintergrund für eine Tabelle

4.4 Blätter mit Designs schmücken

Auch Dokumente, in denen hauptsächlich mit Zahlen jongliert wird, müssen nicht hässlich sein. Die meisten Menschen lesen lieber ein ansprechend gestaltetes Tabellenblatt. Um Ihnen in dieser Frage eine Hilfestellung zu geben, hat Microsoft die sogenannten Designs eingeführt. In einem Design ist eine abgestimmte Auswahl von Farben, Schriften und Effekten zusammengestellt. Dieses Konzept wird anwendungsübergreifend eingesetzt.

Ein Design, das Ihnen zusagt, können Sie durchgehend für Ihre Word-Texte, Ihre PowerPoint-Präsentationen und Ihre Excel-Tabellen verwenden, um ein einheitliches Aussehen all Ihrer Dokumente zu gewährleisten.

Abbildung 4.50 Die Palette der Designs

Zahlreiche integrierte Designs werden angeboten. Vorgabe ist das Office-Design, das als Erstes angezeigt wird, wenn Sie auf dem Register **Seitenlayout** die Schaltfläche **Designs** in der Gruppe **Designs** wählen. Die Elemente, auf deren Darstellung die Designs in Excel Einfluss haben, sind folgende:

- Zellen und Zellbereiche (Diese können als Hintergrund- oder Schriftfarbe Designfarben anstelle von Standardfarben verwenden. Wird das Design geändert, werden die Farben positionsweise ersetzt.)
- Tabellenformatvorlagen
- Diagramme und Sparklines
- Pivot-Tabellen und Datenschnitte
- grafische Objekte
- SmartArt- und WordArt-Objekte
- Farben für Blattregister

Wenn Sie ein neues Design zuweisen, werden die Schriftart, die Farben und die grafischen Effekte für SmartArt-Objekte in einem Zug geändert.

4.4.1 Ein anderes Design zuordnen

Wenn Sie mit dem Mauszeiger eins der Designmuster berühren, wird der Effekt in dem aktuellen Arbeitsblatt angezeigt, falls dort Elemente vorhanden sind, die davon betroffen sind, z. B. ein Diagramm. Voraussetzung ist allerdings, dass die Option **Livevorschau aktivieren** unter **Excel-Optionen ▸ Allgemein** eingeschaltet ist.

Ein Klick auf eine Designoption genügt, um sie zuzuweisen. Im Modus **Fingereingabe** tippen Sie das Muster an, die Livevorschau ist hier nicht möglich. Die Zuweisung eines Designs gilt immer für eine komplette Arbeitsmappe. Wird ein Design nachträglich angewendet, sind unter Umständen einige Anpassungen notwendig, die das Seitenlayout betreffen, da eventuell Schriften ausgetauscht wurden.

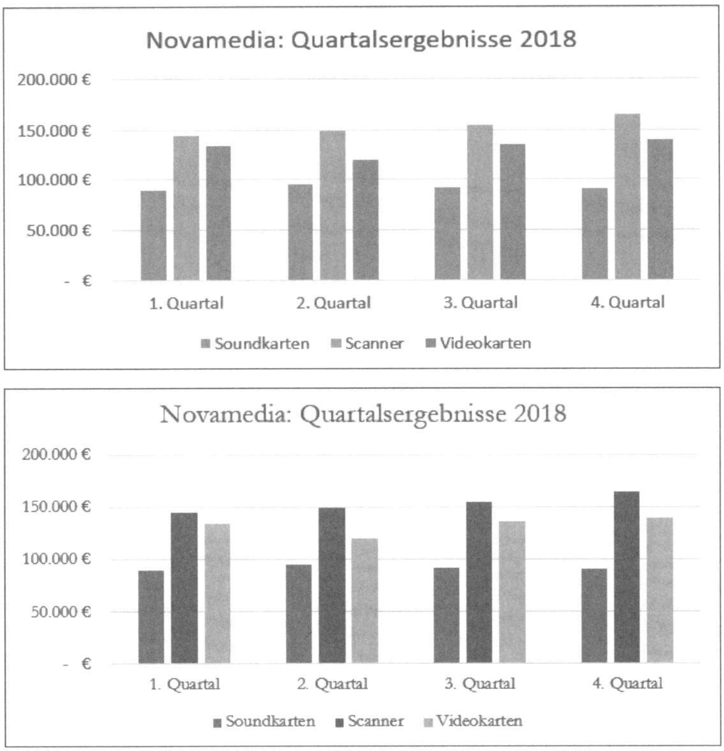

Abbildung 4.51 Das obere Diagramm zeigt das Design »Office«, das untere das Design »Organisch«.

4.4.2 Designs anpassen

In der Gruppe **Designs** finden Sie auch drei Schaltflächen, um einzelne Dimensionen eines ausgewählten Designs zu ändern. Wenn Ihnen z. B. zwar die Schriften des Designs **Parallax** gefallen, aber nicht die Farben, können Sie die Farben aus einem anderen Design übernehmen. Genauso ist es möglich, weitere Eigenschaften aus anderen Designs zu übernehmen. Gehen Sie dazu wie folgt vor:

1. Wählen Sie zuerst über die Schaltfläche **Designs** das Design **Parallax**.
2. Klicken Sie anschließend auf die Schaltfläche **Farben**, um die Palette mit den Farbkombinationen der verschiedenen Designs zu öffnen.
3. Wählen Sie aus der Palette die Farbreihe, die Sie verwenden wollen, per Klick oder Tipp aus.

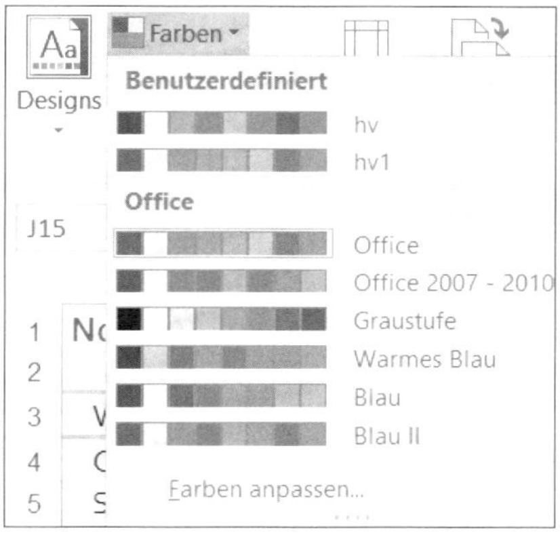

4. Mit dem Befehl **Farben anpassen** können Sie stattdessen auch eigene Farbreihen zusammenstellen.
5. Öffnen Sie über die Schaltflächen unter **Designfarben** die einzelnen Farbpaletten, und wählen Sie die gewünschten Farben aus. Das Dialogfeld bietet vier Schaltflächen für Text- und Hintergrundfarben, die ausgewählten Farben erscheinen in den Paletten **Füllfarbe** und **Textfarbe**. Die Schaltflächen **Akzent 1** bis **Akzent 6** sind für die Diagrammfarben, die beiden letzten Schaltflächen betreffen die Darstellung von Hyperlinks. Unter **Beispiel** können Sie immer sofort kontrollieren, wie sich Ihre Farbwahl auswirkt. Vergeben Sie unter **Name** eine passende Bezeichnung für die Farbauswahl, und bestätigen Sie mit **Speichern**.

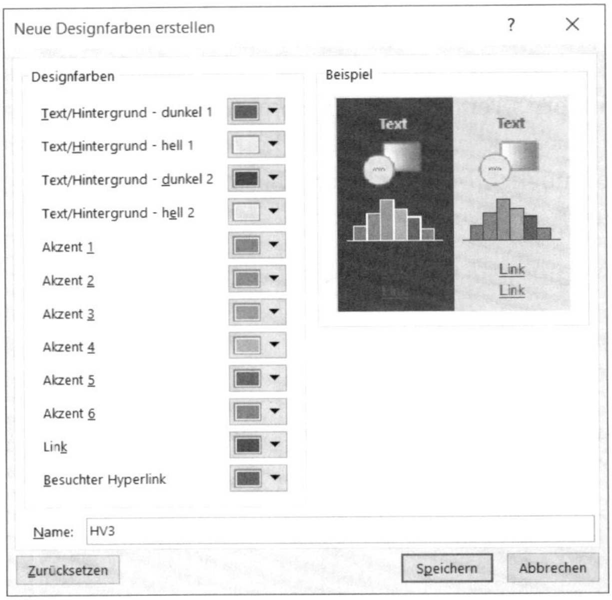

6 Vielleicht sind Sie aber auch mit den Farben eines bestimmten Designs zufrieden, wollen jedoch andere Schriften verwenden. Klicken Sie in diesem Fall auf die Schaltfläche **Schriftarten** in der Gruppe **Designs**. Sie können entweder eine Schriftart aus der Palette auswählen oder die Option **Schriftarten anpassen** verwenden.

7 Im zweiten Fall öffnet Excel einen kleinen Dialog, in dem Sie für die Überschriften und für die Daten des Tabellenblatts zwei verschiedene oder auch die gleiche Schriftart zuweisen können. Auch diese Auswahl braucht einen Namen, unter dem sie gespeichert werden kann.

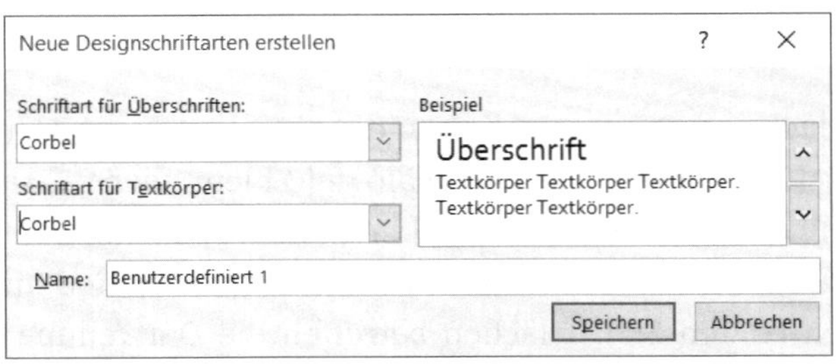

Die Schaltfläche **Effekte** in der Gruppe **Designs** erlaubt schließlich noch die Auswahl grafischer Effekte für SmartArt-Objekte. Auch hier können Sie für ein bestimmtes Design die Effekte eines anderen Designs übernehmen. Eine eigene Anpassung wird hier aber nicht angeboten.

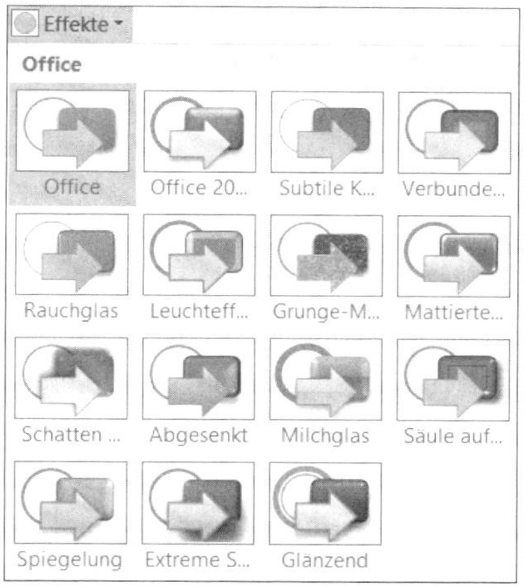

Abbildung 4.52 Das Angebot an grafischen Effekten

Zusätzlich zum Speichern einer eigenen Farb- oder Schriftauswahl können Sie ein angepasstes Design über den Befehl **Aktuelles Design speichern** aus der Palette **Designs** in einer THMX-Datei speichern. Excel schlägt dafür automatisch den Ordner *Document Themes* vor, der als Unterordner in dem benutzerbezogenen Ordner für Templates, also Mustervorlagen, angelegt ist, von dem in Abschnitt 4.7, »Tabellenformatvorlagen«, noch die Rede sein wird. In der Palette erscheint dann der Name dieses Designs unter der Kategorie **Benutzerdefiniert**.

4.5 Blätter und Mappen schützen

Da in Excel die Veränderungssperre für Zellen als eine Eigenschaft gesehen wird, die zum Format der Zelle gehört, soll diese Frage auch hier behandelt werden. Das schließt übrigens ein, dass auch beim Kopieren oder Verschieben von Zellen diese Eigenschaften mit übertragen werden. Normalerweise können alle Beschriftungen, Zahlen und Formeln in einer geöffneten Arbeitsmappe jederzeit geändert werden. Das kann absichtlich geschehen, sei es von befugten oder unbefugten Personen, die z. B. Werte manipulieren. Das kann aber auch unabsichtlich geschehen. Eine komplizierte Formel ist sehr schnell durch eine Zahl überschrieben, wenn Sie sich bei der Auswahl der Zelle irren.

Excel weist Sie übrigens durch einen Warnhinweis auf Zellen hin, die Formeln enthalten und nicht gegen Veränderungen gesperrt sind, solange über **Datei ▸ Optionen ▸ Formeln** unter **Regeln für die Fehlerüberprüfung** die Regel **Nicht gesperrte Zellen, die Formeln enthalten** aktiviert ist. Wenn die Struktur einer Tabelle feststeht, die Formeln ausgetestet sind, bestimmte Daten endgültig feststehen, wie etwa die abschließenden Werte für ein Jahr oder einen Monat, dann spricht viel dafür, die betreffenden Zellen gegen weitere Veränderungen zu sperren. Das kann für eine ganze Arbeitsmappe, für ganze Blätter oder für ausgewählte Bereiche von Tabellenblättern geschehen.

4.5.1 Änderungen freigeben oder verhindern

Der Schutz einzelner Tabellenblätter wird in Excel durch das Zusammenspiel von zwei Befehlen erreicht, die eine unterschiedliche Reichweite haben. Der umfassendere Befehl **Blatt schützen** ist in der Gruppe **Start ▸ Zellen** im Menü der Schaltfläche **Format** und als eigene Schaltfläche unter **Überprüfen** in der Gruppe **Änderungen** zu finden. Der zweite Befehl **Zelle sperren** ist ebenfalls im Menü der Schaltfläche **Zellen ▸ Format** zu finden. Außerdem können dafür im Dialog **Zellen formatieren** das Register **Schutz** und die Option **Gesperrt** verwendet werden. Als Vorgabe setzt Excel zunächst bei allen Zellen die Formateigenschaft **Gesperrt.** Diese Eigenschaft wird aber erst wirksam, wenn Sie zusätzlich den Befehl **Blatt schützen** verwenden.

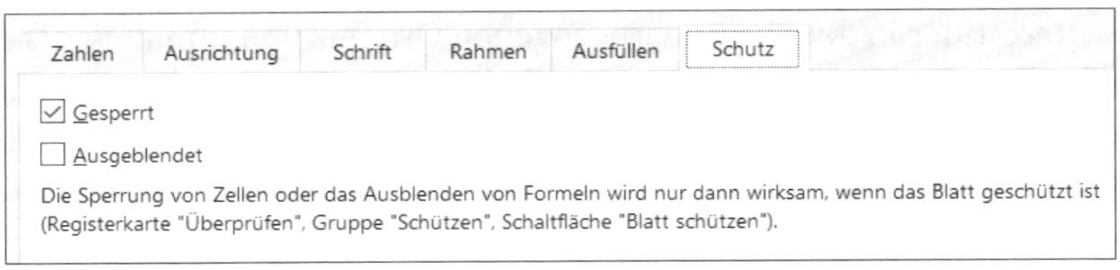

Abbildung 4.53 Das Register »Schutz« im Dialogfeld »Zellen formatieren«

Die Registerkarte **Schutz** kann auch dazu genutzt werden, um die Anzeige von Formeln in der Bearbeitungszeile zu unterbinden. Haken Sie dafür **Ausgeblendet** ab. Wenn Sie es zumindest etwas erschweren wollen, dass Ihre möglicherweise sehr komplexen Formeln von Unbefugten abgeschrieben werden, können Sie mit dieser Option arbeiten. Für bestimmte Bereiche ist allerdings auch die Nachprüfbarkeit Ihrer Berechnungen gefordert, denken Sie z. B. an die Buchhaltung. Auch diese Option wird erst wirksam, wenn das Blatt anschließend mit **Blatt schützen** gesperrt wird.

Um den Schutz einzuschalten, lassen Sie im Dialog die Option **Arbeitsblatt und Inhalt gesperrter Zellen schützen** ausgewählt. Wenn Sie verhindern wollen, dass eine andere Person diese Änderungssperre mit dem dann an derselben Stelle angebotenen Befehl **Blattschutz aufheben** einfach wieder durchbricht, können Sie im Feld darüber ein Kennwort vergeben.

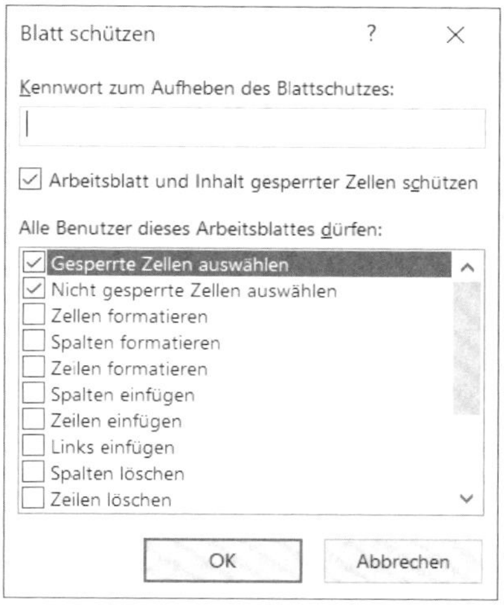

Abbildung 4.54 Das Dialogfeld »Blatt schützen«

Wie streng die Veränderungssperre sein soll, können Sie durch An- oder Abwahl der im Listenfeld aufgeführten Optionen regeln. Wenn Sie z. B. erlauben wollen, dass die Tabelle anders formatiert wird, haken Sie **Zellen formatieren** ab. Die Schutzfunktionen können also sehr fein auf eine bestimmte Situation abgestimmt werden. Die Befehle für Optionen, die Sie unterbinden, werden für dieses Blatt jeweils abgeblendet.

Soll eine ganze Arbeitsmappe geschützt werden, wählen Sie in der Gruppe **Überprüfen ▸ Änderungen** die Option **Arbeitsmappe schützen**. Diese Schaltfläche öffnet das Dialogfeld **Struktur und Fenster schützen**.

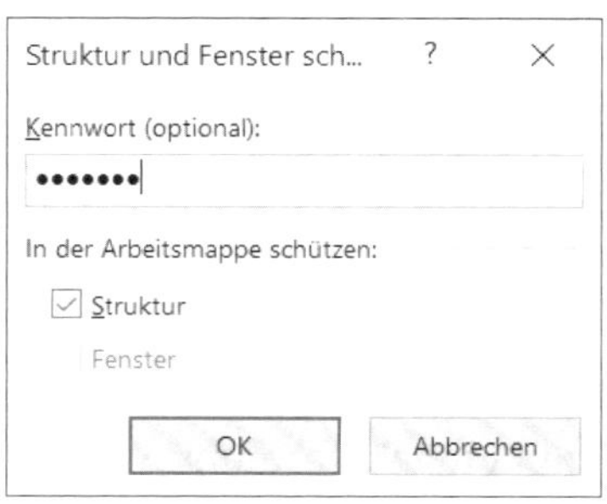

Abbildung 4.55 Das Dialogfeld »Arbeitsmappe schützen«

Zum einen wird mit einem Häkchen bei **Struktur** verhindert, dass in der Mappe Blätter verschoben, eingefügt oder gelöscht werden. Die Option **Fenster** ist in diesem Dialog deaktiviert, weil pro Anwendungsfenster ja nur noch eine Arbeitsmappe angezeigt wird, die immer das gesamte Fenster ausfüllt.

4.5.2 Eingabebereiche freigeben

Eine komplette Veränderungssperre für ganze Blätter ist immer dann sinnvoll, wenn der endgültige Inhalt feststeht. Eine Statistik über die Vorjahresergebnisse etwa wird normalerweise nicht mehr geändert. Sollen dagegen in bestimmten Bereichen eines Tabellenblatts noch Daten eingegeben werden, können wenigstens die Formeln und Beschriftungen und die Werte, die nicht mehr verändert werden sollen, wie Konstanten oder Vergleichswerte aus dem Vorjahr oder Vormonat, geschützt werden.

Um dies zu erreichen, müssen Sie zunächst die vorgegebene Veränderungssperre bei den Zellen aufheben, die noch verändert werden dürfen. Um auf ein Beispiel aus Kapitel 2, »Aufbau von Kalkulationstabellen«, zurückzukommen: In der Quartalsabrechnung ist es sinnvoll, die Zellen in dem Bereich der Werte für Veränderungen freizugeben und alles andere - Beschriftungen und Formeln - zu sperren.

1 Markieren Sie alle Zellen, die verändert werden dürfen, hier also B4:E7.

2 Wählen Sie im Kontextmenü den Befehl **Zellen formatieren**. Auf der Registerkarte **Schutz** löschen Sie das Häkchen bei **Gesperrt**. Um die freigegebenen Bereiche optisch kenntlich zu machen, können Sie der Markierung gleich noch eine andere Hintergrund- oder Textfarbe geben.

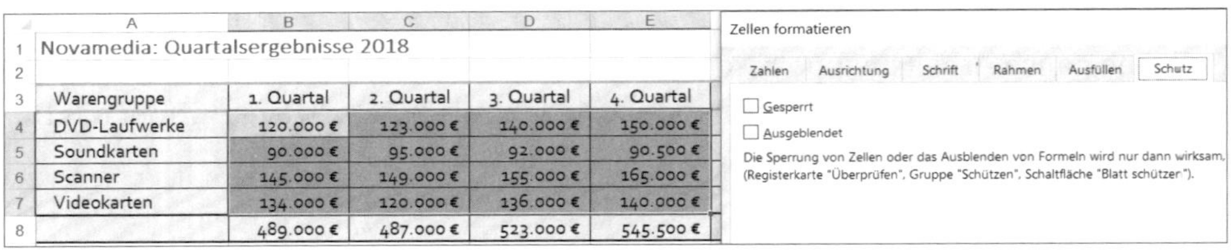

	A	B	C	D	E
1	Novamedia: Quartalsergebnisse 2018				
2					
3	Warengruppe	1. Quartal	2. Quartal	3. Quartal	4. Quartal
4	DVD-Laufwerke	120.000 €	123.000 €	140.000 €	150.000 €
5	Soundkarten	90.000 €	95.000 €	92.000 €	90.500 €
6	Scanner	145.000 €	149.000 €	155.000 €	165.000 €
7	Videokarten	134.000 €	120.000 €	136.000 €	140.000 €
8		489.000 €	487.000 €	523.000 €	545.500 €

3 Wählen Sie anschließend **Überprüfen ▸ Änderungen ▸ Blatt schützen**, damit die Sperre der restlichen Tabellenteile eingeschaltet wird.

Verwenden Sie für den Abschluss von Eingaben in den freigegebenen Bereich immer die [Tab]-Taste, bewegt sich der Zellzeiger automatisch nur in dem freigegebenen Bereich. Dieses Verhalten kann z. B. sehr gut dazu genutzt werden, um Eingabeformulare aufzubauen.

4.5.3 Differenzierter Bereichsschutz

Excel 2019 bietet auch die Möglichkeit, gezielt einzelnen Benutzern Rechte zur Bearbeitung bestimmter Bereiche einer Arbeitsmappe einzuräumen. In unserem Beispiel wäre es machbar, nur den Verantwortlichen für bestimmte Warengruppen zu erlauben, die Werte einzugeben. Um verschiedenen Gruppen Zugriff auf die sie betreffenden Teile einer Arbeitsmappe zu geben, wählen Sie **Überprüfen ▸ Änderungen ▸ Benutzer dürfen Bereiche bearbeiten**.

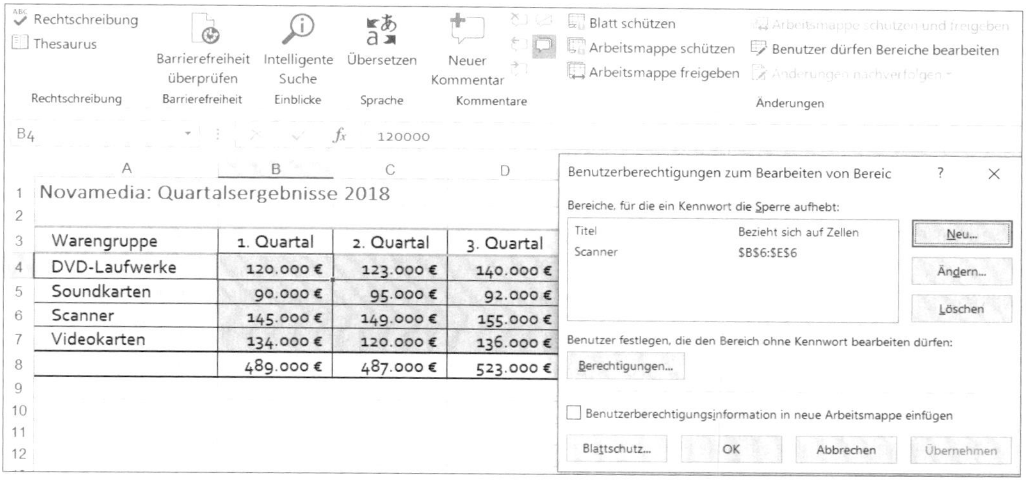

Abbildung 4.56 Benutzerrechte für einzelne Bereiche festlegen

Dabei wird davon ausgegangen, dass die betreffenden Bereiche wie vorgegeben gesperrt sind. Der Blattschutz darf aber noch nicht eingeschaltet sein. Über die Schaltfläche **Neu** können dann einzelne Bereiche mit einem Namen versehen, markiert und mit einem Kennwort ausgestattet werden, das die Änderungssperre aufheben kann.

Abbildung 4.57 Einen Bereich mit einem Kennwort schützen

Das jeweilige Kennwort muss den Berechtigten natürlich mitgeteilt werden. Zudem können über die Schaltfläche **Berechtigungen** Benutzer oder auch ganze Gruppen ausgewählt werden, die ausgewählte Bereiche auch ohne Kennwort bearbeiten dürfen.

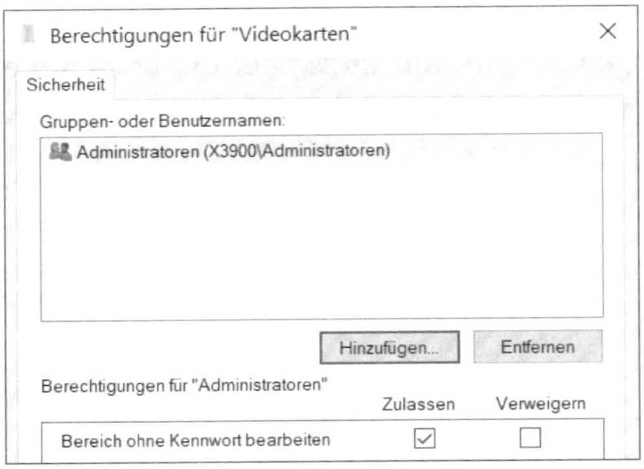

Abbildung 4.58 Vergabe von Berechtigungen an bevorzugte Benutzer

Ist der Blattschutz eingeschaltet, wird die Person, die in einem für sie reservierten Bereich etwas eingeben will, zunächst aufgefordert, das für den Bereich festgelegte Kennwort einzugeben, es sei denn, sie hat die Berechtigung, diesen Bereich ohne Kennwort zu editieren.

4.6 Einheitliche Gestaltung mit Formatvorlagen

Es kann dauern, bis eine geschmackvolle Gestaltung eines Tabellenblatts perfekt ist. Oft stellt sich erst allmählich heraus, welche Art der Formatierung überzeugt. Damit Sie nicht immer wieder von vorn anfangen müssen, haben Sie verschiedene Möglichkeiten, einmal zusammengestellte Formate wiederzuverwenden. Das reicht vom einfachen Kopieren von Formaten bis zur Arbeit mit Formatvorlagen, mit denen sich dieser Abschnitt hauptsächlich befassen wird.

4.6.1 Formate kopieren

Bei der Behandlung der Funktionen **Kopieren** und **Ausfüllen** ist schon darauf hingewiesen worden, dass Excel normalerweise mit dem Zellinhalt auch das Format in die jeweiligen Zielbereiche überträgt. Soll das Format einer Zelle unabhängig vom Inhalt auf andere Zellen übertragen werden, können Sie im Menü von **Start ▸ Einfügen** unter **Weitere Einfügeoptionen** die Schaltfläche **Formatierung** verwenden. Dieses wird auch noch einmal im Menü der Schaltfläche **Einfügeoptionen** angeboten, die nach dem Einfügen am Ende des Zielbereichs erscheint.

Sehr praktisch ist auch die Schaltfläche **Format übertragen** aus der Gruppe **Start ▸ Zwischenablage**. Der Umgang damit ist beim Thema Zahlenformat schon kurz angesprochen worden. Wenn Sie die Schaltfläche anklicken, verwandelt sich der Zellzeiger in einen Pinsel. Alle Zellen, über die Sie mit diesem Pinsel ziehen, werden so formatiert wie die aktive Zelle. Wenn Sie die Schaltfläche doppelt anklicken, können Sie so lange verschiedene Zellbereiche formatieren, bis Sie die Schaltfläche erneut anklicken. Beachten Sie aber, dass dabei immer alle Formateigenschaften übertragen werden, die für die Ausgangszelle aktuell festgelegt sind.

Auch im Modus **Fingereingabe** können Sie mithilfe dieser Schaltfläche Formate übertragen. Sie tippen das Pinselsymbol an und dann die Zelle, die das Format übernehmen soll. Nur der Mauszeiger in Pinselform fehlt hier. Sie können den Zielbereich also auch nicht durch Ziehen ausdehnen. Wenn Sie anstelle einer Zelle aber einen Spalten- oder einen Zeilenkopf antippen, wird das Format auf die ganze Spalte oder Zeile übertragen.

Die Schaltfläche **Format übertragen** lässt sich auch verwenden, um die Formatierung eines markierten Zellbereichs für einen anderen Bereich zu übernehmen:

1 Markieren Sie A3 bis F8.

2 Dann klicken oder tippen Sie die Schaltfläche mit dem Pinsel an.

3 Klicken oder tippen Sie die Zelle A10 an.

Abbildung 4.59 zeigt, dass die Formatierung des ganzen Tabellenbereichs ab der Zelle A10 wiederholt wird.

	A	B	C	D	E	F
1	Novamedia: Quartalsergebnisse 2018					
2						
3	Warengruppe	1. Quartal	2. Quartal	3. Quartal	4. Quartal	Gesamt
4	DVD-Laufwerke	120.000 €	123.000 €	140.000 €	150.000 €	533.000 €
5	Soundkarten	90.000 €	95.000 €	92.000 €	90.500 €	367.500 €
6	Scanner	145.000 €	149.000 €	155.000 €	165.000 €	614.000 €
7	Videokarten	134.000 €	120.000 €	136.000 €	140.000 €	530.000 €
8		489.000 €	487.000 €	523.000 €	545.500 €	2.044.500 €
9						
10						
11						
12						
13						
14						
15						

Abbildung 4.59 Übernahme der Formatierung aus einem ausgefüllten Tabellenbereich

4.6.2 Wiederverwendbare Formatvorlagen

Effiziente Möglichkeiten, bestimmte Formatmuster immer wieder zu verwenden, bietet die Arbeit mit Formatvorlagen. Wollen Sie alle Formatierungsmöglichkeiten für einzelne Zellen oder Zellbereiche nutzen, kann das ganz schön aufwendig werden. Zellformatvorlagen bündeln gleich mehrere Formateigenschaften und können dann in einem Zug zugewiesen werden.

Excel kommt Ihnen hier mit einer umfangreichen Palette von Zellformaten für verschiedene Zwecke entgegen, die über **Start ▸ Formatvorlagen** und die Schaltfläche **Zellenformatvorlagen** geöffnet wird. Um einzelne Formate daraus einem markierten Zellbereich zuzuweisen, reicht ein Klick oder Tipp auf das gewünschte Formatmuster. Solange Sie mit der Maus die Muster nur berühren, wird in dem markierten Bereich jeweils eine Vorschau angezeigt (falls das nicht der Fall ist, wurde die **Livevorschau** über **Datei ▸ Optionen ▸ Allgemein** abgeschaltet).

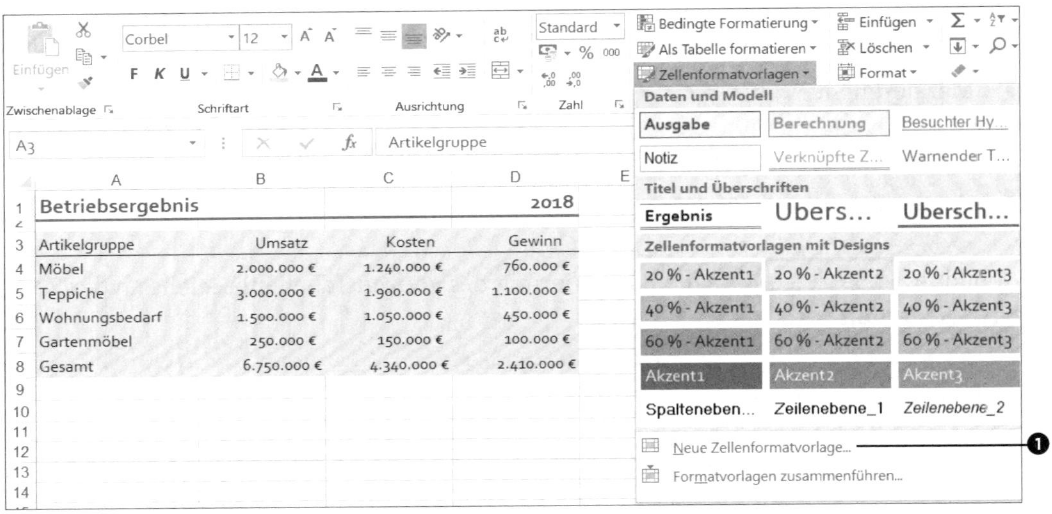

Abbildung 4.60 Zuweisen integrierter Zellenformatvorlagen

Wenn Ihnen die in Excel 2019 integrierten Formatvorlagen nicht ausreichen, können Sie das Angebot durch eigene Vorlagen ergänzen. Wenn Sie z. B. eine Summenzelle immer in einer etwas größeren fetten Schrift und einer bestimmten Hintergrundfarbe gestaltet sehen wollen, sind das normalerweise drei einzelne Schritte, wobei Sie jedes Mal verschiedene Formatierungssymbole nacheinander einsetzen oder durch verschiedene Registerkarten hindurchgehen. Wenn ein solches Spezialformat für Summenzellen aber für eine Zelle festgelegt ist, kann daraus ganz einfach eine eigene Formatvorlage für die Arbeitsmappe definiert werden. Solche Formatvorlagen können dann auch in andere Arbeitsmappen übernommen werden.

Definition über eine Musterzelle

Das einfachste Verfahren, um z. B. für eine solche Summenzelle eine Formatvorlage zu definieren, verwendet eine Musterzelle:

1. Weisen Sie zunächst der Musterzelle manuell alle Formateigenschaften zu, die für die Formatvorlage gebraucht werden.
2. Ist das geschehen, markieren Sie die Musterzelle, wählen **Start ▸ Formatvorlagen ▸ Zellenformatvorlagen** und wählen am Ende der Palette den Befehl **Neue Zellenformatvorlage** ❶.
3. Tragen Sie unter **Name der Formatvorlage** ❷ den Namen *betonte_Summe* ein. Wenn Sie mit **OK** bestätigen, ordnet Excel diesem Namen die Formatmerkmale der aktiven Zelle zu.

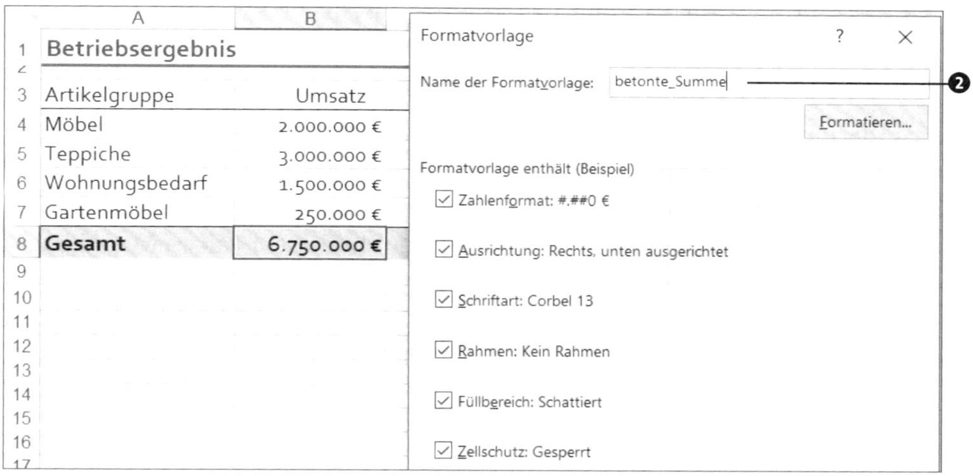

Das neue Format wird in der Vorlagenpalette unter **Benutzerdefiniert** übernommen und kann wie alle anderen Vorlagen einem markierten Zellbereich per Klick oder Tipp zugewiesen werden. Wie das Dialogfeld zeigt, können in einer Formatvorlage zahlreiche Formatierungsmerkmale zusammengefasst werden, sodass die Gestaltung eines Zellbereichs in Bezug auf all diese verschiedenen Dinge in einem Zug geändert werden kann. Außerdem helfen Ihnen solche Formatvorlagen, Ihren Arbeitsmappen ein einheitliches

Design zu geben. Wenn Sie ein Formatmerkmal nicht in die Vorlage übernehmen wollen, wählen Sie es vorher ab.

Ändern bestehender Formatvorlagen

Angenommen, Sie wollen die Formatvorlage **Standard** ändern, weil Ihnen die Schrift nicht gefällt, und außerdem soll die Tabelle ein graues Muster erhalten. Soll eine bestehende Formatvorlage geändert werden, können Sie in der Palette das entsprechende Formatmuster mit rechts anklicken und über das Kontextmenü die Option **Ändern** aufrufen. Im Modus **Fingereingabe** berühren Sie das Muster, bis das Kontextmenü erscheint.

Das Dialogfeld **Formatvorlage** wird geöffnet und der Name der Standardvorlage angezeigt. Über die Schaltfläche **Formatieren** erreichen Sie den Dialog **Zellen formatieren**, in dem Sie die gewünschten Merkmale auswählen können. Wenn Sie bisher in dieser Arbeitsmappe keine Änderungen an Schrift und Muster irgendwelcher Zellen vorgenommen haben, erscheint die gesamte Arbeitsmappe mit grauem Zellhintergrund, und alle schon eingegebenen Daten werden in der neuen Schrift angezeigt. Nur Zellen, bei denen Sie z. B. die Farbe des Musters schon vorher geändert haben, behalten diese Farbe. Wollen Sie auch für diese Zellen die graue Farbe, können Sie das Standardformat über die Palette erneut zuweisen.

Jede Änderung einer bereits bestehenden Formatvorlage ändert auch das Aussehen aller Zellen, denen diese Formatvorlage bereits vorher zugewiesen worden ist. Ausgenommen sind allerdings Zellen, bei denen Sie zusätzlich zur Formatvorlage einzelne Formatierungsmerkmale manuell geändert haben. In diesem Fall werden diese Merkmale nicht geändert. Wenn Sie also z. B. in den Spalten A bis Z manuell eine andere Schrift – etwa **Segoe UI Semibold** – wählen und anschließend die Formatvorlage **Standard** um ein graues Muster erweitern, erscheinen zwar auch die Spalten A bis Z in Grau, behalten aber die halbfette Schrift.

Überlagern von Formatvorlagen

Es ist ohne Weiteres möglich, auf eine Zelle mehrere Formatvorlagen anzuwenden. Das geschieht sogar immer dann, wenn Sie anstelle des vorgegebenen Standardformats eine der anderen vorgegebenen Zahlenformatvorlagen verwenden. Da diese Formate nur das Zahlenformat festlegen, wird auch nur dieses geändert. Andere Merkmale – Schriftart, Rahmenlinien etc. – bleiben erhalten. Ein neues Format ändert also immer nur die Merkmale, die in diesem Format tatsächlich definiert sind.

Löschen von Formatvorlagen

Wenn Sie eine der definierten Formatvorlagen nicht oder nicht mehr verwenden wollen, können Sie diese löschen. Das hält die Liste übersichtlich. Wählen Sie im Kontextmenü zu dem Formatmuster den Befehl **Löschen**. Normalerweise ist es natürlich nicht sinnvoll, solche Vorlagen zu löschen, die im Arbeitsblatt noch verwendet werden. Geschieht dies irrtümlich, werden die Zellen, denen bisher die Formatvorlage zugewiesen war, wieder auf das Standardformat zurückgesetzt.

4.6.3 Formatvorlagen in andere Arbeitsmappen übernehmen

Änderungen an Formatvorlagen oder die Definition neuer Formatvorlagen gelten normalerweise nur für die aktuelle Arbeitsmappe. Das Bedürfnis, bestimmte Gestaltungsvarianten zu verwenden, beschränkt sich aber meist nicht auf eine Datei. Wenn Sie einmal Gefallen an einer bestimmten Kombination von Schriften, Farben und Mustern gefunden haben, wollen Sie diese immer wieder verwenden. Um dies zu erreichen, gibt es hauptsächlich zwei Möglichkeiten:

1. Übernahme von Formatvorlagen aus einer anderen Arbeitsmappe
2. Vererbung von Formatvorlagen mithilfe von Mustervorlagen

Die erste Methode besteht darin, Formatvorlagen aus einer bestehenden Arbeitsmappe in die aktuelle Arbeitsmappe zu übernehmen. Dabei müssen beide Mappen geöffnet sein. Wählen Sie dann in der Arbeitsmappe, die als Empfänger auftritt, den Befehl **Start ▸ Formatvorlagen ▸ Zellenformatvorlagen** und in der Palette die Option **Formatvorlagen zusammenführen**.

Wählen Sie im Dialogfeld den Namen der Arbeitsmappe aus, die die begehrten Formatvorlagen liefern soll. Wenn Sie bestätigen, prüft Excel zunächst, ob es Namensübereinstimmungen zwischen den in beiden Arbeitsmappen definierten Formatvorlagen gibt.

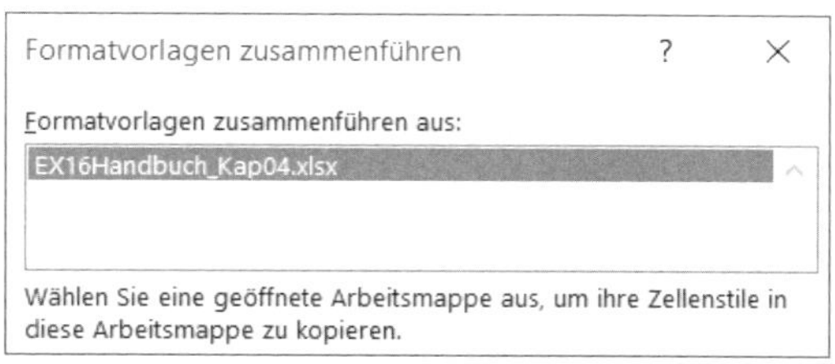

Abbildung 4.61 Das Dialogfeld »Formatvorlagen zusammenführen«

Das Programm vergleicht die Namen der in beiden Tabellen definierten Formatvorlagen. Enthält die ausgewählte Arbeitsmappe nur Formatnamen, die in der aktiven

Arbeitsmappe nicht vorkommen, ist die Sache problemlos. Diese Formate werden in die aktive Arbeitsmappe übertragen und können dann wie üblich verwendet werden.

In der Regel kommen in beiden Mappen aber wenigstens einige gleichnamige Formatvorlagen vor, wie eben das Standardformat. Deshalb verhält sich Excel vorsichtig und fragt erst einmal nach, ob Formatvorlagen mit gleichem Namen zusammengeführt werden sollen. Antworten Sie mit **Ja**, werden die Formate der aktiven Arbeitsmappe durch die Formate der anderen Arbeitsmappe ersetzt, bei **Nein** dagegen bleiben die eigenen Definitionen bei den gleichnamigen Vorlagen erhalten, und nur die anderen Vorlagen werden übernommen. Diese Methode des Zusammenführens von Arbeitsmappe zu Arbeitsmappe ist am ehesten dann sinnvoll, wenn es sich um sehr spezielle Formatierungen handelt, die nur für einen Teil Ihrer Arbeitsmappen verwendet werden.

4.6.4 Festlegen von Formatvorlagen ohne Musterzelle

Wenn Sie eine Formatvorlage unabhängig von Beispielzellen definieren oder ändern wollen, nutzen Sie ebenfalls das Dialogfeld **Formatvorlage**:

1. Tragen Sie den Namen der Formatvorlage ein.
2. Ist ein neuer Name eingetragen, werden zunächst unter **Formatvorlage enthält** die Formatmerkmale der gerade aktiven Zelle angezeigt. Sie können hier nun die Dimensionen des Formats abhaken, die in der neuen Formatvorlage festgelegt werden sollen, bei den anderen Dimensionen lassen Sie das Häkchen weg oder löschen es.
3. Die Auswahl der Formatmerkmale selbst erfolgt über die Schaltfläche **Formatieren**. Sie wählen auf den verschiedenen Registerkarten die Kombination von Formatierungen aus, die in der Formatvorlage zusammengefasst werden sollen. Wird das Dialogfeld schließlich mit **OK** bestätigt, können Sie Ihre Auswahl noch einmal in dem ersten Dialogfeld kontrollieren.
4. Schließen Sie mit **OK** ab, erscheint die neue Vorlage in der Palette **Zellenformatvorlagen**.

Soll eine Formatvorlage aus einer schon bestehenden Vorlage abgeleitet werden, können Sie im Kontextmenü zu dem entsprechenden Formatmuster auch den Befehl **Duplizieren** verwenden. In diesem Fall wird im Dialog **Formatvorlage** an den Originalnamen zunächst ein Zähler angehängt. Ersetzen Sie den Eintrag einfach durch den gewünschten neuen Namen.

Der Komfort automatischer Mustervorlagen

Die zweite oben angesprochene Methode, Formate zu übernehmen, ist wirkungsvoller, wenn Sie generell mit bestimmten Formatvorlagen arbeiten wollen. Dazu sollten Sie eine automatische Mustervorlage anlegen. Dafür muss eine Vorlage mit dem Namen *Mappe* im Startverzeichnis *XLSTART* abgelegt werden. Dazu brauchen Sie allerdings Administratorrechte. Wählen Sie dazu im Startmenü von Windows 10 im Kontextmenü zu Excel 2019 die Option **Als Administrator ausführen**, wenn Sie Excel starten. Die Festlegungen in dieser Mappe ersetzen dann die Vorgaben, die Excel sonst verwendet, wenn Sie eine neue Arbeitsmappe öffnen. Folglich stehen Ihnen diese Formatvorlagen bei allen neuen Tabellen zur Verfügung. Allerdings öffnet Excel diese Mappe schreibgeschützt, Sie müssen Ihre Arbeit damit also unter einem anderen Namen speichern.

Sie können aber auch mit verschiedenen Mustervorlagen mit unterschiedlich zusammengestellten Formatvorlagen arbeiten. Definieren Sie die nötigen Formatvorlagen in Mustervorlagen, die Sie dann in dem Vorlagen-Ordner ablegen, wie in Kapitel 1, »Basiswissen für die Arbeit mit Excel 2019«, erläutert.

4.7 Tabellenformatvorlagen

Wer sich nicht auf die Formatierung einzelner Teile seiner Tabelle einlassen will, kann Excel einen Teil der Arbeit des Formatierens überlassen. Das Programm bietet eine automatische Formatierung aller Tabellen an, die einigermaßen regelmäßig aufgebaut sind. Allerdings geht es dabei nur um die Eigenschaften, die mit der Schriftgestaltung, den Zellhintergründen und den Rahmen zu tun haben; die Zahlenformatierung ist ausgenommen. Tabellenformatvorlagen bieten sich an, weil die meisten Tabellen eine ähnliche Grundstruktur haben, und Excel bietet für solche Tabellen eine Anzahl fertiger Tabellenmuster.

Wie im Beispiel in Abbildung 4.62 haben viele Tabellen einen Tabellenkopf, der aus einer oder mehreren Beschriftungszeilen besteht, und eine oder mehrere Beschriftungsspalten links von den eigentlichen Tabellendaten. Werden die Daten durch Berechnungen zusammengefasst, erscheint am unteren Rand der Tabelle eine Zeile mit den errechneten Werten, häufig auch noch eine Spalte rechts vom Zahlenblock, z. B. mit einer Quersumme. Manchmal enthält eine Zeile oder Spalte aber auch komplexere Berechnungen, die sich auf Werte in den oberen/unteren Zeilen oder den links/rechts gelegenen Spalten beziehen.

Tabelle mit Spalten- und Zeilenauswertung			
Name	1. Halbjahr	2. Halbjahr	Gesamt
Karol	30000	32000	62000
Bernd	35000	34000	69000
Gangus	32000	34000	66000
Gesamt	97000	100000	197000

Datenliste mit Überschriftenzeile		
Name	Telefon	Ort
Karol	0221 36 78 89	Köln
Bernd	0211 23 34 65	Düsseldorf
Gangus	030 76 56 78	Berlin
Kern	030 87 89 89	Berlin

Abbildung 4.62 Typische Tabellenstrukturen

Ein anderer Grundtyp von Tabellen sind die Datenlisten. Diese Tabellen haben – wie das rechte Beispiel in der Abbildung zeigt – nur eine Überschriftenzeile im Kopf und darunter eine Anzahl von Datensätzen. Am Ende kann noch eine Ergebniszeile erscheinen.

4.7.1 Vorgabe eines Tabellenformats

Wenn Sie einen noch leeren Zellbereich vorweg mit einem Tabellenformat ausstatten wollen, etwa als Orientierungshilfe für die spätere Dateneingabe, können Sie folgendermaßen verfahren:

1. Markieren Sie den für die Tabelle vorgesehenen Zellbereich.
2. Wählen Sie auf dem Register **Start** in der Gruppe **Formatvorlagen** die Schaltfläche **Als Tabelle formatieren**, die die Palette der Tabellenformatvorlagen öffnet.
3. Wählen Sie das gewünschte Tabellenformat mit einem Klick oder Tipp aus.

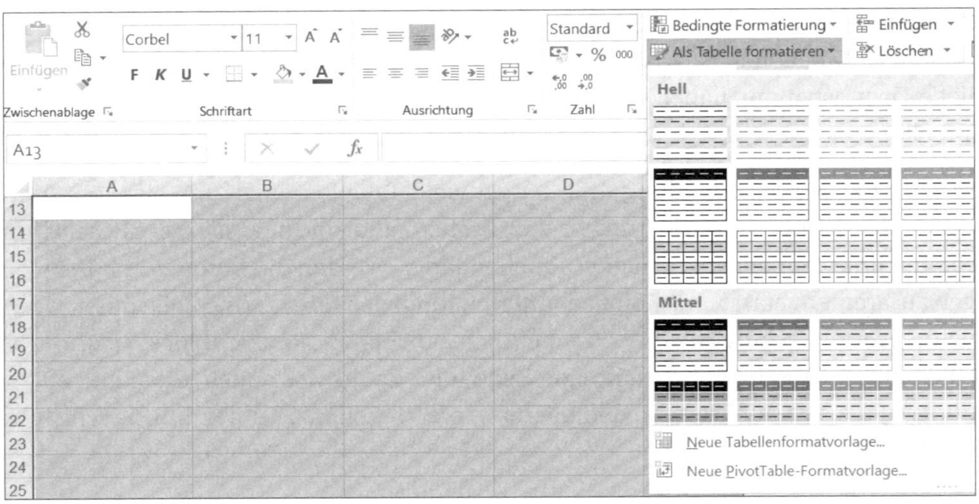

4 Das Programm erwartet eine Bestätigung für den markierten Bereich. Aktivieren Sie in dem kleinen Dialog noch die Option **Tabelle hat Überschriften**.

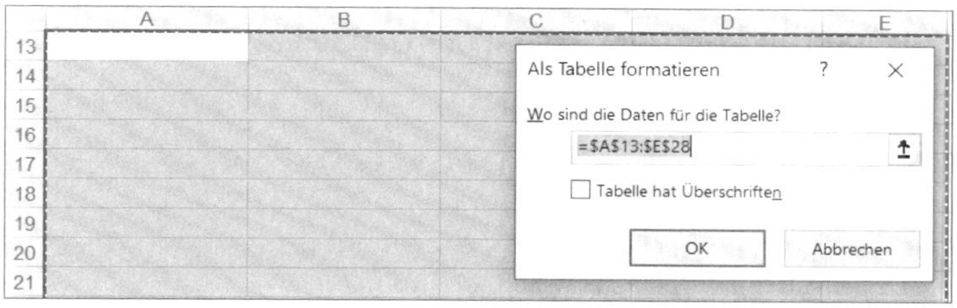

5 Das Format wird dem leeren Bereich zugewiesen, der dann mit Inhalt gefüllt werden kann. In der ersten Zeile erscheinen fortlaufend nummerierte Dummy-Beschriftungen für die Spalten.

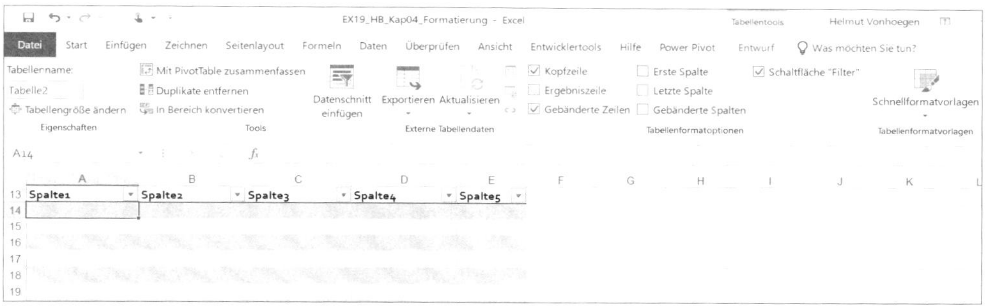

Mit dieser Zuweisung wird der Zellbereich gleichzeitig zu einem Tabellenbereich. Die **Tabellentools**, die Excel für solche Bereiche bereitstellt, werden automatisch eingeblendet. Dazu wird das Register **Entwurf** mit mehreren Gruppen eingefügt, die im nächsten Abschnitt behandelt werden.

4.7.2 Zuweisen eines Tabellenformats

Soll einem schon mit Daten bestückten Zellbereich ein Tabellenformat zugewiesen werden, ist die Vorgehensweise ähnlich. Um der schon einmal verwendeten Tabelle zur Gewinnermittlung z. B. ein vordefiniertes Tabellenformat zuzuweisen, können Sie wie folgt vorgehen:

1 Wenn Sie diese Tabelle mit einem Tabellenmuster formatieren wollen, müssen Sie zunächst nichts weiter tun, als eine beliebige Zelle in der Tabelle auszuwählen.

2 Wählen Sie in der Palette der Tabellenformatvorlagen das gewünschte Format aus.

3 Excel versucht, den korrekten Tabellenbereich zu »erraten«, und markiert ihn mit einem durchbrochenen Rahmen. Über das Dialogfeld **Als Tabelle formatieren** können Sie bei Bedarf den Bereich noch einmal korrigieren und angeben, dass der Bereich eine Kopfzeile mit Überschriften hat. Ist der Dialog bestätigt, wird das ausgewählte Format dem Bereich zugewiesen.

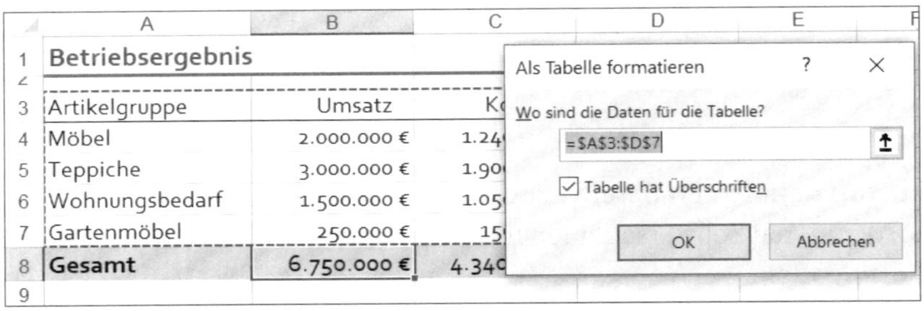

4 Auf dem dann eingeblendeten Register **Entwurf** kann die Formatierung noch verbessert werden. Soll z. B. die Beschriftungsspalte hervorgehoben werden, haken Sie in der Gruppe **Tabellenformatoptionen** die Option **Erste Spalte** ab. Entsprechend kann für die Gewinnspalte die Option **Letzte Spalte** gewählt werden. Die Option **Gebänderte Zeilen** sorgt dafür, dass die Zeilen paarweise anders formatiert werden. Entsprechendes können Sie auch für die Spalten festlegen.

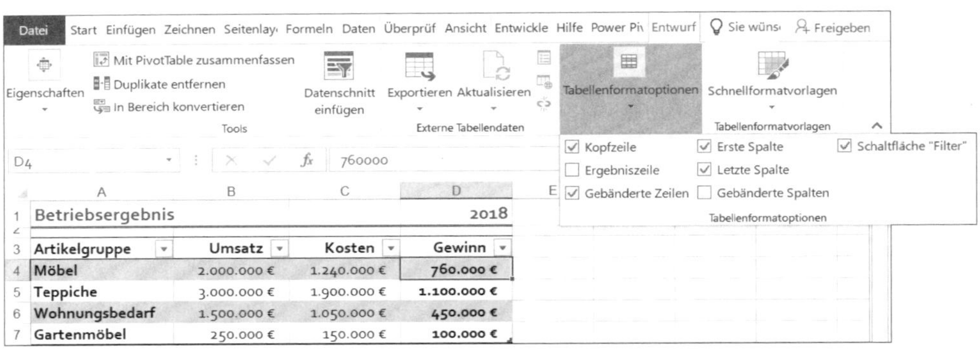

5 Wenn Ihnen das durch die Wahl der Optionen geänderte Format nicht gefällt, können Sie noch einmal die Palette über die Schaltfläche **Schnellformatvorlagen** öffnen, die dann jeweils zahlreiche Muster für die aktuell gewählten Optionen anbietet. Ist genügend Platz, wird anstelle der Schaltfläche ein Musterstreifen angezeigt, der sich mit der Schaltfläche unten rechts für **Weitere** aufklappen lässt.

Die automatisch formatierte Tabelle lässt sich wie jede andere Tabelle nachbearbeiten, wenn Ihnen einzelne Formatmerkmale nicht gefallen. Zum Beispiel kann es sein, dass

Excel, je nach der Länge der Texte in der ersten Zeile, einzelne Spalten zu breit oder zu schmal ausgibt.

4.7.3 Entwurf eines Tabellenformats

Zwar enthält die Palette **Tabellenformatvorlagen** zahlreiche Varianten, aber die vorgeschlagenen Formate müssen durchaus nicht Ihrem Geschmack entsprechen. Deshalb bietet die Palette am Ende die Option **Neue Tabellenformatvorlage** an. Sie öffnet den Dialog **Neues Tabellenformat**. Geben Sie zuerst einen passenden Namen für das Tabellenformat ein, der später beim Berühren des Musters angezeigt wird.

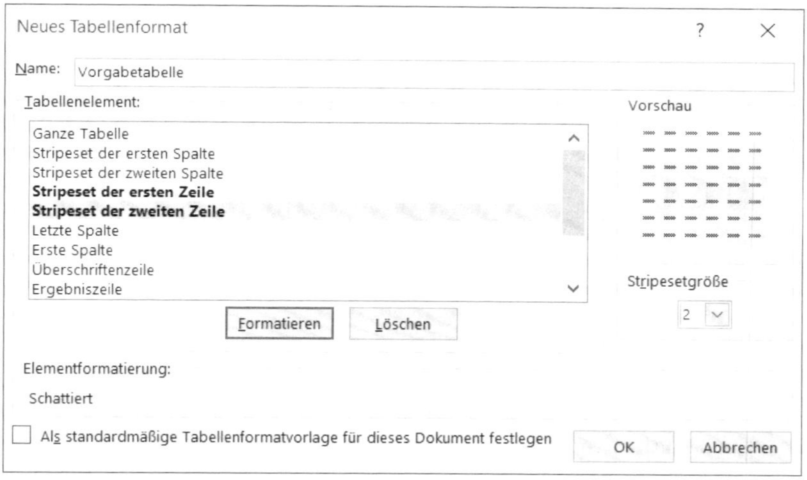

Abbildung 4.63 Entwurf eigener Tabellenformate

In dem Listenfeld darunter werden nun die verschiedenen Tabellenelemente angeboten, für die Formate bestimmt werden können. Wählen Sie nacheinander die Tabellenelemente aus, deren Format Sie fixieren wollen, und benutzen Sie jeweils die Schaltfläche **Formatieren**, die den Dialog **Zellen formatieren** öffnet. Festgelegt werden können für jede Komponente:

- Rahmenart
- Schriftattribute
- Muster

Bei den Stripeset-Elementen können Sie zusätzlich noch die Streifengröße über das kleine Listenfeld auswählen. Wenn Sie z. B. jeweils zwei Zeilen gleich formatieren wollen, wählen Sie für **Stripeset der ersten Zeile** und **Stripeset der zweiten Zeile** jeweils **Stripesetgröße 2**, weisen aber den beiden Tabellenelementen über die Schaltfläche **Formatieren** unterschiedliche Hintergrundfarben zu.

Über die letzte Option des Dialogs kann die Vorlage bei Bedarf als Vorgabe für die Tabellenformatierung bestimmt werden. Ist die Definition abgeschlossen, erscheint ein Formatmuster in der Vorlagenpalette unter der Rubrik **Benutzerdefiniert**.

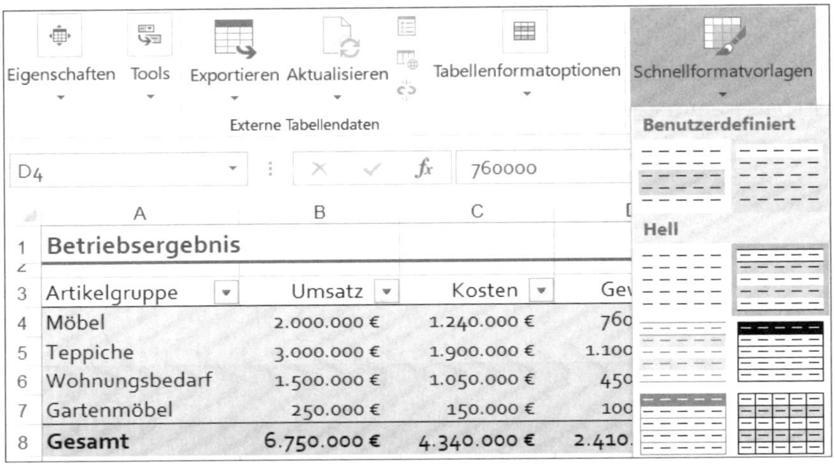

Abbildung 4.64 Eigene Tabellenvorlagen in der Palette

Anstatt eigene Formate völlig neu zu entwerfen, können Sie auch integrierte Formate duplizieren und dann nach Bedarf modifizieren. Das Kontextmenü zu einem Formatmuster in der Tabelle blendet bei den integrierten Mustern anders als bei den benutzerdefinierten die Bearbeitungsoption ab, erlaubt aber die Erstellung eines Duplikats. Das Kontextmenü bietet außerdem die Möglichkeit, wahlweise bei der Zuweisung zu einem Tabellenbereich die bestehenden Formate zu löschen oder sie beizubehalten.

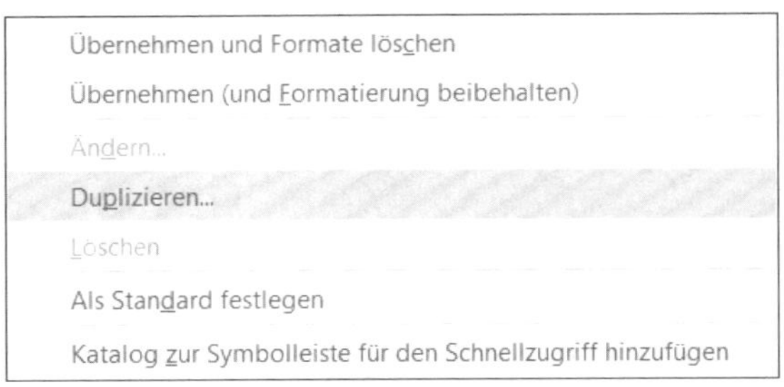

Abbildung 4.65 Kontextmenü zu einem Tabellenformat

4.7.4 Löschen von Tabellenformaten

Soll ein Tabellenformat komplett gelöscht werden, setzen Sie den Zellzeiger in die Tabelle und wählen über **Entwurf ▸ Tabellenformatvorlagen** in der Palette die Option **Löschen**. Trotz der Löschung des Formats bleibt der Tabellenbereich aber als Excel-Tabelle bestehen, wird also nicht wieder in einen normalen Zellbereich konvertiert. Dies geschieht erst, wenn Sie **Entwurf ▸ Tools ▸ In Bereich konvertieren** wählen. Dieser Befehl wiederum lässt das aktuelle Format unverändert, der Zellbereich verliert aber die besonderen Funktionen, die für Tabellenbereiche zur Verfügung stehen. Sie erkennen das auch daran, dass aus dem Kontextmenü des normalen Zellbereichs wieder alle Optionen entfernt sind, die speziell für Tabellen angeboten werden. Mehr zur Arbeit mit Tabellenbereichen erfahren Sie in Kapitel 16, »Informationen als Tabellen ordnen und verwalten«.

4.8 Datenanalyse mit bedingten Formaten

Eine der Programmfunktionen in Excel, die sich zunehmender Beliebtheit erfreuen, ist der Einsatz bedingter Formate. Die Schaltfläche **Bedingte Formatierung** in der Gruppe **Start ▸ Formatvorlagen** bietet verschiedene Paletten an, um bestimmte Zellen aufgrund ihrer Werte in besonderer Weise hervorzuheben. Abbildung 4.66 zeigt zunächst ein einfaches Beispiel für den Einsatz von Datenbalken, Farbskalen und Symbolsätzen.

	A	B	C	D
1		Datenbalken	Farbskala	Symbole
2	Warengruppe	2016	2017	2018
3	DVD-Laufwerke	120000	132000	108000
4	Soundkarten	90000	99000	144000
5	Scanner	145000	159500	160800
6	Videokarten	134000	147400	276000

Abbildung 4.66 Einige Beispiele für bedingte Formate

4.8.1 Datenbalken

Die sehr brauchbare Variante, die mit **Datenbalken** bezeichnet wird, verwendet eine Visualisierung der Wertgrößen, die dem Einsatz von Balkendiagrammen ähnlich ist. Den in einer Spalte vorhandenen Werten werden gleichfarbige Balken hinterlegt, die die jeweilige Spaltenbreite der jeweiligen Größe entsprechend aufteilen. Das Verfahren ist sehr einfach:

1 Markieren Sie zunächst den Bereich der betreffenden Werte.

2 Mit **Start ▶ Formatvorlagen ▶ Bedingte Formatierung** öffnen Sie die Palette der bedingten Formate.

3 Ein Klick oder Tipp auf die Option **Datenbalken** öffnet eine Palette mit sechs Farbmustern für eine einfarbige Füllung und ebenso vielen für eine graduelle Füllung, also für Farbverläufe.

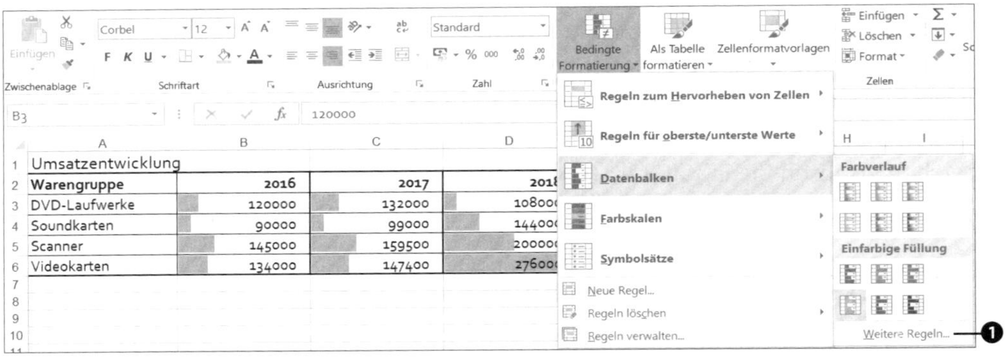

4 Per Mausberührung oder Darüberhalten eines Stifts können Sie wieder in der Livevorschau prüfen, wie das Ergebnis aussehen wird. Weisen Sie das gewünschte Muster per Klick oder Tipp dem markierten Zellbereich zu.

Die Spalten werden sofort in der gewählten Farbe formatiert. Jede Änderung von Werten in einer Spalte führt sofort zu einer entsprechenden Anpassung der Farbbalken. Änderungen der Spaltenbreite werden ebenfalls automatisch berücksichtigt. Es ist auch kein Problem, dem Zellbereich nachträglich noch eine andere Hintergrundfarbe zuzuweisen. Auch die nachträgliche Zuweisung eines Tabellenformats ist kompatibel mit den bedingten Formaten.

Die bedingte Formatierung arbeitet mit Regeln, die die Anwendung der gewählten Formatoptionen steuern. Bei der Variante mit den Datenbalken wird die Regel weitgehend vorgegeben, sie kann aber über die Option **Weitere Regeln** ❶ aus der Unterpalette mit den Farbmustern bei Bedarf auch modifiziert werden.

Im ersten Listenfeld werden verschiedene Regeltypen präsentiert, zu denen im unteren Teil dann unterschiedliche Steuerelemente zur Bearbeitung der Regelbeschreibung angeboten werden. Die einfachste Variante ist, dass alle Zellen eines Bereichs auf der Basis ihrer Werte formatiert werden. Über die Felder **Typ** ❷ und **Wert** ❸ unter **Minimum** und **Maximum** kann die vorgegebene Verteilung der Balkenlängen auf den Zellbereich bei Bedarf geändert werden. Zum Beispiel ist es möglich, den kürzesten Balken nicht auf **Typ: Prozent** und **Wert:** 0 einzustellen, sondern auf den Wert 20. Dadurch werden die Balken verkürzt, das entspricht also einer Änderung der Skalierung in einem Diagramm.

Abbildung 4.67 Der Dialog für die Regeldefinition

Über das Listenfeld **Farbe** können Sie beliebige Farben auswählen, Ihre Wahl ist also nicht auf die angebotenen Farbmuster beschränkt. Die Rahmen der Balken lassen sich separat einfärben. Es ist hier übrigens auch möglich, mit der Option **Nur Balken anzeigen** ❹ die Werte in der Spalte ganz auszublenden. Die Schaltfläche **Negativer Wert und Achse** ❺ öffnet einen Dialog, in dem die Balken für negative Werte mit einer eigenen Farbe gekennzeichnet werden können.

Unter **Achseneinstellungen** lässt sich der Nullpunkt z. B. in die Zellmitte setzen. Bei der Option **Automatisch** ❻ hängt die Position des Nullpunkts von der Größe der negativen Werte ab. Es ist aber auch möglich, positive und negative Werte mit verschiedenen Farben in derselben Richtung anzuzeigen.

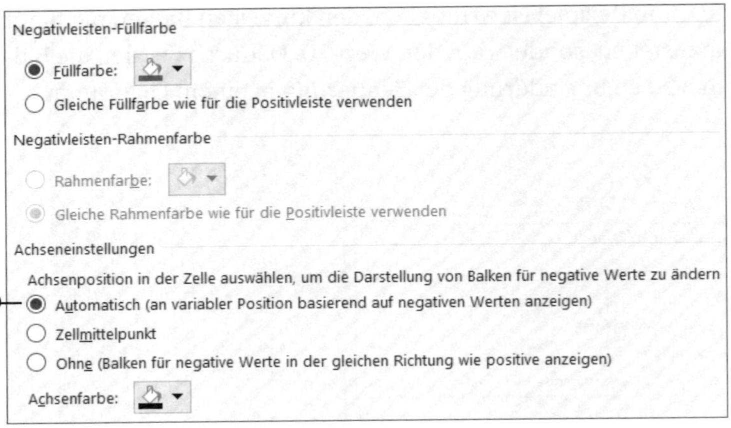

Abbildung 4.68 Optionen für negative Werte

4.8.2 Farbskalen

Manchmal ist es sinnvoll, besonders auffällige Werte in einer Tabelle durch einen farbigen Hintergrund hervorzuheben. In dieselbe Richtung gehen die Möglichkeiten, die Ihnen das bedingte Zahlenformat **Farbskalen** liefert. Angenommen, Sie wollen bei der Auswertung eines Tests bestimmte Höchst- und Tiefstwerte sofort erkennen:

1. Markieren Sie zunächst den Bereich der betreffenden Testwerte, und wählen Sie über **Start ▸ Formatvorlagen ▸ Bedingte Formatierung** die Option **Farbskalen**.
2. Wählen Sie anstelle eines vorgegebenen Farbmusters **Weitere Regeln**.
3. Im ersten Listenfeld übernehmen Sie den ersten Regeltyp.
4. Unter **Formatstil** wählen Sie **3-Farben-Skala**, sodass Steuerelemente für **Minimum**, **Mittelpunkt** und **Maximum** eingeblendet werden.

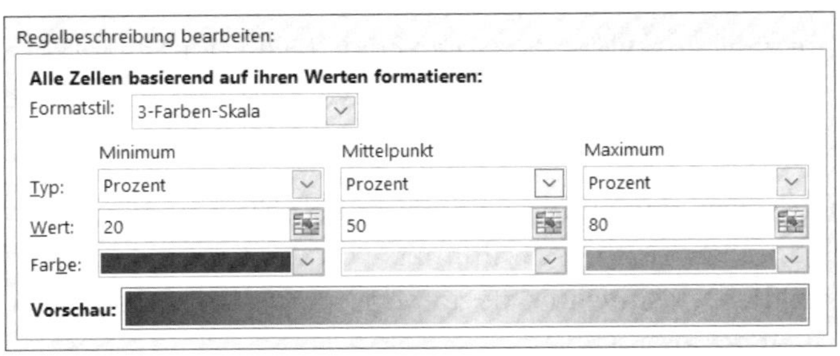

5 Wählen Sie z. B. unter **Typ** die Option **Prozent**, um die prozentuale Verteilung zu verdeutlichen. Geben Sie entsprechende Werte in den drei Feldern ein.

6 Die vorgegebenen Farben können Sie über die Paletten der drei Listenfelder bei Bedarf ändern.

	A	B
1	Testergebnisse	
2		
3		Punktezahl
4	Testperson 1	93,43
5	Testperson 2	2,28
6	Testperson 3	43,85
7	Testperson 4	91,65
8	Testperson 5	178,81
9	Testperson 6	142,48
10	Testperson 7	181,59
11	Testperson 8	21,22
12	Testperson 9	2,11
13	Testperson 10	116,55

Jedes bedingte Format wird nur so lange angezeigt, wie die in der zugrunde liegenden Regel bestimmte Bedingung erfüllt ist. Ändert sich der Wert, wird die Bedingung erneut geprüft.

4.8.3 Symbolsätze

Häufig ist es wünschenswert, dass in einer Tabelle bestimmte kritische Werte möglichst sofort ins Auge fallen. Eine Möglichkeit dafür ist der Einsatz von Symbolen über bedingte Formate. In dem folgenden Beispiel werden 8-Stunden-Mittelwerte der Ozonbelastung aufgelistet. Die Werte, die die Alarmschwelle von 240 µg/m^3 und die Informationsschwelle von 180 µg/m^3 überschreiten, sollen dabei hervorgehoben werden. Eine Lösung sind hier Ampelsymbole:

1 Markieren Sie den Bereich der Mittelwerte.

2 Wählen Sie über **Start ▸ Formatvorlagen ▸ Bedingte Formatierung** die Optionen **Symbolsätze** und **Weitere Regeln**.

3 Wählen Sie unter **Symbolart** die Variante mit der 3er-Ampel, und klicken Sie auf die Schaltfläche **Symbolreihenfolge umkehren**, da ja diesmal die hohen Werte als kritisch gekennzeichnet werden sollen.

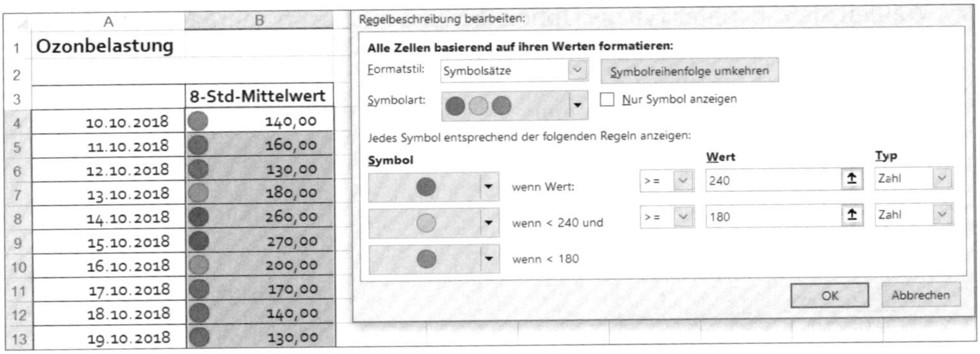

4 Nun können Sie zu dem roten Symbol als Wert den Grenzwert 240 eingeben, für die gelbe Ampel den Grenzwert 180.

Das Menü zu **Symbolsätze** bietet vier Gruppen von Symbolsätzen an. Unter **Richtungen** finden Sie Symbole, mit denen Veränderungen gegenüber Vergleichswerten in dem jeweils ausgewählten Zellbereich gekennzeichnet werden können. Unter **Formen** werden verschiedene Grundformen wie Kreise, Dreiecke und Vierecke angeboten. **Indikatoren** sind praktisch, um kritische Werte von akzeptierten Werten zu unterscheiden. Die letzte Gruppe **Bewertungen** stellt mehrere Möglichkeiten zur Verfügung, Werteunterschiede in einfacher Form zu visualisieren.

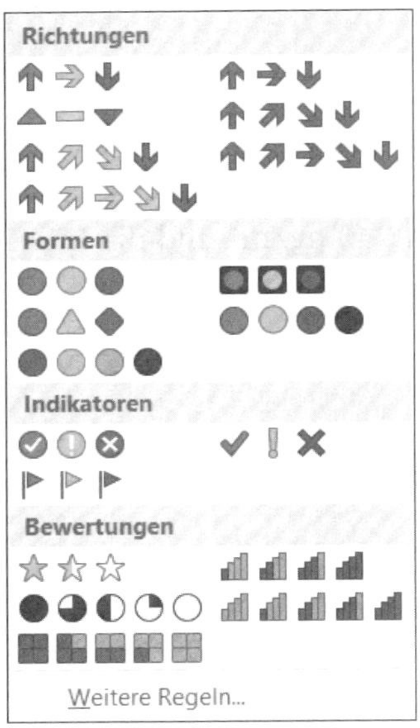

Abbildung 4.69 Das Angebot an Symbolsätzen

4.8.4 Einfache Vergleichsregeln

Die Palette der bedingten Formate enthält noch eine Reihe von Optionen für einfachere Lösungen. Wenn Sie z. B. nur Werte hervorheben wollen, die ein bestimmtes Limit überschreiten, wählen Sie in der Palette die Option **Regeln zum Hervorheben von Zellen** und **Größer als**. In dem kleinen Dialogfeld muss dann nur noch der Grenzwert eingegeben und die gewünschte Formatierung gewählt werden.

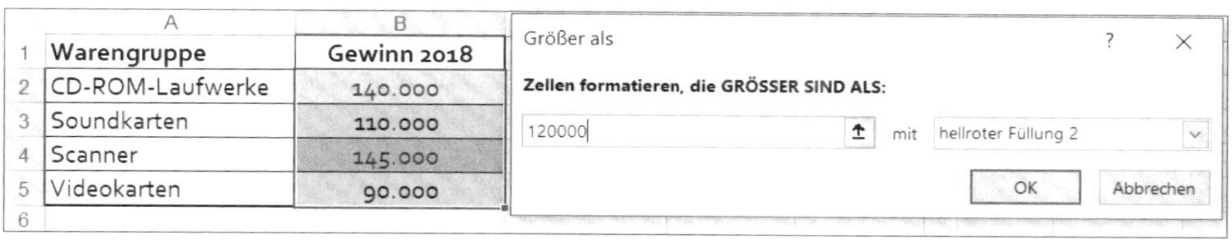

Abbildung 4.70 Hervorheben von Werten über einem Limit

Sollen dagegen doppelte Werte in einer Spalte schnell gefunden werden, kann hier gleich die Option **Doppelte Werte** gewählt werden. Die Palettenoption **Obere/untere Regeln** bietet verschiedene Auswahlkriterien, etwa **Obere 10 %** oder **Unter dem Durchschnitt**. Auch hier kann das kleine Dialogfeld meist einfach bestätigt werden, es sei denn, es ist eine andere Markierungsfarbe erwünscht.

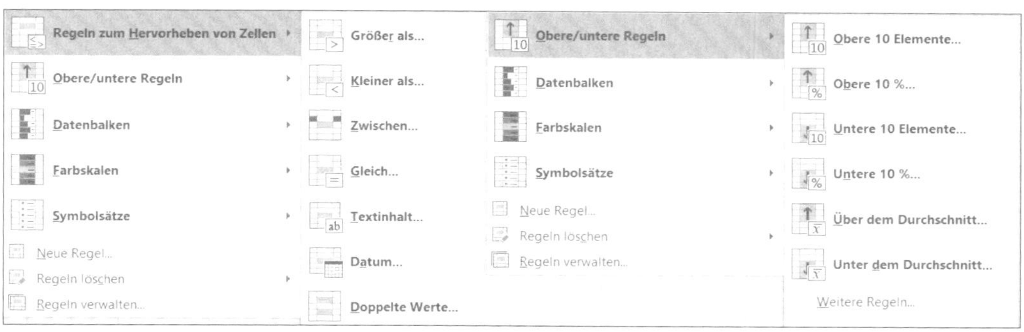

Abbildung 4.71 Regeloptionen für eine bedingte Formatierung

4.8.5 Komplexere Regeln

Über die Option **Neue Regel** können Sie auch komplexere Regeln festlegen, die andere als die bisher verwendeten Regeltypen nutzen. Soll z. B. die Formatierung nicht auf der Basis feststehender Werte erfolgen, können auch logische Formeln in den Regeln verwendet werden. Soll etwa ein Gewinnwert in einer Tabelle hervorgehoben werden, wenn er den Vorjahreswert übersteigt, markieren Sie in der Tabelle die beiden Spalten mit den Werten, die verglichen werden sollen, und wählen dazu im Dialog **Neue Formatierungsregel** unter **Regeltyp auswählen** die Zeile **Formel zur Ermittlung der zu formatierenden Zellen verwenden**. Nun kann im ersten Textfeld entweder die logische Formel oder ein Verweis auf eine solche Formel eingegeben werden. Hier soll einfach `=C3>B3` eingesetzt werden. Die Formatierung wird in diesem Fall nicht vorgegeben, sondern über die Schaltfläche **Formatieren** festgelegt.

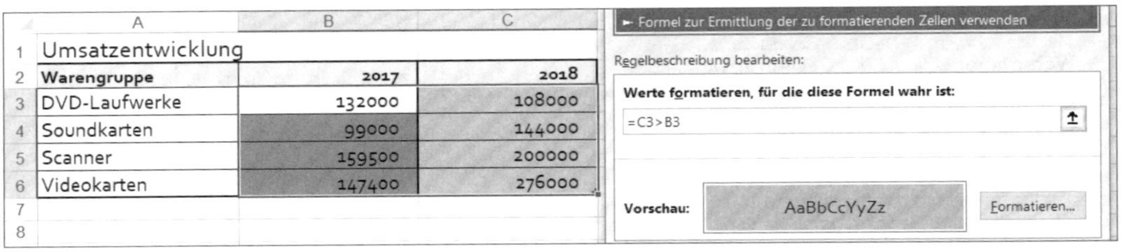

Abbildung 4.72 Beispiel für eine Regel mit logischer Formel

4.8.6 Regelverwaltung

Da sich in einer Arbeitsmappe eine ganze Reihe bedingter Formate ansammeln kann, stellt Excel in dem Menü der Schaltfläche **Bedingte Formatierung** über die Option **Regeln verwalten** noch ein bequemes Tool zur Verfügung, mit dem alle aktuell verwendeten Regeln aufgelistet und bei Bedarf bearbeitet werden können.

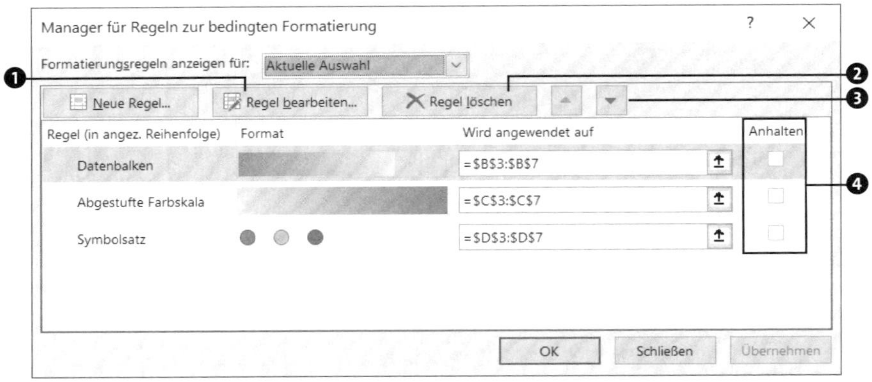

Abbildung 4.73 Der Dialog der Regelverwaltung

Soll eine Regel bearbeitet werden, markieren Sie den Eintrag in der Liste und klicken auf die Schaltfläche **Regel bearbeiten** ❶. Mit **Regel löschen** ❷ kann eine Regel wieder entfernt werden. Um eine bedingte Formatierung für einen markierten Zellbereich, für das gesamte Blatt oder für eine markierte Tabelle zu entfernen, können Sie in der Palette

Bedingte Formatierung auch die Option **Regeln löschen** verwenden. Sind Sie unsicher, welcher Zellbereich bedingte Formate enthält, nutzen Sie den Befehl **Start ▸ Bearbeiten ▸ Suchen und Auswählen ▸ Gehe zu** und die Schaltfläche **Inhalte**. Wählen Sie die Option **Bedingte Formate**.

Überlagern bedingter Formate

Es ist durchaus möglich, für einen Zellbereich mehrere Regeln zu definieren. Die Formatierung eines Zellbereichs als Datenliste und die Anzeige von Symbolen für bestimmte Werte in diesem Bereich führen nicht zu einem Konflikt, beide Formatierungsmerkmale können also ohne Weiteres kombiniert werden. Allerdings kann es auch Fälle geben, in denen zwei Regeln für einen Bereich nicht verträglich sind. Wenn z. B. Regel 1 verlangt, dass die Schrift einer Zelle rot formatiert wird, Regel 2 aber für dieselbe Zelle eine grüne Schrift vorgibt, muss die Entscheidung durch die Rangfolge der Regeln getroffen werden.

	A	B	C	D
23	Umsatzentwicklung			
24	**Warengruppe**	**2016**	**2017**	**2018**
25	DVD-Laufwerke	120000	132000	108000
26	Soundkarten	90000	99000	144000
27	Scanner	145000	159500	200000
28	Videokarten	134000	147400	276000

Abbildung 4.74 Kombination zweier bedingter Formate

Diese Rangfolge ergibt sich zunächst einfach aus der zeitlichen Abfolge der Regelerstellung. Sie wird im Dialog des Regelmanagers in Form der Regelliste angezeigt. Soll eine Regel nachrangig behandelt werden, kann sie im Dialog ausgewählt und mit der kleinen Pfeilschaltfläche nach unten (❸ in Abbildung 4.73) gerückt werden. Außerdem ist es möglich, Regeln außer Kraft zu setzen, ohne sie zu löschen. Dazu wird einfach die Option **Anhalten** ❹ abgehakt. Dies ist z. B. sinnvoll, wenn die Arbeitsmappe in ein älteres Format konvertiert werden soll, das noch nicht die parallele Anwendung von mehr als einer Regel unterstützt.

HINWEIS

Übertragung bedingter Formate

Wie alle anderen Formate können auch bedingte Formate mit dem Formatpinsel oder durch Ziehen des Ausfüllkästchens bzw. auf einem Touchscreen durch Ziehen des Symbols **AutoAusfüllen** auf andere Zellen übertragen werden.

4.8.7 Schnelle Formatzuweisung mit dem Schnellanalysetool

Für sechs vermutlich häufig benötigte Formate stellt Ihnen Excel über das schon in Kapitel 1, »Basiswissen für die Arbeit mit Excel 2019«, vorgestellte Schnellanalysetool ein besonders einfaches Verfahren zur Verfügung. Wenn der zu formatierende Bereich markiert ist, verwenden Sie am unteren Ende die Schaltfläche **Schnellanalyse**.

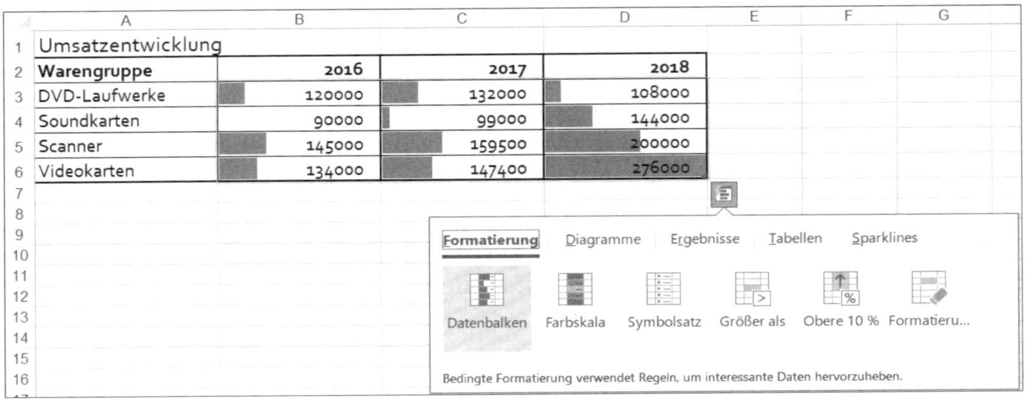

	A	B	C	D
1	Umsatzentwicklung			
2	**Warengruppe**	**2016**	**2017**	**2018**
3	DVD-Laufwerke	120000	132000	108000
4	Soundkarten	90000	99000	144000
5	Scanner	145000	159500	200000
6	Videokarten	134000	147400	276000

Abbildung 4.75 Bedingte Formate über das Schnellanalysetool zuweisen

In der oberen Leiste ist **Formatierung** bereits ausgewählt, in der Reihe darunter werden sechs Symbole für bedingte Formate angeboten. Ein Klick oder Tipp reicht aus, um die angebotenen Formate zuzuweisen. Nur bei der Option **Größer als** müssen Sie noch einen entsprechenden Vergleichswert angeben. Die letzte Schaltfläche erlaubt das Löschen der bedingten Formate in dem aktuell ausgewählten Bereich.

4.9 Mehr Übersicht durch Gliederungsebenen

In Anlehnung an Gliederungen, wie sie beim Schreiben von Texten benutzt werden, bietet Excel auch für Tabellen eine Gliederungsfunktion. Worum geht es dabei? Häufig sind Tabellen so aufgebaut, dass in bestimmten Zeilen oder Spalten Informationen zusammengefasst werden, die in benachbarten Zeilen oder Spalten im Detail vorliegen.

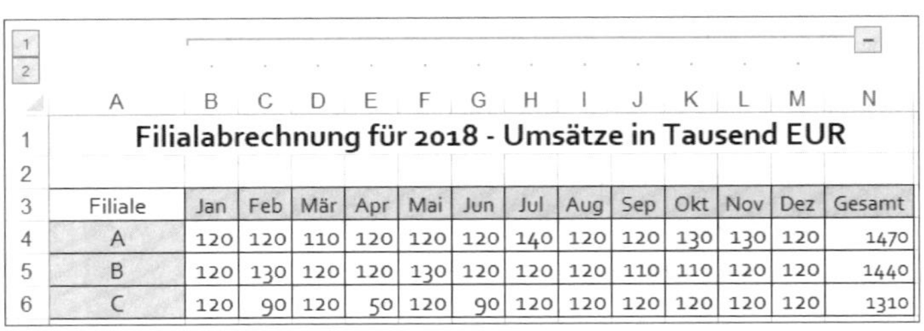

	A	B	C	D	E	F	G	H	I	J	K	L	M	N
1	Filialabrechnung für 2018 - Umsätze in Tausend EUR													
2														
3	Filiale	Jan	Feb	Mär	Apr	Mai	Jun	Jul	Aug	Sep	Okt	Nov	Dez	Gesamt
4	A	120	120	110	120	120	120	140	120	120	130	130	120	1470
5	B	120	130	120	120	130	120	120	120	110	110	120	120	1440
6	C	120	90	120	50	120	90	120	120	120	120	120	120	1310

Abbildung 4.76 Beispiel mit einer Gliederungsebene

Ein einfaches Beispiel ist eine Serie von zwölf Monatsspalten, deren Werte in einer Jahresspalte zusammengefasst werden. Diese Tabelle enthält eine Hierarchie aus zwei Ebenen, die Monatsebene und die Jahresebene. Die Gliederungsfunktion erlaubt es, bei Bedarf die einzelnen Monatsspalten auszublenden, sodass nur die Jahreswerte angezeigt werden. Dazu muss nur die Schaltfläche mit dem Minuszeichen angeklickt werden.

Filialabrechnung für 2018

	Filiale	Gesamt
3	Filiale	Gesamt
4	A	1470
5	B	1440
6	C	1310

Abbildung 4.77 Komprimierte Darstellung

Das Beispiel lässt sich leicht ausbauen, indem etwa noch Spalten für die Quartalsergebnisse eingefügt werden. In diesem Fall arbeitet die Tabelle mit drei Ebenen. Der Benutzer kann entscheiden, ob er alle Ebenen, nur die Quartalswerte und die Jahreswerte oder nur die Jahreswerte sehen oder ausdrucken will. Werden solche Tabellen für mehrere Filialen einer Handelskette in einem Tabellenblatt untereinander angelegt, sind auch zeilenweise Zusammenfassungen möglich. Angenommen, es wird zwischen vier Vertriebsgebieten unterschieden, dann können die Ergebnisse der Filialen erst nach Gebieten zusammengefasst und schließlich als Gesamtergebnis dargestellt werden. Abbildung 4.78 zeigt die Gesamttabelle.

Filialabrechnung für 2018 - Umsätze in Tausend EUR

		Jan	Feb	Mrz	Q1	Apr	Mai	Jun	Q2	Jul	Aug	Sep	Q3	Okt	Nov	Dez	Q4	Gesamt
3	A	22	42	1	65	81	98	86	265	74	68	12	154	83	28	76	187	671
4	B	99	53	41	193	63	26	68	157	25	22	25	72	90	21	72	183	605
5	C	34	69	86	189	59	99	34	192	86	46	55	187	56	13	14	83	651
6	**Nord**	155	164	128	447	203	223	188	614	185	136	92	413	229	62	162	453	1927
7	D	47	56	16	119	20	57	91	168	69	44	71	184	76	47	80	203	674
8	E	42	74	95	211	90	25	97	212	77	78	40	195	35	38	13	86	704
9	F	56	82	27	165	63	70	51	184	98	18	23	139	68	60	71	199	687
10	**Ost**	145	212	138	495	173	153	240	566	244	139	133	516	179	145	164	488	2065
11	G	57	42	47	146	4	57	52	113	75	18	41	134	90	17	81	188	581
12	H	22	28	22	72	60	34	78	172	11	89	91	191	13	48	9	70	505
13	I	54	36	19	109	70	99	49	218	8	19	70	97	60	49	31	140	564
14	**Süd**	133	106	88	327	134	190	179	503	94	126	203	423	163	113	121	397	1650
15	J	33	27	18	78	45	26		71	49	87	75	211	31	99	21	151	511
16	K	73	95	48	216	26	90	41	157	71	11	84	166	11	84	34	129	668
17	L	50	61	54	165	56	72	56	184	7	21	88	116	34	67	80	181	646
18	**West**	156	183	120	459	127	188	167	482	127	119	247	493	76	250	135	461	1895
19	**Gesamt**	**589**	**665**	**474**	**1728**	**637**	**754**	**774**	**2165**	**650**	**520**	**675**	**1845**	**647**	**570**	**582**	**1799**	**7537**

Abbildung 4.78 Die Gesamttabelle mit allen Gliederungsebenen

Damit auf allen Gliederungsebenen ein ordentliches Ergebnis erreicht werden kann, ist einige Sorgfalt bei der Verteilung der Beschriftungen notwendig, sodass auf jeder Ebene klar erkennbar bleibt, worauf sich die Daten beziehen und welche Daten in einer Formel zusammengefasst werden. Am besten prüfen Sie jede Ebene einzeln.

4.9.1 Steuerung der Gliederungsfunktion

Excel erlaubt eine automatische und eine manuelle Gliederung. Die automatische Gliederung lässt sich anwenden, wenn die Tabellenstruktur es zulässt. Enthält das Tabellenblatt nichts als die gliederbare Tabelle, spielt es keine Rolle, wo der Zellzeiger steht. Soll dagegen nur ein bestimmter Bereich gegliedert werden, muss zunächst der gesamte Bereich der gliederbaren Daten markiert werden.

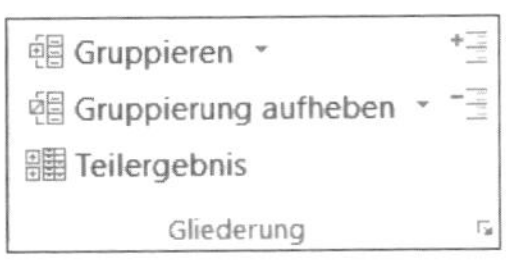

Abbildung 4.79 Die Gruppe »Gliederung« auf dem Register »Daten«

Wählen Sie dann auf dem Register **Daten** in der Gruppe **Gliederung** die Option **AutoGliederung** im Menü der Schaltfläche **Gruppieren**. Sie können die Art und Weise, wie Excel bei der automatischen Gliederung verfährt, in einem bestimmten Umfang über den Dialog **Einstellungen** steuern, den Sie über den Dialogfeldstarter der Gruppe **Gliederung** erreichen. Das ist allerdings nur notwendig, wenn Sie von den dort abgehakten Standardeinstellungen abweichen wollen.

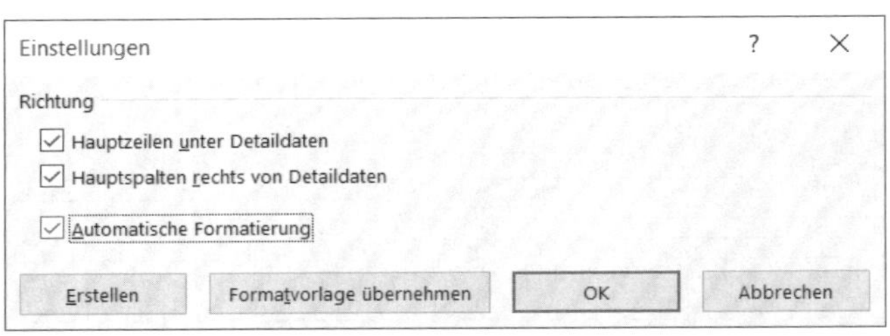

Abbildung 4.80 Einstellungen für die Gliederungsfunktion

Unter **Richtung** ist hier als Vorgabe abgehakt: **Hauptzeilen unter Detaildaten.** Das entspricht einem Tabellenaufbau, bei dem Kolonnensummen unter den Zahlenkolonnen stehen. Erscheint die Summe ausnahmsweise über der Zahlenkolonne, muss das Feld leer bleiben. Vorgabe ist auch **Hauptspalten rechts von Detaildaten**. Formeln wie Quersummen stehen normalerweise rechts von den addierten Werten. Soll die Formelspalte dagegen links von den Wertespalten stehen, muss das Häkchen gelöscht werden.

Das Kontrollfeld **Automatische Formatierung** bewirkt, dass Excel die verschiedenen Gliederungsebenen mit vordefinierten Formatvorlagen versieht. **Spaltenebene_1** ist z. B. die Formatvorlage für die nächsthöhere Ebene über den eigentlichen Daten. Das Format gilt jeweils für komplette Spalten oder Zeilen. Wenn Sie das Feld nicht abhaken, können Sie auch später noch Formatvorlagen zuweisen. Dazu müssen Sie entweder den gesamten gegliederten Bereich oder eine Ebene innerhalb der Gliederung markieren, erneut den Dialog **Einstellungen** aufrufen und **Formatvorlage übernehmen** auswählen. In beiden Fällen stehen die speziellen Formatvorlagen, die Excel dabei verwendet, für eine weitere Bearbeitung in der Palette der Zellenformatvorlagen zur Verfügung. Die Gliederung wird mit den getroffenen Einstellungen ausgeführt, wenn Sie die Schaltfläche **Erstellen** benutzen. Existiert bereits eine Gliederung, werden Sie gefragt, ob Sie die bestehende Gliederung ändern wollen.

4

Ebenen aus- oder einblenden

Abgesehen von dem Fall, dass unter **Datei ▸ Optionen ▸ Erweitert** unter **Optionen für dieses Arbeitsblatt anzeigen** das Feld **Gliederungssymbole anzeigen, wenn eine Gliederung angewendet wurde** nicht abgehakt ist, erkennen Sie das Ergebnis der Gliederung an den speziellen Gliederungssymbolen, die dann über der Tabelle und/oder links von der Tabelle eingeblendet werden.

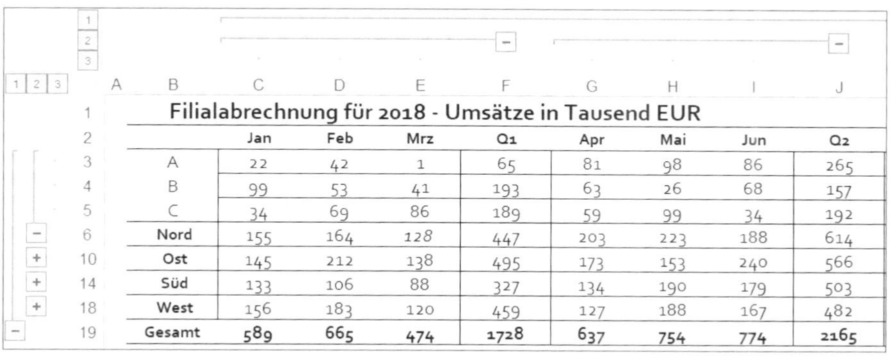

Filialabrechnung für 2018 - Umsätze in Tausend EUR

	Jan	Feb	Mrz	Q1	Apr	Mai	Jun	Q2
A	22	42	1	65	81	98	86	265
B	99	53	41	193	63	26	68	157
C	34	69	86	189	59	99	34	192
Nord	155	164	128	447	203	223	188	614
Ost	145	212	138	495	173	153	240	566
Süd	133	106	88	327	134	190	179	503
West	156	183	120	459	127	188	167	482
Gesamt	**589**	**665**	**474**	**1728**	**637**	**754**	**774**	**2165**

Abbildung 4.81 Detaildaten nur für eine Region

Mit diesen kleinen Schaltflächen können Sie zwischen den verschiedenen Gliederungsebenen per Klick oder Tipp umschalten. Dazu dienen die kleinen Zahlensymbole, die für die unterschiedlichen Zeilen- bzw. Spaltenebenen angezeigt werden. An der Anzahl dieser Symbole ist gleich zu sehen, wie viele Ebenen benutzt werden. Das Symbol mit der höchsten Zahl zeigt immer alle Ebenen an, das Symbol mit der 1 zeigt die Daten in der größtmöglichen Komprimierung.

Während die Zahlensymbole immer komplette Ebenen ein- bzw. ausblenden, lässt sich mit den Plus- und Minusschaltflächen auch ein Teil einer Ebene ein- bzw. ausblenden. In Abbildung 4.81 sind Werte der drei Filialen der Region Nord eingeblendet, während für die anderen Regionen nur die Gesamtwerte erscheinen.

HINWEIS

Einschränkungen, die zu beachten sind

Die automatische Gliederung ist nur unter folgenden Voraussetzungen anwendbar:

- Die Tabelle enthält Formeln mit Bezügen auf Zellen in derselben Spalte oder in derselben Zeile.
- Die Bezüge sind einheitlich und gehen nur in eine Richtung.

Wenn Sie versuchen, eine Tabelle automatisch zu gliedern, die nur Texte und Konstanten, aber keine Formeln enthält, finden Sie die Option **AutoGliederung** deaktiviert. In einem solchen Fall können Sie nur manuell gliedern. Wichtig ist vor allem der zweite Punkt. Es ist nicht möglich, die automatische Gliederung anzuwenden, wenn sich eine Additionsformel z. B. auf eine Zelle weiter links und gleichzeitig auf eine Zelle weiter rechts bezieht. In so einem Fall erhalten Sie die Fehlermeldung **Gliederung kann nicht erstellt werden.**

Auswertung gegliederter Tabellen

Ein Vorteil der Gliederungsfunktion liegt auch darin, dass jede Gliederungsebene zur Basis weiterer Verarbeitungsschritte gemacht werden kann. Das gilt vor allem für die Bildung von Diagrammen. Angewandt auf unser Beispiel, kann etwa ein Diagramm mit den Quartalsergebnissen produziert werden.

Filialabrechnung für 2018 - Umsätze in Tausend EUR

	Q1	Q2	Q3	Q4	Gesamt
Nord	447	614	413	453	**1927**
Ost	495	566	516	488	**2065**
Süd	327	503	423	397	**1650**
West	459	482	493	461	**1895**
Gesamt	**1728**	**2165**	**1845**	**1799**	**7537**

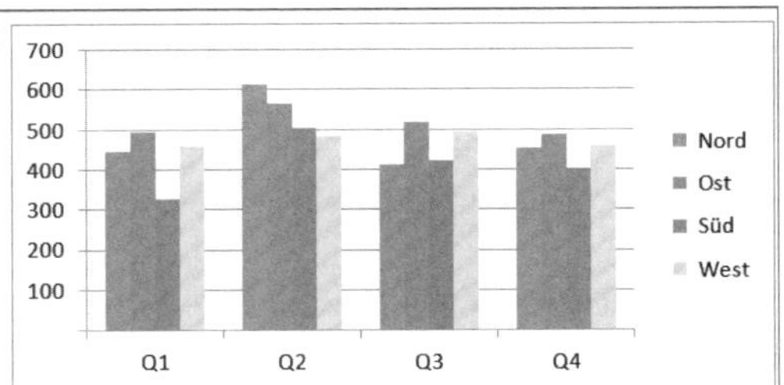

Abbildung 4.82 Diagramm aus Quartalsergebnissen

Excel erlaubt insgesamt acht Gliederungsebenen in beide Richtungen, also spalten- und zeilenweise. Eine Gliederung kann aber für jede Tabelle nur einmal installiert werden. Es können also nicht mehrere Teiltabellen mit je eigener Gliederung in einem Tabellenblatt vorkommen.

4.9.2 Teilergebnisse erzeugen

In den oben gezeigten Beispielen sind die höherrangigen Ebenen durch Summenformeln erzeugt worden. Excel bietet in der Gruppe **Gliederung** noch eine Schaltfläche **Teilergebnis** an, mit der automatisch Zwischenergebnisse in einer Liste erzeugt und mit der automatischen Gliederung verknüpft werden können. Die Schaltfläche öffnet dazu einen Dialog, in dem die Art der Zusammenfassung festgelegt werden kann. In dem folgenden Beispiel sind für drei Tage jeweils mehrere Werte eingetragen, die zusammengefasst werden sollen.

Es genügt, den Zellzeiger irgendwo in die Tabelle zu setzen, bevor **Teilergebnis** aufgerufen wird. Zunächst muss festgelegt werden, welche Spalte das Gruppierungskriterium enthält, hier ist es die Datumsspalte. Im zweiten Listenfeld wird die Art der Zusammenfassung ausgewählt, im dritten die Spalten, die zusammengefasst werden sollen. Wird der Dialog quittiert, erstellt Excel nicht nur die gewünschten Teilergebnisse, sondern fügt auch eine automatische Gliederung ein.

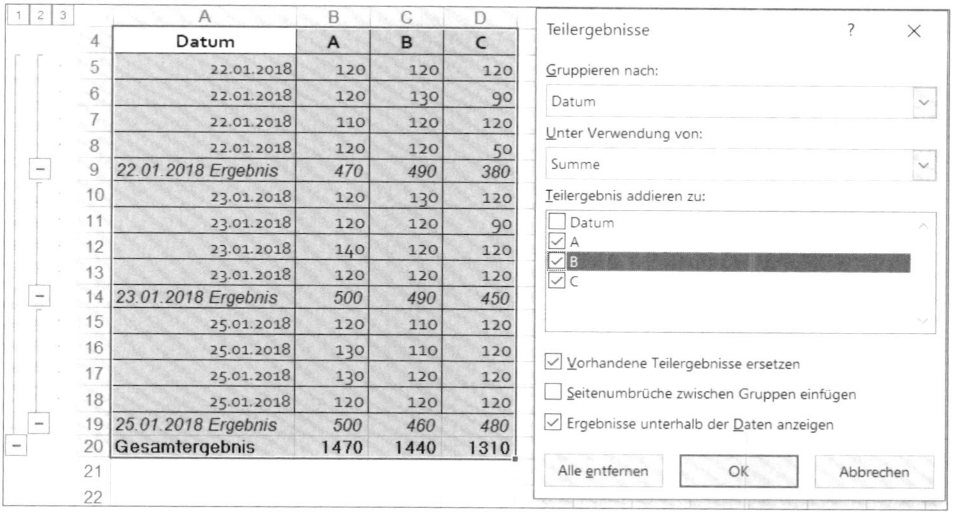

Abbildung 4.83 Generieren von Teilergebnissen

Gliederungen anpassen

Es ist jederzeit möglich, die Gliederung einer bestehenden Tabelle anzupassen, wenn die Tabelle inzwischen um weitere Spalten und/oder Zeilen erweitert wurde. Wenn Sie den neuen Gesamtbereich der Tabelle markieren und den Befehl **AutoGliederung** erneut verwenden, werden Sie gefragt, ob Sie die bestehende Gliederung ändern wollen. Wenn Sie dies bestätigen, wird die alte Gliederung durch die neue ersetzt. Um eine Gliederung aus einer Tabelle wieder zu entfernen, wählen Sie in der Gruppe **Daten ▸ Gliederung** die Option **Gliederung entfernen** aus dem Menü von **Gruppierung aufheben**.

4.9.3 Manuelle Gliederung

Eine manuelle Gliederung können Sie ausführen, wenn die Bedingungen für eine automatische Gliederung nicht erfüllt sind. Nehmen Sie als Beispiel ein Tabellenblatt, in dem einige kurze Tabellen untereinander angelegt sind. Zwischen den Tabellen sind jeweils längere Texte eingefügt, die Erläuterungen zu diesen Tabellen enthalten. Diese Texte sollen bei Bedarf ausgeblendet werden können. In diesem Fall stellen die Tabellen die übergeordnete Ebene dar, die Texte die untergeordnete. Da bei dieser Funktion eine Mehrfachauswahl nicht erlaubt ist, müssen Sie jeden der Textbereiche einzeln markieren und jedes Mal den Befehl **Daten ▸ Gliederung ▸ Gruppieren** verwenden.

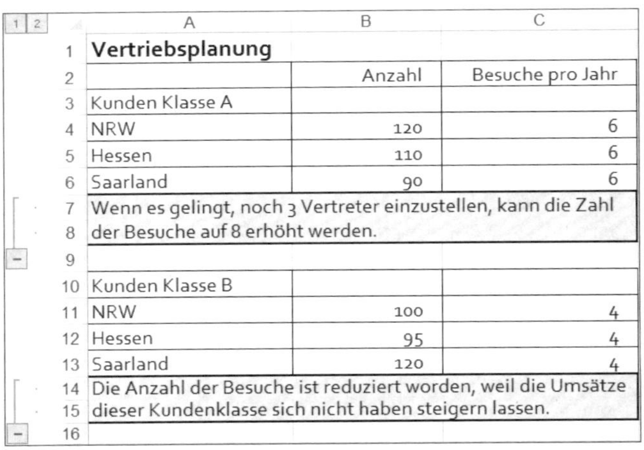

	A	B	C
1	**Vertriebsplanung**		
2		Anzahl	Besuche pro Jahr
3	Kunden Klasse A		
4	NRW	120	6
5	Hessen	110	6
6	Saarland	90	6
7	Wenn es gelingt, noch 3 Vertreter einzustellen, kann die Zahl		
8	der Besuche auf 8 erhöht werden.		
9			
10	Kunden Klasse B		
11	NRW	100	4
12	Hessen	95	4
13	Saarland	120	4
14	Die Anzahl der Besuche ist reduziert worden, weil die Umsätze		
15	dieser Kundenklasse sich nicht haben steigern lassen.		
16			

Abbildung 4.84 Beispiel für eine manuelle Gliederung

In einem kleinen Dialogfeld entscheiden Sie, ob in dem markierten Bereich die Zeilen oder die Spalten gruppiert werden sollen, falls nicht komplette Zeilen oder Spalten markiert sind. Der Befehl **Daten ▸ Gliederung ▸ Gruppierung aufheben** entfernt die Gruppierungen in dem markierten Bereich wieder. Mit einem Klick oder Tipp auf das Symbol für Ebene 1 können Sie nun bei Bedarf die Texte ausblenden, sodass nur noch die Tabellen sichtbar sind.

Gliederungen kopieren

Wenn Sie eine gegliederte Tabelle in eine andere Datei kopieren, können Sie, wenn Sie wollen, die Gliederung mitkopieren. Dazu müssen Sie nur das Feld **Alles auswählen** in der linken oberen Ecke anklicken, bevor Sie **Kopieren** verwenden. Auch in dem Tabellenblatt, in das Sie die gegliederte Tabelle kopieren wollen, müssen Sie dann das Feld **Alles auswählen** anklicken. Wenn Sie anschließend **Einfügen** verwenden, wird die Tabelle samt Gliederung eingefügt. Wollen Sie dagegen nur die Daten kopieren, müssen Sie in der Tabelle den entsprechenden Bereich markieren. In diesem Fall wird die Gliederung nicht in eine andere Tabelle kopiert.

4.10 Dateneingabe über Steuerelemente

Eine spezielle Form der Gestaltung Ihrer Tabellen ist die Arbeit mit Bedienungselementen, wie sie normalerweise in Dialogfeldern verwendet werden. Das betrifft nicht nur Schaltflächen zum Start von Makros, wie sie in Abschnitt 22.2, »Makros in den Arbeitsablauf einbinden«, behandelt werden. Auch Listenfelder, Bildlaufleisten oder Drehfelder können in Tabellenblättern nützlich sein, um die Dateneingabe zu vereinfachen und Fehleingaben zu verhindern.

4.10.1 Datenauswahl über ein Kombinationsfeld

Ein Listenfeld in einer Tabelle kann dazu verwendet werden, eine bestimmte Position aus einer Liste auszuwählen. Der Übersichtlichkeit halber soll hier eine einfache Liste mit Monatsnamen eingesetzt werden. Um diese Liste mit einem Kombinationsfeld zu verknüpfen, müssen Sie zunächst dafür sorgen, dass das Register **Entwicklertools** eingeblendet ist. Dies geschieht über **Datei ▸ Optionen ▸ Menüband anpassen**. Im Fenster rechts wird unter **Hauptregisterkarten** das Register **Entwicklertools** zum Abhaken angeboten.

1. Klicken Sie auf dem Register **Entwicklertools** in der Gruppe **Steuerelemente** auf die Schaltfläche **Einfügen**. Im dazugehörigen Menü wählen Sie im Bereich **Formularsteuerelemente** das Symbol für ein Kombinationsfeld ❶ aus.

2 Ziehen Sie im Tabellenblatt ein Rechteck für das Kombinationsfeld auf.

3 Wählen Sie anschließend in der Gruppe **Steuerelemente** die Schaltfläche **Eigenschaften** ❷. Das Element muss dafür markiert sein!

4 Geben Sie auf der Registerkarte **Steuerung** als **Eingabebereich** ❸ den Bereich ein, der die Monatsnamen enthält.

5 Geben Sie unter **Zellverknüpfung** ❹ die Adresse einer Zelle ein, in der das Ergebnis der Listenauswahl erscheinen soll. In dieser Zelle erscheint dann aber lediglich die Nummer der gewählten Position.

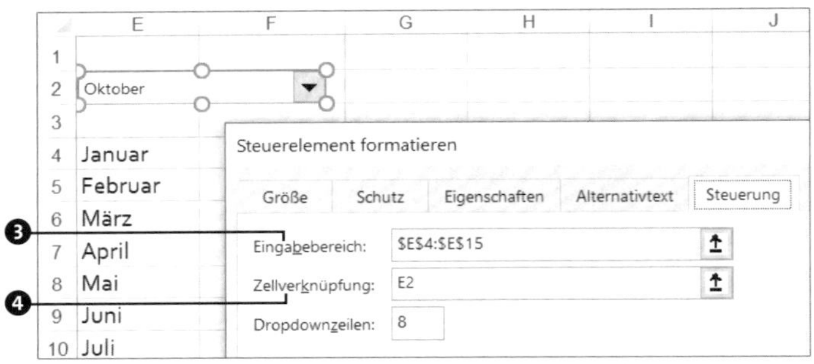

6 Mit einem kleinen Trick kann aus dieser Nummer aber leicht der Monatsname für eine andere Zelle gewonnen werden. In der Abbildung ist als Ausgabebereich eine Zelle gewählt, die hinter dem Kombinationsfeld liegt, also unsichtbar bleibt.

7 In der Zelle, in der der ausgewählte Monatsname erscheinen soll – hier ist es A3 –, kann dann mit der Funktion

```
=INDEX(Matrix; Zeile; Spalte)
```

gearbeitet werden. Dabei wird für `Matrix` der Listenbereich mit den Monatsnamen angegeben, für `Zeile` die Adresse der Zelle der Ausgabenverknüpfung und für

`Spalte` der Wert 1, weil die Monatsspalte ja einspaltig ist. In diesem Fall heißt die Funktion also:

```
=INDEX(E4:E15;E2;1)
```

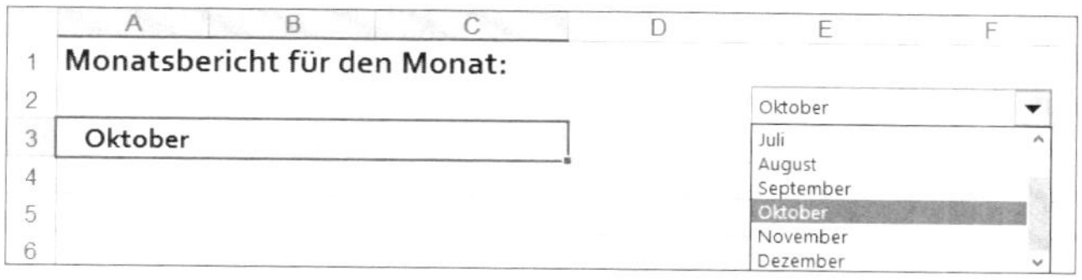

4.10.2 Bildlaufleiste und Drehfeld

Mit den Elementen **Bildlaufleiste** und **Drehfeld** werden zwei Elemente zur Verfügung gestellt, die direkt Zahlen ausgeben, wobei sich der Zahlenbereich und die Schrittweite frei definieren lassen.

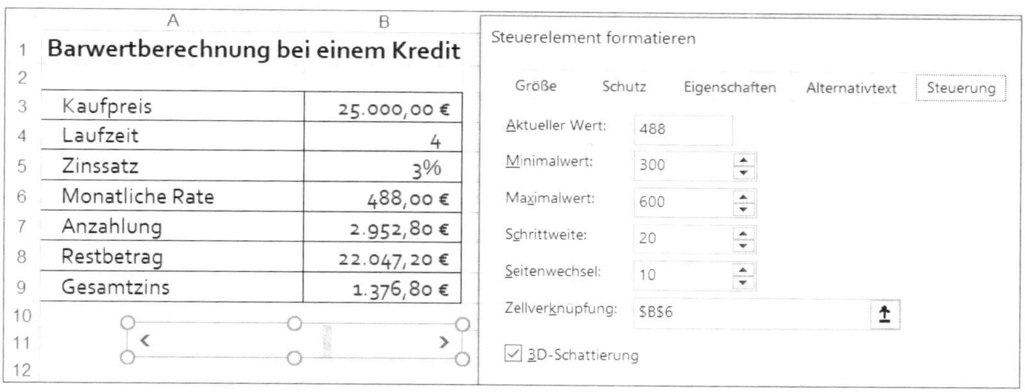

Abbildung 4.85 Barwertberechnung mit Bildlaufleiste

Ein Listenbereich steht bei diesen beiden Elementen naturgemäß nicht zur Verfügung, wohl aber die **Zellverknüpfung**: Sie können den mit diesen Elementen gewählten Wert direkt einer Zelle zuordnen. Zur Demonstration dient hier eine Barwertberechnung, bei der verschiedene Werte für die monatliche Rate getestet werden sollen. **Minimalwert** und **Maximalwert** können unter **Steuerung** eingetragen werden, ebenso die **Schrittweite**.

Sinnvolle Anwendungen ergeben sich für einfache Was-wäre-wenn-Analysen, für Diagramme, bei denen Sie die Werte über **Drehfeld** oder **Bildlaufleiste** einstellen können, und dergleichen mehr.

5 Auswertung und Prognose

Wenn ein Kalkulationsmodell mit Daten und Formeln erst einmal aufgebaut ist, kann es immer wieder benutzt werden. Ein Modell für einen Wochenbericht kann jedes Mal mit neuen Daten gefüllt werden. Sie müssen nur die Wochennummer wechseln. Die Formeln von Excel liefern Ihnen die Berechnungen für die neuen Daten. Formeln sind aber nicht der einzige Weg, um Excel zu veranlassen, Daten für Sie zu berechnen und auszuwerten. Das Programm stellt Ihnen darüber hinaus komplexe Werkzeuge zur Verfügung, um bereits vorhandene Daten und Modelle zu analysieren. Diese Möglichkeiten werden in den folgenden Abschnitten anhand praktischer Beispiele vorgestellt.

5.1 Berechnungen ohne Formeln

Zunächst soll noch kurz auf eine relativ einfache Möglichkeit eingegangen werden, mit vorhandenen Daten Berechnungen anzustellen, ohne dazu Formeln eingeben zu müssen. Die eine Möglichkeit betrifft hauptsächlich die Multiplikation einer Zahlenkolonne mit einem oder mehreren Faktoren. Die andere Möglichkeit betrifft die Addition, Subtraktion etc. kompletter Zellbereiche.

Multiplikation einer Preisspalte mit einem Prozentsatz

Angenommen, in einer Tabelle existiert eine Spalte mit den Verkaufspreisen einer Reihe von Artikeln. Sie entschließen sich, zum Monatswechsel Ihre Verkaufspreise generell um 3 % zu senken. In diesem Fall ist es natürlich nicht notwendig, die Verkaufspreise neu einzugeben. Es ist auch nicht notwendig, dafür Formeln zu entwickeln, was ja möglich wäre. Sie können folgendermaßen verfahren:

1. Sie tragen den Faktor für die Preissenkung in eine freie Zelle ein. Im Beispiel soll der Preis auf 97 % des bisherigen Preises gesenkt werden, also tragen Sie 97 % oder 0,97 ein.
2. Sie kopieren den Wert der Zelle mit **Start ▸ Zwischenablage ▸ Kopieren** in die Zwischenablage.
3. Sie markieren die Spalte mit den bisherigen Verkaufspreisen.

4 Sie wählen den Befehl **Start ▸ Zwischenablage ▸ Einfügen ▸ Inhalte einfügen**. Unter **Einfügen** wählen Sie **Werte** und unter **Vorgang** die Option **Multiplizieren**. Sie bestätigen mit **OK**.

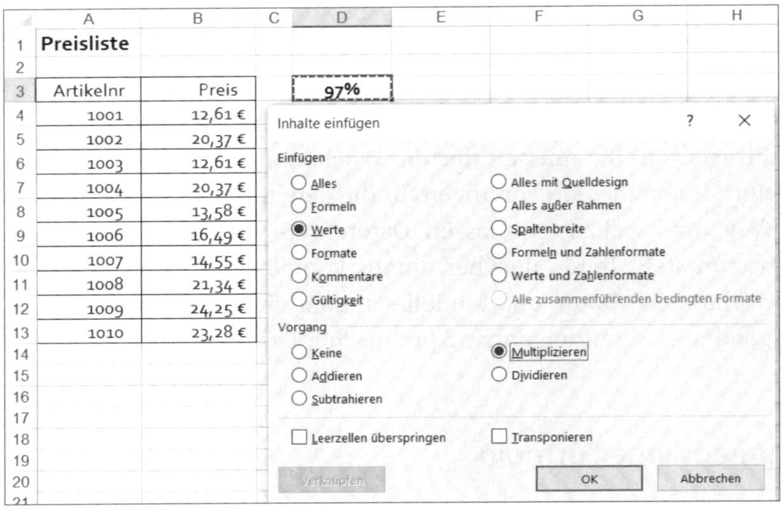

Excel multipliziert jeden der bisherigen Verkaufspreise mit dem markierten Faktor und gibt das Ergebnis als Wert in der Zelle aus. Anschließend kann die Zelle mit dem Prozentsatz wieder gelöscht werden. Anstelle einer Multiplikation kann auch **Addieren**, **Subtrahieren** oder **Dividieren** gewählt werden.

Anstatt alle Werte im Zielbereich mit demselben Wert neu zu berechnen, wie das in diesem Beispiel geschieht, können Sie natürlich auch mit verschiedenen Werten arbeiten. In diesem Fall müssen der in die Zwischenablage kopierte Bereich und der Zielbereich aber entweder genau gleich groß sein, oder der Quellbereich muss mehrfach in den Zielbereich passen. Hat der Quellbereich z. B. zwei Zellen in einer Spalte, der Zielbereich jedoch 20 Zellen, wird bei der Multiplikation immer abwechselnd mit der ersten und mit der zweiten Zelle aus dem Quellbereich multipliziert. Hat der Zielbereich dagegen 21 Zellen, erhalten Sie den Hinweis, dass der Zielbereich nicht passt.

Zusammenfassen von Bereichen

In den meisten Fällen wird diese Funktion aber angewendet, um zwei gleich große Bereiche miteinander zu verrechnen. Wenn Sie z. B. zwei Zahlenkolonnen zusammenfassen wollen, ohne Formeln benutzen zu müssen, addieren Sie die Kolonne B auf die Kolonne A und löschen anschließend die Kolonne B. Die Funktion kann selbstverständlich auch mit Daten aus verschiedenen Arbeitsblättern oder Arbeitsmappen arbeiten.

5.2 Ergebnisse konsolidieren

Eine praktische Form, Daten aus verschiedenen Bereichen zusammenzufassen, bietet die Funktion **Konsolidieren**. Obwohl diese Funktion durch die Berechnungsmöglichkeiten, die sich aus der dreidimensionalen Struktur der Arbeitsmappen ergeben, etwas an Gewicht verloren hat, bietet sie immer noch interessante Möglichkeiten, Daten aus verschiedenen Quellen zusammenzuführen und auszuwerten.

5.2.1 Konsolidieren nach Position

Excel kennt zwei verschiedene Methoden, Daten zu konsolidieren. Entweder orientiert sich die Funktion an der Position der Daten in den Arbeitsblättern oder an deren Beschriftung. Im ersten Fall müssen die Quellbereiche auf allen Blättern jeweils genau an derselben Stelle stehen, im zweiten Fall können die Quellbereiche auch an ganz unterschiedlichen Stellen in den Quelldateien vorkommen.

Angenommen, Sie erhalten an jedem Monatsende von drei Werken Arbeitsmappen, in denen die Monatsdaten auf verschiedenen Blättern zusammengestellt sind. Jede Mappe enthält u. a. einen einheitlich strukturierten Tabellenbereich mit einer Übersicht über die Produktion in den verschiedenen Produktgruppen. Sie wollen die drei Einzelergebnisse nun in einer neuen Arbeitsmappe zu einem Gesamtergebnis zusammenfassen.

Natürlich wäre es denkbar, die verschiedenen Blätter, die diese Bereiche enthalten, zunächst in einer Arbeitsmappe zusammenzufassen, aber möglicherweise wird das nicht gewünscht. Es kann ja z. B. sein, dass diese Blätter noch viele andere Daten enthalten, die an dieser Stelle nicht interessieren.

	A	B	C	D	E
1	**Monatsbericht**	**Werk: I**		**Monat:**	**Jan 2018**
2					
3	Produktgruppe:	Menge	Umsatz	Kosten	Gewinn
4	Waschmaschinen	8.000	9.600.000	6.720.000	2.880.000
5	Trockner	6.000	5.400.000	3.780.000	1.620.000
6	Kühlschränke	12.000	7.200.000	5.040.000	2.160.000
7	Gefriertruhen	7.000	6.300.000	4.410.000	1.890.000

Abbildung 5.1 Das Ergebnisblatt eines Werks

Ereignisse konsolidieren – Festlegen des Zielbereichs

Der erste Schritt, um die Ergebnisse der drei Werke zu konsolidieren, ist nun die Festlegung eines Zielbereichs, in dem die Daten zusammengefasst werden. Obwohl es möglich ist, dass sich die Quellbereiche und der Zielbereich für die Konsolidierung in derselben Arbeitsmappe befinden, soll in diesem Beispiel davon ausgegangen werden, dass dies nicht der Fall ist:

1. Zunächst sollten Sie deshalb eine neue Arbeitsmappe öffnen und ein Tabellenblatt auswählen. Es ist eine gute Gewohnheit, über den Doppelklick oder -tipp auf das Blattregister gleich einen entsprechenden Namen für das Blatt zu vergeben.
2. Der nächste Schritt ist eine entsprechende Beschriftung des Blatts. Es bietet sich an, die Beschriftung eines der Quellbereiche hier an genau dieselbe Stelle zu kopieren und so weit anzupassen, wie es notwendig ist. Da hier zunächst die Konsolidierungsmethode beschrieben werden soll, die sich an der Position der Daten orientiert, muss darauf geachtet werden, dass sich die Zelladressen mit der entsprechenden Beschriftung decken. Die Menge der verkauften Waschmaschinen z. B. soll immer in der Zelle B4 erscheinen.
3. Ist dieser Schritt abgeschlossen, können Sie den Bereich markieren, in dem die zusammengefassten Daten erscheinen sollen. Es genügt, wenn Sie die erste Zelle des Bereichs auswählen, also hier B4.
4. Verwenden Sie nun auf der Registerkarte **Daten** in der Gruppe **Datentools** das Symbol **Konsolidieren** ❶.

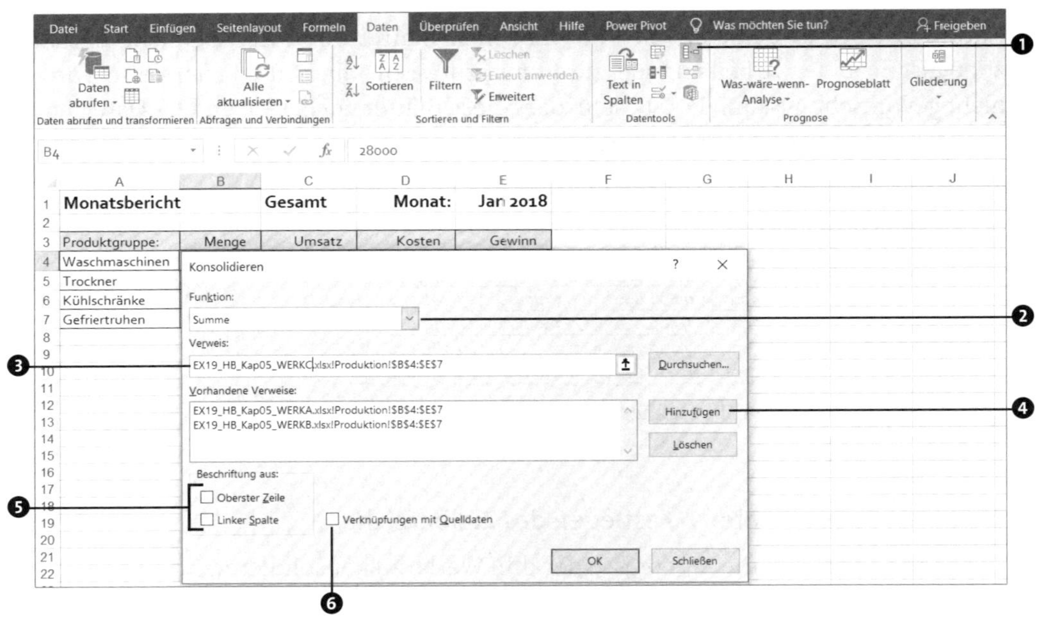

5 Im Feld **Funktion** ❷ wird als Vorgabe **Summe** angezeigt, es wird also angenommen, dass die Werte aus den verschiedenen Bereichen addiert werden. In dem Listenfeld werden Ihnen aber auch andere Möglichkeiten angeboten, die Daten auszuwerten, bis hin zu einfachen statistischen Analysen wie Standardabweichung und Varianz. In diesem Beispiel ist **Summe** die richtige Funktion.

6 Excel erwartet nun von Ihnen Einträge in dem Feld **Verweis** ❸. Wie ausführlich die Verweisangabe sein muss, hängt davon ab, wo sich die Quelldaten befinden. Stehen sie auf demselben Tabellenblatt wie der Zielbereich, reichen einfache Zellbezüge. Stehen sie auf einem anderen Tabellenblatt derselben Mappe, muss der Blattname vor die Zelladresse gesetzt werden. Bei Verweisen auf andere Mappen ist die Angabe des Dateinamens notwendig. Befindet sich die Mappe nicht im Standardordner, muss auch der komplette Pfad eingetragen werden.

In diesem Beispiel wird der Verweis zu anderen Arbeitsmappen hergestellt, also muss der Dateiname in eckigen Klammern und der Blattname mit einem Ausrufezeichen vor die Bereichsadresse gesetzt werden.

```
[EX19_HB_Kap05_WERKA.xlsx]Produktion!$B$4:$E$7
```

wäre ein korrekter Verweis. Ist der Verweis eingegeben oder markiert, klicken Sie auf die Schaltfläche **Hinzufügen** ❹. Der eingegebene Bezug erscheint in der Liste **Vorhandene Verweise**. Verfahren Sie mit den anderen Verweisen entsprechend.

7 Schließen Sie den Vorgang dann mit **OK** ab. Excel berechnet die Gesamtwerte für alle drei Werke und gibt sie als Werte im Zielbereich aus.

TIPP

Besser mit Bereichsnamen

Eleganter als die Eingabe von Bereichsverweisen ist natürlich auch hier die Verwendung von Bereichsnamen. Da die Daten im Beispiel aus verschiedenen Arbeitsmappen kommen, spielt es keine Rolle, ob Sie jeweils den gleichen Bereichsnamen verwenden oder nicht.

Insgesamt dürfen bei einer solchen Konsolidierung bis zu 255 Quellbereiche angegeben werden. Es ist dabei nicht notwendig, dass die Arbeitsmappen geöffnet sind, jedoch vorteilhaft, weil Sie die Bezüge auf andere geöffnete Arbeitsmappen durch Markieren herstellen können und nicht manuell eingeben müssen. Das ist ja nicht nur etwas mühsam, es ist auch fehleranfälliger. Vermeiden sollten Sie dagegen den Bezug auf geöffnete Dateien, die noch nicht gespeichert sind, weil hier der endgültige Dateiname ja noch nicht feststeht. Wenn Sie den Namen oder den Ordner der Quelldatei nicht wissen, können Sie über die Schaltfläche **Durchsuchen** das Dialogfeld **Durchsuchen** öffnen, um Ihre Daten zu finden.

5.2.2 Konsolidieren nach Rubrik

Wenn die Quelldaten nicht immer an derselben Stelle in einem Blatt stehen oder wenn nicht alle Quellbereiche alle Positionen enthalten, können Sie die zweite Methode anwenden, die Konsolidierung nach Rubrik. Um bei dem oben behandelten Beispiel zu bleiben, wäre es für Excel kein Problem, wenn eines der Werke die Ergebnisdaten nicht in dem Bereich A3 bis E7 einträgt, sondern in A104 bis E108. Es würde Excel auch nichts ausmachen, wenn ein Werk z. B. keine Kühlschränke produziert und eine entsprechende Zeile fehlt. Bei dieser Methode ist es nicht erforderlich, die Beschriftungen im Zielbereich manuell einzugeben. Sie werden aus den Quellbereichen übernommen und entsprechend zusammengestellt.

1. Markieren Sie die linke obere Eckzelle des Zielbereichs (die Beschriftungszeile mitgerechnet).
2. Wählen Sie in der Gruppe **Daten ▸ Datentools** das Symbol **Konsolidieren**.
3. Geben Sie unter **Verweis** die verschiedenen Quellbereiche unter Einschluss der Beschriftungen an, und verwenden Sie jedes Mal **Hinzufügen**.
4. Um Excel zu veranlassen, die Methode mit den Rubriken zu benutzen, geben Sie unter **Beschriftung aus** (❺ in der vorherigen Abbildung) an, woher die Beschriftungen übernommen werden. In diesem Fall können beide Kontrollkästchen abgehakt werden.
5. Wenn Sie mit **OK** bestätigen, kopiert Excel die Beschriftungen an die angegebene Stelle im Zielbereich und konsolidiert die Daten dort.

Bearbeiten einer Konsolidierung

Die Daten über eine Konsolidierung werden mit der Arbeitsmappe gespeichert, die den Zielbereich enthält. Die Zusammenfassung der Werte kann also jederzeit wiederholt werden, falls sich die Quelldaten geändert haben. Wenn es nötig ist, kann auch die Zusammenstellung der Quellbereiche jederzeit verändert werden.

1. Wählen Sie den Zielbereich. Rufen Sie erneut das Dialogfeld **Konsolidieren** auf.

2 Um noch weitere Quellbereiche hinzuzufügen, geben Sie unter **Verweis** den neuen Bereich ein, wählen **Hinzufügen** und veranlassen mit **OK** eine Neuberechnung.

3 Um einen Quellbereich aus der Berechnung herauszunehmen, wählen Sie ihn unter **Vorhandene Verweise** aus und klicken auf **Löschen**.

4 Soll der markierte Verweis nur geändert werden, dann korrigieren Sie die Adresse unter **Verweis**.

Herstellen von Verknüpfungen zu den Quellbereichen

Normalerweise übernimmt Excel für die Konsolidierung die Daten aus den Quellbereichen mit den aktuellen Werten, berechnet das Ergebnis und gibt die Werte im Zielbereich aus. Damit ist der Vorgang abgeschlossen. Ändern sich die Werte in den Quellbereichen, muss also die Konsolidierung mit unveränderten Angaben im Dialogfeld wiederholt werden, um den aktuellen Stand zu gewährleisten.

Sollen die Werte im Zielbereich automatisch geändert werden, wenn sich die Daten in einem der Quellbereiche ändern, müssen Sie das Kästchen **Verknüpfungen mit Quelldaten** (❻ in der vorherigen Abbildung) abhaken. Ist das geschehen, werden die Daten in der Arbeitsmappe immer auf den neuesten Stand gebracht, wenn die Mappe geöffnet wird. Im Zielbereich finden Sie dann anstelle der konstanten Werte externe Bezüge auf die einzelnen Zellen in den Quellbereichen.

Excel fügt für jeden Quellbereich neue Zeilen/Spalten sowie Formeln ein, die die Daten dann zusammenfassen – entsprechend der Funktion, die im Dialogfeld gewählt worden ist. Die Tabelle wird automatisch gegliedert und zunächst mit der höchstmöglichen Komprimierung angezeigt. Sie können mit den Gliederungssymbolen aber alle Detaildaten im Zielbereich sichtbar machen.

1 2		A	B	C	D	E
	1	**Monatsbericht**		**Gesamt**	**Monat:**	**Jan 2018**
	2					
	3	Produktgruppe:	Menge	Umsatz	Kosten	Gewinn
	4		8.000	9.600.000	6.720.000	2.880.000
	5		10.000	12.000.000	8.400.000	3.600.000
	6		10.000	12.000.000	8.400.000	3.600.000
−	7	Waschmaschinen	28.000	33.600.000	23.520.000	10.080.000
+	11	Trockner	21.000	18.900.000	13.230.000	5.670.000
+	15	Kühlschränke	35.000	21.000.000	14.700.000	6.300.000
+	19	Gefriertruhen	23.000	20.700.000	14.490.000	6.210.000

Abbildung 5.2 Verknüpfte Konsolidierung

5.3 Add-In für statistische Datenanalyse

Für die statistische Analyse von Daten in einer Tabelle stehen nicht nur die zahlreichen statistischen Tabellenfunktionen zur Verfügung, die in Kapitel 15, »Tabellenfunktionen«, vorgestellt werden. Als Zusatzprogramm kann außerdem ein umfangreiches Analysewerkzeug eingesetzt werden, das die statistische Auswertung vorgegebener Daten vereinfacht. Wenn Sie das Add-In **Analyse-Funktionen** installiert und über **Datei ▸ Optionen ▸ Add-Ins** in die Liste der Zusatzprogramme eingefügt haben, die Excel bereitstellt, erscheint dafür auf dem Register **Daten** die zusätzliche Gruppe **Analyse** mit der Schaltfläche **Datenanalyse**.

Bevor Sie eine der zahlreichen Optionen dieses Befehls verwenden können, müssen die Daten, die analysiert werden sollen, in einem Tabellenblatt so angeordnet werden, dass die gewählte Analyse-Funktion damit arbeiten kann. Wie die Daten für eine bestimmte Funktion vorliegen müssen, hängt von der jeweiligen Funktion ab. Es würde den Rahmen dieses Buches sprengen, auf die einzelnen Funktionen des Pakets einzugehen. Deshalb hier nur ein Beispiel: die Erstellung eines Histogramms. Diese spezielle Form des Diagramms wird gerne eingesetzt, um Häufigkeitsverteilungen darzustellen. Detaillierte Informationen zum Thema Analyse-Funktionen finden Sie in meinem Buch *Excel – Formeln und Funktionen*, Vierfarben Verlag.

Ein Histogramm für die Verteilung von Abweichungen

Eine typische Anwendung für ein Histogramm ist die Darstellung der Häufigkeitsverteilung der Abweichungen von einem bestimmten Standardwert. Denken Sie an eine Tabelle, in der für eine Stichprobe von 500 Personen der Prozentsatz der Abweichung vom Normalgewicht eingetragen ist.

1. Die Funktion erwartet in der Tabelle einen Eingabebereich, der nur aus numerischen Daten bestehen darf, abgesehen von der Beschriftung der Spalten bzw. Zeilen. Die Daten können in Spalten oder in Zeilen angeordnet werden.

2. Zusätzlich zum Eingabebereich kann noch ein Klassenbereich angelegt werden. Hier werden Grenzwerte eingetragen, die den Umfang der einzelnen Klassen definieren. Die Grenzwerte müssen in aufsteigender Reihenfolge angegeben werden. Sind ein oder mehrere Grenzwerte vorhanden, ermittelt Excel jeweils die Anzahl der Fälle, die unter die verschiedenen Klassen fallen. Dabei werden die Werte bis zur untersten Klassengrenze und die Werte über der obersten Klassengrenze jeweils zusammengefasst. Wird kein Klassenbereich verwendet, teilt Excel die gesamte Spannweite der Daten selbstständig in gleich breite Abschnitte auf.

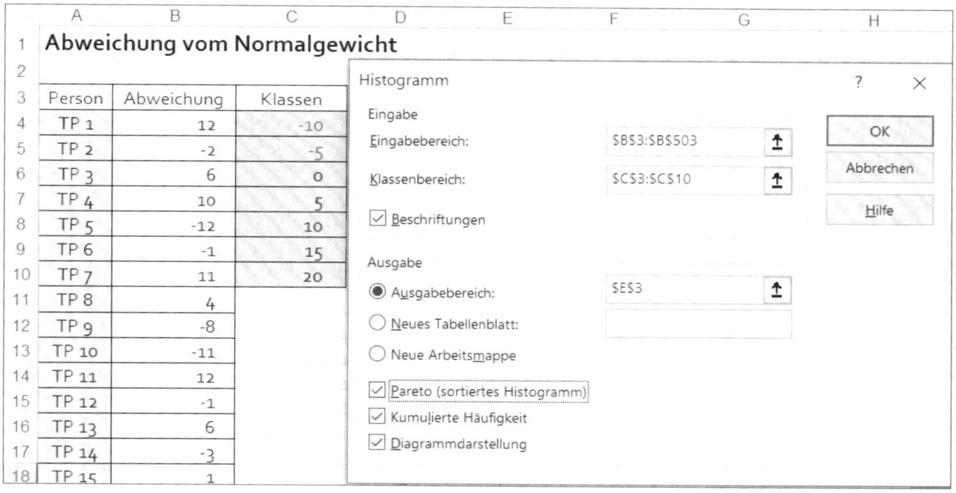

3 Sind diese Vorbereitungen getroffen, können Sie den Befehl **Datenanalyse** aufrufen.

4 Wählen Sie die Analyse-Funktion, die auf die im Tabellenblatt angeordneten Daten angewendet werden soll, in diesem Fall also **Histogramm**.

5 Geben Sie im Dialog **Histogramm** unter **Eingabebereich** den Bezug auf den Bereich ein, der ausgewertet werden soll. Schließen Sie die Zelle mit der Beschriftung mit ein.

6 Unter **Klassenbereich** bestimmen Sie den Bereich mit den Grenzwerten. Auch hier schließen Sie die Zelle mit der Beschriftung mit ein.

7 Das Kontrollkästchen **Beschriftungen** sollte aktiviert werden, damit die Beschriftungen in die Auswertung übernommen werden. Ist das nicht der Fall, werden Vorgabebeschriftungen erstellt.

8 Dann müssen Sie unter **Ausgabebereich** die obere linke Eckzelle des Bereichs angeben, in dem die Ergebnisse der Analyse dargestellt werden sollen. Ist der Bereich nicht leer, erhalten Sie eine Warnung, bevor die Daten dort eingefügt werden. Mit der Option **Neues Tabellenblatt** kann die Ausgabe auch in ein neues Blatt gelenkt werden. Die Daten werden dann dort ab der Zelle A1 eingetragen. Sie können in dem Eingabefeld gleich schon den Namen des Blatts mit eingeben. Es ist auch möglich, eine **Neue Arbeitsmappe** als Ziel der Auswertung zu bestimmen.

9 Mit einem Häkchen bei **Pareto** erreichen Sie, dass die Ergebnisse auch noch mit absteigender Häufigkeitsfolge sortiert dargestellt werden. Sonst verwendet die

Funktion die aufsteigende Häufigkeitsfolge. Zusätzlich können Sie noch **Kumulierte Häufigkeit** wählen. Dann liefert die Funktion eine zusätzliche Spalte mit den kumulierten Häufigkeiten und fügt dafür im Histogramm selbst eine entsprechende Kurve ein. Ob direkt ein Diagramm zu den Ergebnissen geplottet werden soll, legen Sie durch ein Häkchen bei **Diagrammdarstellung** fest.

10 Wenn Sie die Angaben bestätigen, wird zunächst eine Häufigkeitstabelle erstellt und dazu das Diagramm.

E	F	G	H	I	J
Klassen	*Häufigkeit*	*Kumuliert %*	*Klassen*	*Häufigkeit*	*Kumuliert %*
-10	72	14,40%	10	89	17,80%
-5	80	30,40%	15	87	35,20%
0	82	46,80%	0	82	51,60%
5	75	61,80%	-5	80	67,60%
10	89	79,60%	5	75	82,60%
15	87	97,00%	-10	72	97,00%
20	15	100,00%	20	15	100,00%
und größer	0	100,00%	und größer	0	100,00%

11 Das Diagramm sieht noch etwas stärker wie ein Histogramm aus, wenn Sie die Abstände zwischen den Säulen auf null setzen. Klicken Sie dazu auf das Diagramm und dann eine der Säulen mit der rechten Maustaste an. Wählen Sie **Datenreihen formatieren** und dann **Reihenoptionen**. Auf dem Touchscreen tippen Sie erst eine der Säulen an und halten dann den Finger darauf, bis das Kontextmenü erscheint. Dort tippen Sie auf den Pfeil am Ende und schließlich auf **Datenreihen formatieren**.

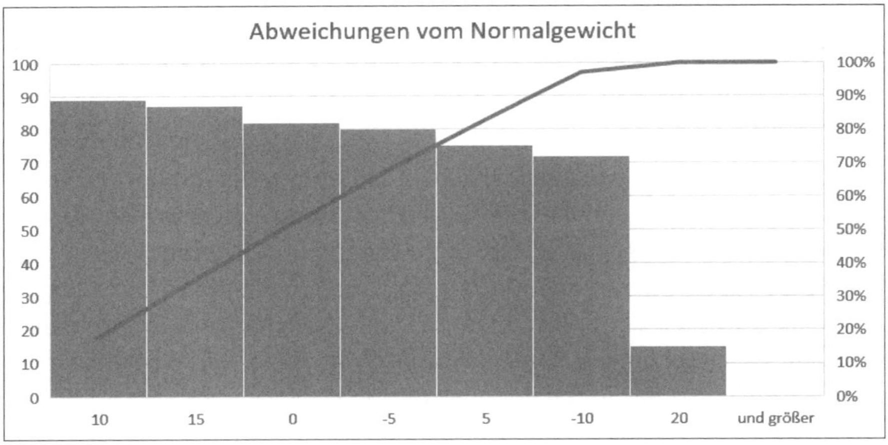

Abbildung 5.3 Das Pareto-Histogramm in leicht überarbeiteter Form, die Linie zeigt die kumulierten Werte an.

5.4 Was wäre, wenn ...

Sensitivitätsanalysen untersuchen, wie empfindlich eine Situation auf Änderungen von Faktoren reagiert, die diese Situation beeinflussen. Excel stellt Ihnen zwei verschiedene Versionen solcher Was-wäre-wenn-Analysen zur Verfügung. Sie unterscheiden sich im Kern durch die Anzahl der Variablen, die zugelassen sind. In der ersten Version kann nur ein Wert variiert werden, in der zweiten zwei. Die unterschiedliche Anzahl der Variablen hat aber gleichzeitig Folgen für die Anordnung der Daten, die in die Berechnung eingehen. Sie ist bei den beiden Versionen unterschiedlich. Zudem ist die Anzahl der Formeln, die ausgewertet werden können, von der Zahl der Variablen abhängig. Nur die Version mit einer Variablen kann gleichzeitig mehrere Formeln auswerten.

5.4.1 Datentabelle mit einer Variablen

Zunächst ein einfaches Beispiel. In Abbildung 5.4 finden Sie eine kleine Anwendung mit einer Barwertfunktion. Die Fragestellung könnte lauten: Wie viel muss am 1.1. auf der Bank eingezahlt werden, um nach Ablauf von drei Jahren den Betrag zu erhalten, der drei jährlichen Einzahlungen von 40.000 € entspricht? Der Zinssatz beträgt 3 %.

	A	B	C
1	**Berechnung des Barwerts**		
2			
3	Einzahlungen	40.000,00 €	
4	Perioden	3	
5	Zinssatz	3%	
6	Barwert		-113.144,45 €
7	andere Zinssätze:	3,25%	
8		3,50%	
9		3,75%	

Abbildung 5.4 Vorbereitung der Barwertberechnung als Mehrfachoperation

Die Formel mit der Funktion `BW()` in Zelle C6 enthält keinen konstanten Zinssatz, sondern die Adresse der Zelle B5. Dort sind zunächst 3 % eingetragen:

1 Um nun die Wirkung anderer Zinssätze beobachten zu können, wird in einer freien Spalte eine Reihe von Zinsvarianten eingetragen. Dies ist in der abgebildeten Tabelle in der Spalte B geschehen. Die Beschriftung *andere Zinssätze* weist darauf hin, wozu die Werte gedacht sind. Die alternativen Werte müssen untereinander und in einer Spalte eingetragen werden. Die Reihenfolge ist nicht vorgeschrieben, aber eine auf- oder absteigende Reihenfolge macht das Ergebnis übersichtlicher.

2 Der nächste Schritt der Vorbereitung betrifft die Formel, die mit den alternativen Werten gefüttert werden soll. In diesem Beispiel ist es die Barwertfunktion. Diese Formel muss in der Zeile eingetragen werden, die direkt über der ersten Zeile liegt, die alternative Werte enthält. Sie muss aber um mindestens eine Spalte nach rechts versetzt werden, weil das Programm die neu errechneten Werte direkt unter dieser Formel ablegen wird. In der Abbildung ist deshalb die Zelle C6 der richtige Ort für die Formel.

3 Im nächsten Schritt muss der Bereich markiert werden, der für die Datentabelle benutzt werden soll (in früheren Versionen wurde hier der Begriff *Mehrfachoperation* verwendet). In der Abbildung ist dieser Bereich zur besseren Verdeutlichung mit einem Muster gekennzeichnet. Der Bereich wird bestimmt durch die Spalte mit den alternativen Werten und durch die Zeile, die die Formel oder die Formeln enthält, die der Befehl mehrfach durchrechnen soll. Im Unterschied zu einer normalen Formel wird das Ergebnis bei dieser Operation eben nicht in der Zelle angezeigt, die die Formeln enthält, sondern in einer fortlaufenden Reihe von Zellen.

4 Nun kann aus der Gruppe **Prognose** auf dem Register **Daten** über das Menü der Schaltfläche **Was-wäre-wenn-Analyse** der Befehl **Datentabelle** aufgerufen werden. In dem kleinen Dialogfeld wird in diesem Beispiel die Eingabe der Zelladresse für den Zinssatz, also B5, erwartet. Das ist die Eingabezelle, in die die verschiedenen Zinssätze nacheinander »eingeschoben« werden, um die Barwertformel jedes Mal neu zu berechnen. Da die alternativen Werte für den Zinssatz in einer Spalte angeordnet sind, muss die Adresse *$B$5* in dem Feld **Werte aus Spalte** eingetragen werden. Wären die alternativen Zinssätze nur in einer Zeile angeordnet – etwa D5 bis L5 –, müssten Sie die Zelladresse in dem Feld **Werte aus Zeile** eintragen.

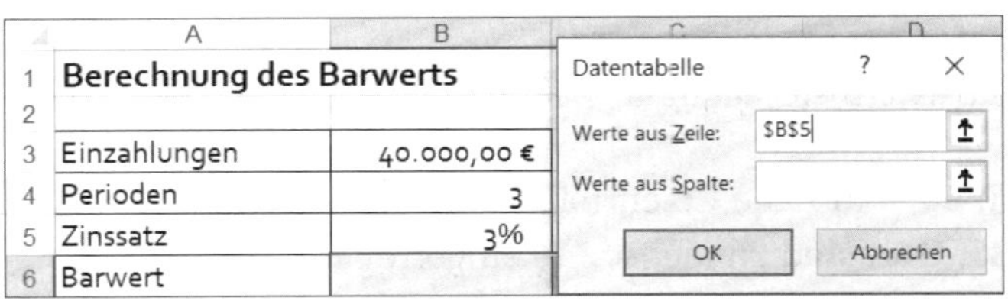

5 Wenn Sie die Eingaben im Dialogfeld bestätigen, rechnet Excel für alle alternativen Zinssätze die Barwertformel durch und stellt die Ergebnisse in der Spalte unter der Formel zur Verfügung.

Die Tabelle kann folgendermaßen gelesen werden: Der alternative Zinssatz von 4 % würde einen Barwert von 111.003 € ergeben, der alternative Zinssatz von 5 % einen

Barwert von 108.929 € etc. Die Originalformel in Zelle C6 und der ursprünglich angenommene Zinssatz von 3 % in Zelle B5 bleiben von dieser Operation unberührt.

	A	B	C
1	**Berechnung des Barwerts**		
2			
3	Einzahlungen	40.000,00 €	
4	Perioden	3	
5	Zinssatz	3%	
6	Barwert		- 113.144,45 €
7	andere Zinssätze:	3,25%	- 112.602,80 €
8		3,50%	- 112.065,48 €
9		3,75%	- 111.532,44 €
10		4,00%	- 111.003,64 €
11		4,25%	- 110.479,03 €
12		4,50%	- 109.958,57 €
13		4,75%	- 109.442,22 €
14		5,00%	- 108.929,92 €
15		5,25%	- 108.421,64 €

Abbildung 5.5 Berechnete Alternativen

Wenn Sie sich die Zelle C7 ansehen, werden Sie in der Bearbeitungsleiste eine Matrixformel mit der Funktion `MEHRFACHOPERATION()` finden. Die Zellen, die die Ergebnisse der Mehrfachoperation anzeigen, bilden eine Ergebnismatrix. Es gelten also auch die Besonderheiten, die in Abschnitt 3.5, »Matrixformeln«, beschrieben wurden. Einzelne Zellen dieses Bereichs können also nicht geändert oder gelöscht werden. Dagegen können die eingegebenen anderen Zinssätze beliebig verändert werden. Wenn Sie auch die anderen Argumente der Barwertfunktion durch Zellbezüge festgelegt haben, können Sie nun auch andere Werte für die Anzahl der Perioden oder die regelmäßigen Zahlungen ausprobieren. Die gesamte Tabelle der Mehrfachoperation wird jedes Mal neu durchgerechnet.

Auswertung mehrerer Formeln

Im letzten Beispiel ist nur eine einzige Formel mit alternativen Werten durchgespielt worden. Solange Sie mit einer einzigen Variablen arbeiten, können Sie aber, wie schon erwähnt, auch das Verhalten mehrerer Formeln gleichzeitig beobachten. Zum Beispiel könnten Sie zusätzlich den Barwert für den Fall berechnen lassen, dass die Einzahlungen schon am Anfang der Periode fällig sind. Die Formel muss dazu nur um das Argument für die Fälligkeit erweitert werden. In diesem Fall muss als Bereich für die Mehrfachoperation B7 bis D16 markiert werden.

Einzahlungen	40000		
Perioden	3		
Zinssatz	3%		
Barwert		- 113.144,45 €	- 116.538,79 €
andere Zinssätze:	3,25%	- 112.602,80 €	- 116.262,39 €
	3,50%	- 112.065,48 €	- 115.987,77 €
	3,75%	- 111.532,44 €	- 115.714,91 €
	4,00%	- 111.003,64 €	- 115.443,79 €
	4,25%	- 110.479,03 €	- 115.174,39 €
	4,50%	- 109.958,57 €	- 114.906,71 €
	4,75%	- 109.442,22 €	- 114.640,72 €
	5,00%	- 108.929,92 €	- 114.376,42 €
	5,25%	- 108.421,64 €	- 114.113,78 €

Abbildung 5.6 Vorschüssige und nachschüssige Barwertberechnung

5.4.2 Mehrfachoperation mit zwei Variablen

Die zweite Version der Mehrfachoperation lässt zwei Variablen, also zwei »Eingabezellen«, zu, kann aber nur jeweils eine Formel auswerten. Der Aufbau des Tabellenbereichs ist ein wenig anders als bei der ersten Version. Die Formel wird in die bisher leere, linke obere Eckzelle des für die Mehrfachoperation markierten Tabellenbereichs eingetragen.

Die alternativen Werte für die erste Variable werden wie gehabt in der linken Spalte des Tabellenbereichs eingepflegt. Die Werte für die zweite Variable dagegen werden in der ersten Zeile eingegeben, beginnend mit der Zelle rechts neben der Formelzelle. Dort, wo in der ersten Version die Formeln standen, müssen bei dieser Version also die Werte für die zweite Variable stehen.

Beispiel Ratenberechnung

Ein Blick auf Abbildung 5.7 zeigt den Aufbau dieses speziellen Tabellenbereichs. Als Beispiel soll wieder eine Finanzfunktion dienen. Eine Ratenberechnung arbeitet mit drei Argumenten, einem Kapitalbetrag, z. B. einem Darlehen, einem Zinssatz und der Anzahl der Perioden. Variiert werden sollen das Darlehen und der Zinssatz. Die Werte für die erste Variable, das Darlehen, sind in der Spalte B eingetragen, die Werte für die zweite Variable, also den Zinssatz, in der Zeile 6. Der Bezug auf die Ratenformel steht in der linken oberen Eckzelle des Tabellenbereichs, also in B6.

Wieder können Sie zunächst den Tabellenbereich markieren, von B6 bis G10. Rufen Sie den Befehl **Datentabelle** auf. Diesmal müssen beide Eingabefelder ausgefüllt werden. Bei **Werte aus Zeile** geben Sie die Adresse der Zelle an, die den Zinssatz, also B3, bei **Werte aus Spalte** die Adresse B4, die den Wert für das Darlehen enthält.

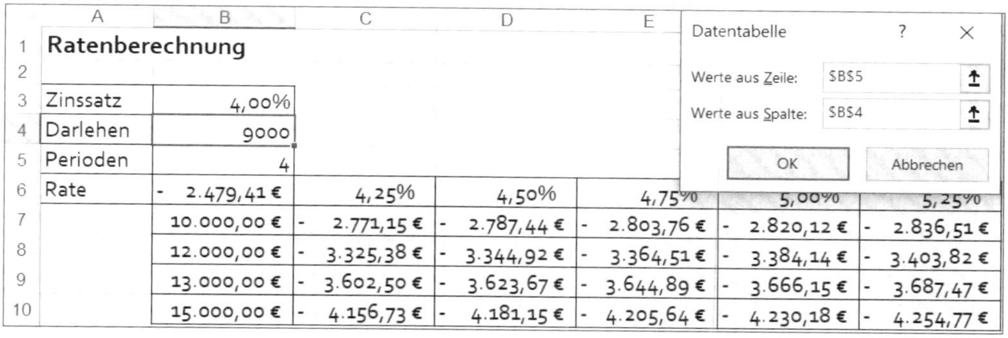

Abbildung 5.7 Ratenberechnung mit zwei Variablen

Der Befehl liefert eine Tabelle von Werten, die Sie lesen können wie ein xy-Diagramm. Um die Rate für das Darlehen von 13.000 € zu finden, die bei einem Zinssatz von 5 % zu zahlen ist, können Sie zunächst die Zeile aufsuchen, die mit 13000 beginnt, und dann so viele Zellen nach rechts gehen, bis Sie in der Spalte angekommen sind, über der 5 % steht. Diese Zelle enthält die entsprechende Rate.

TIPP

Umwandlung in Werte

Wenn die Mehrfachoperation ihre Werte geliefert hat, kann es praktisch sein, die Matrixformeln des Ergebnisbereichs in konstante Werte umzuwandeln. Das erreichen Sie, wenn Sie die Ergebnismatrix insgesamt markieren, z. B. mit [Strg]+[/] oder mit **Start ▸ Bearbeiten ▸ Suchen und Auswählen ▸ Inhalte auswählen ▸ Aktuelles Array**, die Daten in die Zwischenablage kopieren und dann mit **Inhalte einfügen** und der Option **Werte** auf sich selbst kopieren. Excel markiert automatisch den gesamten Bereich der Mehrfachoperation. Wenn Sie die Ausgangsformel(n) beibehalten wollen, markieren Sie nur die Zellen, die die Matrixformeln enthalten!

5.5 Planspiele mit Szenarios

Die im letzten Abschnitt behandelten Mehrfachoperationen liefern ganz brauchbare Ergebnisse, solange es um ein oder zwei Werte geht, die veränderbar sind. In vielen Fällen reicht das aber nicht aus. Eine leistungsfähigere Lösung für Was-wäre-wenn-Analysen stellt Excel mit dem Szenario-Manager zur Verfügung. Insbesondere die Zahl der Variablen ist hier wesentlich größer – bis zu 32 sind möglich.

5.5.1 Wozu Szenarios gut sind

Unter einem Szenario wird in Excel so etwas wie ein Planspiel verstanden, mit dem das Zusammenwirken verschiedener Faktoren auf eine bestimmte Situation abgeschätzt werden soll. Meist geht es darum, sich durch den Vergleich verschiedener Szenarios an eine Lösung für ein Problem heranzutasten.

Zugrunde liegt oft eine Fragestellung, die mit den Mitteln eines oder mehrerer Szenarios geklärt werden soll. Wie würde sich voraussichtlich der Umsatz steigern lassen, wenn zwei neue Filialen mit je vier Verkäufern und einer Verkaufsfläche von je 100 qm eröffnet werden – vorausgesetzt, dass der Umsatz pro Verkäufer und pro qm Verkaufsfläche etwa dem in den bisherigen Filialen entspricht? Würde eine größere Filiale mit sechs Verkäufern und 170 qm Verkaufsfläche nicht mehr bringen? Wie würden sich die Lagerkosten für die zehn wichtigsten Rohstoffe verändern, wenn der Bestellturnus und die Bestellmenge verändert werden? Das wären zwei kleine Beispiele von Fragestellungen für Szenarios.

Bezogen auf ein Kalkulationsmodell in Excel, bedeutet ein Szenario, dass das Modell mit einem bestimmten Satz veränderlicher Werte durchgespielt wird. Szenario A arbeitet mit dem Wertesatz 1, Szenario B mit dem Wertesatz 2 etc. Nun könnten Sie solche Szenarios natürlich dadurch erstellen, dass Sie in ein bestehendes Modell zunächst eine bestimmte Gruppe von Werten eingeben, das Modell unter dem Namen *Plan1* abspeichern, dann eine neue Gruppe von Werten für dieselben Zellen eintragen, das Modell unter dem Namen *Plan2* abspeichern etc. Dieses Verfahren wäre durchaus gangbar, aber der Vergleich der Ergebnisse ist schwierig bis umständlich. Etwas besser wäre die Lösung, in einer Arbeitsmappe verschiedene gleichförmige Tabellen anzulegen und jedes Mal verschiedene Werte einzutragen. Aber auch dann ist der Vergleich der Alternativen mühsam.

Genau hier springt der Szenario-Manager ein und erlaubt Ihnen, ein Tabellenmodell mit zahlreichen Varianten auf einfache Weise zu verwalten und die unterschiedlichen Auswirkungen der verschiedenen Annahmen in Form eines zusammenfassenden Berichts zu vergleichen. Es bringt allerdings wenig, die Funktion einzusetzen, wenn das Tabellenmodell nur aus einer Beschriftungsspalte und einer Spalte mit Werten und Formeln besteht. In diesem Fall ist es sinnvoller, Planungsalternativen gleich in den benachbarten Spalten aufzuführen. Sie haben dann sofort einen guten Überblick über die verschiedenen Berechnungsvarianten. Die Arbeit mit dem Szenario-Manager wird, anders gesagt, umso interessanter, je komplexer das Tabellenmodell ist, das den verschiedenen Szenarios zugrunde liegt.

5.5.2 Planungsalternativen für Werbeetat

Die Arbeitsweise des Szenario-Managers soll hier dennoch an einem einfachen Beispiel vorgeführt werden, damit Sie die Dinge innerhalb der Abbildungen überblicken können. Es geht um ein Beispiel zur Planung von Werbeetats. In der Tabelle werden die Kosten für die verschiedenen Werbemittel zusammengestellt, die bei verschiedenen Produkten eingesetzt werden sollen. Den Kosten sollen verschiedene Planzahlen für den Absatz der Produkte gegenübergestellt werden, um die Werbekosten pro Verkaufseinheit zu berechnen. Zunächst muss das Tabellenmodell mit allen Formeln komplett aufgebaut werden. Sie können mit Testdaten arbeiten oder gleich die Werte für das erste Szenario eingeben. Es reicht aber auch, zunächst nur die Formeln einzugeben.

	A	B	C	D
1	**Werbeetatplan**			
2				
3	Werbemedien	Produkt 1	Produkt 2	Produkt 3
4	Anzeigen in Tageszeitungen	35.000,00 €	37.000,00 €	22.000,00 €
5	Internetwerbung	40.000,00 €	33.000,00 €	27.000,00 €
6	Fernsehwerbung	100.000,00 €	90.000,00 €	120.000,00 €
7	Plakatwerbung	12.000,00 €	13.000,00 €	11.000,00 €
8	Postwurfsendungen	10.000,00 €	12.000,00 €	12.000,00 €
9	Gesamt	197.000,00 €	185.000,00 €	192.000,00 €
10	Geplanter Absatz	35.000	30.000	33.000
11	Werbekosten pro Verkaufseinheit	5,63 €	6,17 €	5,82 €

Abbildung 5.8 Planung eines Werbeetats

Welche Faktoren verändern sich?

Ist das Modell einmal aufgebaut, folgt die Überlegung, welche Werte des Modells in den verschiedenen Szenarios überhaupt zur Disposition stehen und welche nicht. Das hängt natürlich ganz von der Situation ab, die das Modell beschreibt. Oft gibt es in einem solchen Modell Werte, die von vornherein feststehen und nicht verändert werden können. Bei anderen Werten dagegen besteht Spielraum für Veränderungen, zumindest innerhalb einer bestimmten Bandbreite. In diesem Beispiel könnte etwa die Anzahl der Anzeigen in den Tageszeitungen mal höher, mal niedriger angesetzt werden. Beim geplanten Absatz schwanken die Annahmen vielleicht zwischen optimistischen und pessimistischen Zahlen. Zusätzlich soll noch ein mittlerer Wert ausprobiert werden.

Veränderbare Zellen und Ergebniszellen

In der Terminologie von Excel sind die Zellen, die Werte enthalten, die variiert werden sollen, die veränderbaren Zellen. Die Werte in diesen Zellen sind zugleich unabhängige Werte, d. h. solche, die nicht von anderen Werten abhängig sind. In den veränderbaren

Zellen stehen also normalerweise keine Formeln. Ist das doch einmal der Fall, gibt Excel eine Warnung aus; die Formel wird bei der Anzeige des Szenarios durch ihr Ergebnis überschrieben (und damit zerstört).

Die nächste Frage ist, welche Daten aufgrund der im Modell eingebauten Formeln von den Veränderungen berührt werden und welche nicht. Die von den Werten in den veränderbaren Zellen betroffenen Zellen sind die möglichen Ergebniszellen des Szenarios, also die Werte, die beobachtet werden. In unserem Beispiel sollen unterschiedlich hohe Beträge für die Anzeigen in den Tageszeitungen und unterschiedliche Schätzungen über den Absatz in die veränderbaren Zellen eingetragen werden. Als Ergebniszellen sind die Zellen mit dem Gesamtwerbeetat für ein Produkt interessant und diejenigen mit den Werbekosten pro Verkaufseinheit.

Unbedingt empfehlenswert: Bereichsnamen

Nach diesen Vorbereitungen könnten Sie nun eigentlich schon den Szenario-Manager aufrufen. Doch obwohl es auch ohne geht, ist die Verwendung von Namen für die Zellen, die im Szenario verändert werden sollen, und für die Ergebniszellen eigentlich ein Muss. Und dies aus zwei Gründen:

1. Mithilfe dieser Namen erstellt Excel eine kleine Dateneingabemaske für die Eingabe der Werte in die veränderbaren Zellen. Fehlen die Namen, werden im Dialogfeld nur die abstrakten Zelladressen angezeigt.
2. Die festgelegten Namen werden automatisch in die Berichte übernommen, in denen die Ergebnisse der verschiedenen Szenarios verglichen werden. Dadurch werden diese Berichte eigentlich erst lesbar.

Was die Namen selbst angeht, sollten Sie beachten, dass Sie zwar auch längere Namen verwenden können, Excel in den Dialogfeldern für die Dateneingabe aber nur die ersten 16 Zeichen der Namen verwendet. Der Name sollte also, auch wenn er länger ist, schon mit den ersten 16 Zeichen eindeutig sein. Machen Sie sich also einmal die Mühe, die betreffenden Zellen mit Namen zu belegen. Die ganze weitere Arbeit mit den Szenarios wird dadurch wesentlich einfacher und übersichtlicher.

5.5.3 Definition eines Szenarios

Wenn diese Vorbereitungen abgeschlossen sind, können Sie mit der eigentlichen Definition der Szenarios beginnen:

1 Wählen Sie aus der Gruppe **Prognose** auf dem Register **Daten** über das Menü der Schaltfläche **Was-wäre-wenn-Analyse** den Befehl **Szenario-Manager**. Das erste Dialogfeld gibt Ihnen zunächst die Information, dass für dieses Tabellenblatt noch kein Szenario festgelegt worden ist. Klicken Sie die Schaltfläche **Hinzufügen** an.

2 Excel verwaltet die verschiedenen Szenarios mithilfe von Namen. Deshalb erwartet das Programm zunächst einen Namen für jedes Szenario. Hier ist es sinnvoll, einen Namen zu verwenden, der das Szenario möglichst deutlich charakterisiert. Das erleichtert später das Auffinden der Daten, die mit dem Namen verknüpft sind. Rein formale Namen wie *Version_1* und *Version_2* sind zwar nicht verboten, aber unpraktisch, weil Sie in der Regel schnell vergessen, welche Art von Annahme sich dahinter verbirgt. Es lohnt sich also, ein wenig Sorgfalt auf die Vergabe der Namen zu verwenden, insbesondere je mehr die Anzahl der Szenarios anwächst. In diesem Beispiel könnte etwa das erste Szenario den Namen *Optimistische Absatzprognose* erhalten, wenn Sie entsprechende Absatzzahlen eingeben wollen.

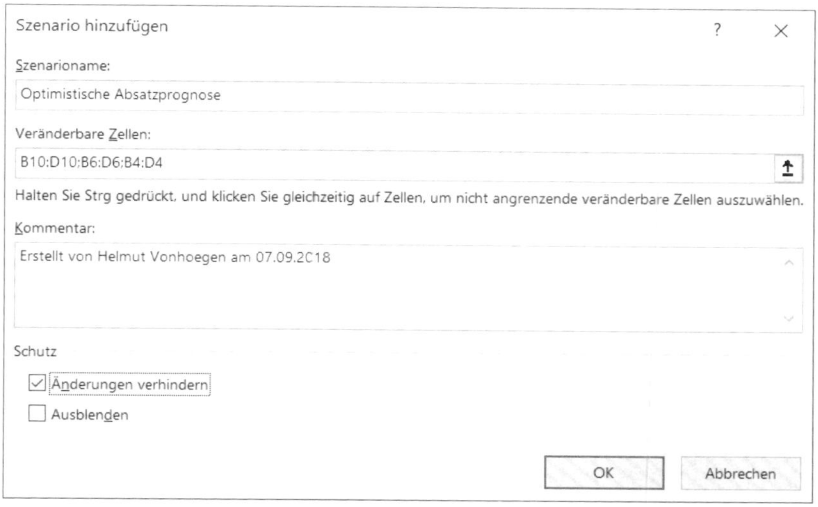

3 Im zweiten Eingabefeld werden die Bezüge oder die Namen der Zellen angefordert, deren Werte für jedes Szenario neu eingegeben werden sollen. Excel zeigt zunächst die Adresse oder den Namen der Zelle an, die augenblicklich markiert ist. Es ist deshalb, wie in den meisten Fällen, nicht ungeschickt, schon vor Aufruf des Befehls die erste veränderbare Zelle oder den Zellbereich zu markieren. Das kann auch eine Mehrfachauswahl sein. Ansonsten geben Sie die Bezüge oder Namen unter **Veränderbare Zellen** nacheinander ein, getrennt jeweils durch Semikola. Liegen Zellen in einem Bereich zusammen, geben Sie die Bereichsbezüge ein. Natürlich können Sie die Bezüge auch im Tabellenblatt markieren. Drücken Sie ab dem zweiten Bezug jeweils gleichzeitig die Strg-Taste, dann setzt Excel das Semikolon automatisch. Bezüge auf andere Blätter sind hier allerdings nicht erlaubt. Namen können auch mit F3 eingefügt werden.

4 Unter **Kommentar** erscheinen automatisch Ihr Name und das Datum der Erstellung oder Änderung des Szenarios. Wenn Sie den Kommentar ergänzen wollen, klicken Sie direkt in das Textfeld und tragen Ihre Anmerkungen ein.

5 Unter **Schutz** kann noch das Kästchen **Änderungen verhindern** abgehakt werden. Damit erreichen Sie, dass auch dieses Szenario nicht geändert werden kann, vorausgesetzt, die Datei wird anschließend insgesamt mit **Überprüfen ▸ Änderungen ▸ Blatt schützen** gegen Änderungen gesperrt. Sie können hier für jedes Szenario unterschiedlich verfahren, also z. B. die wahrscheinlichste Variante gegen Veränderung schützen, die anderen Varianten aber für andere Zahlen freigeben.

6 Wenn Sie das Kontrollfeld **Ausblenden** abhaken, wird das aktuelle Szenario in der Liste im ersten Dialogfeld erst gar nicht mehr aufgeführt, wenn die Datei insgesamt geschützt worden ist.

7 Wenn Sie das Dialogfeld schließlich mit **OK** bestätigen, erscheint ein weiteres Dialogfeld mit einer Eingabemaske für die veränderbaren Zellen, die Sie angegeben haben. Sind die Zellen vorher benannt worden, erscheinen hier die Zellnamen vor den entsprechenden Eingabefeldern. Wenn Sie bei der Anlage der Tabelle bereits die Werte für das erste Szenario eingegeben haben, werden diese Werte hier angezeigt und können einfach quittiert werden.

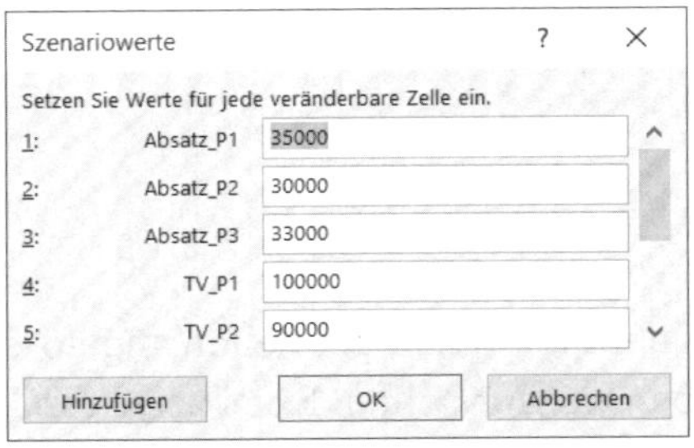

8 Sofern weitere Szenarios eingegeben werden sollen, quittieren Sie mit **Hinzufügen**, ansonsten mit **OK**. Im ersten Fall speichert Excel die eingegebenen Werte und bietet erneut das Dialogfeld **Szenario hinzufügen** an. Sie können den Namen für das nächste Szenario eingeben. In unserem Beispiel wäre etwa *Pessimistische Absatzprognose* denkbar. Die Bezüge der veränderbaren Zellen müssen natürlich nicht geändert werden, wenn das zweite Szenario sich auf dieselben veränderbaren Werte beziehen soll. Es ist aber auch möglich, Szenarios zu einem Tabellenblatt mit unterschiedlichen veränderbaren Zellen anzulegen.

9 Kommentieren Sie das neue Szenario bei Bedarf, und bestätigen Sie schließlich das Dialogfeld. Wieder wird die Maske mit den Feldern für die veränderlichen Zellen angeboten. Ist schließlich auch das letzte Szenario eingegeben, führt Excel Sie zurück in das erste Dialogfeld, in dem Sie jetzt die Namen aller definierten Szenarios finden.

5

HINWEIS

Formeln anstelle fester Beträge

In die Eingabefelder können nicht nur konstante Werte, sondern auch Formeln eingetragen werden. Wenn z. B. zunächst der Wert 22000 angezeigt wird, können Sie mit der Eingabe von `=22000 * 1,05` eine 5 %ige Erhöhung des bisherigen Wertes erreichen.

Anzeige der einzelnen Szenarios

Wenn Sie sehen wollen, welche Ergebnisse ein bestimmtes Szenario in der Tabelle liefert, wählen Sie den Namen des Szenarios aus der Liste und klicken auf **Anzeigen**. Noch schneller geht es mit einem Doppelklick oder -tipp auf den Namen. Das Dialogfeld bleibt geöffnet, bis Sie auf **Schließen** klicken oder tippen.

Der **Szenario-Manager** erzeugt mit jedem Satz von den Werten, die Sie für das Szenario eingegeben haben, eine neue Version der Tabelle. Alle Formeln werden jedes Mal neu durchgerechnet. Sie können prüfen, wie sich die verschiedenen Annahmen über den Absatz auf die Werbekosten pro Produkt auswirken. Das zuletzt angezeigte Szenario bleibt in der Tabelle sichtbar, wenn Sie das Dialogfeld schließen.

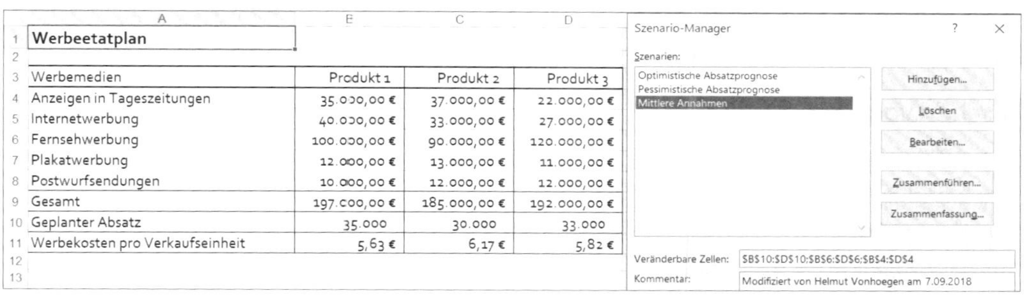

Abbildung 5.9 Anzeige eines bestimmten Szenarios

Für den schnellen Wechsel zwischen den verschiedenen Szenarios lohnt es sich auch, in die Schnellzugriffsleiste den Befehl **Szenario** einzufügen. Die entsprechende Schaltfläche bietet dann die Liste der Szenario-Namen an.

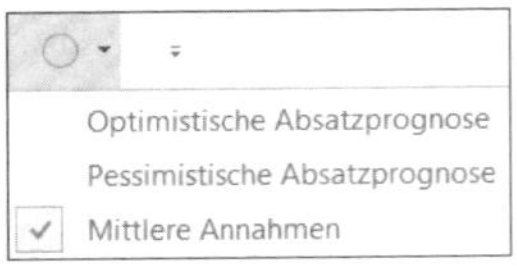

Abbildung 5.10 Wahl der Szenarios über die Schnellzugriffsleiste

5.5.4 Bearbeiten von Szenarios

Einmal definierte Szenarios können jederzeit geändert werden, es sei denn, ihre Veränderung ist gesperrt. Wenn sich die Preise für die Anzeigen einer Tageszeitung ändern, ist es nicht erforderlich, ein neues Szenario anzulegen. Sie korrigieren nur das Szenario, das von dieser Änderung betroffen ist:

1. Wählen Sie im Dialogfeld **Szenario-Manager** den Namen des entsprechenden Szenarios aus, und klicken Sie auf **Bearbeiten**.
2. Wenn es notwendig ist, können Sie im nächsten Dialogfeld auch den Namen des Szenarios, die Bezüge der veränderbaren Zellen und auch den Kommentar ändern. Sind in diesem Dialogfeld dagegen keine Änderungen erforderlich, können Sie das Dialogfeld gleich mit **OK** bestätigen.
3. Sollen für die veränderbaren Zellen andere Werte eingegeben werden, tragen Sie sie im folgenden Dialogfeld ein und bestätigen mit **OK**.

Excel notiert regelmäßig bei jeder Änderung automatisch das Datum und auch den Namen der Person, die die Änderung vorgenommen hat. Das Programm führt also eine Art Journal über alle Szenarios zu einem Tabellenblatt.

Löschen von Szenarios

Wenn Sie einzelne Szenarios löschen wollen, z. B., weil die darin formulierte Alternative sich als indiskutabel herausgestellt hat, markieren Sie den Namen im Dialog und verwenden **Löschen**. Auf diese Weise können Sie den Kreis der Alternativen schrittweise auf diejenigen einschränken, die für Sie wirklich von Interesse sind. Wenn Sie alle Szenarios zu einer Tabelle löschen, müssen Sie beachten, dass dann die Tabelle die Werte des zuletzt angezeigten Szenarios behält. Beachten Sie auch, dass sich diese Löschbefehle nicht rückgängig machen lassen.

Unterstützung von Arbeitsgruppen

Angenommen, an der Planung des Werbeetats sind mehrere Personen beteiligt. Jede bastelt an ihrem eigenen Gerät an der optimalen Lösung. Egal, ob die Arbeitsplätze nun durch ein Netz verknüpft sind oder ob der Datenaustausch noch per Datenträger läuft, es ist ohne weiteres möglich, die verschiedenen Gedankengebäude unter ein Dach zu bringen. Das ist natürlich nur sinnvoll, wenn die anderen Personen mit Tabellenblättern arbeiten, die wenigstens im Wesentlichen denselben Aufbau haben, wie er in der Arbeitsmappe gegeben ist, in der schließlich alle Vorschläge gesammelt werden sollen. Hier das Verfahren für die Zusammenführung verschiedener Planungsalternativen:

1. Wenn Sie Vorschläge aus einer anderen Arbeitsmappe in das eigene Modell übernehmen wollen, muss die Arbeitsmappe, aus der die Daten übernommen werden sollen, in der Sitzung geöffnet werden.

2. Die Arbeitsmappe, die die Vorschläge übernehmen soll, muss die aktive Mappe sein. Benutzen Sie dann im Dialogfeld **Szenario-Manager** die Schaltfläche **Zusammenführen**.

3. Unter **Mappe** wählen Sie die Arbeitsmappe aus, aus der die Daten für Szenarios zur aktiven Arbeitsmappe übernommen werden sollen. Unter **Blatt** wählen Sie das Tabellenblatt aus dieser Mappe, das die Werte enthält. Es ist auch möglich, Szenarios zusammenzuführen, die zwar in derselben Arbeitsmappe, aber auf verschiedenen Blättern definiert worden sind.

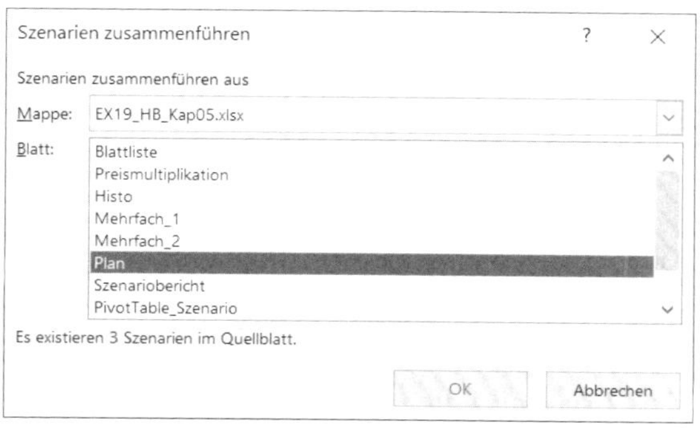

Kommt es beim Zusammenführen zu Kollisionen, die die Namen der Szenarios betreffen, hängt Excel automatisch als Unterscheidungsmerkmal den Namen des Erstellers an den Namen des zusammengeführten Szenarios oder das Datum oder eine Zählnummer an.

5.5.5 Zusammenfassende Berichte

Excel zeigt im Arbeitsblatt immer nur eine Variante der Daten an, die Sie für ein Kalkulationsmodell zusammengestellt haben. Um die Ergebnisse der verschiedenen Szenarios zu vergleichen, können zusammenfassende Berichte angefordert werden. Benutzen Sie dazu im Dialogfeld des Szenario-Managers die Schaltfläche **Zusammenfassung**.

In dem kleinen Dialog **Szenariobericht** können Sie zunächst die Art des Berichts bestimmen. **Szenariobericht** bedeutet, dass eine normale Tabelle mit den zusammengefassten Ergebnissen erzeugt wird. Für diese Tabelle wird in der aktiven Arbeitsmappe ein Tabellenblatt eingefügt, und zwar vor dem Blatt, das das Tabellenmodell enthält. Die Tabelle wird automatisch gegliedert, und die Gliederungssymbole werden eingeblendet.

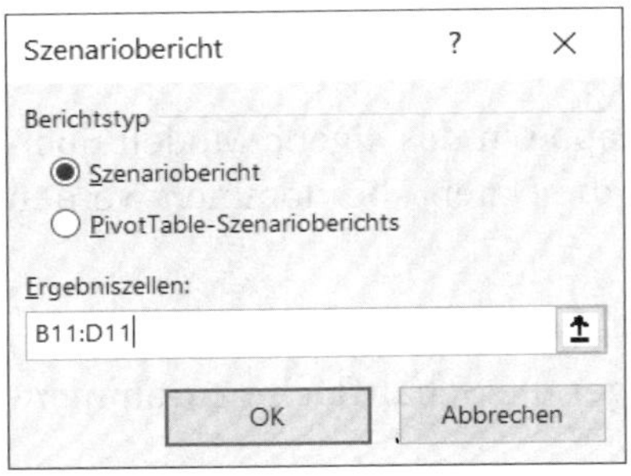

Abbildung 5.11 Das Dialogfeld »Szenariobericht«

Die andere Möglichkeit ist, dieselben Daten gleich in einer Pivot-Tabelle auszugeben. Sie erhalten in diesem Fall eine interaktive Tabelle in einem neuen Blatt vor dem aktiven Tabellenblatt. Auf diese Weise haben Sie die Möglichkeit, die Daten des Berichts umzustellen und neu zu ordnen, wie es eben mit Pivot-Tabellen möglich ist. Diese werden in Kapitel 19, »Arbeit mit externen Daten«, beschrieben. Excel vergibt für beide Berichtstypen Standardnamen auf den Blattregistern.

Vergleich der Szenarios

Hauptsächlicher Zweck des Szenarioberichts ist es, Ihnen darzustellen, wie sich die unterschiedlichen Annahmen für das Modell auf die dort berechneten Ergebnisse auswirken. Welche Ergebnisse im Bericht erscheinen sollen, können Sie im Feld **Ergebniszellen** festlegen. Wenn Sie mehr als eine Ergebniszelle verwenden wollen, müssen Sie wieder mit `Strg` und der Maus oder mit dem Semikolon arbeiten. Es ist allerdings bei der Szenariozusammenfassung ebenso möglich, keine Ergebniszellen anzugeben. Dann werden nur die Werte für die veränderbaren Zellen zusammengestellt. (Beim Pivot-

Tabellenbericht müssen die Ergebniszellen dagegen angegeben werden, sonst erhalten Sie eine Fehlermeldung.)

Die beiden folgenden Abbildungen zeigen Beispiele für die beiden Berichtstypen. Wie Sie sehen, übernimmt Excel die Zellnamen, die vorher bestimmt wurden, sodass Sie sofort die Bedeutung der einzelnen Werte erkennen.

Szenariobericht	Aktuelle Werte:	Optimistische Absatzprognose	Pessimistische Absatzprognose	Mittlere Annahmen
Veränderbare Zellen:				
Absatz_P1	26.000	35.000	22.000	26.000
Absatz_P2	26.000	30.000	21.000	26.000
Absatz_P3	27.000	33.000	22.000	27.000
TV_P1	110.000,00 €	100.000,00 €	120.000,00 €	110.000,00 €
TV_P2	100.000,00 €	90.000,00 €	100.000,00 €	100.000,00 €
TV_P3	120.000,00 €	120.000,00 €	130.000,00 €	120.000,00 €
AnzeigenTZ_P1	35.000,00 €	35.000,00 €	35.000,00 €	35.000,00 €
AnzeigenTZ_P2	36.000,00 €	37.000,00 €	40.000,00 €	36.000,00 €
AnzeigenTZ_P3	23.000,00 €	22.000,00 €	25.000,00 €	23.000,00 €
Ergebniszellen:				
Wkosten_P1	7,96 €	5,63 €	9,86 €	7,96 €
Wkosten_P2	7,46 €	6,17 €	9,43 €	7,46 €
Wkosten_P3	7,15 €	5,82 €	9,32 €	7,15 €

Abbildung 5.12 Szenariobericht

Excel schreibt den Namen des Urhebers und das Erstellungs- bzw. Änderungsdatum in den Kopf des Übersichtsberichts. Das ist sehr hilfreich, wenn mehrere Personen an dem Projekt beteiligt sind. In Abbildung 5.12 sind diese Daten über das Gliederungssymbol ausgeblendet. Natürlich lässt sich diese Tabelle wie jede andere Tabelle weiterbearbeiten. Hier wurden z. B. die Spaltenbreiten verändert.

Pivot-Tabelle aus Szenarios

Wird die zweite Berichtsform gewählt, werden in einer Pivot-Tabelle die Plandaten verschiedener Autoren jeweils zu getrennten Seiten zusammengefasst. Über den Pfeil in der ersten Zeile können Sie auswählen, wessen Vorschläge jeweils angezeigt werden sollen. **Alle** zeigt die Daten für alle an der Planung beteiligten Personen auf einmal. Für jeden Satz veränderbarer Zellen wird in der Pivot-Tabelle eine eigene Schaltfläche angelegt. Die Beschriftung der Felder kann beliebig geändert werden. Meist ist es nötig, die Tabelle noch etwas zu formatieren, um eine passable Darstellung zu erreichen, etwa durch das Abschneiden überflüssiger Nachkommastellen.

	A	B	C	D
1	Autoren	(Alle)		
2				
3	**Szenarios**	**Wkosten_P1**	**Wkosten_P2**	**Wkosten_P3**
4	Mittlere Annahmen	7,96	7,46	7,15
5	Optimistische Absatzprognose	5,63	6,17	5,82
6	Pessimistische Absatzprognose	9,86	9,43	9,32

Abbildung 5.13 Leicht überarbeiteter Pivot-Tabellenbericht

5.6 Prognose aufgrund vorhandener Daten

Excel 2016 stellte unter den statistischen Funktionen eine neue Gruppe von Prognose-Funktionen zur Verfügung, die die Möglichkeiten der bisher angebotenen Funktion `SCHÄTZER()` erweitern. Die Funktion `PROGNOSE.ETS()` liefert auf der Basis bekannter Werte aus vergangenen Zeiträumen Schätzwerte für zukünftige Zeiträume. Dabei wird eine Version des ETS-Algorithmus verwendet, der eine exponentielle Glättung vornimmt. Die vorhergesagten Werte sind dann als Fortsetzung der Reihe der vergangenen Werte zu verstehen. Die Werte sind einer Zeitachse zugeordnet, das Zieldatum liegt auf der Verlängerung dieser Zeitachse. Neu war hier insbesondere die Möglichkeit, saisonale Zyklen zu berücksichtigen. Die Funktion kommt nur mit Zeitachsen zurecht, bei denen die Abstände gleich sind, z. B. jeweils eine Stunde, ein Tag, eine Woche, ein Monat, ein Jahr. Anstelle der Zeit- oder Datumswerte kann aber auch ein numerischer Index verwendet werden.

Die Funktion benötigt mindestens drei Argumente: `Ziel_Datum` gibt den Datenpunkt an, für den ein Wert vorhergesagt werden soll. Dabei kann es sich um einen Datum/Uhrzeit-Wert oder einen numerischen Wert handeln. `Werte` sind die vergangenen Werte, die die Basis der Vorhersage bilden. Das Argument kann als Matrix oder als Bereichsangabe eingesetzt werden. `Zeitachse` ist entweder eine Matrix oder ein Bereich numerischer Daten. Zwar müssen die Abstände gleich sein, und es darf auch kein Nullwert in der Achse vorkommen. Es ist aber nicht zwingend notwendig, dass die Werte fortlaufend sortiert sind, weil die Funktion intern eine Sortierung vornimmt. Die weiteren Argumente sind optional: Mit dem Argument `Saisonalität` wird es möglich, anders als bei einer einfachen Trendberechnung, saisonale Zyklen oder Muster – etwa in der Entwicklung von Umsätzen, Besucherzahlen etc. – zu berücksichtigen.

Neben der manuellen Eingabe der Funktionen dieser Gruppe bietet Excel 2019 über das Register **Daten** in der neuen Gruppe **Prognose** eine Schaltfläche **Prognoseblatt** an, die auf der Basis einer Tabelle mit vorhandenen Werten eben ein solches Prognoseblatt anlegt. In dem in Abbildung 5.14 gezeigten Beispiel verwenden wir eine einfache

Tabelle mit den Umsatzergebnissen für drei Wochen. Es ist gleich zu sehen, dass die Werte im Wochenzyklus einem Muster entsprechen, der Samstagswert ist jedes Mal der höchste, der Sonntagswert ist der niedrigste.

	A	B
1	Tag	Umsatz
2	Do, Nov 01, 2018	2.010
3	Fr, Nov 02, 2018	5.000
4	Sa, Nov 03, 2018	4.700
5	So, Nov 04, 2018	4.500
6	Mo, Nov 05, 2018	5.500
7	Di, Nov 06, 2018	6.000
8	Mi, Nov 07, 2018	7.000
9	Do, Nov 08, 2018	2.000
10	Fr, Nov 09, 2018	5.188
11	Sa, Nov 10, 2018	4.804
12	So, Nov 11, 2018	4.659
13	Mo, Nov 12, 2018	5.675
14	Di, Nov 13, 2018	6.053
15	Mi, Nov 14, 2018	7.009
16	Do, Nov 15, 2018	2.085
17	Fr, Nov 16, 2018	5.323
18	Sa, Nov 17, 2018	4.820
19	So, Nov 18, 2018	4.747
20	Mo, Nov 19, 2018	5.854
21	Di, Nov 20, 2018	6.086
22	Mi, Nov 21, 2018	7.164

Abbildung 5.14 Historische Daten für ein Prognoseblatt

Um auf der Basis dieser Tabelle ein Prognoseblatt für die folgenden Wochen anzulegen, markieren Sie zunächst die Daten der Tabelle, hier also A2:B22. Anschließend rufen Sie den Befehl **Daten ▸ Prognose ▸ Prognoseblatt** auf. Im Dialogfeld klicken oder tippen Sie auf das kleine Dreieck vor **Optionen** ❶, um alle möglichen Einstellungen zu erreichen.

Im oberen Teil des Dialogs ist bereits ein Diagramm auf der Basis der vorgegebenen Einstellungen zu sehen. Es wird sofort angepasst, wenn Sie unter **Optionen** etwas ändern. Über die beiden Diagrammsymbole rechts oben ❷ wählen Sie, ob ein Linien- oder ein Säulendiagramm ausgegeben wird. Unter **Prognoseende** ❸ und **Prognosestart** ❹ werden Ihnen Kalendersteuerelemente angeboten, mit denen Sie den Zeitraum der Prognose genau festlegen können. In der Regel ist es sinnvoll, den Prognosebeginn ans Ende der schon vorhandenen Daten zu setzen, weil die Funktion dann den gesamten Ablauf der historischen Zeitachse auswerten kann. Es ist auch möglich, einen früheren Zeitraum zu wählen, um z. B. die tatsächlichen Daten mit prognostizierten Daten zu vergleichen.

Wenn Sie die Option **Konfidenzintervall** angehakt lassen, werden zusätzlich zu den Schätzwerten auch Werte für ein Konfidenzintervall generiert und im Diagramm angezeigt. Damit erhalten Sie einigen Aufschluss über die Zuverlässigkeit der Prognose. Über das Drehfeld ❺ legen Sie das Konfidenzniveau fest. Der vorgegebene Standardwert ist *0,95* und sorgt für ein Konfidenzintervall mit einem Konfidenzniveau von 95 %. Das bedeutet, dass 95 % der möglichen Werte am Zieldatum in den Bereich fallen, der mit dem entsprechenden Konfidenzintervall angegeben ist.

Unter **Saisonalität** ❻ haben Sie die Wahl zwischen **Automatisch erkennen** und **Manuell festlegen**. Im ersten Fall wird Excel versuchen, das Verlaufsmuster selbst zu identifizieren. Das Drehfeld dagegen erlaubt Ihnen, die Anzahl der Elemente in einem saisonalen Muster selbst festzulegen. Wir wählen in diesem Fall den Wert *7* für ein Wochenmuster. Sind in der Zeitachse Monate angegeben, wäre der passende Wert für eine Jahressaison *12*, für eine Einteilung nach Quartalen *4*. Der maximale Wert ist hier *8760*, also die Anzahl von Stunden in einem Jahr.

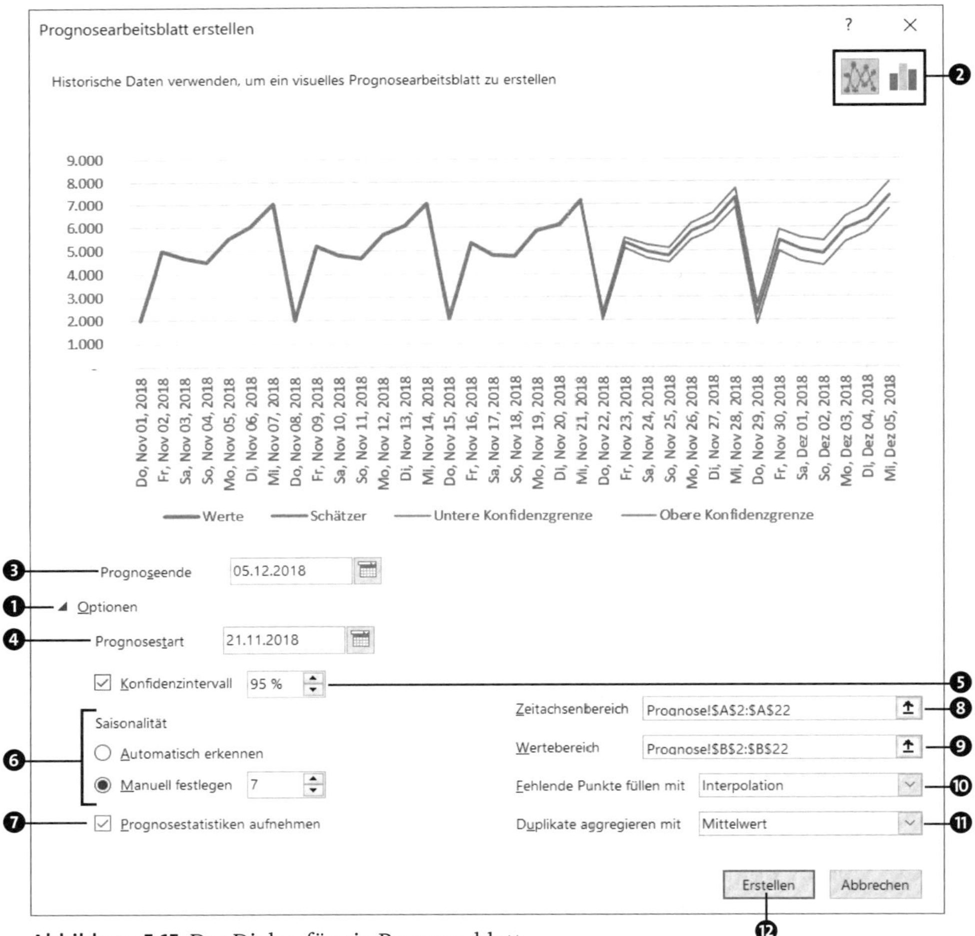

Abbildung 5.15 Der Dialog für ein Prognoseblatt

Die Option **Prognosestatistiken aufnehmen** ❼ fügt in das Prognoseblatt eine kleine Tabelle mit statistischen Kenndaten ein, die einerseits die bei der Berechnung verwendeten Glättungsparameter ausgeben, andererseits Werte mehrerer Fehlermetriken. Unter **Zeitachsenbereich** ❽ wird die Zeitachse mit den vorhandenen Zeiteinheiten angezeigt, unter **Wertebereich** ❾ der Bereich der Daten, die der Zeitachse zugeordnet sind, er kann hier notfalls noch einmal korrigiert werden. Das Listenfeld zu **Fehlende Punkte füllen mit** ❿ bietet die Optionen **Nullen** oder **Interpolation**. Über das Listenfeld zu **Duplikate aggregieren mit** ⓫ wählen Sie, ob von doppelten Werten für den gleichen Zeitpunkt die Summe oder der Mittelwert gebildet wird.

Mit der Schaltfläche **Erstellen** ⓬ legen Sie das Prognoseblatt als neues Tabellenblatt in der Arbeitsmappe an. Abbildung 5.16 zeigt das Diagnoseblatt auf der Basis der oben ausgewählten Daten und Optionen. Das neue Blatt wiederholt in den Spalten A und B noch einmal die ausgewerteten Daten. Die Daten der Prognose werden mithilfe der Funktion `PROGNOSE.ETS()` in Spalte C abgelegt. Ist die Option **Konfidenzintervall** aktiviert, werden in den Spalten D und E Formeln generiert, die die untere und die obere Konfidenzintervallgrenze ausgeben. Im ersten Fall wird das Ergebnis der Funktion `PROGNOSE.ETS.KONFINT()` vom Schätzwert in C abgezogen, im zweiten Fall dazu addiert. Das Diagramm zeigt ab dem Moment, in dem die Prognose einsetzt, eine Linie für die geschätzten Werte und zwei Linien, die das Konfidenzintervall verdeutlichen. Mehr Informationen zu den angesprochenen Prognosefunktionen finden Sie in Kapitel 15, »Tabellenfunktionen«.

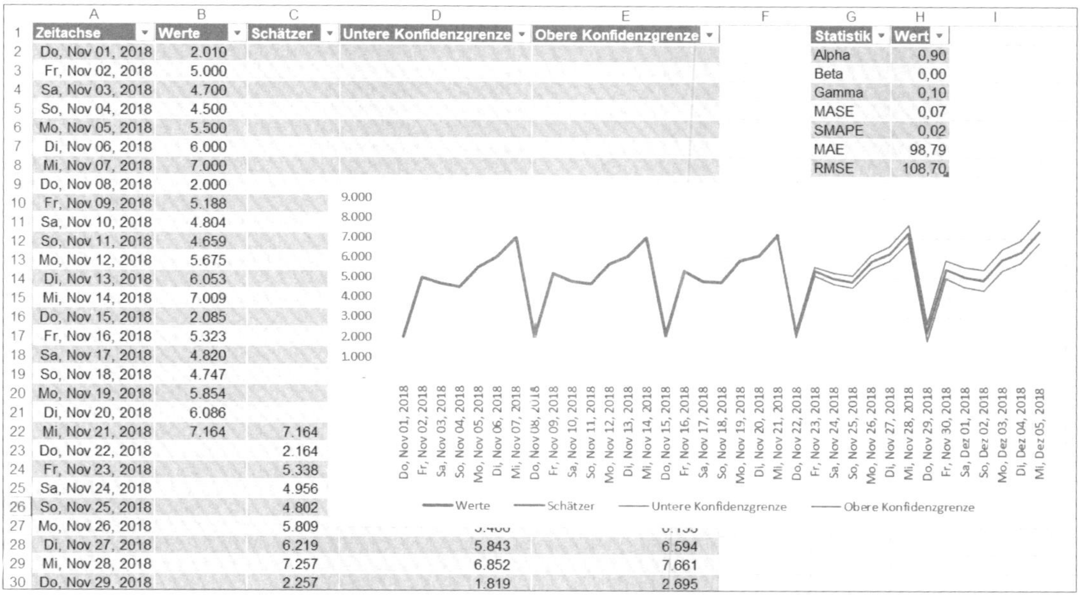

	A	B	C	D	E
1	Zeitachse	Werte	Schätzer	Untere Konfidenzgrenze	Obere Konfidenzgrenze
2	Do, Nov 01, 2018	2.010			
3	Fr, Nov 02, 2018	5.000			
4	Sa, Nov 03, 2018	4.700			
5	So, Nov 04, 2018	4.500			
6	Mo, Nov 05, 2018	5.500			
7	Di, Nov 06, 2018	6.000			
8	Mi, Nov 07, 2018	7.000			
9	Do, Nov 08, 2018	2.000			
10	Fr, Nov 09, 2018	5.188			
11	Sa, Nov 10, 2018	4.804			
12	So, Nov 11, 2018	4.659			
13	Mo, Nov 12, 2018	5.675			
14	Di, Nov 13, 2018	6.053			
15	Mi, Nov 14, 2018	7.009			
16	Do, Nov 15, 2018	2.085			
17	Fr, Nov 16, 2018	5.323			
18	Sa, Nov 17, 2018	4.820			
19	So, Nov 18, 2018	4.747			
20	Mo, Nov 19, 2018	5.854			
21	Di, Nov 20, 2018	6.086			
22	Mi, Nov 21, 2018	7.164	7.164		
23	Do, Nov 22, 2018		2.164		
24	Fr, Nov 23, 2018		5.338		
25	Sa, Nov 24, 2018		4.956		
26	So, Nov 25, 2018		4.802		
27	Mo, Nov 26, 2018		5.809	[illegible]	[illegible]
28	Di, Nov 27, 2018		6.219	5.843	6.594
29	Mi, Nov 28, 2018		7.257	6.852	7.661
30	Do, Nov 29, 2018		2.257	1.819	2.695

Statistik	Wert
Alpha	0,90
Beta	0,00
Gamma	0,10
MASE	0,07
SMAPE	0,02
MAE	98,79
RMSE	108,70

Abbildung 5.16 Prognoseblatt mit Diagramm und statistischen Kenndaten

6 Optimierung

Mit der Zielwertsuche und dem Solver stellt Excel zwei Werkzeuge zur Verfügung, die beide bestimmte Werte suchen. Bei der Zielwertsuche können Sie angeben, zu welchem Resultat eine in eine Zelle eingetragene Formel führen soll, und Excel zurückrechnen lassen, welchen Wert eine bestimmte Vorgängerzelle annehmen muss, damit dieser Zielwert erreicht wird.

Beim Solver sind die Möglichkeiten wesentlich umfangreicher: Sie haben zwar auch hier eine Zelle für einen Zielwert, Sie können aber nicht nur einen festen Zielwert angeben, sondern auch festlegen, dass der Zielwert ein Maximum oder ein Minimum erreichen soll. Sie können damit Modelle aufbauen, mit denen z. B. berechnet wird, unter welchen Bedingungen der optimale Gewinn erreicht wird, oder Modelle, bei denen die geringste Abfallmenge das Ziel ist. Bei solchen Modellen können Sie typischerweise eine Reihe von Nebenbedingungen formulieren, die bei der Verfolgung des Ziels eingehalten werden müssen, etwa, dass bestimmte Werte sich innerhalb eines bestimmten Bereichs bewegen müssen.

6.1 Zielwertsuche

Bei dem, was Excel als Zielwertsuche anbietet, handelt es sich mathematisch gesehen um die Lösung einer Gleichung mit einer Unbekannten. Nehmen Sie etwa die Aufgabe, den Zins, den ein bestimmter Betrag nach einer bestimmten Zeit ergibt, auszurechnen, wobei der Betrag, der Zinssatz und die Laufzeit gegeben sind. Dieses Problem wird mit folgender Formel gelöst:

```
Zins = Betrag * Zinssatz * Jahre
```

`Zins` ist dabei die Unbekannte dieser Gleichung, die anderen Ausdrücke sind bekannt. Ohne Excel würden Sie ein derartiges Problem mit dem Taschenrechner bearbeiten oder auf dem Papier rechnen. Mit der gleichen Formel können Sie arbeiten, wenn sich die Fragestellung verändert. Ist z. B. bekannt, wie hoch der Zins sein soll und welcher Betrag für wie viele Jahre zur Verfügung steht, und ist gefragt, wie hoch dann der Zinssatz sein soll, dann muss die Gleichung nach dem Zinssatz umgestellt werden:

```
Zinssatz = Zins / (Betrag * Jahre)
```

Bei so einfachen Gleichungen ist das auch keine Schwierigkeit; bei etwas komplizierteren Angelegenheiten kann das aber schon zu einer aufwendigen und auch fehleranfälligen Aufgabe werden. Auf diese Weise könnten Sie auch innerhalb von Excel vorgehen. Dabei würden zwei Probleme auftauchen. Zum einen müssten Sie auf die eingebauten Tabellenfunktionen von Excel verzichten, da diese Funktionen ja nicht einfach umgestellt werden können. Zum anderen müssten Sie die Gleichung von Hand umstellen (dazu muss aber das mathematische Verfahren bekannt sein), da Excel keine Methode bietet, um Gleichungen umzustellen. Diese ganze Mühe lässt sich mit der Zielwertsuche vermeiden.

Bestimmung einer maximalen Kredithöhe

Bei der Zielwertsuche rechnet Excel mit den eingebauten Funktionen, stellt aber nicht mehr die Aufgabe, aus den vorgegebenen Werten das Ergebnis zu berechnen, sondern gibt das Ergebnis vor und probiert aus, wie groß für das gewünschte Ergebnis einer der anderen Werte werden muss.

Dazu ein typisches Beispiel aus der Finanzmathematik. Angenommen, Sie wollen einen größeren Kredit aufnehmen und ihn im Laufe von 20 Jahren abbezahlen. Für die monatliche Abzahlung (Tilgung + Zinsen) stehen 1.000 € zur Verfügung, die Bankzinsen für einen Kredit liegen bei 4,7 %. Diese Aufgabe wird mit der Tabellenfunktion für den Barwert `BW()` gelöst:

```
= BW(4,7%/12;20*12;-1000)
```

Die Funktion liefert einen Wert von 155.401,10 €, Sie können sich also einen Kredit in dieser Höhe leisten. Nun stellen Sie aber fest, dass Sie mit diesem Kredit nicht auskommen. Sie benötigen z. B. 170.000 Euro. Da die Bank über den Zinssatz nicht mit sich verhandeln lässt, gibt es nur zwei Möglichkeiten: Entweder muss die Laufzeit verlängert oder der jährlich bezahlte Betrag erhöht werden.

Um Ihnen die Möglichkeiten der Zielwertsuche zu zeigen, finden Sie in Abbildung 6.1 eine Tabelle, in der die Berechnung zunächst einfach zweimal kopiert worden ist, um die beiden Alternativen durchzuspielen. Die Überschriften für die Berechnung sind entsprechend angepasst. Um die monatlich erforderliche Zahlung für den 170.000-Euro-Kredit zu ermitteln, wird der Zellzeiger auf die Ergebniszelle (im Beispiel D9) gesetzt. Dann kann mit **Daten ▸ Prognose ▸ Was-wäre-wenn-Analyse ▸ Zielwertsuche** der Rechenprozess gestartet werden.

Die Zielzelle ist schon richtig angegeben, als Zielwert wird *170000* eingetragen. Die veränderbare Zelle ist die mit der monatlichen Zahlung (im Beispiel C9). **OK** führt zu einem

Dialogfeld, in dem Excel meldet, dass es das Problem gelöst hat. Ein weiteres **OK** trägt den Zielwert und den gesuchten Abzahlungsbetrag in die Tabelle ein.

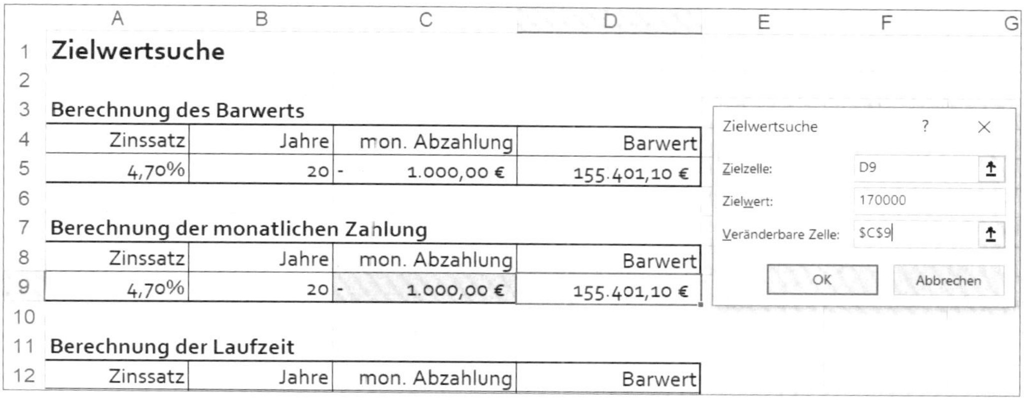

Abbildung 6.1 Zielwertsuche für ein Kreditproblem

Auf die gleiche Weise lässt sich ermitteln, wie der Kredit durch eine Verlängerung der Laufzeit zu finanzieren wäre. Als Zielwert wird wieder *170000* eingetragen, die veränderbare Zelle ist diesmal die Zelle mit der Zahl der Jahre (im Beispiel B13).

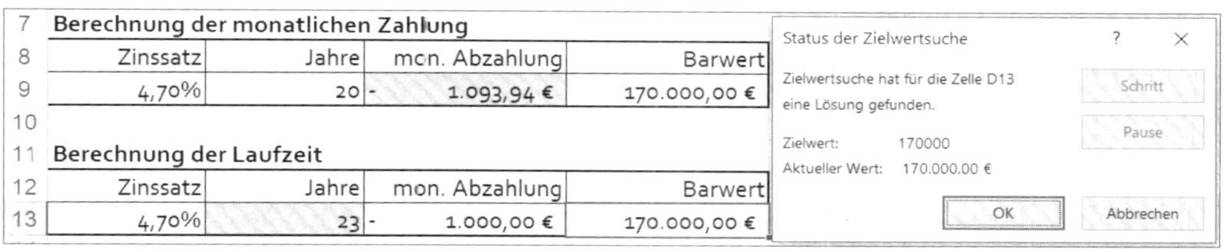

Abbildung 6.2 Meldung einer Lösung

Der Versuch, durch eine längere Abzahlung auch einen Kredit von 300.000 € zu finanzieren, führt dagegen zu einer Meldung, dass … **u. U. eine nicht zulässige Lösung gefunden** wurde. Das liegt einfach daran, dass der Kredit so nicht finanzierbar wäre, da ja bei 300.000 € die monatlichen Zinsen schon über 1.000 € liegen, also für eine Tilgung gar nichts übrig bleiben würde.

6.2 Lösungen mit dem Solver suchen

Bei der Zielwertsuche handelte es sich um ein sehr einfaches Problem. Von der Tabelle aus gesehen, stand in einer Zelle eine Formel, deren Resultat den Zielwert bildete. Diese Formel konnte sich auf beliebig viele andere Zellen beziehen, die ihrerseits wieder abhängig von anderen Zellen waren etc. Der Wert einer dieser Vorgängerzellen, der sogenannten veränderbaren Zellen, wurde dann bei der Zielwertsuche so verändert, dass der gewünschte Zielwert erreicht wurde.

Erweiterte Optionen des Solvers

Ganz ähnlich funktioniert der Solver, nur mit wesentlich umfangreicheren Optionen. Wieder lässt sich ein Zielwert festlegen – nur, dass diesmal der Zielwert nicht nur ein bestimmter fester Wert sein kann, sondern auch ein Maximal- oder Minimalwert. Anstelle einer einzelnen veränderbaren Zelle können jetzt mehrere Zellen festgelegt werden. Der Solver ist ein Excel-Add-In, steht also nur dann zur Verfügung, wenn er in die Liste der Add-Ins aufgenommen wurde. Nutzen Sie den Pfad **Datei ▸ Optionen ▸ Add-Ins**, und wählen Sie unter **Verwalten** aus dem Listenfeld die Option **Excel-Add-Ins**. Mit **Los** öffnen Sie den Dialog **Add-Ins** und aktivieren die Option **Solver**.

6.2.1 Zur Arbeitsweise des Solvers

Mathematisch gesehen, werden mit dem Solver Probleme bearbeitet, die sich als Gleichungen bzw. als Gleichungssysteme mit mehreren Unbekannten formulieren lassen, wobei auch sogenannte Ungleichungen erlaubt sind. Hier ein kleines Beispiel, wie es Ihnen aus der Schulmathematik vertraut sein dürfte:

```
3*ux + 4*uy + 2*uz = 57
2*ux - 4*uy + 3*uz = 18
  ux + 8*uy - 3*uz = 15
```

	A	B	C	D	E
1	**Gleichungen mit mehreren Unbekannten**				
2					
3	ux	uy	uz		
4	3	6	12		
5					
6	Gleichung 1:	3*ux+4*uy+2*uz		=	57
7	Gleichung 2:	2*ux-4*uy+3*uz		=	18
8	Gleichung 3:	ux+8*uy-3*uz		=	15

Abbildung 6.3 Ein Problem für den Solver

Bei diesem Beispiel handelt es sich um ein lineares Gleichungssystem, wobei `ux`, `uy` und `uz` die drei Unbekannten sind. Eine derartige Aufgabe ist von Hand so zu lösen, dass zunächst eine Gleichung nach einer Unbekannten aufgelöst wird, das Ergebnis in die nächste Gleichung eingesetzt wird etc., bis Sie eine Gleichung mit nur einer Unbekannten erhalten, die dann nach dieser aufgelöst werden kann. Analog werden dann die anderen Unbekannten ermittelt. In einer Tabelle könnte das Problem wie in Abbildung 6.3 formuliert werden.

Den Solver einsetzen

Um diese Aufgabe mithilfe des Solvers zu lösen, gehen Sie wie folgt vor:

1. Für jede Unbekannte wird eine Zelle verwendet, in die zunächst ein beliebiger Vorgabewert eingetragen wird. Am besten verwenden Sie die Namen der Unbekannten als Beschriftung und als Zellenname über **Formeln ▸ Definierte Namen ▸ Aus Auswahl erstellen.**

2. Die drei Gleichungen werden in drei Zellen eingetragen – E6 bis E8 –, wobei die Ergebnisse natürlich nicht mit den Ausgangsgleichungen übereinstimmen, da für die Unbekannten ja zunächst ganz willkürliche Werte eingegeben wurden. In der Abbildung werden die Gleichungen zur Verdeutlichung in der Spalte B zusätzlich als Text angezeigt.

3. Setzen Sie nun den Zellzeiger in die Zelle mit der ersten Gleichung (E6), und rufen Sie mit **Daten ▸ Analyse ▸ Solver** den Solver auf; das Dialogfeld **Solver-Parameter** wird geöffnet.

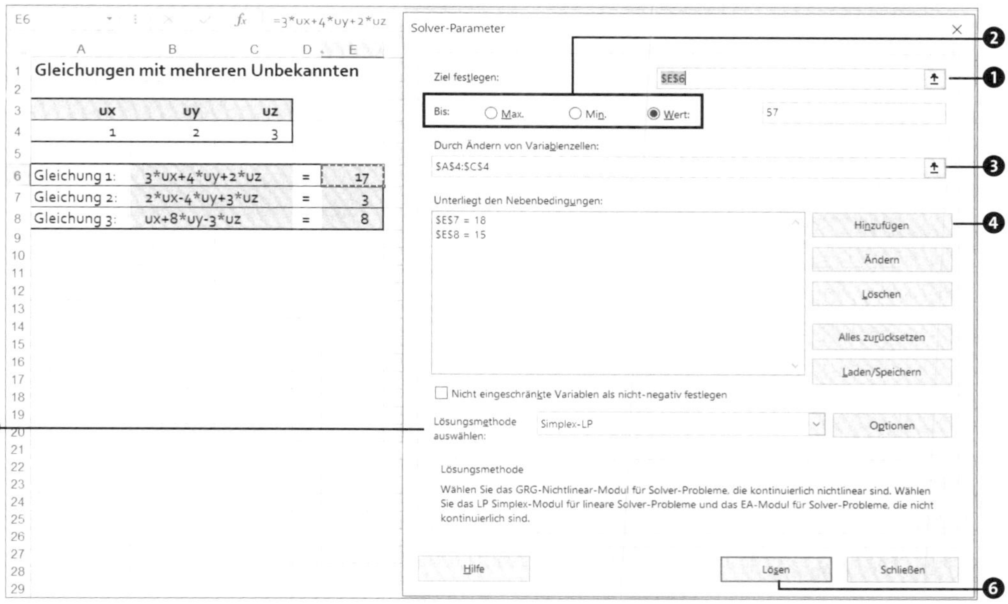

4. Unter **Ziel festlegen** ❶ geben Sie zunächst die Zielzelle an, die in diesem Fall mit $E$6 durch die Zellmarkierung vorgegeben ist.

5. Unter **Bis** ❷ wählen Sie die Option **Wert**, und in das Eingabefeld geben Sie *57* ein, das ist der Wert, der als Ergebnis der ersten Gleichung in der Zelle E6 stehen muss, wenn für die drei Unbekannten die richtigen Werte gefunden sind.

6. In dem Eingabefeld **Durch Ändern von Variablenzellen** ❸ wählen Sie als veränderbare Zellen $A$4:$C$4, also die drei Zellen, in denen die Werte für die Unbekannten stehen (im Moment noch die willkürlich eingesetzten Werte).

7. In dem Feld **Unterliegt den Nebenbedingungen** werden die zusätzlichen Bedingungen zusammengestellt, die ebenfalls erfüllt werden sollen. Über die Schaltfläche **Hinzufügen** ❹ werden dazu die beiden anderen Bestimmungsgleichungen eingetragen: `$E$7 = 18` und `$E$8 = 15`.

8. Unter **Lösungsmethode auswählen** ❺ nehmen Sie **Simplex-LP**, das Modul für lineare Solver-Probleme, da es sich ja in diesem Fall um ein lineares Gleichungssystem handelt. Ein Klick auf die Schaltfläche **Lösen** ❻ setzt den Solver in Gang. Excel variiert die Werte der veränderbaren Zellen so lange, bis ein Ergebnis erzielt wird, das den vorgegebenen Bedingungen entspricht. Als Werte für die drei Unbekannten kommen schließlich völlig korrekt 3, 6 und 12 heraus.

9. Der Solver meldet in dem Dialog **Solver-Ergebnisse**, dass er eine Lösung gefunden hat, und zeigt sie im Tabellenblatt an. Mit der Option **Solver-Lösung akzeptieren** wird diese Lösung übernommen. Ansonsten wählen Sie **Ursprüngliche Werte wiederherstellen**.

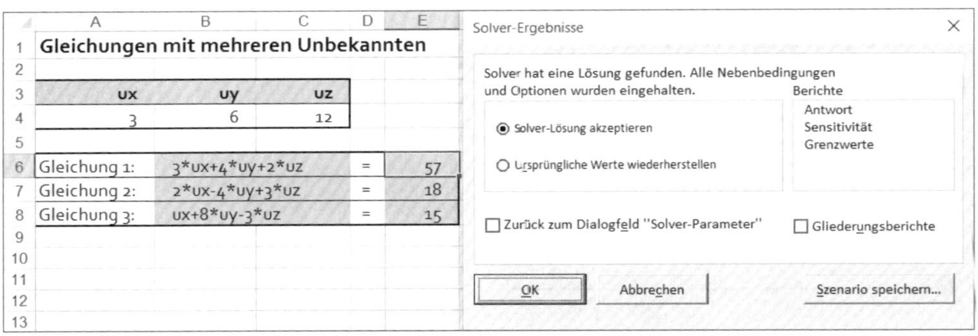

Auf diese Weise lässt sich eine Vielzahl von Problemen rechnerisch lösen, die ohne dieses Werkzeug einen sehr großen mathematischen Aufwand erfordern würden.

Bestimmung von Zielwert und Nebenbedingungen

Das eigentliche Problem bei der Arbeit mit dem Solver besteht darin, einen Zusammenhang so zu formulieren und aufzubereiten, dass er dem Solver zur Lösung angeboten werden kann. Der einfachste Punkt ist die Bestimmung des Zielwertes. Hier handelt es sich einfach darum, festzulegen, was bei der ganzen Geschichte herauskommen soll. Um noch einmal das bei der Zielwertsuche verwendete Beispiel aufzugreifen: Der Zielwert ist hier die Höhe des Kredits.

Bei anderen Fragestellungen kann der Zielwert ein Maximum (wie erziele ich unter gegebenen Vorbedingungen den maximalen Gewinn) oder ein Minimum sein (wie komme ich zum geringsten Aufwand). Da der Zielwert in der Tabelle ohnehin immer das Ergebnis einer Berechnung ist, in der die Zelle mit dem Zielwert steht, also eine Formel, kann allenfalls die Formulierung der Berechnung Schwierigkeiten bereiten.

Etwas komplizierter verhält es sich mit den Nebenbedingungen. Um zu vermeiden, dass der Solver triviale Ergebnisse liefert, müssen die Nebenbedingungen möglichst vollständig definiert werden. Sonst kann es leicht passieren, dass der Solver nach längeren Berechnungen ein Ergebnis liefert, das entweder von vornherein klar war oder aber völlig unrealistisch ist oder auch zu einer Fehlermeldung führt. Wenn Sie z. B. in dem oben verwendeten Beispiel für die Zielwertsuche die Frage stellen, wie hoch der Kredit bei monatlichen Zahlungen von 1.000 € maximal sein könnte, wenn Sie eine längere Laufzeit wählen, dann kommt der Solver zu dem Ergebnis, dass eine unendliche Laufzeit zu einem maximalen Kredit führt. Da *Unendlich* als Wert bei Excel nicht vorkommt, wird die Laufzeit einfach so lange vergrößert, bis Excel an seine Rechengrenze stößt.

Excel zeigt für jedes Zwischenergebnis, das beim Ausprobieren erreicht wird, den Wert der Zielzelle in der Statusleiste kurz an. Meist geht das so schnell, dass Sie diese Meldung kaum wahrnehmen werden. Dauert ein Rechenprozess dagegen sehr lange, können Sie ihn mit [Esc] unterbrechen. Mit **Stopp** können Sie dann die Berechnungen abbrechen, mit **Weiter** zusätzliche Versuche, eine Lösung zu finden, zulassen. Ist die Grenze der aktuell erlaubten Iterationen erreicht, ohne dass schon eine Lösung gefunden wurde, erhalten Sie ebenfalls einen entsprechenden Hinweis.

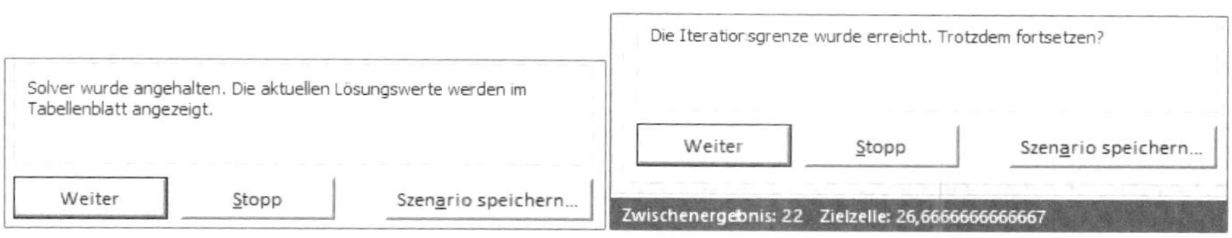

Abbildung 6.4 Hinweise zu Zwischenergebnissen während der Lösung einer Aufgabe

6.2.2 Beispiel Materialkostenoptimierung

Als praktisches Beispiel für die Arbeit mit dem Solver soll hier noch eine Aufgabe gelöst werden, die Sie von Hand mit den Mitteln der Differenzialrechnung bearbeiten müssten. Es handelt sich um ein Verpackungsproblem: Es sollen Konservendosen hergestellt werden, die ein vorgegebenes Volumen (z. B. 1.000 ml) haben, wobei der Materialaufwand und damit auch die Materialkosten so gering wie möglich sein sollen. Das Volumen einer Konservendose wird berechnet, indem die Grundfläche (das ist ein Kreis) mit der Höhe der Dose multipliziert wird. Die Grundfläche selbst wird als Kreisfläche berechnet. Also gilt:

```
Vol = r^2 * PI * h
```

Der Materialverbrauch für eine derartige Dose setzt sich aus der Bodenfläche, dem Mantel und dem Deckel zusammen. Der Boden und der Deckel werden jeweils als Kreis (`r^2 * PI`) gerechnet, der Mantel hat dann als Fläche den Umfang der Dose (`2 * r * PI`) multipliziert mit der Höhe. Der Materialverbrauch ist demnach:

```
Fläche = 2 * r^2 * PI + 2 * r * PI * h
```

6.2.3 Die Schritte zur Lösung des Verpackungsproblems

Auch dieses Problem können Sie mit dem Solver lösen, nachdem Sie einige Vorbereitungen getroffen haben:

1 Um das Problem zu bearbeiten, wird eine Tabelle aufgebaut, in der die Berechnung des Materials und des Dosenvolumens zunächst mit ganz willkürlichen Zahlen vorgenommen wird.

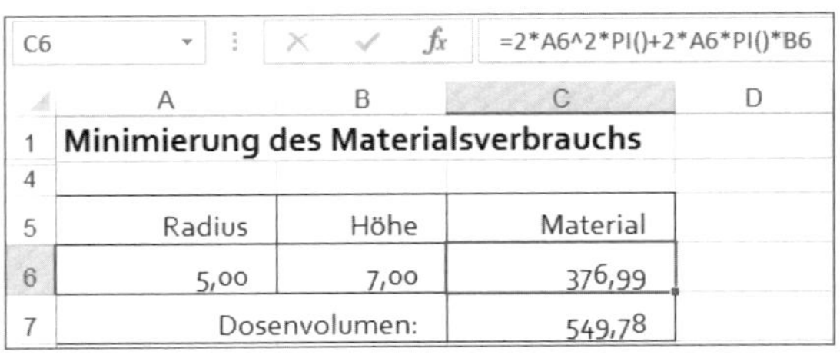

C6 =2*A6^2*PI()+2*A6*PI()*B6

	A	B	C	D
1	Minimierung des Materialsverbrauchs			
4				
5	Radius	Höhe	Material	
6	5,00	7,00	376,99	
7	Dosenvolumen:		549,78	

2 In die Zellen für den Materialverbrauch und für das Volumen werden die entsprechenden Formeln eingetragen (die verwendeten Zelladressen sind natürlich von der Anordnung in der Tabelle abhängig):

```
C6:  =2 * A6 ^ 2 * PI() + 2 * A6 * PI() * B6
C7:  =A6 ^ 2 * PI() * B6
```

Mit den willkürlich eingetragenen Werten für den Radius und die Höhe der Dose liefern die Formeln zunächst ebenso willkürliche Werte für den Materialverbrauch und das Volumen. Werden die Dosenmaße in cm angegeben, ergibt sich der Materialverbrauch in cm^2 und das Volumen in ml.

3. Nach diesen Vorbereitungen können Sie den Solver mit **Daten ▸ Analyse ▸ Solver** aufrufen. Wurde der Solver schon einmal in dem aktuellen Tabellenblatt benutzt, dann hat er noch die alten Einträge gespeichert. Dies ist sehr nützlich, wenn Sie an einem angefangenen Problem weiterarbeiten wollen, etwa den Zielwert ändern oder weitere Nebenbedingungen formulieren möchten. Soll dagegen ein neues Problem behandelt werden, empfiehlt es sich, nach Aufruf des Solvers zunächst **Alles zurücksetzen** anzuwählen, um die alten Einträge komplett zu entfernen. Auch ist es sinnvoll, vor dem Aufruf des Solvers bereits den Zellzeiger in die Zelle mit dem Zielwert zu setzen (im Beispiel die Zelle mit dem Materialverbrauch: C6), da Sie so einen Eintrag sparen.

4. Wenn beim Aufruf des Solvers die Zelladresse für **Ziel festlegen** schon markiert ist, kann sie einfach übernommen werden. Unter **Bis** muss in diesem Beispiel die Option **Min** (für Minimum) gewählt werden, da es ja darum geht, die Lösung mit dem geringsten Materialverbrauch zu finden.

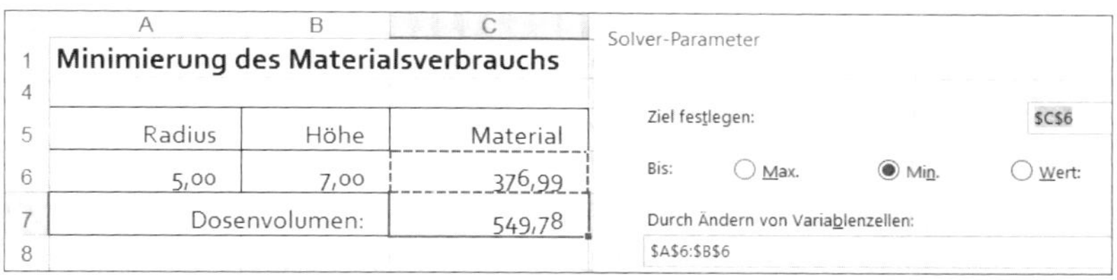

5. Die veränderbaren Zellen sind in diesem Fall die beiden Zellen, in denen der Radius und die Höhe stehen. Im Beispiel sind die veränderbaren Zellen in einem zusammenhängenden Bereich angeordnet. Das muss nicht zwangsläufig der Fall sein. Liegen die veränderbaren Zellen nicht in einem zusammenhängenden Bereich, dann müssen die einzelnen Zellen oder Bereiche durch Semikola getrennt werden. Am einfachsten lassen sie sich durch Markieren in der Tabelle übernehmen, wobei zusätzliche Zellen oder Bereiche mit gedrückter `Strg`-Taste markiert werden.

6. In diesem Beispiel gibt es nur eine einzige, aber entscheidende Nebenbedingung: Das Volumen der Dose soll 1.000 ml betragen. Ohne diese Bedingung würde sich der Solver in negative Werte für den Materialbedarf verlieren. Mit **Hinzufügen** wird das Dialogfeld für die Nebenbedingungen geöffnet. Als **Zellbezug** wird die Zelle mit dem Dosenvolumen eingetragen (am besten wieder durch Markieren in der Tabelle). Als Wert muss dann unter **Nebenbedingung** 1000 angegeben werden. In

dem kleinen Listenfeld für den Vergleichsoperator wird = ausgewählt, da das Volumen ja genau diesen Wert erreichen soll. Sollten weitere Nebenbedingungen hinzukommen, was im aktuellen Beispiel nicht der Fall ist, klicken Sie wieder auf **Hinzufügen**, um die aktuelle Bedingung zu übernehmen und gleich zur Definition der nächsten Nebenbedingung zu gehen.

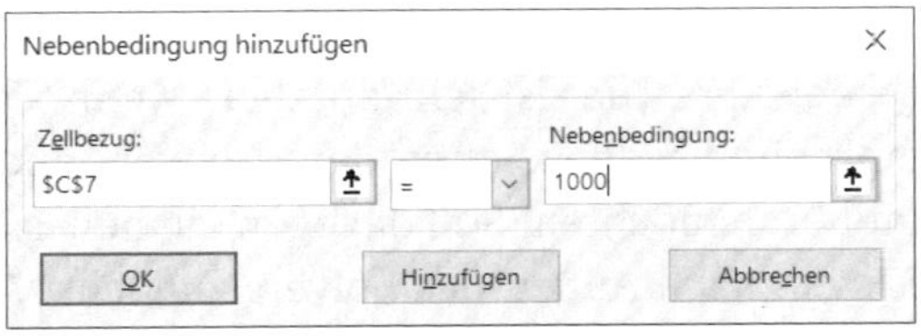

7 Sobald der Eintrag der Nebenbedingungen mit **OK** bestätigt ist, wählen Sie im Dialogfeld des Solvers als Lösungsmethode **GRG-Nichtlinear** aus und klicken auf die Schaltfläche **Lösen**.

8 Nach kurzer Rechenarbeit liefert der Solver das gewünschte Ergebnis, wobei unter Umständen in der Statuszeile eine Anzahl von Zwischenergebnissen angezeigt wird. Als Ergebnis werden ein Radius von ca. 5,42 und eine Höhe von ca. 10,84 ausgegeben, was der Berechnung mit den Mitteln der Differenzialrechnung sehr genau entspricht (danach muss die Höhe doppelt so groß sein wie der Radius).

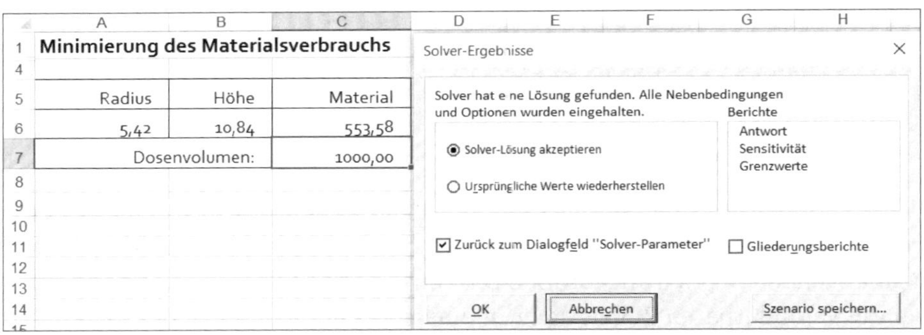

9 Sie können sich entscheiden, ob Sie das Ergebnis in das Arbeitsblatt übernehmen wollen oder nicht.

TIPP

Speichern Sie Ihre Werte als Szenario

Wenn der Solver für ein Problem verschiedene Lösungen anbietet, ist es sehr praktisch, die verschiedenen Werte jeweils als Szenario zu speichern. Nutzen Sie dafür die entsprechend benannte Schaltfläche im Dialogfeld **Solver-Ergebnisse**. Sie müssen dazu nur noch einen Szenario-Namen vergeben.

Hinweise zu den Lösungsmethoden

Wie schon angesprochen, bietet der Solver in Excel 2019 im Dialog **Solver-Parameter** die Wahl zwischen mehreren Lösungsmethoden, deren Unterschiede hier wenigstens kurz gekennzeichnet werden sollen.

Simplex-LP ist die Lösungsmethode für lineare Optimierungen. Wenn die zu berechnenden Zusammenhänge alle linear sind, dann ist dies die richtige Methode. Das bedeutet, dass veränderbare Zellen nur mit Konstanten multipliziert oder durch Konstanten dividiert werden, aber nicht miteinander multipliziert oder dividiert werden. Es werden auch keine Potenzen, Wurzeln oder Funktionen wie Sinus oder Logarithmus verwendet. Nehmen Sie diese Methode also nur, wenn Sie sich wirklich sicher sind, dass ausschließlich lineare Zusammenhänge vorliegen.

GRG-Nichtlinear ist die vorgegebene Lösungsmethode. Sie erlaubt kontinuierliche nichtlineare Optimierungen. Sie lässt für den Zielwert Formeln zu, die Potenzen, Wurzeln oder Funktionen wie Sinus, Logarithmus etc. verwenden. Die veränderbaren Zellen dürfen miteinander multipliziert, dividiert oder potenziert werden.

EA (Evolutionärer Algorithmus) ist eine Lösungsmethode für nicht-kontinuierliche Optimierungen, die sich an der biologischen Evolution und an Modellen für die Beschreibung der Veränderung des Erbgutes orientiert. Dabei werden wiederholt Lösungsvorschläge generiert, die sich schrittweise immer besser an die gewünschten Zielwerte anpassen.

Weitere Optionen und Einstellungen

Die bis jetzt beschriebene Vorgehensweise ist bei allen Problemen sinnvoll, die keine besonders komplexen Berechnungen erfordern. Es kann aber durchaus sein, dass so noch nicht das gewünschte Ergebnis erreicht wird, sei es, dass die Rechenzeit nicht ausreicht, sei es, dass das Ergebnis nicht hinreichend genau ist. In solchen Fällen können Sie die Vorgaben für den Solver ändern. Dazu benutzen Sie im Dialogfeld **Solver-Parameter** die Schaltfläche **Optionen**. Damit wird ein weiteres Dialogfeld eingeblendet, in dem sich die Arbeit des Solvers in weitem Umfang beeinflussen lässt.

Um zu verstehen, welchen Einfluss die hier vorgenommenen Einstellungen auf die Arbeit des Solvers haben, müssen Sie wenigstens einen groben Eindruck von seiner Vorgehensweise haben. Mit dem Solver wird einfach »ausprobiert«, welche Werte in den veränderbaren Zellen stehen müssen, damit das gewünschte Ergebnis in der Zielzelle herauskommt. Dazu verändert der Solver die Werte in den veränderbaren Zellen der Reihe nach schrittweise und vergleicht dann, ob der Wert der Zielzelle dadurch dem erwünschten Ergebnis näher kommt. Zusätzlich wird kontrolliert, ob die Nebenbedingungen erfüllt sind. Dieser Vorgang wiederholt sich so oft, bis entweder ein Ergebnis erreicht, die voreingestellte Zeit abgelaufen oder die Zahl der Iterationen (Wiederholungen) ausgeschöpft ist.

Der Dialog **Optionen** bietet drei Register an, zwei spezielle Register für die Methoden **GRG-Nichtlinear** und **EA (Evolutionärer Algorithmus)** und ein Register **Alle Methoden** mit allgemeinen Einstellungen. Die erste der allgemeinen Einstellungen ist die **Nebenbedingungsgenauigkeit**. Sie legt fest, bei welcher Genauigkeit der Solver eine Bedingung als erfüllt betrachtet. Je größer die vorgegebene Genauigkeit ist (je kleiner also der angegebene Wert), desto länger wird der Solver benötigen.

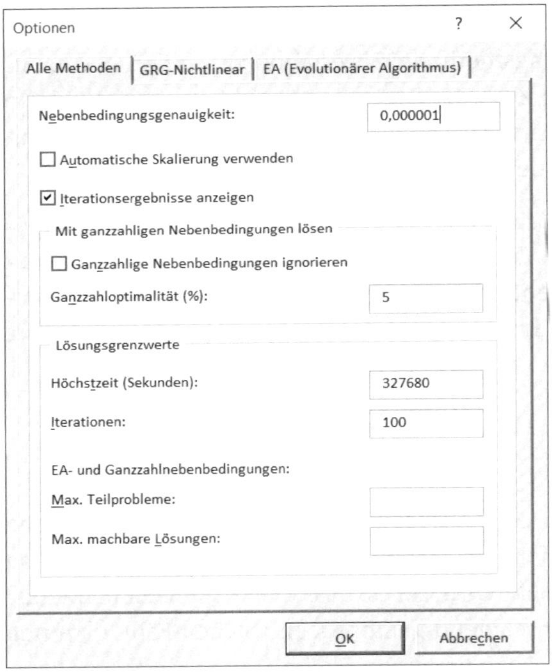

Abbildung 6.5 Solver-Optionen

Die Option **Automatische Skalierung verwenden** ist zu empfehlen, wenn in einer Berechnung gleichzeitig sehr große und sehr kleine Zahlen vorkommen. Der Solver bringt dann die Zahlen intern in eine vergleichbare Größenordnung und rechnet am Ende die Ergebnisse zurück. So lässt sich unter Umständen die Genauigkeit erhöhen. Mit der Option **Iterationsergebnisse anzeigen** erreichen Sie, dass der Solver nach jedem »Ausprobieren« das erreichte Ergebnis in der Statuszeile anzeigt und per Dialog abfragt, ob die Suche nach einer Lösung fortgesetzt werden soll. Das kann bei komplexen und langwierigen Berechnungen sinnvoll sein, da sich dann verfolgen lässt, wie der Solver arbeitet.

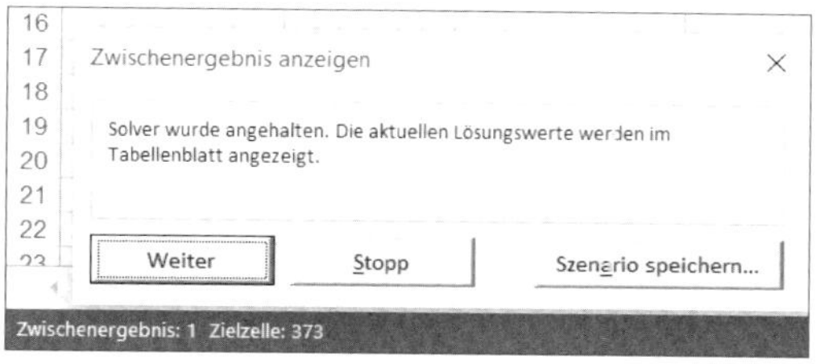

Abbildung 6.6 Anzeige von Zwischenergebnissen

Wenn streng mit ganzzahligen Nebenbedingungen gearbeitet werden soll, sollte die Option **Ganzzahlige Nebenbedingungen ignorieren** deaktiviert und der Prozentsatz für die **Ganzzahloptimalität** auf 0 gesetzt werden. Werden Nebenbedingungen formuliert, die ganzzahlige Werte bei den veränderbaren Zellen fordern, kann die Rechenzeit allerdings erheblich zunehmen. Durch Erhöhung der Toleranz – Vorgabe ist 1 % – lässt sich die verbrauchte Zeit wieder vermindern, wobei allerdings auch höhere Abweichungen in Kauf genommen werden müssen.

Die untere Optionengruppe auf dem Register betrifft die Lösungsgrenzwerte, die die Arbeit des Solvers beeinflussen. Unter **Höchstzeit** lässt sich die Zeit limitieren, die dem Solver insgesamt für die Lösung einer Aufgabe zur Verfügung stehen soll. Sie wird in Sekunden angegeben. Die Zahl der Wiederholungen von Lösungsversuchen kann unter **Iterationen** festgelegt werden, Vorgabe ist 100.

In vielen Fällen kann man das Ergebnis des Solvers auch ohne Veränderungen bei den Einstellungen verbessern. Das lässt sich besonders dadurch erreichen, dass Sie schon vor Aufruf des Solvers versuchen, durch ein paar Tests die Ausgangswerte möglichst günstig zu wählen.

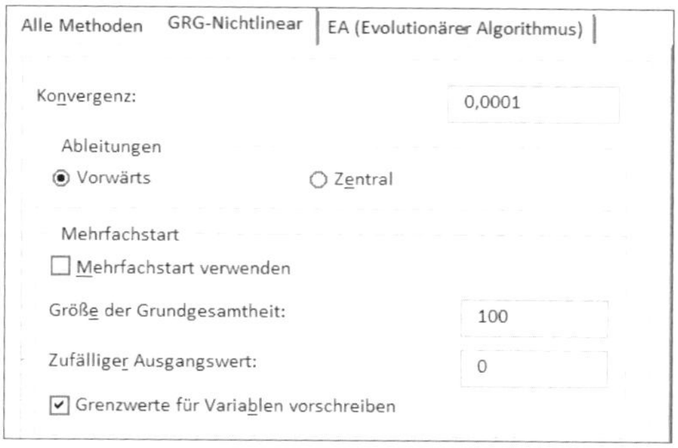

Abbildung 6.7 Spezielle Optionen für die Methode »GRG-Nichtlinear«

Weitere Informationen zur Arbeitsweise des Solver-Add-Ins, das von FrontlineSolvers zur Verfügung gestellt wird, finden Sie unter *www.solver.com/excel-solver-online-help*.

6.2.4 Auswertung der Ergebnisse und Berichte

Nach Abschluss der Arbeit mit dem Solver erfolgt – wie schon erwähnt – eine Meldung, dass der Solver eine Lösung gefunden hat, oder eine Meldung, dass dies nicht gelungen ist. Zusätzlich können Sie die Arbeit des Solvers noch in mehreren Berichten dokumentieren. Markieren Sie dazu unter **Berichte** die gewünschten Auswertungen. Der Antwortbericht fasst die Ergebnisse in einer übersichtlichen Tabelle zusammen. Dabei werden sowohl die Ausgangswerte als auch die vom Solver gefundenen Werte angegeben.

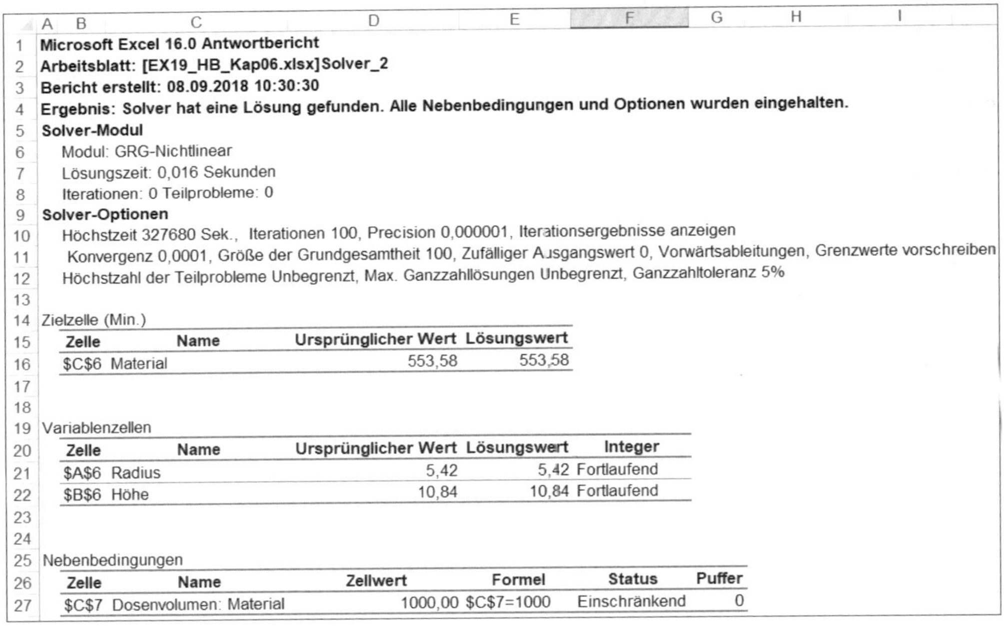

Microsoft Excel 16.0 Antwortbericht
Arbeitsblatt: [EX19_HB_Kap06.xlsx]Solver_2
Bericht erstellt: 08.09.2018 10:30:30
Ergebnis: Solver hat eine Lösung gefunden. Alle Nebenbedingungen und Optionen wurden eingehalten.
Solver-Modul
Modul: GRG-Nichtlinear
Lösungszeit: 0,016 Sekunden
Iterationen: 0 Teilprobleme: 0
Solver-Optionen
Höchstzeit 327680 Sek., Iterationen 100, Precision 0,000001, Iterationsergebnisse anzeigen
Konvergenz 0,0001, Größe der Grundgesamtheit 100, Zufälliger Ausgangswert 0, Vorwärtsableitungen, Grenzwerte vorschreiben
Höchstzahl der Teilprobleme Unbegrenzt, Max. Ganzzahllösungen Unbegrenzt, Ganzzahltoleranz 5%

Zielzelle (Min.)

Zelle	Name	Ursprünglicher Wert	Lösungswert
$C$6	Material	553,58	553,58

Variablenzellen

Zelle	Name	Ursprünglicher Wert	Lösungswert	Integer
$A$6	Radius	5,42	5,42	Fortlaufend
$B$6	Höhe	10,84	10,84	Fortlaufend

Nebenbedingungen

Zelle	Name	Zellwert	Formel	Status	Puffer
$C$7	Dosenvolumen: Material	1000,00	$C$7=1000	Einschränkend	0

Abbildung 6.8 Antwortbericht

Die beiden anderen Berichte, der Sensitivitäts- und der Grenzwertbericht, geben Auskunft über die Arbeitsweise, die vom Solver angewandt wurde. Interessant sind diese Berichte in erster Linie, wenn die Ergebnisse nicht völlig befriedigend sind. Sie können dann Ausgangspunkt für andere Formulierungen des Problems sein. Bei der EA-Methode steht noch ein Grundgesamtheitsbericht zur Verfügung, der statistische Werte zu den Variablen liefert. Wird die lineare Simplex-LP-Methode in einem Fall angewendet, der sich nicht linear lösen lässt, hilft ein dann angebotener Linearitätsbericht, die Formeln zu finden, die nicht linear sind.

6.2.5 Weiterführende Hinweise

Das oben vorgestellte Beispiel hat die Eigenschaft, dass es auf Anhieb ein brauchbares Ergebnis liefert. Das sollte wohl bei einem in einem Buch beschriebenen Beispiel auch so sein, ist aber leider in der praktischen Arbeit nicht immer der Fall. Im günstigsten Fall kann das daran liegen, dass bei der Formulierung des Problems Fehler gemacht wurden. Dann lassen sich die Schwierigkeiten nach einigen Versuchen lösen.

Problematischer wird es, wenn die Aufgabe selbst Ursache der Schwierigkeiten ist. Dies kann der Fall sein, wenn es mehrere Lösungen gibt, die unterschiedlich brauchbar sind, oder wenn die mathematischen Zusammenhänge so sind, dass der Solver aufgrund seiner Arbeitsweise mit der Aufgabe nicht zurechtkommt. Da es schlechterdings unmöglich ist, alle denkbaren Varianten hier aufzuführen, sollen hier an einem Beispiel aus der Mathematik wenigstens einige Möglichkeiten demonstriert werden. Ausgangspunkt soll eine mathematische Funktion sein, bei der die Ergebnisse von vornherein klar sind. Gewählt wurde

```
y=x+x*SIN(3*x)
```

Wird diese Funktion grafisch dargestellt, erhalten Sie für den Bereich von `x = -10 bis x = 10` das Bild in Abbildung 6.9.

Bearbeitung einer mathematischen Funktion

y=x+x*sin(3*x)

x	y
-10	-19,88031624
-9,5	-11,62567858
-9	-0,392616644
-8,5	-5,448003991
-8	-15,2446269
-7,5	-11,15380884
-7	-1,14341053
-6,5	-2,563990847
-6	-10,50592348
-5,5	-9,414819383
-5	-1,748560799
-4,5	-0,882970081
-4	-6,146291672
-3,5	-6,57893516
-3	-1,763644544
-2,5	-0,155000058

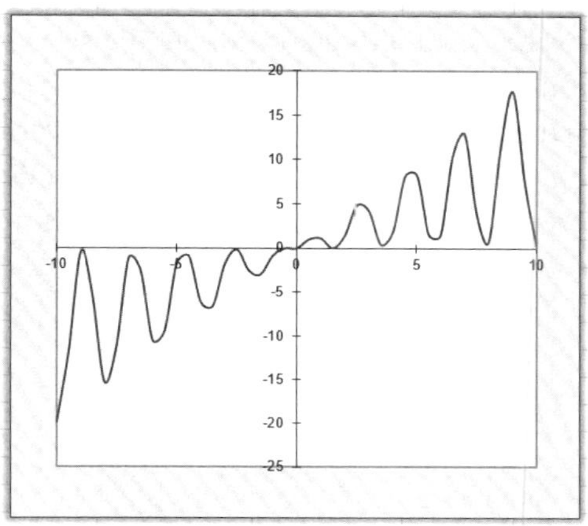

Bearbeitung mit dem Solver	
x	y
6,839250569	13,64608597

Abbildung 6.9 Eine periodische Funktion als Aufgabe für den Solver

Vergleichbare Ausgangslagen können sich bei allen möglichen Problemen ergeben, wobei vergleichbar nicht unbedingt periodisch heißen muss, jedoch ein Problem, das keinen ganz regelmäßigen Verlauf hat. Angenommen, Sie wollen mit dem Solver hier den x-Wert finden, bei dem der y-Wert sein Maximum erreicht.

Die Vorarbeiten sind Ihnen inzwischen schon vertraut. In eine Zelle (die spätere veränderbare Zelle) kommt ein beliebiger x-Wert (z. B. 1), in eine zweite Zelle die für die Berechnung des y-Wertes erforderliche Formel. Der Solver liefert nach Aufruf einen x-Wert von 0,79 und einen y-Wert von 1,34. Ein Blick auf die grafische Darstellung hilft zu klären, wie der Solver gearbeitet hat. Er hat zunächst festgestellt, dass y mit größer werdendem x kleiner wird, mit kleiner werdendem x aber größer. Also setzt der Solver die Suche in diese Richtung fort und findet, dass mit x = 0,79 ein Maximalwert erreicht ist, der mit weiter kleiner werdendem x wieder kleiner wird. Damit ist für den Solver das Problem gelöst.

Beginnen Sie dagegen die Suche mit x = 7, erhalten Sie gleich ein ganz anderes Ergebnis: x liegt jetzt bei 6,84 und y bei 13,64. Auch hier hat der Solver wieder bis zum nächsten Maximum gesucht und dann die Suche eingestellt.

Geeignete Startwerte helfen dem Solver

Bei allen derartigen Problemen gibt es zwei Möglichkeiten. Entweder Sie beginnen die Suche mit einem Wert, der schon fast als optimal gelten kann, oder Sie formulieren den Bereich, in dem der Solver suchen soll, als Nebenbedingung. Leider ist es nicht möglich, den Solver bei einer Aufgabe, die mehrere Lösungen kennt, gleich alle suchen zu lassen.

Häufig hilft es auch, für die Aufgabe zunächst – wie es im vorliegenden Beispiel auch geschehen ist – eine grafische Darstellung zu wählen, die schon Anhaltspunkte für die Lösung gibt. Geeignet dafür sind xy-Diagramme, wobei der Zielwert immer als y-Wert und die Werte, von denen der Zielwert abhängig ist (also die veränderbaren Zellen), als x-Wert(e) gewählt werden. Hängt der Zielwert von mehreren Werten ab, dann können Sie am besten mit mehreren Grafiken arbeiten, wobei jeweils nur einer der Ausgangswerte innerhalb akzeptabler Grenzen variiert wird.

7 Daten grafisch präsentieren

Das hervorragende Instrument, um Zahlenmaterial auf seinen Kern zu konzentrieren, ist die Übersetzung in eine grafische Präsentation. Was die Zahlen zu sagen haben, kann im Diagramm auf einen Blick erfasst werden. Excel war für diese Aufgabe schon immer gut gerüstet. Seit Excel 2016 ist noch eine ganze Reihe neuer Diagrammtypen dazugekommen.

Die wichtigsten Werkzeuge für die grafische Auswertung werden in diesem und dem folgenden Kapitel beschrieben. Das daran anschließende Kapitel behandelt die Gestaltung freier grafischer Objekte, mit denen Sie Ihre Dokumente anreichern können. Dazu gehören z. B. Organigramme oder Bilder, die über digitale Geräte direkt in eine Arbeitsmappe eingefügt werden können.

7.1 Grafische Auswertung mit Diagrammen

Es ist sehr einfach, in Excel aus einer Tabelle ein Diagramm zu erzeugen: Der umzusetzende Datenbereich wird in der Tabelle markiert, und mit ein paar Klicks oder Tipps wird daraus ein Diagramm. Allerdings müssen Sie beachten, dass nicht jeder Diagrammtyp für jeden Zweck gleich gut geeignet ist. Diagramme, die der Umsetzung von Zahlenwerten dienen, sind aus einer Anzahl von Elementen zusammengesetzt, die zunächst kurz vorgestellt werden sollen. Dabei müssen nicht zwangsläufig alle Elemente in jedem Diagramm Verwendung finden.

7.1.1 Die Elemente von Diagrammen

Als äußeren Bezugsrahmen verwenden die meisten Diagramme das kartesianische Koordinatensystem. Die beiden Geraden werden als *Achsen* bezeichnet, die horizontale als *x-Achse* und die vertikale als *y-Achse*. Diese Achsen werden als Skalen für die Darstellung von Werten benutzt, wobei üblicherweise die x-Achse für die unabhängige Variable und die y-Achse für die abhängige Variable dient. An diese Konventionen hält sich im Großen und Ganzen auch Excel, wobei die x-Achse auch als *Rubriken-* oder *Kategorienachse* und die y-Achse als *Größen-* oder *Werteachse* bezeichnet wird.

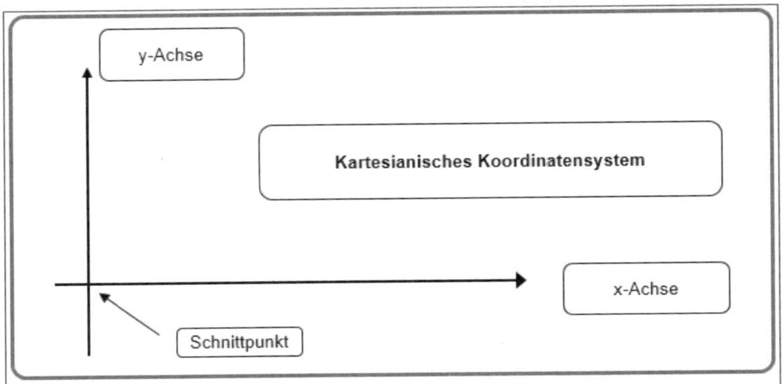

x-Achse	y-Achse
Alter eines Menschen	Körpergröße
Monate	Umsatz eines Unternehmens
Parteien	Wahlergebnis in Prozent
Jahreszahlen	Größe der Bevölkerung
Fallhöhe	Geschwindigkeit

Abbildung 7.1 Beispiele für die Belegung der x- und y-Achse

Diese Bezeichnungsweise deutet schon an, an welcher Stelle Excel von dieser Konvention abweicht: Bei Balkendiagrammen (waagerechte Balken, deren Länge für die Größe der Daten steht) ist die Rubrikenachse (x-Achse) senkrecht, die Größenachse (y-Achse) waagerecht angeordnet. Zu den beiden Achsen (x und y) kommt in dreidimensionalen Diagrammen noch eine dritte hinzu, die nach der allgemeinen Konvention als *z-Achse* oder *Tiefen-* bzw. *Reihenachse* bezeichnet wird.

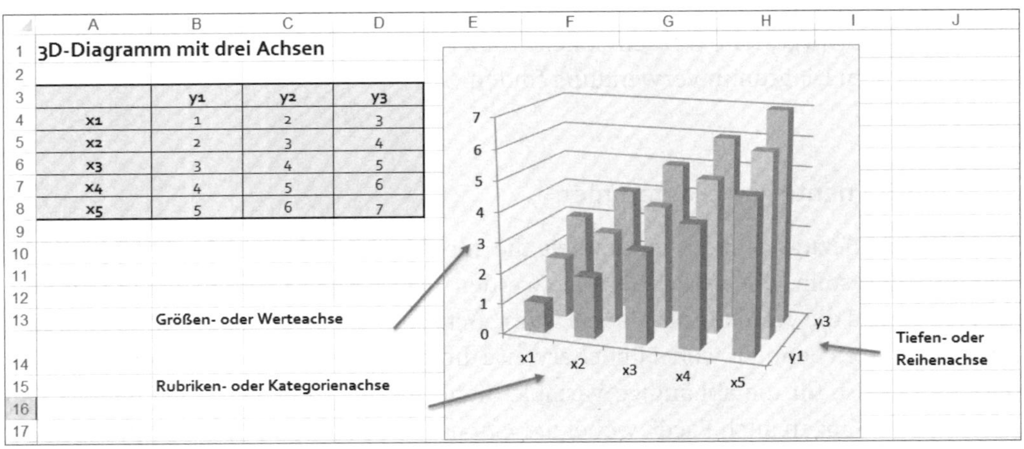

Abbildung 7.2 Drei Achsen im 3D-Diagramm

Achsenskalierung

Die Skalierung der Achsen wird meist durch eine Unterteilung der Achsen mittels Strichen und Teilstrichen und durch eine Beschriftung deutlich gemacht. Dies ist natürlich nur sinnvoll, wenn es sich tatsächlich um numerische Achsen handelt. Bei dem oben gezeigten 3D-Säulendiagramm ist z. B. lediglich die y-Achse numerisch unterteilt. Die meisten Diagrammtypen in Excel verfügen nur über eine einzige wirklich numerische Achse.

7.1.2 Nicht rechtwinklige Koordinatensysteme

Neben den rechtwinkligen Koordinatensystemen finden auch noch zwei andere Koordinatensysteme Verwendung. Das eine wird bei Kreisdiagrammen (oft auch Tortendiagramme genannt) und Ringdiagrammen (gestaffelte Kreisdiagramme) verwendet. Hier wird anstelle der Rubrikenachse ein Kreis eingesetzt, der im Gegensatz zu einer Achse keinen Anfangspunkt hat. An die Stelle der Größenachse tritt dann der Winkel im Kreis, sodass den verschiedenen Datengrößen unterschiedliche Winkelgrößen entsprechen.

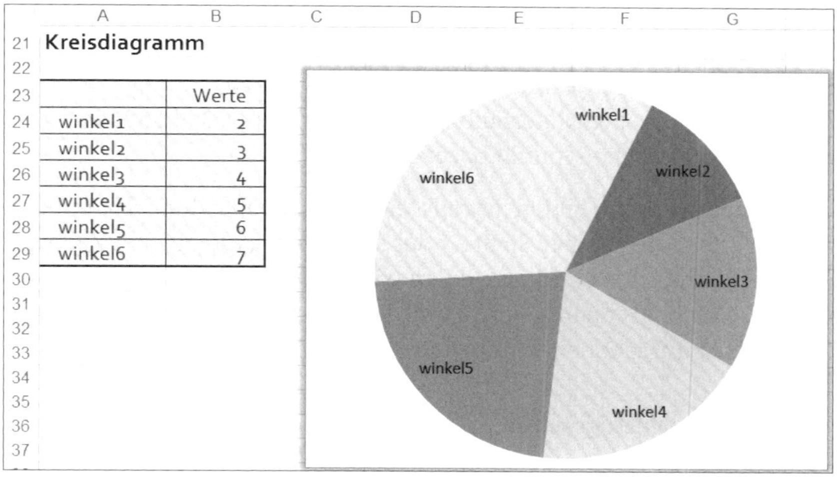

Abbildung 7.3 Im Kreisdiagramm vertreten Winkel die Größenachse.

Ein anderes Koordinatensystem verwendet Netzdiagramme. Hier werden die Rubriken wieder kreisförmig angeordnet. Für jede Rubrik wird aber eine eigene Größenachse erstellt, auf der die Datenpunkte markiert werden.

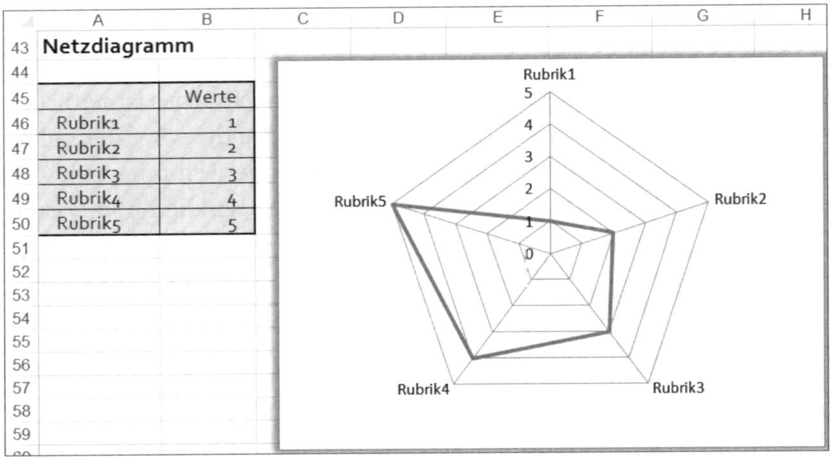

Abbildung 7.4 Im Netzdiagramm wird für jede Rubrik eine eigene Größenachse errichtet.

7.1.3 Datenreihen und Datenpunkte

Das Koordinatensystem liefert den Bezugsrahmen, in dem die Daten einer Tabelle grafisch repräsentiert werden. Die Daten selbst werden im einfachsten Fall durch Datenpunkte dargestellt, an deren Stelle je nach Diagrammtyp Säulen, Balken, Flächen, Linien etc. treten können. In Excel wird deshalb eine Säule oder ein Balken ebenfalls – es sollte Sie nicht verwirren – als Datenpunkt bezeichnet.

Die Daten, die zusammengehören, bilden jeweils eine Datenreihe. Eine Datenreihe besteht entweder aus Werten, die in einer Spalte, oder aus Werten, die in einer Zeile der Tabelle zusammengestellt sind. Excel erlaubt es, maximal 255 Datenreihen in einem Diagramm auszugeben. Die Begrenzung auf 32.000 Datenpunkte pro Datenreihe, die noch für Excel 2007 galt, ist aufgehoben worden.

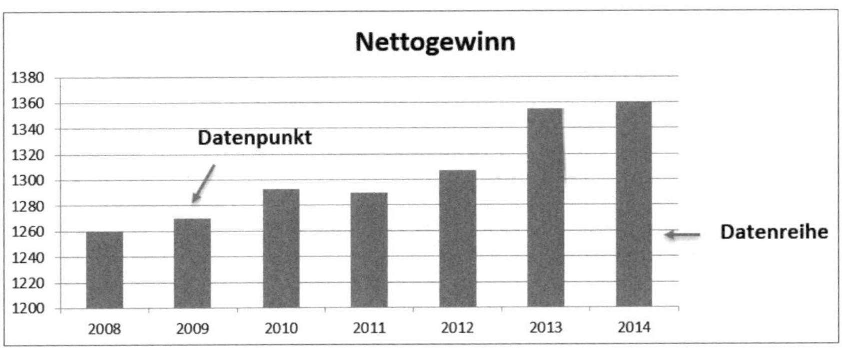

Abbildung 7.5 Datenreihen und Datenpunkte in einem Diagramm

7.1.4 Zusätzliche Elemente eines Diagramms

Ein Koordinatensystem mit Datenreihen und Datenpunkten ist jedoch nur die Mindestausstattung für ein Diagramm. Ein derartiges Diagramm ist noch nicht besonders aussagekräftig, es sei denn, der Betrachter weiß bereits, worum es sich bei dem Diagramm handelt.

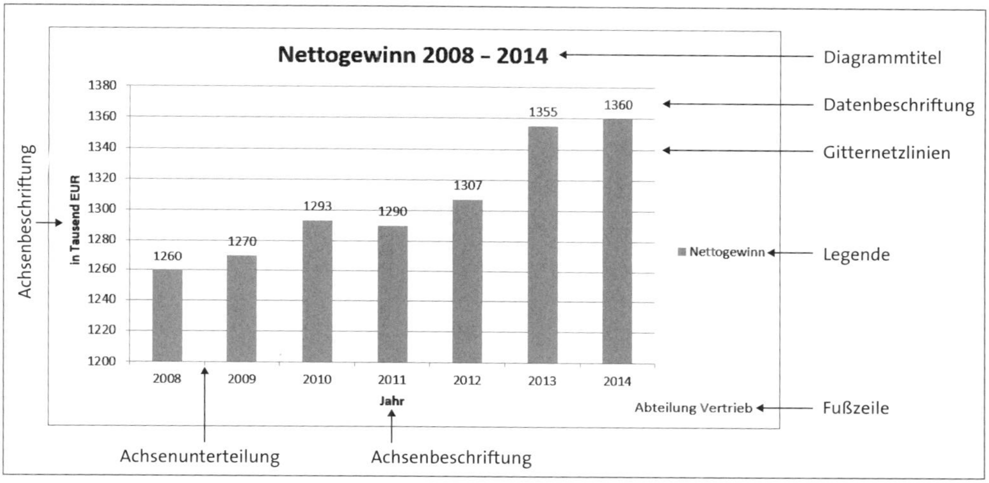

Abbildung 7.6 Zusätzliche Elemente in einem Diagramm

Um ein Diagramm wirklich in eine aussagekräftige bildliche Darstellung zu verwandeln, sind insbesondere Beschriftungen notwendig, damit klar wird, was z. B. eine Säule oder ein Balken überhaupt darstellen soll. Folgende Elemente sind üblich:

- **Diagrammtitel**: Beschreiben in kurzer und prägnanter Form, was das Diagramm aussagen soll.
- **Achsenbeschriftungen**: Machen deutlich, was in welchen Einheiten mit den Achsen gemeint ist.
- **Achsenunterteilungen**: Machen die Werte auf den Achsen überschaubar.
- **Gitternetzlinien**: Ein Gitter aus Linien auf der Zeichnungsfläche, das es gestattet, die Werte aus dem Diagramm genauer abzulesen.
- **Legenden**: Geben an, wofür die einzelnen grafischen Elemente des Diagramms (Balken, Säulen, Linien, Kreissegmente etc.) stehen.
- **Fußzeilen**: Geben Auskunft über die Herkunft des Materials (Quellenangabe), enthalten zusätzliche Erläuterungen etc.

Etwas Mühe mit den Beschriftungen lohnt sich insbesondere für diejenigen, die die Ausgangsdaten für ein Diagramm selbst nicht direkt zur Hand haben.

7.1.5 Diagrammbereich und Zeichnungsfläche

Wie ein von Excel erzeugtes Diagramm aussieht, hängt davon ab, wie das Programm die verschiedenen Elemente anordnet und wie es den verfügbaren Raum aufteilt. Dies geschieht zunächst automatisch, Sie können aber nachträglich fast alles wieder korrigieren. Für die Raumaufteilung ist grundlegend, dass Excel die grafischen Elemente des Diagramms – also die Säulen, Balken, Kreise oder Blasen – innerhalb des Diagrammbereichs auf eine spezielle Zeichnungsfläche legt, die Sie bei Bedarf auswählen und durch Ziehen am Rahmen oder an den Anfassern in Position und Größe verändern können.

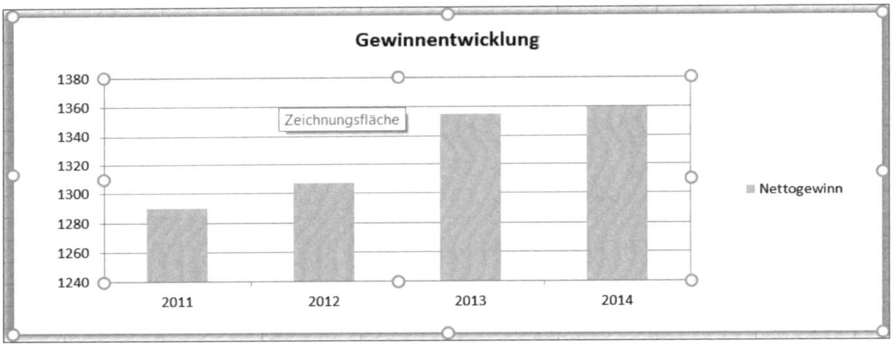

Abbildung 7.7 Diagramm mit ausgewählter Zeichnungsfläche

Wenn Sie die Zeichnungsfläche anklicken oder antippen, werden eigene Anfasser eingeblendet, die es erlauben, die Größe der Zeichnungsfläche durch Ziehen zu verändern. Die Beschriftungen liegen meist außerhalb der Zeichnungsfläche. Die Achsenbeschriftungen bleiben aber mit der Zeichnungsfläche verknüpft, während andere Elemente wie die Legende oder die verschiedenen Titel unabhängig von der Zeichnungsfläche verschiebbar sind.

7.2 Diagrammtypen in Excel

Das Umsetzen numerischer Daten in ein Diagramm macht einige Überlegungen erforderlich, welcher Diagrammtyp für welche Art von Daten verwendet werden kann. Ausführlich wird diese Frage im nächsten Abschnitt behandelt, in dem die von Excel bereitgestellten Diagrammtypen im Detail besprochen werden. Hier trotzdem einige Überlegungen vorweg, die Ihnen die Orientierung erleichtern sollen. In der täglichen Praxis und auch in den Medien sind hauptsächlich zwei Basistypen in Gebrauch: zum einen Diagramme mit rechtwinkligem Koordinatensystem, also Diagramme mit zwei Achsen, zum anderen Anteilsdiagramme, meist in Form von Kreisdiagrammen.

7.2.1 Diagramme mit rechtwinkligem Koordinatensystem

Unter die Diagramme mit rechtwinkligem Koordinatensystem fällt die große Mehrzahl der Diagramme (Balken, Säulen, Linien, Flächen). Fast alle Daten lassen sich in einer der hier von Excel bereitgestellten Formen darstellen, was aber die Auswahl oft nicht leichter macht. Sie lassen sich danach unterteilen, ob die x-Achse numerisch unterteilt ist oder nicht.

7.2.2 Diskrete oder kontinuierliche Unterteilungen

Eine numerische Unterteilung kann zeitlich sein (Jahreszahlen, Monatszahlen etc.), es kommen aber – besonders im naturwissenschaftlichen Bereich – auch viele andere Teilungen vor. Darüber hinaus kann die numerische Unterteilung diskret oder kontinuierlich sein. Wenn Sie etwa Jahresumsätze grafisch darstellen, dann verwenden Sie diskrete Werte, die Jahreszahlen. Die Darstellung der Durchbiegung eines Trägers in Abhängigkeit von seiner Länge dagegen bietet stetige Werte auf der x-Achse: die Länge.

Auch wenn die Übergänge fließend erscheinen – die Jahre sind unterteilbar, die Durchbiegung wurde vielleicht nur 10-cm-weise, also für diskrete Werte, gemessen –, gibt es tatsächlich einen wesentlichen Unterschied: Bei kontinuierlichen Werten lassen sich Zwischenwerte anhand der Grafik interpolieren, bei diskreten Werten wäre die Interpolation entweder falsch oder ergäbe keinen Sinn. So lässt sich aus einem Balkendiagramm mit den jährlichen Umsätzen eines Unternehmens eben nicht entnehmen, dass der Umsatz im Dezember niedriger war als im Januar.

7.2.3 Diagramme mit nichtnumerischer x-Achse

Nichtnumerische Einteilungen der x-Achse kommen ebenfalls häufig vor. Wieder einige Beispiele: Der Umsatz eines Unternehmens in verschiedenen Regionen; die Produktivität in unterschiedlichen Branchen; die Lebenserwartung nach Regionen. Speziell Diagramme mit nichtnumerischer x-Achse verlangen einige Aufmerksamkeit beim Erfassen und Bearbeiten der Daten. Hier soll ein Beispiel genügen: Erfasst worden sind Daten von verschiedenen Städten. Die Daten liegen zunächst in alphabetischer Reihenfolge der Städte vor. Erst die nach den Zahlen sortierten Daten liefern ein durchschaubares aussagekräftiges Diagramm.

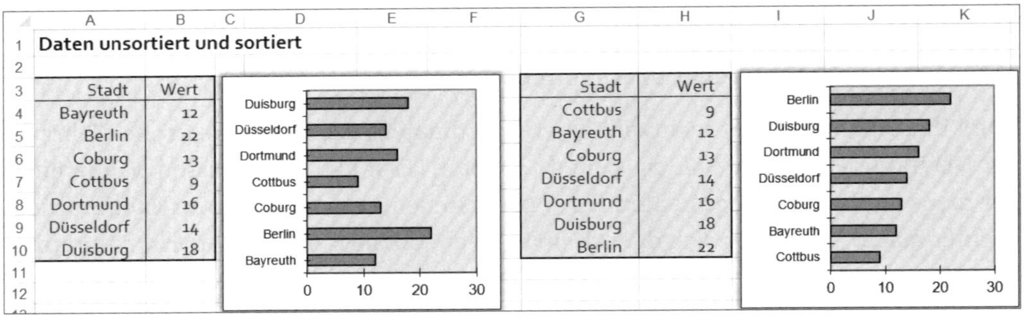

Abbildung 7.8 Sortierte Daten liefern lesbarere Diagramme.

7.2.4 Diagramme ohne rechtwinkliges Koordinatensystem

Die gebräuchlichsten Diagramme ohne rechtwinkliges Koordinatensystem sind die Kreisdiagramme, die häufig auch als Anteilsdiagramme bezeichnet werden. Diesen Namen verdanken sie dem Umstand, dass immer ein vollständiger Kreis zur Verfügung steht, der anteilig nach den vorliegenden Werten aufgeteilt wird. Auf diese Weise sind Kreisdiagramme besonders geeignet für alle Daten, bei denen sich die einzelnen Daten zu einer Gesamtheit summieren. Das bekannteste Beispiel dafür ist die grafische Darstellung der Prozentanteile von Parteien bei Wahlen. Sollen mehrere Datenreihen miteinander verglichen werden, bietet sich neben verschiedenen Kreisdiagrammen auch das Ringdiagramm an, das mehrere Anteilsdiagramme in konzentrischen Ringen anordnet.

7.3 Von der Tabelle zum Diagramm

Als erstes Beispiel für die Entwicklung eines Diagramms soll eine Quartalsauswertung für die Umsätze verschiedener Warengruppen dienen. In einem Säulendiagramm sollen die Quartalsergebnisse der einzelnen Gruppen miteinander verglichen werden. Das Jahresgesamtergebnis pro Gruppe soll dabei nicht mit in die Grafik aufgenommen werden, denn diese Werte würden das Bild verzerren.

7.3.1 Säulendiagramm – erster Versuch

Um die Umsatztabelle grafisch umzusetzen, sollten Sie zunächst den Datenbereich markieren, der in der Grafik ausgewertet werden soll. So, wie die Tabelle aufgebaut ist, bietet sich der Bereich von A3 bis E7 an. Dieser Bereich umfasst nicht nur die Umsatzwerte für die einzelnen Quartale, sondern auch die Spalte mit den Warengruppenbezeichnungen, die für die Beschriftung der x-Achse benötigt werden, und die Zeile mit den Quartalsbeschriftungen, die als Legende dienen können.

	A	B	C	D	E	F
1	Novamedia: Quartalsergebnisse 2018					
2						
3	Warengruppe	1. Quartal	2. Quartal	3. Quartal	4. Quartal	Gesamt
4	DVD-Laufwerke	120.000 €	123.000 €	140.000 €	150.000 €	533.000 €
5	Soundkarten	90.000 €	95.000 €	92.000 €	90.500 €	367.500 €
6	Webcam	145.000 €	149.000 €	155.000 €	165.000 €	614.000 €
7	Scanner	156.000 €	159.000 €	166.000 €	176.000 €	657.000 €
8		511.000 €	526.000 €	553.000 €	581.500 €	2.171.500 €

Abbildung 7.9 Der Bereich, der grafisch ausgewertet werden soll, ist markiert.

Vermeiden Sie es, in den markierten Bereich zusätzlich die Zeile mit dem Titel einzubeziehen. Excel würde versuchen, diese Zeile für Legendentexte oder Rubriken zu verwenden.

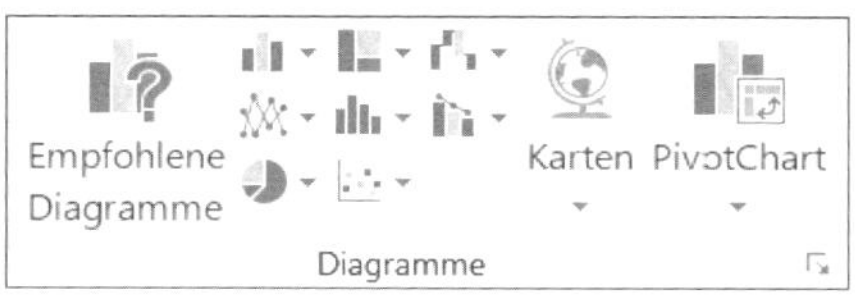

Abbildung 7.10 Diagrammwerkzeuge in der Gruppe »Diagramme«

Die Basiswerkzeuge, um aus einer Tabelle ein Diagramm zu erzeugen, finden Sie auf der Registerkarte **Einfügen** in der Gruppe **Diagramme**. Hier werden Symbole für die gängigsten Diagrammtypen angeboten. Um ein Säulendiagramm zu zeichnen, klicken oder tippen Sie auf die Schaltfläche **Säulen- oder Balkendiagramm einfügen**, die eine Palette von entsprechenden Diagrammtypen öffnet.

Auswahl des Diagrammtyps

In der Palette sind verschiedene Typen von Säulen- und Balkendiagrammen zusammengestellt, wobei zwischen 2D- und 3D-Diagrammtypen unterschieden wird. Die letzte Option **Weitere Säulendiagramme** öffnet dagegen den Dialog **Diagramm einfügen**, in dem gleich alle Typen angeboten werden (dieser Dialog wird auch angeboten, wenn Sie den Dialogfeldstarter der Gruppe benutzen).

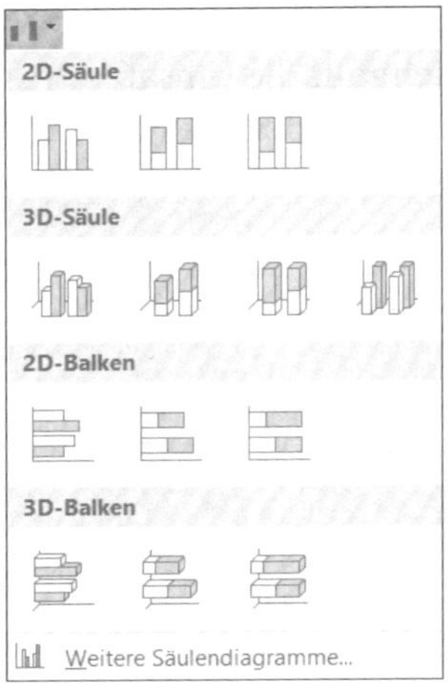

Abbildung 7.11 Palette der Säulen- und Balkendiagramme

Im vorliegenden Beispiel soll zunächst ein einfaches 2D-Säulendiagramm gewählt werden, und zwar gleich das erste in der Palette. Der Diagrammtyp lässt sich später ohne Weiteres ändern, wenn das Diagramm fertig ist. Ist das gewünschte Diagrammmuster ausgewählt, wird mitten im Anwendungsfenster sofort ein der Tabelle entsprechendes Diagramm gezeichnet. Wenn Ihnen die Größe nicht gefällt, können Sie das Diagramm an den Rahmenanfassern anpassen. Abbildung 7.12 zeigt das von Excel erzeugte Standarddiagramm. Die Breite wurde etwas verändert, damit die Beschriftungen der x-Achse nicht schräg ausgegeben werden müssen.

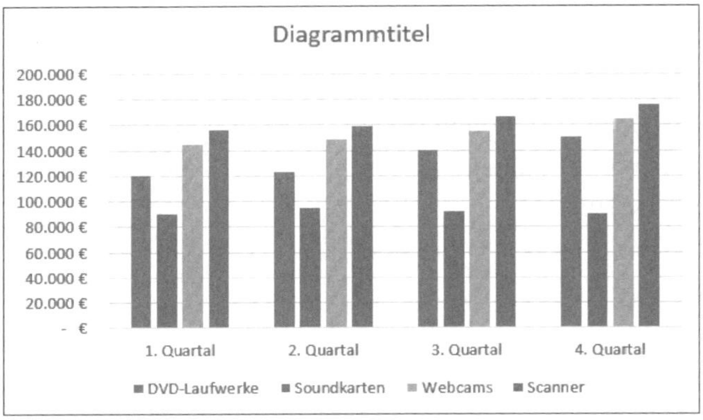

Abbildung 7.12 Standarddiagramm mit den markierten Daten

Vorgegebene Belegung der Achsen

Excel geht bei diesem Verfahren von folgender Annahme aus: Wenn in der markierten Tabelle mehr Zeilen als Spalten vorhanden sind, nimmt Excel an, dass die erste Spalte die Rubriken für die x-Achse enthält und die Datenreihen dazu in den Spalten daneben angeordnet sind. Im anderen Fall – wie in diesem Beispiel – schlägt Excel die Verwendung der ersten Zeile für die Rubriken vor.

Im Fall der Quartalsauswertung kann die Vorgabe übernommen werden. Im Beispiel sind die Daten so angeordnet, dass die Umsätze für jedes Quartal untereinanderstehen, also in einer Spalte, die Umsätze der einzelnen Warengruppen dagegen nebeneinander in einer Zeile. Sollen im Diagramm die Umsätze der einzelnen Warengruppen übers Jahr dargestellt und verglichen werden, dann ist die beschriebene Vorgabe die richtige Wahl. Sie führt dazu, dass im Diagramm jedes Quartal eine eigene Farbe bzw. ein eigenes Muster erhält, sodass die Daten für jedes Quartal optisch erkennbar sind.

7.3.2 Diagrammempfehlungen

Wenn Sie sich mit den verschiedenen Diagrammtypen noch nicht so recht auskennen, lassen Sie sich von Excel eine Empfehlung geben. Wenn die Daten für das Diagramm, wie oben beschrieben, ausgewählt sind, nehmen Sie unter **Einfügen ▸ Diagramme** die Schaltfläche **Empfohlene Diagramme**. Im Dialog finden Sie auf dem gleichnamigen Register eine Reihe von Vorschaubildern für Diagramme, die bereits mit den markierten Daten arbeiten.

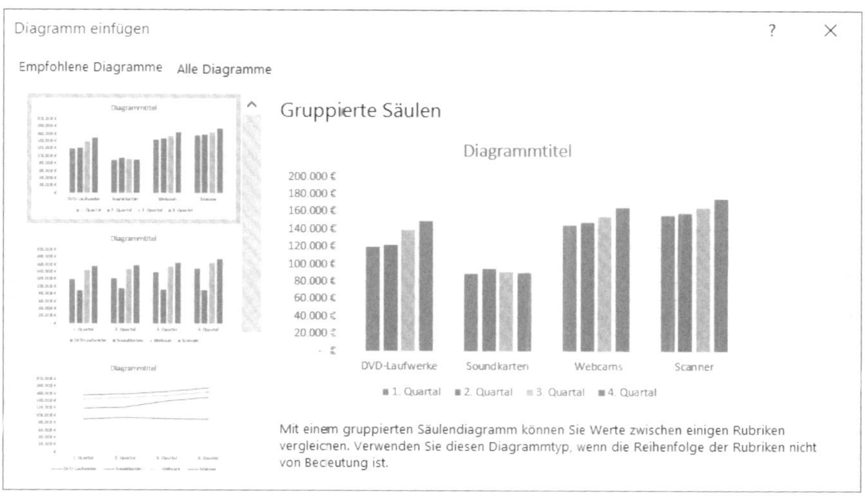

Abbildung 7.13 Empfehlungen für ein Diagramm

Ein Klick oder Tipp auf eines der Muster zeigt im rechten Teil, wie das Diagramm aussehen wird, und gibt noch ein paar Hinweise zu dem jeweiligen Diagrammtyp. Das zuerst angebotene Muster sollte in den meisten Fällen am ehesten zu den jeweiligen Daten passen, aber auch die anderen Muster kommen mit den Daten zurecht. Wenn Sie die Auswahl eines Musters bestätigen, wird das entsprechende Diagramm erstellt.

7.3.3 Das schnelle Diagramm

Wenn Sie die Anzeige der Optionen für die Schnellanalyse nicht ausgeschaltet haben – über **Excel-Optionen ▸ Allgemein** –, können Sie nach der Markierung des Datenbereichs auch die Schaltfläche **Schnellanalyse** verwenden, um sofort ein Diagramm zu erzeugen. Wählen Sie in der oberen Zeile der eingeblendeten Palette **Diagramme** aus, werden fünf häufig verwendete Diagrammtypen per Schaltfläche angeboten. Durch Berühren mit der Maus oder mit den Richtungstasten können Sie sich die verschiedenen Vorschaudiagramme zu Ihren Daten ansehen. Ein Klick oder Tipp erzeugt das ausgewählte Diagramm. Wird ein anderer Typ benötigt, führt die Schaltfläche **Weitere** in den Dialog **Diagramm einfügen**.

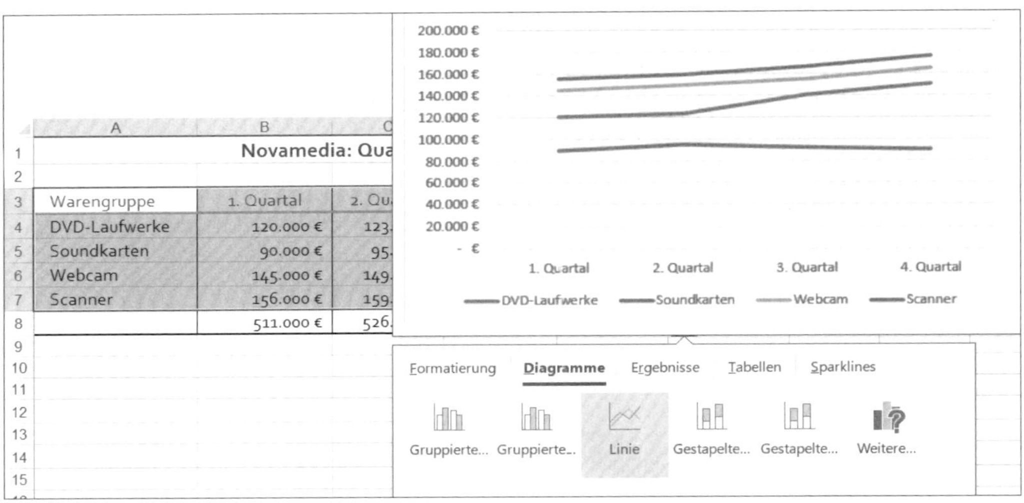

Abbildung 7.14 Ein Diagramm über das Schnellanalysetool erzeugen

7.3.4 Übersicht über die Werkzeuge zur Diagrammgestaltung

Die Detailarbeit an Diagrammen wird hauptsächlich über die **Diagrammtools** erledigt, die auf zwei Registerkarten verteilt sind. Diese Register werden nur eingeblendet, wenn ein Diagramm ausgewählt ist. Das Register **Entwurf** enthält fünf Gruppen, die damit zu tun haben, die Daten für das Diagramm festzulegen, den Diagrammtyp zu bestimmen, die notwendigen Beschriftungen einzufügen, die Achsen passend zu skalieren und eventuell noch Trendlinien oder Fehlerindikatoren einzufügen, bei Bedarf Diagrammlayouts und Diagrammformatvorlagen zuzuordnen und den Ort des Diagramms, wenn es erforderlich ist, auf ein anderes Tabellenblatt oder ein eigenes Blatt zu verschieben. Abbildung 7.15 zeigt die Gruppen der besseren Übersicht wegen in komprimierter Form.

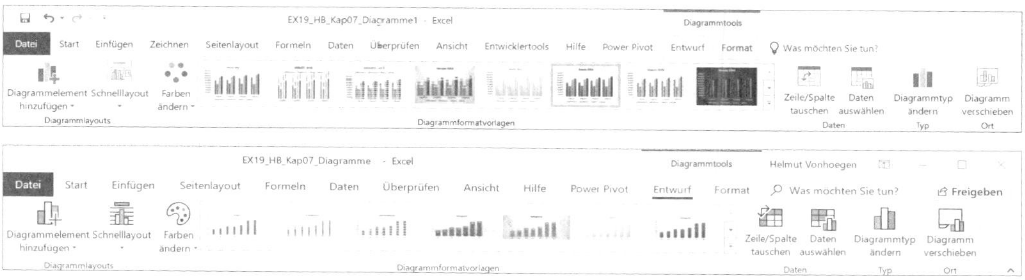

Abbildung 7.15 Die Gruppen des Registers »Entwurf« – oben Excel 2019, unten Excel 365

Auf dem Register **Format** werden sechs Befehlsgruppen angeboten. Die erste Gruppe **Aktuelle Auswahl** erlaubt es, über ein Listenfeld gezielt die einzelnen Komponenten eines Diagramms auszuwählen, um dann bestimmte Formatierungen dafür vorzunehmen. Ansonsten enthält das Register noch vier Gruppen, die der Auswahl bestimmter Formen, etwa Rahmen für die Legende oder den Titel, und damit zusammenhängender Effekte, dem Einfügen von WordArt-Formaten und der Anordnung und Größenbestimmung grafischer Elemente im Diagramm dienen. Die Gruppen **Formenarten**, **WordArt-Formate** und **Größe** haben unten rechts die kleinen Schaltflächen, die wir bisher immer als Dialogfeldstarter bezeichnet haben. In diesem Fall öffnen Sie damit stattdessen entsprechende Aufgabenbereiche.

Abbildung 7.16 Die Gruppen des Registers »Format« – oben Excel 2019, unten Excel 365

Korrektur des Tabellenbereichs

Ein häufiges Problem bei der Erstellung von Diagrammen ist, dass der ausgewählte Tabellenbereich fehlerhaft ist, sei es, weil eine Spalte oder Zeile fehlt oder weil zu viele Daten ausgewählt wurden. Sollte sich nach der ersten Ausgabe des Diagramms herausstellen, dass der zugrunde gelegte Tabellenbereich nicht dem Zweck des Diagramms entspricht, ist eine nachträgliche Korrektur über das Register **Entwurf** möglich.

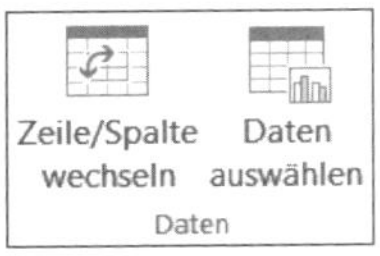

Abbildung 7.17 Die Gruppe »Daten«

Die Gruppe **Daten** enthält die Schaltfläche **Daten auswählen**, die den Dialog **Datenquelle auswählen** öffnet. Im ersten Eingabefeld wird der aktuell ausgewählte **Diagrammdatenbereich** mit absoluten Adressen angegeben. Sie haben hier die Chance, den Bereich noch einmal zu korrigieren, wenn Sie vorher einen Fehler gemacht haben oder wenn der Bereich erweitert oder verkleinert werden soll. Markieren Sie einfach den richtigen Bereich. Wenn das Dialogfeld im Weg ist, klicken oder tippen Sie auf das Symbol **Dialog reduzieren** ❶.

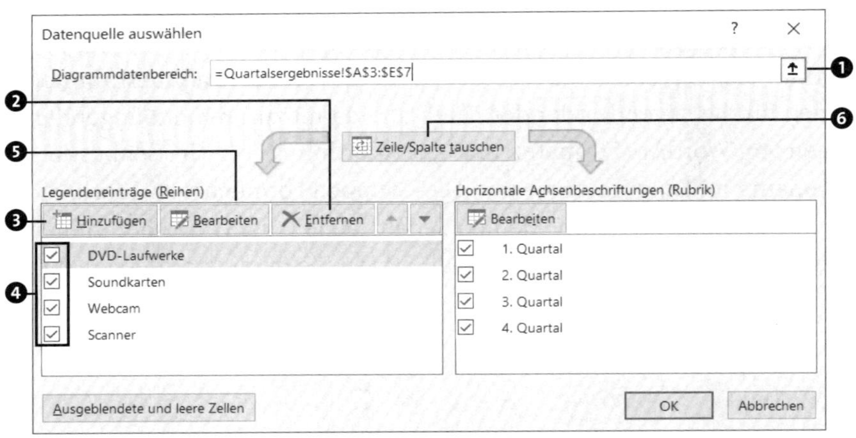

Abbildung 7.18 Bearbeiten der Datenquelle

Wenn Sie Bereiche markieren wollen, die keinen geschlossenen Block bilden, drücken Sie wie üblich [Strg] oder [⇧]+[F8], um die weiteren Teile zu markieren, oder geben die Adressen nach einem Semikolon direkt ein.

Anstatt den Diagrammdatenbereich insgesamt als Block zu korrigieren, können bei Bedarf auch einzelne Reihen aus dem markierten Datenbereich herausgenommen oder fehlende Reihen hinzugefügt werden. Um etwa die Daten für Scanner aus dem Diagramm herauszunehmen, wählen Sie unter **Legendeneinträge** die entsprechende Position aus und benutzen die Schaltfläche **Entfernen** ❷. Soll eine Reihe hinzugefügt werden, klicken Sie auf die Schaltfläche **Hinzufügen** ❸ und markieren in der Tabelle den Bereich, der die Zelle mit dem Namen und die Zellen mit den Werten umschließt. Sollen einzelne Reihen oder Rubriken nur vorübergehend aus dem Diagramm ausgeblendet werden, löschen Sie die Häkchen vor der entsprechenden Position ❹. Das entspricht dem Filtern, von dem gleich die Rede sein wird. Über die Schaltfläche **Bearbeiten** ❺ lassen sich außerdem sowohl bei den Einträgen für die Legende als auch für die Rubriken die Bereichsangaben korrigieren.

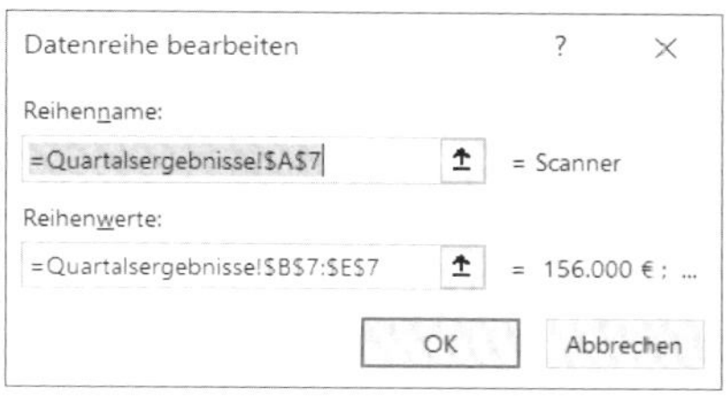

Abbildung 7.19 Bearbeiten einer Datenreihe

Die Schaltfläche **Zeile/Spalte tauschen** ❻ entspricht der Schaltfläche, die auch direkt aus der Gruppe **Daten** benutzt werden kann. Sie vertauscht die Zuordnung der Tabellenbereiche zu den beiden Achsen. Im vorliegenden Beispiel würde sich ein Diagramm ergeben, in dem die x-Achse nach Warengruppen aufgeteilt ist.

7.3.5 Diagrammfilter

Wenn das Diagramm ausgewählt ist, öffnet die Schaltfläche mit dem Filtersymbol ein Steuerelement mit zwei Seiten. Unter **Werte** werden die aktuell in der Tabelle vorhandenen Datenreihen und die verschiedenen Kategorien zur Auswahl gestellt. Wenn Sie eines der Elemente mit der Maus berühren, wird es im Diagramm hervorgehoben. Wenn Sie es abwählen, wird es vorübergehend aus dem Diagramm herausgenommen, falls Sie mit **Anwenden** bestätigen. Im Unterschied zu der oben beschriebenen endgültigen Änderung der Datenbasis des Diagramms werden hier also nur zeitweise bestimmte Datenreihen oder Kategorien ausgeblendet. Mit einem Klick oder Tipp außerhalb des Steuerelements oder mit [Esc] schließen Sie es.

Abbildung 7.20 Beispiel für die Anwendung eines Filters

Die zweite Seite **Namen** erlaubt es, mit der Option **(Keine)** die Beschriftungen von Datenreihen oder Kategorien auszublenden. Die Beschriftungen werden dann durch Dummy-Namen oder Ziffern ersetzt.

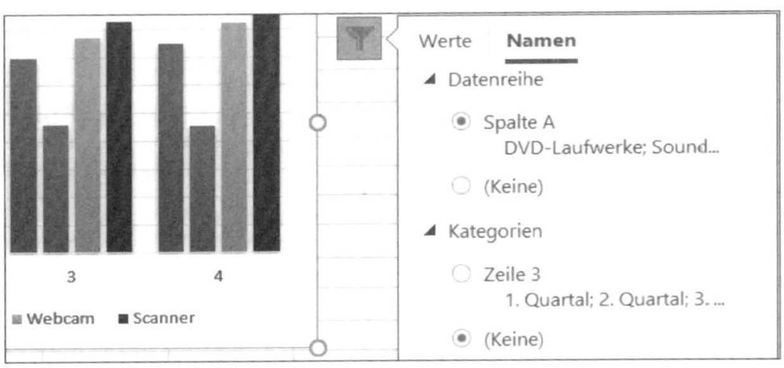

Abbildung 7.21 Ausblenden der Kategorienbeschriftung

7.3.6 Titel, Legenden und weitere Optionen

Das automatisch generierte Diagramm kann noch einige Ergänzungen vertragen, insbesondere in puncto Beschriftung. So fehlt bisher ein Diagrammtitel. Auf dem Register **Entwurf** finden Sie in der Gruppe **Diagrammlayouts** die Schaltfläche **Diagrammelement hinzufügen** mit einem Menü, das zahlreiche Optionen für Beschriftungen und sonstige Erweiterungen des Diagramms anbietet.

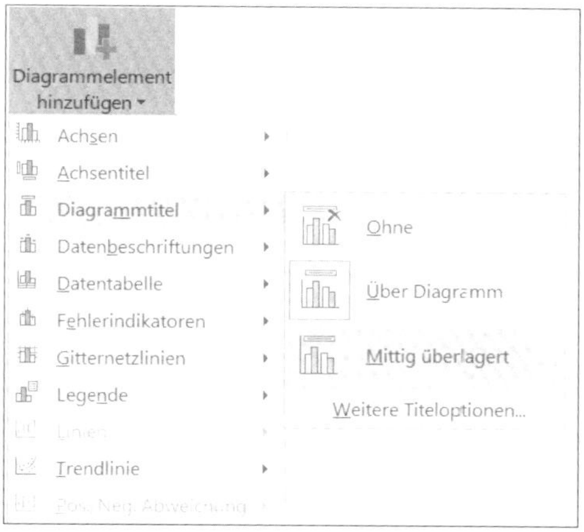

Abbildung 7.22 Titel- und andere Beschriftungsoptionen

Zunächst lässt sich unter **Diagrammtitel** auswählen, ob der Titel innerhalb der Zeichnungsfläche über dem Diagramm zentriert – das ist die Option **Mittig überlagert** – oder mit **Über Diagramm** über der Zeichnungsfläche eingefügt wird.

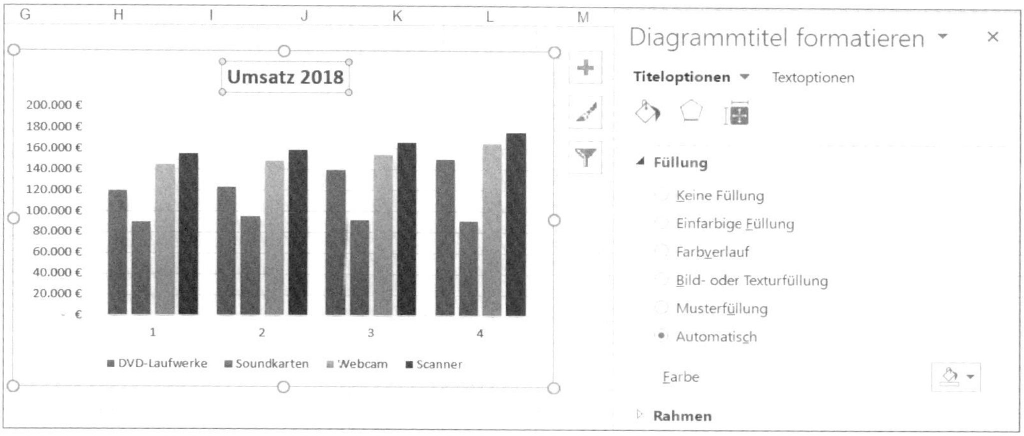

Abbildung 7.23 Der markierte Diagrammtitel und der zugehörige Aufgabenbereich

In beiden Fällen wird ein Textfeld eingefügt, in dem Sie den Titel beliebig überschreiben können. Das Feld kann mit dem Rahmen verschoben werden. **Weitere Titeloptionen** öffnet einen Aufgabenbereich, um den Titel zu formatieren.

Während durch die Auswahl des Diagrammdatenbereichs schon festgelegt worden ist, woher die Legendentexte stammen, öffnet die Option **Legende** aus dem gleichen Menü eine Palette mit Positionen, die die Legende einnehmen kann. Legenden sind immer dann notwendig, wenn – wie hier – mehrere Datenreihen vorhanden sind. Der Text einer Legende kann übrigens nicht direkt im Diagramm geändert werden, sondern nur in der Zelle, von der er übernommen wird.

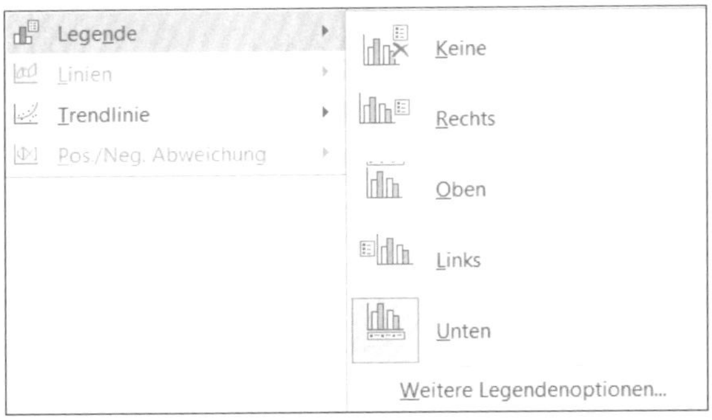

Abbildung 7.24 Optionen für Legenden

Bei 3D-Diagrammen kann die zu einer Datenreihe gehörende Beschriftung auch als Achsenbeschriftung verwendet werden. Es ist dann sinnvoll, zu entscheiden, ob eine Legende oder eine Achsenbeschriftung verwendet werden soll, denn beides ist im Allgemeinen nicht hilfreich und würde das Diagramm überladen. Bei langen Beschriftungen der Datenreihen ist es meist günstiger, mit Legenden zu arbeiten.

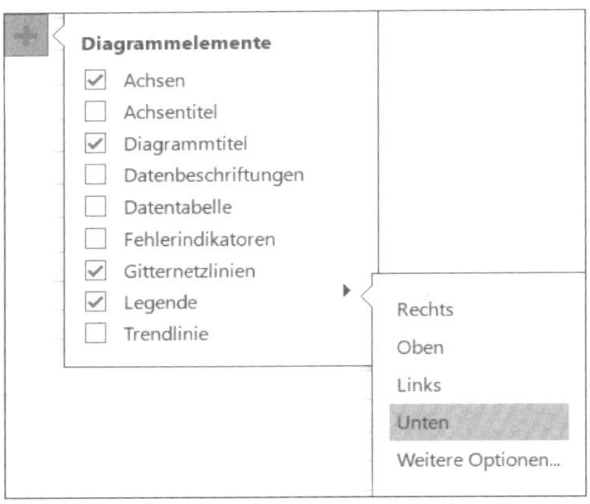

Abbildung 7.25 Die Palette der Diagrammelemente

Auch an dieser Stelle bietet Excel 2019 eine schnelle Alternative, wenn es darum geht, fehlende Diagrammelemente nachzurüsten. Sie klicken oder tippen neben dem ausgewählten Diagramm auf die Schaltfläche mit dem Pluszeichen. In der Liste der Diagrammelemente wählen Sie die gewünschten Elemente aus, und falls dazu weitere Optionen angeboten werden, öffnen Sie über das kleine Dreieck hinter dem Namen das entsprechende Menü. All diese Optionen arbeiten mit der Livevorschau, sodass Sie den Effekt einer Option im Vorhinein prüfen können. Mit der Maus genügt die Berührung, mit dem Stift das Darüberhalten; mit dem Finger tippen Sie die Option an – die Liste bleibt in diesem Fall geöffnet, sodass Sie Ihre Wahl korrigieren können, wenn Ihnen das Ergebnis im Diagramm nicht gefällt. Ein Tipp außerhalb der Liste übernimmt die aktuelle Auswahl.

7.3.7 Ort des Diagramms festlegen

Anstatt ein Diagramm direkt in demselben Tabellenblatt abzulegen, in dem sich auch die zugrunde liegende Tabelle befindet, haben Sie auch die Möglichkeit, das Diagramm auf einem eigenen Blatt oder auch in ein anderes Tabellenblatt einzufügen. Dazu wird auf dem Register **Entwurf** in der Gruppe **Ort** die Schaltfläche **Diagramm verschieben** angeboten. Im ersten Fall sollten Sie dem Diagrammblatt gleich einen passenden Namen geben und die Vorgabe überschreiben. Im zweiten Fall können Sie das Tabellenblatt aus dem Listenfeld auswählen.

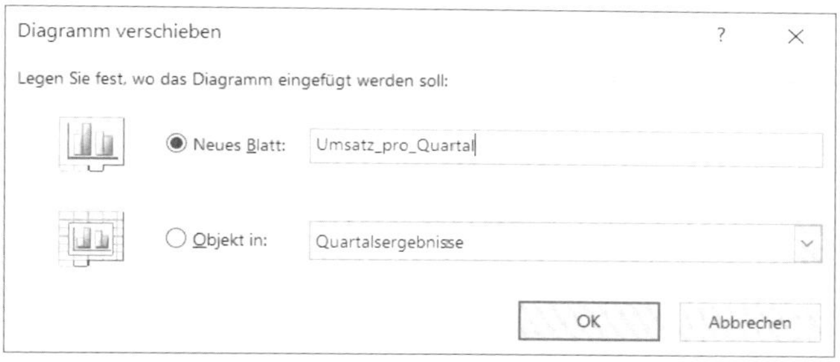

Abbildung 7.26 Entscheidung über die Platzierung des Diagramms

Haben Sie sich für ein eigenes Diagrammblatt entschieden, füllt das Diagramm das Fenster der Arbeitsmappe in der gerade gegebenen Größe aus. Noch schneller entsteht ein Diagramm auf einem eigenen Blatt, wenn Sie zu einem markierten Bereich mit Tabellendaten die Taste F11 drücken. Dann werden die ausgewählten Daten sofort auf einem Diagrammblatt ausgegeben, und zwar mit dem Diagrammtyp, der aktuell als Standarddiagrammtyp eingestellt ist.

Ist als Ort für das Diagramm ein Tabellenblatt ausgewählt, wird das Diagramm zunächst in die Mitte des aktuellen Fensters gesetzt und kann dann leicht am Rahmen an die gewünschte Stelle gezogen werden. Soll die Größe des Diagramms geändert werden, müssen Sie nur die Markierungen am Rand entsprechend ziehen. Sie werden angezeigt, wenn Sie das Diagramm per Klick oder Tipp auswählen. Für proportionale Größenänderungen ziehen Sie an den Eckmarkierungen.

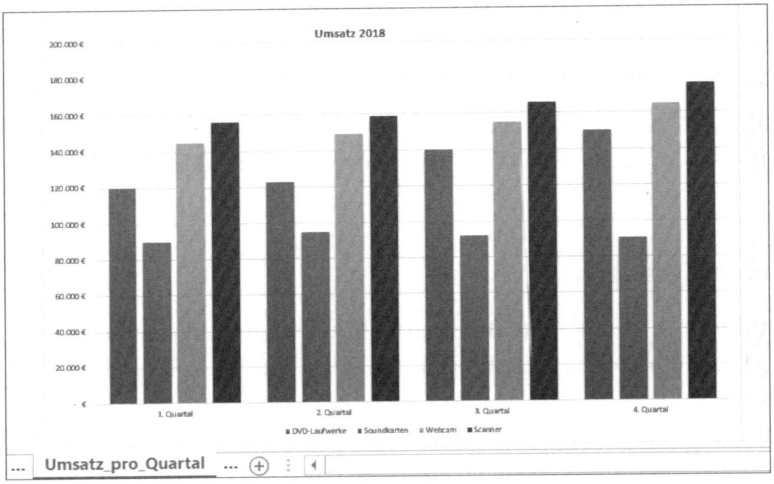

Abbildung 7.27 Betiteltes Säulendiagramm auf einem eigenen Diagrammblatt

7.4 Zur Verknüpfung von Tabelle und Diagramm

Wenn Sie ein im Tabellenblatt eingebettetes Diagramm auswählen, werden die Tabellendaten, die in das Diagramm einfließen, durch verschiedenfarbige Rahmen gekennzeichnet. Wählen Sie eine Datenreihe mit einem Klick oder durch Tippen auf einen der Balken aus, werden die entsprechenden Daten in der Tabelle angezeigt.

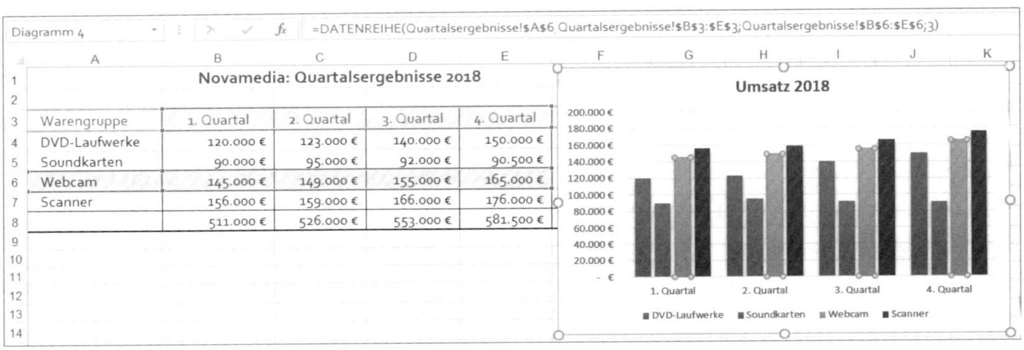

Abbildung 7.28 Die ausgewählte Datenreihe und die markierten Tabellendaten

Wird ein bestimmter Datenpunkt in einer Reihe mit der Maus berührt, wird angezeigt, welche Reihe, welcher Datenpunkt und welcher Wert gerade ausgewählt sind. Bei Stifteingabe reicht das Darüberhalten der Spitze.

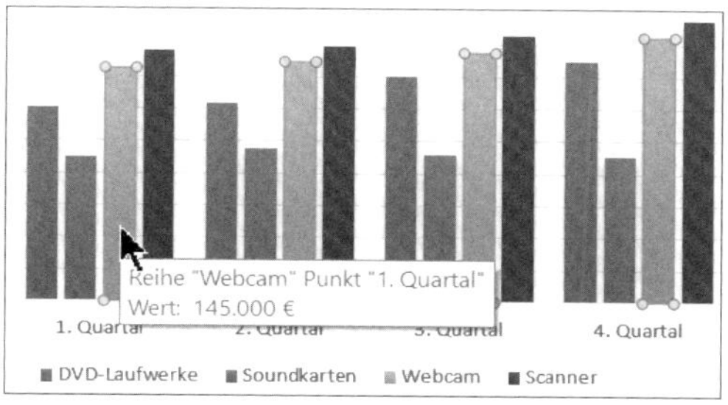

Abbildung 7.29 Eine ausgewählte Datenreihe mit dem Wert des Datenpunktes

Auf diese Weise bleibt die Beziehung zwischen Tabelle und Diagramm jederzeit transparent. Immer wenn die Daten in der Tabelle geändert werden, wird das Diagramm sofort an den neuen Stand angepasst.

Die Grundbeziehung zwischen einer Tabelle und dem zugehörigen Diagramm ist die, dass das Diagramm die jeweils vorhandenen Zahlen grafisch abbildet. Die Verknüpfung wird technisch durch `DATENREIHE()`-Funktionen hergestellt, die wie die sonstigen Funktionen von Excel aufgebaut sind. Wenn Sie eine Datenreihe in einem Diagramm markieren, wird die zugehörige Funktion `DATENREIHE()` in der Bearbeitungsleiste sichtbar. Wenn Sie gern basteln, können Sie hier sogar Änderungen vornehmen. Die Funktion ist folgendermaßen aufgebaut: Die ersten drei Argumente bestehen aus den absoluten Adressen der jeweiligen Tabellenbereiche, das letzte Argument ist eine Zahl, die die Reihenfolge der Reihen steuert.

```
=DATENREIHE(Reihennamen,Rubrikennamen,Werte,Druckordnung)
```

Etwas komplizierter ist die Situation, wenn Tabelle und Diagramm in verschiedenen Arbeitsmappen geführt werden, was ohne Weiteres möglich ist. Sie müssen dazu nur im Dialog **Datenquelle auswählen** die Daten in der entsprechenden Mappe markieren. Ist für das Diagramm ein eigenes Blatt vorhanden, können Sie dieses insgesamt in eine andere Mappe verschieben oder kopieren.

Werden Diagramm und Tabelle in dieser Weise getrennt, wird die Verknüpfung durch externe Bezüge hergestellt, wie Sie sie bereits kennengelernt haben. Solange beide Arbeitsmappen gleichzeitig geöffnet sind, schlagen Änderungen in der Tabelle gleich im Diagramm durch. Ist die Diagrammdatei nicht geöffnet, werden Änderungen in der Tabelle erst wirksam, wenn die Arbeitsmappe, die das Diagramm enthält, erneut geöffnet wird.

Es ist in diesem Fall auch möglich, die Verbindung der beiden Arbeitsmappen zu kappen, ohne dass das Diagramm verschwindet. Wenn z. B. die Arbeitsmappe mit der

Tabelle gelöscht wird, bleibt das Diagramm in der anderen Arbeitsmappe trotzdem erhalten. Das Diagramm gibt dann einfach die ursprünglichen Daten wieder.

Ein Diagramm in ein Bild umwandeln

Falls Sie Diagramme ganz losgelöst von den Tabellendaten verwenden wollen, etwa für Präsentationen, können Sie die Diagramme auch in einfache grafische Objekte »einfrieren«. Dazu wird das Diagramm mit **Ausschneiden** oder **Kopieren** in die Zwischenablage übernommen. Mit dem Befehl **Einfügen** und der Option **Grafik** wird das Diagramm in ein einfaches grafisches Objekt verwandelt. Das Ganze sieht immer noch aus wie ein Diagramm, ist aber nur noch ein Abbild davon. Eine Verknüpfung zu den Tabellendaten besteht nicht mehr.

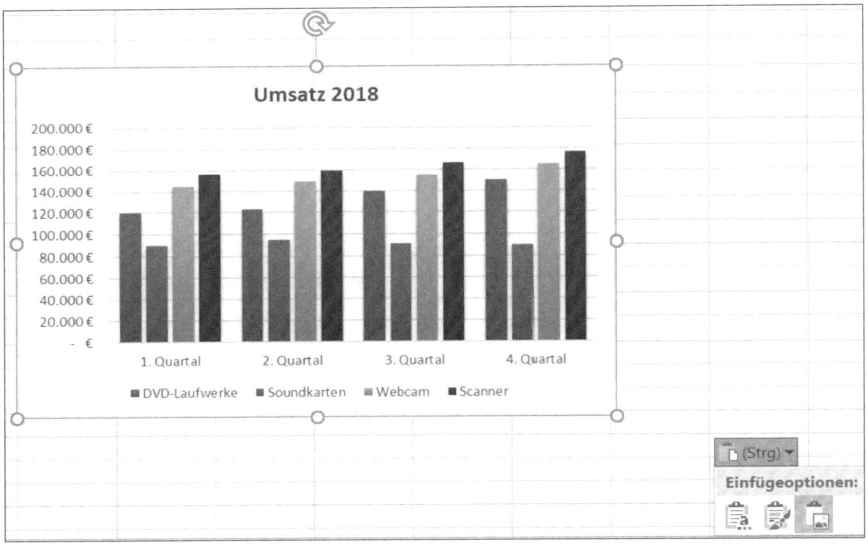

Abbildung 7.30 Einfügen einer Diagrammgrafik

7.5 Diagramme optimieren

Das Aussehen der Diagramme, die mit einem der oben beschriebenen Verfahren erzeugt wurden, lässt häufig noch zu wünschen übrig. Die Überschrift kann zu groß oder zu klein sein, ebenso die Achsenbeschriftungen. Die Proportionen, die Excel automatisch erzeugt, können dem Darstellungszweck widersprechen etc. Excel hält hier aber eine Fülle an Möglichkeiten bereit, mit denen Sie das Diagramm fast beliebig umgestalten können. Um das Diagramm bearbeiten zu können, reicht ein einfacher Klick oder Tipp. Das gilt auch für die einzelnen Elemente. Sie müssen also nicht erst das ganze Diagramm markieren, um danach auf die einzelnen Elemente zuzugreifen.

7.5.1 Aktuelle Auswahl formatieren

Wie schon angesprochen, bietet das Register **Format** die Gruppe **Aktuelle Auswahl** an, wenn das Diagramm oder ein Element darin ausgewählt ist. In dem Listenfeld werden dabei immer die gerade ausgewählten Diagrammobjekte angezeigt. Klicken Sie auf den Diagrammbereich, steht dort eben **Diagrammbereich**, klicken Sie auf die Zeichnungsfläche, erscheint als Objektname **Zeichnungsfläche**.

Sie können aber auch umgekehrt vorgehen und das zu bearbeitende Objekt aus der Liste aussuchen. Soll z. B. die *Reihe "Soundkarten"* anders formatiert werden, öffnen Sie das Listenfeld und wählen das Objekt aus. Dieses Verfahren ist vorzuziehen, wenn die Elemente sehr klein und im Diagramm nicht leicht zu treffen sind, z. B. bei schmalen Säulen in einem Diagramm mit vielen Datenreihen. Alternativ hilft hier aber auch, die Anzeige mit den Reglern am unteren Fensterrand vorübergehend zu zoomen.

Abbildung 7.31 Objektauswahl über das Listenfeld

Die speziellen Befehle zur Gestaltung eines gerade ausgewählten Objekts werden immer sofort angeboten, wenn Sie anschließend unter dem Listenfeld die Option **Auswahl formatieren** verwenden.

Alle Aufgabenbereiche für die Diagrammformatierung sind einheitlich gestaltet. Sie bieten über Links ❶ unter der Überschrift meist mehr als eine Seite an. Unter der Zeile mit den Links werden jeweils Symbole ❷ angeboten, die Untergruppen von Optionen zusammenfassen. Die Optionen zu einem ausgewählten Symbol erscheinen dann darunter. Sie sind wiederum unter verschiedenen Überschriften gruppiert ❸, die gleichzeitig als Schaltflächen zum Ein- oder Ausblenden der Details fungieren.

Der schnellste Weg, diese Aufgabenbereiche zu öffnen, ist ein Doppelklick oder -tipp auf das Element, das formatiert werden soll. Die meisten Einstellungen, die Sie im Aufgabenbereich wählen, werden im Diagramm sofort angezeigt, noch bevor Sie den Aufgabenbereich mit **Schließen** ❹ ausblenden. Wählen Sie ein anderes Element im Diagramm, erscheinen sofort die zugehörigen Optionen im Aufgabenbereich. Sie können also den Aufgabenbereich so lange geöffnet lassen, bis das Diagramm fertig formatiert ist. Sie formatieren z. B. zunächst die Zeichnungsfläche, dann die Achsen der Reihe nach, anschließend die Legende. Der Aufgabenbereich wird automatisch auf die neue Auswahl eingestellt. Für die Auswahl der Elemente können Sie auch das Menü verwenden, das das kleine Dreieck hinter dem ersten Link im Aufgabenbereich öffnet.

Abbildung 7.32 Der Aufgabenbereich für die Formatierung des Diagrammbereichs

Sie haben übrigens auch die Möglichkeit, den Aufgabenbereich ganz aus dem Anwendungsfenster zu ziehen. Der kleine Pfeil neben der Überschrift ❺ bietet die Option **Verschieben** an. Sobald sie aktiviert ist, folgt der Bereich der Bewegung des Mauszeigers an eine beliebige Stelle des Bildschirms, ein Klick oder Tipp legt ihn dort ab. Sie können den Bereich aber auch direkt mit gedrückter Maustaste ziehen. Auf dem Touchscreen folgt der Bereich der Bewegung des Fingers oder des Stifts. Ein Doppelklick oder -tipp rückt den Bereich wieder in den rechten oder linken Teil des Anwendungsfensters.

Abbildung 7.33 Ziehen des Aufgabenbereichs aus der Dock-Position

7.5.2 Kontextmenüs

Für das gesamte Diagramm und alle einzelnen Elemente, aus denen ein Diagramm besteht, werden entsprechende Kontextmenüs angeboten. Sie bieten jeweils zusätzlich zu den Formatierungsmöglichkeiten solche Befehle an, die mit dem gerade ausgewählten Objekt zu tun haben. Wie bei den Kontextmenüs für Zellbereiche wird im oberen Teil eine Minisymbolleiste eingeblendet.

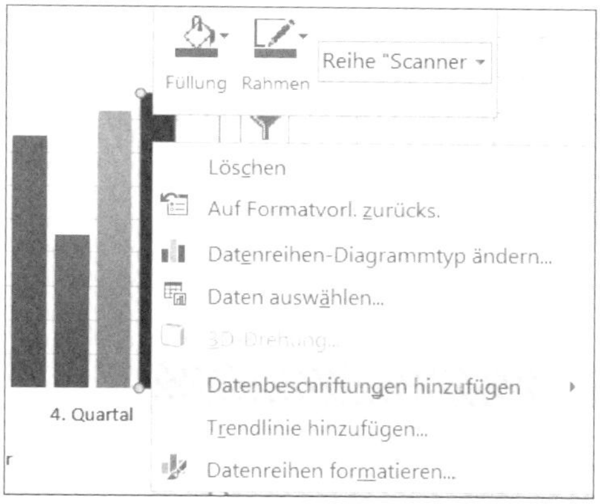

Abbildung 7.34 Kontextmenü zu einer Datenreihe

Dort finden Sie auch ein Listenfeld mit den Diagrammobjekten, sodass Sie z. B. schnell nacheinander die Schrift für die Legende oder den Diagrammtitel darüber ändern oder bestimmten Elementen wie der Zeichenfläche eines 2D-Diagramms oder dem Boden oder den Wänden eines 3D-Diagramms andere Farben zuordnen können.

Auf dem Touchscreen werden die Kontextmenüs zu den Diagrammelementen geöffnet, wenn Sie den Finger einen Moment daraufhalten. Der Aufbau ist ähnlich wie bei den entsprechenden Menüs für die Zellbereiche. Einige häufig verwendete Befehle sind horizontal angeordnet, die anderen erscheinen vertikal angeordnet, wenn Sie die Pfeilschaltfläche antippen.

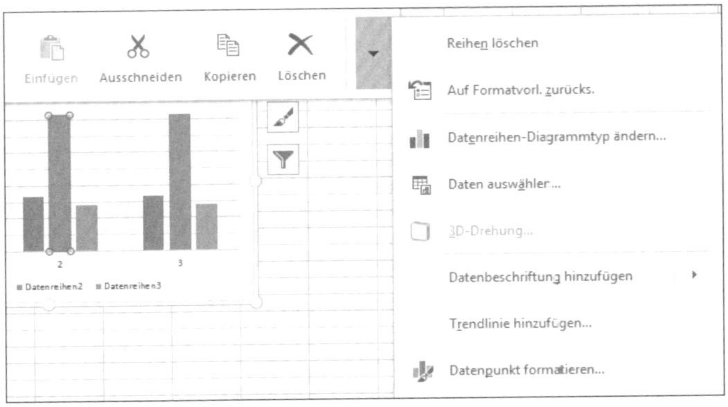

Abbildung 7.35 Kontextmenü zu einem Datenpunkt auf dem Touchscreen

Direkte Bearbeitung mit Maus, Finger oder Stift

Viele Veränderungen lassen sich auch durch einfaches Ziehen mit Maus, Finger oder Stift vornehmen. Soll etwa einer der Titel oder die Legende verschoben werden, müssen Sie die Elemente nur anklicken oder -tippen und den Rahmen an die gewünschte Stelle ziehen. Ganz spezielle Möglichkeiten gelten hier für die Gestaltung von 3D-Diagrammen. Darauf wird weiter unten noch eingegangen.

7.5.3 Diagrammtypen mischen

Neben der Möglichkeit, insgesamt einen anderen Diagrammtyp für Ihr Diagramm zu wählen, können Sie – allerdings beschränkt auf 2D-Diagramme – auch nachträglich einzelne Datenreihen unterschiedlich ausgeben. Von den zahlreichen Varianten, die sich daraus ergeben, hier ein Beispiel: Ein Säulendiagramm ist aus einer Tabelle erzeugt worden, die die Bestandsentwicklung eines Lagers darstellt. Es bietet sich an, den Bestand gegenüber den Zugängen und Abgängen besonders hervorzuheben:

1. Wählen Sie das Diagramm mit einem Klick oder Tipp aus.
2. Wählen Sie anschließend die Schaltfläche **Diagrammtyp ändern** aus der Gruppe **Entwurf ▸ Typ**.
3. Wählen Sie den Typ **Verbund** aus.
4. Wählen Sie in dem Listenfeld zur Datenreihe »Bestand« die Option **Linie**, und bestätigen Sie den Dialog.

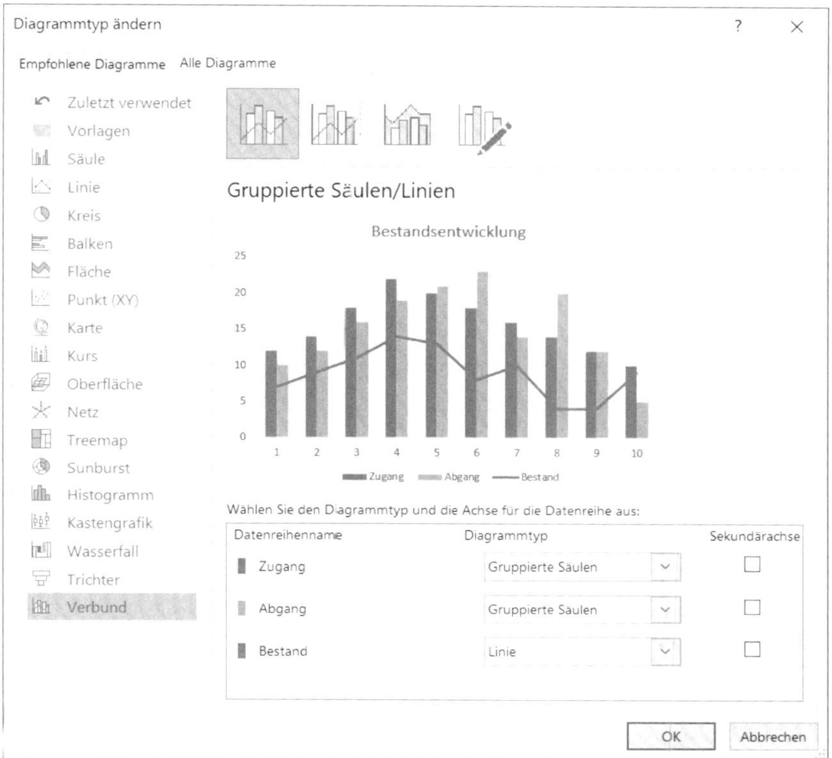

Nun wird die Datenreihe mit dem Bestand wie gewünscht als Linie ausgegeben. Bei einem Diagramm, das mit Linien arbeitet, lassen sich die Markierungen für die einzelnen Datenpunkte vielfältig gestalten:

1. Wählen Sie in dem Beispiel die Linie für den Bestand mit einem Doppelklick oder -tipp aus.
2. Benutzen Sie das Symbol **Füllung und Linie** ❶ und darunter den Link **Markierung** ❷.
3. Unter **Markierungsoptionen** finden Sie ein Listenfeld für die Gestaltung der Markierungspunkte, wenn Sie die Option **Integriert** aktivieren.
4. Wählen Sie ein passendes Markierungszeichen und darunter die gewünschte Größe aus.

Damit sich die Markierungszeichen besser vor den Säulen abheben, lassen sich die Balken über die Palette **Formenarten** noch mit farbigen Umrissen formatieren.

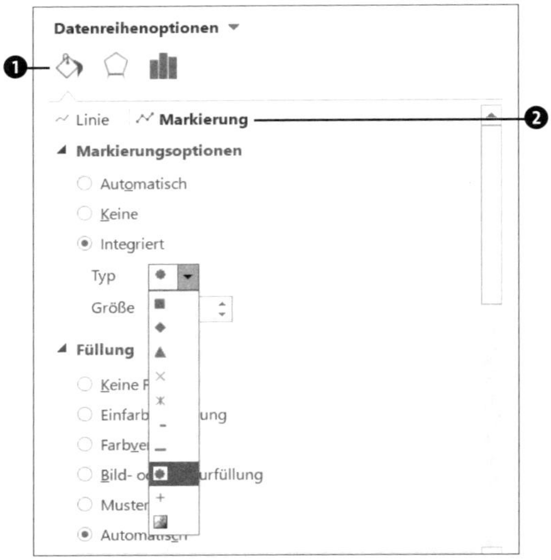

7.5.4 Formverbesserungen

Manchmal helfen ein paar Formveränderungen, um die Präsentation der Daten im Diagramm zu verbessern.

1 Wenn Sie in Ihrem Diagramm die Zeichnungsfläche auswählen, kann über die Palette **Formeffekte**, die Sie ebenfalls in der Gruppe **Formenarten** finden, z. B. ein Schatten zugewiesen werden, der diese Fläche etwas abhebt.

2 Auch der Diagrammbereich insgesamt kann mit einem Formeffekt hervorgehoben werden. Klicken oder tippen Sie an den Rand des Diagramms, und benutzen Sie aus der Palette **Formenarten ▸ Fülleffekt** eine der Designfarben als Hintergrundfarbe.

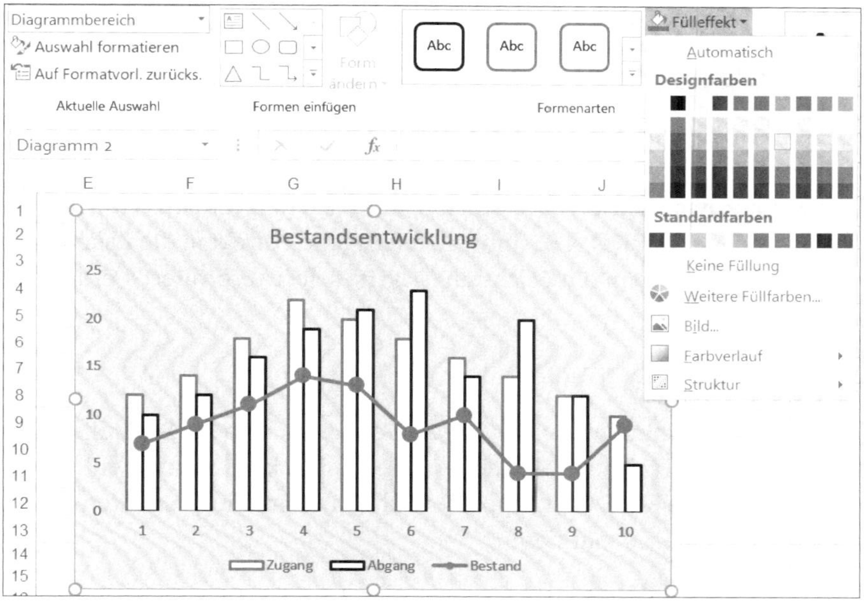

7.5.5 Größe und Lage des Diagramms ändern

Wenn Sie mit der Größe und Lage des Diagramms nicht zufrieden sind, lässt sich schnell Abhilfe schaffen. Klicken oder tippen Sie am Rand auf eine freie Stelle des Diagramms, sodass der gesamte Diagrammbereich ausgewählt ist.

Das markierte Diagramm können Sie am Rahmen an jeden beliebigen Platz Ihrer Tabelle ziehen. Achten Sie darauf, dass Sie nicht eines der Elemente innerhalb des Diagrammbereichs berühren, weil dieses sonst ausgewählt und eventuell verschoben würde.

Durch Ziehen an den Anfassern können Sie das Diagramm vergrößern oder verkleinern: Ziehen an einzelnen Seiten verändert Höhe oder Breite, an einer Ecke beides zugleich. Bei diesen Größenveränderungen haben Sie auch noch – ähnlich wie schon beim Markieren des Diagrammbereichs während des Erstellens eines Diagramms – die Möglichkeit, das Diagramm exakt in die Zeilen und Spalten einzupassen. Sie müssen beim Ziehen nur [Alt] drücken. Sollen bei Größenänderungen die Proportionen erhalten bleiben, genügt es, beim Ziehen an einem der Eckpunkte die [⇧]-Taste gedrückt zu halten.

Diagramme kopieren

Im ausgewählten Zustand können Sie ebenso eine Diagrammkopie mit der Maus erzeugen: Sobald Sie beim Ziehen `Strg` gedrückt halten, wird der Mauszeiger mit einem kleinen Pluszeichen versehen, und das Diagramm wird nicht zu einem neuen Ort verlagert, sondern dorthin kopiert. Auf diese Weise lässt sich ein Diagramm auch in eine andere geöffnete Arbeitsmappe kopieren, wenn deren Fenster sichtbar ist.

Dieselben Techniken stehen auch innerhalb des Diagramms zur Verfügung. Die Größe der Zeichenfläche lässt sich genauso verändern wie zuvor die Größe des gesamten Diagrammbereichs. Auch Beschriftungen lassen sich durch Ziehen genau dorthin verlagern, wo sie benötigt werden. Oft ist es z. B. sinnvoll, die Legende direkt in die Zeichnungsfläche hineinzuziehen. Dann kann die Zeichnungsfläche selbst vergrößert werden.

Tortenstücke herausziehen

Bei Kreis- und Ringdiagrammen können Sie die Tortenstücke oder Ringteile alle oder einzeln direkt auseinanderziehen. Um ein einzelnes Stück zu markieren, genügt es dabei, zunächst mit einem Klick oder Tipp alle und dann mit einem weiteren Klick oder Tipp das gewünschte Stück zu markieren.

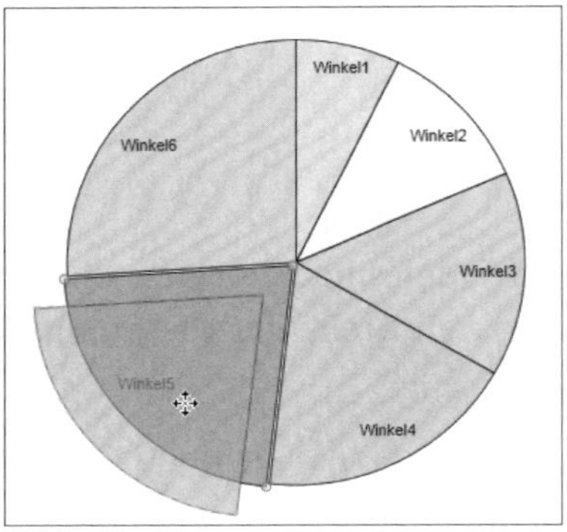

Abbildung 7.36 Herausziehen eines Tortenstücks

7.6 Diagramme gestalten

Die Fülle von Gestaltungsmöglichkeiten, die Excel für Diagramme bietet, macht es notwendig, wenigstens eine allgemeine Übersicht über die verschiedenen Menügruppen, Dialogfelder und Aufgabenbereiche zu geben, die für die Gestaltung zur Verfügung stehen.

7.6.1 Veränderung des Diagrammtyps

Die gravierendste Änderung, die sich an einem Diagramm vornehmen lässt, ist wohl die Wahl eines anderen Diagrammtyps oder eines anderen Untertyps. Soll der Typ verändert werden, wählen Sie das Diagramm aus und benutzen auf dem Register **Entwurf** in der Gruppe **Typ** die Schaltfläche **Diagrammtyp ändern**. Derselbe Befehl wird auch im Kontextmenü des Diagramms und vieler seiner Komponenten angeboten.

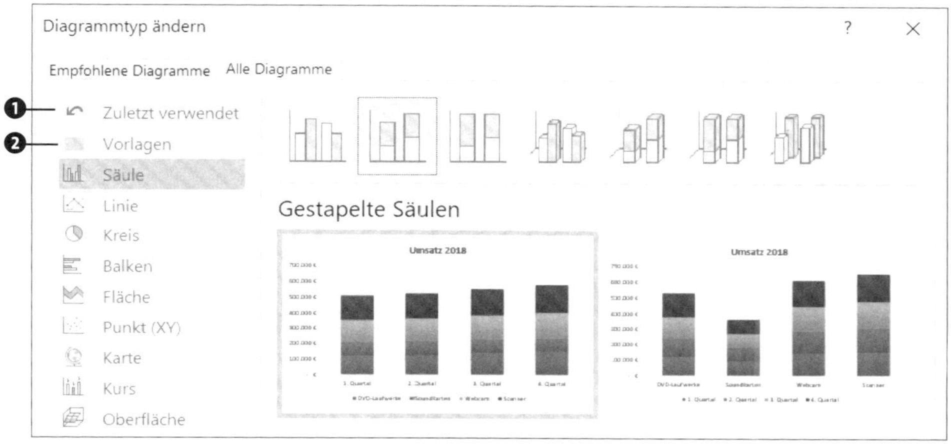

Abbildung 7.37 Das Dialogfeld »Diagrammtyp ändern«

Das so geöffnete Dialogfeld **Diagrammtyp ändern** entspricht, abgesehen vom Titel, dem oben schon erwähnten Dialogfeld **Diagramm einfügen**. Es zeigt auf dem Register **Alle Diagramme** im linken Bereich die verschiedenen Basistypen. Das rechte Feld enthält jeweils die Muster der Untertypen. Zu jedem ausgewählten Basistyp wird zunächst immer der erste Untertyp markiert. Darunter erscheint eine Vorschau auf das Diagramm mit den ausgewählten Daten. Die eine Variante verwendet für die Datenreihen die Spaltenwerte, die andere die Zeilenwerte. Die Vorschau wird vergrößert, wenn die Maus sie berührt oder der Stift darübergehalten wird. Wählen Sie die gewünschte Variante aus, und bestätigen Sie den Dialog. Ein Doppelklick oder -tipp auf die Vorschau hat denselben Effekt.

Oberhalb der Basistypen wird im linken Feld die Schaltfläche **Zuletzt verwendet** ❶ angeboten, die die bereits eingesetzten Typen anzeigt. Darunter finden Sie noch eine Ordnerschaltfläche **Vorlagen** ❷. Sind benutzerdefinierte Vorlagen bereits angelegt, werden sie im rechten Fenster angeboten. Zur Verwaltung der Vorlagen stellt der Dialog in diesem Fall noch die Schaltfläche **Vorlagen verwalten** zur Verfügung. Sie öffnet den Ordner, in dem Excel die Vorlagen ablegt, sodass Sie dort Dateien umbenennen oder löschen können. Wie Vorlagen erstellt werden, wird im folgenden Abschnitt beschrieben.

7.6.2 Diagrammlayouts und Diagrammformatvorlagen

In Vergleich zu älteren Versionen ist das Angebot an Untertypen etwas bereinigt worden; die früheren Pyramiden- und Kegeltypen werden nicht mehr separat aufgeführt. Die entsprechende Formeigenschaft kann aber nachträglich jeder 3D-Säule oder jedem 3D-Balken über den Aufgabenbereich **Datenreihen formatieren** unter **Reihenoptionen** und **Säulenform** zugewiesen werden.

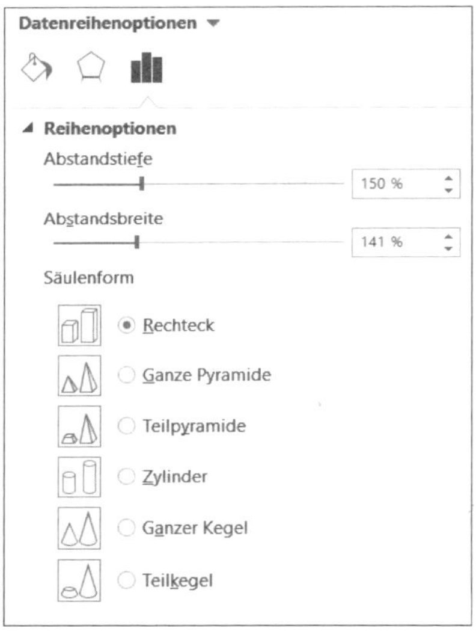

Abbildung 7.38 Alternative Säulenformen

Mit den vorgegebenen Diagrammtypen bzw. -untertypen ist das Angebot von Excel aber noch längst nicht ausgereizt. Wenn Sie sich für einen Diagrammtyp entschieden haben, stellt Ihnen Excel abgestimmt auf diesen Typ einerseits eine Reihe von Schnelllayouts, andererseits eine ganze Palette von Diagrammformatvorlagen zur Verfügung. Während die Layouts die Anzahl und Anordnung der Diagrammelemente regeln, also etwa die Position der Legende, die Anzeige oder Nichtanzeige von Gitternetzlinien oder Datenbeschriftungen etc., geht es bei den Diagrammformatvorlagen um die Formatierung der Diagrammelemente, also insbesondere um die farbliche Gestaltung, um die Art der Säulen und Linien, die Einfärbung der Zeichenfläche und des Diagrammbereichs.

Die Palette **Schnelllayout** wird, wenn das Diagramm ausgewählt ist, auf dem Register **Entwurf** in der Gruppe **Diagrammlayouts** angeboten. Ein Klick oder Tipp auf ein Muster ordnet das entsprechende Layout dem aktuellen Diagramm zu und sortiert die Elemente neu. Abbildung 7.40 zeigt als Beispiele das erste und das zweite Layout für das oben gezeigte Diagramm.

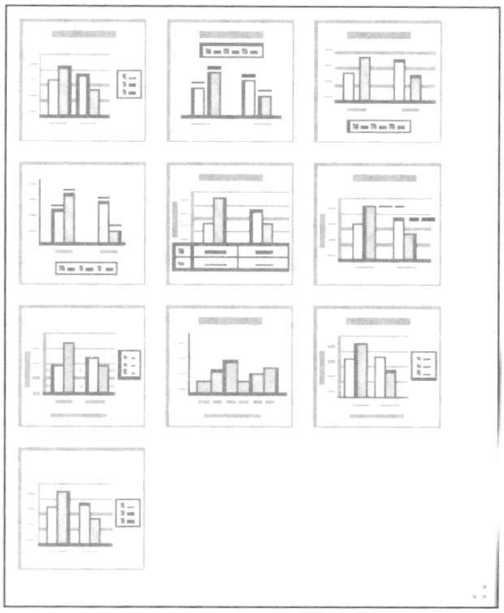

Abbildung 7.39 Palette der Diagrammlayouts

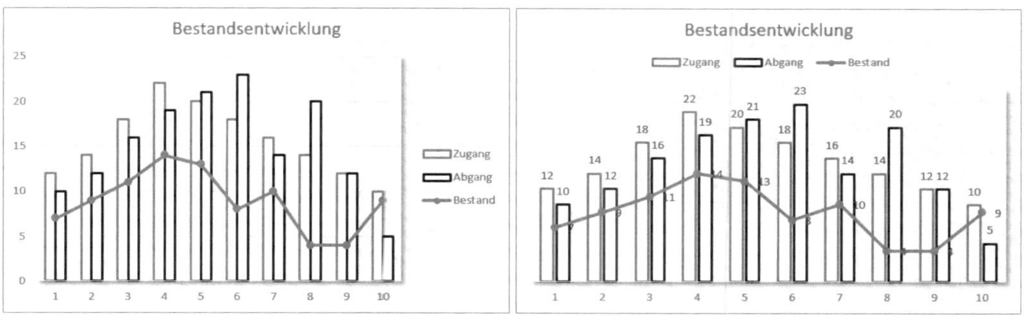

Abbildung 7.40 Säulendiagramm – einmal mit Layout 1, einmal mit Layout 2

Die Palette der Diagrammformatvorlagen auf der Registerkarte **Entwurf** kann ebenfalls mit der Bildlaufleiste durchgesehen oder ganz geöffnet werden. Ein Klick oder Tipp auf ein Muster ordnet die entsprechende Formatierung dem ausgewählten Diagramm zu. Angeboten werden immer nur die Muster für eine bestimmte Farbzusammenstellung. Über die Schaltfläche **Farben ändern** können Sie leicht andere Zusammenstellungen auswählen, sodass dann auch andere Muster angeboten werden.

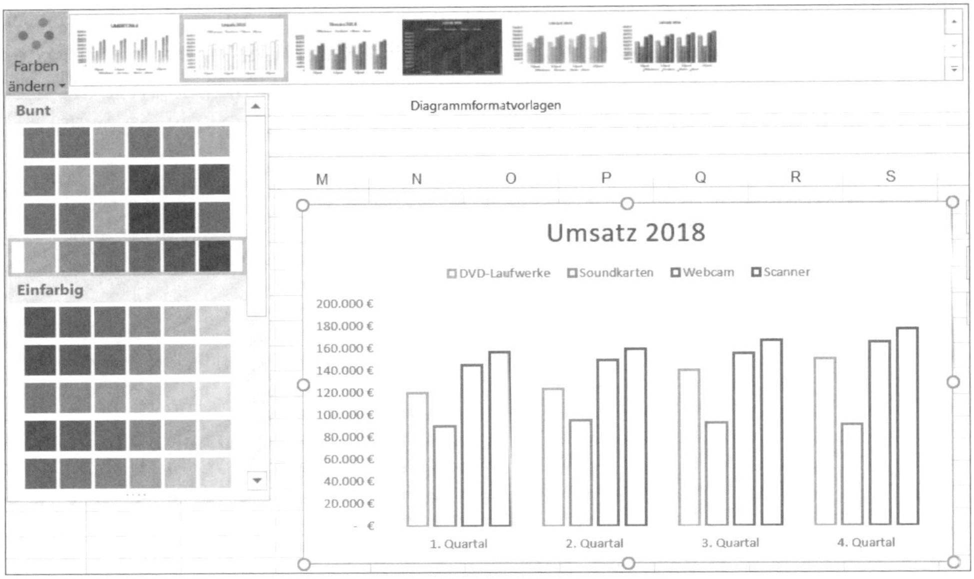

Abbildung 7.41 Palette der Diagrammformatvorlagen zu einem Säulendiagramm

Sie können verschiedene Muster in einer Reihe nacheinander auswählen, um die beste Farbgebung auszuprobieren. Abbildung 7.42 zeigt ein Beispiel mit einem dunklen Diagrammbereich.

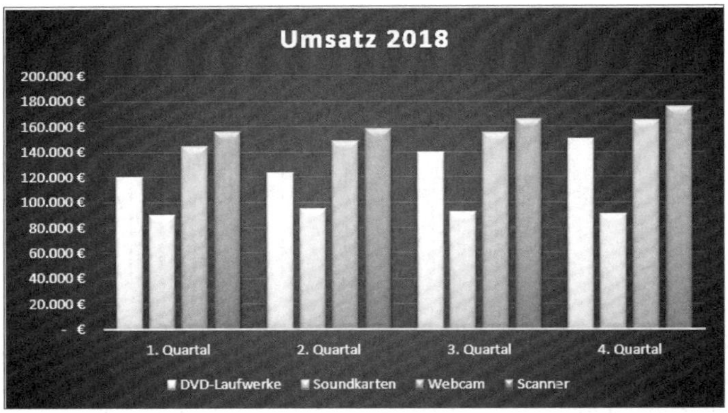

Abbildung 7.42 Beispiel für Vorlage mit dunklem Hintergrund

Häufig kann es ganz praktisch sein, einem Diagramm eines der vorgegebenen Formate zuzuordnen und nachträglich vielleicht eine bestimmte Eigenschaft zu ändern, in diesem Fall etwa die dunkle Füllfarbe für den Diagrammbereich durch eine hellere zu ersetzen. Das geht am schnellsten über das Kontextmenü und den Befehl **Füllung**.

Ansonsten verwenden Sie den Aufgabenbereich **Diagrammbereich formatieren** und dort die Optionen zu **Füllung**.

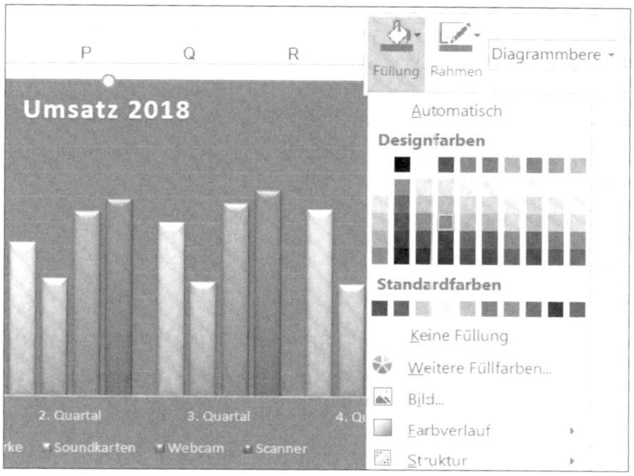

Abbildung 7.43 Detailänderung zu einer Diagrammformatvorlage

Gefällt Ihnen das Ergebnis einer solchen Korrektur dann doch nicht, rufen Sie einfach über das Kontextmenü des Diagramms die Option **Auf Formatvorl. zurücks.** auf, die die vorgenommenen Änderungen wieder kassiert. Dieser Befehl wird auch in der Gruppe **Format ▶ Aktuelle Auswahl** angeboten.

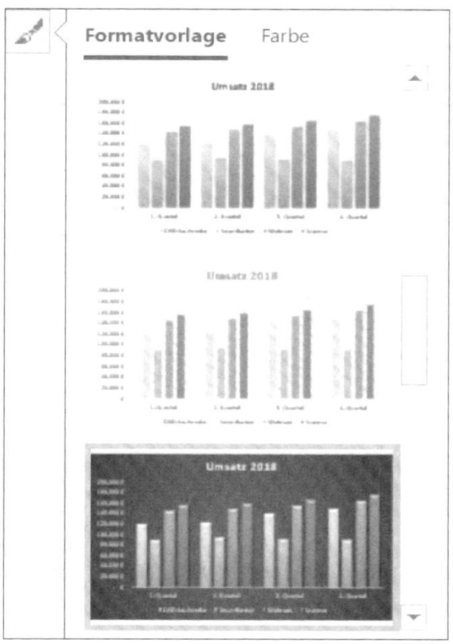

Abbildung 7.44 Auswahl der Vorlage über die Schaltfläche »Diagrammformatvorlagen«

Neben den Mustern in der Gruppe **Diagrammformatvorlagen** stellt Ihnen Excel 2019 mit der zweiten der drei Schaltflächen, die zu einem markierten Diagramm angeboten werden, einen noch schnelleren Zugang zu den Diagrammformaten zur Verfügung. Unter **Formatvorlage** werden kleine Vorschaubilder passend zu den Daten und dem aktuellen Diagrammtyp angeboten, die Sie einfach per Klick oder Tipp zuordnen. Wenn Sie die Farbzusammenstellung des Diagramms ändern wollen, benutzen Sie hier **Farbe** und wählen die Reihe mit der Kombination aus, die Ihnen gefällt.

7.6.3 Benutzerdefinierte Vorlagen

Wollen Sie dagegen diese farblich modifizierte Variante der integrierten Diagrammformatvorlage auch später noch verwenden, können Sie sie als benutzerdefinierte Vorlage speichern. Wählen Sie dazu aus dem Kontextmenü des fertig gestalteten Diagramms den Befehl **Als Vorlage speichern**. Geben Sie im Dialog einen passenden Namen für die Diagrammvorlagedatei an, in der Excel die ausgewählten Formateigenschaften ablegt. Dabei wird die Dateiendung **.crtx* verwendet. Als Vorgabe wird der dem Benutzer zugeordnete Ordner ... *Templates/Charts* angeboten. Die benutzerdefinierte Vorlage wird anschließend im Dialog **Diagramm einfügen** oder **Diagrammtyp ändern** unter **Vorlagen** angeboten.

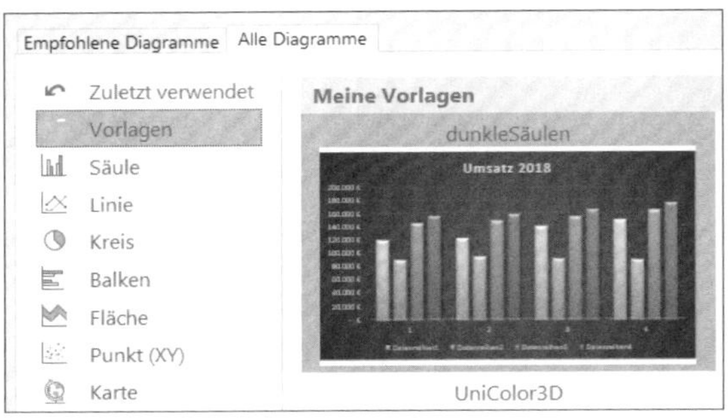

Abbildung 7.45 Die benutzerdefinierte Vorlage im Dialogfeld

7.6.4 Datenreihen anordnen

Es kommt häufig vor, dass die gegebene Anordnung von Spalten in einer Tabelle nicht zu optimalen Ergebnissen in einem Diagramm führt, das diesen Spaltenbereich auswertet. Wenn z. B. mitten zwischen oder hinter Spalten mit eher großen Werten eine Spalte mit eher kleinen Werten liegt, ist es optisch meist besser, erst die Säulen mit den großen Werten und danach die Säulen mit den kleinen Werten im Diagramm auszugeben oder auch umgekehrt. Gerade bei 3D-Diagrammen kommt es häufig vor, dass Datenreihen einfach wegen ihrer Größe hinter anderen Reihen ganz oder teilweise verschwinden. Hier kann Abhilfe geschaffen werden, indem eine nicht sichtbare Reihe einfach weiter vorn platziert wird. Abbildung 7.46 zeigt einen solchen Fall.

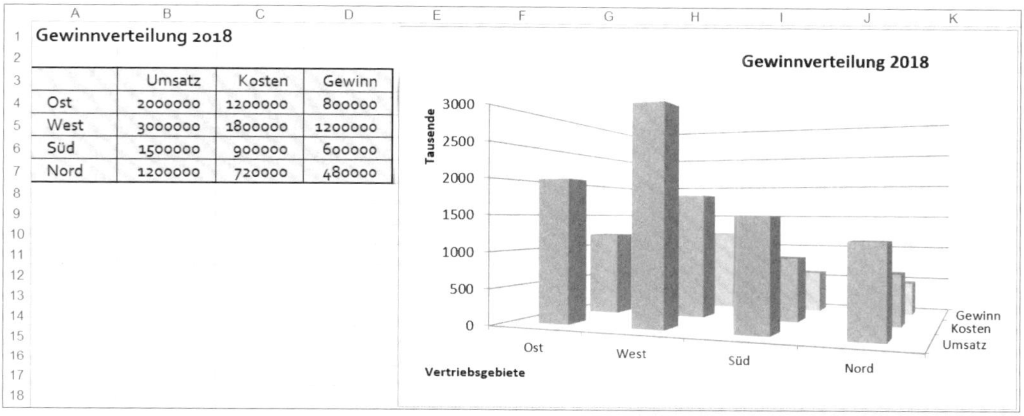

Abbildung 7.46 Ungünstige Anordnung der Säulen

Die Möglichkeit, die Datenreihen anders anzuordnen, als in der Tabelle vorgegeben, finden Sie in dem schon beschriebenen Dialog **Datenquelle auswählen**, den die Schaltfläche **Daten ▸ Daten auswählen** auf dem Register **Entwurf** öffnet.

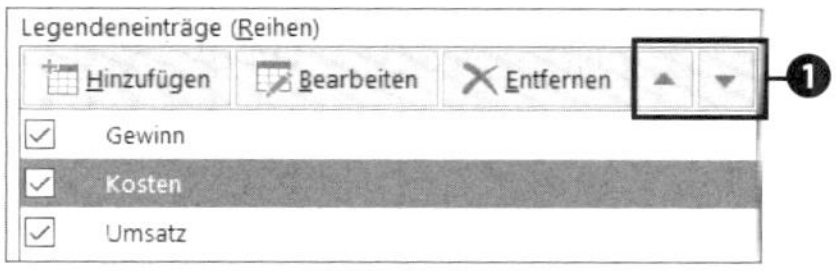

Abbildung 7.47 Ändern der Reihenanordnung im Dialog »Daten auswählen«

Wählen Sie jeweils die Datenreihe aus, die verschoben werden soll, und benutzen Sie eine der beiden Pfeilschaltflächen ❶. Abbildung 7.48 zeigt den gewünschten Effekt.

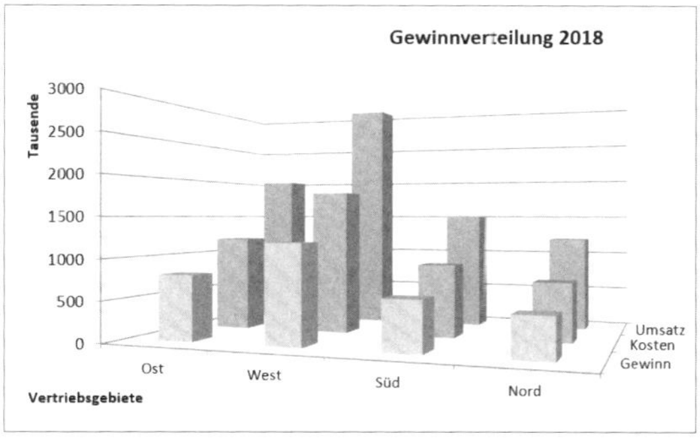

Abbildung 7.48 Verbesserte Anordnung der Reihen

Verändern des Blickwinkels

Bei 3D-Diagrammen ist es oft unumgänglich, durch Veränderung des Blickwinkels dafür zu sorgen, dass alle Daten sichtbar werden. Das können Sie, wenn Sie den Diagrammbereich auswählen, über die Einstellungen zum Menü **3D-Drehung** erreichen, die im Aufgabenbereich **Diagrammbereich formatieren** unter **Diagrammoptionen** zur Verfügung stehen.

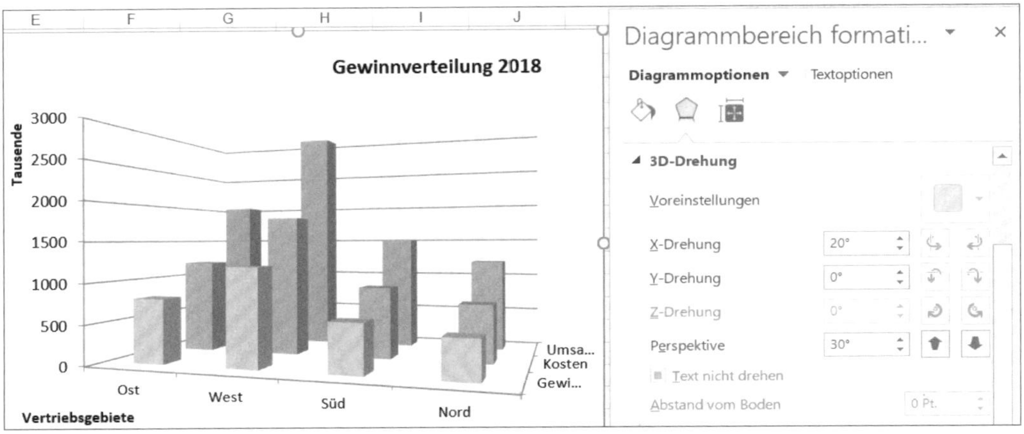

Abbildung 7.49 Veränderung des Blickwinkels

Hier lassen sich für die Drehung der einzelnen Achsen des Diagramms Winkelwerte angeben. Durch Verändern des Wertes für **X** gehen Sie einmal rings um das Diagramm herum: Bei 0 stehen Sie davor, bei 360 sind Sie einmal gegen den Uhrzeigersinn ringsum gegangen. Mit dem Wert für **Y** (von –90 bis +90 Grad) kann der Betrachter quasi wie in einem Halbkreis von unten nach oben um das Diagramm herumfahren (bei 0 Grad steht er auf einer Ebene mit dem Diagramm). Je nach Diagrammtyp lässt sich noch die **Perspektive** einstellen. Mit einem Wert nahe null erreichen Sie eine isometrische Darstellung, also ohne jegliche räumliche Verzerrung. Mit 100 wird das Maximum der räumlichen Verkürzung erreicht. Die Veränderungen werden jeweils direkt im Diagramm angezeigt und können so leicht kontrolliert werden.

Formatoptionen für Datenreihen

Über die Seite **Datenreihenoptionen** im Aufgabenbereich **Datenreihen formatieren** erhalten Sie über das Diagrammsymbol unter **Reihenoptionen** abhängig vom Diagrammtyp noch verschiedene Möglichkeiten, spezifische Werte einzustellen. Bei allen Arten von Säulen- oder Balkendiagrammen lassen sich hier u. a. die Überlappung der

Elemente bzw. ihre Abstände zueinander einstellen, bei Kreisdiagrammen der Winkel des ersten Segments und bei Ringdiagrammen obendrein die Größe des inneren Rings.

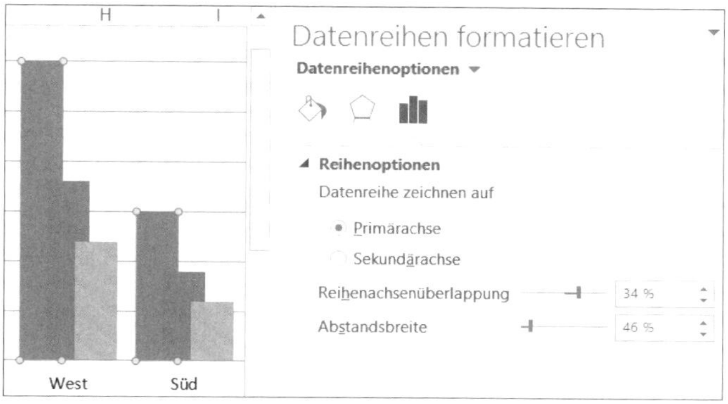

Abbildung 7.50 Das Überlappen von Säulen einstellen

Die Tabelle zum Diagramm mit ausgeben

Es ist häufig sinnvoll, an das Diagramm die zugrunde liegende Datentabelle anzuhängen, z. B. wenn ein Diagramm auf einem gesonderten Blatt an andere weitergegeben werden soll. Oben wurde schon ein vorgegebenes Layout erwähnt, das dies von sich aus erledigt. Unabhängig davon können aber auch über das Register **Entwurf** in der Gruppe **Diagrammlayouts** die Schaltfläche **Diagrammelement hinzufügen** und die Option **Datentabelle** benutzt werden. Die Option **mit Legendensymbolen** zeigt Farbsymbole der einzelnen Datenreihen in der Tabelle mit an, die Legende kann dann in der Regel ausgeblendet werden. Der schnelle Weg führt über die Plusschaltfläche neben dem Diagramm. Sie brauchen **Datentabelle** und die gewünschte Option nur auszuwählen.

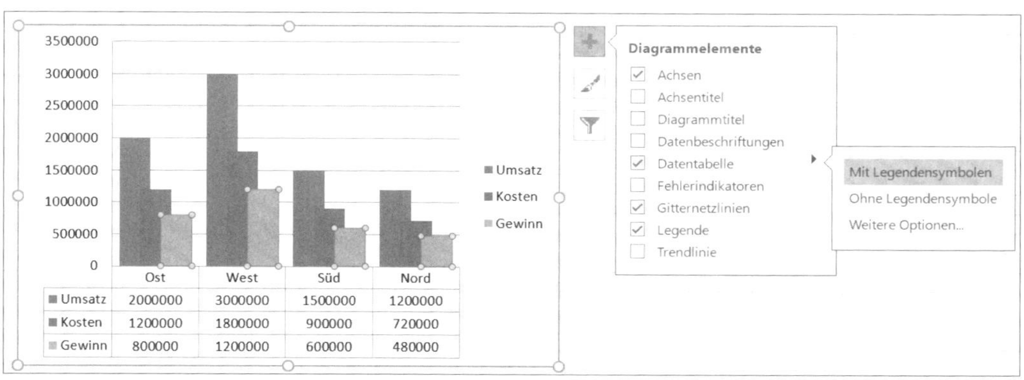

Abbildung 7.51 Einfügen einer Datentabelle mit Legendensymbolen

Schriften im Diagramm ändern

Wenn Sie den Diagrammbereich markieren, haben Sie neben den schon besprochenen Optionen für Muster und Rahmen auch die Möglichkeit, die Schrift für das gesamte Diagramm neu einzustellen. Wählen Sie dazu über das Kontextmenü des Diagramms die Option **Schriftart**. Auf dem Register **Zeichenabstand** kann zusätzlich der Zeichenabstand verringert werden, falls es Schwierigkeiten mit der Beschriftung gibt. Wird die Schrift für das gesamte Diagramm geändert, ist es in der Regel allerdings sinnvoll, den Schriftgrad für Titel und Achsenbeschriftungen separat zu ändern, um diese besser hervorzuheben.

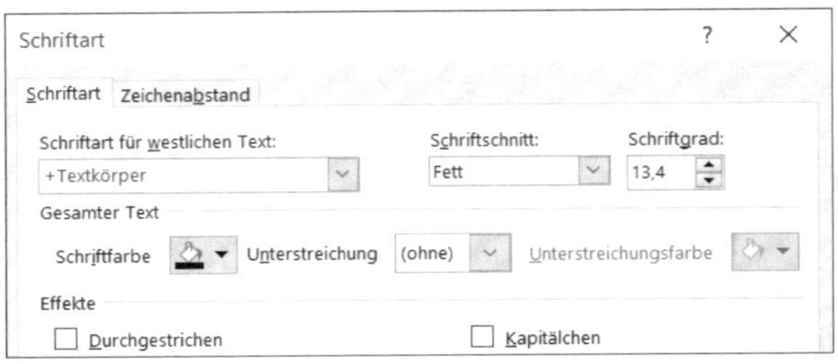

Abbildung 7.52 Änderung der Schrift für das gesamte Diagramm

7.6.5 Einfügen und Formatieren von Beschriftungen

Fehlt eine Beschriftung, etwa ein Achsentitel, können Sie auf dem Register **Entwurf** die verschiedenen Optionen der Schaltfläche **Diagrammelement hinzufügen** nutzen oder wieder mit der Plusschaltfläche neben dem Diagramm arbeiten. Letzteres hat den Vorteil, dass Sie mehrere Dinge in einem Zug erledigen können, bevor Sie die angebotenen Optionen mit der Auswahl einer beliebigen Zelle ausblenden.

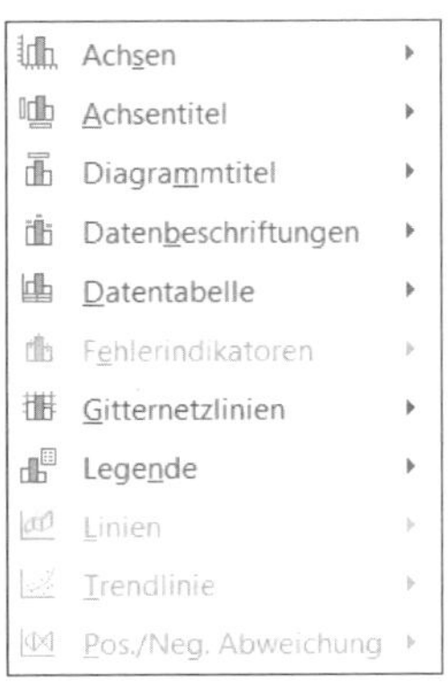

Abbildung 7.53 Schaltflächen für Beschriftungen auf dem Register »Entwurf«

Diese Beschriftungen werden zunächst an voreingestellten Orten mit Vorgabetexten und voreingestellten Schriftattributen eingefügt, doch Sie können leicht alles wieder ändern. Dazu genügt es, das entsprechende Textelement doppelt anzuklicken oder anzutippen. Nachdem es markiert ist, können Sie einfach losschreiben. Klicken oder tippen Sie zum Abschluss außerhalb des Textrahmens, oder benutzen Sie im Kontextmenü den Befehl **Textbearbeitung beenden**.

Das Menü zu **Diagrammelement hinzufügen** bietet die zusätzlichen Optionen **Linien** und **Pos./Neg. Abweichung**, die für Linien- und Flächendiagramme nutzbar sind.

Variable Diagrammtitel

Es ist auch möglich, anstelle eines Textes einen Bezug auf eine Beschriftung in der Tabelle einzutragen. Geben Sie dazu in der Bearbeitungsleiste ein Gleichheitszeichen ein, und markieren Sie die Zelle, die den Text enthält. Nach der Bestätigung mit [↵] wird der Text in das Diagramm übernommen. Steht der Text z. B. in der Zelle A1 des Tabellenblatts *Gewinnverteilung_3D*, muss

```
=Gewinnverteilung_3D!$A$1
```

eingetragen sein. `=A1` genügt nicht.

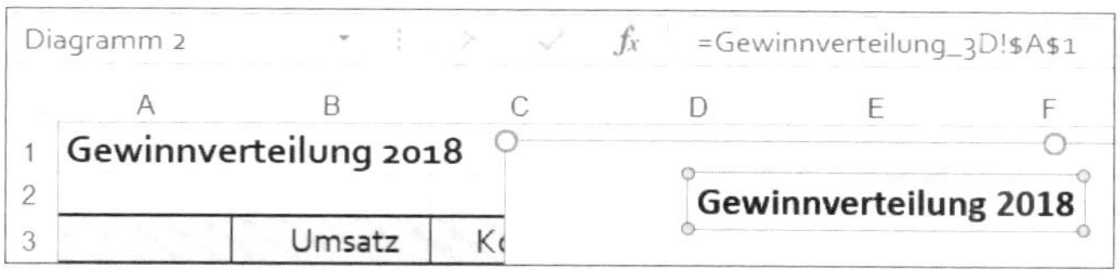

Abbildung 7.54 Übernahme eines Titels aus einer Zelle

Diese vielleicht etwas umständlich anmutende Technik hat den Vorteil, dass Sie auf diese Weise variable Beschriftungen erzeugen können. Wenn Sie z. B. eine Monatsauswertung jedes Mal neu als Diagramm ausgeben wollen, können Sie die Monatsbezeichnung automatisch in den Diagrammtitel übernehmen.

TIPP

Diagrammunterschrift für professionelle Darstellungen

Bedauerlicherweise fehlt bei den vorgegebenen Texteinträgen immer noch eine Diagrammunterschrift (oft auch Fußnote genannt), die in professionellen Darstellungen unbedingt erforderlich ist: Im Allgemeinen werden hier die Quellenangaben, mitunter auch Anmerkungen zum Diagramm untergebracht. Da hilft die Möglichkeit, über die Schaltfläche **Textfeld** aus der Gruppe **Einfügen ▸ Text** ein eigenes Textfeld einzusetzen.

Füllung und Rahmen bei Beschriftungen

Für alle Beschriftungen existiert jeweils ein aus mehreren Seiten zusammengesetzter Aufgabenbereich, den Sie am schnellsten über das Kontextmenü des Textes erreichen, für einen Achsentitel etwa mit **Achsentitel formatieren**, für einen Diagrammtitel mit **Diagrammtitel formatieren**. Unter **Titeloptionen ▸ Füllung** oder **Rahmen** werden weitgehend dieselben Möglichkeiten angeboten wie für den Diagrammbereich oder die Zeichnungsfläche. Unter **Textoptionen** finden Sie Einstellungen zu **Textfüllung**, **Textkontur**, **Schatten** oder **3D-Format**, um die Beschriftungen wunschgemäß zu gestalten.

7.6.6 Formatierung der Achsen

Die Achsen eines Diagramms sind nicht nur seine senkrechten und waagerechten Begrenzungen, sondern zugleich wesentliche Informationsträger. Sie bieten neben den Titeln, die kurz und prägnant ausdrücken sollten, was die Achsen bedeuten, auch noch eine Skalierung, mit der die Größenverhältnisse wiedergegeben werden, und eine Beschriftung, die angibt, was die einzelnen Teilstriche bedeuten. Alle diese Einstellungen lassen sich wiederum mit einem aus mehreren Seiten bestehenden Aufgabenbereich **Achse formatieren** vornehmen. Sie erreichen ihn entweder durch Markieren der zu formatierenden Achse und **Auswahl formatieren** in der Gruppe **Aktuelle Auswahl**, über das Kontextmenü der Achse oder einfach per Doppelklick oder -tipp auf die Achse.

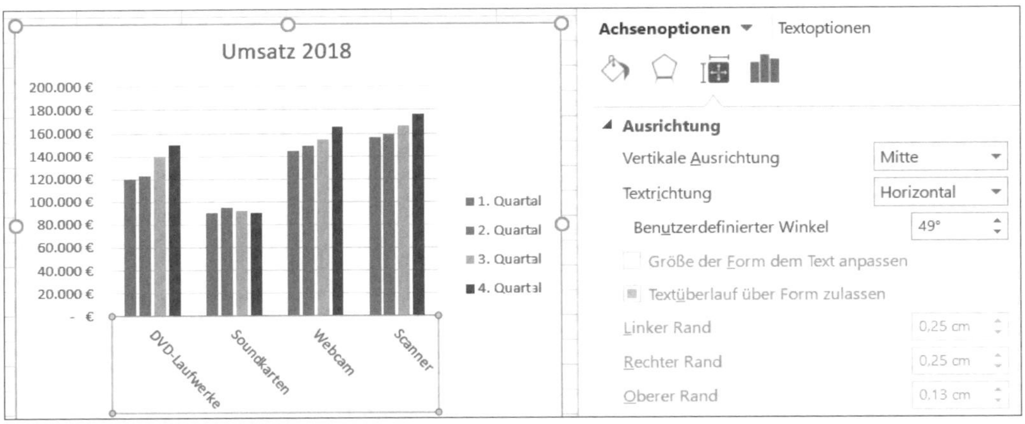

Abbildung 7.55 Schräge Rubriken festlegen

Für die Achsenbeschriftungen ist die Gruppe **Ausrichtung** von besonderem Interesse. Wählen Sie dazu **Achsenoptionen** und das Symbol **Größe und Eigenschaften**. Die für Tabellen beschriebene Möglichkeit, Texte schräg auszurichten, kann auch in Diagrammen verwendet werden. Das ist bei längeren Beschriftungen häufig sinnvoll. Excel zeigt die Rubriken, wenn möglich, zunächst horizontal an. Treten Überlappungen auf, werden die Rubriken schräg oder vertikal ausgegeben.

Für die Schrägstellung der Beschriftung wird unter **Benutzerdefinierter Winkel** ein entsprechender Wert eingestellt. Der Effekt kann gleich kontrolliert werden, wenn das Diagramm sichtbar bleibt. Außerdem finden Sie in dem Listenfeld zu **Textrichtung** zwei Winkelwerte, um die Texte senkrecht auszurichten.

In der Gruppe **Achsenoptionen**, die das Symbol **Achsenoptionen** einblendet, steht die Option **Automatische Auswahl basierend auf Daten** zur Verfügung. Diese Option ist, wie das folgende Beispiel zeigt, auch auf mehrstufige Hierarchien anwendbar, in diesem Fall wird einfach die Spalte der Jahre und die Spalte der Quartale mit in den Datenbereich übernommen, den das Diagramm auswertet. Handelt es sich bei den Einträgen für die Achse um Datums- oder Zeitwerte, verwendet Excel als Vorgabe eine **Datumsachse**, bei der fehlende Punkte automatisch ergänzt werden, um gleichmäßige Abstände sicherzustellen. Wollen Sie das unterbinden, können Sie stattdessen in diesem Fall die Option **Textachse** verwenden. Außerdem lassen sich unter **Teilstriche** Optionen zur Positionierung der Haupt- und Hilfsstriche wählen. Über die Option **Kategorien in umgekehrter Reihenfolge** kann die Abfolge der Einträge umgedreht werden, was speziell bei Balkendiagrammen gelegentlich sinnvoll ist.

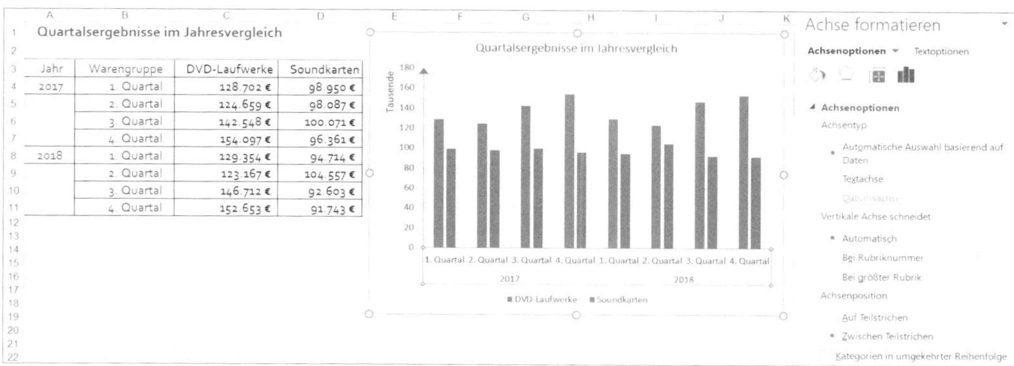

Abbildung 7.56 Die Seite »Achsenoptionen«

Achsenskalierung

Bei numerischen Achsen enthält die Seite **Achsenoptionen** vor allem die Einstellungen zur Skalierung der Achse. Handelt es sich um eine Größenachse (bei xy-Diagrammen sind das beide Achsen, bei allen anderen immer eine Achse), dann liefert diese Seite alle

Möglichkeiten, um die Anzahl der Teilstriche und damit die Anzahl der Beschriftungen an einer Achse individuell zu regeln. Durch geeignete Skalierung lässt sich hier das Diagramm erheblich durchschaubarer und genauer machen. So können Sie z. B. durch größere Hauptintervalle dafür sorgen, dass weniger Zahlen an der Größenachse stehen, oder durch kleinere Hilfsintervalle mehr Teilstriche zwischen den Hauptintervallen unterbringen.

Durch Vergrößern des Maximums wird gewährleistet, dass die Daten im Diagramm nicht bis ganz oben gehen, was das Diagramm meist etwas schöner macht. Schließlich können Sie durch Vergrößern des Minimums ein Diagramm quasi unten abschneiden, wodurch Größenunterschiede zwischen den einzelnen Datenpunkten deutlicher hervortreten. Mittels der Achsenskalierung lässt sich die Zahl der möglichen Diagrammvarianten erweitern.

Das gilt insbesondere, wenn **Logarithmische Skalierung** abgehakt wird. Bei dieser Skalierung sind die Abstände zwischen 1 und 10 so groß wie auch die zwischen 10 und 100, 100 und 1.000 etc. Diese Skalierungsart wird häufig in naturwissenschaftlichen Darstellungen verwendet.

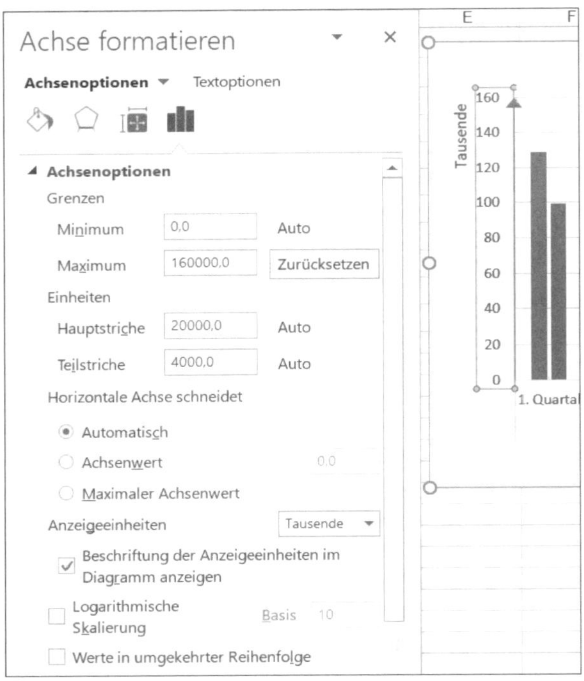

Abbildung 7.57 Skalierung einer Achse

Achsenlinien

Für die Darstellung der Achsen stehen im Aufgabenbereich **Achse formatieren** auf den Seiten für die Schaltflächen **Füllung und Linie** und **Effekte** zahlreiche Gestaltungsoptionen zur Verfügung, die hier nicht alle im Detail vorgestellt werden sollen, weil sie weitgehend selbsterklärend angeboten werden. So kann z. B. die Größenachse durch eine Pfeillinie dargestellt werden, wie Abbildung 7.58 zeigt. Dazu wählen Sie in der Gruppe **Linie** unter **Endpfeiltyp** die gewünschte Form der Pfeilspitze und unter **Endpfeilgröße** die Größe aus.

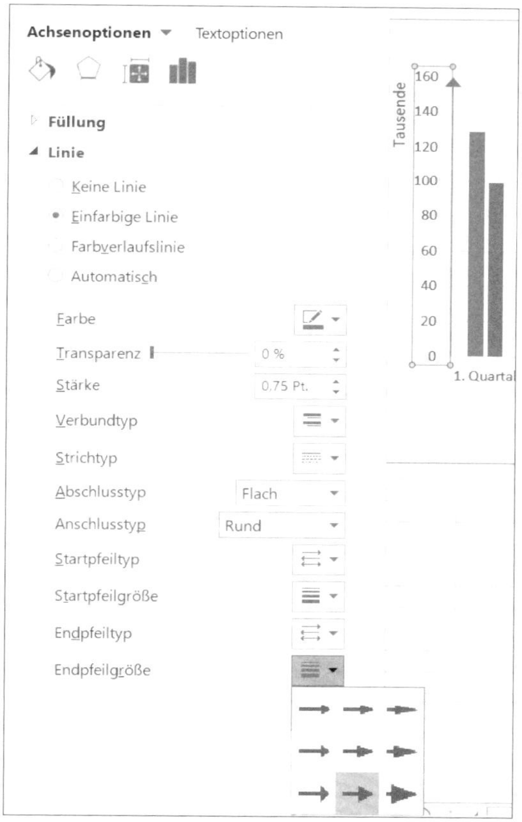

Abbildung 7.58 Anzeige der Größenachse als Pfeil

Wahl der Größeneinheit

Wenn die Tabelle sehr große Zahlen enthält, gibt es die Möglichkeit, die Werte in den Beschriftungen der Achse zu »verkleinern«. Dazu verwenden Sie das Symbol **Achsen-**

optionen und wählen unter **Achsenoptionen** aus dem Listenfeld zu **Anzeigeeinheiten** eine passende Darstellung aus.

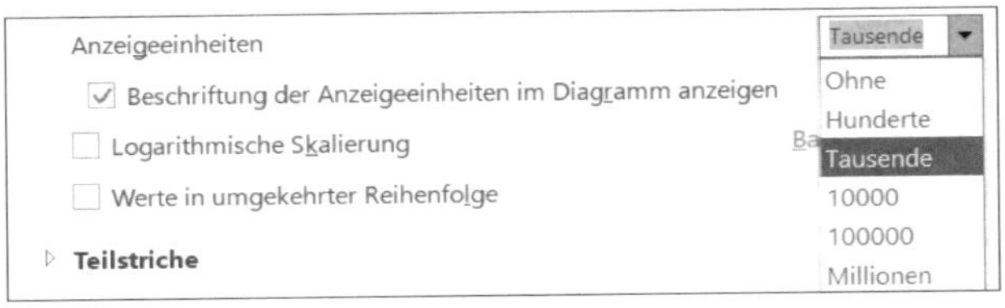

Abbildung 7.59 Wahl der Anzeigeeinheit auf der numerischen Achse

Wenn Sie z. B. nur Tausender oder Millionen angezeigt haben möchten, wählen Sie hier den entsprechenden Eintrag aus. Gleichzeitig können Sie abhaken, dass eine entsprechende Beschriftung angezeigt wird. Achten Sie darauf, dass die Zahlen entsprechend formatiert sind, wie es im nächsten Abschnitt beschrieben wird. Das Währungsformat muss in diesem Fall abgeschaltet werden, weil sonst scheinbar aus 200.000 € nur 200 € geworden sind.

Zahlenformate im Diagramm

Bei einer Größenachse kann das Zahlenformat der angezeigten Werte über die Optionen in der Gruppe **Zahl** bestimmt werden. Unter **Rubrik** werden die vorgegebenen Formate aufgelistet. Wenn Sie eine Variante davon brauchen, editieren Sie den Formatcode im Eingabefeld darunter und klicken dann auf **Hinzufügen**.

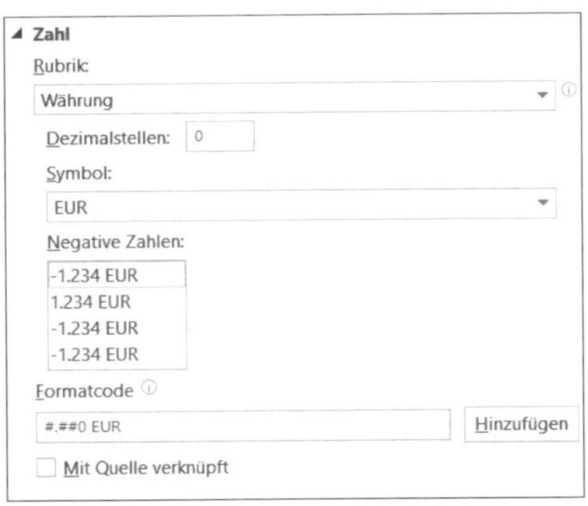

Abbildung 7.60 Formatierung der Zahlen auf den Achsen

Das Kontrollkästchen **Mit Quelle verknüpft** bezieht sich hier übrigens nur auf das Format der Zahlen, nicht auf den Inhalt. Ist es abgehakt, wird das Format der Daten aus der

Tabelle immer übernommen, im anderen Fall nicht. Die Formatierung der Zahlen im Diagramm kann dann unabhängig von dem Format der Zahlen in der Tabelle definiert werden, etwa um die Darstellung im Diagramm zu verbessern.

7.6.7 Bessere Lesbarkeit mit Gitternetzlinien

Unmittelbar mit den Achsen hängen auch die sogenannten Gitternetzlinien zusammen, bei denen die Teilstriche einer oder beider Achse(n) auf dem Hintergrund des Diagramms durchgezogen sind. Eine derartige Darstellung macht zwar das ganze Diagramm etwas »unruhiger«, lässt aber gleichzeitig ein genaueres Ablesen der Werte anhand der grafischen Darstellung zu. Alle hier angebotenen Einstellungen sind unmittelbar verknüpft mit den Einstellungen, die bei der Skalierung vorgenommen werden.

Graph der Funktion y=x^2

x	y=x^2
0,1	0,01
0,2	0,04
0,3	0,09
0,4	0,16
0,5	0,25
0,6	0,36
0,7	0,49
0,8	0,64
0,9	0,81
1	1
1,1	1,21
1,2	1,44
1,3	1,69
1,4	1,96
1,5	2,25
1,6	2,56
1,7	2,89
1,8	3,24
1,9	3,61
2	4

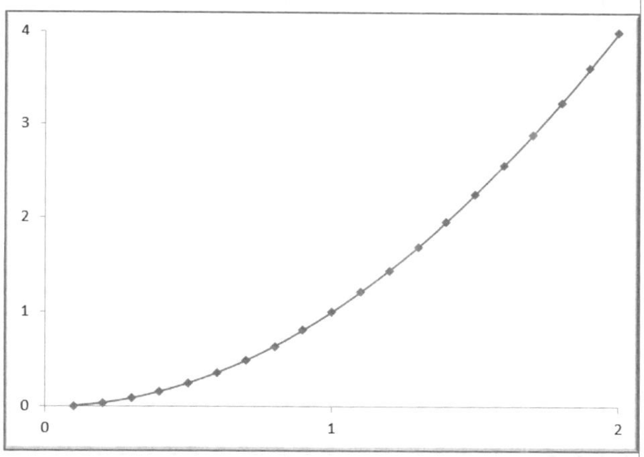

Abbildung 7.61 xy-Diagramm einer Funktion ohne Gitternetzlinien

Der abgebildete Graph der Funktion `y=x^2` ist ohne Gitternetzlinien allenfalls zu illustrativen Zwecken zu gebrauchen. Das Diagramm kann aber leicht so gestaltet werden, dass es wie auf Millimeterpapier gezeichnet aussieht:

1. Nach der Erstellung des Diagramms können über das Register **Entwurf** in der Gruppe **Diagrammlayouts** die Schaltfläche **Diagrammelement hinzufügen** und die

Option **Gitternetzlinien** benutzt werden. Sie öffnet eine Palette, in der für die horizontale und für die vertikale Achse Haupt- und Hilfsgitternetze ausgewählt werden können. Das gleiche Angebot finden Sie, wenn Sie die Plusschaltfläche neben dem Diagramm verwenden und im Untermenü die verschiedenen Gitterlinien anhaken.

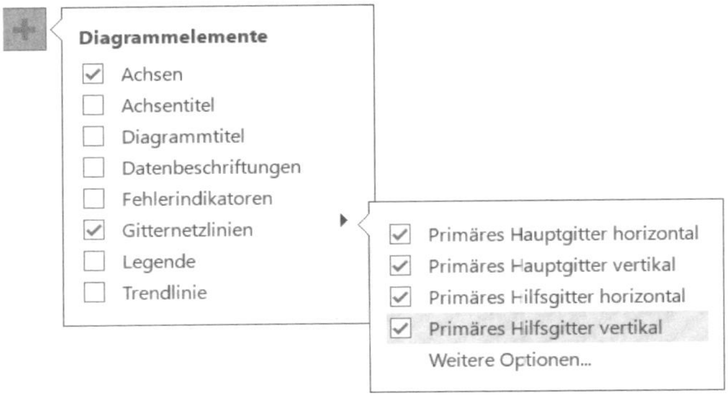

2 Die Skalierung im Aufgabenbereich **Achse formatieren** wird für die y-Achse auf ein **Maximum** von 4 und bei der x-Achse auf ein **Maximum** von 2 beschränkt. Außerdem wird für die **Hauptstriche** beider Achsen der Wert 1, für die **Teilstriche** der Wert 0,1 festgelegt.

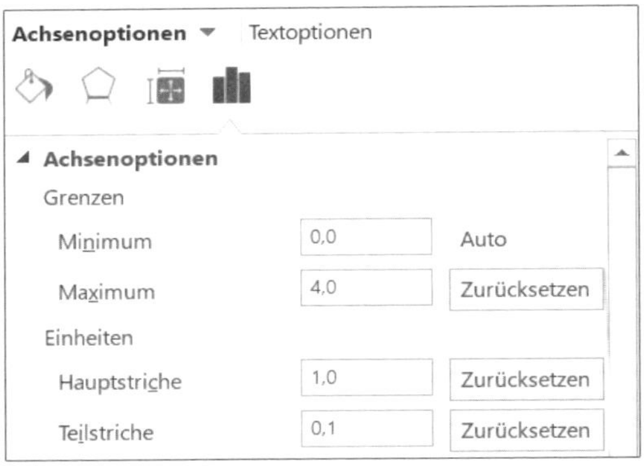

3 Wenn die als Vorgabe eingefügten Gitternetzlinien noch zu dunkel sind und in dieser Dichte das ganze Diagramm stören, sollten Sie den Aufgabenbereich für die Formatierung des Hauptgitternetzes öffnen und über das Symbol **Füllung und Linie** für die Linie eine hellere Farbe auswählen oder auch den Wert für **Stärke** verändern. Das Hilfsgitternetz kann dann ebenfalls angepasst werden. Zum Wechsel zwischen den Linien reicht es jeweils, eine der Linien anzuklicken oder -tippen.

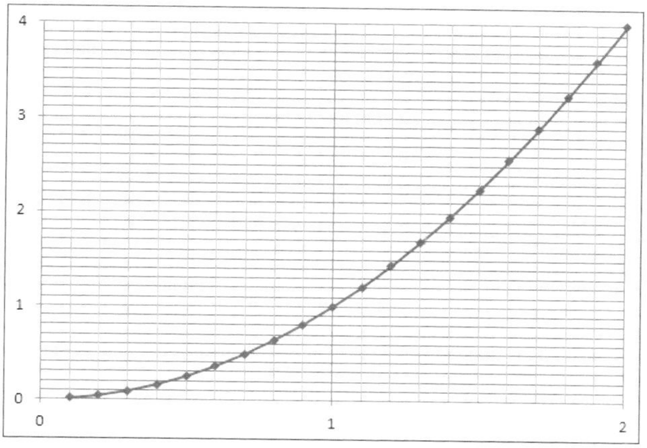

Abbildung 7.62 Diagramm auf »Millimeterpapier«

7.6.8 Datenreihen und Datenpunkte formatieren

Die Datenreihen werden, je nach Diagrammtyp, als Balken, Säulen, Flächen, Linien, Ringe, Blasen etc. abgebildet. Bei mehreren Datenreihen sind diese farblich gegeneinander abgesetzt. Excel bietet die Möglichkeit, jede Datenreihe, ja sogar jeden Datenpunkt, einzeln zu gestalten. Eine Datenreihe kann per Klick oder Tipp auf einen beliebigen Datenpunkt der Reihe markiert werden, etwa eine Säule. Ein weiterer Klick oder Tipp markiert einen einzelnen Datenpunkt.

TIPP

Objektauswahl mit der Tastatur

Zum Markieren von Diagrammobjekten kann auch die Tastatur verwendet werden. Das ist bei Diagrammen mit vielen kleinen Elementen gar nicht so unpraktisch. Sie können die Pfeiltasten [↑] und [↓] verwenden, um zwischen den Datenreihen zu wechseln, [→] und [←] für den Wechsel zwischen den einzelnen Datenpunkten innerhalb einer Datenreihe.

Anstatt Diagrammelemente direkt im Diagramm auszuwählen, kann immer auch das Listenfeld in der Gruppe **Aktuelle Auswahl** oder in der Minisymbolleiste zu einem Kontextmenü verwendet werden. Sobald eine Datenreihe markiert ist, öffnet der Befehl **Auswahl formatieren** oder der entsprechende Kontextmenübefehl den zugehörigen Aufgabenbereich **Datenreihen formatieren**.

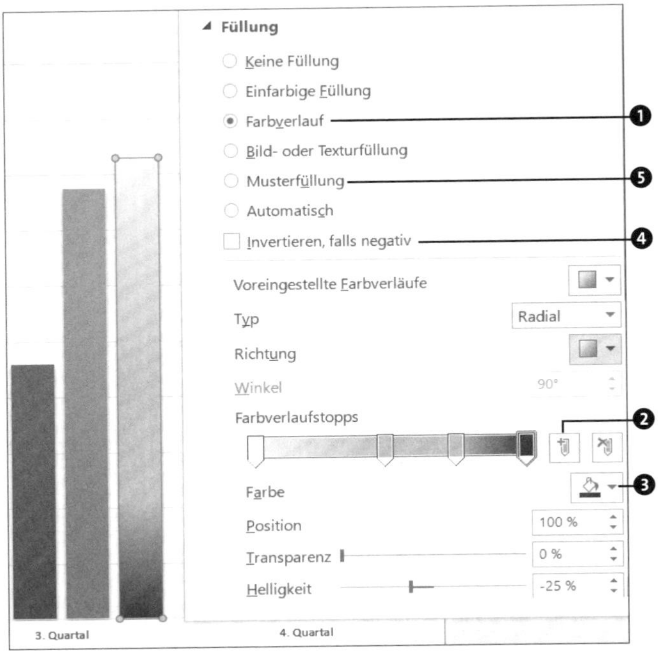

Abbildung 7.63 Formatieren einer Datenreihe mit einem Farbverlauf

Über **Füllung** kann die Einfärbung der Datenreihe geändert werden. Hier lassen sich wieder die Möglichkeiten ausreizen, die auch über die Schaltfläche **Fülleffekte** in der Gruppe **Format ▸ Formenarten** angeboten werden. Zum Beispiel definieren Sie über die Option **Farbverlauf** ❶ mehrstufige Farbverläufe, bei denen die verwendeten Farben, die Richtung und eventuelle Winkel variierbar sind. Per Klick oder Tipp in das angezeigte Farbband oder mit der Schaltfläche **Farbverlaufstopp hinzufügen** ❷ werden verschiebbare Stoppsymbole eingefügt. Für jedes ausgewählte Stoppsymbol lassen sich die gewünschten Farbeinstellungen ❸ mit den Steuerelementen darunter separat festlegen.

Eine spezielle Option für negative Werte im Diagramm kann noch abgehakt werden: **Invertieren, falls negativ** ❹. In dem Fall werden bei negativen Werten die jeweiligen Vordergrund- und Hintergrundfarben getauscht, um den negativen Wert hervorzuheben.

Bei Linien-, Netz- und xy-Diagrammen stehen unter **Linie** zahlreiche Optionen für die Strichfarbe und -stärke zur Verfügung; unter **Markierung** bestimmen Sie die Form und Farbe der Datenpunkte. Die gesonderte Formatierung einzelner Datenreihen mit eigenen Farbmustern kann genutzt werden, um etwa eine bestimmte Produktgruppe in verschiedenen Diagrammen immer mit der gleichen Farbe zu belegen.

TIPP

Wenn kein Farbdruck vorgesehen ist

Es hilft nicht viel, wenn die Diagramme am Bildschirm ganz gut aussehen, bei einem Schwarz-Weiß-Druck aber die Unterscheidung zwischen den Säulen kaum noch erkennbar ist. In diesem Fall können Sie den Datenreihen über die Seite **Füllung** und die Option **Musterfüllung** ❺ unterschiedliche Schraffierungen zuordnen. Dabei kann jeweils die Vorder- und Hintergrundfarbe ausgewählt werden.

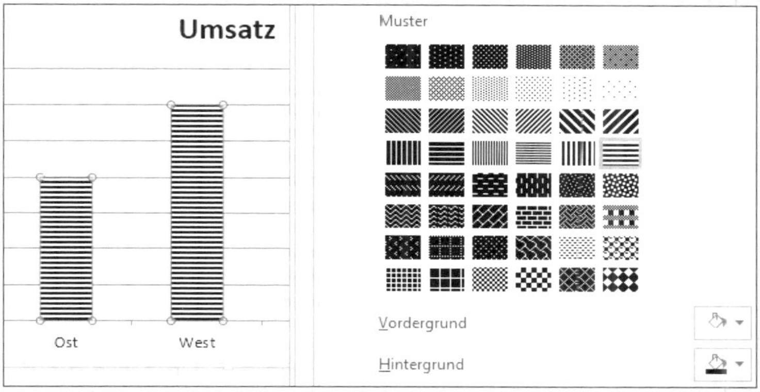

Abbildung 7.64 Palette für die Musterfüllung

Einzelne Werte hervorheben

Auch die gesonderte Formatierung eines einzelnen Datenpunktes macht in bestimmten Fällen Sinn. Soll etwa beim Vergleich verschiedener betriebswirtschaftlicher Kennziffern bei unterschiedlichen Betrieben in mehreren Diagrammen immer der eigene Betrieb besonders gekennzeichnet werden, lässt er sich auf diese Weise farblich von allen anderen abheben. Im Aufgabenbereich **Datenpunkt formatieren** finden Sie unter **Füllung** dieselben Optionen wie für die Datenreihe.

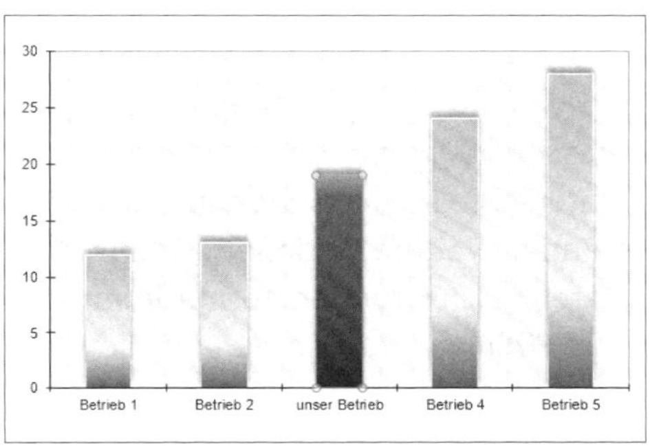

Abbildung 7.65 Hervorheben eines Datenpunkts

Effekte

Für Datenpunkte und Datenreihen finden Sie zahlreiche Möglichkeiten für interessante Effekte über das Symbol **Effekte** und seine Kategorien **Schatten**, **Leuchten**, **Weiche Kanten** und **3D-Format**. Mit den Einstellungen zu **Leuchten** lässt sich z. B. eine Art Glühen im Hintergrund eines Balkens imitieren, die Einstellungen zu **Weiche Kanten** betreffen die Kanten der Objekte selbst.

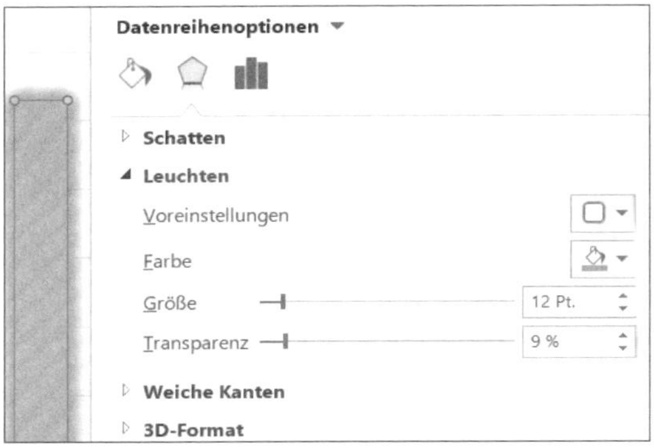

Abbildung 7.66 Leuchtender Balken mit weicher Kante

7.6.9 Datenbeschriftungen

Vor allem bei Kreisdiagrammen werden die für das Diagramm verwendeten Werte häufig auch direkt im Diagramm oder in der Nähe der einzelnen Tortenstücke eingetragen. Diese Elemente werden als Datenbeschriftungen bezeichnet. Im Prinzip sind bei vielen Diagrammtypen Datenbeschriftungen möglich, aber oft stellt sich das Problem, dass diese Beschriftungen sich gegenseitig stören und deshalb etwas weiter entfernt von dem angelegt werden müssen, was sie beschriften sollen. Die Lösung sind dann oft Verbindungslinien zwischen der Datenbeschriftung und den beschrifteten Datenpunkten. Excel 2019 bringt zu diesem Thema zahlreiche Optionen, die Ihnen Spielräume bei der Formatierung der Datenbeschriftungen geben.

Datenbeschriftungen können Sie am schnellsten über die Plusschaltfläche einfügen. Wenn Sie im zugehörigen Menü den Punkt **Datenbeschriftungen** abhaken, stehen Ihnen über das kleine Dreieck je nach Diagrammtyp unterschiedliche Optionen zur Verfügung. In jedem Fall aber finden Sie hier auch den Punkt **Weitere Optionen**. Damit blenden Sie den umfangreichen Aufgabenbereich **Datenbeschriftungen formatieren** ein. Über die vier Symbole finden Sie dort Gruppen zu **Füllung** und **Rahmen**, zu den verschiedenen Effekten, zu **Größe** und **Ausrichtung**, zu speziellen **Beschriftungsoptionen** und zur Zahlenformatierung.

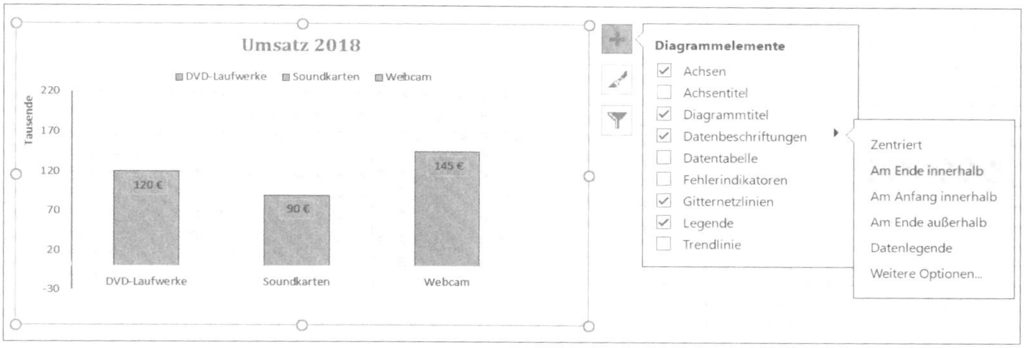

Abbildung 7.67 Einfügen von Datenbeschriftungen

Unter **Beschriftungsoptionen** wählen Sie zunächst den Inhalt der Beschriftung aus. Neben dem nackten Zahlenwert lassen sich auch noch der Rubrikenname oder der Datenreihenname einfügen. Wenn die Anzeige der Führungslinien aktiviert ist, wird eine Verbindung zwischen Beschriftung und Datenpunkt hergestellt, falls Sie die vorgegebene Position der Beschriftung verändern. Wenn Sie die Beschriftungen an eine andere Stelle ziehen, werden die Linien automatisch angepasst.

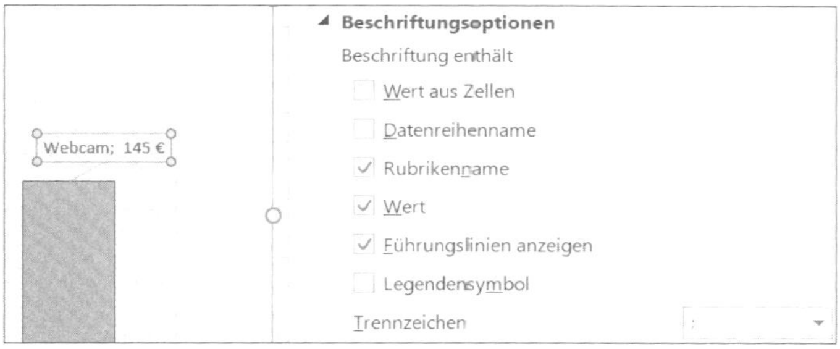

Abbildung 7.68 Beschriftungsoptionen

Diese Führungslinien wiederum lassen sich anschließend im Diagramm auswählen und über den Aufgabenbereich **Führungslinie formatieren** unter **Linie** in all den Varianten gestalten, die auch sonst für Linien angeboten werden (siehe Abbildung 7.69).

Die Form, in die die Beschriftung eingefügt wird, kann durch andere Formen aus der Formenpalette ausgetauscht werden, die Excel sonst über **Einfügen ▸ Illustrationen ▸ Formen** anbietet. Öffnen Sie dazu das Kontextmenü einer Beschriftungsform, und wählen Sie die Option **Datenbeschriftungsformen ändern**. Wählen Sie die gewünschte Form aus der Palette. Excel ersetzt die Form für alle Beschriftungen des Diagramms.

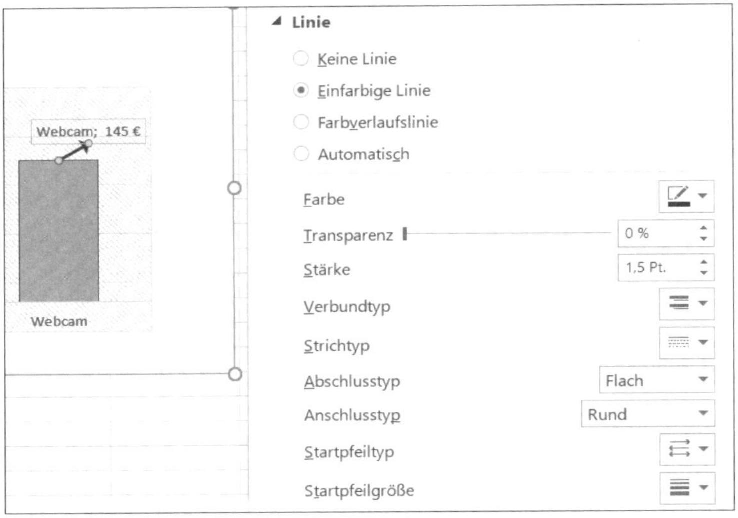

Abbildung 7.69 Formatierung der Führungslinien

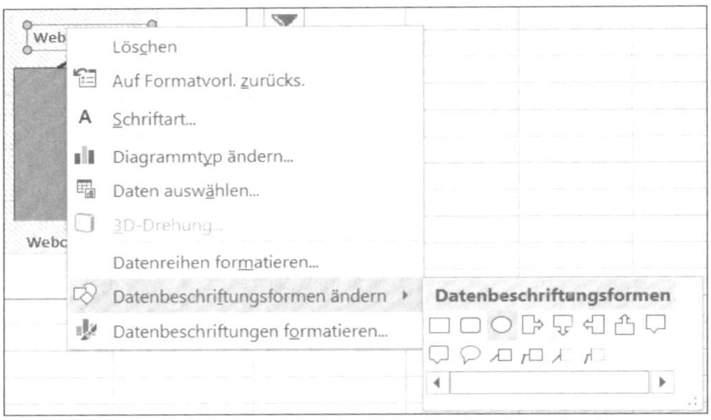

Abbildung 7.70 Ändern der Beschriftungsform

Im Einzelfall gibt es auch die Möglichkeit, gezielt eine zusätzliche Beschriftung für einen bestimmten Datenpunkt in das Diagramm einzubauen, um diesen besonders hervorzuheben oder zu kommentieren. Klicken oder tippen Sie die entsprechende Beschriftung dafür zweimal an, sodass nur sie ausgewählt ist. Benutzen Sie im Kontextmenü die Option **Datenbeschriftungsfeld einfügen**. Wählen Sie eine der angebotenen Optionen. Wenn Sie **Zelle** nehmen, können Sie anschließend eine Zelle auswählen, in der der Text der Beschriftung abgelegt ist. Dieser Text wird dann an die bisherige Beschriftung angehängt.

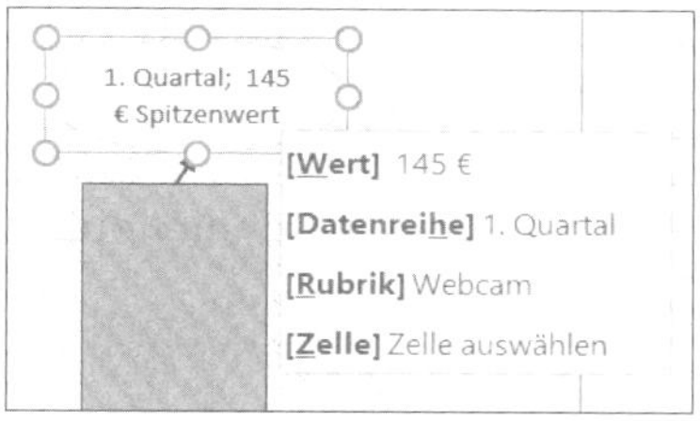

Abbildung 7.71 Eine einzelne Beschriftung erweitern

Erfreulicherweise verwirft Excel die Mühe nicht, die Sie sich vielleicht mit der Gestaltung von Beschriftungen gemacht haben, wenn Sie auf die Idee kommen, noch einmal den Diagrammtyp zu wechseln. Das Programm versucht, die bestehenden Einstellungen bei dem neuen Diagrammtyp so gut wie möglich beizubehalten.

7.6.10 Trendermittlung

Bei Daten, bei denen ein mathematischer Zusammenhang zu vermuten ist, kann Excel in ein Diagramm zusätzlich eine Trendberechnung einbauen. Bei dem Diagramm in Abbildung 7.72 erscheint es offensichtlich, dass die Daten einen Trend abbilden.

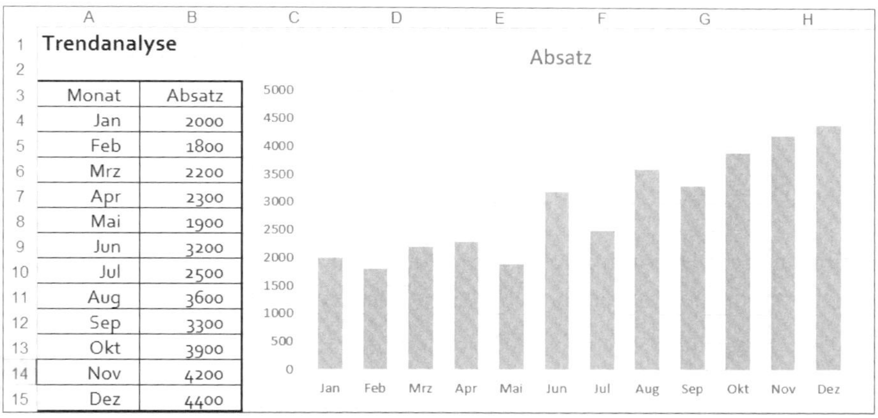

Trendanalyse

Monat	Absatz
Jan	2000
Feb	1800
Mrz	2200
Apr	2300
Mai	1900
Jun	3200
Jul	2500
Aug	3600
Sep	3300
Okt	3900
Nov	4200
Dez	4400

Abbildung 7.72 Tabelle und Diagramm als Ausgangspunkt für eine Trendanalyse

Sobald das Diagramm aktiviert und die Datenreihe markiert ist, kann über **Entwurf ▸ Diagrammlayouts ▸ Diagrammelement hinzufügen** die Palette **Trendlinie** geöffnet werden. Wählen Sie die passende Variante aus, fügt Excel eine entsprechende Linie in das Diagramm ein; die Option **Keine** entfernt dagegen eine bestehende Trendlinie.

Mehr Auswahlmöglichkeiten haben Sie, wenn Sie mit **Weitere Trendlinienoptionen** den Aufgabenbereich **Trendlinie formatieren** öffnen, der natürlich auch nachträglich zur Änderung einer bereits eingefügten Linie verwendet werden kann, sobald sie ausgewählt wird. Neben den Formoptionen unter **Linie** finden Sie hier unter **Trendlinienoptionen** sechs verschiedene Regressionstypen.

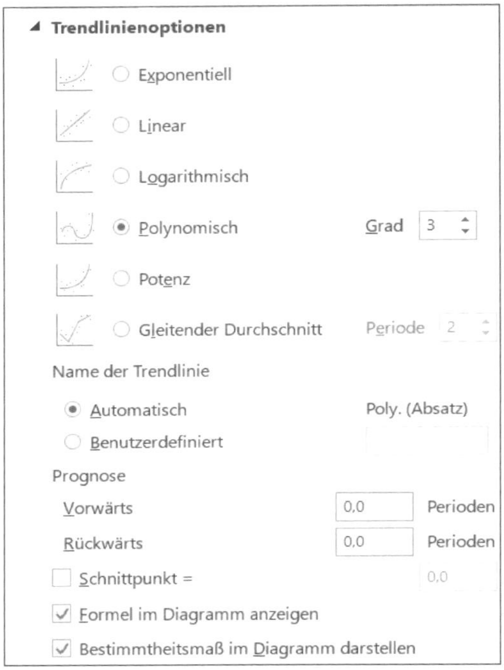

Abbildung 7.73 Auswahl des Regressionstyps

Da die Regressionsanalyse davon ausgeht, dass die Daten durch eine mathematische Funktion angenähert werden können, bietet Excel mehrere derartige Funktionen:

- **Exponential:** `y = a * e^(b*x)`

  e steht hier für die eulersche Zahl 2,71828 ..., die sich mit der Funktion `=EXP(1)` ermitteln lässt.

- **Linear:** `y = m * x + b`
- **Logarithmisch:** `y = a * LN(x) + b`
- **Polynomisch:** `y = a * x^2 + b * x + c`

  Bei dieser Option lässt sich unter **Grad** noch einstellen, mit welcher Potenz von x die Näherung anfängt: bei 2 mit x^2, bei 3 mit x^3. Maximum ist hier 6. Die Angleichung der Trendlinie wird im Allgemeinen mit der Erhöhung des Wertes unter **Grad** besser, die mathematische Aussagekraft lässt allerdings nach.

- **Potenz:** `y = a * x^b`
- **Gleitender Durchschnitt:** Hier wird der Trendwert jeweils aus der Durchschnittsbildung benachbarter Werte ermittelt. Die Zahl der verwendeten benachbarten Werte lässt sich über **Periode** einstellen, wobei hier höhere Zahlen zu einer genaueren Angleichung führen.

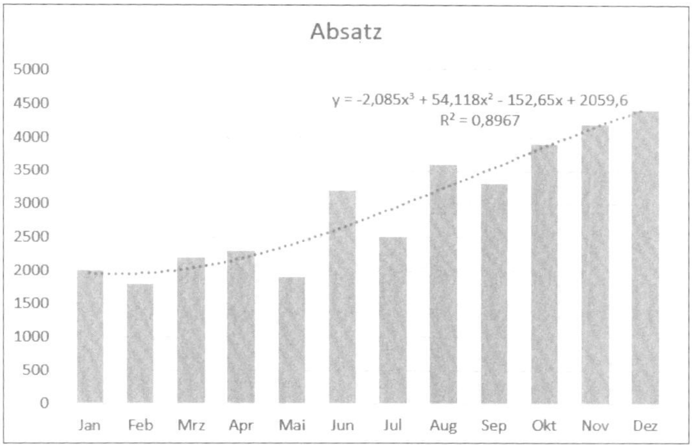

Abbildung 7.74 Regression – Polynomzug dritten Grades

Der Trendlinie können Sie im Aufgabenbereich unter **Benutzerdefiniert** auch einen eigenen Namen geben. Außerdem können Sie die Anzahl der Datenpunkte bestimmen, die von Excel entweder vorwärts oder rückwärts berücksichtigt werden sollen. Darüber hinaus lassen sich die Gleichung, die Excel zur Berechnung verwendet, sowie das Bestimmtheitsmaß in das Diagramm einblenden. Informationen zum Bestimmtheitsmaß finden Sie bei den statistischen Tabellenfunktionen `BESTIMMTHEITSMASS()`, `RGP()` und `RKP()`. Auf diese Weise können Sie teilweise komplexe statistische Analysen durchführen, ohne selbst eine einzige statistische Funktion zu benutzen.

7.6.11 Bezugslinien, Spannweiten und Abweichungsbalken

Bei den Liniendiagrammen lassen sich noch Elemente hinzufügen, die bei den anderen Diagrammtypen nicht zur Verfügung stehen: Bezugslinien, Spannweitenlinien und Abweichungsbalken. Nur bei den Flächendiagrammen sind auch Bezugslinien möglich.

Wir nehmen als Beispiel eine Tabelle mit zwei Spalten zu den monatlichen Gewinnen im Vorjahr und im laufenden Jahr. Wenn das Liniendiagramm ausgewählt ist, können Sie über **Entwurf ▸ Diagrammelement hinzufügen ▸ Linien ▸ Bezugslinien** zusätzliche vertikale Linien in das Diagramm einfügen, die jeden Datenpunkt mit der x-Achse verbinden. Diese Linien erleichtern das Ablesen der Werte.

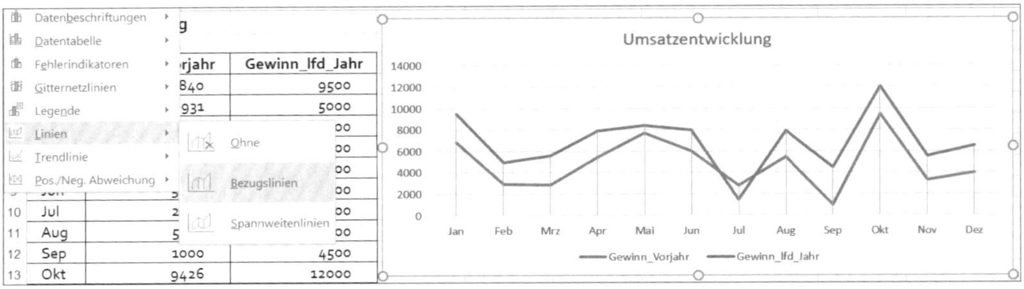

Abbildung 7.75 Einfügen von Bezugslinien in ein Liniendiagramm

Alternativ zu den Bezugslinien sind an dieser Stelle auch Spannweitenlinien möglich, die in diesem Fall die Differenz der Monatsergebnisse anzeigt, wie Abbildung 7.76 zeigt.

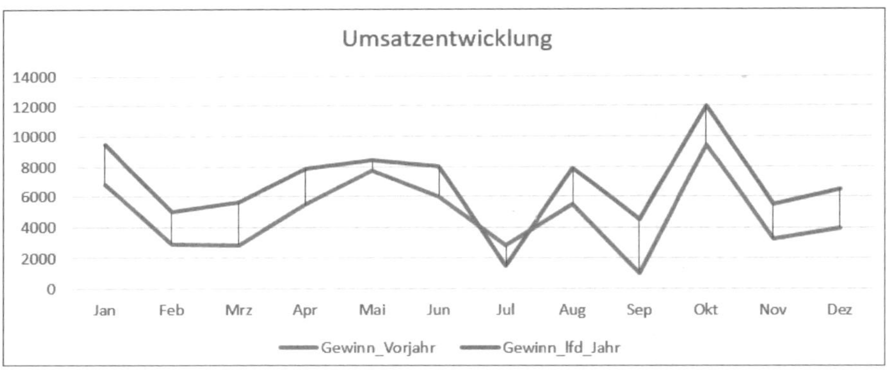

Abbildung 7.76 Die Spannweitenlinien zeigen die Differenz der beiden Werte pro Monat.

Anstelle der Spannweitenlinien ist es auch möglich, Balken für negative oder positive Abweichungen in das Diagramm einzufügen. Über **Entwurf ▸ Diagrammelement hinzufügen ▸ Pos./Neg. Abweichung ▸ Pos./Neg. Abweichungsbalken** werden zu den einzelnen Datenpunkten unterschiedlich eingefärbte kleine Balken erzeugt, die die Differenz der Werte aus der zweiten Datenspalte – hier der Gewinn im laufenden Jahr – von den Werten in der ersten Spalte – also dem Vorjahresgewinn – visualisieren. Vorgegeben sind die Farben Schwarz und Weiß, was sich aber über den Aufgabenbereich leicht ändern lässt.

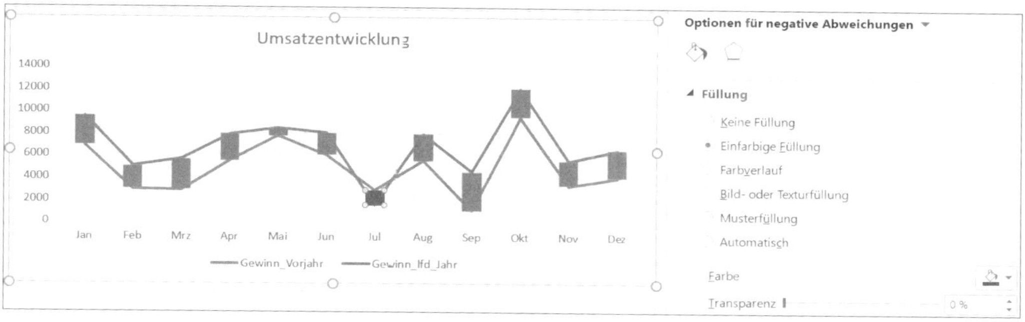

Abbildung 7.77 Die negativen und die positiven Abweichungsbalken lassen sich separat formatieren.

7.6.12 Säulen aus Bildern

Sicher sind Ihnen aus den Medien Diagramme bekannt, bei denen anstelle der Säulen irgendwelche Bilder auftauchen. Mit Excel 2019 ist das eine Übung der einfachen Art. Hier nur ein Beispiel zu Autoverkaufszahlen:

1. Auf Basis der Tabelle wird zunächst ein Säulendiagramm erstellt und mit allen Beschriftungen etc. formatiert.

2. In den meisten Fällen ist es sinnvoll, über den Aufgabenbereich **Datenreihen formatieren** unter **Reihenoptionen** die **Abstandsbreite** zwischen den Säulen (oder Balken) zu verringern, sodass die entsprechenden Elemente breiter werden.

3. Anschließend wird in der Gruppe **Füllung** die Option **Bild- oder Texturfüllung** aktiviert. Über die Schaltfläche **Datei** können Sie die Bilddatei auswählen, die vorgesehen ist. Haben Sie die Datei gefunden, wird sie im Diagramm bereits angezeigt. Anstelle einer lokalen Datei können Sie über die Schaltfläche **Zwischenablage** auch ein dort vorübergehend abgelegtes Bild verwenden oder über die Schaltfläche **Online** das Web nach einem Bild durchstöbern (aber achten Sie dabei bitte auf das Urheberrecht!).

4. Nun haben Sie verschiedene Optionen, wie das Bild auf der Säule erscheinen soll.
   - **Strecken** dehnt das Bild auf die Größe der Säule.
   - **Stapeln** wiederholt das Bild so oft, bis die Säule ausgefüllt ist. Dabei wird die Originalgröße nicht verändert.
   - **Stapeln und teilen mit** erlaubt es, unter **Units/Picture** festzulegen, wie oft das Bild pro Einheit wiederholt wird. In diesem Fall wird es, wenn nötig, in der Größe geändert.

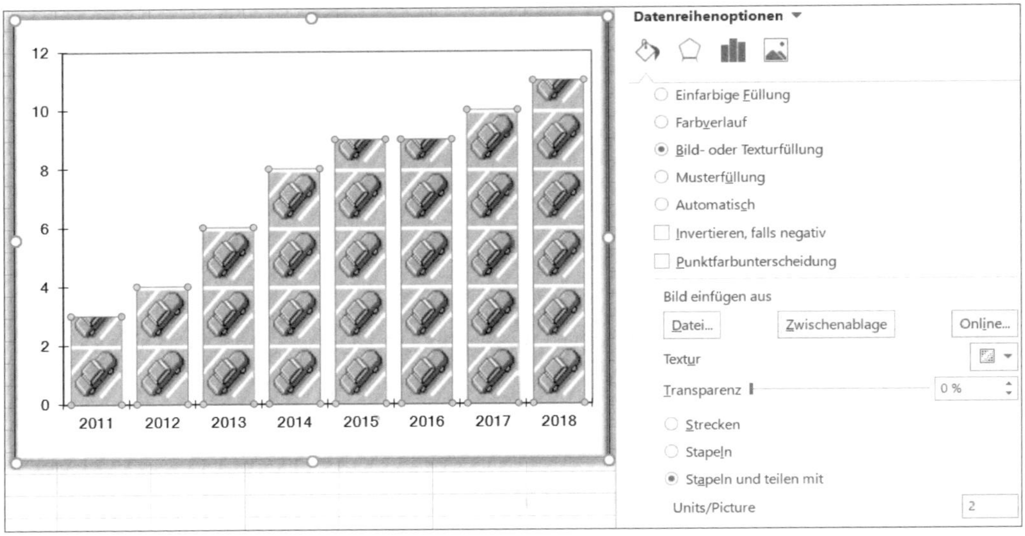

Abbildung 7.78 Diagramm mit eingefügter Grafik

8 Diagramme optimal einsetzen

Wer eine Tabelle in ein Diagramm umsetzen will, steht vor der Frage, welche der zahlreichen Diagrammtypen und welcher der zu jedem Typ gehörigen Untertypen für den gegebenen Zweck am besten geeignet ist. Dieses Kapitel will Ihnen bei der Beantwortung dieser Frage behilflich sein. Es gibt anhand von Musterbeispielen einen Überblick über die Fülle der Möglichkeiten und zeigt, für welche Art von Daten welcher Diagrammtyp am ehesten geeignet ist. Zusätzlich sollen noch spezifische Gestaltungsmöglichkeiten einzelner Diagrammtypen skizziert werden.

Auswahlkriterien für den Diagrammtyp

Bei der Suche nach einem geeigneten Diagramm gibt es ein paar Dinge zu beachten:

- Das Diagramm sollte überschaubarer sein als die zugehörige Tabelle. Dieser Zweck kann durch unnütze Überladung mit allerhand barocken Details verfehlt werden.
- Das Diagramm sollte die Daten korrekt wiedergeben. Skalierungstricks, die Unterschiede verschärfen oder verwischen, sollten vermieden werden. Im Ausnahmefall müssen sie erkennbar vermerkt werden.
- Besonders innerhalb einer Gesamtdarstellung sollten für gleiche Datentypen gleiche Diagrammtypen verwendet werden. Das dient der Klarheit.

Verstöße gegen diese Regeln sind leider an der Tagesordnung. Das fängt beim übermäßigen Gebrauch von 3D-Effekten an und hört damit auf, dass viele Diagramme maßstäblich so verzerrt sind, dass sie eigentlich nur noch aussagen, dass irgendetwas mehr oder weniger wird.

8.1 Standarddiagramme

Säulen- und Balkendiagramme sind die beiden Diagrammtypen, die in den Medien am häufigsten anzutreffen sind. Kreisdiagramme sind im Einsatz, wenn gezeigt werden soll, wie »der Kuchen geteilt wird«; denken Sie nur an die beliebten Parteiendiagramme in den Wahlsendungen. Liniendiagramme werden vor allem verwendet, wenn eine größere Anzahl von Daten auszuwerten ist.

8.1.1 Säulen- und Balkendiagramme

Seine fast universelle Verwendbarkeit verdankt das Säulendiagramm der Tatsache, dass die einzelnen Säulen in der Wahrnehmung als diskrete, voneinander unabhängige Elemente erlebt werden. Kaum jemand kommt deshalb auf den Gedanken, aus der Höhe zweier nebeneinanderstehender Säulen auf irgendeinen Wert zwischen diesen beiden Säulen zu schließen. Sie stellen also tatsächlich nur und genau die Daten dar, die in der zugrunde liegenden Tabelle vorhanden sind. Da die waagerechte Achse traditionell besonders als Zeitachse verwendet wurde und wird, liegt die Nutzung für die Darstellung von Entwicklungen im weitesten Sinne nahe.

Welchen Eindruck ein solches Diagramm auf die Betrachter macht, wird allerdings entscheidend durch die Skalierung bestimmt, wie das folgende Beispiel deutlich zeigt. Dargestellt wird die zeitliche Entwicklung der Verschuldung eines (fiktiven) Staates. Bei der logarithmischen Skala sieht der Schuldenanstieg längst nicht so dramatisch aus.

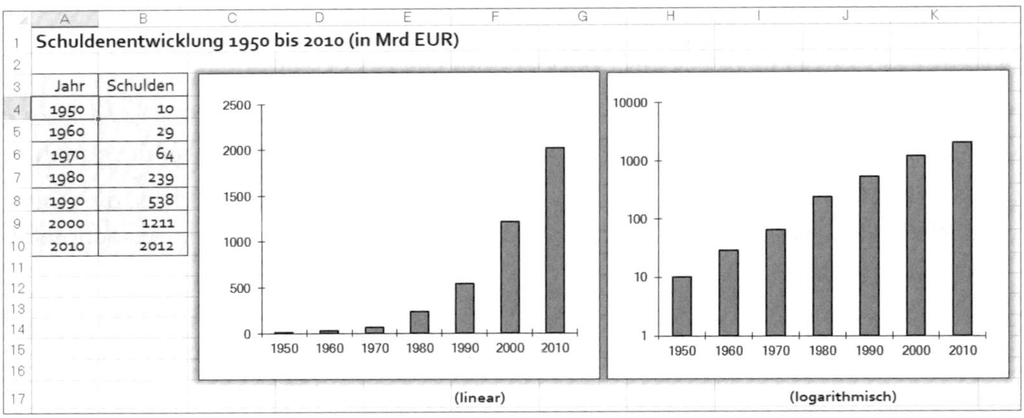
Schuldenentwicklung 1950 bis 2010 (in Mrd EUR)

Jahr	Schulden
1950	10
1960	29
1970	64
1980	239
1990	538
2000	1211
2010	2012

Abbildung 8.1 Die Schuldenentwicklung – mehr oder weniger dramatisch dargestellt

Säulenvarianten – neben- oder übereinander

Bei mehreren Datenreihen gibt es zwei verschiedene Möglichkeiten, die Daten in Säulen umzusetzen: Die den verschiedenen Daten entsprechenden Säulen können nebeneinander oder übereinander angeordnet werden. Letztere werden als gestapelte oder gestaffelte Säulen bezeichnet. Beim ersten Untertyp **Gruppierte Säulen** werden die Säulen einer Säulengruppe jeweils in einer einheitlichen Farbe angezeigt. Untertyp 2 stapelt bei mehreren Datenreihen die einzelnen Säulen übereinander. Das ist sinnvoll, wenn die damit angezeigte Gesamtheit auch tatsächlich etwas bedeutet, etwa die Gesamtsumme der Schulden bei verschiedenen Schuldenarten.

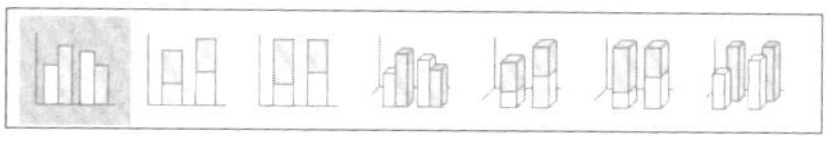

Abbildung 8.2 Untertypen für Säulendiagramme

Ebenfalls gestapelt sind die Säulen im Untertyp 3, wobei hier aber die Daten jeweils auf prozentuale Anteile umgerechnet werden. Das ist eine nützliche Diagrammform, wenn anteilmäßige Zusammensetzungen, für die Sie einzeln jeweils ein Kreisdiagramm wählen könnten, über mehrere Zeiträume oder Regionen oder Ähnliches dokumentiert werden sollen. Als Beispiel mögen hier die Ergebnisse von früheren Bundestagswahlen dienen. Derartiges Datenmaterial würde, wollten Sie es mit Kreisdiagrammen darstellen, zwölf Diagramme erfordern; als Ringdiagramm wäre es völlig unübersichtlich.

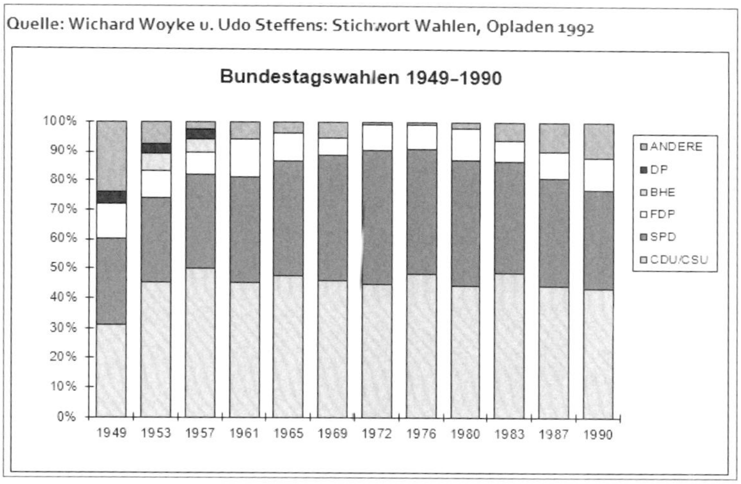

Abbildung 8.3 Wahlergebnisse – Säulendiagramm zur Darstellung von Anteilen

Die Untertypen 4 bis 6 entsprechen den Untertypen 1 bis 3, bis auf die dreidimensionale Darstellung der einzelnen Säulen. Nur der 7. Untertyp ist ein 3D-Diagramm im eigentlichen Sinne, das mit drei Achsen arbeitet.

8.1.2 Balkendiagramme – bei langen Rubriken

Ganz ähnlich wie Säulendiagramme sind die Balkendiagramme aufgebaut, mit dem Unterschied, dass die Rubrikenachse hier senkrecht und die Größenachse waagerecht angeordnet ist. Im Prinzip lassen sich alle Daten, die in einem Säulendiagramm dargestellt werden können, ebenso mit einem Balkendiagramm wiedergeben. Trotzdem sollten Sie generell darauf verzichten, Daten, bei denen die Rubrikenachse für eine zeitliche

Abfolge steht, in ein Balkendiagramm umzusetzen. Dies würde der Assoziation widersprechen, die die waagerechte Achse mit zeitlichen Abläufen verbindet. Dagegen ist das Balkendiagramm für alle diejenigen Fälle, in denen die Rubriken qualitative Merkmale sind, ganz vorzüglich geeignet.

Obwohl auch in diesen Fällen ein Säulendiagramm möglich wäre, gibt es oft einen gewichtigen Grund, ein Balkendiagramm zu wählen: Gerade bei qualitativen Rubriken sind häufig die Rubrikenbezeichnungen ziemlich lang und lassen sich deshalb in einem Säulendiagramm nicht vernünftig abbilden. Bei den Balkendiagrammen sind die angebotenen Untertypen nahezu identisch mit denen des Säulendiagramms – nur, dass eben die Rubrikenachse senkrecht und die Größenachse waagerecht angeordnet ist.

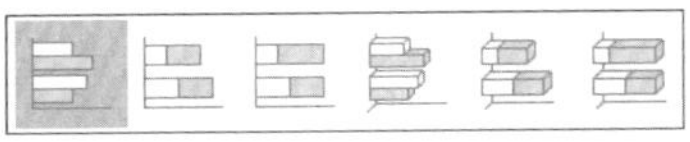

Abbildung 8.4 Untertypen des Balkendiagramms

Hier ein typisches Beispiel für ein Balkendiagramm: Abgebildet werden soll die Zunahme der Nominallöhne 2014 gegenüber dem Vorjahr, aufgeschlüsselt nach der Stellung in der beruflichen Hierarchie. Wie immer bei qualitativen Rubriken ist es sinnvoll, sie nach einem Kriterium zu ordnen. Im vorliegenden Fall bietet sich der Rang in der beruflichen Hierarchie an. Wenn die Rubriken selbst keine bestimmte Ordnung nahelegen, sollte nach den Größen sortiert werden.

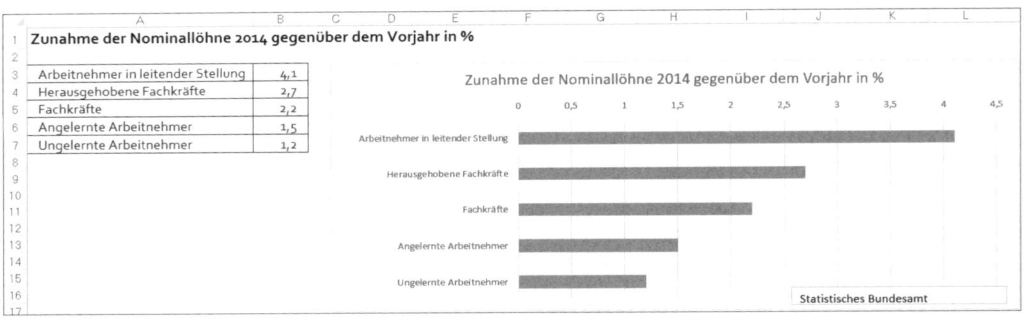

Abbildung 8.5 Balkendiagramm für qualitative Rubriken

8.1.3 Liniendiagramme – besonders geeignet für Trends

Diagramme, in denen der Datenverlauf durch eine Linie in einem rechtwinkligen Koordinatensystem wiedergegeben wird, sind sozusagen die Urform der Diagramme. Liniendiagramme haben den gewichtigen Vorteil, dass sich hier viel mehr Daten unterbringen lassen als in den Diagrammtypen, in denen die einzelnen Datenpunkte jeweils durch ein platzgreifendes grafisches Element (Balken, Säulen etc.) abgebildet werden. Dies wird durch den Nachteil erkauft, dass die einzelnen Datenpunkte nicht so ins Auge fallen wie bei einer Säule oder einem Balken. Als Beispiel sei hier ein Diagramm vorgestellt, das die Entwicklung des Energieverbrauchs für die verschiedenen Energiearten zeigt.

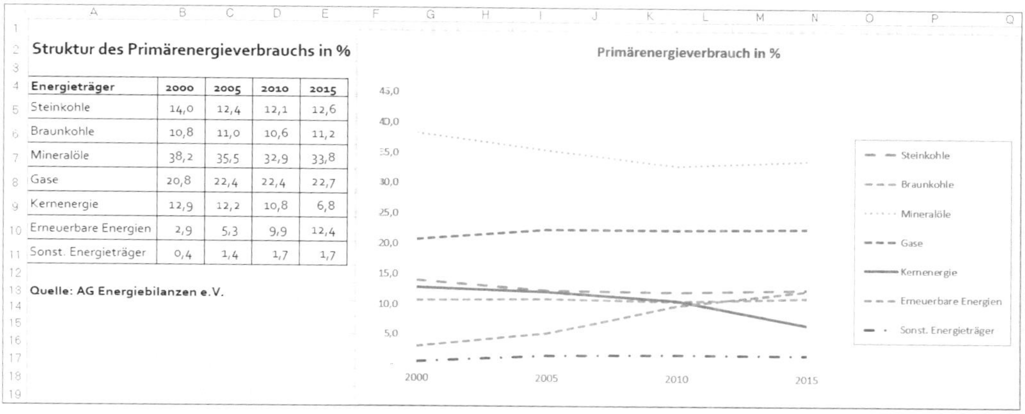
Struktur des Primärenergieverbrauchs in %

Energieträger	2000	2005	2010	2015
Steinkohle	14,0	12,4	12,1	12,6
Braunkohle	10,8	11,0	10,6	11,2
Mineralöle	38,2	35,5	32,9	33,8
Gase	20,8	22,4	22,4	22,7
Kernenergie	12,9	12,2	10,8	6,8
Erneuerbare Energien	2,9	5,3	9,9	12,4
Sonst. Energieträger	0,4	1,4	1,7	1,7

Quelle: AG Energiebilanzen e.V.

Abbildung 8.6 Liniendiagramm zum Energieverbrauch

Bei allen Diagrammformen, in denen die Daten durch eine Linie abgebildet werden, liegt es nahe, auf Daten zwischen den einzelnen Datenpunkten zu schließen (Interpolieren), also auf Daten, die in der zugrunde liegenden Tabelle gar nicht vorhanden sind. Demnach sollten Liniendiagramme auch nur verwendet werden, wenn dieser Schluss tatsächlich erwünscht und gerechtfertigt ist. Obendrein sollte das Liniendiagramm nur dann benutzt werden, wenn die (waagerechte) Rubrikenachse für einen zeitlichen oder einen anderen größenmäßigen Verlauf steht. In all den Fällen, in denen die Rubrikenachse rein qualitative Merkmale enthält, wäre ein Liniendiagramm völlig unangebracht.

Untertypen des Liniendiagramms

Beim Untertyp 1 werden Linien ohne Datenpunkte dargestellt, bei den Untertypen 2 und 3 handelt es sich um gestapelte bzw. auf 100 % bezogen gestapelte Linien, entsprechend den gestapelten Säulen. Die Untertypen 4 bis 6 entsprechen wieder den Typen 1 bis 3, nur werden zusätzlich die Datenpunkte angezeigt. Untertyp 7 gibt anstelle der Linien Bänder aus, die einen 3D-Effekt erzeugen.

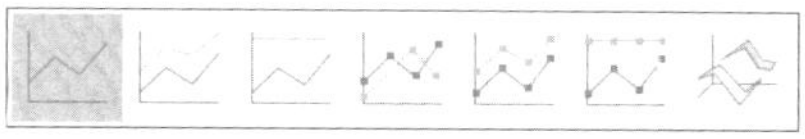

Abbildung 8.7 Varianten zum Liniendiagramm

8.1.4 Kreisdiagramme – wenn es um Anteile geht

Kreis- oder Tortendiagramme sind die Standarddiagramme für alle Daten, bei denen die Zusammensetzung eines Ganzen dargestellt werden soll. Sie benötigen kein Koordinatenkreuz und unterscheiden sich von den bisher behandelten Diagrammen durch die ausschließliche Darstellung von Anteilen. Die Gesamtfläche des Kreises ist immer 100 %, die Flächen der Kreissektoren sind dabei das Maß für den prozentualen Anteil der Teilkomponenten an der Gesamtgröße. In dem folgenden Diagramm sind die Anteile getrennt gesammelter Wertstoffe nach dem Prozentanteil dargestellt.

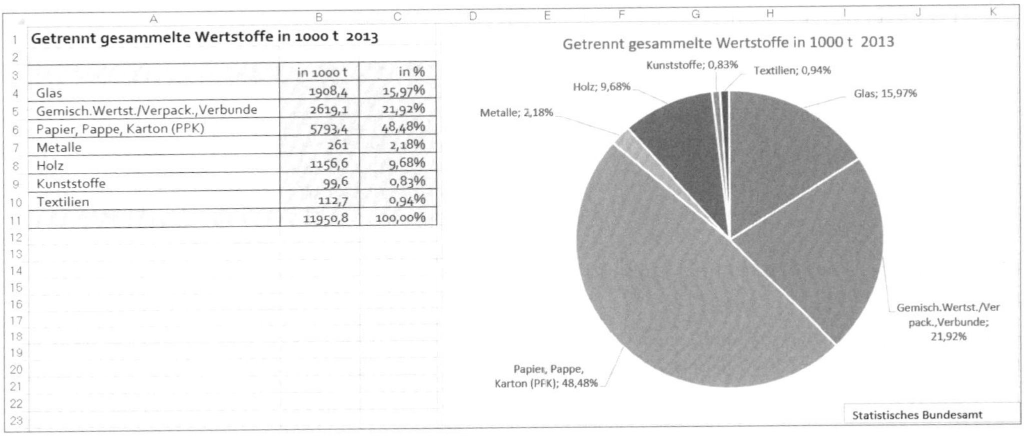

Abbildung 8.8 Darstellung der Anteile im Kreisdiagramm

In allen Fällen, in denen die Anteile am Ganzen in keine sinnvolle Reihenfolge gebracht werden können – sonst könnten gestapelte Balken oder Säulen gewählt werden –, ist das Kreisdiagramm die sinnvollste Möglichkeit der grafischen Darstellung. Wie bei allen anderen Diagrammen wird auch hier die Lesbarkeit durch zu viele Rubriken erschwert. Wenn mehrere Datenreihen auf diese Weise dargestellt werden sollen, lassen sich verschiedene Kreisdiagramme nebeneinanderstellen. Geeigneter ist dann aber oft das weiter unten dargestellte Ringdiagramm.

Untertypen bei Kreisdiagrammen

Für das Kreisdiagramm werden fünf Untertypen angeboten. Bei den ersten beiden bleiben die Kreissegmente zusammen, bei den Untertypen 3 und 4 werden sie ausgerückt. Bein Untertyp 2 kommt lediglich ein 3D-Effekt hinzu. Die Untertypen 3 und 4 sind für Fälle gedacht, in denen neben einigen größeren Anteilsstücken auch eine Reihe von kleinen Anteilsstücken darzustellen ist. Diese Kleinteile können dann einerseits zu einem Stück zusammengefasst werden, andererseits zusätzlich in einem kleineren Kreis (wie bei Typ 3) oder in einem Balkenblock dargestellt werden. Auf diese Weise kann etwa bei einer Wahlauswertung einerseits der Gesamtanteil der kleinen Parteien angezeigt werden, gleichzeitig aber auch die Verteilung innerhalb dieser Gruppe.

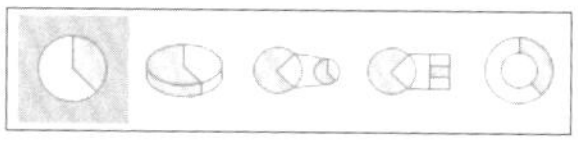

Abbildung 8.9 Untertypen beim Kreisdiagramm

Welche Teile in dem zweiten Kreis erscheinen sollen, können Sie auf der Seite **Reihenoptionen** beim Formatieren der Datenreihe festlegen. Im Beispiel sind die letzten drei Werte der zweiten Zeichnungsfläche zugeordnet. Dazu wählen Sie unter **Reihen aufteilen** die Option **Position** und geben die Anzahl unter **Werte in zweiter Zeichnungsfläche** an. Stattdessen könnte auch eine Aufteilung nach einem Prozentwert vorgenommen werden. Alle Werte unter dem ausgewählten Prozentwert werden dann in den zweiten Kreis eingefügt. Die Größe dieser zweiten Kreisfläche kann mit dem Schieberegler stufenlos eingestellt werden. Als Untertyp 5 wird ein Ringdiagramm angeboten, das in älteren Versionen noch als eigene Kategorie geführt wurde.

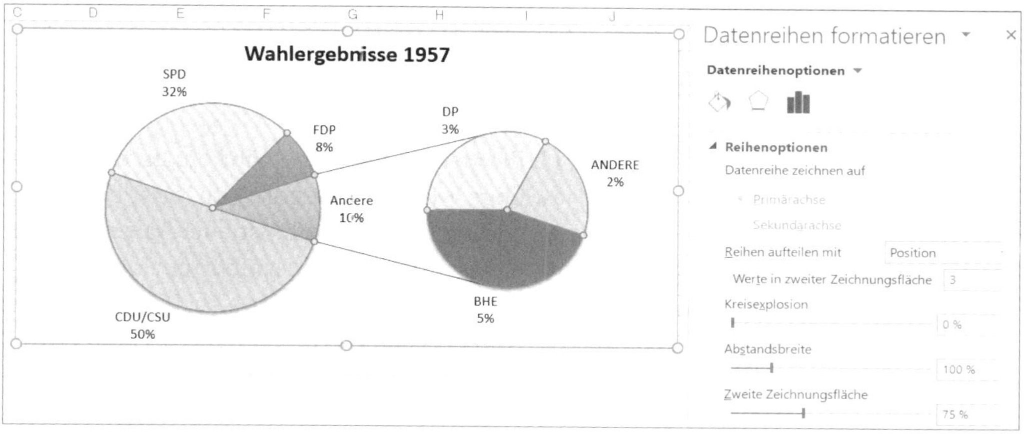

Abbildung 8.10 Beispiel für den Untertyp 3

Beschriftung bei Kreisdiagrammen

Ob ein Kreisdiagramm als gelungen angesehen wird, hängt stark von der Art der Datenbeschriftung ab. Diese kann über den Aufgabenbereich **Datenbeschriftungen formatieren** eingestellt werden, wobei insbesondere die Optionen unter **Beschriftungsoptionen** infrage kommen.

Abbildung 8.11 Optionen für Datenbeschriftungen bei Kreisdiagrammen

In der oberen Gruppe legen Sie den Inhalt der Beschriftung fest. Sie können wählen, ob zu den einzelnen Kreissegmenten der jeweilige Wert, der Datenreihen- oder der Rubrikenname oder der jeweilige Prozentsatz angezeigt werden soll. Ist eine Datenbeschriftung festgelegt, kann noch abgehakt werden, dass ein Legendensymbol, ein kleines Farbmuster, neben die Beschriftung gesetzt wird. Außerdem lassen sich Führungslinien einblenden, die die Beschriftung mit dem Kreissegment verbinden, um die Zuordnung bei kleinen Segmenten zu erleichtern. Unter **Beschriftungsposition** geben Sie an, wo die Beschriftung erscheinen soll.

8.2 Wertdifferenzierung mit Flächen- und Spannweitendiagrammen

Wenn es darum geht, die Entwicklung von Anteilsverteilungen oder von Wertdifferenzen darzustellen, können Flächendiagramme und Spannweitendiagramme gute Dienste leisten.

8.2.1 Flächendiagramme

Ein Flächendiagramm ist einem Liniendiagramm sehr ähnlich, bis auf den Unterschied, dass die Flächen zwischen den Linien farbig ausgefüllt sind. Dieser Diagrammtyp wird unter dem Diagrammtyp **Fläche** angeboten. Beim ersten Untertyp überlagern sich die Flächen, beim zweiten sind sie gestapelt, beim dritten summieren sich die gestapelten Flächen immer zu 100 %. Der Untertyp 4 ist ein 3D-Flächendiagramm im echten Sinne, es werden also drei Achsen benötigt. Bei den Untertypen 5 bis 6 kommt lediglich ein 3D-Effekt hinzu. Sobald es sich bei der Rubrikenachse um eine zeitliche oder räumliche Abfolge handelt, ist das Flächendiagramm für die Darstellung gut geeignet.

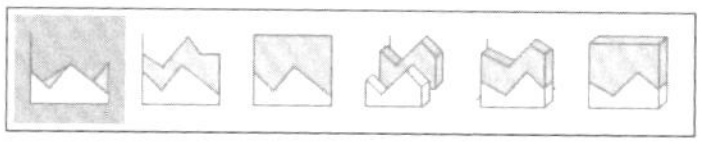

Abbildung 8.12 Untertypen des Flächendiagramms

Das folgende Beispiel zeigt die unterschiedliche Bodenzusammensetzung für verschiedene Tiefen. Da es sich bei den in der Tabelle vorliegenden Zahlen um Prozentwerte handelt, summieren sich die Flächen immer auf 100 %.

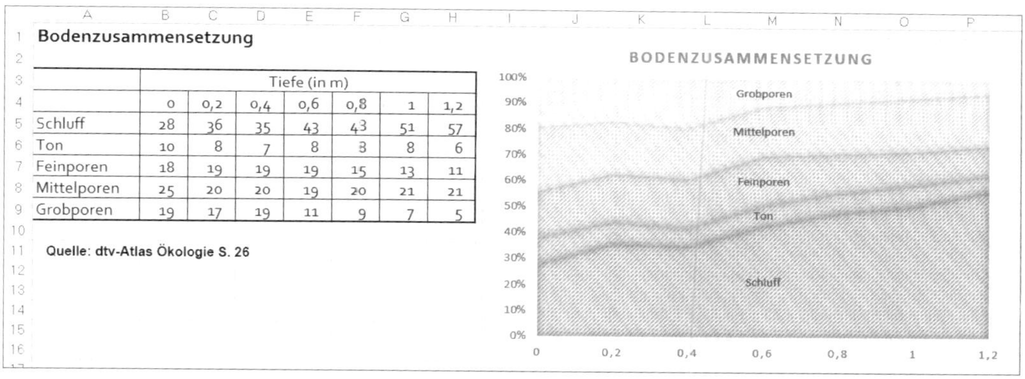

Bodenzusammensetzung

	Tiefe (in m)						
	0	0,2	0,4	0,6	0,8	1	1,2
Schluff	28	36	35	43	43	51	57
Ton	10	8	7	8	8	8	6
Feinporen	18	19	19	19	15	13	11
Mittelporen	25	20	20	19	20	21	21
Grobporen	19	17	19	11	9	7	5

Quelle: dtv-Atlas Ökologie S. 26

Abbildung 8.13 Darstellung der Bodenzusammensetzung durch ein Flächendiagramm

8.2.2 Spannweitendiagramme – nicht nur für Kurse

Unter dem Namen **Kurs** stellt Excel einen Diagrammtyp zur Verfügung, bei dem die jeweils zusammengehörigen Werte mehrerer Datenreihen in Beziehung gesetzt werden. Hier handelt es sich um Spannweitendiagramme. Dass dieser Diagrammtyp nicht nur für die Darstellung von Kursentwicklungen an der Börse verwendet werden kann, zeigt folgendes Beispiel einer sich über eine Woche erstreckenden Temperaturmessung, bei der für jeden Tag die maximale, die minimale und die durchschnittliche Temperatur erfasst wurden.

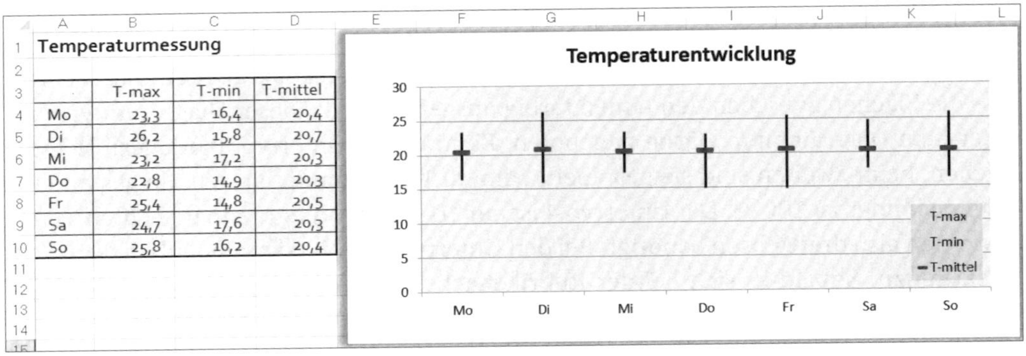

Abbildung 8.14 Spannweitendiagramm für Temperaturschwankungen

Relativ häufig wird dieser Diagrammtyp für Börsendiagramme verwendet. Das sind Spannweitendiagramme, die drei bis fünf der folgenden Werte darstellen:

- Eröffnungskurs, also der Kurs bei Börseneröffnung
- Höchstwert, den der Kurs innerhalb eines vorgegebenen Zeitraums (z. B. eines Tages) angenommen hat
- Tiefstwert
- Schlusskurs, also der Kurs bei Börsenschluss
- Volumen, d. h. der Umfang, in dem Aktien gehandelt wurden

Dabei muss darauf geachtet werden, dass die Spalten in der Reihenfolge angeordnet werden, die dem gewählten Typ entspricht.

Untertypen für drei bis fünf Datenreihen

Die Untertypen der Spannweitendiagramme unterscheiden sich darin, ob sie drei, vier oder gar fünf Datenreihen benötigen. Der erste Untertyp stellt den Höchst-, Tiefst- und Schlusskurs dar. Der zweite Untertyp gibt zusätzlich den Eröffnungskurs aus. Beim dritten Untertyp gibt die erste Datenreihe das Umsatzvolumen anstelle des Eröffnungskurses an, beim vierten Untertyp – **Volumen-Eröffnungs-Höchst-Tiefst-Schlusskurs** – sind fünf Datenreihen nötig.

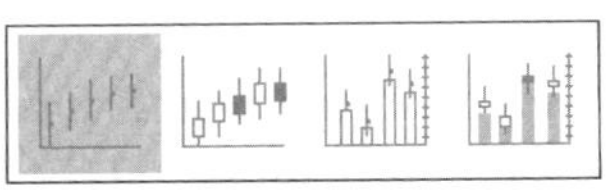

Abbildung 8.15 Untertypen des Spannweitendiagramms

Die Datenreihen müssen in der im Typnamen angegebenen Reihenfolge eingetragen werden. Bei der Abbildung der Daten im Diagramm werden bei den Untertypen 2 und 4 der Eröffnungs- und der Schlusswert zu einem Rechteck zusammengefasst, das weiß dargestellt wird, wenn der erste Wert niedriger ist als der zweite (wenn bei Aktien der Kurs also gestiegen ist). Ist der Schlusswert niedriger, wird das Rechteck dunkel ausgefüllt. Die Höchst- und Tiefstwerte werden als senkrechte Striche oberhalb und unterhalb der Rechtecke angebracht, sodass die vier Werte jeweils recht anschaulich dargestellt werden.

Störend bei den Spannweitendiagrammen kann sein, dass die einzelnen Datenpunkte nicht gut sichtbar sind. Sie können dann im Diagramm die Spannweitenlinien auswählen und im Aufgabenbereich **Spannweitenlinien formatieren** deren Stärke und Farbe unter **Linie** ändern. Auch die Abweichungsbalken lassen sich im Diagramm auswählen, um sie dann im Aufgabenbereich **Positive** oder **Negative Abweichungsbalken formatieren** anders zu gestalten.

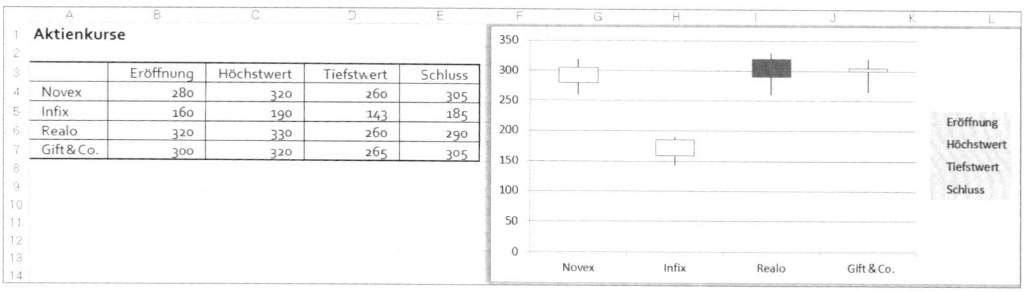

Abbildung 8.16 Entwicklung von Aktienkursen

8.3 Mehrfachverteilung und Zyklen – Ring- und Netzdiagramme

Besondere Anforderungen sind an ein Diagramm gestellt, wenn es darum geht, nicht nur in einem einzigen Fall die Verteilung von Werten zu einem Ganzen darzustellen, sondern gleich in mehreren. Ähnliches gilt für die Darstellung von Werten, die sich in einer bestimmten Abfolge ändern.

8.3.1 Ringdiagramm zum Vergleich von Datengruppen

Das Ringdiagramm bildet quasi eine Kombination mehrerer Kreisdiagramme, die aber nicht nebeneinander, sondern ineinander angeordnet sind. Bei mehreren Datengruppen, die anteilmäßig dargestellt werden sollen, gibt es in Excel einige Alternativen. Sie lassen sich als gestaffelte Säulen, Balken oder als gestapelte Flächen abbilden. Die Darstellung in mehreren Kreisdiagrammen ist ebenfalls ein gangbarer Weg, insbesondere, wenn zwischen den verschiedenen Datenreihen keine Hierarchie beabsichtigt ist.

Sofern es sich nicht um allzu viele Datengruppen handelt, bietet sich das Ringdiagramm an, das aber durchaus eine Hierarchie erzeugt. Bei der konzentrischen Anordnung der Kreise sollte zumindest darauf geachtet werden, dass etwaige zeitliche Abfolgen so aufgenommen werden, dass die »früheren« Datengruppen innen sitzen, die »späteren« oder die »wichtigeren« außen. Als **Legende** verfügt dieser Diagrammtyp über die Angaben für die einzelnen Ringsegmente. Das folgende Beispiel zeigt die Wahlergebnisse für drei Bundestagswahlen in einem. Das jüngste Ergebnis wird mit dem äußersten Ring dargestellt.

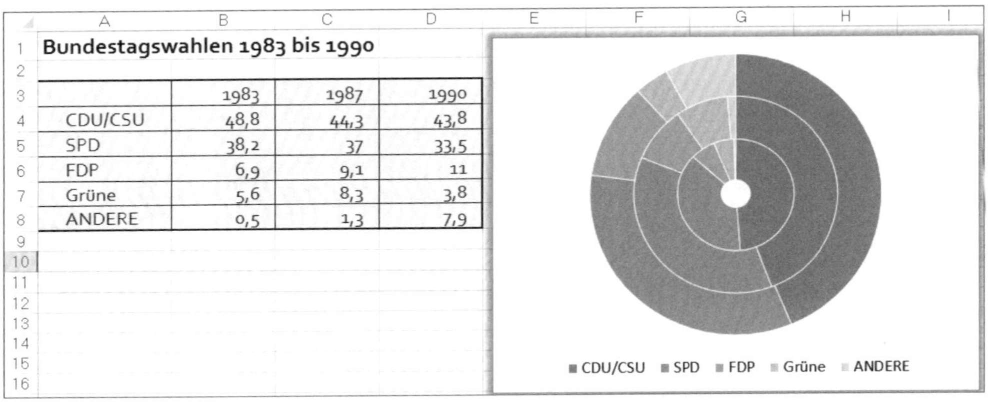

Abbildung 8.17 Ringdiagramm als Kombination mehrerer Kreisdiagramme

Das Ringdiagramm wird nicht als eigener Diagrammtyp angeboten, sondern als Untertyp des Kreisdiagramms. Häufig ist es sinnvoll, über **Datenreihen formatieren** auf der Seite **Datenreihenoptionen** die **Innenringgröße** zu verringern (der Minimalwert ist 10 %, der Maximalwert 90 %). Dadurch bleibt mehr Raum für die Darstellung der Daten. Außerdem können Sie hier durch eine Veränderung des Winkels für das erste Segment den Ring in eine beliebige Position drehen.

8.3.2 Netzdiagramme für Zyklen

Das Netzdiagramm ähnelt noch am ehesten einem Polarkoordinatendiagramm, allerdings mit drei Unterscheidungen:

1. Der Winkel kann nicht direkt angegeben werden, sondern wird durch die Anzahl der Werte bestimmt.
2. Die Richtung bzw. Reihenfolge richtet sich nach dem Uhrzeigersinn (bei Polarkoordinaten entgegen dem Uhrzeigersinn).
3. Die Größenachsen dürfen auch negative Werte annehmen.

Anwendbar ist das Netzdiagramm für die Abbildung aller zyklischen Prozesse oder Daten. Das kann die Helligkeit in Abhängigkeit vom Winkel sein, die Temperatur oder die Niederschlagsmenge im Laufe eines Tages oder Jahres, die Wachstumsrate einer Pflanze in einem Jahreszyklus etc. Das (fiktive) Beispiel zeigt die durchschnittliche tägliche Temperatur in einem Land über die zwölf Monate eines Jahres.

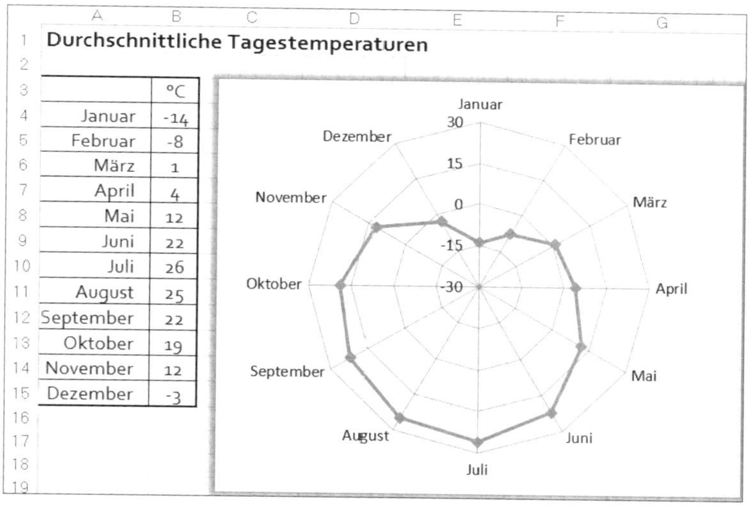
Durchschnittliche Tagestemperaturen

	°C
Januar	-14
Februar	-8
März	1
April	4
Mai	12
Juni	22
Juli	26
August	25
September	22
Oktober	19
November	12
Dezember	-3

Abbildung 8.18 Netzdiagramm für die Darstellung von Temperaturzyklen

Die Untertypen des Netzdiagramms

An Untertypen bietet das Netzdiagramm eine Version ohne Datenpunkte, einen Untertyp mit Datenpunkten wie in Abbildung 8.18 und einen Untertyp, bei dem die Datenlinie flächig ausgefüllt ist.

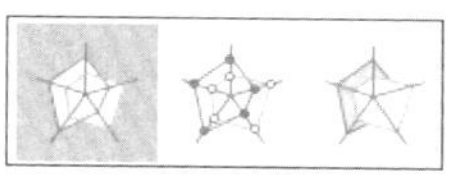

Abbildung 8.19 Untertypen des Netzdiagramms

Bei der Bearbeitung eines Netzdiagramms sind vor allem zwei Punkte relevant für eine gelungene Darstellung. Zum einen sollten die Datenlinie und die Datenpunkte so gewählt werden, dass sie in der Darstellung gut sichtbar sind, zum anderen bieten sich für die Formatierung der Achsen die üblichen Möglichkeiten:

- Durch geschickte Skalierung kann dafür gesorgt werden, dass tatsächlich alle Werte gut ablesbar sind.
- Durch eine geeignete Wahl der Intervalle lässt sich gewährleisten, dass die Achsenbeschriftung nicht mit den Daten kollidiert.

Im Prinzip ist es auch bei diesem Diagrammtyp möglich, mehrere Datenreihen zu verarbeiten, aber bei mehr als zwei oder drei Datenreihen wird das Diagramm ziemlich unübersichtlich.

8.4 Wertebeziehungen – xy-Diagramme und Blasendiagramme

Punkt- oder xy-Diagramme werden immer dann benötigt, wenn Werte für zwei numerische Achsen ausgewertet werden. Beispiele für die Anwendung von xy-Diagrammen finden sich zuhauf in Mathematikbüchern (Graphen zu Funktionen) und naturwissenschaftlichen Publikationen (Darstellung von Messreihen). Zur Demonstration hier die Darstellung des Graphen zur Funktion:

```
y=WURZEL(x)
```

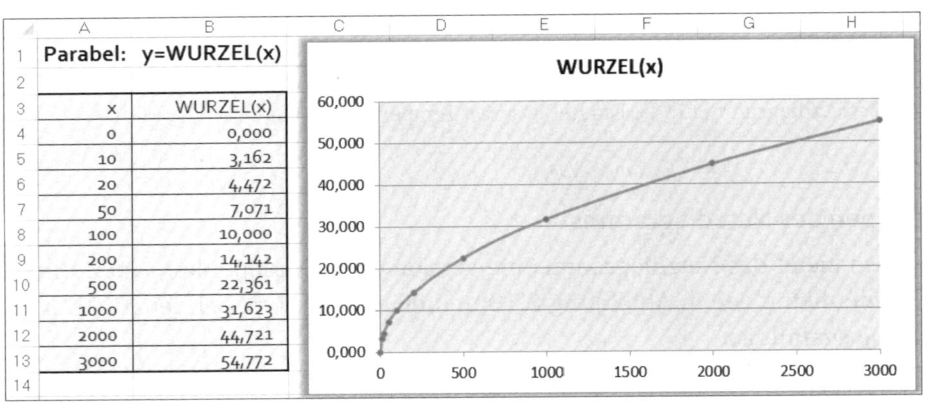

Abbildung 8.20 xy-Diagramm mit zwei numerischen Achsen

Die Datenpunkte sind in diesem Beispiel absichtlich beibehalten, um zu demonstrieren, dass die Abstände der einzelnen x-Werte unterschiedlich gewählt sind. Dies ist erforderlich, um zu verhindern, dass die Kurve im Bereich für kleine x-Werte zu ungenau wird. Wollten Sie dieselbe Kurve über ein Liniendiagramm herstellen, müssten Sie eine große Anzahl von x-Werten mit gleichen Abständen in eine Tabelle eintragen (0, 2, 4, ..., 800). Nur äußerlich gleicht das xy-Diagramm dem Liniendiagramm, die zweite numerische Achse macht den entscheidenden Unterschied.

Ein eher bescheidenes Angebot an Untertypen

Dafür, dass das xy-Diagramm als Diagrammtyp mit zwei numerischen Achsen für Darstellungen aus dem Bereich der exakten Wissenschaften geradezu unentbehrlich ist, hält Excel 2019 wie seine Vorgänger erstaunlich wenig Untertypen bereit.

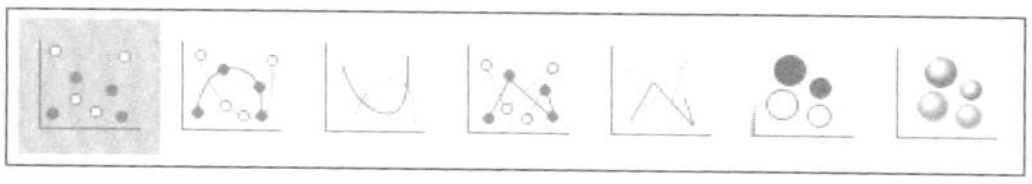

Abbildung 8.21 Untertypen des xy-Diagramms

Untertyp 1 enthält nur die Datenpunkte, Untertyp 2 auch eine verbindende Kurve auf der Basis von interpolierten Zwischenwerten. Bei Untertyp 3 wird ebenfalls mit interpolierten Zwischenwerten eine Kurve gezeichnet, die Datenpunkte werden aber weggelassen. Diese beiden Untertypen sind also insbesondere bei Graphen zu Funktionen brauchbar. Sie müssen hier nicht erst eine Unzahl von Werten generieren, um zu einer adäquaten Darstellung zu kommen. Bei den Untertypen 4 und 5 werden die vorhandenen Datenpunkte einfach durch Geraden verbunden, einmal mit und einmal ohne Datenpunkte.

8.4.1 Einen Diagrammtyp korrigieren

Um das mangelnde Angebot an Varianten auszugleichen, ist es gerade hier sinnvoll, eigene Diagrammvarianten zu gestalten und als Vorlagen zu sichern. Besonders ist hier an Untertypen zu denken, die nur Linien (an die Kurven angepasste und gerade durchgezogene) enthalten:

- mit Gitternetzlinien (für eine oder beide Achsen)
- mit logarithmischer Skalierung für eine oder beide Achsen mit und ohne Gitternetzlinien
- mit zwei Datenreihen, die gleich aussehen, für Funktionen mit positiven und negativen Werten

Soll etwa der oben gezeigte Graph `WURZEL(X)` korrekt dargestellt werden, müssen zwei Datenreihen erzeugt werden. Ist dann der Untertyp 3 ausgewählt, wird die Kurve für die negativen Werte in einer anderen Farbe ausgegeben. Wollen Sie eine einheitliche Kurve für den gesamten Graphen erreichen, müssen Sie anschließend von Hand über die Schaltfläche **Füllung und Linie** für beide Datenreihen dasselbe Linienformat wählen, um ein vernünftiges Bild zu erhalten.

Positive und negative Werte

x	WURZEL(x)	-WURZEL(x)
0	0	0
10	3,16227766	-3,16227766
20	4,472135955	-4,472135955
50	7,071067812	-7,071067812
100	10	-10
200	14,14213562	-14,14213562
500	22,36067977	-22,36067977
1000	31,6227766	-31,6227766
2000	44,72135955	-44,72135955
3000	54,77225575	-54,77225575

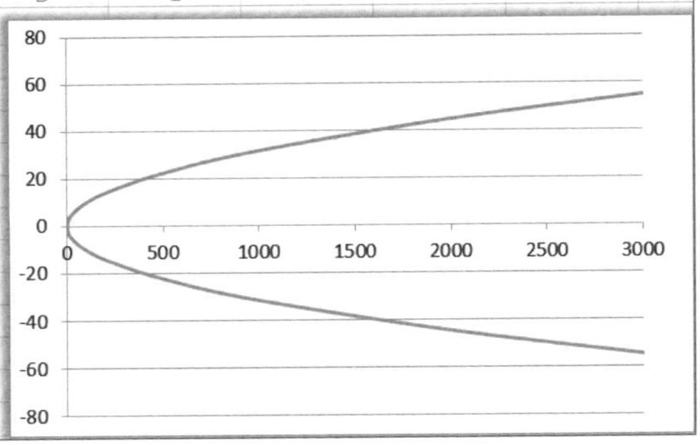

Abbildung 8.22 Funktionsgraph mit positiven und negativen Werten

8.4.2 Blasendiagramme als Variante von xy-Diagrammen

Blasendiagramme haben mit dem xy-Diagramm gemeinsam, dass mehr als eine numerische Wertereihe ausgewertet werden kann. In diesem Fall sind es sogar drei. Wohl aus diesem Grund werden sie deshalb als Untertypen von **Punkt (X Y)** angeboten. Der zweite Untertyp sorgt dafür, dass die Blase mit einem 3D-Effekt dargestellt wird.

Die Datenpunkte werden in Form unterschiedlich großer Blasen dargestellt, und die Größe dieser Blasen wird jeweils durch den dritten Wert bestimmt. Dabei kann gewählt werden, ob der dritte Wert den Durchmesser oder das Volumen der Blase bestimmt. Solche Diagramme sind natürlich nur dann sinnvoll, wenn die Anzahl der Datenpunkte relativ klein bleibt, weil sonst die Aussage des Diagramms nicht mehr erkennbar ist. Als Beispiel ist hier ein Diagramm abgebildet, das für ausgewählte Artikel die Artikelpreise auf der x-Achse und den Absatz auf der y-Achse darstellt. Gleichzeitig soll durch die Größe der Blase noch der Marktanteil der Artikel ausgewiesen werden.

Um das Diagramm zu erstellen, werden die drei Wertespalten markiert. Im Aufgabenbereich **Datenreihen formatieren** kann unter **Reihenoptionen** festgelegt werden, ob die in der Tabelle vorhandene Größe die Blasenfläche oder den Blasendurchmesser repräsentiert. Zudem kann angegeben werden, ob Blasen für negative Werte angezeigt werden. Bei diesem Diagrammtyp ist es häufig sinnvoll, über die Plusschaltfläche eine zentrierte

Datenbeschriftung einzufügen. Wenn Sie über den Aufgabenbereich **Datenbeschriftung formatieren** unter **Beschriftungsoptionen** als Beschriftung **Blasengröße** angeben, wird der entsprechende Prozentsatz mit angezeigt. Dadurch wird die Aussage des Diagramms wesentlich klarer.

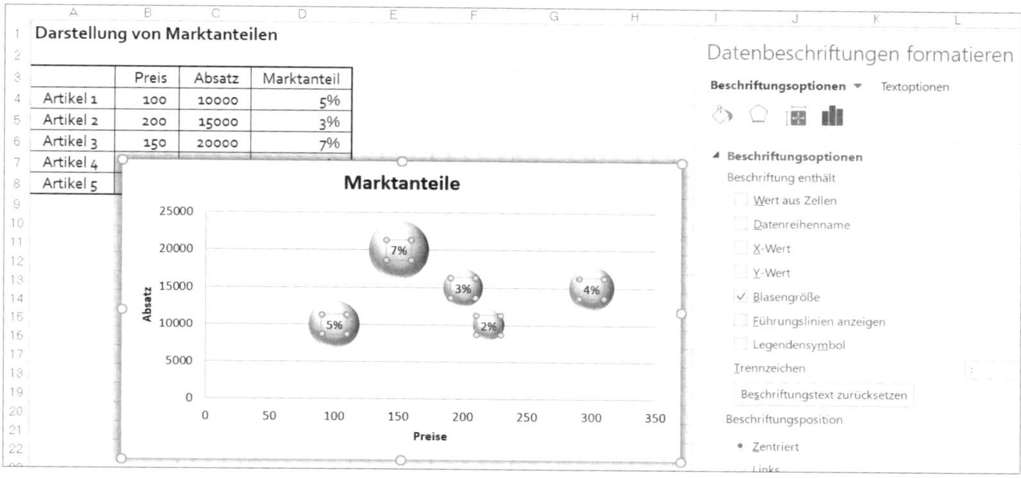

Darstellung von Marktanteilen

	Preis	Absatz	Marktanteil
Artikel 1	100	10000	5%
Artikel 2	200	15000	3%
Artikel 3	150	20000	7%
Artikel 4			
Artikel 5			

Abbildung 8.23 Marktanteile im Blasendiagramm mit zentrierter Datenbeschriftung

8.5 Verbunddiagramme

In vielen Fällen ist es wünschenswert, in einem Diagramm mehrere Diagrammtypen zu kombinieren, um einen Zusammenhang zwischen Daten zu zeigen, die sehr unterschiedlich sind. Ein Beispiel für eine Kombination aus Säulen- und Liniendiagramm zeigt Abbildung 8.24. Zu sehen ist eine Darstellung von Einnahmen und Ausgaben und als zusätzliche, hervorgehobene Datenreihe mit einer eigenen Größenachse auf der rechten Seite das Gewinnergebnis (Einnahmen – Ausgaben).

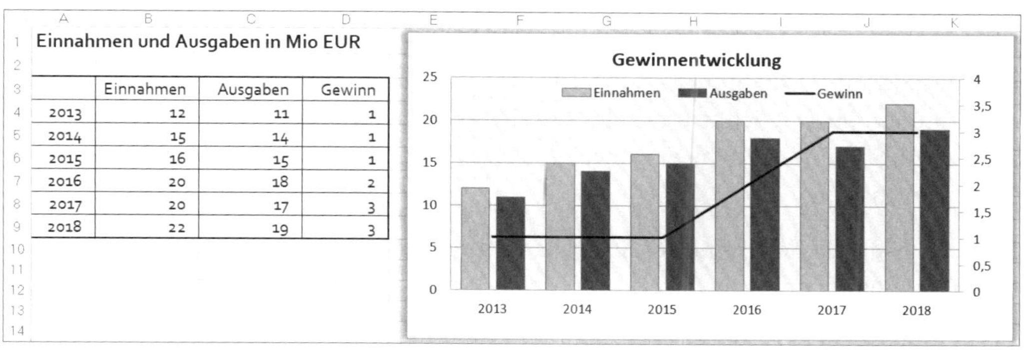

Einnahmen und Ausgaben in Mio EUR

	Einnahmen	Ausgaben	Gewinn
2013	12	11	1
2014	15	14	1
2015	16	15	1
2016	20	18	2
2017	20	17	3
2018	22	19	3

Abbildung 8.24 In einem Verbunddiagramm lässt sich eine Datenreihe hervorheben.

8.5.1 Dimensionsunterschiede ausgleichen

Oft besteht das Problem, dass in einem Diagramm Daten von sehr unterschiedlicher Art oder Größenordnung miteinander verglichen werden sollen. Wollen Sie z. B. die Gehaltsentwicklung von Managern eines Betriebs (in Hunderttausend € pro Jahr) mit der Gewinnentwicklung vergleichen (z. B. einige Millionen € pro Jahr), dann ist mit den einfachen Diagrammtypen nicht viel anzufangen. Ein Säulendiagramm etwa würde unter diesen Umständen eine Mischung aus sehr großen und sehr kleinen Säulen liefern.

Es kann aber auch sein, dass in einem Diagramm lediglich eine Datenreihe besonders hervorgehoben werden soll, die sich durchaus auch mit den übrigen Reihen zusammenfassen ließe. Die Lösung solcher Probleme kann dann in der Kombination mehrerer Diagrammtypen in einem Diagramm bestehen. Im Prinzip sind dabei zahlreiche Kombinationsmöglichkeiten zwischen Linien-, Säulen-, Flächen-, Blasen- und Spannweitendiagrammen denkbar.

8.5.2 Verbundtypen

Mit Excel 2013 wurde **Verbund** als eigener Diagrammtyp eingeführt. Dessen erste drei Untertypen sind häufig benötigte Kombinationen. Der erste Untertyp kombiniert gruppierte Säulen und Linien, der zweite kombiniert gruppierte Säulen und Linien, die eine zweite Wertachse verwenden. Der dritte Untertyp kombiniert gestapelte Flächen und gruppierte Säulen. Der vierte Untertyp erlaubt eigene Kombinationen.

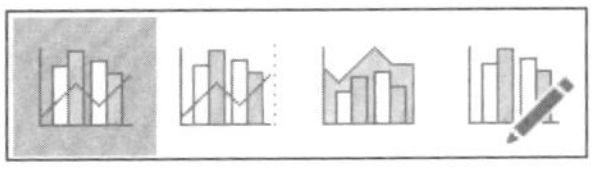

Abbildung 8.25 Varianten des Verbundtyps

In allen Fällen zeigt das Dialogfeld auf dem Register **Alle Diagramme** im unteren Teil für jede ausgewählte Datenreihe an, welcher Diagrammtyp ihr zugeordnet ist. Sie haben dabei immer die Möglichkeit, aus der Liste einen anderen Diagrammtyp für eine Reihe zu wählen. Soll für die Reihe eine zweite Achse verwendet werden, haken Sie den Punkt **Sekundärachse** an.

Excel zeigt immer gleich eine der Auswahl entsprechende Vorschau an, sodass unbrauchbare Kombinationen – etwa Kreise, die sich überlagern – leicht vermieden werden können.

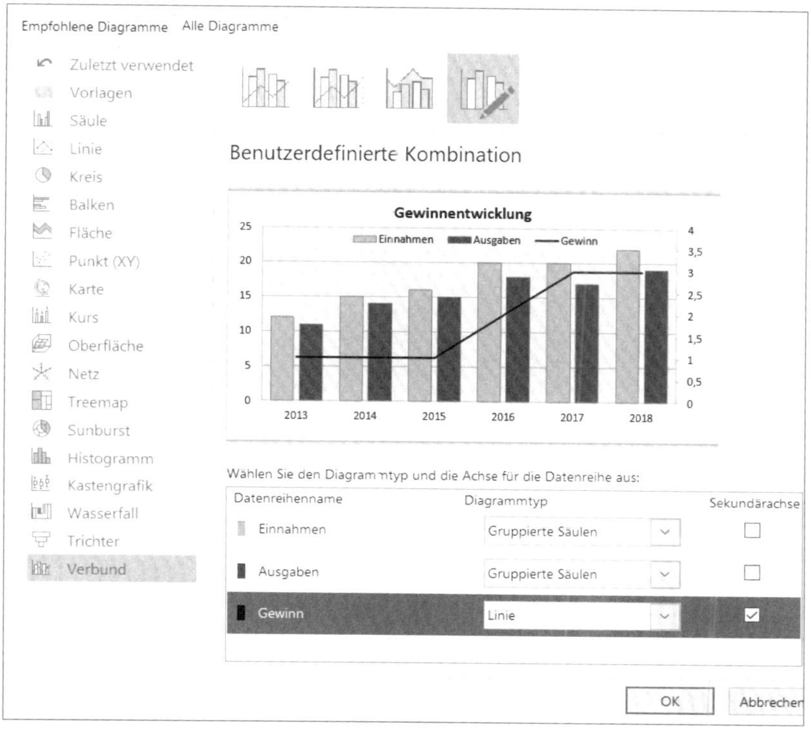

Abbildung 8.26 Auswahl der Diagrammtypen in einem Verbunddiagramm

Wenn spezielle Verbunddiagramme öfter benötigt werden, ist es sinnvoll, sie als benutzerdefinierte Typen zu entwickeln, sodass sie immer wieder verwendet werden können. Ist das Diagramm fertig formatiert, wählen Sie also das gesamte Diagramm aus und benutzen aus dem Kontextmenü die Option **Als Vorlage speichern**. Vergeben Sie einen passenden Namen, der den Diagrammtyp möglichst eindeutig identifiziert.

8.6 3D-Optik und echte 3D-Diagramme

Die Umwandlung eines zweidimensionalen Diagramms in ein Diagramm mit 3D-Effekt schafft manchmal einen zusätzlichen optischen Reiz. Dabei werden aber oft unerwünschte Nebeneffekte in Kauf genommen. Hier nur ein Beispiel: In einem Kreisdiagramm werden die Werte 1, 2, 4 und 8 abgebildet, jeder Wert ist also doppelt so groß wie der vorangegangene. Im Kreisdiagramm verdoppeln sich demnach die Winkel der jeweiligen Kreisausschnitte (»Tortenstücke«). Im flächigen Diagramm ist durchaus noch zu erkennen, dass sich die Winkel verdoppeln, in der räumlichen Darstellung fällt das erheblich schwerer.

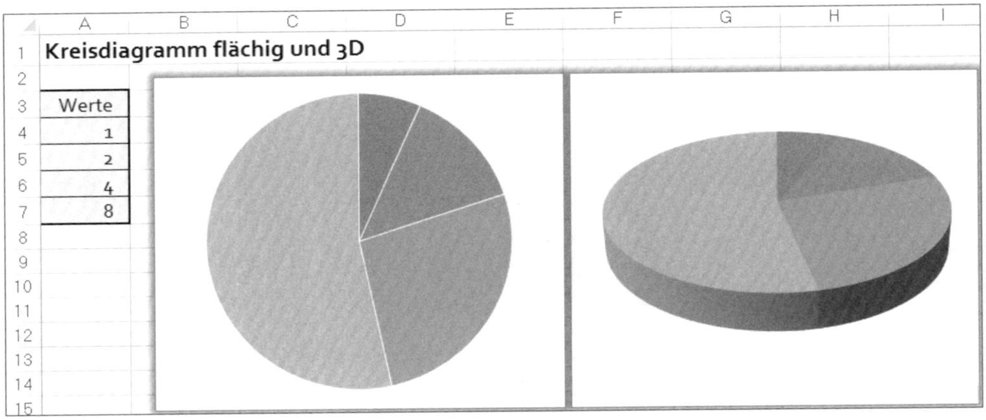

Abbildung 8.27 Größenverhältnisse mit und ohne 3D-Effekt

8.6.1 Echte und unechte 3D-Diagramme

Bei der Bezeichnung »3D« gehen die Dinge bei Excel leider etwas durcheinander. Ein wirklich dreidimensionales Diagramm ist ein Diagramm, das über drei Dimensionen verfügt: über Länge, Breite und Höhe oder, mathematisch ausgedrückt, über eine x-, eine y- und eine z-Achse. Das ist nur bei einem Teil der Diagrammtypen der Fall, die Excel »3D-Diagramme« nennt. Alle anderen sind nur wegen der Optik mit einem räumlichen Effekt versehen.

8.6.2 Entscheidend ist der Blickwinkel

Allen 3D-Diagrammen, seien sie nun echt oder unecht, ist gemeinsam, dass sich der Blickwinkel, aus dem sie zu sehen sind, frei wählen lässt. Ist der Diagrammbereich ausgewählt, kann über das Kontextmenü die Option **3D-Drehung** aufgerufen werden. Wie oben schon beschrieben, lässt sich dann im Aufgabenbereich **Diagrammbereich formatieren** auf der Seite zur Schaltfläche **Effekte** unter **3D-Drehung** mit den Einstellungen für die Achsen das Diagramm so bewegen, dass der Blickpunkt fast beliebig eingestellt werden kann. Außerdem lässt sich auf derselben Seite unter **Tiefe (% der Basis)** der vorgegebene Wert verändern, um den räumlichen Eindruck zu beeinflussen.

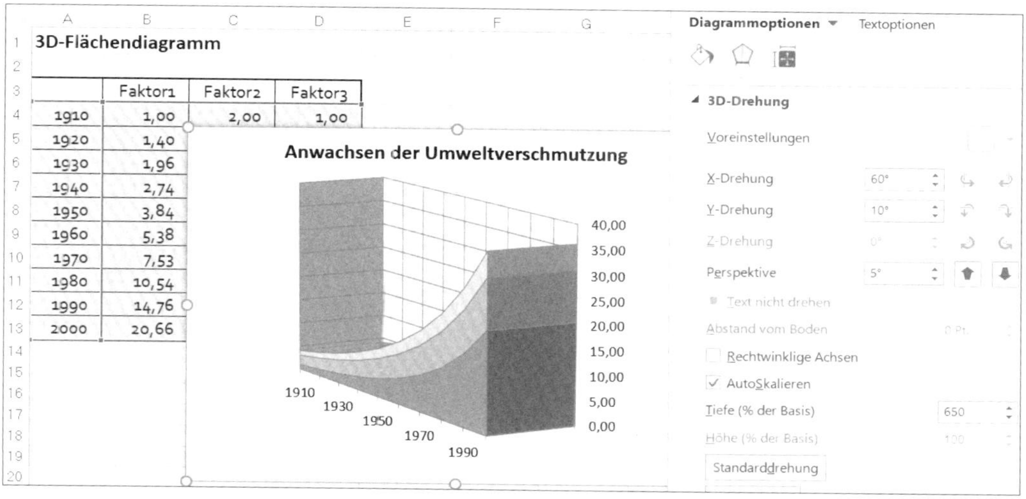

Abbildung 8.28 Die Perspektive und die Tiefe betonen die Tendenz.

Diese Tatsache rechtfertigt zumindest teilweise, dass Excel solche Diagramme unter den 3D-Diagrammen einordnet. Es wird hier zwar nichts bei der Darstellung sichtbar gemacht, was nicht auch ein normales zweidimensionales Diagramm leisten würde, bestimmte Erscheinungen lassen sich aber durchaus besser ins Bild rücken. Soll etwa eine bedrohliche Tendenz wie das Anwachsen der Umweltverschmutzung demonstriert werden, dann ist ein 3D-Flächendiagramm in geeigneter Perspektive und Tiefe schon sehr brauchbar.

Echte 3D-Diagramme

Wenn Daten nach mehr als zwei Dimensionen geordnet sind, ist zur grafischen Darstellung ein echtes 3D-Diagramm erforderlich. Im folgenden Beispiel wird die Entwicklung der Lebenserwartung für verschiedene Weltregionen und verschiedene Zeiträume dargestellt. Im Tabellenbereich sind in der ersten Zeile die Zeiträume und in der ersten Spalte die Regionen aufgeführt, die Werte für die drei Achsen sind zeilenweise angeordnet.

1. Nach Markierung des Tabellenbereichs A4:F8 wird zunächst der dreidimensionale Untertyp des Flächendiagramms ausgewählt.
2. Excel übernimmt als Vorgabe die angegebenen Zeiträume als Rubriken für die x-Achse und die Regionen als Beschriftungen für die Tiefenachsen.
3. Die Anzeige der Legende kann deshalb deaktiviert werden, weil die Legende durch die gleichlautenden Achsenbeschriftungen überflüssig wird.

4 Damit die Werte besser ablesbar sind, sollten Sie über die Plusschaltfläche und **Gitternetzlinien** die Optionen **Haupttiefengitter**, **Primäres Hauptgitter horizontal** und **Primäres Hauptgitter vertikal** aktivieren.

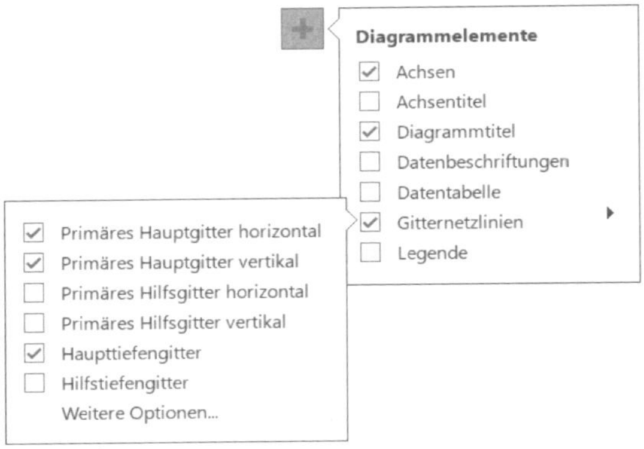

5 Wichtig ist nur noch ein Titel für das ganze Diagramm, aus dem hervorgeht, was überhaupt dargestellt wird.

Hier käme natürlich auch jeder andere 3D-Typ infrage. Abbildung 8.29 macht übrigens deutlich, dass im 3D-Flächendiagramm (dasselbe gilt für das 3D-Liniendiagramm) eine der beiden Dimensionen des Diagrammbereichs eindeutig bevorzugt ist: Alle Daten einer Reihe (im Beispiel die Regionen) werden zu einem farblich und grafisch einheitlichen Block zusammengefasst. Sollte dieser Effekt unerwünscht sein, bietet sich ein 3D-Säulendiagramm an, bei dem im Nachhinein alle Datenreihen mit derselben Farbe versehen werden.

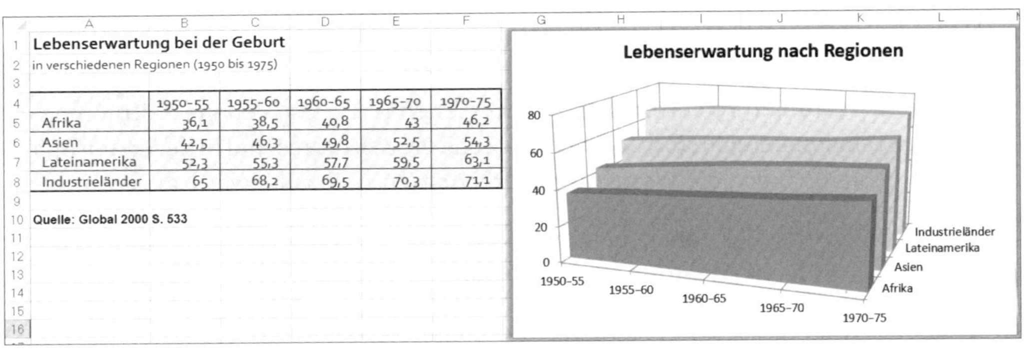

Abbildung 8.29 Lebenserwartung nach Regionen und Perioden, dargestellt durch ein 3D-Flächendiagramm

8.6.3 Diagramme mit drei Achsen

Für die Säulen-, Flächen- und Liniendiagramme stellt Excel Formate bereit, bei denen es sich um echte 3D-Diagramme handelt, d. h. um Diagramme mit drei Achsen. Die Einträge für die Tiefen- oder Reihenachse und für die Rubriken- oder Kategorienachse lassen sich sowohl bei der Erstellung als auch bei der Bearbeitung des Diagramms vertauschen. Die Daten einer Reihe werden jeweils farblich zusammengefasst.

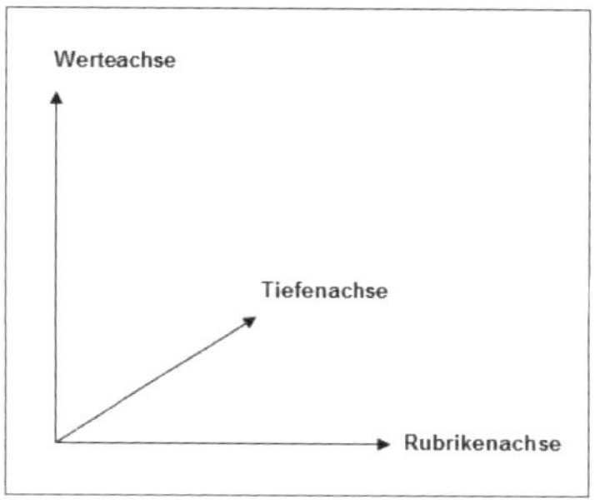

Abbildung 8.30 Achsen im 3D-Diagramm

8.6.4 Anwendungsbeispiele für 3D-Diagramme

Es gibt eine Anzahl von Daten, die eine dreidimensionale Darstellung nahelegen. Als Beispiele seien genannt:

- durchschnittliches Jahreseinkommen, aufgegliedert nach dem Nord-Süd-Gefälle für die letzten zehn Jahre
- Verwaltungsaufwand in Betrieben, abhängig von der Betriebsgröße in den letzten Jahren
- Veränderung der Luftverschmutzung über die Jahre, aufgegliedert nach bestimmten Regionen

8.6.5 Die echten 3D-Untertypen

Zweifellos der wichtigste Untertyp ist das 3D-Säulendiagramm. Hinzu kommt das 3D-Liniendiagramm, bei dem die »Linien« durch Bänder im Raum ersetzt sind. Der Vorteil dieser Darstellung ist, dass sich auch Datenreihen sichtbar machen lassen, die in anderen 3D-Diagrammen kaum darstellbar wären, weil sich die Daten gegenseitig verdecken.

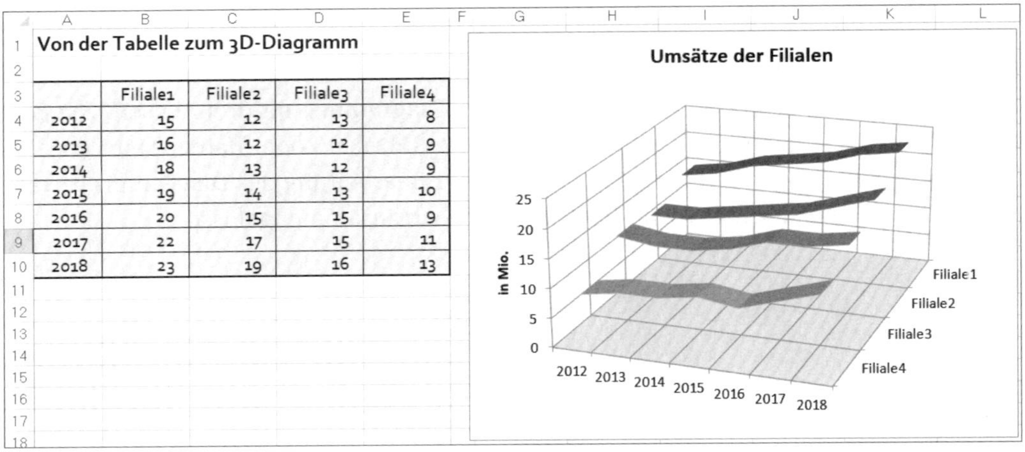

Von der Tabelle zum 3D-Diagramm

	Filiale1	Filiale2	Filiale3	Filiale4
2012	15	12	13	8
2013	16	12	12	9
2014	18	13	12	9
2015	19	14	13	10
2016	20	15	15	9
2017	22	17	15	11
2018	23	19	16	13

Abbildung 8.31 3D-Bänder im Raum

8.6.6 Ein 3D-Diagramm mit gleichberechtigten Reihen und Rubriken

Es ist schon angesprochen worden, dass bei den vorgegebenen 3D-Typen durch die Einfärbung bestimmte Dimensionen des Diagramms stärker betont erscheinen als andere. Das kann durch einen benutzerdefinierten Diagrammtyp für ein 3D-Säulendiagramm geändert werden, der über folgende Merkmale verfügt:

- Der Querschnitt der Säulen muss quadratisch sein.
- Die Abstände zwischen den Datenreihen und zwischen den Rubriken müssen gleich groß sein.
- Alle Säulen müssen eine einheitliche Farbe haben.

Während die beiden ersten Forderungen kein Problem bereiten, ist die letzte nicht ganz so einfach zu erfüllen. Das liegt daran, dass sich die Farbe der einzelnen Säulengruppen nicht global festlegen lässt, sondern nur für jede Gruppe einzeln. Um ein 3D-Säulendiagramm in der angegebenen Weise zu formatieren, sind folgende Schritte notwendig:

1. Es wird eine Tabelle erzeugt, die mindestens so viele Datenreihen enthalten muss, wie später maximal benötigt werden könnten. Eine Tabelle mit zehn bis zwanzig Spalten müsste hinreichend sein. Pro Spalte genügen zwei Einträge. Die Werte lassen sich leicht mit dem Ausfüllkästchen oder der Funktion **AutoAusfüllen** erzeugen.

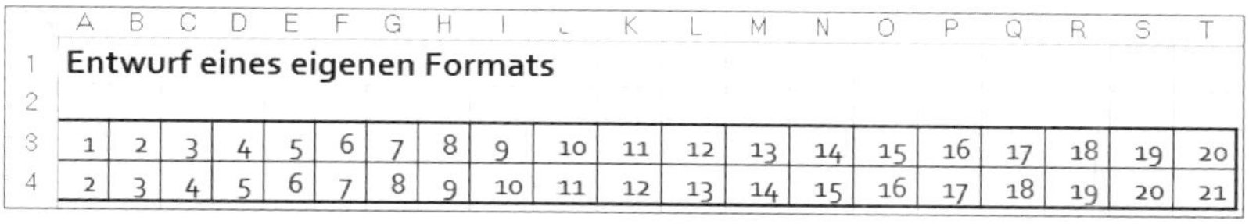

Entwurf eines eigenen Formats

1	2	3	4	5	6	7	8	9	10	11	12	13	14	15	16	17	18	19	20
2	3	4	5	6	7	8	9	10	11	12	13	14	15	16	17	18	19	20	21

2 Auf Basis dieser Tabelle erstellen Sie über **Einfügen ▸ Diagramme ▸ Säulen- oder Balkendiagramm einfügen** ein 3D-Säulendiagramm. Löschen Sie über das Menü der Plusschaltfläche die Auswahl von **Legende**, um die als Vorgabe eingeblendete Legende zu entfernen.

3 Im gleichen Menü sorgen Sie über die Schaltfläche **Achsen** dafür, dass die Tiefenachse ohne Beschriftungen angezeigt wird.

4 Über **Entwurf ▸ Daten** benutzen Sie die Schaltfläche **Zeile/Spalten wechseln**, um die Datenreihen nach Spalten anzuordnen.

5 Wählen Sie nacheinander die Datenreihen aus, und setzen Sie im Aufgabenbereich **Datenreihen formatieren** auf der Seite **Datenreihenoptionen** die Werte für **Abstandstiefe** und **Abstandsbreite** jeweils genau auf 100 %. Die Abstandsbreite ist die Distanz zwischen zwei Säulen einer Datenreihe, und die Tiefe schließlich beeinflusst am Ende den Querschnitt der einzelnen Säulen.

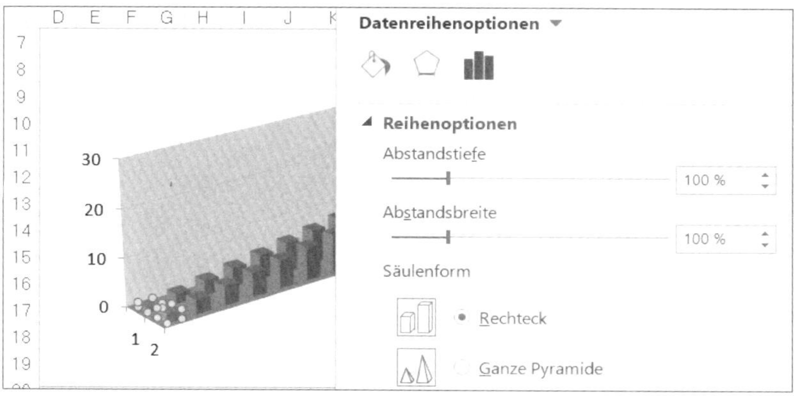

6 Wählen Sie über das Menü zu dem kleinen Dreieck hinter der Überschrift oberhalb der Symbole nacheinander die Positionen **Boden**, **Rückwand** und **Seitenwand** aus, um ihnen über die Schaltfläche **Linie und Füllung** eine bestimmte Einfärbung als Vorgabe zuzuordnen.

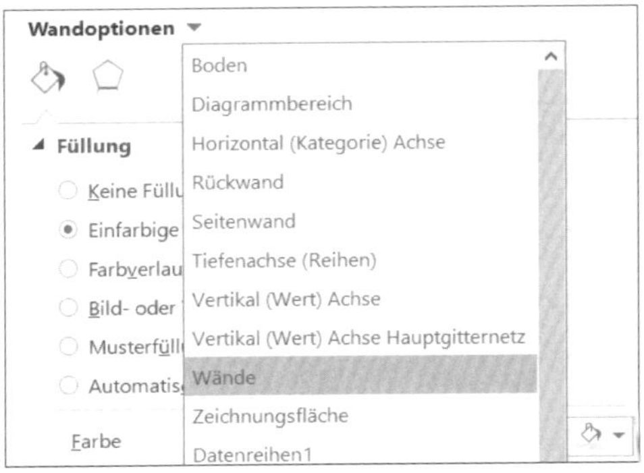

7 Jede einzelne Datenreihe versehen Sie nun mit einer einheitlichen Farbe. Dazu müssen Sie jedes Säulenpaar einzeln markieren, wobei der Aufgabenbereich **Datenreihe formatieren** geöffnet bleiben kann. In der Gruppe **Füllung** wählen Sie die Option **Einfarbige Füllung** und legen die Farbe fest.

8 Abschließend speichern Sie das Diagramm als benutzerdefinierten Diagrammtyp über das Kontextmenü des Diagramms mit **Als Vorlage speichern**.

Soll das neue Format angewendet werden, markieren Sie Ihre Daten und wählen über den Dialog **Diagramm einfügen** unter **Vorlagen** den neuen benutzerdefinierten Diagrammtyp aus. Abbildung 8.32 zeigt ein kleines Beispiel.

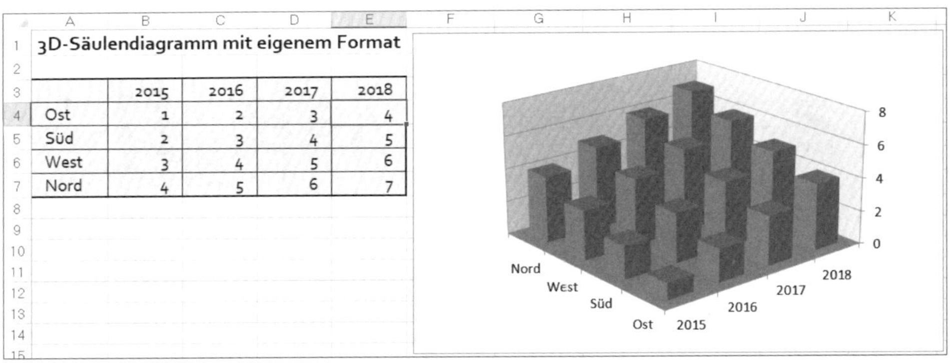

	2015	2016	2017	2018
Ost	1	2	3	4
Süd	2	3	4	5
West	3	4	5	6
Nord	4	5	6	7

Abbildung 8.32 Ein Diagramm im neuen Format

8.7 3D-Oberflächendiagramme – für kontinuierliche Darstellungen

In allen Fällen, in denen die x- und y-Achsen bei einer 3D-Darstellung gleichwertig sind und gleichzeitig eine kontinuierliche Darstellung der Daten verlangt wird, ist das Oberflächendiagramm ein nahezu ideales Mittel. Dieses interessante 3D-Diagramm entspricht einem um eine Achse erweiterten Liniendiagramm, es kommt also dem, was aus der Mathematik als 3D-Diagramm bekannt ist, am nächsten. Als Beispiel dient zunächst ein Graph für eine bekannte mathematische Funktion.

z=sin(x*y)

	0	0,3	0,6	0,9	1,2	1,5	1,8	2,1	2,4	2,7	3
0	0	0	0	0	0	0	0	0	0	0	0
0,3	0	0,09	0,18	0,27	0,35	0,43	0,51	0,59	0,66	0,72	0,78
0,5	0	0,18	0,35	0,51	0,66	0,78	0,88	0,95	0,99	1	0,97
0,9	0	0,27	0,51	0,72	0,88	0,98	1	0,95	0,83	0,65	0,43
1,2	0	0,35	0,66	0,88	0,99	0,97	0,83	0,58	0,26	-0,1	-0,4
1,5	0	0,43	0,78	0,98	0,97	0,78	0,43	-0	-0,4	-0,8	-1
1,8	0	0,51	0,88	1	0,83	0,43	-0,1	-0,6	-0,9	-1	-0,8
2,1		0,59	0,95	0,95	0,58	-0	-0,6	-1	-0,9	-0,6	0,02
2,4		0,66	0,99	0,83	0,26	-0,4	-0,9	-0,9	-0,5	0,2	0,79
2,7		0,72	1	0,65	-0,1	-0,8	-1	-0,6	0,2	0,85	0,97
3		0,78	0,97	0,43	-0,4	-1	-0,8	c,02	0,79	0,97	0,41

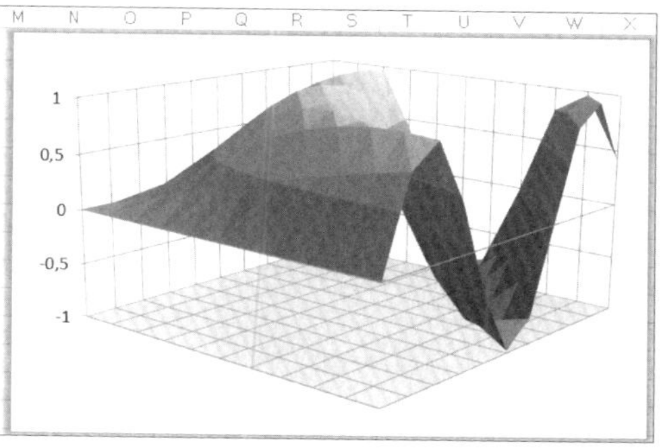

Abbildung 8.33 Graph zu einer dreidimensionalen Funktion

Besonders reizvoll ist es, diesen Diagrammtyp, der »Berge« und »Täler« liefert, auch so einzusetzen: zur Darstellung geografischer Gegebenheiten. Hier ein kleines Beispiel, das allerdings einen gewissen Bearbeitungsaufwand erfordert. So muss für die vertikale Achse unter **Achsenoptionen** angegeben werden, dass die Bodenfläche nicht bei 0, sondern in diesem Fall bei dem Wert von **Achsenwert** schneidet, wobei Sie gleichzeitig bei **Minimum** »700« als niedrigsten Achsenwert eintragen müssen. Außerdem sollten alle Wände mit der Option **Keine Füllung** ausgeblendet werden.

Höhenpunkte (Abstand 100 m)

	x1	x2	x3	x4	x5	x6	x7	x8	x9	x10	x11	x12
y1	820	801	893	833	825	811	793	812	865	886	872	851
y2	814	812										
y3	822	852										
y4	883	912										
y5	848	899										
y6	821	842										
y7	789	803										
y8	739	754										
y9	736	720										
y10	720	712										

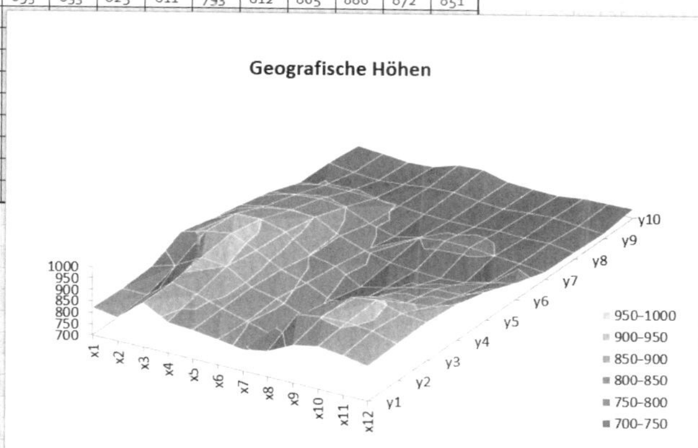

Abbildung 8.34 Landschaft als Oberflächendiagramm

Leider hat das 3D-Oberflächendiagramm mit dem Liniendiagramm gemeinsam, dass es nur über eine numerische Achse verfügt (die z- oder Größenachse), während die anderen beiden Achsen nicht numerisch sind. Diese Beschränkung lässt sich aber meist dadurch umgehen, dass die numerischen Werte für die x- und die y-Achse in gleichen Abständen gewählt werden.

Drahtmodell und Vogelperspektive

Das 3D-Oberflächendiagramm verfügt über vier Untertypen, die sich zum einen durch die Farbgebung, zum anderen durch die Perspektive unterscheiden.

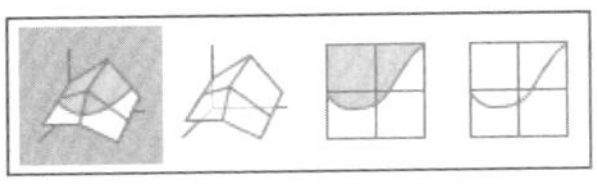

Abbildung 8.35 Untertypen zum Oberflächendiagramm

Bei den Untertypen 1 und 3 werden die verschiedenen Größen (Werte auf der Größenachse) farblich unterschieden, wobei für jedes Hauptintervall eine eigene Farbe gewählt wird. Bei den Untertypen 2 und 4 ist die Farbe aller Größen transparent, sodass sich ein Drahtmodell ergibt. Die Untertypen 1 und 2 sind 3D-Darstellungen, die Untertypen 3 und 4 Darstellungen aus der Vogelperspektive.

8.8 Neuere Diagrammtypen

Seit Excel 2016 gibt es eine Reihe von neuen Diagrammtypen, die wir Ihnen in diesem Abschnitt anhand kleiner Beispiele vorstellen wollen.

8.8.1 Statistische Diagramme

Ein Diagrammtyp, den Sie bisher durch spezielle Einstellungen zu einem Säulendiagramm erreichen konnten, wird jetzt als fertiger Typ angeboten: das *Histogramm*. Dieser Typ wird typischerweise zur Visualisierung der Verteilung von Häufigkeiten eingesetzt. Abbildung 8.36 zeigt eine Tabelle mit Testwerten. Wenn Sie dieser Tabelle den Diagrammtyp **Histogramm** zuordnen (über die Schaltfläche **Statistikdiagramm einfügen** in der Gruppe **Diagramme** oder über den Dialog **Diagramm einfügen**), nimmt Excel zunächst eine automatische Klasseneinteilung der Werte vor; in der Abbildung sind es drei Klassen, die auf der x-Achse die Beschriftung liefern.

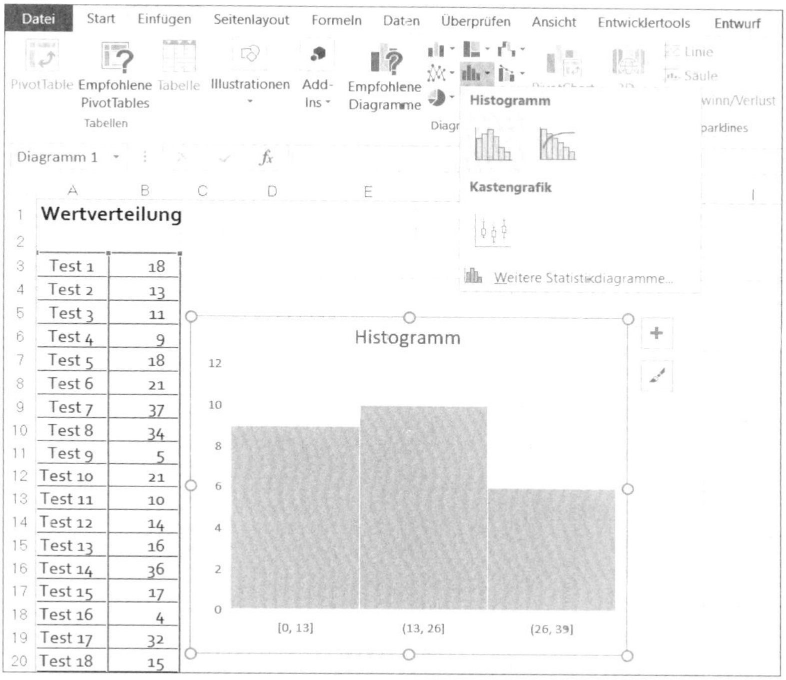

Abbildung 8.36 Histogramm zur Verteilung der Häufigkeit von Testwerten

Wollen Sie eine andere Aufteilung, klicken oder tippen Sie die Achse doppelt an und wählen unter **Achsenoptionen ▸ Intervalle** eine andere **Anzahl der Intervalle**, wobei Sie auch die Gruppe mit den kleinsten und größten Werten unter **Unterlaufintervalle** und **Überlaufintervalle** manuell einstellen können. Excel bezeichnet Klassen also hier als Intervalle. Ein Untertyp dieses Diagramms ist das *Paretodiagramm*. Dabei wird dem Histogramm noch eine Kurve beigefügt, die die kumulierte Häufigkeit anzeigt, wozu eine zweite Werteachse mit Prozentwerten eingefügt wird.

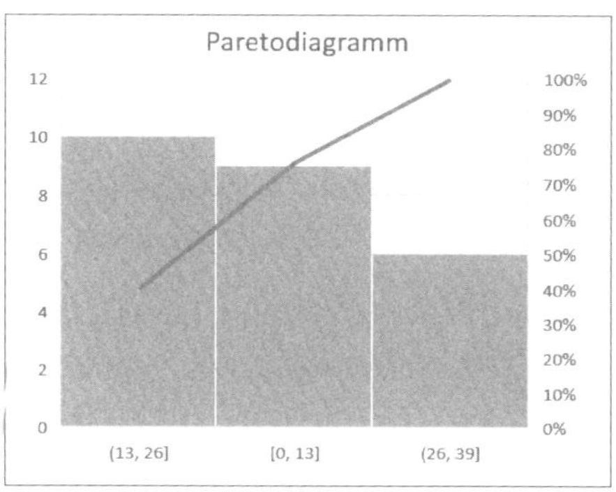

Abbildung 8.37 Beispiel für ein Paretodiagramm

Der zweite Diagrammtyp, der über die Schaltfläche **Statistikdiagramm einfügen** angeboten wird, nennt sich **Kastengrafik**. Auch dabei geht es darum, die Verteilung von Häufigkeiten darzustellen. Im folgenden Beispiel sind für zwei Tagungsorte die Teilnehmerzahlen von Kursen zu verschiedenen Themen nacheinander aufgelistet. Die Kastengrafik zeigt pro Kurs und Tagungsort jeweils eine Säule, die die Spannbreite der häufigsten Werte anzeigt, und jeweils noch eine T-Linie, die den niedrigsten und den höchsten Wert, also die Ausreißer in beide Richtungen, anzeigt. Zusätzlich ist jeweils noch eine Linie für die Mittelwerte eingefügt.

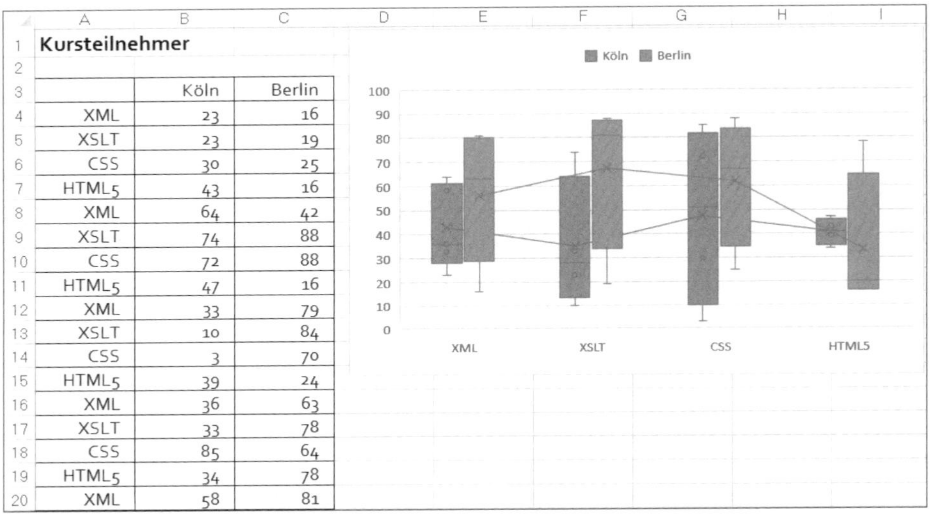

Kursteilnehmer

	Köln	Berlin
XML	23	16
XSLT	23	19
CSS	30	25
HTML5	43	16
XML	64	42
XSLT	74	88
CSS	72	88
HTML5	47	16
XML	33	79
XSLT	10	84
CSS	3	70
HTML5	39	24
XML	36	63
XSLT	33	78
CSS	85	64
HTML5	34	78
XML	58	81

Abbildung 8.38 Kastengrafik zur Verteilung von Kursteilnehmern

Bei diesem Diagrammtyp sind für die Darstellung der Werte die Reihenoptionen entscheidend. Sie können innerhalb der Säulen mit **Innere Punkte anzeigen** noch Punkte für die einzelnen Werte ausgeben.

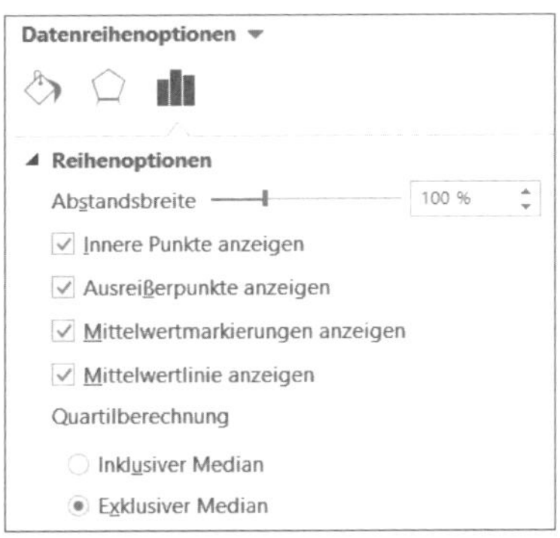

Abbildung 8.39 Reihenoptionen zu einer Kastengrafik

Die Ausreißerpunkte, die Mittelwertmarkierungen und die Mittelwertlinie lassen sich auch ausblenden. Unter **Quartilberechnung** wählen Sie, ob mit einem Median gerechnet wird, der die Ausreißer ein- oder ausschließt.

8.8.2 Wasserfall

Ein Diagramm, mit dem Sie darstellen können, wie viel am Ende von einem Ausgangswert übrig bleibt, nachdem einige Abzüge berücksichtigt sind, wird mit dem treffenden Namen *Wasserfall* angeboten. Das im Folgenden abgebildete Beispiel basiert auf einer Tabelle, in der ausgehend von dem Wert für Umsatz untereinander Abzüge sowie Zwischen- und Endergebnisse eingetragen sind. Das Verfahren sieht so aus:

1 Markieren Sie die Beschriftungen und die Werte in der Tabelle. Wählen Sie **Einfügen ▸ Diagramme ▸ Wasserfall-, Trichter-, Kurs-, Oberflächen- oder Netzdiagramm einfügen**.

2 Das Diagramm zeigt zunächst eine Reihe von Säulen, die mit zwei Farben anzeigen, ob es sich um einen Wertzuwachs oder eine Wertminderung handelt. Die Minderung kann Excel leicht daran erkennen, dass es sich um negative Werte handelt. Die Beschriftungen werden auf der x-Achse als Rubriken verwendet. Was als Zwischen- oder Endergebnis gelten soll, müssen Sie über den Aufgabenbereich angeben. Klicken Sie dazu nacheinander die entsprechenden Werte doppelt an, in diesem Fall also die Datenpunkte für Rohgewinn und Nettogewinn.

3 Im Aufgabenbereich aktivieren Sie unter **Reihenoptionen** die Option **Als Summe festlegen**. Die entsprechenden Balken werden neu berechnet und neu eingefärbt.

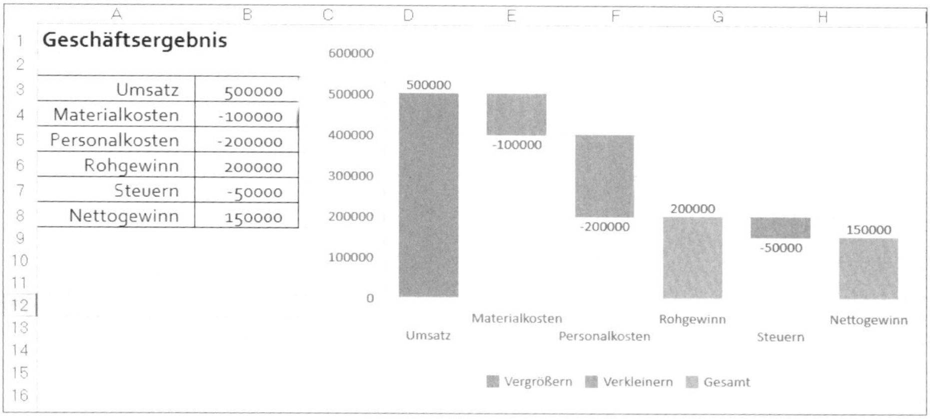

Abbildung 8.40 Wasserfalldiagramm zum Geschäftsergebnis

8.8.3 Sunburst

Die Diagrammtypen **Sunburst** und **Treemap**, finden Sie über **Einfügen ▸ Diagramme** unter der Schaltfläche **Hierarchiediagramm einfügen**.

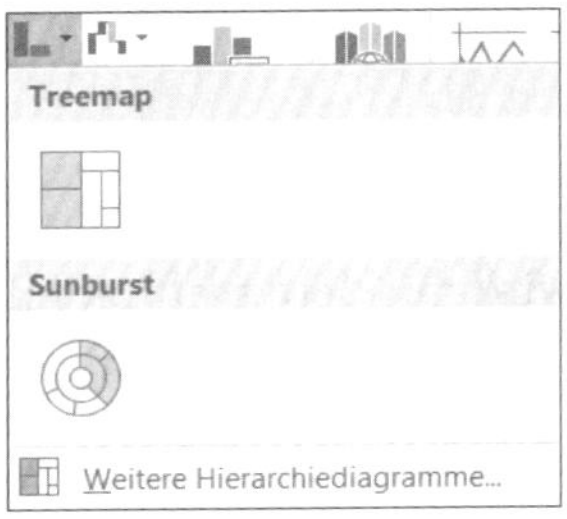

Abbildung 8.41 Zwei Diagrammtypen für hierarchisch geordnete Werte

Der Typ **Sunburst** erinnert ein wenig an Ringdiagramme, erlaubt aber die Darstellung von Hierarchien mit mehreren Ebenen, wobei die Ebenen teilweise auch übersprungen werden können. Im Beispiel aus Abbildung 8.42 bildet das Musikgenre die erste Ebene, die zweite sind die Musiker. Die dritte Ebene wird nur für einen Komponisten verwendet, weshalb die Zellen B9 und C4 bis C7 und C10 bis C15 leer bleiben müssen. Die vierte Ebene enthält die Zahl der Alben. Diese bestimmt die Größe der Segmente. Die erste Ebene wird zugleich als Legende verwendet und durch unterschiedliche Farben gekennzeichnet.

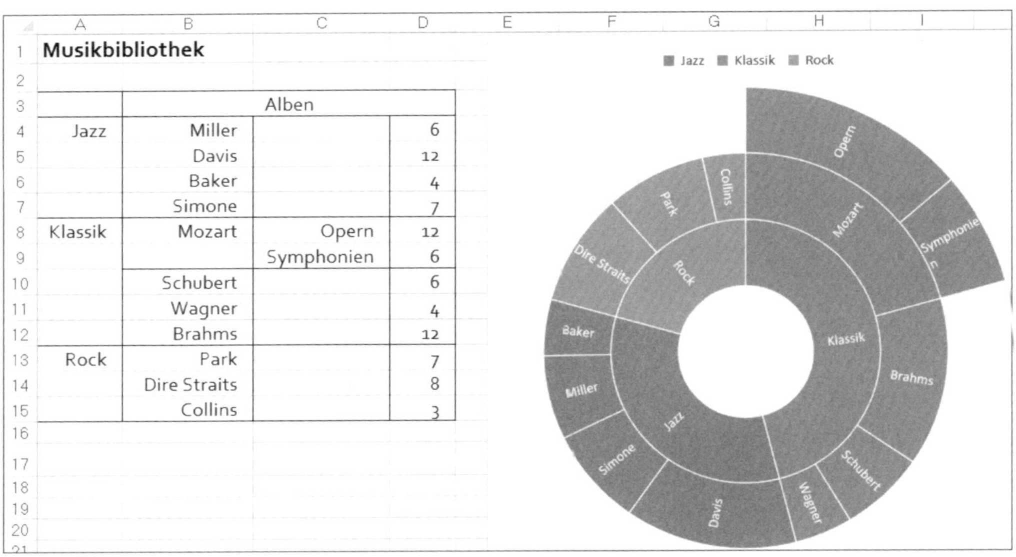

Musikbibliothek

	Alben		
Jazz	Miller		6
	Davis		12
	Baker		4
	Simone		7
Klassik	Mozart	Opern	12
		Symphonien	6
	Schubert		6
	Wagner		4
	Brahms		12
Rock	Park		7
	Dire Straits		8
	Collins		3

Abbildung 8.42 Das Diagramm visualisiert die Anzahl der Alben in den einzelnen Genres.

8.8.4 Treemap

Eine einfache Variante eines hierarchischen Diagramms ist **Treemap**. In diesem Fall kann eine Tabelle mit mehreren Spalten oder Zeilen ausgewertet werden: eine oder mehrere für die Beschriftungen, eine für die Werte. Dieses Diagramm arbeitet nicht mit einem Koordinatensystem. Der Raum wird automatisch so in Rechtecke aufgeteilt, dass links mit den größten Werten begonnen wird. Das folgende Beispiel zeigt, dass dabei eine mehrstufige Hierarchie ausgewertet werden kann. Die Länderebene wird in diesem Fall einheitlich eingefärbt.

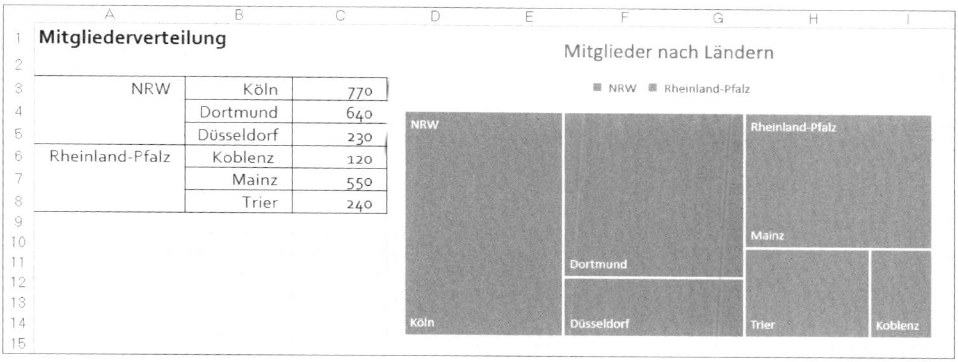

Mitgliederverteilung

NRW	Köln	770
	Dortmund	640
	Düsseldorf	230
Rheinland-Pfalz	Koblenz	120
	Mainz	550
	Trier	240

Abbildung 8.43 Treemap zur Mitgliederverteilung

8.8.5 Trichterdiagramme

Mit einem Trichterdiagramm lässt sich ganz gut veranschaulichen, wie eine bestimmte Menge im Laufe der Zeit verbraucht wird. Das abgebildete Beispiel zeigt den Verbrauch eines Jahresbudgets für die einzelnen Monate.

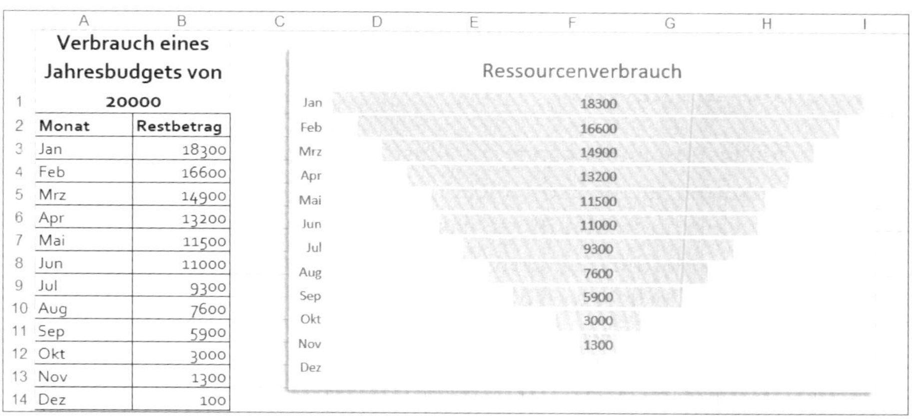

Verbrauch eines Jahresbudgets von 20000

Monat	Restbetrag
Jan	18300
Feb	16600
Mrz	14900
Apr	13200
Mai	11500
Jun	11000
Jul	9300
Aug	7600
Sep	5900
Okt	3000
Nov	1300
Dez	100

Abbildung 8.44 Ein Trichterdiagramm zeigt den Abfluss eines Budgets im Jahresverlauf.

8.8.6 Kartendiagramme

Bei Datenmaterial, das sich geografischen Karten zuordnen lässt, haben Sie die Option, zweidimensionale Karten zu verwenden. Die Basistabelle muss mindestens eine Spalte mit geografischen Angaben enthalten, seien es Ländernamen, Regionen oder Postleitzahlen. Erst dann kann eine Spalte mit den dazugehörigen Werten ausgewertet werden.

Abbildung 8.45 Länderdiagramm

Über den Aufgabenbereich **Datenreihen formatieren** bestimmen Sie den Kartenbereich und die Reihenfarbe.

8.9 Dreidimensionale Karten

Um gebietsübergreifende Zusammenhänge zu illustrieren, bieten sich insbesondere dreidimensionale Landkarten an, die Excel mit entsprechenden Tabellendaten verknüpfen kann. Voraussetzung hierfür ist allerdings, dass das Add-In **Microsoft Power Map for Excel**, das in Excel 2019 standardmäßig, aktiviert ist. Außerdem ist eine Internetverbindung bei der Erstellung erforderlich, weil die benötigten Daten teilweise über die Suchmaschine Bing zusammengetragen werden.

8.9.1 Vorbereitung der Datenbasis

Zunächst ist es notwendig, in einem Tabellenblatt die Daten zusammenzustellen, die schließlich in einer Landkarte angezeigt werden sollen. Diese Daten verknüpfen Werte wie Umsatz, Absatz, Kundenzahl etc. mit geografischen Angaben, denen sie zugeordnet sind. Dies kann über ein entsprechendes Datenmodell – wie in Abschnitt 18.3 beschrieben – geschehen oder über eine Tabelle, deren Spalten passende Beschriftungen enthalten. Mindestens eine Spalte muss dabei geografische Werte enthalten wie Land, Ort, Postleitzahl, und der jeweilige Wert muss pro Zeile eindeutig sein.

Um mit einem übersichtlichen Beispiel zu beginnen, soll eine einfache Tabelle die Umsätze mehrerer Länder auflisten. Dazu reicht eine zweispaltige Tabelle mit den Namen der Länder und den erzielten Umsätzen.

Umsatz nach Ländern

Land	Umsatz
Niederlande	100000
Belgien	80000
Luxemburg	60000
Deutschland	130000
Frankreich	120000
Italien	90000
Spanien	70000

Abbildung 8.46 Tabelle mit Umsätzen nach Ländern

8.9.2 Visualisierung mit 3D-Karten

Um diese Tabelle für eine dreidimensionale Karte zu nutzen, sind die folgenden Schritte notwendig:

1 Setzen Sie den Mauszeiger in die Tabelle, und vergeben Sie über **Entwurf ▸ Eigenschaften ▸ Tabellenname** noch einen eigenen Namen für die Tabelle.

2 Benutzen Sie **Einfügen ▸ Touren ▸ 3D-Karte ▸ 3D-Karten öffnen.** Falls das Datenanalyse-Add-In noch nicht aktiviert ist, bestätigen Sie jetzt die Aktivierung mit der angebotenen Schaltfläche.

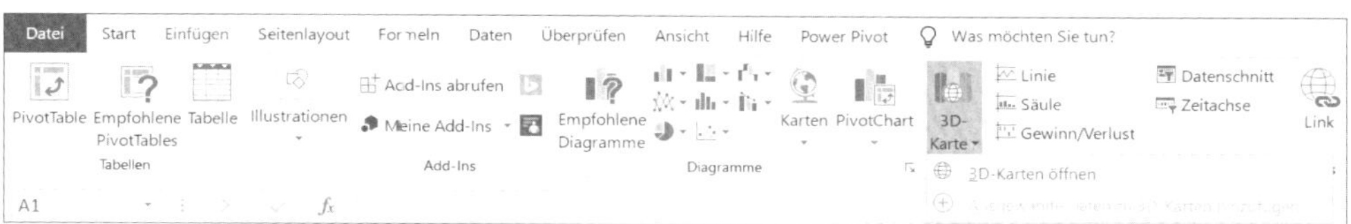

3 Für die generierte 3D-Karte wird ein eigenes Fenster geöffnet. Die Karte verwertet die mithilfe der Suchmaschine Bing zusammengesuchten Daten. Die Karte ist gleichzeitig die erste Szene in einer neuen Tour. Die Daten gehören zu der ersten Schicht, deren Zusammenstellung im Aufgabenbereich rechts der Karte sichtbar wird. Dieser Bereich entspricht in etwa der Feldliste in den Pivot-Tabellen. Wie die Abbildung zeigt, werden die Werte in der Spalte **Land** als ein Feld der Kategorie **Ort** behandelt.

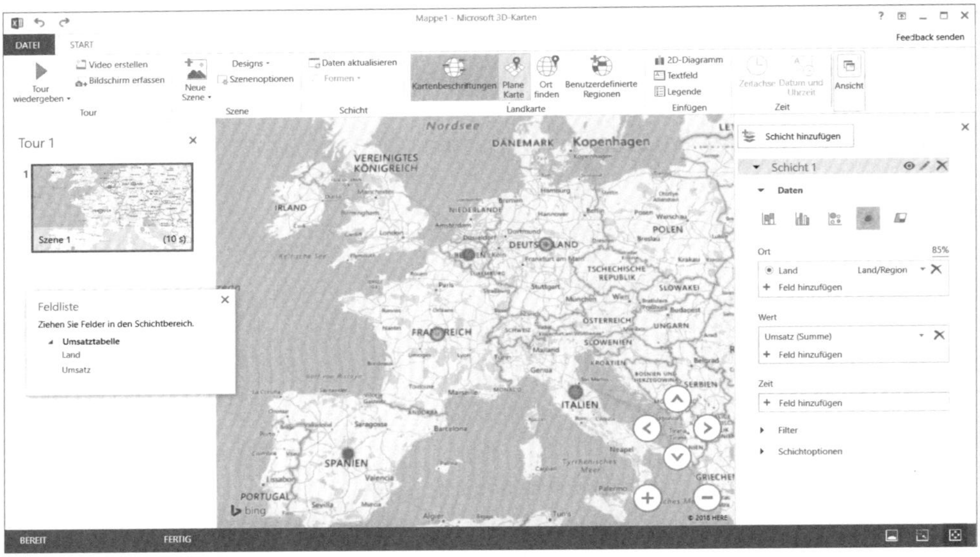

4 Unter **Wert** wählen Sie über **Feld hinzufügen** die Spalte Umsatz aus.

5 Mit den Symbolen unter **Daten** bestimmen Sie, ob die Werte als Balken, Blasen oder Kreise oder durch Farbabstufungen angezeigt werden.

Bei einer einzelnen Karte muss es nicht bleiben. Wenn Sie die Entwicklung der Umsätze über mehrere Jahre verfolgen wollen, können Sie in die Umsatztabelle entsprechende Jahreswerte einfügen und unter **Zeit** das entsprechende Feld hinzufügen. Dadurch lässt sich das Angebot nutzen, die verschiedenen Karten in einem Video zusammenzufügen.

9 Datenvisualisierung mit Sparklines

Für die Visualisierung von Informationen gibt es mehrere Wege. Eine Alternative zu Diagrammen sind die *Sparklines*, die »funkensprühenden« Linien, die auch als *Zahlenbilder* oder *Wortgrafiken* bezeichnet werden. Die eine wie die andere Bezeichnung deutet schon an, dass nicht so ganz klar ist, was das ist, irgendetwas, das mit einem Diagramm Ähnlichkeit hat, aber doch nicht so ein richtiges Diagramm ist. Als Erfinder wird Edward Tufte, ein Professor aus Yale, genannt, der Sparklines als »small, intense, simple datawords« bezeichnete. Das Motiv für seine Erfindung war, Daten innerhalb eines Satzes so zu visualisieren, dass der Bereich der Zeile möglichst nicht gesprengt werden muss.

9.1 Merkmale und Verwendungsmöglichkeiten

Sparklines sind eine Option, wenn es um eine kompakte Darstellung geht. Sie sind an der Vorstellung orientiert, dass der Text und die Daten, die den Bedeutungszusammenhang liefern, und die Visualisierung der Daten möglichst eng verknüpft bleiben sollen. Hilfreich sind solche *datawords* hauptsächlich da, wo Zahlen vorhanden sind, die Entwicklungsreihen oder Trends darstellen. Ein ganz einfaches Beispiel ist eine Zeile wie die in Abbildung 9.1 dargestellte.

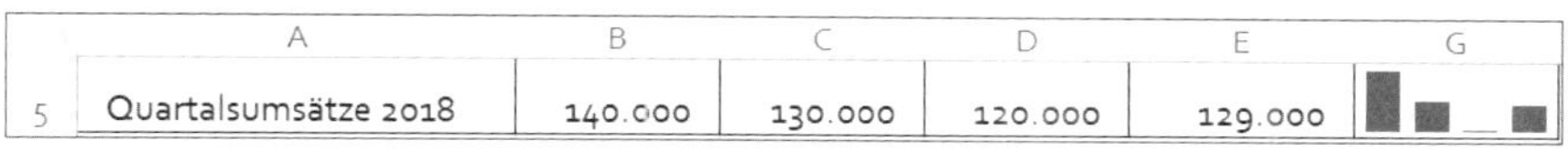

Abbildung 9.1 Datenzeile mit einer Sparkline

Die erste Zelle gibt an, worum es geht, die vier Zellen liefern die entsprechenden Daten, und die Sparkline visualisiert diese Daten. Die Reihenfolge und Anordnung der drei Elemente lässt sich variieren, normalerweise sollten Beschriftung, Zahlen und Grafik aber nicht zu weit auseinandergerissen werden. Ändern sich die Zahlen, wird die Grafik wie üblich sofort angepasst. Beim Drucken werden die Sparklines wie Zellinhalte behandelt, also auf jeden Fall mitgedruckt.

Anders als Diagramme sind Sparklines keine grafischen Objekte, sie sind Inhalt einer Zelle, auch wenn dieser Inhalt in der Bearbeitungszeile nicht erscheint. Die Sparkline bildet den Hintergrund einer Zelle, es ist also möglich, in diese Zelle auch noch einen

Text einzugeben, etwa um die Grafik zu beschriften. Zusätzlich darf aber auch noch ein anderer Hintergrund unter die Sparkline gelegt werden!

Die Bindung an die Zelle hat auch zur Folge, dass jede Änderung der Höhe oder Breite der Zelle sofort von der Sparkline mitgemacht wird. Außerdem lässt sich auch ein Zellverbund als Raum für eine Sparkline verwenden. Wenn Sie also mehrere Zellen mit der Schaltfläche **Verbinden und Zentrieren** zusammenfügen, wird eine Sparkline, die in der ersten Zelle angesiedelt ist, auf den ganzen Bereich ausgedehnt. Wird eine Zelle mit einer Sparkline verschoben, ändern sich bei relativen Zellbezügen eben auch diese. Mit dem Ausfüllkästchen lässt sich ein Bereich mit Sparklines auch ausdehnen. Dabei ist es auch möglich, die Daten für diese Zellen erst später einzugeben.

Wozu lassen sich Sparklines verwenden? Typische Anwendungsbereiche sind Daten, die Entwicklungen anzeigen, saisonale Schwankungen oder Verteilungen im Zeitverlauf, z. B.:

- Kursentwicklungen
- Preisentwicklungen
- Umsatz-, Absatz- oder Gewinnentwicklungen
- Temperaturdaten im Zeitverlauf
- politische Verteilungen

TIPP

Kopieren in Word

Wenn Sie eine Sparkline aus Excel in ein Word-Dokument kopieren wollen, muss sie als Grafik eingefügt werden.

9.2 Einfügen von Sparklines

Im Folgenden wird ein typisches Beispiel realisiert, die Darstellung fiktiver Kurswerte über den Zeitraum einer Woche. Die erste Spalte enthält die Bezeichnung der Papiere, die folgenden Spalten jeweils die Tageskurse:

1. Zunächst markieren Sie den Zellbereich, der die Sparklines aufnehmen soll, im Beispiel ist es G4:G9.
2. Wählen Sie über **Einfügen ▸ Sparklines** das Symbol für **Linie**.

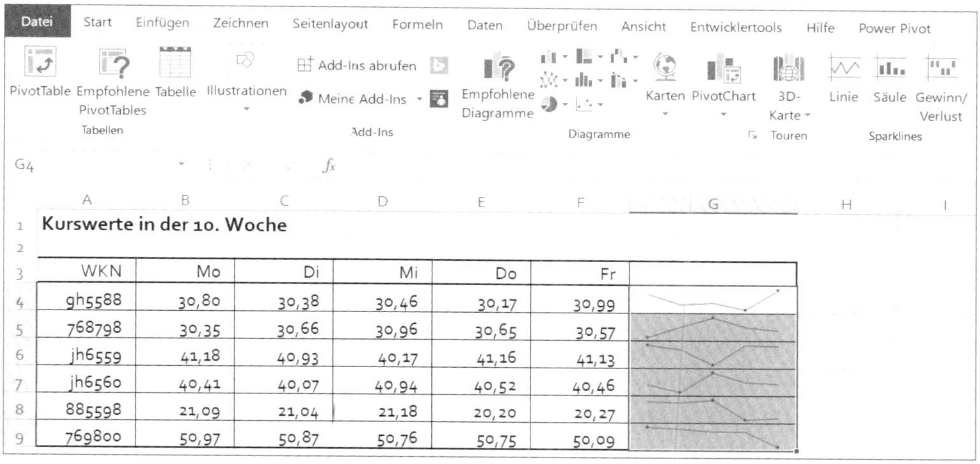

3 Im Dialog **Sparklines erstellen** geben Sie unter **Datenbereich** den Bereich der Kursdaten an, die als Sparklines visualisiert werden sollen. Ziehen Sie über den Bereich B4 bis F9, oder wählen Sie mit [F3] den vorher benannten Bereich aus.

4 Da der Positionsbereich für die Sparklines durch die Auswahl in Schritt 1 bereits bestimmt ist, kann der Dialog quittiert werden.

5 Excel bietet anschließend im Menüband unter **Sparklinetools** das Register **Entwurf** an. Hier werden in der Gruppe **Anzeigen** ❶ verschiedene Optionen angeboten, um bestimmte Punkte – **Höchstpunkt**, **Tiefpunkt**, **Erster Punkt**, **Letzter Punkt** oder **Negative Punkte** – hervorzuheben. In diesem Fall ist es sinnvoll, zumindest den Höchstpunkt und den Tiefpunkt hervorzuheben. Die Option **Datenpunkte** hebt alle Datenpunkte hervor.

6 Je nach der Wahl unter **Anzeigen** werden in der Gruppe **Formatvorlage** unterschiedliche Gestaltungsmuster ❷ angeboten. Ein Klick oder Tipp ordnet das Format zu.

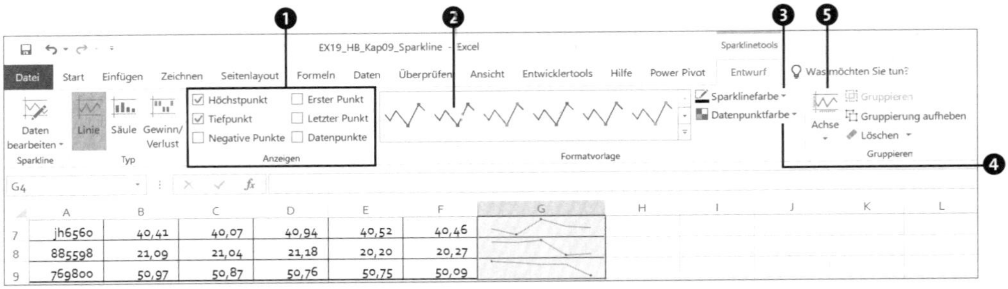

7 Alternativ oder ergänzend zu den Formaten einer gewählten Vorlage lassen sich über die Schaltflächen **Sparklinefarbe** ❸ und **Datenpunktfarbe** ❹ eigene Farben aus der Farbpalette auswählen. Bei den Datenpunkten geschieht dies separat für jeden Punkttyp, wobei die aktuelle Einstellung in dem Menü dieser Typen angezeigt wird. Auf dem Touchscreen sind die Paletten wieder vergrößert, damit Sie die Muster leichter treffen können.

8 In der Gruppe **Gruppieren** wird noch ein Menü zu der Schaltfläche **Achse** ❺ angeboten, das Einstellungen für die Gestaltung der Achsen anbietet. Hier lassen sich insbesondere die Minimal- und Höchstwerte der vertikalen Achse ändern, um eine andere Skalierung zu erreichen, etwa um die Unterschiede deutlicher zu machen. Wenn negative Werte vorkommen, können Sie auch die horizontale Achse einblenden, um den Übergang zu den Werten unter null deutlich zu machen.

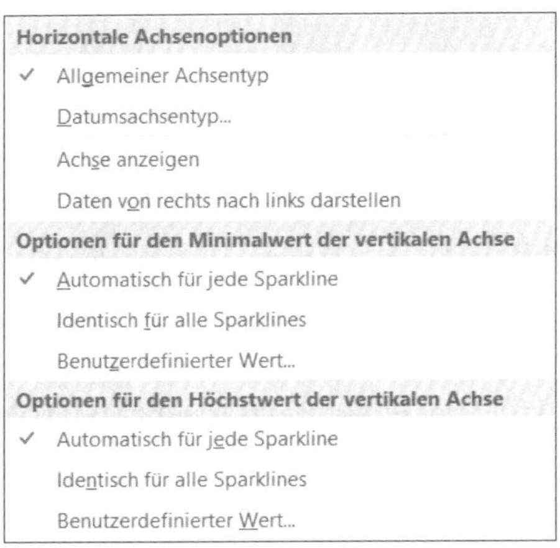

Durch Veränderung der Spaltenbreite und der Zeilenhöhe kann eine Zelle mit Sparklines bei Bedarf in eine Größe gebracht werden, die die Diagrammlinien möglichst gut lesbar macht.

9.3 Darstellungsvarianten

Excel stellt drei Typen von Sparklines zur Verfügung, wobei es für jeden Typ wieder zahlreiche Formatvorlagen und Möglichkeiten gibt, wie er angepasst werden kann:

1. Der Typ **Linie** entspricht einem normalen Liniendiagramm aus den diskreten Werten des als Datenbasis angegebenen Zellbereichs, eingebettet in eine Zelle. Allerdings fehlen alle Details, die Achsen sind in der Regel nicht zu sehen, Legenden oder Betitelungen fehlen ebenfalls. Bei diesem Typ lassen sich durchaus auch größere Datenbereiche so visualisieren, dass die Aussage deutlich bleibt, insbesondere solange es hauptsächlich darum geht, den Gesamtverlauf zu überblicken oder gezielt markante Punkte zu erkennen.
2. Beim Typ **Säule** wird ein einfaches Balkendiagramm ohne Beschriftungen erzeugt. Die negativen Werte werden von der gedachten Achse nach unten angezeigt. Bei Bedarf kann diese Achse in Form einer einfachen Linie auch eingeblendet werden. Dies geschieht über das Menü **Achse** in der Gruppe **Entwurf ▸ Gruppieren**.
3. Beim Typ **Gewinn/Verlust** wird für jede Zelle im Datenbereich mit gleichbleibend großen Balken nur angezeigt, ob es sich um einen Gewinn oder um einen Verlust handelt. Die Verluste erscheinen unter der gedachten oder eingeblendeten Achse. Auf diese etwas grobe Weise können z. B. verschiedene Jahre im Vergleich gekennzeichnet werden. In Abbildung 9.2 werden der Gewinn oder Verlust pro Quartal angezeigt.

	A	B	C	D	E	G
4	Quartalsumsätze 2017	125.000	120.000	115.000	-20.000	
5	Quartalsumsätze 2018	140.000	130.000	120.000	129.000	

Abbildung 9.2 Kennzeichnung als Gewinn oder Verlust

Hervorheben von Punkten

Durch die Wahl der Anzeigeoptionen in der Gruppe **Entwurf ▸ Anzeigen** lassen sich bestimmte Punkte farblich hervorheben, beispielsweise die Höchst- und Tiefpunkte oder auch die Start- und Endpunkte. Häufig ist es auch sinnvoll, die Punkte für negative Werte besonders zu kennzeichnen. Beim Typ **Linie** etwa können auch alle Punkte über die Option **Datenpunkte** auf der Linie sichtbar gemacht werden. Beim Typ **Säule** steht die Option **Datenpunkte** nicht zur Verfügung, das ist in diesem Fall auch nicht sinnvoll. Die Option **Negative Punkte** sorgt dafür, dass die negativen Balken in einer anderen Farbe angezeigt werden.

9.4 Bearbeiten von Sparklines

Wenn Sparklines in einem Arbeitsblatt eingefügt sind, lässt sich auch nachträglich fast alles wieder ändern. Dies betrifft den Typ, die Farbzuordnungen und die Handhabung der Achsen, die Gruppierung, aber natürlich auch die Zuordnung des Datenbereichs. Solange Sie den voreingestellten Gruppenmodus nicht abschalten, reicht es, bei einer Gruppe von Sparklines eine Zelle darin auszuwählen, um die ganze Gruppe mit auszuwählen. Die Wahl von Einstellungen wie einer anderen Formatvorlage betrifft dann jeweils automatisch die gesamte Gruppe.

9.4.1 Ändern des Typs

Wenn die Datenbasis es hergibt, können Sie jederzeit zwischen den drei Typen wechseln. Wählen Sie eine Zelle in einer Gruppe oder eine Einzelzelle mit einer Sparkline aus, und wechseln Sie unter **Entwurf ▸ Typ** zu dem neuen Typ.

9.4.2 Zuordnen von Farben

Auf dem Register **Entwurf** werden in der Gruppe **Formatvorlagen** jeweils 36 Vorlagen angeboten, die Sie entweder mithilfe der kleinen Bildlaufleiste oder per Klick auf die Schaltfläche unten rechts erreichen. Im Modus **Fingereingabe** erscheint rechts ein Pfeil, um die Palette ganz auszuklappen.

Die Vorlagen unterscheiden sich durch unterschiedliche Farbzusammenstellungen. Separat können aber auch die Farbe der Linie oder der Balken und die Farbe der unterschiedlichen Datenpunkte bestimmt werden. Diese Auswahl überschreibt jeweils die entsprechende Vorgabe einer Formatvorlage.

Abbildung 9.3 Optionen zum Einfärben von Linien und Datenpunkten

9.4.3 Einstellungen zu den Achsen

Das schon angesprochene Menü zu der Schaltfläche **Achse** in der Gruppe **Entwurf ▸ Gruppieren** erlaubt nicht nur, die Achse einzublenden, sondern auch benutzerdefinierte Werte für den Mindest- und den Höchstwert der vertikalen Achse anzugeben. Auf diese Weise können Sie die Achse z. B. so skalieren, dass die Unterschiede zwischen den verschiedenen Werten für eine Sparkline am besten einschätzbar werden. Wenn z. B. alle Werte relativ hoch sind und nur leicht variieren, schneiden Sie mit einem bestimmten Mindestwert den unteren Teil der Balken ab, sodass die Differenzen mehr ins Auge springen.

Solange für beide Werte die Einstellung **Automatisch für jede Sparkline** gilt, wird die Skalierung für jede Zelle relativ zu den Werten vorgenommen, die für die Zelle gelten. Die Balken für die höchsten Werte in verschiedenen Sparklines sind dann jeweils gleich lang, obwohl die absoluten Werte ganz unterschiedlich sein können. Die Einstellung **Identisch für alle Sparklines** dagegen sorgt dafür, dass etwa die Längen der Balken die unterschiedlichen Werte für die verschiedenen Sparklines tatsächlich widerspiegeln.

Neben der vorgegebenen Einstellung **Allgemeiner Achsentyp** wird auch noch die Einstellung **Datumsachsentyp** angeboten. Im Dialog muss dazu der Zellbereich mit den Datumswerten angegeben werden. Diese Option ist sinnvoll, wenn die Daten über entsprechende Datumsangaben geordnet sind, die nicht regelmäßig aufeinanderfolgen. Das folgende Beispiel zeigt Werte von drei aufeinanderfolgenden Tagen und zwei Werte, die jeweils eine Woche später liegen. Die Sparkline bildet die Werte so ab, dass die Zeitproportionen berücksichtigt werden.

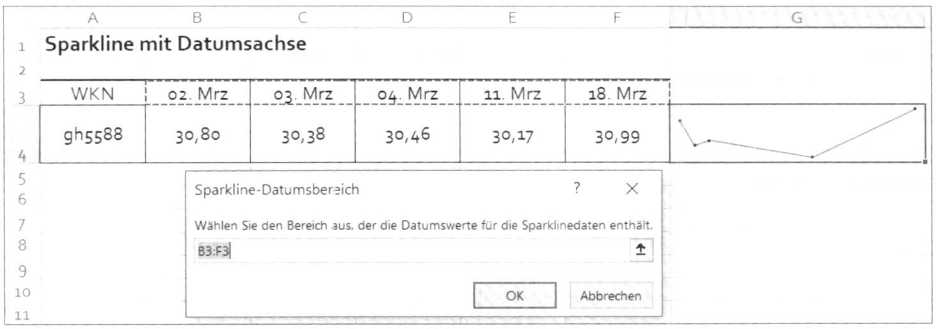

Abbildung 9.4 Sparkline mit Datumsachse

9.4.4 Behandlung leerer Zellen

Kommen im Datenbereich leere Zellen vor, können Sie über **Entwurf ▸ Sparkline** das Menü **Daten bearbeiten** öffnen. Über die Option **Ausgeblendete und leere Zellen** bestimmen Sie, wie Excel verfahren soll. Es gibt die Möglichkeit, eine Lücke zu lassen, als Zellwert eine Null vorzugeben oder die Linie zwischen dem vorangegangenen und dem folgenden Wert einfach durchzuziehen, was allerdings bedeutet, dass eine Art »Zwischenwert« angenommen wird. Das muss aber der Realität überhaupt nicht entsprechen.

9.4.5 Gruppen- oder Einzelbehandlung

In den meisten Fällen werden Sparklines vermutlich gruppenweise verwendet. Wird beim Einfügen im Dialog **Sparklines erstellen** unter **Positionsbereich** ein Zellbereich angegeben, gruppiert Excel den entsprechenden Zellbereich automatisch. Das Anklicken einer Zelle in diesem Bereich wählt dann den gesamten Zellbereich aus. Nachfolgende Befehle beziehen sich in der Regel auf alle Sparklines in diesem Bereich, etwa Änderungen der Farben oder der Formatvorlage über das Register **Entwurf**. Auch Einstellungen zu den Achsen in der Gruppe **Gruppieren** gelten für alle Elemente der Gruppe.

9.4.6 Aufheben der Gruppierung

Alternativ können Sie aber auch mit einzelnen Sparkline-Zellen arbeiten. Dazu gehen Sie folgendermaßen vor:

1. Soll für eine einzelne Zelle oder eine Reihe von Zellen der Gruppenmodus aufgehoben werden, markieren Sie die entsprechenden Zellen diesmal explizit, per Mausklick bzw. mit der Kombination [Strg]+Klick oder [⇧]+Klick. Auf dem Touchscreen tippen Sie die Zellen einzeln an. Soll die gesamte Gruppe aufgelöst werden, muss auch der gesamte Bereich markiert werden.
2. Verwenden Sie den Pfad **Entwurf ▸ Gruppieren ▸ Gruppierung aufheben**.
3. Bearbeiten Sie die einzelnen Sparkline-Zellen anschließend unabhängig voneinander.

Beachten Sie, dass Excel nicht markierte Zellen in einer Gruppe bei dieser Aktion auch tatsächlich in einer Restgruppe belässt. Falls es notwendig wird, die vereinzelten Zellen später wieder zu einer Gruppe zusammenzufassen, hilft der Befehl **Gruppieren** in der gleichnamigen Gruppe.

9.4.7 Löschen von Sparklines

Zum Löschen stehen in der Gruppe **Gruppieren** zwei Befehle über das Löschsymbol zur Verfügung. **Ausgewählte Sparklines** kann verwendet werden, um vorher markierte Zellen zu löschen. Der Rest einer Gruppe bleibt in diesem Fall erhalten. Soll die ganze Gruppe gelöscht werden, reicht es wieder, eine Zelle darin auszuwählen und mit dem Befehl **Ausgewählte Sparklinegruppen löschen** zu arbeiten. Wie der Name schon andeutet, lassen sich dabei auch mehrere Gruppen gleichzeitig löschen. Um z. B. drei Spalten mit Sparklines zu löschen, müssen nur drei Zellen in einer Zeile darin markiert werden.

9.4.8 Datenquellen bearbeiten

Auch wenn nachträglich der Quelldatenbereich geändert werden soll, kann dies für eine einzelne Sparkline oder für eine Gruppe gemacht werden. Um die Korrektur für eine Gruppe vorzunehmen, muss nur eine beliebige Sparkline-Zelle darin ausgewählt sein. Über **Entwurf ▸ Daten bearbeiten ▸ Gruppenspeicherort und -daten bearbeiten** öffnen Sie den Dialog, in dem Sie sowohl den Datenbereich als auch den Positionsbereich ändern können. Auf diese Weise lassen sich z. B. beide Bereiche ausdehnen oder auch verschieben.

Soll dagegen der Datenbereich nur für einzelne Sparklines geändert werden, wählen Sie diese zunächst aus und gehen über den Pfad **Entwurf ▸ Daten bearbeiten ▸ Daten einer einzelnen Sparkline bearbeiten**. Im Dialog geben Sie den neuen Quellbereich an. Alle in den letzten Abschnitten angesprochenen Befehle finden Sie auch in dem Kontextmenü zu Sparklines über die Option **Sparklines**.

Abbildung 9.5 Kontextmenü zu einer Sparklines-Gruppe

10 Tabellenblätter grafisch aufbereiten

Zur Unterstützung organisatorischer Maßnahmen, von Planspielen und insbesondere zu Präsentationszwecken sind neben Diagrammen häufig auch Schaubilder, Skizzen, Logos, Abbildungen und Ähnliches gefragt. Außerdem können grafische Objekte als Startfläche für Makros oder Hyperlinks verwendet werden. Falls Sie dazu nicht mit einem gesonderten Programm arbeiten wollen, stellt Ihnen Excel 2019 dafür einfach zu handhabende, aber erstaunlich effektive Werkzeuge zur Verfügung.

Gleichzeitig wurde das Bearbeiten von Bildern so erweitert, dass Grundfunktionen, die in Bildbearbeitungsprogrammen üblich sind, direkt in Excel zur Verfügung stehen. Wer mit einem Touchscreen arbeitet, kann per Finger oder Stift auch handschriftliche Notizen oder Skizzen auf das Tabellenblatt zeichnen oder in den Tabellen Stellen markieren.

Überblick über die grafischen Werkzeuge

Es gibt in Excel 2019 mehrere Möglichkeiten, über Diagramme und Sparklines hinaus grafische Objekte zu erzeugen. Werkzeuge dazu werden über die Registerkarte **Einfügen** in den beiden Gruppen **Illustrationen** und **Text** angeboten.

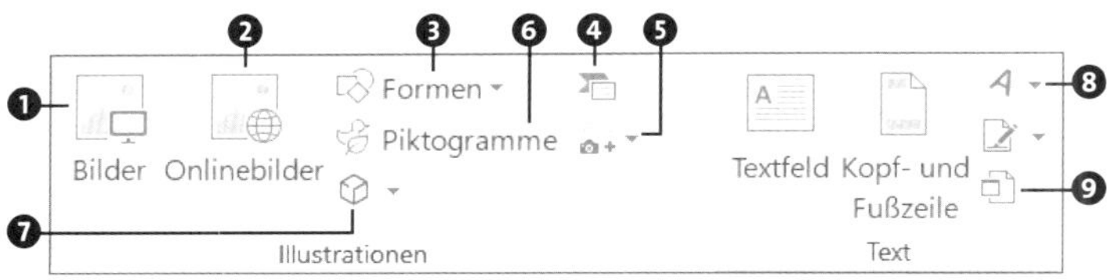

Abbildung 10.1 Die Gruppen »Illustrationen« und »Text« auf dem Register »Einfügen«

❶ Fertige Grafiken lassen sich über die Schaltfläche **Bilder** aus vorhandenen Dateien einfügen und dann mit den Werkzeugen behandeln, die unter **Bildtools** auf dem Register **Format** angeboten werden, sobald das Objekt ausgewählt ist.

❷ Grafische Objekte und Bilder können auch aus dem Web übernommen werden. Excel öffnet über die Schaltfläche **Onlinebilder** zunächst einen Dialog, in dem Sie zwischen verschiedenen Bildquellen wählen können: **Bing** oder **OneDrive**.

❸ Um eigene Zeichnungen, wie etwa ein Flussdiagramm, zu erstellen, können Sie die Palette **Formen** verwenden, eine umfangreiche Zusammenstellung von grafischen Elementen. Für die Bearbeitung wird unter **Zeichentools** das Register **Format** angeboten, sobald das Objekt ausgewählt ist.

❹ Die Erstellung von Organigrammen und anderen schematischen Zeichnungen wird über die Schaltfläche **Eine SmartArt-Grafik einfügen** durch ein spezielles Dialogfeld unterstützt, das einen umfangreichen SmartArt-Katalog enthält. Für die Detailbearbeitung stehen die dann eingeblendeten **SmartArt-Tools** mit den Registerkarten **Entwurf** und **Format** zur Verfügung.

❺ Über die Schaltfläche **Einen Screenshot erstellen** lässt sich ein vorher aufgezogener Bereich des Bildschirms in das Tabellenblatt einfügen.

❻ Über **Piktogramme** finden Sie ein umfangreiches Dialogfeld mit zahlreichen Symbolen, die nach Kategorien geordnet sind. Es handelt sich dabei um Symbole aus einer SVG-Bibliothek.

❼ Über das Symbol **3D-Modelle** fügen Sie eigene 3D-Illustrationen oder online angebotene Modelle in die Arbeitsmappe ein. Die Modelle lassen sich frei bewegen, sodass sie sich von allen Seiten begutachten lassen. Für die Bearbeitung wird unter **3D-Modelltools** ein eigenes **Format**-Register eingeblendet.

❽ Über die Palette der Schaltfläche **Text ▸ WordArt** können Sie auf einfache Weise dekorative Schriftzüge als Überschriften oder Logos in eine Arbeitsmappe einfügen.

❾ Hinzu kommen noch die Möglichkeiten, über die Schaltfläche **Text ▸ Objekt** Grafiken oder Videos in Excel einzubetten oder die Arbeitsmappe mit solchen Objekten zu verknüpfen. Darüber erfahren Sie in Kapitel 21, »Daten mit anderen Anwendungen austauschen«, mehr.

10.1 Vorgegebene und freie Formen zeichnen

Über **Einfügen ▸ Illustrationen ▸ Formen** wird eine umfangreiche Palette mit zahlreichen Werkzeugen zum Zeichnen bereitgestellt. An dem Anfasser unten rechts kann sie in Größe und Breite verändert werden. In der ersten Gruppe werden immer die zuletzt verwendeten Formen notiert, um den erneuten Zugriff darauf zu beschleunigen.

Abbildung 10.2 Die »Formen«-Palette

10.1.1 Eine einfache Form zeichnen

Um im Arbeitsblatt ein Rechteck zu zeichnen, können Sie folgendermaßen vorgehen:

1 Klicken Sie in der Palette der Schaltfläche **Formen** auf eines der **Rechtecke** in der Gruppe. Zum Zeichnen wird der Zellzeiger automatisch durch den Zeichencursor ersetzt und die Palette wieder ausgeblendet. Statt mit der Maus können Sie das Symbol auch mit den Richtungstasten markieren und mit [↵] bestätigen.

2 Positionieren Sie den kreuzförmigen Mauszeiger an der Stelle, an der die eine Ecke des Rechtecks liegen soll.

3 Ziehen Sie mit gedrückter Maustaste in Richtung der gegenüberliegenden Ecke, bis das Rechteck die gewünschte Größe erreicht hat. Das Loslassen der Maustaste beendet das Zeichnen.

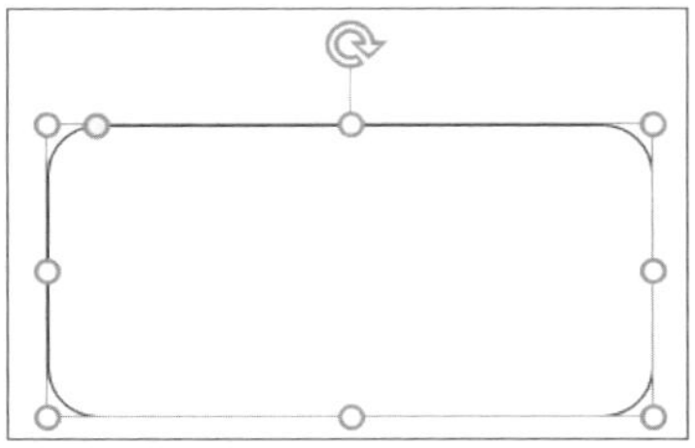

Das Objekt wird mit den Anfassern angezeigt, bleibt also für die weitere Bearbeitung ausgewählt.

TIPP

Werkzeuge mehrfach verwenden

Normalerweise wird ein Zeichenwerkzeug wieder »abgeschaltet«, wenn Sie die Maus loslassen oder eine beliebige Zelle antippen. Wollen Sie aber z. B. mehrere Pfeile nacheinander zeichnen, sollten Sie das Pfeilsymbol zuerst mit rechts anklicken und die Option **Zeichenmodus sperren** nutzen. Es bleibt dann so lange aktiv, bis diese Option durch einen Klick auf die Pfeilschaltfläche wieder aufgehoben wird.

Zeichnen auf dem Touchscreen

Auf dem Touchscreen ist das Verfahren im Fingermodus ein wenig anders, da das Aufziehen mit dem Finger nicht direkt möglich ist:

1. Sie tippen in der Palette der Schaltfläche **Formen** auf eines der **Rechtecke** in der Gruppe **Rechtecke**.
2. Excel fügt ein entsprechendes Objekt mit einer vorgegebenen Größe in der Mitte des Bildschirms ein.
3. Ziehen Sie das Objekt an die gewünschte Stelle.
4. Verwenden Sie die runden Anfasser, um seine Größe zu ändern.

Das Objekt bleibt für die weitere Bearbeitung ausgewählt. Sie können also gleich mit dem Beschriften, dem Einfärben oder mit dem Zuordnen von Effekten beginnen.

Wenn Sie den Finger einen Moment auf dem Objekt halten, erscheint ein horizontales Kontextmenü mit der Schaltfläche **Füllung** und der Schaltfläche **Text bearbeiten**. Die weiteren Befehle finden Sie wieder über den Pfeil am Ende.

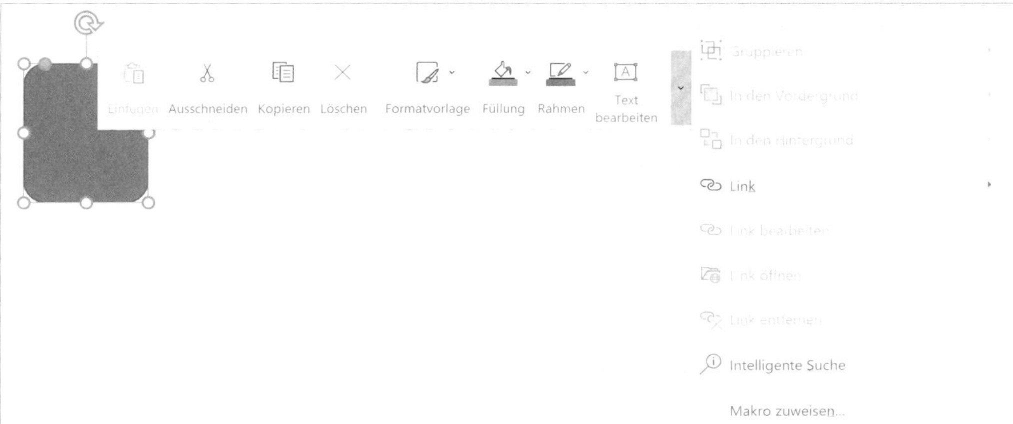

Abbildung 10.3 Die runden Anfasser und das Kontextmenü auf dem Touchscreen

Wenn Sie mit einem Stift arbeiten, können Sie das Rechteck wie mit der Maus aufziehen. Die Berührung mit der Stiftspitze öffnet das gleiche Kontextmenü wie der Klick mit der rechten Maustaste.

Kreise, Ellipsen, Linien, Pfeile und Quadrate

Das Verfahren für einen Kreis bzw. eine Ellipse ist entsprechend. Bei Linien und Pfeilen ziehen Sie mit der Maus vom Anfangs- zum Endpunkt. Die Pfeilspitze liegt als Vorgabe jeweils am Endpunkt. Quadrate und Kreise lassen sich erzeugen, wenn Sie beim Zeichnen eines Rechtecks bzw. einer Ellipse [⇧] gedrückt halten. Beim Zeichnen von Linien bewirkt die [⇧]-Taste, dass nur Linien mit Winkeln, die ein Vielfaches von 15 Grad sind, gezeichnet werden.

Wenn Sie beim Zeichnen mit den Werkzeugen **Rechteck** oder **Ellipse** während des Aufziehens [Strg] gedrückt halten, wird das Objekt von seinem Mittelpunkt aus aufgezogen. Eine Kombination aus [⇧] und [Strg] führt zum Zeichnen eines Quadrats bzw. Kreises vom Mittelpunkt aus.

Anstatt ein Rechteck aufzuziehen, können Sie auch zunächst nur die Stelle anklicken, die die linke obere Ecke festlegt. Excel produziert dann eine vorgegebene Form des jeweiligen Objekttyps, die Rechteck-Funktion zeichnet z. B. ein Quadrat, die Ellipsen-Funktion einen Kreis. Die gewünschten Abmessungen legen Sie erst in der Nachbearbeitung fest.

Möchten Sie erreichen, dass der Cursor ausschließlich grafische Objekte und keine Zellen markiert, können Sie auf der Registerkarte **Start** in der Gruppe **Bearbeiten** unter **Suchen und Auswählen** die Option **Objekte markieren** aktivieren. Diese Einstellung bleibt dann aktiv, bis sie explizit wieder aufgehoben wird. Sie ist ganz hilfreich, wenn zahlreiche Objekte zu bearbeiten sind.

10.1.2 Ungerade Linien

Insbesondere für freie Zeichnungen finden Sie in der **Formen**-Palette unter **Linien** drei Objekttypen, die hier etwas genauer behandelt werden sollen: **Kurven**, **Freihandformen** und **Skizzen**. Alle drei Objekttypen sind Sonderformen von Bézierkurven. Damit lassen sich auf eine sehr einfache Weise Rundungen und Bögen exakt darstellen. Jede Kurve besteht aus einem oder mehreren Kurvensegmenten, die jeweils über einen Anfangs- und einen Endpunkt verfügen. Dabei ist der Endpunkt des ersten Kurvensegments gleichzeitig der Anfangspunkt des nächsten Kurvensegments. Die Verbindung zwischen den beiden Punkten ist entweder eine Gerade oder eine gekrümmte Linie. Die Krümmung der Linie hängt von der Lage der sogenannten Stützpunkte ab, die sich an jedem Kurvenpunkt befinden.

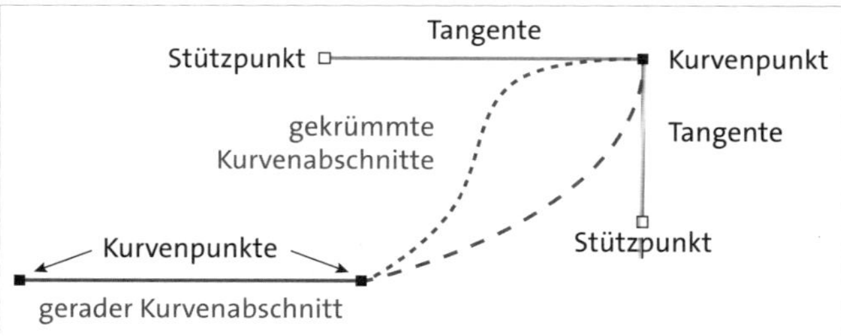

Abbildung 10.4 Zusammensetzung einer Bézierkurve

Stellen Sie sich die Stützpunkte gewissermaßen mit magnetischer Anziehungskraft ausgestattet vor, die die Krümmung der Verbindungskurve wie ein metallisches Band zwischen Anfangs- und Endpunkt definiert.

Eine Kurve zeichnen

Bevor Sie mit dem Zeichnen beginnen, ist es meist sinnvoll, die Anzeige der Gitternetzlinien für das verwendete Arbeitsblatt abzuschalten. Wählen Sie auf dem Register **Ansicht** in der Gruppe **Anzeigen** die entsprechende Option.

1 Aktivieren Sie über **Einfügen ▸ Illustrationen ▸ Formen** das Werkzeug **Kurve** in der Gruppe **Linien**. Klicken Sie mit dem Fadenkreuz an den Anfangspunkt der Kurve.

2 Setzen Sie den Scheitelpunkt für den ersten Bogen in der Figur, indem Sie mit der Maus an diese Stelle klicken.

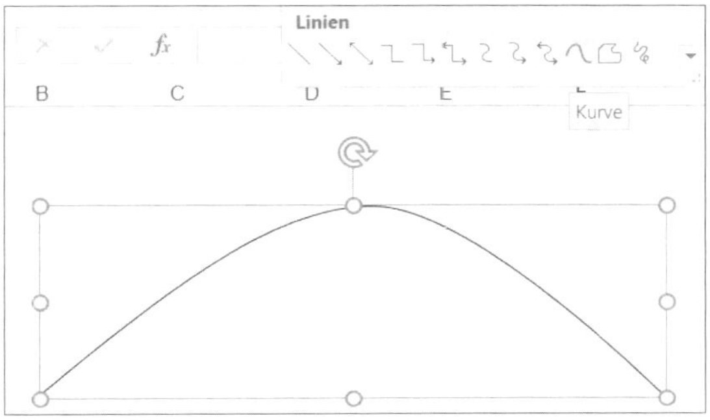

3 Setzen Sie alle weiteren Scheitelpunkte für die gewünschte Form. Das Programm gibt automatisch eine Krümmung für die Verbindung aufeinanderfolgender Kurvenpunkte vor.

4 Der letzte Kurvenpunkt wird mit einem Doppelklick gesetzt. Wenn Sie dabei auf den Anfangspunkt klicken, erhalten Sie eine geschlossene Form.

10

Eine Freihandform zeichnen

Mit der Funktion **Freihandform** lassen sich ganz einfach beliebige Polygone zeichnen:

1 Aktivieren Sie das Werkzeug **Freihandform** in der Gruppe **Linien**. Setzen Sie das Fadenkreuz an den Anfangspunkt für Ihre Freihandform.

2 Der letzte Kurvenpunkt wird mit einem Doppelklick gesetzt oder entsteht durch das Schließen der Figur, wenn der Ausgangspunkt angeklickt wird.

3 Für eine gerade Verbindung zum nächsten Kurvenpunkt klicken Sie mit der Maus an den Anfangspunkt Ihrer Figur.

4 Wenn Sie die Maus verschieben, zieht Excel eine Linie vom Anfangspunkt bis zur Mausposition. Durch Klicken mit der Maus wird die Linie fixiert und mit dem Zeichnen des nächsten Linienzugs begonnen. Ein misslungenes Stück kann mit [←] wieder gelöscht werden.

5 Für beliebig geformte Verbindungen von Kurvenpunkten halten Sie die Maustaste gedrückt und zeichnen die gewünschte Linienführung.

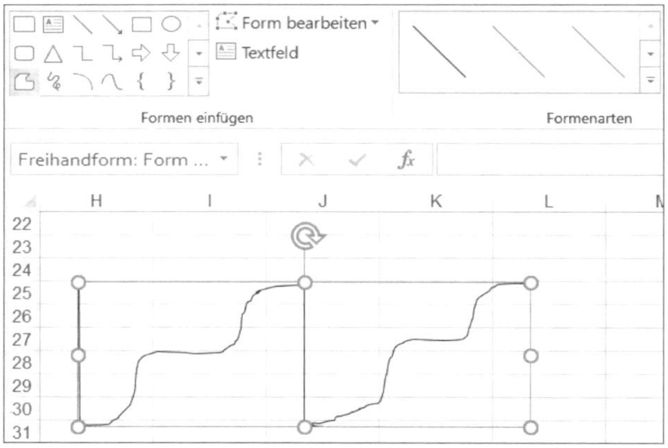

6 Sobald Sie die Maustaste wieder loslassen, können Sie mit der Klick-Methode aus Schritt 3 die Kurve als Gerade fortsetzen.

Skizzieren

Zu den Werkzeugen, bei denen es mit der Maus nicht so einfach ist, brauchbare Ergebnisse zu erzielen, gehört **Skizze**. Ganz anders sieht das aus, wenn Sie anstelle der Maus z. B. ein Grafiktablett oder einen Touchscreen mit Stift einsetzen können.

1 Aktivieren Sie das Werkzeug **Skizze** in der Gruppe **Linien**. Der Mauszeiger erscheint als Stift. Setzen Sie den Stift an den Anfangspunkt Ihrer Freihandform.

2 Halten Sie die Maustaste gedrückt, und zeichnen Sie mit dem Stift die gewünschte Linienführung.

3 Sobald Sie die Maustaste wieder loslassen, ist das Objekt fertig gezeichnet. Wenn die Maus sich dabei über dem Anfangspunkt des Objekts befindet, entsteht eine geschlossene Form.

Auf dem Touchscreen fügt Excel 2019 bei den Werkzeugen **Kurve**, **Freihand** und **Skizze** immer nur einfache Linien ein, die sich nachträglich in etwas Krummes verwandeln lassen. Dazu müssen Sie den Finger auf der Linie halten und im Kontextmenü über die Pfeilschaltfläche am Ende die Option **Verbindungstypen** ▸ **Gekrümmte Verbindung** verwenden. Dann lässt sich die Kurve mit den Anfassern bearbeiten. Wenn Sie einen Surface-Stift einsetzen, können Sie die Kurven dagegen direkt zeichnen.

10.1.3 Ein Flussdiagramm anlegen

Besonders effektiv können Formen eingesetzt werden, wenn es darum geht, eine Zeichnung mit vorgefertigten Elementen zusammenzustellen. Ein typisches Beispiel ist ein Flussdiagramm für die Planung einer IT-Lösung:

1 Legen Sie die einzelnen Elemente für das Diagramm an. Dazu stehen Ihnen die entsprechenden Symbole in der Palette **Formen** unter **Flussdiagramm** zur Verfügung. Sobald das erste Element gezeichnet ist, wird die Palette übrigens auch über die Gruppe **Formen einfügen** auf dem Register **Format** angeboten.

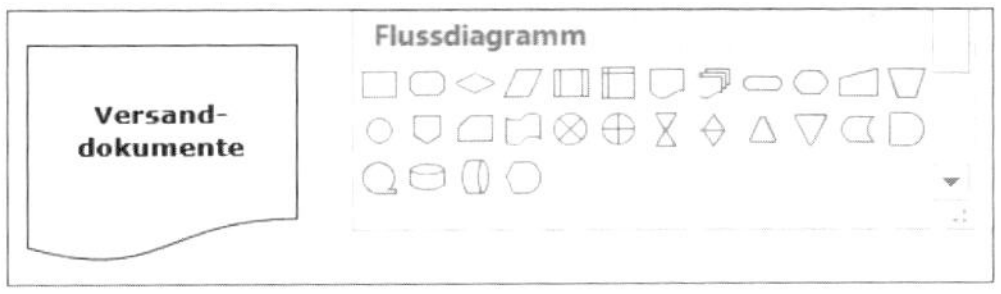

2 Um die Elemente zu beschriften, wählen Sie im Kontextmenü **Text bearbeiten**. Über die eingeblendete Minisymbolleiste können Sie vorweg noch Schriftart, -grad und -schnitt festlegen. Im Objekt blinkt der Texteingabecursor, und um das Objekt wird ein schraffierter Rahmen angezeigt. Geben Sie den gewünschten Text ein. Klicken oder tippen Sie außerhalb des Objekts, um die Eingabe abzuschließen, oder wählen Sie im Kontextmenü **Textbearbeitung beenden**.

3 Ziehen Sie ein Rechteck auf, das alle Objekte einschließt und sie auswählt (dazu muss die Option **Objekte auswählen** – wie oben beschrieben – eingeschaltet sein). Um alle Texte zu zentrieren, klicken Sie unter **Start ▸ Ausrichtung** auf die Schaltfläche **Zentriert**.

4 Um Verbindungslinien zwischen den Objekten einzufügen, wählen Sie aus der Gruppe **Linien** das Symbol **Verbinder: gewinkelt mit Doppelpfeil** aus.

5 Ziehen Sie den Mauszeiger über das Objekt, das am Anfang der Verbindungslinie stehen soll, bis die kleinen Anknüpfungspunkte zu sehen sind.

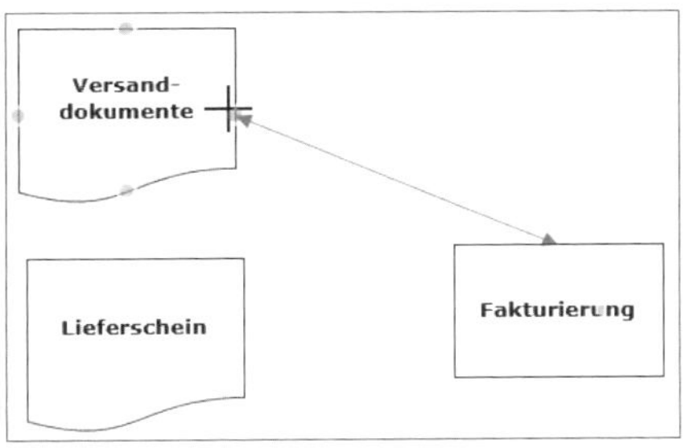

10

6 Klicken Sie mit der Maus auf den gewünschten Anknüpfungspunkt, und ziehen Sie zu dem Objekt, das am Ende der Verbindungslinie stehen soll. Auch hier erscheinen wieder alle Anknüpfungspunkte. Eine blasser kolorierte Linie deutet den jeweiligen Verlauf der Verbindungslinie an. Sobald Sie auf einen Anknüpfungspunkt klicken, wird die Verbindungslinie gezogen. Mit dem Finger ziehen Sie die Anfasser an den Enden der Linie auf die beiden Anknüpfungspunkte.

Feinarbeit am Flussdiagramm

Nachdem Sie das Flussdiagramm angelegt haben, sind noch ein paar Schönheitskorrekturen sinnvoll.

1 Verschieben Sie markierte Objekte am Rahmen exakt an die gewünschte Position. Die Verbindungslinien werden dabei zusammen mit dem Objekt verschoben und angepasst.

2 Bei Bedarf können Sie auch die Größe und die Proportion der Objekte durch Ziehen der Anfasser verändern. Außerdem können die Größenangaben auch akkurat über die beiden Listenfelder in der Gruppe **Größe** eingegeben oder ausgewählt werden, die auf dem Register **Format** angeboten wird, wenn ein grafisches Objekt ausgewählt ist.

3 Sollen Objekte in gleicher Höhe oder bündig zueinander angeordnet werden, markieren Sie die Objekte. Halten Sie beim Anklicken `Strg` gedrückt, oder tippen Sie auf der Bildschirmtastatur `Strg` an, und tippen Sie anschließend auf die Objekte.

4 Wählen Sie auf der Registerkarte **Format** in der Gruppe **Anordnen** die Optionen unter **Ausrichten**.

5 Sollen Umriss- und Füllungsattribute für Objekte oder Verbindungslinien geändert werden, markieren Sie das betreffende Objekt und wählen die Attribute aus der Musterpalette in der Gruppe **Formenarten**. Die Abbildung zeigt z. B. die Auswahl von stärkeren Linien. Reichen die vorgegebenen Muster nicht aus, können Sie über die Paletten zu **Fülleffekt**, **Formkontur** oder **Formeffekte** eigene Lösungen definieren.

6 Über die Schaltfläche **Formeffekte** können den ausgewählten Objekten Schattierungen, Spiegelungen, weiche Kanten oder Beleuchtungseffekte hinzugefügt werden, die der Darstellung ein professionelles Aussehen verleihen.

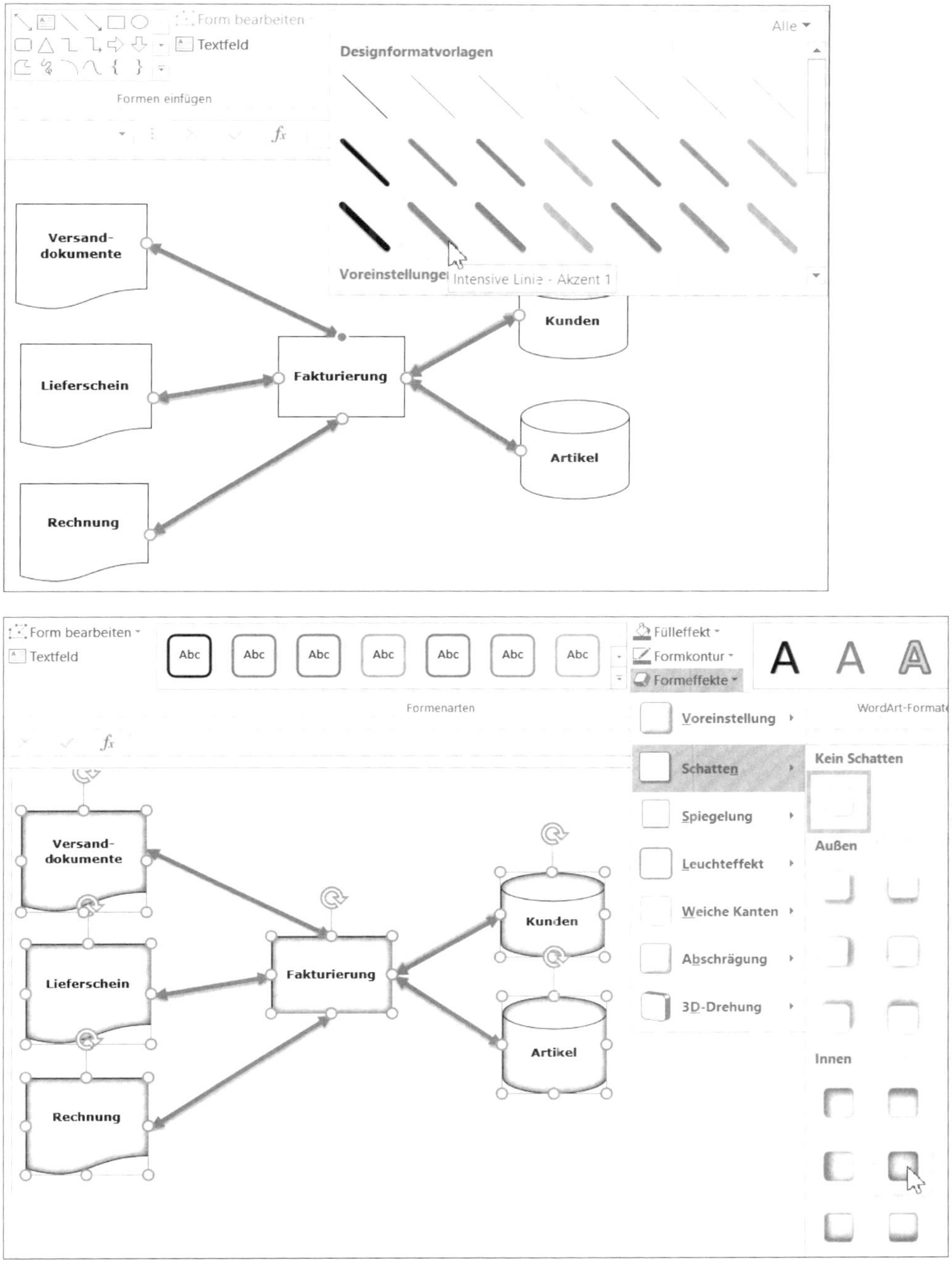

Abbildung 10.5 Schatten heben die einzelnen Objekte etwas hervor.

10.2 Feinarbeit an grafischen Objekten

Nachdem Objekte in ein Blatt eingefügt worden sind, sind oft noch einige Nachbearbeitungsschritte notwendig, um das gewünschte Ergebnis zu erreichen. In den meisten Fällen hat z. B. ein durch einfaches Klicken oder Tippen eingefügtes Objekt nicht die gewünschten Abmessungen.

10.2.1 Größe, Proportion und Drehung ändern

Zweidimensionale Objekte erscheinen im Tabellenblatt mit acht Ziehpunkten und einem Drehpunkt, Linien mit zwei Ziehpunkten. Mit den Eckziehpunkten können Sie, wenn Sie gleichzeitig [⇧] gedrückt halten, die Größe des Objekts unter Beibehaltung der Proportionen ändern. Die Ziehpunkte auf den Seitenmitten erlauben das Dehnen oder Stauchen. Das Drücken von [Strg] führt zu einer entsprechenden Verschiebung des gegenüberliegenden Ziehpunktes bzw. der gegenüberliegenden Objektseite.

Durch Ziehen des Drehpunktes kann das Objekt um seinen Mittelpunkt gedreht werden. Wenn Sie mehrere Objekte gleichzeitig auswählen, können sie auch gleichzeitig gedreht werden. Bei gedrückter [⇧]-Taste werden Winkelstufen von jeweils 15 Grad erzwungen, kombiniert mit [Strg] erfolgt die Drehung nicht um den Objektmittelpunkt, sondern um den Markierungspunkt, der dem angewählten diagonal gegenüberliegt.

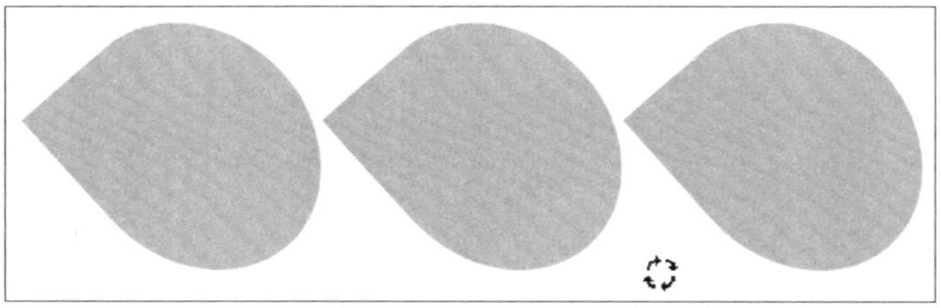

Abbildung 10.6 Gleichzeitiges Drehen mehrerer Objekte

Zum Drehen um 90 Grad und –90 Grad dienen die beiden Befehle **Rechtsdrehung 90 Grad** bzw. **Linksdrehung 90 Grad** aus dem Untermenü zu **Drehen** in der Gruppe **Format ▸ Anordnen**. Mit den Befehlen **Vertikal umdrehen** und **Horizontal spiegeln** kann das Objekt auch um die entsprechende Achse umgeklappt werden. Die Option **Weitere Drehungsoptionen** öffnet den Aufgabenbereich **Form formatieren** mit der Seite des Symbols **Größe und Eigenschaften**, auf der unter **Drehung** auch exakte Winkelangaben möglich sind.

10.2.2 Der Aufgabenbereich »Form formatieren«

Der angesprochene Aufgabenbereich kann auch direkt über den Dialogfeldstarter in der Gruppe **Größe** geöffnet werden. Dort lassen sich unter **Größe** auch exakte Angaben zu Höhe und Breite eines Objekts machen. Unter **Höhe skalieren** oder **Breite skalieren** können Sie auch Prozentwerte auswählen, die auf die bisherige Größe bezogen sind.

Abbildung 10.7 Die Gruppe »Größe« im Aufgabenbereich »Form formatieren«

Die Gruppe **Eigenschaften** bietet außerdem die Möglichkeit, das Objekt gegen Veränderungen zu sperren, wie es bereits für Zellbereiche beschrieben ist. Wird die Option **Gesperrt** aufgehoben, bleibt das Objekt auch nach der Aktivierung des Dateischutzes für die Bearbeitung zugänglich. Bei Textfeldern lässt sich zusätzlich auch der Text sperren. Beides wird aber wiederum erst wirksam, wenn das Blatt insgesamt geschützt wird.

Außerdem wird hier die Beziehung zwischen einem grafischen Objekt und den Zellen des zugehörigen Tabellenblatts geregelt. Vorgabe ist die Option **Von Zellposition und -größe abhängig**. Werden die Zellen verlagert, wird das im Zellbereich vorkommende Objekt mitgenommen. Wird die Größe der Zellen verändert, ändert das Objekt seine Größe mit. **Nur von Zellposition abhängig** bedeutet, dass Größenänderungen an den Zellen keinen Einfluss auf das Objekt haben. Bei Ortsveränderungen wird das Objekt dagegen mitgenommen. Völlig unabhängig von der Tabelle ist das Objekt bei der Option **Von Zellposition und -größe unabhängig**.

Zusätzlich kann hier festgelegt werden, ob ein Objekt beim Drucken einer Tabelle mitgedruckt wird oder nicht. Diese Entscheidung ist wichtig bei Objekten, die nur innerhalb der Tabelle benötigt werden, etwa Textfelder als Bedienungshinweise oder Objekte zum Start von Makros.

Ersatztexte für grafische Objekte

Bei allen grafischen Objekten bietet Excel im Kontextmenü immer die Option **Alternativtext bearbeiten** an. In der Menüleiste finden Sie dazu unter **Format ▸ Barrierefreiheit** das Symbol **Alternativtext**. Beide öffnen den Aufgabenbereich **Alternativtext**. Im Textfeld können Sie dort Texte ablegen, die anstelle der Grafik angezeigt oder vorgelesen werden können, um Personen mit Sehbehinderungen über den Inhalt des Objekts zu informieren.

Abbildung 10.8 Beispiel für einen alternativen Text zu einer Grafik

10.2.3 Objekte verschieben oder kopieren

Um Objekte zu verschieben, setzen Sie den Pfeil auf einen sichtbaren Teil des Objekts (Umriss oder Füllung). Der Mauszeiger erhält über einem Objekt zusätzlich an seiner Spitze einen Vierfachpfeil. Ziehen Sie mit gedrückter linker Maustaste das Objekt an die gewünschte Position. Mit Finger oder Stift ziehen Sie einfach das Objekt an die gewünschte Stelle. Ist gleichzeitig `Strg` gedrückt, wird das Objekt kopiert.

10.2.4 Attribute für Objekte

Jedes Formobjekt hat neben seiner Form, die durch die Kontur, den Umriss, gegeben ist, weitere Eigenschaften: die Linienfarbe, die Linienart und die Füllung. All dies kann über die Auswahllisten in der Gruppe **Formenarten** verändert werden.

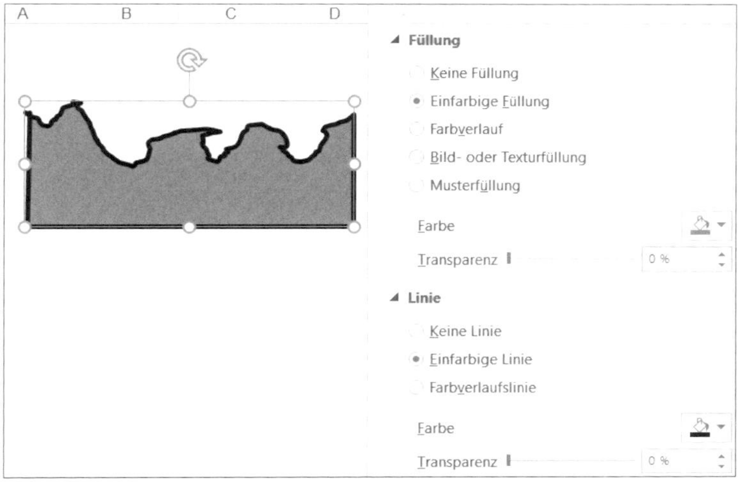

Abbildung 10.9 Die Optionsgruppen »Füllung« und »Linie« für eine grafische Form

Alternativ steht auch der Aufgabenbereich **Form formatieren** zur Verfügung, der über das Kontextmenü des Objekts mit dem gleichnamigen Befehl geöffnet werden kann. Stattdessen können Sie auch die Dialogfeldstarter in den Gruppen **Formenarten** oder **Größe** verwenden.

10

10.2.5 Umriss und Füllung

Für eine schnelle Gestaltung von Umrissen und Füllungen steht außerdem die Musterpalette in der Gruppe **Format ▸ Formenarten** zur Verfügung. Ein Klick oder Tipp ordnet das ausgewählte Design den markierten Objekten zu.

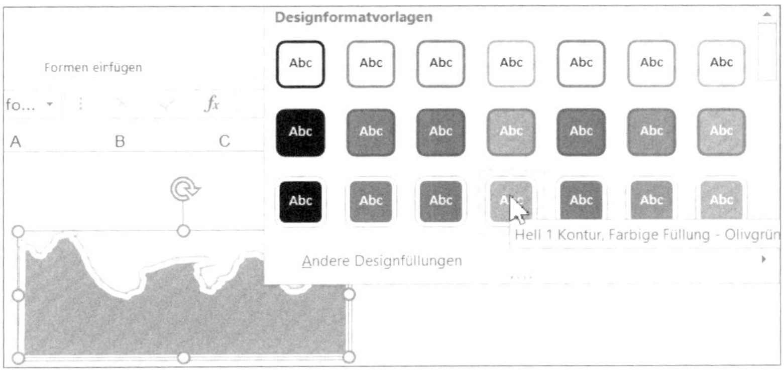

Abbildung 10.10 Palette der Designfüllungen für markierte Objekte

Genügen Ihnen die Vorlagen nicht, können Sie die Zuweisung von Farben, Farbverläufen oder Texturen über die Palette **Fülleffekt** in der Gruppe **Formenarten** vornehmen. Reichen die angebotenen Farben nicht, erreichen Sie über die Option **Weitere Füllfarben** den Dialog **Farben**, der die exakte Mischung eigener Farben unter Angabe der entsprechenden Rot-, Grün- und Blau-Anteile erlaubt.

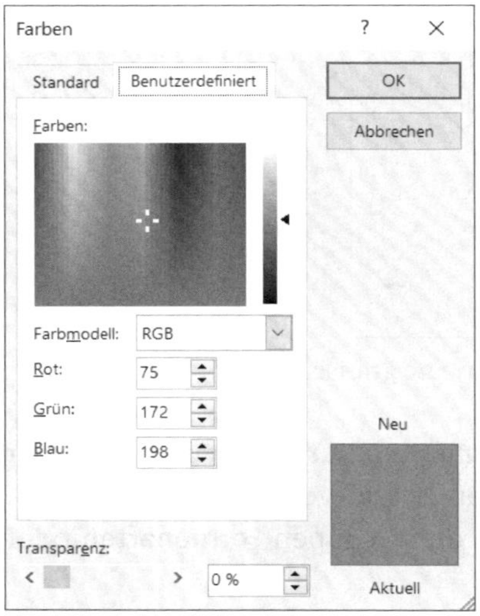

Abbildung 10.11 Benutzerdefinierte Farbauswahl

Außerdem können hier Transparenzgrade in Prozent angegeben werden. Abbildung 10.12 zeigt ein transparentes Objekt über einem anderen, dessen Farbe dann durchscheint.

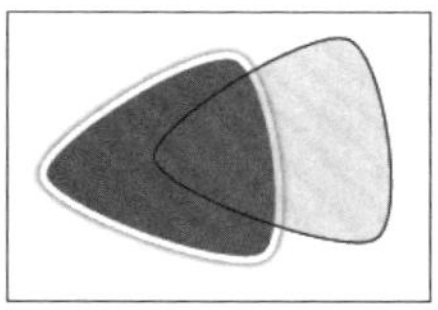

Abbildung 10.12 Transparente Farbfüllung für das obere Objekt

Bei Flächen stehen außerdem über die Optionen **Bild**, **Farbverlauf** und **Struktur** die schon in Kapitel 8, »Diagramme optimal einsetzen«, gezeigten Fülleffekte zur Verfügung.

HINWEIS

Grafische Formate kopieren

Wie bei Zellbereichen lässt sich auch bei ausgewählten grafischen Objekten die Formatierung mit der Schaltfläche **Format übertragen** auf andere Objekte ausweiten. Die Zuweisung erfolgt per Klick oder Tipp auf das Zielobjekt.

10.2.6 Bézierkurven bearbeiten

Die Objekte **Kurve**, **Freihandform** und **Skizze** können in ihrem Kurvenverlauf noch detaillierter verändert werden, als bisher beschrieben. Prinzipiell können Sie mit solchen Bézierkurven jede beliebige offene oder geschlossene Objektform erzeugen. Dazu muss auf der Registerkarte **Format** aus der Gruppe **Formen einfügen** unter **Form bearbeiten** der Befehl **Punkte bearbeiten** aufgerufen werden, der den Modus **Punktbearbeitung** aktiviert.

Dabei werden alle Punkte der vorher ausgewählten Bézierkurve sichtbar und veränderbar. Die für die Punktbearbeitung notwendigen Befehle finden Sie nur in dem Kontextmenü, das während der Punktbearbeitung aufgerufen werden kann, indem Sie über einem Punkt oder einem Kurvenabschnitt die rechte Maustaste drücken, oder den Finger bzw. Stift daraufhalten.

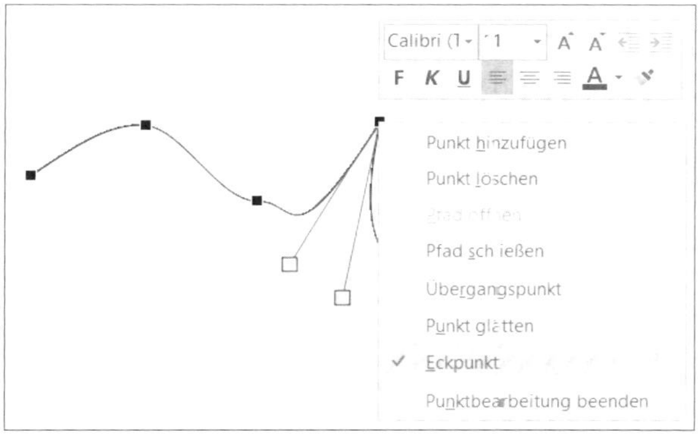

Abbildung 10.13 Kontextmenü der sichtbar gemachten Kurvenpunkte

1 Wählen Sie die zu bearbeitende Kurve oder Freihandform aus, und benutzen Sie den Befehl **Punkte bearbeiten**. Die Bézierkurve wird mit allen Punkten angezeigt, die den Kurvenverlauf definieren.

2 Mit gedrückter Maustaste oder auch mit dem Finger bzw. Stift können Sie jeden Punkt einzeln an eine neue Position verschieben. Dabei ändert sich die Krümmung der Verbindungslinien zu den benachbarten Punkten.

3 Wenn Sie den Mauszeiger, den Finger oder Stift über einen Kurvenabschnitt setzen und dort ziehen, wird ein neuer Punkt eingefügt und die Kurve entsprechend verändert.

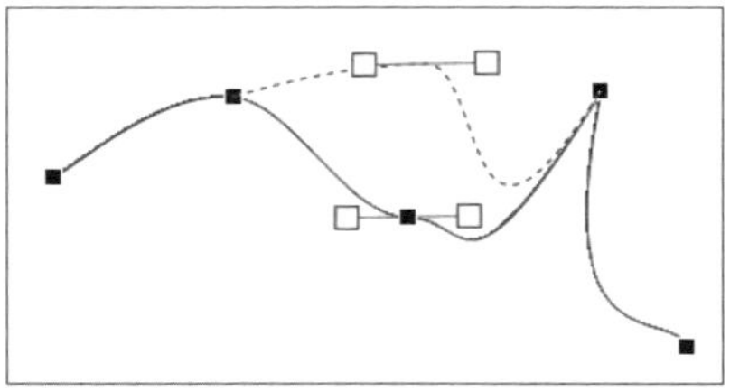

4 Zum Löschen eines nicht benötigten Punktes wählen Sie in dessen Kontextmenü den Befehl **Punkt löschen**.

Die unterschiedlichen Punktformen

Der Verlauf der Verbindungslinie zwischen zwei Punkten einer Kurve wird von Stützpunkten bestimmt. Stützpunkte können ebenfalls verschoben werden, sodass sich unterschiedliche Krümmungen ergeben. Die Stützpunkte und ihre Verbindungslinien zu den Punkten sind nur sichtbar, wenn ein Punkt durch Anklicken oder Antippen ausgewählt ist. Je nach Position der Stützpunkte relativ zueinander und relativ zum Punkt werden verschiedene Punktarten unterschieden. Jeder Punkt kann über das Kontextmenü in einen beliebigen anderen Punkt umgewandelt werden.

Übergangspunkte haben die Stützpunkte symmetrisch auf einer Tangente durch den Punkt angeordnet. Dabei haben beide Stützpunkte denselben Abstand zum Punkt. Wenn also ein Stützpunkt verschoben wird, verschiebt sich der andere entgegengesetzt. Die Krümmung ist rechts und links von einem geraden Punkt gleich. Im Unterschied dazu können bei der Option **Punkt glätten** die Stützpunkte vom Punkt unterschiedlich weit entfernt sein.

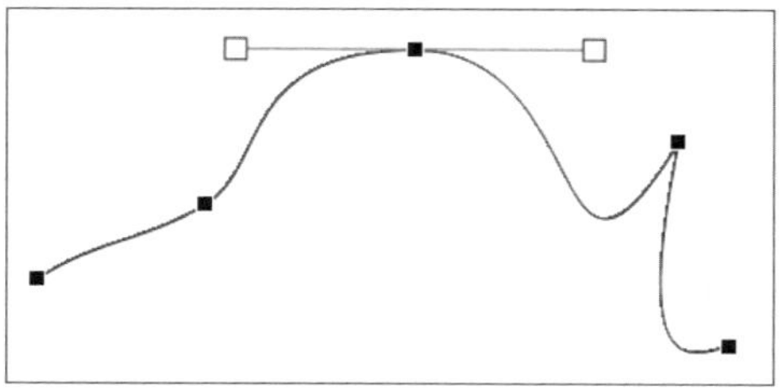

Abbildung 10.14 Geglätteter Punkt

Beim **Eckpunkt** sind die beiden Stützpunkte völlig unabhängig voneinander und stehen in einem beliebigen Winkel zueinander, sodass auch Spitzen gebildet werden können.

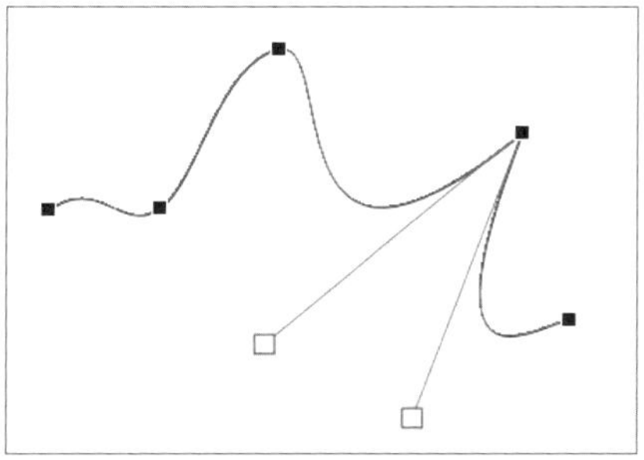

Abbildung 10.15 Eckpunkt mit Tangenten

Aus einer offenen Kurve kann über das Kontextmenü mit **Pfad schließen** ganz einfach eine geschlossene erzeugt werden. Entsprechend kann mit **Pfad öffnen** eine geschlossene Kurve wieder geöffnet werden. Dazu wird der Punkt aufgeteilt, an dem die Kurve bei ihrer Konstruktion geschlossen wurde. Außerdem enthält das Kontextmenü noch den Befehl **Punktbearbeitung beenden**. Damit verlassen Sie den speziellen Punktbearbeitungsmodus wieder. Dies geschieht aber auch, wenn Sie in eine Zelle der Tabelle klicken.

Auf dem Touchscreen im Modus **Fingereingabe** erscheint das horizontale Kontextmenü, wenn Sie den Finger einen Moment auf dem Punkt halten. Die Punktbefehle sehen Sie aber erst, wenn Sie die Pfeilschaltfläche am Ende antippen.

10.2.7 Techniken für komplexe Zeichnungen

Komplexere Grafiken entstehen durch die Kombination mehrerer Objekte, die dann in der gewünschten Weise neben- oder auch übereinander ausgerichtet werden. Alle Objekte werden zueinander in unterschiedlichen Ebenen angeordnet. Ein Objekt liegt über einem anderen Objekt, das wieder unter einem dritten liegt.

Reihenfolge

Die Hierarchie wird zunächst einfach durch die Reihenfolge der Erstellung festgelegt. Sie kann über die Optionen in der Gruppe **Anordnen** auf der Registerkarte **Format** beliebig verändert werden. Markierte Objekte lassen sich mit **Eine Ebene nach vorne** oder **Eine Ebene nach hinten** jeweils um eine Ebene versetzen. Die beiden Schaltflächen bieten auch noch die Optionen **In den Vordergrund** und **In den Hintergrund** an.

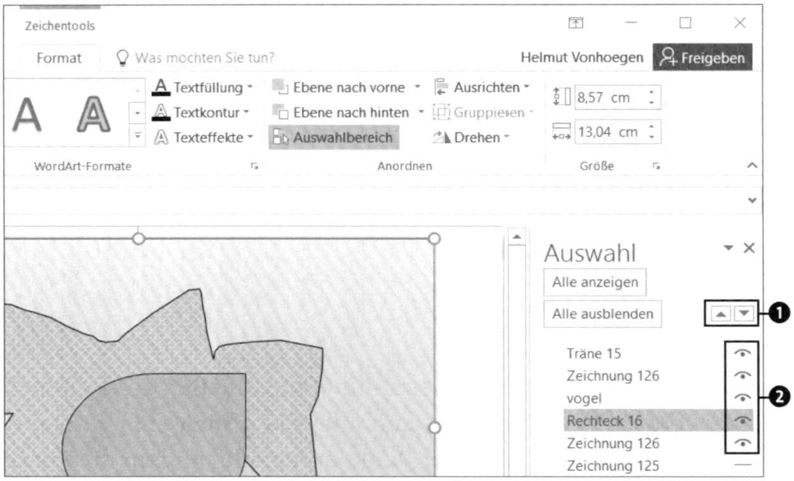

Abbildung 10.16 Reihenfolge der Ebenen

Sind umfangreichere Umgruppierungen notwendig, ist es sinnvoller, zunächst mit **Anordnen ▸ Auswahlbereich** den Aufgabenbereich **Auswahl** zu öffnen. Hier ist es möglich, markierte Formen mit den beiden Pfeiltasten ❶ in der Hierarchie neu einzuordnen. Außerdem lassen sich mit den Augensymbolen ❷ Objekte vorübergehend ausblenden.

Ausrichtung

Komplexere Grafiken erfordern ein genaues Ausrichten der Objekte untereinander und auf dem Tabellenblatt. Dafür stehen in der Gruppe **Anordnen** unter **Ausrichten** verschiedene Optionen zur Auswahl, falls mindestens zwei Objekte markiert sind. Die Befehle **Horizontal verteilen** bzw. **Vertikal verteilen** ordnen drei oder mehr Objekte so an, dass sie in der Horizontalen bzw. Vertikalen einen gleichmäßigen Abstand zueinander haben.

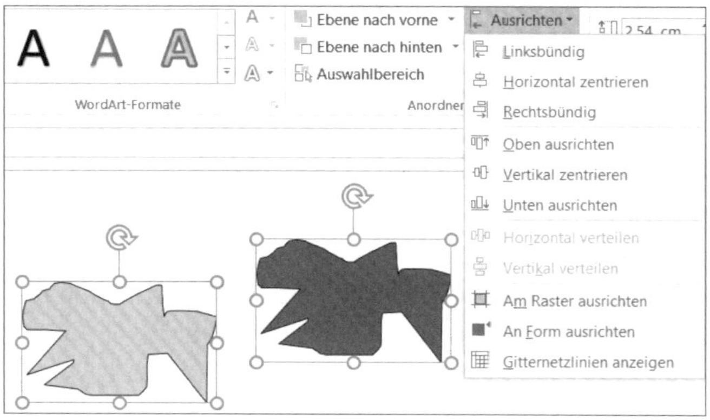

Abbildung 10.17 Ausrichten von Objekten

Gruppenobjekte

Besteht eine Zeichnung aus mehreren Objekten, lassen sich diese zu Objektgruppen zusammenfassen. Dann behandelt Excel die Objektgruppe wie ein Objekt. Es kann z. B. in einem Zug verschoben oder in der Größe geändert werden. Objekte sollten dann gruppiert werden, wenn die Position der einzelnen Objekte zueinander nicht mehr verändert werden soll.

1 Markieren Sie alle Objekte, die Teil einer Gruppe werden sollen.

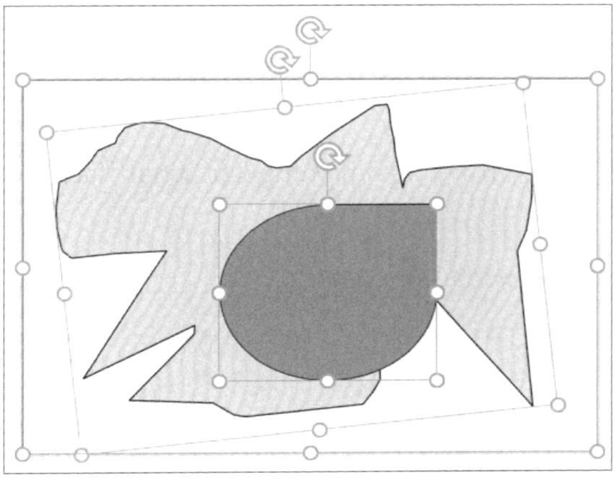

2 Wählen Sie aus der Gruppe **Anordnen** den Befehl **Gruppieren**. Anschließend erscheinen nur noch acht Ziehpunkte um alle Objekte zusammen.

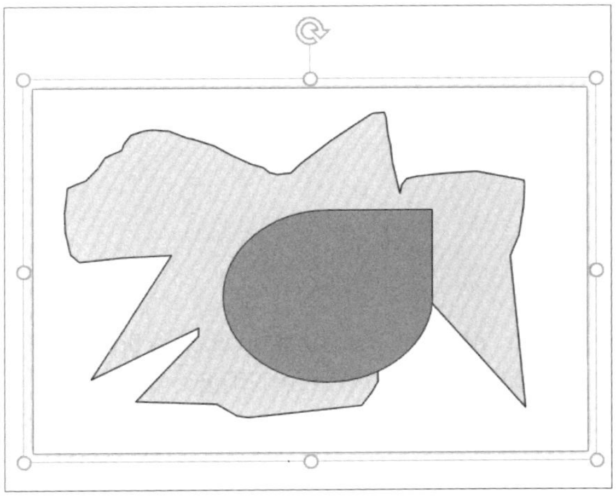

3 Wenn Sie später doch noch ein einzelnes Objekt innerhalb der Gruppe verändern wollen, wählen Sie aus dem Menü zu **Gruppieren** den Befehl **Gruppierung aufheben**.

Die Funktion **Gruppieren** kann auch in mehreren Stufen angewendet werden, sodass Teilbereiche einer Grafik ebenfalls gruppiert und später Teil einer übergeordneten Gruppe werden können.

10.2.8 Formeffekte

Bei den meisten grafischen Objekten ist es möglich, sie mit einem Schatten, mit Spiegelungen, Leuchteffekten, weichen Kanten, Abschrägungen oder 3D-Effekten zu versehen. All diese Optionen werden über die schon angesprochene Schaltfläche **Formeffekte** in der Gruppe **Formenarten** und über die Aufgabenbereiche **Form formatieren** oder **Grafik formatieren** zugänglich. Hier ein Beispiel dazu:

1. Markieren Sie die betreffenden Objekte. Öffnen Sie im Menü der Schaltfläche **Formeffekte** die Palette **Schatten**.
2. Wählen Sie per Mausklick ein passendes Schattenmuster.

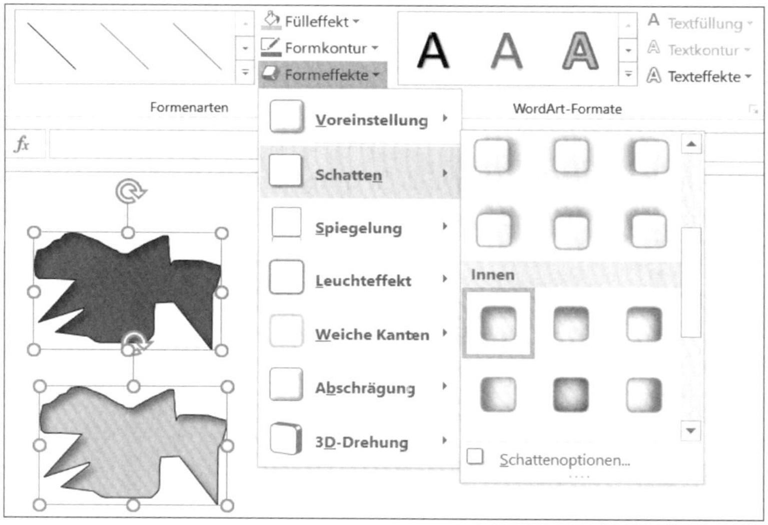

3. Reichen die vorgegebenen Muster nicht, öffnen Sie mit der Option **Schattenoptionen** den Aufgabenbereich **Form formatieren** mit der Seite **Effekte** und der Gruppe **Schatten**. Hier lassen sich alle Parameter mit den kleinen Schiebereglern oder den Drehfeldern exakt einstellen.
4. Verschieben Sie unter **Winkel** den Schatten so nach oben, unten, rechts oder links, dass Sie die gewünschte Schattenwirkung erzielen.

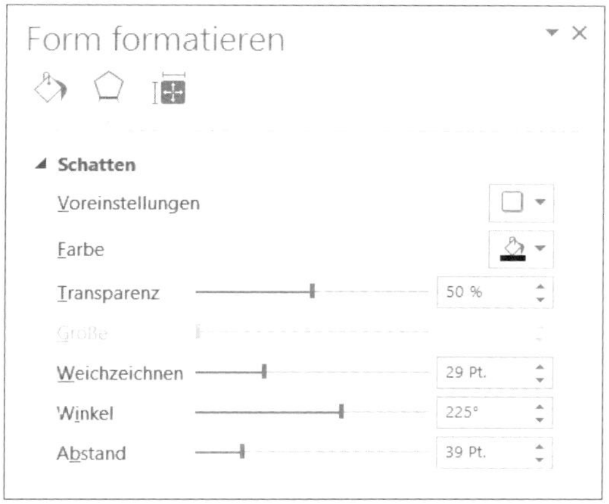

5 Über die Palette **Farbe** kann der Schatten auch eine andere Farbe erhalten.

6 Auch die **Transparenz** des Schattens lässt sich hier beliebig verändern.

Der Aufgabenbereich **Form formatieren** ist so eingerichtet, dass wechselweise beliebige Objekte markiert werden können, solange er geöffnet ist. Anstelle eines Schattens kann auch ein Leuchteffekt verwendet werden, der das Objekt mit einer Art Aura umgibt. Zahlreiche Leuchtvarianten werden unter **Leuchten** und **weiche Kanten** angeboten; über **Farbe** kann dafür eine beliebige Farbe ausgewählt werden. Über die Muster unter **Weiche Kanten** lässt sich die Kontur der Form in unterschiedlichem Umfang auflösen. Ähnliche Effekte werden auch unter **Spiegelung** angeboten.

Dreidimensionale Effekte

Mit 3D-Effekten erhalten zweidimensionale Objekte eine dreidimensionale Wirkung. In dem Menü der Schaltfläche **Formeffekte** werden dazu Paletten unter **Abschrägung** und unter **3D-Drehung** angeboten. Die erste Palette betrifft die Gestaltung des Objekts selbst, die zweite seine Positionierung im Raum. Über **Formeffekte ▸ Abschrägung** werden ein Dutzend vordefinierte 3D-Effekte angeboten.

Über **3D-Optionen** wird im Aufgabenbereich **Form formatieren** die Gruppe **3D-Format** angezeigt, die noch mehr Gestaltungsspielraum bietet. Neben den Werten, die die Art der Abschrägung bestimmen, können Sie unter **Material** und **Beleuchtung** auch bestimmte Oberflächeneffekte auswählen.

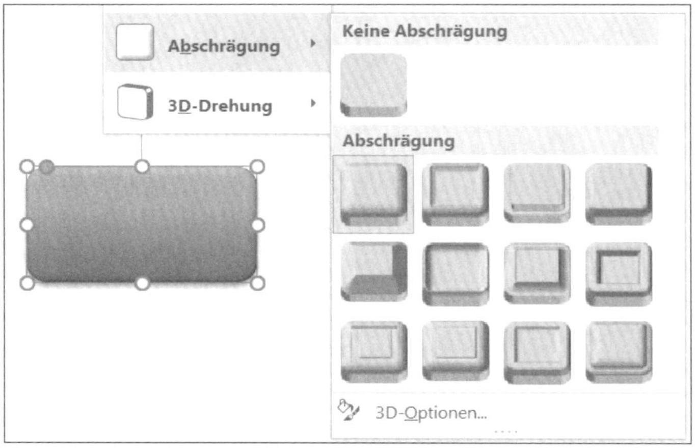

Abbildung 10.18 Beispiel für die Abschrägung eines Rechtecks

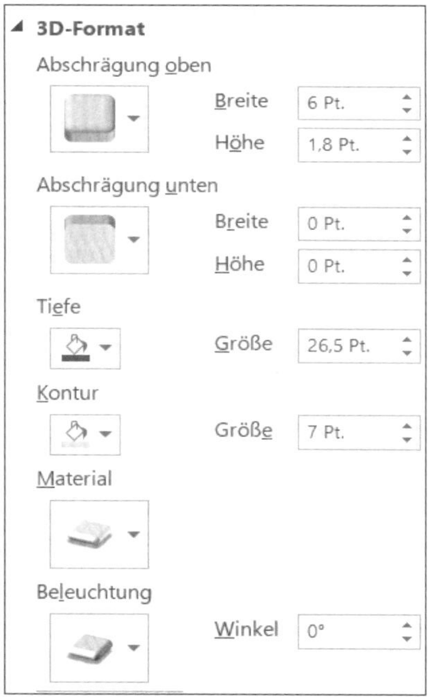

Abbildung 10.19 Die Optionsgruppe »3D-Format«

Unter **Formeffekte ▸ 3D-Drehung** werden zahlreiche Muster für die Positionierung im Raum angeboten. Dabei können Sie entweder eine perspektivische Projektion oder eine Parallelprojektion auswählen.

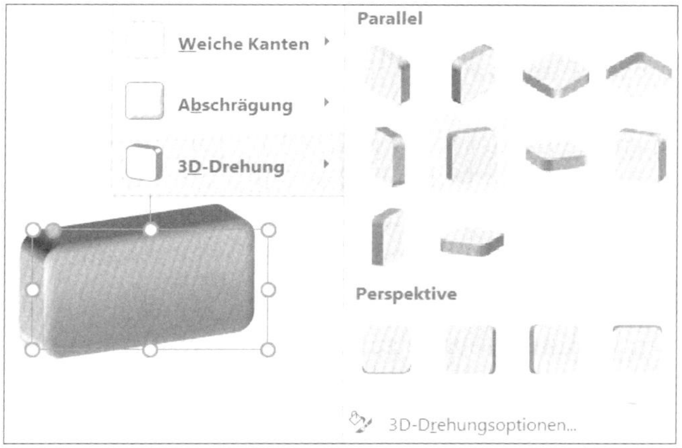

Abbildung 10.20 Wahl der 3D-Darstellung des Objekts

Über **3D-Drehungsoptionen** stehen auch hier im Aufgabenbereich unter **3D-Drehung** wieder detaillierte Einstellungsmöglichkeiten für die räumliche Ausrichtung zur Verfügung. Die gewünschten Werte für die drei Achsen können Sie entweder über die Drehfelder oder über die kleinen Schaltflächen mit den Pfeilen einstellen.

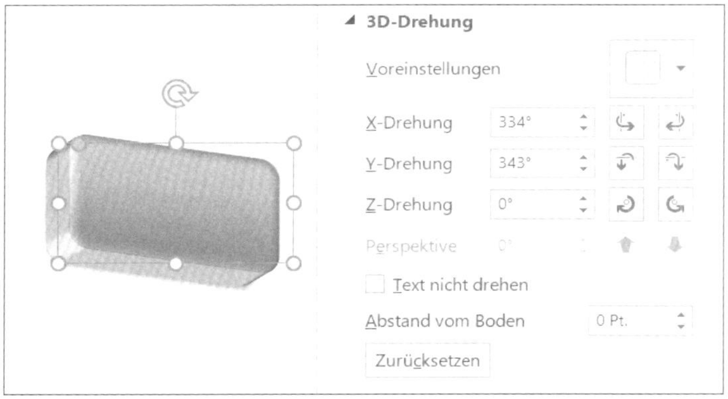

Abbildung 10.21 Optionen für die Drehung im Raum

Solange das Objekt in der Livevorschau dargestellt wird, können Sie die Wirkung der Einstellungen sofort kontrollieren. Ist ein perspektivisches Muster ausgewählt, kann unter **Perspektive** das Blickfeld enger oder breiter eingestellt werden. Unter **Abstand vom Boden** lässt sich das Objekt bezogen auf eine virtuelle Grundposition heben oder senken, was z. B. für die Anzeige eines Schattens von Bedeutung ist.

10.2.9 Frei verschiebbare Textfelder

Oft sind bei Zeichnungen zusätzliche Texteinträge erwünscht. Dabei kann es sich um Beschriftungen handeln, aber auch um Texteinträge in Logos etc. Soll lediglich ein Textfeld eingefügt werden, ist es hinreichend, auf der Registerkarte **Einfügen** in der Gruppe **Text** die Schaltfläche **Textfeld** zu verwenden, ein Textfeld aufzuziehen und anschließend den Text einzugeben. Auf dem Touchscreen wird im Modus **Fingereingabe** ein Textfeld in der Mitte des Bildschirms mit einem schon markierten Dummy-Text eingefügt.

Der Text selbst kann, wenn er ganz oder teilweise markiert wird, mit den üblichen Formatierungswerkzeugen für die Textgestaltung bearbeitet werden. Das Textfeld insgesamt erlaubt viele der Gestaltungsoptionen, die generell für grafische Objekte zur Verfügung stehen, etwa die Spiegelung oder 3D-Drehungen.

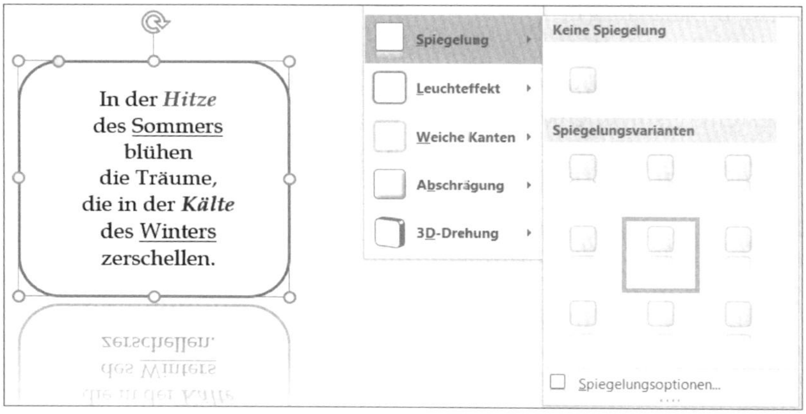

Abbildung 10.22 Ein gespiegeltes Textfeld

Einige spezielle Optionen stehen im Aufgabenbereich **Form formatieren** zur Verfügung, den Sie über das Kontextmenü des Textfeldes erreichen. Wenn Sie unter **Textoptionen** das Symbol **Textfeld** auswählen, können Sie auch bestimmen, dass die Größe des Feldes automatisch an die Textmenge angepasst wird. Auch die Ränder des Feldes lassen sich hier präzise einstellen.

TIPP

Textfelder mit Zellinhalten verknüpfen

Anstatt in ein Textfeld Texte direkt einzugeben, können auch Bezüge auf den Inhalt einer Zelle eingegeben werden. Wenn das Textfeld ausgewählt ist, geben Sie das Gleichheitszeichen in die Bearbeitungsleiste ein und anschließend die Adresse der Zelle, die den Text enthält. Auf diese Weise können u. a. variable Beschriftungen erzeugt werden, z. B. Beschriftungen, die jeweils den aktuellen Monatsnamen anzeigen.

Abbildung 10.23 Optionen zu einem Textfeld

10.2.10 Textdekor für Tabellen

Für Texte stehen zusätzliche Formate zur Verfügung, wenn sie als WordArt-Objekte angelegt werden. Mit solchen Schriftzügen können etwa die Titel von Tabellen repräsentativ gestaltet werden:

1 Benutzen Sie auf der Registerkarte **Einfügen** die Schaltfläche **WordArt einfügen** in der Gruppe **Text**.

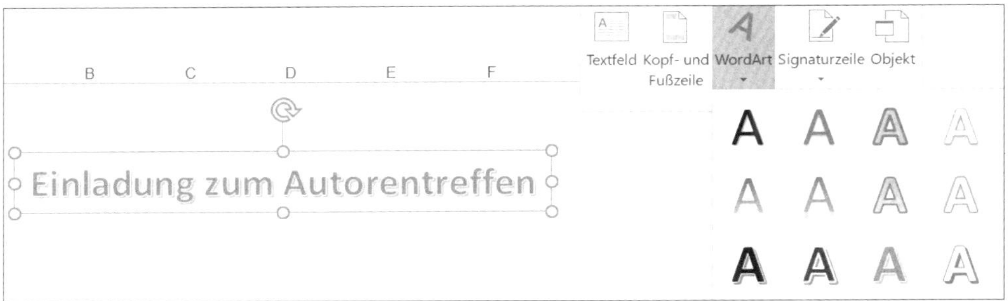

2 Die **WordArt**-Palette mit unterschiedlichen zwei- oder dreidimensionalen grafischen Effekten für Text wird zur Auswahl gestellt. Wählen Sie per Klick oder Tipp das Muster, das Ihnen gefällt.

3 Im Arbeitsblatt wird zunächst ein Dummy-Text eingefügt, der mit dem gewünschten Text überschrieben werden kann.

4 Solange das WordArt-Objekt ausgewählt ist, bleibt die Registerkarte **Format** eingeblendet, sodass Formate aus der Gruppe **WordArt-Formate** zugewiesen werden können. Hier sind insbesondere die **Transformationen** interessant, die in dem Menü zu **Texteffekte** angeboten werden.

WordArt-Objekte können wie jedes andere grafische Objekt verschoben, in der Größe verändert und gedreht werden. Der Effekt eines WordArt-Objekts kann jederzeit geändert werden. Dazu wird einfach ein anderer Effekt zugewiesen.

10.3 Organigramme im Schnellgang

Sie planen die Reorganisation einer Abteilung oder eines Betriebs? Excel liefert Ihnen dafür ein handliches Werkzeug. Mit der Schaltfläche **SmartArt** in der Gruppe **Einfügen ▸ Illustrationen** öffnen Sie einen Dialog, in dem Sie zunächst zwischen unterschiedlichen Grundformen für eine schematische Darstellung bestimmter Zusammenhänge auswählen können.

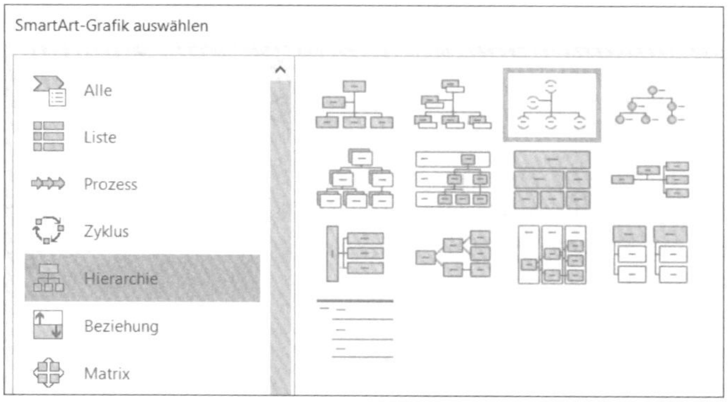

Abbildung 10.24 Wahl des Darstellungstyps

Wenn Sie sich unter **Hierarchie** für ein Organigramm entscheiden, legt Excel eine entsprechende Layoutschablone an, in die Sie die Daten Ihrer Firma eintragen können. Für die Texteingabe kann ein separates Fenster genutzt werden, das sich mithilfe der kleinen Pfeile am linken Rand ein- und ausblenden lässt. Dies erleichtert die Beschriftung des Diagramms. Über das Kontextmenü eines Texteintrags stehen dort auch die üblichen Formatierungsmöglichkeiten zur Verfügung. Für den Ausbau des Organigramms stehen zahlreiche Werkzeuge auf der Registerkarte **SmartArt-Tools ▸ Entwurf** bereit, die automatisch eingeblendet wird, wenn das Organigramm markiert ist.

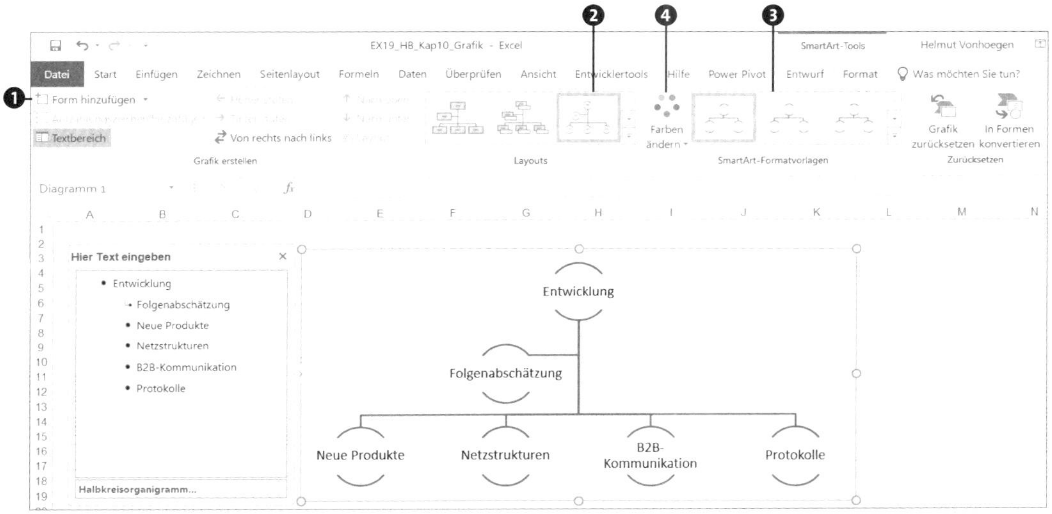

Abbildung 10.25 Ausfüllen der vorgegebenen Form

Um z. B. auf einer bestimmten Ebene der Hierarchie ein weiteres Element einzufügen, markieren Sie zunächst das benachbarte Element und benutzen dann in der Gruppe **Grafik erstellen** unter **Form hinzufügen** ➊ die Option **Form danach** (oder **davor**) **hinzufügen**. Eltern- oder Kindobjekte werden entsprechend mit **Form darüber** (oder **darunter**) **hinzufügen** eingebaut.

Gefällt Ihnen das Layout des Schemas nicht, können Sie in der Gruppe **Layouts** ein anderes Layoutmuster auswählen ➋. Weitere Gestaltungsmöglichkeiten finden Sie in der Gruppe **SmartArt-Formatvorlagen**. Die Musterpalette ➌ bietet für das ausgewählte Layout jeweils zahlreiche 2D- oder 3D-Varianten. Über die Schaltfläche **Farben ändern** ➍ können Sie außerdem noch andere Farben zuordnen. Über das Register **Format** stehen darüber hinaus zahlreiche Möglichkeiten zur Verfügung, die einzelnen Elemente des Organigramms manuell zu formatieren.

10.4 Grafiken übernehmen und bearbeiten

Komplette Grafikdateien lassen sich direkt in ein Tabellenblatt oder ein Diagrammblatt einlesen. Es kann allerdings durchaus vorkommen, dass Excel eine Grafik nicht einlesen kann, obwohl der entsprechende Datentyp eigentlich unterstützt wird. Das mag z. B. daran liegen, dass die Datei nicht korrekt abgespeichert wurde, etwa mit einem Dateityp, der nicht dem tatsächlichen Format entspricht. Schwierigkeiten können auch entstehen, wenn die Grafik mit älteren Versionen eines Programms erstellt wurde, die ältere Varianten des Dateityps benutzen. In solchen Fällen ist es ratsam, die Datei im Originalprogramm noch einmal abzuspeichern oder gegebenenfalls dort bereits in ein anderes Format zu konvertieren.

10.4.1 Bilder aus Dateien einfügen

Eine naheliegende Möglichkeit, Ihre Arbeitsblätter zu illustrieren, ist die Übernahme von Bildern aus einer Datei auf dem eigenen Rechner oder aus dem lokalen Netzwerk.

1 Zum Einfügen einer Grafik als Datei wählen Sie auf der Registerkarte **Einfügen** unter **Illustrationen** den Befehl **Bilder**. Der Befehl öffnet zur Dateiauswahl den Dialog **Grafik einfügen**. Wählen Sie zunächst den Dateityp aus, damit die Dateien dieses Typs auch angeboten werden. Ist eine Datei ausgewählt, zeigt Excel – sofern die entsprechende **Ansicht** gewählt ist – ein verkleinertes Abbild der Datei, sodass Sie leicht prüfen können, ob die richtige Datei ausgewählt ist.

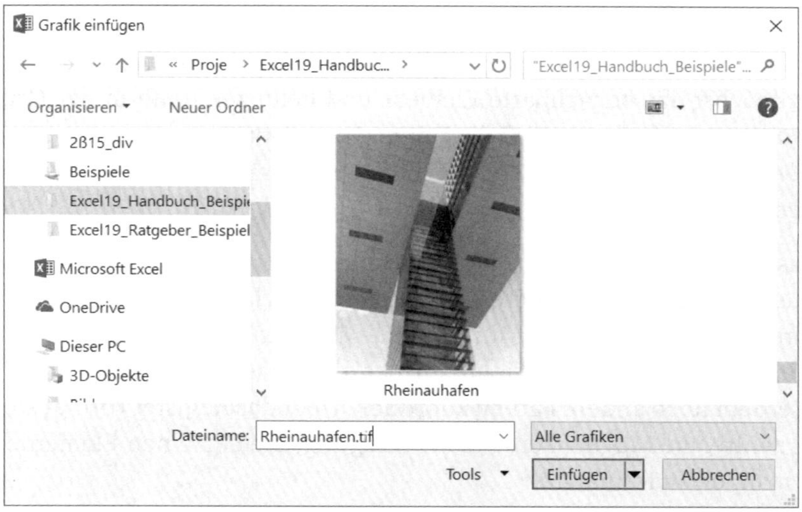

2 Sie können über das Menü der Schaltfläche **Einfügen** die Grafik entweder direkt in die Excel-Datei mit **Einfügen** übernehmen oder nur eine Verknüpfung zur Bilddatei herstellen. Ist das Dialogfeld so oder so quittiert, erscheint die ausgewählte Grafik in Ihrem Dokument.

3 Die Grafik kann wie gewohnt verschoben und in ihrer Größe verändert werden. Für eine weitere Bearbeitung stehen die Symbolgruppen auf der Registerkarte **Bildtools ▸ Format** zur Verfügung, deren Anwendung im nächsten Abschnitt beschrieben wird.

Im Kontextmenü der Grafik finden Sie auch einen Befehl **Bild ändern**, falls irrtümlich das falsche Bild eingefügt worden ist. Er öffnet erneut den Dialog **Grafik einfügen**.

10.4.2 Bildbearbeitung vor Ort

Damit Sie nicht für jede kleine Veränderung an einem Bild oder einer Grafik in ein spezielles Bildbearbeitungs- oder Grafikprogramm wechseln müssen, stellt Excel 2019 grundlegende Funktionen zur Bildbearbeitung zur Verfügung. Effekte wie Kreideskizzen oder Wasserfarben lassen sich einfach über die Musterpalette **Künstlerische Effekte** auswählen.

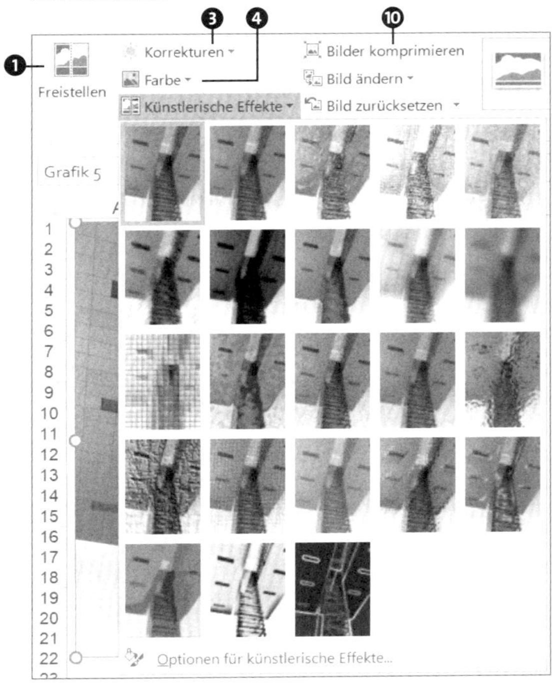

Abbildung 10.26 Bildtools auf dem Register »Format«

In der ersten Gruppe **Anpassen** finden Sie eine Schaltfläche **Freistellen** ❶, die ein eigenes Register **Freistellen** einblendet. Über die Schaltflächen in der Gruppe **Verfeinern** ❷ lassen sich durch entsprechendes Ziehen der Markierungen die Bereiche bestimmen, die aus dem Bild entfernt bzw. die behalten werden sollen.

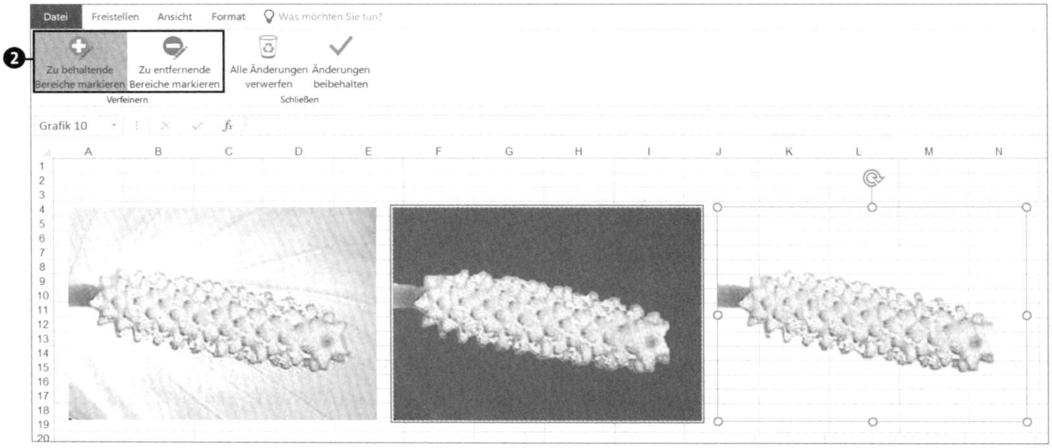

Abbildung 10.27 Links das Original, in der Mitte die vorgeschlagenen Bereiche, die zu entfernen sind, und der grüne Bereich, der zum Beibehalten markiert wird, rechts das Ergebnis der Freistellung mit dem transparenten Hintergrund

Die Schaltfläche **Korrekturen** ❸ bietet für die Änderung von Helligkeit und Kontrast eine Palette mit gestuften Varianten. Wird eine der Optionen berührt, kann der Effekt im Bild sofort kontrolliert werden. Ist eine andere Einstellung nötig, kann mit **Bildkorrekturoptionen** der Aufgabenbereich **Grafik formatieren** geöffnet werden, der auf der Seite zu **Bild** unter **Bildkorrekturen** auch stufenlose Änderungen erlaubt.

Abbildung 10.28 Der Aufgabenbereich »Grafik formatieren« mit den Optionen für Bildkorrekturen

Die Schaltfläche **Farbe** in der Gruppe **Format ▸ Anpassen** (❹ an Abbildung 10.26) ändert den Farbmodus des Bildes, wobei zahlreiche helle und dunkle Varianten als Muster angeboten werden. Das Muster mit dem Namen **Ausgeblichen** erlaubt z. B. eine Art Wasserzeicheneffekt.

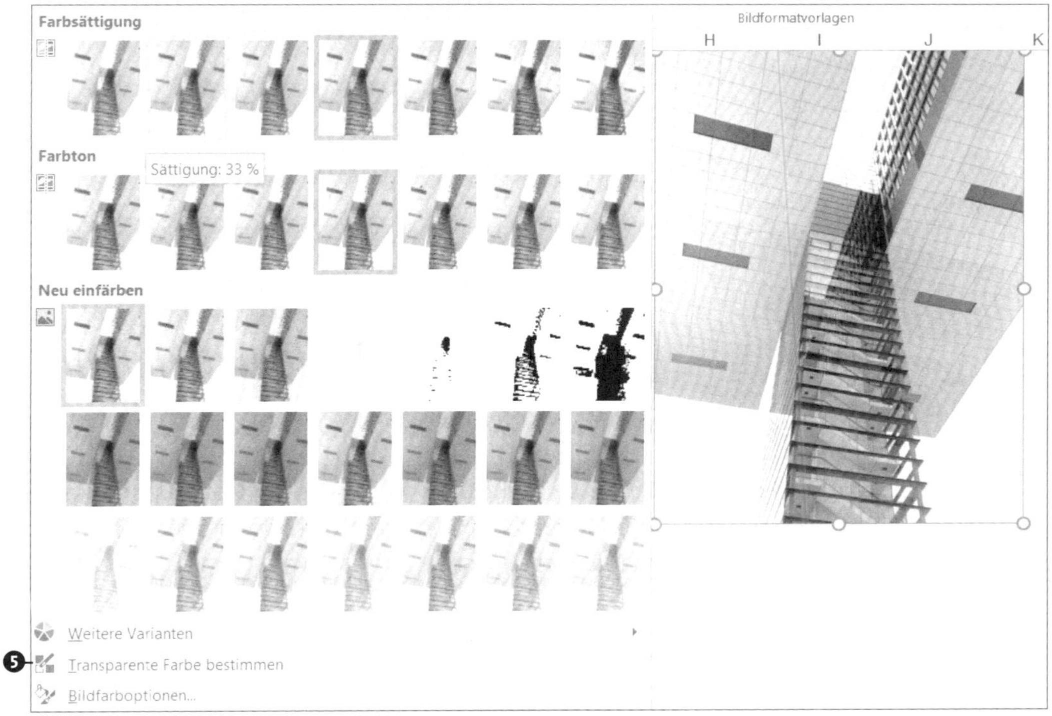

Abbildung 10.29 Die Palette für Farbkorrekturen

Mit der Option **Transparente Farbe bestimmen** ❺ kann eine anschließend angeklickte oder angetippte Farbe transparent gesetzt werden. Das erlaubt es, z. B. einen einfarbigen Bildhintergrund durchsichtig zu machen und so den Bildinhalt quasi freizustellen.

Wenn Sie nur einen Ausschnitt des Bildes benötigen, können Sie dazu das Werkzeug **Zuschneiden** in der Gruppe **Größe** verwenden. Mit dem Werkzeug lässt sich der Rahmen um das Bild an den acht Markierungen verkleinern und vergrößern. Die Schaltfläche bietet über ihr Menü auch die Option **Auf Form zuschneiden** an, um das Bild auf eine der Formen zu trimmen, die die **Formen**-Palette anbietet. In der Gruppe **Größe** stehen außerdem Listenfelder ❻ zur Verfügung, um die Bildgröße exakt zu bestimmen.

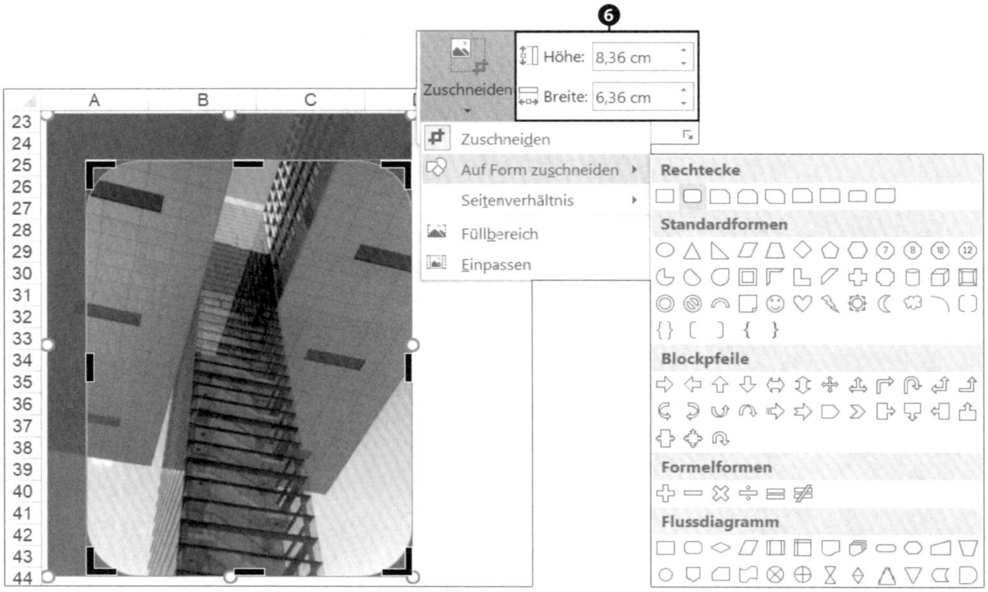

Abbildung 10.30 Das Werkzeug zum Zuschneiden

Unter **Bildformatvorlagen** wird eine Reihe mehr oder weniger sinnvoller Darstellungsformen und Einrahmungen des Bildes angeboten. Den Rahmen können über die Palette **Bildrahmen** ❼ auch andere Farben zugewiesen werden.

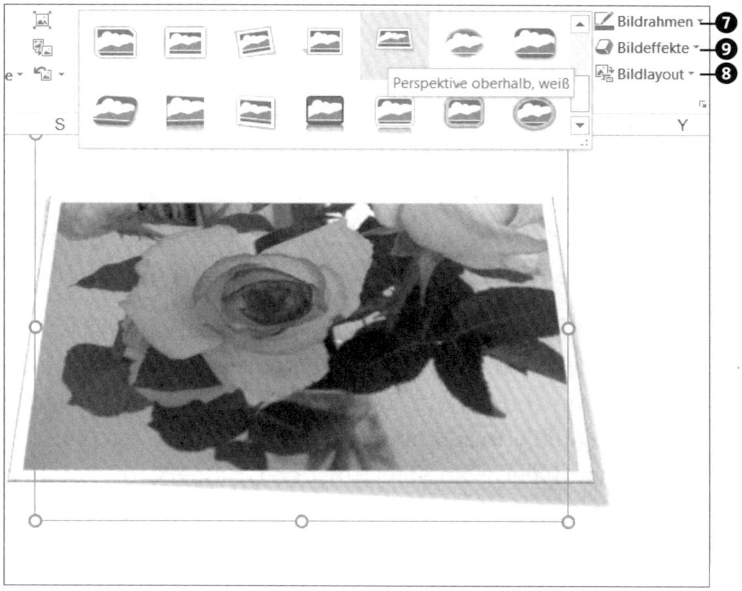

Abbildung 10.31 Bildformatvorlagen im Einsatz

Interessante Möglichkeiten bietet die Schaltfläche **Bildlayout** ❽, über die Sie die Palette der **SmartArt-Layouts** öffnen. Auf diesem Weg kann ein Bild in eines dieser Layouts eingefügt werden. Abbildung 10.32 zeigt als Beispiel, wie Bilder einer vertikalen Bildliste zugeordnet werden, die dann durch entsprechende Texte zu jedem Bild ergänzt werden kann. Über die Schaltfläche **Entwurf ▸ Form hinzufügen** lässt sich dann leicht ein neues Bild-Text-Paar einfügen, wobei mit dem Platzhalter für das Bild gleichzeitig eine Schaltfläche zum Öffnen des Dialogs **Grafik einfügen** angeboten wird.

Abbildung 10.32 Muster für bebilderte Produktlisten

Die Optionen unter **Bildeffekte** ❾ entsprechen denen, die oben schon für grafische Objekte unter **Formeffekte** beschrieben wurden. Um die Dateigröße zu minimieren, können Grafiken in Excel 2019 komprimiert werden. Die Schaltfläche **Bilder komprimieren** (❿ an Abbildung 10.26) in der Gruppe **Format ▸ Anpassen** erlaubt dazu unter **Auflösung** verschiedene Einstellungen für Druck, Bildschirmanzeige oder E-Mail-Versand.

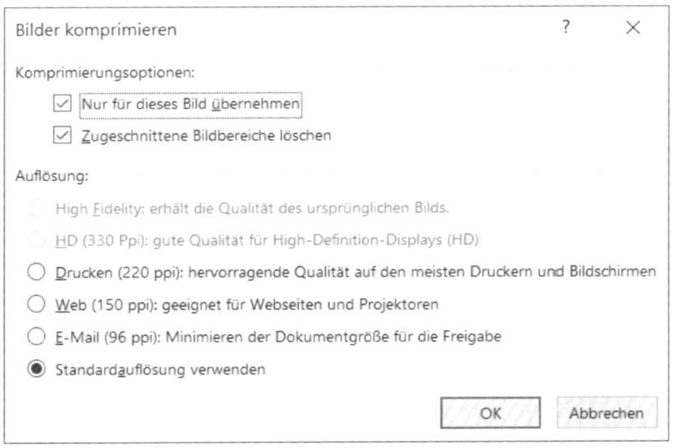

Abbildung 10.33 Speicherplatz sparen

Sollten Sie sich bei der Bildbearbeitung einmal verhaspelt haben, führt die Schaltfläche **Bild zurücksetzen** unter **Anpassen** wieder auf das Ausgangsbild zurück. Wahlweise kann hier auch nur die Bildgröße zurückgesetzt werden. Soll an der entsprechenden Stelle ein anderes Bild erscheinen, hilft die Schaltfläche **Bild ändern** in derselben Gruppe.

10.4.3 Einfügen von Screenshots

Eine ganz praktische Funktion der Gruppe **Einfügen ▸ Illustrationen** bietet die Schaltfläche **Einen Screenshot erstellen**. Sind andere Fenster geöffnet, etwa der Browser, werden diese als Bildquelle angeboten und nach dem Anklicken oder Antippen komplett an der aktuellen Position in das Tabellenblatt eingefügt.

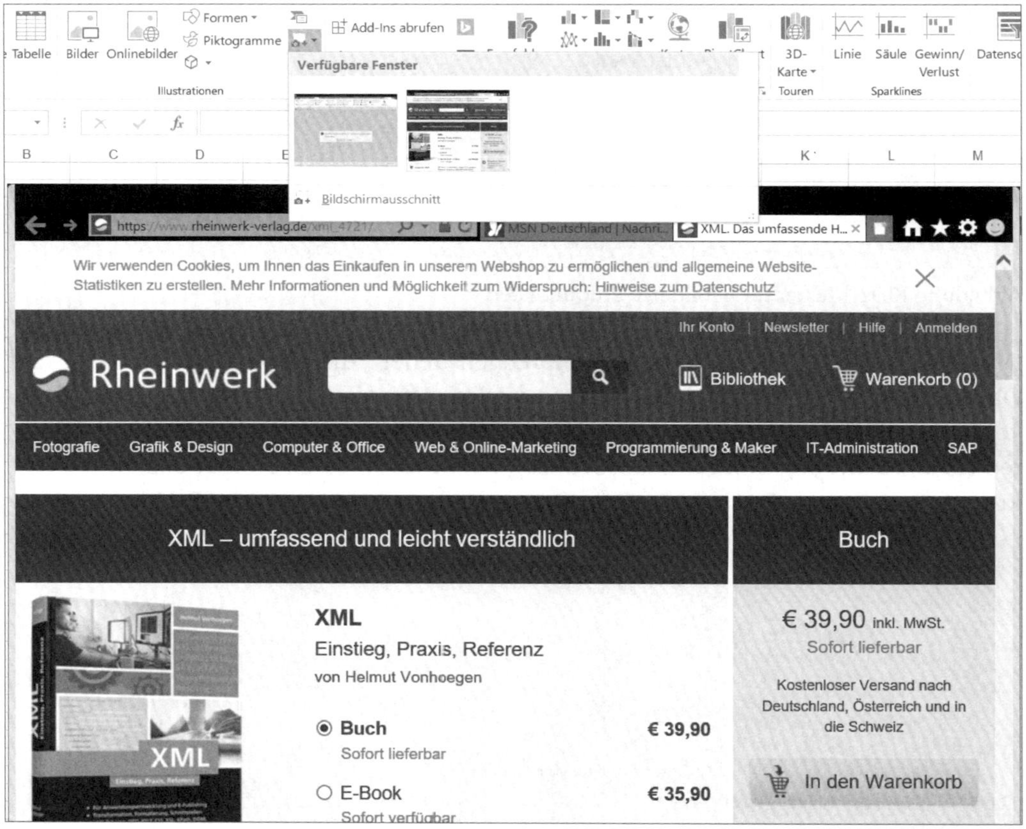

Abbildung 10.34 Über das Menü der Schaltfläche »Screenshot« kann ein Bild aus einer Website übernommen werden.

Wenn es sich um die Abbildung einer Webseite handelt, werden Sie gefragt, ob Sie den Link der URL dieser Seite hinzufügen wollen. Wenn Sie dies zulassen, reicht ein Klick oder Tipp auf den Screenshot im Tabellenblatt, um die Seite im Browser zu öffnen. Der Link wird auch angezeigt, wenn der Mauszeiger die eingefügte Abbildung berührt. Diese Abfrage können Sie übrigens über **Excel-Optionen ▸ Erweitert** unterbinden, wenn Sie die Option **Screenshot nicht automatisch als Link bereitstellen** aktivieren.

Über die Option **Bildschirmausschnitt** wird das Excel-Fenster vorübergehend ausgeblendet, sodass durch Aufziehen eines Rechtecks ein beliebiger Bildschirmausschnitt geschossen werden kann. Beim Loslassen erscheint der Ausschnitt als Bildobjekt im Tabellenblatt und kann wie alle anderen Bildobjekte behandelt werden.

10.5 Piktogramme nutzen

Piktogramme sind üblicherweise Elemente eines Bildzeichensystems, das für eine sprachunabhängige Verständigung benutzt wird. Der Dialog, den die Schaltfläche **Illustrationen ▸ Piktogramme** öffnet, bietet Ihnen im linken Bereich eine umfangreiche Kategorienauswahl an, im rechten Bereich jeweils die zugehörigen Symbole.

10.5.1 Piktogrammbibliothek

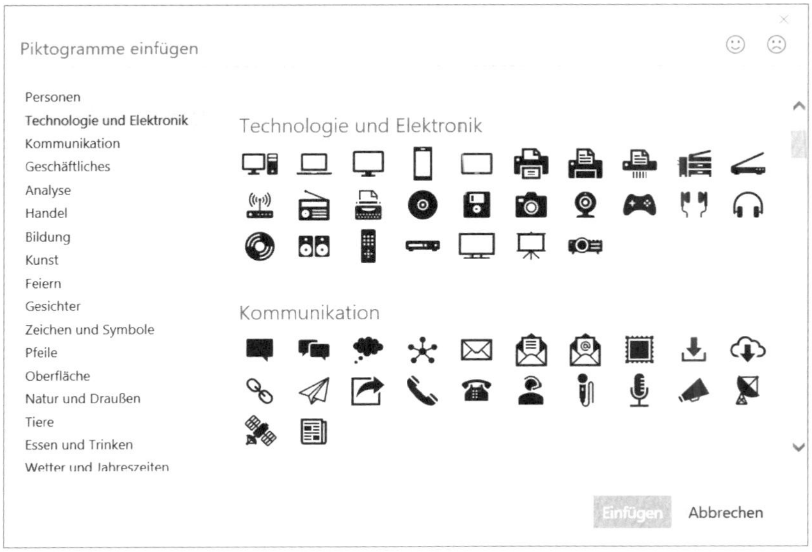

Abbildung 10.35 Der Dialog zu der Schaltfläche »Piktogramme«

Wählen Sie das gewünschte Symbol aus und übernehmen Sie es mit **Einfügen** in das Tabellenblatt an die Position des Mauszeigers. Das Symbol wird als grafisches Objekt eingefügt. Zur Bearbeitung wird unter **Grafiktools** das Register **Format** angeboten.

10.5.2 Eigene Vektorgrafiken einfügen

Die gerade beschriebenen Piktogramme sind skalierbare Vektorgrafiken in dem offenen XML-Format SVG – *Scalable Vector Graphics*. Excel 2019 bietet Ihnen auch die Möglichkeit, selbst Grafiken in diesem Format einzufügen. Dazu sollten Sie im Dialog **Grafik einfügen** den Dateityp **Skalierbare Vektorgrafiken** einstellen.

Auch in diesem Fall steht Ihnen unter **Grafiktools** das Register **Format** zur Verfügung. Darin finden Sie einen großen Teil der Optionen, die bereits für die Zeichentools beschrieben sind. Besonders interessant ist aber die Möglichkeit, eine solche Grafik in ihre Teile zu zerlegen. Dies geschieht mithilfe der Schaltfläche **In Form konvertieren**, die Sie in der Gruppe **Format ▸ Ändern** finden.

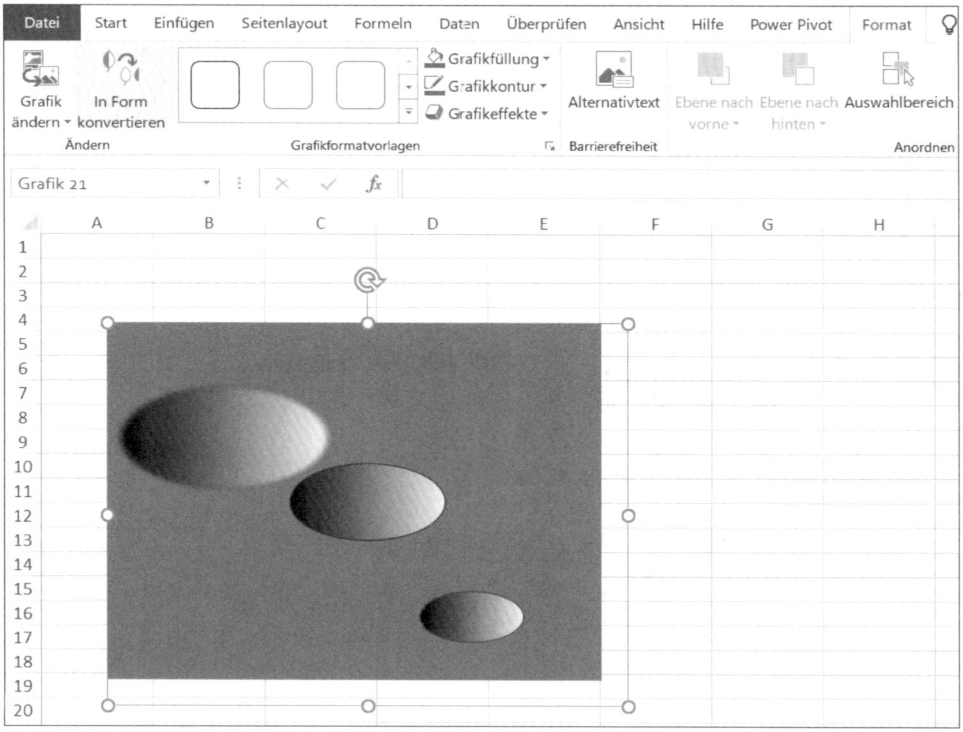

Abbildung 10.36 SVG-Grafik im Tabellenblatt

Anschließend stehen die einzelnen Elemente der SVG-Grafik als eine Reihe von Formen zur Verfügung, die sich mit den Zeichentools einzeln behandeln lassen.

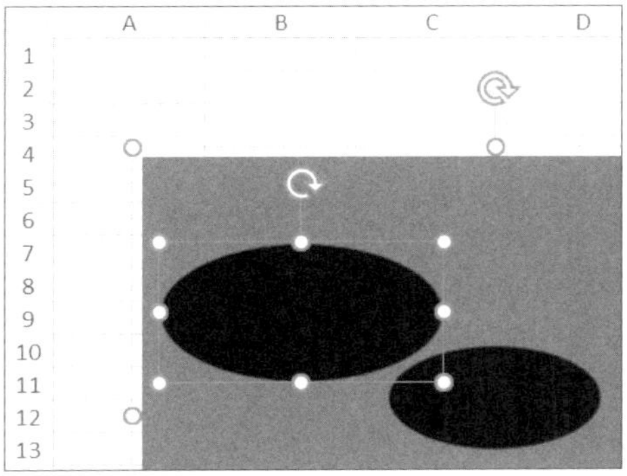

Abbildung 10.37 Nun ist die SVG-Grafik in einzelne Formen zerlegt.

10.6 3D-Modelle und 3D-Karten

Wenn ein Objekt von mehreren Seiten gezeigt werden soll, ist es praktisch, mit dreidimensionalen Illustrationen zu arbeiten, die sich drehen lassen. Excel 2019 unterstützt diese Möglichkeit gleich doppelt.

10.6.1 Eine 3D-Illustration aus einer Datei

Besteht auf dem lokalen Gerät oder im lokalen Netz eine Datei mit einem 3D-Modell, lässt es sich direkt in ein Tabellenblatt einfügen. Wenn Sie beispielsweise mit Paint 3D ein Modell angelegt und gespeichert haben, reichen die folgenden Schritte:

1. Aktivieren Sie im Arbeitsblatt eine Zelle, in deren Nähe das Modell erscheinen soll.
2. Nehmen Sie aus der Gruppe **Einfügen ▸ Illustrationen** den Befehl **3D-Modelle** und über den kleinen Pfeil die Option **Aus einer Datei**.
3. Wählen Sie im Dialog **3D-Modell einfügen** das gewünschte Modell aus. Zur Übernahme können Sie mit der Schaltfläche **Einfügen** arbeiten. Die Alternative **Mit Datei verknüpfen** finden Sie über den Pfeil zu dieser Schaltfläche. In diesem Fall wird nur eine Verknüpfung zu der Datei mit dem Modell in das Tabellenblatt eingefügt. Die Option **Einfügen u. Verknüpfen** fügt die Datei und den Link zusammen ein. Änderungen an der externen Datei werden dann ebenfalls im Tabellenblatt angezeigt.

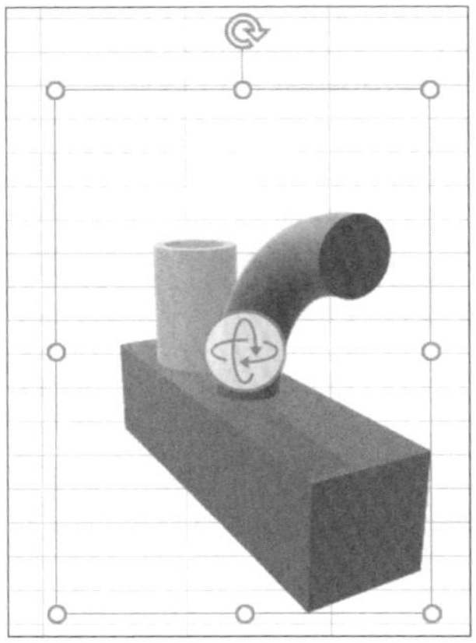

4 Das Modell erscheint im Tabellenblatt mit den üblichen Anfassern. Zusätzlich finden Sie in der Mitte noch eine Schaltfläche, die das Drehen des Modells in jede mögliche Richtung erlaubt.

5 Wenn Sie den Rahmen mit rechts anklicken, erscheint ein Kontextmenü, das über die Schaltfläche **Ansichten** verschiedene Positionen des aktuellen Objekts zur Auswahl anbietet. Ein Klick auf eines der Muster genügt, um das Objekt entsprechend zu positionieren.

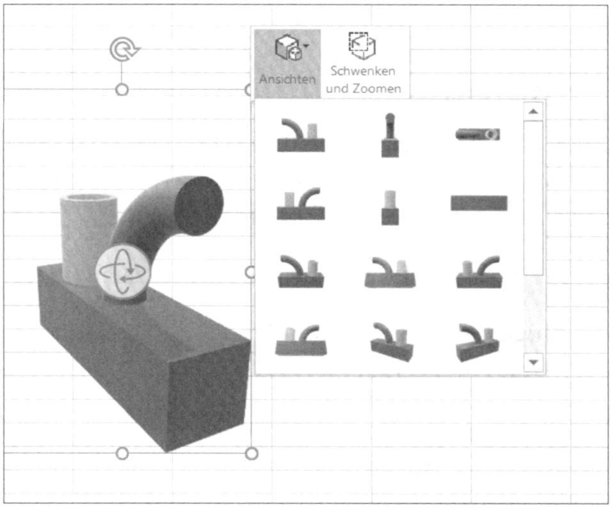

6 Die Schaltfläche **Schwenken und Zoomen** blendet kleine Pfeile ein, um das Objekt zu vergrößern oder zu verkleinern. Außerdem lässt sich das Objekt im Rahmen an eine andere Stelle bewegen.

7 Im Kontextmenü des Objekts öffnet **3D-Modell formatieren** den entsprechenden Aufgabenbereich. Hier lässt sich in der Gruppe **3D-Modell ▸ Modelldrehung** die Drehung um die drei Achsen exakt einstellen.

Wenn das 3D-Objekt ausgewählt ist, zeigt das Register **Format** in der Menüleiste mehrere Gruppen für die weitere Bearbeitung des Objekts. Wenn Sie sich bei der Bearbeitung etwas verirrt haben, was bei 3D leicht möglich ist, hilft die Schaltfläche **3D-Modell zurücksetzen**.

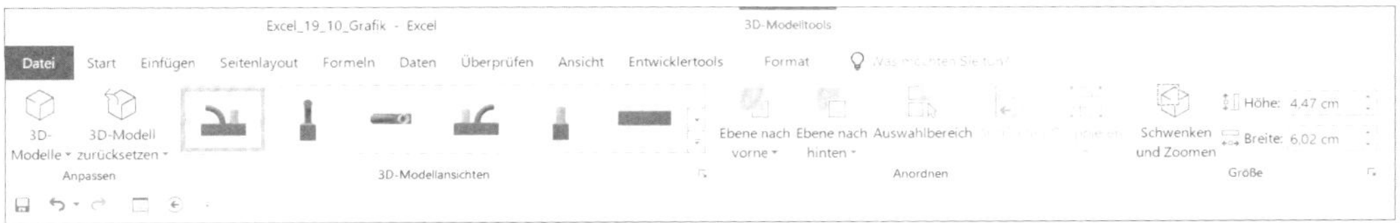

Abbildung 10.38 Das Register Format für 3D-Objekte

10.6.2 Eine 3D-Illustration online importieren

Ähnlich wie die früher von Office angebotene Clip-Art-Bibliothek steht nun unter dem Namen **Remix3D** eine Bibliothek für 3D-Objekte online zur Verfügung.

1 Benutzen Sie **Einfügen ▸ Illustrationen ▸ 3D-Modelle** und über den kleinen Pfeil die Option **Aus Onlinequellen**.

2 Geben Sie einen Suchbegriff ein, oder wählen Sie zunächst eine der angebotenen Kategorien mit einem Klick oder Tipp und anschließend ein passendes Objekt.

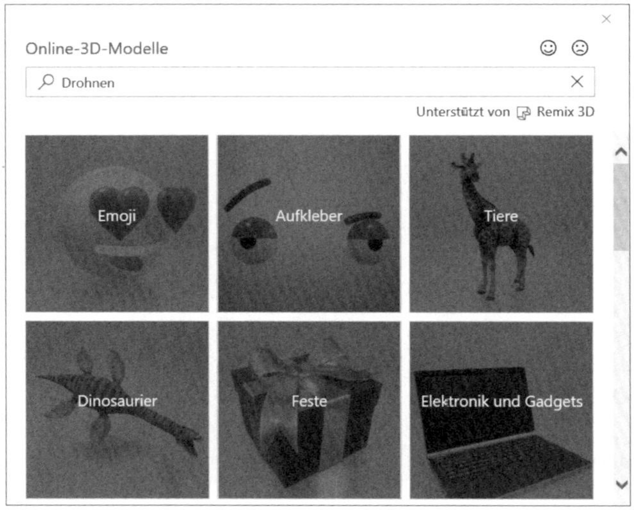

3 Mit **Einfügen** wird das ausgewählte Objekt in der Nähe des Mauszeigers in das Arbeitsblatt eingefügt. Die weitere Behandlung entspricht der der lokal importierten Objekte.

Abbildung 10.39 3D-Modell einer Videodrohne

Remix3D ist eine Online-Plattform unter *www.remix3d.com*, auf der Sie auch selbst etwa mit Paint 3D gestaltete Modelle zur Verfügung stellen können.

10.7 Freihandzeichnen

Das Register **Zeichnen** ❶ ist hauptsächlich dann interessant, wenn Sie mit Touchscreen und Stift arbeiten. Die Fingereingabe ist zwar auch möglich, aber etwas grober. Auch wenn Sie keinen Touchscreen haben, lässt sich das Register nutzen, beispielsweise um bestimmte Werte in einer Tabelle mit der Maus zu markieren. Das Register kann über **Datei ▶ Optionen ▶ Menüband anpassen** ein- oder ausgeblendet werden.

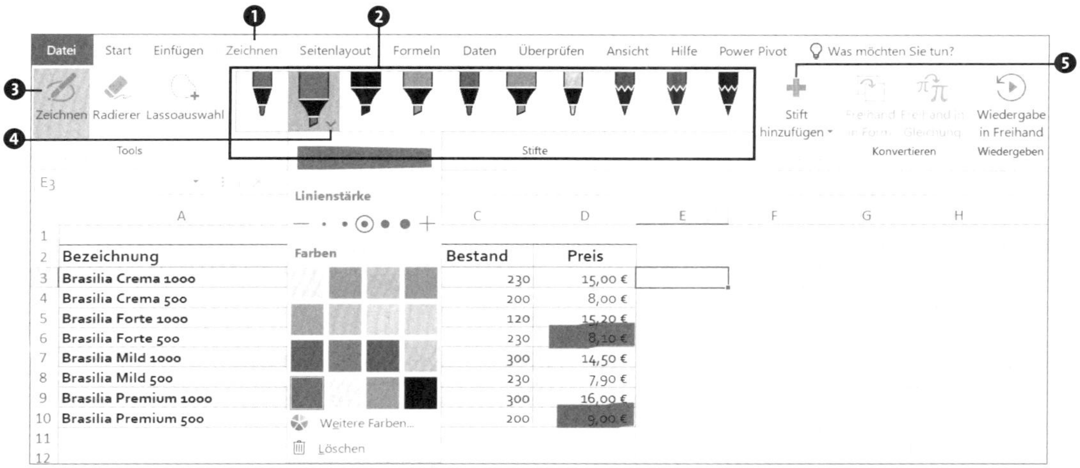

Abbildung 10.40 Das Register »Zeichnen« stellt Stifte und Marker in frei wählbaren Farben und Größen zur Verfügung.

10.7.1 Markierungen und Handkommentare

Um bestimmte Werte in einer Tabelle zu markieren, reicht es, per Klick oder Tipp einen der unter **Stifte** ❷ angebotenen Marker auszuwählen und die Werte damit zu überstreichen. Zum Abschalten klicken oder tippen Sie auf das Symbol **Zeichnen** ❸. Die Markierungen werden als meist transparente grafische Objekte über die Zellinhalte gelegt und lassen sich bei Bedarf auch wie grafische Objekte mithilfe der Zeichentools behandeln.

Alle Stifte können Sie, was **Linienstärke** und **Farbe** betrifft, leicht ändern, wenn Sie die entsprechende Palette mithilfe des kleinen Pfeils ❹ rechts unten öffnen. Über die Schaltfläche **Stift hinzufügen** ❺ lassen sich weitere Stifte in den Satz der sichtbaren Stifte einfügen. Für die Option **Stift** werden neben Farben auch Effekte mit verschiedenen Texturen angeboten.

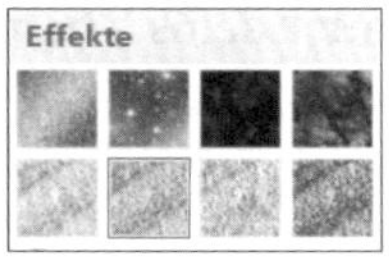

Abbildung 10.41 Texturen für Stifte

Über das Kontextmenü zu einem Stift ändern Sie die Zusammensetzung und Reihenfolge der Stifte.

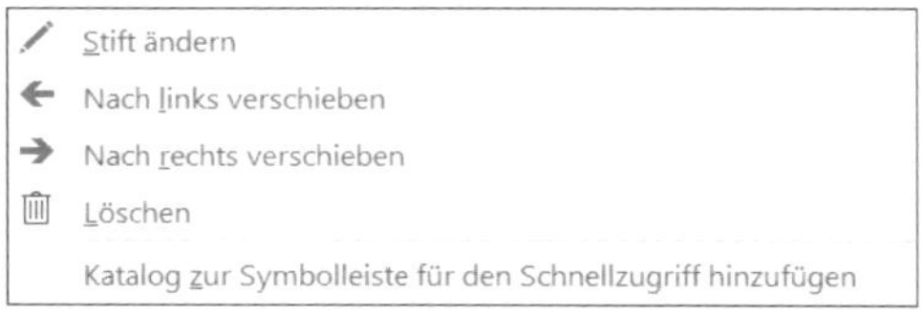

Abbildung 10.42 Kontextmenü zu einem Stift

Die von Ihnen zusammengestellte Stiftauswahl steht immer für alle Office-Anwendungen zur Verfügung.

10.7.2 Skizzen

Neben Markierungen oder handschriftlichen Notizen zu Tabellendaten erlauben die Stifte auch schnelle Skizzen. Wenn die Schaltfläche **Freihand in Form** ❶ vor dem Zeichnen benutzt wird, ist Excel in der Lage, auch aus einer krakeligen Linie ein sauberes Rechteck oder einen Kreis zu produzieren.

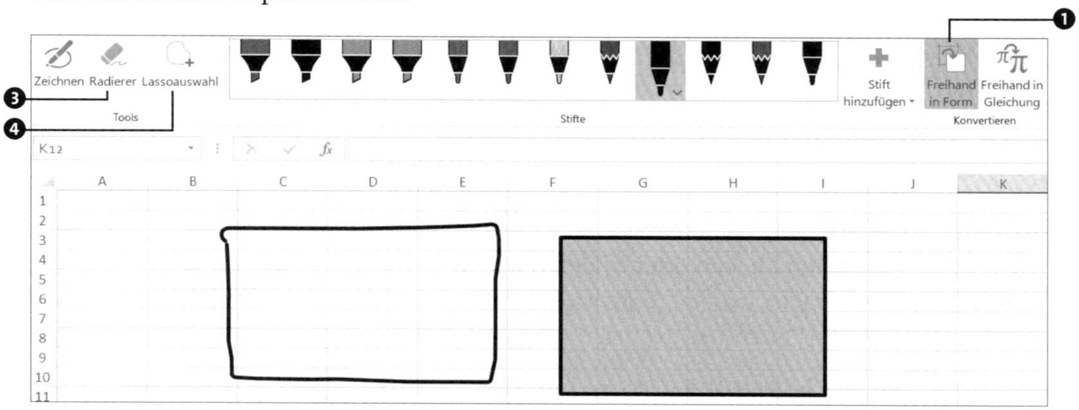

Abbildung 10.43 Konvertierung einer Freihandzeichnung in eine Form

10.7.3 Mathematische Gleichungen

In ähnlicher Weise funktioniert es mit Gleichungen. Wenn Sie zur Dokumentation einer Berechnung eine mathematische Gleichung in ein Blatt einfügen wollen, benutzen Sie die Schaltfläche **Freihand in Gleichung** ❷.

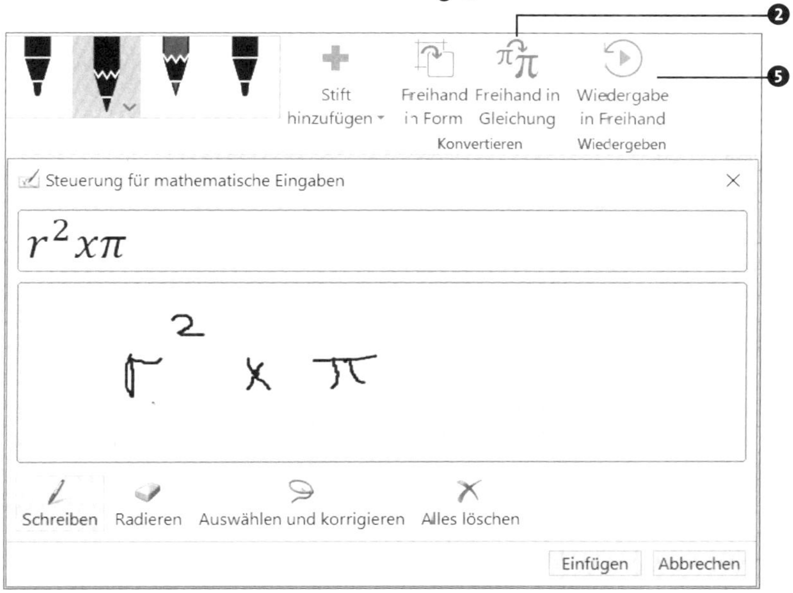

Abbildung 10.44 Eingabe einer Formel per Hand

Soll ein handgefertigtes Element entfernt werden, benutzen Sie das Symbol **Radierer** ❸ und bewegen das kleine Radiergummi-Symbol auf das Element. Das gilt allerdings nicht mehr für die konvertierten Formen oder Gleichungen, die werden wie normale grafische Objekte gelöscht. Wollen Sie mehrere Elemente in einem Zug auswählen, nehmen Sie das Symbol **Lassoauswahl** ❹ und ziehen ein Lasso über den Elementen auf.

Sie können auch die Funktion **Wiedergabe in Freihand** ❺ nutzen. Sie führt Ihre Freihandzeichnungen in der zeitlichen Abfolge vor.

Über das Register **Überprüfen** lassen sich mit **Freihand ▸ Freihand ausblenden** alle Freihandelement ausblenden, wenn sie nicht benötigt werden. Sie sind damit aber nicht verschwunden. Die gleiche Schaltfläche blendet alles wieder ein.

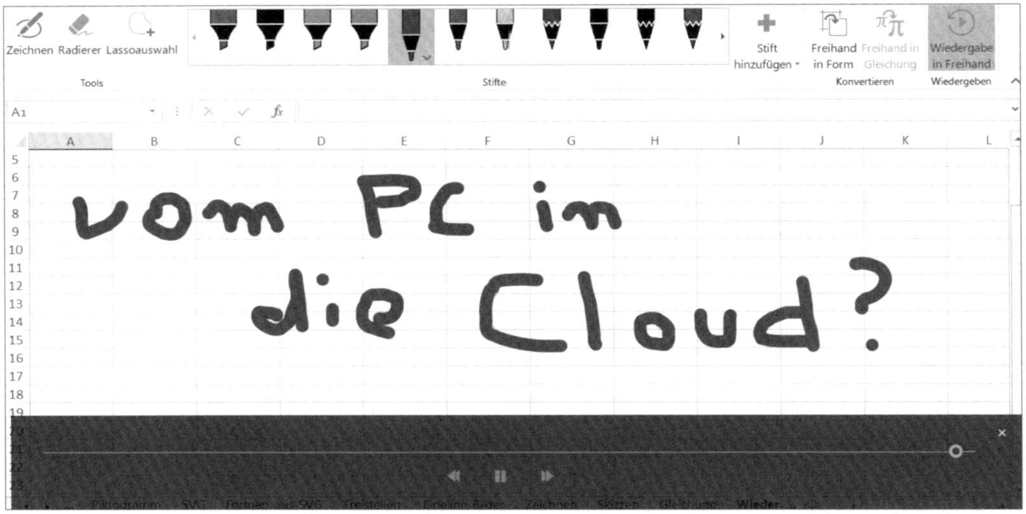

Abbildung 10.45 Wiedergabe von Freihandzeichnungen

10.8 Bilder aus dem Netz fischen

Wenn Sie in Excel 2019 die Funktion **Einfügen ▸ Illustrationen ▸ Onlinebilder** aufrufen, blendet das Programm eine Liste verschiedener Quellen für Bilder unter **Bilder einfügen** ein. Vorgegeben ist die **Bing-Bildersuche**. Sind Sie bei OneDrive angemeldet, wird auch Ihr persönlicher OneDrive-Zugang als weitere Quelle angeboten. Über die Schaltfläche zu **Auch einfügen aus** lassen sich weitere Quellen einbinden.

10.8.1 Einfügen eines Fotos in ein Tabellenblatt

Wenn Sie zu einem bestimmten Thema eine Illustration brauchen, können Sie zunächst versuchen, ob **Bing** etwas Passendes anzubieten hat. Hier das Verfahren für die Übernahme einer Abbildung:

1. Markieren Sie die Zelle, in die das Bild eingefügt werden soll.
2. Wählen Sie **Einfügen ▸ Illustrationen ▸ Onlinebilder**.
3. Geben Sie in das erste Textfeld einen Suchbegriff ein. Wenn Sie z. B. Abbildungen einer bestimmten Pflanze suchen, werden Sie sofort fündig.

4 Über **Filter** lässt sich die Art des Bildes eingrenzen beispielsweise auf **Clipart**. Wenn Sie **Nur Creative Commons** auswählen, wird die Frage nach den Urheberrechten etwas entschärft.

5 Klicken oder tippen Sie das gewünschte Bild an und dann auf **Einfügen**. Die Illustration wird sofort auf das Tabellenblatt kopiert und bleibt für eine weitere Bearbeitung ausgewählt.

10.8.2 Bilder aus OneDrive übernehmen

Wenn Sie ein Konto bei OneDrive haben und dort Bilder ablegen, können Sie jederzeit aus dieser Quelle schöpfen, um Arbeitsmappen zu illustrieren. In diesem Fall benutzen Sie auf der ersten Seite des Dialogs **Online-Bilder** die Schaltfläche **OneDrive**. Sie brauchen keinen Suchbegriff, sondern haben direkt Zugriff auf die Ordner auf dem Server.

10.9 Schnappschüsse von Tabellen

Eine spezielle Methode, grafische Objekte zu erstellen, soll zum Schluss kurz angesprochen werden. Dabei werden Abbildungen von vorher markierten Tabellenbereichen hergestellt, die als grafische Objekte behandelt werden. Das Objekt bleibt über eine Formel mit dem Tabellenbereich verknüpft.

1 Markieren Sie den Tabellenbereich, der fotografiert werden soll.

2 Kopieren Sie die Markierung in die Zwischenablage.

3 Wählen Sie die linke obere Eckzelle in dem Blatt aus, in dem das Foto abgelegt werden soll.

4 Wählen Sie aus der Gruppe **Start ▸ Zwischenablage** in dem Menü der Schaltfläche **Einfügen** die Option **Weitere Einfügeoptionen ▸ Verknüpfte Grafik**. Nun stehen alle Optionen zur Verfügung, die bei grafischen Objekten angeboten werden.

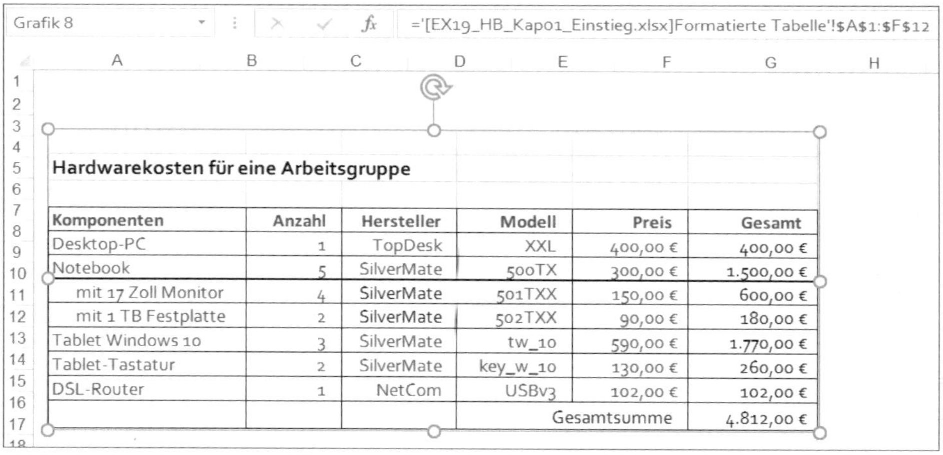

Komponenten	Anzahl	Hersteller	Modell	Preis	Gesamt
Desktop-PC	1	TopDesk	XXL	400,00 €	400,00 €
Notebook	5	SilverMate	500TX	300,00 €	1.500,00 €
mit 17 Zoll Monitor	4	SilverMate	501TXX	150,00 €	600,00 €
mit 1 TB Festplatte	2	SilverMate	502TXX	90,00 €	180,00 €
Tablet Windows 10	3	SilverMate	tw_10	590,00 €	1.770,00 €
Tablet-Tastatur	2	SilverMate	key_w_10	130,00 €	260,00 €
DSL-Router	1	NetCom	USBv3	102,00 €	102,00 €
				Gesamtsumme	4.812,00 €

Abbildung 10.46 Foto einer Tabelle mit Verknüpfungsformel

Excel zeigt in der Bearbeitungsleiste eine Formel mit dem Tabellenbereich an, wenn das neue Objekt ausgewählt wird. Es handelt sich also um eine Verknüpfung. Eine ganz hübsche Anwendung dieser Möglichkeit besteht z. B. darin, sich von den wichtigsten Arbeitsmappen, die täglich verwendet werden, kleine Auszüge auf ein Blatt zu kopieren. Ein Doppelklick auf den Auszug öffnet jeweils die zugehörige Arbeitsmappe. Solche Tabellenfotos können auch genutzt werden, um wichtige Daten aus verschiedenen Tabellen auf einem Blatt zusammenzuziehen, sodass bestimmte kritische Werte mit einem Blick überprüft werden können.

11 Dokumente für die Veröffentlichung vorbereiten

Wenn eine Arbeitsmappe nicht nur für die eigene Verwendung vorgesehen ist, gibt es eine Reihe von Maßnahmen, um eine Verteilung des Dokuments vorzubereiten. Zum einen lassen sich bestimmte Metadaten mit dem Dokument verknüpfen, die eine ordnungsgemäße Ablage und ein schnelles Finden gewährleisten. Dies wurde bereits in Abschnitt 1.8, »Umgang mit Dokumenten«, behandelt.

Andererseits kann es auch erwünscht sein, bestimmte Daten oder Metadaten vor der Verbreitung des Dokuments wieder zu entfernen. Bei brisanten Informationen wird es möglicherweise sinnvoll sein, sie nur verschlüsselt abzuspeichern, um einen unbefugten Zugriff zu verhindern. Eine weitere Absicherung kann eine digitale Signatur sein, mit deren Hilfe sichergestellt wird, dass das Dokument auf seinem Weg zu anderen Nutzern nicht manipuliert oder beschädigt wurde.

Insbesondere wenn mehrere Personen an der Abfassung eines Dokuments beteiligt waren, ist es praktisch, den Abschluss der Arbeit explizit festzustellen und die beteiligten Personen darüber zu benachrichtigen. Sollen Daten mit Anwendern älterer Excel-Versionen ausgetauscht werden, ist es sinnvoll, die Kompatibilität der Arbeitsmappe zu diesen Versionen vor der Weitergabe zu prüfen. Alle hier kurz angedeuteten Maßnahmen werden Ihnen in Excel über **Datei ▸ Informationen** angeboten.

11.1 Dokumentinspektion

Bevor Dokumente weitergegeben werden, ist es unter Umständen ratsam, bestimmte Dinge zu prüfen, die für die weitere Verwendung des Dokuments von Belang sind. Bei der Beschäftigung mit einer Arbeitsmappe werden häufig Informationen abgelegt, die für die endgültige Version des Dokuments nicht erwünscht sind. Vielleicht testen Sie auf einem Blatt Formeln, das Sie später ausblenden. Eventuell benutzen Sie Daten in einer Spalte, die Sie anschließend ebenfalls ausblenden. Auch Kommentare und Anmerkungen können Dinge enthalten, die für die Veröffentlichung nicht gedacht oder geeignet sind, etwa: »Hier hat Erna wieder Mist gebaut.«

Excel stellt einen Dokumentinspektor zur Verfügung, der für die aktuelle Arbeitsmappe das Vorhandensein solcher Elemente prüfen kann. Er wird aufgerufen über **Datei ▸**

Informationen und die Schaltfläche **Auf Probleme überprüfen**. Das Menü zu dieser Schaltfläche bietet als erste Option **Dokument prüfen** an. Bevor der Dialog geöffnet wird, prüft Excel damit automatisch, ob die Arbeitsmappe noch nicht gespeicherte Änderungen enthält, und bringt eine entsprechende Meldung, falls dies der Fall ist. Sie sollten dann mit **Ja** das Speichern bestätigen.

Abbildung 11.1 Menü der Schaltfläche »Auf Probleme überprüfen«

11.1.1 Dokumentprüfung

Im Dialog **Dokumentprüfung** können Sie dann eine Reihe vorgegebener Prüfpunkte aus- oder abwählen. Haken Sie die Elemente ab, deren Vorhandensein geprüft werden soll, etwa ausgeblendete Zeilen und Spalten, ausgeblendete Arbeitsblätter, überflüssig gewordene Kommentare oder als nicht sichtbar formatierte Objekte. Außerdem kann auf ausgeblendete Metadaten und persönliche Informationen, auf Kopf- und Fußzeilen und auf benutzerdefinierte XML-Daten hin geprüft werden.

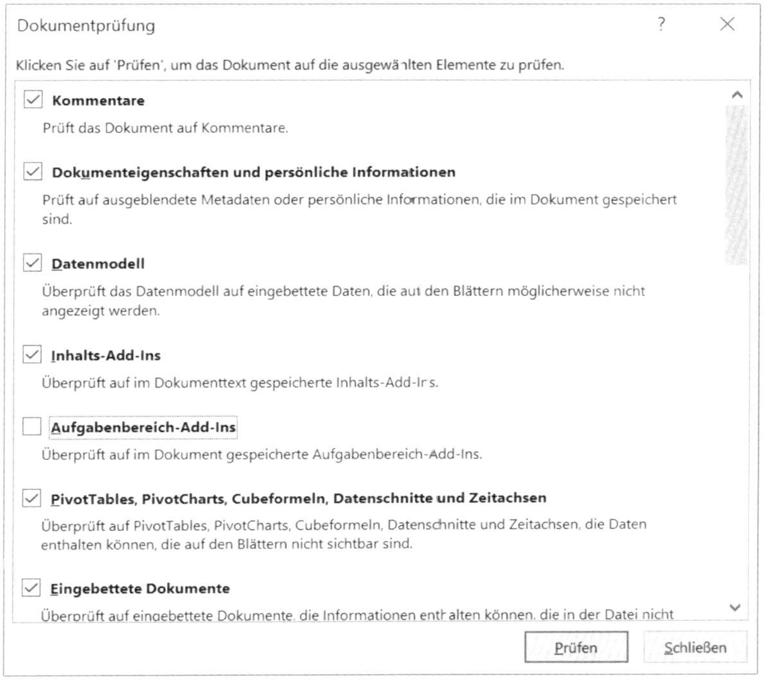

Abbildung 11.2 Der Dialog des Dokumentinspektors

Benutzen Sie die Schaltfläche **Prüfen**, um den Vorgang zu starten. Wird eines der ausgewählten Elemente gefunden, erfolgt ein – allerdings meist pauschaler – Hinweis. Dazu wird jeweils eine Schaltfläche zum Entfernen der betreffenden Elemente angeboten.

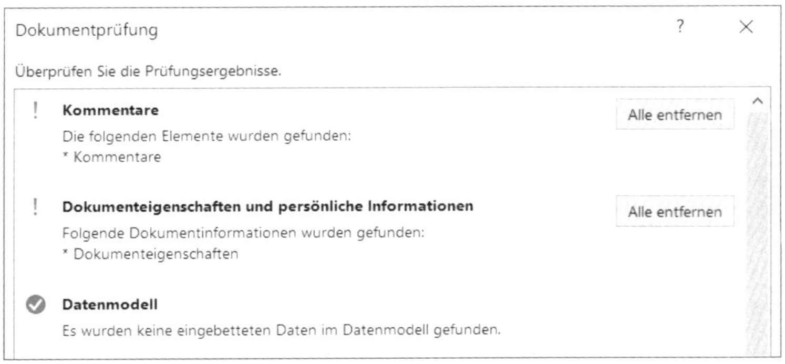

Abbildung 11.3 Meldung des Dokumentinspektors

Werden Dokumenteigenschaften und persönliche Informationen entfernt, erscheint unter **Arbeitsmappe überprüfen** ein Hinweis, dass die Datei nun eine Einstellung enthält, die beim Speichern die betreffenden Daten automatisch entfernt. Zur Korrektur dieser

Einstellung für zukünftige Speicherungen der Datei wird zugleich der Link **Speicherung dieser Informationen in der Datei zulassen** angeboten. Ansonsten kann die Entfernung der Metadaten sofort im rechten Teil der Seite unter **Eigenschaften** geprüft werden.

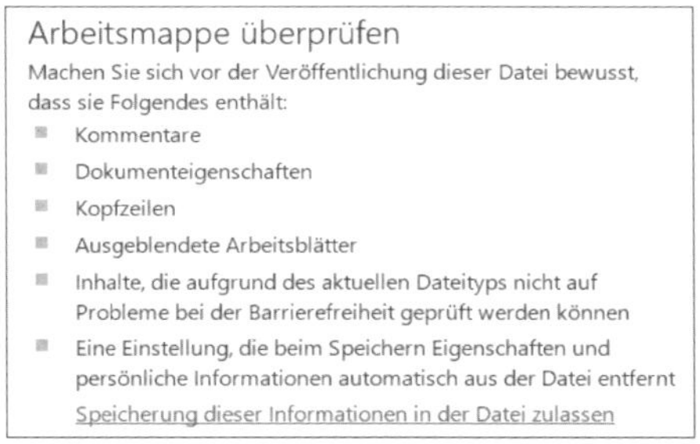

Abbildung 11.4 Hinweis zum Status der Datei

11.1.2 Barrierefreiheit

Die zweite Option der Schaltfläche **Auf Probleme überprüfen** erlaubt die Prüfung des Dokuments auf Barrierefreiheit hin. Um Rücksicht auf Personen mit Behinderungen zu nehmen, lassen sich z. B. zu grafischen Objekten, Diagrammen oder auch Pivot-Tabellen alternative Texte in der Arbeitsmappe ablegen. Im Arbeitsbereich wird zunächst ein Aufgabenbereich **Barrierefreiheitsprüfung** eingeblendet, der alle kritischen Objekte in der Mappe auflistet.

Wenn Sie den kleinen Pfeil hinter einem Element benutzen, werden direkt ausführbare Schritte zur Beseitigung des Fehlers angeboten.

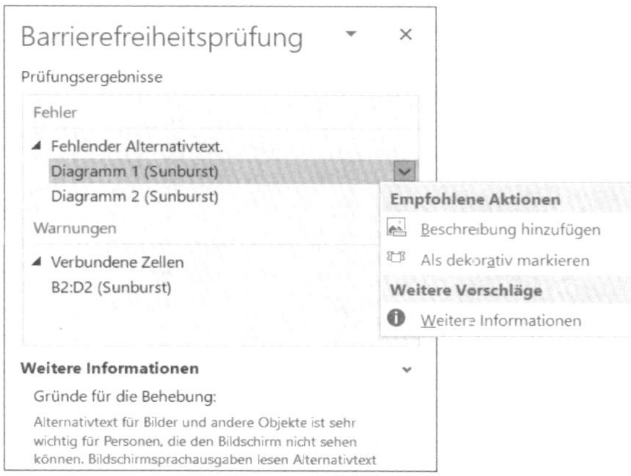

Abbildung 11.5 Der Aufgabenbereich »Barrierefreiheitsprüfung«

11.1.3 Die Kompatibilität prüfen

Falls Sie Arbeitsmappen in einem älteren Dateiformat weitergeben wollen, sollten Sie vor dem Speichern prüfen, ob es Kompatibilitätsprobleme mit den in der Mappe verwendeten Formatierungen und Funktionen gibt. Verwenden Sie dazu die Option **Datei ▸ Informationen ▸ Auf Probleme prüfen ▸ Kompatibilität prüfen**.

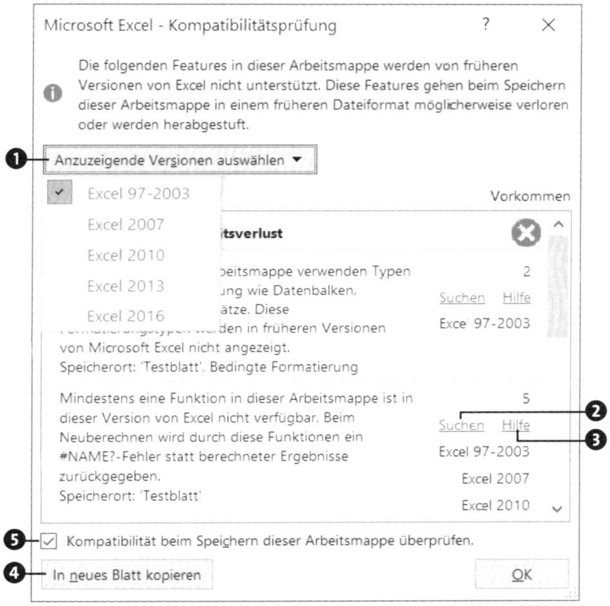

Abbildung 11.6 Ergebnisse einer Kompatibilitätsprüfung

Im Dialog kann über die Schaltfläche **Anzuzeigende Versionen auswählen** ❶ das Zielformat bestimmt werden. Im Folgenden werden alle Probleme aufgelistet und gewichtet, die gefunden werden. Enthält die Arbeitsmappe z. B. eine der neueren Tabellenfunktionen, erhalten Sie entsprechende Hinweise.

Der Link **Suchen** ❷ führt jeweils direkt zu der betroffenen Stelle, der Link **Hilfe** ❸ liefert Hinweise, wie mit dem Problem verfahren werden kann. Ein typisches Beispiel sind auch die neueren Sparklines, die von den Vorgängerversionen noch nicht unterstützt wurden.

Weniger gravierende Kompatibilitätsprobleme werden in der Gruppe **Geringerer Genauigkeitsverlust** eingeordnet, so etwa, wenn Tabellenformate verwendet werden, die die älteren Versionen nicht anbieten. In solchen Fällen werden die Formate durch ähnliche ersetzt, wenn die Mappe gespeichert wird.

11.1.4 Kapazitätsprobleme

Ein spezielles Problem entsteht, wenn Sie mit sehr großen Tabellen arbeiten, die die Kapazität einer älteren Excel-Version überschreiten. Excel 2003 erlaubte z. B. nur 256 Spalten und 65.536 Zeilen pro Blatt. Wird eine größere Datei in der älteren Version gespeichert, werden die überschüssigen Zeilen und Spalten nicht gespeichert.

Entdeckt die Kompatibilitätsprüfung nun solche Zellbereiche, die die alte Zeilen-/Spalten-Grenze überschreiten, können Sie diese Bereiche mit dem zu der Meldung angebotenen Link **Suchen** markieren und gegebenenfalls Teile davon auf ein anderes Blatt kopieren.

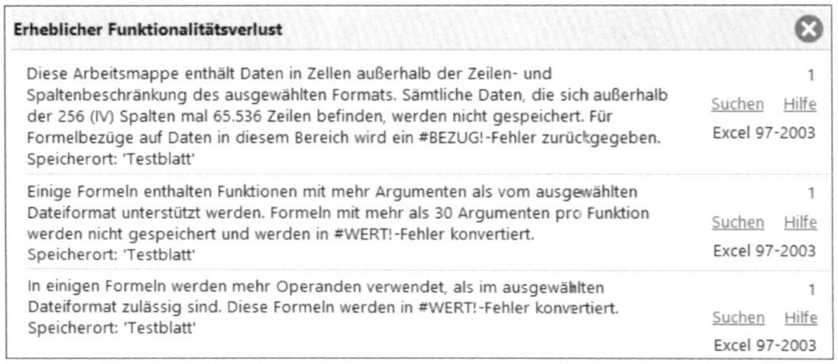

Abbildung 11.7 Meldung von Kapazitätsproblemen

Ein weiterer Grenzwert in älteren Versionen betrifft die Größe der Formeln. Excel 2019 lässt Formeln mit maximal 8.192 Zeichen zu, wobei 1.014 Operanden vorkommen dürfen, ältere Versionen erlauben nur 1.024 Zeichen und maximal 40 Operanden. Werden in Formeln Funktionen geschachtelt, sind jetzt bis zu 64 Ebenen erlaubt, früher waren es nur sieben. Zahlreiche Funktionen wie `SUMME()`, `MITTELWERT()` etc. erlauben seit Excel 2007 maximal 255 Argumente, die älteren Versionen lassen bei diesen Funktionen aber nur 30 Argumente zu.

Werden Formeln, die die Möglichkeiten der älteren Version überschreiten, bei der Prüfung entdeckt, kann wieder der Link **Suchen** verwendet werden, um die entsprechenden Zellen zu finden und unter Umständen zu ändern. Wird die Datei trotzdem in dem älteren Format gespeichert, geben die betreffenden Formeln den Fehler `#WERT!` aus.

11.1.5 Prüfbericht

Über die Schaltfläche **In neues Blatt kopieren** ❹ (in Abbildung 11.6) kann bei Bedarf ein Prüfbericht in einem eigenen Arbeitsblatt abgelegt werden. Soll die Arbeitsmappe bei jedem Speichern überprüft werden, aktivieren Sie die Einstellung **Kompatibilität beim Speichern dieser Arbeitsmappe überprüfen** ❺ (in Abbildung 11.6). Wird eine Arbeitsmappe im Dateiformat **Excel 97–2003** geöffnet, arbeitet Excel generell im Kompatibilitätsmodus. Dann ist diese Einstellung automatisch aktiviert.

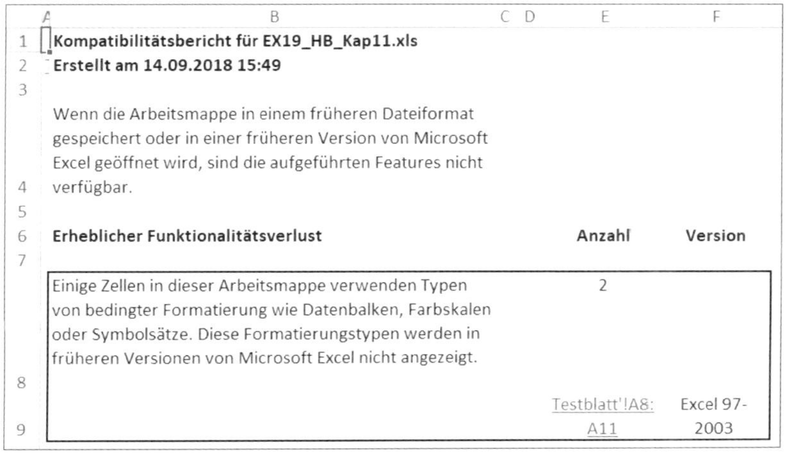

Abbildung 11.8 Auszug aus einem Kompatibilitätsbericht

11.1.6 Dokumente abschließen

Hat eine Arbeitsmappe ihre endgültige Version erreicht, kann das Dokument mit der Statuseigenschaft **Endgültig** versehen werden. Dies geschieht mit dem Befehl **Datei ▸ Informationen ▸ Arbeitsmappe schützen ▸ Als abgeschlossen kennzeichnen**.

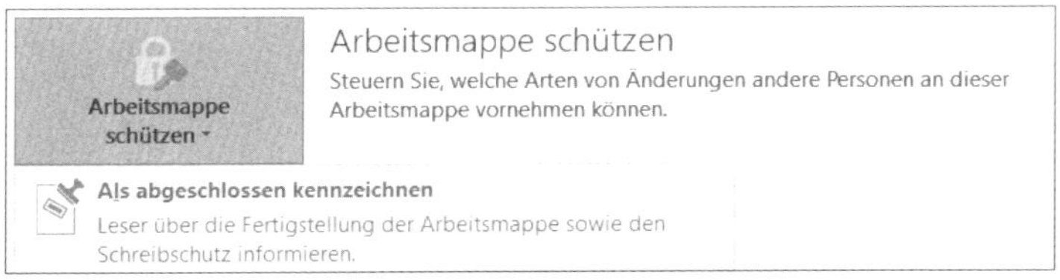

Abbildung 11.9 Abschließen einer Datei

Der Schritt muss durch den Anwender zunächst bestätigt werden. Die Folge ist, dass für diese Arbeitsmappe jede weitere Eingabe, die Bearbeitungsbefehle und die Rechtschreibprüfungsmarkierungen deaktiviert werden. Alle entsprechenden Schaltflächen im Menüband stehen dann nicht mehr zur Verfügung. Die Datei wird gleichzeitig als schreibgeschützt angezeigt.

Wird die Datei geöffnet, erscheint eine Meldungszeile unter dem Menüband mit dem Hinweis **Als abgeschlossen gekennzeichnet** und einer Schaltfläche **Trotzdem bearbeiten**, mit der die Bearbeitungssperre bei Bedarf auch wieder aufgehoben werden kann. Denselben Effekt hat es auch, wenn der Befehl **Arbeitsmappe schützen ▸ Als abgeschlossen kennzeichnen** einfach noch einmal aufgerufen wird.

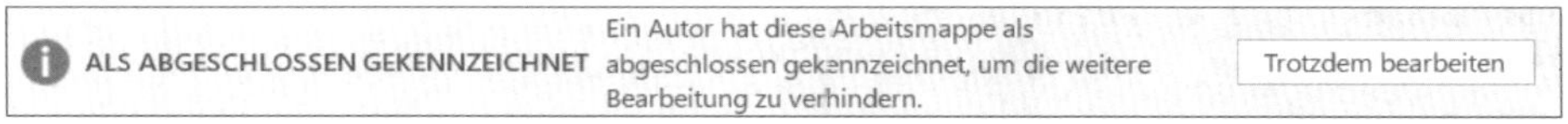

Abbildung 11.10 Hinweis zu einer abgeschlossenen Datei

11.2 Dokumente verschlüsseln

Eine mögliche Maßnahme, um die Integrität einer Arbeitsmappe sicherzustellen, ist die Verschlüsselung. Sie kann über **Datei ▸ Informationen ▸ Arbeitsmappe schützen ▸ Mit Kennwort verschlüsseln** in Gang gesetzt werden. Der Dialog fordert ein Kennwort zur Absicherung des Zugangs zur Arbeitsmappe an, das wie üblich nochmals bestätigt werden muss. Die Verschlüsselung ist gegenüber dem einfachen Zugangsschutz durch ein Kennwort, der bereits in Kapitel 1, »Basiswissen für die Arbeit mit Excel 2019«, beschrieben wurde, eine zusätzliche Absicherung.

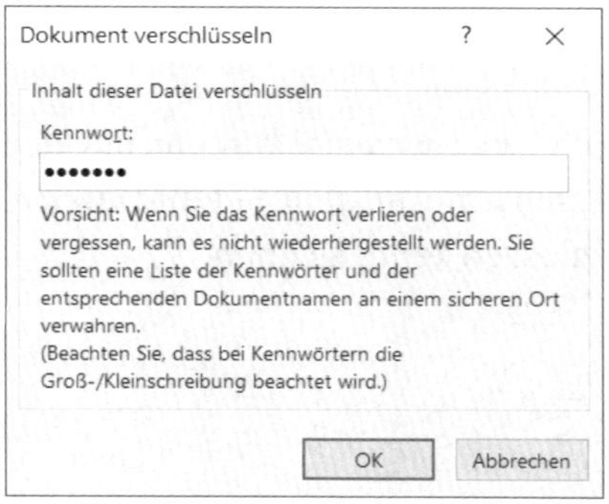

Abbildung 11.11 Verschlüsselung einer Arbeitsmappe

Die Verschlüsselung verhindert auch, dass das ZIP-Paket, in dem die Arbeitsmappe gespeichert wird, geöffnet werden kann. Soll die Verschlüsselung aufgehoben werden, wird der Verschlüsselungsbefehl erneut aufgerufen und das Dialogfeld mit einem leeren Kennwortfeld quittiert. Im Menü der Schaltfläche **Arbeitsmappe schützen** finden Sie auch noch die Optionen **Aktuelle Tabelle schützen** und **Arbeitsmappenstruktur schützen**. Sie entsprechen den Optionen **Blatt schützen** und **Arbeitsmappe schützen** aus der Gruppe **Überprüfen ▸ Änderungen**, die bereits in Kapitel 4, »Tabellenblätter gestalten«, behandelt wurden.

12 Arbeitsmappen veröffentlichen

Dieses Kapitel behandelt die Fragen, die mit der Veröffentlichung Ihrer Tabellen und Diagramme zusammenhängen, sei es per Ausdruck, per E-Mail oder Fax. Beim Druck geht es vor allem darum, wie Sie Ihre Tabellen am besten auf den Seiten unterbringen. Beim Versand per E-Mail sind insbesondere die Funktionen interessant, die die gemeinsame Arbeit an Tabellen und die Überprüfung und Freigabe von Kalkulationsmodellen unterstützen. Außerdem wird der Versand als PDF- oder als XPS-Kopie beschrieben.

12.1 Vorbereitung von Arbeitsblättern zum Druck

Die ständige Speicherung von Daten im Computer, die Vernetzung der Computer und die enormen Möglichkeiten der Datenübertragung über die weltweiten Telekommunikationseinrichtungen haben zwar einerseits die Notwendigkeit reduziert, Daten in Papierform auszutauschen, andererseits haben aber dieselben technischen Entwicklungen auch zu einem viel größeren Umschlag von Daten geführt. Zugleich sind aber die Qualitätsansprüche an die Papierausgabe von Daten wesentlich gestiegen. Was auf dem Bildschirm zu sehen ist, lässt sich aber nicht ohne Weiteres eins zu eins auf Papier übertragen. Beim Drucken von Tabellenblättern oder ganzen Arbeitsmappen sind daher regelmäßig ein paar Dinge zu berücksichtigen, die mit der Umsetzung von der Bildschirm- zur Papierausgabe zu tun haben:

- Der Bildschirm zeigt die Daten in Fenstern an, die ein anderes Format haben als Papier. Außerdem kann der Fensterausschnitt frei verschoben werden.
- Am Bildschirm können Beschriftungszeilen für lange Tabellen fixiert werden, auf dem Papier ist meist auf jeder Seite eine Beschriftungszeile notwendig.
- Die Farben, die Ihre Tabellen und Diagramme schmücken, sind nicht identisch mit den Farben, die Ihr Drucker erzeugen kann. Wenn Sie keinen Farbdruck brauchen, prüfen Sie, wie die Farben in Grautöne umgesetzt oder durch Raster ersetzt werden können, um z. B. die Säulen eines Diagramms unterscheidbar wiederzugeben.

Wenn etwas zu Papier gebracht werden soll, ist deshalb meist eine Reihe von Entscheidungen fällig:

- Was soll gedruckt werden?
- Wie soll das Layout der Druckseiten aussehen?
- Auf welchem Drucker soll mit welchen Einstellungen gedruckt werden?

Am Beispiel einer mehrseitigen Artikelliste wollen wir die einzelnen Schritte und die verschiedenen Gestaltungsmöglichkeiten zeigen.

	A	B	C	D	E
1	**Artikel für den Hausbedarf**				
2					
3	Waren-gruppe	Artikel-nummer	Artikelbezeichnung	Preis	Umsatz lfd. Jahr
4	15	0007	SZ28 HOLZSTANGE SCHWARZ	6,50	4888,77
5	15	0010	SZ28 HOLZSTANGE NAT.ROH	4,95	505,39
6	15	0020	SZ28 HOLZSTANGE	4,95	514,05
7	15	0022	SZ28 HOLZSTANGE	5,05	197,05
8	15	0029	SZ28 HOLZSTANGE KIRSCHB	4,95	131,63
9	15	0030	SZ28 HOLZSTANGE EICHE	4,95	484,08
10	15	0039	SZ28 HOLZSTANGE H.EICHE	4,95	369,82
11	15	0040	SZ28 HOLZSTANGE NUSSB.	4,95	146,24
12	15	0047	SZ28 RING + HAKEN BRAUN	0,00	0,00
13	15	0060	SZ28 HOLZSTANGE WEISS	6,50	661,27

Abbildung 12.1 Auszug aus einer mehrseitigen Tabelle

12.1.1 Festlegen des Druckumfangs

Zunächst sollte geklärt werden, was überhaupt gedruckt werden soll. Es gibt dazu in Excel verschiedene Wege. Prinzipiell können Sie es entweder Excel selbst überlassen, auszuwählen, was von den einzelnen Blättern gedruckt wird, oder Sie legen den Druckbereich ausdrücklich fest.

Automatische Auswahl

Wenn Sie dem Programm die Auswahl des Druckbereichs überlassen, druckt Excel von einem Blatt immer den gesamten Bereich, der Daten, Objekte oder sichtbare Formatierungen wie Linien oder Zellfüllungen enthält. Genauer gesagt: Die Zelle, die in der untersten Zeile und in der am weitesten rechts liegenden Spalte noch Daten, Formatierungen oder Objekte enthält, entscheidet über die Anzahl der Zeilen und Spalten, die ausgedruckt werden.

Die automatische Auswahl der zu druckenden Daten kann sich auf das aktive Blatt, eine Gruppe von ausgewählten Blättern oder auf die gesamte Arbeitsmappe beziehen. Um die Artikelliste komplett zu drucken, muss in diesem Fall nur das Blatt mit der Liste vorher aktiviert werden, da der Druck der aktuellen Blattauswahl voreingestellt ist. Wenn Sie Excel die Auswahl überlassen, sind allerdings Überraschungen nicht ausgeschlossen. Haben Sie z. B. einmal in einem entfernten Tabellenbereich eine kleine Zwischenberechnung eingetragen und vergessen, diese vor dem Druck wieder zu löschen, kann es sein, dass Excel einen unnötig großen Bereich druckt. Das gilt auch, wenn Sie irgendwo eine Zelle oder einen Bereich mit einem Hintergrundmuster formatieren!

Auswahl durch Markierung

Während für den Druck der kompletten Liste die Auswahl des Blatts genügt, muss zum Druck eines Teils der Liste der Druckbereich genau festgelegt werden. Sollen z. B. nur die ersten 20 Artikel auf dem Papier erscheinen, haben Sie wieder zwei Möglichkeiten.

Abbildung 12.2 Vorschau auf den Druck eines Tabellenausschnitts

Am einfachsten ist es, den Bereich vor Aufruf des Befehls **Drucken** über das Register **Datei** zu markieren und dann aus dem ersten Auswahlmenü unter **Einstellungen** die Option **Auswahl drucken** zu wählen. Dabei sind natürlich auch Mehrfachmarkierungen oder Markierungen für eine vorher ausgewählte Gruppe von Blättern möglich. Die Teilbereiche werden dabei jeweils auf separate Seiten gedruckt.

Festlegen eines Druckbereichs

Die zweite Möglichkeit besteht darin, ausdrücklich einen Druckbereich für ein Tabellenblatt zu definieren. Diesem Bereich wird von Excel automatisch der Name *Druckbereich* zugewiesen, er kann also auch unter diesem Namen angesprochen werden. Um einen solchen Druckbereich zu bestimmen, verfahren Sie folgendermaßen:

1. Markieren Sie den Bereich, der für den Ausdruck vorgesehen ist. Es reicht aus, eine Gruppe von Spalten oder Zeilen zu markieren, leere Zellen werden beim Druck ignoriert.

2. Verwenden Sie auf dem Register **Seitenlayout** in der Gruppe **Seite einrichten** die Option **Druckbereich festlegen**, die die Schaltfläche **Druckbereich** anbietet. Excel benennt den markierten Bereich mit *Druckbereich*, wie im Namenfeld zu sehen ist. Dieser Name kann für jedes Blatt gesondert vergeben werden. Der Druckbereich ist wie alle Bereiche dynamisch; werden nachträglich Zeilen oder Spalten innerhalb des Bereichs eingefügt, wird die Bereichsdefinition angepasst.

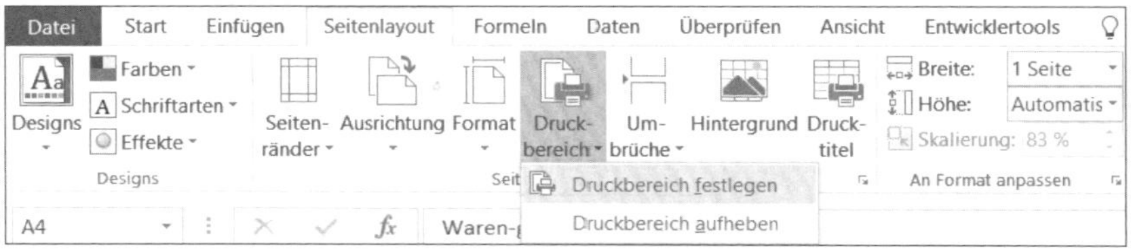

3. Soll noch ein weiterer Zellbereich im Anschluss daran mit ausgedruckt werden, markieren Sie ihn und wählen die Option **Zum Druckbereich hinzufügen**, die dann angeboten wird.

   Die alternative Methode, einen Druckbereich festzulegen, geht über das Dialogfeld **Seite einrichten**, das über den Dialogfeldstarter der gleichnamigen Gruppe geöffnet werden kann. Auf der Registerkarte **Blatt** kann unter **Druckbereich** der Bezug oder auch ein Name für den Bereich eingetragen oder markiert werden. Auch in diesem Fall wird der Name *Druckbereich* zugeordnet.

4. Soll der Druckbereich aufgehoben werden, damit z. B. wieder das ganze Blatt gedruckt wird, nehmen Sie den Befehl **Druckbereich aufheben** im Menü der Schaltfläche **Druckbereich**.

Die Verwendung eines benannten Druckbereichs hat den Vorteil, dass Sie wiederholt denselben Auszug aus einem Tabellenblatt oder auch dieselben Auszüge aus mehreren Tabellenblättern drucken können, ohne die Bereiche jeweils neu markieren zu müssen. Ist im Register **Datei** unter **Drucken** die Option **Auswahl drucken** gewählt, wird ein eventuell vorher definierter Druckbereich ignoriert. Bei den anderen Optionen an dieser Stelle wird für das Blatt, für das ein Druckbereich bestimmt ist, jeweils nur der Druckbereich ausgedruckt.

Wird die aktuelle Markierung oder ein definierter Druckbereich gedruckt, kann es allerdings bei Zellen, die längere Texte enthalten, zu einem Problem kommen. Am Bildschirm reichen diese Texte in die benachbarten Zellen hinein. Sind diese benachbarten Zellen leer, ist das kein Problem. Im Druck aber werden diese Zeichen, die in andere Zellen geraten, abgeschnitten, es sei denn, der Druckbereich bzw. die aktuelle Markierung umfasst auch die Zellen, die der längere Text überlappt. Achten Sie also darauf, dass Sie die Bereiche entsprechend auswählen.

12.1.2 Seitengestaltung

Wenn eine größere Liste zu Papier gebracht werden soll, stellt sich die Frage, wie die Daten am besten auf die Seiten verteilt werden. Sie können das zwar ganz dem Programm überlassen, aber die Ergebnisse sind dann nicht immer befriedigend. Es ist also die Frage, wie das Programm die große Tabelle zerschneidet und wie dies beeinflusst werden kann. Das betrifft zunächst die Entscheidung über den Seitenumbruch, der automatisch oder manuell erfolgen kann.

Automatischer Seitenumbruch

Wenn, wie bei der Artikelliste, der zu druckende Tabellenbereich nicht auf eine Seite passt, führt das Programm normalerweise automatisch einen Seitenumbruch durch. Dies geschieht spalten- und zeilenweise. Wenn also eine oder mehrere Spalten nicht mehr auf die Seite passen, werden diese Spalten auf eigene Seiten gedruckt. Ist die maximale Zeilenzahl erreicht, die auf eine Seite passt, wird ebenfalls eine neue Seite begonnen.

Wie dieser automatische Umbruch im Ergebnis aussieht, hängt von den Einstellungen ab, die Sie bei der Auswahl des Druckers und beim Einrichten der Seite wählen. Doch dazu mehr in den folgenden Abschnitten. Der automatische Seitenumbruch wird durch eine mit kurzen Strichen gestrichelte Linie angezeigt, es sei denn, Sie blenden die Anzeige über **Datei ▸ Optionen ▸ Erweitert ▸ Optionen für dieses Arbeitsblatt** aus.

Manueller Seitenumbruch

Sie können den Seitenumbruch aber auch manuell festlegen. Das ist nützlich, wenn sonst durch den automatischen Umbruch Tabellenspalten getrennt würden, die sachlich zusammengehören. Dieser manuelle Seitenumbruch setzt den automatischen Seitenumbruch außer Kraft. Er wird durch eine ununterbrochene Linie gekennzeichnet. Dazu steht auf dem Register **Seitenlayout** in der Gruppe **Seite einrichten** unter **Umbrüche** die

Option **Seitenumbruch einfügen** zur Verfügung. Bei diesem Befehl legen Sie durch die aktuelle Cursorposition fest, ab welcher Spalte und ab welcher Zeile eine neue Seite beginnen soll.

Soll ab der Zeile 20 eine neue Seite begonnen werden, setzen Sie den Zellzeiger in die Zelle A20 oder markieren den Kopf der Zeile 20. Abbildung 12.3 zeigt in einer verkleinerten Darstellung, wie viele Seiten mithilfe dieser drei Schritte zustande kommen. Sie können auch gleichzeitig die horizontale und vertikale Trennlinie für Seitenwechsel festlegen, wenn Sie den Zellzeiger vorher an die Stelle setzen, an der sich die beiden Trennlinien kreuzen sollen.

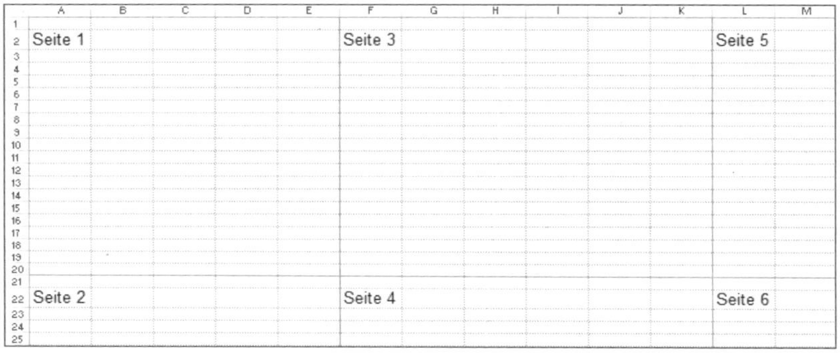

Abbildung 12.3 Manuell aufgeteilte Seiten

Wollen Sie einen bestimmten Seitenumbruch wieder aufheben, müssen Sie den Zellzeiger jeweils rechts neben bzw. unter die betreffende gestrichelte Linie setzen. Berührt die ausgewählte Zelle eine Umbruchlinie, kann im Menü **Umbrüche** der Befehl **Seitenumbruch aufheben** verwendet werden. Um alle manuellen Seitenwechsel auf einen Schlag wieder zu entfernen, wählen Sie hier den Befehl **Alle Seitenumbrüche zurücksetzen**.

Am besten kontrollieren Sie vor dem Druck über **Datei ▸ Drucken** in der dort angezeigten Seitenvorschau oder über **Ansicht ▸ Seitenlayout**, ob die manuellen Seitenumbrüche das gewünschte Ergebnis erzielen. Dazu erfahren Sie später mehr. Weiter unten wird außerdem beschrieben, wie die Seitenaufteilung auch in der speziellen Seitenumbruchvorschau kontrolliert und noch einmal korrigiert werden kann.

Mehr Daten auf einer Seite unterbringen

Wenn klar ist, was zu drucken ist, bleibt die Frage, wie die Druckseiten aussehen sollen. Dabei geht es insbesondere auch darum, wie viele Daten auf eine Seite passen. Je mehr Daten auf einer Seite in einer guten Form untergebracht werden können, desto geringer ist der Verbrauch an Papier etc. Es macht einen bedeutenden Unterschied, ob Sie für ein

Dokument, das mit 500 Exemplaren gedruckt werden soll, jeweils zwei oder aber sechs Seiten verbrauchen, bloß weil eine Spalte und einige Zeilen über die ersten zwei Seiten hinausragen.

Nun gibt es verschiedene Methoden, den Seitenbedarf zu beeinflussen. Da die Zeilenhöhe in der Tabelle durch die verwendete Schriftgröße bestimmt wird, führt die Verwendung einer kleineren Schrift dazu, dass mehr Zeilen auf die Seite passen. Wenn z. B. als Standardschriftgröße nicht 10, sondern nur 9 Punkt verwendet wird, passen anstelle von 56 schon 60 Zeilen auf eine DIN-A4-Seite. Bei einer 8-Punkt-Schrift sind es sogar 64 Zeilen. Auch die Anzahl der Spalten kann durch die kleinere Schrift vergrößert werden.

Ein weiterer Faktor ist die Wahl einer optimalen Spaltenbreite für alle Spalten. Schließlich kann Platz für Daten auch dadurch gewonnen werden, dass die vorgegebenen Ränder etwas schmaler gewählt werden. Eine ganz andere Methode, um mehr Daten auf einer Seite unterzubringen, ist die Skalierung, die in einem der folgenden Abschnitte beschrieben wird.

Optionen für das Layout der Seite

Excel stellt für die Gestaltung des Seitenlayouts nicht nur ein komplettes Register **Seitenlayout** mit fünf Gruppen zur Verfügung, sondern auch die schon angesprochene Ansicht **Seitenlayout**, die Sie über die gleichnamige Schaltfläche in der Gruppe **Ansicht ▶ Arbeitsmappenansichten** erreichen.

Abbildung 12.4 Das Register »Seitenlayout« – oben Excel 2019, unten Excel 365

Die Dialogfeldstarter der Gruppen **Seite einrichten**, **An Format anpassen** und **Blattoptionen** führen allesamt auf verschiedene Register im Dialogfeld **Seite einrichten**. Einige Schaltflächen in den Gruppen bieten Paletten für die schnelle Auswahl von Optionen an, andere öffnen ebenfalls Register des Dialogfelds. Welche Optionen in dem Dialogfeld zur Verfügung stehen, hängt auch davon ab, welche Art von Blatt aktiviert ist. Wird ein Diagrammblatt ausgewählt, wird die Registerkarte **Blatt** durch **Diagramm** ersetzt. Außerdem hängen bestimmte Optionen vom gewählten Drucker ab, denn nicht alle Drucker verfügen über die gleichen Leistungsmerkmale.

Seitenlayoutansicht

Es ist meist sinnvoll, die Seitenlayoutansicht zu aktivieren, bevor Sie mit den Optionen in der Gruppe **Seitenlayout ▸ Seite einrichten** arbeiten, weil Sie dort die Wirkung bestimmter Einstellungen sofort kontrollieren können. Diese Ansicht wird über die Schaltfläche **Seitenlayout** ❶ in der Gruppe **Ansicht ▸ Arbeitsmappenansichten** eingeschaltet. Schneller noch geht es über die Schaltfläche **Seitenlayout** ❷ in der Statusleiste.

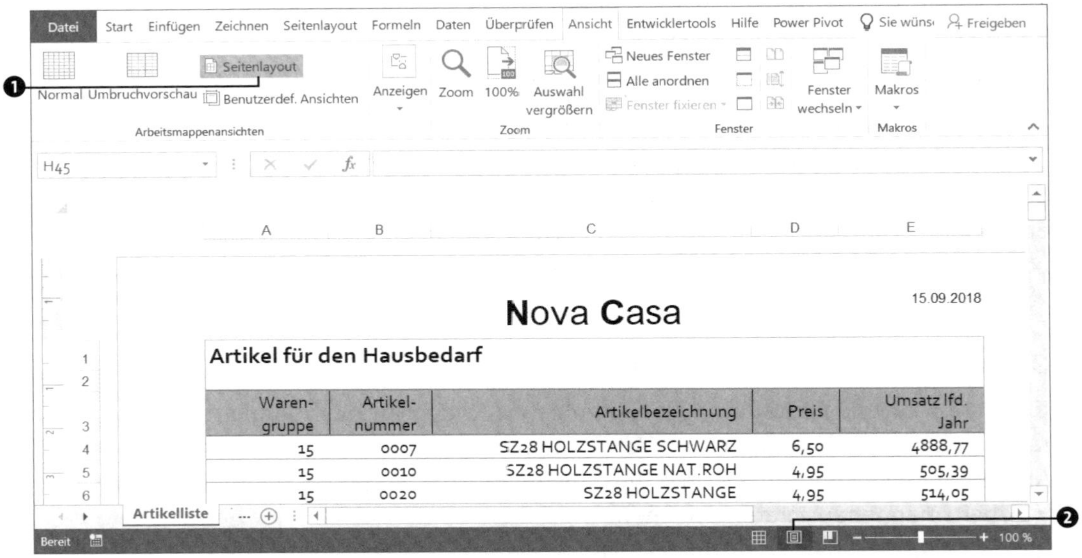

Abbildung 12.5 Tabelle in der Layoutansicht

Die in dieser Ansicht eingeblendeten Lineale helfen bei einer genauen Platzierung von Objekten auf den jeweiligen Seiten. Die Maßeinheit entspricht als Vorgabe den regionalen Einstellungen des Rechners. Sie wird über **Datei ▸ Optionen** unter **Erweitert ▸ Anzeige ▸ Linealeinheiten** geändert. In dieser Ansicht kann auch die Seitenaufteilung ganz gut geprüft werden, insbesondere in Kombination mit den Zoom-Optionen in der Statuszeile.

12.1.3 Wahl des Papierformats und des Druckformats

Wie viele Daten aufs Papier gebracht werden können, hängt natürlich insbesondere davon ab, welches Papierformat Sie verwenden und in welchem Druckformat die Daten auf diesem Papier gedruckt werden. Für die Wahl des Papierformats finden Sie in der Gruppe **Seitenlayout ▸ Seite einrichten** die Schaltfläche **Format**, die eine Palette mit zahlreichen marktüblichen Formaten öffnet.

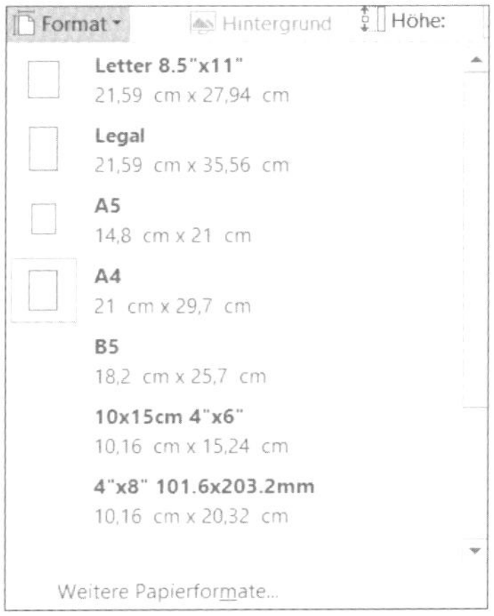

Abbildung 12.6 Auswahl des Papierformats

Um das Druckformat zu wählen, benutzen Sie die Schaltfläche **Seite einrichten ▸ Ausrichtung**, die die Wahl zwischen **Hochformat** und **Querformat** erlaubt. Wenn Sie das angesprochene Dialogfeld **Seite einrichten** öffnen, wählen Sie unter **Papierformat** die passende Einstellung aus und bestimmen unter **Ausrichtung**, ob die Seite im **Hochformat** oder im **Querformat** gedruckt werden soll. Die dritte Möglichkeit ist, über **Datei ▸ Drucken** in der dort angezeigten vierten Auswahlliste unter **Einstellungen** das Format zu wählen. Beachten Sie, dass eine Umstellung des Formats über dieses Dialogfeld nur diesen einen Druckauftrag betrifft.

12

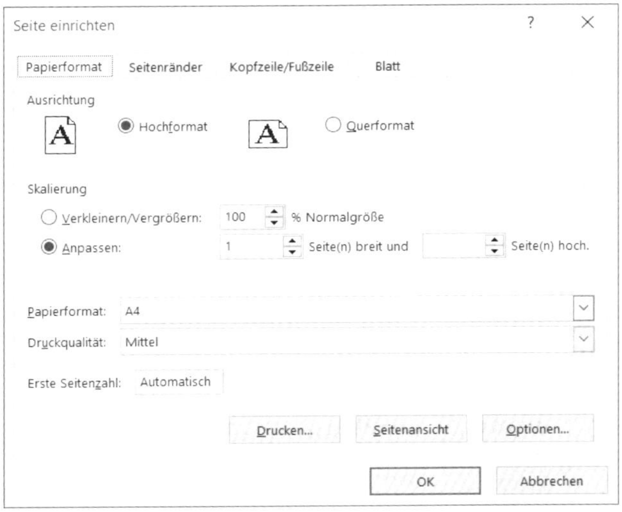

Abbildung 12.7 Das Dialogfeld »Seite einrichten«

Skalierung

Wird die Artikelliste im Hochformat gedruckt, zeigt die Druckvorschau neun Seiten an, wobei aber die letzte Seite nur noch zwei Artikel zeigt. Um eine solche fast leere Seite zu vermeiden, finden Sie in der Gruppe **Seitenlayout ▸ An Format anpassen** zwei Listenfelder für die **Breite** und die **Höhe** der Seite und ein Drehfeld, in dem ein Prozentsatz für die Skalierung der Seite eingestellt werden kann. Über die Listenfelder können Sie festlegen, auf wie viele Seiten in der Breite und/oder in der Höhe der gesamte Druckbereich gedruckt werden soll.

Abbildung 12.8 Optionen für die Skalierung

Wenn Sie z. B. feststellen, dass bei einem normalen Ausdruck 28 Seiten produziert würden, weil eine Spalte nicht mehr auf die ersten 14 Seiten passt, können Sie Excel mit der Breite **1 Seite** veranlassen, die Daten so weit zu verkleinern, dass die Tabelle in der Breite gerade auf eine Seite passt. Der Prozentsatz für die damit verbundene Skalierung wird in dem dann abgeblendeten Drehfeld angezeigt. Entsprechendes könnte auch für die Höhe des Ausdrucks festgelegt werden, etwa um zu verhindern, dass eine oder zwei Zeilen am Ende noch eine zusätzliche Seite erfordern. Mit der Einstellung **Breite: 1 Seite, Höhe: 13 Seiten** benötigen Sie z. B. anstelle von 2 × 14 = 28 Seiten nur noch 1 × 13 = 13 Seiten. Das ist also eine beträchtliche Ersparnis.

Die Alternative dazu ist, über das Drehfeld für **Skalierung** direkt eine bestimmte Verkleinerung oder auch Vergrößerung einzustellen. In diesem Fall müssen die beiden Listenfelder auf **Automatisch** eingestellt sein. Ein paar vorgegebene Skalierungsstufen sind auch über **Datei ▸ Drucken** in der dort angezeigten letzten Auswahlliste unter **Einstellungen** zu finden.

Abbildung 12.9 Vorgaben für die Skalierung

Ähnliche Einstellungen können im Dialogfeld **Seite einrichten** über die Registerkarte **Papierformat** unter **Skalierung** vorgenommen werden:

- **Verkleinern/Vergrößern**: Wenn Sie diese Option wählen, können Sie im benachbarten Textfeld einen Prozentsatz eingeben, der das Maß der Verkleinerung oder Vergrößerung bestimmt. Dabei wird die Originalgröße als 100 % angenommen. Werte zwischen 10 und 400 sind erlaubt.
- **Anpassen**: Bei dieser Option kann festgelegt werden, auf wie viele Seiten in der Breite und in der Höhe der gesamte Druckbereich gedruckt werden soll.

Weitere Optionen zur Seitengestaltung

Die Registerkarte **Papierformat** erlaubt unter **Druckqualität** die Auswahl verschiedener Qualitätsstufen, die sich auf die Auflösung beziehen, mit der die Seite gedruckt werden soll. Die Anzahl der Punkte pro Zoll (dpi = *dots per inch*) ist ein Maß für die Qualität des Ausdrucks. Ein höherer dpi-Wert verbessert die Qualität, verlangsamt aber den Ausdruck deutlich, weil der Drucker ja wesentlich mehr Punkte ansteuern muss. Außerdem kann unter **Erste Seitenzahl** eine Anfangszahl für die Seitennummerierung eingegeben werden. **Automatisch** bedeutet, dass mit der Seitennummer 1 begonnen wird bzw. mit der entsprechenden Seitenzahl, wenn Sie den Druck nicht am Anfang des Dokuments starten. Soll mit einer höheren Zahl begonnen werden, überschreiben Sie einfach diesen Eintrag.

Kolumnentitel und Zeilenbeschriftung

Bei einer langen Liste wie der Artikelliste stellt sich das Problem, wie die Spalten auf der zweiten und den folgenden Seiten beschriftet werden sollen. Bei Listen, die noch über wesentlich mehr Spalten verfügen und in zwei oder drei Bahnen gedruckt werden müssen, fehlen ab der zweiten Bahn die Zeilenbeschriftungen. Vor einem ähnlichen Problem stehen Sie, wenn Sie nur die fünfte bis neunte Spalte einer Tabelle drucken wollen. In diesem Fall fehlen die Zeilenbeschriftungen ganz. Bevor Sie aber beginnen, die Seiten mit Klebstoff aneinanderzuheften, sehen Sie sich die Möglichkeit an, die Excel Ihnen hier als Alternative bietet. In all diesen Fällen sollten Sie die Option **Seitenlayout ▸ Seite einrichten ▸ Drucktitel** nutzen, die im Dialogfeld die Registerkarte **Blatt** anbietet.

Zwei Eingabefelder stehen zur Verfügung. Im Feld **Wiederholungszeilen oben** können Sie festlegen, welche Zeilen mit Spaltenbeschriftungen auf jeder Seite mitgedruckt werden sollen. Wird nur eine Zeile benutzt, reicht wieder die Adresse einer Zelle, die in dieser Zeile liegt. Bei mehrzeiligen Beschriftungen geben Sie einen Bereich von Zellen an. Im Beispiel der Artikelliste können die Zellen A1 bis A4 oder auch nur die Zelle A4 markiert werden.

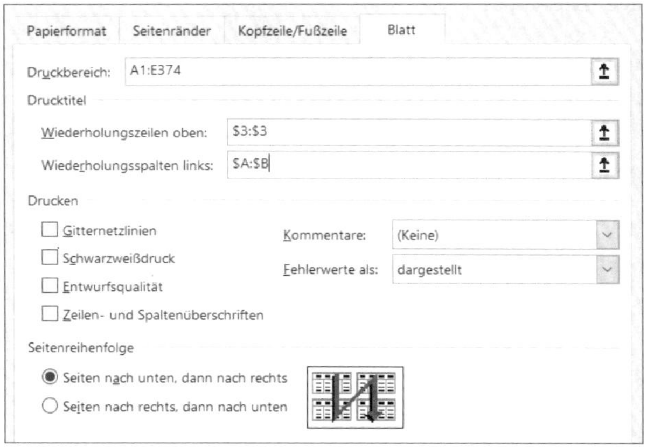

Abbildung 12.10 Die Registerkarte »Blatt«

Für eventuelle Zeilenbeschriftungen tragen Sie unter **Wiederholungsspalten links** die entsprechende Spalte oder die Spalten ein. Das Programm setzt immer nur die Beschriftungen ein, die es benötigt. Ist der Druckbereich z. B. F10:J200, werden auch nur die Rubriken der Spalten F bis J verwendet und die Zeilenbeschriftungen der Zeilen 10 bis 200. Sollten Sie die Kolumnentitel und Zeilenbeschriftungen wieder ausschalten wollen, müssen Sie die Eintragungen in den beiden Textfeldern löschen.

Ein- und Ausblenden von Tabellenelementen

Unter **Drucken** können Sie auf dem Register **Blatt** Einfluss darauf nehmen, welche Elemente des Tabellenblatts mitgedruckt werden und welche nicht:

- **Gitternetzlinien**: Schaltet den Druck von Gitternetzlinien an oder aus. Diese Einstellung ist unabhängig von der Bildschirmanzeige.
- **Kommentare**: Für Kommentare gibt es eine Auswahlliste, ob und wo die Kommentare gedruckt werden sollen. Sie können am Ende des Blatts oder so, wie am Bildschirm angezeigt, ausgegeben werden.
- **Zeilen- und Spaltenüberschriften**: Schaltet den Druck von Zeilen- und Spaltenköpfen an oder aus.
- **Fehlerwerte als**: Diese Option in Excel erlaubt es Ihnen z. B., festzulegen, dass Fehlerwerte im Druck durch leere Zellen ersetzt werden.

Der Druck der Gitternetzlinien und der Überschriften für Spalten und Zeilen lässt sich auch über **Seitenlayout ▸ Blattoptionen** ein- und ausschalten.

Druckqualität

Zwei weitere Einstellungen beeinflussen die Druckqualität. **Schwarzweißdruck** schaltet den Schwarz-Weiß-Druck von Zellen und Zeichenobjekten ein und aus. Das bedeutet, dass bei farbig gestalteten Tabellen alle Vordergrundfarben außer Weiß in Schwarz und alle Hintergrundfarben außer Schwarz in Weiß ausgedruckt werden. Die Option ist also eine Alternative zum Druck von Grauabstufungen auf einem Schwarz-Weiß-Drucker. Bei Farbdruckern kann sie verwendet werden, um den Druck zu beschleunigen, etwa bei Entwürfen. Wird das Kästchen bei **Entwurfsqualität** abgehakt, wird die Tabelle ohne eingebettete Diagramme und Grafiken und ohne Gitternetzlinien gedruckt. Logos in der Kopfzeile werden dagegen mitgedruckt.

Senkrechte oder waagerechte Seitenbahnen

Besteht ein Druckauftrag aus mehreren Seiten, steht zur Entscheidung, in welcher Reihenfolge die Seiten gedruckt werden. Dazu gibt es unter **Seitenreihenfolge** zwei Optionen, deren Wirkung durch ein kleines Tabellenmuster veranschaulicht wird. Normalerweise druckt Excel zunächst die Seiten, die in der Tabelle untereinanderliegen, und fängt dann in der nächsten Bahn wieder oben an. Das entspricht der Option **Seiten nach unten, dann nach rechts**. Alternativ dazu kann bestimmt werden, dass zunächst die nebeneinanderliegenden Seiten gedruckt werden und erst danach in der Bahn darunter fortgefahren wird. Welche Reihenfolge sinnvoll ist, hängt vom Aufbau der Tabelle ab. Haben Sie z. B. mehrere Tabellen untereinandergesetzt, die eine Seite lang, aber mehrere Seiten breit sind, sollten Sie die zweite Methode wählen.

Druck von Diagrammblättern

Während beim Druck von Diagrammblättern die Optionen für die Seitenreihenfolge und die Skalierung im oben beschriebenen Sinn nicht verwendet werden können, stehen auf der Registerkarte **Diagramm** nur die beiden Optionen **Entwurfsqualität** und **Schwarz-Weiß-Druck** zur Verfügung.

12.1.4 Kopf- und Fußzeilen

Eine Kopfzeile ist ein zusätzlicher Text, der auf jeder Seite erscheint, die vom Druckbereich gedruckt wird. Sie kennen das aus Büchern oder Zeitschriften, in denen die Kopfzeile oft die Kapitelüberschrift und die Seitenzahl enthält. Die Fußzeile erscheint ebenfalls auf jeder Seite, nur eben unter dem, was vom Tabellenblatt auf die Seite gedruckt wird. Für ein Tabellenblatt kann jeweils eine Kopf- bzw. Fußzeile festgelegt werden. Für die Gestaltung der Kopf- und Fußzeilen bietet Ihnen Excel 2019 ein bequemes Verfahren über das Menüband an.

Kopf- und Fußzeilentools

Wenn Sie eine Tabelle zunächst in der Ansicht **Normal** bearbeiten und über **Einfügen ▸ Text** die Schaltfläche **Kopf- und Fußzeile** anklicken, schaltet Excel automatisch in die Ansicht **Seitenlayout** und blendet die **Kopf- und Fußzeilentools** mit dem Register **Entwurf** ein, mit vier Gruppen, die speziell für die Gestaltung der Kopf- und Fußzeilen vorgesehen sind. Ein Klick oder Tipp außerhalb der Kopf- oder Fußzeilen blendet das Register wieder aus.

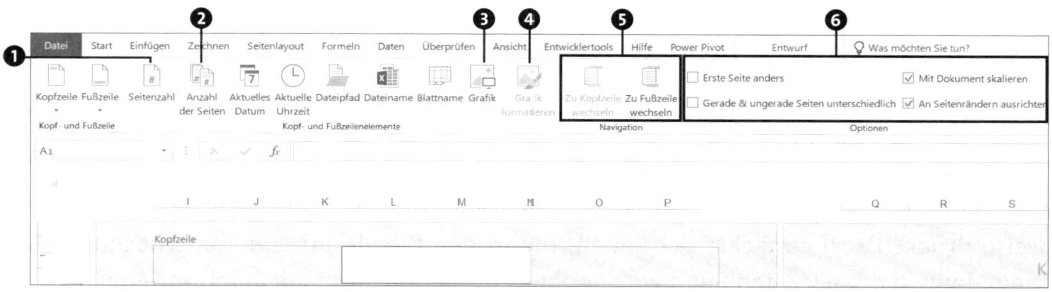

Abbildung 12.11 Das Register der »Kopf- und Fußzeilentools«

Nun lassen sich in der Seitenlayoutansicht die Elemente, aus denen eine Kopf- oder Fußzeile zusammengesetzt werden kann, mithilfe der Schaltflächen in der Gruppe **Kopf- und Fußzeilenelemente** direkt eingeben. Dafür werden jeweils drei Eingabebereiche über und unter dem Tabellenraster angeboten. Wenn Sie per Klick oder Tipp die Einfügestelle in einen der Bereiche setzen, fügt ein Klick oder Tipp auf eine der Elementschaltflächen den entsprechenden Code an der gewählten Stelle ein.

Um z. B. in der Mitte der Fußzeile eine Seitennummerierung einzurichten, klicken Sie auf die Schaltfläche **Seitenzahl** ❶. Soll zusätzlich die Gesamtzahl der Seiten des Dokuments angezeigt werden, fügen Sie im Eingabefeld hinter den Code `&[Seite]` das Wort `von` ein und benutzen anschließend die Schaltfläche **Anzahl der Seiten** ❷. Der Code heißt dann `&[Seite] von &[Seiten]` und liefert die gewünschte Darstellung, die in der Ansicht **Seitenlayout** sofort zu sehen ist, wenn Sie ein anderes der Eingabefelder auswählen.

Wenn Sie die Seitennummerierung in einer größeren Schrift haben wollen, markieren Sie den Code und formatieren den Text mithilfe der dann eingeblendeten Minisymbolleiste oder wie jeden anderen Text über das Register **Start** und die Gruppe **Schriftart**. Auch mehrzeilige Einträge sind erlaubt. Drücken Sie dazu [⇧]+[↵], um eine neue Zeile zu erreichen. Die Codes können in den Eingabefeldern auch manuell bearbeitet werden. Einige vorgegebene Kopf- oder Fußzeilen lassen sich über die Menüs der Schaltflächen in der Gruppe **Kopf- und Fußzeile** einfügen.

Abbildung 12.12 Menü der vorgegebenen Kopfzeilen

Excel erlaubt auch das Einfügen von Grafiken, etwa von Logos. Wenn Sie diese Option über die Schaltfläche **Grafik** ❸ nutzen, können Sie anschließend mit **Grafik formatieren** ❹ den gleichnamigen Dialog öffnen, um die Abbildung passend einzurichten. Neben den beiden Schaltflächen in der Gruppe **Navigation** ❺, mit denen man zwischen Kopf- und Fußzeile hin- und herspringt, sind noch die Einstellungen von Bedeutung, die in der Gruppe **Optionen** ❻ zusammengestellt sind. Wird **Gerade und ungerade Seiten unterschiedlich** aktiviert, kann eine zweite Variante der Kopf- bzw. Fußzeile gewählt werden. Die Option **Erste Seite anders** bewirkt, dass für diese Seite keine Kopf- oder Fußzeile ausgegeben wird. Die Option **Mit Dokument skalieren** sorgt dafür, dass die Zeilen bei der Skalierung des Blatts berücksichtigt werden. Mit **An Seitenrändern ausrichten** legen Sie fest, dass z. B. eine Randvergrößerung für die Seite auch für die Kopf- und Fußzeile gilt.

Abbildung 12.13 zeigt ein Beispiel für die Kopfzeile der Artikelliste und das Ergebnis in der Seitenansicht.

Abbildung 12.13 Kopfzeile für die Artikelliste

... per Dialog

Wenn Sie im Dialog **Seite einrichten** auf dem Register **Kopfzeile/Fußzeile** den jeweiligen Pfeil in den Feldern **Kopfzeile** ❶ oder **Fußzeile** ❷ anklicken, werden Ihnen ebenfalls einige Angebote gemacht, die für viele Situationen brauchbar sind. Im Feld darüber wird angezeigt, wie die ausgewählte Zeile aussehen wird.

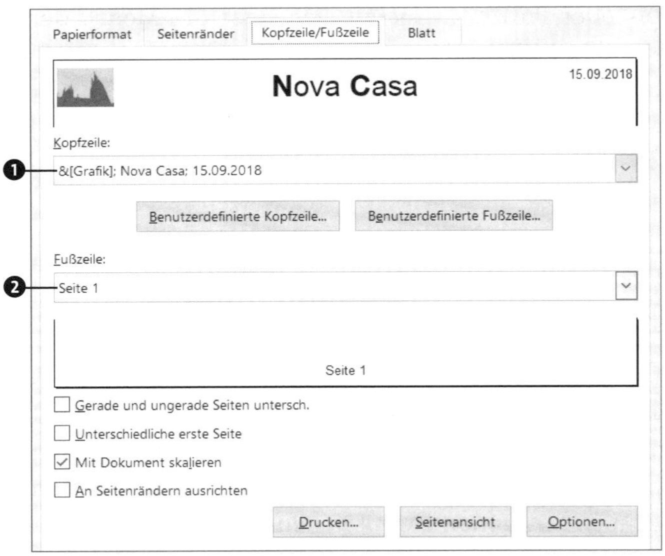

Abbildung 12.14 Die Registerkarte »Kopfzeile/Fußzeile«

Gefallen Ihnen die Angebote nicht, wählen Sie die Schaltfläche **Benutzerdefinierte Kopfzeile** bzw. **Benutzerdefinierte Fußzeile**, um die gewählten Vorgaben zu bearbeiten oder die Zeilen mit den Codes ganz neu einzugeben. Jede der Zeilen hat drei Bereiche, die getrennt bearbeitet werden können. Um in einem Bereich etwas einzutragen, klicken oder tippen Sie auf diesen Bereich. Ein senkrechter Strich markiert nun die Einfügestelle. Auch mehrzeilige Einträge sind erlaubt. Drücken Sie [⇧] + [↵], um eine neue Zeile zu erreichen.

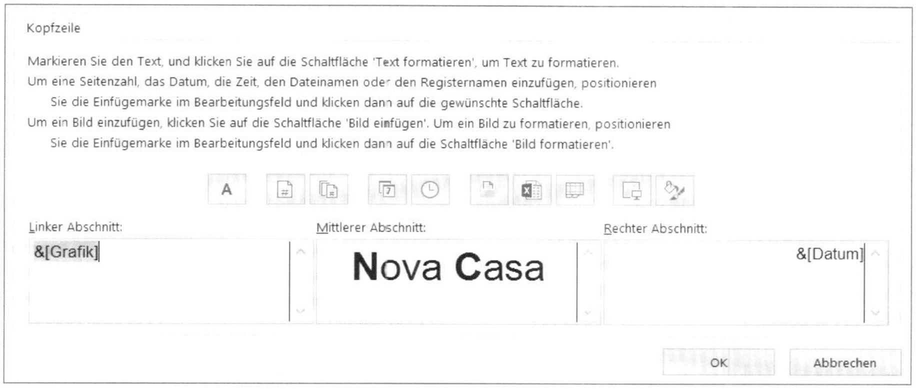

Abbildung 12.15 Die Definition einer Kopfzeile im Dialog »Kopfzeile«

TIPP

Kopf- und Fußzeilen bei Einzelblättern

Beim Druck einzelner Blätter oder Formulare – z. B. beim Druck eines Bestellformulars – sollten Sie darauf achten, dass keine überflüssigen Dinge mitgedruckt werden. Ein Einzelblatt kommt ohne Seitennummer aus. Löschen Sie alle Elemente, die Sie nicht benötigen. Wählen Sie aus der Liste die Einstellung **(keine)**.

Für bestimmte Elemente stehen Ihnen einige Symbole zur Verfügung, die entsprechende Codes in den Bereich eintragen. Das Symbol **Grafik formatieren** kann nur verwendet werden, wenn eine Grafik eingefügt worden ist.

Symbol	Bedeutung	Code
	Textformatierung	–
	Seitenzahl	&[Seite]
	Gesamtseitenzahl	&[Seiten]
	aktuelles Datum	&[Datum]
	aktuelle Uhrzeit	&[Zeit]

Symbol	Bedeutung	Code
	Dateipfad	&[Pfad]
	Dateiname	&[Datei]
	Blattname	&[Register]
	Bild einfügen	&[Grafik]
	Grafik formatieren	–

Das Symbol mit dem **A** steht zur Verfügung, um markierte Teile eines Bereichs zu formatieren. Es öffnet das Dialogfeld **Schrift**. Sie können also einzelne Wörter oder Zeichen in der Kopf- oder Fußzeile unterstreichen oder fett drucken, wie Sie es gerade benötigen. Beachten Sie aber, dass bei mehrzeiligen Einträgen die Seitenränder und der Abstand vom Blattrand entsprechend eingestellt werden müssen, damit sich die Daten nicht überlappen.

12.1.5 Bestimmung der Ränder

Als Vorgabe lässt Excel beim Drucken an jeder Seite oben und unten 1,91 cm und links und rechts 1,78 cm Rand. Wenn Sie eine Kopfzeile verwenden, wird sie innerhalb dieses Randes gedruckt; die Vorgabe liegt bei etwa 0,76 cm Abstand vom oberen Seitenrand. Entsprechendes gilt für die Fußzeile. Falls die Vorgabe für einen Druckauftrag nicht geeignet ist, stehen noch einige alternative Vorgaben zur Verfügung, die Sie über die Schaltfläche **Seitenränder** in der Gruppe **Seitenlayout ▸ Seite einrichten** auswählen. Diese Palette wird auch über **Datei ▸ Drucken** unter **Einstellungen** angeboten.

Die Optionen **Normal**, **Breit** und **Schmal** geben Randeinstellungen für alle Seiten vor, die aufeinander abgestimmt sind. Sie sollten deshalb prüfen, ob sie nicht für viele Ihrer Druckaufträge verwendbar sind. Benötigen Sie andere Einstellungen, öffnen Sie über die Option **Benutzerdefinierte Seitenränder** das Register **Seitenränder** im Dialog **Seite einrichten** und legen die gewünschten Werte im Einzelnen fest. Die auf diese Weise zuletzt definierte Seitenrandeinstellung wird automatisch in die Randpalette als erste Position übernommen, sodass sie jederzeit wiederverwendet werden kann. Wenn Sie z. B. einen breiteren linken Rand einstellen, um die Tabelle besser lochen zu können, und gleichzeitig linksbündige Teile in der Kopf- oder Fußzeile haben, ändert Excel auch die Randeinstellung für die Kopf- und Fußzeilen entsprechend.

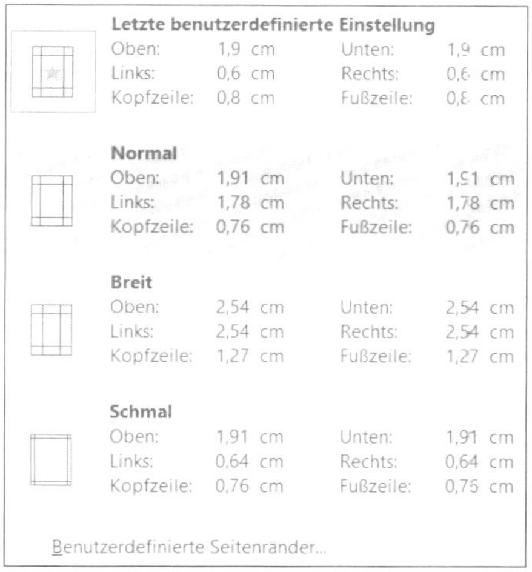

Abbildung 12.16 Palette der Seitenränder

Alle sechs Randeinstellungen können auf der Registerkarte **Seitenränder** durch Eintragen von Zentimeterangaben oder durch Auswahl mit den kleinen Schaltflächen neu eingestellt werden. Auf der Registerkarte finden Sie eine schematische Darstellung, in der immer die Linie markiert wird, die Sie gerade verändern.

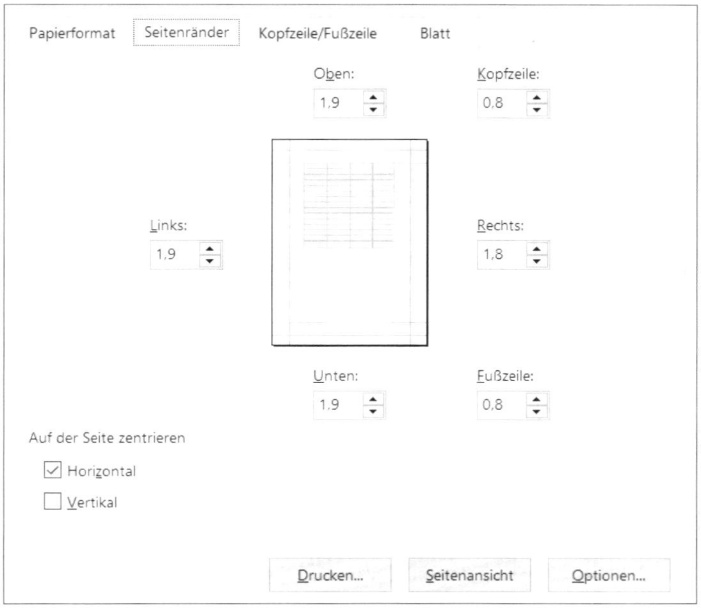

Abbildung 12.17 Die Registerkarte »Seitenränder«

Sollen möglichst viele Spalten auf ein Blatt, werden Sie die Ränder vielleicht enger setzen wollen. Beachten Sie dabei aber, dass solche Papiere meist in irgendeinem Aktenordner abgeheftet werden. Ein ausreichender Lochrand ist deshalb erforderlich, damit beim Ablegen keine Daten verloren gehen. Soll Platz für Bemerkungen frei gelassen werden, können Sie einen breiteren rechten Rand wählen.

HINWEIS

Überlappung vermeiden

Achten Sie bei den Werten für **Kopfzeile** bzw. **Fußzeile** darauf, dass die eingegebenen Werte zu den Werten für **Oben** bzw. **Unten** passen, damit es nicht zu einer Überlappung kommt.

Unter **Auf der Seite zentrieren** lässt sich die Platzierung des gedruckten Bereichs innerhalb der Ränder beeinflussen. Normalerweise wird der Druckbereich direkt an den linken und den oberen Rand gerückt. Wird die Seite durch den zu druckenden Bereich nicht ganz ausgefüllt, lässt er sich sowohl horizontal als auch vertikal zentrieren.

12.1.6 Interaktive Kontrolle der Seitenaufteilung

In Excel stehen Ihnen noch ein weiteres Mittel zur Verfügung, um bei mehrseitigen Druckausgaben zum gewünschten Ergebnis zu kommen. Das Register **Ansicht** enthält in der Gruppe **Arbeitsmappenansichten** dazu noch die Schaltfläche **Umbruchvorschau**. Dabei wird das Tabellenblatt so ausgegeben, dass Seitenaufteilung und Seitennummerierung gut überblickt werden können. In der Regel wird die Tabelle um einiges verkleinert. Die sonst eher zarten Seitenumbruchlinien werden durch dickere ersetzt.

Diese Seitenumbruchlinien lassen sich verschieben, sodass Sie die Spalten- und Zeilenverteilung ändern können. Auf diese Weise lässt sich schnell eine Seitenaufteilung korrigieren, bei der etwa ein oder zwei Zeilen einer Tabelle in die nächste Seite hineinreichen. Excel skaliert die einzelnen Seiten automatisch so, dass die ausgewählten Bereiche jeweils auf die Seite passen.

Fehlende Seitenumbrüche können, wie oben bereits beschrieben, eingefügt, überflüssige entfernt werden. Die Seitenverteilung bezieht sich dabei immer entweder auf das gesamte Tabellenblatt oder nur auf den vorher ausgewählten Druckbereich.

	A	B	C	D	E
1	Artikel für den Hausbedarf				
2					
3	Waren-gruppe	Artikel-nummer	Artikelbezeichnung	Preis	Umsatz lfd. Jahr
4	15	0007	SZ28 HOLZSTANGE SCHWARZ	6,50	4888,77
5	15	0010	SZ28 HOLZSTANGE NAT.ROH	4,95	505,39
6	15	0020	SZ28 HOLZSTANGE	4,95	514,05
7	15	0022	SZ28 HOLZSTANGE	5,05	197,05
8	15	0029	SZ28 HOLZSTANGE KIRSCHB	4,95	131,63
9	15	0030	SZ28 HOLZSTANGE EICHE	4,95	484,08
10	15	0039	SZ28 HOLZSTANGE H.EICHE	4,95	369,82
11	15	0040	SZ28 HOLZSTANGE NUSSB.	4,95	146,24
12	15	0047	SZ28 RING + HAKEN BRAUN	0,00	0,00
13	15	0060	SZ28 HOLZSTANGE WEISS	6,50	661,27
14	15	0070	SZ28 RING+HAKEN SCHWARZ	0,23	107,71
15	15	0075	SZ28 RING+HAKEN CHROMF.	0,73	456,61
16	15	0080	SZ28 RING + HAKEN WEISS	0,23	287,87
17	15	0082	SZ28 RING+HAKEN GOLDF.	0,73	1904,64
18	15	0083	SZ28 RING + HAKEN TITAN	1,00	20,00
19	15	0086	SZ28 RING + HAKEN ROT	0,22	0,00
20	15	0248	SZ28 KLASZER GRAU	0,41	0,00
21	15	0270	SZ28 KLASZER SCHWARZ	0,41	0,00
22	15	0274	SZ28 KLASZER GLASKLAR	0,50	0,00
23	15	0280	SZ28 KLASZER WEISS	0,41	12,30
24	15	0286	SZ28 KLASZER ROT	0,40	0,00
25	15	0302	300CM SZ28 NATUR LAS.SB	22,10	0,00
26	15	0303	300CM SZ28 EICHE SB	22,10	0,00
27	15	0304	300CM SZ28 NUSSB. SB	22,10	0,00
28	15	0328	300CM SZ28 GOLDF. SB	43,30	0,00
29	15	0448	SZ28 FALTENHAKEN GRAU	0,06	0,00
30	15	0470	SZ28 FALTENHAK. SCHWARZ	0,05	4,00
31	15	0480	SZ28 FALTENHAKEN WEISS	0,05	52,00
32	15	0486	SZ28 FALTENHAKEN ROT	0,06	0,00
33	15	0510	SZ28 TRAEGERVERL. 5 CM	7,05	105,75
34	15	0511	SZ28 TRAEGERVERL. 5 CM	8,50	0,00
35	15	0548	SZ28 RING+FESTSTELLSCHR	0,77	0,00
36	15	0570	SZ28 FESTSTELLRING	0,77	0,00
37	15	0575	SZ28 FESTSTELLRING	1,25	0,00
38	15	0580	SZ28 FESTSTELLRING	0,77	0,00
39	15	0582	SZ28 FESTSTELLRING	1,25	0,00
40	15	0586	SZ28 FESTSTELLRING	0,75	0,00

Abbildung 12.18 Tabellenblatt in der Umbruchvorschau

Da in dieser Ansicht auch die normalen Kopier- und Verschiebefunktionen arbeiten, lassen sich Zellbereiche auch noch an eine andere Stelle rücken, um eine bessere Seitenaufteilung zu erreichen. Ein ausgewählter Bereich bietet ein spezielles Kontextmenü mit all den Befehlen an, die mit dem Seitenumbruch und der Festlegung des Druckbereichs zu tun haben.

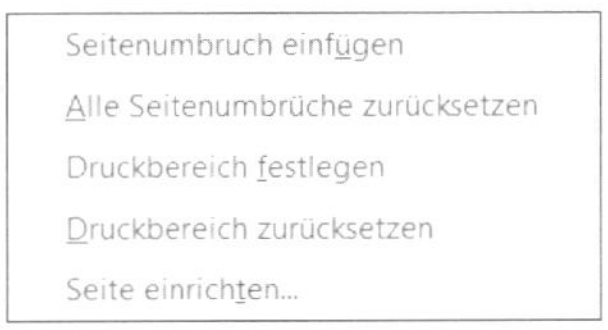

Abbildung 12.19 Die zusätzlichen Befehle im Kontextmenü eines Zellbereichs in der Seitenumbruchvorschau

Um die Seitenumbruchvorschau wieder zu verlassen, verwenden Sie eine der anderen Ansichtsschaltflächen in der Gruppe **Ansicht ▸ Arbeitsmappenansichten** oder bequemer noch die Ansichtssymbole in der Statusleiste.

12.1.7 Prüfung des Layouts in der Druckvorschau

Die Fülle an Gestaltungsmöglichkeiten, die Excel Ihnen anbietet, legt es nahe, insbesondere in der ersten Zeit, in der Sie mit dem Programm arbeiten, ein wenig zu experimentieren, z. B. um die Schriftarten und -grade herauszufinden, die Ihrem Geschmack am meisten entsprechen. Damit es dabei nun nicht zu einer Überflutung Ihres Papierkorbs kommt, stellt das Programm eine weitere Kontrolle des zu erwartenden Druckergebnisses bereit, die **Seitenansicht**. Diese Druckvorschau zeigt Ihnen am Bildschirm etwas verkleinert, aber in den Proportionen übereinstimmend, wie die Seiten eines zum Druck bestimmten Bereichs aussehen werden. Hier können Sie dann kontrollieren, wie die Seitenränder passen, ob die Kopf- und Fußzeilen korrekt sind, ob die Seitennummerierung stimmt und wie die verschiedenen Schriftarten und -grade harmonieren.

Die Seitenansicht wird über **Datei ▸ Drucken** eingeblendet oder direkt mit [Strg] + [F2] aufgerufen. Die Funktion übernimmt dabei jeweils entweder die vorgegebenen oder die aktuell ausgewählten Einstellungen zur Seiteneinrichtung. Mit den kleinen Schaltflächen am unteren Rand ❶ können Sie zwischen den Seiten wechseln.

Abbildung 12.20 Die Seitenansicht auf dem Register »Datei«

Praktische Möglichkeiten erlaubt die Schaltfläche **Seitenränder anzeigen** ❷. Damit lassen sich Randmarkierungen ein- und ausblenden, die mit Maus oder Finger verschoben werden können. Sie stehen für die unterschiedlichen Randeinstellungen und für die Breite der verschiedenen Spalten. Auf diese Weise können falsche Randeinstellungen per Sichtprüfung korrigiert werden. Wird die Breite einer Spalte verändert, gilt dies nicht nur für den Ausdruck, die Einstellung wird auch in die Arbeitsmappe übernommen. Mit der zweiten Schaltfläche **Auf Seite zoomen** ❸ kann das Bild vergrößert werden, um Details zu prüfen.

12.2 Druckerauswahl und Druckereinstellungen

Je nachdem, wie viele Drucker Sie unter Windows installiert haben, können Sie über das Auswahlmenü **Drucker** zwischen verschiedenen Ausgabegeräten wählen. Suchen Sie den Drucker aus, den Sie verwenden wollen. Angezeigt werden hier alle Drucker und auch alle sonstigen Ausgabegeräte, die unter Windows installiert sind, z. B. Druckserver, der Microsoft XPS Document Writer oder Faxgeräte.

Abbildung 12.21 Auswahl des Ausgabegeräts

Um die Arbeitsweise eines Druckers zu beeinflussen, wählen Sie unter dem Listenfeld den Link **Druckereigenschaften**. Sie erhalten das gleiche Dialogfeld, das auch die Schaltfläche **Optionen** im Dialogfeld **Seite einrichten** öffnet. Wie dieses Dialogfeld aussieht, hängt nun allerdings ganz von dem ausgewählten Drucker ab. In der Regel können Sie hier mindestens die Grafikauflösung, die Papiergröße, die Papierzufuhr und das Format ändern. Abbildung 12.22 zeigt ein Beispiel. Beachten Sie, dass die Wahl des Formats in diesem Dialogfeld bedeutet, dass das Vorgabeformat für diesen Drucker vorübergehend – also nur für diesen Druckauftrag – geändert wird.

Die Qualitätseinstellungen betreffen die Frage, mit wie vielen Punkten pro Zoll eine Grafik aufs Papier gebracht wird. Je höher die Anzahl der Punkte, desto feiner das Bild, desto weniger Treppen in einer Kurve oder einem Kreis. Der Druck dauert bei einer hohen Auflösung dann aber auch etwas länger, weil der Drucker ja wesentlich mehr zu tun hat. Sie sollten hier danach entscheiden, wie hoch Ihre Qualitätsansprüche oder die Ansprüche der Personen sind, denen Sie Ihre Diagramme vorlegen. Am besten testen Sie die verschiedenen Versionen einmal, um einen Vergleich zu haben.

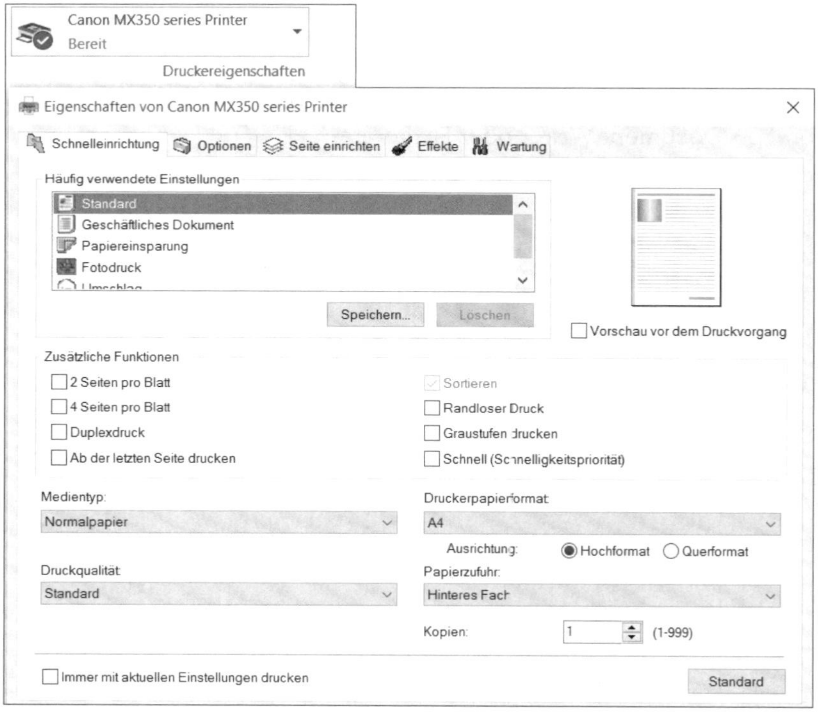

Abbildung 12.22 Einstellungsmöglichkeiten eines Druckers

Schnelldruck und Drucken mit Optionen

Die vielen Einstellungsmöglichkeiten, die in den letzten Abschnitten beschrieben worden sind, mögen vielleicht den Eindruck erwecken, dass die Vorbereitung zum Druck eine komplizierte Angelegenheit ist. Nun ist es aber in vielen Fällen so, dass die Voreinstellungen, die Excel ohne Ihr Zutun setzt, völlig ausreichen. Das gilt insbesondere bei kleineren Tabellen, bei denen kein Seitenumbruch notwendig ist. Bei großen Druckaufgaben lohnt es sich allerdings, vor dem Druck einige Anstrengungen aufzuwenden, um schon mit dem ersten Ausdruck ein optimales Ergebnis zu erreichen. Excel speichert die Einstellungen, die Sie für eine Arbeitsmappe bzw. für jedes einzelne Blatt einer Mappe gesondert treffen können, mit der Arbeitsmappe ab. Wenn Sie eine neue Mappe eröffnen, werden wieder die Standardeinstellungen verwendet.

TIPP

Mustervorlage mit Einstellungen für den Ausdruck

Wollen Sie bei verschiedenen Arbeitsmappen mit denselben Einstellungen arbeiten, können Sie die Einstellungen in einer Mustervorlage speichern.

Excel speichert die Einstellungen, die Sie für eine Arbeitsmappe bzw. für jedes einzelne Blatt einer Mappe gesondert treffen können, mit der Arbeitsmappe ab. Wird eine neue Mappe eröffnet, werden wieder die Standardeinstellungen verwendet.

12.2.1 Drucken im Schnellverfahren

Um eine kleine Tabelle ganz schnell zu Papier zu bringen, müssen Sie nur über **Datei ▸ Drucken** die Schaltfläche **Drucken** anklicken. Excel druckt dann ohne weitere Nachfrage und verwendet dabei die aktuell für die Arbeitsmappe gültigen Einstellungen. Das sind entweder die Standardeinstellungen oder die Einstellungen, die Sie inzwischen für diese Arbeitsmappe getroffen haben. Meist lohnt es sich auch, den Befehl **Schnelldruck** über das Kontextmenü in die Schnellzugriffsleiste einzufügen, sodass der Befehl mit einem Klick aufgerufen werden kann.

Abbildung 12.23 Einfügen der Schnelldruckoption in die Zugriffsleiste

12.2.2 Auswahl der Druckoptionen

Mehr Kontrolle über den Druck haben Sie, wenn Sie auf dem Register **Datei** den Befehl **Drucken** aufrufen. Unter **Einstellungen** ist normalerweise die Option **Aktive Blätter drucken** vorgegeben, d. h., solange nicht ausdrücklich mehrere Blätter ausgewählt sind, wird immer nur das gerade ausgewählte Blatt gedruckt. Soll die komplette Arbeitsmappe gedruckt werden, wählen Sie **Gesamte Arbeitsmappe drucken**. Auf die Option **Auswahl drucken** wurde oben schon eingegangen.

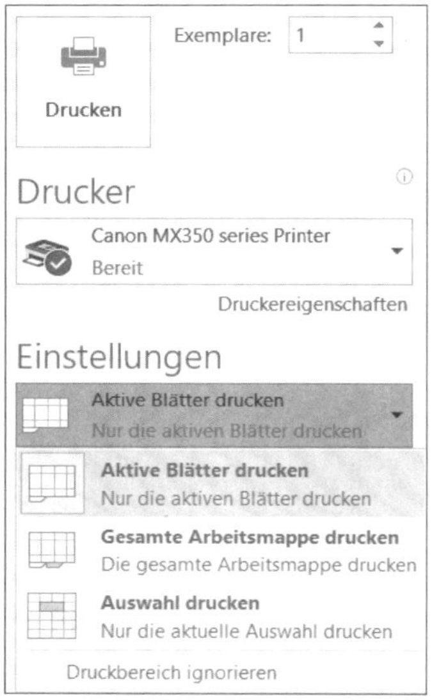

Abbildung 12.24 Auswahl des Druckauftrags

Bei Bedarf können Sie mit der Option **Druckbereich ignorieren** dafür sorgen, dass definierte Druckbereiche für den aktuellen Druckvorgang nicht beachtet werden. Die Druckbereiche stehen aber weiter zur Verfügung. Sollen gleich mehrere Exemplare gedruckt werden, kann noch der Zähler unter **Exemplare** hochgesetzt werden.

Ist ein Druck über mehrere Seiten zu erwarten, besteht unter **Einstellungen** auch die Möglichkeit, über die Drehfelder eine bestimmte Auswahl von Seiten anzugeben. Geben Sie unter **Seiten** zuerst die Seitenzahl der ersten Seite an. Soll ab dieser Seite bis zum Ende gedruckt werden, kann das Feld **bis** leer bleiben, ansonsten geben Sie die Nummer der letzten Seite an, die noch gedruckt werden soll.

Wenn mehr als eine mehrseitige Kopie gedruckt werden soll, stehen unter **Einstellungen** auch noch die Optionen **Sortiert** und **Getrennt** zur Verfügung. **Sortiert** bedeutet, dass immer erst ein Exemplar fertig gedruckt wird, bevor das nächste angefangen wird. Bei der Einstellung **Getrennt** dagegen wird von jeder einzelnen Seite erst immer die gewünschte Anzahl gedruckt. Die Exemplare müssen also später manuell in der richtigen Reihenfolge zusammengelegt werden.

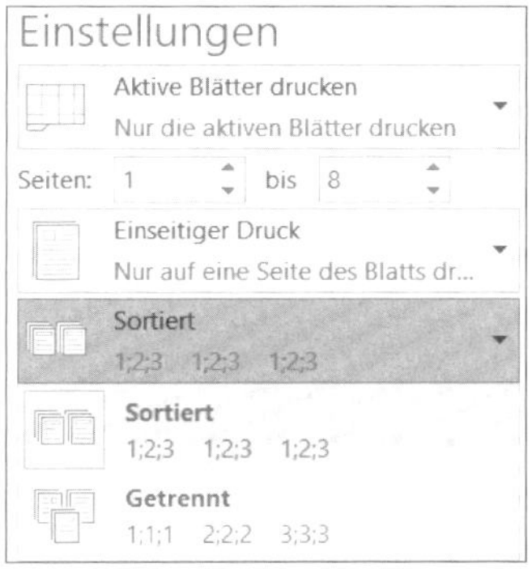

Abbildung 12.25 Wahl des Druckumfangs und der Reihenfolge

Die weiteren Schaltflächen unter **Einstellungen** erlauben den Wechsel zwischen Hoch- und Querformat, die Angabe des Papierformats, die Randeinstellungen und die Skalierung, also alles Einstellungen, die auch über das Register **Seitenlayout** vorgenommen werden können und dort auch schon beschrieben wurden. Der Vorteil, diese Einstellungen hier vorzunehmen, liegt allerdings darin, dass die Druckvorschau immer sofort angepasst wird und Sie das Ergebnis ganz gut kontrollieren können. Sind schließlich alle Einstellungen gewählt, starten Sie den Druck über die Schaltfläche **Drucken**.

12.3 Tabellen per E-Mail versenden

Excel stellt Ihnen zwei Möglichkeiten zur Verfügung, Tabellenblätter per E-Mail zu versenden. Die eine ist der Versand der kompletten Arbeitsmappe als Anhang. Der Empfänger kann den Anhang in Excel öffnen und damit weiterarbeiten. Wenn die Mappe nur zum Ansehen versandt werden soll oder wenn der Empfänger Excel nicht benutzt, bietet sich der Versand als PDF-Datei an.

12.3.1 Eine Arbeitsmappe als Anhang versenden

Wenn Sie eine Arbeitsmappe als Anhang einer E-Mail verschicken wollen, muss entweder Outlook oder ein anderes dafür verwendbares Mailprogramm installiert sein. Das Verfahren selbst ist einfach:

1 Wenn die Arbeitsmappe ausgewählt ist, benutzen Sie auf dem Register **Datei** die Seite **Freigeben**. In Excel 2019 klicken Sie dann auf **E-Mail** und **Als Anlage senden**.

2 In Excel 365 wird mit der Schaltfläche **Excel-Arbeitsmappe** ❶ sofort das aktuelle E-Mail-Programm mit dem Fenster für eine neue E-Mail, das bereits die Arbeitsmappe im Betreff und als Anhang enthält, geöffnet.

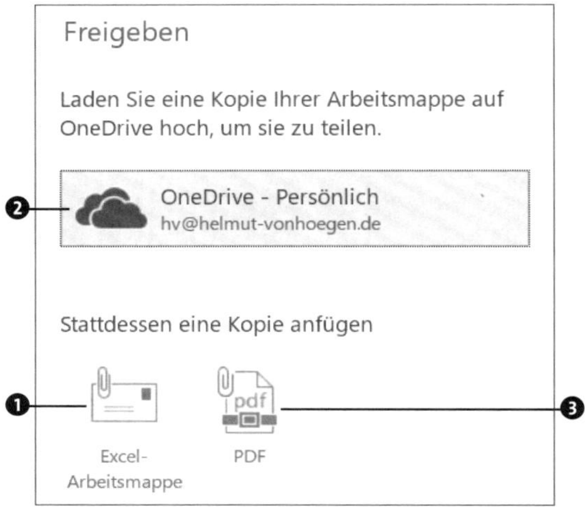

3 Sie brauchen nur noch die Adresse und eventuell einen Begleittext einzufügen und die Nachricht abzuschicken.

Auf die im Dialog angebotene Freigabe über OneDrive ❷ gehen wir in Abschnitt 14.2, »Teamarbeit über OneDrive«, ein.

12.3.2 Die Arbeitsmappe als PDF versenden

Die Schaltfläche **PDF** ❸ schickt eine Kopie der Arbeitsmappe über das Standard-E-Mail-Programm als Anlage im PDF-Format. Es findet also vor dem Versand eine Transformation in das PDF-Format statt. Der Anhang kann dann beispielsweise im Edge-Browser geöffnet werden.

12.4 Erstellen einer PDF- oder XPS-Kopie

Anstatt eine Arbeitsmappe als Kopie im Format PDF oder XPS gleich per E-Mail zu verschicken, können Sie über **Datei ▸ Exportieren** auch erst einmal lokal solche Kopien erzeugen, etwa um sie später auf einer Webseite zum Download anzubieten. Dazu wird der gemeinsame Befehl **PDF/XPS-Dokument erstellen** verwendet, der dann noch mal eine gleich benannte Schaltfläche anbietet. Die Vorgehensweise unterscheidet sich für die beiden konkurrierenden Dateiformate nur dadurch, dass für PDF im Dialog **Als PDF oder XPS veröffentlichen** der Dateityp **PDF**, für XPS eben **XPS** vorgegeben wird.

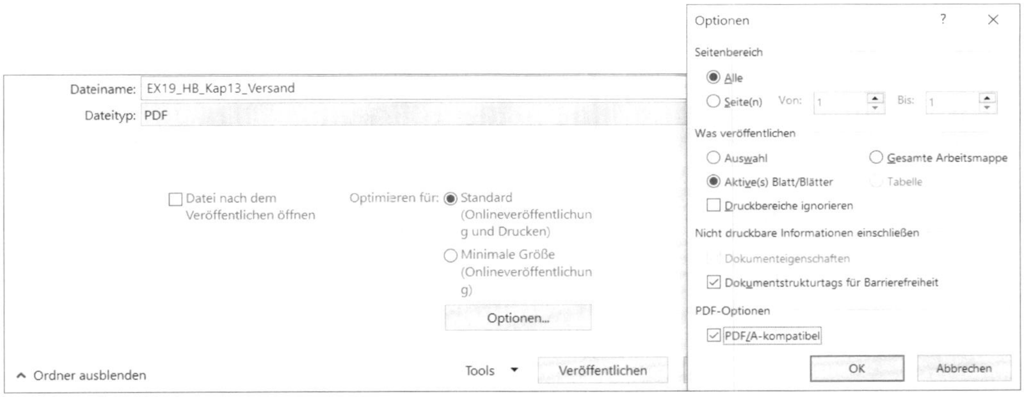

Abbildung 12.26 Der Dialog für PDF und die entsprechenden Optionen

Zusätzlich lässt sich mit der Option **Datei nach dem Veröffentlichen öffnen** die erzeugte Kopie in dem entsprechenden Reader oder Viewer aufrufen. Außerdem kann unter **Optimieren** entweder **Standard** oder **Minimale Größe** gewählt werden. Die zweite Option ist hauptsächlich für die Onlineveröffentlichung gedacht, falls Bandbreite gespart werden soll. Was genau in die Kopie übernommen werden soll, können Sie über die Schaltfläche **Optionen** noch näher angeben. Bei PDF wird hier auch die Option **PDF/A-kompatibel** angeboten.

Wenn Sie das XPS-Format wählen, wird die Datei in dem in Windows 10 integrierten XPS-Viewer angezeigt.

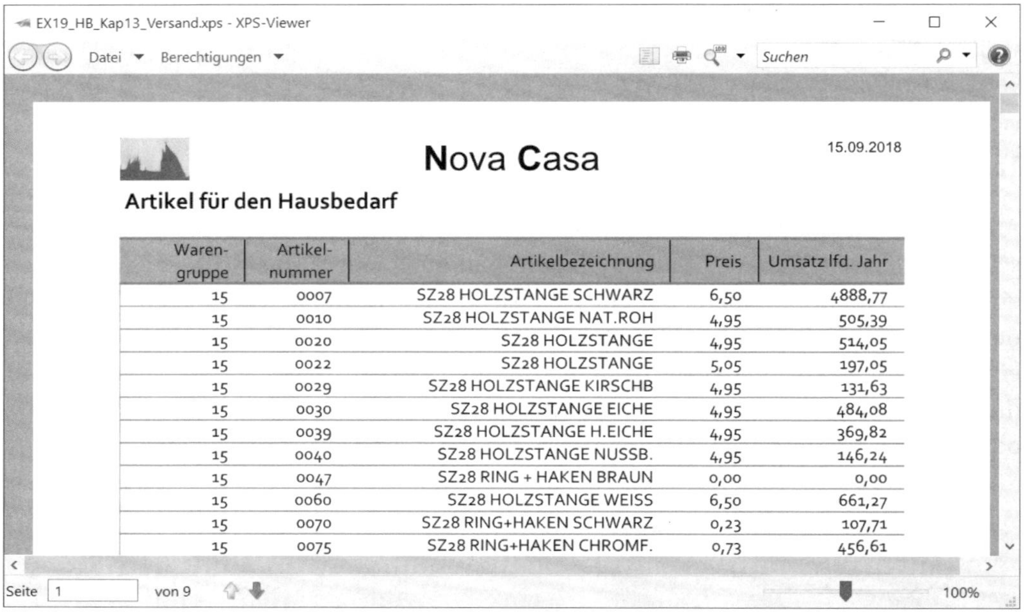

Waren-gruppe	Artikel-nummer	Artikelbezeichnung	Preis	Umsatz lfd. Jahr
15	0007	SZ28 HOLZSTANGE SCHWARZ	6,50	4888,77
15	0010	SZ28 HOLZSTANGE NAT.ROH	4,95	505,39
15	0020	SZ28 HOLZSTANGE	4,95	514,05
15	0022	SZ28 HOLZSTANGE	5,05	197,05
15	0029	SZ28 HOLZSTANGE KIRSCHB	4,95	131,63
15	0030	SZ28 HOLZSTANGE EICHE	4,95	484,08
15	0039	SZ28 HOLZSTANGE H.EICHE	4,95	369,82
15	0040	SZ28 HOLZSTANGE NUSSB.	4,95	146,24
15	0047	SZ28 RING + HAKEN BRAUN	0,00	0,00
15	0060	SZ28 HOLZSTANGE WEISS	6,50	661,27
15	0070	SZ28 RING+HAKEN SCHWARZ	0,23	107,71
15	0075	SZ28 RING+HAKEN CHROMF.	0,73	456,61

Abbildung 12.27 XPS-Kopie im XPS-Viewer

13 Excel-Daten im Web

Das Web hat den weltweiten Zugriff auf Informationen wesentlich vereinfacht und gleichzeitig Standards durchgesetzt, die unabhängig von Plattformen und Betriebssystemen sind. Die Idee, die Methoden des Internets auch auf den Informationsaustausch innerhalb kleinerer Netze, etwa dem einer Firma, eines Instituts oder einer Organisation, zu übertragen, lag deshalb auf der Hand. Lokale Netze verwandeln sich immer häufiger in Intranets, und damit verändert sich die Art und Weise, wie Informationen ausgetauscht und wie Kooperationen organisiert werden.

Einbindung in Internet und Intranet

Excels Einbindung in Internet und Intranet findet in zwei Richtungen statt. Excel ist einmal ein Werkzeug, das Stoff für das firmeninterne Intranet und das weltweite Internet liefern kann. Und umgekehrt: Von Excel kann direkt auf die Daten in beiden Netzen zugegriffen werden. Informationen aus Webseiten lassen sich in Excel direkt einlesen und weiteranalysieren, sofern sie in Tabellenform angeboten werden. Dieses Thema wird in Abschnitt 19.4, »Einlesen einer CSV-Datei«, behandelt.

Excel kann aber auch automatisch aus einem Arbeitsblatt oder einer ganzen Arbeitsmappe Webseiten erzeugen. Der dafür benötigte HTML-Quellcode wird ohne Zutun des Benutzers erzeugt; dieser muss nicht einmal wissen, was das ist. Daten im XML-Format können sowohl eingelesen als auch erzeugt werden; dies wird in Abschnitt 13.4, »Verarbeiten von XML-Daten«, beschrieben.

Die Technik, Dokumente über Hyperlinks zu verknüpfen, ist auf alle Office-Dokumente anwendbar. Aus einer Arbeitsmappe kann über einen solchen Link also kurz eine Seite im Internet oder eine andere Excel-Tabelle inspiziert werden, um dann wieder zur aktuellen Tabelle zurückzuspringen. So entsteht zunehmend eine Situation, in der es keinen Unterschied mehr macht, ob ein Dokument auf Ihrem PC, auf den Servern im Firmennetz oder auf einem Webserver irgendwo auf der Welt gespeichert ist.

13.1 Von Excel zu HTML und zurück

Wenn eine Excel-Datei in HTML übersetzt wird, entsteht eine Textdatei, die die Daten aus den Zellen und zahlreiche sogenannte *markup tags* enthält, Marken mit Anweisungen, wo und wie die Inhalte auf der Seite platziert werden sollen – daher ja auch der Name *HyperText Markup Language*, kurz HTML. Enthält eine solche Marke eine Formatanweisung, die z. B. ein bestimmter Browser nicht versteht, wird die Anweisung in der Regel ignoriert, ansonsten kann der Inhalt der Seite aber angesehen werden. Das Format ist in dieser Hinsicht also ziemlich »gutmütig« im Unterschied zu XML, wovon in Abschnitt 13.4, »Verarbeiten von XML-Daten«, noch die Rede sein wird.

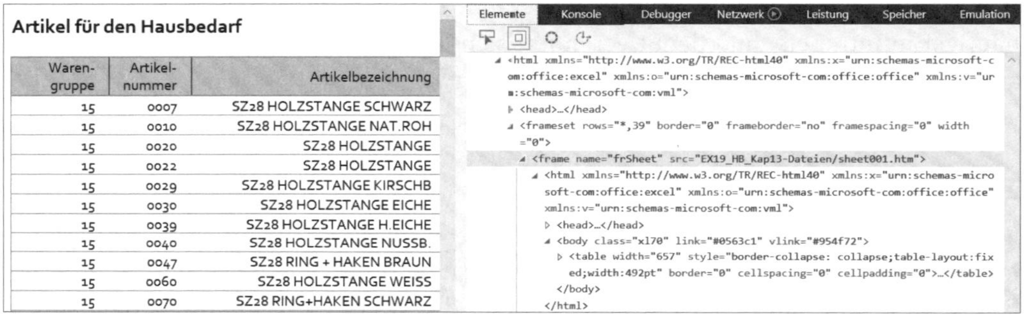

Abbildung 13.1 Auszug aus dem Quellcode einer in HTML übersetzten Tabelle

Als Erweiterung der Gestaltungsmöglichkeiten für Webseiten, etwa was die Schrift oder die Anzeige von Tabellen und Abbildungen betrifft, wurden zusätzlich zum »reinen« HTML die Cascading Style Sheets, kurz CSS, entwickelt. Dabei geht es um separate Gruppen von Formatanweisungen für die Darstellung der unterschiedlichen Elemente auf einer Webseite, ähnlich den Formatvorlagen, wie sie in Excel definiert werden können. Das erlaubt, die Formatierung von der bloßen Information zu trennen, sodass sie schließlich auch unabhängig vom Inhalt geändert werden kann. Excel fügt solche Stylesheets entweder direkt in den generierten HTML-Code ein oder legt die Formatierungsanweisungen in separaten CSS-Dateien ab.

Verteilung der Komponenten

Wird eine Excel-Tabelle als Webseite gespeichert, legt Excel neben der Hauptdatei im HTML-Format noch eine Reihe von Hilfsdateien ab. Für diese wird normalerweise im Ordner der Hauptdatei ein Unterordner mit dem Namen der Hauptdatei angelegt, ergänzt durch den Zusatz *-Dateien*.

Abbildung 13.2 Der Ordner mit den Hilfsdateien

Ein solcher Ordner enthält immer eine Datei *filelist.xml*, in der im XML-Format alle Dateien des Ordners aufgelistet sind.

```
<xml xmlns:o="urn:schemas-microsoft-com:office:office">
 <o:MainFile HRef="../EX19_HB_Kap13.htm"/>
 <o:File HRef="stylesheet.css"/>
 <o:File HRef="tabstrip.htm"/>
 <o:File HRef="sheet001.htm"/>
 <o:File HRef="sheet002.htm"/>
 <o:File HRef="filelist.xml"/>
</xml>
```

Abbildung 13.3 Beispiel für eine Dateienliste in XML

Ansonsten enthält der Ordner in dem hier abgebildeten Fall Dateien für die verschiedenen Tabellenblätter, eine Stylesheet-Datei und eine *tabstrip.htm*-Datei, die die Blattregister imitiert. All diese Dateien sind mit der Hauptdatei verknüpft. Wenn Sie mal einen Blick in den Quellcode werfen wollen, den Excel bei der Übersetzung in HTML erzeugt hat, benutzen Sie z. B. in Microsoft Edge den Befehl **Quellcode anzeigen** aus dem Kontextmenü der angezeigten Webseite. Bei einigen Funktionen von Excel ist allerdings keine Übersetzung in HTML möglich, z. B. bei Szenarios. Wenn Sie die Speicherung als Webseite ausführen, wird die Tabelle mit den Daten des aktuell ausgewählten Szenarios auf die Webseite gebracht.

Der Hilfsordner für die Webseite ist in besonderer Weise geschützt. Wenn Sie die Hauptdatei in einen anderen Ordner kopieren oder verschieben, wird der Hilfsordner automatisch mitgenommen. Wird der Hilfsordner gelöscht, wird auch die Hauptdatei gelöscht und umgekehrt. Falls Sie versuchen, die Hauptdatei umzubenennen, erhalten Sie eine Warnung, dass damit der Bezug auf den Hilfsordner verloren geht.

Webarchive

Als Alternative zu dieser Aufteilung der Dateien können Sie in Excel auch den Dateityp **Einzelnes Webarchiv** zum Speichern als MHTML-Dokument verwenden. Dieses Format fasst alle Dateien in einem Webarchiv zusammen, was insbesondere für den Transport an andere Orte praktisch ist. Der Internet Explorer kann diese Dateien direkt öffnen.

Weboptionen

Wer Seiten ins Web stellt, sollte im Auge behalten, für wen diese Seiten gedacht sind. Nicht jeder verwendete Browser unterstützt etwa alle Optionen von Cascading Stylesheets oder bestimmte Erweiterungen von HTML. Um zu gewährleisten, dass die eigene Website auch von älteren Microsoft-Browsern ohne Verlust angezeigt wird, kann ein entsprechender Zielbrowser ausgewählt werden. Verwenden Sie dazu über **Datei ▸ Optionen** auf der Seite **Erweitert** unter **Allgemein** die Schaltfläche **Weboptionen** ❶ und die Registerkarte **Browser**. Im ersten Listenfeld können Sie die Art des Browsers auswählen, der auf jeden Fall bedient werden soll. Je nach Auswahl im Listenfeld sind dann unterschiedliche Optionen voreingestellt, die aber noch zusätzlich abgewählt werden können.

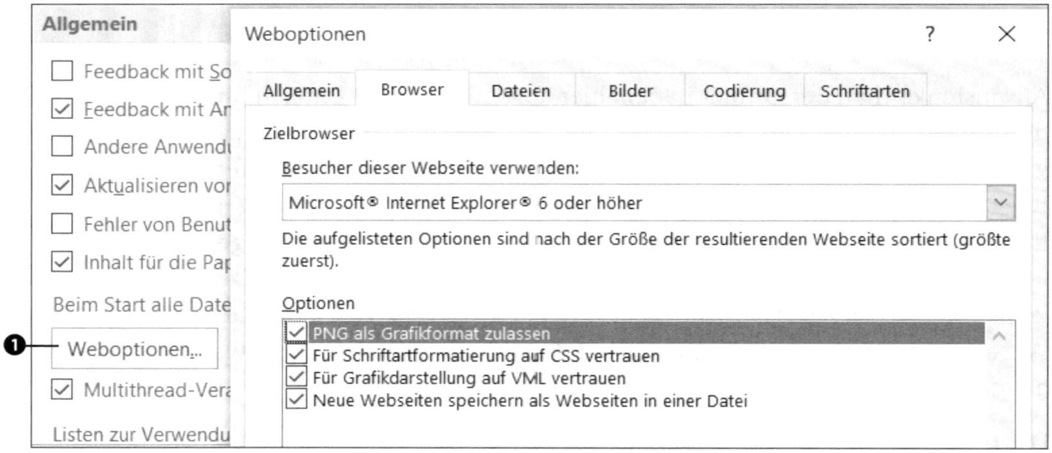

Abbildung 13.4 Die Registerkarte »Browser« im Dialog »Weboptionen«

Von Bedeutung für die Webübersetzung sind auch die Einstellungen auf dem Register **Dateien**. Die erste Option **Hilfsdateien in einen Ordner speichern** ist normalerweise aktiviert und bewirkt die oben schon beschriebene Verteilung der Dateien bei der Erstellung von Webseiten mit mehreren Blättern, Grafiken, Diagrammen etc. Wird das Häkchen dagegen gelöscht, werden auch die Hilfsdateien im selben Ordner gespeichert wie die Hauptdatei. Zu empfehlen ist das eigentlich nicht, weil Sie bei mehreren Webseiten dann schnell den Überblick verlieren, welche Hilfsdateien zu einer HTML-Datei gehören. Es kann aber sein, dass der Server Ihres Internet-Providers, auf dem Sie Ihre Webseiten speichern wollen, es nicht zulässt, dass neue Ordner angelegt werden. Dann sollten Sie die Option abwählen.

Außerdem kann auf dem Register **Bilder** die Auflösung des vorgesehenen Zielmonitors eingestellt werden, um die Webseite für bestimmte Monitorauflösungen zu optimieren. Die Registerkarten **Codierung** und **Schriftarten** haben mit der Frage zu tun, ob Ihre Webseiten weltweit von möglichst vielen Menschen wahrgenommen werden können. Sie können hier die Codierung und die Standardschriftarten vorgeben, die für die erzeugten Webseiten verwendet werden sollen.

13.2 Daten für das Web bereitstellen

In diesem Abschnitt wird es zunächst darum gehen, möglichst einfach und umstandslos bestimmte Tabellen, Diagramme oder Listen im Web zu veröffentlichen. »Einfach« soll heißen, dass den Besuchern einer solchen Webseite die Daten aus den Excel-Arbeitsmappen als Information zum Ansehen zur Verfügung gestellt werden. Dieses Verfahren bietet sich insbesondere für den Informationsaustausch in einem firmeninternen Intranet an, bei dem es in erster Linie um die Daten geht und das Layout der Webseiten nachrangig ist. In Kapitel 24, »Excel online und mobil«, werden Sie sehen, dass Excel 2019 noch viel mehr kann, es bietet nämlich einen großen Teil seiner Funktionen auch zur aktiven Verwendung im Web an.

13.2.1 Daten von Excel ins Web bringen

Wenn es nur darum geht, von Excel aus Material auf eine Webseite zu bringen, stellt sich zunächst die Frage: Was soll auf die Webseite? Eine ganze Arbeitsmappe, nur ein einzelnes Arbeitsblatt oder einzelne Objekte aus einer Mappe, etwa ein Diagramm, eine gefilterte Tabelle oder ein markierter Zellenbereich? Alle notwendigen Einstellungen können über das Dialogfeld **Speichern unter** getroffen werden. Das Verfahren ist also in allen Fällen weitgehend einheitlich.

Zum Kennenlernen hier zunächst ein einfaches Beispiel: Zwei Preislisten sollen im Intranet einer Firma veröffentlicht werden. Dazu noch ein Diagramm, das die Umsatzentwicklung der betreffenden Produkte zeigt. Die Arbeitsmappe kann in diesem Fall komplett als Webseite veröffentlicht werden.

1 Legen Sie die Preislisten auf zwei Tabellenblättern an, die Umsatzzahlen auf einem dritten Blatt und das Diagramm dazu auf einem eigenen Blatt. Ändern Sie die Blattregister dem Inhalt entsprechend. Es ist meist sinnvoll, die Arbeitsmappe zunächst ganz normal als Excel-Datei abzuspeichern und dann davon eine Kopie im HTML-Format zu erzeugen.

2 Verwenden Sie dazu über das Register **Datei** den Befehl **Speichern unter**. Geben Sie einen passenden Dateinamen ein, und wählen Sie unter **Dateityp** die Option **Webseite**.

3 Zunächst geben Sie an, dass die gesamte Arbeitsmappe gespeichert werden soll. Über die Schaltfläche **Titel ändern** ❶ können Sie noch den Seitentitel festlegen, unter dem die Webseite im Browser angezeigt wird.

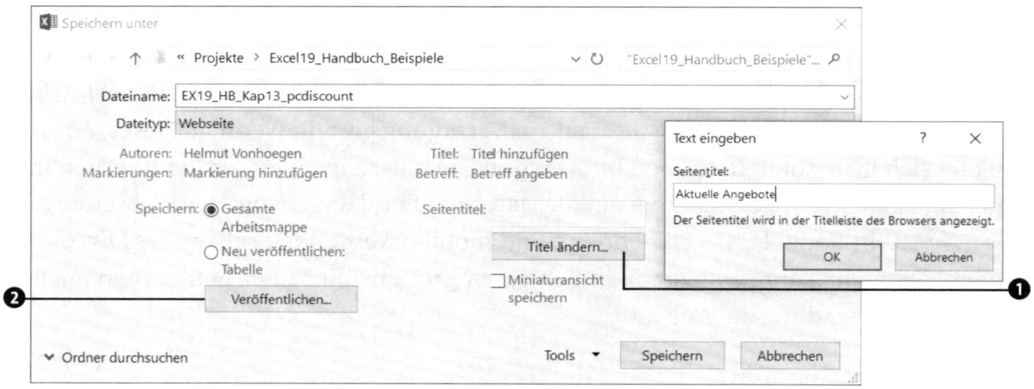

4 Setzen Sie mit der Schaltfläche **Veröffentlichen** ❷ die Übersetzung der Arbeitsmappe ins HTML-Format in Gang. Der Dialog **Als Webseite veröffentlichen** zeigt zur Kontrolle noch einmal die gewählten Daten an. Bleibt die Option **Veröffentlichte Webseite im Browser öffnen** ❸ ausgewählt, wird der Browser mit der neuen Seite geöffnet, sobald Sie auf die Schaltfläche **Veröffentlichen** ❹ klicken.

5 Wenn die Arbeitsmappe wie hier aus mehreren Blättern besteht und auch mehr als ein Blatt Daten enthält, werden auf der Webseite Pseudo-Blattregister mit den entsprechenden Blattnamen eingeblendet. Per Klick oder Tipp auf die Register können Sie sich die verschiedenen Blätter ansehen.

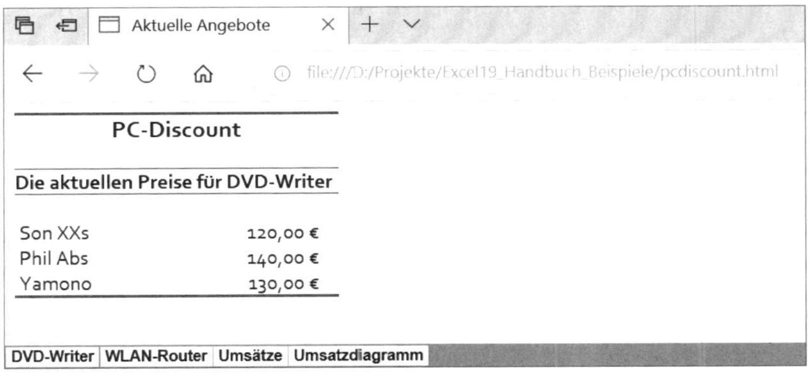

Excel hat zu der HTM-Datei mit dem von Ihnen vergebenen Namen einen gleichnamigen Ordner in dem verwendeten Zielordner angelegt. Dort finden Sie für jedes Blatt eine eigene HTML-Datei mit durchnummerierten Blattnamen. Die Struktur der Arbeitsmappe mit ihren verschiedenen Blättern wird auf der Webseite durch eine Frame-Struktur imitiert, wobei jeweils ein Blatt in einen der Frames geladen wird. Im HTML-Code wird das Ansteuern der verschiedenen Blätter über Script-Funktionen realisiert, die jeweils ein Blatt in den entsprechenden Frame laden. Die Register der Arbeitsmappe werden separat in der Datei *tabstrip.htm* in Form einer Tabelle abgelegt.

13.2.2 Auszüge aus Arbeitsmappen als Webseiten aufbereiten

Anstatt komplette Arbeitsmappen in Webseiten umzuwandeln, können Sie auch gezielt einzelne Tabellen oder Diagramme als Webseiten ausgeben, die dann z. B. innerhalb einer größeren Website über einen Link eingebunden werden. Die Vorgehensweise ist in diesem Fall etwas anders.

1 Markieren Sie auf dem Tabellenblatt, was im Web erscheinen soll. In dem abgebildeten Beispiel sind es eine Tabelle und ein dazugehöriges Diagramm.

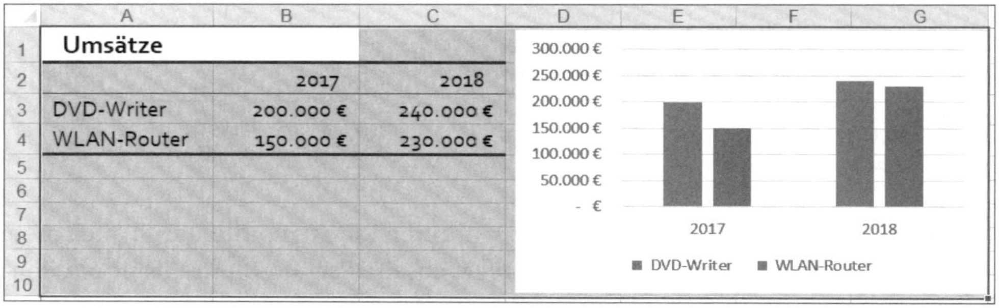

2 Wählen Sie nun wieder **Speichern unter** und den Dateityp **Webseite**. Wählen Sie unter **Speichern** die Option **Neu veröffentlichen**, und klicken Sie dann auf die Schaltfläche **Veröffentlichen**.

3 Im Dialogfeld übernehmen Sie die Auswahl der zu veröffentlichenden Elemente, also den markierten Zellbereich.

4 Wollen Sie, dass alle Änderungen, die Sie später an der Arbeitsmappe vornehmen, erneut auch in der HTML-Datei erscheinen, aktivieren Sie noch **Automatisch wiederveröffentlichen, immer wenn die Arbeitsmappe gespeichert wird**.

5 Wenn Sie das Ergebnis im Internet Explorer prüfen wollen, haken Sie **Veröffentlichte Webseite im Browser öffnen** ab. Klicken Sie schließlich auf die Schaltfläche **Veröffentlichen**.

6 Falls die als Speicherort angegebene Datei bereits existiert, erhalten Sie die Nachfrage, ob die Datei überschrieben oder die neuen Daten hinzugefügt werden sollen. Im zweiten Fall wählen Sie **Der Datei hinzufügen**. Die Tabelle wird dann an eine schon bestehende Webseite angehängt, und zwar zentriert.

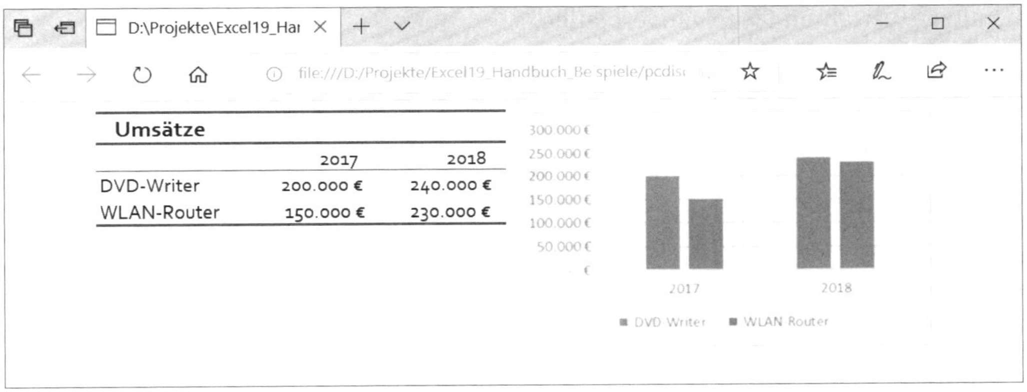

Abbildung 13.5 Der Auszug mit Tabelle und Diagramm als Webseite

Beachten Sie, dass auf die beschriebene Weise immer nur einzelne Zellbereiche oder Blätter veröffentlicht werden können. Eine Mehrfachauswahl ist nicht möglich. Wenn Sie verschiedene Tabellen einer Mappe auf eine Webseite bringen wollen, müssen Sie diese nacheinander veröffentlichen und jedes Mal an die bestehende Datei anhängen, wie beschrieben.

13.3 Dokumente mit Hyperlinks verknüpfen

Eine der Errungenschaften, die aus dem Web in die Office-Welt übernommen wurden, ist die Möglichkeit, Dokumente durch Hyperlinks zu vernetzen. Es gibt in Excel zwei verschiedene Möglichkeiten, eine Zelle als Hyperlink zu benutzen. Im ersten Fall bleibt der aktuelle Inhalt der Zelle unverändert, die Zelle wird nur durch eine besondere Formatierung – meist durch Unterstreichung und bestimmte Farben – als Hyperlink kenntlich gemacht.

Im anderen Fall wird eine Tabellenfunktion benutzt, um eine Hyperlink-Verbindung herzustellen. Das erlaubt Ihnen, auch bedingte Links zu erstellen, bei denen je nach Lage der Dinge mal zu der einen und mal zu der anderen Stelle gesprungen werden soll. Links können aber auch über grafische Objekte oder eingefügte Bilder hergestellt werden.

Absprung von einer Zelle

Um eine Zelle als Sprungbrett zu einer Webseite, einem anderen Dokument oder einer bestimmten Stelle in einem anderen Dokument oder in der eigenen Arbeitsmappe zu benutzen, verfahren Sie folgendermaßen:

1. Tragen Sie in der betreffenden Zelle einen entsprechenden Hinweis ein. Wenn das Sprungziel z. B. eine Webseite für Firmenanleihen ist, könnte in der Zelle *Firmenanleihen* stehen.
2. Lassen Sie die Zelle ausgewählt, und wählen Sie die Schaltfläche **Link** aus der Gruppe **Einfügen ▸ Links**. Anstelle der Schaltfläche können Sie auch `Strg`+`K` verwenden.
3. Das Dialogfeld wird mit der Auswahl **Link zu: Datei oder Webseite** geöffnet. Unter **Anzuzeigender Text** übernimmt das Dialogfeld den Text, der aktuell in der Zelle steht. Über **QuickInfo** können Sie noch einen zusätzlichen Hinweis eintragen, der angezeigt wird, wenn die Zelle mit dem Mauszeiger berührt wird. Wenn Sie hier nichts eingeben, wird die Zieladresse angezeigt.
4. Geben Sie unter **Adresse** die gewünschte Webseite an, oder benutzen Sie die Schaltfläche **Web durchsuchen**, um die Seite direkt im Internet Explorer zu suchen. Falls die Adresse vorher schon einmal genutzt wurde oder gerade mehrere Seiten im Browser geöffnet sind, kann sie auch über die Schaltfläche **Besuchte Webseiten** oder **Zuletzt verwendet** aus der Liste ausgewählt werden. Ist die gewünschte Seite gerade im Browser sichtbar, sollten Sie die Adresse von dort übernehmen. Klicken oder tippen Sie dazu einfach in das Adressfeld des Dialogs.

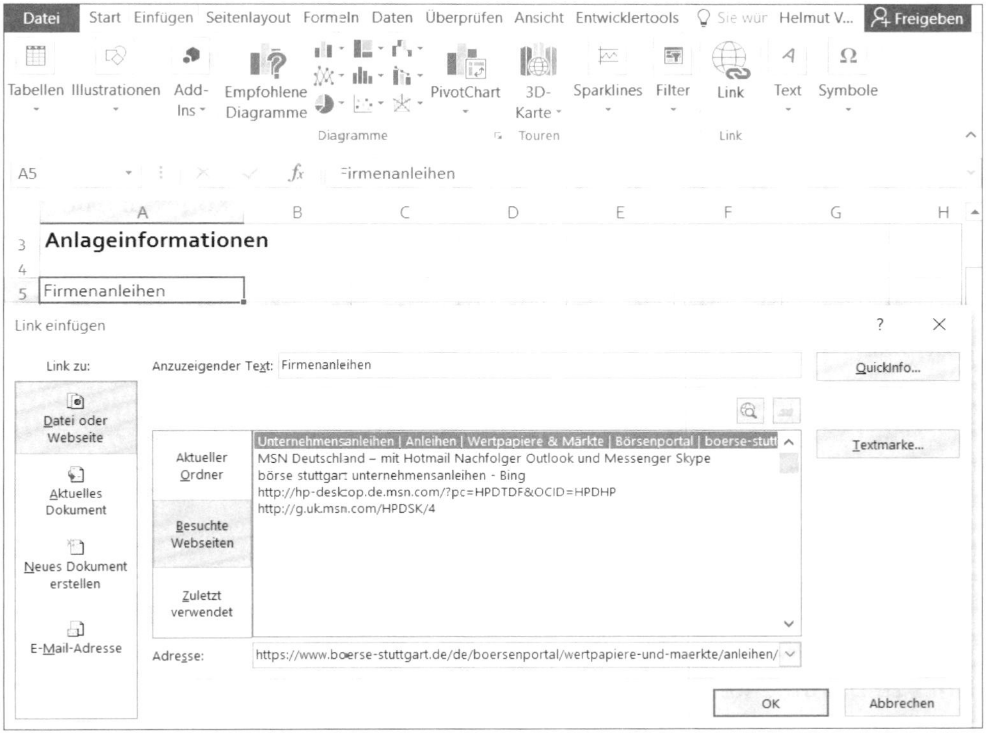

5 Wird der Eintrag mit **OK** bestätigt, erscheint der Inhalt der Zelle in der Formatierung, die augenblicklich für Hyperlink-Zellen eingestellt ist. Excel verwendet dafür eine spezielle Formatvorlage mit dem Namen **Link**.

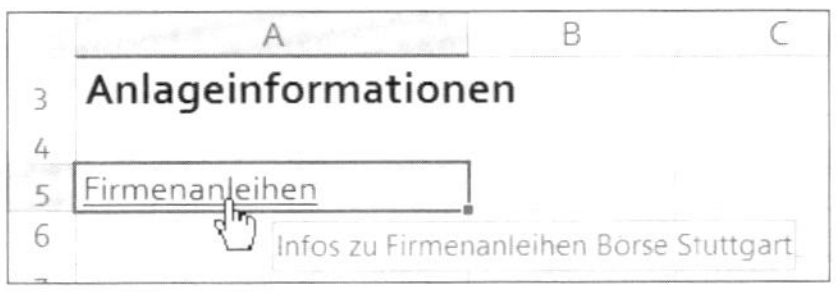

6 Berührt der Mauszeiger anschließend eine Hyperlink-Zelle, verwandelt er sich in eine kleine Hand. Ein Klick oder Tipp genügt, um zu dem angegebenen Ziel zu springen. Ist die Verbindung zum Internet schon vorher hergestellt, wird im Browser die entsprechende Seite direkt geöffnet. Im anderen Fall wird sofort versucht, die Verbindung zum Internet aufzubauen und die Seite zu finden.

Ist ein Hyperlink einmal benutzt worden, ändert sich die Textfarbe der Link-Zelle, um Ihnen anzuzeigen, dass Sie diesen Link bereits angeklickt haben.

Automatische Link-Erzeugung

Wenn Sie etwas in eine Zelle eintragen, was Excel als Webadresse oder Netzwerkpfad erkennen kann, wandelt das Programm die Eingabe automatisch in einen Hyperlink zu der angegebenen Adresse um, vorausgesetzt, Sie haben dieses Verhalten nicht im Dialog **AutoKorrektur** auf dem Register **AutoFormat während der Eingabe** abgeschaltet. Bei solchen Hyperlinks bietet Excel eine kleine Schaltfläche mit **AutoKorrektur-Optionen** an, mit der die Hyperlink-Eigenschaft der Zelle rückgängig gemacht werden kann, wenn sie an dieser Stelle nicht gewünscht ist. Wollen Sie eine ganze Reihe von Adressen nur als Text eintragen, können Sie die automatische Erzeugung von Hyperlinks hier auch ganz abschalten.

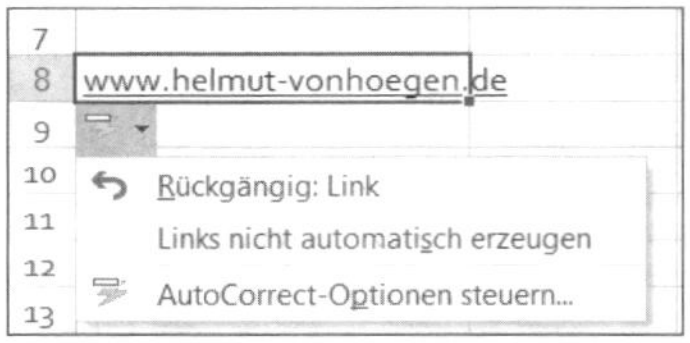

Abbildung 13.6 AutoKorrektur-Optionen zu einer Webadresse

Links zu Dokumenten

So, wie Sie gezielt auf Webseiten zugreifen, können Sie auch mit den Arbeitsmappen verfahren. Sie können den Sprung zu einer bestimmten Mappe sogar noch zielgenauer betreiben, indem Sie direkt zu einer bestimmten Stelle, z. B. einem benannten Bereich, dort springen. Entsprechendes gilt für Texte, hier können Sie direkt eine Textmarke anvisieren.

Auf diese Weise kann z. B. eine bestimmte zusammengehörende Gruppe von Arbeitsmappen in einen großen Hypertext verwandelt werden, der Ihnen von einer Stelle aus Zugang zu allen zugehörigen Arbeitsmappen gibt, und gleichzeitig können Sie noch beliebig viele Querverbindungen zwischen den Mappen aufbauen. Stehen die Verbindungen, können Sie die Namen und Pfade der verschiedenen Arbeitsmappen mehr oder weniger vergessen, da Sie ja nicht mehr den vergleichsweise mühevollen Weg über das Dialogfeld **Öffnen** gehen müssen.

Ein Hyperdokument aus Arbeitsmappen

Zur Anregung ein kleines Beispiel: Angenommen, die tägliche Arbeit wird hauptsächlich mithilfe einiger Arbeitsmappen erledigt. Um per Mausklick zwischen den Mappen wechseln zu können, legen Sie ein Arbeitsblatt an, das Hyperlinks zu allen Mappen enthält, also eine Art Inhaltsverzeichnis über die Grenzen der einzelnen Mappen hinweg:

1. Legen Sie zunächst alle Arbeitsmappen an, die Sie verknüpfen wollen. Sollen Links zu bestimmten Bereichen aufgebaut werden, benennen Sie diese Bereiche mit passenden Namen.

2. Erstellen Sie ein Blatt in einer eigenen Arbeitsmappe, das die Titel der anderen Mappen auflistet.

3. Wählen Sie jede der Titelzellen einzeln aus, und fügen Sie Hyperlinks zu einer der Mappen bzw. zu bestimmten Bereichen in den Mappen ein. Im Dialogfeld können Sie das Listenfeld **Suchen in** benutzen, um die Zieldateien zu finden und auszuwählen.

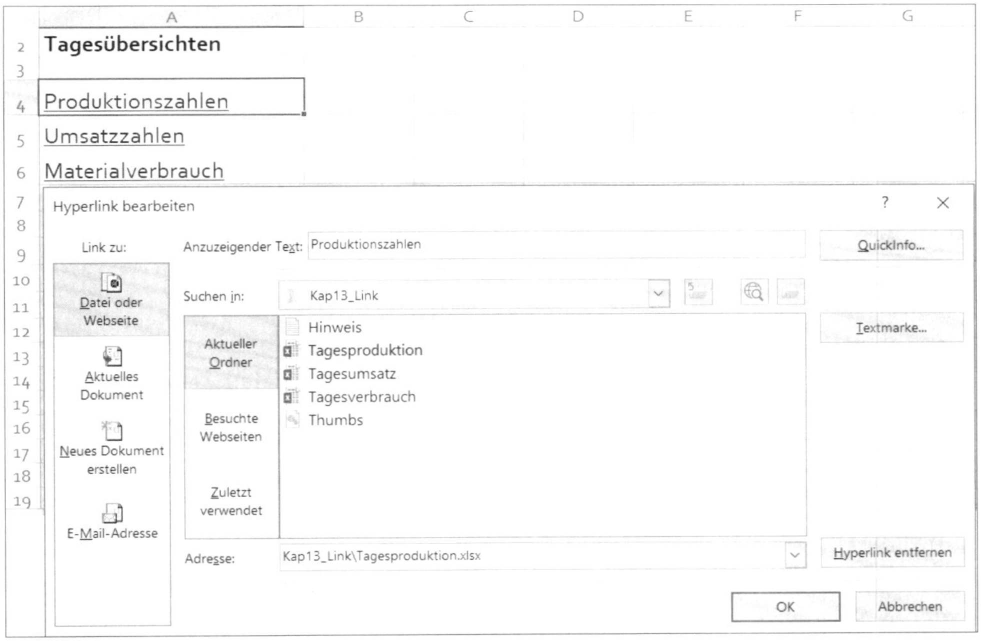

4. Soll die Verknüpfung gezielt zu einem benannten Bereich hergestellt werden, klicken Sie auf die Schaltfläche **Textmarke**, und wählen Sie unter **Zellbezug** den Namen des Blatts aus. Stattdessen können Sie auch unter **Festgelegte Namen** den gewünschten Zellbereichsnamen markieren. Werden die Namen nicht angezeigt, klicken Sie auf das Pluszeichen.

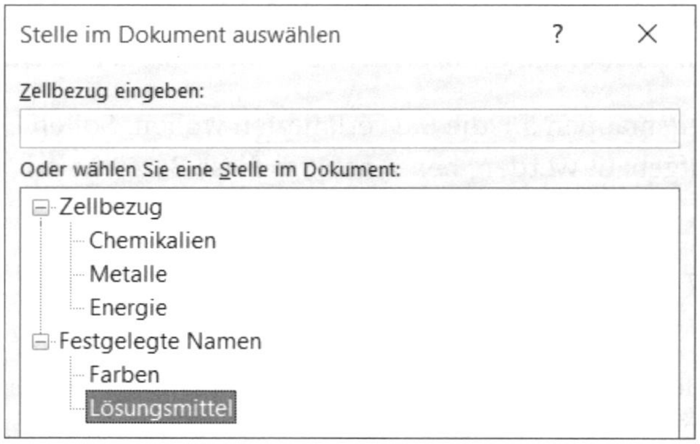

5 Sind alle Links fertiggestellt, sollten Sie die Datei noch einmal speichern. Nun lassen sich aus dem Inhaltsverzeichnis alle verknüpften Dateien aufrufen.

Um die Navigation zwischen verlinkten Dokumenten zu vereinfachen, sollten Sie in die Schnellzugriffsleiste die beiden Symbole **Zurück** und **Vorwärts** einblenden. Sie sind zu finden, wenn Sie im Dialog **Excel-Optionen ▸ Anpassen** unter **Befehle auswählen** die Option **Alle Befehle** nutzen. Der Rücksprung kann dann jedes Mal mit dem Pfeil **Zurück** erfolgen.

HINWEIS

Links zu Textmarken

Soll eine Verknüpfung zu einer Textmarke in einem Word-Dokument erstellt werden, müssen Sie den Namen der Textmarke manuell hinter dem Dateinamen eintragen und ein #-Zeichen davorsetzen. Die Word-Textmarke kann von Excel aus nicht über die Schaltfläche **Textmarke** gefunden werden.

Natürlich können Sie auch noch beliebige Querverbindungen zwischen den Mappen aufbauen. Excel merkt sich automatisch, auf welchem Weg Sie jeweils von einem zum anderen Sprungziel gegangen sind. Mit den Pfeiltasten finden Sie immer zum Ausgangspunkt zurück. Auch Links innerhalb eines großen Tabellenblatts können sinnvoll sein. Wenn z. B. an einer bestimmten Stelle mit einer Summe gearbeitet wird, die in einem nicht sichtbaren Teil des Arbeitsblatts berechnet worden ist, hilft ein Hyperlink, schnell zu den Detaildaten dieses Punktes zu springen. Klicken Sie in diesem Fall unter **Link zu** auf die Schaltfläche **Aktuelles Dokument**, und wählen Sie dann die gewünschten Zellbezüge oder Namen.

Downloads

Vielleicht wollen Sie zu einer komplexen Arbeitsmappe noch eine PDF- oder eine ZIP-Datei liefern, die eine Beschreibung enthält, wie mit dem Kalkulationsmodell umgegangen werden soll? Auch hier hilft eine Hyperlink-Verknüpfung auf die jeweilige Datei. Wird der Link dann angeklickt, startet der Download automatisch.

E-Mail-Links

Wenn Sie eine Mappe an andere Personen weiterreichen, kann es sinnvoll sein, spezielle Links auf Ihre E-Mail-Adresse einzufügen. Wählen Sie dazu im Dialog zunächst die Schaltfläche **E-Mail-Adresse**, und ergänzen Sie dann im Adressfeld die Vorgabe *mailto:* mit der entsprechenden Adresse. Klickt oder tippt der Betrachter der Mappe auf diese Zelle, wird sofort der Dialog für eine neue E-Mail an die gewählte Adresse geöffnet, falls ein E-Mail-Programm installiert ist.

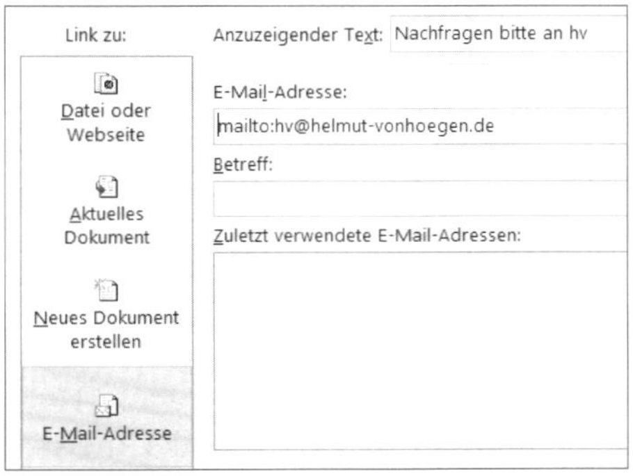

Abbildung 13.7 Eingabe eines Links zu einer E-Mail-Adresse

13.3.1 Hyperlinks mithilfe der Tabellenfunktion

In Excel können Hyperlinks – wie bereits erwähnt – auch über eine Tabellenfunktion erstellt und gesteuert werden. Die Funktion `HYPERLINK()` wird in der üblichen Weise in eine Zelle eingefügt. Um den Hyperlink zu aktivieren, wird wie bei den anderen Hyperlinks die Zelle angeklickt oder angetippt. Die Funktion hat zwei Argumente. Das erste ist die Hyperlink-Adresse, zu der die Verbindung hergestellt werden soll. Zusätzlich kann noch angegeben werden, was in der Zelle selbst angezeigt wird, etwa ein hinweisender Text. Deshalb wird dieses Argument auch **Freundlicher_Name** genannt. Wird dieses Argument ausgelassen, erscheint in der Zelle einfach die angegebene Hyperlink-Adresse.

Die Hyperlink-Adresse kann entweder direkt eingegeben werden, dann sind Anführungszeichen erforderlich, die aber automatisch hinzugefügt werden. Es ist auch der Bezug auf eine Zelle möglich, die die Adresse als Text enthält oder als Ergebnis einer Formel liefert. Kann das Hyperlink-Ziel aus irgendwelchen Gründen nicht gefunden werden, erscheint in der Zelle eine Fehlermeldung. Soll das Link-Ziel geändert werden, bearbeiten Sie die Formel wie üblich.

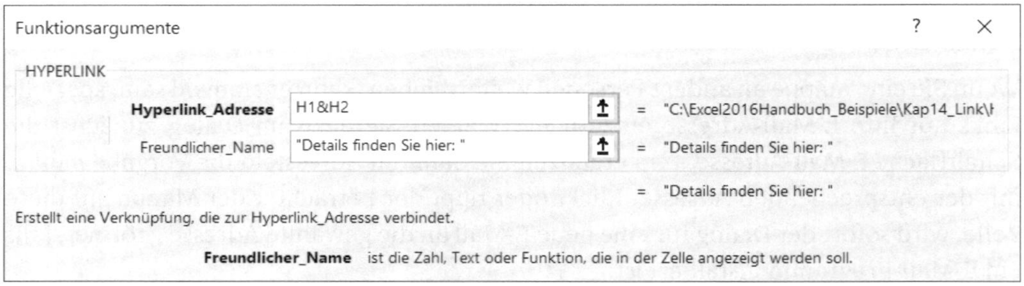

Abbildung 13.8 Beispiel für die Funktion HYPERLINK()

Der Vorteil der Funktion `HYPERLINK()` ist, dass auch variable Sprungziele verwendet werden können. Sie können z. B. in Zelle H1 den Namen eines Ordners und in Zelle H2 den Namen einer Datei ablegen, jeweils ohne Anführungszeichen. Dann kann z. B. in Zelle B3 folgende Hyperlink-Funktion eingetragen werden:

```
=HYPERLINK(H1&H2; "Details finden Sie hier")
```

Die Adresse wird also in diesem Fall aus zwei Textteilen zusammengesetzt. Der Vorteil: Unterstellt, Sie haben in der Arbeitsmappe eine ganze Reihe solcher Hyperlinks, die sich alle auf Dateien im selben Ordner beziehen. Nun ordnen Sie Ihre Festplatte neu oder kopieren die Dateien auf eine andere Festplatte. Sie brauchen nur den Eintrag in der Zelle H1 zu ändern, und schon sind die Links wiederhergestellt.

Bedingte Links: mal hierhin, mal dorthin

In den einleitenden Bemerkungen zu diesem Abschnitt wurde schon auf die Möglichkeit bedingter Hyperlinks hingewiesen. Angenommen, Sie kalkulieren ein Angebot mal für einen deutschen, mal für einen französischen Kunden. Die beiden Preislisten sind in separaten Tabellen gespeichert. Sie legen in der Tabelle für das Angebot in der Zelle K2 ein Kennzeichen ab, um die deutschen Angebote von den französischen zu unterscheiden. Dann kann in einer anderen Zelle eine Hyperlink-Formel zu den Preistabellen abhängig von diesem Kennzeichen eingegeben werden. Die Formel kann lauten:

```
=WENN(K2="Fr"; HYPERLINK("D:\Office\PLISTEFR.XLSX";"französische
Preisliste"); HYPERLINK("D:\Office\PLISTEDE.XLSX";"deutsche Preisliste"))
```

Je nachdem, was in Zelle K2 steht, erscheint nicht nur ein anderer Text, der Link öffnet jeweils auch eine andere Datei.

13.3.2 Formatieren von Hyperlinks

Die Art und Weise, wie Hyperlinks im Tabellenblatt gekennzeichnet werden, kann für alle Hyperlinks in der aktuellen Arbeitsmappe gleichzeitig geändert werden. Excel verwendet hier spezielle Formatvorlagen für Hyperlinks und für schon einmal besuchte Hyperlinks. Diese Formatvorlagen erscheinen in der Liste der Formatvorlagen allerdings erst, wenn die Arbeitsmappe bereits Hyperlinks enthält bzw. wenn ein Hyperlink zum Sprung in ein anderes Dokument oder an eine andere Stelle und zum Rücksprung benutzt worden ist.

1 Wählen Sie mit den Pfeiltasten eine Hyperlink-Zelle aus, und verwenden Sie in der Gruppe **Start ▸ Formatvorlagen** die Schaltfläche **Zellenformatvorlagen**.

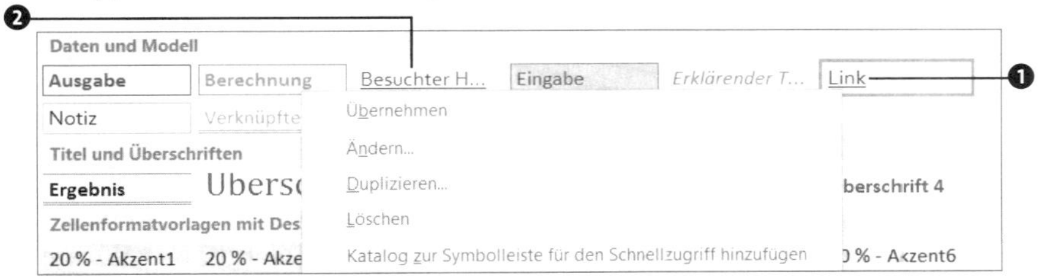

2 Ist der Hyperlink noch nicht angeklickt worden, wird in der Palette das Formatmuster für **Link** ❶ markiert.

3 Wählen Sie über das Kontextmenü dazu die Option **Ändern**, um z. B. andere Farben auszuwählen, die für alle noch nicht verwendeten Links gelten sollen, oder um die Unterstreichung abzuschalten.

4 Um das Erscheinungsbild des Hyperlinks zu ändern, nachdem er schon einmal angeklickt worden ist, wählen Sie die Formatvorlage **Besuchter Hyperlink** ❷ und verfahren entsprechend (auch dieser Eintrag erscheint erst, wenn ein Link schon einmal verwendet wurde).

Die unterschiedlichen Farben der Hyperlinks erinnern Sie daran, welche Seiten und Dokumente Sie schon betrachtet haben. Die Farben sollten also so gewählt werden, dass sie sich deutlich unterscheiden.

13.3.3 Hyperlink von grafischem Objekt

Auch grafische Objekte im Tabellenblatt lassen sich als Sprungbrett zu Webseiten oder anderen Dokumenten benutzen. Hier ein kleines Beispiel für ein grafisches Objekt:

1. Zeichnen Sie mithilfe der Palette der Schaltfläche **Formen** in der Gruppe **Einfügen ▸ Illustrationen** einen Blockpfeil. Wählen Sie aus dem Kontextmenü des Pfeils den Befehl **Text bearbeiten**, um den Pfeil zu beschriften.

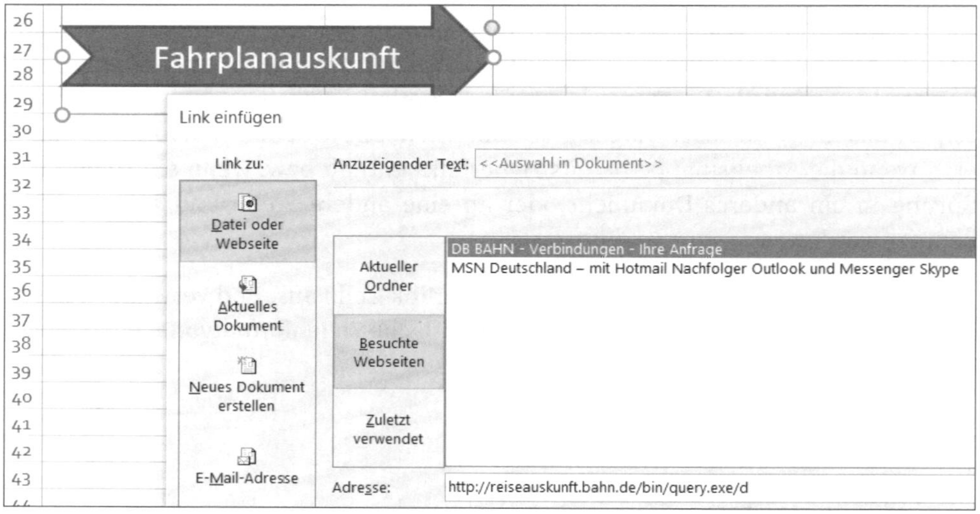

2. Lassen Sie das Objekt ausgewählt, sodass die Markierungen sichtbar sind, und klicken Sie auf die Schaltfläche **Link**.
3. Geben Sie das Verknüpfungsziel wie oben beschrieben ein.

13.3.4 Hyperlinks ändern

Gelegentlich wird es notwendig sein, eine Hyperlink-Verknüpfung zu überarbeiten. Das gilt insbesondere, wenn etwa die Datei, die als Sprungziel angegeben wurde, in ein anderes Verzeichnis verschoben oder umbenannt worden ist. Ein automatisches Ausführen solcher Änderungen wäre natürlich willkommen, ist aber leider nicht möglich. Die Schritte zur Korrektur sind folgende:

1. Klicken Sie die Zelle oder das grafische Objekt, von der oder von dem aus Links erstellt wurden, mit der rechten Maustaste an. Oder halten Sie den Finger darauf, bis das Kontextmenü erscheint, und tippen Sie auf den Pfeil am Ende.

2 Wählen Sie die Option **Hyperlink bearbeiten**.

3 Tragen Sie die neue Zieladresse ein.

Sollen Hyperlinks aus einer Arbeitsmappe entfernt werden, wählen Sie im Kontextmenü den Befehl **Hyperlink entfernen**. Bei Zellen wird daraufhin der Link entfernt, ohne den Inhalt der Zelle zu löschen. Bei grafischen Objekten wird ebenfalls nur der zugeordnete Link entfernt. Wenn Sie dagegen bei einer markierten Hyperlink-Zelle oder einem grafischen Objekt `Entf` drücken, wird der Link samt Zellinhalt gelöscht. Haben Sie einen Link irrtümlich gelöscht, klicken Sie einfach auf die Schaltfläche **Rückgängig** in der Schnellzugriffsleiste.

13.4 Verarbeiten von XML-Daten

Wie schon in Kapitel 1, »Basiswissen für die Arbeit mit Excel 2019«, beschrieben, nutzt Excel 2019 als Standardformat für die Speicherung von Arbeitsmappen XML-Dokumente, die dem *Open-XML*-Standard entsprechen. Darüber hinaus stellt Excel 2019 wie schon Excel 2003 und 2007 aber auch spezielle Tools für die Erzeugung und Verarbeitung anderer XML-Dokumente zur Verfügung, die beispielsweise durch benutzerdefinierte Schemata strukturiert sind. Allerdings müssen Sie die entsprechenden Werkzeuge in der Menüleiste zunächst einblenden, um sie in Excel verwenden zu können. Die zugehörigen Befehle und Schaltflächen sind in die Registerkarte **Entwicklertools** integriert, und zwar in der Gruppe **XML**.

Abbildung 13.9 Die Gruppe »XML« auf der Registerkarte »Entwicklertools«

Das Register wird eingeblendet, wenn Sie über **Datei ▸ Optionen** auf der Seite **Menüband anpassen** im rechten Fenster in der Liste der Hauptmenükarten die Option **Entwicklertools** abhaken.

13.4.1 Übernahme von XML-Daten

Excel unterstützt nicht nur Daten im XML-Format, sondern auch die Gültigkeitsprüfung solcher Daten durch entsprechende Schemata. Ein XML-Schema ist selbst ein wohlgeformtes XML-Dokument, das die Datenstruktur für eine ganze Klasse von XML-Dokumenten festlegt. Auf diese Weise wird es möglich, für die verschiedenen Anwendungsbereiche in einem Unternehmen verbindliche Datenstrukturen in Form entsprechender Vorlagen und Formulare durchzusetzen. Sie können ein solches Schema vorgeben oder durch Excel generieren lassen. Öffnet Excel eine XML-Datei, der ein Schema zugeordnet ist, verwendet das Programm automatisch dieses Schema, wenn es unter dem in der Datei angegebenen Pfad zu finden ist.

Ist den eingelesenen Daten kein XML-Schema zugeordnet, versucht Excel selbst, aus dem aktuellen XML-Dokument ein passendes XML-Schema zu erzeugen. Dieses Verfahren ist allerdings nur bei einfachen Strukturen einigermaßen zuverlässig, weil ja nur die Strukturelemente beachtet werden können, die in dem einen Dokument vorhanden sind. Schemata legen aber in der Regel Einschränkungen für eine ganze Klasse von Dokumenten fest, die sich im Detail beliebig stark unterscheiden dürfen.

Wenn also z. B. für ein Element drei mögliche Werte erlaubt sind, kann dies Excel nicht aus einem Dokument ableiten, in dem nur einer dieser Werte verwendet wird. Deshalb sollte in der Regel mit explizit definierten XML-Schemata gearbeitet werden. Da es sich um Textdokumente handelt, reicht zur Not ein einfacher Texteditor.

Excel kann ein wohlgeformtes XML-Dokument über den normalen **Öffnen**-Dialog direkt laden. Dabei werden zunächst folgende Optionen angeboten:

- Einlesen der Daten als XML-Tabelle
- Öffnen der Datei als schreibgeschützte Arbeitsmappe
- Verwenden der Daten für die Definition einer Datenstruktur im Aufgabenbereich **XML-Quelle**

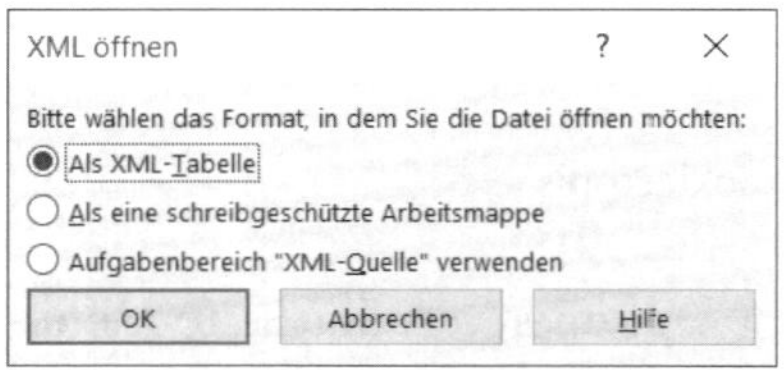

Abbildung 13.10 Optionen beim Öffnen eines XML-Dokuments

Daten als XML-Tabelle übernehmen

Was geschieht, wenn die erste Option gewählt wird? Das folgende Listing zeigt ein kleines XML-Dokument mit Bestelldaten, deren Struktur durch das darin angegebene XML-Schema festgelegt ist:

```
<?xml version="1.0" encoding="ISO-8859-1"?>
<bestellformular nr="01000" datum="2018-11-01" bearb="Sylvia Kaily"
xmlns:xsi="http://www.w3.org/2001/XMLSchema-instance"
xsi:noNamespaceSchemaLocation="bestellung.xsd">
  <kunde>
    <name>Hanna Maier</name>
    <strasse>Oststrasse 12</strasse>
    <plz>40678</plz>
    <ort>Düsseldorf</ort>
  </kunde>
  <positionen>
    <position>
      <artikelnr>0045</artikelnr>
      <beschreibung>Rollo XBP 312</beschreibung>
      <gebinde>Stck</gebinde>
      <menge>5</menge>
      <europreis>50.00</europreis>
    </position>
    <position>
      <artikelnr>0046</artikelnr>
      <beschreibung>Rollo MMX</beschreibung>
      <gebinde>Stck</gebinde>
      <menge>4</menge>
      <europreis>40.00</europreis>
    </position>
  </positionen>
</bestellformular>
```

Das Schema definiert die erlaubten Elemente und Attribute, bestimmt, wie oft und in welcher Reihenfolge sie erscheinen und ob sie erforderlich oder optional sind. Das Schema sieht in diesem Fall so aus:

```
<?xml version="1.0" encoding="ISO-8859-1"?>
<xsd:schema xmlns:xsd="http://www.w3.org/2001/XMLSchema"
elementFormDefault="qualified">
  <xsd:element name="bestellformular" type="formular"/>
  <xsd:complexType name="formular">
    <xsd:sequence>
      <xsd:element name="kunde" type="kunde"/>
```

```
      <xsd:element name="positionen" type="positionen"/>
    </xsd:sequence>
    <xsd:attribute name="nr" type="xsd:short" use="required"/>
    <xsd:attribute name="datum" type="xsd:date" use="required"/>
    <xsd:attribute name="bearb" type="xsd:string" use="required"/>
  </xsd:complexType>
  <xsd:complexType name="kunde">
    <xsd:sequence>
      <xsd:element name="name" type="xsd:string"/>
      <xsd:element name="strasse" type="xsd:string"/>
      <xsd:element name="plz" type="xsd:int"/>
      <xsd:element name="ort" type="xsd:string"/>
    </xsd:sequence>
  </xsd:complexType>
  <xsd:complexType name="positionen">
    <xsd:sequence>
      <xsd:element name="position" minOccurs="0" maxOccurs="unbounded">
        <xsd:complexType>
          <xsd:sequence>
            <xsd:element name="artikelnr" type="xsd:string"/>
            <xsd:element name="beschreibung" type="xsd:string"/>
            <xsd:element name="gebinde" type="gb"/>
            <xsd:element name="menge" type="xsd:decimal"/>
            <xsd:element name="europreis" type="xsd:decimal"/>
          </xsd:sequence>
          </xsd:complexType>
      </xsd:element>
    </xsd:sequence>
  </xsd:complexType>
  <xsd:simpleType name="gb">
    <xsd:restriction base="xsd:string">
      <xsd:enumeration value="Stck"/>
      <xsd:enumeration value="kg"/>
      <xsd:enumeration value="cm"/>
    </xsd:restriction>
  </xsd:simpleType>
</xsd:schema>
```

Wird das XML-Dokument mit der Option **XML öffnen ▸ Als XML-Tabelle** geöffnet, erscheint im Tabellenblatt eine Tabelle, in der die drei Elementebenen des Originals zu einer zweidimensionalen Tabelle flach gedrückt werden.

	A	B	C	D	E	F	G	H	I	J	K	L
1	nr	datum	bearb	name	strasse	plz	ort	artikelnr	beschreibung	gebinde	menge	preis
2	1000	01.11.2018	Sylvia Kaily	Hanna Maier	Oststrasse 12	40678	Düsseldorf	0045	Rollo XBP 312	Stck	5	50
3	1000	01.11.2018	Sylvia Kaily	Hanna Maier	Oststrasse 12	40678	Düsseldorf	0046	Rollo MMX	Stck	4	40

Abbildung 13.11 Die aus dem XML-Dokument erzeugte Tabelle

Excel erzeugt für die eingelesenen Daten automatisch einen Tabellenbereich, wie er in Abschnitt 16.3, »Tabellenbereiche«, im Detail beschrieben ist. In den drei ersten Spalten werden die Attributwerte des Elements `<bestellformular>` in jeder Zeile wiederholt. Die Namen der Elternelemente `<kunde>`, `<positionen>` und `<position>` erscheinen nicht in der Tabelle. Die Namen der untersten Kindelemente werden dagegen ebenfalls als Spaltenbeschriftungen verwendet, unter denen ihre Inhalte jeweils aufgelistet sind.

Zwischen dem XML-Dokument und der Tabelle in der Arbeitsmappe wird eine Verknüpfung aufgebaut. Wie diese gehandhabt werden soll, können Sie über den Dialog **Eigenschaften der XML-Zuordnung** beeinflussen, den Sie über **Eigenschaften zuordnen** in der Gruppe **Entwicklertools ▸ XML** erreichen. Hier legen Sie fest, ob beim Importieren oder Exportieren eine Gültigkeitsprüfung in Bezug auf das verwendete XML-Schema stattfinden soll oder die Daten nur auf Wohlgeformtheit hin geprüft werden. In der Regel sollte die Einstellung, dass die Datenquellendefinition, also das Schema, mit der Datei gespeichert wird, beibehalten werden.

Neben einigen Optionen zur Formatierung kann hier insbesondere festgelegt werden, ob Daten, die neu in den Bereich der Tabelle importiert werden die bestehenden Daten ersetzen oder ob sie angehängt werden. Die zweite Option wäre nötig, um z. B. weitere Bestellpositionen an die Liste anzuhängen. Wenn sich an dem Original-XML-Dokument, das der Liste zugrunde liegt, etwas ändert, bringt der Befehl **Entwicklertools ▸ XML ▸ Daten aktualisieren** die Tabelle in Excel auf den neuesten Stand. Stattdessen können Sie auch den Kontextmenübefehl **XML ▸ XML-Daten aktualisieren** verwenden.

Wenn Sie nun versuchen sollten, die Daten in diesem Zustand mit dem entsprechenden Befehl in der Gruppe **XML** wieder in das XML-Format zu exportieren, moniert Excel allerdings, dass die Daten in dieser Form nicht exportierbar sind. Das liegt daran, dass die Datenstruktur in eine zweidimensionale Tabelle komprimiert wurde, weshalb die Attributwerte für das Element `<bestellformular>` hier mehrfach aufgeführt werden, so als handele es sich um ein wiederholtes Element. Sollen die Daten exportierbar bleiben, müssen die Attributwerte in einzelnen Zellen außerhalb der Liste abgelegt werden

– wie es weiter unten im Abschnitt zur dritten Methode, dem Verknüpfen von Datenquelle und Tabelle, beschrieben wird.

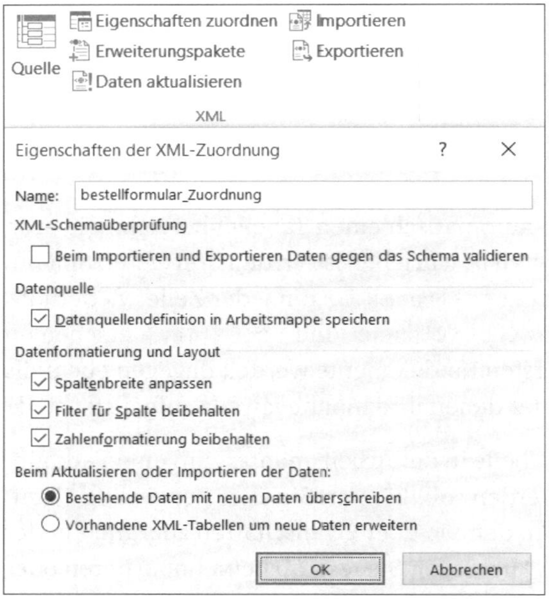

Abbildung 13.12 Der Dialog zur XML-Zuordnung

Anstatt eine bestehende XML-Datei direkt in Excel zu öffnen, lassen sich XML-Daten auch mit dem Befehl **Entwicklertools ▸ XML ▸ Importieren** in eine vorhandene Arbeitsmappe übernehmen. Ähnlich wie beim Import von Daten aus anderen Datenquellen können Sie dabei einen bestimmten Bereich oder ein Arbeitsblatt als Ziel angeben. Ansonsten entspricht der Vorgang dem Öffnen einer XML-Datei als XML-Tabelle.

Öffnen der Datei als schreibgeschützte Arbeitsmappe

Wenn Sie die zweite Option zum Öffnen einer XML-Datei verwenden, wird das Dokument als schreibgeschützte XML-Datei geöffnet. Das führt dazu, dass ein Zellbereich erzeugt wird, dessen Spalten automatisch mit XPath-Ausdrücken beschriftet sind, die auf der Basis der vorhandenen Element- und Attributnamen erzeugt werden. *XPath* ist eine spezielle Sprache für die Bildung von Ausdrücken, mit deren Hilfe Teile eines XML-Dokuments angesprochen werden können. Der Ausdruck */bestellformular/kunde/name* liefert beispielsweise den Namen des Kunden. Der Ausdruck */@nr* lässt durch das vorgestellte @-Zeichen erkennen, dass es sich hier um ein Attribut handelt.

Es besteht bei dieser Vorgehensweise keine Verknüpfung zum Originaldokument. Die Hierarchie des XML-Dokuments wird auch hier in eine zweidimensionale Tabelle gepresst. Der Schreibschutz soll verhindern, dass die Daten in die Originaldatei zurückgeschrieben werden, wodurch die ursprüngliche Struktur verloren gehen würde. Abbildung 13.13 zeigt, wie dies im Falle der Bestelldaten aussieht. Diese Variante gibt einigen Aufschluss über die Struktur des XML-Dokuments, hat aber ansonsten wenig Nutzen.

	A	B	C	D	E	F	G	H
1	**/bestellformular**							
2	**/@bearb**	**/@datum**	**/@nr**	**/@nr/#agg**	**/@xsi:noNamespaceSchemaLocation**	**/kunde/name**	**/kunde/ort**	**/kunde/plz**
3	Sylvia Kaily	01.11.2015	1000	1000	bestellung.xsd	Hanna Maier	Düsseldorf	40678
4	Sylvia Kaily	01.11.2015	1000		bestellung.xsd	Hanna Maier	Düsseldorf	40678

Abbildung 13.13 XML-Daten schreibgeschützt eingelesen

Verwenden von Stylesheets

Interessanter ist das Einlesen der XML-Daten als schreibgeschützte Datei, wenn dabei Stylesheets genutzt werden, die für das XML-Dokument definiert sind. Ist einem XML-Dokument ein XSLT-Stylesheet zugewiesen, wird beim Öffnen angeboten, die Daten ohne Verwendung des Stylesheets einzulesen oder das Stylesheet zu verwenden bzw. auszuwählen, wenn mehrere zugeordnet sind. Die Zuordnung findet im XML-Dokument mit einer Verarbeitungsanweisung wie

```
<?xml-stylesheet type="text/xsl" href="bestellform.xsl"?>
```

statt. Wird das Stylesheet nicht herangezogen, folgt die Abfrage entsprechend den beschriebenen drei Optionen.

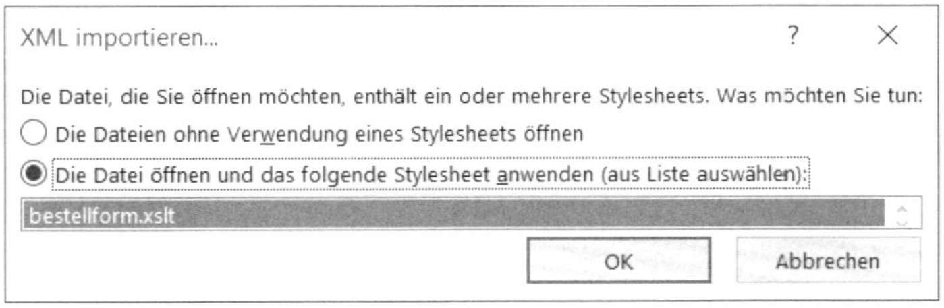

Abbildung 13.14 Auswahl eines Stylesheets vor dem Einlesen der XML-Daten

Dieses Stylesheet definiert mithilfe von XSLT- und HTML-Tags, wie die Daten ausgegeben werden sollen. Excel kann die Ausgabe im HTML-Format dann direkt in seine Zellstruktur einlesen, sodass Sie mit dem Ergebnis wie mit einem normalen Tabellenblatt weiterarbeiten können.

	A	B	C	D	E
1	Bestellung				
2					
3	Hanna Maier				
4	Oststraße 12				
5	40678 Düsseldorf				
6					
7	Nr	Beschreibung	Gebinde	Menge	Preis
8	45	Rollo XBP 312	Stck	5	50,00 €
9	46	Rollo MMX	Stck	4	40,00 €

Abbildung 13.15 Ausgabe der Bestelldaten mithilfe eines XSLT-Stylesheets

Hier ein einfaches Beispiel für ein solches Stylesheet, das mithilfe von drei `<template>`-Elementen die Daten des XML-Dokuments ausgibt, wobei die Positionsdaten mithilfe einer Schleife in eine Tabelle eingelesen werden. Ohne weitere Kommentare hier die Quelldatei:

```
<?xml version="1.0" encoding="ISO-8859-1"?>
<xsl:stylesheet version="1.0" xmlns:xsl="http://www.w3.org/
1999/XSL/Transform">
  <xsl:output method="html" encoding="ISO-8859-1"/>
  <xsl:decimal-format name="euro" decimal-separator=","
       grouping-separator="."/>
<xsl:template match="/">
    <html>
      <head>
        <title>Bestellung</title>
      </head>
      <body>
        <h3>Bestellung</h3>
         <xsl:apply-templates select="//kunde"/>
         <table border="1" cellpadding="5" cellspacing="5">
         <xsl:apply-templates select="//positionen"/></table>
      </body>
    </html>
  </xsl:template>
<xsl:template match="kunde">
      <p><xsl:value-of select="name"/><br />
```

```
      <xsl:value-of select="strasse"/><br />
      <xsl:value-of select="plz"/><xsl:text> </xsl:text>
         <xsl:value-of select="ort"/> </p>
   </xsl:template>
<xsl:template match="positionen">
  <tr>
    <th>Nr</th>
    <th>Beschreibung</th>
    <th>Gebinde</th>
    <th>Menge</th>
    <th>Preis</th>
  </tr>
  <xsl:for-each select="position">
     <tr>
      <td><xsl:value-of select="artikelnr"/></td>
      <td><xsl:value-of select="beschreibung"/></td>
      <td><xsl:value-of select="gebinde"/></td>
      <td><xsl:value-of select="menge"/></td>
      <td><xsl:value-of select="format-number
         (europreis, '##.###,00 &#8364;', 'euro')"/></td></tr>
  </xsl:for-each>
</xsl:template>
</xsl:stylesheet>
```

13.4.2 Datenquelle und Tabelle verknüpfen

Die dritte Option beim Öffnen einer XML-Datei ist **Aufgabenbereich 'XML-Quelle' verwenden**. In diesem Fall übernimmt das Programm zunächst nur die Datenstruktur des XML-Dokuments in den Aufgabenbereich **XML-Quelle** und zeigt sie in Form eines Baums an, wie er auch für die Ordnerstruktur im Explorer verwendet wird. Wie bereits erwähnt, kann diese Struktur über die dem XML-Dokument zugeordnete Schemadatei bestimmt oder von Excel generiert werden, wenn der Hinweis darauf bestätigt wird.

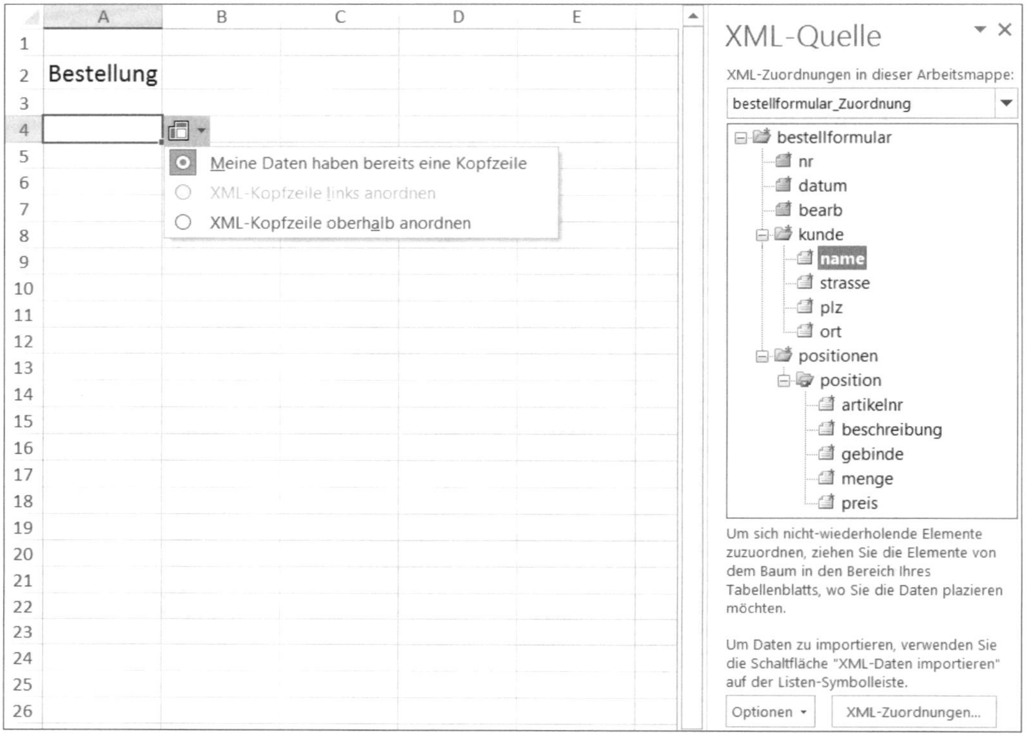

Abbildung 13.16 XML-Quelle im Aufgabenbereich und das Menü eines zugeordneten Zellbereichs

Werden in einem Arbeitsblatt Daten aus dem XML-Dokument benötigt, lassen sich die Datenobjekte mit Maus oder Finger aus dem Aufgabenbereich an die gewünschte Stelle in der Tabelle ziehen. Dabei kann die Reihenfolge frei gewählt werden. Excel unterscheidet zwischen Elementen, die wiederholt vorkommen, also in Tabellenform in die Tabelle eingefügt werden, und solchen, die nur einmal benötigt werden und deshalb in einzelnen Zellen über oder neben einer Tabelle angeordnet werden.

Die Attribute zum Element `<bestellformular>` und die Kindelemente von `<kunde>` kommen jeweils nur einmal vor. Wenn Sie das Symbol aus dem Aufgabenbereich in das Tabellenblatt ziehen, erscheint eine Schaltfläche, die über ein kleines Menü anbietet, den Attributnamen als Beschriftung zu übernehmen oder eine eigene Beschriftung des Feldes zu verwenden.

Bei den sich wiederholenden Elementen wird dagegen automatisch ein Tabellenbereich erstellt, der die Element- und Attributnamen als Spaltenbezeichnungen setzt. In diesem Fall brauchen Sie nur das Symbol für `<position>` in den Tabellenbereich zu ziehen.

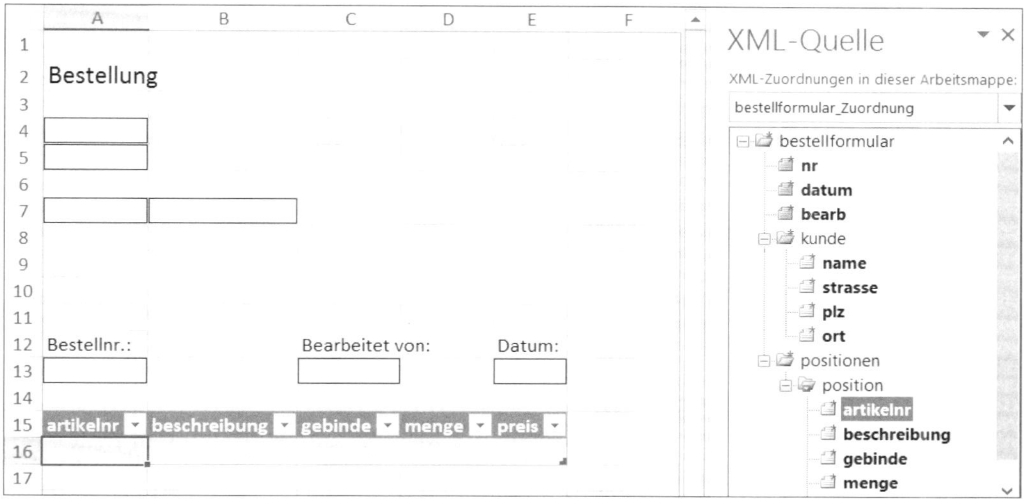

Abbildung 13.17 Separate und wiederholte Elemente

Die mit XML-Daten verknüpften Zellbereiche werden durch Rahmen gekennzeichnet, die beim Ausdruck ignoriert werden. Mit **Entwicklertools ▸ XML ▸ Daten aktualisieren** werden dann die Daten für die ausgewählten Zellen aus der XML-Datei übernommen. Der Befehl ist aber nur aktiviert, wenn sich der Zellzeiger innerhalb eines verknüpften Zellbereichs befindet. In der Abbildung wurden die Preisspalte noch mit einem Währungsformat ausgestattet und die Spaltenbeschreibungen großgeschrieben.

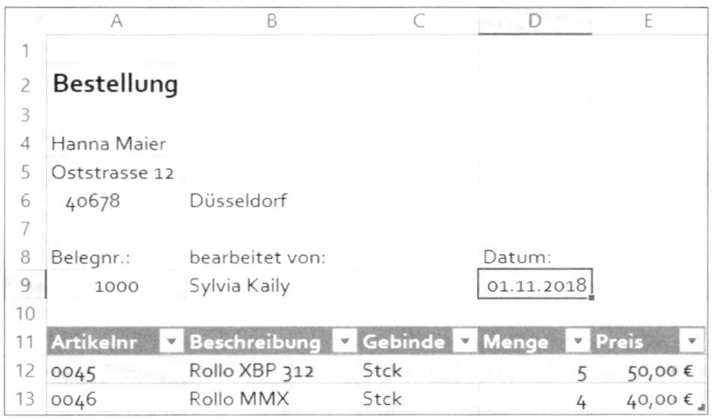

Abbildung 13.18 Das mit den Quelldaten gefüllte Formular

Für die verschiedenen Arbeitsplätze einer Firma lassen sich mithilfe definierter XML-Schemata für die verschiedenen Geschäftsvorgänge so verbindliche Datenstrukturen vorgeben, die flexibel für ganz unterschiedliche Auswertungen eingesetzt werden können.

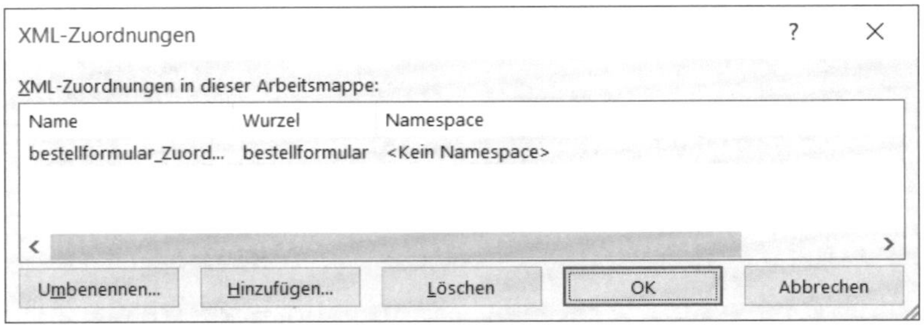

Abbildung 13.19 Der Dialog für die Verwaltung der XML-Zuordnungen

Über die Schaltfläche **XML-Zuordnungen** im Aufgabenbereich **XML-Quelle** lassen sich über **Hinzufügen** auch mehrere Datenquellen für eine Arbeitsmappe heranziehen, wenn dies notwendig ist. Die Zuordnung zwischen der XML-Datenquelle und den Zellen des Tabellenblatts wird technisch über spezielle *XmlMaps*-Objekte realisiert, die auch über Makros gesteuert werden können. Dabei werden für die Verknüpfung jeweils XPath-Ausdrücke verwendet, wie sie in XML-Anwendungen Standard sind.

13.4.3 Tabelle auf Basis eines eigenen Schemas

Professionelle Anwender, die eigene XML-Schemata etwa mit Visual Studio .NET oder anderen Werkzeugen entworfen haben, können diese Schemata auch direkt als Basis für Excel-Tabellen nutzen. Dazu wird ebenfalls der gerade angesprochene Dialog der Schaltfläche **XML-Zuordnungen** im Aufgabenbereich **XML-Quelle** verwendet. Ist der Aufgabenbereich nicht eingeblendet, klicken Sie in der Gruppe **XML** zunächst auf die Schaltfläche **Quelle**.

Über **Hinzufügen** kann jede brauchbare XML-Schemadatei ausgewählt werden, die Dateiendung ist *.xsd*. (DTDs, die vor XML-Schemata zur Definition von Dokumentstrukturen verwendet wurden, werden hier nicht unterstützt.) Enthält das Schema mehrere Elemente, die als Wurzel einer Hierarchie von Elementen genutzt werden können, wird zunächst ein Dialog angeboten, um das zu verwendende Wurzelelement festzulegen. Die entsprechende Struktur steht anschließend wieder für die bereits beschriebenen Drag & Drop-Verfahren zur Verfügung. Ist die Datenstruktur der Excel-Tabelle einmal zugeordnet, können jederzeit Daten importiert werden, die dieser Zuordnung entsprechen. Im beschriebenen Fall könnten XML-Daten zu einzelnen Bestellungen eingelesen werden.

Es ist auch möglich, nur untergeordnete Zweige einer Datenstruktur mit einem Tabellenblatt zu verknüpfen. Dann werden nur diese Elemente eingelesen. Auf diese Weise lassen sich leicht Auszüge aus größeren Quelldateien erzeugen. Ist die Validierung der Quelldaten aktiviert, erscheinen entsprechende Fehlerhinweise, wenn z. B. in der XML-Datei ein Element enthalten ist, das im Schema nicht vorgesehen ist, oder umgekehrt, wenn ein vorgesehenes Element oder Attribut fehlt.

13.4.4 XML-Dokumente erzeugen

Die bisherigen Abschnitte haben das Einlesen von XML-Daten beschrieben. In der anderen Richtung werden ebenfalls mehrere Wege angeboten. Sollen Tabellendaten im XML-Format gespeichert werden, können Sie im Dialog **Speichern unter** den Dateityp **XML-Daten** auswählen. Das Programm gibt dann zunächst den Hinweis, dass bei dieser Art des Speicherns die Formateigenschaften und Objekte wie Bilder oder Zeichnungen im Zieldokument ignoriert werden. Alternativ kann auch der Befehl **Entwicklertools ▸ XML ▸ Exportieren** verwendet werden. Dabei wird der richtige Datentyp bereits vorgegeben. Es ist sinnvoll, schon vor dem Speichern über den Link **XML-Zuordnungen zum Exportieren überprüfen** im Aufgabenbereich **XML-Quelle** zu testen, ob sich die im Tabellenblatt vorhandenen Daten überhaupt in das XML-Format exportieren lassen.

13.4.5 Einschränkungen

Die Integration von XML in Excel hat in der aktuellen Version Grenzen, die Sie beachten sollten. Das Programm kann nur relativ flache Elementhierarchien zuverlässig verarbeiten. Unterhalb des Wurzelelements sind höchstens noch zwei Ebenen möglich, wobei nur eine dieser Ebenen wiederholte Elemente enthalten kann. Dem entspricht die Struktur des Bestellformulars, das im Kopf ein paar Einzelinformationen enthält und dann eine Gruppe von Positionszeilen aus mehreren Elementen. Bei Rechnungen ist es ähnlich.

Wird dagegen versucht, mit einer Liste zu arbeiten, die selbst wiederum eine innere Liste enthält, etwa eine Struktur für eine Firma mit mehreren Niederlassungen, die wiederum jeweils mehrere Abteilungen mit mehreren Mitarbeitern darstellen soll, verweigert Excel den Export. Solche Daten können zwar eingelesen werden, sind dann aber nicht nach XML exportierbar, weil Listen in Excel nicht verschachtelt werden können.

14 Gemeinsame Arbeit an Arbeitsmappen

Die Fähigkeit zur Kooperation gehört heute zu den Grundtugenden im Arbeitsleben. Viele Projekte erfordern ein Zusammenspiel verschiedener Personen. Der eine trägt die Daten für diesen Bereich zusammen, der andere für jenen. Ein Dritter prüft, ob die Daten plausibel sind, um nur ein Beispiel zu nennen.

Wie alle Programme von Office 2019 bietet auch Excel 2019 gleich mehrere Möglichkeiten an, die gemeinsame Arbeit an einem Dokument zu unterstützen. In diesem Abschnitt wird zunächst die Teamarbeit im lokalen Netz vorgestellt. Im Anschluss daran wird kurz auf den Einsatz von OneDrive eingegangen.

14.1 Teamarbeit in lokalen Netzen

In Excel 2019 wird die aus früheren Versionen bekannte Funktion **Arbeitsmappe freigeben**, die auf der Registerkarte **Überprüfen** angeboten wurde, versteckt und nur noch als Legacy-Funktion mitgeführt. Microsoft will die Nutzer partout dazu bringen, die Teamarbeit mit Excel über die Cloud zu organisieren, wie es in Abschnitt 14.2, »Teamarbeit über OneDrive«, beschrieben wird. Diese Form der Zusammenarbeit setzt aber voraus, dass Sie über ein Office 365-Abo verfügen. Wer das nicht will, kann aber die versteckte Funktion ans Licht holen und damit weiterarbeiten. Das ist möglich über eine entsprechende Erweiterung der Schnellzugriffsleiste:

1. Gehen Sie über **Datei ▸ Optionen** auf die Seite Symbolleiste für den Schnellzugriff.
2. Wählen Sie unter **Befehle auswählen** die Option **Alle Befehle**, und fügen Sie mit **Hinzufügen** den Befehl **Arbeitsmappe teilen (Legacy)** in die Leiste mit ein.
3. Fügen Sie auch die Befehle **Änderungen nachverfolgen (Legacy)** und **Arbeitsmappen vergleichen und zusammenführen** hinzu.

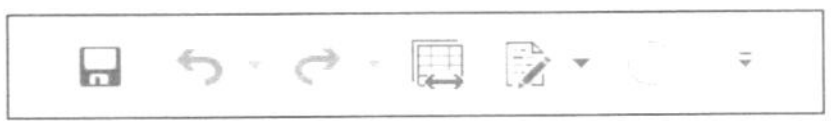

Abbildung 14.1 Befehle für die Freigabe in der Schnellzugriffsleiste

Die Freigabe erlaubt es, bei jeder Arbeitsmappe separat zu entscheiden, in welchem Umfang andere Personen darauf zugreifen dürfen. Soll die andere Person die Daten nur ansehen dürfen? Soll sie das Recht haben, Daten zu ändern? Was ist, wenn mehrere Personen unterschiedliche Änderungen für dieselben Zellen vornehmen wollen? Für all diese Fragen gibt es praktikable Lösungen.

14.1.1 Eine Arbeitsmappe freigeben

Wenn Sie z. B. eine Arbeitsmappe zur Finanzplanung anlegen, können Sie entscheiden, ob die Arbeitsmappe für andere Personen freigegeben werden soll, etwa Mitarbeiter des Personalbüros, die die Werte für die tatsächlichen Personalkosten eintragen oder prüfen sollen. Die Vorgehensweise ist die folgende:

1. Speichern Sie die Arbeitsmappe in einem freigegebenen Ordner im Netz, und erlauben Sie die Bearbeitung der Datei und nicht nur das Anschauen.
2. Benutzen Sie in der Schnellzugriffsleiste den Befehl **Arbeitsmappe freigeben**.
3. Haken Sie im Dialog das erste Kontrollkästchen auf der Registerkarte **Status** ab. Damit geben Sie die Mappe zur Bearbeitung durch mehrere Benutzer frei.

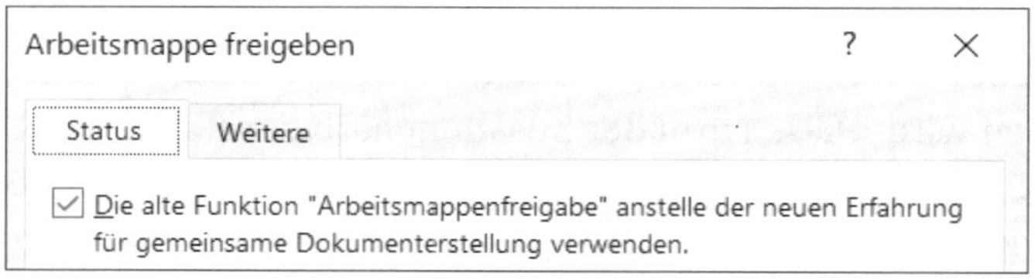

4. Die genauen Regeln der Zusammenarbeit an der Arbeitsmappe legen Sie auf der zweiten Registerkarte **Weitere** fest. Zunächst bestimmen Sie unter **Änderungen nachverfolgen**, ob Excel ein Protokoll über den Änderungsverlauf führen soll und, wenn ja, für welchen Zeitraum. Sollen die Änderungen jeweils für den letzten Monat protokolliert werden, stellen Sie beispielsweise **30 Tage** ein. Mithilfe dieses Protokolls kann dann bei Bedarf rekonstruiert werden, wer wann welche Änderungen vorgenommen hat.
5. Unter **Änderungen aktualisieren** bestimmen Sie, ob Änderungen erst beim Speichern der Arbeitsmappe übernommen werden oder automatisch nach bestimmten Zeitintervallen. Kommt es darauf an, dass die Werte in der Mappe immer so aktuell wie möglich sind, ist ein kurzes Intervall sinnvoll.

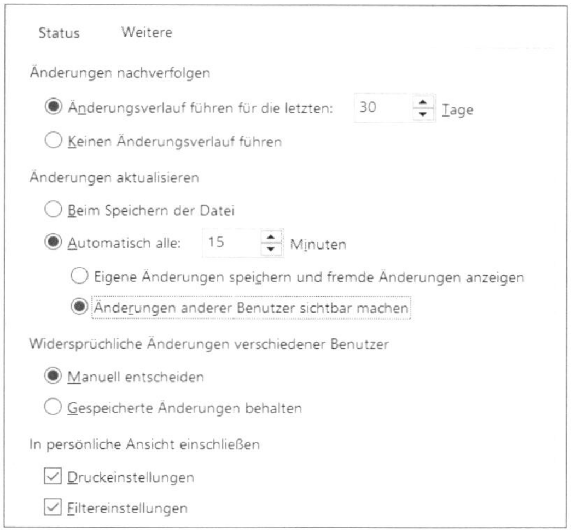

6 Wird ein Zeitintervall gewählt, haben Sie immer noch die Möglichkeit, Ihren eigenen Änderungen eine Vorzugsstellung zu geben. Wählen Sie dazu die Option **Eigene Änderungen speichern und fremde Änderungen anzeigen.** Ansonsten belassen Sie es bei der Einstellung **Änderungen anderer Benutzer sichtbar machen.**

7 Werden Änderungen von verschiedenen Seiten zugelassen, kann es natürlich vorkommen, dass zwei Personen auf dieselbe Zelle zugreifen. Beispielsweise gibt der Kollege Hans Personalkosten von 40.000 ein, obwohl doch die Kollegin Anneliese gerade ein korrigiertes Ergebnis von 41.000 eingetragen hat. Da muss natürlich verhindert werden, dass das korrekte Ergebnis wieder durch ein falsches überschrieben wird. Kommt es zu solchen Kollisionen, können Sie unter **Widersprüchliche Änderungen verschiedener Benutzer** festlegen, dass der Konflikt manuell entschieden wird. Es ist aber auch möglich, festzulegen, dass die von Ihnen selbst gespeicherten Änderungen generell den Vorzug erhalten.

8 Schließlich können Sie unter **In persönliche Ansicht einschließen** noch festlegen, dass jeder Benutzer eigene Ansichten der Mappe mit eigenen Druckeinstellungen und/oder Sortier- und Filtereinstellungen anlegen darf.

Wird eine freigegebene Arbeitsmappe geöffnet, erscheint in der Titelleiste der Hinweis **Freigegeben.** Der gemeinsamen Arbeit an der Arbeitsmappe steht dann nichts mehr im Wege. Eine unbegrenzte Anzahl von Personen darf mit der Datei arbeiten. Jede Person, die die freigegebene Datei öffnet, arbeitet zunächst mit einer Kopie der Originaldatei. Die Namen der aktiven Personen werden auf dem Statusregister angezeigt.

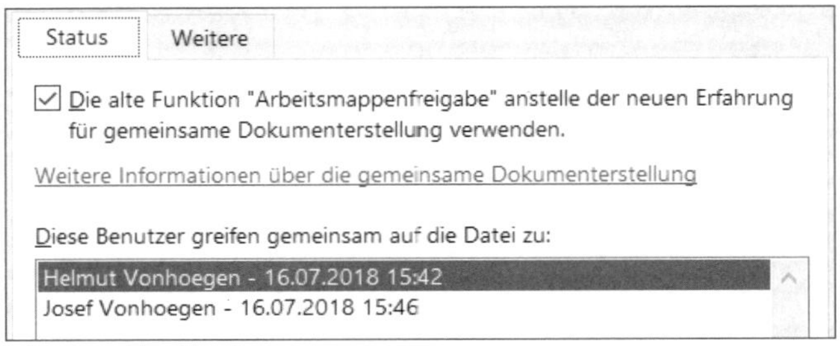

Abbildung 14.2 Anzeige der aktuellen Benutzer der Arbeitsmappe

Beim Speichern oder nach den in Schritt 4 festgelegten Intervallen werden alle Änderungen in der Originaldatei ausgeführt. Ist die Arbeitsmappe von Person B bearbeitet worden, erhält Person A unter Umständen bei dem Versuch, die Datei zu speichern, den allerdings etwas pauschalen Hinweis, dass beim Speichern Änderungen übernommen werden.

14.1.2 Änderungen sichtbar machen

Wenn Sie prüfen wollen, ob Zellen der Arbeitsmappe geändert worden sind, können Sie in der Schnellzugriffsleiste den Befehl **Änderungen nachverfolgen ▸ Änderungen hervorheben** aufrufen. Dieser Befehl macht Änderungen direkt auf dem Tabellenblatt sichtbar, solange die oben in Schritt 3 angesprochene Protokollierung eingeschaltet ist. Lassen Sie die Option **Änderungen während der Eingabe protokollieren** eingeschaltet. Unter **Wann** wählen Sie, ob die Änderungen seit der letzten Speicherung oder seit einem bestimmten Datum oder ob alle noch nicht geprüften Änderungen angezeigt werden. Ein genaues Datum können Sie eingeben, wenn Sie die Option **Seit ...** verwenden. **Immer** liefert einfach alle Änderungen.

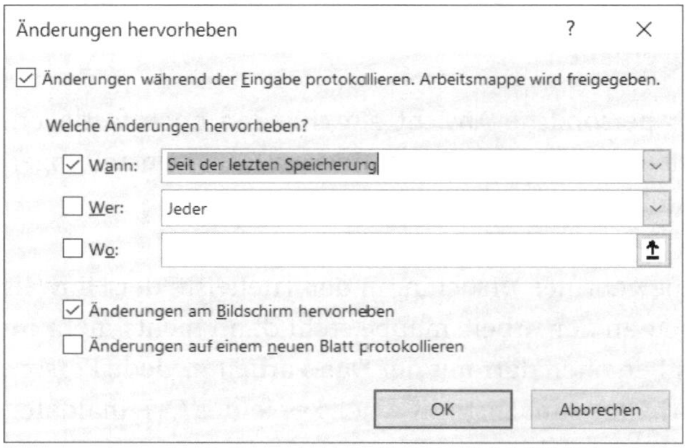

Abbildung 14.3 Das Dialogfeld »Änderungen hervorheben«

Wollen Sie die Prüfung auf Änderungen durch bestimmte Personen beschränken, haken Sie **Wer** ab. Wählen Sie den Namen über das Listenfeld. Schließlich können Sie unter **Wo** die Prüfung auch auf bestimmte Bereiche der Arbeitsmappe begrenzen. Die Anzeige der Änderungen kann direkt auf dem betroffenen Tabellenblatt oder als Protokoll auf einem separaten Blatt erfolgen.

Die Änderungen werden am Bildschirm mit farbigen Zellrahmen markiert. Jeder Teilnehmer im Arbeitsteam hat seine eigene Farbe.

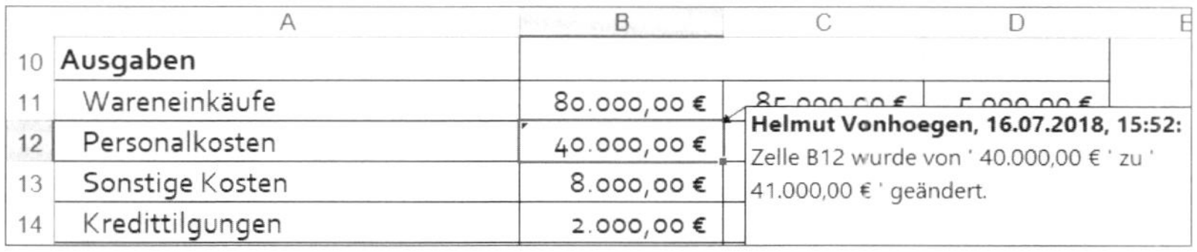

Abbildung 14.4 Tabelle mit markierten Änderungen

14.1.3 Änderungen überprüfen

Sind Änderungen vorhanden, können Sie überprüfen, ob die Änderungen akzeptiert werden sollen oder nicht. Dazu werden die Befehle **Änderungen nachverfolgen** und **Änderungen annehmen/ablehnen** eingesetzt. Im Dialogfeld finden Sie wieder die gleichen Möglichkeiten, die zu prüfenden Änderungen nach Alter, Urheber oder Tabellenbereich einzugrenzen. Vorgegeben wird, dass die noch nicht geprüften Änderungen nun überprüft werden sollen. Wenn Sie mit **OK** bestätigen, erscheint das Dialogfeld, in dem die Entscheidung über Annahme oder Ablehnung der einzelnen Änderungen getroffen werden kann. Sie können die Änderungen einzeln annehmen oder ablehnen oder gleich alle Änderungen annehmen oder verwerfen.

Abbildung 14.5 Entscheidung über Annahme oder Ablehnung einer Änderung

Ist die Ausgabe des Änderungsprotokolls im Dialog **Änderungen hervorheben** auf ein eigenes Blatt gelegt, können Sie den Ablauf der Änderungen genau verfolgen, wie Abbildung 14.6 zeigt.

	A	B	C	D	E	F	G	H	I	J
1	Aktionsnummer	Datum	Zeit	Wer	Änderung	Blatt	Bereich	Neuer Wert	Alter Wert	Aktionstyp
2	1	16.07.2018	15:52	Helmut Vonhoegen	Änderung in der Zelle	Plan2018	B12	40.000,00 €	41.000,00 €	
3	2	16.07.2018	16:00	Josef Vonhoegen	Änderung in der Zelle	Plan2018	B12	41.000,00 €	40.000,00 €	
4	3	16.07.2018	16:04	Josef Vonhoegen	Änderung in der Zelle	Plan2018	B7	4.000,00 €	1.000,00 €	

Abbildung 14.6 Das Protokoll der Änderungen und ihrer Behandlung

14.1.4 Freigabe am Einzelarbeitsplatz

Auch wenn Sie nicht in einem Netz arbeiten, kann es von Nutzen sein, mit der Freigabe der Arbeitsmappe zu arbeiten. Das gilt z. B. für den Fall, dass Sie bestimmte Änderungen protokollieren wollen, die Sie selbst im Laufe eines bestimmten Zeitraums an einem Kalkulationsmodell vornehmen. Die andere Situation betrifft den Fall, dass Sie sich den Arbeitsplatz mit einer anderen Person teilen. Wenn sich diese andere Person über **Excel-Optionen ▸ Allgemein** dann jeweils mit ihrem Namen unter **Benutzername** einträgt, bevor sie mit der Arbeit beginnt, ist eine unterschiedliche Markierung der Änderungen sichergestellt. Im Protokoll werden die Änderungen der beiden Personen getrennt aufgeführt.

14.1.5 Einschränkungen bei freigegebenen Mappen

Einige der Möglichkeiten, die Excel normalerweise für die Arbeit mit einer Arbeitsmappe anbietet, sind bei freigegebenen Arbeitsmappen nicht verfügbar. Diese Dinge sollten deshalb vor der Freigabe erledigt werden.

Folgende Vorgänge sind hingegen nicht möglich:

- Löschen von Blättern
- Zusammenfassen von Zellen
- Definition bedingter Formate
- Vergabe von Gültigkeitsregeln
- Einfügen und Löschen von Zellbereichen, ausgenommen ganze Zeilen oder Spalten
- Einfügen oder Ändern von Diagrammen, grafischen Objekten oder Hyperlinks
- Zeichnen mit den grafischen Werkzeugen

- Vergabe oder Änderung von Kennwörtern
- Nutzung oder Änderung von Szenarios
- Gruppierung und Gliederung
- Entwicklung von Tabellen und Pivot-Tabellen
- Änderungen an Menüs und Dialogfeldern
- Entwicklung neuer Makros (bestehende Makros können aber ausgeführt werden)

Wenn Sie eine Arbeitsmappe freigeben wollen, die bereits Tabellen oder XML-Zuordnungen enthält, erhalten Sie den Hinweis, dass die Arbeitsmappe nicht freigegeben werden kann. Tabellen sollten dann in normale Zellbereiche zurückverwandelt werden. XML-Zuordnungen müssen dagegen ganz entfernt werden.

14.2 Teamarbeit über OneDrive

Wenn Sie Ihre Arbeitsmappen der Cloud anvertrauen und Ihre Daten auf OneDrive ablegen, ergibt sich auch eine neue Möglichkeit, die Teamarbeit an einer Arbeitsmappe zu organisieren. Arbeitsmappen auf OneDrive können Sie für andere Personen zur Bearbeitung freigeben. Es dürfen sogar mehrere Personen gleichzeitig in einem Browser an einer freigegebenen Mappe arbeiten. Niemand muss warten, bis der andere mit seiner Bearbeitung fertig ist. Jede Änderung wird sofort bei allen sichtbar, die gerade die Arbeitsmappe im Web geöffnet haben. Es werden also keine speziellen Sperrbefehle verwendet, um die gemeinsame Bearbeitung zu ermöglichen.

14.2.1 Arbeitsmappen freigeben

Voraussetzung für diese Form der Teamarbeit mit Excel ist, dass Sie über ein Excel 365-Abo verfügen. Und für Microsoft ist das einer der maßgeblichen Gründe, den Nutzern ihre Abos zu empfehlen. Die sich hoffentlich nicht zu sehr gedrängt fühlen.

Bei der Freigabe bestimmen Sie, ob die Dateien nur angezeigt oder auch geändert werden dürfen. Wer gerade an dem Arbeitsblatt etwas eingibt oder ändert, wird in einer Benutzerliste angezeigt. Die notwendigen Schritte zur Freigabe sehen so aus:

1. Benutzen Sie, wenn die entsprechende Arbeitsmappe geöffnet ist, die Schaltfläche **Freigeben** in der Leiste mit den Registern. Stattdessen können Sie auch **Datei ▸ Freigeben** verwenden. Beide Male wird Ihnen zunächst eine Schaltfläche angeboten, um die Arbeitsmappe in einem Ordner auf OneDrive abzulegen.

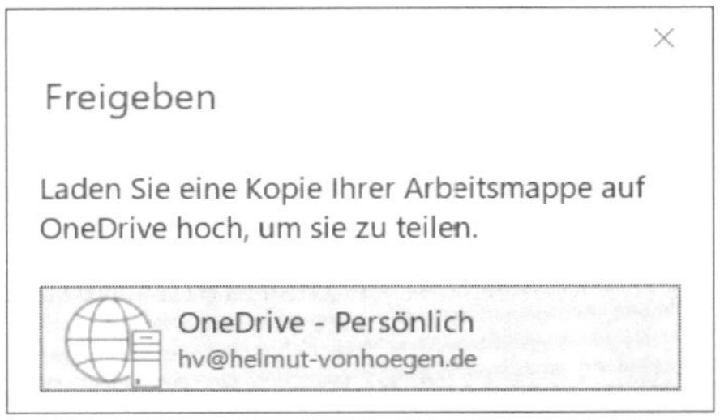

Im nächsten Schritt geben Sie die Arbeitsmappe auf OneDrive für die Personen frei, die sie anschauen oder auch bearbeiten sollen. Excel blendet dazu den Aufgabenbereich **Freigeben** ein. Unter **Personen einladen** ❶ legen Sie fest, wer auf die Mappe zugreifen darf, die Daten können Sie über die Schaltfläche aus dem Adressbuch ❷ übernehmen.

2 Entscheiden Sie über das kleine Listenfeld mit **Kann bearbeiten** ❸, ob die Person die Mappe nur anzeigen oder auch bearbeiten darf.

3 Schreiben Sie bei Bedarf in das Textfeld eine Nachricht dazu. Verschicken Sie entsprechende Nachrichten mit der Schaltfläche **Freigeben**. Voraussetzung ist allerdings, dass ein E-Mail-Programm installiert ist.

Eine Alternative zu dieser direkten Einladung per E-Mail wird über den Link **Einen Freigabelink abrufen** ❹ angeboten. Mit den Schaltflächen **Bearbeitungslink erstellen** ❺ oder

Reinen Anzeigelink ❻ erstellen lassen sich URLs erzeugen, die entweder nur die Ansicht oder auch die Bearbeitung der Mappe freigeben. Über **Kopieren** können Sie diese URLs in die Zwischenablage übernehmen und von dort beispielsweise in eine E-Mail einfügen und den Personen zukommen lassen, denen Sie den entsprechenden Zugriff erlauben wollen.

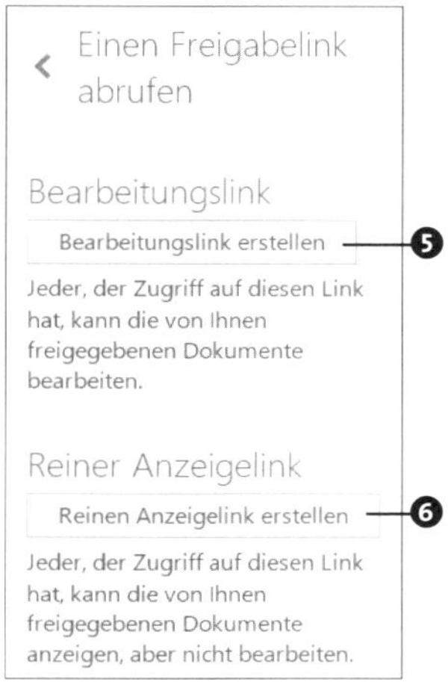

Abbildung 14.7 Freigabelinks gibt es separat fürs Anschauen oder fürs Bearbeiten.

14.2.2 Gemeinsam arbeiten

Wenn alle Teammitglieder über ein Excel 365-Abo verfügen, ist die gemeinsame Arbeit an einer Arbeitsmappe besonders einfach. Haben alle Seiten die gleiche Arbeitsmappe von OneDrive geöffnet, erscheinen in der Schnellzugriffsleiste eine neue und eine veränderte Schaltfläche. Die erste erlaubt, das automatische Speichern zuzulassen. Die zweite ist eine Variante der Schaltfläche **Speichern**, versehen mit einem zusätzlichen Doppelpfeil. Damit speichern Sie nicht nur die eigenen Änderungen, sondern akzeptieren gleichzeitig auch die sichtbar gewordenen Änderungen anderer Teammitglieder.

Abbildung 14.8 Die speziellen Symbole für das Speichern bei Dateien aus der Cloud

Neben der Schaltfläche **Freigeben** erscheint nun noch die Schaltfläche **Verlauf**. Letztere öffnet einen Aufgabenbereich **Verlauf**, in dem alle Ereignisse während der gemeinsamen Arbeit protokolliert werden, gegebenenfalls mit Links, um auf eine frühere Version zurückzugehen.

Abbildung 14.9 Die Symbole »Freigeben« und »Verlauf«

Während der Arbeit an der Mappe kann jede Seite immer sofort sehen, wo ein anderer Teilnehmer etwas ändert. Die Zellen werden mit unterschiedlich farbigen Rahmen kenntlich gemacht und geben den Namen des Ändernden preis, wenn sie berührt werden.

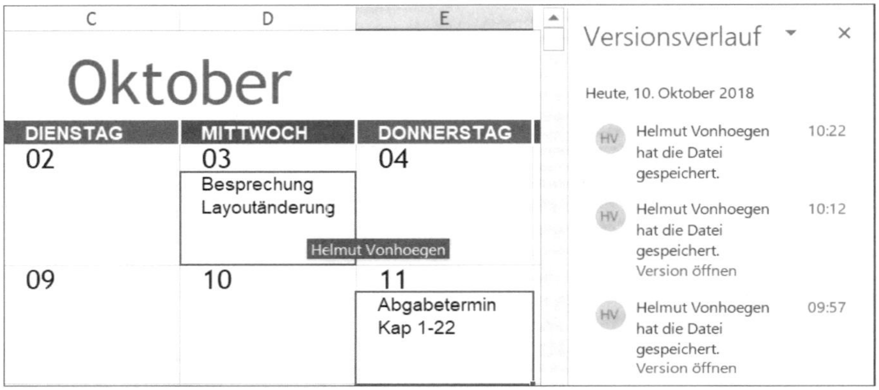

Abbildung 14.10 Die markierte Änderung und der Aufgabenbereich »Versionsverlauf«

Wie Sie freigegebene Arbeitsmappen mit Excel Online auch direkt im Browser ansehen oder bearbeiten oder mit der Excel-App nutzen, erfahren Sie im nächsten Kapitel.

Wollen Sie eine lokale Kopie einer auf OneDrive gespeicherten Arbeitsmappe, finden Sie unter **Datei** den Befehl **Kopie speichern**.

Wie Sie freigegebene Arbeitsmappen mit Excel Online auch direkt im Browser ansehen oder bearbeiten können, erfahren Sie in Kapitel 24, »Excel online und mobil«.

15 Tabellenfunktionen

Sie haben in den vorangegangenen Kapiteln schon eine Anzahl von Tabellenfunktionen kennengelernt, mit denen Sie Excel mitteilen, was es für Sie erledigen soll. Excel 2019 wartet mit einer überwältigenden Fülle derartiger Funktionen auf, die aus einem oder mehreren Werten neue Werte ermitteln, und das teilweise auf eine recht komplexe Weise. Im Moment sind es über 450.

Eine Funktion ist eine Art Blackbox, bei der auf der einen Seite etwas eingegeben wird und auf der anderen Seite etwas herauskommt. Ohne dass der Anwender das oft sehr komplizierte Formelwerk für den Betrieb der Funktion kennen muss, wird ihm nach Eingabe der notwendigen Werte das Ergebnis der Operationen ausgegeben.

Jede Funktion liefert ein Ergebnis. Je nach Funktion kann dieses Ergebnis numerisch sein, also ein bestimmtes Rechenergebnis, eine Zeichenfolge, ein Text oder ein Wahrheitswert (`WAHR` oder `FALSCH`). Zuweilen ist das Ergebnis nicht nur ein Wert, sondern eine Matrix (Array) von Werten. Der Typ des Ergebnisses einer Funktion muss berücksichtigt werden, wenn in einer weiteren Formel auf diese Funktion Bezug genommen wird. Ansonsten kommt es eventuell zu einem Fehler, wenn die Datentypen nicht zusammenpassen.

15.1 Mit Excel 2013 eingeführte Funktionen

Excel 2013 brachte bereits eine ganze Reihe neuer Funktionen in der Kategorie der mathematischen Funktionen – hauptsächlich um in Bezug auf Dokumente, die im ODS-Format gespeichert sind, eine Lücke zu schließen. Das erleichtert den Austausch dieser Arbeitsmappen mit Anwendern, die Office-Pakete wie Open Office oder Libre Office einsetzen. Dazu gehört eine Reihe trigonometrischer Funktionen: `ARCCOT()`, `ARCCOTHYP()`, `COSEC()`, `COSECHYP()`, `COT()` und `COTHYP()`. Hinzugekommen sind auch die Funktionen `BASIS()` und `DEZIMAL()`, die mit Umwandlungen zwischen Zeichenfolgen und Zahlen zu tun haben, außerdem eine Variante für die Kombinatorik, `KOMBINATIONEN2()`, sowie `MEINHEIT()` zur Berechnung der Einheitsmatrix.

Die beiden Funktionen `OBERGRENZE.MATHEMATIK()` und `UNTERGRENZE.MATHEMATIK()` ersetzten die in der Version 2010 eingeführten Funktionen `OBERGRENZE.GENAU()` und `UNTERGRENZE.GENAU()`. Die älteren Funktionen `OBERGRENZE()` und `UNTERGRENZE()`

wurden in die Kategorie **Kompatibilität** verschoben, sollten also in Zukunft möglichst nicht mehr verwendet werden.

Zu den finanzmathematischen Funktionen kam PDURATION() zur Berechnung der Perioden, bis eine Investition einen bestimmten Zielwert erreicht hat. Außerdem gab es nun ZSATZINVEST() zur Berechnung des effektiven Jahreszinses für den Wertzuwachs einer Investition.

Bei den Datums- und Zeitfunktionen wurde die Funktion ISOKA_ENDERWOCHE() hinzugefügt, die es endlich erlaubte, die korrekte Wochenzahl ohne Umstände normgerecht zu ermitteln.

Ein paar zusätzliche Funktionen fanden sich in der Kategorie **Statistik**, nämlich BINOM.VERT.BEREICH(), GAMMA(), GAUSS(), PHI(), SCHIEFE.P() und VARIATIONEN2().

Bei den Verweisfunktionen erschien die Funktion FORMELTEXT(), mit der die Formel in einer Zelle als Text ausgegeben wird, was für den Zweck der Dokumentation manchmal hilfreich sein kann.

Überfällig war in der Kategorie **Logik** die Funktion XODER(), die die Arbeit mit einem ausschließenden Oder vereinfacht. Hinzugefügt wurde auch WENNNV(), eine Funktion, mit der auf fehlende Werte reagiert werden kann.

Bei den Textfunktionen sind hinzugekommen: UNICODE() und UNIZEICHEN() sowie mit ZAHLENWERT() eine Funktion zur Konvertierung von Text in Zahlen, unabhängig von dem aktuellen Gebietsschema auf dem System.

Bei den Info-Funktionen gab es nun die Funktionen BLATT() und BLÄTTER(), die ohne Argument die Nummer des aktuellen Blatts und die Zahl der Blätter in einer Arbeitsmappe liefern. Wird bei BLÄTTER() dagegen ein Bezug angegeben, liefert die Funktion die Anzahl der Blätter für diesen Bezug; wird bei BLATT() ein Wort angegeben, prüft die Funktion, ob ein Blatt mit diesem Namen existiert, und liefert, wenn ja, die Blattnummer, ansonsten den Fehlerwert #NV. Bei den IST...()-Funktionen kam noch die Funktion ISTFORMEL() hinzu.

In der Kategorie **Technisch** sind fünf Funktionen hinzugekommen, die mit BIT-Operationen zu tun haben: BITVERSCHIEB(), BITODER(), BITRVERSCHIEB(), BITUND() und BITXODER().

In der Gruppe der Funktionen, die mit imaginären Zahlen arbeiten, kam eine Reihe von trigonometrischen Funktionen hinzu: IMCOSEC(), IMCOSECHYP(), IMCOSHYP(), IMCOT(), IMSEC(), IMSECHYP(), IMSINHYP() und IMTAN().

In der Kategorie **Web** wurden drei Funktionen zusammengefasst: URLCODIEREN() wandelt Zeichenfolgen in gültige Webadressen um, WEBDIENST() liefert Daten aus einem Webdienst zurück, und XMLFILTERN() übernimmt aus XML-Dokumenten bestimmte Daten, die über einen XPath-Ausdruck herausgefiltert werden.

15.2 Neue Funktionen seit Excel 2016

Excel 2016 brachte gegenüber Excel 2013 nur wenige zusätzliche Funktionen. Die bisherige Funktion SCHÄTZER() wurde in die Kategorie **Kompatibilität** versetzt, und dafür wurden fünf neue Funktionen eingeführt: PROGNOSE.ETS(), PROGNOSE.ETS.KONFINT(), PROGNOSE.SAISONALITÄT(), PROGNOSE.ETS.STAT() und PROGNOSE.LINEAR(). *ETS* steht für *Exponential Triple Smoothing*, ein Verfahren für die exponentielle Glättung von Prognosewerten in der Zeitreihenanalyse. Ein Beispiel für diese Funktionen haben Sie in Abschnitt 5.6, »Prognose aufgrund vorhandener Daten«, bereits ausführlicher kennengelernt.

Excel 2019 übernimmt noch ein paar Funktionen, die den Abonnenten von Excel 365 bereits im Laufe der Zeit zur Verfügung gestellt wurden. Das sind die beiden Textfunktionen TEXTKETTE() und TEXTVERKETTEN(), die logischen Funktionen ERSTERWERT() und WENNS() und die statistischen Funktionen MAXWENNS() und MINWENNS().

Die seit Excel 2013 eingeführten Funktionen sind mit älteren Versionen von Excel nicht kompatibel. Falls Sie Arbeitsmappen an Arbeitsplätze weiterreichen wollen, die noch ältere Versionen verwenden, sollten Sie die in Kapitel 11, »Dokumente für die Veröffentlichung vorbereiten«, beschriebene Kompatibilitätsprüfung durchführen und unter Umständen Änderungen an den Berechnungsverfahren vornehmen.

15.3 Aufbau und Einsatz von Funktionen

Funktionen in Excel sind Anweisungen für Operationen, die das Programm für Sie durchführen soll. Tabellenfunktionen sind Operationen, die innerhalb einer Tabelle benutzt werden, wobei eine derartige Funktion entweder direkt in eine Tabelle eingetragen werden kann oder Bestandteil eines Makros ist, das bezogen auf eine Tabelle abgearbeitet wird.

Eine Funktion verwendet Werte, die als Argumente bereitgestellt werden, um aus ihnen andere Werte zu ermitteln. Dabei kann es sich um einfache oder komplexe Berechnungen handeln, aber auch um logische Analysen, die Zerlegung von Zeichenketten und Ähnliches. Der generelle Aufbau einer Funktion ist

`FUNKTION(Wert...)`,

wobei für `Wert...` ein oder mehrere Argumente stehen können, die die Funktion benötigt.

15.3.1 Argumente für Funktionen

Bei einer Anzahl von Funktionen werden die Argumente noch unterteilt in solche, die erforderlich und solche, die optional sind, also nicht zwangsläufig angegeben werden müssen. Das heißt aber nicht, dass die Funktion ohne die optionalen Argumente in jedem Fall arbeiten würde, sondern dass sie, wenn diese Argumente nicht angegeben werden, vordefinierte Werte für diese Argumente verwendet. Als Argumente einer Funktion kommen infrage:

Argument	Bedeutung
Konstanten	Die Werte, mit denen eine Funktion arbeiten soll, werden direkt eingegeben. Wenn Sie z. B. in eine Zelle `=SUMME(18; 15; 3)` eintragen, erscheint in der Zelle das Ergebnis 36.
Bezüge auf Zellen oder Bereiche	Die Werte, mit denen die Funktion arbeiten soll, sind bereits in Zellen oder Bereichen der Tabelle enthalten oder sollen dort eingetragen werden.
Bereichsnamen	Angenommen, Sie haben in einer Tabelle in den Zellen B3 bis B15 die Umsätze für eine Anzahl von Produkten eingetragen und wollen jetzt die Summe dieser Einträge bilden. Wenn Sie dem Bereich B3:B15 etwa den Namen *Umsätze* gegeben haben, können Sie in das Feld, in dem die Summe stehen soll, einfach eintragen: `=SUMME(Umsätze)` Ohne Namen müssten Sie schreiben: `=SUMME(B3:B15)`.
Funktionen	Schließlich können als Argumente in einer Funktion selbst wieder Funktionen verwendet werden, die ihrerseits diejenigen Werte liefern, mit denen die Funktion arbeiten soll. Ein einfaches Beispiel: `=SUMME(SUMME(2; 4); SUMME(4; 6))` führt zum Ergebnis 16.

Stehen für ein Argument nur bestimmte Werte zur Auswahl, bietet Excel diese bei der Eingabe in der Bearbeitungsleiste in Form von Auswahllisten an, sobald das Argument an der Reihe ist. Abbildung 15.1 zeigt als Beispiel, welche Funktionen für das erste Argument der neuen Funktion `AGGREGAT()` angeboten werden, sobald die öffnende Klammer eingegeben ist.

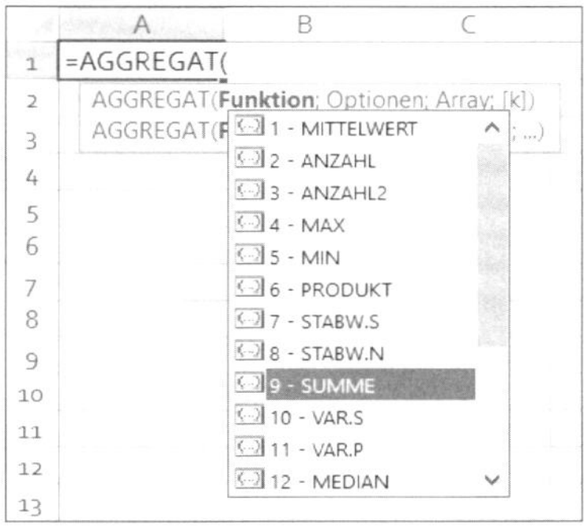

Abbildung 15.1 Angebot von Argumentwerten bei der Eingabe

Einige wenige Funktionen (z. B. `PI()`, `HEUTE()`, `JETZT()`) benötigen keine Argumente. Trotzdem müssen die Klammern immer mitgeschrieben werden, damit Excel die Funktion als solche erkennen kann.

15.3.2 Funktionen in Makros

Werden Tabellenfunktionen innerhalb von Makros aufgerufen, müssen Sie beachten, dass dabei häufig die englischen Funktionsnamen verwendet werden. Dabei werden im Funktionsnamen verwendete Punkte durch Unterstriche ersetzt. Mehr dazu erfahren Sie in Kapitel 23, »Visual Basic für Applikationen«.

15.4 Finanzmathematische Funktionen

Neben einer Anzahl von Funktionen, die sich mit allgemeinen finanzmathematischen Themen beschäftigen, fallen vor allem drei große Gruppen von Funktionen ins Gewicht: Rentenberechnungen, Abschreibung und Wertpapiere.

15.4.1 Funktionen für die Rentenberechnung

Bei den Renten geht es in diesem Fall nicht um die sozialrechtlichen Versorgungsrenten, sondern um privatwirtschaftlich vereinbarte regelmäßige Zahlungen. Die einfachste und für das Verständnis dieser Funktionen durchschaubarste Form dafür ist folgendes Modell: Sie zahlen auf der Bank eine bestimmte Summe an Geld ein, die dort nach einem vereinbarten Zinssatz verzinst wird. Die Bank zahlt Ihnen aus diesem Guthaben so lange regelmäßig einen bestimmten Betrag (Rente), bis das Guthaben verbraucht ist.

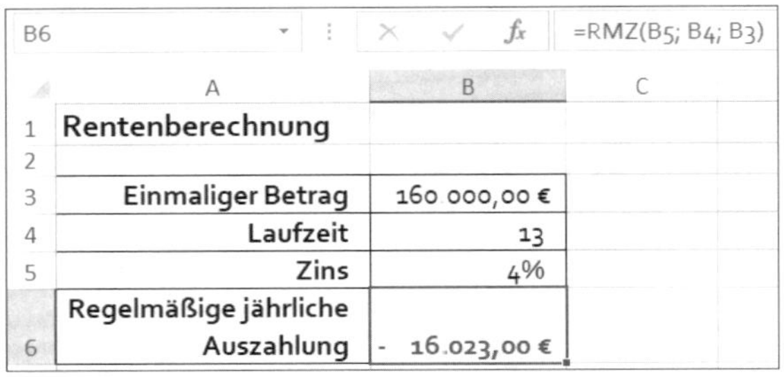

Abbildung 15.2 Beispiel für eine Rentenberechnung

Eine Anzahl von Argumenten taucht bei diesen Funktionen immer wieder auf, sodass es vernünftig scheint, diese zunächst im Zusammenhang kurz vorzustellen.

Funktionsargument	Erklärung
`Bw` [Barwert]	der gegenwärtige rechnerische Wert einer Reihe regelmäßiger, gleichbleibender Zahlungen, z. B. einer Rente
`Rmz` [Ratenzahlung]	regelmäßig zu leistende oder zu erhaltende Zahlungen
`Zins` [Zinssatz]	Das ist der Zinssatz für einen Zahlungszeitraum. Er wird dezimal (z. B. 0,08) oder als % (z. B. 8 %) angegeben.
`Zr` [Zeitraum]	die einzelne Zahlungsperiode im Gesamtzeitraum
`Zw` [Zukunftswert]	Der zukünftige Wert einer Investition. Wird `Zw` als optionales Argument verwendet, wird es von Excel bei Nichteintrag mit 0 gesetzt.
`Zzr` [Zahlungszeiträume]	Anzahl der Zahlungsperioden. Die `Zzr` müssen mit den anderen Argumenten in den Einheiten übereinstimmen, d. h., es müssen einheitlich Jahre, Monate oder Tage in einer Funktion verwendet werden. Werden z. B. Monate verwendet, muss auch der Monatszins (Jahreszinssatz * 12) eingesetzt werden. Beachten Sie dabei, dass in Deutschland das Zinsjahr in zwölf Zinsmonate mit jeweils 30 Tagen eingeteilt wird. In anderen Ländern gelten teilweise andere Regelungen.

Funktionsargument	Erklärung
F [Fälligkeit]	Das Argument F legt fest, ob die Berechnung für vorschüssige oder nachschüssige Rentenzahlungen etc. erfolgen soll. Wird F nicht oder mit 0 angegeben, wird die Funktion als nachschüssig berechnet, die Zahlungen erfolgen also am Ende der Periode. Wird F mit 1 angegeben, erfolgt die Berechnung für eine vorschüssige Rente.

15.4.2 Berechnungen zu Darlehen

Ein Gegenstück zu Rentenberechnungen ist die Tilgungsberechnung. In diesem Fall geht es darum, der Bank ein Darlehen in periodischen, gleichbleibenden Raten zurückzuzahlen. Dabei wird die Höhe dieser Zahlung mit der Funktion `RMZ()` berechnet. Die Raten bestehen jeweils aus einem Zinsanteil (berechnet mit `ZINSZ()`) und einem Tilgungsanteil, um den sich die Gesamtschuld jeweils verringert. Dieser Anteil wird mit der Funktion `KAPZ()` berechnet. Abbildung 15.3 zeigt ein einfaches Beispiel.

	A	B	C	D	E	F	G	H	I	J	K
1	**Tilgung von Darlehen**										
2											
3	Zins	3,00%	3,00%	3,00%	3,00%	3,00%	3,00%	3,00%	3,00%	3,00%	3,00%
4	Zr	1	2	3	4	5	6	7	8	9	10
5	Zzr	10	10	10	10	10	10	10	10	10	10
6	Bw	20.000 €	20.000 €	20.000 €	20.000 €	20.000 €	20.000 €	20.000 €	20.000 €	20.000 €	20.000 €
7											
8	KAPZ()	-1.744,61 €	-1.796,95 €	-1.850,86 €	-1.906,38 €	-1.963,57 €	-2.022,48 €	-2.083,16 €	-2.145,65 €	-2.210,02 €	-2.276,32 €
9	ZINSZ()	-600,00 €	-547,66 €	-493,75 €	-438,23 €	-381,04 €	-322,13 €	-261,45 €	-198,96 €	-134,59 €	-68,29 €
10	RMZ()	-2.344,61 €	-2.344,61 €	-2.344,61 €	-2.344,61 €	-2.344,61 €	-2.344,61 €	-2.344,61 €	-2.344,61 €	-2.344,61 €	-2.344,61 €
11											
12	Jährlichen Zahlungen (RMZ) = Tilgung (KAPZ) + Zinsen (ZINSZ)										

Abbildung 15.3 Verlauf der Tilgung eines Darlehens

15.4.3 Berechnung von Abschreibungen

Bei der Abschreibung geht es darum, dass eine Investition, z. B. in Maschinen, Fahrzeuge, Gebäude etc., in zweierlei Hinsicht betriebswirtschaftlich berücksichtigt werden muss. Zum einen ist es betriebsintern so, dass mit einer Anschaffung das Anlagevermögen zunächst um den Wert dieser Anschaffung vermehrt wird, dass aber der Wert dieser Anschaffung durch Abnutzung kontinuierlich sinkt, bis am Ende der Schrottwert übrig bleibt.

Zum anderen kann eine derartige Investition von der Steuer abgesetzt werden. Die einfachste Form ist dabei, dass die Anschaffung in dem Jahr, in dem sie getätigt wird, in vollem Umfang steuerlich geltend gemacht wird – dazu bedarf es natürlich keiner weiteren

Berechnungen. Bei langlebigen Investitionen ist es dagegen üblich, die Abschreibung auf mehrere Jahre zu verteilen.

Dafür gibt es verschiedene Verfahren. Das einfachste ist die lineare Abschreibung: Der abzuschreibende Betrag wird gleichmäßig auf den gesamten Abschreibungszeitraum verteilt. Die anderen Verfahren, für die Excel Funktionen zur Verfügung stellt, sind sogenannte degressive Abschreibungen: Der Abschreibungsbetrag sinkt von Jahr zu Jahr, sodass am Anfang ein großer Betrag abgeschrieben wird, in den folgenden Jahren wird der Betrag kontinuierlich kleiner. Auf die Frage, welche Methode im Einzelfall am sinnvollsten und welche aktuell steuerrechtlich zulässig ist, kann Excel natürlich keine Antwort geben.

15.4.4 Beispiel für die Berechnung der Abschreibung

In diesem Abschnitt wird ein Tabellenblatt aufgebaut, mit dessen Hilfe Sie die Abschreibungsrate für jedes Jahr der Nutzungsdauer für ein beliebiges Wirtschaftsgut mit den verschiedenen Abschreibungsmethoden berechnen können. Welche Steuermethode die aktuelle Steuergesetzgebung zulässt, muss allerdings immer erst geprüft werden, weil es hier in der letzten Zeit einige Veränderungen gegeben hat, insbesondere, was die degressive Abschreibung betrifft.

In den Zeilen 3 und 4 werden zunächst die Daten abgelegt, die für die verschiedenen Funktionen als Argumente benötigt werden. In der Spalte B wird die lineare Abschreibung für jedes Jahr der Nutzungsdauer berechnet. Die Formel ist für alle Jahre gleich und arbeitet mit absoluten Adressen:

```
=LIA($CS3; $C$4; $E$3)
```

Bei der geometrisch-degressiven Abschreibung ist die Formel etwas komplexer, damit sie nach unten kopiert werden kann:

```
=GDA($C$3; $C$4; $E$3; $E$3-($A$16-A7); $E$4)
```

Beachten Sie, dass der Bezug, der sich auf die Jahreszahl in der jeweiligen Zeile bezieht, relativ ist, während die anderen Bezüge alle absolut sind. Ähnlich wird auch bei der Formel für die digitale Abschreibung verfahren:

```
=DIA($C$3; $C$4; $E$3; $E$3-($A$16-A7))
```

Die Formel für die vierte Methode ist etwas komplizierter:

```
=VDB($C$3; $C$4; $E$3; $A7-$A$7; $A8-$A$7; $E$4; FALSCH)
```

Wenn Sie die Spalten C und E vergleichen, sehen Sie, dass die geometrisch-degressive Methode für die beiden letzten Jahre geringere Beträge ergibt als die lineare. In diesen Jahren ist also ein Wechsel zur linearen Methode bei den vorliegenden Zahlen sinnvoll.

Um das Modell an kürzere oder längere Nutzungsdauern anzupassen, brauchen Sie vor der Zeile mit den Summen nur entsprechend viele Zeilen einzufügen oder zu löschen und die Formeln, wenn nötig, einige Zeilen weiter nach unten zu kopieren. Anstelle von Jahr 1, 2, 3 ... können Sie auch die Jahreszahlen verwenden. Die Formeln in Spalte E brauchen den Wert, der jetzt in Zelle A17 steht, also ein Jahr, das über das letzte Jahr des Abschreibungszeitraums hinausreicht.

	A	B	C	D	E
1	**Vergleich der Abschreibungsmethoden**				
2					
3	Anschaffungswert		22000	Nutzungsdauer Jahre	10
4	Restwert		2000	Faktor	2
5					
6	Jahr	Linear	Geometrisch degressiv	Arithmetisch degressiv/digital	Degressiv mit Wechsel zu linear
7	1	2000,00	4400,00	3636,36	4400,00
8	2	2000,00	3520,00	3272,73	3520,00
9	3	2000,00	2816,00	2909,09	2816,00
10	4	2000,00	2252,80	2545,45	2252,80
11	5	2000,00	1802,24	2181,82	1802,24
12	6	2000,00	1441,79	1818,18	1441,79
13	7	2000,00	1153,43	1454,55	1153,43
14	8	2000,00	922,75	1090,91	922,75
15	9	2000,00	738,20	727,27	845,49
16	10	2000,00	590,56	363,64	845,49
17	11	20000,00	19637,77	20000,00	20000,00

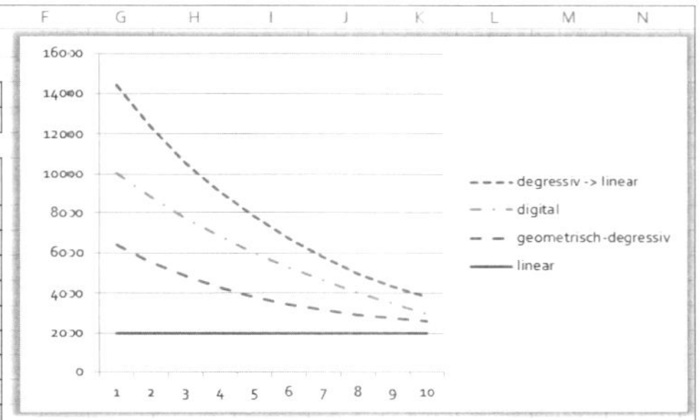

Abbildung 15.4 Wirkung der verschiedenen Abschreibungsmethoden

15.4.5 Funktionen für Wertpapierberechnungen

Eine große Gruppe von Funktionen kreist um festverzinsliche und unverzinsliche Wertpapiere. Auch dazu einige Bemerkungen. Festverzinsliche Wertpapiere sind Wertpapiere, die für einen bestimmten Zeitraum Gültigkeit haben und in dieser Zeit regelmäßig verzinst werden. Das können Sparbriefe, Schuldverschreibungen, private oder öffentliche Anleihen und Obligationen sein. Unverzinsliche Wertpapiere sind solche, die zu einem bestimmten Kurs ausgegeben und später zu einem höheren Kurs wieder zurückgenommen werden. De facto könnte natürlich auch hier von einer Verzinsung gesprochen werden, da der Wert des Papiers ja um einen bestimmten Betrag steigt, der sich durchaus auf einen jährlichen prozentualen Steigerungsbetrag umrechnen ließe.

Ausgehend von dem Modell, dass ein derartiges Wertpapier (festverzinslich oder unverzinslich) bei einem Geldinstitut erworben und später wieder veräußert wird, sind folgende Termine von zentraler Bedeutung:

- **Emission**: Der Ausgabetermin des Wertpapiers. Das ist der Termin, zu dem das Papier auf den Markt gebracht wird und ab dem sein Wertzuwachs bzw. seine Verzinsung läuft.
- **Abrechnung**: Der Termin, zu dem ein Käufer ein Wertpapier erwirbt. Dieser kann mit dem Emissionstermin zusammenfallen, es kann aber auch – und das ist für die Berechnungen natürlich der interessantere Fall – ein späterer Termin sein.
- **Fälligkeit**: Der Termin, zu dem die Bank das Wertpapier zurücknimmt und dem Eigentümer einen vorher vereinbarten Betrag dafür bezahlt.

Für Ausgabe und Rücknahme derartiger Wertpapiere gibt es mehrere Möglichkeiten:

- Die Papiere werden zum Nennwert verkauft. Anschließend werden für die Laufzeit regelmäßig Zinsen ausgeschüttet (üblich ist ein- oder zweimal jährlich). Am Ende der Laufzeit wird das Papier zum Nennwert zurückgenommen. Bisweilen wird bei der Ausgabe noch ein Disagio vorgenommen, d. h., vom Nennwert wird ein bestimmter Prozentsatz (eventuell noch orientiert an der Laufzeit) abgezogen.
- Das Papier wird abgezinst verkauft, d. h. zum Nennwert, vermindert um den Betrag, der durch Zinsen während der Laufzeit hinzukommt, und ohne zwischenzeitliche Zinsausschüttungen am Ende der Laufzeit zum Nennwert zurückgenommen.
- Das Papier wird zum Nennwert verkauft und ohne zwischenzeitliche Zinsausschüttungen am Ende der Laufzeit aufgezinst, d. h. zum Nennwert, vermehrt um die aufgelaufenen Zinsen, zurückgenommen.

Die letzten beiden Methoden gelten sinngemäß so auch für unverzinsliche Papiere.

Da derartige Wertpapiere zum Teil auch während der Laufzeit gehandelt werden, stellt sich die Frage nach ihrem Augenblickswert (der Kurs, zu dem sie gehandelt werden können). Dieser Kurs sollte natürlich marktgerecht sein, d. h., ein potenzieller Käufer muss die Möglichkeit haben, zu überprüfen, ob sich die Investition in das betreffende Papier im Vergleich zu anderen möglichen Investitionen lohnt. Dazu wird als Vergleichsgröße die Rendite eingeführt, also der effektive jährliche Gewinn in Prozent, bezogen auf den Kapitaleinsatz. Die Wahl dieser Größe ist auf eine Art willkürlich: Der Kurs wird auf der Grundlage der Rendite berechnet, die mit anderen Anlageformen erzielt werden könnte.

In einer Anzahl von Funktionen taucht das Argument `Basis` auf. Gemeint ist damit bei Zinsberechnungen die Zeitbasis, auf der gerechnet wird. Die angebotenen Optionen sehen Sie in der folgenden Tabelle.

Zeitbasis	Bedeutung
0	US-amerikanisches System: Die Monate werden mit 30 Tagen, das Jahr mit 360 Tagen gerechnet. Ein Enddatum zum 31. eines Monats wird, falls das Startdatum vor dem 30. eines Monats liegt, als 1. Tag des Folgemonats behandelt, sonst als 30. des Monats.
1	Die tatsächlichen Tage der Monate und die tatsächlichen Tage der Jahre werden gerechnet.
2	Die tatsächlichen Tage des Monats werden gerechnet, das Jahr mit 360 Tagen.
3	Die tatsächlichen Tage des Monats werden gerechnet, das Jahr mit 365 Tagen.
4	Europäisches System: Die Monate werden mit 30 Tagen, das Jahr wird mit 360 Tagen gerechnet. Fällt ein Start- oder Enddatum auf den 31. eines Monats, wird es als dreißigster Tag behandelt.

Verkauf eines festverzinslichen Wertpapiers

Wenn Sie festverzinsliche Wertpapiere besitzen und einen Teil davon zu einem bestimmten Termin verkaufen wollen, können Sie sich mithilfe der finanzmathematischen Funktionen selbst ausrechnen, was Sie ausgezahlt bekommen. Sie brauchen dazu natürlich die Angabe über den Kurs für den Abrechnungstermin, also den Tag, an dem verkauft werden soll. Aus der Abrechnung beim Kauf der Papiere können Sie die übrigen Daten entnehmen, die nötig sind: das Datum der Emission des Papiers, das Datum der Fälligkeit, den Nominalzinssatz, den Nennwert und die Anzahl der Zinstermine pro Jahr. Aus der Anzahl der Zinstermine ergibt sich der erste Zinstermin.

Excel braucht zusätzlich noch die Angabe über die Basis, auf der die Zinstage berechnet werden. Das ist hier der Wert 4, also 360 Tage pro Jahr, 30 Tage pro Monat. In der Zelle B11 wird der aktuelle Kurswert einfach mit

```
=Nennwert * Kurs/100
```

errechnet. Zusätzlich wird noch die Anzahl der Zinstage berechnet. Dafür kann die Formel

```
=ZINSTERMTAGVA(Abrechnungstermin; Faelligkeit; 1; 4)
```

verwendet werden. Das Ergebnis dient hier aber nur zur Information, für die Berechnung der inzwischen aufgelaufenen Zinsen wird dieser Wert nicht benötigt.

Neben dem Kurs spielt beim Verkauf der Betrag der aufgelaufenen Zinsen eine Rolle. Der kann in E4 mit der Funktion `AUFGELZINS()` berechnet werden. Die Formel lautet:

```
=AUFGELZINS(Emission; Erster_Zinstermin; Abrechnungstermin;
Nominalzins; Nennwert; Zinstermine_pro_Jahr;
Basis_für_Berechnung_der_Zinstage)
```

Nun kommen in der Regel aber noch ein paar Kosten hinzu: Als Provision berechnet die Bank z. B. 0,125 % des Kurswertes. Als Maklergebühr kommen noch 0,0625 % des Nennwertes hinzu. Dann muss noch eine fixe Spesengebühr entrichtet werden. Der tatsächlich ausgezahlte Betrag ergibt sich aus dem Kurswert plus aufgelaufenen Zinsen, abzüglich der drei genannten Kosten-Posten. Beachten Sie, dass bei ausländischen Papieren meist etwas andere Maklergebühren berechnet werden.

	A	B	C	D	E
1	**Verkauf eines festverzinslichen Wertpapiers**				
2					
3	Wertpapier:	Phantas			
4	Emission	03.06.2017		Aufgelaufene Zinsen	476,29 €
5	Erster Zinstermin	03.06.2018		Provision	39,08 €
6	Faelligkeit	03.06.2029		Fremde Spesen und Auslagen	19,54 €
7	Abrechnungstermin	06.01.2018		Börsenplatzentgelt	3,50 €
8	Nominalzins	2,875%			
9	Nennwert	28.000,00 €		Betrag (Haben)	31.676,18 €
10	Kurs	111,65			
11	Kurswert	31.262,00 €			
12	Zinstermine pro Jahr	1			
13	Basis für Berechnung der Zinstage	4			
14	Anzahl Zinstage	213			

Abbildung 15.5 Verkauf eines festverzinslichen Wertpapiers

15.4.6 Liste der finanzmathematischen Funktionen

Funktion	Beschreibung
AMORDEGRK(**Ansch_Wert**; **Kaufdatum**; **Erster_Zinstermin**; **Restwert**; **Termin**; **Satz**; Basis)	Liefert den degressiven Abschreibungsbetrag nach dem französischen Buchhaltungssystem.
AMORLINEARK(**Ansch_Wert**; **Kaufdatum**; **Erster_Zinstermin**; **Restwert**; **Termin**; **Satz**; Basis)	Liefert den linearen Abschreibungsbetrag nach dem französischen Buchhaltungssystem.
AUFGELZINS(**Emission**; **Erster_Zinstermin**; **Abrechnung**; **Satz**; **Nennwert**; **Häufigkeit**; Basis; Berechnungsmethode)	Liefert für Wertpapiere die aufgelaufenen Zinsen.

Funktion	Beschreibung
AUFGELZINSF(**Emission**; **Abrechnung**; **Nominalzins**; **Nennwert**; Basis)	Liefert für Wertpapiere die bei Fälligkeit aufgelaufenen Zinsen.
AUSZAHLUNG(**Abrechnung**; **Fälligkeit**; **Anlage**; **Disagio**; Basis)	Liefert den Rückzahlungsbetrag eines festverzinslichen Wertpapiers.
BW(**Zins**; **Zzr**; **Rmz**; Zw; F)	Berechnet den Barwert einer Investition.
DIA(**Ansch_Wert**; **Restwert**; **Nutzungsdauer**; **Zr**)	Berechnet die Abschreibungsrate nach der digitalen Methode.
DISAGIO(**Abrechnung**; **Fälligkeit**; **Kurs**; **Rückzahlung**; Basis)	Berechnet das Disagio beim Handel mit einem Wertpapier.
DURATION(**Abrechnung**; **Fälligkeit**; **Nominalzins**; **Rendite**; **Häufigkeit**; Basis)	Liefert die hypothetische durchschnittliche Kapitalbindungsdauer eines festverzinslichen Wertpapiers.
EFFEKTIV(**Nominalzins**; **Perioden**)	Berechnet den effektiven Jahreszins für eine Anlage oder ein Darlehen.
GDA(**Ansch_Wert**; **Restwert**; **Nutzungsdauer**; **Periode**; Faktor)	Berechnet die Abschreibungsrate für einen bestimmten Abschreibungszeitraum nach der geometrisch-degressiven Methode.
GDA2(**Ansch_Wert**; **Restwert**; **Nutzungsdauer**; **Periode**; Monate)	Berechnet die Abschreibungsrate für einen bestimmten Abschreibungszeitraum nach der geometrisch-degressiven Methode.
IKV(**Werte**; Schätzwert)	Berechnet den internen Ertragszins einer Investition.
ISPMT(**Rate**; **Per**; **Nper**; **Pv**)	Berechnet die Zinsen, die während einer bestimmten Periode gezahlt werden.
KAPZ(**Zins**; **Zr**; **Zzr**; **Bw**; Zw; F)	Berechnet den Tilgungsanteil für die Abzahlung eines Annuitätendarlehens.
KUMKAPITAL(**Zins**; **Zzr**; **Bw**; **Zeitraum_Anfang**; **Zeitraum_Ende**; **F**)	Berechnet den Betrag, der für die Tilgung eines Annuitätendarlehens in einem Zeitraum aufgebracht wird.
KUMZINSZ(**Zins**; **Zzr**; **Bw**; **Zeitraum_Anfang**; **Zeitraum_Ende**; **F**)	Berechnet den für die Zinsen aufgebrachten Betrag.

Funktion	Beschreibung
KURS(**Abrechnung**; **Fälligkeit**; **Zins**; **Rendite**; **Rückzahlung**; **Häufigkeit**; Basis)	Liefert den Kurswert eines festverzinslichen Wertpapiers.
KURSDISAGIO(**Abrechnung**; **Fälligkeit**; **Disagio**; **Rückzahlung**; Basis)	Berechnet den Ausgabekurs eines unverzinslichen Wertpapiers.
KURSFÄLLIG(**Abrechnung**; **Fälligkeit**; **Emission**; **Zins**; **Rendite**; Basis)	Berechnet den Kurswert eines festverzinslichen Wertpapiers.
LIA(**Ansch_Wert**; **Restwert**; **Nutzungsdauer**)	Berechnet die Abschreibungsrate nach der linearen Methode (AFA).
MDURATION(**Abrechnung**; **Fälligkeit**; **Coupon**; **Rendite**; **Häufigkeit**; Basis)	Berechnet die modifizierte Duration.
NBW(**Zins**; **Wert1**; Wert2; ...)	Berechnet den Nettokapitalwert periodischer Cashflows.
NOMINAL(**Effektiver_Zins**; **Perioden**)	Berechnet die jährliche Nominalverzinsung.
NOTIERUNGBRU(**Zahl**; **Teiler**)	Berechnet einen als Bruch interpretierbaren Ausdruck einer Dezimalzahl.
NOTIERUNGDEZ(**Zahl**; **Teiler**)	Konvertiert einen Bruch in eine Dezimalzahl.
PDURATION(**Zins**; **Bw**; **Zw**)	Berechnet die Anzahl der Perioden, bis eine Investition den angegebenen Zielwert erreicht hat.
QIKV(**Werte**; **Investition**; **Reinvestition**)	Berechnet die interne Ertragsrate einer Reihe von Ein- und Auszahlungen.
RENDITE(**Abrechnung**; **Fälligkeit**; **Zins**; **Kurs**; **Rückzahlung**; **Häufigkeit**; Basis)	Berechnet die jährliche Rendite eines Wertpapiers.
RENDITEDIS(**Abrechnung**; **Fälligkeit**; **Kurs**; **Rückzahlung**; Basis)	Berechnet die jährliche Rendite eines unverzinslichen Wertpapiers.
RENDITEFÄLL(**Abrechnung**; **Fälligkeit**; **Emission**; **Zins**; **Kurs**; Basis)	Berechnet die jährliche Rendite eines Wertpapiers, dessen Zinsen zum Fälligkeitstermin ausgezahlt werden.
RMZ(**Zins**; **Zzr**; **Bw**; Zw; F)	Berechnet die periodische Zahlung für eine Annuität.

Funktion	Beschreibung
TBILLÄQUIV(**Abrechnung**; **Fälligkeit**; **Abzinsungssatz**)	Berechnet die vergleichsweise jährliche Verzinsung eines Schatzwechsels (Treasury Bill).
TBILLKURS(**Abrechnung**; **Fälligkeit**; **Abzinsungssatz**)	Berechnet den Ausgabekurs für einen Schatzwechsel.
TBILLRENDITE(**Abrechnung**; **Fälligkeit**; **Pr**)	Berechnet die Rendite eines Schatzwechsels.
UNREGER.KURS(**Abrechnung**; **Fälligkeit**; **Emission**; **Erster_Zinstermin**; **Zins**; **Rendite**; **Rückzahlung**; **Häufigkeit**; Basis)	Liefert den Kurswert eines festverzinslichen Wertpapiers mit abweichender erster Zinsperiode.
UNREGER.REND(**Abrechnung**; **Fälligkeit**; **Emission**; **Erster_Zinstermin**; **Zins**; **Kurs**; **Rückzahlung**; **Häufigkeit**; Basis)	Liefert die Rendite eines festverzinslichen Wertpapiers mit abweichender erster Zinsperiode.
UNREGLE.KURS(**Abrechnung**; **Fälligkeit**; **Letzter_Zinstermin**; **Zins**; **Rendite**; **Rückzahlung**; **Häufigkeit**; Basis)	Liefert den Kurswert eines festverzinslichen Wertpapiers mit abweichender letzter Zinsperiode.
UNREGLE.REND(**Abrechnung**; **Fälligkeit**; **Letzter_Zinstermin**; **Zins**; **Kurs**; **Rückzahlung**; **Häufigkeit**; Basis)	Liefert die Rendite eines festverzinslichen Wertpapiers mit abweichender letzter Zinsperiode.
VDB(**Ansch_Wert**; **Restwert**; **Nutzungsdauer**; **Anfang**; **Ende**; Faktor; Nicht_wechseln)	Berechnet die Abschreibungsrate nach der variabel-degressiven Methode.
XINTZINSFUSS(**Werte**; **Zeitpkte**; Schätzwert)	Berechnet den internen Zinssatz für eine Reihe unregelmäßiger Zahlungsvorgänge im unterjährigen Bereich.
XKAPITALWERT(**Zins**; **Werte**; **Zeitpkte**)	Berechnet den Nettokapitalwert für eine Reihe unregelmäßiger Zahlungsvorgänge im unterjährigen Bereich.
ZINS(**Zzr**; **Rmz**; **Bw**; Zw; F; Schätzwert)	Berechnet den Zinssatz einer Investition bei regelmäßigen Auszahlungen.
ZINSSATZ(**Abrechnung**; **Fälligkeit**; **Anlage**; **Rückzahlung**; Basis)	Berechnet den (jährlichen) Zinssatz für eine Investition, bei der zwischen Abrechnung und Rückzahlung keine Zinsen ausgeschüttet werden.

Funktion	Beschreibung
ZINSTERMNZ(**Abrechnung**; **Fälligkeit**; **Häufigkeit**; Basis)	Berechnet das Datum der ersten Zinsausschüttung.
ZINSTERMTAGE(**Abrechnung**; **Fälligkeit**; **Häufigkeit**; Basis)	Berechnet die Anzahl der Tage in derjenigen Zinsperiode, in die der Abrechnungszeitpunkt fällt.
ZINSTERMTAGNZ(**Abrechnung**; **Fälligkeit**; **Häufigkeit**; Basis)	Berechnet die Tage bis zum ersten Zinstermin.
ZINSTERMTAGVA(**Abrechnung**; **Fälligkeit**; **Häufigkeit**; Basis)	Berechnet die Tage vom letzten Zinstermin bis zur Abrechnung.
ZINSTERMVZ(**Abrechnung**; **Fälligkeit**; **Häufigkeit**; Basis)	Berechnet das Datum des letzten Zinstermins.
ZINSTERMZAHL(**Abrechnung; Fälligkeit; Häufigkeit;** Basis)	Berechnet die Zahl der Zinstermine zwischen Kaufdatum und Fälligkeitsdatum.
ZINSZ(**Zins**; **Zr**; **Zzr**; **Bw**; Zw; F)	Berechnet den Zinsanteil für die Abzahlung eines Darlehens.
ZSATZINVEST(**Zzr**; **Bw**; **Zw**)	Berechnet den effektiven Jahreszins für den Wertzuwachs einer Investition.
ZW(**Zins**; **Zzr**; **Rmz**; Bw; F)	Berechnet den zukünftigen Wert auf der Grundlage regelmäßiger Zahlungen.
ZW2(**Kapital**; **Zinsen**)	Berechnet den Endwert eines Kapitals, das mit wechselnden Zinsen verzinst wird.
ZZR(**Zins**; **Rmz**; **Bw**; Zw; F)	Berechnet die Zahl der Zahlungsperioden für die Tilgung eines Darlehens.

15.5 Datums- und Zeitfunktionen

Excel rechnet in den Datums- und Zeitfunktionen mit »seriellen Zahlen«, die in Excel als *Fortlaufende Zahl* bezeichnet werden. Alle Datumsangaben beziehen sich normalerweise auf den 1.1.1900, dieser Tag entspricht der seriellen Zahl 1, der darauffolgende Tag wird durch die serielle Zahl 2 repräsentiert etc., bis zur Zahl 2.958.465, die für den 31.12.9999 steht. Uhrzeiten werden in Excel ebenfalls über die seriellen Zahlen dargestellt. Sie bilden ihren Dezimalteil, und zwar ist 0,00001 die erste Sekunde, 0,5 meint 12 Uhr mittags.

Alternativ kann noch eine andere Zählung der Datumswerte verwendet werden, die der auf dem Mac üblichen Zählung entspricht und die den Austausch von Arbeitsmappen mit dem Mac vereinfacht. Sie geht von dem Zeitpunkt 1.1.1904 als dem Tag 0 aus. In Excel können Sie eine Einstellung auf dieses Datumsformat über **Datei ▸ Optionen ▸ Erweitert ▸ Beim Berechnen dieser Arbeitsmappe** vornehmen, indem Sie **1904-Datumswerte verwenden** ankreuzen.

Mit diesem späteren Einstieg in die Zählung hat Apple das Problem vermieden, dass das Jahr 1900 kein Schaltjahr war, was bei der Zählung ab 1.1.1900 unterstellt wird. Das falsche Datum 29.2.1900 kann bei dieser Zählung eingegeben werden, obwohl es diesen Tag nicht gegeben hat. (Erst mit dem neuen Dateiformat *Strict Open XML* wird dieser Fehler vermieden.) Die Verwendung der Zählung ab 1904 ist auch unter Windows nützlich, wenn mit negativen Werten für Zeiten gerechnet werden soll, wie es bei Arbeitszeitberechnungen vorkommt.

15.5.1 Der Vorteil der seriellen Werte

Durch die Umwandlung in serielle Zahlen kann mit Datums- und Zeitangaben sehr einfach gerechnet werden. Da diese sich nun intern als normale numerische Werte darstellen, können mit ihnen einfache Rechenoperationen vorgenommen werden, vornehmlich Subtraktionen und Additionen. Allerdings muss für den Benutzer nicht unbedingt sichtbar werden, dass die Datums- und Zeitfunktionen mit seriellen Zahlen rechnen, denn in der Ausgabe erscheint das Ergebnis zumeist in einem Datumsformat. Um die Ausgabe als serielle Zahl zu erreichen, braucht das Ergebnis aber nur in das Standard- oder Zahlformat überführt zu werden.

Beim Formatieren der Ergebnisse von Datums- und Zeitfunktionen sollte darauf geachtet werden, dass nicht aus Versehen ein unpassendes Format zugewiesen wird, das dem Datentyp des Ergebnisses nicht entspricht. So liefert die Formel `=JAHR(HEUTE())` im Jahr 2018 das Ergebnis 2018 als Zahl. Wird diese Zelle dann irrtümlich mit einem Datumsformat belegt, erscheint der Wert 10.07.1905.

15.5.2 Periodische Datumsreihen berechnen

Im folgenden Beispiel wird gezeigt, wie mit der Funktion `DATUM()` Datumsberechnungen vorgenommen werden können. Es sollen periodische Datumsreihen beliebiger Art berechnet werden. Sie müssen dazu nur ein Ausgangsdatum und das gewünschte Intervall in Tagen, Wochen oder Monaten eingeben. In der ersten Zeile der Tabelle mit den Datumsreihen wird einfach das Ausgangsdatum durch einen absoluten Bezug übernommen.

Die einzelnen Termine der Datumsreihe sind in Spalte A fortlaufend nummeriert. Auf diese Nummern nehmen die Formeln der Reihe Bezug. In der zweiten Zeile werden Formeln verwendet, um jeweils den Zeitsprung zu berechnen. Diese Formeln müssen nur einmal eingegeben werden und können dann nach unten kopiert werden.

Die Formel für ein Tagesintervall lautet:

```
=DATUM(JAHR($A$5); MONAT($A$5); TAG($A$5)+(A9-1)*$B$5)
```

Vergessen Sie nicht, die absoluten Bezüge zu verwenden, wenn Sie das Beispiel nachvollziehen wollen.

Die Formeln für das Monatsintervall sind entsprechend. Es wird immer ein bestimmtes Vielfaches des angegebenen Intervalls auf den jeweiligen Bestandteil des Datums addiert. Etwas mehr Aufwand macht das Wochenintervall:

```
=DATUM(JAHR($A$5); MONAT($A$5); TAG($A$5)+(A9-1)*$C$5*7)
```

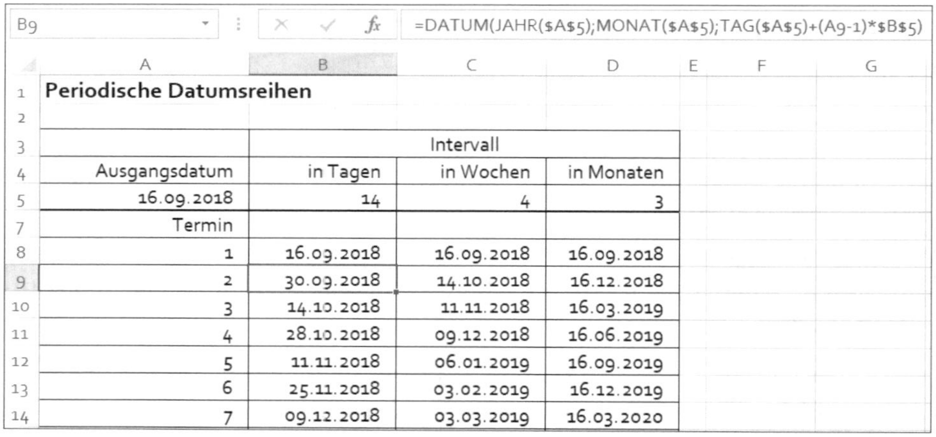

B9 =DATUM(JAHR($A$5);MONAT($A$5);TAG($A$5)+(A9-1)*$B$5)

	A	B	C	D
1	Periodische Datumsreihen			
2				
3		Intervall		
4	Ausgangsdatum	in Tagen	in Wochen	in Monaten
5	16.09.2018	14	4	3
7	Termin			
8	1	16.09.2018	16.09.2018	16.09.2018
9	2	30.09.2018	14.10.2018	16.12.2018
10	3	14.10.2018	11.11.2018	16.03.2019
11	4	28.10.2018	09.12.2018	16.06.2019
12	5	11.11.2018	06.01.2019	16.09.2019
13	6	25.11.2018	03.02.2019	16.12.2019
14	7	09.12.2018	03.03.2019	16.03.2020

Abbildung 15.6 Datumsreihen berechnen

Ist die Tabelle einmal aufgebaut, können Sie in den Zellen B5 bis D5 beliebige Werte für das Intervall eingeben und erhalten sofort die gewünschte Reihe.

15.5.3 Periodische Zeitreihen berechnen

Im nächsten Beispiel werden, ähnlich wie oben im Beispiel über Datumsreihen, periodische Zeitreihen beliebiger Art berechnet. Sie geben eine Ausgangszeit ein und dann das gewünschte Intervall in Stunden, Minuten oder Sekunden. In der ersten Zeile der Tabelle mit den Zeitreihen wird einfach nur die Ausgangszeit durch einen absoluten

Bezug übernommen. Die einzelnen Termine der Zeitreihe sind in Spalte A fortlaufend nummeriert. Auf diese Nummern nehmen die Formeln der Reihe Bezug. In der zweiten Zeile werden Formeln verwendet, um jeweils den Zeitsprung zu berechnen. Diese Formeln müssen nur einmal eingegeben werden und können dann nach unten kopiert werden. Die Formel für ein Stundenintervall lautet:

```
=ZEIT(STUNDE($A$5)+(A9-1)*$B$5; MINUTE($A$5); SEKUNDE($A$5))
```

Vergessen Sie nicht, die absoluten Bezüge zu verwenden, wenn Sie das Beispiel nachvollziehen wollen.

Die Formeln für das Minuten- bzw. Sekundenintervall lauten entsprechend. Es wird immer ein bestimmtes Vielfaches des angegebenen Intervalls auf den jeweiligen Bestandteil der Zeit addiert – hier auf die Minuten oder die Sekunden. Ist die Tabelle einmal aufgebaut, können Sie in den Zellen B5 bis D5 beliebige Werte für das Intervall eingeben und erhalten sofort die gewünschte Reihe.

B9 =ZEIT(STUNDE($A$5)+(A9-1)*$B$5;MINUTE($A$5);SEKUNDE($A$5))

	A	B	C	D	E	F	G
1	**Periodische Zeitreihen**						
2							
3		Intervall					
4	Ausgangszeit	in Stunden	in Minuten	in Sekunden			
5	12:44:17	6	30	30			
6							
7	Termin						
8	1	12:44:17	12:44:17	12:44:17			
9	2	18:44:17	13:14:17	12:44:47			
10	3	00:44:17	13:44:17	12:45:17			
11	4	06:44:17	14:14:17	12:45:47			
12	5	12:44:17	14:44:17	12:46:17			

Abbildung 15.7 Zeitreihen berechnen

15.5.4 Arbeitszeitberechnung

Das folgende Beispiel behandelt die Frage, wie Zeiten zusammengerechnet werden können. Die Zeitfunktionen von Excel liefern ja normalerweise die Uhrzeit für einen bestimmten Zeitpunkt. Es ist aber kein Problem, Zeitdifferenzen zu ermitteln. Etwas knifflig ist das Addieren von Zeiten. Eine kleine Tabelle wurde aufgebaut, um Arbeitszeiten für eine Woche einzutragen. Es werden immer der Beginn und das Ende der Arbeitszeit in den Spalten B und C eingegeben. Unterschieden werden drei verschiedene Arbeitszeiten: Normal-, Samstags- und Sonntagsarbeitszeit. Um die Differenz zu ermitteln, kann wieder mit der Zeitfunktion gearbeitet werden. Die Formel für den ersten Tag lautet:

```
=ZEIT(STUNDE(C5-B5)-1; MINUTE(C5-B5);)
```

Mit –1 bei Stunden wird eine einstündige Pause berücksichtigt.

Wenn nun in der Tabelle die Summen für die drei Zeitarten gezogen werden, zeigt Excel bei normalem Datumsformat nicht die Zeitsummen an, sondern eine Uhrzeit. Das kann aber durch ein spezielles Format geändert werden. Markieren Sie den Bereich D5 bis F12, und wählen Sie im Dialog **Zellen formatieren ▸ Zahlen** die Kategorie **Benutzerdefiniert**. Geben Sie folgendes Format ein:

```
[h]:mm
```

Nun werden die Zeitsummen korrekt angezeigt.

	A	B	C	D	E	F
1	**Arbeitszeitberechnung**				**Woche:**	**37**
2						
3		Beginn	Ende	Normale Arbeitszeit	Samstags-arbeit	Sonntags-arbeit
4	Montag, 10. September 2018	8:40	16:30	6:50		
5	Dienstag, 11. September 2018	8:30	16:30	7:00		
6	Mittwoch, 12. September 2018	12:30	21:30	8:00		
7	Donnerstag, 13. September 2018	14:30	21:30	6:00		
8	Freitag, 14. September 2018	8:30	16:30	7:00		
9	Samstag, 15. September 2018	8:30	12:30		4:00	
10	Sonntag, 16. September 2018	8:30	10:30			2:00
11				10:50	4:00	2:00
12						
13	eine Stunde Pause					

Abbildung 15.8 Arbeitszeitrechnung mit falschen Summen

	A	B	C	D	E	F
1	**Arbeitszeitberechnung**				**Woche:**	**37**
2						
3		Beginn	Ende	Normale Arbeitszeit	Samstags-arbeit	Sonntags-arbeit
4	Montag, 10. September 2018	8:40	16:30	6:50		
5	Dienstag, 11. September 2018	8:30	16:30	7:00		
6	Mittwoch, 12. September 2018	12:30	21:30	8:00		
7	Donnerstag, 13. September 2018	14:30	21:30	6:00		
8	Freitag, 14. September 2018	8:30	16:30	7:00		
9	Samstag, 15. September 2018	8:30	12:30		4:00	
10	Sonntag, 16. September 2018	8:30	10:30			2:00
11				34:50	4:00	2:00
12						
13	eine Stunde Pause					

Abbildung 15.9 Arbeitszeitrechnung mit korrekten Zeitsummen

15.5.5 Liste der Datums- und Zeitfunktionen

Funktion	Beschreibung
ARBEITSTAG(**Ausgangsdatum**; **Tage**; Freie_Tage)	Berechnet ein neues Datum aufgrund der angegebenen Arbeitstage und freien Tage.
ARBEITSTAG.INTL(**Ausgangsdatum**; **Tage**; Wochenende; Freie_Tage)	Berechnet ein neues Datum aufgrund der angegebenen Arbeitstage und freien Tage, wobei die Wochenendtage frei gewählt werden können.
BRTEILJAHRE(**Ausgangsdatum**; **Enddatum**; Basis)	Berechnet den Jahresbruchteil für die Zeitspanne zwischen Ausgangsdatum und Enddatum.
DATEDIF(**Ausgangsdatum**; **Enddatum**; **Einheit**)	Berechnet die Differenz von Ausgangs- und Enddatum.
DATUM(**Jahr**; **Monat**; **Tag**)	Berechnet eine serielle Zahl für das eingegebene Datum.
DATWERT(**Datumstext**)	Wandelt die Zeichenfolge in einen Datumswert um.
EDATUM(**Ausgangsdatum**; **Monate**)	Berechnet ein um Monate verschobenes Datum.
HEUTE()	Liefert das Systemdatum.
ISOKALENDERWOCHE (**Datum**)	Liefert die Zahl der Kalenderwoche nach dem ISO-Standard.
JAHR(**Zahl**)	Liefert das Jahr für das eingegebene Datum.
JETZT()	Liefert das Systemdatum und die Uhrzeit.
KALENDERWOCHE(**Fortlaufende_Zahl**; Zahl_Typ)	Liefert für das angegebene Datum die entsprechende Kalenderwoche.
MINUTE(**Zahl**)	Berechnet den Minutenanteil eines Zeitwerts.
MONAT(**Zahl**)	Liefert die Monatszahl eines Datumswerts.
MONATSENDE(**Ausgangsdatum**; **Monate**)	Liefert den letzten Tag des Monats, in den das um Monate verschobene Datum fällt.

Funktion	Beschreibung
NETTOARBEITSTAGE(**Ausgangsdatum**; **Enddatum**; Freie_Tage)	Berechnet die Arbeitstage zwischen zwei Daten.
NETTOARBEITSTAGE.INTL(**Ausgangsdatum**; **Enddatum**; Wochenende; Freie_Tage)	Berechnet die Arbeitstage zwischen zwei Daten, wobei die Wochenendtage frei gewählt werden können.
SEKUNDE(**Zahl**)	Liefert den Sekundenanteil eines Zeitwerts.
STUNDE(**Zahl**)	Liefert den Stundenanteil eines Zeitwerts.
TAG(**Zahl**)	Gibt die Tagesnummer eines Datumswerts aus.
TAGE360(**Ausgangsdatum**; **Enddatum**; Methode)	Gibt die Anzahl der Tage zwischen zwei verschiedenen Daten aus, wobei das Jahr mit 360 Tagen gerechnet wird.
WOCHENTAG(**Zahl**; Typ)	Liefert die Wochentagsnummer eines Datumswerts.
ZEIT(**Stunde**; **Minute**; **Sekunde**)	Berechnet eine serielle Zahl für die eingegebene Uhrzeit.
ZEITWERT(**Zeit**)	Wandelt die Zeichenfolge in einen Zeitwert um.

15.6 Mathematische Funktionen

Angesichts der Fülle an Funktionen aus den Bereichen von Mathematik und Trigonometrie seien einige Vorbemerkungen erlaubt.

15.6.1 Summen und bedingte Summen

Die vermutlich am häufigsten eingesetzte mathematische Funktion ist die Funktion `SUMME()`. Die Funktion berechnet die Summe der angegebenen Argumente. Insgesamt sind seit Excel 2007 255, in den älteren Versionen nur 30 Argumente erlaubt, was Sie bei der Weitergabe von Arbeitsmappen an Personen beachten sollten, die Excel noch in älteren Versionen einsetzen. Die Argumente können als Konstanten, als Matrixkonstanten, als Zellbezüge oder als Formelausdrücke, die Werte liefern, eingegeben werden. Am effektivsten setzen Sie die Funktion zum Summieren von Zellbereichen ein, weil Sie dabei immer nur den Beginn und das Ende des Bereichs angeben müssen.

Enthalten die Argumente Wahrheitswerte oder als Text eingegebene Zahlen, werden diese wie Zahlen verarbeitet. Fehlerwerte oder Texte, die nicht in Zahlen umgewandelt werden können, führen dagegen zu dem Fehler `#WERT!`. Ist als Argument eine Matrixkonstante oder ein Zellbezug angegeben, werden nur numerische Werte verarbeitet; leere Zellen, Texte und Wahrheitswerte werden dagegen ignoriert. Wie sich unterschiedliche Datentypen auswirken, zeigt Abbildung 15.10. Beachten Sie die Unterschiede zu den Ergebnissen von Formeln, die mit dem +-Operator aufgebaut sind.

	A	B	C	D	E
1	**Datentypen bei der Funktion SUMME()**				
2					
3	Bereich1	Bereich2	A+B	SUMME(A;B)	SUMME(A:B)
4	2	5	7	7	7
5	4	4	8	8	8
6	abend	morgen	#WERT!	0	0
7	WAHR	FALSCH	1	0	0
8	3	apfel	#WERT!	3	3
9	WAHR	WAHR	2	0	0
12	SUMME(Bereich1;Bereich2)		18		

Abbildung 15.10 Die Tabelle zeigt, dass die Funktion SUMME() bestimmte Datentypen anders behandelt als der Operator +.

Eine häufig sehr nützliche Variante der Funktion `SUMME()` ist die Funktion `SUMMEWENN()`, die eine bedingte Addition von Werten erlaubt. Die Syntax ist:

```
=SUMMEWENN(Bereich; Suchkriterien; Summe_Bereich)
```

Die Funktion vergleicht die Werte aus dem mit `Bereich` angegebenen Zellbereich mit dem Suchkriterium, das über das Argument `Suchkriterien` angegeben ist. Dies kann eine Zahl, eine Zeichenfolge oder ein Ausdruck mit einem Vergleichsoperator wie `<10` oder `>Karl` sein oder der Bezug auf eine Zelle, die ein Kriterium enthält.

Werden Werte in *Bereich* gefunden, die dem Kriterium entsprechen, sucht die Funktion nach korrespondierenden Werten in einem zweiten Bereich `Summe_Bereich` und summiert diese auf. Wird kein Wert gefunden, der dem Kriterium entspricht, wird 0 ausgegeben. Wird `Summe_Bereich` nicht angegeben, wird der Teil von *Bereich* aufsummiert, der das Suchkriterium erfüllt.

Abbildung 15.11 zeigt eine Tabelle, in der mehrmals notiert worden ist, wie viele rote und wie viele blaue Produkte verkauft worden sind. Die Funktion summiert die Zahlen für die Farbe Rot.

	A	B
1	**Bedingte Summe**	
2		
3	Bereich	Summe_Bereich
4	rot	1
5	blau	3
6	rot	5
7	blau	7
8	rot	9
9	blau	11
10	SUMMEWENN(Bereich;"rot";Summe_Bereich)	
11		15

Abbildung 15.11 Beispiel für SUMMEWENN()

Die Funktion `SUMMEWENNS()` erweitert die Möglichkeiten der Funktion `SUMMEWENN()` um zusätzliche Auswahlkriterien. Die Syntax ist:

```
=SUMMEWENNS(Summe_Bereich; Kriterium_Bereich1;Kriterien1; Kriterium_
Bereich2;Kriterien2...)
```

Das Argument `Summe_Bereich` gibt den Zellbereich an, in dem sich die zu summierenden Werte befinden. Es folgt eine Liste von Bereichspaaren, die jeweils zunächst den Bereich angeben, für den das anschließend angegebene Kriterium geprüft werden soll. Bis zu 127 solcher Bereichspaare sind möglich. Die Kriterien sind additiv zu verstehen, eine Summierung findet also nur statt, wenn alle Kriterien erfüllt sind. Alle Argumente für `Kriterium_Bereich(n)` müssen Bereiche angeben, die genauso groß sind wie `Summe_Bereich`. Die Kriterienausdrücke dürfen auch Platzhalterzeichen verwenden. In dem in Abbildung 15.12 dargestellten Beispiel werden die Teilnehmerzahlen summiert, wenn sie zwei Kriterien erfüllen.

E8 =SUMMEWENNS(B4:E4;B5:E5;"<30%";B7:E7;">=20%")

	A	B	C	D	E	F	G
1	**Mehrfach bedingte Summen**						
2							
3		Kurs 1	Kurs 2	Kurs 3	Kurs 4		
4	Teilnehmer	80	60	70	110		
5	unter 20	30%	25%	15%	25%		
6	20 - 50	60%	65%	45%	55%		
7	über 50	10%	10%	40%	20%		
8	Summe der Teilnehmer der Kurse mit einem Anteil der unter Zwanzigjährigen von unter 30 % und einem Anteil der über Fünfzigjährigen von mindestens 20 %.				180		

Abbildung 15.12 Beispiel für eine Summierung, bei der zwei Bedingungen gleichzeitig erfüllt sein müssen

15.6.2 Werte runden

Zahlreiche mathematische Funktionen haben mit dem Runden von Werten zu tun. Dabei geht es häufig darum, Werte mit vielen Nachkommastellen in eine für die weiteren Berechnungen leichter zu handhabende Form zu bringen, aber auch um Verfahren, Werte an bestimmte Intervallgrenzen anzupassen. Die Funktion `RUNDEN()` hat die einfache Syntax:

```
=RUNDEN(Zahl; Anzahl_Stellen)
```

Sie rundet den mit `Zahl` angegebenen Wert auf die durch `Anzahl_Stellen` angegebene Stellenzahl auf oder ab. Ist die zu rundende Dezimalstelle größer oder gleich 5, dann wird von 0 weggerundet. `=RUNDEN(3,45;1)` ergibt also 3,5. Ist `Anzahl_Stellen` = 0, wird `Zahl` auf eine Ganzzahl gerundet im Unterschied zur Funktion `GANZZAHL()`, die die Nachkommastellen einfach abschneidet.

Etwas anders ist das Verhalten der Funktion `ABRUNDEN()`, die die gleiche Syntax hat.

```
=ABRUNDEN(-657,65; -1)
```

ergibt z. B. –650.

Die Funktion rundet den mit `Zahl` angegebenen Wert in Richtung 0 auf dem Zahlenstrahl. Positive Zahlen werden also abgerundet, negative aufgerundet. Mit dem Argument `Anzahl_Stellen` wird die Anzahl der Stellen angegeben, die beim Runden berücksichtigt wird. Ist `Anzahl_Stellen` gleich 1 oder größer, dann wird auf die entsprechende Anzahl Dezimalstellen abgeschnitten, ist es 0, werden die Dezimalstellen abgeschnitten, sodass die Ganzzahl übrig bleibt. Ist das Argument negativ, wird um die angegebenen Stellen nach links gerundet, und zwar so, dass sich die gerundete Zahl in Richtung 0 bewegt. Die entgegengesetzte Wirkung hat die Funktion `AUFRUNDEN()`, die immer von der 0 wegrundet. Auch hier können Sie mit dem dritten Argument die Zahl der Stellen bestimmen.

Eine gewisse Verwandtschaft mit den beschriebenen Rundungsfunktionen haben die Funktionen `GANZZAHL()` und `KÜRZEN()`. Während `GANZZAHL()` alle Nachkommastellen ohne Rundung entfernt, schneidet `KÜRZEN()` alle Nachkommastellen ab, die über die angegebene Anzahl an Stellen hinausgehen. Wird `Anzahl_Stellen` nicht angegeben, wird das Argument als 0 angenommen und der ganzzahlige Rest wiedergegeben. Allerdings verhält sich `KÜRZEN()` bei negativen Zahlen anders als `GANZZAHL()`.

```
=GANZZAHL(-5,7)
```

ergibt –6, und

```
=KÜRZEN(-5,7)
```

ergibt –5.

Erwähnt sei in diesem Zusammenhang noch die Funktion `ABS()`, die jeweils den absoluten Wert der angegebenen Zahl liefert, also ein eventuell vorhandenes Vorzeichen entfernt.

Spezielle Varianten des Auf- und Abrundens von Werten erlauben das Funktionspaar `OBERGRENZE.MATHEMATIK()` und `UNTERGRENZE.MATHEMATIK()`. Die Syntax ist:

```
=OBERGRENZE.MATHEMAIIK(Zahl; Schritt; Modus)
=UNTERGRENZE.MATHEMATI<(Zahl; Schritt; Modus)
```

Beide Funktionen runden den mit `Zahl` angegebenen Wert auf das nächste Vielfache von `Schritt` auf oder ab. Mit dem Wert 0,05 für `Schritt` können Sie z. B. bestimmen, dass die Hundertstelstelle beim Auf- oder Abrunden immer nur eine 5 oder eine 0 sein kann. Eine praktische Anwendung sind Preiskalkulationen, in denen die kleinste Differenz 5 Cent ist. Das Argument `Modus` kann angeben, ob von der 0 weg oder zur 0 hin gerundet wird.

	A	B
1	**OBERGRENZE.MATHEMATIK**	
2		
3		Formel
4	5,00000	=OBERGRENZE.MATHEMATIK(4,3)
5	-4,00000	=OBERGRENZE.MATHEMATIK(-4,3)
6	6,00000	=OBERGRENZE.MATHEMATIK(4,3; 2)
7	6,00000	=OBERGRENZE.MATHEMATIK(4,3; -2)

Abbildung 15.13 Beispiele für die Funktion OBERGRENZE.MATHEMATIK()

Einen ähnlichen Effekt können Sie auch mit der Funktion `VRUNDEN()` erreichen. Die Syntax ist:

```
=VRUNDEN(Zahl; Vielfaches)
```

Die Funktion rundet den Wert von `Zahl` jeweils auf das nächste Vielfache des mit `Vielfaches` angegebenen Werts. Wenn die Division von `Zahl` durch `Vielfaches` einen Rest liefert, der kleiner ist als die Hälfte von `Vielfaches`, wird abgerundet, sonst aufgerundet.

Schließlich gibt es noch die Möglichkeit, Zahlenwerte auf die nächste gerade oder ungerade Zahl zu runden.

```
=UNGERADE(5,3)
```

ergibt 7, und

```
=GERADE(5,3)
```

ergibt 6.

15.6.3 Mathematische Grundfunktionen

Eine große Gruppe der mathematischen Funktionen betrifft allgemeine mathematische Aufgaben. Dazu gehören auch die Funktionen für das Potenzieren, Radizieren und Logarithmieren. Die Funktion `PRODUKT()` erlaubt Ihnen, in einem Zug bis zu 255 Werte miteinander zu multiplizieren.

```
=PRODUKT(4; 5; 6)
```

liefert als Ergebnis: 120.

Für die Division gibt es mehrere Funktionen:

```
=QUOTIENT(Zähler; Nenner)
```

liefert das ganzzahlige Ergebnis einer Division; der Rest wird weggelassen. `=QUOTIENT(15; 6)` ergibt also 2.

Die Umkehrung ist die Funktion `REST()`. `=REST(15; 6)` ergibt 3. Sie liefert also den Restbetrag – Modulo – bei der Division.

Für das Potenzieren verwenden Sie die Funktion `POTENZ()` mit folgender Syntax:

```
=POTENZ(Zahl; Potenz)
```

Die Funktion gibt als Ergebnis die Potenzierung einer Zahl aus. Dabei wird dasselbe Rechenverfahren verwendet, das auch mit dem Operatorzeichen ^ zur Anwendung kommt. Anstelle von `=4^2` können Sie also `=POTENZ(4; 2)` eingeben.

Für das Logarithmieren stellt Ihnen Excel mehrere Funktionen zur Verfügung:

```
=LN(Zahl)
```

liefert den natürlichen Logarithmus einer Zahl, d. h. denjenigen Wert, mit dem die eulersche Zahl potenziert werden müsste, damit der mit `Zahl` angegebene Wert als Ergebnis herauskommt.

```
=LOG(Zahl; Basis)
```

ist von allen Logarithmusfunktionen die allgemeinste. Sie gestattet es, den Logarithmus einer Zahl zu jeder beliebigen Basis zu ermitteln, wobei das Ergebnis immer derjenige Wert ist, mit dem die Basis potenziert werden müsste, um diese Zahl zu erhalten. Wird auf die Angabe einer Basis verzichtet, dann nimmt Excel als Basis 10 an. Das entspricht der Funktion

```
=LOG10(Zahl)
```

Zum Wurzelziehen verwenden Sie die folgende Funktion:

```
=WURZEL(Zahl)
```

Die Funktion ermittelt die Quadratwurzel einer Zahl. Für »höhere« Wurzeln wird die Tatsache genutzt, dass anstelle der n-ten Wurzel auch geschrieben werden kann: hoch 1/n. Die dritte Wurzel (Kubikwurzel) aus einer Zahl wird demnach geschrieben: `=Zahl^(1/3)` oder `=POTENZ(Zahl;1/3)`.

15.6.4 Fakultät und Kombinationen

Nicht selten wird bei mathematischen Berechnungen die Fakultät einer Zahl benötigt. Die Funktion dafür ist

```
=FAKULTÄT(Zahl)
```

Die Fakultät von 4 ist z. B. 24 (`= 1*2*3*4`).

Anwendungsbereich ist insbesondere die Kombinatorik, in der im weitesten Sinne die Frage gestellt wird, wie viele Möglichkeiten es gibt, Elemente aus einer Menge zu kombinieren. Hier nur ein Beispiel: Wie viele Möglichkeiten gibt es, sechs verschiedene Zahlen von 49 im Lotto auszuwählen?

```
=FAKULTÄT(49)/((FAKULTÄT(6)*FAKULTÄT(49-6))
```

Das Ergebnis ist 13.983.816, d. h., es gibt über 13 Mio. Möglichkeiten, sechs Zahlen auf einem Lottoschein anzukreuzen, und so viele Kombinationen müssten durchgespielt werden, um ganz sicher »6 Richtige« im Lotto zu haben. Excel stellt Ihnen für solche Berechnungen auch noch die spezielle Funktion `KOMBINATIONEN()` zur Verfügung. Die Syntax ist:

```
=KOMBINATIONEN(n; k)
```

Die Funktion beantwortet die Frage, wie viele Gruppen der Größe `k` aus `n` Elementen gebildet werden können, wenn die Reihenfolge keine Rolle spielt. Die Funktion gibt den Wert des Binomialkoeffizienten aus. Sie rechnet nach der Formel

```
n! / (k! * (n-k)!)
```

Das Beispiel mit den Lottozahlen lässt sich also noch etwas einfacher durchrechnen:

```
=KOMBINATIONEN(49; 6)
```

ergibt ebenfalls 13.983.816.

15.6.5 Zufallszahlen erzeugen

Gerade in der Testphase von Kalkulationsmodellen sind häufig zwei Funktionen sehr hilfreich, die Zufallswerte erzeugen:

```
=ZUFALLSZAHL()
=ZUFALLSBEREICH(Untere_Zahl; Obere_Zahl)
```

Die erste Funktion erzeugt immer Werte zwischen 0 und 1, bei der zweiten Funktion können Sie mit den beiden Argumenten die erlaubte Streuung der Werte vorgeben. Dabei werden immer Ganzzahlen generiert. Beachten Sie aber, dass sich die Zufallszahlen bei jeder Neuberechnung ändern. Wenn Sie mit Werten arbeiten wollen, die sich im Nachhinein nicht mehr verändern, dann drücken Sie die Taste [F9], wenn Sie die Funktion in der Bearbeitungszeile eingegeben haben (bevor Sie die [↵]-Taste drücken).

15.6.6 Trigonometrische Funktionen

Die Winkelfunktionen, die nicht nur in der Geometrie, sondern auch in all jenen wissenschaftlichen Bereichen benötigt werden, die sich mit Schwingungen im weitesten Sinne (Schall, Licht, Elektrizität, Mechanik) befassen, verdanken sich ursprünglich Berechnungen am rechtwinkligen Dreieck.

Gearbeitet wird mit Winkelgrößen, die nicht in Grad, sondern in Bogenmaß angegeben sind. Als Bogenmaß eines Winkels wird die Länge des Kreisbogens bezeichnet, den der Winkel aus dem Einheitskreis (Kreis mit dem Radius 1) ausschneidet. Da der Umfang eines Kreises `2*r*PI` ist, beträgt der Umfang des Einheitskreises `2*PI`, das Bogenmaß des Winkels 360 Grad ist also `2*PI`.

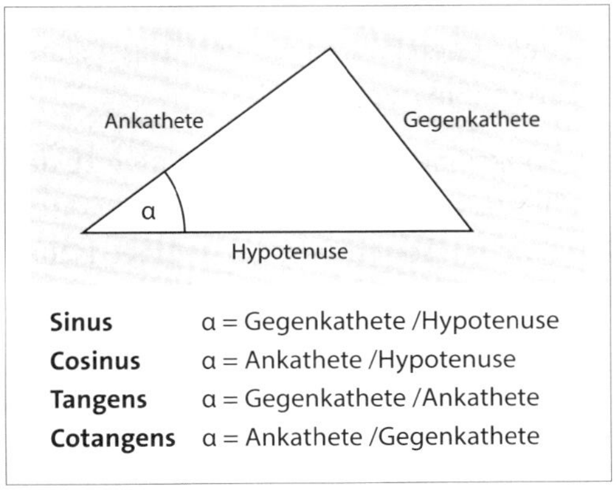

Abbildung 15.14 Trigonometrische Funktionen

Die Umrechnung von Grad in Bogenmaß ist demnach:

```
Grad = Bogenmaß*180/PI
Bogenmaß = Grad*PI/180
```

Die Winkelfunktionen geben die Verhältnisse bestimmter Seiten eines rechtwinkligen Dreiecks in Abhängigkeit von einem Winkel an:

```
SIN(x) = Gegenkathete/Hypotenuse
COS(x) = Ankathete/Hypotenuse
TAN(x) = Gegenkathete/Ankathete
COT(x) = Ankathete/Gegenkathete
```

Der Cotangens ist der Kehrwert des Tangens:

```
COT(x) = 1/TAN(x)
```

Mit den jeweiligen Arcus-Funktionen wird ausgehend von einer Winkelfunktion der zugehörige Winkel im Bogenmaß (= Arcus) ermittelt. Es gilt also für alle Winkelfunktionen eine Beziehung nach dem Muster:

```
Wenn y = SIN(x), dann gilt ARCSIN(y) = x
```

15.6.7 Hyperbolische Funktionen

Die hyperbolischen Funktionen sind, trotz ihrer an Winkelfunktionen erinnernden Namen, keine eigentlichen Winkelfunktionen. Das wird schon daran deutlich, dass sie im Gegensatz zu Winkelfunktionen nicht periodisch verlaufen. Die Namensgebung rechtfertigt sich aber aus einer großen formalen Übereinstimmung bei den Beziehungen zwischen den einzelnen Funktionen sowie aus mathematischen Zusammenhängen zwischen beiden. Anwendung finden derartige Funktionen z. B. in einigen statistischen Näherungsverfahren, bei statischen Berechnungen und in der Analysis.

Die Bezeichnung der inversen Funktionen (Area-Funktionen) mit ARC ... (analog zu den Arcus-Funktionen der Winkelfunktionen) ist allerdings sehr unglücklich: Die Area-Funktionen liefern keinen Winkel im Bogenmaß (Arcus), sondern in der geometrischen Deutung eine Fläche. Der Cotangens hyperbolicus ist der Kehrwert des Tangens hyperbolicus:

```
COTHYP(x) = 1/TANHYP(x)
```

Hyperbolische Funktionen

	SINHYP()	COSHYP()	TANHYP()
-4	-27,28992	27,30823284	-0,9993293
-3,9	-24,69110	24,71134551	-0,999180866
-3,8	-22,33941	22,36177763	-0,998999598
-3,7	-20,21129	20,23601394	-0,998778241
-3,6	-18,28546	18,31277908	-0,998507942
-3,5	-16,54263	16,57282467	-0,998177898
-3,4	-14,96536	14,99873666	-0,997774928
-3,3	-13,53788	13,57476104	-0,99728296
-3,2	-12,24588	12,2866462	-0,996682398
-3,1	-11,07645	11,12150024	-0,995949359
-3	-10,01787	10,067662	-0,995054754
-2,9	-9,05956	9,114584295	-0,993963167
-2,8	-8,19192	8,252728417	-0,99263152
-2,7	-7,40626	7,473468619	-0,991007454
-2,6	-6,69473	6,769005807	-0,989027402
-2,5	-6,05020	6,13228948	-0,986614298
-2,4	-5,46623	5,556947167	-0,983674858
-2,3	-4,93696	5,037220649	-0,980096396
-2,2	-4,45711	4,567908329	-0,97574313
-2,1	-4,02186	4,14431317	-0,970451937
-2	-3,62686	3,762195691	-0,96402758
-1,9	-3,26816	3,417731531	-0,956237458
-1,8	-2,94217	3,107473176	-0,946806013
-1,7	-2,64563	2,828315458	-0,935409071

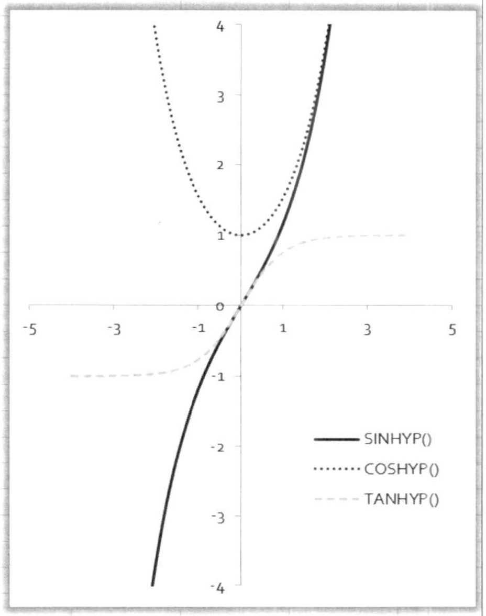

Abbildung 15.15 Hyperbolische Funktionen

Für die Area-Funktionen gilt (analog zu den Winkelfunktionen) für alle hyperbolischen Funktionen eine Beziehung nach dem Muster:

```
Wenn y = SINHYP(x), dann gilt ARCSINHYP(y) = x
```

15.6.8 Liste der mathematischen Funktionen

Funktion	Beschreibung
ABRUNDEN(**Zahl; Anzahl_ Stellen**)	Rundet eine Zahl in Richtung 0 auf dem Zahlenstrahl.
ABS(**Zahl**)	Eliminiert die Vorzeichen von Zahlenwerten.
AGGREGAT(**Funktion; Optionen; Array;** k) AGGREGAT(**Funktion; Optionen; Bezug1;** Bezug2...)	Liefert Aggregate von Daten in Zellbereichen oder Matrizen, wobei die Art der Auswertung und die Behandlung bestimmter Werte gewählt werden können.

Funktion	Beschreibung
ARABISCH(**Text**)	Konvertiert eine römische Zahl in eine arabische Zahl.
ARCCOS(**Zahl**)	Liefert zu einem Kosinus den Winkel im Bogenmaß.
ARCCOSHYP(**Zahl**)	Liefert den umgekehrten hyperbolischen Kosinus.
ARCCOT(**Zahl**)	Liefert den Arkuskotangens einer Zahl im Bogenmaß.
ARCCOTHYP(**Zahl**)	Liefert den umgekehrten hyperbolischen Kotangens.
ARCSIN(**Zahl**)	Liefert zu einem Sinuswert den Winkel im Bogenmaß.
ARCSINHYP(**Zahl**)	Umkehrfunktion zur Funktion SINHYP()
ARCTAN(**Zahl**)	Errechnet zu einem Tangens den Winkel im Bogenmaß.
ARCTAN2(**x_Koordinate**; **y_Koordinate**)	Ermittelt den Arkustangens direkt aus den xy-Koordinaten.
ARCTANHYP(**Zahl**)	Umkehrfunktion zu TANHYP()
AUFRUNDEN(**Zahl**; **Anzahl_Stellen**)	Rundet eine Zahl von der Null weg.
BASIS(**Zahl**; **Basis**; Mindestlänge)	Konvertiert eine Zahl in eine Textdarstellung mit der angegebenen Basis.
BOGENMASS(**Winkel**)	Wandelt den Gradwert des angegebenen Winkels in Bogenmaß um.
COS(**Zahl**)	Berechnet den Kosinus des angegebenen Winkels.
COSEC(**Zahl**)	Berechnet den Kosekans eines Winkels.
COSECHYP(**Zahl**)	Berechnet den hyperbolischen Kosekans eines Winkels.
COSHYP(**Zahl**)	Liefert den hyperbolischen Kosinus.
COT(**Zahl**)	Liefert den Kotangens eines Winkels.
COTHYP(**Zahl**)	Liefert den hyperbolischen Kotangens eines Winkels.
DEZIMAL(**Text**; **Basis**)	Konvertiert die Textdarstellung einer Zahl mit der angegebenen Basis in eine Dezimalzahl.
EXP(**Zahl**)	Bewirkt, dass die eulersche Zahl *e* (2,71828...) mit dem angegebenen Wert potenziert wird.
FAKULTÄT(**Zahl**)	Liefert die Fakultät der angegebenen *Zahl*.
GANZZAHL(**Zahl**)	Reduziert einen numerischen Ausdruck auf die nächstkleinere ganze Zahl.

Funktion	Beschreibung
GERADE(**Zahl**)	Rundet Zahlen zur nächsten geraden Ganzzahl.
GGT(**Zahl1**; Zahl2; ...)	Liefert den größten gemeinsamen Teiler von ganzen Zahlen.
GRAD(**Winkel**)	Rechnet aus Bogenmaß in Grad um.
KGV(**Zahl1**; Zahl2; ...)	Liefert das kleinste gemeinsame Vielfache.
KOMBINATIONEN(**n**; **k**)	Gibt den Wert des Binomialkoeffizienten aus.
KOMBINATIONEN2(**Zahl**; **gewählte_Zahl**)	Berechnet die Anzahl der Kombinationen mit Wiederholung für eine angegebene Anzahl von Elementen.
KÜRZEN(**Zahl**; Anzahl_Stellen)	Kürzt auf die angegebene Stellenzahl.
LN(Zahl)	Liefert den natürlichen Logarithmus.
LOG(**Zahl**; Basis)	Liefert den Logarithmus zur angegebenen Basis.
LOG10(**Zahl**)	Liefert den dekadischen Logarithmus.
MDET(**Matrix**)	Liefert die Determinante der angegebenen Matrix.
MEINHEIT(**Größe**)	Liefert die Einheitsmatrix für die angegebene Größe.
MINV(**Matrix**)	Bildet die Inverse zu einer Matrix.
MMULT(**Array1**; **Array2**)	Liefert das Produkt zweier Matrizen.
OBERGRENZE.MATHEMATIK(**Zahl**; Schritt; Modus)	Rundet eine Zahl auf das kleinste Vielfache von *Schritt* auf.
PI()	Liefert den numerischen Wert von PI.
POLYNOMIAL(**Zahl1**; Zahl2; ...)	Liefert die Fakultät der Summe der Argumente geteilt durch das Produkt der Fakultäten.
POTENZ(**Zahl**; **Potenz**)	Liefert die angegebene Potenz einer Zahl.
POTENZREIHE(**x**; **n**; **m**; **Koeffizienten**)	Liefert eine Summe von Potenzen der Zahl *x*.
PRODUKT(**Zahl1**; Zahl2; ...)	Multipliziert alle Argumente miteinander.
QUADRATESUMME(**Zahl1**; Zahl2; ...)	Berechnet die Summe der Quadrate der Werte.
QUOTIENT(**Zähler**; **Nenner**)	Liefert das ganzzahlige Ergebnis einer Division.
REST(**Zahl**; **Divisor**)	Liefert den Restbetrag (Modulo) bei einer Division.
RÖMISCH(**Zahl**; Typ)	Wandelt Zahlen in römische Zahlen um.

Funktion	Beschreibung
RUNDEN(**Zahl**; **Anzahl_ Stellen**)	Rundet Werte auf oder ab.
SEC(**Zahl**)	Liefert den Sekans eines Winkels.
SECHYP(**Zahl**)	Liefert den hyperbolischen Sekans eines Winkels.
SIN(**Zahl**)	Berechnet den Sinus des angegebenen Winkels.
SINHYP(**Zahl**)	Liefert den hyperbolischen Sinus des Werts.
SUMME(**Zahl1**; Zahl2; ...)	Berechnet die Summe der angegebenen Argumente.
SUMMENPRODUKT(**Array1**; Array2; Array3; ...)	Multipliziert die Elemente von Matrizen miteinander und summiert die Multiplikationsergebnisse.
SUMMEWENN(**Bereich**; **Suchkriterien**; Summe_ Bereich)	Berechnet die Summe der Werte, die das angegebene Kriterium erfüllen.
SUMMEWENNS(**Summe_ Bereich**; **Kriterium_Bereich1**; **Kriterien1**; Kriterium_Bereich2; Kriterien2...)	Berechnet die Summe der Werte, die mehrere Kriterien erfüllen.
SUMMEX2MY2(**Matrix_x**; **Matrix_y**)	Subtrahiert die Summen der quadrierten x-Werte und der quadrierten y-Werte.
SUMMEX2PY2(**Matrix_x**; **Matrix_y**)	Addiert die Summen der quadrierten x-Werte und der quadrierten y-Werte.
SUMMEXMY2(**Matrix_x**; **Matrix_y**)	Bewirkt, dass die Differenz zwischen x-Werten und y-Werten ausquadriert wird und dann die einzelnen Werte aufsummiert werden.
TAN(**Zahl**)	Berechnet den Tangens des angegebenen Winkels.
TANHYP(**Zahl**)	Liefert den hyperbolischen Tangens.
TEILERGEBNIS(**Funktion**; **Bezug1**; Bezug2; ...)	Gibt ein Teilergebnis aus einer Tabelle oder Datenbank zurück.
UNGERADE(**Zahl**)	Rundet Zahlen zur nächsten ungeraden Ganzzahl.
UNTERGRENZE.MATHEMATIK(**Zahl**; Schritt; Modus)	Rundet auf das nächste Vielfache von *Schritt* ab.

Funktion	**Beschreibung**
VORZEICHEN(Zahl)	Ergibt bei positiven Zahlen *1*, bei negativen Zahlen *–1* und bei Null *0*.
VRUNDEN(Zahl; Vielfaches)	Rundet Werte auf das nächste erreichbare Vielfache.
WURZEL(Zahl)	Ermittelt die Quadratwurzel einer Zahl.
WURZELPI(Zahl)	Liefert die Quadratwurzel aus (*Zahl* * PI).
ZUFALLSBEREICH(Untere_ Zahl; Obere_Zahl)	Erzeugt ganzzahlige Zufallszahlen zwischen *Untere_ Zahl* und *Obere_Zahl*.
ZUFALLSZAHL()	Produziert Zufallszahlen zwischen *0* und *1*.
ZWEIFAKULTÄT(Zahl)	Liefert die Doppelfakultät einer positiven Zahl.

15.7 Statistische Funktionen

Für Berechnungen aus dem Bereich der Statistik braucht Excel von der Funktionsvielfalt her gesehen den Vergleich mit professionellen Statistikprogrammen kaum zu scheuen. Um Ihnen die Orientierung in diesem Bereich etwas zu erleichtern, hier wenigstens ein paar kurze Vorbemerkungen.

15.7.1 Überblick über die Statistikfunktionen

Die Statistikfunktionen decken mehrere Bereiche ab: die Analyse einzelner Stichproben, bei denen ein oder mehrere Größen erfasst wurden, Analyse und Vergleich mehrerer Stichproben, Vergleich von Stichproben mit einer Grundgesamtheit und Aspekte wie Wahrscheinlichkeitsrechnung und Wahrscheinlichkeitsverteilungen von Zufallsvariablen.

Deskriptive und induktive statistische Methoden

Eine erste Aufteilung der angebotenen statistischen Funktionen ergibt sich aus der Unterscheidung zwischen deskriptiven und induktiven statistischen Methoden. Erstere, die *deskriptiven* (beschreibenden) *Methoden*, stehen am Anfang jeder Analyse von Daten, sie beziehen sich auf den gegebenen Ausgangsdatenbestand. Typische Funktionen sind hier etwa die Berechnung der Häufigkeitsverteilung, der verschiedenen Formen von Mittelwerten oder die Berechnung der Streuung.

Von *induktiven statistischen Methoden* wird gesprochen, wenn es darum geht, von Daten aus einer Stichprobe auf die Verhältnisse zurückzuschließen, die in der Grundgesamtheit herrschen, aus der die Stichprobe genommen wurde. Das ist das typische Terrain der Meinungsforscher, die aus ein paar Hundert Interviews ableiten, was Millionen Menschen über ein bestimmtes Thema denken. Die Statistikfunktionen decken hier mehrere Bereiche ab: die Analyse einzelner Stichproben, bei denen ein oder mehrere Merkmale erfasst wurden, Analyse und Vergleich mehrerer Stichproben, Vergleich von Stichproben mit einer Grundgesamtheit und Aspekte wie Wahrscheinlichkeitsrechnung und Wahrscheinlichkeitsverteilungen von Zufallsvariablen.

Unterschiedliche Skalen

Um die Frage beantworten zu können, welche statistischen Methoden Sie auf ein bestimmtes Datenmaterial anwenden können, ist es zunächst notwendig, die Art der Skalierung zu berücksichtigen. Hauptsächlich wird unterschieden zwischen nominalskalierten, ordinalskalierten und metrischskalierten Werten.

Wird z. B. bei Personen der Familienstand erfasst, stellen die möglichen Merkmale Werte einer *Nominalskala* dar. Es handelt sich dabei um qualitative Merkmale, bei denen nur festgestellt werden kann, dass sie unterschiedlich sind. Sie lassen sich aber nicht in eine Ordnung bringen, die etwa einem Merkmal einen höheren Rang zuweisen würde als einem anderen. Es lässt sich auch nichts über Abstände zwischen den Merkmalen aussagen.

Bei *ordinalskalierten Werten* kann an den Daten darüber hinaus auch eine bestimmte Rangordnung abgelesen werden, wie es etwa bei Schulnoten der Fall ist. Die Note 1 ist besser als die Note 2, 4 besser als 5, aber dennoch lässt sich nicht behaupten, dass der Abstand zwischen 1 und 2 genau dem Abstand zwischen 4 und 5 entspricht. Liefern zusätzlich auch die genauen Abstände zwischen Werten verwertbare Informationen, wie es etwa bei Daten über Gewicht und Größe der Fall ist, liegt den Daten eine *metrische Skala* zugrunde. Es ist evident, dass bestimmte statistische Auswertungen für eine bestimmte Skalierung wenig Sinn ergeben, wie etwa ein Mittelwert zwischen den Statusmerkmalen *verheiratet* und *ledig*.

Eine weitere grundlegende Unterscheidung in Bezug auf die Art des Datenmaterials ist die zwischen *diskreten Werten* und *stetigen Werten*. Während der Familienstand einer Person nur wenige Werte annehmen kann, lässt sich die Körpergröße in einer beliebigen Genauigkeit, also auch mit beliebigen Zwischenwerten, angeben.

15.7.2 Stichproben und Grundgesamtheiten

Fast alle statistischen Verfahren haben entweder mit Stichproben oder mit Grundgesamtheiten zu tun, häufig auch direkt oder indirekt mit beidem. Eine Stichprobe ist eine Untergruppe von Elementen aus einer Grundgesamtheit, die zufällig aus dieser ausgewählt wurden. Zufällig heißt hier, dass bei der Auswahl darauf geachtet wird, dass nicht bestimmte Elemente der Grundgesamtheit bevorzugt werden. Die Grundgesamtheit ist die Menge der Elemente, aus denen die Stichprobe entnommen wird.

Soll etwa für die weitverbreiteten Meinungsumfragen eine Stichprobe der Wahlberechtigten vorgenommen werden, genügt es nicht, ein oder alle Telefonbücher zufällig aufzuschlagen (Telefonbesitzer werden bevorzugt) oder auf der Straße Leute anzusprechen (zu Hause Bleibende werden benachteiligt). Entsprechend haben die Institute, die Meinungsumfragen durchführen, wohlgehütete Geheimnisse, wie sie zu ihren repräsentativen Stichproben kommen.

15.7.3 Zufallsvariablen und Wahrscheinlichkeit

Auf der Grundlage statistischer Erhebungen oder zuweilen auch theoretischer Überlegungen lässt sich häufig für das Auftauchen bestimmter Größen eine bestimmte Wahrscheinlichkeit angeben. So ist etwa die Wahrscheinlichkeit, beim Münzwurf eine Zahl zu werfen, 1/2 (0,5 oder 50 %), beim Würfeln eine 6 zu schaffen, 1/6 (0,166666), aus einem Skatspiel eine bestimmte Karte zu ziehen, 1/32 (0,03125) etc. Für die Errechnung solcher Wahrscheinlichkeiten, die nicht ganz so trivial sind, hält Excel 2019 eine Anzahl von Funktionen bereit.

In anderen Fällen wird die Wahrscheinlichkeit durch Abzählen der Grundgesamtheit ermittelt. Ist z. B. bekannt, dass in einem Land 51 % der Bevölkerung weiblich sind, dann ist die Wahrscheinlichkeit, dass ein zufällig ausgewählter Mensch weiblich ist, 0,51. Eine Größe dieser Art heißt Zufallsvariable. Ist diese Variable so wie in den genannten Beispielen diskret, lässt sich direkt eine Wahrscheinlichkeit dafür angeben, dass sie einen bestimmten Wert oder einen von mehreren Werten annimmt.

Anders ist es bei nichtdiskreten Variablen. Sind etwa die Körpergrößen einer Grundgesamtheit von Menschen erfasst, stellt sich sowohl bei der Erfassung als auch bei der Angabe der Wahrscheinlichkeiten die Frage nach der Messgenauigkeit und nach der Einordnung. Die Frage, wie wahrscheinlich die Größe von z. B. 1,73 m ist, kann so gar nicht beantwortet werden: Ist 1,7299999 ebenso gemeint oder nicht? Die Werte müssen also in Klassen eingeteilt werden (z. B. 172,5 bis 173,49999 ...). Für alle derartigen Größen arbeitet die Statistik mit sogenannten Wahrscheinlichkeitsverteilungen für kontinuierliche Variablen, von denen Excel 2019 mehrere zur Verfügung stellt.

15.7.4 Untersuchung von Stichproben

Bei der Untersuchung von Stichproben stellen sich meist zwei Fragen: Was hat die Stichprobe ergeben, und welche Schlüsse erlaubt sie auf die Grundgesamtheit? Für die erste Frage gibt es zunächst zwei Größen, den Mittelwert und die Streuung. Als Maße sind hier eigentlich nur zwei gebräuchlich, das arithmetische Mittel und die Standardabweichung (oder das Quadrat der Standardabweichung, die Varianz). Aus diesen beiden Größen lassen sich dann auch die entsprechenden Parameter der Grundgesamtheit schätzen, wobei die Schätzung umso verlässlicher wird, je größer die Stichprobe ist, siehe dazu `MITTELWERT()`, `VAR.S()` und `STABW.S()`.

Eine andere Fragestellung bei einer Stichprobe ist, ob die ermittelten Werte einer bestimmten Gesetzmäßigkeit gehorchen. Soll etwa untersucht werden, ob es einen Zusammenhang zwischen dem persönlichen Einkommen und der Größe des genutzten Wohnraums gibt, ist anzunehmen, dass eine Beziehung besteht: je mehr Einkommen, desto mehr Quadratmeter. Maße dafür sind der Korrelationskoeffizient (`KORREL()`) und die Kovarianz (`KOVARIANZ.P()`), die Angaben darüber liefern, ob und wie stark die Daten zusammenhängen.

Kann darüber hinaus vermutet werden, dass der Zusammenhang linear oder exponentiell ist, dann lässt sich dieser Zusammenhang weitgehend durch Regression, d. h. durch Rückführung der Werte auf eine Gerade oder eine Exponentialkurve, klären. Dafür stehen die mächtigen Funktionen `RGP()` und `RKP()` zur Verfügung.

15.7.5 Statistische Tests

Die Aufgabe statistischer Tests ist es, ganz allgemein gesprochen, festzustellen, mit welcher Sicherheit oder Unsicherheit von Werten einer Stichprobe auf Werte der Grundgesamtheit geschlossen werden kann. Dazu gibt es in Excel zwei Funktionsgruppen. Die eine bietet die Möglichkeit, direkt Tests anhand von Stichproben durchzuführen, die andere liefert Werte aus Wahrscheinlichkeitsverteilungen, anhand derer aus den Stichproben gewonnene Parameter überprüft werden können.

Beim t-Test (`T.TEST()`) wird die Frage geprüft, ob zwei Stichproben sich in ihrem Mittelwert zufällig unterscheiden (dann wären beide Stichproben derselben Grundgesamtheit zufällig entnommen) oder ob sie sich nicht zufällig unterscheiden (dann stammen sie entweder aus verschiedenen Grundgesamtheiten oder sind nicht zufällig entnommen). Hier liefert die Funktion `T.TEST()` direkt einen Wahrscheinlichkeitswert.

Ebenfalls mit dem t-Test lässt sich klären, ob die relative Häufigkeit eines Merkmals in einer Stichprobe zufällig von der Wahrscheinlichkeit dieses Merkmals in der Grundgesamtheit abweicht oder nicht. Leider ist dieser Fall nicht von einer Funktion erfasst, sodass hier auf die t-Verteilung (`T.VERT()`) zurückgegriffen werden muss.

Mit dem F-Test (`F.TEST()`) wird geprüft, ob zwei Stichproben sich in ihrer Varianz zufällig unterscheiden oder nicht. Auch hier ist wieder der Umweg über die F-Verteilung (`F.VERT()`) gangbar und bei manchen Fragestellungen notwendig.

Der Chi-Test (`CHIQU.TEST()`) schließlich dient der Überprüfung der Frage, ob eine Stichprobe, mit der mehrere Werte erfasst sind, mit einer Grundgesamtheit übereinstimmt, aus der für diese Werte Erwartungswahrscheinlichkeiten bekannt sind. Auch hier steht zusätzlich die Verteilungsfunktion zur Verfügung.

15.7.6 Verteilungsfunktionen

Von Zufallsgrößen war oben schon die Rede. Es wurde die Frage gestellt, mit welcher Wahrscheinlichkeit ein bestimmtes Ereignis auftritt. Für die Beantwortung dieser Frage steht in Excel eine Anzahl von Funktionen zur Verfügung, mit denen Sie sich das sonst notwendige Nachschlagen in umfangreichen Tabellenwerken ersparen können.

Gemäß der Unterscheidung in diskrete und stetige Zufallsgrößen lassen sich auch die zugehörigen Verteilungen in diskrete und stetige unterscheiden. Hier kurz ein Überblick mit einigen Hinweisen zur Anwendung:

- **Binomialverteilung** – `BINOM.VERT()`: Grundlage ist ein Ereignis, das jeweils mit einer bestimmten Wahrscheinlichkeit eintreten kann oder auch nicht. Beispiele dafür sind Münzwürfe, Würfeln, Kartenziehen (wobei die Karte anschließend zurückgesteckt werden muss); aber auch männlich/weiblich, berufstätig/nicht berufstätig etc.
- **Hypergeometrische Verteilung** – `HYPERGEOM.VERT()`: Wird bei einem Beispiel wie Kartenziehen die Karte nicht zurückgesteckt, ändert sich beim nächsten Versuch die theoretische Wahrscheinlichkeit. In solchen Fällen wird die hypergeometrische Verteilung benutzt.
- **Poisson-Verteilung** – `POISSON.VERT()`: Diese Verteilung wird normalerweise als Näherung für die Binomialverteilung bei sehr großen Zahlen und sehr kleinen

Wahrscheinlichkeiten genommen. Da Excel aber genauso gut mit der Binomialverteilung rechnen kann, ist dieser Ausweg nicht unbedingt erforderlich.

- **Normalverteilung** – `NORM.VERT()` und `NORM.S.VERT()`: In all den Fällen, in denen einer Zufallsvariablen eine Grundgesamtheit zugrunde liegt, die sehr groß ist (ab 1.000), und in denen eine stetige Größe gemessen wird, können Sie in der Regel davon ausgehen, dass sie normalverteilt ist oder sich einer Normalverteilung annähert. Das ist in zahlreichen Beispielen der Fall, sodass die Normalverteilung im Prinzip die wichtigste der stetigen Verteilungen ist. Der Sonderfall ist die Standardnormalverteilung, bei der der Mittelwert = 0 und die Standardabweichung = 1 ist.

Zusätzlich stellt Excel noch einige weniger gebräuchliche Verteilungen zur Verfügung, die gleichwohl für Spezialanwendungen nützlich sind.

Standardnormalverteilung

	Verteilung	Dichte
-4	0,0000	0,0001
-3,75	0,0001	0,0004
-3,5	0,0002	0,0009
-3,25	0,0006	0,0020
-3	0,0013	0,0044
-2,75	0,0030	0,0091
-2,5	0,0062	0,0175
-2,25	0,0122	0,0317
-2	0,0228	0,0540
-1,75	0,0401	0,0863
-1,5	0,0668	0,1295
-1,25	0,1056	0,1826
-1	0,1587	0,2420
-0,75	0,2266	0,3011
-0,5	0,3085	0,3521
-0,25	0,4013	0,3867
0	0,5000	0,3989
0,25	0,5987	0,3867
0,75	0,7734	0,3011
1	0,8413	0,2420

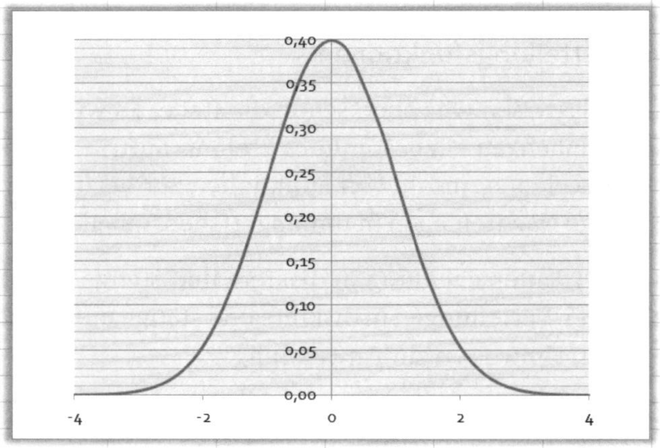

Abbildung 15.16 Der Graph der Dichtefunktion der Standardnormalverteilung

Um die Handhabung der Verteilungsfunktionen zu erleichtern, hier abschließend noch ein Hinweis. Den Wahrscheinlichkeitsverteilungen liegt mathematisch immer eine Dichtefunktion zugrunde, bei der Normalverteilung etwa die abgebildete Glockenkurve. Der jeweilige y-Wert sagt aber noch nichts über die Wahrscheinlichkeit des zugehörigen x-Wertes. Erst die Fläche zwischen zwei x-Werten (mathematisch das bestimmte Integral) ist ein Maß für die Wahrscheinlichkeit.

In Anlehnung an die diskreten Verteilungen verwendet Excel 2019 hier einen Wahrheitswert Kumuliert, der die Funktion veranlasst, entweder die Dichte (FALSCH) oder die Wahrscheinlichkeit (WAHR) zu berechnen; der erste Fall liefert also den Wert der Dichtefunktion, der zweite den Wert der Wahrscheinlichkeitsverteilung.

Für die meisten Verteilungsfunktionen steht obendrein eine inverse Funktion zur Verfügung (... INV()). Das Verhältnis der beiden Funktionen zueinander ist folgendes:

- Die Verteilungsfunktion liefert die Wahrscheinlichkeit dafür, dass eine Zufallsvariable einen Wert gleich oder kleiner als einen vorgegebenen Wert (als Argument x) annimmt.
- Die inverse Funktion liefert zu einer angegebenen Wahrscheinlichkeit den Wert, der gleich oder kleiner dem der Zufallsvariablen mit der angegebenen Wahrscheinlichkeit ist. Da dieser Wert »Quantil« genannt wird, lässt sich der Zusammenhang auch so angeben:

  ```
  ...VERT(q) = p
  ...INV(p)  = q
  ```

  mit p = Wahrscheinlichkeit und q = Quantil.

15.7.7 Berechnung der Standardabweichung bei Testergebnissen

Bei der Auswertung von Testergebnissen stellt sich regelmäßig die Frage, welche durchschnittlichen Werte zustande kommen und wie groß die Streuung ist. In Abbildung 15.17 sehen Sie ein einfaches Beispiel: ein Test, an dem zahlreiche Personen beteiligt waren und der im Ergebnis verschiedene Punktwerte geliefert hat. Die Punktwerte sind in der Spalte B aufgelistet.

Liegen alle Werte vor, kann leicht der arithmetische Mittelwert berechnet werden. Sie verwenden die Funktion MITTELWERT() und geben als Argumente die Adressen des Bereichs mit den Punkten an. Ein anderer mittlerer Wert ist der MEDIAN(), der auf dieselbe Weise errechnet werden kann. Das Ergebnis ist hier 1.208 und so zu verstehen, dass in diesem Beispiel genau die Hälfte der Werte über 1.208 und die andere Hälfte unter 1.208 liegt.

Der Mittelwert selbst sagt aber noch nichts über die Streuung der Ergebnisse aus. Bei gleichem Mittelwert können ja die Werte eng um den Mittelpunkt herumliegen oder auch ziemlich weit davon entfernt. In der Spalte C sind hier zur Veranschaulichung die Differenzen zum Mittelwert berechnet worden, einfach durch Subtraktion des Einzelwertes vom Mittelwert. Wird von diesen Differenzen der Mittelwert gebildet, zeigt sich, dass sich die negativen und positiven Abweichungen aufheben. Das Ergebnis ist also nicht aussagekräftig.

Verbessert werden kann die Situation, wenn wie in Spalte D mithilfe der Funktion `ABS()` die absolute Differenz zum Mittelwert gebildet wird. Das Ergebnis in Zelle D16 ist die durchschnittliche Abweichung. Diese einfache Berechnung der Abweichung hat aber den Nachteil, dass größere Abweichungen weniger ins Gewicht fallen. Um dem zu entgehen, wird bei den Funktionen für die Berechnung der Varianz und der Standardabweichung mit den Quadraten der Abweichung gearbeitet. Die Summe der quadrierten Abweichungen wird dann durch die Anzahl geteilt. Die Varianz ist also gleich dem Mittelwert der Quadrate der Abweichung. Die Formel heißt:

```
=VAR.P(B4:B15)
```

Als Standardabweichung wird wieder die Wurzel aus der Varianz gezogen:

```
=STABW.N(B4:B15)
```

Wie Sie an den Ergebnissen sehen können, ist die Standardabweichung in diesem Beispiel doch deutlich höher als die mittlere Abweichung.

	A	B	C	D	E	F
1	**Standardabweichung und Varianz bei Testergebnissen**					
2						
3	Test 1	Punkte	Abweichung vom Mittelwert	Abweichung absolut	Quadrate der Abweichung	
4	Testperson 1	970	153	153	23285	
5	Testperson 2	1389	-267	267	71096	
6	Testperson 3	878	244	244	59647	
7	Testperson 4	673	450	450	202073	Standardabweichung
8	Testperson 5	700	423	423	178587	248
9	Testperson 6	1258	-135	135	18226	
10	Testperson 7	1108	15	15	227	
11	Testperson 8	1302	-179	179	32084	Varianz
12	Testperson 9	1350	-227	227	51740	61727
13	Testperson 10	1158	-35	35	1235	
14	Testperson 11	1395	-272	272	74248	
15	Testperson 12	1291	-168	168	28273	
16	Mittelwert	1123	0	214	61727	
17	Median	1208				

Abbildung 15.17 Berechnung der Standardabweichung bei Testergebnissen

15.7.8 Bedingte Maximal- und Minimalwerte

Neu in Excel 2019 sind die Funktionen `MAXWENNS()` und `MINWENNS()`. Sie liefern das Maximum oder Minimum in einem Zellbereich unter Berücksichtigung von Filterkriterien, die paarweise durch Angabe von Kriterienbereichen und den ihnen zugeordneten Kriterien festgelegt werden. 126 solcher Paare sind erlaubt.

Es muss jeweils beachtet werden, dass die Größe der Kriterienbereiche denen der Bereiche, die die auszuwertenden Daten enthalten, in Größe und Form entsprechen, ansonsten liefert die Funktion einen Fehlerwert. Das Beispiel in Abbildung 15.18 wertet in beiden Formeln den Bereich der Gewichtsangaben aus und sucht im Bereich der Altersangaben nach den Werten der über 30-Jährigen beziehungsweise der unter 40-Jährigen.

	A	B	C
1	Person	Alter	Gewicht
2	1	23	69
3	2	25	66
4	3	29	68
5	4	33	72
6	5	35	74
7	6	35	63
8	7	43	68
9	8	43	88
10	9	43	58
11	10	43	79
12	=MAXWENNS(C2:C11;B2:B11;">30")		**88**
13	=MINWENNS(C2:C11;B2:B11;"<40")		**63**

Abbildung 15.18 Bedingte Maximal- und Minimalwerte

15.7.9 Liste der statistischen Funktionen

Funktion	**Beschreibung**
ACHSENABSCHNITT(**Y_Werte**; **X_Werte**)	Liefert den Ordinatenabschnitt für den Schnittpunkt der Regressionsgeraden mit der y-Achse.
ANZAHL(**Wert1**; Wert2; ...)	Berechnet die Anzahl der numerischen Werte.
ANZAHL2(**Wert1**; Wert2; ...)	Ermittelt die Anzahl der Werte, wobei Texte und logische Werte mitgezählt werden.
ANZAHLLEEREZELLEN(**Bereich**)	Ermittelt die Anzahl der leeren Zellen im Bereich.
BESTIMMTHEITSMASS(**Y_Werte**; **X_Werte**)	Ermittelt das Quadrat des pearsonschen Korrelationskoeffizienten.
BETA.INV(**Wahrsch**; **Alpha**; **Beta**; A; B)	Liefert Quantile einer Betaverteilung.

Funktion	Beschreibung
BETA.VERT(**x**; **Alpha**; **Beta**; **Kumuliert**; A; B)	Liefert die Wahrscheinlichkeitsverteilung für eine betaverteilte Zufallsvariable.
BINOM.INV(**Versuche**; **Erfolgswahrsch**; **Alpha**)	Liefert die kleinste Anzahl erfolgreicher Versuche, für die die kumulierten Wahrscheinlichkeiten größer oder gleich einer Grenzwahrscheinlichkeit sind.
BINOM.VERT(**Zahl_Erfolge**; **Versuche**; **Erfolgswahrsch**; **Kumuliert**)	Liefert die Wahrscheinlichkeit von Zufallsvariablen bei einer Binomialverteilung.
BINOM.VERT.BEREICH(**Versuche**; **Erfolgswahrsch**; **Zahl_Erfolge**; Zahl2_Erfolge)	Gibt die Erfolgswahrscheinlichkeit eines Versuchsergebnisses als Binomialverteilung zurück.
CHIQU.INV(**Wahrsch**; **Freiheitsgrade**)	Liefert Quantile der linksseitigen Chi-Quadrat-Verteilung.
CHIQU.INV.RE(**Wahrsch**; **Freiheitsgrade**)	Liefert Quantile der rechtsseitigen Chi-Quadrat-Verteilung.
CHIQU.TEST(**Beob_Messwerte**; **Erwart_Werte**)	Liefert den Wahrscheinlichkeitswert für den Chi-Quadrat-Test beim Vergleich zwischen beobachteten und erwarteten Größen.
CHIQU.VERT(**x**; **Freiheitsgrade**; **Kumuliert**)	Liefert Werte der linksseitigen Verteilungsfunktion für eine chi-quadrat-verteilte Zufallsvariable.
CHIQU.VERT.RE(x; **Freiheitsgrade**)	Liefert Werte der rechtssseitigen Verteilungsfunktion für eine chi-quadrat-verteilte Zufallsvariable.
EXPON.VERT(**x**; **Lambda**; **Kumuliert**)	Liefert Wahrscheinlichkeiten für eine exponentialverteilte Zufallsvariable.
F.INV(**Wahrsch**; Freiheitsgrade1; Freiheitsgrade2)	Liefert Quantile der linksseitigen F-Verteilung.
F.INV.RE(Wahrsch; **Freiheitsgrade1**; **Freiheitsgrade2**)	Liefert Quantile der rechtsseitigen F-Verteilung.
F.TEST(**Matrix1**; **Matrix2**)	Liefert die Wahrscheinlichkeit der Übereinstimmung zweier Stichproben hinsichtlich ihrer Varianzen.
F.VERT(**x**; **Freiheitsgrade1**; **Freiheitsgrade2**; **Kumuliert**)	Liefert Werte der Verteilungsfunktion (1-Alpha) einer linksseitigen F-verteilten Zufallsvariablen.

Funktion	Beschreibung
F.VERT.RE(**x**; **Freiheitsgrade1**; **Freiheitsgrade2**)	Liefert Werte der Verteilungsfunktion (1-Alpha) einer rechtsseitigen F-verteilten Zufallsvariablen.
FISHER(**x**)	Liefert die Fisher-Transformation eines Korrelationskoeffizienten.
FISHERINV(**y**)	Umkehrfunktion zu FISHER()
G.TEST(**Matrix**; **x**; Sigma)	Liefert die einseitige Wahrscheinlichkeit für einen Gauß-Test.
GAMMA(x)	Liefert den Wert der Gammafunktion.
GAMMA.INV(**Wahrsch**; **Alpha**; **Beta**)	Liefert Quantile der Gammaverteilung.
GAMMA.VERT(**x**; **Alpha**; **Beta**; **Kumuliert**)	Liefert Wahrscheinlichkeiten für eine gammaverteilte Zufallsvariable.
GAMMALN(**x**)	Liefert den natürlichen Logarithmus zur Gammafunktion.
GAMMALN.GENAU(**x**)	Liefert den natürlichen Logarithmus zur Gammafunktion.
GAUSS(**x**)	Gibt 0,5 weniger als die kumulierte Normalverteilung zurück.
GEOMITTEL(**Zahl1**; Zahl2; ...)	Berechnet das geometrische Mittel.
GESTUTZTMITTEL(**Matrix**; **Prozent**)	Berechnet das arithmetische Mittel, wobei Extremwerte nicht berücksichtigt werden.
HARMITTEL(**Zahl1**; Zahl2; ...)	Berechnet das harmonische Mittel.
HÄUFIGKEIT(**Daten**; **Klassen**)	Liefert die Häufigkeit innerhalb der durch Klassen definierten Intervalle.
HYPGEOM.VERT(**Erfolge_S**; **Umfang_S**; **Erfolge_G**; **Umfang_G**; **Kumuliert**)	Berechnet Wahrscheinlichkeiten einer hypergeometrisch verteilten Zufallsvariablen.
KGRÖSSTE(**Matrix**; **k**)	Gibt den *k*-größten Wert zurück.
KKLEINSTE(**Matrix**; **k**)	Gibt den *k*-kleinsten Wert zurück.
KONFIDENZ.NORM(**Alpha**; **Standardabwn**; **Umfang**)	Berechnet das Konfidenzintervall.
KONFIDENZ.T(**Alpha**; **Standardabwn**; **Umfang**)	Berechnet das Konfidenzintervall einer T-verteilten Grundgesamtheit.

Funktion	Beschreibung
KORREL(**Matrix1**; **Matrix2**)	Liefert den Korrelationskoeffizienten zweier Datenreihen.
KOVARIANZ.P(**Array1**; **Array2**)	Liefert ein Maß für den Zusammenhang zwischen den Daten zweier Datenreihen.
KOVARIANZ.S(**Array1**; **Array2**)	Liefert für Stichproben ein Maß für den Zusammenhang zwischen den Daten zweier Datenreihen.
KURT(**Zahl1**; Zahl2; ...)	Liefert die Kurtosis (Wölbung) einer Häufigkeitsverteilung.
LOGNORM.INV(**Wahrsch**; **Mittelwert**; **Standabwn**)	Liefert das Quantil einer logarithmischen Normalverteilung.
LOGNORM.VERT(**x**; **Mittelwert**; **Standabwn**; **Kumuliert**)	Liefert den Wert der Wahrscheinlichkeitsverteilung für eine logarithmische Normalverteilung.
MAX(**Zahl1**; Zahl2; ...)	Liefert den größten Wert.
MAXA(**Wert1**; Wert2; ...)	Liefert den größten Wert, wobei auch Zellen mit Texten oder Wahrheitswerten berücksichtigt werden.
MAXWENNS(**Max_Bereich**; **Kriterienbereich1**; **Kriterien1**; Kriterienbereich2; Kriterien2; ...)	Liefert den größten Wert aus dem angegebenen Bereich, der die in den Kriterienbereichen angegebenen Kriterien erfüllt.
MEDIAN(**Zahl1**; Zahl2; ...)	Ermittelt den Median einer Reihe von Daten.
MIN(**Zahl1**; Zahl2; ...)	Liefert den kleinsten Wert.
MINA(**Wert1**; Wert2; ...)	Liefert den kleinsten Wert, wobei auch Zellen mit Texten oder Wahrheitswerten berücksichtigt werden.
MINWENNS(**Min_Bereich**; **Kriterienbereich1**; **Kriterien1**; Kriterienbereich2; Kriterien2; ...)	Liefert den kleinsten Wert aus dem angegebenen Bereich, der die in den Kriterienbereichen angegebenen Kriterien erfüllt.
MITTELABW(**Zahl1**; Zahl2; ...)	Liefert die mittlere lineare Abweichung.
MITTELWERT(**Zahl1**; Zahl2; ...)	Liefert das arithmetische Mittel.
MITTELWERTA(**Wert1**; Wert2; ...)	Liefert das arithmetische Mittel, wobei auch Zellen mit Texten oder Wahrheitswerten berücksichtigt werden.

Funktion	Beschreibung
MITTELWERTWENN(**Bereich**; **Kriterien**; Mittelwert_Bereich)	Liefert das arithmetische Mittel von Werten, die einem Kriterium entsprechen.
MITTELWERTWENNS(**Mittelwert_Bereich**; **Kriterien_Bereich1**; **Kriterien1**; Kriterien_Bereich2; Kriterien2…)	Liefert das arithmetische Mittel von Werten, die mehreren Kriterien entsprechen.
MODUS.EINF(**Zahl1**; Zahl2; ...)	Liefert den in einer Datenreihe am häufigsten vorkommenden Wert.
MODUS.VIELF(**Zahl1**; Zahl2; ...)	Liefert die in einer Datenreihe am häufigsten vorkommenden Werte.
NEGBINOM.VERT(**Zahl_Misserfolge**; **Zahl_Erfolge**; **Erfolgswahrsch**; **Kumuliert**)	Berechnet, mit welcher Wahrscheinlichkeit ein zusammengesetztes Ereignis eintritt.
NORM.INV(**Wahrsch**; **Mittelwert**; **Standabwn**)	Liefert Quantile der Normalverteilung.
NORM.S.INV(**Wahrsch**)	Liefert Quantile der Standardnormalverteilung.
NORM.S.VERT(**z**; **Kumuliert**)	Gibt die Wahrscheinlichkeit dafür an, dass eine Zufallsvariable aus der Standardnormalverteilung den Wert *z* oder kleiner annimmt.
NORM.VERT(**x**; **Mittelwert**; **Standabwn**; **Kumuliert**)	Liefert Werte einer Normalverteilung.
PEARSON(**Matrix1**; **Matrix2**)	Liefert den pearsonschen Korrelationskoeffizienten.
PHI(**x**)	Liefert den Wert der Dichtefunktion für eine Standardnormalverteilung.
POISSON.VERT(**x**; **Mittelwert**; **Kumuliert**)	Liefert Wahrscheinlichkeiten für Zufallsvariablen, die zu einer Poisson-Verteilung gehören.
PROGNOSE.ETS (**Ziel_Datum**; **Werte**; **Zeitachse**; Saisonalität; Daten_Vollständigkeit; Aggregation	Liefert den Schätzwert für ein bestimmtes Zieldatum, wobei eine exponentielle Glättungsmethode verwendet wird.

Funktion	Beschreibung
PROGNOSE.ETS.KONFINT(**Ziel_Datum**; **Werte**; **Zeitachse**; Saisonalität; Daten_Vollständigkeit; Aggregation)	Liefert ein Konfidenzintervall zu dem Schätzwert für ein bestimmtes Zieldatum.
PROGNOSE.ETS.SAISONALITÄT(**Werte**; **Zeitachse**; Daten_Vollständigkeit; Aggregation)	Liefert die Länge des Wiederholungsmusters, das Excel in einer Serie feststellen kann.
PROGNOSE.ETS.STAT(**Werte**; **Zeitachse**; **Statistik_Typ**; Saisonalität; Daten_Vollständigkeit; Aggregation)	Liefert statistische Kenndaten zu einer Prognose.
PROGNOSE.ETS.LINEAR(**X**; **Y-Werte**; **X-Werte**)	Liefert für den vorgegebenen Wert *x* einen Schätzwert von *y* anhand einer linearen Regression.
QUANTIL.EXKL(**Array**; **k**)	Liefert denjenigen Wert einer Datenreihe, unterhalb dessen ein mit k (Wertebereich zwischen *0* und *1* und ausschließlich *0* und *1*) angegebener Bruchteil der Daten liegt.
QUANTIL.INKL(**Array**; **k**)	Liefert denjenigen Wert einer Datenreihe, unterhalb dessen ein mit k (Wertebereich von *0* bis *1*) angegebener Bruchteil der Daten liegt.
QUANTILSRANG.EXKL(**Array**; **x**; Genauigkeit)	Liefert die Angabe des Anteils von Daten, die unterhalb des angegebenen Werts (Wertebereich zwischen *0* und *1* und ausschließlich *0* und *1*) liegen.
QUANTILSRANG.INKL(**Array**; **x**; **Genauigkeit**)	Liefert die Angabe des Anteils von Daten, die unterhalb des angegebenen Werts (Wertebereich von *0* bis *1*) liegen.
QUARTILE.EXKL(**Array**; **Quartile**)	Unterteilt – basierend auf Perzentilwerten (Wertebereich zwischen *0* und *1* und ausschließlich *0* und *1*) – die Daten von Array in Bereiche mit je gleichen Anteilen von Daten.
QUARTILE.INKL(**Array**; **Quartile**)	Unterteilt – basierend auf Perzentilwerten (Wertebereich von *0* bis *1*) – die Daten von Array in Anteilsbereiche.

Funktion	Beschreibung
RANG.GLEICH(**Zahl**; **Bezug**; Reihenfolge)	Liefert den Rang, den ein Wert in einer Datenreihe in Bezug auf seine Größe einnimmt.
RANG.MITTELW(**Zahl**; **Bezug**; Reihenfolge)	Liefert den gemittelten Rang, den ein Wert in einer Datenreihe in Bezug auf seine Größe einnimmt.
RGP(**Y_Werte**; X_Werte; Konstante; Stats)	Liefert Kennziffern zur linearen Regression.
RKP(**Y_Werte**; X_Werte; Konstante; Stats)	Liefert Kennziffern zur exponentiellen Regression.
SCHIEFE(**Zahl1**; Zahl2; ...)	Liefert ein Maß für die Asymmetrie der Häufigkeitsverteilung einer Stichprobe.
SCHIEFE.P(**Zahl1**; Zahl2; ...)	Liefert ein Maß für die Asymmetrie der Häufigkeitsverteilung einer Grundgesamtheit.
STABW.N(**Zahl1**; Zahl2; ...)	Berechnet die Standardabweichung auf der Basis der Grundgesamtheit.
STABW.S(**Zahl1**; Zahl2; ...)	Schätzt die Standardabweichung auf der Basis einer Stichprobe.
STABWA(**Wert1**; Wert2; ...)	Schätzt die Standardabweichung auf der Basis einer Stichprobe, wobei auch Zellen mit Texten oder Wahrheitswerten berücksichtigt werden.
STABWNA(**Wert1**; Wert2; ...)	Berechnet die Standardabweichung auf der Basis der Grundgesamtheit, wobei auch Zellen mit Texten oder Wahrheitswerten berücksichtigt werden.
STANDARDISIERUNG(**x**; **Mittelwert**; **Standabwn**)	Rechnet Werte einer Normalverteilung in Werte einer Standardnormalverteilung um.
STEIGUNG(**Y_Werte**; **X_Werte**)	Liefert die Steigung für eine Regressionsgerade.
STFEHLERYX(**Y_Werte**; **X_Werte**)	Liefert den Standardschätzfehler bei linearer Regression.
SUMQUADABW(**Zahl1**; Zahl2; ...)	Gibt die Summe der quadratischen Abweichungen aus.
T.INV(**Wahrsch**; **Freiheitsgrade**)	Liefert linksseitige Quantile der T-Verteilung.
T.INV.2S(**Wahrsch**; **Freiheitsgrade**)	Liefert zweiseitige Quantile der T-Verteilung.

Funktion	Beschreibung
T.TEST(**Matrix1**; **Matrix2**; **Seiten**; **Typ**)	Liefert Werte für den Vergleich zweier Stichproben.
T.VERT(**x**; **Freiheitsgrade**; **Kumuliert**)	Liefert linksseitige Wahrscheinlichkeitswerte einer T-verteilten Zufallsvariablen.
T.VERT.2S(**x**; **Freiheitsgrade**)	Liefert zweiseitige Wahrscheinlichkeitswerte einer T-verteilten Zufallsvariablen.
T.VERT.RE(**x**; **Freiheitsgrade**)	Liefert rechtsseitige Wahrscheinlichkeitswerte einer T-verteilten Zufallsvariablen.
TREND(**Y_Werte**; X_Werte; Neue_x_Werte; Konstante)	Berechnet auf der Basis der linearen Regression geschätzte y-Werte.
VAR.P(**Zahl1**; Zahl2; ...)	Berechnet die Varianz auf der Basis der Grundgesamtheit.
VAR.S(**Zahl1**; Zahl2; ...)	Schätzt die Varianz der Grundgesamtheit auf der Basis einer Stichprobe.
VARIANZA(**Wert1**; Wert2; ...)	Schätzt die Varianz der Grundgesamtheit auf der Basis einer Stichprobe, wobei auch Zellen mit Texten oder Wahrheitswerten berücksichtigt werden.
VARIANZENA(**Wert1**; Wert2; ...)	Berechnet die Varianz auf der Basis der Grundgesamtheit, wobei auch Zellen mit Texten oder Wahrheitswerten berücksichtigt werden.
VARIATION(**Y_Werte**; X_Werte; Neue_x_Werte; Konstante)	Berechnet Werte, die sich aus einem exponentiellen Trend ergeben.
VARIATIONEN(**n**; **k**)	Berechnet die Reihe von geordneten Folgen, die mit den angegebenen Argumenten möglich sind.
VARIATIONEN2(**Zahl**; **gewählte_Zahl**)	Berechnet die Anzahl der Permutationen für die angegebene Anzahl von Objekten (mit Wiederholungen), die aus der Gesamtmenge der Objekte ausgewählt werden können.
WAHRSCHBEREICH(**Beob_Werte**; **Beob_Wahrsch**; **Untergrenze**; Obergrenze)	Berechnet die Wahrscheinlichkeit dafür, dass ein Beobachtungswert in das angegebene Intervall fällt.
WEIBULL.VERT(**x**; **Alpha**; **Beta**; **Kumuliert**)	Liefert die Wahrscheinlichkeiten für eine Weibull-verteilte Zufallsvariable.

Funktion	Beschreibung
ZÄHLENWENN(**Bereich; Suchkriterien**)	Gibt die Anzahl der nicht leeren Zellen im Bereich, die dem angegebenen Kriterium entsprechen, an.
ZÄHLENWENNS(**Kriterienbereich1; Kriterien1**; Kriterienbereich2; Kriterien2...)	Gibt die Anzahl der nicht leeren Zellen im Bereich, die mehreren Kriterien entsprechen, an.

15.7.10 Liste der kompatiblen Funktionen

Im Folgenden finden Sie noch eine Liste der Funktionen, die als kompatible Funktionen im Bereich der Statistik weiterhin gültig bleiben. Es wird aber empfohlen, in neuen Arbeitsmappen die entsprechenden aktuellen Funktionen zu verwenden. In der Hilfe zu den kompatiblen Funktionen finden Sie jedes Mal Hinweise auf die Funktionen, die diese ersetzt haben.

Funktion	Beschreibung
BETAINV(**Wahrsch; Alpha; Beta**; A; B)	Liefert Quantile einer Betaverteilung.
BETAVERT(**x; Alpha; Beta**; A; B)	Liefert die Wahrscheinlichkeitsverteilung für eine betaverteilte Zufallsvariable.
BINOMVERT(**Zahl_Erfolge; Versuche; Erfolgswahrsch; Kumuliert**)	Liefert die Wahrscheinlichkeit von Zufallsvariablen bei einer Binomialverteilung.
CHIINV(**Wahrsch; Freiheitsgrade**)	Liefert Quantile der Chi-Quadrat-Verteilung.
CHITEST(**Beob_Messwerte; Erwart_Werte**)	Liefert den Wahrscheinlichkeitswert für den Chi-Quadrat-Test.
CHIVERT(**x; Freiheitsgrade**)	Berechnet aus dem Wert für *x* und für *Freiheitsgrade* die Überschreitungswahrscheinlichkeit für die Übereinstimmung von beobachteten und erwarteten Werten.
EXPONVERT(**x; Lambda; Kumuliert**)	Liefert Wahrscheinlichkeiten für eine exponentialverteilte Zufallsvariable.
FINV(**Wahrsch; Freiheitsgrade1; Freiheitsgrade2**)	Liefert Quantile der F-Verteilung.

Funktion	Beschreibung
FTEST(**Matrix1**; **Matrix2**)	Liefert die Wahrscheinlichkeit der Übereinstimmung zweier Stichproben hinsichtlich ihrer Varianzen.
FVERT(**x**; **Freiheitsgrade1**; **Freiheitsgrade2**)	Liefert Werte der Verteilungsfunktion (1-Alpha) einer F-verteilten Zufallsvariablen.
GAMMAINV(**Wahrsch**; **Alpha**; **Beta**)	Liefert Quantile der Gammaverteilung.
GAMMAVERT(**x**; **Alpha**; **Beta**; **Kumuliert**)	Liefert Wahrscheinlichkeiten für eine gammaverteilte Zufallsvariable.
GTEST(**Matrix**; **x**; Sigma)	Liefert die einseitige Wahrscheinlichkeit für einen Gauß-Test.
HYPGEOMVERT(**Erfolge_S**; **Umfang_S**; **Erfolge_G**; **Umfang_G**)	Berechnet Wahrscheinlichkeiten einer hypergeometrisch verteilten Zufallsvariablen.
KONFIDENZ(**Alpha**; **Standabwn**; **Umfang_S**)	Berechnet das Konfidenzintervall.
KOVAR(**Matrix1**; **Matrix2**)	Liefert ein Maß für den Zusammenhang zwischen den Daten zweier Datenreihen.
KRITBINOM(**Versuche**; **Erfolgswahrsch**; **Alpha**)	Liefert die kleinste Anzahl erfolgreicher Versuche, für die die kumulierten Wahrscheinlichkeiten größer oder gleich einer Grenzwahrscheinlichkeit sind.
LOGINV(**Wahrsch**; **Mittelwert**; **Standabwn**)	Liefert Quantile einer logarithmischen Normalverteilung.
LOGNORMVERT(**x**; **Mittelwert**; **Standabwn**)	Liefert die Wahrscheinlichkeitsverteilung für eine logarithmische Normalverteilung.
MODALWERT(**Zahl1**; Zahl2; ...)	Liefert den in einer Datenreihe am häufigsten vorkommenden Wert.
NEGBINOMVERT(**Zahl_Misserfolge**; **Zahl_Erfolge**; **Erfolgswahrsch**)	Berechnet, mit welcher Wahrscheinlichkeit ein zusammengesetztes Ereignis eintritt.
NORMINV(**Wahrsch**; **Mittelwert**; **Standabwn**)	Liefert Quantile der Normalverteilung.
NORMVERT(**x**; **Mittelwert**; **Standabwn**; **Kumuliert**)	Liefert Werte einer Normalverteilung.

Funktion	Beschreibung
OBERGRENZE(**Zahl**; **Schritt**)	Rundet eine Zahl auf das kleinste Vielfache von *Schritt* auf.
POISSON(**x**; **Mittelwert**; **Kumuliert**)	Liefert Wahrscheinlichkeiten für Zufallsvariablen, die zu einer Poisson-Verteilung gehören.
QUANTIL(**Matrix**; **Alpha**)	Liefert denjenigen Wert einer Datenreihe, unterhalb dessen ein mit *Alpha* angegebener Bruchteil der Daten liegt.
QUANTILSRANG(**Matrix**; **x**; Genauigkeit)	Liefert die Angabe des Anteils von Daten, die unterhalb des angegebenen Werts liegen.
QUARTILE(**Matrix**; **Quartil**)	Unterteilt die Daten von *Matrix* in vier Bereiche mit je gleichen Anteilen von Daten.
RANG(**Zahl**; **Bezug**; Reihenfolge)	Liefert den Rang, den ein Wert in einer Datenreihe in Bezug auf seine Größe einnimmt.
SCHÄTZER(**x**; **Y_Werte**; **X_Werte**)	Liefert für den vorgegebenen Wert *x* einen Schätzwert von *y* anhand einer linearen Regression.
STABW(**Zahl1**; Zahl2; ...)	Schätzt die Standardabweichung auf der Basis einer Stichprobe.
STABWN(**Zahl1**; Zahl2; ...)	Berechnet die Standardabweichung auf der Basis der Grundgesamtheit.
STANDNORMINV(**Wahrsch**)	Liefert Quantile der Standardnormalverteilung.
STANDNORMVERT(**z**)	Gibt die Wahrscheinlichkeit dafür an, dass eine Zufallsvariable aus einer Standardnormalverteilung den Wert *z* oder kleiner annimmt.
TINV(**Wahrsch**; **Freiheitsgrade**)	Liefert Quantile der T-Verteilung.
TTEST(**Matrix1**; **Matrix2**; **Seiten**; **Typ**)	Liefert Werte für den Vergleich zweier Stichproben.
TVERT(**x**; **Freiheitsgrade**; **Seiten**)	Liefert Wahrscheinlichkeiten für T-verteilte Zufallsvariablen.
UNTERGRENZE(**Zahl**; **Schritt**)	Rundet eine Zahl auf das nächste Vielfache von *Schritt*.
VARIANZ(**Zahl1**; Zahl2; ...)	Schätzt die Varianz der Grundgesamtheit auf der Basis einer Stichprobe.

Funktion	Beschreibung
VARIANZEN(**Zahl1**; Zahl2; ...)	Berechnet die Varianz auf der Basis der Grundgesamtheit.
VERKETTEN(**Text1**; Text2; ...)	Verknüpft Zeichenfolgen miteinander.
WEIBULL(**x**; **Alpha**; **Beta**; **Kumuliert**)	Liefert Wahrscheinlichkeiten für eine Weibull-verteilte Zufallsvariable.

15.8 Nachschlage- und Verweisfunktionen

Die unter der Kategorie **Nachschlagen und Verweisen** aufgeführten Funktionen dienen in erster Linie der Behandlung von Bezügen, also dem Ermitteln der Adressen von Zellen, der Größe von Bereichen, dem Durchsuchen von Bereichen etc.

15.8.1 Verweistabellen abfragen

Zu den Funktionen, die für ganz unterschiedliche Situationen von großem Nutzen sind, gehören dabei die Verweisfunktionen `VERWEIS()`, `WVERWEIS()` und `SVERWEIS()`. Sie können überall dort eingesetzt werden, wo es darum geht, aus einer vorhandenen Tabelle, deren erste Zeile oder Spalte in aufsteigender Reihenfolge sortiert ist, gezielt Informationen herauszuziehen. Typische Beispiele für solche Tabellen sind Steuertabellen, Inventarlisten, Verzeichnisse und Kataloge.

Die folgende Tabelle zeigt ein Beispiel für eine horizontale Verweistabelle mit der Funktion `WVERWEIS()`. Darin sind durchschnittliche Werte für Wohnungen aufgelistet. In der ersten Zeile ist die Zimmeranzahl in aufsteigender Reihenfolge eingetragen. Für jede Zimmeranzahl sind nun in den nachfolgenden Spalten bestimmte Daten aufgeführt. Das heißt, die Daten von Zelle B4 bis B6 gehören zu den Einzimmerwohnungen, die Daten in den Zellen C4 bis C6 gehören zu den Zweizimmerwohnungen etc.

	A	B	C	D	E	F
1	**Beispiel Horizontale Verweistabelle**					
2						
3	Zimmer	1	2	3	4	5
4	Miete	300	600	800	1100	1400
5	Nebenkosten	80	150	200	220	240
6	qm	25	45	69	91	126
7	Wie hoch ist die Miete bei 3-Zimmer-Wohnungen?					800

Abbildung 15.19 Waagerechte Verweistabelle

Der gesamte Datenbereich der Tabelle ist im Beispiel mit dem Namen *Wohnung* bezeichnet. Nun wollen Sie die Miete für die Dreizimmerwohnungen abgreifen. Die Formel lautet:

```
=WVERWEIS(3; Wohnung; 2)
```

Die Funktion hat drei Argumente:

1. das Suchkriterium, im Beispiel die Anzahl der Zimmer
2. die Matrix, der Bereich der Tabelle, im Beispiel A3 bis F6, benannt mit *Wohnung*
3. den Zeilenindex, im Beispiel 2 für »2. Zeile«

Der Zeilenindex meint, die wievielte Zeile in der Matrix den Ergebniswert liefern soll. Das hängt davon ab, welche Information für den gewählten Fall gewünscht wird. Interessieren Sie sich für die Nebenkosten, wäre der Index = 3. Die Funktion geht also mit dem angegebenen Suchkriterium in die erste Zeile und sucht von links nach rechts nach einem Wert, der zum Suchkriterium passt. Ist die entsprechende Spalte gefunden, wandert der Zellzeiger zu der Zeile abwärts, deren Index angegeben wurde. Die Funktion liefert schließlich den dort gefundenen Zellinhalt als ihr Ergebnis.

Dieser Inhalt kann ein numerischer Wert, aber auch ein Text sein. Gibt es keinen mit dem Suchkriterium identischen Wert in der Zeile, wird der Wert genommen, der vor dem nächsthöheren liegt. Wäre das Suchkriterium z. B. 2,5 Zimmer, lieferte die Funktion den Wert für 2 Zimmer.

Die Funktion `SVERWEIS()` wird bei Tabellen benutzt, die senkrecht aufgebaut sind. Ein typisches Beispiel ist eine Steuertabelle. Dort sind in der ersten Spalte in aufsteigender Reihenfolge die verschiedenen Einkommensstufen aufgeführt. Zu jeder Einkommensstufe sind in den Spalten rechts neben der ersten Spalte die Steuerbeträge für die verschiedenen Steuerklassen zu finden. Wer nachschauen will, was er zu zahlen hat, liest zunächst die erste Spalte von oben nach unten, bis er einen Betrag gefunden hat, der seinem Einkommen entspricht. Dann geht er in der entsprechenden Tabellenzeile so viele Spalten nach rechts, bis er in der Spalte angekommen ist, die seiner Steuerklasse entspricht. Nichts anderes tut die Funktion `SVERWEIS()`.

Ein einfacheres Beispiel, das in Abbildung 15.20 verwendet wird, ist eine Devisentabelle. Links stehen in typischen Mengen Euro-Beträge. In den Spalten daneben sehen Sie die entsprechenden Beträge für Dollar.

	A	B
1	**Vertikale Verweistabelle**	
2		
3	Euro:	200,00
4	in Dollar:	236,00
5	Stand:	23.09.2018
6	EUR	Dollar
7	1	1,180
8	10	11,800
9	20	23,600
10	50	59,000
11	100	118,000
12	200	236,000
13	500	590,000
14	1000	1180,000

Abbildung 15.20 Senkrechte Verweistabelle

Der gesamte Datenbereich der Tabelle ist im Beispiel mit dem Namen *Devisen* bezeichnet. In Zelle B3 ist eine Zelle für die Auswahl der Euro-Beträge mithilfe einer Gültigkeitsregel eingerichtet. Die Funktion kann dann in Zelle B4 die Frage beantworten, wie viele Dollar dem ausgewählten Euro-Betrag entsprechen. Die Formel lautet:

```
=SVERWEIS(B3; Devisen; 2)
```

15.8.2 Arbeit mit INDEX()-Funktionen

Excel bietet zwei unterschiedliche Varianten der Funktion `INDEX()` an:

1. `=INDEX(Bezug; Zeile; Spalte; Bereich)` für die Abfrage von Datentabellen
2. `=INDEX(Matrix; Zeile; Spalte)` für die Abfrage einer Matrix

Die Funktion `INDEX()` für Datentabellen beantwortet die Frage, was in der Zelle eingetragen ist, die im Schnittpunkt der Zeile n und der Spalte m des mit `Bezug` angegebenen Bereichs liegt. Das letzte Argument `Bereich` kann angegeben werden, wenn `Bezug` eine Mehrfachauswahl enthält. Sind also z. B. drei Zellblöcke in der Mehrfachauswahl enthalten, bedeutet der Wert 2 für `Bereich`, dass sich die Zeilen- und Spaltennummern auf den zweiten Zellblock beziehen. Wird `Bereich` nicht angegeben, wird immer der erste Block genommen.

In dem in Abbildung 15.21 gezeigten Beispiel ist ein Bereich mit den Produktionsergebnissen mehrerer Werke für vier Jahre unter dem Namen *Produktion* definiert. Die Zelle, die in der dritten Zeile und der zweiten Spalte dieses Bereichs liegt, enthält den Betrag 800.000.

	A	B	C	D	E
1	**Produktionsergebnisse**				
2					
3		2015	2016	2017	2018
4	Werk1	1.600.000	2.100.000	100.000	2.800.000
5	Werk2	2.900.000	1.400.000	400.000	1.900.000
6	Werk3	800.000	800.000	2.100.000	1.300.000
7	Werk4	100.000	1.600.000	1.400.000	500.000
8			Produktion von Werk3 im Jahre 2016:		800.000

Abbildung 15.21 Beispiel für die Funktion INDEX()

Die Funktion `INDEX()` arbeitet also nicht mit den Spalten- und Zeilenbezeichnungen von Zelladressen, sondern mit der relativen Position einer Zelle in einem definierten Bereich. Diese Spalten- oder Zeilennummern können natürlich auch das Ergebnis einer Formel sein. Die Funktion kann auch verwendet werden, um Werte aus einer Matrix herauszulesen. Dies kann ein einzelner Wert sein, aber auch eine Matrix. Das Argument `Matrix` kann als Bereichsbezug oder als Matrixkonstante eingegeben werden. Um nicht nur einen einzelnen Wert auszulesen, sondern eine Matrix, kann der Wert für `Zeile` und/oder `Spalte` auf 0 gesetzt oder weggelassen werden.

```
=INDEX({3.5.9.7; 34.54.23.98}; 0; 0)
=INDEX({3.5.9.7; 34.54.23.98}; ;)
```

liefern als Ergebnis die gesamte Matrix.

```
=INDEX({3.5.9.7; 34.54.23.98}; 2)
```

ergibt eine Matrix mit den Werten der zweiten Zeile.

```
=INDEX({3.5.9.7; 34,54.23.98}; ; 2)
```

ergibt eine Matrix mit den Werten der zweiten Spalte.

Soll das Ergebnis der Formel wiederum eine Matrix sein, muss wie bei der Eingabe von Matrixformeln verfahren werden. Sie markieren also zunächst einen entsprechend großen Bereich für die Ergebnismatrix und geben in einer beliebigen Zelle die Funktion `INDEX()` ein. Die Formel muss mit [Strg]+[⇧]+[↵] abgeschlossen werden.

15.8.3 Beispiel für die Funktion WAHL()

Die Funktion `WAHL()` liefert einen beliebigen Wert aus einer gegebenen Liste von maximal 254 Werten. Die Syntax lautet:

```
=WAHL(Index; Wert1; Wert2; ... ; Wert254)
```

Das erste Argument der Funktion gibt an, das wievielte Element der Liste gesucht wird. `Index` kann als Zahl, Bezug oder Formel eingegeben werden. Als Werte können Zahlen, Zellbezüge, Namen, Texte und Formeln verwendet werden. Bereichsbezüge sind nicht erlaubt, denn die Funktion `INDEX()`ist ja gerade dazu gedacht, Werte aus Bereichen zu ziehen.

Hier ein praktisches Beispiel für die Nutzung der Funktion `WAHL()`: Kunden sind in verschiedene Rabattstufen eingeteilt. Die verschiedenen Rabatte werden in der Spalte E aufgelistet. Der Kunde mit der Rabattstufe 1 soll den ersten Rabatt aus dieser Liste erhalten, der Kunde mit Stufe 2 den zweiten etc. Die Rabattstufen sind in der Spalte B ab der Zelle B5 eingetragen. Die Formel wird zunächst in der Zelle C5 entwickelt. Sie kann wie folgt lauten:

```
=WAHL(B5; E5; E6; E7)
```

Nun sollen die Rabattsätze für die anderen Kunden bestimmt werden. Es liegt nahe, die Kopierfunktion zu benutzen. Mit dem Ergebnis werden Sie aber nicht zufrieden sein. Der Fehler folgt daraus, dass die Adressen der Zellen mit den Rabattsätzen relativ eingetragen wurden. Es soll aber für jeden Kunden dieselbe Rabattliste zugrunde gelegt werden. Also müssen die Zellen für die Rabatte absolut adressiert werden. Wenn Sie die Formel entsprechend korrigieren, also in

```
=WAHL(B5; $E$5; $E$6; $E$7)
```

kann das Ergebnis ohne Probleme kopiert werden. Anstelle der Zellverweise in der Argumentliste könnten die Prozentsätze auch direkt als Konstanten in die Formel eingetragen werden, also

```
=WAHL(B56; 5%; 7%; 8%)
```

Dadurch ginge aber einiges an Flexibilität verloren. Änderte sich der Rabattsatz, müssten auch die Formeln geändert werden.

	A	B	C	D	E
1	**Beispiel für die Funktion WAHL**				
3					
4	Kunden	Rabattstufe	Rabatt		Rabatte
5	Kunde A	2	7,00%		5,00%
6	Kunde B	1	5,00%		7,00%
7	Kunde C	3	8,00%		8,00%
8	Kunde D	2	7,00%		
9	Kunde E	1	5,00%		

Abbildung 15.22 Beispiel für die Funktion WAHL()

Besonders interessant ist die Funktion WAHL() auch für Berechnungsalternativen. In diesem Fall können verschiedene Formeln als Argumente benutzt werden. Hier ein Beispiel:

```
=WAHL(D1; SUMME(POSTEN)*0,70; SUMME(POSTEN)*0,75; SUMME(POSTEN)
*0,80+PORTO)
```

Abhängig von dem in Dl abgelegten Wert wird die Summe der Posten mit einem anderen Faktor multipliziert. Im dritten Fall werden noch Portokosten addiert. Während die Funktion WENN() nur eine einfache Verzweigung zwischen zwei Möglichkeiten zulässt, es sei denn, die Formel arbeitet mit verschachtelten Funktionen WENN(), erlaubt die Funktion WAHL() die Auswahl aus bis zu 254 Möglichkeiten.

15.8.4 Liste der Nachschlage- und Verweisfunktionen

Funktion	**Beschreibung**
ADRESSE(**Zeile**; **Spalte**; Abs; A1; Tabellenname)	Liefert die Adresse der mit *Zeile* und *Spalte* angegebenen Zelle.
BEREICH.VERSCHIEBEN(**Bezug**; **Zeilen**; **Spalten**; Höhe; Breite)	Liefert einen Bereichsbezug, der um eine Anzahl von Zeilen und Spalten verschoben ist.
BEREICHE(**Bezug**)	Ermittelt die Anzahl der Bereiche, die in *Bezug* enthalten sind.
FORMELTEXT(**Bezug**)	Gibt die in der mit *Bezug* angegebenen Zelle enthaltene Formel als Zeichenfolge zurück.
HYPERLINK(**Hyperlink_Adresse**; Freundlicher_Name)	Erstellt eine Verknüpfung zu der angegebenen Adresse.
INDEX(**Bezug**; Zeile; Spalte; Bereich)	Liefert einen Wert aus einem Bereich.
INDEX(**Matrix**; Zeile; Spalte)	Liefert einen Wert aus einer Matrix.
INDIREKT(**Bezug**; A1)	Ermittelt den Inhalt einer Zelle, auf die in einer anderen Zelle verwiesen wird.
MTRANS(**Matrix**)	Tauscht die Zeilen und Spalten in einer Matrix.

Funktion	Beschreibung
PIVOTDATENZUORDNEN(**Datenfeld**; **PivotTable**; Feld1; Element1; Feld2; Element2; ...)	Gibt Werte aus einer Pivot-Tabelle zurück.
RTD(**ProgID**; **Server**; **Topic1**; Topic2; ...)	Empfängt Echtzeitdaten eines registrierten Add-Ins.
SPALTE(**Bezug**)	Liefert die Spaltennummer eines Bereichs.
SPALTEN(**Matrix**)	Liefert die Anzahl der Spalten eines Bereichs oder einer Matrix.
SVERWEIS(**Suchkriterium**; **Matrix**; **Spaltenindex**; Bereich_Verweis)	Ermittelt, ausgehend von einer Zelle in einer Matrix, den Inhalt der Zelle in derselben Zeile einer anderen Spalte.
VERGLEICH(**Suchkriterium**; **Suchmatrix**; Vergleichstyp)	Durchsucht eine *Suchmatrix* bzw. einen Bereich nach einem *Suchkriterium* und gibt die relative Position aus.
VERWEIS(**Suchkriterium**; **Matrix**)	Durchsucht die Werte einer Matrix.
VERWEIS(**Suchkriterium**; **Suchvektor**; **Ergebnisvektor**)	Durchsucht die Werte eines Vektors.
WAHL(**Index**; **Wert1**; Wert2; ...)	Liefert einen Wert aus einer Liste von *Werten*.
WVERWEIS(**Suchkriterium**; **Matrix**; **Zeilenindex**; Bereich_Verweis)	Ermittelt, ausgehend von einer Zelle in einer Matrix, den Inhalt der Zelle in derselben Spalte.
ZEILE(**Bezug**)	Liefert die Zeilennummer eines Bezugs.
ZEILEN(**Matrix**)	Liefert die Anzahl der Zeilen eines Bereichs oder einer Matrix.

15.9 Datenbankfunktionen

Für die Verwaltung von Datentabellen bietet Excel 2019 neben den komfortablen Filtermöglichkeiten auch eine Anzahl von Funktionen, die in erster Linie der statistischen Auswertung von Datenbeständen dienen. Der wesentliche Unterschied zu den statistischen Funktionen ist dabei der, dass für die Auswertung bestimmte Kriterien definiert werden können.

15.9.1 Auswertung einer Tabelle

Um die Erklärung der einzelnen Funktionen zu vereinfachen, wird die in Abbildung 15.23 dargestellte kleine Datentabelle als »Datenbank« verwendet.

Datenbankfunktionen

Land	Farbe	Jahrgang
Italien		2010

=DBANZAHL(Datenbank;;Suchkriterien)	2
=DBMAX(Datenbank;"Preis";Suchkriterien)	3,90 €
=DBMITTELWERT(Datenbank;"Bestand";Suchkriterien)	200

Name	Land	Anbaugebiet	Farbe	Jahrgang	Bestand	Mindestbestand	Preis
Ortenau	Deutschland	Baden	rot	2009	340	300	4,00 €
Müller-Thurgau	Deutschland	Mosel	weiß	2010	340	300	4,00 €
Riesling	Deutschland	Mosel	weiß	2010	200	200	4,00 €
Oppenheimer	Deutschland	Rheinhessen	weiß	2010	300	250	5,00 €
Silvaner	Deutschland	Rheinhessen	weiß	2010	230	200	3,00 €
Médoc	Frankreich	Bordeaux	rot	2009	300	250	5,00 €
Bordeaux	Frankreich	Bordeaux	weiß	2010	260	200	4,60 €
Sauternes	Frankreich	Bordeaux	weiß	2010	170	190	4,90 €
Beaujolais	Frankreich	Burgund	rot	2009	200	220	4,00 €
Bourgogne	Frankreich	Burgund	weiß	2010	230	170	5,30 €
Chablis	Frankreich	Burgund	weiß	2010	230	150	6,80 €
Barolo	Italien	Piemont	rot	2009	300	200	3,80 €
Freisa	Italien	Piemont	rot	2009	120	100	3,90 €
Grignolino	Italien	Piemont	rot	2009	230	250	4,20 €
Frascati	Italien	Rom	weiß	2010	230	280	3,80 €
Ravello	Italien	Salerno	rosé	2009	200	150	5,90 €
Brolio	Italien	Toskana	rot	2009	230	200	4,70 €
Chianti	Italien	Toskana	rot	2009	120	100	5,00 €
Valpolicella	Italien	Verona	rot	2009	300	250	5,80 €
Soave	Italien	Verona	weiß	2010	170	200	3,90 €

Abbildung 15.23 Beispiel für die Abfrage einer Datentabelle mit Datenbankfunktionen

Der obere dreizeilige Bereich A3 bis C5 ist der Bereich für die Suchkriterien. Wenn Sie diesem Bereich den Namen *Suchkriterien* geben, dann können Sie es sich bei der Funktionseingabe sparen, den Bereich über seine Zelladressen anzugeben. Der Bereich hat unter den Spaltennamen zwei Zeilen, um die Möglichkeit anzudeuten, dass Sie die Suchkriterien in eine oder in mehrere Zeilen eintragen können. Mehrere Zeilen benötigen Sie, wenn Sie Kriterien formulieren wollen, die mit *oder* verknüpft sind (im Beispiel etwa die Datensätze, bei denen die Farbe »rot« oder »weiß« ist.

Der untere als Tabelle formatierte Bereich ist der Datenbankbereich. Wie der Kriterienbereich enthält er auch die Feldnamen. Oben sind einige Beispiele für Auswertungen mithilfe der Datenbankfunktionen aufgeführt. Die Bedeutung der Funktionen entspricht ansonsten der der allgemeinen statistischen Funktionen.

15.9.2 Liste der Datenbankfunktionen

Funktion	Beschreibung
DBANZAHL(**Datenbank**; **Datenbankfeld**; **Suchkriterien**)	Ermittelt die Anzahl der Datensätze, die mit den Suchkriterien übereinstimmen.
DBANZAHL2(**Datenbank**; **Datenbankfeld**; **Suchkriterien**)	Ermittelt die Anzahl der Datensätze, die mit den Suchkriterien übereinstimmen, wobei auch Zellen mit Texten oder Wahrheitswerten berücksichtigt werden.
DBAUSZUG(**Datenbank**; **Datenbankfeld**; **Suchkriterien**)	Liefert den Inhalt des angegebenen Felds des Datensatzes, der mit den Suchkriterien übereinstimmt.
DBMAX(**Datenbank**; **Datenbankfeld**; **Suchkriterien**)	Liefert den größten Wert in einem Datenbankfeld aus den Datensätzen, die den angegebenen Kriterien entsprechen.
DBMIN(**Datenbank**; **Datenbankfeld**; **Suchkriterien**)	Liefert den kleinsten Wert in einem Datenbankfeld aus den Datensätzen, die den angegebenen Kriterien entsprechen.
DBMITTELWERT(**Datenbank**; **Datenbankfeld**; **Suchkriterien**)	Liefert den Mittelwert aller Werte in einem Datenbankfeld aus den Datensätzen, die den angegebenen Kriterien entsprechen.
DBPRODUKT(**Datenbank**; **Datenbankfeld**; **Suchkriterien**)	Multipliziert alle Werte eines Datenbankfelds der Datensätze, die die Suchkriterien erfüllen.
DBSTDABW(**Datenbank**; **Datenbankfeld**; **Suchkriterien**)	Berechnet die Standardabweichung des Datenbankfelds für die Datensätze, die die Suchkriterien erfüllen. Die Datensätze werden als Stichprobe behandelt.

Funktion	Beschreibung
DBSTDABWN(**Datenbank; Datenbankfeld; Suchkriterien**)	Berechnet die Standardabweichung des Datenbankfelds für die Datensätze, die die Suchkriterien erfüllen. Die Datensätze werden als Grundgesamtheit behandelt.
DBSUMME(**Datenbank; Datenbankfeld; Suchkriterien**)	Summiert alle Werte eines Datenbankfelds für die Datensätze, die die Suchkriterien erfüllen.
DBVARIANZ(**Datenbank; Datenbankfeld; Suchkriterien**)	Berechnet die Varianz der Werte eines Datenbankfelds für die Datensätze, die die Suchkriterien erfüllen. Die Datensätze werden als Stichprobe behandelt.

15.10 Cube-Funktionen

Die SQL Server von Microsoft unterstützen seit der Version 7 über die sogenannten Server Analysis Services das *Online Analytical Processing*, kurz OLAP. Dies ist eine Analysemethode für die Auswertung von umfangreichen Unternehmensdaten. Dabei werden, getrennt von den normalen Datentransaktionen in den SQL-Datenbanken, vorhandene Daten aus relationalen Datentabellen in mehrdimensionalen Datenstrukturen zusammengeführt, für die die Bezeichnung *Cube* verwendet wird. Solche Datenwürfel fassen Daten nach ganz unterschiedlichen Dimensionen zusammen (zeitliche, räumliche, sachliche etc.), um Fragen beantworten zu können, wie sie innerhalb von Excel typischerweise über Pivot-Tabellen behandelt werden.

Excel stellt sieben spezielle Funktionen für die Auswertung von Daten zur Verfügung, die in einem solchen Cube von einem SQL Server angeboten werden. Alternativ können Daten auch offline aus CUBE-Dateien übernommen werden, die vorher aus den Serverdaten generiert worden sind. Außerdem lassen sich CUBE-Funktionen seit Excel 2013 auch auf Datenmodelle in Excel anwenden, wie sie in Abschnitt 18.3, »Datenmodelle mit mehreren Tabellen«, beschrieben sind. Die Funktionen verwenden in diesem Fall als Verbindungsnamen die vorgegebene Bezeichnung »ThisWorkbookDataModel«.

15.10.1 Besonderheiten der Cube-Funktionen

Anders als bei den sonstigen Excel-Funktionen liefern diese CUBE-Funktionen mit Ausnahme von `CUBEMENGENANZAHL()` jeweils zwei Ergebnisse: eines, das im jeweiligen Zellbereich ausgegeben wird, und ein internes Ergebnis, das verwertet wird, wenn eine CUBE-Funktion als Argument für eine andere CUBE-Funktion verwendet wird. Zum Beispiel liefert die Funktion `CUBEMENGE()` einen internen Wert, der dann von der Funktion `CUBEMENGENANZAHL()` ausgewertet werden kann. Wieder mit Ausnahme von `CUBEMENGENANZAHL()` nutzen alle Funktionen als erstes Argument die Textzeichenfolge, mit der die Verbindung zu dem Cube oder der CUBE-Datei hergestellt werden kann. Die Auswahl von Daten erfolgt über multidimensionale Ausdrücke in der Sprache MDX, die für die Abfrage von OLAP-Datenbanken verwendet werden. Eine Referenz finden Sie in der Dokumentation zum SQL Server von Microsoft. Abbildung 15.24 zeigt ein kleines Beispiel für eine Auswertung aus einer CUBE-Datei, die Sie in den Beispieldateien unter dem Namen *Adventure Works DW2017.cub* finden.

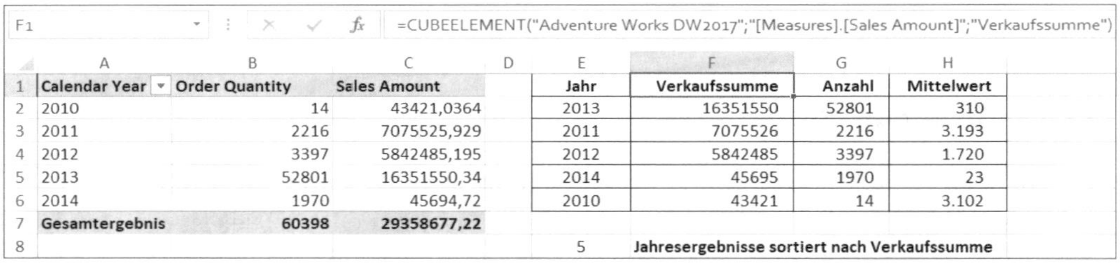

F1 =CUBEELEMENT("Adventure Works DW2017";"[Measures].[Sales Amount]";"Verkaufssumme")

	A	B	C	D	E	F	G	H
1	Calendar Year	Order Quantity	Sales Amount		Jahr	Verkaufssumme	Anzahl	Mittelwert
2	2010	14	43421,0364		2013	16351550	52801	310
3	2011	2216	7075525,929		2011	7075526	2216	3.193
4	2012	3397	5842485,195		2012	5842485	3397	1.720
5	2013	52801	16351550,34		2014	45695	1970	23
6	2014	1970	45694,72		2010	43421	14	3.102
7	Gesamtergebnis	60398	29358677,22					
8					5	Jahresergebnisse sortiert nach Verkaufssumme		

Abbildung 15.24 Beispiel für die Anwendung von CUBE-Funktionen

15.10.2 Liste der Cube-Funktionen

Funktion	Beschreibung
CUBEELEMENT(**Verbindung**; **Element_Ausdruck**; Beschriftung)	Liefert ein Element oder Tupel aus einem Cube.
CUBEELEMENTEIGENSCHAFT(**Verbindung**; **Element_Ausdruck**; **Eigenschaft**)	Liefert den Wert einer Eigenschaft eines Elements im Cube.
CUBEKPIELEMENT(**Verbindung**; **KPI_Name**; **KPI_Eigenschaft**; Beschriftung)	Gibt die Eigenschaft eines Key Performance Indicators (KPI) zurück.
CUBEMENGE(**Verbindung**; **Menge_Ausdruck**; Beschriftung; Sortierreihenfolge; Sortieren_nach)	Sendet einen Mengenausdruck für einen bestimmten Satz von Elementen oder Tupeln an den Cube, der die entsprechenden Daten zusammenstellt und an Excel liefert.

Funktion	Beschreibung
CUBEMENGENANZAHL(**Menge**)	Liefert die Anzahl der Elemente in einer definierten Menge.
CUBERANGELEMENT(**Verbindung**; **Menge_Ausdruck**; **Rang**; Beschriftung)	Gibt das mit *Rang* angegebene Element in einer Menge zurück.
CUBEWERT(**Verbindung**; **Element_ Ausdruck1**; Element_Ausdruck2 ...)	Liefert einen aggregierten Wert aus einem Cube.

15.11 Textfunktionen

Funktionen, die nichts mit Berechnungen zu tun haben, sind die Textfunktionen. Sie können z. B. damit arbeiten, wenn Sie Beschriftungen aus mehreren Zellwerten zusammenstellen oder ihre Schreibweise umstellen wollen. Alternativ können Sie damit Texte verändern oder Umwandlungen zwischen Textwerten und numerischen Werten vornehmen.

15.11.1 Zeichenfolgen verknüpfen

Gelegentlich ist es sinnvoll, eine Zeichenfolge in einer Zelle durch eine Formel zu erzeugen, die verschiedene Zeichen oder Zeichenfolgen verknüpft. Angenommen, Sie wollen Artikelnummern um zwei Zeichen erweitern, die die Warengruppe beinhalten. Wenn Sie in die Zelle C9 `=C5&C8` eintragen, wird der Inhalt von Zelle C5 mit dem Inhalt von Zelle C8 verkettet. Wenn C5 das Warengruppenkennzeichen *PX* enthält und C8 die Artikelnummer *3370086*, ist das Ergebnis in Zelle C9 *PX3370086*. Wenn die bisherige Artikelnummer in C8 als Zahl und nicht als Zeichenfolge eingetragen ist, wird die Zahl automatisch in eine Zeichenfolge umgewandelt. Wollen Sie zwischen den beiden Textelementen ein Leerzeichen sehen, müssen Sie Folgendes schreiben: `=C5&" "&C8`.

Das gleiche Ergebnis erreichen Sie mit der Funktion `=VERKETTEN(C5;" ";C8)`. Sie kann eine Zeichenfolge aus den als Argument angegebenen Zeichenfolgen zusammensetzen. Die Funktion erlaubt bis zu 255 Argumente. Konstanten müssen in Anführungszeichen gesetzt werden. Ist ein Argument ein Zellbezug auf eine Zahl, wird das Format der Zahl auf das Standardformat zurückgesetzt. Aus »1.000 EUR« wird also *1000*.

Um das Format zu behalten, müssen Sie den Währungsbetrag vorher mit der Funktion `TEXT()` in eine Zeichenfolge umwandeln, die das Format übernimmt: `=TEXT(1000;"#`

.##0 [$EUR]"). Das Gleiche gilt für die Verknüpfung mit Datums- oder Zeitwerten. Wenn in Zelle C7 das Wort *Termin* und in C8 das Datum *12.12.2018* steht, liefert =VERKETTEN(C7;" ";C8) das Ergebnis *Termin 43446*, d. h., von dem Datumswert wird nur die entsprechende Seriennummer angezeigt. Die Lösung ist, in Zelle C8 =TEXT(DATWERT("12.12.2018";"TT.MM.JJJJ")) zu schreiben.

In Excel 2019 wird für die Funktion VERKETTEN() die Funktion TEXTKETTE() angeboten, wohl um die Funktion exakter zu benennen. Sie hat die gleiche Syntax wie VERKETTEN(). Die Funktion VERKETTEN() wird aber weiter in der Kategorie **Kompatibilität** angeboten.

F2 =TEXTKETTE(A2;"-";B2;"-";C2;"-";D2;"-";E2)

	A	B	C	D	E	F
1	Präfix	Länder-/Sprachcode	Verlagsnummer	Titelnummer	Prüfziffer	ISBN
2	978	3	89842	736	6	978-3-89842-736-6
3	978	0	471	40261	3	978-0-471-40261-3
4	978	0	471	45380	2	978-0-471-45380-2
5	978	0	596	00382	x	978-0-596-00382-x
6	978	3	8274	1631	5	978-3-8274-1631-5

Abbildung 15.25 Beispiel für eine Textkette

Hinzugekommen ist die Funktion TEXTVERKETTEN(). Als erstes Argument wird ein *Trennzeichen* angegeben, als zweites ein Wahrheitswert für *Leer_ignorieren*, der, wenn er WAHR ist, dazu führt, dass leere Zellen ignoriert werden. Anschließend können wieder bis zu 252 Textargumente – Zeichenfolgen oder Zellbezüge – angegeben werden. Die im letzten Beispiel verwendete Formel mit der Funktion TEXTKETTE() lässt sich mit der neuen Funktion vereinfachen:

```
=TEXTVERKETTEN("-";WAHR;A2:E2)
```

Abbildung 15.26 zeigt ein Beispiel, bei dem die Ländernamen aus einer Spalte – durch Kommata getrennt – miteinander verkettet werden.

A5 =TEXTKETTE("Gesamtumsatz in ";TEXTVERKETTEN(",";WAHR;A2:A4))

	A	B	C	D	E
1	Land	Umsatz			
2	Belgien	2.400.000,00 €			
3	Niederlande	3.000.000,00 €			
4	Luxemburg	1.800.000,00 €			
5	Gesamtumsatz in Belgien,Niederlande,Luxemburg	7.200.000,00 €			

Abbildung 15.26 Verketten von Ländernamen aus einem Bereich

15.11.2 Sortierung durch Textfunktionen

Sollen bei Artikelbezeichnungen, die immer auf den zwei ersten oder letzten Stellen ein Kennzeichen der Warengruppe enthalten, diese abgelesen werden, etwa um eine Liste danach zu sortieren, können Sie mit einer Textfunktion die beiden Stellen herausziehen.

```
=RECHTS(C9; 2)
```

liefert die beiden letzten Stellen,

```
=LINKS(C9; 2)
```

die beiden ersten Stellen.

15.11.3 Logische Werte in Texte aufnehmen

Auch eine Zelle mit einem logischen Wert kann mit dem Inhalt einer anderen Zelle zu einem Text verkettet werden.

```
="Die Behauptung, der Umsatz steigt, ist "&C9
```

ergibt den Satz *Die Behauptung ... ist FALSCH*, wenn die Bedingung in C9 nicht erfüllt ist.

15.11.4 Verknüpfung von Text mit Datum

Etwas schwieriger ist die Verknüpfung von Text mit einem Datum. Wenn Sie einen Bezug auf ein Datumsfeld verwenden, liefert Excel anstelle des Datums die serielle Zahl, mit der das Datum intern dargestellt wird. Das Problem ist lösbar, wenn Sie mit den anderen Datumsfunktionen arbeiten. Hier ein Beispiel: Wenn Sie ein Tagesformular verwenden, in dessen Kopf *Abrechnung vom ...* stehen soll, können Sie in eine Zelle eintragen:

```
="Abrechnung vom "&TAG(HEUTE())&"."&MONAT(HEUTE())&"."& JAHR(HEUTE())
```

Das Formular wird dann automatisch mit dem Tagesdatum gedruckt.

15.11.5 Liste der Textfunktionen

Funktion	Beschreibung
BAHTEXT(**Zahl**)	Wandelt eine Zahl in Text in dem thailändischen Währungsformat um.

Funktion	Beschreibung
CODE(**Text**)	Liefert den Code des ersten Zeichens in der Zeichenfolge.
DM(**Zahl**; Dezimalstellen)	Wandelt den Wert in eine Zeichenfolge im aktuellen Währungsformat um.
ERSETZEN(**Alter_Text; Erstes_Zeichen; Anzahl_ Zeichen; Neuer_Text**)	Ersetzt ab einer bestimmten Stelle eine Anzahl Zeichen in einer Zeichenfolge durch neue Zeichen.
FEST(**Zahl**; Dezimal-stellen; Keine_Punkte)	Wandelt einen numerischen Wert in eine Zeichenfolge um.
FINDEN(**Suchtext; Text**; Erstes_Zeichen)	Überprüft, ob die mit *Suchtext* angegebene Zeichenfolge in einer anderen Zeichenfolge vorkommt.
GLÄTTEN(**Text**)	Entfernt führende Leerzeichen und überzählige Leer-zeichen.
GROSS(**Text**)	Wandelt Buchstaben der mit *Text* angegebenen Zeichen-folge in Großbuchstaben um.
GROSS2(**Text**)	Wandelt den ersten Buchstaben in Großbuchstaben, den Rest in Kleinbuchstaben um.
IDENTISCH(**Text1;Text2**)	Vergleicht zwei Zeichenfolgen daraufhin, ob sie exakt übereinstimmen.
KLEIN(**Text**)	Wandelt alle Buchstaben in Kleinbuchstaben um.
LÄNGE(**Text**)	Liefert die Zahl der Zeichen in der mit *Text* angegebenen Zeichenfolge.
LINKS(**Text**; Anzahl_ Zeichen)	Liefert die mit *Anzahl_Zeichen* festgelegte Zeichenzahl vom Beginn der Zeichenfolge an.
RECHTS(**Text**; Anzahl_ Zeichen)	Liefert die mit *Anzahl_Zeichen* festgelegte Zeichenzahl vom Ende der Zeichenfolge gerechnet.
SÄUBERN(**Text**)	Entfernt aus der mit dem Argument *Text* gelieferten Zeichenfolge alle nicht druckbaren Zeichen.
SUCHEN(**Suchtext; Text**; Erstes_Zeichen)	Überprüft, ob die mit *Suchtext* angegebene Zeichenfolge in einer anderen Zeichenfolge vorkommt.
T(**Wert**)	Überprüft, ob das mit *Wert* angegebene Argument eine Zahl oder eine Zeichenfolge liefert.
TEIL(**Text; Erstes_Zeichen; Anzahl_Zeichen**)	Schneidet aus der Zeichenfolge eine Unterzeichenfolge aus.

Funktion	Beschreibung
TEXT(**Wert**; **Textformat**)	Wandelt einen numerischen Wert in einen Text um.
TEXTKETTE(**Text1**; Text2; ...)	Verknüpft Zeichenfolgen miteinander.
TEXTVERKETTEN(**Trennzeichen**; **Leer_ignorieren**; **Text1**; ...)	Verknüpft Zeichenfolgen miteinander und fügt dazwischen das angegebene Trennzeichen ein.
UNICODE(**Text**)	Liefert den Code für das erste Zeichen in *Text*.
UNIZEICHEN(**Zahl**)	Liefert das Unicode-Zeichen für den angegebenen Code.
WECHSELN(**Text**; **Alter_Text**; **Neuer_Text**; Ntes_Auftreten)	Ersetzt alten Text durch neuen Text in der Zeichenfolge.
WERT(**Text**)	Wandelt die Zeichenfolge in einen numerischen Wert um, sofern die Zeichen ein gültiges Zahlenformat ergeben.
WIEDERHOLEN(**Text**; **Multiplikator**)	Wiederholt in der Zelle die angegebene Zeichenfolge n-mal.
ZAHLENWERT(**Text**; Dezimaltrennzeichen; Gruppentrennzeichen)	Konvertiert unabhängig vom aktuellen Gebietsschema Text in Zahlen.
ZEICHEN(**Zahl**)	Liefert das der Codezahl entsprechende Zeichen.

15.12 Logische Funktionen

Logische Funktionen werden benutzt, wenn es darum geht, zu prüfen, ob bestimmte Tatsachen oder Bedingungen gegeben sind oder nicht. Eine logische Formel kann nicht nur eine Bedingung enthalten, sondern auch mehrere gleichzeitig. Diese Bedingungen können entweder alternativ oder additiv formuliert werden. Alternative Bedingungen werden mit der Funktion `ODER()` oder `XODER()` verknüpft, additive Bedingungen mit der Funktion `UND()`. Hier einige Beispiele:

```
=UND(B6>B7; B9>B10)
=UND(A10>50; A10<100)
```

In diesen Fällen ist die Bedingung jeweils nur erfüllt, also `WAHR`, wenn beide Teilbedingungen erfüllt sind.

```
=ODER(MONAT1="Mai"; MONAT2="Juni"; MONAT3="Okt")
=XODER(MONAT1="Mai"; MONAT2="Juni"; MONAT3="Okt")
```

Die erste Formel hat das Ergebnis `WAHR`, wenn in mindestens einer der drei Monatszellen der angegebene Monat eingetragen ist; die zweite Formel ergibt `WAHR` nur dann, wenn in höchstens einer der Monatszellen der angegebene Monat enthalten ist.

	A	B	C	D
1	**Der Unterschied von ODER() und XODER()**			
2				
3	Monat1	April	WAHR	=ODER(Monat1="April";Monat2="Juni";Monat3="Okt")
4	Monat2	Juni	FALSCH	=XODER(Monat1="April";Monat2="Juni";Monat3="Okt")
5	Monat3	Juli		

Abbildung 15.27 Der Unterschied von ODER() und XODER() an einem Beispiel

Die Funktion `NICHT()` verneint einen Vergleich. Ein Beispiel:

```
=NICHT(A1=100)
```

Diese Bedingung ist in allen Fällen erfüllt, bei denen A1 <>100. Die Formeln

```
=A1<>100
=NICHT(A1=100)
```

sind also austauschbar. Logische Vergleiche werden insbesondere auch mithilfe der Funktion `WENN()` durchgeführt. Manchmal ist es aber praktischer, eine komplexe Bedingung zunächst in einer Zelle zu prüfen und dann in einer Funktion `WENN()` nur den Wert dieser Zelle abzufragen, als die komplexe Bedingung in die Funktion `WENN()` selbst mit aufzunehmen. Das gilt insbesondere, wenn diese Bedingung an mehreren Stellen abgefragt werden muss.

15.12.1 WAHR oder FALSCH als Argumente

Um anzuzeigen, ob die Bedingung einer Funktion `WENN()` erfüllt ist, können auch die Funktionen `WAHR()` und `FALSCH()` als Argumente benutzt werden. Das kann sinnvoll sein, wenn bei einer Bedingung nicht gleich ersichtlich ist, ob die Bedingung erfüllt ist oder nicht. Hier ein Beispiel:

```
=WENN(Gewinne01>500000; WAHR(); FALSCH())
```

Ergebnis: `FALSCH`, wenn `Gewinne01` = 300.000

15.12.2 Prüfen von Bedingungen

Die Funktion WENN() prüft, ob eine bestimmte Bedingung erfüllt, also WAHR ist. Trifft dieses zu, wird die Anweisung WAHR ausgeführt und bestimmt das Ergebnis der Formel. Trifft dies nicht zu, wird zur Anweisung FALSCH verzweigt und diese ausgeführt. Die Funktion hat deshalb drei Argumente, die in der vorgeschriebenen Reihenfolge eingetragen werden müssen, weil andernfalls unerwünschte Ergebnisse produziert würden:

1. Wahrheitstest: eine Bedingung in Form eines logischen Ausdrucks
2. Wert_wenn_wahr: eine Anweisung für den Fall, dass die Bedingung erfüllt ist
3. Wert_wenn_falsch: eine Anweisung für den Fall, dass die Bedingung nicht erfüllt ist

Die Funktion WENN() kann generell für zwei ganz unterschiedliche Zwecke eingesetzt werden:

1. Die Funktion erlaubt die Durchführung von Prüfungen. Zum Beispiel kann mit dieser Funktion die Frage beantwortet werden, ob bestimmte Grenzwerte überschritten wurden, Abweichungen von einer Norm vorliegen oder ob bestimmte Zielwerte erreicht worden sind.
2. Mit der Funktion WENN() kann Excel veranlasst werden, unterschiedliche Operationen durchzuführen, je nachdem, ob eine Bedingung erfüllt ist oder nicht. Das entspricht etwa einer Verzweigung, die in allen Computersprachen zu den Grundoperationen gehört.

   Allerdings gilt die Verzweigung immer nur in Bezug auf das Ergebnis in der Zelle selbst. Es ist nicht möglich, mit der Funktion WENN() direkt einen neuen Wert in eine andere Zelle einzutragen. Es ist zwar möglich, etwa in die Zelle B3 zu schreiben:

   ```
   =WENN(B1>1000; B2=100; B2=200)
   ```

   Ist B1 tatsächlich größer 1.000, bedeutet diese Formel aber lediglich, dass Excel nun prüft, ob die Zelle B2 tatsächlich den Wert 100 enthält. Ist dies der Fall, ist das Ergebnis in Zelle B3 der Wert WAHR.

Eine direkte Wertzuweisung an eine Zelle, die dann eventuell auch Werte überschreibt, die bisher in dieser Zelle eingetragen waren, können Sie nur über Makrobefehle erreichen. Das schließt natürlich nicht aus, dass eine andere Zelle durch einen Adressbezug den Wert aus der Zelle übernimmt, in der die Funktion WENN() steht. Wenn Sie in die Zelle B3

```
=WENN(B1>1000; 100; 200)
```

schreiben und in Zelle B2

```
=B3
```

erhalten Sie das Ergebnis, das Sie mit der ersten Formel erreichen wollten. In den folgenden Abschnitten soll der Nutzen der Funktion WENN() an einigen Beispielen verdeutlicht werden.

15.12.3 Prüfung mehrerer Bedingungen

Excel 2019 stellt Ihnen mit WENNS() eine Funktion zur Verfügung, mit der mehrfache Verzweigungen möglich sind. Als Argumente werden jeweils Paare von Wahrheitswerttests und der Werte, die beim Bestehen des Tests ausgegeben werden sollen, erwartet. 127 solcher Paare sind möglich. Zur Demonstration finden Sie Abbildung 15.28 eine kleine Tabelle, in der für eine Spalte von Datumswerten festgestellt wird, in welche meteorologische Jahreszeit sie fallen. Die Formel wertet jeweils den Monatswert des Datums aus.

```
=WENNS(UND(MONAT(A3)>2;MONAT(A3)<6));"Frühling";
    UND(MONAT(A3)>5;MONAT(A3)<9));"Sommer";
    UND(MONAT(A3)>8;MONAT(A3)<12));"Herbst";
    ODER(MONAT(A3)>11;MONAT(A3)<3));"Winter")
```

	A	B
1	Datum	Meteorologische Jahreszeit
2	01.01.2018	Winter
3	01.02.2018	Frühling
4	01.03.2018	Frühling
5	01.04.2018	Frühling
6	01.05.2018	Sommer
7	01.06.2018	Sommer
8	01.07.2018	Sommer
9	01.08.2018	Herbst
10	01.09.2018	Herbst
11	01.10.2018	Herbst
12	01.11.2018	Winter
13	01.12.2018	Winter

Abbildung 15.28 Beispiel für die Nutzung der Funktion WENNS()

Ganz ähnlich arbeitet auch die neue Funktion ERSTERWERT(). Die Syntax ist aber ein wenig anders. Zunächst wird ein Ausdruck ausgewertet, dann wird das Ergebnis dieses Ausdrucks mit einer Reihe von Werten verglichen. Stimmt das Ergebnis mit einem dieser Werte überein, wird das diesem Wert zugeordnete Ergebnis ausgegeben.

```
=ERSTERWERT(Ausdruck; Wert1; Ergebnis1; Standard_oder_Wert2;
Ergebnis2; … Standard_oder_Wert126; Ergebnis 126)
```

Ist keine Übereinstimmung zu finden, kann als letztes Argument immer ein Standardwert für diesen Fall angegeben werden, andernfalls liefert die Funktion den Fehlerwert *#NV*. In dem in Abbildung 15.29 abgebildeten Beispiel wird der Monatswert des Datums in Spalte A ausgewertet. Den Monatsnummern werden die entsprechenden Kurznamen des Monats zugeordnet.

B2 =ERSTERWERT(MONAT(A2);1;"Jan";2;"Feb";3;"Mrz";4;"Apr";5;"Mai";6;"Jun";7;"Jul";8;"Aug";9;"Sep";10;"Okt";11;"Nov";12;"Dez";"kein gültiger Wert")

	A	B	C	D	E	F	G
1	**Datum**	**Monat**					
2	01.01.2018	Jan					
3	01.02.2018	Feb					
4	01.03.2018	Mrz					
5	01.04.2018	Apr					
6	01.05.2018	Mai					
7	01.06.2018	Jun					
8	01.07.2018	Jul					
9	01.08.2018	Aug					
10	01.09.2018	Sep					
11	01.10.2018	Okt					
12	01.11.2018	Nov					
13	01.12.2018	Dez					

Abbildung 15.29 Die Funktion ERSTERWERT() liefert die Kurznamen der Monate.

15.12.4 Texte automatisch anpassen

In der abgebildeten Tabelle sind Kundenumsätze einer Firma für zwei Jahre eingetragen, in der Spalte B der Umsatz für 2017, in der Spalte C der für 2018. Die Kunden, deren Umsatz gegenüber dem Vorjahr um mehr als 2 % abgesunken ist, sollen in der Spalte D so markiert werden, dass sie auf einen Blick zu erkennen sind. Die Formel kann in der Zelle D7 eingetragen und dann die Spalte hinunterkopiert werden. Sie könnte folgendermaßen lauten:

```
=WENN(C7<(B7*0,98); "deutlicher Umsatzrückgang"; "")
```

Bei den Kunden, deren Umsatz im Jahr 2018 tatsächlich um mehr als 2 % gesunken ist, erscheint in der Spalte D der Hinweis: *deutlicher Umsatzrückgang*. Bei allen anderen Kunden bleibt die Zelle in der Spalte D als Ergebnis der Formel leer.

	A	B	C	D
1	**Prüfung von Bedingungen**			
2				
3		2017	2018	
4	Kunde A	100000	98800	
5	Kunde B	120000	110000	deutlicher Umsatzrückgang
6	Kunde C	87000	89000	
7	Kunde D	250000	240000	deutlicher Umsatzrückgang
8		=WENN(C4<(B4*0,98);"deutlicher Umsatzrückgang";"")		

Abbildung 15.30 Prüfung von Bedingungen

Während es im letzten Fall in erster Linie um die Prüfung der Entwicklung der Kundenumsätze ging, soll die nächste Formel zeigen, wie die Funktion `WENN()` verwendet werden kann, um auf verschiedene Zustände unterschiedlich zu reagieren. Die Firma könnte auf die Idee kommen, die Höhe eines Bonus zum Jahresende von der Umsatzentwicklung abhängig zu machen. Die Kunden, deren Umsatz über 250.000 € liegt, sollen einen Bonus von 0,5 % erhalten, die anderen gehen leer aus. Die Formel für diesen Fall:

```
=WENN(C5>250000; C5*0,05; 0)
```

Sowohl bei der Formulierung der Bedingungen als auch bei der Formulierung der Anweisungen `WAHR` und `FALSCH` können natürlich alle sinnvollen Kombinationen von Operatoren und Funktionen benutzt werden.

15.12.5 Bedingte Textanzeige

Besteht die Möglichkeit, in einem Arbeitsblatt Texte nur unter bestimmten Voraussetzungen zu drucken? Die Funktion `WENN()` bietet sich auch in diesem Fall an. Angenommen, das Arbeitsblatt wird zur Aufbereitung und zum Druck von Rechnungen benutzt. Auf den Dezember-Rechnungen soll im Rechnungsfuß ein Hinweis auf ein spezielles Weihnachtsangebot erscheinen. Die Lösung könnte folgende Formel sein:

```
=WENN(MONAT(JETZT())=
12; "Sonderrabatt von 20% für alle Orientteppiche"; "")
```

15.12.6 Prüfung von Texten

Die Funktion `WENN()` kann selbstverständlich nicht nur zur Prüfung numerischer Zellen benutzt werden. Zellen, die Texte oder Zeichenfolgen enthalten, können ebenfalls befragt werden. Der Text kann direkt eingetragen sein oder indirekt über einen Zellbezug oder als Ergebnis einer Formel, die als Ergebnis eine Zeichenfolge bereitstellt. Hier ein einfaches Beispiel:

```
=WENN(B10="Berlin"; "Hauptstadt"; "")
```

Allerdings kann im Fall von Zeichenfolgenvergleichen eine unangenehme Überraschung auftreten. Die Bedingung, dass in der Zelle B10 der Name *Berlin* steht, ist nur dann erfüllt, wenn dort tatsächlich auch nur *Berlin* steht. Ein Fehler, der bei der Arbeit mit Excel gelegentlich plagt, weil er so schwer erkennbar ist, besteht darin, dass überflüssige Leerzeichen benutzt werden. Wenn also hinter dem Wort *Berlin* versehentlich noch einmal die Leertaste gedrückt worden ist, wird Excel sich so verhalten, als sei der Inhalt der Zelle B10 nicht *Berlin*. Im strengen Sinne stimmt das ja auch, aber zu sehen ist der Unterschied nur, wenn im Bearbeitungsfeld [Ende] gedrückt wird. Der Fehler kann allerdings durch die Funktion `=GLÄTTEN(B10)` abgefangen werden. Die Formel

```
=WENN(GLÄTTEN(B10)="Berlin"...
```

ist gegen die angesprochene Fehlermöglichkeit gefeit. Die Funktion `GLÄTTEN()` ist eine Text-Funktion, die überflüssige Leerzeichen entfernt.

15.12.7 Prüfungen mit komplexen Bedingungen

Das Argument `Wahrheitstest` kann aus mehreren Einzelbedingungen zusammengesetzt sein. In vielen Fällen ist eine Operation gleich von mehreren Bedingungen abhängig. Eine Komponente eines Produkts soll nur dann bei einem bestimmten Lieferanten bestellt werden, wenn der Preis akzeptabel ist und gleichzeitig die Lieferfrist maximal einen Monat beträgt. Die Formel könnte heißen:

```
=WENN(UND(C12<12500; D12<4); "bestellen"; "nicht bestellen")
```

Die Zelle C12 enthält den Preis, die Zelle D12 die Lieferzeit in Wochen. Die Bedingung ist nur dann erfüllt, wenn beide Teile der Bedingung gleichzeitig erfüllt sind. In anderen Fällen hängt eine Entscheidung davon ab, ob eine bestimmte Bedingung erfüllt ist oder eine andere. Im Beispiel wäre denkbar, dass auch ein höherer Preis akzeptiert wird, wenn die Lieferfrist kurz ist. Eine kleine Änderung der Formel trägt der Situation Rechnung. Anstelle der Funktion `UND()` wird `ODER()` eingesetzt:

```
=WENN(ODER(C12<12500; D12<4); "bestellen"; "nicht bestellen")
```

Die neue Bedingung ist in drei Fällen `WAHR`:

1. Der erste Teil der Bedingung ist erfüllt.
2. Der zweite Teil der Bedingung ist erfüllt.
3. Beide Bedingungen sind erfüllt.

Die Funktion `ODER()` ist also kein ausschließendes Oder. Das ausschließende Oder würde den dritten Fall nicht zulassen. Ein solches Entweder-Oder, aber nicht beides gleichzeitig, kann seit Excel 2016 mit der Funktion `XODER()` erreicht werden.

```
=WENN(UND(ODER(B10=5; C10=7); NICHT(UND(B10=5; C10=7))); "ok";  "prüfen")
```

Wenn die Zelle B10 den Wert 5 hat und gleichzeitig die Zelle C10 den Wert 7, ist das Ergebnis *prüfen*, die Bedingung ist also nicht erfüllt.

15.12.8 Mehrfachverzweigungen

Sowohl das Argument `Wert_wenn_wahr` als auch das Argument `Wert_wenn_falsch` können selbst wieder eine Funktion `WENN()` enthalten, sodass eine Mehrfachverzweigung erreicht werden kann.

	A	B	C
1	**Verschachtelte Bedingungen**		
2			
3	Kunden	Umsatz	Geschenkkategorie
4	Berger	600.000	Geschenk A
5	Wehner	430.000	Geschenk B
6	Brech	30.000	Geschenk B
7	Schub	3.290	kein Präsent
8	Scheimer	24.000	Geschenk B
9	Vosken	1.200	kein Präsent
10	Erber	530.000	Geschenk A
11	Kosinsky	23.000	Geschenk B
12	Marchat	12.000	Geschenk B
13	=WENN(B4>=10000;WENN(B4>=500000;"Geschenk A";"Geschenk B");"kein Präsent")		

Abbildung 15.31 Verschachtelte Bedingungen

Die Weihnachtsgeschenke einer Firma sind nach Wert in zwei Gruppen eingeteilt. Geschenke der Gruppe A sollen Kunden erhalten, deren Umsatz über 500.000 € liegt, Gruppe B verlangt mindestens 10.000 €, um Mini-Kunden ganz herauszunehmen. Zunächst werden in der Formel die Mini-Kunden abgefangen, dann wird zwischen Gruppe A und Gruppe B unterschieden.

1. Schritt

```
WENN(B4>=10000; "Geschenk"; "kein Geschenk")
```

Damit sind die Mini-Kunden herausgenommen.

2. Schritt

```
=WENN(B4>10000; WENN(B4>=50000; "Geschenk A"; "Geschenk B");
"kein Präsent")
```

Der `Wert_wenn_wahr` aus dem ersten Schritt ist jetzt ersetzt durch eine komplette Funktion `WENN()`, die selbst wiederum einen `Wahrheitstest`, einen `Wert_wenn_wahr` und einen `Wert_wenn_falsch` enthält.

15.12.9 Liste der logischen Funktionen

Funktion	Beschreibung
ERSTERWERT(**Ausdruck**; **Wert1**; **Ergebnis1**; Standard_oder_Wert2; Ergebnis2; …)	Vergleicht das Ergebnis eines Ausdrucks mit einer Werteliste und liefert bei Übereinstimmung das zugeordnete Ergebnis, andernfalls den Standardwert.
FALSCH()	Legt den Wahrheitswert FALSCH in der Zelle ab.
NICHT(**Wahrheitswert**)	Kehrt den Wert von *Wahrheitswert* um.
ODER(**Wahrheitswert1**; Wahrheitswert2; ...)	Liefert WAHR, wenn ein Argument WAHR ist, sonst FALSCH.
UND(**Wahrheitswert1**; Wahrheitswert2; ...)	Liefert nur WAHR, wenn alle Argumente WAHR sind, sonst FALSCH.
WAHR()	Trägt den Wahrheitswert WAHR in eine Zelle ein.
WENN(**Wahrheitstest**; **Wert_wenn_wahr**; Wert_wenn_falsch)	Liefert den Wert_wenn_wahr, wenn die Wahrheitsprüfung WAHR ergibt, sonst den Wert_wenn_falsch.
WENNFEHLER(**Wert**; **Wert_falls_Fehler**)	Erlaubt es, im Fehlerfall benutzerdefinierte Fehleranzeigen auszugeben.
WENNNV(**Wert**; **Wert_bei_NV**)	Gibt den ersten Wert zurück, wenn der Ausdruck nicht den Fehlerwert *#N/V* liefert, andernfalls den zweiten Wert.
WENNS(**Wahrheitstest1**; **Wert_wenn_wahr1**; Wahrheitstest2; Wert_wenn_wahr2; …)	Prüft, ob wenigstens eine Bedingung erfüllt ist und liefert den entsprechenden Wert, sonst den Fehler #NV.
XODER(**Wahrheitswert1**; Wahrheitswert2; …)	Gibt ein ausschließliches Oder aller Argumente zurück.

15.13 Informationsfunktionen

Das Hauptanwendungsgebiet der Informationsfunktionen ist, Ergebnisse von Berechnungen – in Verbindung mit der Funktion `WENN()` – von den Inhalten bestimmter Zellen abhängig zu machen. Außerdem lassen sich die Informationsfunktionen gut in Formeln verwenden, die für Gültigkeitsregeln oder für eine bedingte Formatierung eingesetzt werden.

15.13.1 Anwendungsbeispiel: Fehlervermeidung

Nehmen Sie folgendes Beispiel: Sie haben in einer Tabelle in den Spalten A und B ab Zeile 3 sowohl Zahlen- als auch Texteinträge. Sie wollen in C das Produkt von A und B ausgeben. Wenn Sie nun in C3 die Formel `=A3*B3` eintragen und nach unten kopieren, dann erhalten Sie immer dann, wenn in der Spalte A und der Spalte B keine Zahlen stehen, die Fehlermeldung `#WERT!`. Um dies zu vermeiden, können Sie in C3 eintragen:

```
=WENN(UND(ISTZAHL(A3); ISTZAHL(B3)); A3*B3; "")
```

Dann wird das Produkt nur gebildet, wenn beide Zellen eine Zahl enthalten, sonst wird eine leere Zeichenkette ausgegeben. Wenn Sie diese Formel nach unten kopieren, bleiben Ihnen die unangenehmen Fehlermeldungen erspart.

15.13.2 Liste der Informationsfunktionen

Funktion	Beschreibung
BLÄTTER(Bezug)	Gibt die Anzahl der Blätter in einem Bezug zurück.
BLATT (Wert)	Gibt die Nummer des Blatts in einem Bezug zurück.
FEHLER.TYP(**Fehlerwert**)	Liefert die Fehlernummer des Fehlers.
INFO(**Typ**)	Liefert Informationen über die Systemumgebung.
ISTBEZUG(**Wert**)	Testet, ob *Wert* ein gültiger Name oder eine Adresse ist.
ISTFEHL(**Wert**)	Testet, ob *Wert* ein Fehlerwert ungleich *#NV* ist.
ISTFEHLER(**Wert**)	Testet, ob *Wert* ein Fehlerwert ist.
ISTFORMEL(**Bezug**)	Testet, ob die angegebene Zelle eine Formel enthält.
ISTGERADE(**Zahl**)	Testet, ob *Zahl* durch 2 ganzzahlig teilbar ist.

Funktion	Beschreibung
ISTKTEXT(**Wert**)	Testet, ob in einer Zelle kein Text vorhanden ist.
ISTLEER(**Wert**)	Testet, ob eine Zelle leer ist.
ISTLOG(**Wert**)	Überprüft, ob *Wert* einen Wahrheitswert liefert.
ISTNV(**Wert**)	Überprüft, ob eine Zelle den Fehlerwert *#NV* enthält.
ISTTEXT(**Wert**)	Prüft, ob *Wert* eine Zeichenfolge liefert.
ISTUNGERADE(**Zahl**)	Testet, ob *Zahl* durch 2 ganzzahlig teilbar ist.
ISTZAHL(**Wert**)	Prüft, ob *Wert* eine Zahl liefert.
N(**Wert**)	Gibt *Wert* als in eine Zahl umgewandelten Wert zurück.
NV()	Trägt den Fehlerwert *#NV* in die Zelle ein.
TYP(**Wert**)	Liefert den Datentyp von *Wert*.
ZELLE(**Infotyp**; Bezug)	Gibt verschiedene Informationen über eine Zelle aus.

15.14 Technische Funktionen

In dieser Gruppe finden Sie verschiedene Varianten von Bessel-Funktionen, die insbesondere für Schwingungsberechnungen benutzt werden. Hinzu kommt eine ganze Reihe von Umwandlungsfunktionen, um Werte zwischen den verschiedenen Zahlensystemen auszutauschen. Eine andere Gruppe hat mit den komplexen Zahlen zu tun. Schon mit Excel 2013 hinzugekommen sind Funktionen für Bit-Operationen wie die Links- oder Rechtsverschiebung.

15.14.1 Umwandeln von Maßeinheiten

Ganz praktisch ist die Funktion `UMWANDELN()`, mit der zwischen verschiedenen Maßeinheiten umgerechnet werden kann. Sie können sich damit leicht eine Tabelle aufbauen, die die gewünschten Umwandlungen für die Maßeinheiten liefert, mit denen Sie öfter zu tun haben. In Abbildung 15.32 sind gängige Bezeichnungen für Maßeinheiten zusammengestellt. Die Bezeichnungen müssen in der Funktion jeweils mit Anführungszeichen eingegeben werden, es sei denn, Sie verwenden einen Zellbezug.

	A	B	C	D	E	F	G	H
1	**Bezeichnungen von Maßeinheiten**							
2								
3		Masse			Magnetismus			Energie
4	Gramm	g		Tesla	T		Joule	J
5	Pfund (Handelsgewicht)	lbm		Gauß	ga		Erg	e
6	U (atomare Masseneinheit)	u					Thermodynamische Kalorie	c
7	Unze (Handelsgewicht)	ozm			Leistung		Kalorie	cal
8				Pferdestärke (PS)	HP		Elektronenvolt	eV
9		Länge		Watt	W		Pferdestärke mal Stunde	HPh
10	Meter	m					Watt mal Stunde	Wh
11	Britische Meile	mi			Druck		BTU	BTU
12	Nautische Meile	Nmi		Pascal	Pa			
13	Zoll	in		Atmosphäre	atm			Maße für Flüssigkeiten
14	Fuß	ft		mm Quecksilbersäule	mmHg		Teelöffel (Teaspoon)	tsp
15	Yard	yd					Esslöffel (Tablespoon)	tbs
16	Ångström	ang			Kraft		Flüssige Unze	oz
17	Pica (1/72 Zoll)	Pica		Newton	N		Tasse (Cup)	cup
18				Dyn	dyn		Pint	pt
19		Zeit					Quart	qt
20	Jahr	yr			Temperatur		Gallone	gal
21	Tag	day		Grad Celsius	C		Liter	l
22	Stunde	hr		Grad Fahrenheit	F			
23	Minute	mn		Grad Kelvin	K			
24	Sekunde	sec						

Abbildung 15.32 Bezeichnungen der Maßeinheiten

In der Tabelle aus Abbildung 15.33 brauchen Sie in den Zellen in Spalte A nur diejenigen Werte einzugeben, die Sie umwandeln wollen. Die Formeln beziehen sich dabei jeweils auf die Bezeichnungen der Maßeinheiten.

	A	B	C	D	E
1	**Umwandeln von Maßeinheiten**				
2					
3	1000	Gramm	entsprechen:	2,205	Pfund (Handelsgewicht)
4		g			lbm
5	1000	Meter	entsprechen:	0,621	Britische Meilen
6		m			mi
7				39370,08	Zoll
8					in
9				3280,84	Fuß
10					ft
11				1093,613	Yard
12					yd
13	32	Grad Celsius	entsprechen:	89,6	Grad Fahrenheit
14		C			F
15	1000	Joule	entsprechen:	238,85	Kalorie
16		J			cal
17	10	Pferdestärke (PS)	entsprechen:	7457,00	Watt
18		HP			W

Abbildung 15.33 Umrechnung einiger häufig vorkommender Maßeinheiten

15.14.2 Bessel-Funktionen

Bei den Bessel-Funktionen (auch unter dem Namen *Zylinderfunktion* bekannt) handelt es sich um mehrere, miteinander verwandte Funktionen, die in Physik und Technik besonders bei Schwingungsberechnungen benutzt werden. In Abbildung 15.34 ist für die Funktion `BESSELJ()` für mehrere Ordnungen der graphische Verlauf dargestellt, der sehr schön zeigt, dass die Funktion zur Berechnung gedämpfter Schwingungen geeignet ist.

BESSELJ mit verschiedenen Ordnungen

x	J0	J1	J2	J3	J4
0	1,000000003	0	0	0	0
1	0,765197684	0,440050586	0,114903485	0,019563354	0,002476639
2	0,223890782	0,576724808	0,352834208	0,12894325	0,03399572
3	-0,260051958	0,339058958	0,486091263	0,309062865	0,132034184
4	-0,397149807	-0,066043328	0,364128143	0,430171471	0,281129066
5	-0,177596774	-0,327579139	0,046565119	0,364831234	0,391232362
6	0,150645259	-0,276683859	-0,242873213	0,114768384	0,357641597
7	0,300079274	-0,004682826	-0,301417224	-0,167555588	0,157798148
8	0,171650807	0,234628387	-0,112993711	-0,291125242	-0,105350221
9	-0,090333611	0,245307412	0,144846369	-0,180931248	-0,265467201
10	-0,245935764	0,04347225	0,254630214	0,058379836	-0,219602313
11	-0,171190301	-0,176784382	0,139047686	0,227347177	-0,015040135
12	0,047689311	-0,223446385	-0,084930375	0,19513626	0,182498505

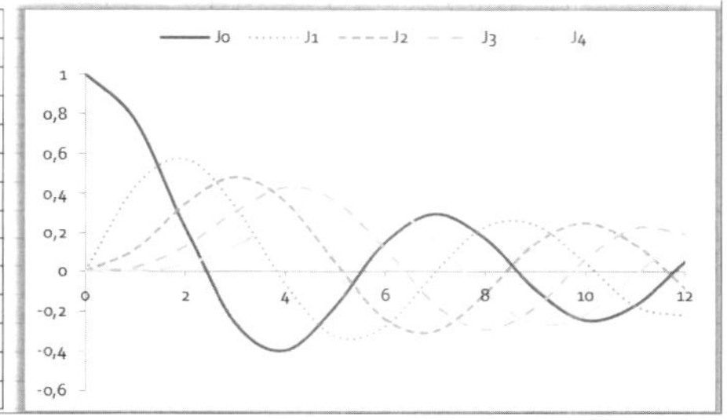

Abbildung 15.34 Graph zur Funktion BESSELJ()

15.14.3 Umrechnungen zwischen Zahlensystemen

Zwölf Funktionen in dieser Kategorie dienen der Umwandlung von Zahlen aus einem Zahlensystem in ein anderes System. Neben dem Dezimalsystem werden das Dualsystem, das Oktalsystem und das Hexadezimalsystem berücksichtigt. Für jedes System sind jeweils drei Funktionen vorhanden, die für die Umwandlung in die anderen Systeme sorgen.

Die Zahlensysteme unterscheiden sich durch die Zahl der verwendeten Ziffern, die als Basis bezeichnet wird. Das Dezimalsystem verfügt bekanntlich über zehn Ziffernzeichen (0 bis 9). Kommen Sie beim Zählen bei einer Zahl nach der 9 an, dann wird die erste Ziffer genommen und eine 0 angehängt. Das Dualsystem, das auch als Binärsystem bezeichnet wird, verwendet nur die Ziffern 0 und 1. Sie zählen also 0, 1, 10, 11, 100 etc. Im Oktalsystem werden acht Ziffern verwendet, Sie zählen 0, 1, 2, ..., 7, 10, 11, ..., 17, 20. Das Hexadezimalsystem verwendet zusätzlich zu den bekannten Ziffern von 0 bis 9 noch die Buchstaben von A bis F, um auf 16 Zeichen zu kommen.

Zahlensysteme

Dezimal	Oktal	Binär	Hexadezimal
0	0	0	0
1	1	1	1
2	2	10	2
3	3	11	3
4	4	100	4
5	5	101	5
6	6	110	6
7	7	111	7
8	10	1000	8
9	11	1001	9
10	12	1010	A
11	13	1011	B
12	14	1100	C
13	15	1101	D
14	16	1110	E
15	17	1111	F

Abbildung 15.35 Die ersten sechzehn Zahlen in den verschiedenen Zahlensystemen

Bei der Darstellung binärer Werte kann es schnell zu Zahlen mit vielen Stellen kommen, da ja nur zwei Ziffern zur Verfügung stehen. Das Oktal- und das Hexadezimalsystem werden deshalb auch benutzt, um binäre Werte kürzer darstellen zu können. Das ist leicht möglich, weil es sich bei einer Basis von acht bzw. 16 Zeichen jeweils um Potenzen von 2 handelt. Dabei muss aber beachtet werden, dass Excel die Ergebnisse der Umwandlungsfunktionen als Zeichenfolge, also nicht als Zahl, ausgibt, es sei denn, das Zielsystem ist das Dezimalsystem. Wird z. B. eine Zelle mit einem binären Wert zu einem anderen Wert addiert, interpretiert Excel die Zeichenfolge als Dezimalzahl, was zu falschen Ergebnissen führt.

15.14.4 Berechnungen mit komplexen Zahlen

An ihre Grenze stoßen Lösungen mit reellen Zahlen, wenn es darum geht, Wurzeln aus negativen Zahlen zu berechnen. Dieses Problem bildete den Anstoß zur Einführung der komplexen Zahlen, die aus einem reellen und einem imaginären Anteil zusammengesetzt sind. Dazu wurde als neue Zahl die imaginäre Einheit i eingeführt. Sie ist definiert als $i = \sqrt{-1}$.

Wird in den Excel-Funktionen als Argument eine komplexe Zahl erwartet, muss sie als Zeichenfolge in der Form `x+yi` oder `x+yj` eingegeben werden, `j` kann bei Anwendungen im Bereich der Elektrotechnik verwendet werden, um Verwechslungen mit der Stromstärke zu vermeiden. Die Kleinschreibung von `i` oder `j` ist erforderlich. Dabei können `x` und `y` zwei beliebige reelle Zahlen sein. `yi` oder `yj` ist die Kurzform für `y*i` oder `y*j`. Es wird also eine reelle Zahl mit der imaginären Zahl multipliziert. Wird eine komplexe Zahl direkt als Funktionsargument angegeben, müssen Anführungszeichen verwendet werden: `=IMABS("3+3i")`; wird ein Zellbezug als Argument angegeben, steht die Zeichenfolge ohne Anführungszeichen in der entsprechenden Zelle.

Mit imaginären Zahlen können Sie ganz normal rechnen, wenn Sie dabei beachten, dass folgendes gilt:

`i^2=-1; i^3=-i; i^4=1; i^7=-i` etc.:

```
4i + 2i = 6i
4i - 4i = 0
3i * 4i = -12
10i/2i  = 5
```

Komplexe Zahlen spielen in der Physik und in der Technik eine große Rolle, insbesondere weil sie die Behandlung von Differenzialgleichungen zu Schwingungsvorgängen vereinfachen. In der Elektrotechnik tauchen komplexe Zahlen etwa bei der Berechnung des Blindwiderstands in der komplexen Wechselstromrechnung auf. In der reinen Mathematik werden komplexe Zahlen in der Funktionentheorie verwendet.

15.14.5 Liste der technischen Funktionen

Funktion	**Beschreibung**
BESSELI(**x**; **n**)	Liefert die modifizierte Bessel-Funktion *In(x)*.
BESSELJ(**x**; **n**)	Liefert die Bessel-Funktion *Jn(x)*.
BESSELK(**x**; **n**)	Liefert die modifizierte Bessel-Funktion *Kn(x)*.
BESSELY(**x**; **n**)	Liefert die Bessel-Funktion *Yn(x)* zurück.
BININDEZ(**Zahl**)	Wandelt einen binären Wert in eine Dezimalzahl um.

Funktion	Beschreibung
BININHEX(**Zahl**; Stellen)	Wandelt einen binären Wert in eine Hexadezimalzahl um.
BININOKT(**Zahl**; Stellen)	Wandelt einen binären Wert in eine Oktalzahl um.
BITVERSCHIEB(**Zahl**; **Verschiebebetrag**)	Liefert die Zahl, die sich ergibt, wenn Bits um den Verschiebebetrag nach links verschoben werden.
BITODER(**Zahl1**; **Zahl2**)	Gibt ein bitweises Oder zweier Zahlen zurück.
BITRVERSCHIEB(**Zahl**; **Verschiebebetrag**)	Liefert die Zahl, die sich ergibt, wenn Bits um den Verschiebebetrag nach rechts verschoben werden.
BITUND(**Zahl1**; **Zahl2**)	Gibt ein bitweises Und zweier Zahlen zurück.
BITXODER(**Zahl1**; **Zahl2**)	Gibt ein bitweises ausschließliches Oder zweier Zahlen zurück.
DELTA(**Zahl1**; Zahl2)	Prüft, ob Werte gleich sind.
DEZINBIN(**Zahl**; Stellen)	Liefert den Binärwert einer Dezimalzahl.
DEZINHEX(**Zahl**; Stellen)	Liefert den Hexadezimalwert einer Dezimalzahl.
DEZINOKT(**Zahl**; Stellen)	Liefert den Oktalwert einer Dezimalzahl.
GAUSSF.GENAU(**x**)	Liefert Werte des gaußschen Fehlerintegrals.
GAUSSFEHLER(**Untere_Grenze**; Obere_Grenze)	Liefert Werte des gaußschen Fehlerintegrals.
GAUSSFKOMPL(**Untere_Grenze**)	Liefert komplementäre Werte des gaußschen Fehlerintegrals.
GAUSSFKOMPL.GENAU(**x**)	Liefert komplementäre Werte des gaußschen Fehlerintegrals.
GGANZZAHL(**Zahl**; Schritt)	Prüft, ob der mit *Zahl* angegebene Wert den mit *Schritt* angegebenen Schwellenwert erreicht oder überschreitet.

Funktion	Beschreibung
HEXINBIN(**Zahl**; Stellen)	Liefert den Binärwert einer hexadezimalen Zahl.
HEXINDEZ(**Zahl**)	Liefert den Dezimalwert einer hexadezimalen Zahl.
HEXINOKT(**Zahl**; Stellen)	Liefert den Oktalwert einer hexadezimalen Zahl.
IMABS(**Komplexe_Zahl**)	Liefert den Absolutwert (Modul) einer komplexen Zahl.
IMAGINÄRTEIL(**Komplexe_Zahl**)	Liefert den imaginären Anteil einer komplexen Zahl.
IMAPOTENZ(**Komplexe_Zahl; Potenz**)	Liefert die Potenz einer komplexen Zahl.
IMARGUMENT(**Komplexe_Zahl**)	Liefert das Argument einer komplexen Zahl.
IMCOS(**Komplexe_Zahl**)	Liefert den Kosinus einer komplexen Zahl.
IMCOSEC(**Komplexe_Zahl**)	Liefert den Kosekans einer komplexen Zahl.
IMCOSECHYP(**Komplexe_Zahl**)	Liefert den hyperbolischen Kosekans einer komplexen Zahl.
IMCOSHYP(**Komplexe_Zahl**)	Liefert den hyperbolischen Kosinus einer komplexen Zahl.
IMCOT(**Komplexe_Zahl**)	Liefert den Kotangens einer komplexen Zahl.
IMDIV(**Komplexe_Zahl1; Komplexe_Zahl2**)	Division komplexer Zahlen
IMEXP(**Komplexe_Zahl**)	Potenzierung von *e* (eulersche Zahl) mit einer komplexen Zahl
IMKONJUGIERTE(**Komplexe_Zahl**)	Liefert zu einer komplexen Zahl das konjugierte komplexe Komplement.
IMLN(**Komplexe_Zahl**)	Liefert den natürlichen Logarithmus einer komplexen Zahl.
IMLOG10(**Komplexe_Zahl**)	Liefert den dekadischen Logarithmus einer komplexen Zahl.
IMLOG2(**Komplexe_Zahl**)	Liefert den binären Logarithmus einer komplexen Zahl.

Funktion	Beschreibung
IMPRODUKT(**Komplexe_Zahl1**; Komplexe_Zahl2, ...)	Berechnet das Produkt komplexer Zahlen.
IMREALTEIL(**Komplexe_Zahl**)	Liefert den reellen Anteil einer komplexen Zahl.
IMSEC(**Komplexe_Zahl**)	Liefert den Sekans einer komplexen Zahl.
IMSECHYP(**Komplexe_Zahl**)	Liefert den hyperbolischen Sekans einer komplexen Zahl.
IMSIN(**Komplexe_Zahl**)	Liefert den Sinus einer komplexen Zahl.
IMSINHYP(**Komplexe_Zahl**)	Liefert den hyperbolischen Sinus einer komplexen Zahl.
IMSUB(**Komplexe_Zahl1**; **Komplexe_Zahl2**)	Subtraktion zweier komplexer Zahlen
IMSUMME(**Komplexe_Zahl1**; Komplexe_Zahl2; ...)	Addition komplexer Zahlen
IMTAN(**Komplexe_Zahl**)	Liefert den Tangens einer komplexen Zahl.
IMWURZEL(**Komplexe_Zahl**)	Liefert die Quadratwurzel einer komplexen Zahl.
KOMPLEXE(**Realteil**; **Imaginärteil**; Suffix)	Erzeugt eine komplexe Zahl aus zwei reellen Zahlen.
OKTINBIN(**Zahl**; Stellen)	Liefert den Binärwert einer oktalen Zahl.
OKTINDEZ(**Zahl**)	Liefert den Dezimalwert einer oktalen Zahl.
OKTINHEX(**Zahl**; Stellen)	Liefert den hexadezimalen Wert einer oktalen Zahl.
UMWANDELN(**Zahl**; **Von_Maßeinheit**; **In_Maßeinheit**)	Liefert Umrechnungen zwischen verschiedenen Maßeinheiten.

15.15 Webfunktionen

Unter der Kategorie **Web** gibt es seit Excel 2016 drei Funktionen, die den Zugriff auf Daten im Web vereinfachen sollen. Die Funktion `URLCODIEREN()` wandelt Zeichenfolgen in formal gültige Webadressen oder Teile davon um. Mit der Funktion `XMLFILTERN()` können Auszüge aus XML-Inhalten mithilfe eines entsprechenden XPath-Ausdrucks eingelesen werden.

15.15.1 Webabfragen

	A	B
4	**XML-Daten:**	
5	<?xml version='1.0'?> <authors> <author> <name>Victor Hugo</name> <nationality>French</nationality> </author> <author period="classical"> <name>Sophocles</name> <nationality>Greek</nationality> </author> </authors>	
6	**Xpath-Ausdruck**	
7	//name	
8	**Filterergebnis:**	
9	Victor Hugo	**{=XMLFILTERN(A5;A7)}**
10	Sophocles	

Abbildung 15.36 Beispiel für die Abfrage von Daten im XML-Format

Die Funktion `WEBDIENST()` fragt Daten von einem Webdienst ab, dessen URL angegeben ist. Darin müssen die Zugangsdaten zu dem Webdienst enthalten sein. Die Anbieter von öffentlichen Webdiensten erwarten in der Regel eine Anmeldung, bei der dann eine API-Key für den Zugang vergeben wird. Außerdem müssen in der URL die Parameter für die Auswahl der Daten enthalten sein. Das in der letzten Auflage dieses Buches verwendete Beispiel einer Wetterabfrage bei Yahoo! funktioniert leider nicht mehr, weil Yahoo! diesen Zugang nicht mehr anbietet.

15.15.2 Liste der Webfunktionen

Funktion	**Beschreibung**
URLCODIEREN(**Text**)	Konvertiert Text in eine URL-codierte Zeichenfolge.
WEBDIENST(**URL**)	Gibt Daten von einem Webdienst zurück.
XMLFILTERN(**xml; xpath**)	Liefert aus XML-Inhalten die mit dem *XPath*-Ausdruck bestimmten Daten.

16 Informationen als Tabellen ordnen und verwalten

Zu den alltäglichen Arbeiten im Büro gehört das Zusammenstellen von Daten in Form tabellarischer Listen, etwa von Telefonverzeichnissen, Adress-, Artikel- oder Bestelllisten. Für die Aufgabe, solche gleichmäßig strukturierten Tabellen anzulegen, zu pflegen und auszuwerten, stellt Excel eine Reihe attraktiver Funktionen zur Verfügung, die teilweise durchaus mit den Fähigkeiten spezieller Datenbankprogramme vergleichbar sind. Darüber hinaus sind in Excel 2019 die Bereiche solcher Tabellen mit speziellen Funktionen ausgestattet, die die Pflege und Erweiterung und insbesondere auch die Formatierung und das Design erleichtern.

Tabelle, Datenliste und Datentabelle

Wer die verschiedenen Versionen von Excel kennt, weiß, dass Microsoft hinsichtlich der verwendeten Begriffe *Tabelle*, *Datenliste* und *Datentabelle* eine gewisse Unstetigkeit an den Tag gelegt hat. Bis zur Version 2003 war von Datenlisten und Datenbanken die Rede, seitdem wird einfach von Tabellen bzw. von Excel-Tabellen gesprochen, und zwar im Unterschied zu einfachen Zellbereichen auf Tabellenblättern, die nicht die spezielle Funktionalität einer Excel-Tabelle anbieten.

Noch einmal davon unterschieden sind die sogenannten Datentabellen, die in Abschnitt 5.4, »Was wäre, wenn ...«, in Zusammenhang mit den Mehrfachoperationen beschrieben wurden. Um die Verwirrung aufrechtzuerhalten, werden die speziellen Funktionen für die Auswertung solcher Excel-Tabellen aber weiterhin unter der Kategorie **Datenbank** geführt. Zur Vereinfachung soll im Folgenden einfach von Tabellen die Rede sein.

Tabelle für eine Lagerliste

Der Umgang mit diesen Tabellen wird in den folgenden Abschnitten am Beispiel einer Lagerliste für Weine aus verschiedenen Ländern beschrieben. Innerhalb der Länder sind die Weine nach Anbaugebieten geordnet. Weiter wird unterschieden zwischen den Farben Rot, Weiß und Rosé. Diese verschiedenen Ordnungskriterien bieten sich an, um die Möglichkeiten zum Gruppieren, Zusammenfassen und Auswerten von Daten in Form von Tabellen zu demonstrieren.

16.1 Möglichkeiten für den Einsatz von Tabellen

Tabellen können immer dann eingesetzt werden, wenn sich Informationen gleichmäßig zeilenweise anordnen lassen. Die Zellen in einer Zeile enthalten dabei jeweils die Daten für eine bestimmte Einheit. Dies kann eine Person oder Personengruppe, eine räumliche, zeitliche oder eine sachliche Einheit sein. Während z. B. eine Tabellenzeile einer solchen Tabelle verschiedene Informationen über eine bestimmte Person enthält, wird in einer Tabellenspalte jeweils dieselbe Art von Information bei jeder der verschiedenen aufgeführten Personen eingetragen, etwa der Name.

Der Inhalt der Spalte wird durch den Feldnamen in Form der Spaltenbeschriftung in der ersten Zeile der Tabelle angezeigt. Solche Tabellen in einem Arbeitsblatt von Excel unterzubringen bietet sich an, da das Tabellenblatt diese tabellarische Struktur ja schon vorgibt.

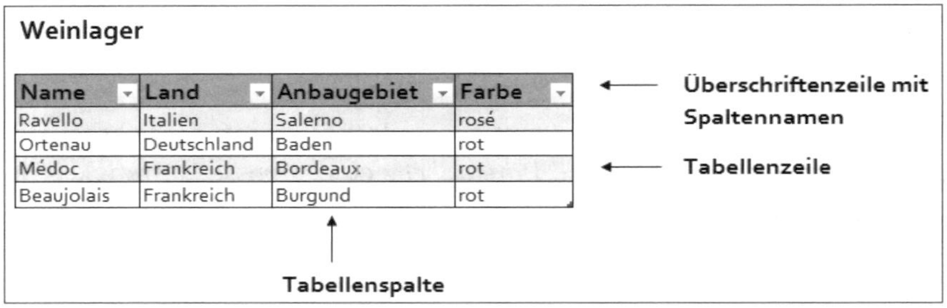

Abbildung 16.1 Struktur einer Tabelle

Die Tabellenfunktionalität von Excel soll nun keineswegs die Verwendung spezieller Datenbankprogramme ersetzen. Innerhalb der Office-Linie von Microsoft steht Access als spezielles Datenbankprogramm zur Verfügung. Noch umfangreicher sind die Möglichkeiten, die die verschiedenen Versionen des Microsoft SQL Servers zur Verfügung stellen. Auch die kostenlose Express-Edition bietet sich bei nicht allzu großen Datenmengen als praktikable Lösung an.

Zudem gehört der Datenaustausch mit externen Datenbanken zu den besonderen Leistungsschwerpunkten von Excel. Für die Übernahme externer Daten in ein Tabellenblatt ist das Programm bestens präpariert. Mithilfe spezieller Treiber kann direkt auf die Daten von zahlreichen Datenbanken zugegriffen werden. Dies wird in Kapitel 19, »Arbeit mit externen Daten«, beschrieben.

Wenn es um die Verwaltung sehr großer Datenmengen geht, ist die Verwendung spezieller Datenbankprogramme in jedem Fall sinnvoll. Die Datenmengen, die diese Programme verwalten können, sind nicht durch die Größe des Hauptspeichers begrenzt.

Excel kann zwar auch auf Dateien zugreifen, die nicht in den Hauptspeicher geladen worden sind, normalerweise aber operiert das Programm mit Daten, die alle gleichzeitig im Hauptspeicher bereitstehen. Für mittlere Datenmengen reichen Hauptspeichergrößen, wie sie heute üblich sind, aber vollkommen aus, um effektive Anwendungen einzurichten. Der Vorteil solcher Anwendungen liegt insbesondere darin, dass die Datenbestände direkt mit Formeln in der Tabelle ausgewertet werden können.

16.2 Die Struktur von Tabellen definieren

Die Arbeit mit Tabellen oder Datenlisten ist seit den ersten Excel-Versionen Schritt für Schritt vereinfacht worden. Es ist in den meisten Fällen nicht mehr notwendig, vor der Anwendung der Tabellenwerkzeuge spezielle Bereiche zu definieren. Excel sucht sich die zur Tabelle gehörenden Daten meist selbst zusammen. Ausnahme sind bestimmte Spezialfälle, bei denen zur Datenauswertung Kriterienbereiche definiert werden müssen.

Excel bietet zahlreiche sehr praktische Funktionen für die Auswertung solcher Tabellen an. Dazu gehören die Möglichkeit, Ergebniszeilen zu erzeugen, die umfangreichen Filterfunktionen und insbesondere der Einsatz interaktiver Pivot-Tabellen, mit denen Daten umgeordnet und unter wechselnden Gesichtspunkten zusammengefasst werden können. Mehr dazu erfahren Sie in den Kapiteln 17, »Datenabfragen und Datenauszüge«, und 18, »Pivot-Tabellen und -Diagramme«.

Rückwärtskompatibel

HINWEIS

Ältere Datenlistenanwendungen, die noch mit definierten Datenbankbereichen etc. angelegt sind, kann Excel 2019 ohne Änderung weiterverwenden. Das gilt auch für die Übernahme von Lotus-1-2-3-Modellen.

16.2.1 Bestandstabelle für ein Weinlager

Der erste Schritt beim Aufbau der vorgesehenen Tabelle für ein fiktives Weinlager besteht aus der Überlegung, welche Informationen notwendig sind, um den Lagerbestand effektiv zu verwalten. Praktisch schlägt sich diese Überlegung zunächst in der Überschriftenzeile der Tabelle nieder. Welche Spaltennamen notwendig sind, hängt natürlich vom Gegenstand der Tabelle ab, insbesondere aber auch von den Fragen, die mithilfe der Tabelle beantwortet werden sollen.

Ob Sie Ihre Überlegungen dazu nun im Kopf, auf einem Stück Papier oder gleich in einer Tabelle anstellen, ist eher eine Frage Ihres persönlichen Arbeitsstils. Die Tabelle kann zum Ausprobieren aber schon deshalb gut genutzt werden, weil Sie Ihre ersten Versuche durch Drag & Drop-Operationen jederzeit korrigieren können, ohne immer wieder alles neu eingeben zu müssen.

Den Gegenstand bestimmen

Die erste zu klärende Frage ist die nach dem Gegenstand der Tabelle. Was ist die Einheit, für die eine Zeile in der Tabelle Informationen bereitstellt? Die Einheit kann eine Person in einer bestimmten Eigenschaft sein, z. B. als Kunde oder Mitarbeiter. Sie kann eine Sache sein, wie etwa ein Artikel, ein Bausatz für ein Produkt, ein Vorgang wie eine Dienstleistung oder auch ein Tatbestand wie die Zuordnung von Personen zu verschiedenen Projekten. In unserem Beispiel ist der einzelne Wein die Einheit, identifiziert durch einen bestimmten Namen.

Informationspartikel

Welche Informationen sind für jede Einheit erhältlich oder sollen beschafft und erfasst werden? Welche Unterscheidungsmerkmale und Ordnungskriterien sind notwendig oder sinnvoll? Die Beantwortung dieser Fragen hängt davon ab, welche praktischen Entscheidungen auf der Basis der Tabelle zu treffen sind. Wenn Sie z. B. wissen wollen, welche Weine aus dem Lager nachbestellt werden müssen, dürfen natürlich eine Spalte für den Mindestbestand und eine Spalte für den aktuellen Bestand nicht fehlen.

Als allgemeine Regel lässt sich formulieren: Nehmen Sie nur die Informationen in die Tabelle hinein, die für den Gegenstand und die erwarteten Fragestellungen notwendig sind. Überflüssige Informationen nehmen Platz weg, machen die Tabelle unübersichtlich und verlangsamen alle Abläufe. Es ist oft besser, mit mehreren Tabellen zu arbeiten, als mit einer Liste, die überflüssige Wiederholungen enthält. In einer Bestellliste muss z. B. nur die Lieferantennummer und nicht die komplette Lieferantenadresse erscheinen, wenn es eine Lieferantenliste gibt, in der der Lieferantennummer die Adresse zugeordnet ist.

Die Reihenfolge der Spalten ist im Prinzip beliebig, aber es ist natürlich sinnvoll, Informationen, die sachlich zusammengehören, auch nebeneinander anzuordnen. Solange die Tabelle nur wenige Spalten enthält, ist das alles nicht weiter tragisch. Bei Tabellen mit zahlreichen Spalten aber ist es hilfreich, die Informationen in den ersten Spalten unterzubringen, die die Sache oder die Person, um die es geht, eindeutig identifizieren.

Schlüsselspalten für den Zugriff

In vielen Fällen ist es sinnvoll, einen oder mehrere Spaltennamen als Schlüsselfelder vorzusehen. Schlüsselfelder sind dazu da, einen bestimmten Datensatz eindeutig zu identifizieren. In unserem Beispiel ist das der Name des Weins. Anstelle des Namens könnte aber auch eine eindeutige Artikelnummer verwendet werden. Solche Nummern können z. B. sehr einfach mit einer Startnummer und mit **Start ▸ Bearbeiten ▸ Ausfüllen ▸ Datenreihe** erzeugt werden.

16.2.2 Datentypen und Feldlängen

Niemand kann Sie daran hindern, ein bestimmtes Feld in der einen Zeile mit einer Zahl und in der nächsten mit einer Zeichenfolge zu füllen. Diese größere Freiheit kann aber auch Nachteile haben, z. B. bei einer späteren Sortierung, weil Excel Zahlen immer vor Zeichenfolgen einordnet. Wird also eine Artikelnummer einmal als Zahl und einmal als Zeichenfolge aus Zahlen eingegeben, gerät die Reihenfolge durcheinander. Außerdem treten Probleme bei der Formulierung von Suchkriterien auf. Wenn Sie z. B. die Postleitzahl einmal als Zahl und ein anderes Mal als Zeichenfolge eingegeben haben, kann es sein, dass bei einem Kriterium, das die Postleitzahl mit einer Zahl vergleicht, nicht alle Datensätze angezeigt werden.

Für die einzelnen Felder stellt sich also die Frage, welcher Datentyp in der jeweiligen Spalte verwendet werden soll. Ist es ein numerischer Wert, ein Datums- oder Zeitwert, ein Wahrheitswert oder eine Zeichenfolge? Im Unterschied zu einem speziellen Datenbankprogramm wie Access findet bei der Dateneingabe in eine Excel-Tabelle zunächst keine Prüfung des Datentyps oder der Länge der Eingabe statt, es sei denn, Sie steuern die Dateneingabe über ein entsprechendes Makro, oder Sie verwenden Gültigkeitsregeln. Diese Funktion wurde in Abschnitt 2.5, »Prüfung der Dateneingabe«, ja bereits beschrieben. Sie bietet sehr gute Möglichkeiten zur Kontrolle der korrekten Dateneingabe, muss aber nicht verwendet werden.

Obwohl bei der Festlegung der Struktur der Tabelle darüber keine endgültige Entscheidung getroffen werden muss, ist es doch meist sinnvoll, abzuschätzen, wie viel Platz die einzelne Information benötigt, um die Spaltenbreite entsprechend einzustellen.

Abschätzen der Datenmenge

In die Planung einbezogen werden sollte auch die erwartete Gesamtmenge der Daten in der Tabelle. Dass die Tabelle immer auf ein Tabellenblatt beschränkt bleibt, ist allerdings aufgrund der enormen Erweiterung des Tabellenblatts in Excel 2019 meist kein Hindernis mehr.

Reicht aber der Hauptspeicher überhaupt aus, um mit der geplanten Tabelle umzugehen, oder muss die Tabelle gesplittet werden? Hier sind natürlich nur ungefähre Schätzungen möglich. Wenn Sie mit mehr als einer Tabelle arbeiten, sollten Sie festlegen, ob eine Verbindung zwischen den verschiedenen Tabellen bestehen soll. Gibt es eine gemeinsame Spalte, die in beiden Tabellen vorkommt und eine Verknüpfung erlaubt?

16.2.3 Regeln für die Wahl der Spaltennamen

Bei der Wahl der Spaltennamen tun Sie gut daran, ein paar Regeln zu beachten:

- Die Spaltennamen sollten normalerweise eindeutig sein. Es ist zwar möglich, Spaltennamen auch mehrfach zu verwenden; bei der Funktion **Spezialfilter** führt dies aber zu Problemen, weil dann immer nur die erste Spalte, die einen bestimmten Namen verwendet, durchsucht wird, nicht aber die zweite Spalte mit dem gleichen Namen.
- Vermeiden Sie Kommata, Punkte, Leerzeichen, Bindestriche und Semikola. Verwenden Sie keine Namen, die wie Zellbezüge aussehen. Soll ein Name aus mehreren Teilen zusammengesetzt werden, verwenden Sie anstelle der Leerzeichen jeweils einen Unterstrich.
- Was die Länge der Spaltennamen betrifft, ist ein brauchbarer Kompromiss sinnvoll zwischen einem Namen, der sprechend ist, also genau erkennen lässt, worum es in der Spalte geht, und einem Namen, der möglichst kurz ist. Wenn der Name sehr lang ist, haben Sie nicht nur mehr Arbeit bei der Formulierung von Abfragekriterien, auch die Wahrscheinlichkeit von Tippfehlern wächst.

Haben Sie schließlich die Überschriftenzeile mit den Spaltennamen eingegeben, steht die Struktur der Tabelle fest. Abbildung 16.2 zeigt die Überschriftenzeile für das Weinlager.

	A	B	C	D	E	F	G	H	I
1	Weinlager								
2									
3	Name	Land	Anbaugebiet	Farbe	Jahrgang	Bestand	Mindestbestand	Preis	Wert

Abbildung 16.2 Überschriftenzeile für das Weinlager

16.3 Tabellenbereiche

Um den Umgang mit Tabellen zu vereinfachen, insbesondere die Erweiterung von Tabellen um weitere Zeilen oder Spalten, kann ein so strukturierter Zellbereich ausdrücklich in einen Tabellenbereich umgewandelt werden. Dies ist zwar nicht unbedingt notwendig, um z. B. Filterfunktionen zu nutzen, aber es ist äußerst ratsam, insbesondere auch weil es Fehler vermeiden hilft, was die Erweiterung und Definition benannter Zellbereiche betrifft.

16.3.1 Zellbereiche in Tabellenbereiche umwandeln

Die ausdrückliche Umwandlung eines Zellbereichs in eine Tabelle kann gleich zu Anfang mit einer Beschriftungszeile oder auch später mit einem Zellenbereich erfolgen, der bereits Daten unterhalb der Beschriftungszeile enthält. Setzen Sie im ersten Fall den Zellzeiger direkt in eine Zelle der Beschriftungszeile oder eine Zelle darunter, und wählen Sie **Einfügen ▸ Tabellen ▸ Tabelle**. Anstelle des Befehls können Sie auch die Tastenkombination `Strg` + `T` verwenden.

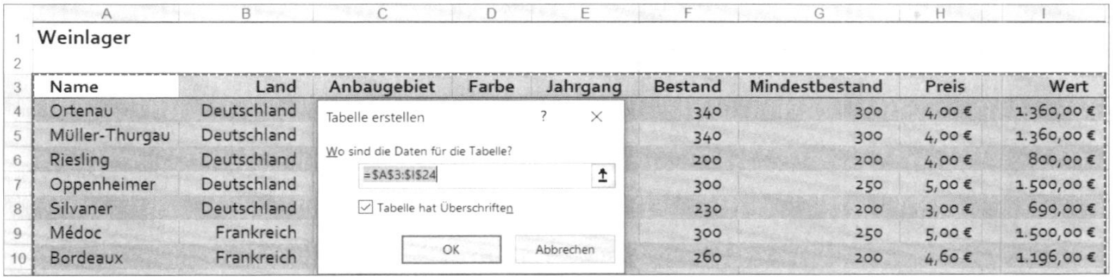

Abbildung 16.3 Umwandeln eines Zellbereichs in eine Tabelle

Excel fordert in dem kleinen Dialog **Tabelle erstellen** eine Bestätigung für den Tabellenbereich, den es aus den gegebenen Umständen ableitet. Ist der Bereich noch leer, definieren Sie den Bereich durch Ziehen mit der Maus oder Eingabe der Bereichsadressen. Wählen Sie die Option **Tabelle hat Überschriften**, wenn dies der Fall ist. Wenn noch keine Kopfzeile existiert, gibt Excel als Standardnamen *Spalte(n)* vor. Excel erzeugt einen Tabellenbereich und blendet als Vorgabe Filterschaltflächen zu den einzelnen Spalten ein, die weiter unten behandelt werden. Der angelegte Bereich wird mit einem vorgegebenen Tabellenformat belegt, das Sie aber jederzeit ändern können.

Denselben kleinen Dialog erreichen Sie auch, wenn Sie den Zeiger in einen bereits gefüllten Zellbereich stellen und über **Start ▸ Formatvorlagen** die Schaltfläche **Als Tabelle formatieren** anklicken. Bei dieser Vorgehensweise weisen Sie dem Bereich gleich das aus der Palette ausgewählte Format zu.

Eine weitere Alternative ist das Erstellen einer Tabelle auf folgendem Wege: Wenn Sie den gesamten Datenbereich der Tabelle ausgewählt haben, erscheint am rechten Ende die Schaltfläche **Schnellanalyse**. Wenn Sie in der Palette dann **Tabellen** auswählen, wird ein Symbol **Tabelle** angeboten, das den Zellbereich sofort in eine Tabelle mit dem vorgegebenen Standardformat verwandelt.

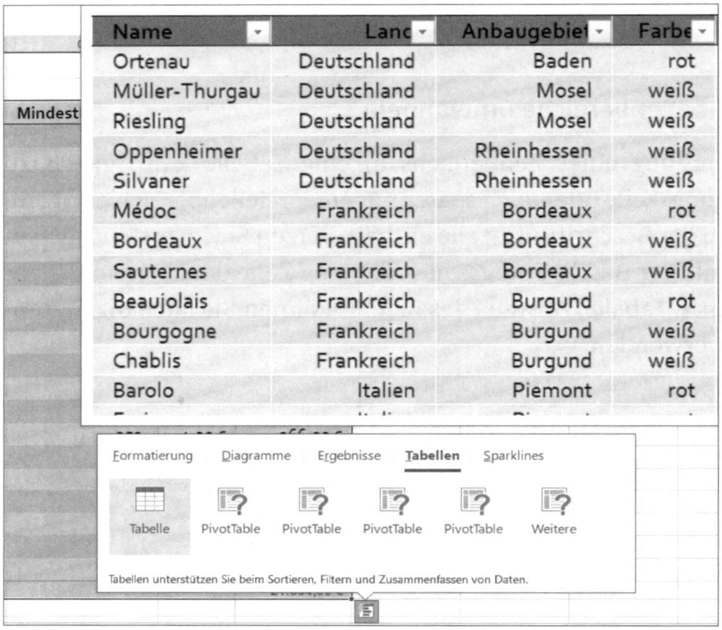

Abbildung 16.4 Erstellen einer Tabelle über die Schaltfläche »Schnellanalyse«

In jedem Fall werden für die neue Tabelle die **Tabellentools** mit dem Register **Entwurf** eingeblendet, das fünf Gruppen mit Optionen für die Gestaltung der Tabelle anbietet. Unter **Eigenschaften ▸ Tabellenname** können Sie den vorgegebenen durchnummerierten Standardnamen überschreiben ❶. Dieser Name kann für strukturierte Verweise in Formeln verwendet werden, wie wir sie weiter unten noch beschreiben. Er kann wie ein definierter Bereichsname genutzt werden.

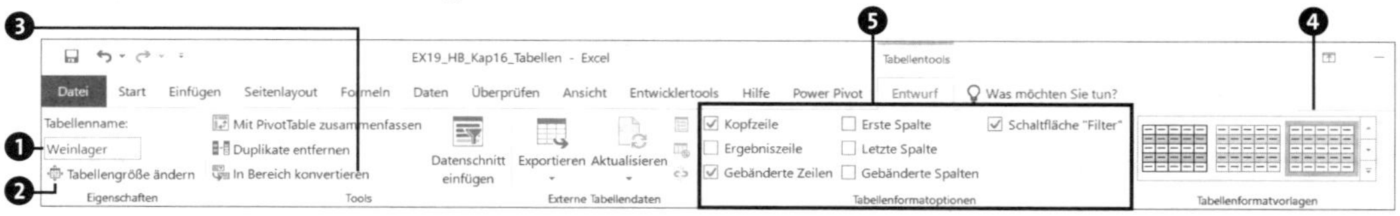

Abbildung 16.5 Optionsgruppen für die Gestaltung des Tabellenbereichs auf dem Register »Entwurf«

Der Tabellenbereich kann nachträglich vergrößert werden, und zwar über **Entwurf ▸ Eigenschaften ▸ Tabellengröße ändern** ❷. Der neue Bereich muss den alten überlappen. Die Kopfzeile muss dabei in derselben Zeile verbleiben.

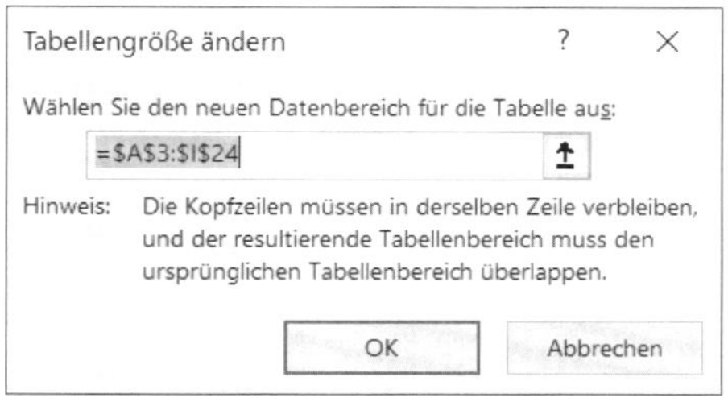

Abbildung 16.6 Der Dialog zum Ändern der Tabellengröße

Bei Bedarf kann der Tabellenbereich über die Option **Entwurf ▸ Tools ▸ In Bereich konvertieren** ❸ auch wieder in einen normalen Zellbereich zurückgesetzt werden. Dies ist seltsamerweise sogar notwendig, wenn mit Teilsummen gearbeitet werden soll, was weiter unten noch beschrieben wird.

16.3.2 Formatierung der Tabellen

Um die Überschriftenzeile von den Tabellenzeilen etwas abzuheben und die einzelnen Zeilen übersichtlich zu halten, ist es sinnvoll, mit einer entsprechenden Formatvorlage für Tabellen zu arbeiten. Wenn Sie das Format nicht vorher ausgewählt haben, wählen Sie eine Zelle in der Tabelle aus und wählen **Entwurf ▸ Tabellenformatvorlagen** ❹. Aus der umfangreichen Palette kann dann einfach das gewünschte Muster per Klick oder Tipp zugeordnet werden.

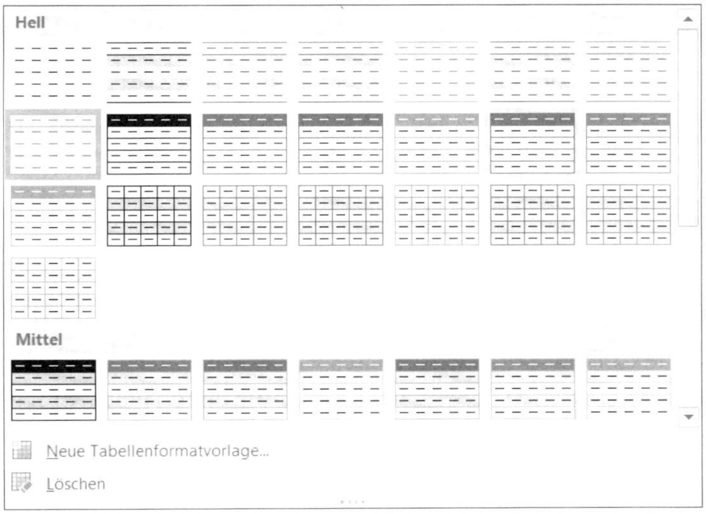

Abbildung 16.7 Zuordnen eines Tabellenformats

Allerdings sollten Sie vermeiden, die Überschriftenzeile durch eine Leerzeile von den Tabellenzeilen zu trennen, weil Excel dann Schwierigkeiten hat, den Tabellenbereich korrekt zu bestimmen. Das Programm erwartet die Überschriftenzeile direkt über den Tabellenzeilen.

16.3.3 Optionen für Tabellen

In der Gruppe **Tabellenformatoptionen** ❺ auf dem Register **Entwurf** werden noch einige praktische Einstellungen angeboten, die die Arbeit mit Tabellen betreffen. Bei Bedarf kann die **Kopfzeile** mit den Spaltennamen ausgeblendet werden.

Wird **Erste Spalte** oder **Letzte Spalte** aktiviert, werden diese durch die Hintergrundformatierung hervorgehoben, die angebotenen Tabellenformatvorlagen sind dann entsprechend erweitert. Die Option **Gebänderte Zeilen** sorgt dafür, dass die Formatierung paarweise wechselt, sodass ein Streifenmuster entstehen kann. **Gebänderte Spalten** sorgt für einen ähnlichen Effekt bei der Formatierung der Spalten.

16.3.4 Einfrieren von Beschriftungen

Bei langen Tabellen ist es sinnvoll, den Tabellenkopf und vielleicht auch die erste Spalte mit dem Befehl **Ansicht ▸ Fenster ▸ Fenster fixieren** auch dann sichtbar zu halten, wenn weit entfernte Tabellenzeilen oder -spalten angezeigt werden. Setzen Sie dazu den Zellzeiger auf die erste Zeile unter den Feldnamen und rechts von der ersten Spalte.

Abbildung 16.8 Liste mit fixiertem Kopf

Anstatt die Fixierung durch die Zellmarkierung zu steuern, kann über das Menü der Schaltfläche **Fenster fixieren** auch einfach die oberste Zeile oder die erste Spalte »eingefroren« werden. Wird auf das Einfrieren von Kopfzeilen verzichtet, stellt Excel immer noch eine praktische Orientierungshilfe zur Verfügung. Führt der Bildlauf innerhalb des

Tabellenbereichs dazu, dass die Spaltennamen nicht mehr sichtbar sind, übernimmt Excel vorübergehend einfach die Spaltennamen in die Spaltenköpfe des Tabellenblatts.

	Name	Land	Anbaugebiet	Farbe	Jahrgang	Bestand	Mindestbestand	Preis	Wert
4	Ortenau	Deutschland	Baden	rot	2015	340	300	4,00 €	1.360,00 €
5	Müller-Thurgau	Deutschland	Mosel	weiß	2016	340	300	4,00 €	1.360,00 €

Abbildung 16.9 Spaltenbeschriftungen in den Spaltenköpfen

16.3.5 Daten eingeben

Wenn die Struktur der Tabelle feststeht, können Sie mit der Eingabe der Daten beginnen. Die einfachste Form ist sicher, die Daten direkt unter der Überschriftenzeile einzugeben. Da die Daten meist zeilenweise eingegeben werden, sollten Sie die Eingabe in eine Zelle jeweils mit [→] oder [⇆] beenden. Es ist manchmal auch ganz praktisch, vor der Dateneingabe einen Bereich von mehreren Datensätzen zu markieren. Dann führt [⇆] am Ende eines Datensatzes sofort an den Anfang des nächsten Datensatzes. Sie arbeiten ansonsten wie bei einer normalen Tabelle, fügen eventuell Zeilen ein oder löschen welche, wenn Daten überflüssig geworden sind.

TIPP

Auf einheitliche Schreibweise achten!

Wenn Sie Texte eingeben, sollten Sie auf eine einheitliche Schreibweise achten. Bei Firmennamen ist die Schreibweise allerdings oft ein Problem. Ein Name wie »A B C« wird bei einer aufsteigenden alphabetischen Sortierung vor »AAS« eingeordnet. In solchen Fällen kann eine zweite Spalte helfen, die alle Namen in eine einheitliche Schreibweise umsetzt, sodass beim Sortieren keine Probleme entstehen.

16.3.6 Eindeutigkeit und Duplikate

Wenn Sie ein Schlüsselfeld wie Artikelnummer, Kundennummer oder Rechnungsnummer verwenden, müssen Sie beachten, dass das Programm nicht reagiert, wenn ein solcher Schlüssel mehrfach verwendet wird. Für die Eindeutigkeit der Schlüssel müssen Sie also selbst sorgen. Um die Eindeutigkeit nachträglich zu kontrollieren, kann allerdings das Tool **Duplikate entfernen** aus der Gruppe **Daten ▸ Datentools** verwendet werden. Im Dialog wird zunächst die Spalte ausgewählt, die auf Duplikate hin geprüft werden soll. Ist die Auswahl bestätigt, werden gefundene Duplikate sofort entfernt, nur das jeweils erste Vorkommen eines Elements bleibt erhalten.

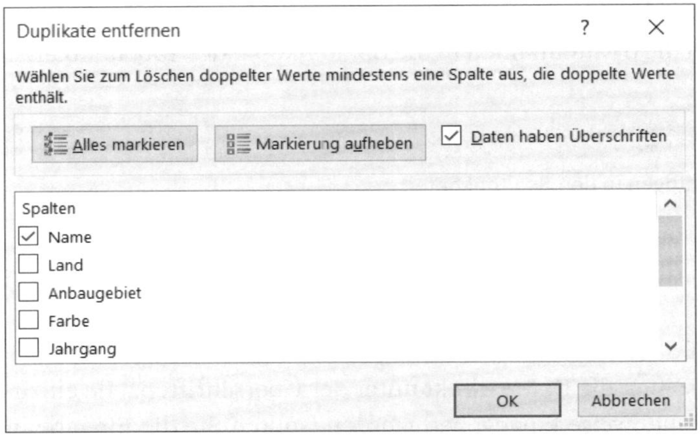

Abbildung 16.10 Prüfung in Bezug auf Duplikate

Das ist allerdings ein ziemlich rohes Vorgehen, das dem Benutzer keine weiteren Eingriffsmöglichkeiten gibt. In vielen Fällen ist es günstiger, Duplikate durch ein bedingtes Format zu kennzeichnen und dann die Tabelle gezielt zu bereinigen. Dies ist möglich über **Start ▶ Formatvorlagen ▶ Bedingte Formatierung ▶ Regeln zum Hervorheben von Zellen ▶ Doppelte Werte.**

16.3.7 Bereichserweiterung und Formate

Wird ein normaler Zellbereich durch direktes Ausfüllen weiterer Tabellenzeilen erweitert, muss immer darauf geachtet werden, dass die Formatierung in die neuen Zeilen übernommen wird und eventuelle Formeln herunterkopiert werden. Auf der Seite **Erweitert** im Dialogfeld **Excel-Optionen** gibt es dafür die Einstellung **Datenbereichsformate und -formeln erweitern**. Wenn dieses Kästchen abgehakt ist, verhält sich Excel folgendermaßen: Immer wenn Sie bei einem Zellbereich Daten in die nächste leere Zeile eintragen, überträgt Excel automatisch das Format und die Formeln der letzten Zeile auf die neue. Excel »erkennt« zusammenhängende Zellbereiche auch, wenn Sie den Zellzeiger in eine beliebige Zelle des Bereichs stellen und dann einen der Befehle aus der Gruppe **Daten ▶ Sortieren und Filtern** aufrufen.

Bei Tabellen werden Formate und Formeln automatisch in die neue Zeile übernommen, und zwar unabhängig von der oben beschriebenen Option **Datenbereichsformate und -formeln erweitern**, die nur für normale Zellbereiche Wirkung hat. Voraussetzung ist allerdings, dass die neue Zeile nicht unter einer Ergebniszeile eingefügt wird.

16.3.8 Tabellen erweitern

Das Kontextmenü jeder ausgewählten Zelle in der Tabelle bietet über **Zeile/Spalte einfügen** Befehle an, um innerhalb der Tabelle Zeilen oder Spalten einzufügen, die sich nicht auf den Rest des Arbeitsblatts auswirken. Entsprechend wird auch ein Löschbefehl für ausgewählte Zeilen oder Spalten innerhalb des Tabellenbereichs zur Verfügung gestellt. Dies erlaubt es ohne Weiteres, auf einem Blatt auch mehrere Tabellen parallel oder untereinander anzulegen, was in den älteren Versionen häufig problematisch war, weil beim Einfügen oder Löschen von Zeilen und Spalten leicht unerwünschte Nebenwirkungen bezogen auf andere Tabellen auftreten konnten.

Um eine Tabelle am Ende um eine weitere Zeile zu erweitern, beenden Sie den Eintrag in der letzten Zelle einfach mit der Taste [Tab]; oder Sie schreiben gleich in die neue Zeile. Excel nimmt in beiden Fällen die neue Zeile in den Tabellenbereich mit auf und übernimmt auch die Formate von der letzten Zeile.

Abbildung 16.11 Zeilen oder Spalten über das Kontextmenü einfügen

Das Kontextmenü bietet bei Tabellen auch eine zusätzliche Option **Auswählen** mit einem Untermenü, das die schnelle Markierung der aktuellen Spalte bzw. der Daten darin oder der aktuellen Zeile erlaubt.

Wird in eine Zelle direkt neben oder direkt unter dem aktuellen Tabellenbereich etwas eingegeben, vermutet Excel, dass diese Daten mit in den Tabellenbereich aufgenommen werden sollen. Ist das nicht der Fall, können Sie die automatische Tabellenerweiterung über das Menü der Schaltfläche **AutoKorrektur-Optionen** bei Bedarf auch rückgängig machen.

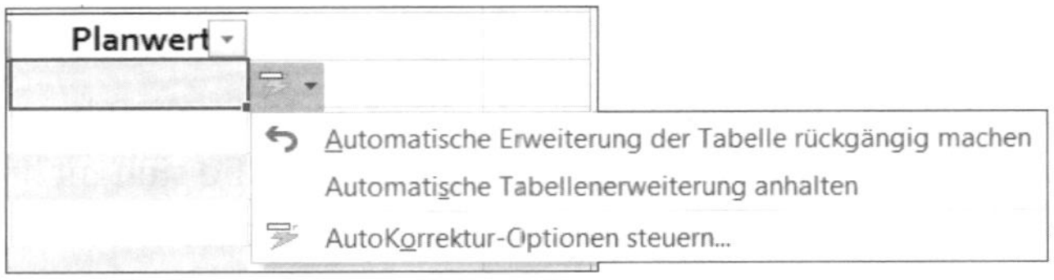

Abbildung 16.12 Erweitern der Tabelle um eine Spalte

16.3.9 Einfügen von Ergebniszeilen

Eine weitere Option des Tabellenbereichs ist das Einfügen einer Ergebniszeile am jeweiligen Ende der Tabelle, die automatisch mit dem wachsenden Bereich wandert und ihre Formeln anpasst. Dazu wird **Entwurf ▸ Tabellenformatoptionen ▸ Ergebniszeile** oder **Tabelle ▸ Ergebniszeile** im Kontextmenü verwendet. Über die kleinen Pfeilschaltflächen kann für jede Spalte die Art der Auswertung einzeln gewählt werden. Neben Standardauswertungen wie **Summe**, **Anzahl** und **Mittelwert** lassen sich über die Option **Weitere Funktionen** auch benutzerdefinierte Funktionen heranziehen.

Abbildung 16.13 Ergebniszeile mit Listenfeld

16.3.10 Berechnete Spalten

Neben Spalten, in die Daten eingegeben werden, kann eine Tabelle auch Spalten enthalten, die auf der Basis von Werten in anderen Spalten oder auch von Werten außerhalb der Tabelle berechnet werden. Zum Beispiel kann der Verkaufspreis durch einen Prozentzuschlag auf den eingegebenen Einkaufspreis berechnet werden. In diesem Fall wird anstelle eines Wertes eine entsprechende Formel in die Zelle eingetragen und bei jedem neuen Datensatz nach unten kopiert.

Excel 2019 stellt für Formeln in solchen Tabellen eine vereinfachte Bezugsform zur Verfügung, die als *strukturierter Verweis* bezeichnet wird. Soll z. B. in der Spalte *Wert* der

Preis mit dem Bestand multipliziert werden, wird bei der Markierung der Zellen während der Formeleingabe automatisch der jeweilige Spaltenname in eckigen Klammern angezeigt, ohne dass die Bereiche explizit benannt werden müssen. Die Formel heißt dann

```
=[@Bestand]*[@Preis]
```

Bei der manuellen Eingabe können die @-Zeichen auch weggelassen werden. Die Formel wird in alle Tabellenzeilen unverändert übernommen, wertet aber jeweils die richtigen Werte in der jeweiligen Tabellenzeile aus. Nach Eingabe der ersten Formel wird diese als Vorgabe automatisch auf die ganze Spalte übertragen. Dabei wird die Schaltfläche **AutoKorrektur-Optionen** eingeblendet, die es erlaubt, diesen Vorgang notfalls rückgängig zu machen.

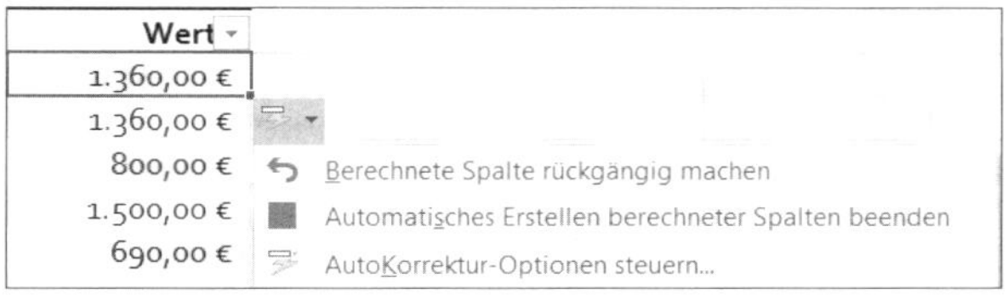

Abbildung 16.14 Automatisches Erstellen einer berechneten Spalte

Verwenden Sie in diesem Menü die Option **AutoKorrektur-Optionen steuern**, können Sie bei Bedarf auf dem Register **AutoFormat während der Eingabe** die Option **Formeln in Tabellen füllen, um berechnete Spalten zu erstellen** auch abwählen.

16.3.11 Arbeit mit strukturierten Verweisen

Die Verwendung strukturierter Verweise anstelle der in normalen Zellbereichen verwendeten Verweise erleichtert die Arbeit mit Tabellendaten. Solche Verweise können Bezüge auf die verschiedenen Bereiche in einer Tabelle herstellen. Das gilt sowohl für Formeln in der Tabelle als auch für Formeln außerhalb der Tabelle. Im zweiten Fall muss allerdings immer der Tabellenname davorgesetzt werden, der bei Formeln innerhalb der Tabelle weggelassen werden kann. Der vergebene Tabellenname verweist auf die gesamten Tabellendaten, aber ohne Überschriftenzeile und Ergebniszeile.

Von den in der Tabelle vorhandenen Spaltennamen werden Spaltenbezeichner abgeleitet und in eckige Klammern gesetzt; sie verweisen auf die reinen Spaltendaten ohne Spaltenname und eventuelle Ergebniszeile. Werden Bezüge verschachtelt, sind doppelte Klammern erforderlich. Außerdem sind die in der Tabelle aufgeführten speziellen Bezeichner möglich.

Bezeichner	Bedeutung
`#Alle`	Bezug auf die gesamte Tabelle, einschließlich Spaltennamen, Daten und Ergebniszeilen
`#Daten`	Bezug auf die Daten ohne Ergebniszeile
`#Kopfzeilen`	Bezug auf die Kopfzeile mit den Spaltennamen
`#Ergebnisse`	Bezug auf die Ergebniszeile. Ergibt 0, wenn diese nicht vorhanden ist.
`@`	Bezug auf die Daten in der aktuellen Zeile

Ist die Tabelle wie im Beispiel mit dem Namen *Weinlager* belegt, liefert die folgende Formel die Anzahl der leeren Zellen in der aktuellen Tabelle:

```
=ANZAHLLEEREZELLEN(Weinlager[#Alle])
```

Soll für jede Zeile die Differenz zwischen Bestand und Mindestbestand berechnet werden, können Sie außerhalb der Tabelle mit der Formel

```
=Weinlager[Bestand]-Weinlager[Mindestbestand]
```

arbeiten.

Excel unterstützt Sie bei der Eingabe solcher Bezüge, sobald Sie eine eckige Klammer öffnen, wie Abbildung 16.15 zeigt.

Abbildung 16.15 Das Angebot strukturierter Verweise bei der Formeleingabe

Damit strukturierte Verweise in dieser Form eingesetzt werden können, muss unter **Excel-Optionen** auf der Seite **Formeln** unter **Arbeiten mit Formeln** allerdings die Einstellung **Tabellennamen in Formeln verwenden** aktiviert sein. Sollte die Tabelle nachträglich wieder in einen normalen Zellbereich konvertiert werden, werden die strukturierten Bezüge automatisch wieder in die übliche Bezugsform zurückübersetzt. Umgekehrt gilt allerdings, dass keine automatische Übersetzung in strukturierte Bezüge erfolgt, wenn ein fertiger Zellbereich nachträglich in eine Tabelle konvertiert wird. Es genügt dann aber, z. B. in eine Spalte die erste Formel mit strukturierten Bezügen einzugeben, sie wird dann automatisch bis ans Spaltenende kopiert.

Außerdem müssen Sie beachten, dass alle Spaltennamen als Textzeichenfolgen behandelt werden, auch wenn sie etwa ein Datum oder eine Jahreszahl enthalten. Enthält der Spaltenname Sonderzeichen, müssen Sie mit doppelten Klammern arbeiten. Dies gilt für Leerzeichen, Komma, Strichpunkt, Punkt etc.

16.4 Daten sortieren

Das Sortieren von Daten kann zwar in beliebigen Zellbereichen sinnvoll sein, bei Tabellen taucht der Wunsch nach Sortierung aber besonders häufig auf. Deshalb soll das Thema an dieser Stelle behandelt werden. Die Reihenfolge, in der Daten in eine Tabelle eingegeben werden, kann zufällig oder mehr oder weniger geordnet sein. In vielen Fällen ist es angebracht, die Reihenfolge der Daten nach der Ersteingabe neu zu ordnen. Bei der Weinlagerliste liegt vielleicht eine Sortierung nach Ländern nahe, innerhalb der Länder nach Anbaugebieten und innerhalb der Anbaugebiete nach dem Namen des Weins. Wenn die Weine nummeriert sind, könnte die Sortierung auch mithilfe dieser Nummer erfolgen.

Es kann aber auch jedes andere Feld in der Tabelle als Basis für eine Sortierung gewählt werden. Wenn Sie z. B. wissen wollen, von welchen Weinen die meisten Flaschen auf Lager liegen, können Sie die Tabelle nach dem Feld *Bestand* sortieren. Wenn Sie **Absteigend** sortieren, erscheinen zuerst die Weine, von denen am meisten auf Lager liegt. Auch eine chronologische Sortierung nach einem Datums- oder Zeitfeld ist möglich, hier z. B. nach dem Jahrgang. In diesem Fall bedeutet eine aufsteigende Sortierung, dass die jüngsten Jahrgänge zuerst aufgeführt werden, die ältesten Jahrgänge zuletzt.

Sortierung für unterschiedliche Zwecke

Für verschiedene Fragestellungen sind häufig unterschiedliche Sortierungen sinnvoll. Bevor Sie eine Sortierung Ihrer Daten durchführen, sollten Sie sich allerdings überlegen, welche Anordnung der Daten die normale ist und welche Sortierung nur vorübergehend benutzt werden soll, um eine bestimmte Frage zu klären. Die normale Sortierung sollte danach gewählt werden, wie hauptsächlich auf die Daten zugegriffen wird.

Bei der Lagerliste für unsere Weine stellt sich die Frage, ob die Kunden in der Regel eine Bestellung mit dem Namen des Weins abgeben oder ob sie in erster Linie mit einer Artikelnummer bestellen. Im zweiten Fall ist es am besten, die Lagerliste zuerst nach einer Artikelnummer zu sortieren, im ersten Fall würden Sie eher den Namen als Hauptsortierkriterium benutzen. Excel erledigt ein solches »Umschaufeln« der Daten sehr schnell. Sie können sich also hier Dinge leisten, für die Sie mit einem Karteikasten vielleicht zwei Tage gebraucht hätten.

16.4.1 Sortierschlüssel

Das Programm sortiert Daten immer nach mindestens einem Feld, das als Schlüssel dient. Maximal können 64 Schlüssel gleichzeitig verwendet werden. Zellbereiche lassen sich aber nicht nur nach den Werten, sondern auch nach Formatierungen wie Zellfarbe, Schriftfarbe und Zellsymbolen sortieren.

Die Sortierung nach einem Teil des Feldes oder nach einer Kombination aus mehreren Feldern ist nicht direkt möglich. Wenn Sie so etwas erreichen wollen, müssen Sie zusätzliche Spalten anlegen und über Formeln etwa die ersten drei Stellen einer Artikelnummer herausziehen.

```
=LINKS(Name;8)
```

wäre ein Beispiel für eine Formel, die eine Sortierung nach den ersten acht Stellen des Namens erlaubt.

Ursprüngliche Reihenfolge sichern

Bei manchen Tabellen ist die Reihenfolge, in der die Daten ursprünglich eingegeben wurden, aus irgendwelchen Gründen wichtig. Wird eine solche Tabelle nun nach einem Feld der Tabelle sortiert, ist die ursprüngliche Reihenfolge möglicherweise nicht mehr wiederherstellbar. Das ist immer dann der Fall, wenn die alte Reihenfolge von Excel nicht an den Werten in einem Feld erkannt werden kann.

Kommt es auf die zeitliche Reihenfolge an, könnte ein zusätzliches Feld mit Zeitangaben verwendet werden. Ist das nicht der Fall, sollten Sie vor der ersten Sortierung eine zusätzliche Spalte mit einer fortlaufenden Nummer in die Tabelle einfügen. Das geht am besten mit dem Befehl **Start ▸ Bearbeiten ▸ Ausfüllen ▸ Datenreihe** oder mit dem Ausfüllkästchen. Mithilfe dieser Zählnummer kann dann die ursprüngliche Reihenfolge der Tabelle immer wiederhergestellt werden.

Duplikate vermeiden

Wenn im ersten Schlüssel Duplikate vorkommen können, kann ein zusätzlicher Schlüssel angegeben werden. Der zweite Schlüssel entscheidet über die Reihenfolge der Duplikate. Sind die Weine z. B. zunächst nach dem Herkunftsland sortiert, kann als zweiter Schlüssel das Anbaugebiet innerhalb des jeweiligen Landes verwendet werden. Der zweite Schlüssel wird immer nur dann herangezogen, wenn der erste Schlüssel die Reihenfolge nicht endgültig festlegen kann. Sind auch im zweiten Schlüssel noch Duplikate enthalten, können Sie einen dritten Schlüssel bestimmen. In diesem Fall wäre der Name des Weins der dritte Schlüssel.

Richtung der Sortierung

Die Richtung der Sortierung kann aufsteigend oder absteigend sein. Für jeden Schlüssel wird die Richtung der Sortierung gesondert bestimmt. Sie können z. B. durchaus die Lagerorte von Z bis A, also absteigend, sortieren, die Artikelnummern innerhalb der Lagerorte aber aufsteigend. Im Normalfall sortiert Excel Zeilen anhand von Schlüsseln in einer Spalte oder in bis zu 64 Spalten. Es ist aber auch möglich, Spalten nach Schlüsseln in einer oder in mehreren Zeilen neu zu ordnen.

16.4.2 Sortierreihenfolge

Wie Excel Daten in einem Bereich sortiert, wird durch die Wahl der Sortierreihenfolge bestimmt. Sie können entweder die Standardsortierreihenfolge von Excel verwenden oder eine eigene Reihenfolge definieren. Die Standardsortierreihenfolge wird durch die Spracheinstellungen festgelegt, die Sie mit der Systemsteuerung getroffen haben. In Deutschland können Sie zwischen den Sortiermethoden **Wörterbuch** und **Telefonbuch (DIN)** wählen. Die zweite Methode behandelt Umlaute wie ä, ü, ö und das ß als gleichwertig mit ae, ue, oe und ss, um die unterschiedliche Schreibweise von Eigennamen zu berücksichtigen.

Werden Tabellen für andere Länder entwickelt, muss beachtet werden, dass sich die Sortierreihenfolge gegebenenfalls ändert. Die Standardsortierreihenfolge ist, wenn Sie nichts anderes festlegen, aufsteigend, und zwar in folgender Weise:

1. Numerische Werte in numerischer Reihenfolge, also von der kleinsten negativen Zahl bis zur größten positiven Zahl
2. Leerzeichen
3. Zeichenfolgen, die mit Sonderzeichen beginnen, in der Reihenfolge des ANSI-Codes
4. Zeichenfolgen, die mit Zahlen beginnen, und zwar in numerischer Reihenfolge
5. Zeichenfolgen, die mit Buchstaben beginnen, in alphabetischer Reihenfolge, wobei aber Kleinbuchstaben vor Großbuchstaben eingeordnet werden

Wird eine absteigende Sortierung gewählt, ist die Reihenfolge genau umgekehrt. Bei der Sortierung gelten außerdem folgende Regeln:

- Bei Wahrheitswerten wird FALSCH vor WAHR eingeordnet.
- Fehlerwerte haben dagegen alle den gleichen Wert.
- Wird nach dem Inhalt einer Spalte sortiert, bleiben die Zeilen, bei denen in dieser Spalte die gleichen Einträge stehen, unverändert. Wird nach dem Inhalt einer Zeile sortiert, gilt für die Spalten Entsprechendes.
- Zeilen mit leeren Zellen in der Schlüsselspalte werden immer an das Ende der sortierten Tabelle gestellt. Spalten mit leeren Zellen in der Schlüsselzeile werden an den rechten Rand der Tabelle gestellt. Dabei spielt es keine Rolle, ob aufsteigend oder absteigend sortiert wird.
- Ausgeblendete Zeilen oder Spalten werden von der Sortierung nicht berührt. Ausgenommen von dieser Regel sind Zeilen oder Spalten, die nur vorübergehend innerhalb einer Gliederung ausgeblendet worden sind.

Die Einstellungen, die Sie bei der Sortierung über das Dialogfeld verwenden, speichert Excel so lange, bis sie erneut geändert werden.

Vorsicht mit Formeln bei der Sortierung

Bevor Sie eine Sortierung starten, sollten Sie prüfen, ob von dieser Operation Formeln betroffen sind. Haben die Formeln relative oder gemischte Adressen, kann das ein Problem sein. Unproblematisch ist es, wenn sich die Formeln auf Adressen in derselben Zeile bzw. Spalte beziehen. Da ja die ganze Zeile beim Sortieren versetzt wird, werden auch alle Adressen in der Formel entsprechend versetzt. Beziehen sich Formeln auf Zellen außerhalb des Sortierbereichs, müssen Sie unbedingt absolute Adressen verwenden.

Bezieht sich die Formel dagegen auf Zellen in anderen Zeilen, können die Auswirkungen der Sortierung wenig erfreulich sein. Gleiches gilt für Bezüge auf andere Spalten, wenn Sie spaltenweise sortieren. Es gibt zwei Möglichkeiten, diese Situation zu vermeiden:

1. Sie sortieren die Daten zuerst und entwickeln die Formeln erst anschließend.
2. Sie wandeln die Formeln in ihr Ergebnis um – mit **Kopieren** und **Einfügen ▸ Werte einfügen** – und sortieren erst danach.

Sortierung nach bis zu 64 Kriterien

Am einfachsten ist eine Sortierung, wenn eine Tabelle nur nach einem Schlüssel sortiert werden soll. Sie müssen den Zellzeiger nur in eine Zelle der Spalte setzen, nach der die Zeilen der Tabelle sortiert werden sollen. Excel dehnt die Markierung automatisch auf den gesamten Tabellenbereich aus, abzüglich der Zeile mit den Feldnamen. Existiert eine Ergebniszeile, wird sie automatisch aus dem Sortierbereich herausgelassen. Dies gilt allerdings nur, wenn es sich um eine Tabelle handelt. Ist z. B. die Tabelle nachträglich in einen einfachen Zellenbereich zurückverwandelt worden, würde Excel eine Summenzeile mit in den Sortierbereich hineinnehmen. Deshalb sollten Sie in dieser Situation den korrekten Bereich markieren, bevor Sie den Befehl aufrufen.

Sie können auf dem Register **Start** in der Gruppe **Bearbeiten** die Schaltfläche **Sortieren und Filtern** benutzen und dann im Menü dieser Schaltfläche eines der beiden Sortiersymbole anklicken. Der Bereich ist sekundenschnell sortiert. Die Befehle zum Sortieren und Filtern werden auf dem Register **Daten** noch einmal getrennt in der Gruppe **Sortieren und Filtern** angeboten.

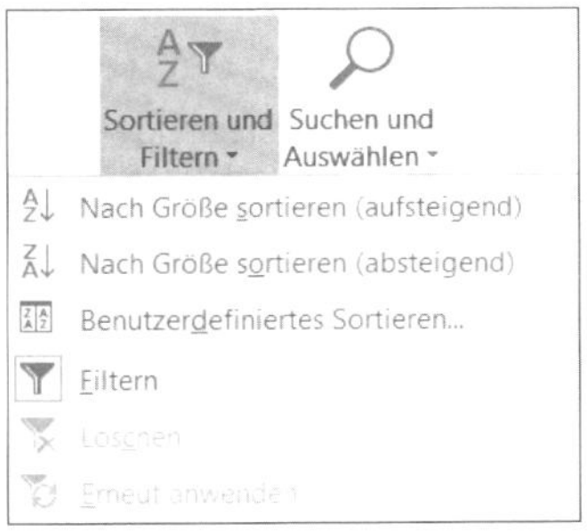

Abbildung 16.16 Menü der Schaltfläche »Sortieren und Filtern«

Abhängig davon, ob die aktive Zelle in einer Textspalte oder in einer Wertespalte steht, werden die Befehle **Von A bis Z sortieren** oder **Nach Größe sortieren** angeboten. Bei

Datums- oder Zeitangaben erscheint die Bezeichnung **Nach Datum sortieren** oder **Nach Größe sortieren**, vorausgesetzt, es wird mit gültigen Datums- und Zeitformaten in der jeweiligen Spalte gearbeitet. Anstelle dieses Menüs kann auch im Kontextmenü einer Zelle in der betreffenden Tabellenspalte der Befehl **Sortieren** verwendet werden. Werfen Sie zur Sicherheit immer sofort einen Blick auf das Ergebnis der Sortierung. Ist etwas schiefgelaufen, können Sie den alten Zustand mit dem Symbol **Rückgängig** aus der Schnellzugriffsleiste sofort wiederherstellen.

Wenn Sie nur eine bestimmte Spalte oder eine bestimmte Anzahl von Spalten innerhalb einer Tabelle sortieren wollen, sollten Sie allerdings den Bereich vorher ausdrücklich markieren. Dabei entscheidet die Stellung der aktiven Zelle im markierten Bereich, nach welcher Spalte sortiert wird. Versetzen Sie die aktive Zelle mit der [⇆]-Taste innerhalb des markierten Bereichs, wenn es notwendig ist.

	A	B	C	D	E
3	**Name**	**Land**	**Anbaugebiet**	**Farbe**	**Jahrgang**
4	Barolo	Italien	Piemont	rot	2009
5	Beaujolais	Frankreich	Burgund	rot	2009
6	Bordeaux	Frankreich	Bordeaux	weiß	2010
7	Bourgogne	Frankreich	Burgund	weiß	2010
8	Brolio	Italien	Toskana	rot	2009
9	Chablis	Frankreich	Burgund	weiß	2010
10	Chianti	Italien	Toskana	rot	2009
11	Frascati	Italien	Rom	weiß	2010
12	Freisa	Italien	Piemont	rot	2009
13	Grignolino	Italien	Piemont	rot	2009

Abbildung 16.17 Die Weinliste aufsteigend nach Namen sortiert

16.4.3 Benutzerdefiniertes Sortieren

Die Sortierung mithilfe der Symbole bezieht sich immer auf die Sortierung der Zeilen. Mehr Kontrolle über die Sortierung erhalten Sie, wenn Sie auf dem Register **Daten** in der Gruppe **Sortieren und Filtern** die Schaltfläche **Sortieren** verwenden. Auch hier müssen Sie in den meisten Fällen keinen Sortierbereich markieren, sondern nur den Zellzeiger irgendwo in die Tabelle platzieren. Voraussetzung ist allerdings, dass das Programm die Chance hat, den richtigen Bereich zu erkennen. Das ist immer der Fall, wenn es sich um einen geschlossenen Datenblock handelt, der oben eine Beschriftungszeile enthält. Diese Zeile wird dann automatisch aus dem zu sortierenden Bereich herausgenommen.

Im Dialogfeld **Sortieren** bestimmen Sie unter **Spalte** die Spalte, nach der die Tabelle als Erstes sortiert werden soll. Sie wählen aus dem Listenfeld die Beschriftung der gewünschten Spalte. Soll Excel bei der automatischen Markierung die erste Zeile nicht als Überschriftenzeile verwenden, wählen Sie im Dialog die Option **Daten haben Über-**

schriften ab. Excel bietet dann die Buchstaben der Spalten zur Auswahl unter **Spalte** an. Diese Option ist aber nur nutzbar, wenn es sich um einen normalen Zellbereich handelt; bei einem Tabellenbereich ist die Option deaktiviert.

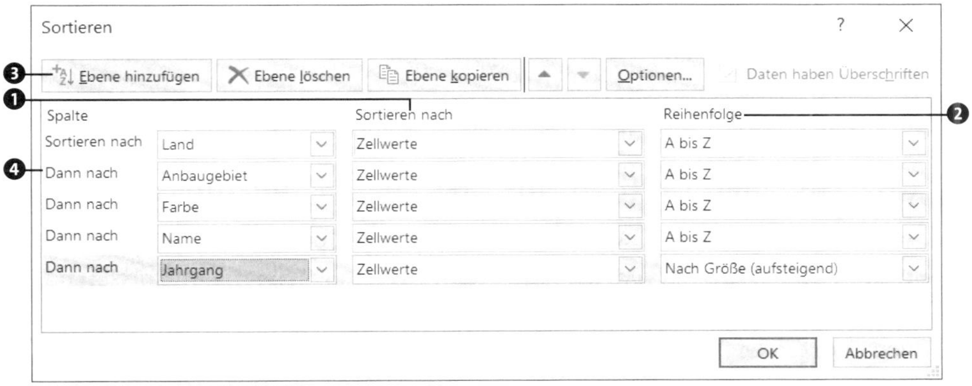

Abbildung 16.18 Das Dialogfeld »Sortieren«

Unter **Sortieren nach** ❶ wählen Sie anschließend die Art der Sortierung und unter **Reihenfolge** ❷ die Richtung. Angenommen, Sie wollen die Weinliste zunächst nach dem Land sortieren, dann muss eben hier die Spalte *Land* ausgewählt werden. Um ein weiteres Sortierkriterium einzugeben, benutzen Sie jedes Mal die Schaltfläche **Ebene hinzufügen** ❸. Die Reihenfolge der Zeilen innerhalb des gleichen Landes kann nun unter **Dann nach** ❹ festgelegt werden. Das könnte hier z. B. das Anbaugebiet sein. Die Reihenfolge innerhalb des Anbaugebiets könnte in der nächsten Ebene **Dann nach** bestimmt werden. Wenn Sie *Farbe* wählen, werden die Weine innerhalb des Anbaugebiets nach ihrer Farbe sortiert. Als nächste Ebene könnten der Name und als letzte Ebene der Jahrgang gewählt werden. Abbildung 16.19 zeigt das Ergebnis der Sortierung nach fünf Schlüsseln, alle in aufsteigender Reihenfolge.

	A	B	C	D	E
3	**Name**	**Land**	**Anbaugebiet**	**Farbe**	**Jahrgang**
4	Ortenau	Deutschland	Baden	rot	2009
5	Müller-Thurgau	Deutschland	Mosel	weiß	2010
6	Riesling	Deutschland	Mosel	weiß	2010
7	Oppenheimer	Deutschland	Rheinhessen	weiß	2010
8	Silvaner	Deutschland	Rheinhessen	weiß	2010
9	Médoc	Frankreich	Bordeaux	rot	2009
10	Bordeaux	Frankreich	Bordeaux	weiß	2010
11	Sauternes	Frankreich	Bordeaux	weiß	2010
12	Beaujolais	Frankreich	Burgund	rot	2009
13	Bourgogne	Frankreich	Burgund	weiß	2010
14	Chablis	Frankreich	Burgund	weiß	2010

Abbildung 16.19 Sortierung mit fünf Schlüsseln

Sortieroptionen

Mit der Schaltfläche **Optionen** im Dialogfeld **Sortieren** erreichen Sie einige zusätzliche Möglichkeiten des Befehls. Die Optionen unter **Ausrichtung** sind schon angesprochen worden. Anstatt, wie wohl am üblichsten, mit **Zeilen sortieren** zu arbeiten, kann auch **Spalten sortieren** ❶ gewählt werden.

Hier ein kleines Beispiel, wo dies sinnvoll ist. Sie haben in einer Tabelle die Ergebnisse von Tests eingetragen, und die zahlreichen Messwerte pro Test stehen jeweils in einer Spalte. Nun wollen Sie die Testspalten so ordnen, dass die Werte für einen bestimmten Messwert aufsteigend angeordnet werden. Markieren Sie den Bereich B3:G11, damit die Spalte A nicht mitsortiert wird. Wählen Sie dann unter **Optionen** zunächst **Spalten sortieren**, und bestätigen Sie mit **OK**. Wählen Sie dann unter **Zeile** die entsprechende Zeile und die Richtung der Sortierung aus. Abbildung 16.20 zeigt das Ergebnis, wenn die Werte nach dem ersten Testwert geordnet werden.

Abbildung 16.20 Sortierung von Spalten

16.4.4 Sortieren nach Formatierungen

Es besteht auch die Möglichkeit, Zellbereiche und Tabellen nach bestimmten Formatierungskriterien zu sortieren. Diese Funktionen sind verwendbar, wenn Zellbereiche entweder manuell oder mithilfe einer bedingten Formatierung mit unterschiedlichen Zellfarben oder Schriftfarben ausgestattet sind. Eine weitere Möglichkeit ist die Sortierung nach Symbolen, die den Zellinhalten zugeordnet sind. Die Wahl solcher Sortierungskriterien können Sie in dem gerade beschriebenen Dialog **Sortieren** über das Listenfeld **Sortieren nach** vornehmen. Anschließend können Sie unter **Reihenfolge** die Hintergrundfarbe, die Textfarbe oder das Symbol auswählen, das entweder am Anfang oder am Ende erscheinen soll, wobei Sie dies im Listenfeld daneben mit **Oben** oder **Unten**, bei einer Spaltensortierung mit **Links** oder **Rechts** bestimmen. Unter Umständen müssen Sie mehrere Ebenen einfügen, um eine bestimmte Reihenfolge zu erreichen.

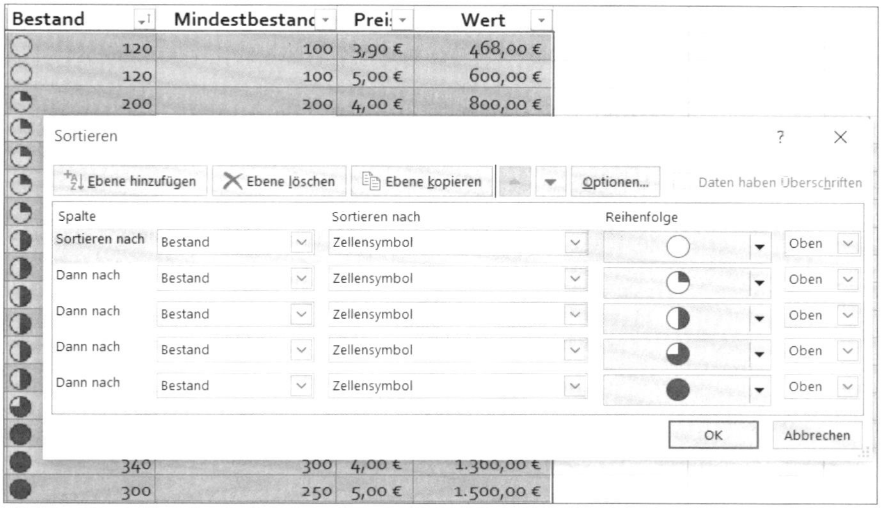

Abbildung 16.21 Sortierung nach Zellensymbolen

Anstatt über das Dialogfeld zu gehen, können Sie hier auch ein Schnellverfahren über das Kontextmenü der Zelle verwenden, die die Farbe, Textfarbe oder das Symbol enthält, das als Erstes erscheinen soll (Abbildung 16.22).

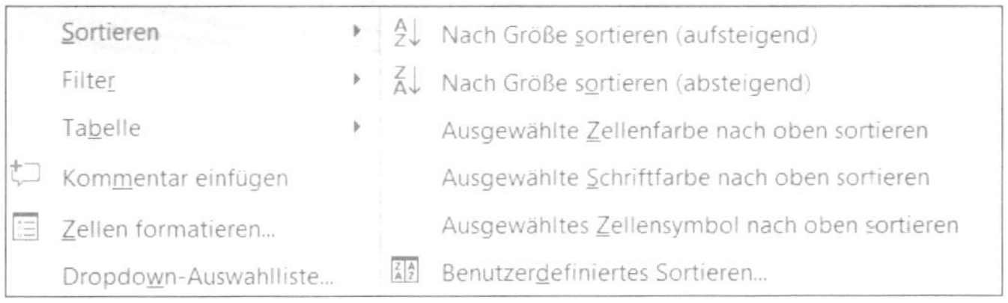

Abbildung 16.22 Kontextmenüoptionen für die Sortierung

16.4.5 Sortieren mit einer selbst definierten Reihenfolge

In Abschnitt 2.4, »Daten automatisch erzeugen«, haben Sie bereits die Möglichkeit kennengelernt, eigene Reihen von Beschriftungen zu definieren und diese Reihen dann mit dem Ausfüllkästchen oder mit dem Befehl **Start ▸ Bearbeiten ▸ Ausfüllen ▸ Datenreihe** mit der Option **AutoAusfüllen** immer wieder zu erzeugen.

Solche selbst definierten Reihen können aber nicht nur zum Erzeugen von Beschriftungen verwendet werden, sondern auch zum Sortieren von Datensätzen in einer Tabelle. Um bei unserer Weinlagerliste zu bleiben, ist es möglicherweise für Sie praktischer, die Herkunftsländer nicht alphabetisch zu ordnen, sondern nach Relevanz. Angenommen,

Sie handeln hauptsächlich mit Weinen aus Frankreich, an zweiter Stelle kommt Italien und dann erst Deutschland. Es ist keine große Sache, diese Sortierung sicherzustellen:

1 Öffnen Sie über **Datei ▸ Optionen** den Dialog **Benutzerdefinierte Listen**, den Sie über die Schaltfläche **Benutzerdefinierte Listen bearbeiten** auf der Seite **Erweitert** in der Gruppe **Allgemein** erreichen.

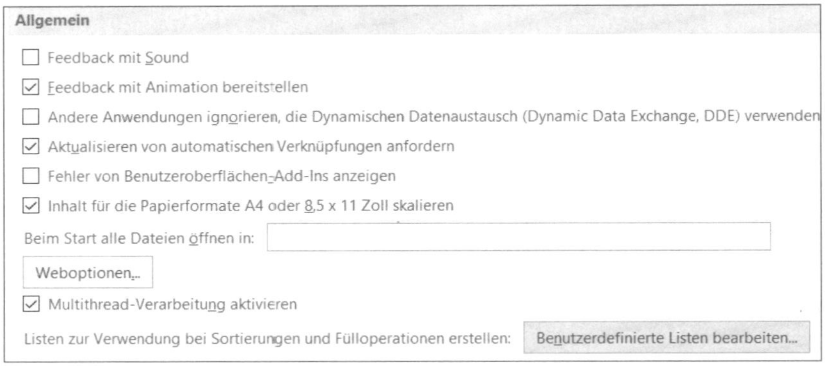

2 Fügen Sie dort unter **Neue Liste** die Listeneinträge für die Reihe ein: Frankreich, Italien, Deutschland.

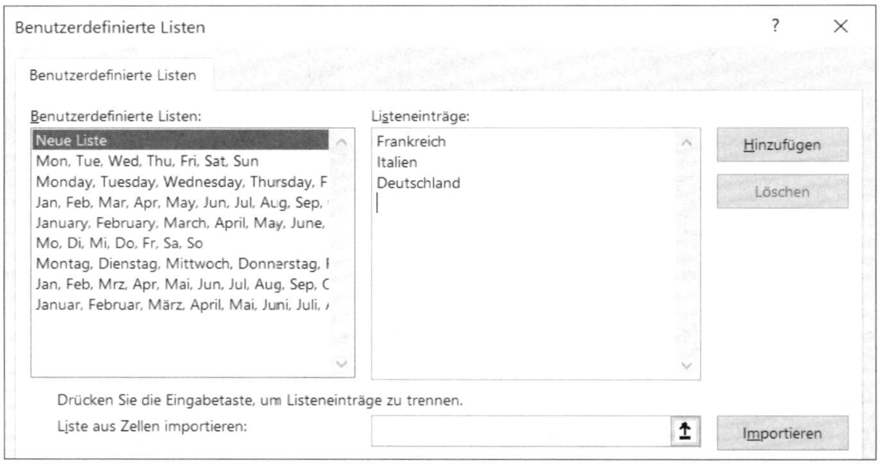

3 Anschließend setzen Sie den Zellzeiger in die Lagerliste und rufen über das Kontextmenü den Befehl **Sortieren ▸ Benutzerdefiniertes Sortieren** auf.

4 Diesmal wählen Sie für die Spalte *Land* unter **Reihenfolge** die vorher bestimmte Reihenfolge der Länder.

5 Wenn Sie mit **OK** bestätigen, zeigt die Weinliste die selbst bestimmte Reihenfolge.

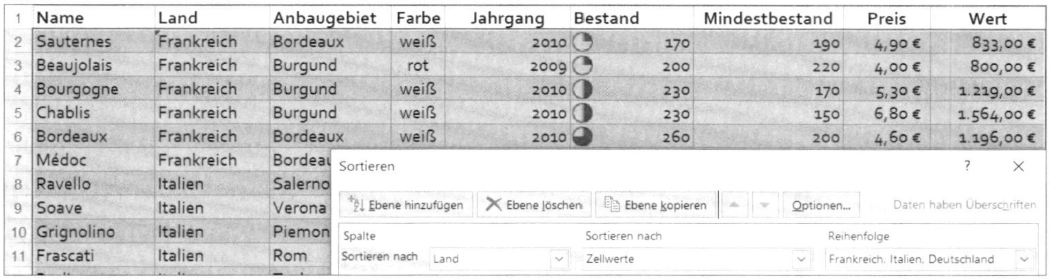

16.5 Daten in Gruppen zusammenfassen

Wenn die Weine im Weinlager nach Herkunftsland sortiert sind, können leicht Zwischenergebnisse für jedes Land gebildet werden. Sind sie nach Anbaugebiet sortiert, können Zwischenergebnisse für jedes Anbaugebiet erzeugt werden. Diese Funktion kann allerdings nur mit Listen verwendet werden, die einen normalen Bereich darstellen; ein Tabellenbereich muss also vorher mit **Entwurf ▸ Tools ▸ In Bereich konvertieren** wieder zurückverwandelt werden.

Die Voraussetzung für solche automatischen Teilergebnisse von Gruppen in einer Tabelle ist also zunächst einmal, dass mehrere Datensätze wenigstens in einer Hinsicht gleich sind. Dazu müssen z. B. mehrere Weine aus demselben Land oder auch aus demselben Anbaugebiet kommen. Die zweite Voraussetzung ist, dass die Daten in der Tabelle vorher genau nach der Spalte sortiert worden sind, die über die Gruppenbildung entscheiden soll. Dem Befehl **Teilergebnisse** geht also in der Regel der Befehl **Sortieren** voraus, es sei denn, die Daten sind von vornherein in einer bestimmten Reihenfolge eingegeben worden.

Sollen Teilergebnisse sowohl für jedes Land als auch innerhalb des Landes für jedes Anbaugebiet erzeugt werden, muss die Tabelle zunächst nach dem Herkunftsland und innerhalb des Herkunftslandes nach dem Anbaugebiet sortiert worden sein. Die Zwischenergebnisse lassen sich für beide Gruppenkriterien aber nicht in einem Zug erzeugen. Die Funktion muss in diesem Fall zweimal nacheinander ausgeführt werden, um zunächst die Zwischenergebnisse für die einzelnen Länder und dann diejenigen für die Anbaugebiete zu erzeugen.

Die Funktion **Teilergebnisse** wird auf dem Register **Daten** in der Gruppe **Gliederung** angeboten. Sie erwartet in der ersten Zeile der Tabelle eine Überschriftenzeile mit den Spaltenbeschriftungen.

So werden Teilergebnisse eingefügt

Zurück zur Weinliste. Hier könnte z. B. die Frage auftauchen, wie viele Flaschen aus einem Land auf Lager liegen und wie hoch der Gesamtwert dieser Weine ist. Das finden Sie leicht heraus:

1 Sind die Datensätze nach dem Herkunftsland sortiert, müssen Sie nur noch den Zellzeiger an eine beliebige Stelle der Liste setzen und den Befehl **Daten ▸ Gliederung ▸ Teilergebnisse** wählen. Excel markiert automatisch den gesamten Tabellenbereich, wobei die oberste Zeile als Überschriftenzeile gewertet wird.

2 Im Dialogfeld stehen nun im Wesentlichen drei Entscheidungen an. Zunächst geht es um die Frage, nach welcher Spalte die Gruppenbildung erfolgen soll. Wählen Sie den Feldnamen, der für die Gruppierung zuständig ist. Im ersten Beispiel sollen die Weine nach Ländern zusammengefasst werden, also ist *Land* das Gruppenkriterium. Wie schon gesagt, es kann immer nur ein Kriterium gleichzeitig verwendet werden.

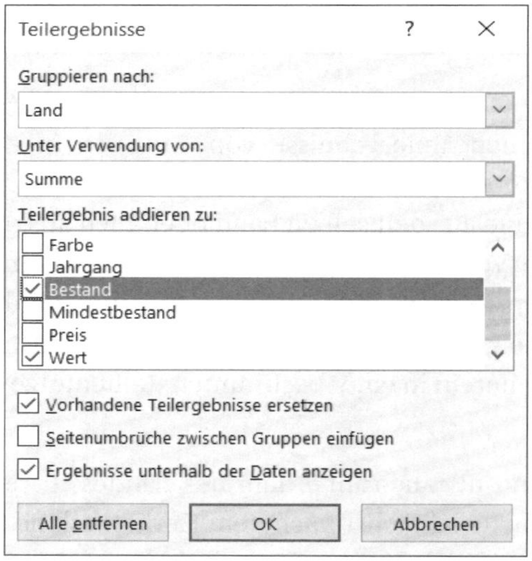

3 Vom Inhalt und Datentyp der als Nächstes ausgewählten Felder hängt die zweite Entscheidung ab. Sie betrifft die Art der Teilergebnisse. Soll die Summe der Werte gebildet, soll nur die Anzahl der Fälle berechnet werden, oder welche andere statistische Auswertung steht an? In der Liste zu **Unter Verwendung von** werden die folgenden Auswertungsmethoden angeboten:

Methode	Bedeutung
Summe	Summe der Werte in der Gruppe
Anzahl	Anzahl der Fälle in der Gruppe
Mittelwert	Mittelwert der Werte in der Gruppe
Maximum	höchster Wert in der Gruppe
Minimum	niedrigster Wert in der Gruppe
Produkt	Produkt aller Werte in der Gruppe (Wert 1 * Wert 2 * ... Wert n)
Anzahl Zahlen	Anzahl der Datensätze, die in dem Feld, auf das Bezug genommen wird, einen numerischen Wert haben
Standardabweichung (Stichprobe)	Schätzung der Standardabweichung, bei der die Daten der Gruppe als Stichprobe verstanden werden
Standardabweichung (Grundgesamtheit)	Berechnung der Standardabweichung, wobei die Daten der Gruppe als Grundgesamtheit genommen werden
Varianz (Stichprobe)	Schätzung der Varianz, bei der die Daten der Gruppe als Stichprobe verstanden werden
Varianz (Grundgesamtheit)	Berechnung der Varianz der Daten innerhalb der Gruppe

4 Die letzte Entscheidung betrifft die Frage, für welche Spalten oder Felder eine Gruppenauswertung vorgenommen werden soll. Unter **Teilergebnis addieren zu** werden noch einmal alle Spaltenbeschriftungen bzw. Feldnamen angeboten. Sie können mehrere der Kästchen gleichzeitig abhaken, wenn dieselbe Art von Auswertung vorgenommen werden soll. Sollen Spalten unterschiedliche Zwischenergebnisse anzeigen, mal die Summe, mal die Anzahl, muss der Befehl **Daten ▸ Teilergebnisse** mehrfach angewendet werden.

Am Ende der Tabelle wird jeweils noch ein Gesamtergebnis ausgegeben. Dieses Gesamtergebnis wird immer von den einzelnen Datensätzen aus berechnet, nicht von den Zwischenergebnissen, wie Sie an der Formel sehen können. Die Frage, wie viele Flaschen pro Land auf Lager liegen und welchen Wert sie jeweils darstellen, wird beantwortet, wenn Sie die Felder *Bestand* und *Wert* abhaken und **Summe** als Funktion auswählen. Das Ergebnis sieht dann aus wie in Abbildung 16.23.

	A	B	C	D	E	F	G	H	I
1	**Weinlager**								
2									
3	**Name**	**Land**	**Anbaugebiet**	**Farbe**	**Jahrgang**	**Bestand**	**Mindestbestand**	**Preis**	**Wert**
4	Ortenau	Deutschland	Baden	rot	2009	340	300	4,00 €	1.360,00 €
5	Müller-Thurgau	Deutschland	Mosel	weiß	2010	340	300	4,00 €	1.360,00 €
6	Riesling	Deutschland	Mosel	weiß	2010	200	200	4,00 €	800,00 €
7	Oppenheimer	Deutschland	Rheinhessen	weiß	2010	300	250	5,00 €	1.500,00 €
8	Silvaner	Deutschland	Rheinhessen	weiß	2010	230	200	3,00 €	690,00 €
9		**Deutschland Ergebnis**				1410			5.710,00 €
10	Médoc	Frankreich	Bordeaux	rot	2009	300	250	5,00 €	1.500,00 €
11	Bordeaux	Frankreich	Bordeaux	weiß	2010	260	200	4,60 €	1.196,00 €
12	Sauternes	Frankreich	Bordeaux	weiß	2010	170	190	4,90 €	833,00 €
13	Beaujolais	Frankreich	Burgund	rot	2009	200	220	4,00 €	800,00 €
14	Bourgogne	Frankreich	Burgund	weiß	2010	230	170	5,30 €	1.219,00 €
15	Chablis	Frankreich	Burgund	weiß	2010	230	150	6,80 €	1.564,00 €
16		**Frankreich Ergebnis**				1390			7.112,00 €
17	Barolo	Italien	Piemont	rot	2009	300	200	3,80 €	1.140,00 €
18	Freisa	Italien	Piemont	rot	2009	120	100	3,90 €	468,00 €
19	Grignolino	Italien	Piemont	rot	2009	230	250	4,20 €	966,00 €
20	Frascati	Italien	Rom	weiß	2010	230	280	3,80 €	874,00 €
21	Ravello	Italien	Salerno	rosé	2009	200	150	5,90 €	1.180,00 €
22	Brolio	Italien	Toskana	rot	2009	230	200	4,70 €	1.081,00 €
23	Chianti	Italien	Toskana	rot	2009	120	100	5,00 €	600,00 €
24	Valpolicella	Italien	Verona	rot	2009	300	250	5,80 €	1.740,00 €
25	Soave	Italien	Verona	weiß	2010	170	200	3,90 €	663,00 €
26		**Italien Ergebnis**				1900			8.712,00 €
27		**Gesamtergebnis**				4700			21.534,00 €

Abbildung 16.23 Zwischensummen pro Land für Bestand und Wert

Soll dagegen nur ermittelt werden, wie viele verschiedene Weine aus einem Land auf Lager liegen, wählen Sie unter **Teilergebnis addieren zu** die Felder **Name** und **Anzahl** bei **Unter Verwendung von**.

Da der Befehl – wie schon angedeutet – in bestimmten Fällen mehrfach auf dieselbe Liste angewendet werden kann und muss, gibt es im Dialog ein Kontrollfeld, mit dem Sie steuern können, wie Excel mit bereits vorhandenen Teilergebnissen umgeht. Wird **Vorhandene Teilergebnisse ersetzen** gewählt, werden die bisherigen Zwischenergebnisse gelöscht. Das ist sinnvoll, wenn die Daten nach einem ganz anderen Kriterium zusammengefasst werden sollen.

Berechnungen für Untergruppierungen

Soll dagegen zusätzlich zu der Gruppierung nach Ländern noch eine Untergruppierung nach dem Anbaugebiet erfolgen, muss der Befehl **Teilergebnis** noch einmal angewendet werden. Beim zweiten Mal aber muss das Häkchen bei **Vorhandene Teilergebnisse ersetzen** unbedingt gelöscht werden, da sonst wieder nur eine Gruppenauswertung übrig bleibt, diesmal die nach Anbaugebieten. Voraussetzung ist auch hier wieder, dass die Liste vorher entsprechend sortiert worden ist, zunächst nach Ländern, dann nach Anbaugebieten.

Das Kontrollkästchen **Seitenumbrüche zwischen Gruppen einfügen** kann abgehakt werden, um den Seitenwechsel nach jedem Zwischenergebnis zu erzwingen. Das ist meist dann sinnvoll, wenn die Gruppen sehr groß sind. **Ergebnisse unterhalb der Daten anzeigen** ist als Vorgabe ausgewählt. Wird das Kästchen deaktiviert, werden die Zwischenergebnisse jeweils über der Gruppe angezeigt.

In allen Fällen gliedert Excel die Tabelle automatisch so, dass die Einzelpositionen jeder Gruppe auch ausgeblendet werden können. Auch die Teilergebnisse selbst lassen sich ausblenden, sodass nur noch das Gesamtergebnis sichtbar bleibt. Die Zwischenergebnisse selbst werden mithilfe der Tabellenfunktion `Teilergebnis()` erzeugt. Das erste Argument der Funktion gibt die Art der Berechnung an, das zweite den Bereich, der ausgewertet wird. Die Funktion arbeitet so, dass alle Zellen in der Spalte, die bereits eine Funktion `Teilergebnis()` enthalten, nicht noch einmal mitgerechnet werden.

Sollen die Zwischenergebnisse, die die Funktion berechnet hat, samt der Gliederung wieder aus dem Tabellenblatt entfernt werden, müssen Sie den Dialog **Teilergebnisse** erneut anwählen und die Schaltfläche **Alle entfernen** anklicken.

17 Datenabfragen und Datenauszüge

Wer sich die Mühe macht, eine große Menge an Informationen in einer Tabelle zu sammeln und in eine ordentliche Form zu bringen, möchte keinen nutzlosen Datenfriedhof haben. Die Informationen sollen helfen, Entscheidungen zu unterstützen und die Arbeit in dem jeweiligen Aufgabengebiet effektiver zu gestalten. Also kommt es darauf an, dass eine solche Datensammlung in den verschiedensten Situationen ohne große Umstände genau die Informationen zur Verfügung stellt, die benötigt werden.

Wie können Abfragen formuliert werden?

Excel »versteht« Fragen nur, wenn sie in einer bestimmten Weise formuliert sind. Fragen an eine Tabelle zu stellen heißt, bestimmte Einschränkungen oder Bedingungen zu benennen, etwa die Bedingung *Erscheinungsjahr = 2013* bei einer DVD-Liste. Dadurch können dann aus der Masse der vorhandenen Daten genau die Datensätze herausgefischt werden, die für eine Entscheidung oder einen bestimmten Vorgang wichtig sind. In Excel wird dieser Vorgang »Filtern« genannt. Manchmal sind sogar mehrfache Filterungen notwendig, um die Daten zu finden, die Ihre Frage beantworten können. Es stehen grundsätzlich zwei verschiedene Verfahren zur Verfügung: einfaches **Filtern** und **Spezialfilter**. Das einfache **Filtern** ist für schnelle, aber relativ einfache Abfragen gedacht. Die Funktion **Spezialfilter** dagegen erlaubt komplexere Abfragen, ist im Verfahren aber etwas umständlicher und entspricht teilweise noch den Verfahren aus den älteren Excel-Versionen.

17.1 Relevante Daten herausfiltern

Nehmen Sie als Beispiel wieder das Weinlager. Wenn eine bestimmte Untermenge von Interesse ist, z. B. nur die Weine aus Frankreich, dann bringt Sie in der Gruppe **Sortieren und Filtern** auf dem Register **Daten** die Option **Filtern** schnell ans Ziel:

1. Um die gesuchten Daten herauszufiltern, setzen Sie zunächst den Zellzeiger in eine beliebige Zelle der Tabelle. Die Funktion setzt wieder voraus, dass die Tabelle eine Kopfzeile mit Spaltennamen enthält.

2. Sobald Sie den Befehl **Daten ▸ Sortieren und Filtern ▸ Filtern** aufrufen, erscheinen beim Namen jeder Spalte der Tabelle die Schaltflächen für die Filterfunktion.

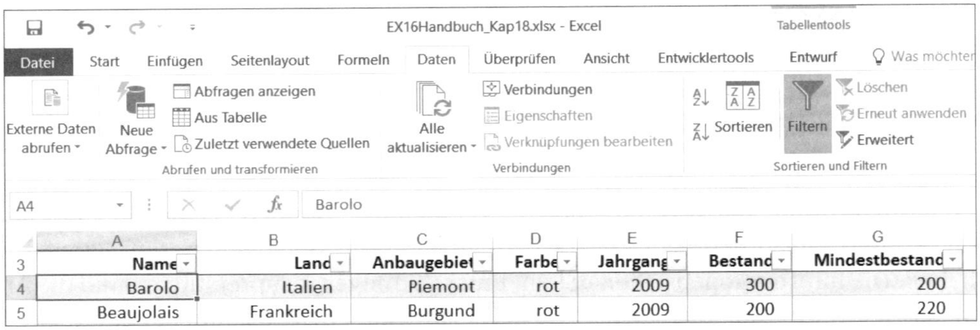

3 Wird einer dieser Pfeile angeklickt oder angetippt, werden jedes Mal alle unterschiedlichen Werte zur Auswahl gestellt, die in dieser Spalte vorkommen, und zusätzlich spezielle Auswahlkriterien. Das zweite Feld enthält die Angabe über das Herkunftsland. Das Menü zur Filterschaltfläche bietet die Namen der verschiedenen Länder an. Falls die Liste nicht in das Menü passt, können Sie das Menü an den Anfassern unten rechts weiter aufziehen.

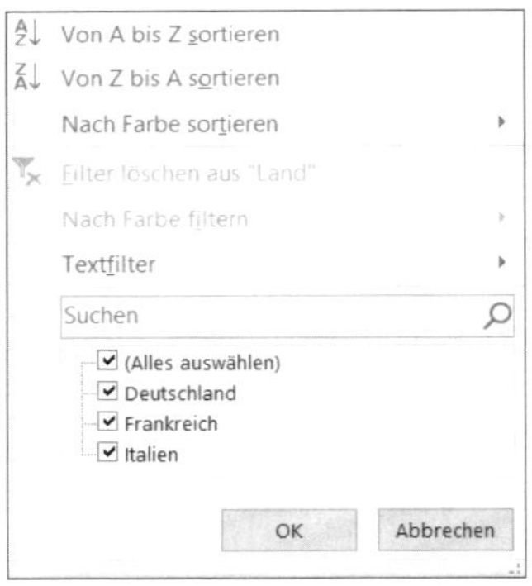

4 Sobald Sie eines dieser Länder auswählen, etwa *Frankreich*, werden Ihnen nur noch die Datensätze dieses Landes angezeigt. Die Ergebniszeile zeigt auch nur noch die Summe dieser Werte an.

	A	B	C	D	E	F	G	H	I
3	**Name**	**Land**	**Anbaugebiet**	**Farbe**	**Jahrgang**	**Bestand**	**Mindestbestand**	**Preis**	**Wert**
5	Beaujolais	Frankreich	Burgund	rot	2009	200	220	4,00 €	800,00 €
6	Chablis	Frankreich	Burgund	weiß	2010	230	150	6,80 €	1.564,00 €
9	Bourgogne	Frankreich	Burgund	weiß	2010	230	170	5,30 €	1.219,00 €
14	Médoc	Frankreich	Bordeaux	rot	2009	300	250	5,00 €	1.500,00 €
18	Sauternes	Frankreich	Bordeaux	weiß	2010	170	190	4,90 €	833,00 €
23	Bordeaux	Frankreich	Bordeaux	weiß	2010	260	200	4,60 €	1.196,00 €
24	**Ergebnis**								**7.112,00 €**

Alle Daten, die nicht das gesetzte Filterkriterium erfüllen, werden vorübergehend ausgeblendet. Sie sehen dies daran, dass die Zeilennummern der angezeigten Datensätze unverändert geblieben sind. Die Nummern werden durch eine andere Farbe gekennzeichnet. Excel blendet beim Filtern immer ganze Zeilen aus. Aus diesem Grund sollten Sie es vermeiden, Spalten neben der Tabelle für andere Daten zu benutzen. Es passiert zwar nichts Schlimmes, weil ja alles wieder eingeblendet werden kann, aber es kann doch zur Verwirrung beitragen.

Die Schaltfläche der Spalte, die für das Filtern verwendet worden ist, erhält ein Filtersymbol, sodass Sie sich nicht merken müssen, in welcher Spalte Sie einen Filter gesetzt haben. Wenn Sie den Mauszeiger darüberbewegen, wird das aktuelle Filterkriterium angezeigt.

Abbildung 17.1 Anzeige des Filters einer Spalte

17.1.1 Ortsunabhängiges Filtern und Sortieren

Es ist im letzten Kapitel schon angesprochen worden, dass Excel bei Tabellen, die über die Bildschirmhöhe hinausreichen, die Spaltenbezeichnungen in die Zeile mit den vorgegebenen Spaltenüberschriften schiebt, sodass Sie immer erkennen können, welche Inhalte in den Spalten zu finden sind. Seit Excel 2010 ist dies dahingehend erweitert worden, dass auch die Filterschaltflächen dort angezeigt werden, falls sie eingeschaltet sind. Das hat den großen Vorteil, dass Sie – egal, wie tief Sie in der Tabelle navigieren – immer Zugriff auf das Menü der Filterschaltflächen haben und entsprechende Filter- oder Sortiervorgänge anstoßen können. Es ist also nicht mehr nötig, dazu jedes Mal den Kopf der Tabelle anzusteuern.

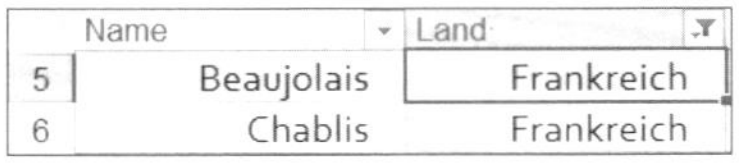

Abbildung 17.2 Filterschaltfläche in den Spaltenüberschriften der Arbeitsmappe

17.1.2 Textfilter

Das Menü der Filterschaltfläche bietet neben den Spaltenwerten auch noch andere Filteroptionen an; welche das sind, hängt vom Datentyp der Spalte ab. Bei Texten, wie in diesem Fall, werden **Textfilter** mit den folgenden Optionen angeboten.

Option	Wirkung
Ist gleich	Zeigt alle Datensätze mit dem ausgewählten Wert an.
Ist nicht gleich	Zeigt alle Datensätze an, die nicht dem ausgewählten Wert entsprechen.
Beginnt mit	Filtert nach den ersten Zeichen des Wertes.
Endet mit	Filtert nach den letzten Zeichen des Wertes.
Enthält	Zeigt Datensätze, in denen die angegebene Zeichenfolge vorkommt.
Enthält nicht	Zeigt Datensätze, in denen die angegebene Zeichenfolge nicht vorkommt.
Benutzerdefinierter Filter	Erlaubt die Eingabe von bis zu zwei Kriterien für die einzelne Spalte.

Wenn Sie z. B. alle Länder außer Italien sehen wollen, benutzen Sie **Textfilter ▸ ist nicht gleich** und wählen dann im Dialog **Benutzerdefinierter AutoFilter** im zweiten Listenfeld *Italien* als Wert aus. Ist der Vergleichswert ein Text, muss er nicht in Anführungszeichen eingegeben werden. Außerdem können Sie auch Jokerzeichen verwenden. ? steht dabei für genau ein Zeichen, * für beliebig viele Zeichen. Der Ausdruck `entspricht r*` für Farbe filtert z. B. sowohl *Rot* als auch *Rosé* heraus.

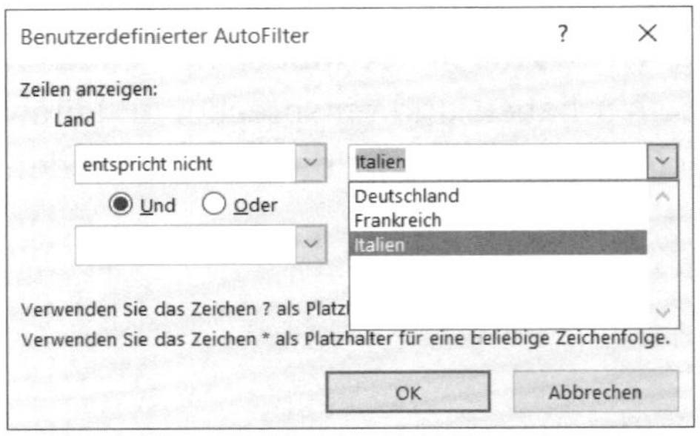

Abbildung 17.3 Benutzerdefinierter Filter

17.1.3 Zahlenfilter

Noch umfangreicher sind die Filteroptionen, wenn es sich um Zahlenwerte handelt. Um z. B. nach Jahrgängen zu filtern, stehen neben den vorhandenen Jahrgangswerten unter **Zahlenfilter** zusätzlich noch die folgenden Optionen zur Verfügung.

Option	Wirkung
Ist gleich	Zeigt alle Datensätze mit dem ausgewählten Wert an.
Ist nicht gleich	Zeigt alle Datensätze an, die nicht dem ausgewählten Wert entsprechen.
Größer als	Zeigt alle Werte, die größer als der angegebene Wert sind.
Größer oder gleich	Zeigt alle Werte, die größer als der angegebene Wert oder gleich dem angegebenen Wert sind.
Kleiner als	Zeigt alle Werte, die kleiner als der angegebene Wert sind.
Kleiner oder gleich	Zeigt alle Werte, die kleiner als der angegebene Wert oder gleich dem angegebenen Wert sind.
Zwischen	Zeigt alle Werte, die zwischen den beiden angegebenen Werten liegen.
Top 10 ...	Liefert sofort die besten Werte, entweder absolut oder in Prozent gerechnet.
Über dem Durchschnitt	Zeigt alle Werte, die über dem Durchschnitt aller Werte in der Spalte liegen.
Unter dem Durchschnitt	Zeigt alle Werte, die unter dem Durchschnitt aller Werte in der Spalte liegen.
Benutzerdefinierter Filter	Erlaubt die Eingabe von bis zu zwei Kriterien für die einzelne Spalte.

17.1.4 Datumsfilter

Sehr wertvoll bei Daten, die Datumswerte enthalten, sind die Datumsfilter. Zunächst wird eine Baumstruktur angeboten, in der z. B. bestimmte Jahre oder Monate ausgewählt werden können.

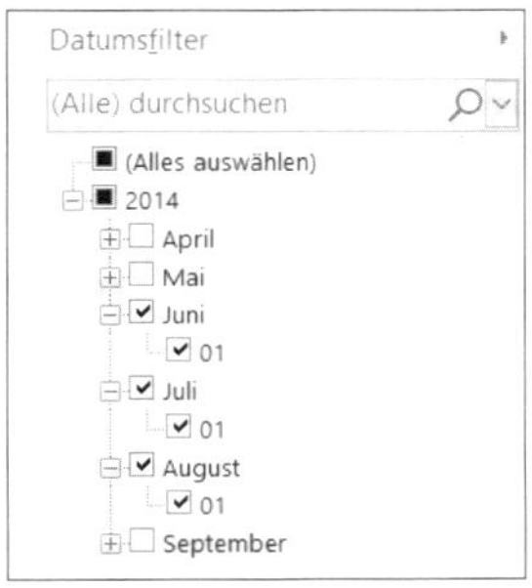

Abbildung 17.4 Auswahl von Datumswerten als Filter

Das Menü zu **Datumsfilter** erlaubt außerdem die folgenden Optionen:

Option	Wirkung
Ist gleich	Zeigt alle Datensätze mit dem ausgewählten Datumswert an.
Vor	Zeigt alle Werte, die vor einem anschließend angegebenen Datumswert liegen.
Nach	Zeigt alle Werte, die nach einem anschließend angegebenen Datumswert liegen.
Zwischen	Zeigt alle Werte, die zwischen zwei anschließend angegebenen Datumswerten liegen.
Morgen	Zeigt alle Werte mit dem Datum des nächsten Tages.
Heute	Zeigt alle Werte mit dem Datum des Tages.
Gestern	Zeigt alle Werte mit dem Datum des vorangegangenen Tages.
Nächste Woche	Zeigt alle Werte mit einem Datum aus der nächsten Woche.
Diese Woche	Zeigt alle Werte mit einem Datum aus der aktuellen Woche.
Letzte Woche	Zeigt alle Werte mit einem Datum aus der letzten Woche.
Nächsten Monat	Zeigt alle Werte mit einem Datum aus dem nächsten Monat.
Dieser Monat	Zeigt alle Werte mit einem Datum aus dem aktuellen Monat.
Letzter Monat	Zeigt alle Werte mit einem Datum aus dem letzten Monat.
Nächstes Quartal	Zeigt alle Werte mit einem Datum innerhalb des nächsten Quartals.
Dieses Quartal	Zeigt alle Werte mit einem Datum innerhalb des aktuellen Quartals.
Letztes Quartal	Zeigt alle Werte mit einem Datum innerhalb des letzten Quartals.
Nächstes Jahr	Zeigt alle Werte mit einem Datum aus dem nächsten Jahr.
Dieses Jahr	Zeigt alle Werte mit einem Datum aus dem aktuellen Jahr.
Letztes Jahr	Zeigt alle Werte mit einem Datum aus dem letzten Jahr.
Jahr bis zum aktuellen Datum	Zeigt alle Werte im aktuellen Jahr, falls sie vor dem aktuellen Datum liegen.
Alle Datumswerte im Zeitraum	Stellt die vier Quartale und die einzelnen Monate des aktuellen Jahres zur Auswahl.
Benutzerdefinierter Filter	Erlaubt die Eingabe von bis zu zwei Kriterien für die einzelne Spalte. Kalendersteuerelemente helfen bei der Auswahl der Werte.

In Abbildung 17.5 werden z. B. aus Werten zu Seitenaufrufen für eine Webseite die Daten eines bestimmten Quartals herausgefiltert.

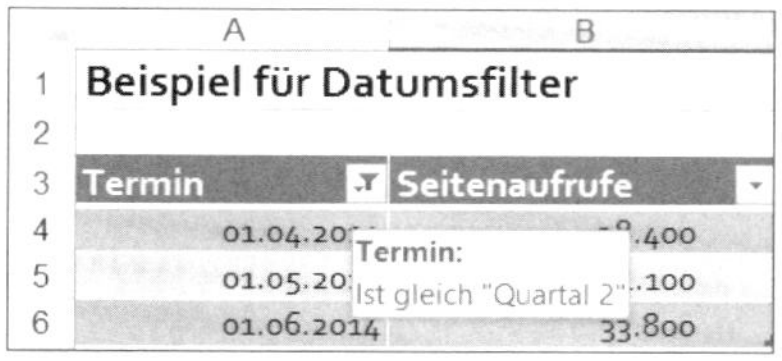

Abbildung 17.5 Filter mit Daten für das 2. Quartal

17.1.5 Farbfilter

Eine weitere Option im Menü der Filterschaltfläche ist **Nach Farbe filtern**. Sind in der Spalte bedingte Formatierungen mit unterschiedlichen Zellfarben, Schriftfarben oder auch mit Zellsymbolen vorhanden, werden diese alle im Untermenü dieser Option zur Auswahl angeboten. Das in der Auswahl angeklickte Muster bestimmt, welche Daten angezeigt werden. In Abbildung 17.6 sind die Bestände des Weinlagers mit drei Symbolen formatiert, die erkennen lassen, wie es um den Bestand steht.

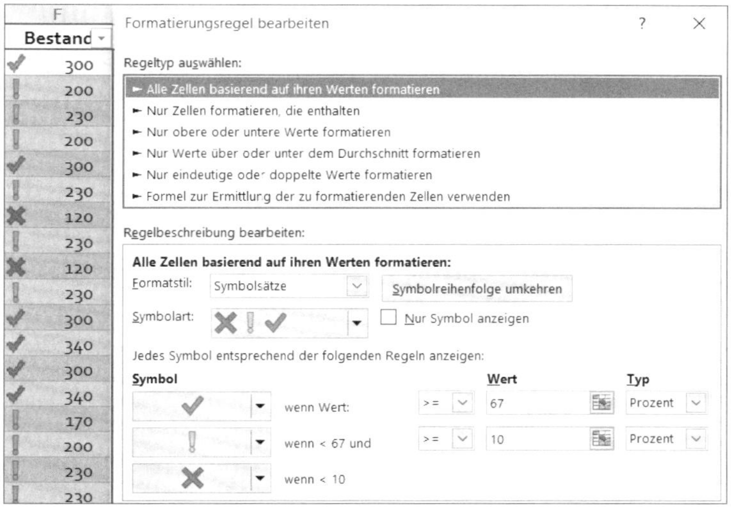

Abbildung 17.6 Bedingtes Format für die Einschätzung des Bestands

Wird nun für diese Spalte der Farbfilter ausgewählt, werden die Symbole für die möglichen Einstufungen angeboten. Um die kritischen Bestände auf einen Blick zu sehen, reicht dann die Auswahl des Symbols mit dem Andreaskreuz.

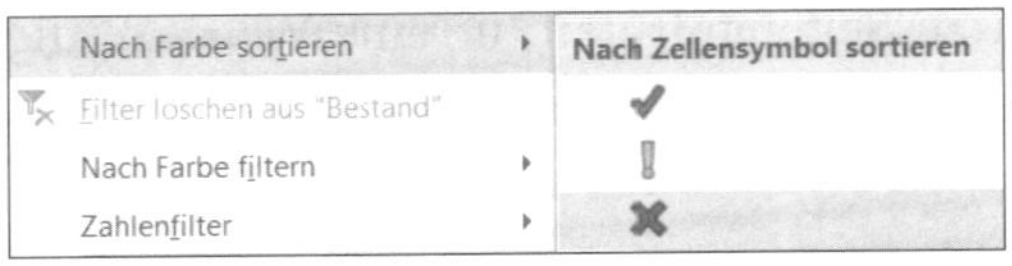

Abbildung 17.7 Auswahl des Zellsymbols als Filter

17.1.6 Sortieren

In allen Menüs zu den Filterschaltflächen wird außerdem angeboten, die Daten auf- oder absteigend zu sortieren. Auch beim Sortieren gibt es die Option **Nach Farbe sortieren**. Sind in der Spalte bedingte Formatierungen mit unterschiedlichen Zellfarben, Schriftfarben oder auch mit Zellsymbolen vorhanden, werden diese im Untermenü zur Auswahl angeboten. Das in der Auswahl angeklickte Muster bestimmt dabei jeweils den Startpunkt der Sortierung.

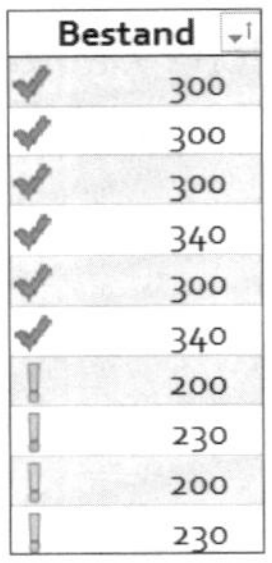

Abbildung 17.8 Nach Symbolen sortierte Spalte

Es ist im Übrigen jederzeit möglich, eine Tabelle mit eingeschalteten Filtern um neue Spalten zu erweitern. Auch das Löschen von Spalten ist erlaubt. Allerdings müssen Sie anschließend den Befehl **Daten ▸ Sortieren und Filtern ▸ Erneut anwenden** aufrufen, um die vorhandenen Filter oder auch eine Sortierung auf neue Datensätze auszudehnen.

17.1.7 Suchen und Filtern

Sehr nützlich ist im Menü der Filterschaltflächen auch die Möglichkeit, das Filterkriterium in der Spalte zu suchen. Dazu ist ein Eingabefeld eingefügt. Wenn es sich um Textfelder handelt, reicht es meist schon, die ersten Buchstaben des gesuchten Elements einzugeben. Gibt es Elemente, die mit dem Suchkriterium übereinstimmen, werden diese zur Auswahl gestellt. Sie können dann entweder die Option **(Alle Suchergebnisse aus-**

wählen) akzeptieren oder die Suchergebnisse einzeln auswählen, falls es mehrere sind. Außerdem wird noch die Option **Dem Filter die aktuelle Auswahl hinzufügen** angeboten.

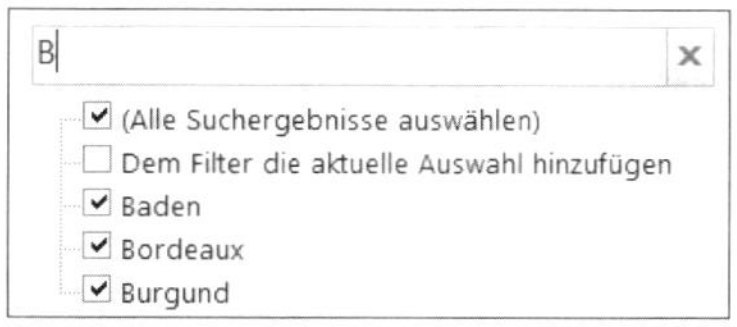

Abbildung 17.9 Filtern mit einem Suchkriterium

Die Suche bezieht sich immer auf die aktuell angezeigten Daten. Wurden diese schon gefiltert, müssen Sie erst wieder diesen Filter deaktivieren, wenn sich die nächste Suche auf alle Daten in der Spalte beziehen soll.

Leere Felder herausfiltern

Wenn in der Spalte auch leere Felder vorkommen, wird noch die Filteroption **(Leere)** angeboten. Sie zeigt die Datensätze an, bei denen in dieser Spalte bisher nichts eingetragen ist. Diese Abfrage ist sehr praktisch, um Datensätze zusammenzustellen, bei denen noch bestimmte Informationen fehlen.

Mehrfach filtern

Mehrere Filter lassen sich bei Bedarf hintereinanderschalten. Wollen Sie z. B. von den herausgefilterten Weinen aus Frankreich nur die Weine eines bestimmten Anbaugebiets sehen, können Sie die gefilterten Daten noch weiter filtern und so Ihre Auswahl verfeinern. Dazu müssen Sie nur das Filtermenü bei *Anbaugebiet* öffnen und z. B. *Bordeaux* auswählen.

	A	B	C
3	**Name**	**Land**	**Anbaugebiet**
6	Médoc	Frankreich	Bordeaux
16	Sauternes	Frankreich	Bordeaux
21	Bordeaux	Frankreich	Bordeaux

Abbildung 17.10 Hier sehen Sie von den französischen Weinen nur noch die aus Bordeaux.

Filtern rückgängig machen

Die Filterung einer Tabelle kann in drei Stufen rückgängig gemacht werden, je nachdem, was anschließend geschehen soll:

1 Mit der Listenfeld-Option **(Alles auswählen)** wird die Filterung für die einzelne Spalte aufgehoben. Filter in anderen Spalten bleiben davon unberührt. Wenn Sie also innerhalb Frankreichs *Bordeaux* als Anbaugebiet ausgewählt haben, zeigt die Option **(Alles auswählen)** bei *Anbaugebiet* wieder alle französischen Anbaugebiete an. Stattdessen können Sie auch die Option **Filter löschen aus "Spaltenname"** verwenden.

2 Sollen die Filterpfeile erhalten bleiben und soll nur die aktuelle Filterung aufgehoben werden, benutzen Sie in der Gruppe **Sortieren und Filtern** den Befehl **Löschen**.

3 Um die Filterung insgesamt aufzuheben und auf einen Schlag wieder alle Datensätze anzuzeigen, können Sie die Schaltfläche **Filtern** in der Gruppe **Sortieren und Filtern** erneut anklicken oder antippen.

Die Ersten und die Letzten

Wenn Sie schnell mal wissen wollen, welches die zehn teuersten Weine im Lager sind, müssen Sie in der Spalte *Preis* nur die Option **Zahlenfilter ▸ Top 10** wählen. Es erscheint ein kleines Dialogfeld, das Sie in diesem Fall nur bestätigen müssen.

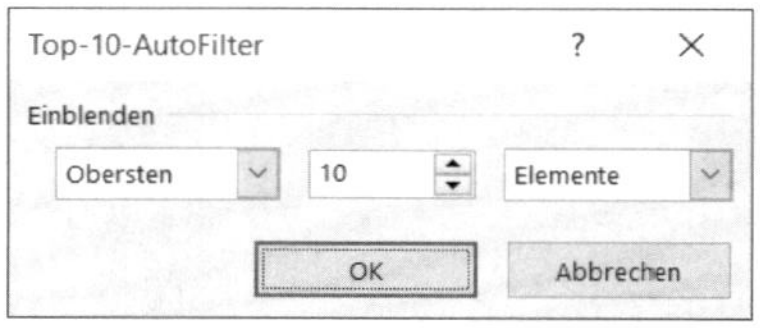

Abbildung 17.11 Das Dialogfeld des Top-10-Filters

Das Ergebnis ist allerdings noch nicht ganz befriedigend, weil zwar die zehn teuersten Weine gefunden, aber nicht in sortierter Reihenfolge wiedergegeben werden. Eine kurze absteigende Sortierung nach dem Preis ist in diesem Fall also angebracht.

	A	B	C	D	E	H
3	Name	Land	Anbaugebiet	Farbe	Jahrgang	Preis
5	Chablis	Frankreich	Burgund	weiß	2010	6,80 €
6	Ravello	Italien	Salerno	rosé	2009	5,90 €
8	Valpolicella	Italien	Verona	rot	2009	5,80 €
11	Bourgogne	Frankreich	Burgund	weiß	2010	5,30 €
12	Médoc	Frankreich	Bordeaux	rot	2009	5,00 €
13	Oppenheimer	Deutschland	Rheinhessen	weiß	2010	5,00 €
16	Chianti	Italien	Toskana	rot	2009	5,00 €
18	Sauternes	Frankreich	Bordeaux	weiß	2010	4,90 €
21	Brolio	Italien	Toskana	rot	2009	4,70 €
22	Bordeaux	Frankreich	Bordeaux	weiß	2010	4,60 €

Abbildung 17.12 Die zehn teuersten Weine in sortierter Reihenfolge

Das kleine Dialogfeld erlaubt aber auch andere Auswahlmöglichkeiten. Unter **Einblenden** lassen sich anstelle der **Obersten** auch die **Untersten** auswählen. Und zehn müssen es auch nicht sein, Sie können die Auswahl auch auf drei einschränken oder auf zwanzig ausweiten. Anstelle der zehn besten Elemente in der Tabelle lassen sich auch z. B. die besten 10 % abfragen, wenn Sie im dritten Feld **Prozent** anstelle von **Elemente** auswählen. So lässt sich etwa bei einer Umsatztabelle schnell herausfinden, welche Produkte zu der 5 %-Gruppe gehören, die den größten Umsatz macht. Bei etwa 400 Artikeln entspricht dies dann den besten 20.

17.1.8 Filtern und Sortieren nach Zellwerten

Wenn einfach der Wert einer in einer Spalte ausgewählten Zelle zum Filterkriterium werden soll, gibt es einen besonders schnellen Weg über das Kontextmenü der entsprechenden Zelle. Um z. B. nur die Weine aus dem Anbaugebiet Piemont zu erhalten, wählen Sie über das Kontextmenü einer Zelle, die diesen Wert anzeigt, die Option **Nach dem Wert der ausgewählten Zelle filtern**. Das Kontextmenü zeigt anschließend auch einen Löschbefehl zu diesem Filter an. Neben Werten lassen sich auch die Zellfarbe, die Schriftfarbe und ein zugeordnetes Symbol als Filterkriterien verwenden. Wenn z. B. in einer Spalte mit einer bedingten Formatierung manuell unterschiedliche Zellfarben vergeben sind, markieren Sie einfach die Zelle mit der Farbe, die Sie herausfiltern wollen, und wählen dann über das Kontextmenü den Befehl **Nach Farbe der ausgewählten Zelle filtern**.

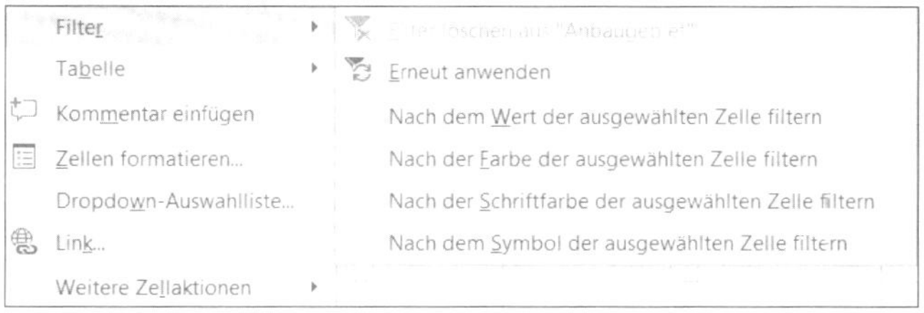

Abbildung 17.13 Filtermenü zu einer Zelle

Das Kontextmenü enthält außerdem Optionen unter **Sortieren**, die es erlauben, die ausgewählte Zell- oder Schriftfarbe oder ein Zellsymbol jeweils an den Anfang der Spalte zu rücken.

17.1.9 Filter kombinieren

Anstelle einzelner Filterbedingungen können auch kombinierte oder alternative Filter für jede Spalte einzeln formuliert werden. Angenommen, Sie wollen wissen, von welchen Weinen mehr als 200, aber weniger als 300 im Lager sind.

1 Um eine Antwort auf diese Frage zu finden, müssen Sie zunächst in der Spalte *Bestand* die Option **Zahlenfilter ▶ Benutzerdefinierter Filter** auswählen.

2 Excel öffnet ein Dialogfeld, in dem bis zu zwei auf die Spalte bezogene Kriterien möglich sind. Diese Kriterien werden in Form eines logischen Vergleichs eingetragen, d. h., der Inhalt jeder Zelle in der betreffenden Spalte wird mit einem bestimmten Wert verglichen.

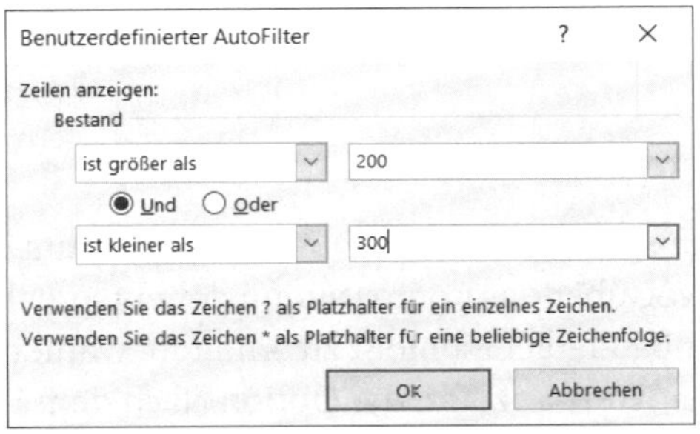

3 Das Dialogfeld enthält schon den Feldnamen der ausgewählten Spalte. Sie wählen den Vergleichsoperator im ersten Listenfeld. Die Vergleichsoperatoren sind in Texte übersetzt worden: **entspricht** für =, **ist größer als** für > etc. In diesem Fall wählen Sie **ist größer als**.

4 Im nächsten Eingabefeld wählen Sie den Vergleichswert aus der Liste, oder Sie geben den Vergleichswert – hier 200 – direkt ein.

5 Um die zweite Bedingung einzugeben, wählen Sie erst **Und** aus und dann den Operator **ist kleiner als** sowie den Wert 300.

TIPP

Nur einfache Vergleiche möglich

Leider erlaubt das Dialogfeld **Filtern** keine Vergleiche mit Werten in anderen Spalten. Ein Filter wie *Bestand* < *Mindestbestand* kann hier nicht eingegeben werden. Für solche Vergleiche muss die Funktion **Spezialfilter** verwendet werden.

HINWEIS

Additive Mehrfachfilter

Filterkriterien können für mehrere Felder gleichzeitig definiert werden. In diesen Fällen werden immer nur die Daten angezeigt, die alle Kriterien gleichzeitig erfüllen. Wird z. B. unter Farbe *rot* und unter Anbaugebiet *Bordeaux* ausgewählt, werden nur die Rotweine aus dem Anbaugebiet *Bordeaux* angezeigt.

17.1.10 Filtern mit Datenschnitten

Seit Excel 2013 kann die vorher nur für Pivot-Tabellen und -Diagramme bereitgestellte Funktion **Datenschnitte** auch bei Tabellen angewendet werden. Da wir den Einsatz dieses komfortablen Werkzeugs zum Filtern von Daten im Zusammenhang mit Pivot-Tabellen ausführlich vorstellen, verweisen wir hier auf diese Beschreibung in Kapitel 18, »Pivot-Tabellen und -Diagramme«, und belassen es an dieser Stelle bei einem einfachen Beispiel. Um die Daten über die Weine aus bestimmten Ländern und Anbaugebieten schneller herauszufiltern, reichen die folgenden Schritte:

1 Markieren Sie eine Zelle in der Tabelle mit dem Weinlager und klicken Sie auf dem Register **Einfügen** in der Gruppe **Filter** auf die Schaltfläche **Datenschnitt**.

2 Wählen Sie die Spalten aus, für die Datenschnitte eingeblendet werden sollen.

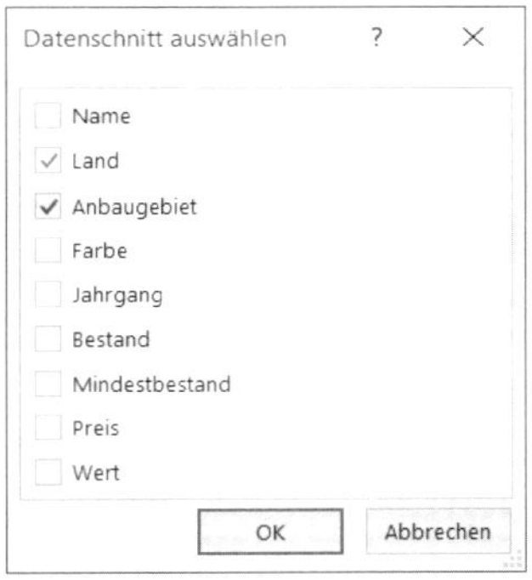

3 Excel fügt zwei Steuerelemente ein, die Schaltflächen zum Filtern nach dem Land oder dem Anbaugebiet enthalten. Per Klick oder Tipp wählen Sie aus, welche Daten Sie sehen wollen. Um mehrere Elemente gleichzeitig auszuwählen, benutzen Sie vorher die Schaltfläche **Mehrfachauswahl** ❶.

Abbildung 17.14 zeigt z. B. die Daten für drei Anbaugebiete in Italien.

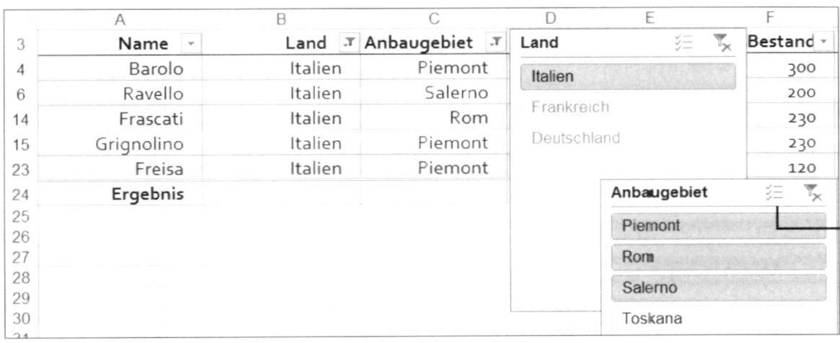

Abbildung 17.14 Zwei Datenschnitte zum komfortablen Filtern

17.2 Komplexe Abfragen mit Spezialfiltern

Eine Tabelle nach einfachen Kriterien mithilfe der Funktion **Filtern** auf die Daten zu reduzieren, die für die weitere Verarbeitung benötigt werden, ist kein Umstand. Ein ganz großer Teil der Abfragen an eine Tabelle lässt sich auf diese Weise sehr schnell erledigen. Wenn dies nicht ausreicht, und das ist schon der Fall, wenn Sie wie in unserem Beispiel den Bestand mit dem Mindestbestand vergleichen wollen, muss der Dialog **Spezialfilter** herangezogen werden. Er wird aus der Gruppe **Daten ▸ Sortieren und Filtern** mit **Erweitert** aufgerufen.

17.2.1 Tabelle und Kriterienbereich

Dazu wird ein spezieller Zellbereich für die Festlegung von Abfragekriterien benötigt. Dieser Kriterienbereich muss mindestens zwei Zeilen umfassen. In der ersten Zeile befinden sich Spaltennamen. Die zweite Zeile oder weitere Zeilen darunter sind für die Eingabe von Kriterien reserviert.

Auch bei dieser Funktion muss normalerweise der Bereich der Tabelle nicht manuell ausgewählt oder benannt werden. Excel markiert den entsprechenden Bereich nach den oben beschriebenen Regeln, wenn der Zellzeiger irgendwo in die Tabelle gestellt worden ist. Notwendig ist aber der angesprochene Tabellenbereich, in dem die Kriterien abgelegt werden, die über die Auswahl der Datensätze entscheiden. Die Spaltennamen müssen dabei buchstabengetreu mit den Spaltennamen der Tabelle übereinstimmen, mit Ausnahme zusätzlicher Namen für berechnete Kriterien, von denen noch die Rede sein wird. Das erreichen Sie am einfachsten, indem Sie die Namenszeile aus der Tabelle in die erste Zeile des Kriterienbereichs kopieren.

Es ist dabei nicht notwendig, dass alle Feldnamen im Kriterienbereich auftauchen, Sie können einzelne Feldnamen weglassen. Für kombinierte Kriterien kann ein Spaltenname sogar mehrfach benutzt werden. Achten Sie darauf, den Kriterienbereich im Tabellenblatt so zu platzieren, dass er nicht unbeabsichtigt von Änderungen wie Einfügen oder Löschen von Spalten oder Zeilen zerstört werden kann.

Wird der Kriterienbereich innerhalb des Tabellenblatts angelegt, in dem sich die Tabelle befindet, ist es am sichersten, dafür neue Zeilen oberhalb der Tabelle einzufügen. Die Tabelle kann dann ungehindert nach unten wachsen, ohne dass Gefahr besteht, mit dem Kriterienbereich zu kollidieren. Eine sichere Lösung ist, den Kriterienbereich gleich auf ein eigenes Blatt zu legen. Wenn Sie den Kriterienbereich im Dialogfeld **Spezialfilter** festlegen, vergibt Excel automatisch den Namen *Suchkriterien* für diesen Bereich. Über

[F5] oder das Namenfeld kann der Bereich dann schnell angesprungen werden. Sie können aber auch einen anderen Namen vergeben.

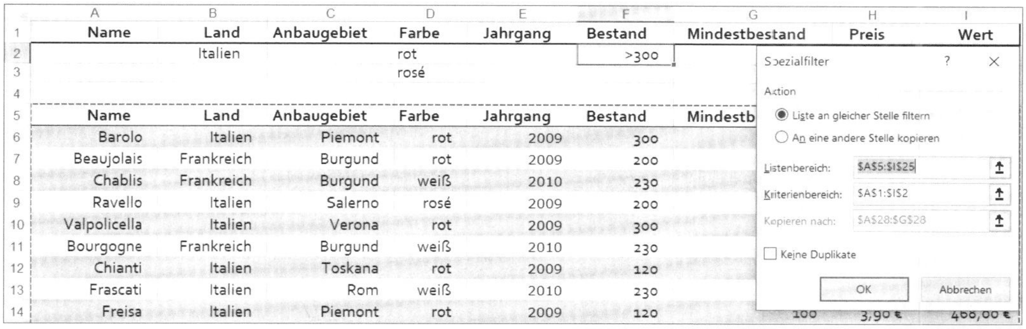

Abbildung 17.15 Der Kriterienbereich über dem Tabellenbereich

17.2.2 Datenextrakte im Ausgabebereich

Wenn Sie die Funktion **Spezialfilter** verwenden, haben Sie auch die Möglichkeit, die gefilterten Daten in einen anderen Bereich des Tabellenblatts zu kopieren, anstatt sie in der Tabelle selbst zu filtern. Dies ist immer dann sinnvoll, wenn Sie über längere Zeit mit einem solchen Filterextrakt weiterarbeiten wollen, unabhängig von der Originaltabelle selbst.

Leider ist es nicht möglich, den Extrakt gleich in ein anderes Blatt der Arbeitsmappe oder gar in eine andere Arbeitsmappe zu filtern. Sie müssen, um so etwas zu erreichen, umgekehrt verfahren. Sie aktivieren das Blatt für den Ausgabebereich und rufen von dort den Befehl **Daten ▸ Sortieren und Filtern ▸ Erweitert** auf. Sie müssen dann aber den Tabellenbereich in dem anderen Blatt ausdrücklich markieren, ebenso den Kriterienbereich.

Festlegen des Ausgabebereichs

Wenn Sie mit einem Ausgabebereich arbeiten wollen, sind eventuell einige Vorbereitungen nötig, bevor Sie den Dialog **Spezialfilter** aufrufen können. Sie haben drei Möglichkeiten:

1. Sie geben nur die linke obere Eckzelle des Ausgabebereichs an. Excel kopiert alle Spalten samt Beschriftung in den Ausgabebereich.
2. Sie geben eine Zeile mit Spaltennamen als Ausgabebereich an.
3. Sie markieren einen Bereich für die gesamte Ausgabe, der als erste Zeile Spaltennamen enthält.

Werden Spaltennamen für den Ausgabebereich angegeben, ist es wieder am einfachsten, die Spaltennamen oder auch die ganze Spaltennamenszeile aus der Tabelle in den Ausgabebereich zu kopieren. Nehmen Sie dafür möglichst einen freien Bereich unterhalb der Tabelle. Wenn Sie immer mit demselben Ausgabebereich arbeiten, sollten Sie einen Namen dafür vergeben. Sie können aber auch einzelne Spaltennamen weglassen oder die Reihenfolge der Spaltennamen ändern.

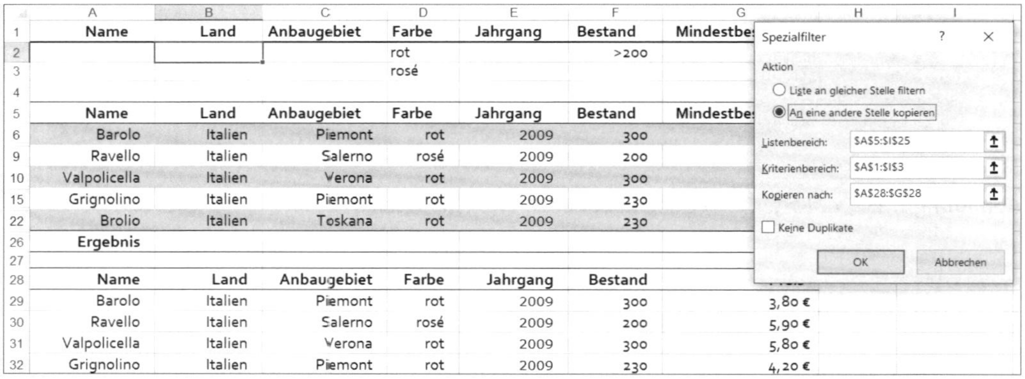

Abbildung 17.16 Beispiel für eine Filterung mit Ausgabebereich

HINWEIS

Spalten vertauschen

Wenn Sie die Reihenfolge der Spalten in einer Tabelle ändern wollen, können Sie das leicht über einen Ausgabebereich erreichen, in dem die Spaltennamen entsprechend umgestellt sind. Verwenden Sie dann den Dialog **Spezialfilter** einfach ohne Kriterium – lassen Sie das Feld **Kriterienbereich** leer –, sodass alle Daten aus der Originaltabelle in den Ausgabebereich kopiert werden.

17.2.3 Bestandsprüfung mit Spezialfilter

Die Arbeitsweise des Spezialfilters soll zunächst an einem Problem erprobt werden, das schon angesprochen wurde. Das Programm soll die Datensätze der Weine herausfiltern, bei denen der Lagerbestand den Mindestbestand unterschreitet. In diesem Fall ist ja normalerweise eine Nachbestellung notwendig.

1 Um diese Aufgabe zu lösen, reicht es aus, einen Kriterienbereich mit einem Spaltennamen und einem darunter eingetragenen Kriterium anzulegen. In der folgenden Abbildung wurden dafür zwei Zeilen eingefügt. Der Spaltenname muss in diesem

Fall neu vergeben werden, er darf also nicht mit einem der Spaltennamen aus der Tabelle identisch sein, denn das Kriterium ist hier ja nicht der Vergleich eines Feldes mit einem konstanten Wert, sondern der Vergleich der Werte zweier Felder. Es handelt sich dabei um ein berechnetes Kriterium. Es wird deshalb in Zelle A1 der Spaltenname *Bestellbedarf* verwendet. In A2 kann dann folgende Formel eingetragen werden: `=F5<G5`

F5 ist die Adresse der ersten Zelle unter dem Spaltennamen *Bestand*, G5 die Adresse der ersten Zelle unter dem Spaltennamen *Mindestbestand*. Achten Sie darauf, dass die Zellbezüge relativ eingetragen werden. Excel liefert als Ergebnis der Formel den Wert `WAHR`, wenn in der ersten Datenzeile der Tabelle die Bedingung erfüllt ist, sonst den Wert `FALSCH`.

	A	B	C	D	E	F	G
1	**Bestellbedarf**						
2	FALSCH						
3							
4	**Name**	**Land**	**Anbaugebiet**	**Farbe**	**Jahrgang**	**Bestand**	**Mindestbestand**
6	Beaujolais	Frankreich	Burgund	rot	2009	200	220
12	Frascati	Italien	Rom	weiß	2010	230	280
14	Grignolino	Italien	Piemont	rot	2009	230	250
19	Sauternes	Frankreich	Bordeaux	weiß	2010	170	190
23	Soave	Italien	Verona	weiß	2010	170	200

2. Sind die notwendigen Daten im Kriterienbereich eingetragen, sollten Sie nicht vergessen, den Zellzeiger zunächst wieder in die Tabelle zu rücken. Nun können Sie den Befehl **Daten ▸ Sortieren und Filtern ▸ Erweitert** aufrufen.

3. Wählen Sie zunächst unter **Aktion**, wie Excel bei der Filterung der Daten verfahren soll. Die Voreinstellung ist **Liste an gleicher Stelle filtern**. Das bedeutet, es soll so verfahren werden wie beim Filtern. Die weggefilterten Daten werden vorübergehend ausgeblendet.

4. Das Feld **Listenbereich** wird normalerweise von Excel automatisch ausgefüllt, wenn Sie den Zellzeiger korrekt innerhalb der Tabelle platziert haben. Stattdessen können Sie hier aber auch den Bereich ausdrücklich markieren oder einen Bereichsnamen mit [F5] einfügen.

5. Entscheidend ist der korrekte Bezug auf den Kriterienbereich. Markieren Sie den Bereich, oder fügen Sie den Bezug oder Namen ein, falls ein Name vergeben worden ist.

6. Das Kontrollfeld **Keine Duplikate** kann verwendet werden, um Kopien von Datensätzen auszublenden oder aus dem Extrakt auszuschließen. Duplikate können zustande kommen, wenn Datensätze irrtümlich zweimal eingegeben worden sind.

7 Wenn Sie das Dialogfeld bestätigen, filtert Excel alle Datensätze aus der gesamten Tabelle heraus, die die im Kriterienbereich abgelegten Kriterien erfüllen. Die Abbildung zeigt die Datensätze der Weine an, die nachbestellt werden müssen.

Die Bereichsangaben im Dialogfeld **Spezialfilter** werden von Excel übrigens immer so lange in der Arbeitsmappe beibehalten, bis sie wieder geändert werden. Wenn Sie den Befehl also mehrfach verwenden, muss nur etwas geändert werden, sofern sich die Bereiche im Tabellenblatt geändert haben.

17.2.4 Welche Auswahlkriterien sind möglich?

Mithilfe eines Auswahlkriteriums legen Sie fest, welche Daten Excel aus einer Tabelle herausfiltern soll. Das Kriterium wird immer positiv formuliert, und zwar als die Bedingung, die ein Datensatz erfüllen muss, wenn er den Filter passieren soll; das Kriterium *Farbe = rot* lässt alle roten Weine durch den Filter durch, alle nicht roten Weine bleiben im Filter hängen.

Die einfachste Form eines Kriteriums im Kriterienbereich ist eines für eine Spalte. Entweder wird unter dem Spaltennamen ein konstanter Wert als Kriterium angegeben oder die Kombination eines der logischen Operatoren mit einem konstanten Wert. Das entspricht der Schreibweise, die Sie schon im Dialogfeld der benutzerdefinierten Filter kennengelernt haben.

Kombinierte Kriterien

Wenn Sie nicht nur in einem, sondern in mehreren Feldern der ersten Zeile des Kriterienbereichs eine Eintragung vornehmen, behandelt das Programm dies als ein kombiniertes Kriterium. Gesucht wird in einem solchen Fall ein Datensatz, in dem es bei allen benutzten Feldern einen genau entsprechenden Inhalt gibt. Wenn Sie also im Kriterienbereich unter Anbaugebiet *Mosel* eintragen und unter Farbe *rot*, sucht das Programm die Rotweine von der Mosel, also die Datensätze, die beide Kriterien gleichzeitig erfüllen. Das entspricht der logischen UND()-Funktion:

```
=UND(Anbaugebiet="Mosel";Farbe="rot")
```

Achten Sie vor der Eingabe eines neuen Kriteriums immer darauf, dass nicht Eintragungen von alten Abfragen stehengeblieben sind, die dann als ungewolltes Zusatzkriterium wirken.

	A	B	C	D
1	**Name**	**Land**	**Anbaugebiet**	**Farbe**
2			Mosel	rot

Abbildung 17.17 Mehrere Kriterien gleichzeitig

Müssen zwei Bedingungen bei derselben Spalte erfüllt sein, können Sie Spaltennamen auch mehrfach verwenden.

Bestand	**Bestand**
>200	<300

sucht z. B. Datensätze, in denen der Bestand zwischen den beiden angegebenen Werten liegt.

Alternative Kriterien

Kriterien können auch alternativ verwendet werden. In diesem Fall werden die Kriterien untereinander in eine Spalte des Kriterienbereichs geschrieben. Zum Beispiel können Sie unter dem Spaltennamen *Farbe* im Kriterienbereich *rot* und *rosé* untereinander eintragen. Dann werden alle Weine gesucht, die eine der beiden Farben aufweisen. Für diesen Fall erweitern Sie den Kriterienbereich einfach um eine zusätzliche Zeile.

	A	B	C	D
1	**Name**	**Land**	**Anbaugebiet**	**Farbe**
2				rot
3				rosé

Abbildung 17.18 Alternative Kriterien

Wollen Sie eine Abfrage nach Weinen formulieren, die entweder aus Italien kommen oder aus Rheinhessen, müssen Sie die Kriterien auf verschiedene Zeilen verteilen, weil sie sonst von Excel als UND()-Verbindungen verstanden werden:

Land	**Anbaugebiet**
Italien	
	Rheinhessen

UND()- und ODER()-Kombinationen können natürlich auch gemischt werden. Hier müssen die Weine in jedem Fall rot sein, können aber aus Italien oder Rheinhessen kommen:

Land	Anbaugebiet	Farbe
Italien		rot
	Rheinhessen	rot

Bei vergleichenden Suchkriterien kann der Inhalt einer Zelle in der Tabelle mit einer Zeichenfolge, einer Zahl, einem Wahrheitswert oder auch einem Fehlerwert verglichen werden. Wird als Kriterium nur das Gleichheitszeichen eingetragen, werden alle Datensätze gesucht, die in dem kritischen Feld keinen Eintrag vorweisen, also leer sind. <> dagegen sucht alle Datensätze, die in der betreffenden Spalte über irgendeinen Eintrag verfügen – egal, welcher Art.

Zeichenfolgen als Kriterium

Wird nur eine Zeichenfolge als Kriterium verwendet, werden jeweils die Datensätze gesucht, in denen Übereinstimmung zwischen dem Feld in der Tabelle und dem Eintrag im Kriterienbereich besteht. Das Kriterium

Farbe
rot

ist also eine verkürzte Schreibweise für

Farbe
="rot"

Exakte Textvergleiche

Textvergleiche unterscheiden normalerweise nicht zwischen Groß- und Kleinschreibung. Mit einem Kriterium wie *rot* würde auch nicht nur *rot*, sondern auch *roter* gefunden. Soll die Übereinstimmung exakt sein, müssen Sie `="=rot"` eintragen. Anstelle der Übereinstimmung mit einer Zeichenfolge kann auch die Stellung in Bezug auf die alphabetische Reihenfolge als Kriterium verwendet werden.

Farbe
<weiß

schließt die Weißweine aus, die Farben *rot* und *rosé* dagegen ein. Die Bedingung

Farbe
>r

dagegen wird durch *rot*, *rosé* und auch *weiß* erfüllt.

Land
<>Frankreich

wählt alle Weine außer den französischen aus.

Gerade bei Zeichenfolgen, bei Namen und Bezeichnungen steht der Suchende aber oft vor dem Problem, dass ihm eben die exakte Schreibweise nicht bekannt ist. In einem solchen Fall helfen Stellvertreterzeichen.

Stellvertreterzeichen	**Wirkung**
*	Steht für beliebig viele Zeichen in einer Zeichenfolge.
?	Steht für genau ein Zeichen in einer Zeichenfolge.
~	Dieses Zeichen kann vor das Fragezeichen oder den Stern gesetzt werden, wenn diese Zeichen selbst gesucht werden sollen. Die Tilde verhindert also, dass die beiden Zeichen als Stellvertreterzeichen wirken.

Die nächste Tabelle zeigt einige Beispiele für solche ungefähren Suchkriterien.

Beispiel	**Ergebnis**
*wand	Findet *Gewand*, *Vorwand*.
M*er	Findet *Maier*, *Mayer*, *Meisenhuber*.
W??en	Findet *Wogen*, *Wagen*, *Waben*.
~*(?,~)-Zeichen	Findet **-Zeichen* bzw. ? und ~, wenn sie im Zellinhalt vorkommen.

Numerische Werte als Kriterium

Wenn Sie in einem Feld des Kriterienbereichs eine Zahl eintragen, muss der Wert dieser Zahl mit dem Wert in dem gesuchten Datensatz exakt übereinstimmen. Nicht übereinstimmen muss das Format. Wenn also im Kriterienbereich eine Zahl im Standardformat eingegeben wird, in der Tabelle aber diese Spalte mit dem Währungszeichen formatiert ist, hat das für die Suchoperation keine Bedeutung.

Probleme kann es allerdings geben, wenn die Zahl in der Tabelle in der Anzeige gerundet ist, intern aber mit mehreren Nachkommastellen geführt wird. Das kommt z. B. häufig vor, wenn die Zahl das Ergebnis einer Division ist. Wenn im Kriterienbereich 3,33 steht und in der Tabelle als Ergebnis von 10/3 angezeigt wird, wird der Datensatz nicht gefunden. In solch einem Fall kann ein berechnetes Suchkriterium mit einer Formel wie

```
=RUNDEN(F9;2)=3,33
```

helfen. Ansonsten können Sie beim Vergleich mit Zahlen mit den bereits aufgeführten Vergleichsoperatoren arbeiten.

17.2.5 Suchen mit berechneten Kriterien

Die einfachen Vergleiche, die in den letzten Abschnitten behandelt worden sind, reichen nicht immer aus, um die Daten herauszufiltern, die für eine bestimmte Problemstellung von Bedeutung sind. Oft müssen dazu z. B. Werte verschiedener Spalten verglichen werden. Oder Werte müssen zunächst mit einem Faktor multipliziert werden; das Ergebnis soll dann mit einem Wert außerhalb der Tabelle verglichen werden.

Für all diese Situationen können Sie in Excel berechnete Kriterien verwenden. Oben haben Sie bereits das Beispiel mit der Berechnung der Differenz zwischen Lagerbestand und Mindestbestand kennengelernt. Für berechnete Kriterien gelten einige besondere Regeln:

- Das berechnete Kriterium erfordert einen eigenen Spaltennamen, der sonst in der Tabelle nicht vorkommt.
- Die Berechnungsformel muss immer eine logische Formel sein, die also `WAHR` oder `FALSCH` als Ergebnis liefert.
- Die Formel muss sich auf mindestens ein Feld in der Tabelle beziehen, und zwar entweder über die Adresse der ersten Zelle in der betreffenden Spalte oder über einen Spaltennamen.

Wird ein Zellbezug auf den ersten Wert einer Spalte verwendet, zeigt die Formel im Kriterienbereich den entsprechenden Wahrheitswert an. Ist das Kriterium in der ersten Zeile der Tabelle erfüllt, erscheint also `WAHR`, andernfalls `FALSCH`. Beachten Sie, dass der Zellbezug in diesem Fall relativ sein muss.

Bei einem berechneten Kriterium können Sie auch komplexe logische Vergleiche mit den Funktionen `UND()` oder `ODER()` formulieren oder auch mit anderen Tabellenfunktionen arbeiten.

```
=F6>Mittelwert($F$6:$F$25)
```

sucht etwa alle Weine, von denen überdurchschnittlich viele Flaschen auf Lager liegen. Wird in einem berechneten Kriterium Bezug auf einen Wert außerhalb der Tabelle genommen, etwa auf eine bestimmte Konstante, muss der Bezug absolut gesetzt werden.

TIPP

Wenn die Datensuche misslingt ...

Angenommen, Sie haben versucht, mit einem Spezialfilter eine Tabelle zu befragen. Trotz eines Kriteriums werden alle Datensätze angezeigt. Prüfen Sie, ob im Kriterienbereich ein fehlerhafter Spaltenname verwendet worden ist. Wenn das nicht der Fall ist, sollten Sie prüfen, ob der Kriterienbereich vielleicht von einer früheren Abfrage noch eine Leerzeile enthält oder ob in einem Feld des Kriterienbereichs irrtümlich ein Leerzeichen enthalten ist. Leere Felder bedeuten: Es sind beliebige Werte zugelassen. Da Zellen, wenn sie im Kriterienbereich untereinanderstehen, als alternative Kriterien verstanden werden, zeigt Excel alle Daten an, denn die Abfrage heißt dann ja: entweder dieser bestimmte Wert oder jeder beliebige Wert. Und diese Bedingung ist immer erfüllt.

17.3 Weiterverarbeitung gefilterter Daten

Wenn Sie mithilfe der Funktionen **Filtern** oder **Spezialfilter** Datensätze ausblenden, zeigt Excel in der Statusleiste an, wie viele Datensätze aus der Gesamtzahl der Sätze in der Tabelle gefunden wurden. Sind die Daten gefiltert, beziehen sich viele der anschließend verwendeten Befehle nicht auf die gesamte Tabelle, sondern auf die gefilterten Daten. Das gilt für das Drucken, das Sortieren und die Erzeugung von Teilergebnissen.

Auf diese Weise ist es aber auch sehr einfach, ein Diagramm aus gefilterten Daten zu erstellen. Sie markieren zunächst die vorgesehenen Spalten in der Gesamttabelle und erzeugen daraus ein Diagramm. Wird anschließend ein Filter gesetzt, wird das Diagramm sofort an die neue Auswahl angepasst.

	Name	Land	Anbaugebiet	Farbe	Jahrgang	Bestand
5	Chablis	Frankreich	Burgund	weiß	2010	230
10	Beaujolais	Frankreich	Burgund	rot	2009	200
11	Bourgogne	Frankreich	Burgund	weiß	2010	230
12	Médoc	Frankreich	Bordeaux	rot	2009	300
18	Sauternes	Frankreich	Bordeaux	weiß	2010	170
22	Bordeaux	Frankreich	Bordeaux	weiß	2010	260
24	Ergebnis					

Abbildung 17.19 Diagramm für die französischen Weine

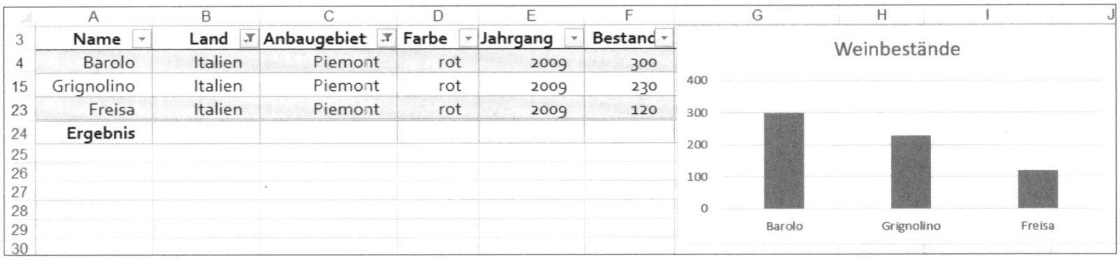

	Name	Land	Anbaugebiet	Farbe	Jahrgang	Bestand
4	Barolo	Italien	Piemont	rot	2009	300
15	Grignolino	Italien	Piemont	rot	2009	230
23	Freisa	Italien	Piemont	rot	2009	120
24	Ergebnis					

Abbildung 17.20 Diagramm für die italienischen Weine aus dem Piemont

TIPP

Kopien von Filterergebnissen

Wenn Sie den Bereich der gefilterten Datensätze in die Zwischenablage kopieren, können Sie den Extrakt in beliebige Arbeitsmappen oder Arbeitsblätter einfügen, ohne dass die ausgeblendeten Datensätze mit übertragen werden.

Für einige Befehle gelten Besonderheiten, wenn sie auf gefilterte Daten angewendet werden.

Befehl	Wirkung
Summensymbol	Summiert nur sichtbare Zellen.
Formatbefehle für Zellen	Formatiert nur sichtbare Zellen.
Inhalte löschen	Löscht nur die Inhalte sichtbarer Zellen.

Dieses Verhalten lässt sich z. B. benutzen, um alle Zeilen mit französischen Weinen mit einer bestimmten Hintergrundfarbe zu versehen. Dafür ist es erforderlich, alle nicht französischen Weine auszufiltern und dann alle übrig gebliebenen Zeilen entsprechend zu formatieren.

17.4 Berechnungen mit Datenbankfunktionen

Neben den Möglichkeiten, Teilergebnisse aus einer Tabelle für ausgewählte Gruppen berechnen zu lassen, bietet Excel auch eine Anzahl statistischer Funktionen, die speziell für Tabellen gedacht sind. Der wesentliche Unterschied zu den normalen statistischen Funktionen ist dabei der, dass für die Auswertung bestimmte Kriterien definiert werden können. Bezogen auf das Weinlager, lässt sich so z. B. die Frage beantworten, wie viele Sorten Rotwein aus Italien vorhanden sind, wie groß die Anzahl der betreffenden Flaschen ist, wie viel die teuerste oder die billigste Flasche kostet und welchen Wert diese Weine insgesamt darstellen.

In dem folgenden Beispiel ist in den Zellen A2 bis B3 ein Bereich für Suchkriterien angelegt. Eingetragen ist ein doppeltes Kriterium: Die Weine müssen aus Italien kommen und gleichzeitig rot sein. In den Zellen D2 bis H2 werden fünf verschiedene Datenbankfunktionen benutzt. Um die Eingabe der Argumente zu vereinfachen, wurde vorher der Bereich der Tabelle – diesmal unter Einschluss der Zeile mit den Spaltennamen – mit dem Namen *WeinlagerGesamt* belegt. Der Bereich der Kriterien erhält automatisch den Namen *Suchkriterien*.

```
=DBANZAHL(WeinlagerGesamt;;Suchkriterien)
=DBSUMME(WeinlagerGesamt;"Bestand";Suchkriterien)
=DBMAX(WeinlagerGesamt;"Preis";Suchkriterien)
=DBMIN(WeinlagerGesamt;"Preis";Suchkriterien)
=DBSUMME(WeinlagerGesamt;"Wert";Suchkriterien)
```

Wie Sie sehen, verwenden alle Funktionen jeweils drei Argumente: Das erste ist der Bereich der Gesamttabelle, das zweite ist der Name oder die Nummer der Spalte, die ausgewertet wird – bei `DBANZAHL` kann auf die Festlegung des Feldes verzichtet werden –, und das dritte Argument ist der Bereich, in dem die Suchkriterien abgelegt sind. Wird eine Feldnummer verwendet, wird die erste Spalte der Tabelle als Nummer `1` gezählt (beachten Sie, dass der Spaltenname in Anführungszeichen gesetzt werden muss).

Die Verwendung von Datenbankfunktionen ist insbesondere dann von Vorteil, wenn eine bestimmte statistische Auswertung für wechselnde Kriterien gewünscht ist. Sie müssen dann nur die Werte im Kriterienbereich ändern.

	A	B	C	D	E	F	G	H	I
1	Suchkriterien			Anzahl Weine	Anzahl Flaschen	Teuerster Wein	Billigster Wein	Wert	
2	Land	Farbe		6	1300	5,80 €	3,80 €	5.995,00 €	
3	Italien	rot							
4									
5	**Name**	**Land**	**Anbaugebiet**	**Farbe**	**Jahrgang**	**Bestand**	**Mindestbestand**	**Preis**	**Wert**
6	Barolo	Italien	Piemont	rot	2009	300	200	3,80 €	1.140,00 €
10	Valpolicella	Italien	Verona	rot	2009	300	250	5,80 €	1.740,00 €
12	Chianti	Italien	Toskana	rot	2009	120	100	5,00 €	600,00 €
14	Freisa	Italien	Piemont	rot	2009	120	100	3,90 €	468,00 €
15	Grignolino	Italien	Piemont	rot	2009	230	250	4,20 €	966,00 €
22	Brolio	Italien	Toskana	rot	2009	230	200	4,70 €	1.081,00 €
26	**Ergebnis**								**5.995,00 €**

Abbildung 17.21 Beispiel für statistische Auswertungen mit Datenbankfunktionen

18 Pivot-Tabellen und -Diagramme

Häufig werden in Firmen enorme Datenmengen erfasst und berechnet, die für die Abwicklung der verschiedenen Aufgaben notwendig sind. Typisches Beispiel sind etwa die Daten, die bei der Fakturierung anfallen. Firmen, die mit Vertretern arbeiten, erstellen z. B. Tabellen, in denen den einzelnen Vertretern die Umsatzzahlen zugeordnet werden, für die sie verantwortlich sind. Meist werden dabei die Umsätze nach Produktgruppen aufgeteilt, damit erkennbar ist, welcher Vertreter welche Produkte besser und welche weniger gut verkauft hat. Abbildung 18.1 zeigt ein einfaches Beispiel für eine solche Liste.

	A	B	C	D	E	F
1	**Vertriebsergebnisse**					
2						
3	**Vertreter**	**Produktgruppe**	**Region**	**2016**	**2017**	**2018**
4	Hansen	Waschmaschinen	Ost	200.022	140.000	120.000
5	Hansen	Kühlaggregate	Ost	160.000	160.000	160.000
6	Gernot	Waschmaschinen	Ost	110.000	110.000	180.000
7	Gernot	Kühlaggregate	Ost	150.000	230.000	150.000
8	Schlier	Waschmaschinen	West	120.000	180.000	120.000
9	Schlier	Kühlaggregate	West	170.000	170.000	170.000
10	Gundar	Waschmaschinen	West	120.000	120.000	140.000
11	Gundar	Kühlaggregate	West	130.000	130.000	130.000
12	Seiffert	Waschmaschinen	Nord	120.000	120.000	120.000
13	Seiffert	Kühlaggregate	Nord	140.000	160.000	140.000
14	Adam	Waschmaschinen	Nord	120.000	120.000	140.000
15	Adam	Kühlaggregate	Nord	130.000	130.000	130.000
16	Karit	Waschmaschinen	Süd	120.000	120.000	120.000
17	Karit	Kühlaggregate	Süd	160.000	160.000	160.000
18	Lemgo	Waschmaschinen	Süd	120.000	120.000	120.000
19	Lemgo	Kühlaggregate	Süd	150.000	150.000	150.000

Abbildung 18.1 Vertriebstabelle als Quelldaten

In dieser Liste sind ganz unterschiedliche Dimensionen miteinander verknüpft. Zum einen wird die zeitliche Entwicklung der Umsätze dargestellt, zum anderen die räumliche Verteilung nach Regionen. Die dritte Dimension ist die Verteilung der Umsätze nach Produktgruppen, also eine sachliche. Diese Dimension könnte je nach Art der Produkte noch weiter untergliedert sein; eine weitere ist die Verteilung nach Vertretern.

In der abgebildeten Fassung ist die Liste nicht besonders aussagekräftig. Sie können zwar schnell nachsehen, wie viel Umsatz der Vertreter Hansen 2017 mit Waschmaschinen gemacht hat. Aber welchen Anteil die Waschmaschinen am Gesamtumsatz in der Region Nord haben, ist nicht auf einen Blick zu sehen. Ob sich die Region Ost in den letzten drei Jahren schneller entwickelt hat als die Region West, ist ebenfalls nicht gleich zu erkennen. Dennoch ist in der Liste alles enthalten, um diese Fragen zu beantworten. Es kommt nur darauf an, die Rohdaten zu brauchbaren Informationen aufzubereiten.

Interaktive Tabellen und Diagramme

Für diesen Zweck bietet Excel seine Pivot-Tabellen und Pivot-Diagramme an. Im Unterschied zu den bisher beschriebenen Tabellen handelt es sich bei der Pivot-Tabelle um eine »interaktive« Tabelle. *Pivot* ist das englische Wort für einen Drehpunkt, wie die Angel in der Tür. Damit wird angesprochen, dass in der Pivot-Tabelle die Daten nach wechselnden Gesichtspunkten an- und umgeordnet, zusammengefasst und ausgewertet werden können.

Bedienungstechnisch wird das dadurch erreicht, dass für die Spaltennamen aus der Tabelle Schaltflächen erzeugt werden, die zwischen den verschiedenen Bereichen hin- und hergeschoben werden können, wobei die zugehörigen Daten jeweils mitwandern. Auch die Zeilen- und Spaltenbeschriftungen in der Pivot-Tabelle können neu angeordnet werden. Diese Elemente und ihre zugehörigen Daten sind also intern miteinander verknüpft. Außerdem werden automatisch zusammenfassende Berechnungen erzeugt, die jedes Mal der Gruppierung der Daten angepasst werden. Zusätzlich können Sie weitere berechnete Felder in die Tabelle einfügen. Seit Excel 2013 gibt es auch die Funktion **Empfohlene PivotTables**, die Ihnen aus dem gegebenen Datenmaterial Vorschläge für die optimale Art der Datenanalyse macht. Außerdem unterstützt das Programm die Erstellung von Pivot-Tabellen auf der Basis mehrerer Tabellen mithilfe von Datenmodellen, die die Beziehungen dieser Tabellen zueinander definieren. Sehr praktische Funktionen sind auch die Datenschnitte, die ein interaktives Filtern erlauben und die Zeitachsen, um Daten in ihrer zeitlichen Abfolge zu analysieren.

Die Anzahl der Pivot-Tabellen ist weder pro Tabellenblatt noch pro Arbeitsmappe begrenzt. Es können sowohl verschiedene Pivot-Tabellen von einer Quelltabelle gezogen werden als auch Pivot-Tabellen von verschiedenen Quelltabellen im Tabellenblatt oder in der Arbeitsmappe. Allerdings ist die Funktion ziemlich speicherintensiv, sodass die tatsächlichen Grenzen von der Ausstattung Ihres Hauptspeichers abhängig sind.

Excel speichert Quelldaten in einem speziellen PivotTable-Cache, der bei der Erstellung aus einem Quellbereich angelegt wird.

Bereits mit der Version Excel 2010 wurde die Kapazität der Pivot-Tabellen beträchtlich erweitert. Pro Feld sind bei Bedarf 1.048.576 eindeutige Elemente möglich, während frühere Versionen lediglich 32.500 Elemente unterstützt haben. Die Zahl der Zeilen- und Spaltenfelder ist jetzt nur noch durch den Arbeitsspeicher begrenzt, die Zahl der Berichtsfilter und der Wertefelder ist dagegen auf 256 begrenzt.

Aus Pivot-Tabellen lassen sich zudem interaktive Diagramme erzeugen. Auch diese Diagramme können Sie mithilfe der Schaltflächen für die einzelnen Felder der zugrunde liegenden Liste erweitern, verdichten oder umbauen. Dabei sind die Pivot-Tabelle und das zugehörige Pivot-Diagramm so verknüpft, dass Änderungen am Diagramm auch die Tabelle berühren und umgekehrt.

Excel 2019 bietet eine höhere Geschwindigkeit bei der Arbeit mit Pivot-Tabellen und -Diagrammen, wenn die dabei anfallenden Aufgaben auf mehrere Threads verteilt werden. Dazu muss die Multithreadberechnung aktiviert sein, siehe dazu Kapitel 3, »Mit Formeln arbeiten«. Zusätzlich zu den integrierten Pivot-Funktionen steht noch ein mächtiges Add-In mit dem Namen *PowerPivot* zur Verfügung, das am Ende dieses Kapitels kurz vorgestellt wird.

Anwendungsgebiete

Die Funktionen **PivotTable** und **PivotChart** sind eine Art Berichts- und Diagrammgenerator, mit dem ganz unterschiedliche Auswertungen vorhandener Datenbestände möglich sind. Hier noch ein paar Anregungen zu möglichen Anwendungen:

- Berichte für die Vertriebssteuerung
- Lagerbestandsanalysen
- Berichte für die Sortimentsplanung
- Personalstatistiken
- Berichte für die Projektplanung und -kontrolle
- Auswertung statistischer Erhebungen
- Auswertung von Fehlerprotokollen und Materialtests

Mit den Pivot-Tabellen und -Diagrammen bietet Excel eine sehr mächtige und dynamische Methode, umfangreiche Datenbestände zu analysieren und zusammenzufassen.

Mit diesem Werkzeug können auf einfache Weise ganz unterschiedliche Berichte aus ein und demselben Datenmaterial erzeugt werden, je nachdem, welcher Gesichtspunkt gerade im Vordergrund steht. Die Daten lassen sich umordnen und neu zusammenstellen oder auswählen, ohne eine einzige Zelle in der Originaltabelle ändern zu müssen. Excel stellt Ihnen für all diese Aufgaben spezielle **PivotTable-Tools** mit den umfangreichen Registern **Analysieren** und **Entwurf** zur Verfügung.

Geeignete Daten

Pivot-Tabellen und -Diagramme verarbeiten Daten aus normalen Zellbereichen, die eine dafür brauchbare Struktur vorweisen, oder aus Tabellen. Es ist also nicht unbedingt notwendig, den Datenbereich vorher in eine Excel-Tabelle im oben beschriebenen Sinne zu verwandeln, es ist aber in jedem Fall zu empfehlen.

Eine Pivot-Tabelle enthält zunächst keine Formeln, sondern immer nur die Ergebnisse der Formeln aus der zugrunde liegenden Originaltabelle und aus zusätzlichen Berechnungen durch die Pivot-Funktion selbst, wie der Bildung von Gruppen- oder Gesamtsummen.

Auch Daten aus externen Datenquellen, etwa Access- oder SQL-Datenbanken, können in einer solchen Pivot-Tabelle ausgewertet werden. Bereits bestehende Pivot-Tabellen bzw. -Diagramme können selbst wieder die Basis für weitere solche Tabellen und Diagramme bilden.

18.1 Datenanalyse mit Pivot-Tabellen

Die Pivot-Funktion kann erst angewendet werden, wenn Daten vorhanden sind, die dafür geeignet sind. Zunächst soll der Fall behandelt werden, dass diese Daten als Tabelle in einem Tabellenblatt abgelegt sind.

18.1.1 Von den Quelldaten zur Pivot-Tabelle

Wir greifen das angesprochene Beispiel mit der Vertriebssteuerung auf. Soll eine Tabelle als Basis für eine Pivot-Tabelle verwendet werden, reicht es, eine beliebige Zelle der Tabelle zu markieren. Wenn die Ausgangstabelle eine Kopfzeile mit den Spaltenbeschriftungen und einen geschlossenen Datenblock mit den einzelnen Datensätzen enthält, kann die Pivot-Funktion den Gesamtbereich der Tabelle korrekt erkennen.

TIPP

Filter oder Teilergebnisse vorher entfernen

Wenn die Tabelle Teilergebnisse oder Filter enthält, sollten Sie diese zunächst entfernen.

Rufen Sie den Dialog für die Erstellung einer PivotTable über das Register **Einfügen** mit der Schaltfläche **PivotTable** in der Gruppe **Tabellen** auf. In dieser Gruppe finden Sie auch die Schaltfläche für die Funktion **Empfohlene PivotTables**, die Sie später noch kennenlernen werden.

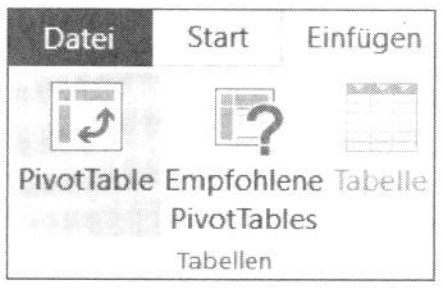

Abbildung 18.2 Die Schaltfläche »PivotTable« in der Gruppe »Tabellen«

Zunächst wird die Herkunft der Daten geklärt. Steht der Zellzeiger in dem Datenblock, der ausgewertet werden soll, zeigt Excel unter **Tabelle/Bereich** den gefundenen Bereich an, der bei Bedarf korrigiert werden kann. Bei normalen Zellbereichen müssen Sie darauf achten, dass die Zeile mit den Spaltenüberschriften mit in den Bereich eingeschlossen wird. Handelt es sich um eine Excel-Tabelle, wird der für die Tabelle vergebene Name angeboten.

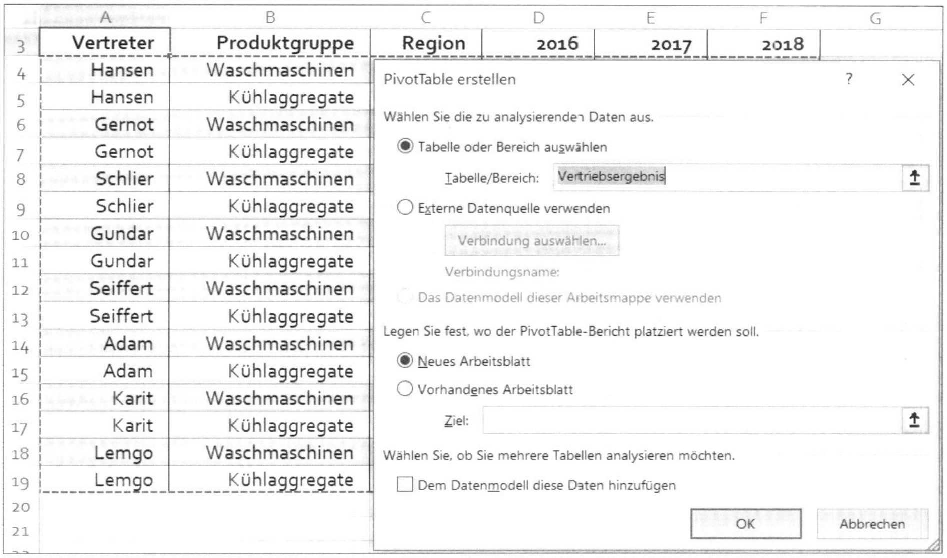

Abbildung 18.3 Der Dialog »PivotTable erstellen«

Im unteren Teil des Dialogs legen Sie fest, wo die Pivot-Tabelle eingefügt wird: auf einem neuen Blatt oder ab einer bestimmten Stelle des aktiven Blatts. Im zweiten Fall geben Sie unter **Quelle** die Adresse der oberen Eckzelle für die Pivot-Tabelle ein oder markieren sie. Beachten Sie, dass die erzeugte Tabelle alle bereits vorhandenen Daten in dem angegebenen Bereich überschreibt, die von der Tabelle berührt werden. Ihnen wird eine entsprechende Warnung angezeigt, und Sie sollten dann einen anderen Bereich bestimmen, wenn die vorhandenen Daten erhalten bleiben sollen. Es ist deshalb in der Regel günstiger, ein eigenes Blatt in der Arbeitsmappe zu verwenden. Wird der Dialog bestätigt, erstellt Excel einen zunächst leeren Pivot-Tabellenbereich ❶ und blendet den Aufgabenbereich **PivotTable-Felder** ❷ ein.

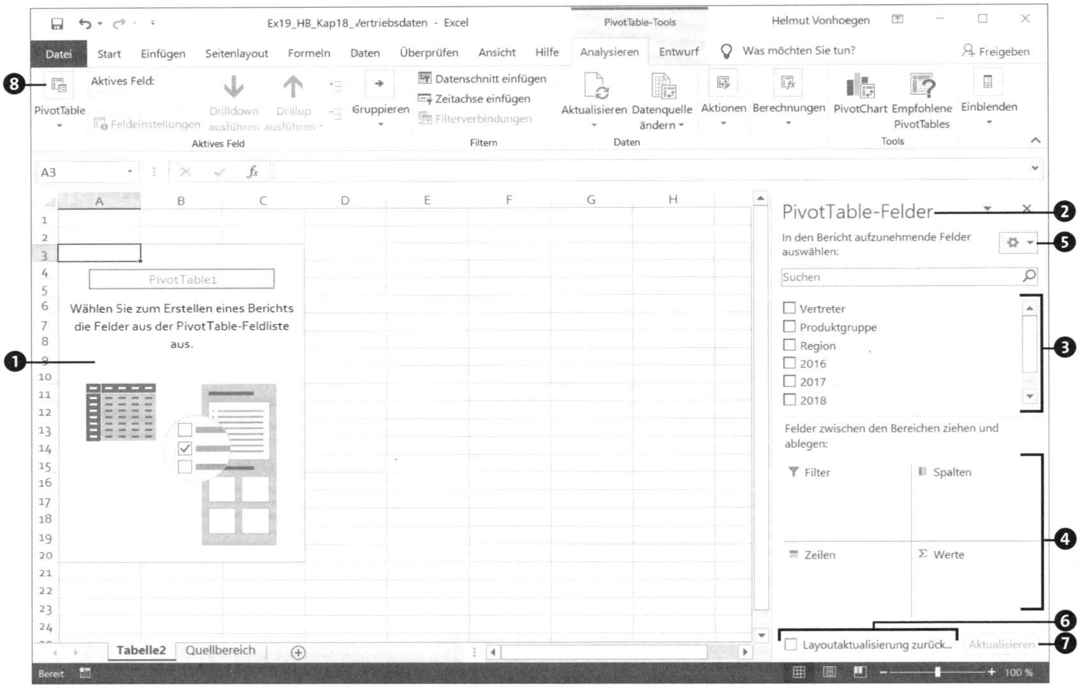

Abbildung 18.4 Der leere Pivot-Tabellenbereich und die Werkzeuge für die Bearbeitung

Der Aufgabenbereich enthält die Liste der Felder ❸ und zeigt gleichzeitig die Bereiche ❹ an, denen die Felder zugeordnet werden können. Das Layout des Aufgabenbereichs kann über die Palette der Schaltfläche oben rechts ❺ in verschiedener Weise aufgeteilt werden.

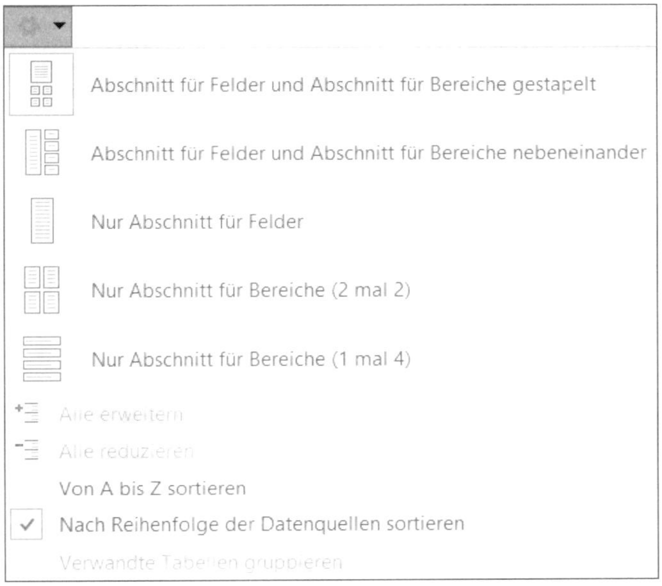

Abbildung 18.5 Palette für die Aufteilung des Aufgabenbereichs

Am unteren Rand finden Sie die Option **Layoutaktualisierung zurückstellen** ❻. Wenn sie aktiviert ist, werden die mit einem Feld verbundenen Daten bei Änderungen der Zuordnung der Felder zu den Bereichen nicht sofort in der Pivot-Tabelle ausgegeben, sondern erst, wenn Sie nach Abschluss des Layouts die Schaltfläche **Aktualisieren** ❼ benutzen. Das ist hilfreich, wenn mit den Feldern sehr große Datenmengen verknüpft sind.

Der Aufgabenbereich wird ausgeblendet, sobald Sie eine Zelle außerhalb der Pivot-Tabelle auswählen. Jede Auswahl einer Zelle innerhalb der Pivot-Tabelle blendet ihn wieder ein.

Mit dem Anlegen der Pivot-Tabelle werden die **PivotTable-Tools** aktiviert, und das Register **Analysieren** wird eingeblendet, das gleich neun Gruppen von Befehlen und Schaltflächen zur Arbeit mit Pivot-Tabellen anbietet. Es ist sinnvoll, zunächst den vorgegebenen Namen für die Pivot-Tabelle durch einen aussagekräftigeren zu ersetzen. Dies geschieht auf dem Register **Analysieren** in der Gruppe **PivotTable** ❽ unter **PivotTable-Name**. Außerdem stehen nun auf dem Register **Entwurf** drei Gruppen zum Layout und Format der Pivot-Tabelle zur Verfügung.

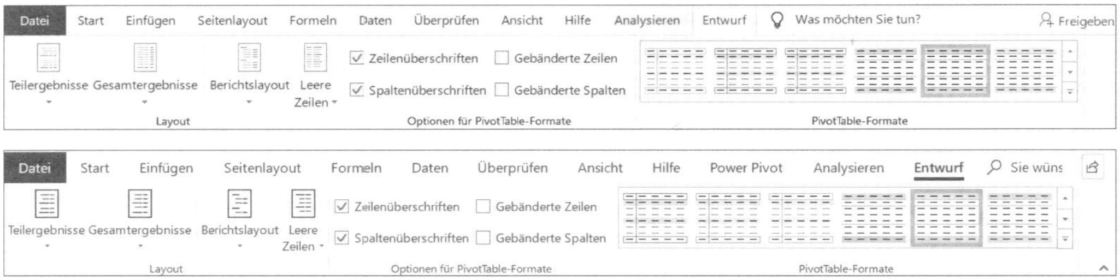

Abbildung 18.6 Das Register »Entwurf« für Pivot-Tabellen – oben für Excel 2019, unten für Excel 365

18.1.2 Layout der Pivot-Tabelle

Zunächst muss nun geklärt werden, unter welchem Gesichtspunkt die Daten hauptsächlich zu betrachten sind. In der neuen Tabelle sollen die Daten so angeordnet und zusammengefasst werden, dass erkennbar wird, wie sich der Anteil der beiden Produktgruppen im Lauf der Jahre entwickelt hat, und zwar sowohl insgesamt als auch in den vier Regionen. Excel bietet in dem automatisch eingeblendeten Aufgabenbereich **PivotTable-Felder** für jede Spalte in der Ausgangstabelle ein Element an. Diese Elemente können einem der vier Bereiche der Pivot-Tabelle zugewiesen werden:

1. Die Felder, die die Ordnung der Seiten des Berichts bestimmen, werden dem Bereich **Filter** zugewiesen.
2. Die Felder, die die Ordnung der Spalten bestimmen, gehören in den Bereich **Spalten**, und zwar in der Reihenfolge von links nach rechts.
3. Die Felder, die die Ordnung der Zeilen bestimmen, gehören untereinander in den Bereich **Zeilen**.
4. Unbedingt muss wenigstens eines der Felder in den Bereich **Werte** eingefügt werden, damit das Programm erkennt, welche Werte in der Tabelle auszugeben sind.

Wird ein Feld in der Feldliste per Abhaken ausgewählt, wird es zunächst einem vorgegebenen Bereich zugeordnet. Bei diesem Beispiel würden die Felder **Vertreter**, **Produktgruppe** und **Region** nacheinander in den Bereich **Zeilen** übernommen, wobei die Reihenfolge der Feldauswahl die Hierarchie der Beschriftungen bestimmt. Die Felder mit den Jahreszahlen werden als Vorgabe in den Wertebereich eingefügt. Der Bereich **Spalte** erhält dann automatisch eine Aufteilung nach den Werten im Bereich **Werte**, in diesem Fall wird also für jedes Jahr, für das summierte Werte vorhanden sind, eine eigene Spalte angelegt. Nach Auswahl aller Felder ergibt sich also der in Abbildung 18.7 dargestellte Bericht.

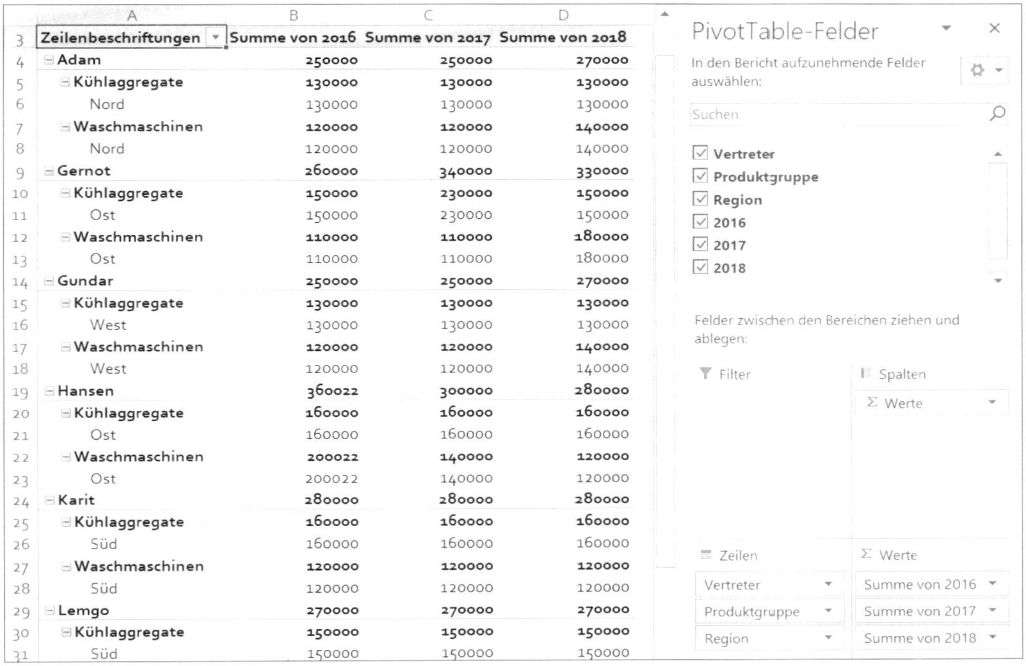

Abbildung 18.7 Erste Auswertung mit vorgegebenen Bereichszuweisungen

Soll ein Feld in einen anderen als den vorgegebenen Bereich eingefügt werden, wählen Sie im Kontextmenü des Feldnamens den Zielbereich aus.

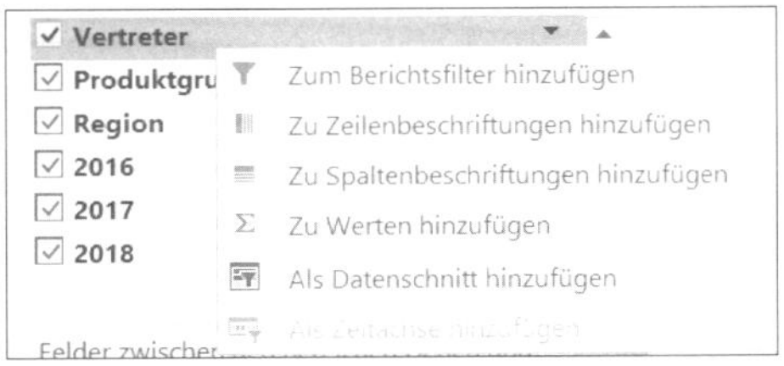

Abbildung 18.8 Kontextmenü zu einem Feld in der Feldliste

Die andere Möglichkeit ist, die Verteilung der Felder auf die vier möglichen Bereiche direkt durch Ziehen zusammenzustellen. Dazu werden im unteren Teil des Aufgabenbereichs die vier Bereiche mit den aktuell zugeordneten Feldern angezeigt. So kann beispielsweise das Feld **Region** aus dem Bereich **Zeilen** in den Bereich **Filter** übernommen werden.

Abbildung 18.9 Umordnen der Felder über den Aufgabenbereich

Vertriebsauswertung

Welches Feld muss nun wohin, wenn aus der Tabelle die Information herausgeholt werden soll, wie sich die Umsätze der verschiedenen Produktgruppen regional entwickelt haben? Um die Arbeitsweise der Pivot-Tabelle zu verstehen, ist es zunächst wichtig, dass Excel die Auswertung der Daten gleichsam kreuzweise vornimmt.

Wenn etwa das Feld **Produktgruppe** dem Spaltenbeschriftungsbereich zugeordnet wird, legt Excel für jede in der bisherigen Spalte mit dem Namen **Produktgruppe** vorkommende Produktgruppe jeweils eine Spalte als Element in der Pivot-Tabelle an und verwendet als Beschriftung den Namen des Feldes, also *Produktgruppe*; vorausgesetzt, über das Register **Entwurf** ist in der Gruppe **Layout** in dem Menü der Schaltfläche **Berichtslayout** die Option **In Gliederungsformat anzeigen** oder **In Tabellenformat anzeigen** ausgewählt. Das alternative Kurzformat zeigt anstelle der Feldbezeichnungen nur allgemeine Bezeichnungen wie **Spaltenbeschriftungen** etc.

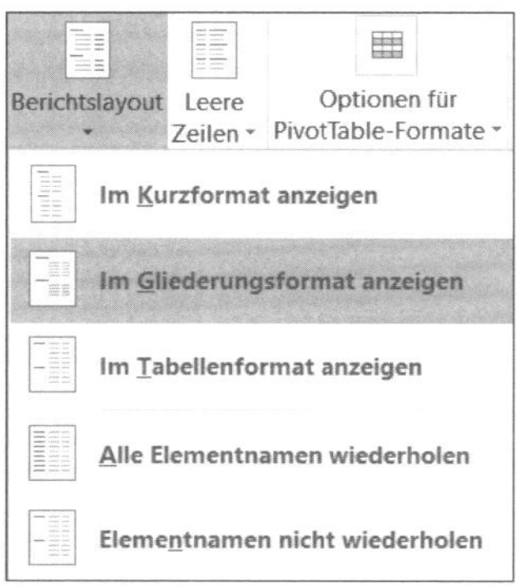

Abbildung 18.10 Wahl des Berichtslayouts

In diesem Fall sind nur zwei unterschiedliche Produktgruppen vorhanden, *Waschmaschinen* und *Kühlaggregate*, also werden pro Jahr zwei Spalten angelegt. Zusätzlich wird eine Spalte für das Gesamtergebnis eingefügt, es sei denn, Sie schalten diese Voreinstellung über den Dialog **PivotTable-Optionen** vorher ab. Mehr dazu erfahren Sie weiter unten.

Das Feld **Vertreter** kann in diesem Fall abgewählt werden. Ist nun gleichzeitig dem Bereich **Zeilen** nur das Feld **Region** zugewiesen, legt Excel für jedes der vier Vertriebsgebiete ein Zeilenelement an. Es entsteht also zunächst eine Tabelle mit vier Zeilen- und zwei Spaltenelementen. Jede Zelle im Datenbereich ist folglich ein Schnittpunkt zwischen einem Produktgruppen- und einem Gebietselement. Hinzu kommen die Spalte und die Zeile mit den jeweiligen Gesamtergebnissen. Sobald Sie dann das Feld für das erste Jahr im Wertebereich abgelegt haben, wird die Pivot-Tabelle mit den Auswertungen der Daten aus der Originaltabelle gefüllt. In der Schaltfläche für das Feld **2016** erscheint als Vorgabe die Bezeichnung **Summe von 2016**. Abbildung 18.11 zeigt die Auswertung für das erste Jahr.

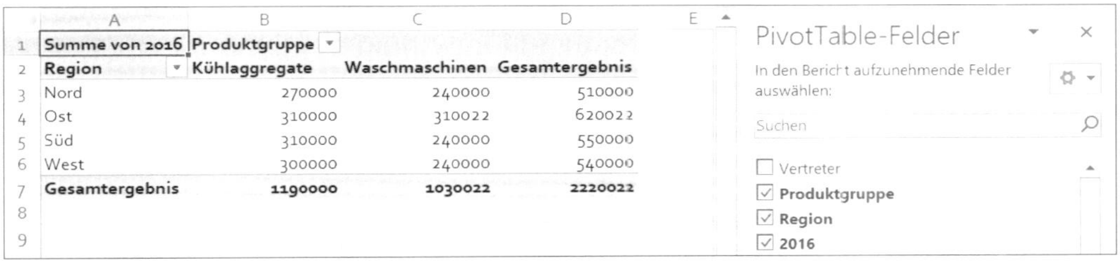

Abbildung 18.11 Die Zeilen zeigen die Daten pro Region.

Diese Bezeichnung **Summe von 2016** gibt an, welche Art der Zusammenfassung der Daten die Pivot-Funktion vorgenommen hat. Nehmen Sie die erste Zelle im Wertebereich. Sie ist der Schnittpunkt zwischen der Region **West** und der Produktgruppe **Kühlaggregate**, was auch bestätigt wird, wenn Sie mit der Maus die Zelle berühren. In dieser Zelle wird deshalb der Gesamtumsatz der Vertreter aus der Region **West** in der Produktgruppe **Kühlaggregate** erscheinen. Excel berechnet zusätzlich das Gesamtergebnis pro Region und pro Produktgruppe.

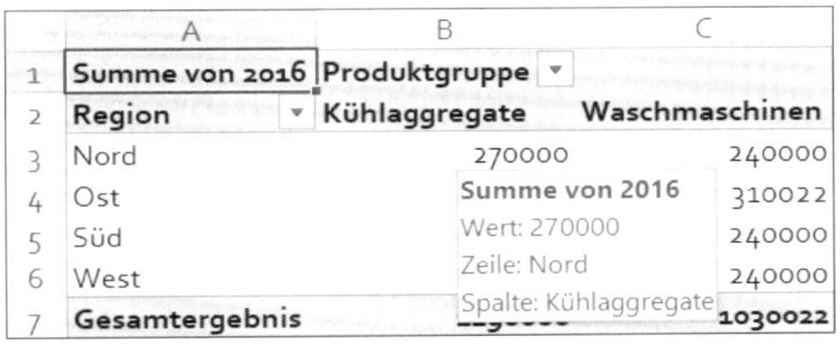

Abbildung 18.12 QuickInfo zu einem Wert

Elementfilter

Zu den beiden Feldnamen, die als Ordnungskriterien dienen, **Region** und **Produktgruppe**, erscheinen Filterschaltflächen, wie Sie sie bereits in Kapitel 17, »Datenabfragen und Datenauszüge«, für Tabellen kennengelernt haben. Ein Klick oder Tipp darauf öffnet auch in diesem Fall ein umfangreiches Filtermenü mit der Liste der jeweiligen Elemente. Löschen Sie z. B. das Häkchen bei *Waschmaschinen* im Spaltenfeld **Produktgruppe**, werden diese Daten aus der Tabelle herausgenommen. Im Aufgabenbereich **PivotTable-Felder** und hinter dem Feldnamen in der Pivot-Tabelle erscheinen dann zu dem betreffenden Feld Filtersymbole als Hinweis darauf, dass für dieses Feld ein Filter verwendet wird.

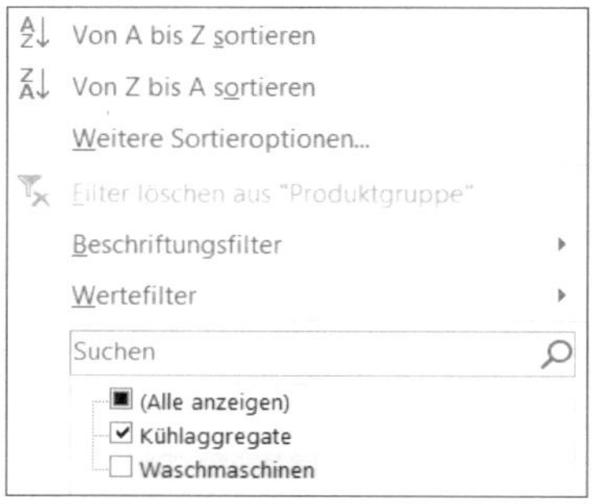

Abbildung 18.13 Einzelne Elemente abwählen

Anstelle solch einfacher Filter durch Aus- und Abwahl in der angezeigten Elementliste werden außerdem unter den Optionen **Beschriftungsfilter** und **Wertefilter** zahlreiche Möglichkeiten angeboten, Elemente mithilfe von Auswahlkriterien in der Anzeige aus- oder einzuschließen. Mit einem Beschriftungsfilter lassen sich z. B. die Produktgruppen herausfiltern, die mit einem bestimmten Buchstaben beginnen. Die möglichen Optionen entsprechen den in Kapitel 17, »Datenabfragen und Datenauszüge«, beschriebenen Textfiltern. Mit einem Wertefilter dagegen könnten etwa die Produktgruppen mit den höchsten Umsätzen herausgefiltert werden. Die Wertefilter entsprechen den Zahlenfiltern aus Kapitel 17.

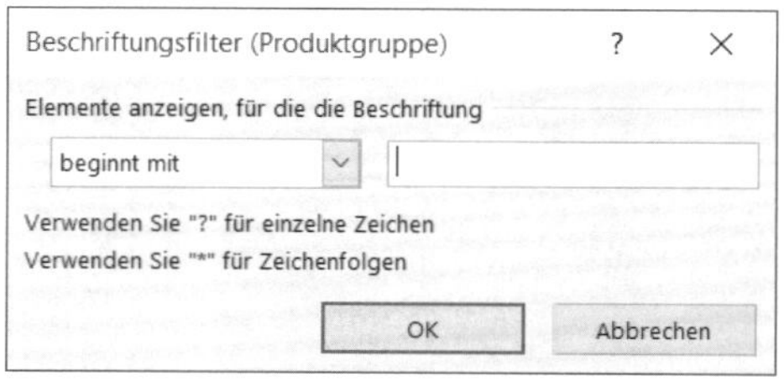

Abbildung 18.14 Filteroptionen zu Beschriftungen

Wird ein Filter nicht mehr benötigt, kann er über den dann aktivierten Befehl **Filter löschen aus** entfernt werden.

Abbildung 18.15 Wertbezogene Filteroptionen

Elementsuche

Die Menüs der Filterschaltflächen zu Elementen bieten auch die in Kapitel 17, »Datenabfragen und Datenauszüge«, beschriebene Suchfunktion an. Das ist besonders wertvoll bei Feldern, die eine große Anzahl von Elementen aufweisen. Mit der Elementsuche kann der Benutzer die ihn interessierenden Elemente auch dann schnell finden, wenn die Pivot-Tabelle Tausende von Zeilen enthält.

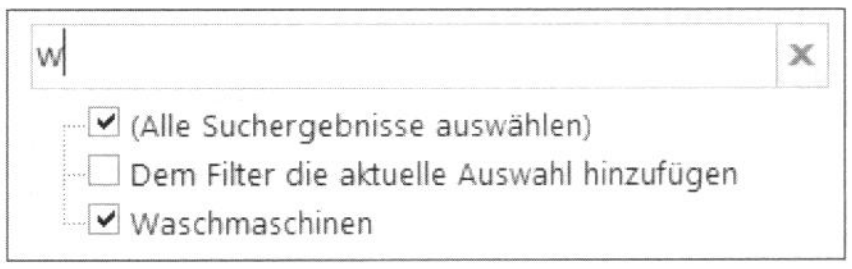

Abbildung 18.16 Suche nach Elementen eines Feldes

18.1.3 Empfohlene Pivot-Tabellen

An dieser Stelle werfen wir kurz einen Blick auf eine Funktion, die Ihnen beim Anlegen von Pivot-Tabellen Unterstützung anbietet. Anstelle des Befehls **Einfügen ▸ Tabellen ▸ PivotTable** wählen Sie dazu aus derselben Gruppe die Schaltfläche **Empfohlene PivotTables**.

Im Dialog finden Sie, je nach der Struktur der Quelltabelle, eine unterschiedliche Anzahl von möglichen Umsetzungen in Form von Vorschautabellen auf der Basis der ausgewählten Daten. Sie können sich in Ruhe verschiedene Lösungen ansehen. Wenn Sie schließlich das ausgewählte Muster bestätigen, wird sofort ein neues Blatt mit der entsprechenden Pivot-Tabelle angelegt.

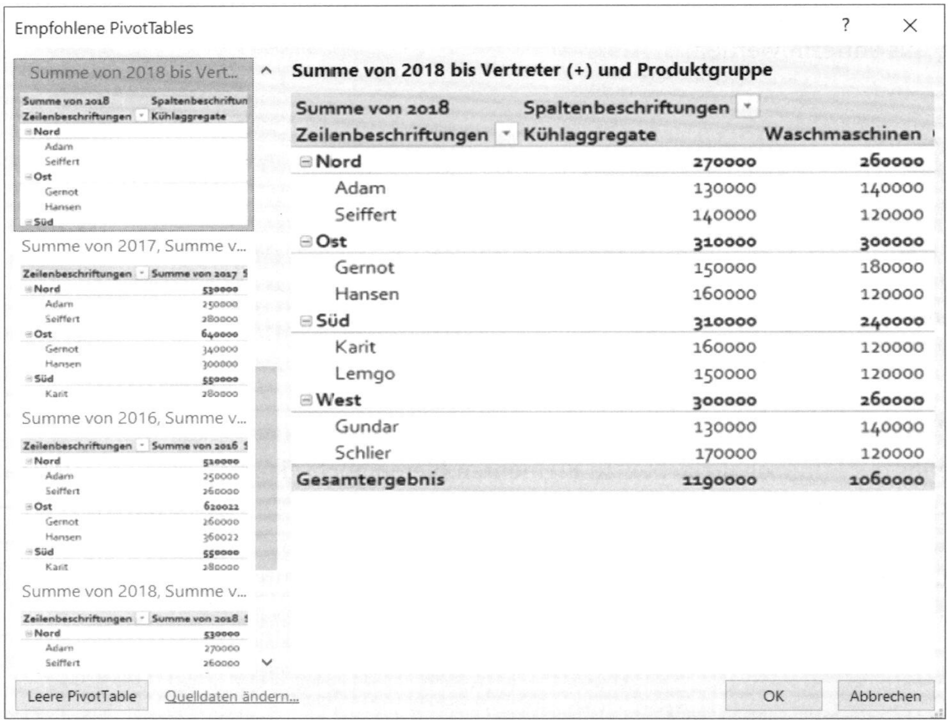

Abbildung 18.17 Vorschläge für Pivot-Tabellen auf der Basis der aktuellen Daten

18.1.4 Wertespalten hinzufügen

Die für das hier beschriebene Beispiel angestrebte Lösung wurde bisher absichtlich noch nicht vollständig ausgeführt, damit die Arbeitsweise der Pivot-Funktion möglichst durchsichtig für Sie bleibt. Gemessen an dem zunächst beschriebenen Ziel, fehlt in dieser ersten Version noch die zeitliche Entwicklung, weil ja bisher nur die Daten für ein Jahr dargestellt werden.

Das lässt sich leicht korrigieren. Dazu stellen Sie den Zellzeiger wieder direkt in die Pivot-Tabelle, sodass der Aufgabenbereich **PivotTable-Felder** wieder die Feldschaltflächen anbietet. Um die Daten der beiden noch fehlenden Jahre einzubeziehen, haken Sie die beiden Felder **2017** und **2018** ebenfalls ab.

Zunächst erscheinen dann zusätzliche Spalten im Wertebereich für jedes der Jahre. Wollen Sie die Jahreswerte untereinander angeordnet haben, benutzen Sie im Menü zu der Schaltfläche **Werte** im Bereich **Spalten** die Option **Zu Zeilenbeschriftungen ver-**

schieben. Stattdessen können Sie auch im Kontextmenü der Tabellenzelle mit der Beschriftung **Werte** die Option **Werte verschieben nach ▸ Werte in Zeilen verschieben** verwenden.

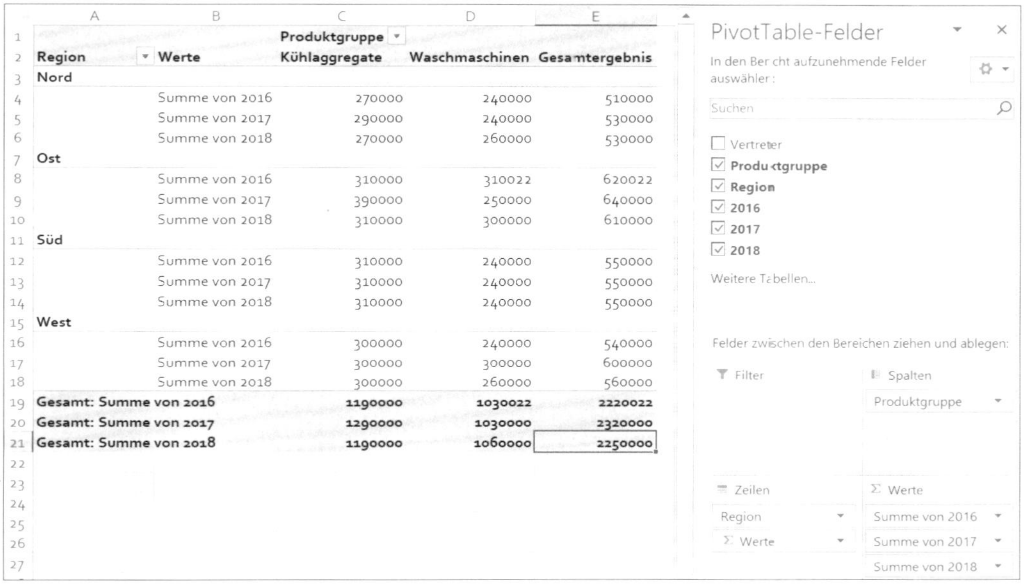

Region	Werte	Kühlaggregate	Waschmaschinen	Gesamtergebnis
		Produktgruppe		
Nord				
	Summe von 2016	270000	240000	510000
	Summe von 2017	290000	240000	530000
	Summe von 2018	270000	260000	530000
Ost				
	Summe von 2016	310000	310022	620022
	Summe von 2017	390000	250000	640000
	Summe von 2018	310000	300000	610000
Süd				
	Summe von 2016	310000	240000	550000
	Summe von 2017	310000	240000	550000
	Summe von 2018	310000	240000	550000
West				
	Summe von 2016	300000	240000	540000
	Summe von 2017	300000	300000	600000
	Summe von 2018	300000	260000	560000
Gesamt: Summe von 2016		**1190000**	**1030022**	**2220022**
Gesamt: Summe von 2017		**1290000**	**1030000**	**2320000**
Gesamt: Summe von 2018		**1190000**	**1060000**	**2250000**

Abbildung 18.18 Pivot-Tabelle mit der Auswertung für drei Jahre

Nun stehen die Ergebnisse pro Produktgruppe für die drei Jahre geordnet nach Regionen untereinander, und am Ende finden Sie die drei Gesamtsummen. Die Zusammenfassung der Daten, die erreicht werden sollte, ist damit hergestellt. Die Details, die im Moment nicht interessieren, die Ergebnisse der einzelnen Vertreter, gehen in die berechneten Summen ein.

18.1.5 Ändern des Pivot-Tabellen-Layouts

Nun mag es sein, dass Ihnen die spaltenweise Anordnung des Zeitverlaufs nicht so recht gefällt. Meist sind wir es gewohnt, Zeitverläufe von links nach rechts darzustellen und auch wahrzunehmen. Die Ordnung der Daten kann dadurch umgebaut werden, dass die beiden Felder **Werte** und **Produktgruppe** über Kreuz verschoben werden:

1. Im Bereichsabschnitt des Aufgabenbereichs **PivotTable-Felder** ziehen Sie zunächst das Element **Werte**, das zuletzt als Zeilenbeschriftung verwendet wurde, in den Bereich **Spaltenbeschriftungen**.

2 Mit **Produktgruppe** verfahren Sie andersherum. Sie ziehen das Feld aus dem Bereich **Spalten** heraus und fügen es unter dem Feld **Region** in den Bereich **Zeilen** ein. Die Zeilen werden dann zweistufig gruppiert. Das übergeordnete Kriterium ist **Region**, das untergeordnete **Produktgruppe**. Nun stehen die Jahresergebnisse nebeneinander.

3 Um die etwas ungelenke Feldbezeichnung »Summe von …« los zu werden, benutzen Sie über den kleinen Pfeil zu jedem Feld im Bereich **Werte** den Befehl **Wertfeldeinstellungen** und ersetzen unter **Benutzerdefinierter Name** die Bezeichnung einfach durch »Umsatz« und die jeweilige Jahreszahl.

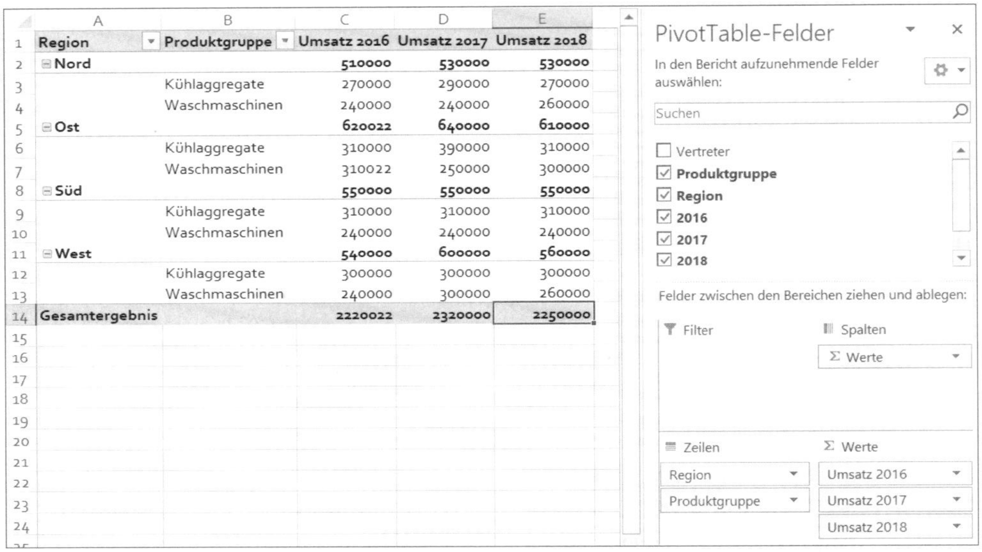

4 Ist die Anordnung der Jahresspalten nicht korrekt, können Sie die Reihenfolge ändern, wenn Sie die Felder auswählen und die Optionen in der ersten Gruppe verwenden, mit denen die Reihenfolge beliebig geändert werden kann.

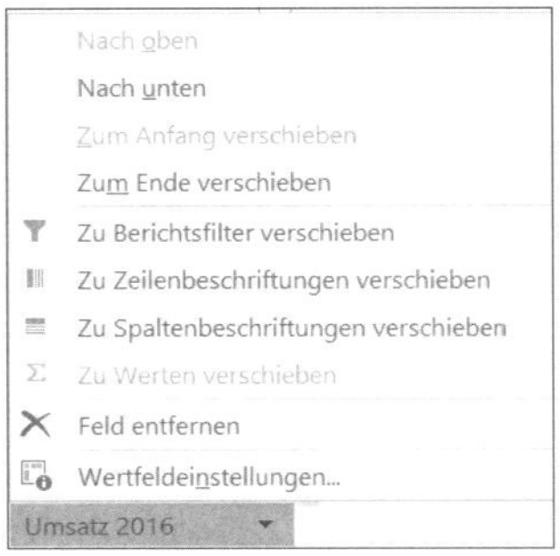

Es ist natürlich bei mehr als einer Zeilenrubrik nicht unerheblich, in welcher Reihenfolge Sie diese anordnen. Wenn Sie z. B. zuerst die Produktgruppe angeben und erst an zweiter Stelle die Region, werden die Daten auch zunächst nach Produktgruppen zusammengefasst und erst innerhalb der einzelnen Gruppen nach der Region. Um diese Anordnung nachträglich zu erreichen, müssen Sie im Bereich **Zeilen** nur das Feld **Region** unter das Feld **Produktgruppe** ziehen.

Berichtsfilter

Nun könnten Sie auf die Idee kommen, die Daten noch weiter zu komprimieren, und zwar so, dass immer nur einzelne Regionen angezeigt werden. Dazu können Sie das Feld **Region** im Bereichsabschnitt des Aufgabenbereichs **PivotTable-Felder** in den Bereich **Filter** ziehen. Denselben Effekt hat der Kontextmenübefehl **Zum Berichtsfilter hinzufügen** in der Feldliste.

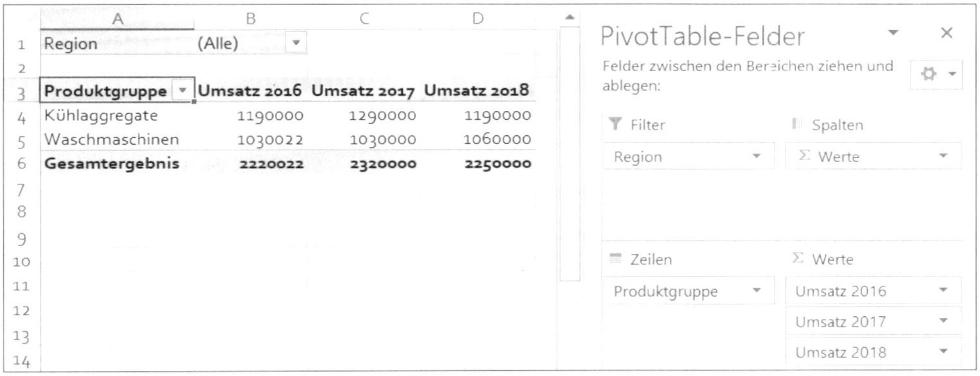

Abbildung 18.19 Pivot-Tabelle mit Berichtsfilter für die Regionen

Die zunächst angezeigten Werte geben das Gesamtergebnis für alle Gebiete wieder. Wenn Sie nun die Filterschaltfläche benutzen, können Sie die Daten für die Regionen auch einzeln oder in einer beliebigen Auswahl einblenden. Für Letzteres aktivieren Sie die Option **Mehrere Elemente auswählen**.

Abbildung 18.20 Auswahl einzelner Regionen

Nun könnte es sein, dass für jede Region eine separate Tabelle gewünscht wird. Das ist bei diesem Stand der Pivot-Tabelle schnell erreicht. Wenn Sie in der Gruppe **Analysieren ▸ PivotTable** das Menü der Schaltfläche **Optionen** öffnen, wird der Befehl **Berichtsfilterseiten anzeigen** angeboten, der für jede mögliche Seite, hier also für jede Region, ein neues Blatt in die Mappe einfügt und die Register mit den Elementnamen beschriftet. Alle neuen Tabellen sind vollwertige Pivot-Tabellen. Es ist dann auch kein Problem, diese Blätter in verschiedene Arbeitsmappen zu kopieren oder zu verschieben, um sie z. B. anderen Stellen zur Verfügung zu stellen.

	A	B	C	D
1	Region	Nord		
2				
3	**Produktgruppe**	**Umsatz 2016**	**Umsatz 2017**	**Umsatz 2018**
4	Kühlaggregate	270000	290000	270000
5	Waschmaschinen	240000	240000	260000
6	**Gesamtergebnis**	**510000**	**530000**	**530000**
7				

Nord | Ost | Süd | West ...

Abbildung 18.21 Eigene Blätter für die Regionen

Daten weiter komprimieren

Sie können das Ordnungskriterium *Region* auch ganz aus der Pivot-Tabelle entfernen, um die Auswertung noch stärker zusammenzufassen. Wählen Sie dazu das Feld in der Feldliste einfach ab. Die Umsatzzahlen für die einzelnen Jahre werden jetzt nur noch nach Produktgruppen getrennt geführt.

	A	B	C	D
3	**Produktgruppe**	**Umsatz 2016**	**Umsatz 2017**	**Umsatz 2018**
4	Kühlaggregate	1190000	1290000	1190000
5	Waschmaschinen	1030022	1030000	1060000
6	**Gesamtergebnis**	**2220022**	**2320000**	**2250000**

Abbildung 18.22 Reduzierte Darstellung

18.1.6 Optionen für den Pivot-Tabellenbericht

Wenn eine Zelle in einer Pivot-Tabelle ausgewählt ist, wird auf dem Register **Analysieren** in der Gruppe **PivotTable** die Schaltfläche **Optionen** angeboten. Den dazugehörenden Dialog **PivotTable-Optionen** erreichen Sie auch direkt über das Kontextmenü jeder Zelle der PivotTable.

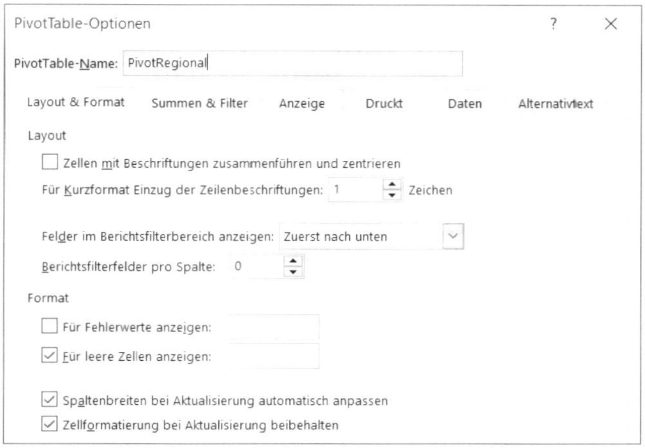

Abbildung 18.23 Das Dialogfeld »PivotTable-Optionen«

Im ersten Feld können Sie den Namen der Pivot-Tabelle ändern. Auf dem Register **Layout & Format** steht eine Reihe von Optionen zur Verfügung, die die Darstellung der Beschriftungen und Werte betreffen. Die Option **Für Fehlerwerte anzeigen** erlaubt die Eingabe eines Textes, der anstelle einer Fehlermeldung angezeigt wird. Auch für leere Zellen können Texte festgelegt werden, etwa *Wert fehlt*. Das Häkchen bei **Zellformatierung bei Aktualisierung beibehalten** hat zur Folge, dass ein spezielles Format für eine bestimmte Datengruppe, etwa eine Hintergrundfarbe, auch dann für die betreffenden Elemente erhalten bleibt, wenn die Daten umgruppiert werden.

Auf dem Register **Summen & Filter** kann gewählt werden, ob zeilen- oder spaltenweise Gesamtsummen angezeigt werden oder nicht. Das Register **Anzeige** bietet die Optionen **Schaltflächen zum Erweitern/Reduzieren anzeigen** und **Kontextbezogene QuickInfos anzeigen**. Weitere Optionen betreffen die Feldbeschriftungen und die Reihenfolge in der Feldliste. Über das Register **Druck** können Sie beeinflussen, wie eine Pivot-Tabelle ausgedruckt wird. Das betrifft insbesondere mehrseitige Ausdrucke, für die die Wiederholung der Zeilenbeschriftung oder Drucktitel aktiviert werden können. Das Register **Daten** schließlich erlaubt Einstellungen zur Handhabung der PivotTable-Daten. **Quelldaten mit Datei speichern** bedeutet, dass Kopien externer Daten zusammen mit der Pivot-Tabelle gespeichert werden.

18.1.7 Hinzufügen von Feldern

In den bisher gezeigten Pivot-Tabellen sind die einzelnen Vertreter vernachlässigt worden. Wenn deren Ergebnisse gefragt sind, können Sie die Pivot-Tabelle leicht umbauen oder auch eine neue für diesen Zweck anlegen. Sie können auch ein Blatt innerhalb der Arbeitsmappe kopieren und dann in der Kopie ein neues Layout der Tabelle zusammenstellen.

Für die Erweiterung stellen Sie den Zellzeiger wieder in die Pivot-Tabelle und ordnen das Feld **Vertreter** unter **PivotTable-Felder** über das Kontextmenü entweder dem Bereich **Zeilen** oder dem Bereich **Spalten** zu, je nachdem, wie die Daten geordnet werden sollen.

	A	B	C	D	E
3	Produktgruppe	Vertreter	Umsatz 2016	Umsatz 2017	Umsatz 2018
4	⊟ Kühlaggregate		1190000	1290000	1190000
5		Adam	130000	130000	130000
6		Gernot	150000	230000	150000
7		Gundar	130000	130000	130000
8		Hansen	160000	160000	160000
9		Karit	160000	160000	160000
10		Lemgo	150000	150000	150000
11		Schlier	170000	170000	170000
12		Seiffert	140000	160000	140000
13	⊟ Waschmaschinen		1030022	1030000	1060000
14		Adam	120000	120000	140000
15		Gernot	110000	110000	180000
16		Gundar	120000	120000	140000
17		Hansen	200022	140000	120000
18		Karit	120000	120000	120000
19		Lemgo	120000	120000	120000
20		Schlier	120000	180000	120000
21		Seiffert	120000	120000	120000
22	Gesamtergebnis		2220022	2320000	2250000

Abbildung 18.24 Produktgruppenergebnisse nach Vertretern aufgeschlüsselt

Wird das Feld **Vertreter** in den Bereich **Zeilenbeschriftungen** geschoben, haben Sie die Wahl, es über oder unter das Feld **Produktgruppe** zu setzen. Im ersten Fall werden die Daten erst nach Vertretern und pro Vertreter jeweils noch einmal nach Produktgruppen geordnet; im zweiten Fall ist es umgekehrt. Wird das Feld **Vertreter** dagegen dem Bereich **Spalten** hinzugefügt, finden Sie anschließend für jeden Vertreter drei Spalten mit den Jahresergebnissen.

Wenn sich die Werte in der Liste ändern

Falls Sie versuchen, einen der Werte im Datenbereich der Pivot-Tabelle zu verändern, werden Sie feststellen, dass das nicht möglich ist. Sie erhalten den Hinweis, dass dieser Teil der Pivot-Tabelle nicht geändert werden kann. Änderungen von Daten können sinnvollerweise immer nur in der Ausgangstabelle, also bei den Quelldaten, die die Pivot-Tabelle auswertet, vorgenommen werden.

Nun passt Excel die Pivot-Tabelle(n) aber nicht automatisch an, wenn in der Vertriebsliste ein Wert geändert wird. Sie erhalten leider auch keinen Hinweis, dass die Quelldaten und die Auswertungen in der Pivot-Tabelle nicht mehr übereinstimmen. Um die Pivot-Tabelle auf den neuesten Stand zu bringen, können Sie eine Zelle darin auswählen und in der Gruppe **Daten** auf dem Register **Analysieren** die Schaltfläche **Aktualisieren** anklicken oder die Tastenkombination Alt+F5 drücken.

Es gibt auch die Möglichkeit, festzulegen, dass eine Pivot-Tabelle automatisch beim Öffnen der Arbeitsmappe aktualisiert wird. Dazu muss im Dialogfeld **PivotTable-Optionen** auf dem Register **Daten** die Option **Aktualisieren beim Öffnen der Datei** aktiviert werden.

18.1.8 Sortieren in der Pivot-Tabelle

So, wie es je nach Anordnung der verschiedenen Bereiche unterschiedliche Ordnungskriterien für die Pivot-Tabelle insgesamt geben kann, so sind auch innerhalb der Elemente, die zu einem dieser Felder gehören, jeweils unterschiedliche Anordnungen möglich. Dabei werden zwei verschiedene Verfahren angeboten:

1. Die Sortierung kann bei Bedarf manuell vorgenommen werden. Dafür werden die in Excel üblichen Sortierbefehle verwendet.
2. Für jedes Feld kann einzeln eine dynamische Sortierung festgelegt werden, die immer dann automatisch angepasst wird, wenn sich die Daten in der Quelltabelle geändert haben und die Pivot-Tabelle durch den Befehl **Aktualisieren** aufgefrischt wird.

Außerdem können Sie immer entscheiden, ob Sie nach der Reihenfolge der Beschriftungen oder nach der Rangfolge der Werte sortieren wollen.

Manuelle Sortierung

Nehmen Sie als Beispiel eine Pivot-Tabelle, die nur die Umsätze pro Vertreter anzeigt. Um die Tabelle nach den Vertreternamen zu sortieren, die als Beschriftungen der Zeilenelemente verwendet werden, wählen Sie in der Tabelle den Feldnamen, zu dem die Elemente gehören – hier **Vertreter** –, oder einen der Vertreternamen aus und arbeiten mit den Sortiersymbolen in der Gruppe **Daten ▸ Sortieren und Filtern ▸ Sortieren**. Die zu den Elementen gehörenden Daten werden automatisch mitgeordnet. Stattdessen können Sie auch über das Kontextmenü der Schaltfläche mit dem Feldnamen oder über das Kontextmenü eines der Elemente im Feld den Befehl **Sortieren** aufrufen.

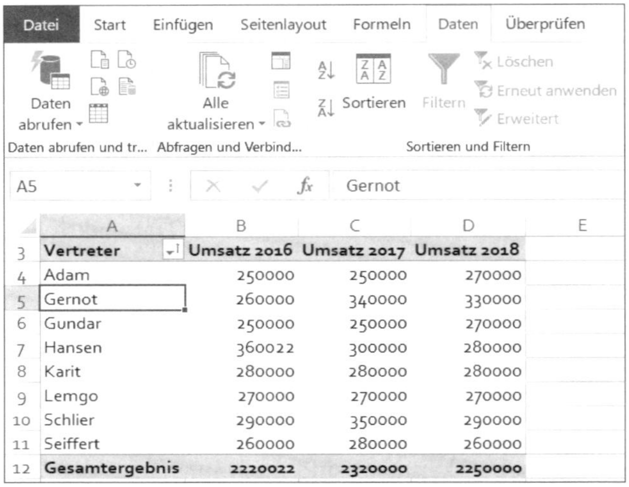

Abbildung 18.25 Nach Namen sortierte Vertreter-Tabelle

Soll dagegen nach der Rangfolge der Umsatzergebnisse des Jahres 2018 sortiert werden, wählen Sie zunächst einen der Umsatzwerte in der Spalte für 2018. Benutzen Sie dann das Sortiersymbol oder die entsprechende Option im Kontextmenü, die dann beide die Bezeichnung **Nach Größe sortieren (absteigend)** tragen.

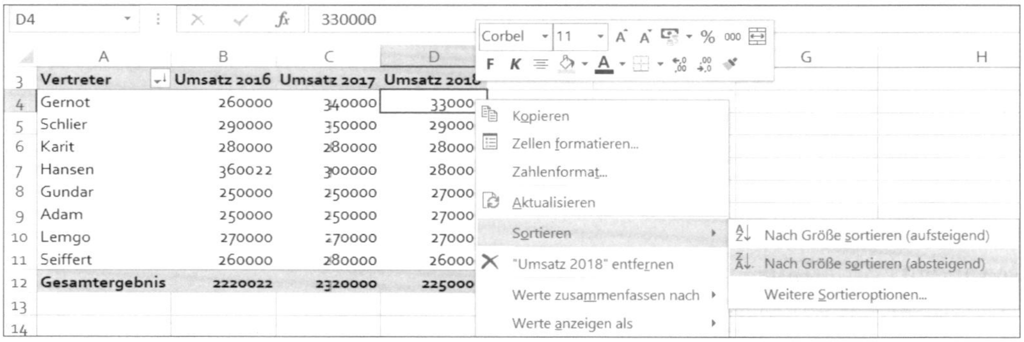

Abbildung 18.26 Sortierung nach Werten

Dynamische Sortierung

Für jedes Feld in der Pivot-Tabelle kann separat eine bestimmte Sortierung festgelegt werden, die bei jeder Aktualisierung der Tabelle automatisch wiederhergestellt wird.

Nehmen Sie als Beispiel eine Auswertung der Vertriebstabelle, bei der die Vertreter im Zeilenfeld, die Produktgruppen im Spaltenfeld angeordnet sind. Die Tabelle soll immer so ausgegeben werden, dass der Vertreter mit dem höchsten Gesamtumsatz zuerst aufgeführt wird.

Um die Zeilen der Vertreter dynamisch nach dem Umsatz zu sortieren, markieren Sie den Feldnamen **Vertreter** und wählen in der Gruppe **Daten ▸ Sortieren und Filtern** die Schaltfläche **Sortieren.** Wählen Sie die Option **Absteigend (Z bis A) nach** und aus dem Listenfeld dazu den Eintrag **Umsatz 2018**.

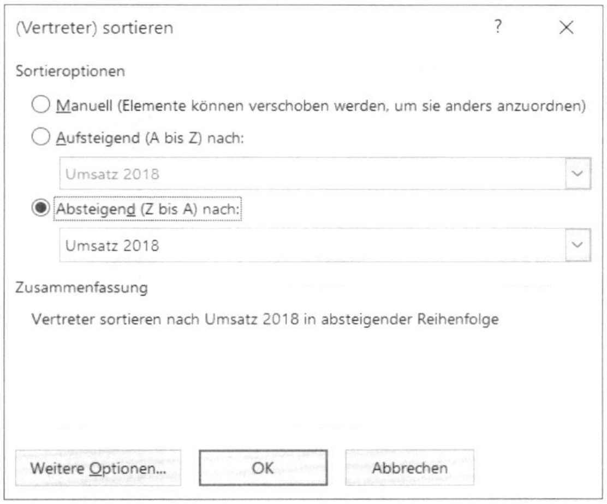

Abbildung 18.27 Optionen für eine dynamische Sortierung

Die Tabelle wird so ausgegeben, dass der Vertreter mit dem höchsten Gesamtergebnis immer zuerst erscheint. Testen Sie die Sortierautomatik, indem Sie in der Quelltabelle gezielt bestimmte Werte ändern. Wenn Sie die Pivot-Tabelle aktualisieren, wird die gewünschte Sortierreihenfolge wiederhergestellt.

	A	B	C	D
3	**Umsatz 2018**	**Produktgruppe**		
4	**Vertreter**	**Kühlaggregate**	**Waschmaschinen**	**Gesamtergebnis**
5	Gernot	150000	180000	330000
6	Schlier	170000	120000	290000
7	Karit	160000	120000	280000
8	Hansen	160000	120000	280000
9	Gundar	130000	140000	270000
10	Adam	130000	140000	270000
11	Lemgo	150000	120000	270000
12	Seiffert	140000	120000	260000
13	**Gesamtergebnis**	**1190000**	**1060000**	**2250000**

Abbildung 18.28 Ergebnis der dynamischen Sortierung

18.1.9 Schnelle Datenauszüge zu einzelnen Werten

Dass die Daten in der Pivot-Tabelle und in der Ausgangstabelle verknüpft sind, hat noch einen sehr praktischen Nebeneffekt. Sie können sich blitzschnell bestimmte Auszüge aus dem gesamten Datenmaterial besorgen. Wenn Sie z. B. einen der zusammenfassenden Werte, also hier eine der Umsatzsummen, in der Pivot-Tabelle doppelt anklicken oder -tippen, werden alle Daten aus der Originaltabelle, die in diesen Wert eingeflossen sind, auf einem Extrablatt zusammengestellt. Wenn Sie also in der schon beschriebenen komprimierten Pivot-Tabelle die Zelle B5 nehmen, ...

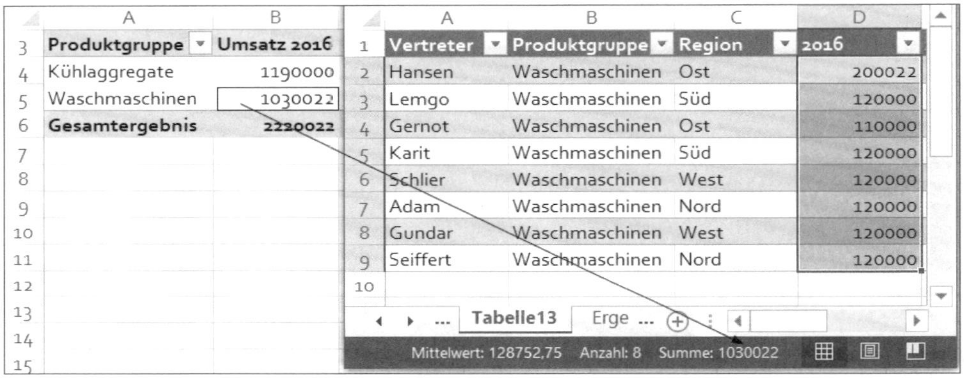

Abbildung 18.29 Die Werte, die in Zelle B5 summiert sind.

... erhalten Sie eine detaillierte Liste zu den Waschmaschinen. Diese neue Tabelle ist keine Pivot-Tabelle. Sie kann ganz normal wie eine Tabelle behandelt werden. Excel weist der Liste eines der vorgegebenen Tabellenformate zu.

Diese Funktion, einen Wert in die in ihn einfließenden Detailwerte zu zerlegen, kann auch unterbunden werden, wenn Sie verhindern wollen, dass jemand sich die Detaildaten ansieht. Das mag sinnvoll sein, wenn Sie eine Pivot-Tabelle in eine eigene Mappe kopieren und weiterreichen. Dazu müssen Sie bei der Anlage der Pivot-Tabelle über das Dialogfeld **PivotTable-Optionen** auf dem Register **Daten** die Option **'Details anzeigen' aktivieren** abschalten.

18.1.10 Datenschnitte

Besonders praktisch, was den Umgang mit Pivot-Tabellen betrifft, ist die Funktion **Datenschnitte**. Dabei geht es um eine interaktive Filterkomponente. Sie ist leicht zu bedienen und erlaubt Ihnen, sehr schnell zwischen wechselnden Filtern zu wählen.

Dabei wird ein spezieller Typ von Steuerelementen verwendet, der als grafisches Objekt in das Arbeitsblatt eingefügt wird und deshalb im Menüband unter **Datenschnitttools** auch einige Funktionen verfügbar macht, die sonst für grafische Objekte bereitstehen, wie Anordnung in Ebenen, Ausrichten, Gruppieren, Drehen, Größenbestimmung etc.

Am besten verständlich wird die Funktion mit einem einfachen Beispiel. Angenommen, unsere Vertriebsdaten für ein Jahr sind in einer Pivot-Tabelle zusammengefasst, die die verschiedenen Produktgruppen auf die Spalten verteilt und die Zeilen zunächst nach der Region, darunter nach den Namen der Vertreter ordnet.

Einen Datenschnitt einrichten

Es bietet sich im Falle des oben genannten Beispiels der Vertriebsdaten an, gleich drei Datenschnitte einzurichten:

1. Markieren Sie in der Pivot-Tabelle eine beliebige Stelle.
2. Benutzen Sie in der Gruppe **Analysieren ▸ Filtern** die Schaltfläche **Datenschnitt einfügen** ❶.

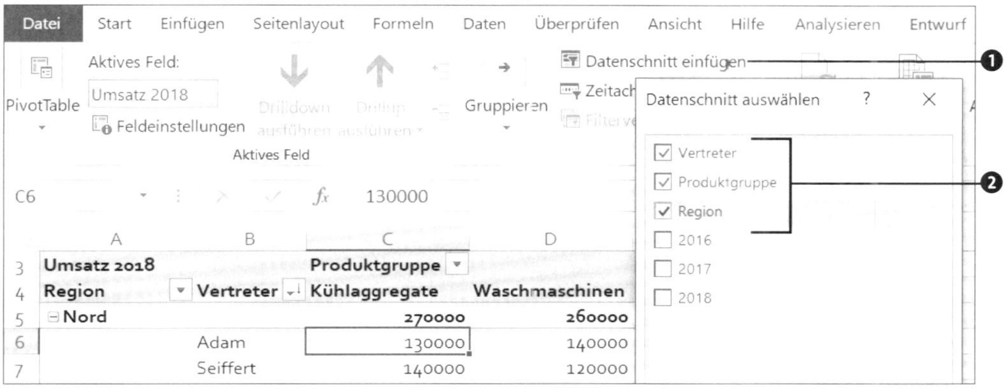

3. Wählen Sie in dem kleinen Dialog **Datenschnitt auswählen** die Felder aus, für die Filterkomponenten erzeugt werden sollen ❷.
4. Sind gleich mehrere Felder ausgewählt, wird ein entsprechender Stapel von Filterkomponenten angelegt ❸.
5. Wie bei allen grafischen Objekten können Sie die Komponenten auf die gewünschte Größe und Position ziehen.

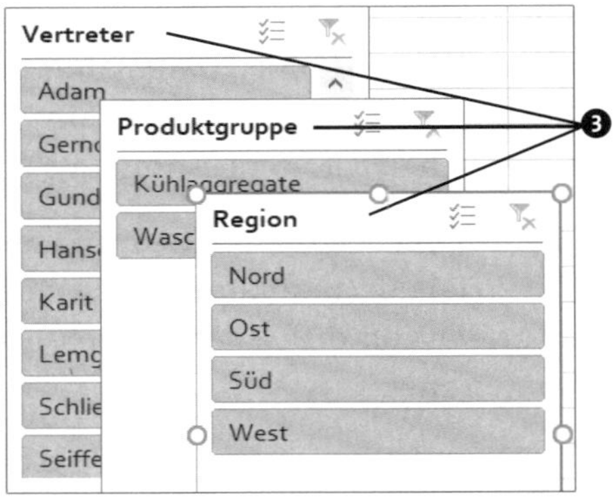

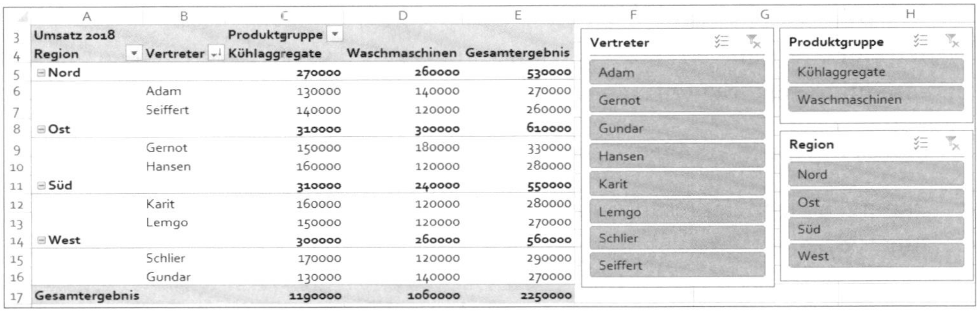

Mit den Optionen in der Gruppe **Optionen ▸ Anordnen** ❹ lassen sich die Komponenten ausrichten.

6 Ist eine Komponente ausgewählt, können Sie auch eine der Formatvorlagen zuordnen, die in der Palette **Datenschnitt-Formatvorlagen** angeboten wird ❺.

7 Jede Komponente nennt im Titel das Feld, auf das sie bezogen ist. In der rechten Ecke ist ein Symbol ❻, mit dem der gerade verwendete Filter gelöscht werden kann. Darunter sind Schaltflächen für alle Elemente des Feldes aufgelistet. Wird nun ein Element angeklickt oder angetippt, wird es Bestandteil des Filters. Es werden also nur die Daten dieses Elements angezeigt, die der anderen Elemente werden ausgeblendet. Sollen gleich mehrere Elemente zum Filter gehören, halten Sie beim Anklicken `Strg` gedrückt oder benutzen vorher das Symbol **Mehrfachauswahl** ❼ in der Titelleiste. Die ausgewählten Elemente erhalten jeweils eine andere Farbe, sodass die Komponente immer auf sehr übersichtliche Weise zeigt, welcher Filter aktiv ist.

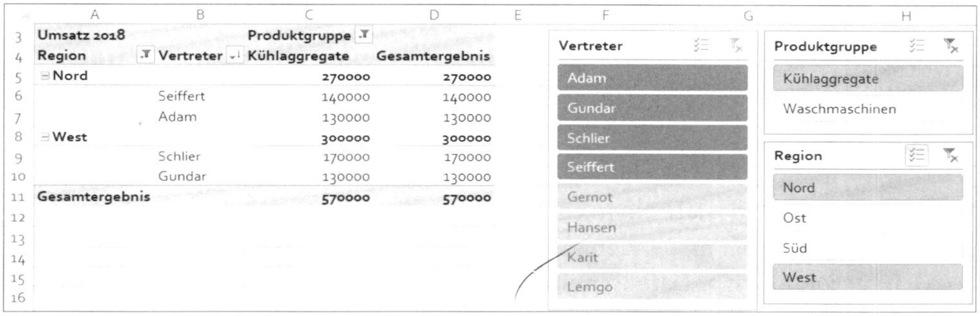

8 Die Filterkomponenten bleiben miteinander verknüpft. Wenn also z. B. in der Komponente **Region** das Element **Nord** ausgewählt wird, werden in der Komponente **Vertreter** automatisch die Vertreter aus diesem Gebiet als ausgewählt angezeigt. Wird umgekehrt zuerst ein Vertreter ausgewählt, wird auch die Region markiert, zu der er gehört.

Enthält die Komponente viele Elemente, wird automatisch eine Bildlaufleiste angeboten.

Über den Befehl **Optionen ▸ Datenschnitt ▸ Datenschnitteinstellungen** wird ein Dialog geöffnet, in dem Sie noch einige Einstellungen zur Anzeige der Elemente in der Komponente vornehmen können.

Da auf die Datenschnittkomponenten über Makros Bezug genommen werden kann, wird ein Feld angeboten, in dem der vorgegebene Name – also der Feldname – auch ersetzt werden kann. Auch der Titel, für den ebenfalls der Feldname verwendet wird, lässt sich überschreiben oder auch ausblenden. Interessanter ist die Option, die Elementnamen **Aufsteigend** oder **Absteigend** zu sortieren. Dabei dürfen auch benutzerdefinierte Listen verwendet werden, wie sie in Kapitel 16, »Informationen als Tabellen ordnen und verwalten«, beschrieben sind. Schließlich gibt es noch die Möglichkeit,

Elemente, die keine Daten enthalten, visuell zu kennzeichnen oder ans Ende der Liste zu setzen.

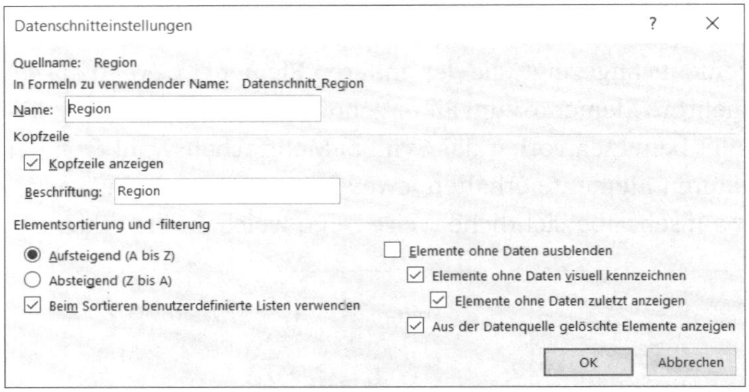

Abbildung 18.30 Der Dialog für Einstellungen zu Datenschnitten

Datenschnitte lassen sich auch von einer konkreten Pivot-Tabelle ablösen und auf andere Pivot-Tabellen anwenden. Dazu wird die Schaltfläche **Berichtsverbindungen** in der Gruppe **Optionen ▸ Datenschnitt** verwendet. Im Dialog kann die aktivierte Verbindung gelöscht und eine andere ausgewählt werden. Dabei werden jeweils alle in der Arbeitsmappe vorhandenen Pivot-Tabellen angeboten, die dieselben Quelldaten verwenden. Es ist auch möglich, den Datenschnitt mit mehreren Pivot-Tabellen gleichzeitig zu verknüpfen.

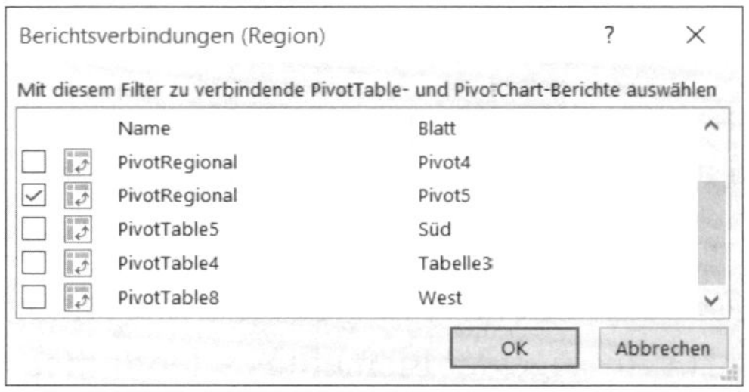

Abbildung 18.31 Neue Zuordnung von Datenschnitten

18.1.11 Einstellungsänderungen zu einzelnen Feldern

Für jedes Feld, das in der Pivot-Tabelle erscheint, können einzeln bestimmte Einstellungen festgelegt werden. Wenn der Feldname in der Pivot-Tabelle ausgewählt ist, wählen Sie in der Gruppe **Analysieren ▸ Aktives Feld** die Option **Feldeinstellungen**. Geöffnet wird das Dialogfeld **Feldeinstellungen**, das zwei Register anbietet.

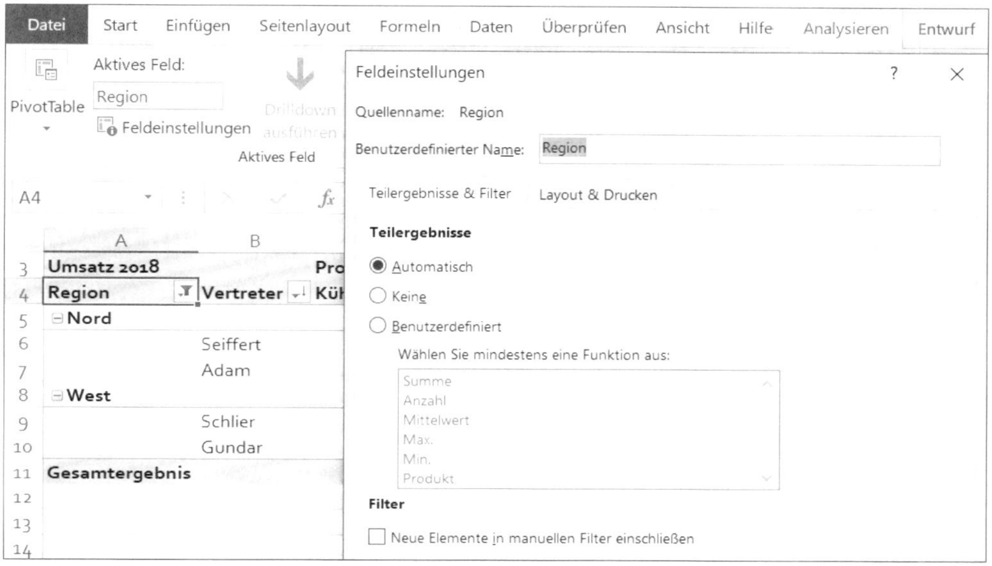

Abbildung 18.32 Das Dialogfeld »Feldeinstellungen«

Zunächst kann unter **Benutzerdefinierter Name**, wenn es gewünscht wird, der Name des Feldes geändert werden, etwa um eine deutlichere Bezeichnung zu erreichen.

Wahl der Auswertungsart

Interessanter sind die Möglichkeiten auf dem Register **Teilergebnisse & Filter**. Excel zeigt normalerweise nur Teilergebnisse für die erstplatzierten Spalten- bzw. Zeilenfelder an, falls mehr als ein Spalten- bzw. Zeilenfeld existiert. Handelt es sich um Zahlenwerte, werden Summen angezeigt, bei Textfeldern wird die Anzahl der vorkommenden Einträge geliefert. Sie können für die Spalten- und Zeilenfelder aber auch noch zusätzliche Teilauswertungen hinzufügen oder auch alle Teilergebnisse entfernen.

Angenommen, die Pivot-Tabelle ist im Bereich **Zeilen** zunächst nach Regionen und innerhalb der Regionen nach Produktgruppen geordnet. Excel liefert zunächst pro Vertriebsgebiet eine Zwischensumme. Soll zusätzlich zur Teilsumme noch der Mittelwert angezeigt werden, markieren Sie den Feldnamen, öffnen den Dialog **Feldeinstellungen** und wählen unter **Teilergebnisse** die Option **Benutzerdefiniert**. In der Liste markieren Sie neben der Funktion **Summe** zusätzlich die Funktion **Mittelwert**. Abbildung 18.33 zeigt eine Tabelle mit zwei Arten von Teilergebnissen für die verschiedenen Regionen. Dabei bezieht sich der Mittelwert auf die einzelnen Vertreterergebnisse. Sollen die Teilergebnisse wieder entfernt werden, wählen Sie die Option **Keine**.

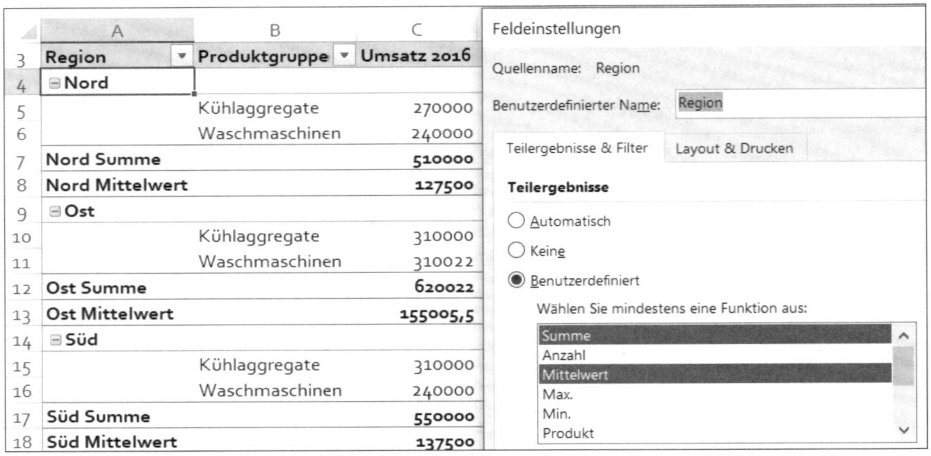

Abbildung 18.33 Tabelle mit mehreren Teilergebnissen

18.1.12 Teil- und Gesamtergebnisse ein- und ausblenden

Es ist jederzeit möglich, einmal eingerichtete Teil- oder Gesamtergebnisse vorübergehend auszublenden. Auf dem Register **Entwurf** werden in der Gruppe **Layout** die Schaltflächen **Teilergebnisse** und **Gesamtergebnisse** angeboten, die Menüs mit Optionen zur Anzeige der Ergebnisse öffnen.

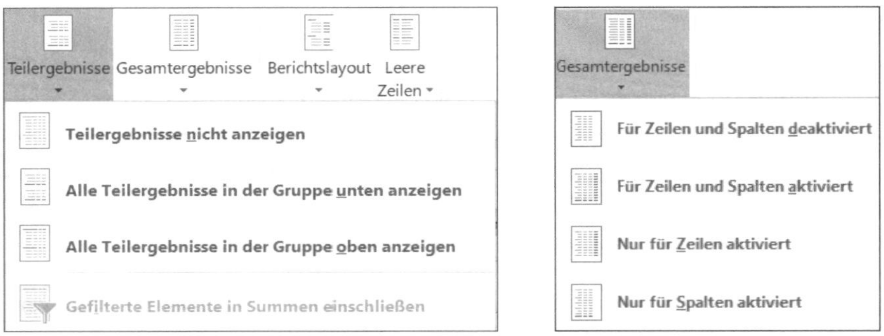

Abbildung 18.34 Optionen für Teil- und Gesamtergebnisse

18.1.13 Optionen für Layout und Druck

Das zweite Register im Dialog **Feldeinstellungen** erlaubt einige Einstellungen zur Anzeige von Elementnamen in der Pivot-Tabelle. Sie können zwischen der Anzeige im Tabellenformat und der Anzeige in der Gliederungsansicht wählen. Im zweiten Fall lässt sich noch festlegen, dass die Teilergebnisse jeweils oberhalb jeder Gruppe angezeigt werden. Außerdem ist es möglich, die Beschriftung des nächsten Feldes in der gleichen Spalte anzuzeigen, um eine etwas kompaktere Darstellung zu erreichen. Dies entspricht dem Kurzformat, von dem im nächsten Abschnitt noch die Rede sein wird. Um die Elementgruppen optisch deutlicher zu trennen, wird noch die Option **Leerzeile nach jedem Elementnamen einfügen** angeboten. Für den Druck können Sie auch einen Seitenumbruch nach jedem Element einrichten.

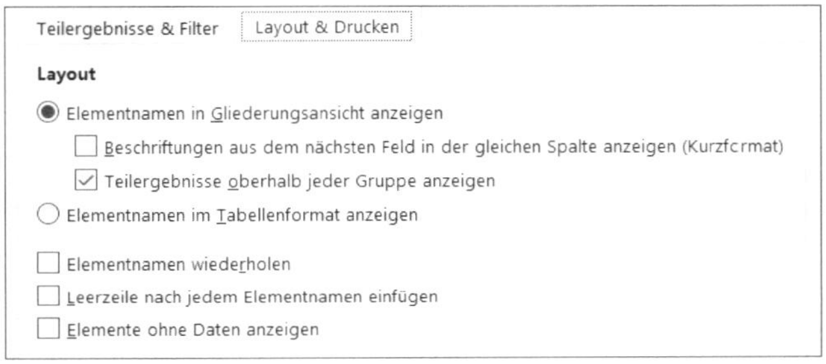

Abbildung 18.35 Optionen zum Tabellenlayout

Die Option **Elementnamen wiederholen** würde in der Beispieltabelle dafür sorgen, dass die Namen der Regionen in jeder Zeile wiederholt würden.

18.1.14 Ändern der Berechnungsart

Wenn Sie nichts ändern, summiert Excel in den Zellen des Wertebereichs die zusammengehörigen Werte, etwa die Umsätze der verschiedenen Vertreter für eine Produktgruppe. Bei Textfeldern wird die Anzahl angegeben, etwa die Anzahl der Vertreter in einer Region. Sie haben die Möglichkeit, auch andere Berechnungsmethoden für die Aggregierung der Daten zu verwenden. Eine solche Änderung gilt jeweils für ein bestimmtes Wertfeld. Wählen Sie dazu ein Wertfeld aus, und verwenden Sie **Analysieren ▸ Aktives Feld ▸ Feldeinstellungen**. Diesmal zeigt Excel mit diesem Befehl den Dialog **Wertfeldeinstellungen**. Um diesen Dialog zu erreichen, können Sie auch im Aufgabenbereich das Menü der Schaltfläche des entsprechenden Wertes im Bereich **Werte** verwenden.

Sie erhalten zunächst den Hinweis auf den Quellennamen, also auf die Beschriftung in der Quelltabelle, und können unter **Benutzerdefinierter Name** den von Excel automatisch generierten Namen ändern. Statt *Summe von …* haben wir bereits in den vorigen Beispielen *Umsatz …* eingetragen. Auf dem Register **Werte zusammenfassen nach** wählen Sie die Funktion aus, die zur Berechnung verwendet werden soll. Sie finden hier die statistischen Funktionen, die auch der Befehl **Teilergebnisse** anbietet.

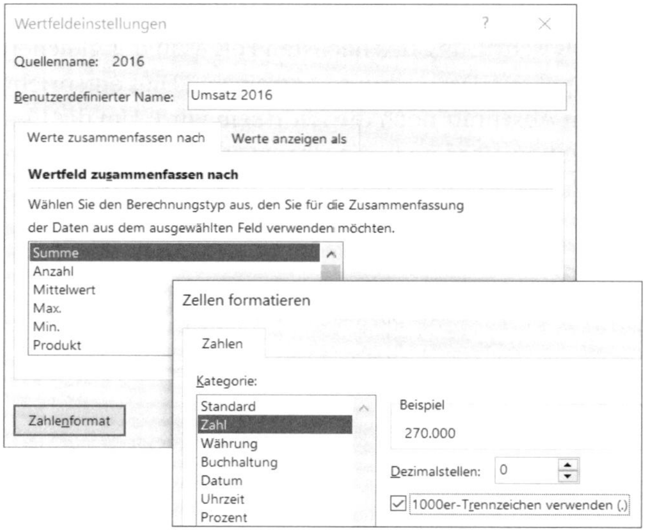

Abbildung 18.36 Einstellungen zu Wertfeldern

Über die Schaltfläche **Zahlenformat** haben Sie außerdem die Möglichkeit, die Werte im Datenbereich zu formatieren, etwa um das Tausendertrennzeichen einzufügen und die Dezimalstellen auszublenden.

Interessante Möglichkeiten bietet hier auch das zweite Register **Werte anzeigen als**. Wenn Sie z. B. anstelle der Summenwerte jeweils die Prozentanteile der zusammengefassten Werte sehen wollen, können Sie unter **Werte anzeigen als** den Punkt **% des Gesamtergebnisses** wählen. Auch Differenzbildungen zu anderen Spalten sind möglich. Dafür muss dann unter **Basisfeld** bzw. **Basiselement** der passende Eintrag ausgewählt werden. Abbildung 18.38 zeigt eine Tabelle mit Prozentanteilen.

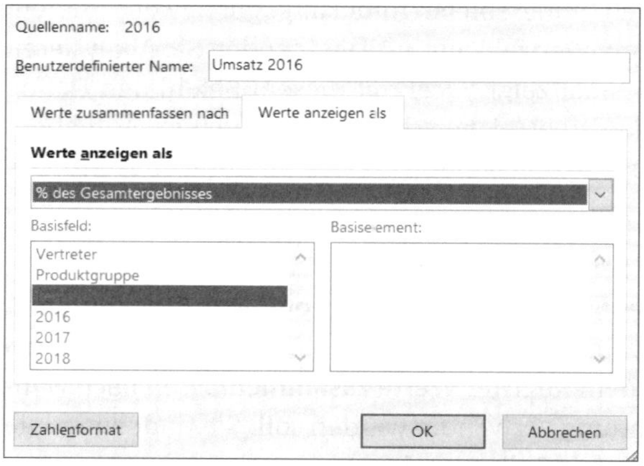

Abbildung 18.37 Wahl der Prozentanzeige in Bezug auf das Gesamtergebnis

	A	B	C	D	E
3	**Region**	**Produktgruppe**	**Umsatz 2016**	**Umsatz 2017**	**Umsatz 2018**
4	**⊟ Nord**		**22,97%**	**22,84%**	**23,56%**
5		Kühlaggregate	12,16%	12,50%	12,00%
6		Waschmaschinen	10,81%	10,34%	11,56%
7	**⊟ Ost**		**27,93%**	**27,59%**	**27,11%**
8		Kühlaggregate	13,96%	16,81%	13,78%
9		Waschmaschinen	13,96%	10,78%	13,33%
10	**⊟ Süd**		**24,77%**	**23,71%**	**24,44%**
11		Kühlaggregate	13,96%	13,36%	13,78%
12		Waschmaschinen	10,81%	10,34%	10,67%
13	**⊟ West**		**24,32%**	**25,86%**	**24,89%**
14		Kühlaggregate	13,51%	12,93%	13,33%
15		Waschmaschinen	10,81%	12,93%	11,56%
16	**Gesamtergebnis**		**100,00%**	**100,00%**	**100,00%**

Abbildung 18.38 Tabelle mit Prozentanteilen

Auch Differenzbildungen zu anderen Spalten sind möglich. Um etwa die Differenz der anderen Regionen zur Region **West** zu berechnen, wählen Sie aus der Liste die Option **% Differenz von**, dann unter **Basisfeld** das Feld **Region** und unter **Basiselement** eben **West** aus.

Um den Wechsel zwischen verschiedenen Auswertungen zu beschleunigen, finden Sie im Kontextmenü zu einem Wertfeld die beiden Optionen **Werte zusammenfassen nach** und **Werte anzeigen als** eingefügt, deren Menüs die zahlreichen Berechnungsalternativen für das ausgewählte Wertfeld direkt anbieten. Die Werte für **Basisfeld** oder **Basiselement** werden, wo benötigt, jeweils über ein kleines Dialogfeld eingegeben.

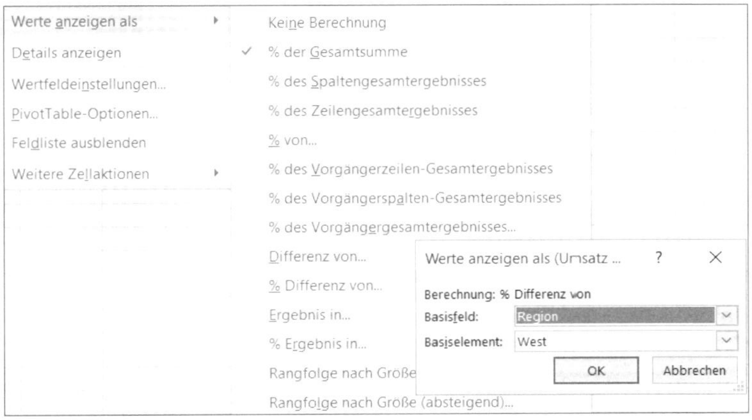

Abbildung 18.39 Anzeigealternative für ein Wertfeld im Kontextmenü

18.1.15 Besondere Möglichkeiten bei Berichtsfiltern

Für das Layout einer Pivot-Tabelle mit Berichtsfiltern bietet Excel noch einige zusätzliche Möglichkeiten. So wie bei den Zeilen- oder Spaltenfeldern kann auch bei den

Berichtsfiltern mit mehreren Feldern gleichzeitig gearbeitet werden. Im folgenden Beispiel wird als erster Filter die Region, als zweiter die Produktgruppe verwendet. Sind mehrere Berichtsfilter gleichzeitig vorgesehen, haben Sie die Wahl, diese untereinander in einer Spalte oder nebeneinander in einer Zeile anzuordnen. Bei mehr als zwei Seitenfeldern können Sie diese auch sowohl zeilen- als auch spaltenweise anordnen.

Die Entscheidung darüber kann über das schon beschriebene Dialogfeld **PivotTable-Optionen** getroffen werden. Sollen z. B. die Berichtsfilter nebeneinander angeordnet werden, wählen Sie auf dem Register **Layout & Format** unter **Felder im Berichtsfilterbereich anzeigen** die Einstellung **Rechts, dann nach unten**. Sind nun z. B. vier Seitenfelder vorhanden, können Sie bei **Berichtsfilterfelder pro Zeile** den Wert 2 angeben, dann werden zwei Zeilen mit je zwei Filtern angelegt, wobei die Hierarchie von oben nach unten verläuft.

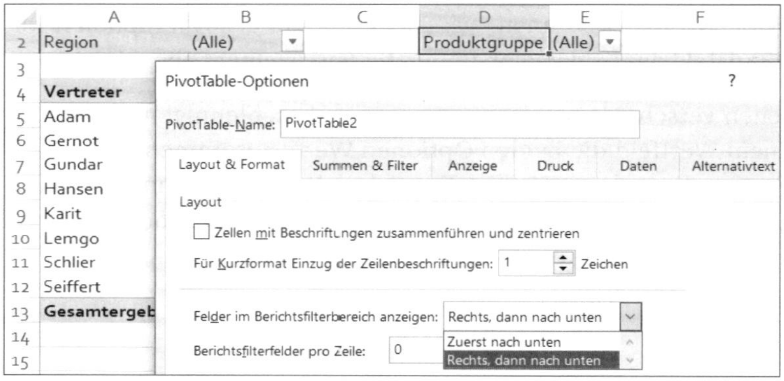

Abbildung 18.40 Wahl des Layouts bei Berichtsfiltern

18.1.16 Ein- und Ausblenden von Detailinformationen

Wird in einer Pivot-Tabelle mit mehreren Feldern im Zeilen- oder Spaltenbereich gearbeitet, können die untergeordneten Elemente sehr einfach per Doppelklick oder -tipp auf das jeweils höherrangige Element aus- und wieder eingeblendet werden. Wird z. B. der Elementname einer bestimmten Produktgruppe – etwa der Eintrag *Waschmaschinen* – gewählt, lassen sich für diese Warengruppe die Einzelergebnisse der Vertreter aus- und einblenden.

Statt mit Doppelklick oder -tipp kann auch mit den Schaltflächen **+** und **–** ❶ aus der Gruppe **Analysieren ▸ Aktives Feld** oder mit den Symbolen +/– vor den höherrangigen Elementnamen ❷ gearbeitet werden. Letztere lassen sich über **Analysieren ▸ Anzeigen ▸ Schaltflächen +/-** ❸ ein- und ausblenden.

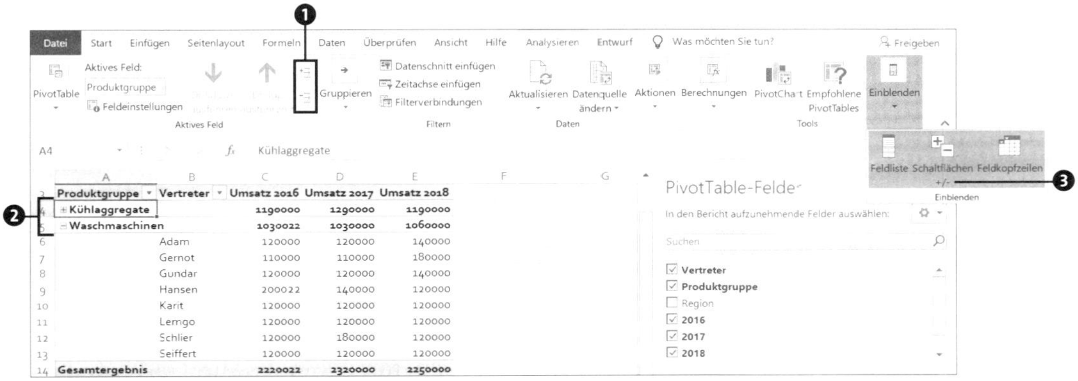

Abbildung 18.41 Ausgeblendete Einzelergebnisse für die Produktgruppe »Waschmaschinen«

18.1.17 Neue Gruppen zusammenstellen

Wenn es zu einem Feld zahlreiche Elemente gibt, ist es möglich, Untergruppen zu bilden und die Ergebnisse für diese Untergruppen berechnen zu lassen. Bei Textelementen kann das manuell geschehen, bei Zahlen- oder Datumselementen ist auch eine automatische Zusammenfassung nach bestimmten Intervallen möglich.

Wenn eine Firma mehrere Vertreter hat, muss das nicht heißen, dass sie alle gleich behandelt werden. Die Provision kann bei einigen höher sein als bei den anderen. Angenommen, Sie haben zwei verschiedene Provisionsstufen und wollen die Vertreter einer der beiden Gruppen zuordnen. Im Folgenden wird von einer Pivot-Tabelle ausgegangen, in der nur die Vertreter als Zeilenbeschriftungsfeld erscheinen:

1 Zunächst sollten Sie, falls es nicht schon geschehen ist, den speziellen Auswahlcursor aktivieren, mit dem sich Zeilen oder Spalten bequem auswählen lassen. Wählen Sie in der Gruppe **Analysieren ▸ Aktionen** über die Schaltfläche **Auswählen** die Option **Auswahl aktivieren**.

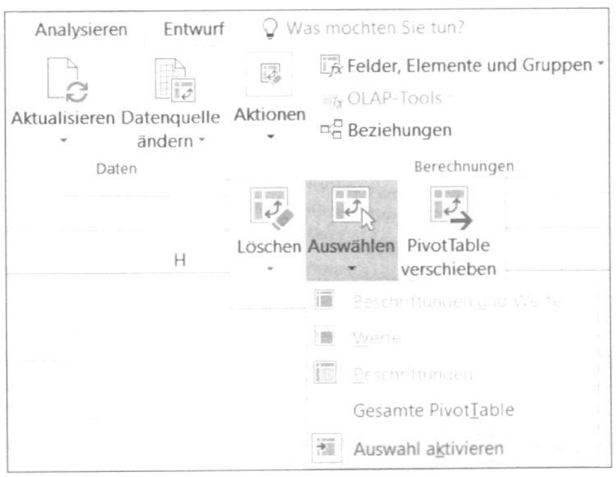

2 Wenn Sie jetzt den Mauszeiger an den linken Rand einer Vertreterzelle – nicht auf den Zeilenkopf! – führen, verwandelt er sich in einen schwarzen Pfeil. Nun genügt ein Klick, um die Zeile mit Elementnamen und Daten komplett auszuwählen.

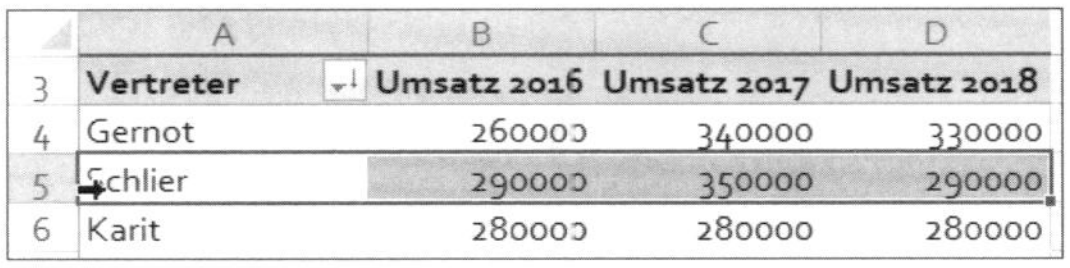

	A	B	C	D
3	Vertreter	Umsatz 2016	Umsatz 2017	Umsatz 2018
4	Gernot	260000	340000	330000
5	Schlier	290000	350000	290000
6	Karit	280000	280000	280000

3 Um die Spalte mit den Vertretern in zwei Gruppen zu unterteilen, wählen Sie zuerst die Vertreter, die zur ersten Gruppe gehören sollen, mit der Maus aus. Durch Ziehen können Sie mehrere Zeilen markieren. Die Elemente müssen aber nicht benachbart sein. Drücken Sie `Strg`, und markieren Sie die gewünschten Elemente jeweils mit einem Mausklick. Auf einem Touchscreen können Sie mit dem Stift markieren.

4 Dann benutzen Sie in der Gruppe **Analysieren ▸ Gruppieren** den Befehl **Auswahl gruppieren**. Excel fasst die ausgewählten Elemente zu einer Gruppe zusammen und fügt ein Feld und ein Gruppenelement jeweils mit vorläufigen Namen ein. Beide Namen können über die Bearbeitungsleiste beliebig geändert werden, wenn Sie sie vorher auswählen.

5 Wählen Sie dann die restlichen Vertreter nach derselben Methode aus, und benutzen Sie erneut die Schaltfläche **Auswahl gruppieren**. Ersetzen Sie über die Feldeinstellungen für das neue Gruppenfeld den vorgegebenen Namen. Das neue Feld erscheint im Aufgabenbereich **PivotTable-Felder**.

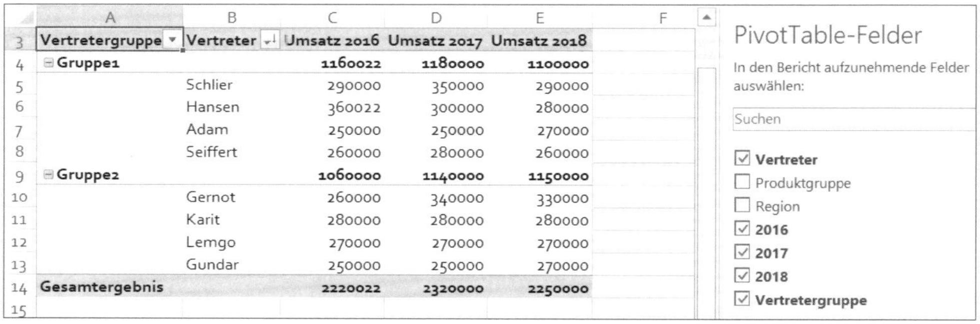

	A	B	C	D	E	F
3	Vertretergruppe	Vertreter	Umsatz 2016	Umsatz 2017	Umsatz 2018	
4	⊟ Gruppe1		1160022	1180000	1100000	
5		Schlier	290000	350000	290000	
6		Hansen	360022	300000	280000	
7		Adam	250000	250000	270000	
8		Seiffert	260000	280000	260000	
9	⊟ Gruppe2		1060000	1140000	1150000	
10		Gernot	260000	340000	330000	
11		Karit	280000	280000	280000	
12		Lemgo	270000	270000	270000	
13		Gundar	250000	250000	270000	
14	Gesamtergebnis		2220022	2320000	2250000	
15						

Um die Gruppen wieder aufzuheben, wählen Sie die Schaltfläche mit dem neuen Gruppenfeld und benutzen in der Gruppe **Analysieren ▸ Gruppieren** oder über das Kontextmenü den Befehl **Gruppierung aufheben**.

18.1.18 Zahlenmaterial ordnen

An dieser Stelle soll noch auf einige andere Möglichkeiten hingewiesen werden, die auf das Vertriebsbeispiel nicht anwendbar sind. Enthält eine Spalte Zahlenelemente, können die Zahlen nach bestimmten Intervallen gruppiert werden. Als Beispiel wird eine kleine Tabelle für die Ergebnisse eines Tests verwendet. In der zweiten Spalte ist das Alter der jeweiligen Testperson eingetragen, in der dritten das Testergebnis. Sie werden vielleicht zunächst Zweifel haben, ob hier mit einer Pivot-Tabelle überhaupt etwas erreicht werden kann.

	A	B	C
1	Testperson	Alter	Testergebnis
2	1	22	5036
3	2	38	4873
4	3	46	4762
5	4	14	4683
6	5	11	4563
7	6	28	4481
8	7	44	4381
9	8	10	4284
10	9	13	4168
11	10	23	3942
12	11	31	3895
13	12	13	3745
14	13	30	3494
15	14	47	3400

Abbildung 18.42 Ausgangstabelle

Der erste Versuch ist eher ernüchternd. Sie können eine Pivot-Tabelle erzeugen, die für die Zeilenbeschriftung das Alter und als Wertfeld das Testergebnis benutzt. Die Pivot-Tabelle liefert dann mehr oder weniger eine Kopie der Originaltabelle, abgesehen von der Summe, die am Ende erscheint. Aber damit sind die Möglichkeiten nicht erschöpft. Wenn Sie z. B. die Frage klären wollen, wie die durchschnittlichen Testergebnisse in einer bestimmten Altersklasse aussehen, kann die Pivot-Tabelle helfen.

Wählen Sie dazu ein beliebiges Element in der Spalte mit den Altersangaben aus, und benutzen Sie in der Gruppe **Analysieren ▸ Gruppieren** den Befehl **Feld gruppieren.** Da es sich um Zahlenelemente handelt, wird ein kleines Dialogfeld angeboten, in dem Sie in diesem Fall bestimmte Altersintervalle festlegen können.

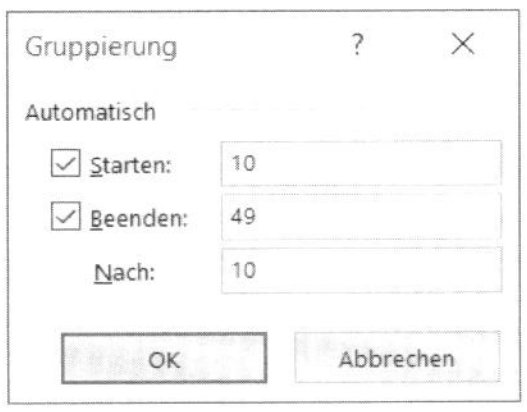

Abbildung 18.43 Wahl der Intervalle

Das Dialogfeld zeigt zunächst den niedrigsten und den höchsten vorhandenen Alterswert an und schlägt unter **Nach** ein Intervall von zehn Jahren vor. Sie können diese Werte übernehmen oder ändern. Wenn Sie mit **OK** bestätigen, wird die Pivot-Tabelle mit den Altersklassen ausgegeben.

Nun ist es in diesem Fall allerdings nicht sehr sinnvoll, die Testergebnisse zu addieren. Es interessiert ja, wie schon erwähnt, das durchschnittliche Testergebnis pro Altersklasse. Das ist schnell geregelt:

1. Wählen Sie einen Testwert aus.
2. Im Kontextmenü unter **Werte zusammenfassen nach** wählen Sie die Option **Mittelwert**.
3. Um die vielen Nachkommastellen zu entfernen, benutzen Sie im Kontextmenü auch noch **Zahlenformat** und wählen ein Zahlenformat ohne Dezimalstellen.

Die Tabelle in Abbildung 18.44 zeigt das Ergebnis der Verteilung auf verschiedene Altersklassen.

E	F
Alter	**Mittelwert**
10-19	3638
20-29	3450
30-39	2602
40-49	3194
Gesamtergebn	**3172**

Abbildung 18.44 Gruppierung nach Altersklassen

Gruppen nach Zeit oder Datum bilden

Wenn ein Feld aus Datums- oder Zeitelementen besteht, können Sie ähnlich verfahren. Das Dialogfeld bietet dann eine Gruppierung nach Tagen, Monaten, Quartalen oder Jahren an. Wird **Tage** gewählt, können mehrere Tage zu einer Gruppe zusammengefasst werden, etwa jeweils zu einer Woche.

Im Folgenden wird zunächst mit einer kleinen Liste gearbeitet, in der die täglichen Besucherzahlen einer Ausstellung über einen Monat hinweg erfasst sind. Wenn nun die Frage interessiert, wie sich die Besucherzahlen auf die verschiedenen Wochen des Monats verteilen, können Sie ähnlich verfahren wie im letzten Beispiel:

1. Sie bauen zunächst eine Pivot-Tabelle mit dem Datum als Zeilenbeschriftungsfeld und den Besucherzahlen als Wertfeld auf.

2 Anschließend wählen Sie ein beliebiges Datum aus und verwenden den Befehl **Analysieren ▸ Gruppieren ▸ Feld gruppieren**.

3 Unter **Nach** wählen Sie **Tage** und unter **Tage anzeigen** den Wert 7. Mit **Starten** könnten Sie auch noch angeben, wann die erste Woche anfängt.

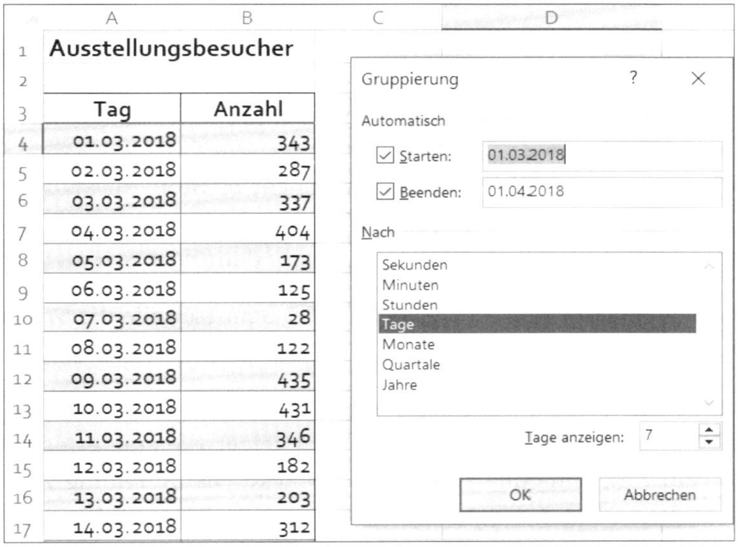

In Abbildung 18.45 schließlich sehen Sie die nach 7-Tage-Intervallen sortierte Tabelle.

Tag	Summe von Anzahl
01.03.2018 - 07.03.2018	1696
08.03.2018 - 14.03.2018	2032
15.03.2018 - 21.03.2018	1233
22.03.2018 - 28.03.2018	1665
29.03.2018 - 01.04.2018	948
Gesamtergebnis	**7575**

Abbildung 18.45 Die gruppierte Tabelle

18.1.19 Einfügen von Zeitachsen

Eine neuere Funktion, die wie die Datenschnitte das Navigieren in dem zusammengestellten Datenmaterial erleichtern kann, ist die Zeitachse. Auch hier handelt es sich um ein grafisches Element, das zusätzlich eingefügt werden kann. Dabei geht es darum, Daten, die in irgendeiner Form zeitlich geordnet sind, auf einfache Weise durchwandern zu können. Die im letzten Abschnitt verwendete Tabelle mit den Besucherzahlen einer Ausstellung ist ein Kandidat für eine solche Lösung.

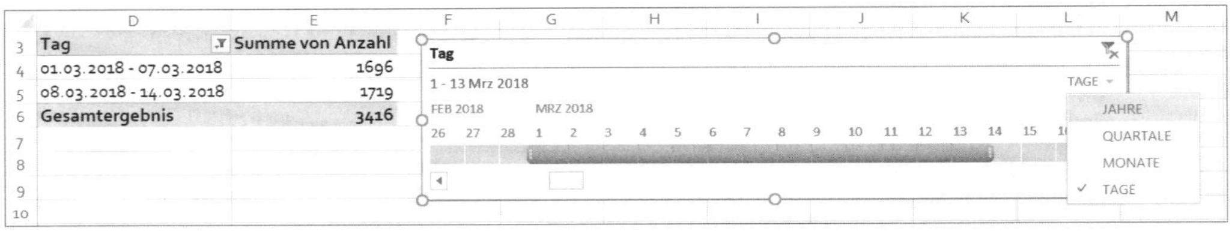

Abbildung 18.46 Zeitachse zu einer Pivot-Tabelle, die ein Datumsfeld hat

Wenn die Pivot-Tabelle eine zeitliche Dimension hat, macht es Sinn, zusätzlich eine Zeitachse anzulegen. Voraussetzung ist allerdings, dass es mindestens ein Feld gibt, dessen Wert ein gültiges Datumsformat hat. Das Verfahren sieht dann so aus:

1. Markieren Sie eine beliebige Zelle in der Pivot-Tabelle. Benutzen Sie die Schaltfläche **Zeitachse einfügen** in der Gruppe **Analysieren ▶ Filtern**.
2. Im Dialog werden Felder, die ein Datumsformat haben, zur Auswahl angeboten. Wenn Sie den Dialog bestätigen, wird eine Zeitachse angelegt, die mindestens die in dem betreffenden Feld vorkommende Zeitspanne abdeckt. Die Einteilung wird auf der Basis der vorhandenen Daten vorgenommen, kann aber über das Listenfeld in der rechten oberen Ecke geändert werden.
3. Wie bei jedem grafischen Element lassen sich Größe und Position durch Ziehen an Rahmen oder Anfassern anpassen.
4. Durch Anklicken oder -tippen eines bestimmten Abschnitts der Skala aktivieren Sie die entsprechenden Filterfunktionen. In der Tabelle erscheinen dann nur die Werte für den betreffenden Tag, den Monat, das Quartal oder das Jahr.
5. Sollen dagegen die Daten für einen bestimmten Zeitraum, z. B. mehrere Tage, erscheinen, ziehen Sie am Ende des Balkens, der die aktuelle Auswahl markiert, so wie es Abbildung 18.46 zeigt.
6. Ein Klick oder Tipp auf das Symbol **Filter löschen** in der rechten oberen Ecke löscht den aktiven Filter wieder.

Weitere Formatoptionen finden Sie über das Kontextmenü, wenn Sie mit **Größe und Eigenschaften** den Aufgabenbereich **Zeitachse formatieren** einblenden.

Abbildung 18.47 Der Aufgabenbereich für die Formatierung der Zeitachse

18.1.20 Berechnete Felder und Elemente in Pivot-Tabellen

Pivot-Tabellen lassen sich nicht nur zur Auswertung vorhandener Tabellen verwenden, sondern auch zum Experimentieren mit den ausgeworfenen Daten. Zwar zeigt die Pivot-Tabelle in Bezug auf die Formeln in der Quelltabelle immer nur die Ergebnisse an, nie die Formeln selbst, aber die Tabelle lässt sich durch berechnete Felder erweitern. Diese Formeln beziehen sich entweder auf ein Feld oder auf ein einzelnes Element eines Feldes.

Allerdings können die Formeln nur Bezüge auf Felder der Pivot-Tabelle selbst und konstante Werte enthalten, nicht dagegen Bezüge auf andere Zellen im Tabellenblatt. Um sich auf Elemente der Pivot-Tabelle zu beziehen, werden die Elementnamen bzw. die Feldnamen selbst verwendet.

Berechnetes Feld einfügen

Mithilfe solcher Felder sind Planspiele möglich, etwa um festzustellen, welche Werte bei einer Steigerung der Umsätze um 20 % für die einzelnen Elemente erreicht werden. Nehmen Sie etwa die Ausgangstabelle in Abbildung 18.48.

	A	B	C	D
3	**Umsatz 2018**	**Produktgruppe**		
4	**Vertreter**	**Kühlaggregate**	**Waschmaschinen**	**Gesamtergebnis**
5	Gernot	150000	180000	330000
6	Schlier	170000	120000	290000
7	Karit	160000	120000	280000
8	Hansen	160000	120000	280000
9	Gundar	130000	140000	270000
10	Adam	130000	140000	270000
11	Lemgo	150000	120000	270000
12	Seiffert	140000	120000	260000
13	**Gesamtergebnis**	**1190000**	**1060000**	**2250000**

Abbildung 18.48 Die Pivot-Tabelle vor dem Einfügen eines berechneten Feldes

1 Markieren Sie das Spaltenbeschriftungsfeld **Produktgruppe**, und wählen Sie auf dem Register **Analysieren** in der Gruppe **Berechnungen** den Befehl **Felder, Elemente und Gruppen** und im Untermenü **Berechnetes Feld**.

2 Im Dialogfeld sollten Sie zunächst den vorgeschlagenen Feldnamen durch einen passenden Namen ersetzen, etwa *Planwert_2019*.

3 Geben Sie im nächsten Textfeld die Formel ein. Die Formel soll sich auf das Wertfeld 2018 beziehen. Dieses Feld kann aus der Liste **Felder** ausgewählt und mit **Feld einfügen** in die Formel übernommen werden.

4 Als Planwert ist pauschal vorgesehen, die Werte von 2018 jeweils um 20 % zu übertreffen. Also wird in der Formel noch `* 1,2` angehängt.

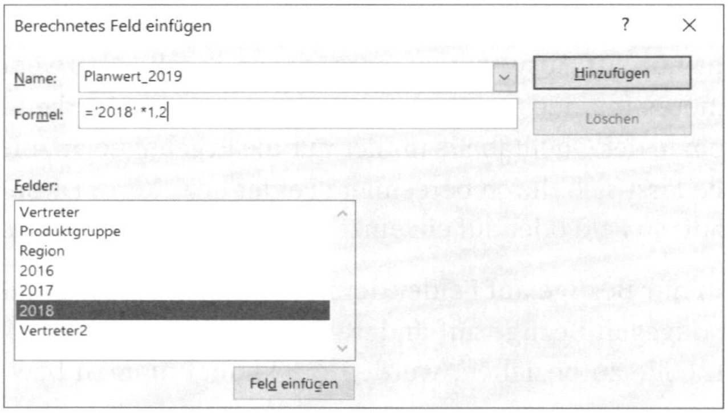

5 Möchten Sie keine weiteren berechneten Felder definieren, können Sie das Dialogfeld mit **OK** verlassen; ansonsten nehmen Sie **Hinzufügen** und bestimmen das nächste berechnete Feld. Überflüssige berechnete Felder lassen sich mit **Löschen** entfernen, wenn sie unter **Name** ausgewählt sind.

6 In der Tabelle werden für das neue Feld jeweils zusätzliche Spalten mit den Planwerten für die einzelnen Produktgruppen eingefügt. Die Feldnamen können Sie wieder entsprechend anpassen.

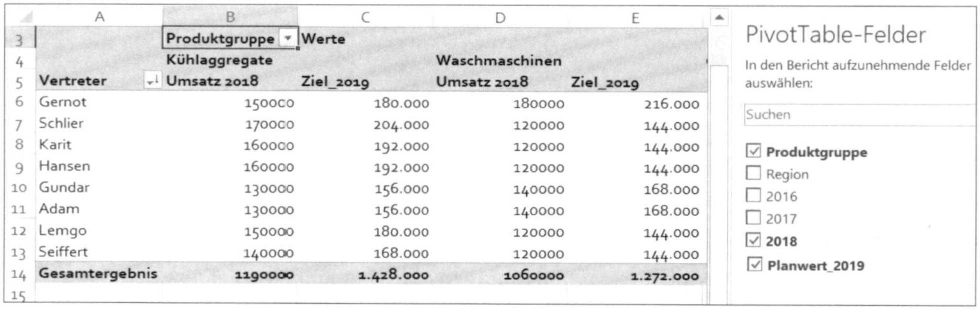

	A	B	C	D	E
3		Produktgruppe	Werte		
4		Kühlaggregate		Waschmaschinen	
5	Vertreter	Umsatz 2018	Ziel_2019	Umsatz 2018	Ziel_2019
6	Gernot	150000	180.000	180000	216.000
7	Schlier	170000	204.000	120000	144.000
8	Karit	160000	192.000	120000	144.000
9	Hansen	160000	192.000	120000	144.000
10	Gundar	130000	156.000	140000	168.000
11	Adam	130000	156.000	140000	168.000
12	Lemgo	150000	180.000	120000	144.000
13	Seiffert	140000	168.000	120000	144.000
14	Gesamtergebnis	1190000	1.428.000	1060000	1.272.000
15					

Wenn Sie berechnete Felder zu einer Pivot-Tabelle hinzufügen, erscheinen diese auch in der Feldliste im Aufgabenbereich.

Formeln für einzelne Elemente

In diesem Fall berechnet die oben verwendete Feldformel Planwerte für alle Werte, die zu dem Feld **Produktgruppe** gehören. Es ist aber auch möglich, Formeln zu verwenden, die nur Werte für ein bestimmtes Element eines Feldes liefern. Soll z. B. nur bei den Waschmaschinen berechnet werden, wie sich der Umsatz prozentual zu dem der Kühlaggregate verhält, gilt folgende Vorgehensweise:

1. Markieren Sie den Elementnamen *Waschmaschinen*, und wählen Sie aus dem Menü der Schaltfläche **Analysieren ▸ Berechnungen ▸ Felder, Elemente und Gruppen** diesmal den Befehl **Berechnetes Element**.
2. Geben Sie einen Namen für das neue Feld ein, z. B. *W/K*.

3. Im Feld **Formel** können Sie die Elementnamen *Waschmaschinen* und *Kühlaggregate* aus der Liste **Elemente** übernehmen und dazwischen das Divisionszeichen setzen.
4. Die Tabelle liefert eine zusätzliche Spalte neben der Spalte für die Waschmaschinenumsätze. Am besten formatieren Sie die neue Spalte noch mit einem Prozentformat.

	A	B	C	D	E
3	**Umsatz 2018**	**Produktgruppe**			
4	**Vertreter**	**Kühlaggregate**	**Waschmaschinen**	**W/K**	**Gesamtergebnis**
5	Adam	130000	140000	108%	270.001
6	Gernot	150000	180000	120%	330.001
7	Gundar	130000	140000	108%	270.001
8	Hansen	160000	120000	75%	280.001
9	Karit	160000	120000	75%	280.001
10	Lemgo	150000	120000	80%	270.001
11	Schlier	170000	120000	71%	290.001
12	Seiffert	140000	120000	86%	260.001

Anders als bei den berechneten Feldern erscheinen die berechneten Elemente nicht in der Feldliste, da sie ja als zusätzliche Elemente eines bestehenden Feldes behandelt werden. Wurden vorher bereits Pivot-Tabellen aus derselben Quelle in der Arbeitsmappe angelegt, erscheinen die berechneten Elemente unter Umständen auch in den früheren Tabellen. Um sie auszublenden, muss dann ein entsprechender Filter gesetzt werden.

Lösungsreihenfolge festlegen

Es kann vorkommen, dass verschiedene Formeln Auswirkungen auf die Werte in einer Zelle der Pivot-Tabelle haben. In diesem Fall kann über den Befehl **Analysieren ▸ Berechnungen ▸ Felder, Elemente und Gruppen ▸ Lösungsreihenfolge** bestimmt werden, welche dieser Formeln den Wert der Zelle bestimmen soll. Im Dialogfeld können Sie die Priorität der markierten Formeln mit den Schaltflächen **Nach Oben** oder **Nach Unten** entsprechend ändern. Die letzte Formel in der Reihe bestimmt jeweils den aktuellen Wert der Zelle. Da die Formeln nicht direkt in der Tabelle oder in der Bearbeitungsleiste dokumentiert werden, ist im Menü zu **Felder, Elemente und Gruppen** noch ein Befehl enthalten, der die Formeln in einem separaten Blatt auflistet.

18.1.21 Pivot-Tabellen formatieren

Bei der Formatierung der Pivot-Tabellen helfen insbesondere die vorgegebenen Muster in der Gruppe **Entwurf ▸ PivotTable-Formate**, die den Formaten für Tabellen weitgehend entsprechen. In der Gruppe **Optionen für PivotTable-Formate** können Sie ähnlich wie bei den Tabellenformaten eine spezielle Formatierung der Zeilen- und Spaltenüberschriften einrichten, ebenso die paarweise Formatierung von Zeilen oder Spalten.

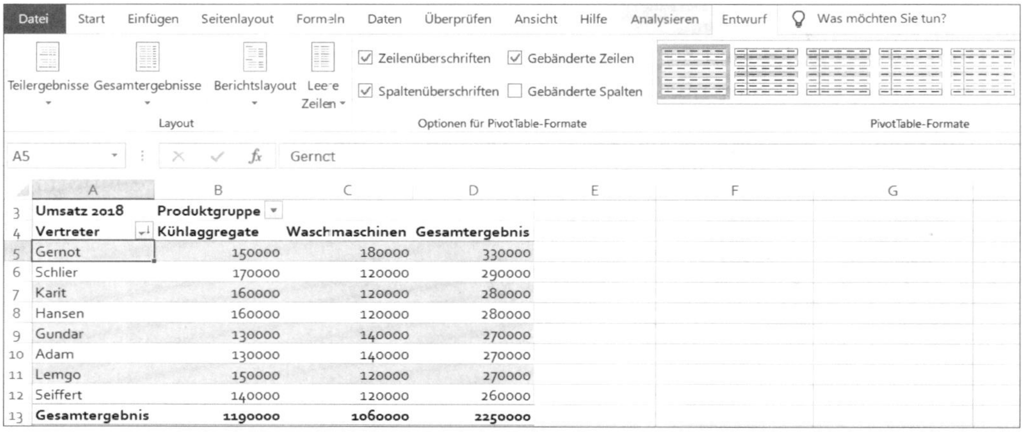

Abbildung 18.49 PivotTable-Format mit gebänderten Zeilen

Möchten Sie eigene Vorlagen für Pivot-Tabellen gestalten, öffnen Sie den Dialog über den Palettenbefehl **Neue PivotTable-Formatvorlage**. Dort können Sie dann die einzelnen Tabellenelemente auswählen und über die Schaltfläche **Format** die gewünschten Formate zuweisen. Ihre eigenen Formate tauchen anschließend in der **Format**-Palette in einem eigenen Block auf.

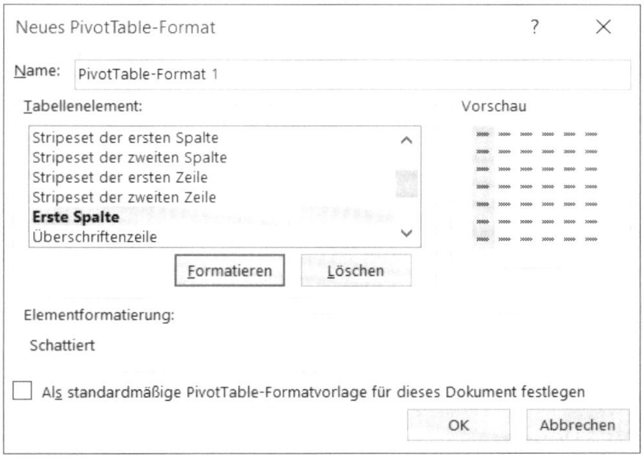

Abbildung 18.50 Entwurf eigener PivotTable-Formate

Die Festlegung des Zahlenformats ist oben schon angesprochen worden. Alle weiteren Möglichkeiten für die Zellformatierung – Schrift, Hintergrund, Rahmen etc. – stehen auch für die Pivot-Tabelle zur Verfügung. Häufig ist gewünscht, bestimmte Datengruppen z. B. durch unterschiedliche Hintergrundfarben voneinander abzuheben. Es ist gewährleistet, dass eine solche Farbzuordnung nicht verloren geht, wenn die Daten umgruppiert werden.

18.1.22 Schnelle Markierung von Datengruppen

Um die Daten für eine eventuelle Formatierung oder auch für andere Operationen wie das Kopieren etc. leichter markieren zu können, stellt Excel in der Gruppe **Analysieren ▸ Aktionen** über die Schaltfläche **Auswählen** Befehle zur Verfügung, die verwendet werden können, um bestimmte Teile oder die gesamte Pivot-Tabelle auszuwählen. Die ersten drei Optionen lassen sich erst verwenden, wenn zunächst die **Gesamte PivotTable** ausgewählt oder mit **Auswahl aktivieren** der oben schon verwendete Auswahlcursor benutzt wurde, um einzelne Elemente zu markieren. Die Auswahl **Werte** markiert dann jeweils alle Daten aus dem Wertebereich einschließlich der vorhandenen Auswertungen. Separat können auch die Beschriftungen markiert werden, etwa um andere Schriften zuzuordnen.

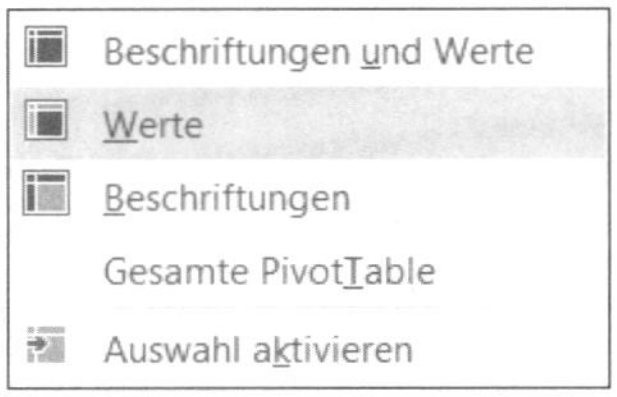

Abbildung 18.51 Befehle zum Markieren

18.1.23 Bedingte Formate in Pivot-Tabellen

Die Möglichkeiten der bedingten Formatierung lassen sich auch sehr effektiv in Pivot-Tabellen einsetzen. Abbildung 18.52 zeigt eine Tabelle mit Datenbalken. Wird ein solches Format einer Zellauswahl in einer Pivot-Tabelle zugewiesen, erscheint am Ende des Bereichs die Schaltfläche **Formatierungsoptionen**, die gezielte Zuweisungen auf bestimmte Werte in der Pivot-Tabelle erlaubt.

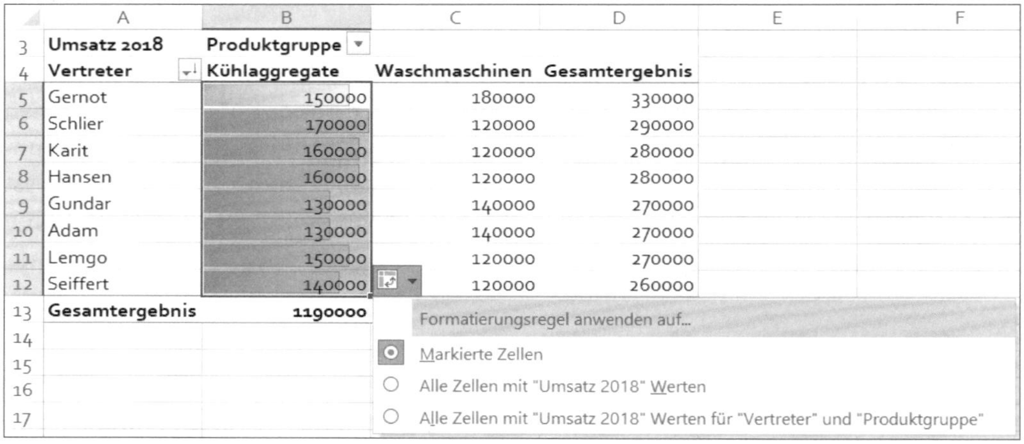

Abbildung 18.52 Pivot-Tabelle mit bedingten Formaten

Anstatt vorab alle betreffenden Zellen zu markieren, könnte das Format zunächst auch nur einer Zelle zugewiesen werden. Bei der zweiten Option würde auch das Gesamtergebnis mit formatiert, bei der dritten nur die Einzelwerte der Vertreter in den betreffenden Spalten.

	A	B	C
3	**Umsatz 2018**	**Produktgruppe**	
4	**Vertreter**	**Kühlaggregate**	**Waschmaschinen**
5	Gernot	150000	180000
6	Schlier	170000	120000
7	Karit	160000	120000
8	Hansen	160000	120000
9	Gundar	130000	140000
10	Adam	130000	140000
11	Lemgo	150000	120000
12	Seiffert	140000	120000
13	**Gesamtergebnis**	**1190000**	**1060000**

Abbildung 18.53 Datenbalken zu den Werten der Vertreter

18.1.24 Ändern der Datenquelle, Verschieben, Löschen

Möglicherweise stellt sich nach dem Aufbau einer komplexen Auswertung in Form einer Pivot-Tabelle heraus, dass auch andere Datenquellen nach diesem Schema analysiert werden können. In solchen Fällen ist es möglich, die Datenquelle nachträglich zu ändern. Klicken Sie dazu in der Gruppe **Analysieren ▸ Daten** auf die Schaltfläche **Datenquelle ändern**, und wählen Sie im Dialog die neue Datenquelle aus. Enthält die neue Datenquelle zusätzliche Felder, werden diese in die Feldliste übernommen und können dann dort ausgewählt werden, um auch die entsprechenden Daten in die Pivot-Tabelle einzubinden. Enthält die neue Datenquelle dagegen weniger Felder, werden die in der neuen Quelle nicht vorhandenen Felder aus der Feldliste und aus der Tabelle entfernt.

Soll eine Pivot-Tabelle nur verschoben werden, klicken Sie in der Gruppe **Analysieren ▸ Aktionen** auf die Schaltfläche **PivotTable verschieben** und geben im Dialog die gewünschte Platzierung an. In dem Menü **Aktionen** finden Sie auch noch den Befehl **Löschen. Alle löschen** entfernt die gesamte Pivot-Tabelle, **Filter löschen** entfernt nur die verwendeten Filter.

18.1.25 Pivot-Tabelle aus externen Daten

Die Anwendungsmöglichkeiten für Pivot-Tabellen und -Diagramme gehen weit über die Auswertung von Daten hinaus, die in Arbeitsmappen abgelegt sind. Der Dialog **PivotTable erstellen** bietet als zweite Option für die Angabe der zu analysierenden Daten **Externe Datenquelle verwenden** an. Um die Datenquelle anzugeben, öffnet die Schaltfläche **Verbindung auswählen** den Dialog **Vorhandene Verbindungen**. Die Einrichtung von Verbindungen, die für eine pivotierende Auswertung geeignet sind, etwa der Zugriff auf eine SQL-Datenbank, wird im nächsten Kapitel noch beschrieben.

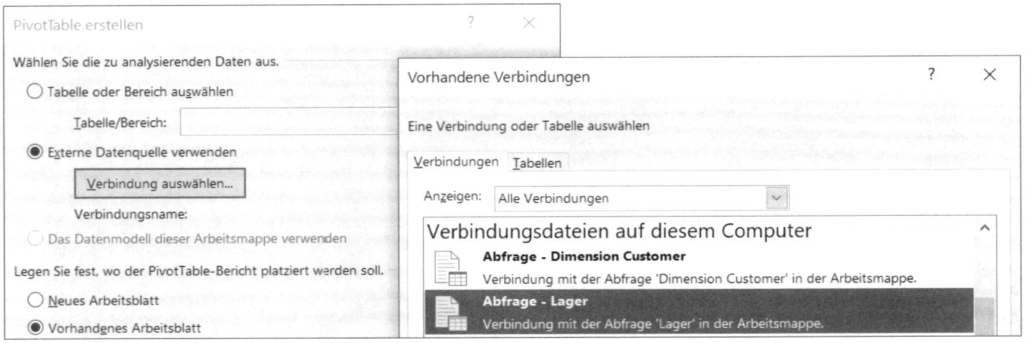

Abbildung 18.54 Erstellen einer Pivot-Tabelle aus externen Daten

Ist eine der vorhandenen Verbindungen ausgewählt, müssen bei Datenquellen auf einem Server unter Umständen noch die Zugangsdaten eingegeben werden.

18.1.26 Standardformat für Pivot-Tabellen

Wahrscheinlich werden Sie Ihre Pivot-Tabellen mit einer gewissen Regelmäßigkeit gestalten wollen. Deshalb bietet es sich an, ein Standardlayout für die Tabellen festzulegen, damit Sie nicht immer wieder von vorne anfangen müssen. Wenn Sie ein Muster für eine solche Tabelle gestaltet haben, können Sie dieses als Standard fixieren.

1. Öffnen Sie über **Datei ▸ Optionen** die Seite **Daten**.
2. Benutzen Sie die Schaltfläche **Standardlayout bearbeiten**.
3. Im Dialog **Standardlayout bearbeiten** geben Sie unter **Layoutimport** zunächst den Bereich der Muster-Pivot-Tabelle an.

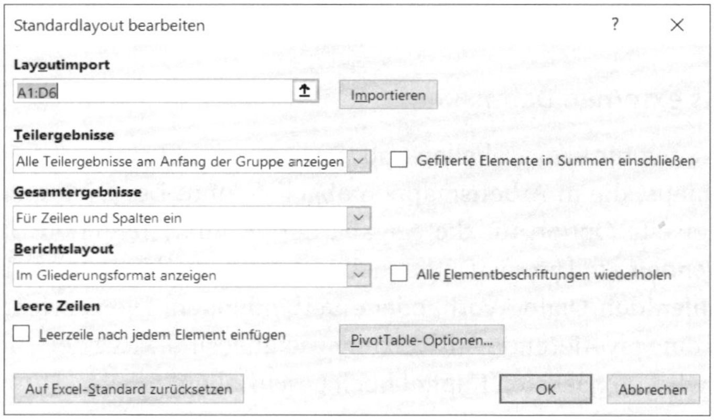

4 Mit **Importieren** übernehmen Sie die Einstellungen aus dem ausgewählten Muster. Über die Listenfelder wählen Sie die Einstellungen zum Berichtslayout und zu den Teil- und Gesamtergebnissen und Einstellungen zu gefilterten Elementen, Elementbeschriftungen und zum Einfügen von Leerzeilen zwischen Elementen.

Ist der Dialog bestätigt, gilt das gewählte Layout als Vorlage für Ihre nächst Pivot-Tabelle.

18.2 Dynamische Diagramme aus Pivot-Tabellen

Schon seit Excel 2002 haben Sie auch bei den Pivot-Diagrammen die interaktiven Möglichkeiten, Daten neu zusammenzufassen oder zu gruppieren. Dafür enthält das Register **Einfügen** eine eigene Schaltfläche **PivotChart**. Im Menü finden Sie die Optionen **PivotChart** und **PivotChart und PivotTable**.

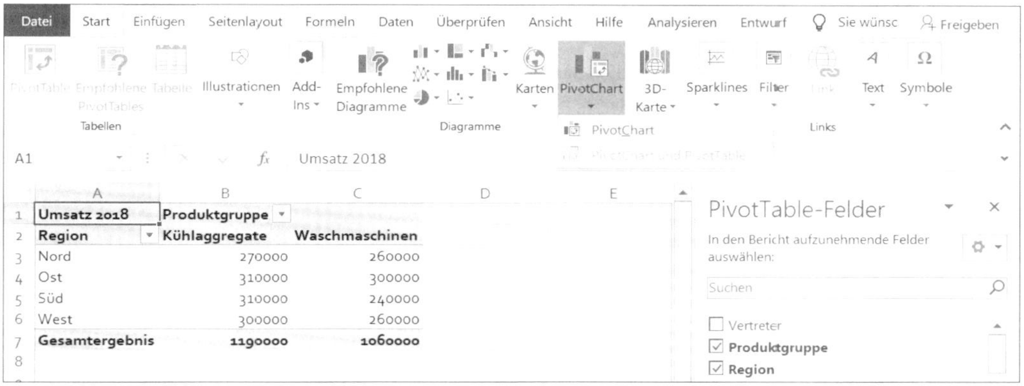

Abbildung 18.55 Einfügen eines Pivot-Diagramms

Die erste Option können Sie verwenden, wenn Sie nachträglich zu einer Pivot-Tabelle noch ein Diagramm einfügen wollen. In diesem Fall sollte sich der Zellzeiger innerhalb der Pivot-Tabelle befinden. Excel öffnet dann sofort den Dialog **Diagramm einfügen**, in dem Sie den gewünschten Diagrammtyp auswählen. Alternativ können Sie auch **Analysieren ▸ Tools ▸ PivotChart** benutzen.

Befindet sich der Zellzeiger nicht in einer Pivot-Tabelle, ruft die Option den Dialog **PivotChart erstellen** auf. Er entspricht – abgesehen von der Titelzeile – zunächst dem Dialog, der auch für die Erstellung einer Pivot-Tabelle angeboten wird. Wenn Sie den Dialog quittieren, werden eine noch leere Pivot-Tabelle und ein damit verknüpfter Diagrammbereich angelegt.

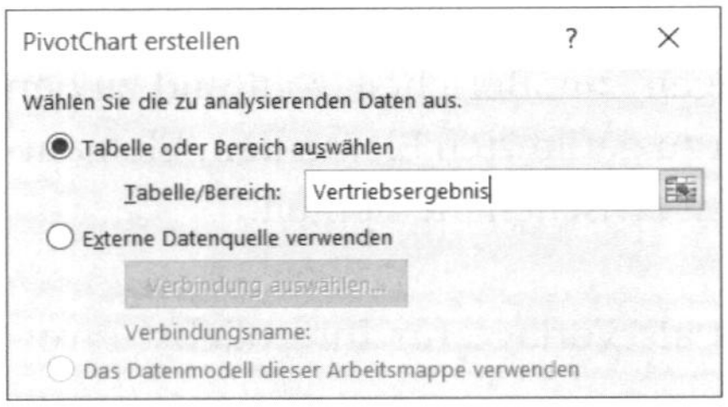

Abbildung 18.56 Der Dialog für PivotChart

Die zweite Option **PivotChart und PivotTable** öffnet den Dialog **PivotTable erstellen**, legt aber gleichzeitig eine Tabelle und ein Diagramm an. Bei beiden Optionen wird der Aufgabenbereich mit den Feldern eingeblendet, in dem festgelegt werden kann, welche Daten im Diagramm erscheinen sollen. Die Namen für die Bereiche und die Zuordnungsoptionen im Kontextmenü eines Feldes sind aber etwas anders benannt, wenn das Diagramm ausgewählt ist. Anstelle des Bereichs **Zeilen** wird der Bereich **Achse (Kategorien)** angeboten, anstelle des Bereichs **Spalten** der Bereich **Legende (Reihen)**.

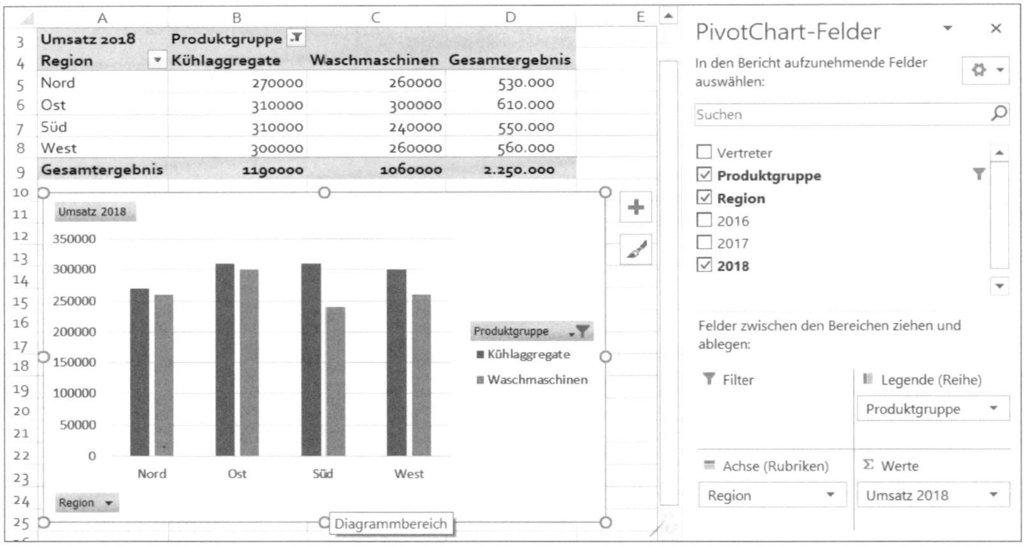

Abbildung 18.57 Ein Pivot-Diagramm und der Aufgabenbereich »PivotChart-Felder«

Um die Vertriebstabelle als Diagramm auszuwerten, kann z. B. das Feld **Produktgruppe** als Legendenfeld verwendet werden, die Region als Achsenfeld. Die Umsatzfelder bleiben dem Wertebereich zugeordnet. Das Ergebnis ist als Vorgabe ein Säulendiagramm, in dem die Gesamtumsätze pro Region nach Produktgruppe unterschieden werden. Das Diagramm entspricht der Tabelle, die automatisch mit erstellt wird. Um die Handhabung zu vereinfachen, werden im Diagramm noch Filterschaltflächen eingeblendet, über deren Listenfelder Elemente aus dem Diagramm herausgenommen werden können, etwa eine bestimmte Produktgruppe. Falls diese nicht sichtbar ist, benutzen Sie auf dem Register **Analysieren** in der Gruppe **Einblenden/Ausblenden** das Menü der Schaltfläche **Feldschaltflächen**. Die Feldschaltflächen lassen sich einzeln aus- und einblenden.

Abbildung 18.58 Menü zu den Feldschaltflächen im Diagramm

Durch Ziehen der Felder zwischen den Bereichen im Aufgabenbereich lässt sich das Diagramm beliebig umbauen, wobei die mit dem Diagramm verknüpfte Tabelle automatisch angepasst wird. So kann z. B. das Feld **Region** in den Bereich **Berichtsfilter** gezogen und das Feld **Vertreter** dann als Achsenfeld genutzt werden, sodass die Säulen für die Vertreter separat angezeigt werden.

Mithilfe der Optionen in den Gruppen auf dem Register **Entwurf** lässt sich das Diagramm in der üblichen Weise bearbeiten, wenn es im Arbeitsblatt ausgewählt ist. Der Wechsel des Diagrammtyps oder die Zuordnung einer Diagrammformatvorlage erfolgt genauso, wie es für Diagramme allgemein in Kapitel 7, »Daten grafisch präsentieren«, beschrieben ist. Über **Entwurf ▸ Ort ▸ Diagramm verschieben** kann das Diagramm noch nachträglich auf ein eigenes Diagrammblatt verschoben oder umgekehrt ein Diagramm auf einem Diagrammblatt wieder in ein Tabellenblatt integriert werden.

Anders als bei den Pivot-Tabellen bietet Excel bei ausgewählten PivotCharts unter **PivotChart-Tools** drei Register an. Die Register **Entwurf** und **Format** entsprechen den Registern, die auch unter den **Diagrammtools** erscheinen; zusätzlich finden Sie hier noch wie bei den **PivotTable-Tools** das Register **Analysieren**.

Datenschnitte für ein Pivot-Diagramm

Die oben schon beschriebenen Datenschnitte lassen sich auch für Pivot-Diagramme nutzen. Wenn ein Pivot-Diagramm ausgewählt ist, wird auf dem Register **Analysieren** unter **Filtern** die Schaltfläche **Datenschnitt einfügen** angeboten. Das Verfahren entspricht dem der Datenschnitte für Pivot-Tabellen, das oben beschrieben wurde.

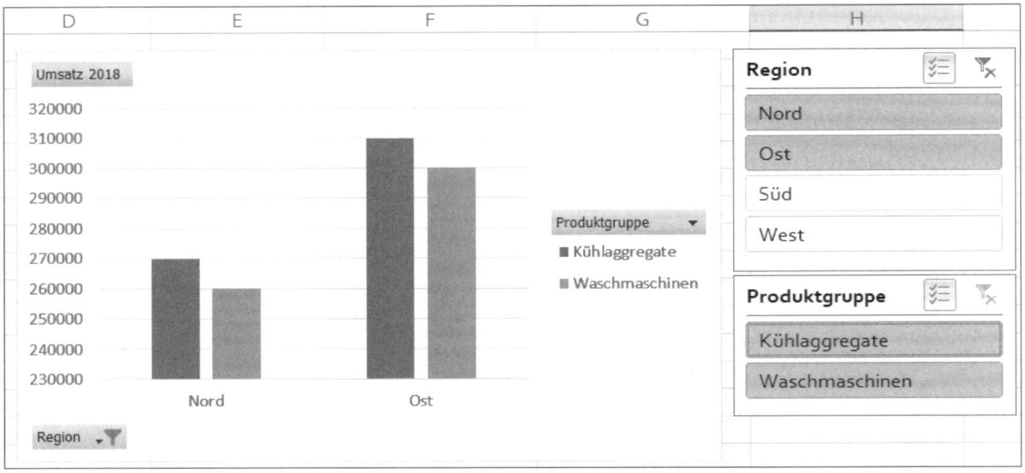

Abbildung 18.59 Diagramm mit Datenschnitt

Ist z. B. eine Datenschnitt-Komponente für die Produktgruppe eingerichtet, zeigt das abgebildete Diagramm nur die Umsatzdaten für das ausgewählte Produkt. Das ist jedenfalls bequemer, als jedes Mal über die Filterschaltfläche des Feldes **Produkt** im Diagramm die gewünschten Produkte auszuwählen.

18.3 Datenmodelle mit mehreren Tabellen

Schon Excel 2013 erweiterte die Einsatzmöglichkeiten von Pivot-Tabellen und -Diagrammen zur Analyse Ihrer Daten um die Option, als Quelldaten gleich mehrere Tabellen heranzuziehen. Dazu wird im Arbeitsspeicher jeweils ein entsprechendes Datenmodell aufgebaut. Da die verwerteten Daten stark komprimiert werden, lassen sich auch große Datenmengen in Excel-Dateien speichern und ohne Umstände mit anderen Personen austauschen. Wenn Sie einmal eine solche Datei expandieren, werden Sie eine Datei mit der Endung *.data* finden, die diese Daten aufnimmt. Das Limit für die 32-Bit-Version liegt bei 500 bis 700 MB, bei der 64-Bit-Version bestimmt nur noch die Größe des Arbeitsspeichers, wo das Limit liegt.

18.3.1 Aufbau eines Modells für eine Pivot-Tabelle

Wenn Sie ein entsprechendes Datenmodell für eine Pivot-Tabelle einrichten wollen, wählen Sie bei der Anlage der Pivot-Tabelle auf der Basis der ersten Datenquelle im Dialog **PivotTable erstellen** die Option **Dem Datenmodell diese Daten hinzufügen**.

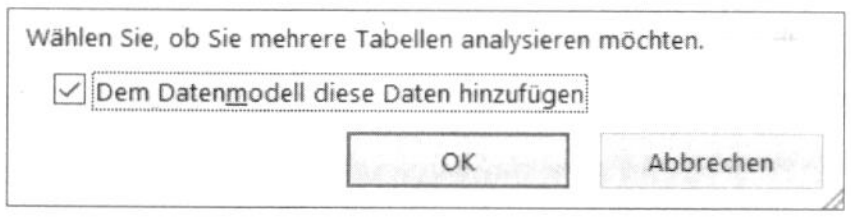

Abbildung 18.60 Hinzufügen einer Tabelle zum Datenmodell

Mit dem Konzept des Datenmodells erlaubt Excel 2019 die Einrichtung einer internen relationalen Datenquelle, die mehrere Tabellen über definierte Beziehungen verknüpft und sowohl für die Auswertung in Pivot-Tabellen als auch in PowerPivot verwendet werden kann. Das entspricht den Joins, wie sie innerhalb von Datenbankanwendungen üblich sind. Dabei gelten folgende Regeln:

- Pro Arbeitsmappe ist nur ein Datenmodell erlaubt.
- Jede Tabelle in der Arbeitsmappe kann dem Datenmodell hinzugefügt werden.
- Daten aus externen Datenquellen können ebenfalls dem Datenmodell hinzugefügt werden. Sie können Daten aus fast allen am Markt relevanten Datenbanksystemen verarbeiten, darüber hinaus aber auch Daten aus dem Web (in Form von Data Feeds), aus Textdateien oder aus vorhandenen Excel-Tabellen.
- Die Zahl der Zeilen in den Tabellen, die in ein Datenmodell eingefügt werden, ist nahezu unbegrenzt. Wenn der Hauptspeicher groß genug ist, lassen sich damit Millionen Zeilen meistern.
- Zwischen den Tabellen eines Datenmodells können mehrfache Verbindungen hergestellt werden. Das Limit liegt bei 5.

Um Ihnen einen ersten Eindruck von den Möglichkeiten der Datenmodelle zu geben, verwenden wir in der folgenden Beschreibung Material aus den Contoso-Beispieltabellen, die über das CodePlex-Portal angeboten wurden, auf dem Microsoft bis 2017 Open-Source-Software zur Verfügung stellte. Sie finden die Daten in dem Ordner *ContosoV2*, wenn Sie sich die Beispiele zu diesem Buch herunterladen.

Wir haben daraus in einer Arbeitsmappe zwei Tabellen aus der Access-Datei ContosoSales importiert. Die Vorgehensweise wird im Abschnitt 19.1, »Access-Daten importieren« im Detail beschrieben.

Die erste Tabelle enthält eine Produktliste, wobei die Produkte über einen **ProductKey** und einen **ProductSubcategoryKey** gekennzeichnet sind. Ansonsten sollen nur noch die Felder **ProductName**, **Manufacturer** und **UnitPrice** übernommen werden. Sie können die anderen Felder mithilfe des Power-Query-Editors vor dem Einfügen in das Tabellenblatt löschen. Benennen Sie die importierte Tabelle unter **Entwurf ▸ Eigenschaften ▸ Tabellenname** mit *Produktliste*. Die zweite Tabelle ist eine kurze Kategorienliste.

Die Produktliste fügen wir als erste Tabelle in das Datenmodell ein. Wenn im Dialog **PivotTable einfügen** die angesprochene Option **Dem Datenmodell diese Daten hinzufügen** verwendet wird, erscheinen im Aufgabenbereich **PivotTable-Felder** unterhalb des Titels die beiden Links **Aktiv** und **Alle.** Unter **Aktiv** finden Sie zunächst nur die Feldliste der Produktliste. Unter **Alle** finden Sie beide Tabellen.

Alle in der Arbeitsmappe vorhandenen Tabellen werden also anschließend automatisch als Teil des Datenmodells behandelt, sobald mit einer Tabelle das Datenmodell angelegt ist.

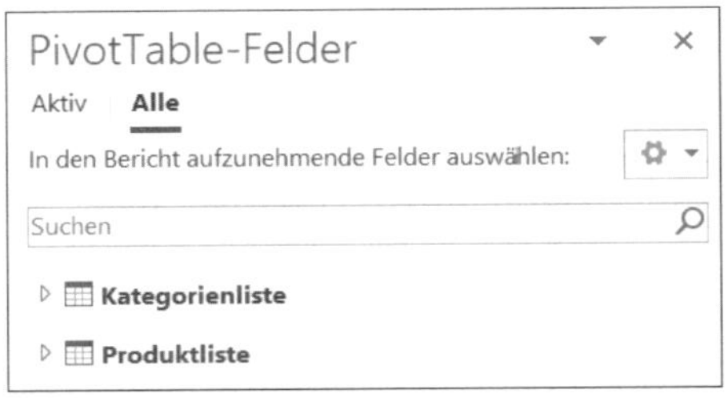

Abbildung 18.61 Die Links »Aktiv« und »Alle« für die Handhabung des Datenmodells

Um auch die Felder der Kategorienliste für die Pivot-Tabelle auswählen zu können, wählen Sie die Kontextmenüoption **Auf der aktiven Registerkarte anzeigen.**

18.3.2 Definition von Beziehungen

Der nächste Schritt ist, eine Beziehung zwischen den beiden Tabellen herzustellen. Den Dialog dazu erreichen Sie über **Analysieren ▸ Berechnungen ▸ Beziehungen**. Ein Klick auf **Neu** erlaubt die Definition einer Beziehung. In diesem Fall lässt sich die Beziehung über die beiden Schlüssel herstellen, die für die Produktkategorie vergeben sind; in der Produktliste heißt dieses Feld **ProductSubcategoryKey**, in der Liste der Kategorien ist es das Feld **ProductCategoryKey.**

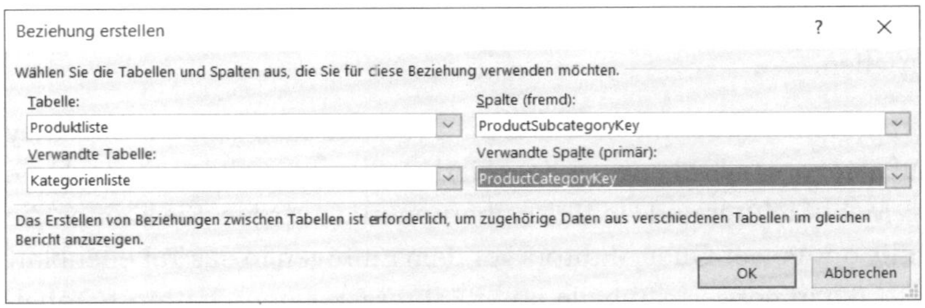

Abbildung 18.62 In diesem Dialog lassen sich Beziehungen über Fremdschlüssel herstellen.

Die Schaltfläche **OK** öffnet wieder den ersten Dialog, in dem alle Beziehungen des Datenmodells aufgelistet sind (Abbildung 18.63). Korrekturen zu einer Beziehung können Sie vornehmen, wenn Sie die Beziehung hier markieren und **Bearbeiten** aufrufen.

Abbildung 18.63 Über diesen Dialog werden alle Beziehungen verwaltet.

Die einfache Frage an die Pivot-Tabelle ist nun: »Wie viele Produkte gibt es in den verschiedenen Kategorien?« Für die Tabelle wird der Name der Produktkategorie aus der Tabelle der Kategorien übernommen; das Feld wird den Zeilenbeschriftungen zugeordnet, während **ProductSubcategoryKey**, ein Feld der Produktliste, dem Bereich **Werte** zugewiesen wird. Über **Wertfeldeinstellungen** wird anstelle der Summe der Keys die Anzahl angefordert. Abbildung 18.64 zeigt das Ergebnis und die beiden Tabellen in der aktiven Feldliste.

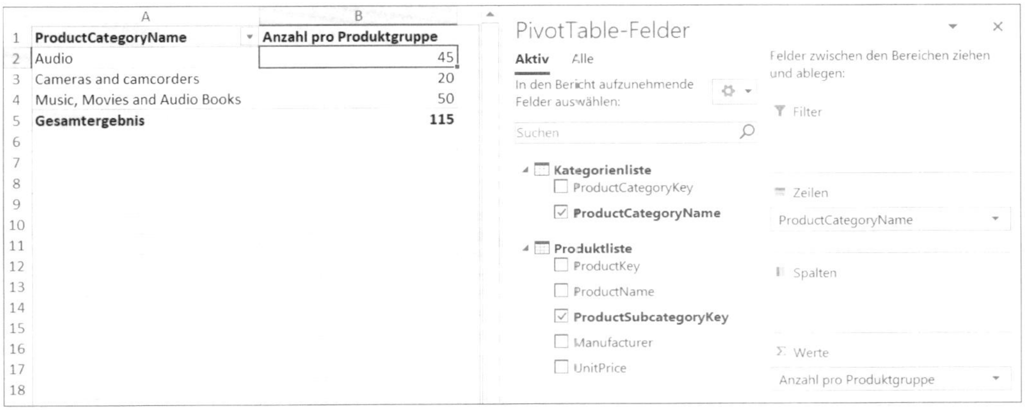

Abbildung 18.64 Auswertung auf der Basis von zwei Tabellen

18.4 PowerPivot

Obwohl in Excel 2019 Grundfunktionen von PowerPivot in die normalen Analysefunktionen mit Pivot-Tabellen und -Diagrammen integriert sind, gibt es doch immer noch

Situationen, in denen umfassendere Modellierungsmöglichkeiten erforderlich sind. Dafür steht das Add-In **PowerPivot** zur Verfügung, allerdings nur in den professionellen Editionen.

PowerPivot stellt eine Verbindung zu dem oben beschriebenen Datenmodell her, bietet aber eine erweiterte Modellierungsumgebung an. Wenn Sie mit **PowerPivot ▸ Datenmodell ▸ Verwalten** das Verwaltungsfenster von PowerPivot in der oben beschriebenen Arbeitsmappe öffnen, finden Sie die Tabellen dieses Modells wieder.

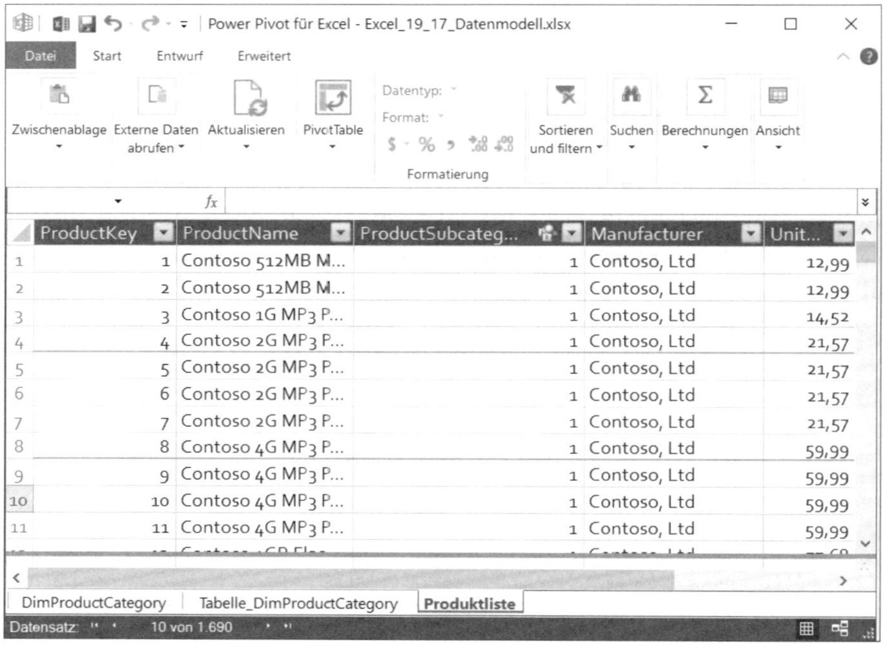

Abbildung 18.65 Die Tabellen des im letzten Abschnitt beschriebenen Datenmodells im Fenster von PowerPivot

Sie haben also die Option, das Datenmodell zunächst, wie zuletzt beschrieben, in Excel aufzubauen und dann die weitere Arbeit über PowerPivot zu erledigen. Dabei können jederzeit auch weitere Daten in das Modell eingefügt werden. Die Alternative ist, die Daten für das Modell direkt mit den Bordmitteln von PowerPivot zusammenzustellen und dabei insbesondere die Filterfunktionen zu nutzen, die es erlauben, die Datenmenge für die weitere Verarbeitung schon vorab zu reduzieren.

PowerPivot unterstützt den Aufbau von Hierarchien, um die vorhandenen Daten so zu ordnen, dass je nach Bedarf detailliertere oder komprimiertere Darstellungen genutzt werden können. Einen großen Stellenwert hat die Definition von berechneten Feldern oder Key-Performance-Indikatoren. Für die Erstellung entsprechender Formeln werden dabei die speziellen *Data Analysis Expressions* (DAX) verwendet. Die im PowerPivot-Fenster aufbereiteten Daten werden am Ende den Pivot-Funktionen von Excel 2019 als Ausgangsmaterial für die vorgesehenen Auswertungen übergeben.

18.4.1 Aktivieren des Add-Ins

Um das Add-In zu aktivieren, wählen Sie über **Datei ▸ Optionen ▸ Add-Ins** unter **Verwalten** die Option **COM-Add-Ins** und klicken auf die Schaltfläche **Los**. Im Dialog **COM-Add-Ins** haken Sie dann die Option **Microsoft Power Pivot for Excel** ab.

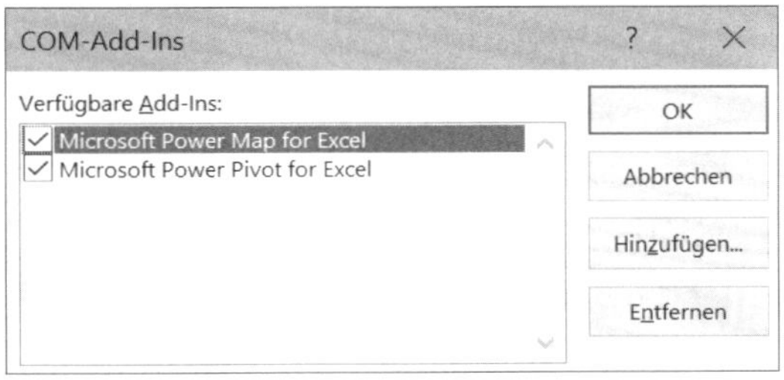

Abbildung 18.66 Der Dialog für die Aktivierung von COM-Add-Ins

Alternativ können Sie auch die Schaltfläche **COM-Add-Ins** auf dem Register **Entwicklertools** verwenden. Wenn PowerPivot aktiviert ist, steht in Excel 2019 eine zusätzliche Registerkarte **Power Pivot** zur Verfügung.

Abbildung 18.67 Die Registerkarte »PowerPivot«

18.4.2 Datenaufbereitung

Die Arbeit mit PowerPivot startet in der Regel mit dem Import der für die Analyse vorgesehenen Daten. Wie angesprochen, kann dies mit den Excel-Funktionen auf dem Register **Daten** geschehen oder direkt über die PowerPivot-Funktionen. Im Folgenden beschreiben wir das zweite Verfahren. Wir verwenden dabei wieder die Testdaten von CodePlex für PowerPivot.

1 Öffnen Sie über die Schaltfläche **Verwalten** in der Gruppe **Datenmodell** auf dem Register **PowerPivot** das PowerPivot-Fenster.

2 Nutzen Sie **Start ▸ Externe Daten abrufen ▸ Aus Datenbank ▸ Aus Access.**

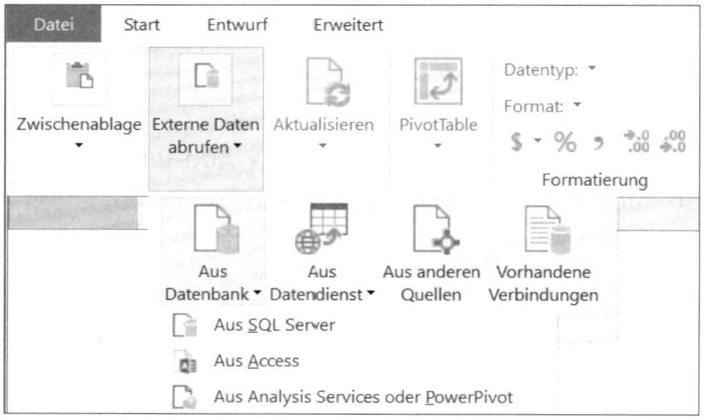

3 Excel startet einen Tabellenimport-Assistenten, der zunächst den Namen der Access-Datenbank abfragt. Wir nehmen hier die Beispieldatenbank ContosoSales.

4 Im nächsten Schritt können Sie wählen, ob der Import aus einer Liste von Tabellen und Sichten oder mithilfe einer SQL-Abfrage ausgewählt werden soll.

5 Die erste Option öffnet einen Auswahldialog für die Tabellen. Das erste Häkchen vor **Quelltabelle** wählt alle Tabellen aus.

6 Um die Datenmenge zu reduzieren, die in die Pivotierung einfließen soll, können zu jeder ausgewählten Tabelle Filter gesetzt werden. Dazu klicken Sie auf die Schaltfläche **Vorschau und Filter**.

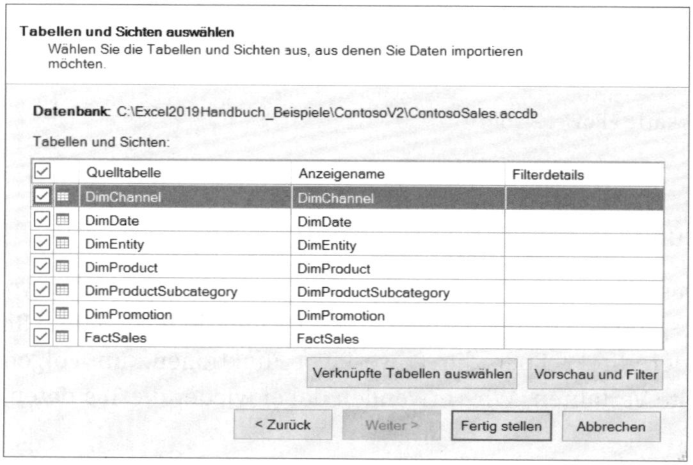

7 Die Tabelle wird in dieser Vorschau mit Filterschaltflächen angezeigt, die – wie bei den Excel-Tabellen beschrieben – zur Einschränkung der Datenmenge verwendet werden. Dies kann für jede Spalte einzeln erfolgen, bis genau die Daten bestimmt sind, die für die geplante Auswertung nötig sind. Soll eine Spalte ganz ignoriert werden, brauchen Sie nur das Häkchen vor dem Feldnamen zu löschen.

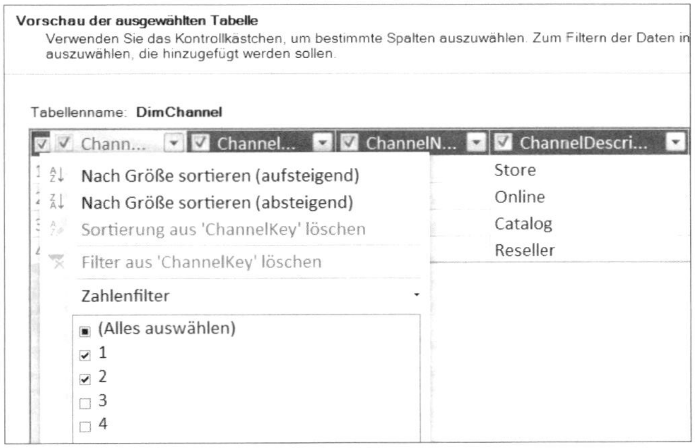

8 Wenn der Import schließlich ausgeführt ist, erhalten Sie eine Übersicht über die eingelesenen Datenmengen. Über den Link **Details** werden auch die Beziehungen angezeigt, die beim Import bereits erkannt und eingerichtet worden sind.

Die Abbildung zeigt, dass die größte Tabelle trotz des oben gesetzten Filters immerhin 2,2 Millionen Zeilen enthält. Für jede Tabelle, die importiert wird, erscheint ein eigenes Blatt im PowerPivot-Fenster. Über das Register **Start** werden Schaltflächen angeboten, mit denen Sie die Spalten anders formatieren oder die Daten weiter filtern oder sortieren können. Das Fenster hat links neben dem Register **Start** ein Register **Datei** mit Befehlen, um die Arbeitsmappe zu speichern oder zu veröffentlichen.

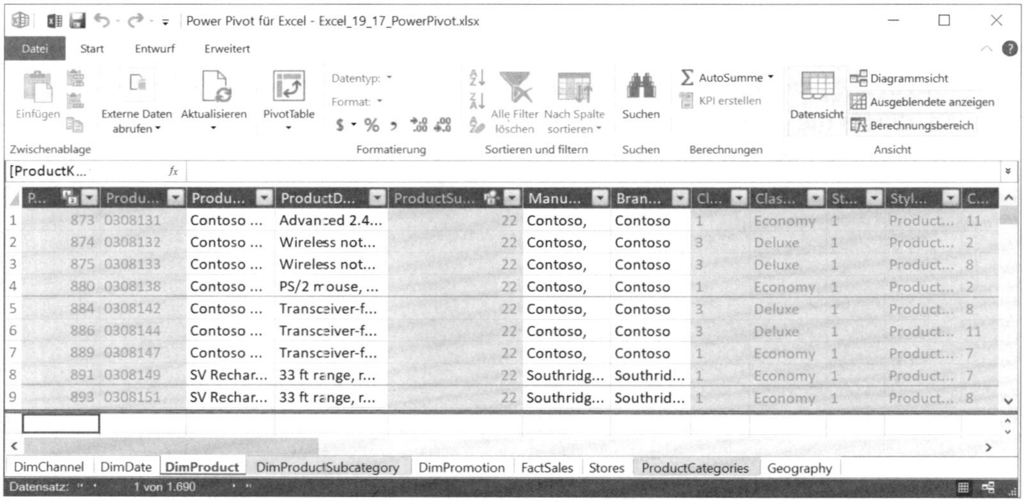

Abbildung 18.68 Die Tabellen aus der Access-Datenbank im Fenster von PowerPivot

Erste Auswertung

Um eine erste Auswertung zu versuchen, benutzen wir auf dem Register **Start** die Schaltfläche **PivotTable**. Für eine erste Auswertung ordnen wir aus der Tabelle **FactSales** das Feld **SalesAmount** dem Bereich **Werte** zu, aus der Tabelle **DimDate** das Feld **CalendarYear** dem Bereich **Spalten**, aus **DimProductSubcategory** das Feld **ProductSubcategoryName** dem Bereich **Zeilen** und darunter noch aus **DimProduct** das Feld **BrandName** ebenfalls dem Bereich **Zeilen**.

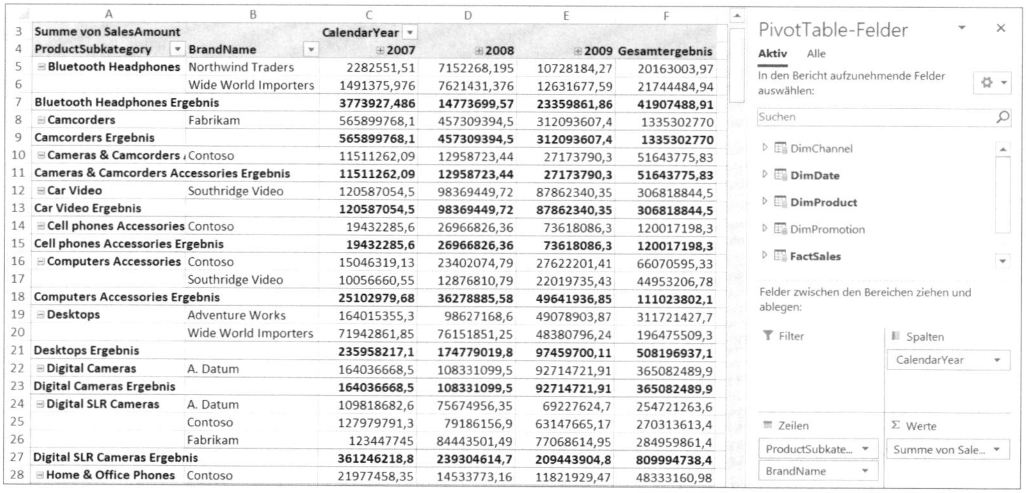

	A	B	C	D	E	F
3	Summe von SalesAmount		CalendarYear			
4	ProductSubkategory	BrandName	2007	2008	2009	Gesamtergebnis
5	Bluetooth Headphones	Northwind Traders	2282551,51	7152268,195	10728184,27	20163003,97
6		Wide World Importers	1491375,976	7621431,376	12631677,59	21744484,94
7	**Bluetooth Headphones Ergebnis**		**3773927,486**	**14773699,57**	**23359861,86**	**41907488,91**
8	Camcorders	Fabrikam	565899768,1	457309394,5	312093607,4	1335302770
9	**Camcorders Ergebnis**		**565899768,1**	**457309394,5**	**312093607,4**	**1335302770**
10	Cameras & Camcorders A	Contoso	11511262,09	12958723,44	27173790,3	51643775,83
11	**Cameras & Camcorders Accessories Ergebnis**		**11511262,09**	**12958723,44**	**27173790,3**	**51643775,83**
12	Car Video	Southridge Video	120587054,5	98369449,72	87862340,35	306818844,5
13	**Car Video Ergebnis**		**120587054,5**	**98369449,72**	**87862340,35**	**306818844,5**
14	Cell phones Accessories	Contoso	19432285,6	26966826,36	73618086,3	120017198,3
15	**Cell phones Accessories Ergebnis**		**19432285,6**	**26966826,36**	**73618086,3**	**120017198,3**
16	Computers Accessories	Contoso	15046319,13	23402074,79	27622201,41	66070595,33
17		Southridge Video	10056660,55	12876810,79	22019735,43	44953206,78
18	**Computers Accessories Ergebnis**		**25102979,68**	**36278885,58**	**49641936,85**	**111023802,1**
19	Desktops	Adventure Works	164015355,3	98627168,6	49078903,87	311721427,7
20		Wide World Importers	71942861,85	76151851,25	48380796,24	196475509,3
21	**Desktops Ergebnis**		**235958217,1**	**174779019,8**	**97459700,11**	**508196937,1**
22	Digital Cameras	A. Datum	164036668,5	108331099,5	92714721,91	365082489,9
23	**Digital Cameras Ergebnis**		**164036668,5**	**108331099,5**	**92714721,91**	**365082489,9**
24	Digital SLR Cameras	A. Datum	109818682,6	75674956,35	69227624,7	254721263,6
25		Contoso	127979791,3	79186156,9	63147665,17	270313613,4
26		Fabrikam	123447745	84443501,49	77068614,95	284959861,4
27	**Digital SLR Cameras Ergebnis**		**361246218,8**	**239304614,7**	**209443904,8**	**809994738,4**
28	Home & Office Phones	Contoso	21977458,35	14533773,16	11821929,47	48333160,98

Abbildung 18.69 Erste Auswertung aus mehreren Tabellen einer Datenbank

18.4.3 Interaktive Verknüpfung von Tabellen

Solange Sie mehrere Tabellen aus einer Datenbank übernehmen – sei es Access oder Microsoft SQL Server –, werden die Beziehungen zwischen diesen Tabellen in der Regel automatisch von PowerPivot registriert und übernommen. Wenn Sie mit der Schaltfläche in der Titelleiste in das Excel-Fenster wechseln, finden Sie im Dialog **Beziehungen verwalten** bereits die automatisch registrierten Beziehungen.

Abbildung 18.70 Liste der Beziehungen

Die über PowerPivot importierten Daten gehören also automatisch zum Datenmodell der aktuellen Arbeitsmappe. Werden dagegen Daten aus ganz unterschiedlichen Quellen in das PowerPivot-Fenster eingelesen, müssen eventuelle Beziehungen zwischen diesen Tabellen manuell eingerichtet werden.

Um die Vorgehensweise zu demonstrieren, soll eine zweite Access-Datenbank herangezogen werden, die ebenfalls zu dem Paket der Beispieldaten von CodePlex gehört. Sie können die oben beschriebenen Schritte wiederholen und geben diesmal als Namen der Datenbankdatei **ProductCategories** an. Diese Datenbank hat nur eine kleine Tabelle **DimProductCategory**. Eine Filterung ist hier nicht notwendig. Die neue Tabelle wird im PowerPivot-Fenster angezeigt.

Als Nächstes soll in das Datenmodell eine Excel-Tabelle eingefügt werden, die geografische Daten enthält. In dem Beispielpaket **ContosoV2** finden Sie die Datei *Geography.xlsx*. Öffnen Sie die Datei, und kopieren Sie das Blatt in die bisher verwendete Arbeitsmappe. Ordnen Sie der Tabelle ein Tabellenformat zu. Geben Sie der Tabelle den Namen **Geography**. Verfahren Sie entsprechend mit einer zweiten Excel-Datei aus dem Beispielpaket mit dem Namen *Stores.xlsx*, die eine Liste der Läden enthält. Vergeben Sie hier den Tabellennamen **Stores**.

Um nun das bisherige Datenmodell um die beiden Excel-Tabellen zu erweitern, wählen Sie die Register der Blätter nacheinander aus und klicken anschließend auf dem Register **PowerPivot** auf die Schaltfläche **Zu Datenmodell hinzufügen**. Die beiden Tabellen werden sofort im Fenster **PowerPivot** mit angezeigt. Bisher besteht aber noch keine Beziehung zwischen den neuen Tabellen und den zuerst importierten Tabellen.

Anstatt nun, wie im letzten Abschnitt beschrieben, diese Beziehungen per Dialog herzustellen, können Sie die komfortable Diagrammansicht von PowerPivot nutzen und die Verbindungen interaktiv herstellen. Dazu schalten Sie über das Symbol in der rechten Ecke unten oder über **Diagrammansicht** in der Gruppe **Ansicht** in ebendiese Diagrammansicht um. Klicken Sie anschließend in der Statusleiste des PowerPivot-Fensters auf die Schaltfläche **Diagramm**. Verkleinern Sie die Ansicht mit dem Schieberegler, damit alle Tabellen sichtbar sind. Wie Sie sehen, haben die zuletzt hinzugefügten Tabellen noch keine Verbindung mit den anderen Tabellen.

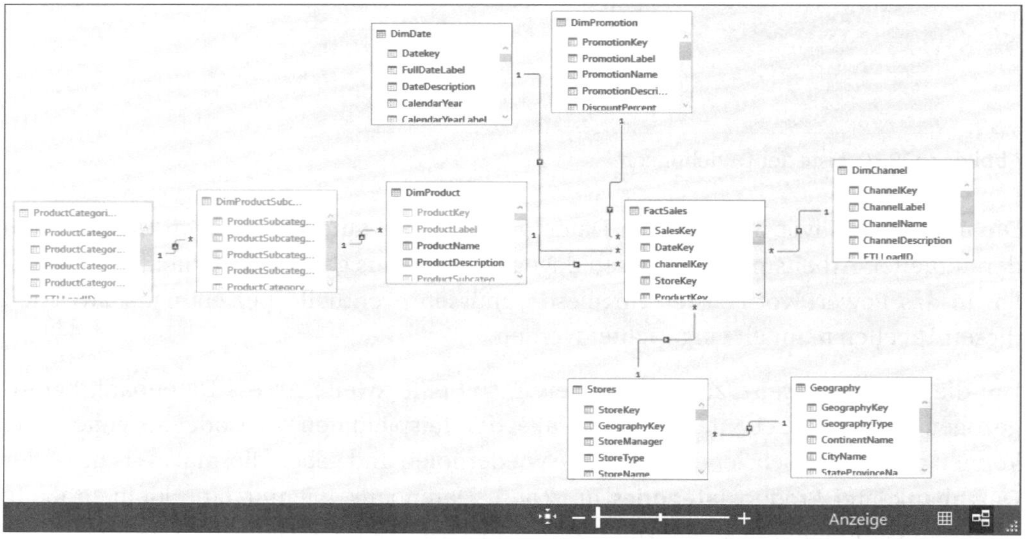

Abbildung 18.71 Interaktive Herstellung von Beziehungen in der Diagrammansicht

In dieser Ansicht können Sie Tabellen, die für das Modell gar nicht benötigt werden, über das Kontextmenü zunächst mit **Löschen** entfernen. Zuerst wird nun eine Beziehung zwischen der Tabelle **FactSales** und der Tabelle **Stores** benötigt, wobei die Beziehung von **FactSales** ausgeht. **FactSales** enthält die Umsatz- und Kostendaten des fiktiven Unternehmens Contoso sowie Schlüssel zu anderen Tabellen, etwa Codes der Läden, die auch in der Tabelle **Stores** verwendet werden.

Wählen Sie also in der Feldliste der Tabelle **FactSales** das Feld **StoreKey** aus, und ziehen Sie es zu dem Feld **StoreKey** in der Tabelle **Stores**. Schieben Sie die Tabellen bei Bedarf vorher so zueinander, dass eine Verbindung einfach möglich ist. Im Diagramm erscheint ein Pfeil, der von der übergeordneten zu der verknüpften Tabelle läuft. Auf die gleiche Weise stellen Sie eine Beziehung zwischen dem Feld **ProductCategoryKey** in den Tabellen **DimProductSubcategory** und **DimProductCategory** her.

Erweiterte Auswertung

Mit den neuen Beziehungen sind bereits neue Auswertungen in der Pivot-Tabelle möglich. Gehen Sie mit der Schaltfläche **Zu Arbeitsmappe wechseln** in der Titelleiste des PowerPivot-Fensters zurück zu dem Tabellenblatt mit der bisherigen Pivot-Tabelle. Benutzen Sie den Link **Alle**, um alle im Datenmodell vorhandenen Tabellen anzuzeigen. Erweitern Sie die Tabelle **Stores**, und ziehen Sie **StoreName** in den Bereich **Filter**. Entfernen Sie das Feld **BrandName** aus dem Bereich **Zeilen**.

Erweitern Sie die Tabelle **DimProductCategories**. Ziehen Sie **ProductCategoryName** in den Bereich **Zeilen**, und legen Sie das Element oberhalb von **ProductSubcategory** ab. Wenn Sie nun in der Feldliste den Link **Aktiv** anklicken, finden Sie die neuen Felder auch dort.

18

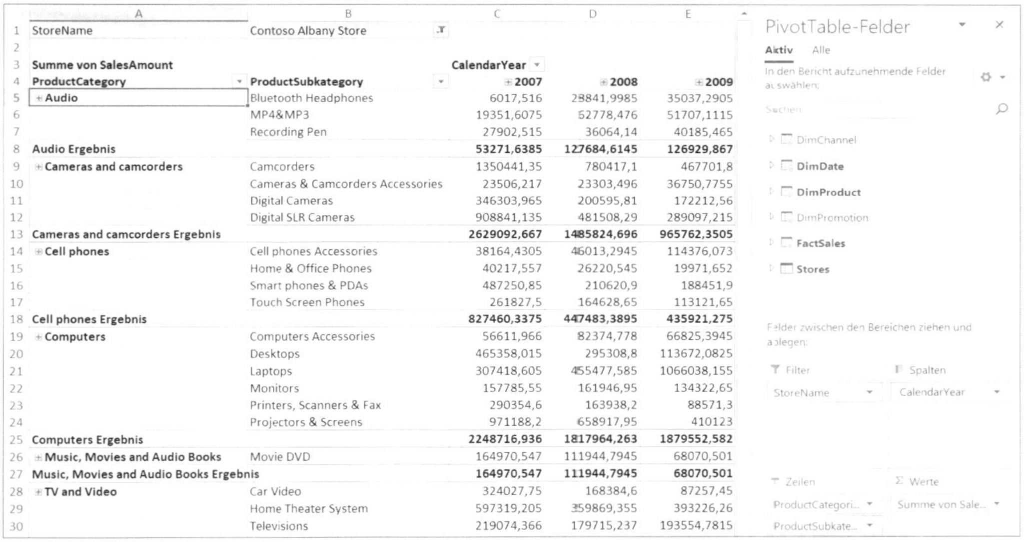

	A	B	C	D	E
1	StoreName	Contoso Albany Store			
2					
3	**Summe von SalesAmount**		**CalendarYear**		
4	**ProductCategory**	**ProductSubkategory**	**2007**	**2008**	**2009**
5	**Audio**	Bluetooth Headphones	6017,516	23841,9985	35037,2905
6		MP4&MP3	19351,6075	52778,476	51707,1115
7		Recording Pen	27902,515	36064,14	40185,465
8	**Audio Ergebnis**		**53271,6385**	**127684,6145**	**126929,867**
9	**Cameras and camcorders**	Camcorders	1350441,35	780417,1	467701,8
10		Cameras & Camcorders Accessories	23506,217	23303,496	36750,7755
11		Digital Cameras	346303,965	200595,81	172212,56
12		Digital SLR Cameras	908841,135	481508,29	289097,215
13	**Cameras and camcorders Ergebnis**		**2629092,667**	**1485824,696**	**965762,3505**
14	**Cell phones**	Cell phones Accessories	38164,4305	46013,2945	114376,073
15		Home & Office Phones	40217,557	26220,545	19971,652
16		Smart phones & PDAs	487250,85	210620,9	188451,9
17		Touch Screen Phones	261827,5	164628,65	113121,65
18	**Cell phones Ergebnis**		**827460,3375**	**447483,3895**	**435921,275**
19	**Computers**	Computers Accessories	56611,966	82374,778	66825,3945
20		Desktops	465358,015	295308,8	113672,0825
21		Laptops	307418,605	455477,585	1066038,155
22		Monitors	157785,55	161946,95	134322,65
23		Printers, Scanners & Fax	290354,6	163938,2	88571,3
24		Projectors & Screens	971188,2	658917,95	410123
25	**Computers Ergebnis**		**2248716,936**	**1817964,263**	**1879552,582**
26	**Music, Movies and Audio Books**	Movie DVD	164970,547	111944,7945	68070,501
27	**Music, Movies and Audio Books Ergebnis**		**164970,547**	**111944,7945**	**68070,501**
28	**TV and Video**	Car Video	324027,75	168384,6	87257,45
29		Home Theater System	597319,205	359869,355	393226,26
30		Televisions	219074,366	179715,237	193554,7815

Abbildung 18.72 Erweiterte Pivot-Tabelle

Die letzte Beziehung soll die Tabelle **Geography** in das Modell einbinden. Bei der Gelegenheit stellen wir Ihnen die Suchfunktion vor, die Sie in der Diagrammansicht nutzen können.

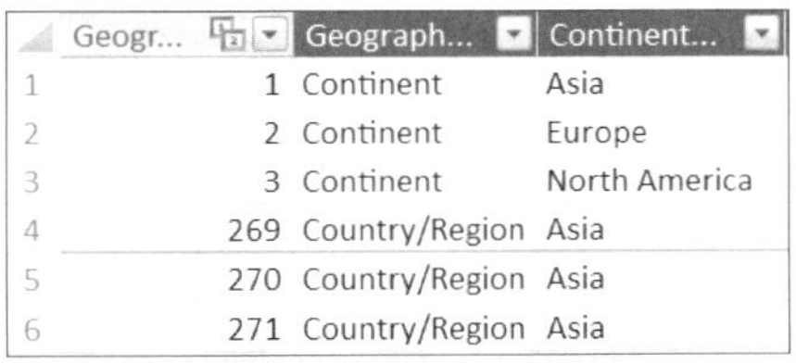

	Geogr...	Geograph...	Continent...
1	1	Continent	Asia
2	2	Continent	Europe
3	3	Continent	North America
4	269	Country/Region	Asia
5	270	Country/Region	Asia
6	271	Country/Region	Asia

Abbildung 18.73 Die Tabelle mit den geografischen Daten

Metadaten suchen

Die Tabelle **Geography** enthält ein Feld **GeographyKey**, das die Zeilen in der Tabelle eindeutig identifiziert. Um herauszufinden, ob dieser Schlüssel auch von anderen Tabellen im Modell verwendet wird, rufen Sie mit der Schaltfläche **Metadaten suchen** die Suchfunktion auf.

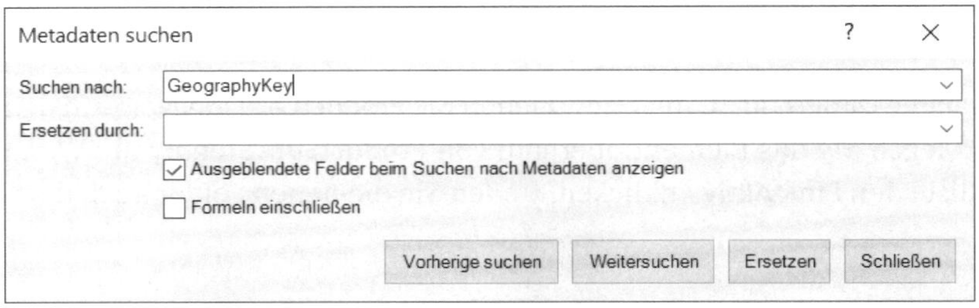

Abbildung 18.74 Suche nach einem Feld im Modell

Mit der Schaltfläche **Weitersuchen** steuern Sie die verschiedenen Treffer in den Tabellen des Modells an. In diesem Fall ist die Tabelle **Stores** der erwünschte Zielpunkt. Stellen Sie, wie oben beschrieben, eine Beziehung zwischen den beiden Schlüsselfeldern in den Tabellen **Geography** und **Stores** her. Damit sind alle im Modell vorhandenen Tabellen auf die eine oder andere Weise miteinander verbunden.

18.4.4 Zugriff über CUBE-Funktionen

Das aus den verschiedenen Datenquellen zusammengefügte Datenmodell lässt sich anschließend sowohl über die Pivot-Funktionen von Excel als auch über die CUBE-Funktionen auswerten. Das Argument *Verbindung* heißt in diesem Fall einfach `"ThisWorkbookDataModel"`.

```
=CUBEMENGE("ThisWorkbookDataModel";"[ProductCategoryKey].[All].children";
"Produktkategorien")
```

legt z. B. in Zelle A40 die Anzahl der Produktkategorien ab, wobei in der Zelle nur die Beschriftung zu sehen ist.

```
=CUBEMENGENANZAHL(A40)
```

gibt dann die tatsächliche Menge aus.

18.4.5 Erstellen berechneter Spalten

Das zweite große Feld, auf dem PowerPivot die Möglichkeiten von Excel erweitert, ist der Einsatz einer speziellen Ausdruckssprache, die mit dem Kürzel DAX – steht für *Data Analysis Expressions* – benannt ist. DAX ist eine vereinfachte Variante der auf dem SQL Server für die Analyse von OLAP-Cubes verwendeten Sprache MDX (*Multi-Dimensional Expressions*). DAX wird in PowerPivot verwendet, um zusätzliche berechnete Spalten und Felder in das Modell einzufügen.

DAX besteht aus einem Bündel von Funktionen, Operatoren und Konstanten. Die komplette Syntax finden Sie unter *msdn.microsoft.com/en-us/library/library/ee634396.aspx*. Es handelt sich um ein komplexes Thema, das im Rahmen dieses Buches nur angerissen werden kann. Als einfaches Beispiel soll eine Gewinnberechnung dienen, die einer zusätzlichen Spalte in der Tabelle **FactSales** zugewiesen werden soll.

1 Wechseln Sie im PowerPivot-Fenster mit der gleichnamigen Schaltfläche zur Datensicht zurück.

2 Wählen Sie über das Register die Tabelle **FactSales** aus.

3 Nutzen Sie den Pfad **Entwurf ▸ Spalten ▸ Hinzufügen**.

4 Geben Sie die Formel für die Spalte in der Bearbeitungsleiste über der Tabelle ein. Mit der Funktion **AutoVervollständigen** lassen sich die exakten Namen von Spalten und Tabellen auf einfache Weise eingeben. Die Bezüge auf die Spalten der Tabelle werden jeweils in eckige Klammern eingefasst. Nach der ersten eckigen Klammer hinter dem Gleichheitszeichen werden die möglichen Werte jeweils zur Auswahl angeboten. Die benötigte Formel heißt:

```
= [SalesAmount] - [TotalCost] - [ReturnAmount]
```

Diese Formel bewirkt, dass in jeder Zeile der Tabelle von dem Wert für **SalesAmount** die beiden anderen Werte abgezogen werden.

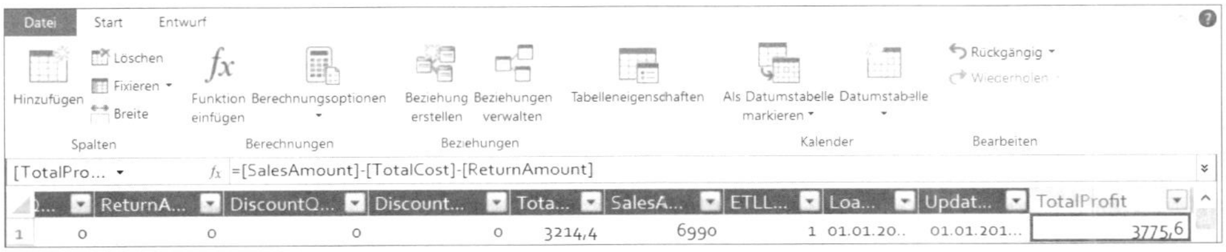

5 Die neue Spalte wird sofort mit den berechneten Werten gefüllt. Ersetzen Sie nur noch den vorgegebenen Dummy-Namen. Öffnen Sie das Kontextmenü dieses Namens, und klicken Sie auf **Spalte umbenennen**.

18.4.6 Erstellen einer Hierarchie

Datenmodelle sind häufig hierarchisch aufgebaut. Zeitbezogene Daten lassen sich z. B. nach Jahren ordnen, darunter nach Quartalen, darunter nach Monaten etc. Raumbezogene Daten sind nach Kontinenten, Ländern, Regionen oder Orten gruppiert. Wenn Sie in Ihrem Datenmodell entsprechende Hierarchien einrichten, wird es leicht möglich, zwischen den verschiedenen Ebenen zu wechseln, um mal mehr und mal weniger detaillierte Daten zu finden.

Ist eine Hierarchie einmal definiert, können Sie in der Feldliste mit diesem Element arbeiten, ohne die Unterelemente jeweils einzeln einem der Bereiche zuordnen zu müssen. Gleichzeitig werden in diesem Fall neue Drilldown- und Drillup-Funktionen aktiviert, die das Ein- und Ausblenden der verschiedenen Ebenen vereinfachen. Ein einfaches Beispiel ist eine Datumshierarchie. Hier ist das Verfahren:

1. Erweitern Sie in der Diagrammsicht von PowerPivot mit dem Symbol **Maximieren** die Tabelle **DimDate**, sodass alle Felder sichtbar sind.
2. Klicken Sie auf die Schaltfläche **Hierarchie erstellen**. Am Ende der Spaltenliste wird der übergeordnete Hierarchieknoten **Hierarchy 1** eingefügt.
3. Benennen Sie das Element in **Dates** um.
4. Ziehen Sie aus der Spaltenliste die Spalten **CalendarYear**, **CalendarQuarter** und **CalendarMonth** auf das Hierarchieelement.

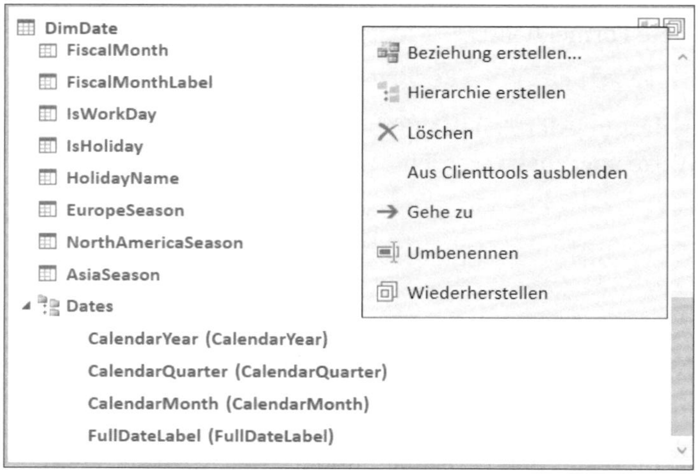

5. Klicken Sie auf **Minimieren**, um die Feldliste wieder zu verkleinern.

Eine zweite Hierarchie ist für die Tabelle **DimProduct** sinnvoll. Vergeben Sie den Namen **Categories**, und ziehen Sie die beiden Spalten **ProductCategory** und **ProductSubcategory** auf den Hierarchieknoten.

Auswertung mit Hierarchien

Nach diesen Vorarbeiten können Sie nun den Einsatz der eingerichteten Hierarchien in der Pivot-Tabelle testen. Die aktive Feldliste enthält bereits die Elemente für die beiden Hierarchien. Wir ersetzen die bisherigen Felder im Bereich **Zeilen** durch das Element **Categories**, und im Bereich **Spalten** nehmen wir nur das Hierarchieelement **Dates**.

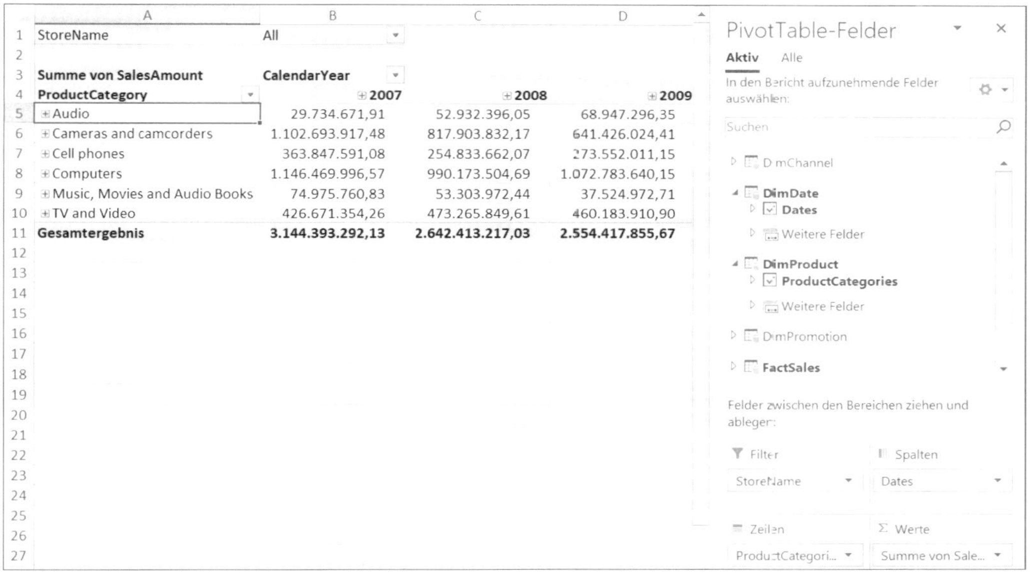

Abbildung 18.75 Auswertung mithilfe der Hierarchien »Dates« und »Categories«

Der Vorteil der Hierarchien wird besonders deutlich, wenn Sie z. B. eine Produktkategorie markieren. In diesem Fall wird auf dem Register **Analysieren** in der Gruppe **Aktives Feld** die Schaltfläche **Drilldown ausführen** aktiviert. Wenn Sie sie anklicken, erscheinen die Unterkategorien zu dieser Kategorie. Die Schaltfläche **Drillup ausführen** wird im Gegenzug aktiviert, um wieder zu der höheren Ebene der Hierarchie zurückzukehren.

Die Hierarchie der Zeitwerte ist dreistufig; wenn ein Element für ein Jahr aktiviert ist, zeigt die Schaltfläche **Drilldown ausführen** also zunächst die Quartale und im nächsten Schritt die Monate eines Quartals an. Entsprechende Zahlen werden an den Jahresnamen angehängt, was allerdings etwas irritierend wirkt.

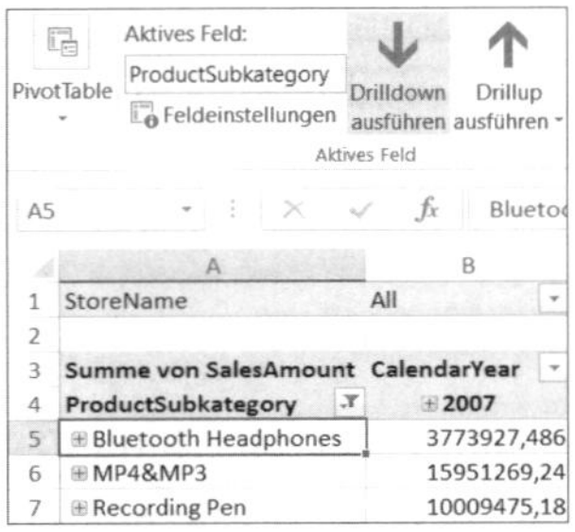

Abbildung 18.76 »Drilldown ausführen« zeigt die untergeordneten Elemente.

18.5 Veröffentlichen auf Power BI

Was helfen massenhaft erfasste Daten, wenn ihre Darstellung nicht so eingerichtet ist, dass Sie in die Lage kommen, die richtigen Schlüsse daraus zu ziehen. *Business Intelligence*, kurz *BI*, ist seit Jahren das Etikett für alle Verfahren, Daten gewinnbringend aufzubereiten. Dazu gehören einerseits Methoden, Daten zu ordnen, zusammenzufassen, zu komprimieren, nach Kriterien zu bewerten, andererseits verschiedene Formen der Darstellung und Visualisierung. Excel kann Ihnen in beiden Feldern insbesondere mit Pivot-Tabellen, Sparklines und Diagrammen eine Menge anbieten. Microsoft ergänzt dieses Angebot durch Power BI, eine Sammlung von Softwarediensten, Apps und Konnektoren, mit deren Hilfe Sie insbesondere Dashboards aufbauen können, um leichter den Überblick über wichtige Entwicklungen in Ihrem Bereich zu behalten.

18.5.1 Der Zugang zu Power BI

Von Excel aus haben Sie die Möglichkeit, Inhalte aus Arbeitsmappen auf solchen Dashboards zu veröffentlichen. In diesem Abschnitt soll wenigstens kurz gezeigt werden, wie das geht. Power BI besteht aus einer Anwendung mit dem Namen Power BI Desktop, einem Power BI-Dienst, und mobilen Apps für Smartphones und Tablets.

Um Power BI zu nutzen, ist eine Registrierung erforderlich. Abonnenten von Office 365 können sich mit Ihrem Konto anmelden. Für den ersten Schritt können Sie den Link unter **Datei ▸ Veröffentlichen** nutzen.

Wenn Sie angemeldet sind, können Sie auch die Desktop-Anwendung für Power BI herunterladen und installieren. Uns soll hier aber nur interessieren, wie Sie direkt von Excel aus Material für weitere Auswertung durch Power BI übertragen können. Wir nehmen als Beispiel einfach die Quelldaten unseres Pivot-Tabellen-Beispiels und speichern Sie in diesem Fall auf OneDrive. Diese Daten sind als Tabelle formatiert und erfüllen so die Voraussetzungen, um nach Power BI veröffentlicht zu werden.

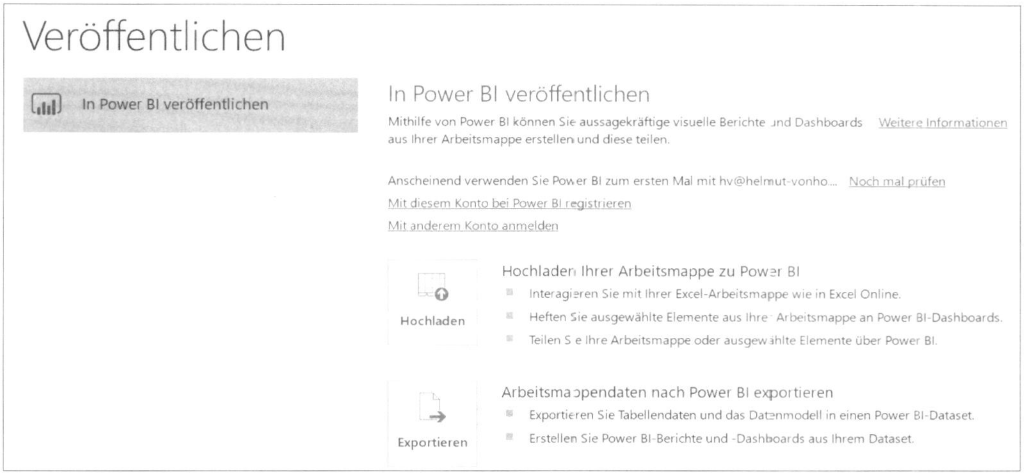

Abbildung 18.77 Der Zugang zu Power BI über »Datei« ► »Veröffentlichen«

18

18.5.2 Erste Schritte auf das Dashboard

Nachdem Sie erfolgreich registriert sind, können Sie die Schaltflächen unter **Veröffentlichen** nutzen, um Tabellen nach Power BI zu übertragen. Die Schaltfläche **Hochladen** erlaubt Ihnen, mit den veröffentlichten Daten so zu verfahren, wie mit Exceldateien, die Sie über Excel Online öffnen. Die Schaltfläche **Exportieren** übergibt die Tabellendaten und ein vorhandenes Datenmodell in ein Power-BI-Dataset.

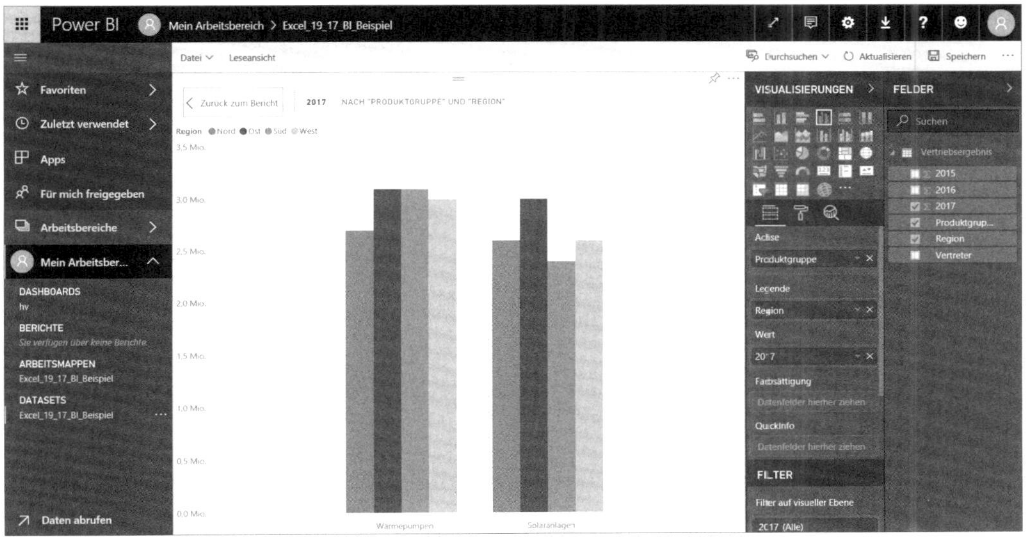

Abbildung 18.78 Zusammenstellen einer Visualisierung

Die exportierte Datei erscheint unter **Arbeitsmappen** im Arbeitsbereich des BI-Fensters, das in diesem Fall im Browser geöffnet wird. Mit der +-Symbol können Sie nun wählen, ob Sie ein neues Dashboard, einen Bericht oder ein Dataset erstellen wollen. Wählen Sie das Dataset der von OneDrive eingelesenen Datei aus. In Power BI wird die Tabelle in der Bearbeitungsansicht geöffnet. Der Berichtszeichenbereich ist zunächst noch leer, wie bei der Erstellung von Pivot-Tabellen. Im rechten Bereich finden Sie aber schon die Liste der Felder. Außerdem werden zahlreiche Symbole für Visualisierungen angeboten, außerdem Optionen für Filter.

Wenn Sie nun eine Visualisierung erstellen wollen, wählen Sie zuerst das Symbol für den Diagrammtyp und ziehen dann die Felder aus der Feldliste passend in die Bereiche **Achse**, **Legende** und **Wert**. Wenn der Diagrammtyp nicht optimal ist, wählen Sie einfach ein anderes Symbol aus. Statt einer Visualisierung können Sie auch eine neu zusammengestellte Tabelle erstellen, indem Sie die Felder direkt in den Berichtzeichenbereich ziehen. Zum Ende speichern Sie die verschiedenen Berichte jeweils unter einem eigenen Namen ab. Alle Berichte lassen sich über das jeweils angebotene Nadelsymbol auf einer eigenen Kachel an das Dashboard anheften.

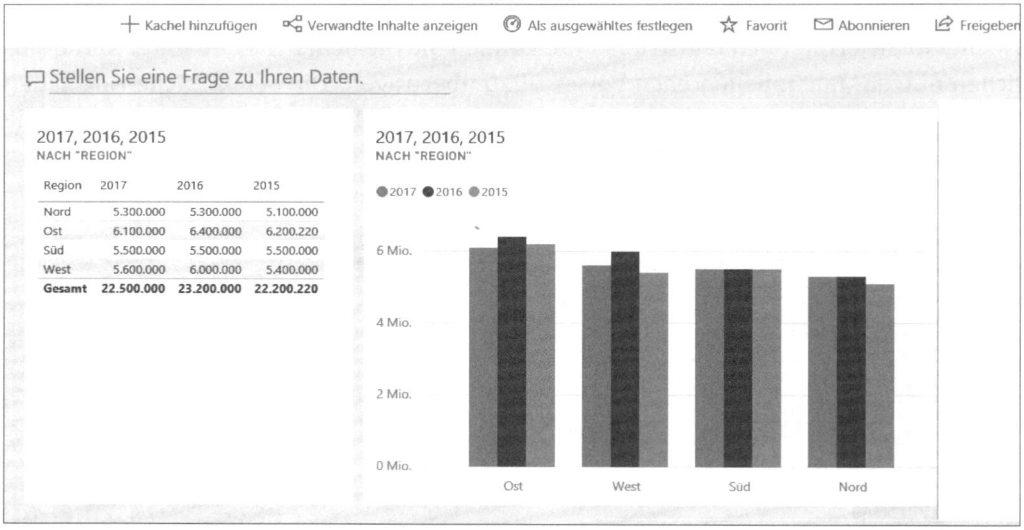

Abbildung 18.79 Ein Dashboard mit zwei Kacheln

Über die Schaltfläche **Freigeben** geben Sie das Dashboard für alle frei, die die Berichte ebenfalls in Augenschein nehmen sollen.

Übrigens hat mein Kollege Stefan Nelles ein umfangreiches Buch, »Power BI mit Excel«, zu den Möglichkeiten von Power BI geschrieben, das ich Ihnen nur empfehlen kann.

19 Arbeit mit externen Daten

Obwohl inzwischen auf einem einzigen Tabellenblatt Tabellen mit Hunderttausenden von Datenzeilen untergebracht werden können, ist Excel doch nicht in erster Linie ein Programm, um Massendaten zu speichern und zu verwalten. Die Stärken des Programms liegen hauptsächlich in der Analyse von Daten. Andererseits wurden die Möglichkeiten des Zugriffs auf Daten aus anderen Quellen ständig erweitert. Es ist im Rahmen dieses Buches allerdings nicht möglich, auf alle Varianten im Detail einzugehen.

Ein wesentlicher Bereich bleibt die Übernahme von Daten aus externen Datenbanken, sei es lokal oder über das Netz. Damit Sie die Fähigkeiten von Excel ohne Umstände für diese Daten nutzen können, sind leicht handhabbare Verknüpfungsmöglichkeiten natürlich unbedingt erforderlich. Excel arbeitet dabei mit *Verbindungsdefinitionen*, die nur einmal erstellt und dann immer wieder verwendet werden können.

Die Verbindungsdefinition beschreibt, wie die Verbindung zur Datenquelle hergestellt wird und welche Parameter dabei verwendet werden. Eine Arbeitsmappe kann ohne Weiteres mehrere solcher Verbindungen verwenden. Sie können externe Datenbestände entweder vollständig aus bestimmten Datenquellen importieren oder vor der Übernahme durch Abfragekriterien filtern lassen. Dies ist häufig sinnvoll, um die Datenmengen auf das zu reduzieren, was für die gewünschte Auswertung tatsächlich benötigt wird.

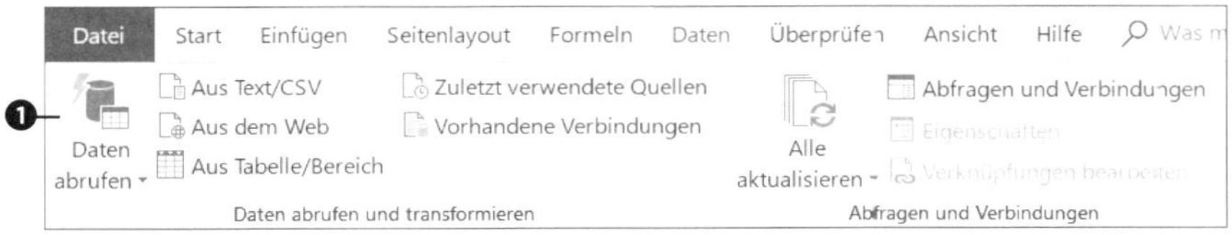

Abbildung 19.1 Werkzeuge für den Zugriff auf externe Daten

Excel 2019 bietet Ihnen für den Zugriff auf externe Datenbestände zahlreiche Werkzeuge an. Dabei wurden die Gruppen des Registers **Daten** neu geordnet. Die erste Gruppe **Daten abfragen und transformieren** enthält das, was für die Übernahme von externen Daten wichtig ist. Die zweite Gruppe **Abfragen und Verbindungen** betrifft den Umgang mit bereits erstellten Abfragen und Verbindungen.

In der ersten Gruppe finden Sie eine Schaltfläche **Daten abrufen** ❶, die wiederum Schaltflächen für die Übernahme von Daten aus Access, aus dem Internet, aus Textdateien, aus zahlreichen Datenbanken, aus Onlinediensten und anderen Quellen einblendet.

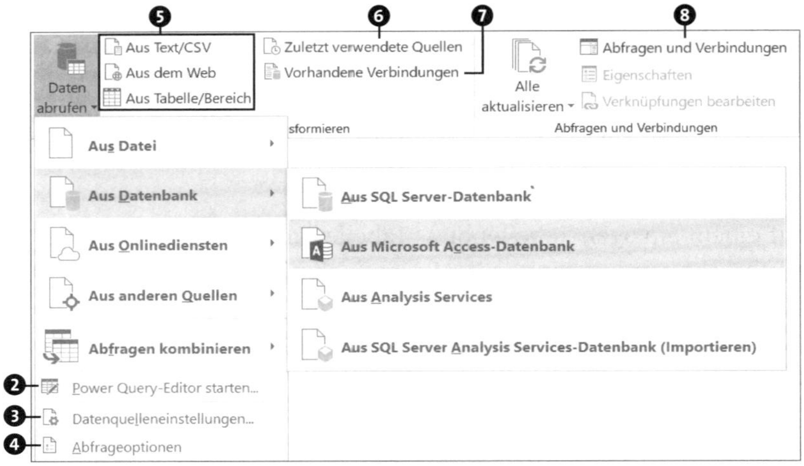

Abbildung 19.2 Die Optionen zur Schaltfläche »Daten abrufen«

Außerdem stellt das Menü den Power-Query-Editor ❷ zur Verfügung. **Datenquelleneinstellungen** ❸ erlaubt die Verwaltung der verwendeten Datenquellen in Punkto Rechtevergabe. **Abfrageeinstellungen** ❹ betreffen globale und auf die Arbeitsmappe bezogene Optionen zum Laden und Zwischenspeichern der Daten, Regeln für die Datensicherheit und den Datenschutz etc.

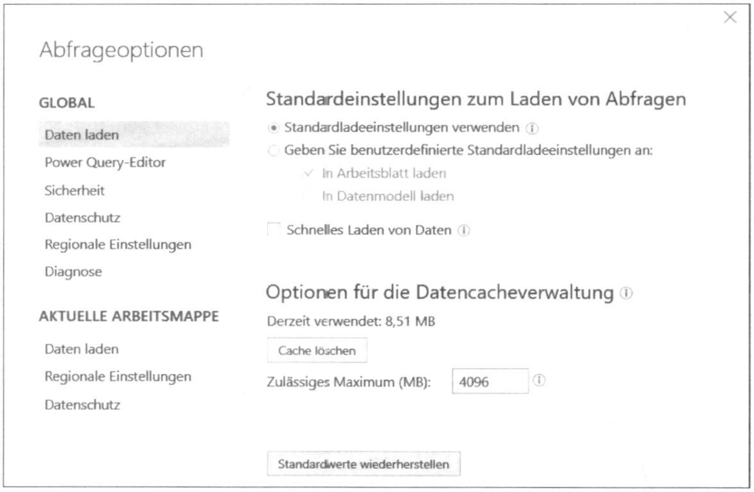

Abbildung 19.3 Der Dialog für allgemeine Einstellungen zu Abfragen

Für häufig verwendete Abfragequellen stehen in der gleichen Gruppe noch Symbole zur Verfügung, die direkt zu der entsprechenden Quelle führen: **Aus Text/CSV**, **Aus dem Web**, **Aus Tabelle/Bereich** ❺. Soll eine zuletzt verwendete Quelle erneut genutzt werden, hilft die Schaltfläche **Zuletzt verwendete Quellen** ❻. Über **Vorhandene Verbindungen** ❼ lassen sich dagegen alle bereits definierten Verbindungen erneut aufrufen. Das gilt für die in der Arbeitsmappe definierten Verbindungen, aber auch für lokale oder im Netz verfügbare Verbindungsdateien, wenn Sie unter **Anzeigen** die entsprechende Einstellung wählen.

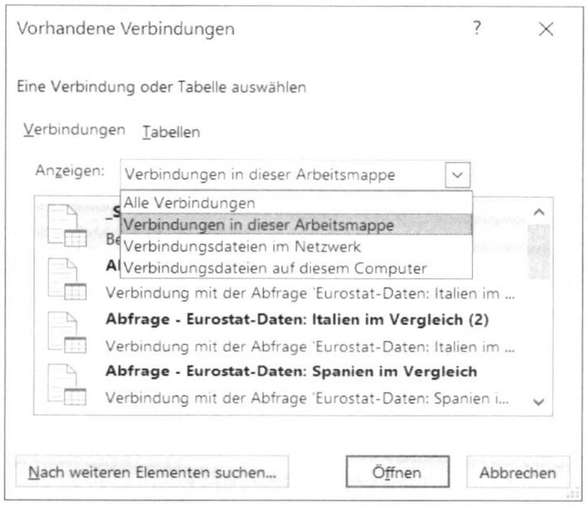

Abbildung 19.4 Der Dialog »Vorhandene Verbindungen«

In der Gruppe **Abfragen und Verbindungen** ❽ finden Sie die gleichnamige Schaltfläche, die einen Aufgabenbereich **Abfragen und Verbindungen** öffnet. Abfragen und Verbindungen werden dort auf getrennten Registern aufgelistet.

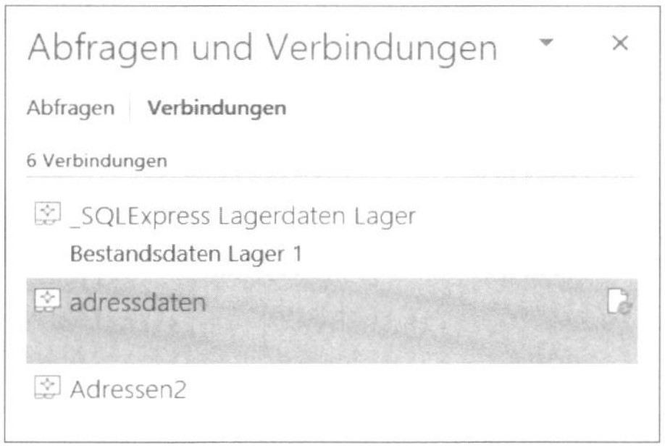

Abbildung 19.5 Der Aufgabenbereich »Abfragen und Verbindungen«

19.1 Access-Daten importieren

Access ist ein unter dem Gesichtspunkt der Benutzerfreundlichkeit sicher gut ausgestattetes Datenbankprogramm, das für Anwender mit nicht allzu großem Datenhunger vorzügliche Dienste leistet. Um den Ablauf der Übernahme externer Daten aus einer verfügbaren Datenquelle zu zeigen, wollen wir deshalb zunächst ein Beispiel für den Datenimport aus einer Access-Datenbank beschreiben:

1 Wählen Sie in einem leeren Arbeitsblatt den Befehl **Daten ▶ Daten abrufen ▶ Aus Datenbank ▶ Aus Microsoft Access-Datenbank**. Excel öffnet das Dialogfeld **Daten importieren**. Access-Datenbanken sind als Datentyp schon voreingestellt. Verwendet werden die Dateierweiterungen *.mdb* für die älteren Versionen und *.accdb* für Dateien ab der Version 2007.

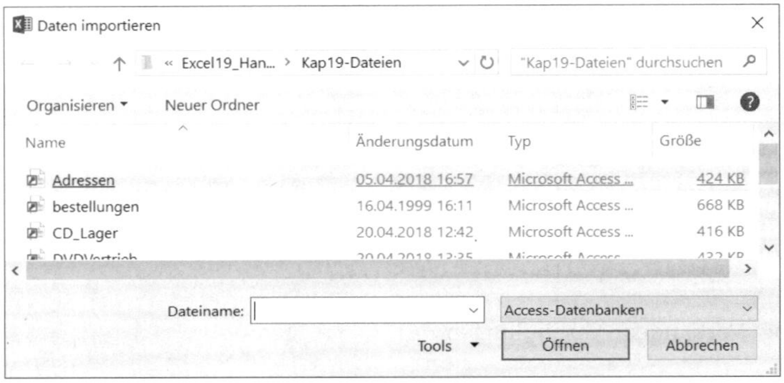

2 Wenn Sie die gewünschte Access-Datei ausgewählt haben, können Sie den Dialog bestätigen. Anschließend werden die in dieser Datenbank enthaltenen Tabellen und Views in dem Dialogfeld **Navigator** angeboten. Views sind Abfragen, die die Datenmenge beispielsweise schon mithilfe bestimmter Kriterien reduzieren können. Mit **Laden** starten Sie den Import der Daten in das Arbeitsblatt.

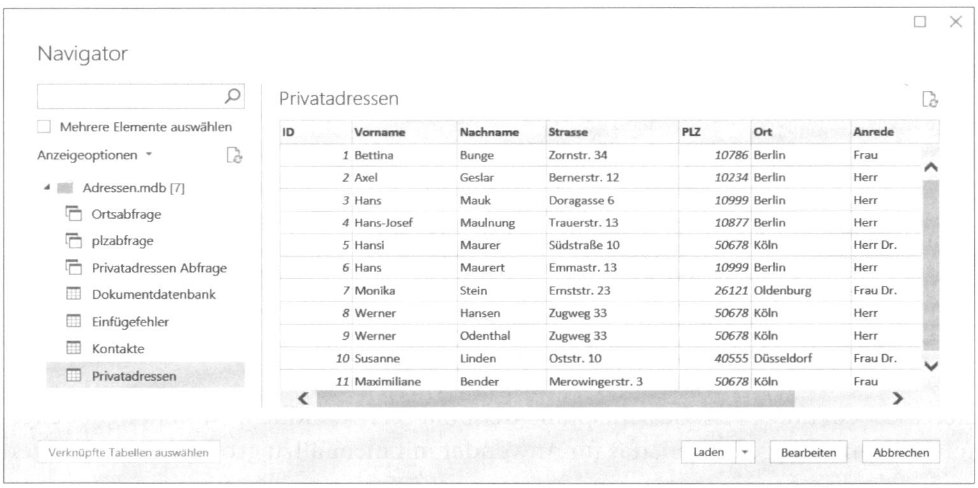

3 Die Schaltfläche **Laden** bietet über den kleinen Pfeil auch die Option **Laden in** an, die es erlaubt, das Zielformat des Imports anzugeben. Neben der Option **Tabelle** können Sie hier auch gleich einen Import in einen PivotTable-Bericht oder eine PivotChart wählen. Schließlich müssen Sie noch angeben, wo die Daten abgelegt werden sollen. Wählen Sie **Bestehendes Arbeitsblatt**, geben Sie die Adresse der oberen linken Eckzelle an, ansonsten können Sie die Tabelle auch gleich auf ein neues Blatt legen.

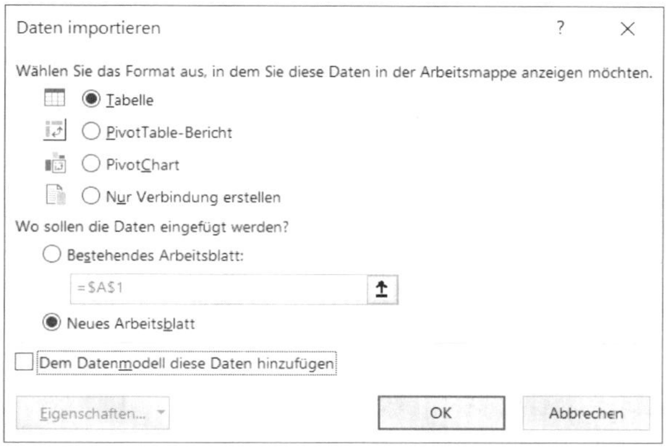

4 Die Datenbankdaten werden in dem gewählten Format an der angegebenen Stelle eingefügt. Ist **Tabelle** als Format ausgewählt, wird eine **Excel-Tabelle** mit einer vorgegebenen Formatierung erzeugt.

	A	B	C	D	E	F	G	H
1	ID	Vorname	Nachname	Strasse	PLZ	Ort	Anrede	Einstufung
2	1	Bettina	Bunge	Zornstr. 34	10786	Berlin	Frau	A
3	2	Axel	Geslar	Bernerstr. 12	10234	Berlin	Herr	B
4	3	Hans	Mauk	Doragasse 6	10999	Berlin	Herr	B
5	4	Hans-Josef	Maulnung	Trauerstr. 13	10877	Berlin	Herr	A
6	5	Hansi	Maurer	Südstraße 10	50678	Köln	Herr Dr.	A
7	6	Hans	Maurert	Emmastr. 13	10999	Berlin	Herr	C
8	7	Monika	Stein	Ernststr. 23	26121	Oldenburg	Frau Dr.	C
9	8	Werner	Hansen	Zugweg 33	50678	Köln	Herr	A
10	9	Werner	Odenthal	Zugweg 33	50678	Köln	Herr	C
11	10	Susanne	Linden	Oststr. 10	40555	Düsseldorf	Frau Dr.	C
12	11	Maximiliane	Bender	Merowingerstr.	50678	Köln	Frau	B

5 Excel stellt bei diesem Verfahren automatisch eine Verbindung zur Access-Datenbank her, deren Merkmale über **Entwurf ▸ Externe Tabellendaten ▸ Eigenschaften** eingesehen und bearbeitet werden können. Das betrifft einmal die Formatierung, zum anderen die Frage der Aktualisierung, falls an den Quelldaten etwas geändert wird. Außerdem wird hier festgelegt, wie verfahren werden soll, wenn sich die Anzahl der Zeilen ändert. Mit der Option **Zeilennummern einschließen** können Sie erreichen, dass vor die eingelesenen Datensätze noch eine Spalte mit einer Zählnummer gesetzt wird, was manchmal ganz nützlich ist. Ist **Spaltenbreite anpassen** aktiviert, wird eine Veränderung der Spaltenbreite wieder rückgängig gemacht. Mit den Optionen **Sortieren/Filtern/Layout für Spalte beibehalten** und **Zellformatierung beibehalten** können Sie noch dafür sorgen, dass entsprechende Änderungen bei einer Aktualisierung nicht wieder überschrieben werden. Außerdem wird hier festgelegt, wie verfahren werden soll, wenn sich die Anzahl der Zeilen ändert.

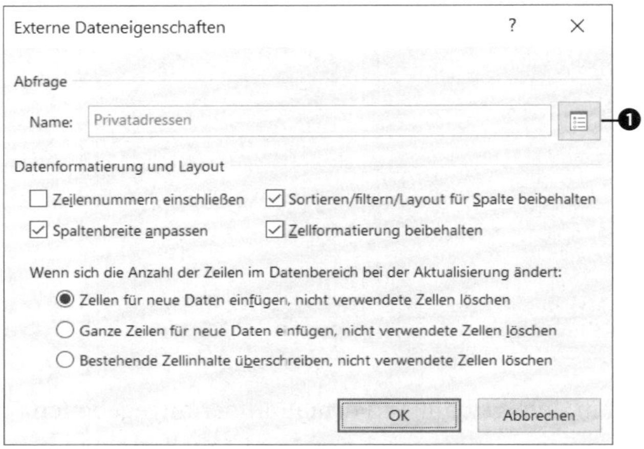

6 Die Schaltfläche **Abfrageeigenschaften** ❶ öffnet den gleichnamigen Dialog, in dem Sie auf dem Register **Verwendung** Einstellungen zur Aktualisierung vornehmen. Ändern sich die Daten häufig, kann ein entsprechendes Intervall eingerichtet werden. Zum Beispiel kann bestimmt werden, dass alle 60 Minuten die Änderungen an den Daten in der Quelltabelle von Access in die Arbeitsmappe übernommen werden ❷. Die Option **Aktualisieren beim Öffnen der Datei** ❸ stellt sicher, dass wenigstens in diesem Fall die aktuellen Daten aus der Datenquelle in den Tabellenbereich übernommen werden. In jedem Fall werden die Daten in Excel aktualisiert, wenn Sie den Zellzeiger in die Tabelle stellen und in dem Menü der Schaltfläche **Daten ▸ Abfragen und Verbindungen ▸ Alle aktualisieren** den Befehl **Aktualisieren** aufrufen. Dieser bezieht sich dann ausschließlich auf die Tabelle mit den externen Access-Daten. Die Option **Alle aktualisieren** erlaubt es aber auch, mehrere Verbindungen in einem Zug zu aktualisieren.

7 Auf dem Register **Definition** wird Ihnen die Schaltfläche **Verbindungsdatei exportieren** angeboten. Die Definition der Verbindung speichert Excel automatisch in einer ODC-Datei (*Office Data Connection*).

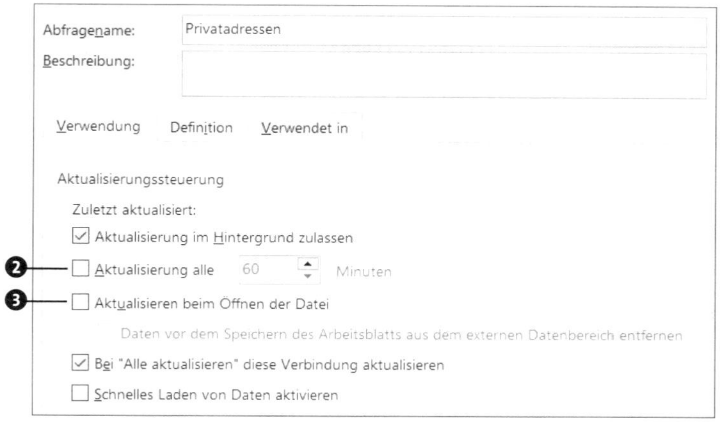

Als Vorgabe werden diese Dateien in einem auf den Benutzer bezogenen Ordner *Meine Datenquellen* gespeichert. Die entsprechende Abfrage wird ab diesem Zeitpunkt über **Vorhandene Verbindungen** angeboten. Sie können sie von jeder Arbeitsmappe aus nutzen, um Daten zu importieren. Außerdem wird die neue Abfrage in den Aufgabenbereich **Abfragen und Verbindungen** aufgenommen.

Die beim Import aus einer externen Datenbank im Tabellenblatt angelegten Bereiche haben eine Reihe von Besonderheiten, die die weitere Bearbeitung erleichtern.

Die aus externen Datenquellen übernommenen Daten werden im Excel-Tabellenblatt in dem gewählten Format ausgegeben. Die jeweilige Abfragedefinition wird zusammen mit der Arbeitsmappe gespeichert. Obwohl externe Datenbereiche aussehen wie normale Tabellen, gilt doch eine Reihe von Besonderheiten, die zu beachten sind. Wird eine Zelle im Bereich ausgewählt, steht ein spezielles Kontextmenü zur Verfügung.

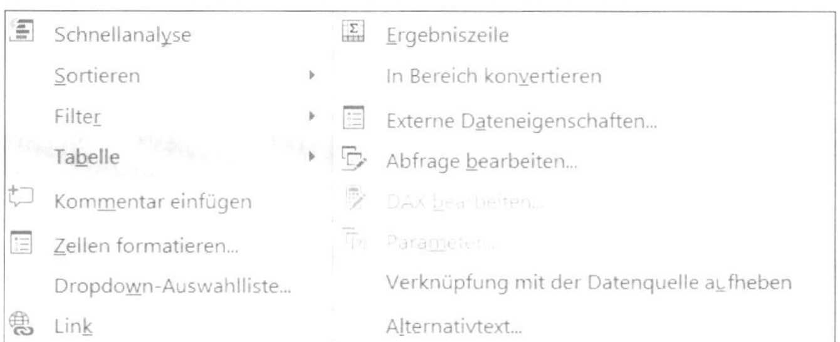

Abbildung 19.6 Kontextmenü zu einem externen Datenbereich

Über den Befehl **Abfrage bearbeiten** werden die bei der Datenübernahme verwendeten Zugangsdaten angezeigt und können manuell bearbeitet werden.

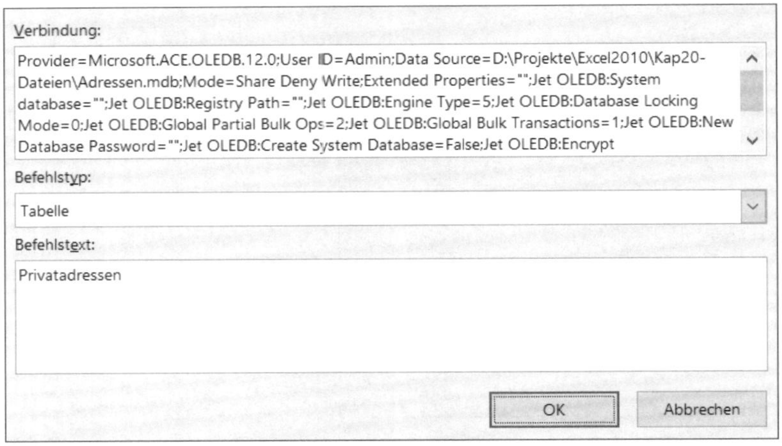

Abbildung 19.7 Die Details der Zugangsdaten

Soll die Verbindung eines solchen Bereichs mit der Quelldatei in Access wieder aufgehoben werden, wählen Sie aus dem Kontextmenü die Option **Verknüpfung mit der Datenquelle aufheben**. Der Bereich ist anschließend nur noch ein normaler Tabellenbereich. Die Verbindung wird aus der Arbeitsmappe entfernt. Der externe Datenbereich wird in diesem Fall in eine Excel-Tabelle verwandelt, die aktuell angezeigten Daten bleiben also erhalten.

19.2 Zugriff auf SQL-Server-Datenbanken

Wenn Sie eine Verbindung zu einer Datenbank auf einem Microsoft SQL Server aufbauen wollen, ist die Vorgehensweise etwas komplexer als bei dem zuletzt beschriebenen Verbindungsaufbau zu einer Access-Datenbank. Sie müssen ein paar Informationen mehr eingeben, um den Zugang zu erhalten. Wir verwenden hier ein Beispiel aus der Testdatenbank *Wide World Importers*, die Microsoft auf GitHub zur Verfügung stellt, siehe *https://github.com/Microsoft/sql-server-samples/releases/wide-world-importers-v1.0*.

Benutzen Sie zunächst aus dem Menü der Schaltfläche **Daten ▸ Daten abrufen ▸ Aus Datenbank** die Option **Aus SQL Server**. Im ersten Dialog geben Sie die Zugangsdaten zu dem jeweiligen Server ein. Wichtig ist zunächst der Servername. Wenn Sie die Datenbank auf dem eigenen Rechner betreiben, geben Sie hier einfach »localhost« ein, ansonsten muss der Name des Servers im Netz erscheinen, auf dem die Datenbank angesiedelt ist. Da der SQL Server in mehreren Instanzen eingesetzt werden kann, müssen

Sie hier eventuell auch den Namen der Instanz mit angeben. Die Syntax ist *Servername\Instanzname*.

Abbildung 19.8 Anmeldung beim SQL Server

Wenn für den Server der Zugang mithilfe der Windows-Anmeldeinformationen eingerichtet ist, können Sie die Option **Aktuelle Anmeldeinformationen verwenden** übernehmen und mit **Verbinden** den Zugang versuchen.

Falls für den Zugriff auf die Datenbank ein eigener Benutzername und ein Kennwort festgelegt sind, wählen Sie stattdessen die Option **Alternative Anmeldeinformationen verwenden** und geben die Daten entsprechend ein.

Abbildung 19.9 Anmeldeverfahren

Mit **Verbinden** erreichen Sie den **Navigator**. Hier wählen Sie in der linken Spalte die Datenbank aus, in der sich die Tabelle befindet, deren Daten Sie importieren wollen. Markieren Sie das benötigte Element, und bestätigen Sie mit **Laden**. Auch hier haben Sie wieder die Option, mit **Laden in** eine Pivot-Tabelle als Ziel auszuwählen.

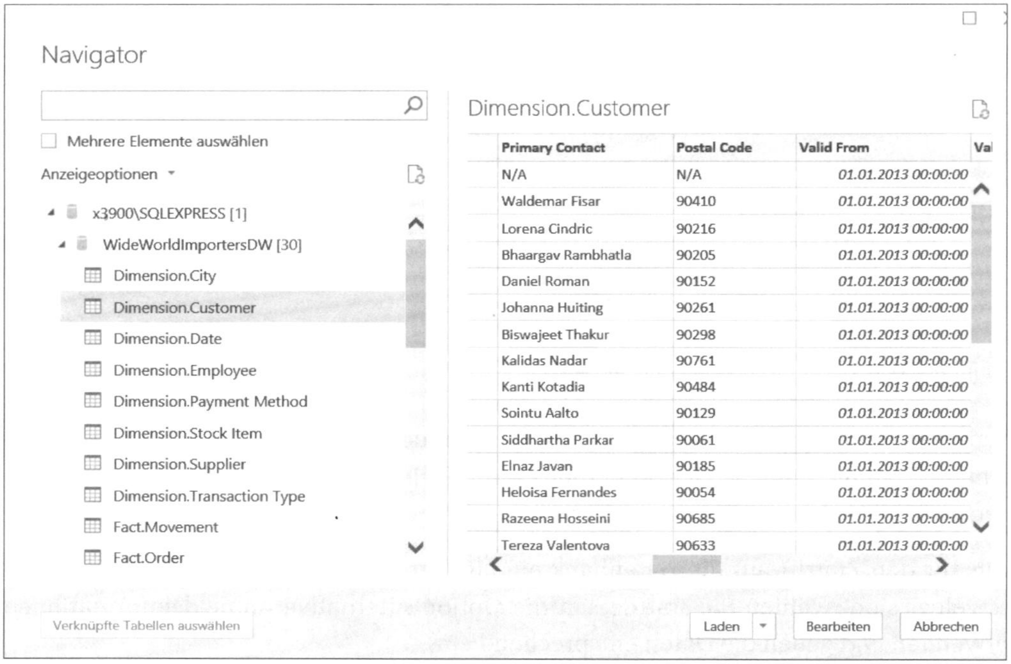

Abbildung 19.10 Auswahl der Tabelle im Navigator

Sind die Daten eingelesen, wird das Register **Abfrage** eingeblendet, und Sie können über die Schaltfläche **Verbindungsdatei exportieren** die Definition der Verbindung wieder in eine .ODC-Datei übertragen.

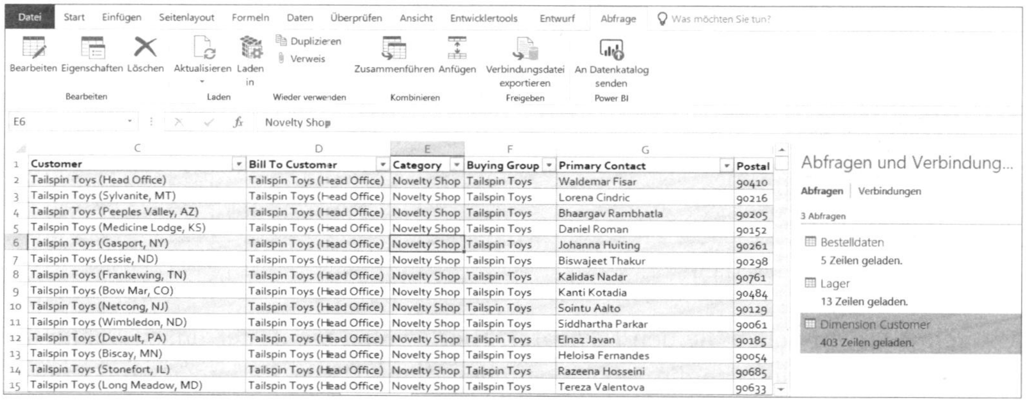

Abbildung 19.11 Die eingelesene Tabelle und das Register »Abfrage«

Legen Sie den Dateinamen für die Verbindungsdatei fest, und tragen Sie bei Bedarf eine Beschreibung ein. Unter **Anzeigenamen** können Sie noch einen freundlichen Namen für die Verbindung angeben, der dann in den folgenden Dialogen als Verbindungsname übernommen wird.

Über das Kontextmenü zu dem Eintrag im Aufgabenbereich **Abfragen und Verbindungen** erreichen Sie mit **Eigenschaften** den oben schon behandelten Dialog **Abfrageeigenschaften**. Unter **Abfragename** können Sie noch einen *freundlichen Namen* angeben.

Auf dem Register **Definition** finden Sie die komplette **Verbindungszeichenfolge**, die für den Aufbau der Verbindung zu einem SQL Server entscheidend ist.

Abbildung 19.12 Die Definition der Verbindung

Die Verbindungszeichenfolge ist gewissermaßen der Schlüssel zu den externen Daten. Wie diese Verbindungszeichenfolge auszusehen hat, hängt von dem verwendeten Datenprovider und von der gewünschten Datenquelle ab. Die Zeichenfolge besteht aus einer Folge von Paaren mit der Syntax `Parameter = Wert`, getrennt durch Semikola.

Über das Register **Verwendung** wird die Aktualisierungssteuerung festgelegt. Beispielsweise kann bestimmt werden, dass alle 60 Minuten die Änderungen an den Daten in der Quelltabelle auf dem SQL Server in die Arbeitsmappe übernommen werden.

Abbildung 19.13 Auf dem Register »Verwendung« legen Sie Einstellungen zur Aktualisierung fest.

Die Option **Aktualisieren beim Öffnen der Datei** stellt sicher, dass wenigstens in diesem Fall die aktuellen Daten aus der Datenquelle in den Tabellenbereich übernommen werden. Unabhängig davon kann eine Aktualisierung immer auch manuell über die Schaltfläche **Alle aktualisieren** in der Gruppe **Daten ▸ Abfragen und Verbindungen** vorgenommen werden. Die Schaltfläche bietet Optionen, um wahlweise alle vorhandenen oder nur die aktuelle Verbindung zu aktualisieren.

19.3 Abfrage von XML-Dateien

In wachsendem Maße werden heute Massendaten nicht nur in Datenbanken gespeichert, sondern auch in XML-Dokumenten. Manchmal werden mithilfe spezieller Felder auch XML-Dokumente innerhalb von Datenbanken gespeichert. Excel stellt mehrere Funktionen für den Umgang mit XML-Daten zur Verfügung. Die einfache Variante soll an dieser Stelle beschrieben werden, die komplexere Variante wird im Abschnitt 13.4, »Verarbeiten von XML-Daten«, thematisiert.

Vorhandene XML-Dateien können Sie auf einfache Weise in ein Arbeitsblatt einlesen. Wir nehmen als Beispiel ein XML-Dokument, das Daten über Kurse enthält. Hier ein Auszug:

```
<?xml version="1.0" encoding="ISO-8859-1"?>
<kursprogramm>
  <kurs>
    <bezeichnung>XML-Grundlagen
    </bezeichnung>
    <dauer>2 Tage</dauer>
    <referent>Hans Fromm</referent>
    <termin>2018/12/11</termin>
    <beschreibung>Einstieg in die Programmierung</beschreibung>
  </kurs>
  <kurs>
    <bezeichnung>XML-Praxis</bezeichnung>
    <dauer>3 Tage</dauer>
    <referent>Hans Fromm</referent>
    <termin>2018/09/09</termin>
    <beschreibung> Einstieg in die Programmierung </beschreibung>
  </kurs>
  ...
</kursprogramm>
```

Listing 19.1 Auszug aus einem XML-Dokument mit Kursdaten

Die Frage ist, wie Excel diese Datenstruktur im Tabellenblatt ablegt. Zunächst das Verfahren:

1. Benutzen Sie die Schaltfläche **Daten abrufen** im Register **Daten** und die Option **Aus Datei ▸ Aus XML**. Wählen Sie die XML-Datei im Dialog aus, der Datentyp **XML-Daten** ist dabei schon voreingestellt.

2. Excel zeigt eine Vorschau im Navigator, wenn Sie in der linken Spalte die Datei auswählen. Das amerikanische Datum der XML-Datei ist automatisch in das deutsche Datumsformat transformiert worden.

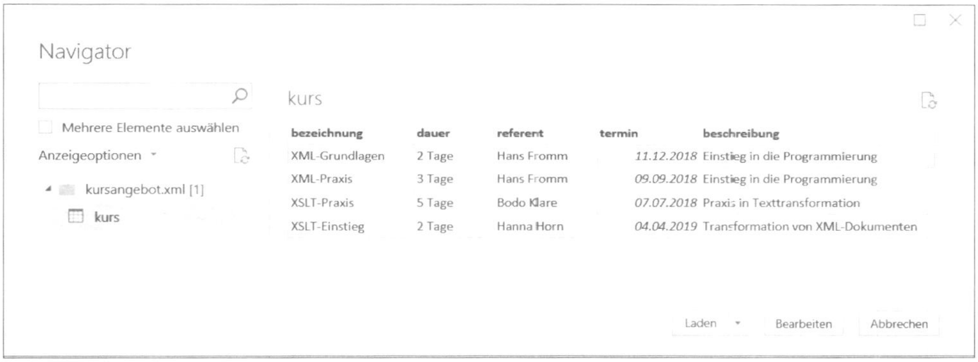

3. Um nun noch eine zusätzliche Spalte zu erzeugen, die aus den Namen der Referenten ein entsprechendes Kürzel generiert, können Sie mit der Schaltfläche **Bearbeiten** den Power-Query-Editor öffnen.

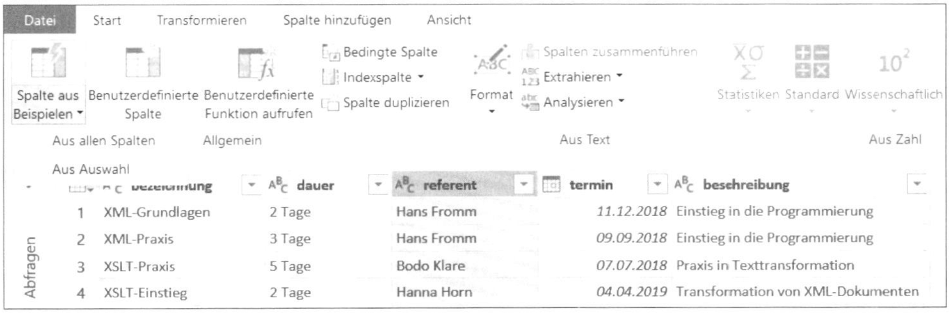

4. Tippen Sie die Spalte **referent** an. Über das Register **Spalte hinzufügen** finden Sie das Symbol **Spalte aus Beispielen** mit der Option **Aus Auswahl**, das hier hilfreich ist.

5. Da die Spalte **referent** ausgewählt ist, kann nun die Definition für eine zusätzliche Spalte ganz einfach dadurch erfolgen, dass ein Beispiel in der ersten Zeile abgelegt

wird. In diesem Fall soll das Kürzel aus den ersten Buchstaben von Vor- und Nachnamen zusammengesetzt werden. Schließen Sie die erste Eingabe mit [Strg] + [↵] ab.

6 Wenn das erste Beispiel für Excel noch nicht eindeutig ist, geben Sie noch ein weiteres Beispiel ein. Bestätigen Sie die Transformation mit **OK**.

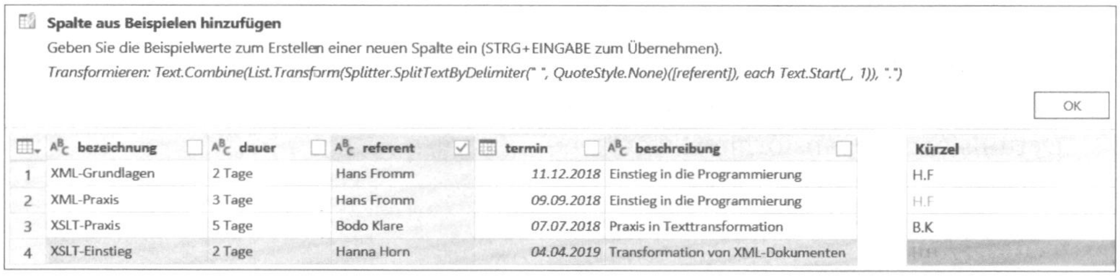

7 Überschreiben Sie noch den Spaltennamen. Beenden Sie den Editor mit **Datei ▸ Schließen & Laden**.

8 Excel fügt die XML-Daten in Form einer Tabelle an die ausgewählte Stelle ein. Zugleich wird eine Verknüpfung zwischen diesem Bereich und der XML-Quelle hergestellt, die als *XML-Zuordnung* bezeichnet wird.

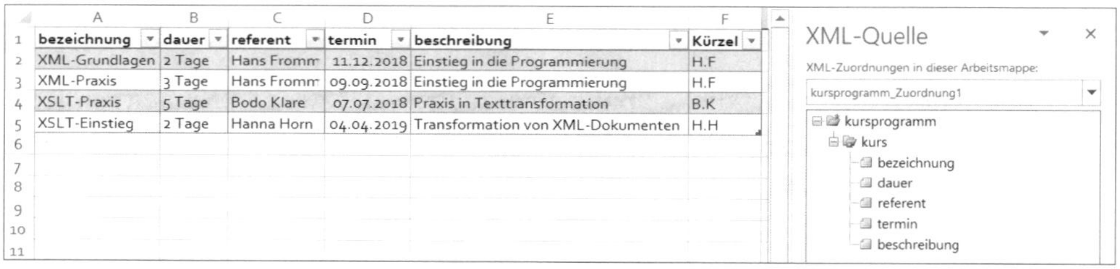

Die Tabelle zeigt als Spaltenbeschriftungen allerdings immer nur die untersten Elemente des XML-Dokuments an, die Namen der übergeordneten Elemente wie `kursprogramm` oder `kurs` erscheinen nicht in der Tabelle.

19.4 Einlesen einer CSV-Datei

Für das immer noch weitverbreitete CSV-Format bietet Excel 2019 mit dem Power-Query-Editor, der im letzten Kapitel schon verwendet wurde, ein handliches Werkzeug, um aus einer CSV-Datei genau die Daten herauszulesen, die in einer bestimmten Situation benötigt werden. Wir nehmen ein einfaches Beispiel, eine Lagerliste mit den laufenden Umsatzdaten. Die Artikel sind in verschiedene Warengruppen eingeteilt, außerdem wird das Material als Ordnungskriterium verwendet.

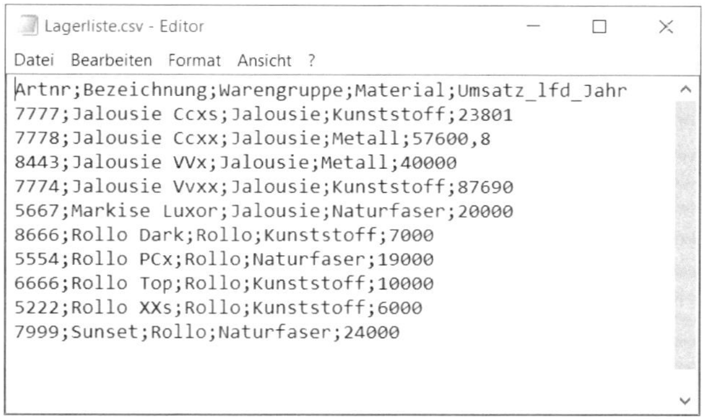

Abbildung 19.14 Die CSV-Datei im Editor, das Trennzeichen ist der Strichpunkt.

Um diese Datei in ein Tabellenblatt einzulesen und dabei die Daten bereits zu gruppieren und zusammenzufassen, bietet es sich an, die Funktion **Daten ▸ Daten abfragen und transformieren ▸ Aus Text/CSV** zu verwenden. Wählen Sie im Dialog **Daten importieren** die CSV-Datei aus, deren Daten Sie übernehmen wollen. Excel stellt die Daten zunächst in einer Vorschau vor.

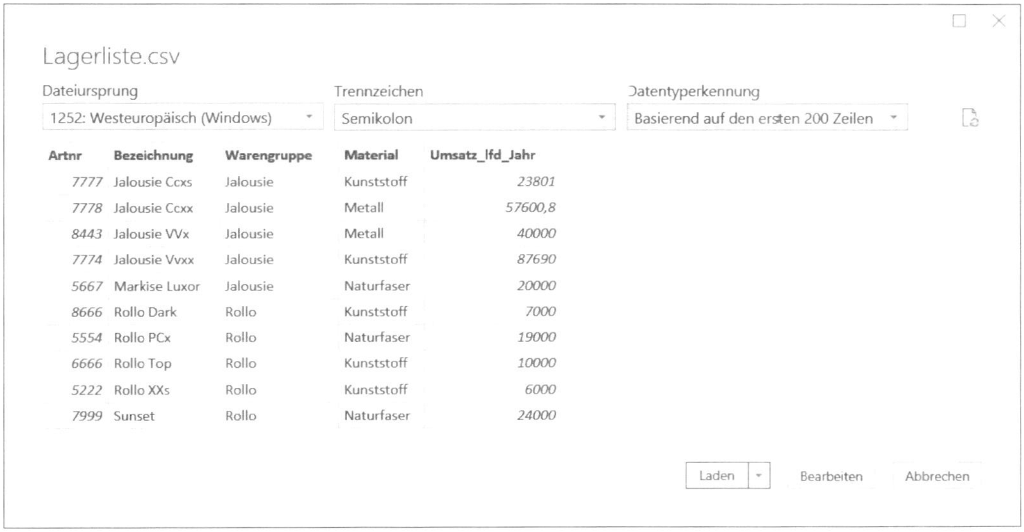

Abbildung 19.15 Die CSV-Daten in der Vorschau

Benutzen Sie zunächst die Schaltfläche **Bearbeiten**, um die Tabelle im Fenster des Power-Query-Editors zu prüfen. Falls die Daten der ersten Zeile nicht als Spaltenüberschriften erscheinen, können Sie dies mit dem Befehl **Erste Zeile als Überschriften verwenden** ❶ in der Gruppe **Start ▸ Transformieren** veranlassen.

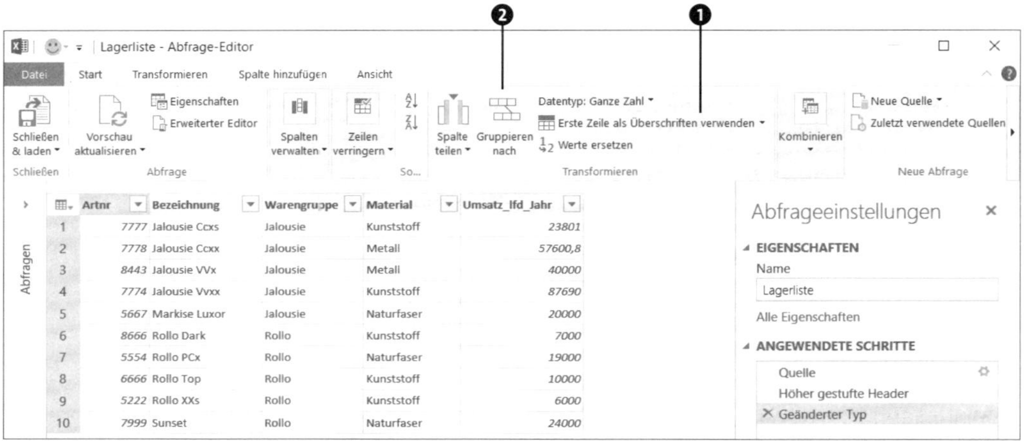

Abbildung 19.16 Die CSV-Datei im Abfrage-Editor

Klicken Sie nun auf die Schaltfläche **Gruppieren nach** ❷, um die Liste nach Warengruppen zusammenzufassen. Geben Sie unter **Gruppieren nach** als Spalte **Warengruppe** an. Unter **Neuer Spaltenname** geben Sie z. B. **Warengruppenumsatz** an, unter **Vorgang** nehmen Sie **Summe**, und unter **Spalte** wählen Sie **Umsatz_lfd_Jahr**.

Abbildung 19.17 Gruppierung der Daten

Wenn Sie die Auswahl bestätigen, werden die zusammengefassten Daten im Editor angezeigt. Über das Menü zum Datenfeld können Sie das Format der ausgewählten Spalte ändern, über die Sortiersymbole erreichen Sie die gewünschte Reihenfolge.

Schließlich übertragen Sie das Abfrageergebnis mit der Schaltfläche **Schließen & Laden** in das ausgewählte Tabellenblatt. Excel blendet automatisch den Aufgabenbereich **Abfragen und Verknüpfungen** ein. Wenn Sie die Abfrage berühren, werden die Details angezeigt.

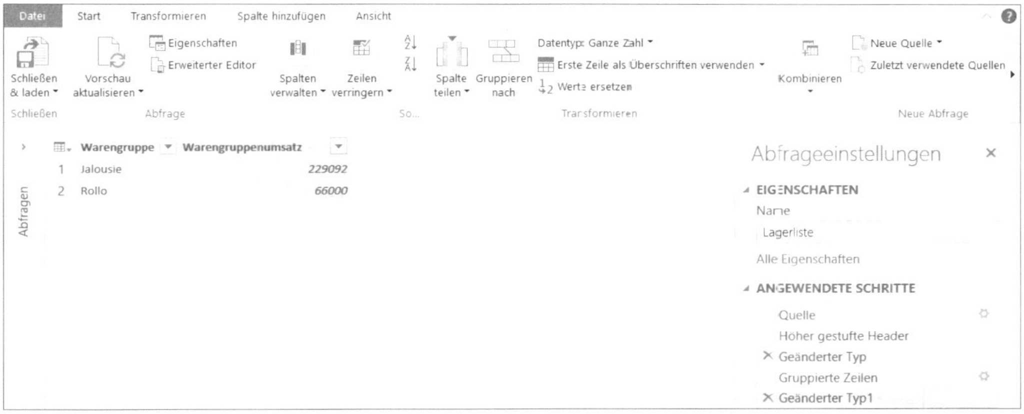

Abbildung 19.18 Das Ergebnis der Gruppierung nach Warengruppen

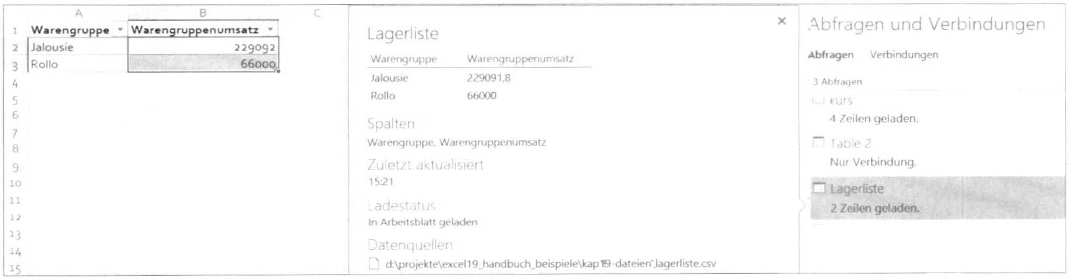

Abbildung 19.19 Das Ergebnis einer CSV-Abfrage im Tabellenblatt

19.5 Direkte Abfragen im Internet

Eine attraktive Form, externe Daten für die weitere Auswertung in Excel zu übernehmen, sind Webabfragen. Tabellarische Daten aus Webseiten lassen sich ohne großen Aufwand in eine Arbeitsmappe importieren. Dabei entsteht eine feste Verbindung zu der Datenquelle im Web, die immer wieder aktualisiert werden kann. Typische Beispiele sind Preislisten, Devisen- oder Kurstabellen. Die Daten werden direkt auf das aktuelle Blatt in der aktiven Arbeitsmappe übertragen. Sie können mit den übernommenen Daten sofort arbeiten. Sinnvoll sind solche Webabfragen insbesondere, wenn Sie mit den gezogenen Daten eigene Auswertungen vornehmen wollen, ansonsten würde es ja reichen, einfach direkt im Internet nachzusehen. Die einmal übernommenen Daten lassen sich jederzeit aktualisieren.

19.5.1 DAX-Kurse online ins Tabellenblatt holen

Als Beispiel sollen die DAX-30-Kurse, wie sie Yahoo regelmäßig anbietet, in ein Tabellenblatt übernommen werden. Auf der Basis dieser Werte wird jeweils der aktuelle Wert eines Depots neu berechnet, das ausgewählte DAX-Werte enthält.

1. Um die aktuellen DAX-30-Kurse zur weiteren Analyse in ein Tabellenblatt zu holen, aktivieren Sie zunächst das Blatt in der Arbeitsmappe, das dazu verwendet werden soll.

2. Wählen Sie dazu den Pfad **Daten ▸ Daten abrufen und transformieren ▸ Daten abrufen ▸ Aus anderen Quellen ▸ Aus dem Web.**

3. Geben Sie zunächst unter URL die Webadresse der Seite an. Es ist übrigens meist ganz praktisch, die gewünschte Seite zunächst im Browser zu lokalisieren, die Adresse mit `Strg` + `C` in die Zwischenablage und dann hier mit `Strg` + `V` in das Adressfeld zu übernehmen.

4. Das Dialogfeld zeigt in der linken Spalte die importierbaren Tabellen und Dokumente aus der Webseite an. Sie können in diesem Fall **Table 2** markieren und finden dann im rechten Teil die DAX-30-Kurse aufgelistet.

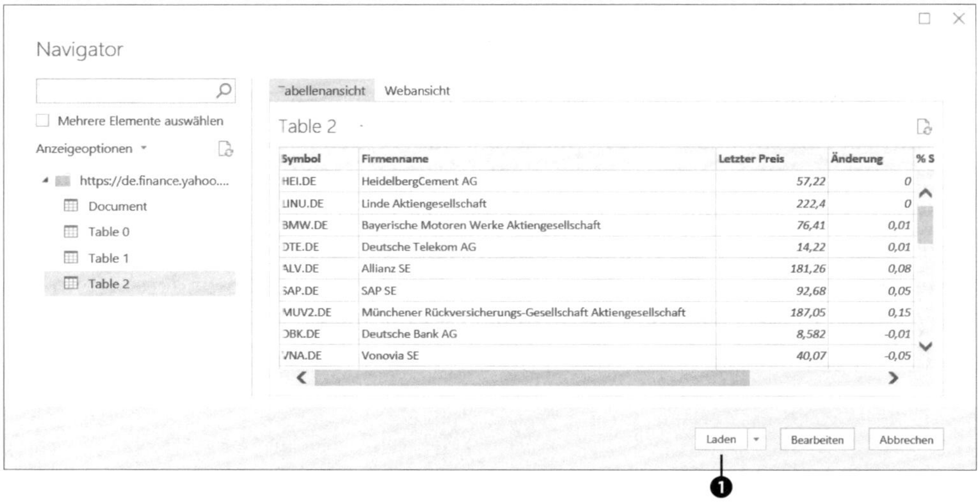

5 Klicken Sie auf die Schaltfläche **Laden** ❶, um die Daten zu übernehmen. Excel legt eine Tabelle mit den Kursdaten an und blendet gleichzeitig den Aufgabenbereich **Abfragen und Verbindungen** mit einer Schaltfläche für die neue Abfrage ein.

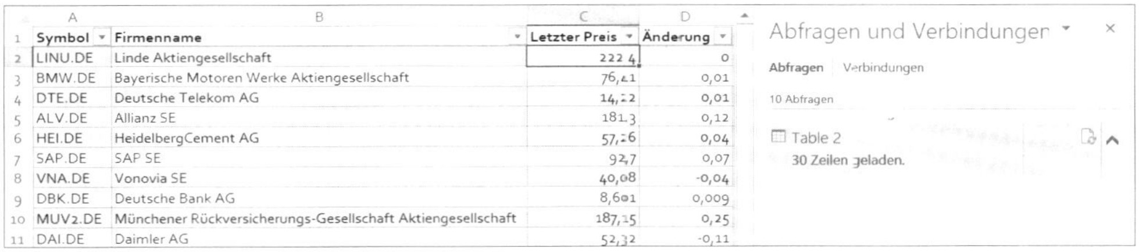

6 Wenn Sie die Abfrage im Aufgabenbereich mit der Maus berühren, finden Sie alle wichtigen Daten dazu und die Schaltflächen **Bearbeiten** ❷ und ... ❸ für weitere Optionen.

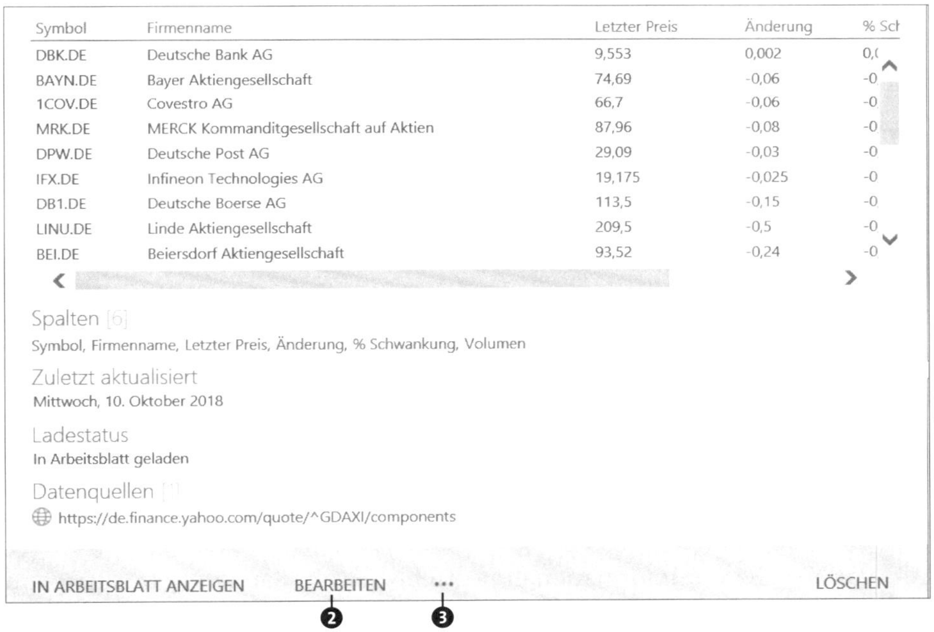

Das Kontextmenü des importierten Datenbereichs zeigt, dass es sich auch hier nicht um einen gewöhnlichen Zellbereich handelt, sondern um einen Datenbereich wie beim Import aus Datenbanken. Zusätzlich blendet Excel in diesem Fall aber noch die **Abfragetools** mit dem Register **Abfrage** ein ❹. Hier finden Sie ebenfalls Schaltflächen zum Bearbeiten und zur Einstellung der Eigenschaften der Verbindung.

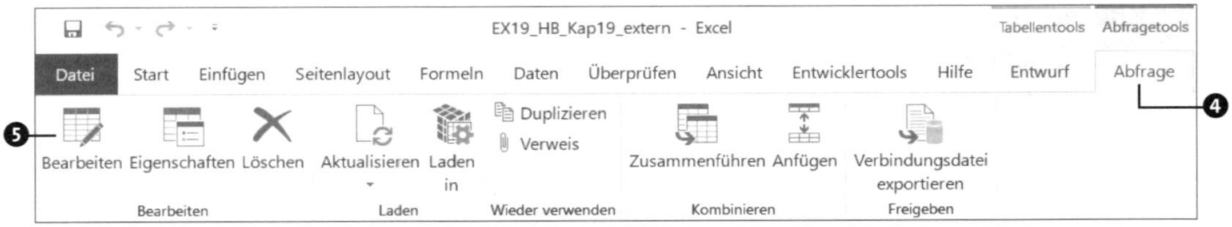

Abbildung 19.20 Spezielles Register für die Bearbeitung von Abfragen

Wenn Sie die Abfrage nachträglich korrigieren wollen, verwenden Sie hier den Befehl **Bearbeiten** ❺, er öffnet das mächtige Dialogfeld des Abfrage-Editors. Hier ist es z. B. möglich, Spalten oder Zeilen aus der Tabelle zu entfernen, um die Datenmenge zu verringern, Spalten zu teilen oder zu gruppieren und Abfragen zu kombinieren.

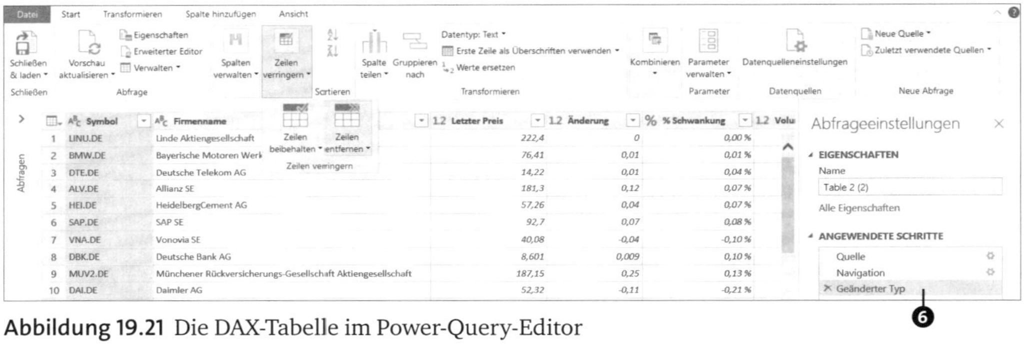

Abbildung 19.21 Die DAX-Tabelle im Power-Query-Editor

Der Power-Query-Editor protokolliert jeden Schritt, den Sie unternehmen unter **Angewendete Schritte**, das Andreaskreuz vor jedem Schritt ❻ erlaubt die Rücknahme der Aktion, wenn etwas nicht stimmt.

HINWEIS

Fragile Verbindungen

Die Verbindung bei einer Webabfrage wird über die Webadresse der Seite hergestellt, von der Sie die Informationen beziehen. Zwangsläufig ergibt sich daraus allerdings auch, dass die Zuverlässigkeit der Verbindung nicht garantiert sein muss. Sie hängt davon ab, dass der Betreiber der Seite an der Adresse bzw. an der Position oder der Darstellung der Daten auf seiner Site nichts ändert. Es kommt also vor, dass solche Verbindungen *brechen* und eine Aktualisierung der Daten nach einiger Zeit vielleicht nicht mehr möglich ist. Excel reagiert in diesem Fall mit einer Fehlermeldung, und Sie sollten die Definition der Abfrage überarbeiten.

19.5.2 Berechnen des Depotwerts

Mit den per Webabfrage übernommenen Kurswerten ist es nun nicht schwer, jedes Mal den aktuellen Wert eines Depots zu berechnen, das Aktien aus dem DAX enthält:

1. Legen Sie dazu neben der DAX-Tabelle eine separate Tabelle mit den DAX-Werten an, die sich im Depot befinden. Tragen Sie in die erste Spalte das Ticker-Symbol der Papiere ein.

2. Die zweite Spalte benötigt die Stückzahlen der einzelnen Papiere. Für die dritte Spalte wird jeweils mit der Funktion `SVERWEIS()` der aktuelle Kurs für das betreffende Ticker-Symbol übernommen. Die Formel für Zelle I2 lautet

   ```
   =SVERWEIS(G2; $A$2:$E$31; 3;0)
   ```

	A	B	C	D	E	F	G	H	I	J
1	Symbol	Firmenname	Letzter Preis	Änderung	% Schv	Volumen	WKN	Stückzah	Kurs	Wert
2	LINU.DE	Linde Aktiengesellschaft	222,4	0	0	20206096	BMW.DE	100	76,41 €	7.641,00 €
3	BMW.DE	Bayerische Motoren Werke Aktie	76,41	0,01	0,0001	527924	RWE.DE	200	17,15 €	3.430,00 €
4	DTE.DE	Deutsche Telekom AG	14,22	0,01	0,0004	3098873	LHA.DE	150	17,26 €	2.588,25 €
5	ALV.DE	Allianz SE	181,3	0,12	0,0007	367985				13.659,25 €
6	HEI.DE	HeidelbergCement AG	57,26	0,04	0,0007	199131				
7	SAP.DE	SAP SE	92,7	0,07	0,0008	638726				
8	VNA.DE	Vonovia SE	40,08	-0,04	-0,001	252317				
9	DBK.DE	Deutsche Bank AG	8,601	0,009	0,001	3254288				
10	MUV2.DE	Münchener Rückversicherungs-G	187,15	0,25	0,0013	133318				

   Die Formel holt aus dem Bereich der DAX-Werte, der absolut gesetzt ist, um die Formel kopieren zu können, über das Ticker-Symbol jeweils den letzten Kurs. Wichtig ist, dass der letzte Parameter *0* ist, damit die Spalte der Ticker-Symbole auch dann ausgewertet werden kann, wenn die Daten nicht aufsteigend sortiert sind, was hier der Fall ist.

3. In der vierten Spalte J werden die Stückzahlen aus Spalte H einfach mit dem aktuellen Kurswert multipliziert.

4. Fehlt nur noch eine Summenformel am Ende der Tabelle, um die Kurswerte zum Depotwert zusammenzufassen.

Jedes Mal, wenn Sie die Kurse neu in die Tabelle einlesen lassen, wird sofort der Depotwert aktualisiert. Manuell geht das wie auch bei den anderen beschriebenen Datenimporten mit **Daten ▸ Abfragen und Verbindungen ▸ Alle aktualisieren ▸ Aktualisieren** oder über das Kontextmenü des Datenbereichs ebenfalls mit **Aktualisieren.** `Alt` + `F5` für die Freundinnen und Freunde von Tastenkombinationen geht auch.

19.5.3 Wiederverwendung einer Webabfrage

Ist eine Abfragedefinition vorhanden, kann sie jederzeit in einer beliebigen Arbeitsmappe benutzt werden. In diesem Fall verwenden Sie den Befehl **Daten ▸ Abrufen und transformieren ▸ Zuletzt verwendete Quellen** und wählen dort die Abfrage. Mit der Schaltfläche **Verbinden** wird die Übernahme der Daten aus dem Web gestartet.

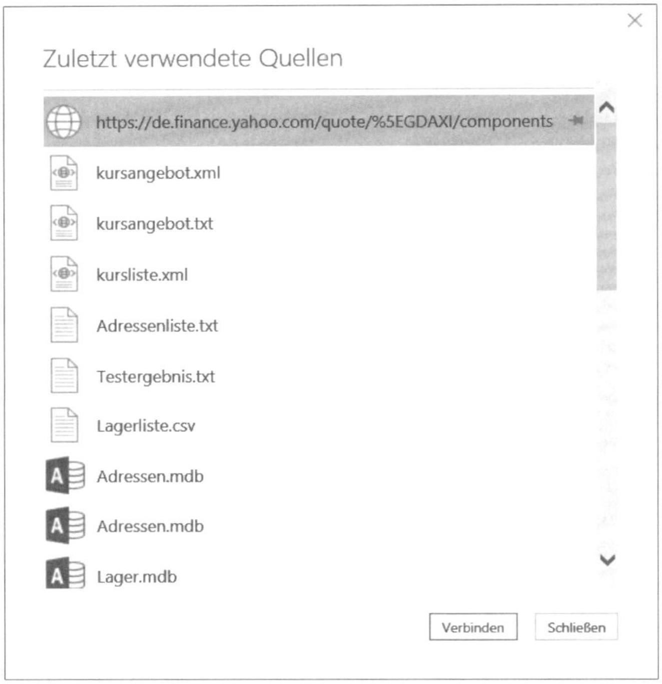

Abbildung 19.22 Zugriff auf vorhandene Quellen

19.5.4 Abfragen zusammenführen

Zum Abschluss dieses Kapitels noch ein Beispiel, wie Sie die Daten aus verschiedenen Webabfragen mischen können. Ausgangspunkt sind zwei kleine Tabellen, die Ländervergleiche zu grundlegenden Daten wie Bevölkerung, Bruttosozialprodukt, Erwerbslosenquote, Treibhausgasemissionen etc. enthalten. Sie sind über das Statistische Bundesamt zugänglich und liegen auf den entsprechenden Webseiten in Form von Tabellen vor. Die Tabellen für die verschiedenen EU-Länder enthalten jeweils einen Vergleich mit den entsprechenden deutschen Werten, hier soll aber ein Vergleich zwischen den spanischen und den italienischen Werten erfolgen. Die Schrittfolge ist ein wenig lang, aber am Ende haben Sie genau die Tabelle, die den gewünschten Vergleich liefert:

1 Wählen Sie in einem leeren Tabellenblatt eine beliebige Zelle aus, und nutzen Sie **Daten ▸ Abrufen und transformieren ▸ Daten abrufen ▸ Aus anderen Quellen ▸ Aus dem Web**. Geben Sie als URL *www.destatis.de/Europa/DE/Staat/EUStaaten/Spanien.html* ein.

2 Bestätigen Sie diese Adresse noch einmal, und klicken Sie auf **Verbinden**.

3 Im Navigator-Fenster markieren Sie die Tabelle **Eurostat-Daten: Spanien im Vergleich** ❶.

4 Klicken Sie auf **Bearbeiten** ❷, um die Daten etwas aufzubereiten. Die Tabelle wird im Fenster des Abfrage-Editors bereitgestellt. Markieren Sie die Spaltenüberschrift der Spalte **Deutschland**, und klicken Sie auf **Spalten entfernen** ❸. Wiederholen Sie diesen Schritt für die Spalte **EU-28**.

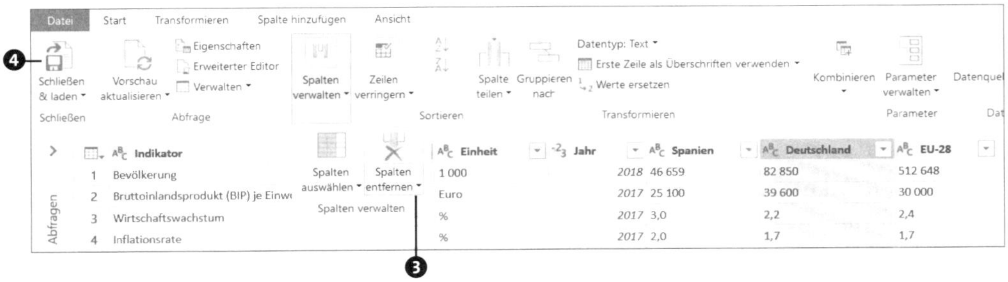

5 Übernehmen Sie die überarbeitete Tabelle mit **Schließen & laden** ❹ in ein neues Tabellenblatt.

	A	B	C	D
1	**Indikator**	**Einheit**	**Jahr**	**Spanien**
2	Bevöl-kerung	1 000	2018	46 659
3	Brutto-in-lands-pro-dukt (BIP) je Ein-woh-ner	Euro	2017	25 100
4	Wirt-schafts-wachs-tum	%	2017	3,0
5	Infla-tions-rate	%	2017	2,0
6	Anteil der 30- bis 34-Jährigen mit Hoch-schul-abschluss	%	2017	41,2
7	Arbeits-kosten je Stunde, Pri-vat-wirt-schaft	Euro	2017	20,80
8	Erwerbs-losen-quote, 20- bis 64-Jährige	%	2017	16,9
9	Treib-haus-gas-emis-sionen	1990 = 100	2016	116,4
10	Privat-haus-halte mit Breit-band-zu-gang	%	2017	83

6 Wir ignorieren in diesem Fall, dass bei der Übernahme der Spalte **Indikator** eine Reihe von überflüssigen Trennzeichen eingefügt worden ist, und widmen uns der zweiten Abfrage. Dazu wählen Sie eine leere Zelle in der neuen Tabelle aus und nutzen wieder **Daten ▸ Abrufen und transformieren ▸ Daten abfragen ▸ Aus anderen Quellen ▸ Aus dem Web**, diesmal mit der URL *www.destatis.de/Europa/DE/Staat/EUStaaten/Italien.html*.

7 Im Navigator wählen Sie wieder die Tabelle aus und klicken auf **Bearbeiten**, um erneut den Abfrage-Editor aufzurufen.

8 Diesmal können alle Spalten entfernt werden außer **Indikator** und **Italien**. Mit **Schließen & laden** liefert Excel ein weiteres Tabellenblatt, diesmal mit nur zwei Spalten. Die beiden Tabellen haben aber eine gemeinsame Spalte **Indikator**, und deshalb lassen sich die beiden Tabellen leicht zu einer neuen Gesamttabelle zusammenführen, die den Vergleich zwischen den Werten aus Spanien und Italien liefert.

9 Wählen Sie eine leere Zelle in der ersten Tabelle, und klicken Sie auf **Daten ▸ Abrufen und transformieren ▸ Daten abrufen ▸ Abfragen kombinieren ▸ Zusammenführen**.

10 Im Dialog **Zusammenführen** wählen Sie zunächst über die beiden Listenfelder die beiden Tabellen aus. In beiden Tabellen markieren Sie die Spaltenüberschrift **Indikator** und bestätigen die Auswahl mit **OK**.

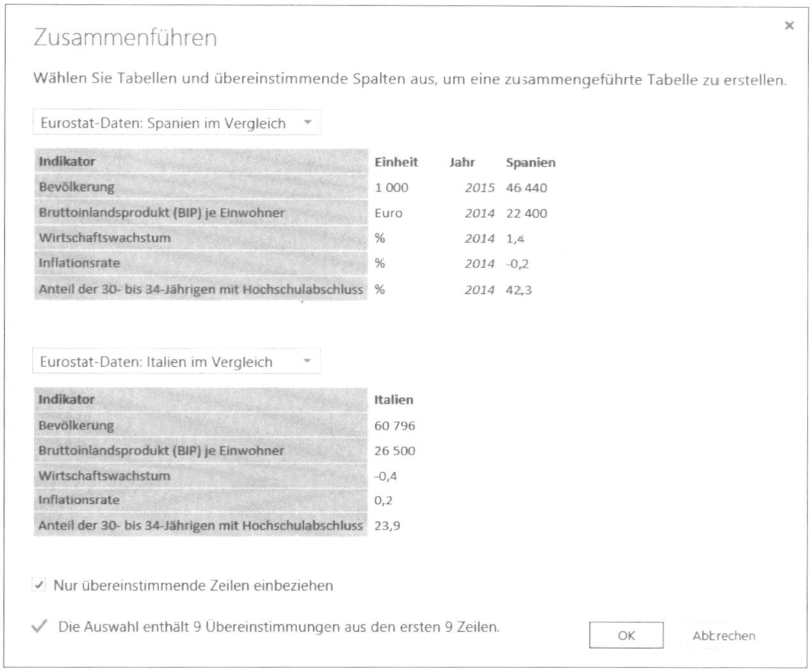

11 Excel öffnet wieder den Abfrage-Editor und zeigt am Ende der Tabelle eine neue Spalte mit dem vorgegebenen Namen **NewColumn**. Anstelle der erwarteten Daten von Italien finden Sie den Eintrag `Table`.

12 Klicken Sie auf das Erweiterungssymbol neben dem Spaltennamen, und wählen Sie **Erweitern** und nur **Italien** aus.

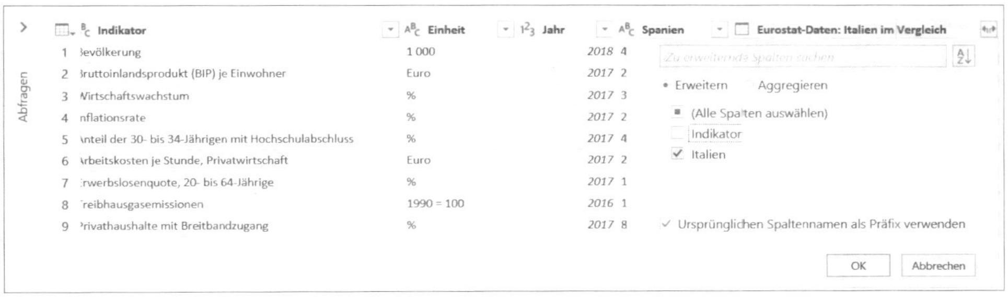

13 Benennen Sie den Spaltennamen in **Italien** um, und übernehmen Sie die zusammengefügten Daten mit **Schließen & laden** in ein weiteres Tabellenblatt.

	A	B	C	D	E
1	Indikator	Einheit	Jahr	Spanien	Italien
2	Bevöl-kerung	1 000	2018	46 659	60 484
3	Brutto-in-lands-pro-dukt (BIP) je Ein-woh-ner	Euro	2017	25 100	28 500
4	Wirt-schafts-wachs-tum	%	2017	3,0	1,6
5	Infla-tions-rate	%	2017	2,0	1,3
6	Anteil der 30- bis 34-Jährigen mit Hoch-schul-abschluss	%	2017	41,2	26,9
7	Arbeits-kosten je Stunde, Pri-vat-wirt-schaft	Euro	2017	20,80	27,30
8	Erwerbs-losen-quote, 20- bis 64-Jährige	%	2017	16,9	11,1
9	Treib-haus-gas-emis-sionen	1990 = 100	2016	116,4	83,9
10	Privat-haus-halte mit Breit-band-zu-gang	%	2017	83	79

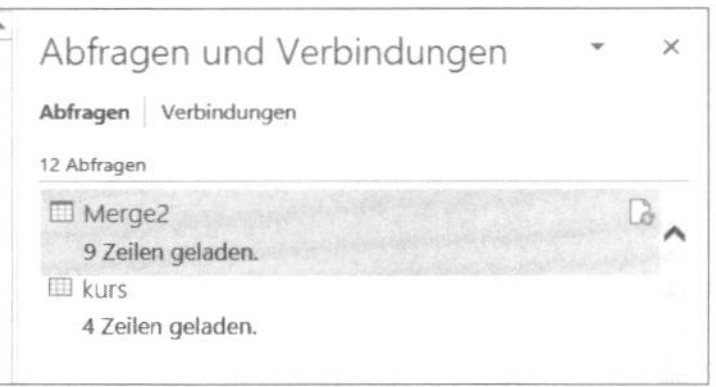

14 Die beiden ersten Tabellen können Sie löschen, die zusammengefügte Tabelle auf dem neuen Tabellenblatt ist nicht abhängig von den beiden Quelltabellen.

Die Abfragedefinitionen werden mit der Arbeitsmappe gespeichert. Sie können den Aufgabenbereich **Abfragen und Verbindungen** jederzeit mit **Daten ▸ Abfragen und Verbindungen ▸ Abfragen und Verbindungen** wieder einblenden.

Bleibt in diesem Fall noch das kleine Problem, dass bei der Datenübernahme in der Spalte **Indikator** unerwünschte Trennzeichen eingefügt werden. Dafür gibt es aber eine Lösung. Fügen Sie neben der Spalte A eine neue Spalte ein, und benutzen Sie in B2 die Formel `=WECHSELN(A2; ZEICHEN(173); "")`. Kopieren Sie die Formel nach unten. Die Spalte A kann dann ausgeblendet werden. Alternativ können Sie auch die Formeln in B durch Kopieren und Einfügen in Werte verwandeln und dann die Spalte A löschen.

	B	C	D	E	F
1	Indikator	Einheit	Jahr	Spanien	Italien
2	Bevölkerung	1 000	2018	46 659	60 484
3	Bruttoinlandsprodukt (BIP) je Einwohner	Euro	2017	25 100	28 500
4	Wirtschaftswachstum	%	2017	3,0	1,6
5	Inflationsrate	%	2017	2,0	1,3
6	Anteil der 30- bis 34-Jährigen mit Hochschulabschluss	%	2017	41,2	26,9
7	Arbeitskosten je Stunde, Privatwirtschaft	Euro	2017	20,80	27,30
8	Erwerbslosenquote, 20- bis 64-Jährige	%	2017	16,9	11,1
9	Treibhausgasemissionen	1990 = 100	2016	116,4	83,9
10	Privathaushalte mit Breitbandzugang	%	2017	83	79

Abbildung 19.23 Die bereinigte Spalte

20 Export und Import von Dateien

Für die Zusammenarbeit zwischen den Mitarbeitern in einer Firma ist es von Belang, ob die anfallenden Daten ungehindert ausgetauscht werden können. Nicht viel anders sieht es im Verhältnis zu Kunden und Lieferanten aus. Aber auch für den einzelnen Anwender ist es von Bedeutung, dass Daten zwischen verschiedenen Anwendungen möglichst ohne Verlust ausgetauscht werden können.

Datenformate und Filter

Da bei der Büroarbeit oft ganz verschiedene Programme eingesetzt werden, ist die fehlerlose Übersetzung von Datenbeständen aus einem Datenformat ins andere ein dringendes Erfordernis. Das gilt besonders, wenn Daten von außen kommen. Umgekehrt sollen häufig Daten in anderen Anwendungen oder an anderen Arbeitsplätzen weiterverarbeitet werden. Es wäre unerträglich, bereits vorhandene Daten noch einmal erfassen zu müssen, bloß weil zunächst mit einem anderen Programm gearbeitet worden ist. In diesem Abschnitt wird kurz auf einige »traditionellere« Methoden, Daten auszutauschen, eingegangen, die in der Praxis immer noch von Bedeutung sind.

Zunächst wird der Import und Export von Dateien mit anderen Formaten behandelt. Hier geht es in der Regel darum, komplette Dateien zu kopieren und dabei in ein anderes Datenformat zu verwandeln. Dazu werden spezielle Konverter oder Filter eingesetzt. Eine solche Konvertierung ist auch notwendig, um Dateien, die mit einer älteren Version von Excel erstellt worden sind, in Excel 2019 zu verarbeiten – oder auch umgekehrt, wenn Daten an einem Arbeitsplatz weiterverarbeitet werden sollen, an dem noch eine sehr viel ältere Version von Excel eingesetzt wird.

20.1 Unterstützte Dateiformate

Excel 2019 kann aber sowohl die Formate älterer Excel-Versionen erzeugen als auch Dateien dieser Formate verarbeiten. Neuere Funktionen von Excel 2019 können ältere Excel-Versionen aber nicht nachvollziehen. Hier muss also bei der Rückübersetzung mit Verlusten gerechnet werden.

In der Vergangenheit gab es drei größere Versionssprünge. Excel 5 und Excel 95 haben dasselbe Dateiformat verwendet, aber zwischen den Formaten 5.0/95 und 97–2003 lag ein großer Sprung. Bestimmte Leistungsmerkmale des Dateiformats 97–2003 können mit dem Format 5.0/95 nicht reproduziert werden. Der nächste Sprung erfolgte mit der Version Excel 2007. Diese Dateiformate sind weiter aktuell. Excel 2019 unterstützt aber weiterhin die Formate 5.0/95 und 97–2003. Gegenüber Excel 2010 hat sich nichts Grundlegendes geändert. Allerdings ist die Variante **Strict Open XML-Arbeitsmappe** hinzugekommen, die bereits in Abschnitt 1.5, »Dateiformate«, beschrieben wurde.

Wenn Sie in einem Büro arbeiten, in dem noch meist mit den älteren Versionen von Excel gearbeitet wird, können Sie notfalls festlegen, dass eines der älteren Formate als Standarddateityp verwendet wird. Diese Einstellung ist über den Befehl **Datei ▸ Optionen** möglich, und zwar auf der Seite **Speichern** unter **Dateien in diesem Format speichern**.

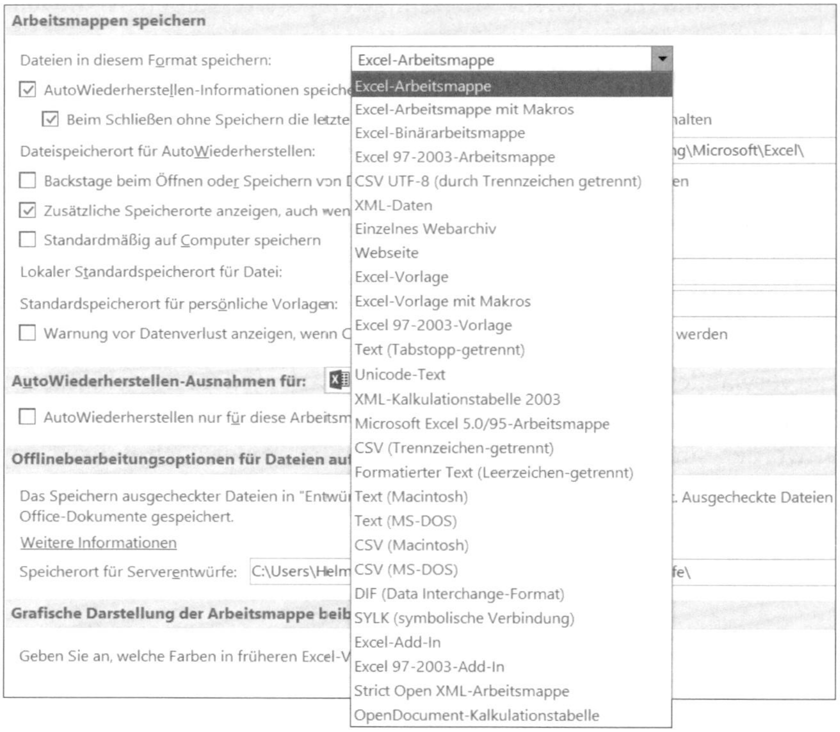

Abbildung 20.1 Ein älteres Format als Standardformat festlegen

Innerhalb von Excel ist der Import-Export-Verkehr in der Regel in die Dialoge für **Öffnen** und **Speichern unter** integriert. Beim Importieren erkennt das Programm meist automatisch, was zu tun ist, sobald es den Dateikopf der fremden Datei gelesen hat. Beim Export wird die Übersetzung über die Festlegung des Dateityps gesteuert.

20.1.1 Ausgabeformate

In der folgenden Tabelle sind die Excel-Formate zusammengestellt, die Excel 2019 als Formate zum Speichern zur Verfügung stellt.

Format	**Typ**	**Beschreibung**
Excel-Arbeitsmappe	*XLSX*	XML-basiertes Standarddateiformat
Strict-Open-XML-Arbeitsmappe	*XLSX*	Variante des XML-basierten Standardformats
Excel-Arbeitsmappe mit Makros	*XLSM*	XML-basiertes Format für Dateien mit Makros. Speichert VBA-Makrocode sowie Excel-4.0-Makrovorlagen (XLM).
Excel-Binärarbeitsmappe	*XLSB*	Excel-Binärdateiformat
Excel-Vorlage	*XLTX*	Excel-Standarddateiformat für Vorlagen
Excel-Vorlage mit Makros	*XLTXM*	Excel-Standarddateiformat für Vorlagen mit Makros
Excel 97–2003-Arbeitsmappe	*XLS*	Excel 97–Excel-2003-Binärdateiformat
Excel 97–2003-Vorlage	*XLT*	Excel 97–Excel-2003-Binärdateiformat für Vorlagen
Microsoft-Excel-5.0/95-Arbeitsmappe	*XLS*	Excel-5.0/95-Binärdateiformat
XML-Kalkulationstabelle 2003	*XML*	XML-Kalkulationstabelle-2003-Dateiformat (XMLSS)
XML-Daten	*XML*	XML-Datenformat
Excel-Add-In	*XLAM*	XML-basiertes Standardformat für Excel-Add-Ins mit Unterstützung von VBA
Excel 97–2003-Add-In	*XLA*	Excel 97–2003-Add-In mit Unterstützung von VBA
Excel-4.0-Arbeitsmappe	*XLW*	Dateiformat der Version 4.0 (nur Öffnen)

Format	Typ	Beschreibung
OpenDocument-Kalkulationstabelle	*ODS*	Standardformat für Kalkulationstabellen in Programmen wie Open Office oder Libre Office
einzelnes Webarchiv	*MHT, MHTML*	Ausgabeformat für ein Webarchiv
Webseite	*HTM, HTML*	Ausgabeformat für eine Webseite
PDF	*PDF*	Ausgabeformat für eine PDF-Datei
XPS-Dokument	*XPS*	Ausgabeformat für eine XPS-Datei

20.1.2 Importformate

Die Liste der Dateiformate, die Excel öffnen kann, weicht etwas von der Liste der Formate ab, die zum Speichern zur Verfügung stehen. In einigen Fällen kann deshalb eine Datei zwar geöffnet, aber nicht wieder in ihrem Originalformat gespeichert werden. Dies gilt für die Formate dBASE III und IV. Gar nicht mehr unterstützt werden dBase II, Lotus-1-2-3-Formate, das Microsoft-Works-Format und Quattro-Pro-Formate.

20.1.3 Arbeiten im Kompatibilitätsmodus

Wird eine Datei mit dem Format 97–2003 geöffnet, schaltet Excel 2019 automatisch in einen speziellen Kompatibilitätsmodus, was auch in der Titelleiste angezeigt wird. In diesem Modus sind bestimmte Funktionen von Excel 2019 nicht verfügbar, um zu verhindern, dass es beim Abspeichern in dem älteren Format zu entsprechenden Verlusten kommt.

Soll eine Datei, die in diesem Modus bearbeitet wurde, später in den Genuss der neuen Funktionen kommen, kann sie konvertiert werden. Dies geschieht über das Register **Datei**. Wählen Sie die Seite **Informationen**, und klicken Sie im Abschnitt **Kompatibilitätsmodus** auf die Schaltfläche **Konvertieren**.

Soll umgekehrt eine aktuelle Datei in ein älteres Format übertragen werden, können Sie vorher eine Kompatibilitätsprüfung durchführen, um zu sehen, was eventuell verloren gehen kann. Dies geschieht über **Datei ▸ Informationen ▸ Auf Probleme überprüfen ▸ Kompatibilität prüfen**. Darauf wurde in Kapitel 11, »Dokumente für die Veröffentlichung vorbereiten«, bereits eingegangen.

20.1.4 Textformate

Können Daten zwischen Anwendungen nicht direkt ausgetauscht werden, helfen oft Zwischenformate, etwa Textformate, bei denen die einzelnen Datenelemente durch bestimmte Zeichen getrennt werden. Meist gehen zwar die Formatierungsmerkmale zum Teil verloren, aber wenigstens die Daten werden übernommen.

Format	Typ	Beschreibung
formatierter Text	*PRN*	Lotus-Format mit Leerzeichen als Trennzeichen
Text (Tabulator-getrennt)	*TXT*	per Tabulatoren getrennte Textdatei
Text (Macintosh)	*TXT*	per Tabulatoren getrennte Textdatei für das Macintosh-Betriebssystem
Text (MS-DOS)	*TXT*	per Tabulatoren getrennte Textdatei für MS-DOS
Unicode-Text	*TXT*	Speichert eine Arbeitsmappe als Unicode-Text.
CSV-UTF-8 (Trennzeichen-getrennt)	*CSV*	durch Trennzeichen – Kommata oder Semikola – getrennte Textdatei, unterstützt den UTF-8-Zeichensatz
CSV (Macintosh)	*CSV*	durch Trennzeichen – Kommata oder Semikola – getrennte Textdatei für das Macintosh-Betriebssystem
CSV (MS-DOS)	*CSV*	durch Trennzeichen – Kommata oder Semikola – getrennte Textdatei für MS-DOS, unterstützt nur den ANSI-Zeichensatz
DIF	*DIF*	Data Interchange Format
SYLK	*SLK*	Multiplan-SYLK-Dateien

20.2 Import von Textdateien

Nicht ganz so einfach ist die Situation, wenn strukturierte Daten, wie etwa eine Adressenliste, in Form einer einfachen Textdatei vorliegen. Sind die einzelnen Informationen in der Textdatei z. B. jeweils durch Tabulatorsprünge getrennt, kann Excel die Daten schön auf verschiedene Spalten verteilen, wenn Sie den Weg über die Zwischenablage gehen. Wird die Textdatei dagegen über den Dialog **Öffnen** eingelesen, verhält sich Excel etwas anders.

20.2.1 Übernahme einer Adressliste

Nehmen Sie als Beispiel eine ASCII-Datei, die Adressen enthält. Die einzelnen Daten sind nur durch Tab-Sprünge getrennt in einzelnen Zeilen hintereinandergesetzt.

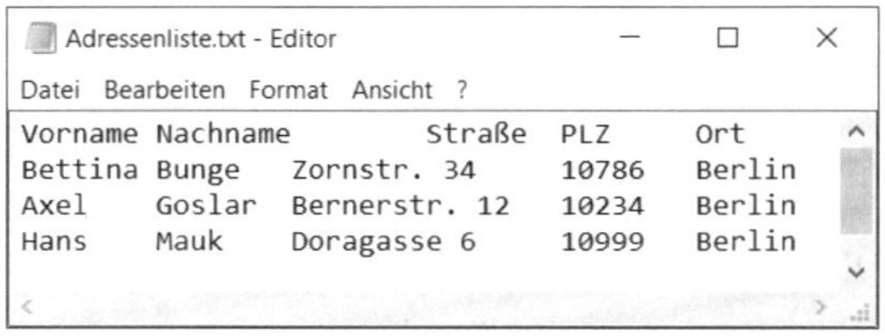

Abbildung 20.2 Kleine Adressliste im Textformat, getrennt durch Tab-Sprünge

Um die Daten einzulesen, tun Sie Folgendes:

1 Sie wählen zunächst im Dialogfeld **Öffnen** unter **Dateityp** die Einstellung **Textdateien** und dann die entsprechende Datei.

2 Wenn Sie mit **Öffnen** bestätigen, wird der Textkonvertierungs-Assistent aktiviert. Er versucht, Ihnen bei der Verteilung der Daten auf verschiedene Spalten zu helfen. Im unteren Teil des Dialogfeldes für Schritt 1 zeigt Excel zunächst eine Vorschau auf die Sätze der Textdatei.

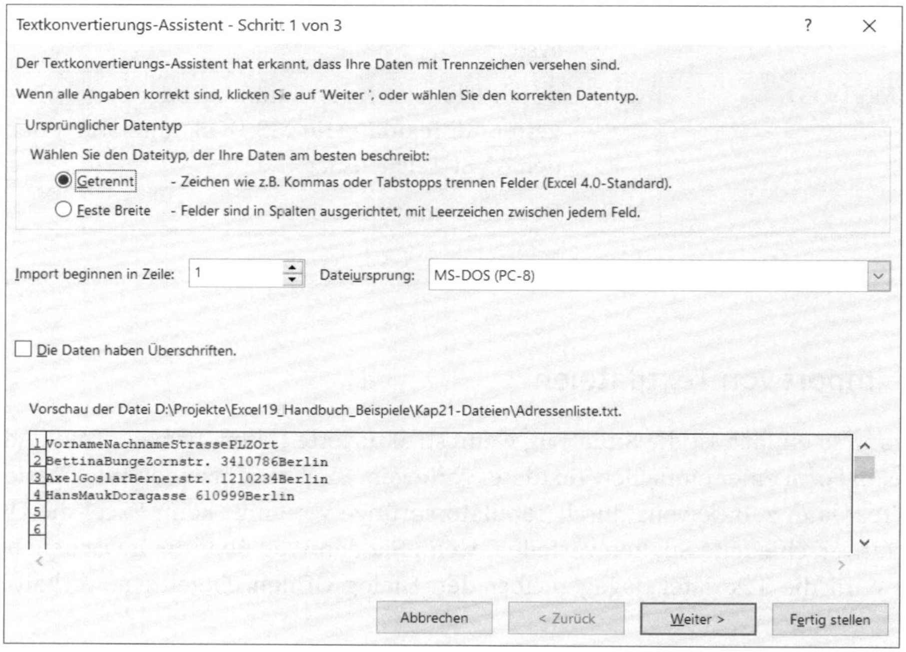

3 Unter **Ursprünglicher Datentyp** müssen Sie zunächst eine Entscheidung treffen werden, welcher Datentyp für die Datei angenommen werden kann. Es wird zwischen zwei Dateitypen unterschieden: **Getrennt** und **Feste Breite**. Das oben angezeigte Beispiel gehört zum Typ **Getrennt**, denn die einzelnen Informationen sind hier durch einen Tabulatorsprung getrennt. Stattdessen könnten aber auch andere Trennzeichen verwendet werden, etwa Semikola, Leerzeichen, Kommata etc.

4 Unter **Import beginnen in Zeile** können Sie bestimmen, ob gleich von der ersten Textzeile an Daten übernommen werden sollen oder erst ab einer späteren Zeile. Das ist sehr praktisch, wenn z. B. die erste Zeile Formatzeichen enthält, die für die Tabelle nicht brauchbar sind.

5 Unter **Dateiursprung** lässt sich die Herkunft der Daten bestimmen. Das betrifft die für die Datei verwendeten Zeichencodes. Windows-Textdateien verwenden den ANSI-Code, DOS- oder OS/2-Textdateien verwenden den PC-8-Code. Bei Macintosh-Dateien wählen Sie die gleichnamige Einstellung. Wenn die Umlaute in der Vorschau nicht korrekt angezeigt werden, sollten Sie es hier mit einer anderen Einstellung versuchen.

6 Sind die Einstellungen gewählt, wird im nächsten Dialog angezeigt, welches Zeichen der Textkonvertierungs-Assistent als Trennzeichen vermutet. In diesem Fall wird das Tab-Zeichen korrekt erkannt. Ist die Vermutung falsch, können Sie korrigierend eingreifen und abhaken, welches **Trennzeichen** benutzt werden soll. Wenn keines der angebotenen Zeichen verwendet worden ist, wählen Sie **Andere**, und tragen Sie das tatsächlich verwendete Zeichen in das kleine Textfeld ein. Sobald Sie das richtige Zeichen gewählt haben, erscheint der Text unter **Datenvorschau** in ordentlicher, tabellarischer Form.

7 Ein spezielles Problem entsteht, wenn ein Zeichen, das normalerweise als Trennzeichen eingesetzt wird, als Textzeichen benötigt wird, etwa ein Leerzeichen. Die Lösung besteht darin, ein anderes Zeichen als **Textqualifizierer** zu verwenden. Das können etwa Anführungszeichen sein. Ein Eintrag wie *Trajanstr. 12* belegt dann nur eine Spalte. Es ist durchaus möglich, auch mehrere Trennzeichen zu wählen, etwa um Eingabefehler abzufangen oder um Daten nachträglich zu trennen. Wenn z. B. in einer Textdatei, die Daten durch Semikola trennt, Vorname und Name nicht getrennt worden sind, kann das Leerzeichen als zweites Trennzeichen eingesetzt werden. Allerdings sollten Sie dann das Kästchen bei **Aufeinanderfolgende Trennzeichen als ein Zeichen behandeln** abhaken. Dadurch wird verhindert, dass überflüssige leere Spalten erzeugt werden.

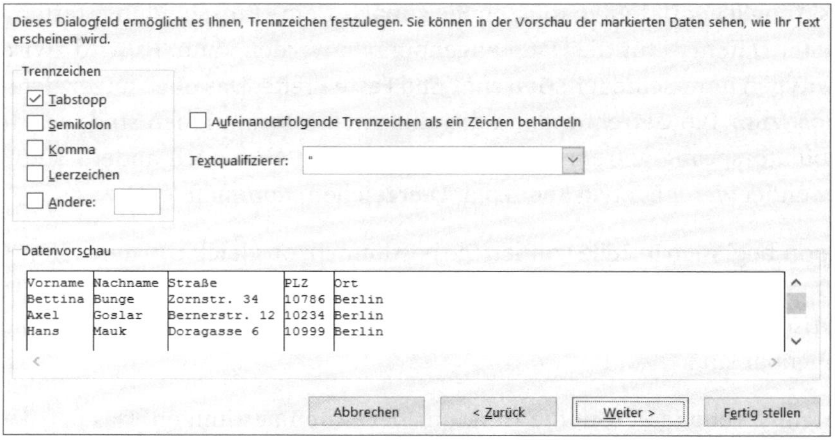

8 Liefert die Auswahl im Dialogfeld eine korrekte Vorschau auf die Daten der Textdatei, können Sie im nächsten Dialogfeld die einzelnen Spalten begutachten, die bei der Datenübernahme entstehen. Zunächst haben Sie die Möglichkeit, Spalten von der Übernahme auszuschließen. Soll eine Spalte nicht übernommen werden, klicken oder tippen Sie irgendwo in die unter **Datenvorschau** angezeigte Spalte. Wählen Sie dann unter **Datenformat der Spalten** die Option **Spalten nicht importieren (überspringen)**.

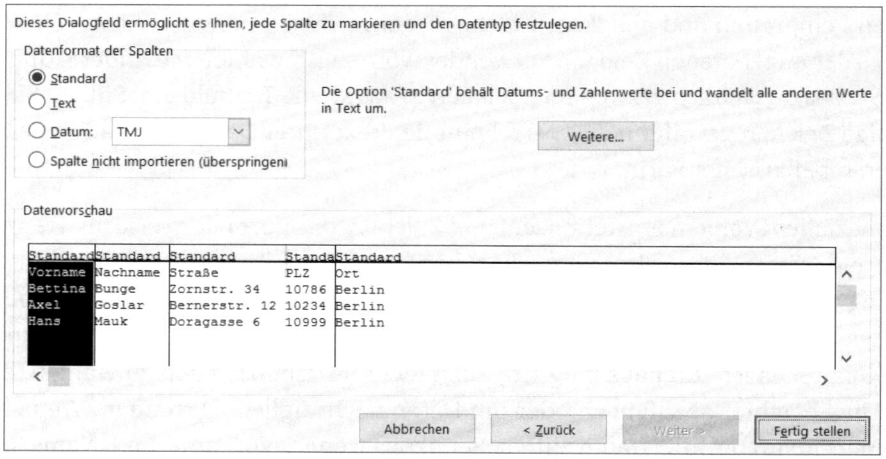

9 Für die Spalten, die übernommen werden sollen, kann einzeln das Datenformat festgelegt werden. Wenn Sie die Vorgabe von Excel ändern wollen, wählen Sie die betreffende Spalte aus und nehmen eine der drei Formatoptionen:

- **Standard**: Zahlen werden als Zahlenwerte formatiert, Datumswerte in dem entsprechenden Datumsformat ausgegeben, alle anderen Einträge werden als Text behandelt. Über die Schaltfläche **Weitere** können Sie noch das Dezimalzeichen und das Zeichen für die 1.000er-Abtrennung festlegen, falls es anders ist, als sonst in Excel verwendet.
- **Text**: Die ganze Spalte wird als Text behandelt, auch wenn sie nur Zahlen enthält.
- **Datum**: Die Einträge werden als Datumswerte behandelt. Aus der kleinen Liste kann das Datumsformat ausgewählt werden.

10 Schließen Sie dann den Vorgang mit **Fertig stellen** ab.

Excel legt eine neue Arbeitsmappe mit einem Tabellenblatt an. Der Name der Quelldatei wird in die Titelleiste und als Registername übernommen. Abbildung 20.3 zeigt das Ergebnis für die kleine Adressdatei in der Tabelle. Meist muss, wie auch hier, die Spaltenbreite noch etwas korrigiert werden.

	A	B	C	D	E
1	Vorname	Nachname	Straße	PLZ	Ort
2	Bettina	Bunge	Zornstr. 34	10786	Berlin
3	Axel	Goslar	Bernerstr. 12	10234	Berlin
4	Hans	Mauk	Doragasse 6	10999	Berlin

Abbildung 20.3 Übernommene Textdaten

Wenn Sie die neue Datei abspeichern, schlägt Excel zunächst den Dateityp **Text (Tabstopp-getrennt)** vor. Um die Datei als Arbeitsmappe zu speichern, muss also der Dateityp zunächst durch Auswahl des Datentyps im Dialog ausdrücklich angegeben werden.

20.2.2 Das Datenformat »Feste Breite«

Obwohl strukturierte Textdateien meistens mit Trennzeichen arbeiten, gibt es doch gelegentlich auch Fälle, in denen anders vorgegangen worden ist. Abbildung 20.4 zeigt eine Textdatei, bei der **Feste Breite** gewählt werden müsste.

Testergebnis - Editor

Datei Bearbeiten Format Ansicht ?

```
Testphase 001 1.4.2018 12:10 45,5
Testphase 002 1.4.2018 12:15 45,6
Testphase 003 1.4.2018 12:20 45,7
Testphase 004 1.4.2018 12:25 45,8
```

Abbildung 20.4 Text mit fester Spaltenbreite

In diesem Beispiel wird für jede Information immer die gleiche Anzahl von Zeichen verwendet. Die Angleichung wird notfalls dadurch erreicht, dass mit Leerzeichen aufgefüllt wird. Bei diesem Format bietet der Textkonvertierungs-Assistent ein anderes Dialogfeld für Schritt 2. Wenn Sie in Schritt 1 den Dateityp **Feste Breite** gewählt haben, versucht Excel, die verschiedenen Spalten und ihre Breite anhand von Leerzeichen zu »erkennen«, und zeigt unter **Vorschau der markierten Daten** die vermutete Spaltenaufteilung an. Sie haben hier die Möglichkeit, diese Annahme zu korrigieren. Die Pfeillinien, die den vermuteten Spaltenumbruch anzeigen, können mit Maus, Finger oder Stift verschoben werden. Findet Excel kein Trennkriterium, können Sie die Trennlinien selbst setzen. Dazu lässt sich ein Pfeil mit einem Klick oder Tipp an der entsprechenden Stelle einfügen. Eine überflüssige Spaltentrennung löscht ein Doppelklick oder -tipp auf den betreffenden Pfeil. Das weitere Verfahren ist wie oben beschrieben.

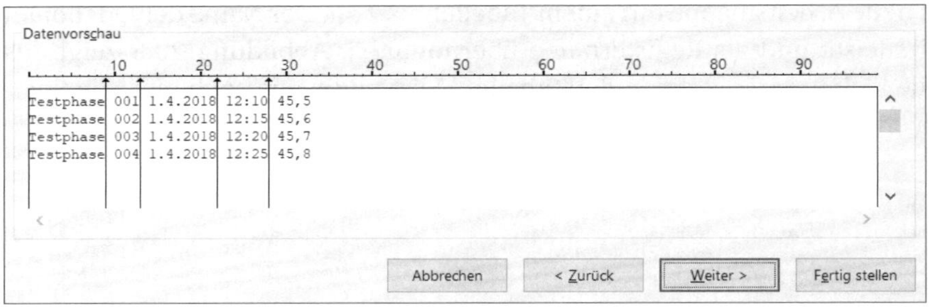

Abbildung 20.5 Trennung des Textes durch Festlegen von Trennlinien

20.3 Texte auf Spalten verteilen

Die Hilfe des Textkonvertierungs-Assistenten kann auch in Anspruch genommen werden, wenn Texte z. B. über die Zwischenablage zunächst in eine Spalte eines Tabellenblatts übernommen wurden und nachträglich in tabellarischer Form aufgearbeitet werden sollen, oder auch, um eine Spalte mit Namen, in der Vorname und Name zusammengefasst sind, auf zwei Spalten zu verteilen. In diesem Fall wird der Befehl **Daten ▸ Datentools ▸ Text in Spalten** verwendet. Vorher markieren Sie die Spalte mit dem Text, der auf mehrere Spalten verteilt werden soll.

Ansonsten können Sie verfahren wie beim Import einer Textdatei. Einziger Unterschied: In Schritt 3 können Sie unter **Zielbereich** angeben, an welcher Stelle die aufbereiteten Daten im Tabellenblatt erscheinen sollen. Voreingestellt ist die obere linke Eckzelle des markierten Bereichs. Wird kein anderer Bezug eingegeben, werden die Daten sozusagen an Ort und Stelle auf Spalten verteilt. Dazu müssen die benachbarten Spalten aber leer sein, weil sie sonst überschrieben werden. Ansonsten bleiben die Originaldaten unverändert und werden in den Zielbereich kopiert.

21 Daten mit anderen Anwendungen austauschen

In diesem Kapitel werden Methoden des Datenaustausches zwischen verschiedenen Dokumenten und Anwendungen behandelt, die sich auf Teile von Dokumenten oder auf Objekte in Dokumenten beziehen. Das reicht von der einfachen Kopie bis zu eingebetteten oder verknüpften Objekten. Im Unterschied zum Import oder Export kompletter Dateien setzen die in diesem Kapitel beschriebenen Methoden voraus, dass im Moment des Austausches beide Anwendungen auf dem PC installiert sind. Dabei geht es insbesondere auch darum, in einem Dokument Informationen ganz unterschiedlicher Art miteinander zu mischen, etwa Tabellen mit Abbildungen oder Bildsequenzen.

21.1 Austausch über die Zwischenablage

Die schlichteste Möglichkeit, Daten zwischen verschiedenen Anwendungen auszutauschen, ist der einfache Datenaustausch über die Zwischenablage. Was ist damit gemeint? Das Unterscheidungsmerkmal ist hier nicht, dass der Datenaustausch über die Zwischenablage stattfindet, denn dies erfolgt teilweise auch bei den anderen Formen des Datenaustausches. »Einfach« bezieht sich in diesem Fall darauf, dass hier tatsächlich nur einmalig bestimmte Daten oder Objekte übertragen werden und dass anschließend auch keine Verbindung mehr zwischen dem Zieldokument und dem Quelldokument besteht.

Die Daten werden dabei entweder aus der Quelldatei ausgeschnitten und landen in der Zieldatei, oder die Daten in der Quelldatei bleiben unberührt, die Zieldatei wird nur einmalig mit einer Kopie versorgt – und damit ist der Datenaustausch auch schon abgeschlossen.

Auf die sehr praktische Zwischenspeicherung von mehreren Datensätzen gleichzeitig über die Office-Zwischenablage, die die Systemzwischenablage ergänzt, wurde schon in Kapitel 2, »Aufbau von Kalkulationstabellen«, eingegangen. Sie kann natürlich insbesondere auch für den Austausch mit den anderen Office-Programmen genutzt werden.

21.1.1 Word übernimmt Daten von Excel

Der Austausch über die Zwischenablage soll hier zunächst am Beispiel von Excel und Word etwas genauer behandelt werden. Das Tauschgeschäft kann hier natürlich in beide Richtungen betrieben werden. Eine Tabelle oder ein Diagramm aus einer Arbeitsmappe kann in einen Text in Word versetzt oder kopiert, eine mit Word verfasste Liste in das Tabellenblatt einer Arbeitsmappe übernommen werden.

	A	B	C	D
1	**Produktionsplan Woche 21**			
2				
3		Produkt A	Produkt B	Produkt C
4	Montag	100	100	60
5	Dienstag	50	60	70
6	Mittwoch	80	90	60
7	Donnerstag	80	90	60
8	Freitag	80	90	60

Abbildung 21.1 Die Quelltabelle in Excel

21.1.2 Daten über die Zwischenablage exportieren

Nehmen Sie zunächst den ersten Fall. Ein kleiner Produktionsplan für eine Woche aus einer Excel-Arbeitsmappe soll direkt in ein Word-Dokument übernommen werden. Die notwendigen Schritte sind folgende:

1. Öffnen Sie in Excel die Datei, aus der die Tabelle übertragen werden soll.
2. Markieren Sie den entsprechenden Tabellenbereich.
3. Verwenden Sie **Start ▸ Zwischenablage ▸ Kopieren**.
4. Sind Word und das Dokument, in das die Tabelle eingefügt werden soll, geöffnet, können Sie die Schaltfläche für Word in der Taskleiste anklicken und hinüberwechseln.
5. Markieren Sie in dem Word-Dokument die Stelle, an der die Tabelle im Text eingefügt werden soll.
6. Wählen Sie nun **Start ▸ Zwischenablage ▸ Einfügen**. Die Tabelle wird aus der Zwischenablage an die markierte Stelle kopiert. Die Abbildung zeigt die Tabelle im Word-Fenster.

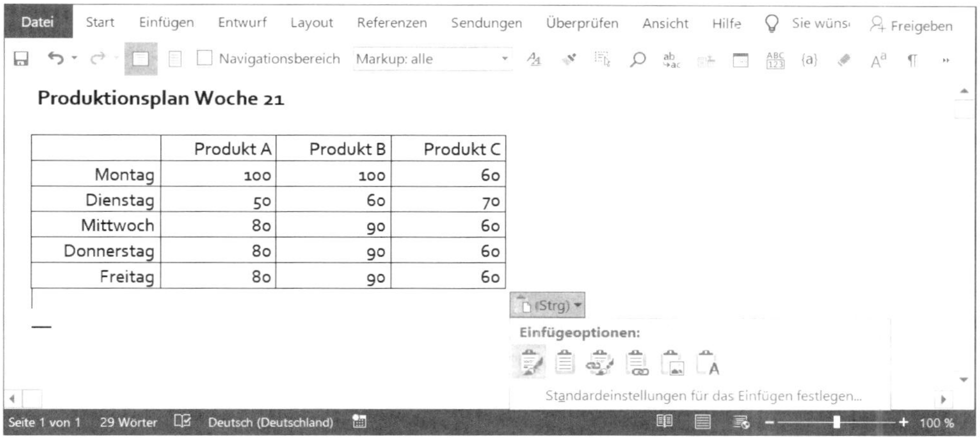

7 Nach dem Einfügen in das Textdokument bleiben die in Excel markierten Daten immer noch durch einen Laufrahmen gekennzeichnet. Mit [Esc] können Sie diesen Zustand in Excel beenden, wenn Sie später wieder zu Excel zurückwechseln.

Wie Sie an der Abbildung sehen können, ist die Tabellenstruktur in Word erhalten geblieben, auch die Formatierung der Texte und Zahlen ist mit übertragen worden. Word blendet unten rechts die Schaltfläche **Einfügeoptionen** ein. Wenn Sie das Menü per Mausklick öffnen, haben Sie z. B. die Möglichkeit, mit der Schaltfläche **Zielformatvorlagen verwenden** die Formatierung aus Excel durch die vorgegebene Tabellenformatierung von Word zu ersetzen.

21.1.3 Arbeitsweise der Zwischenablage

Das Beispiel zeigt schon, dass die Zwischenablage mehr als ein passiver Zwischenspeicher ist. Die Daten werden nicht beliebig hin und her geschoben. Bevor die Daten in eine andere Anwendung eingefügt werden, prüft das Programm, welches die günstigste Form dafür ist. Es ist immer das Format, mit dem die Zielanwendung am besten umgehen kann. Bei dem gerade beschriebenen Beispiel ist es so, dass Word selbst Tabellen aufbauen kann. Deshalb werden die Daten aus Excel, wenn Sie nicht ausdrücklich etwas anderes bestimmen, auch in Form einer Tabelle eingefügt. Verwendet wird dabei seit Excel 2000 als Vorgabe das HTML-Format.

Wollen Sie die Daten in einem anderen Format übernehmen als demjenigen, das die Zielanwendung automatisch für die angebotenen Daten verwendet, können Sie jetzt entweder wie angesprochen das Menü der Schaltfläche mit den **Einfügeoptionen** nutzen, oder Sie nehmen aus dem Menü der Schaltfläche **Einfügen** den Befehl **Inhalte einfügen**. Hier können Sie zwischen verschiedenen Formaten und Formen des Datenaustausches wählen.

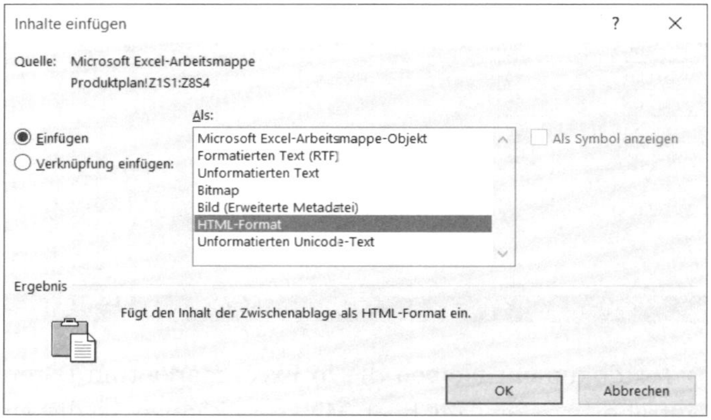

Abbildung 21.2 Formate für die Übernahme über die Zwischenablage in Word

In Word kann übrigens die Vorgabe eingestellt werden, mit der Kopien aus anderen Anwendungen übernommen werden. Dies geschieht im Dialog **Word-Optionen** unter **Erweitert** in dem Abschnitt **Ausschneiden, Kopieren und Einfügen** unter **Einfügen aus anderen Programmen**.

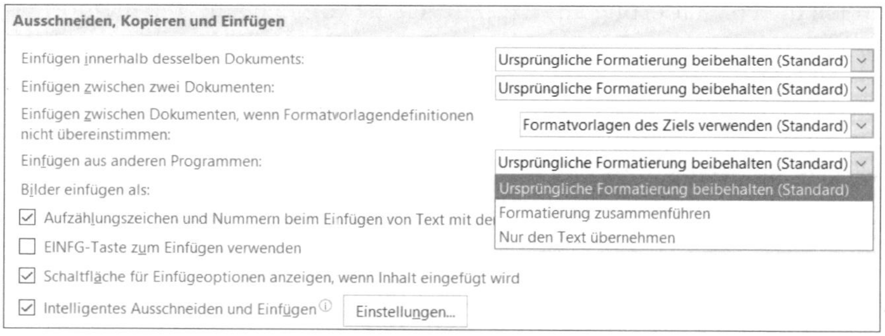

Abbildung 21.3 Einstellungen zum Ausschneiden, Kopieren und Einfügen in Word

21.1.4 Übernahme von Textpassagen aus Word

Wenn Textpassagen aus einem bereits vorhandenen Word-Dokument in eine Excel-Arbeitsmappe übernommen werden sollen, hängt das Ergebnis davon ab, was gerade in der Arbeitsmappe ausgewählt ist. Es kann z. B. durchaus sinnvoll sein, eine längere, komplizierte technische Bezeichnung aus einem geöffneten Word-Dokument direkt an eine bestimmte Stelle in der Bearbeitungsleiste oder in der zum Bearbeiten geöffneten Zelle zu übernehmen.

Wird Text dagegen direkt in eine markierte Zelle eingefügt, überschreibt der eingefügte Text den bisherigen Inhalt der Zelle. Der eingefügte Text behält als Vorgabe die Formatierung bei, die von Word mitgegeben worden ist. Das kann natürlich auch für eine ganze Spalte geschehen, wie Abbildung 21.4 zeigt.

Abbildung 21.4 Liste aus Word in Excel

Wird Fließtext aus Word auf diese Weise über die Zwischenablage übernommen, wird jeweils ein Absatz im Fließtext in eine Zelle kopiert. Da Excel 2019 pro Zelle Tausende von Zeichen zulässt, ist es überhaupt kein Problem mehr, auch umfangreiche Texte auf ein Tabellenblatt zu kopieren. Dabei sollte dann allerdings für die Zellen der Zeilenumbruch eingeschaltet und eine entsprechende Spaltenbreite gewählt werden. Auch das Zusammenfassen von Zellen ist in diesem Fall sinnvoll. Abbildung 21.5 zeigt ein Beispiel, in dem ein längerer Text in einen zusammengefassten Zellbereich übernommen worden ist.

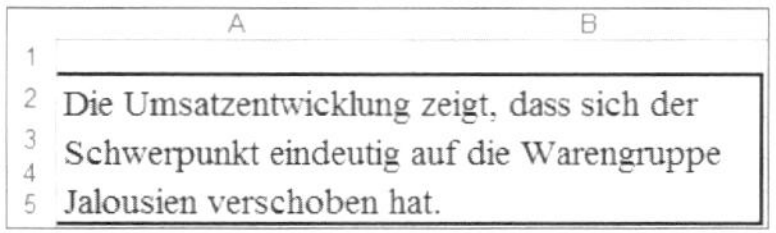

Abbildung 21.5 Textpassage aus Word im Kopf einer Tabelle

21.2 Dateien dynamisch verknüpfen

Die einmalige Übernahme von Informationen aus einer Anwendung in die andere ist dann keine ausreichende Lösung, wenn es darauf ankommt, dass der Informationsstand zu einem bestimmten Sachverhalt in beiden Anwendungen immer gleich ist. Übernimmt etwa eine Tabelle in Excel eine bestimmte Liste von Bezeichnungen aus einem in Word erstellten Katalog, taucht die Frage auf, was geschehen soll, wenn Bezeichnungen im Katalog geändert werden. Soll die Excel-Tabelle jede Änderung im Katalog nachvollziehen, ist eine Verknüpfung beider Dokumente sinnvoll.

Obwohl eine solche Verknüpfung über die Zwischenablage hergestellt werden kann, wird die ständige Aktualisierung der Daten von der Quelle in Richtung Zieldatei unabhängig von der Zwischenablage durchgeführt. Dazu wird jeweils ein direkter Kanal zwischen einem bestimmten Element des Quelldokuments und dem entsprechenden Element des Zieldokuments geöffnet, über den die Daten ausgetauscht werden.

21.2.1 Verknüpfung zwischen Tabelle und Text

Nehmen Sie als Beispiel eine Liste von Bezeichnungen in einem Word-Dokument, die zur Beschriftung von Tabellenzeilen in Excel verwendet werden soll:

1. Kopieren Sie die markierten Daten von Word in die Zwischenablage, und wechseln Sie in die Excel-Arbeitsmappe.

2. Markieren Sie die erste Zelle für den Bereich, der die Daten aufnehmen soll. Diesmal benutzen Sie zum Einfügen über das Kontextmenü den Befehl **Inhalte einfügen**. Im Dialogfeld wählen Sie zunächst die Option **Verknüpfen** und unter **Als** die Option **Text**.

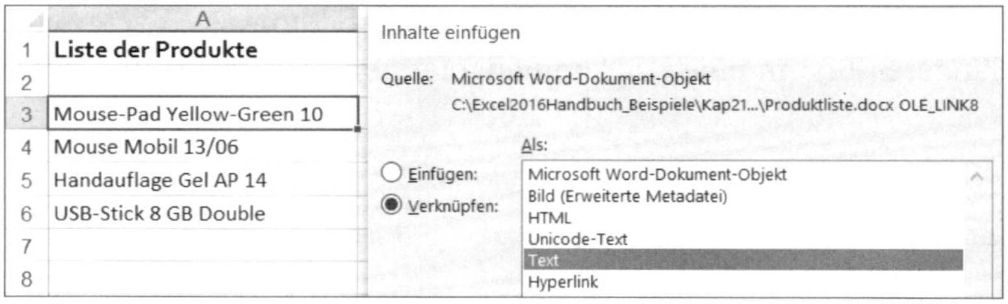

3. Wenn Sie den Befehl bestätigen, fügt Excel die Daten ein. Wenn Sie in die Bearbeitungsleiste sehen, finden Sie für jede Zelle die gleiche Matrixformel, mit der die Verknüpfung hergestellt wird. Die Formel lautet z. B.:

```
{=Word.Document.12|'D:\Projekte\Excel19Handbuch_Beispiele\
Kap21-Dateien\Produktliste.docx'!'!OLE_LINK9'}
```

Ist die Verknüpfung hergestellt, werden die Daten in der Excel-Tabelle jedes Mal angepasst, wenn sie in dem Word-Dokument geändert werden.

21.2.2 Steuerung der Aktualisierung

Ob die Änderungen einer Quelldatei sofort in der Excel-Tabelle angezeigt werden, hängt davon ab, ob die automatische oder die manuelle Aktualisierung eingeschaltet ist. Dies geschieht in dem Dialogfeld des Befehls **Verknüpfungen bearbeiten**, mit dem alle Verknüpfungen einer Arbeitsmappe verwaltet werden. Dieser Befehl wird in der Gruppe **Daten ▸ Abfragen und Verbindungen** nur angeboten, wenn in der Arbeitsmappe auch tatsächlich Verknüpfungen vorkommen.

Wenn unter **Aktualisieren** nicht **A** für **Automatisch** eingestellt ist, was die Vorgabe ist, kann eine in der Liste markierte Verknüpfung mit der Schaltfläche **Werte aktualisieren** auf den neuesten Stand gebracht werden.

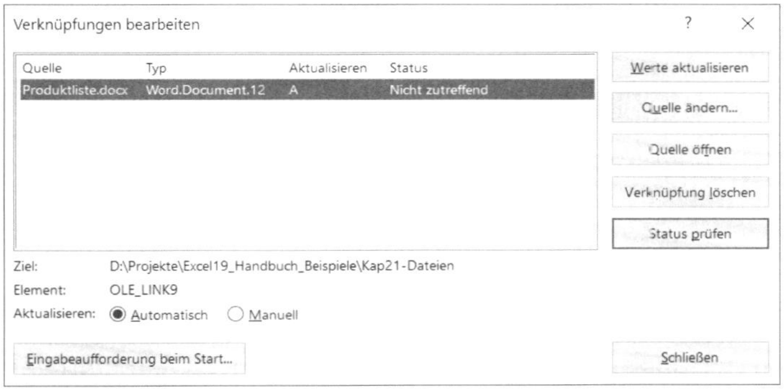

Abbildung 21.6 Das Dialogfeld »Verknüpfungen bearbeiten«

Beim Öffnen einer Datei, die eine Remoteverknüpfung enthält, also eine Verknüpfung zu einem Dokument einer anderen Anwendung, werden Sie normalerweise gefragt, ob Sie die Verknüpfungen »zu einer externen Quelle« aktualisieren möchten.

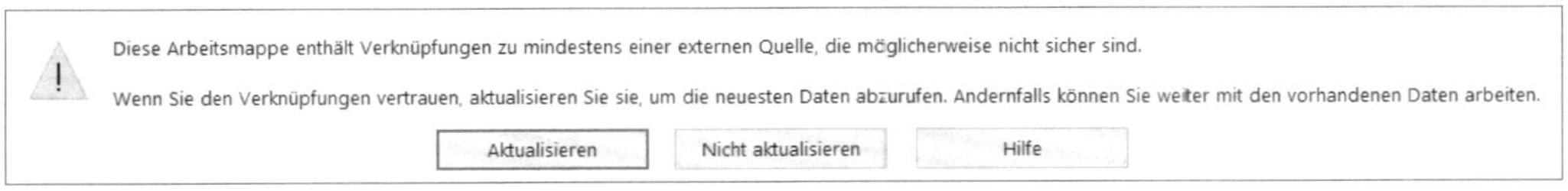

Abbildung 21.7 Hinweis bei Verknüpfungen

Wenn Sie dies bestätigen, werden die Daten in der Tabelle an die Daten in der Quelldatei angepasst, andernfalls werden eventuelle Änderungen in der Quelldatei nicht übernommen. Sie können diese Abfrage aber auch abschalten, und zwar über die Schaltfläche **Eingabeaufforderung beim Start** im Dialog **Verknüpfungen bearbeiten**. Die Alternativen sind die automatische Aktualisierung ohne Warnung oder das generelle Unterbinden der Aktualisierung.

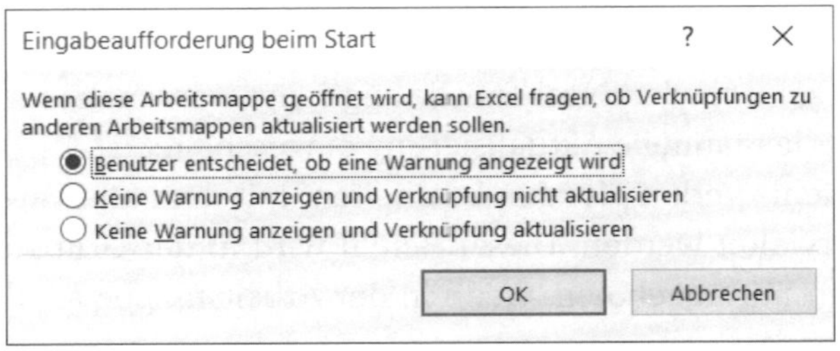

Abbildung 21.8 Alternativen beim Öffnen verknüpfter Dokumente

Befindet sich die Datei in einem noch nicht als vertrauenswürdig eingestuften Speicherbereich (siehe dazu Abschnitt 1.8.24, »Sicherheitscenter«), erscheint beim Öffnen der Excel-Datei der Hinweis, dass die automatische Aktualisierung deaktiviert wurde. Mit **Inhalt aktivieren** können Sie diese Sperre überwinden.

Abbildung 21.9 Hinweis auf eine deaktivierte Aktualisierung

21.3 Einsatz von verknüpften Objekten

Textpassagen aus Word lassen sich auch als Objekt in einem Excel-Arbeitsblatt einfügen und mit dem Quelldokument verknüpfen. Wird der Text in Word geändert, dringt die Änderung auch zu der Excel-Arbeitsmappe durch. Neben der Möglichkeit, ein Objekt über die Zwischenablage einzufügen und zu verknüpfen, kann auch der Befehl **Einfügen ▸ Text ▸ Objekt** zu diesem Zweck genutzt werden. Wenn Sie die Registerkarte **Aus Datei erstellen** wählen und das Kontrollkästchen **Verknüpfen** abhaken, kann die ausgewählte Datei als Objekt in eine Arbeitsmappe eingefügt werden. Während Sie also bei der Verknüpfung über die Zwischenablage Teile eines Dokuments als Objekt übernehmen können, erlaubt Ihnen **Einfügen ▸ Objekt ▸ Aus Datei erstellen**, komplette Dateien als Objekte zu übernehmen.

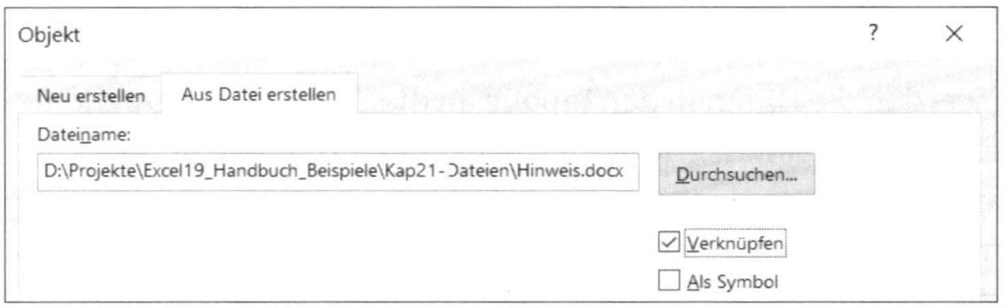

Abbildung 21.10 Die Registerkarte »Aus Datei erstellen«

Wenn Sie wollen, können Sie dafür anstelle des Textes auch nur ein Symbol als Link zum Text einfügen. Ein Doppelklick oder -tipp führt dann zum Text. Haken Sie dazu **Als Symbol** ab. Ein Doppelklick oder -tipp auf das Objekt öffnet jeweils die entsprechende Datei in Word.

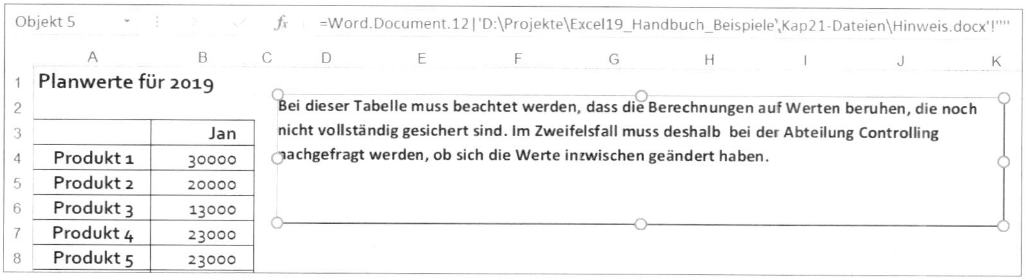

Abbildung 21.11 Ein Textobjekt aus Word im Arbeitsblatt

21.4 Ausgeliehene Leistungen mit eingebetteten Objekten

Neben der oben behandelten Objektverknüpfung besteht auch die Möglichkeit, ein Objekt einer anderen Anwendung in die aktuelle Anwendung einzubetten. Dabei geht es nicht unbedingt darum, bereits vorhandene Informationen aus einer anderen Anwendung zu übernehmen. Hauptsächlicher Vorteil des Einbettens von Objekten ist, dass Sie sich auf diese Weise die Fähigkeiten eines anderen Windows-Programms in Ihre Excel-Anwendung hereinholen können.

Mit dieser Methode entstehen Dokumente, bei denen Daten unterschiedlichen Typs – Tabellen, Texte, Bilder, Ton und Video – gemischt sind. Die verschiedenen Objekte behalten jeweils die Verbindung zu dem Anwendungsprogramm bei, mit dem sie erstellt wurden.

Im Unterschied zur Objektverknüpfung werden beim Einbetten eines Objekts die gesamten Quelldaten in die Zieldatei übernommen, sofern das Objekt aus einer bereits vorhandenen Datei erstellt wird. Anschließend wird aber im Gegensatz zur Verknüpfung die Verbindung zu dieser Quelldatei abgeschnitten. Die Datei, die vorübergehend als Quelldatei dient, und die Datei mit dem eingebetteten Objekt sind also vollkommen unabhängig voneinander. Im anderen Fall wird das Objekt gleich ganz »an Ort und Stelle« entwickelt – nur mithilfe der »fremden« Programmfunktionen und ohne Rückgriff auf eine bestehende Datei.

21.4.1 Bedienungsanleitung als Word-Objekt

Wenn es darum geht, Word zu nutzen, etwa um eine gut lesbare Dokumentation zu einem Kalkulationsmodell zu erstellen, liegt es nahe, ein Word-Objekt in eine Arbeitsmappe einzubetten. Das Verfahren sieht folgendermaßen aus:

1. Zunächst markieren Sie die Zelle, die die linke obere Ecke des Textobjekts berührt. Dann verwenden Sie **Einfügen ▸ Text ▸ Objekt**.
2. Auf dem Register **Neu erstellen** werden die verschiedenen Objekttypen angeboten, die auf Ihrem Gerät möglich sind. Welche das sind, hängt davon ab, welche Anwendungen bei Ihnen installiert und ordnungsgemäß registriert sind.

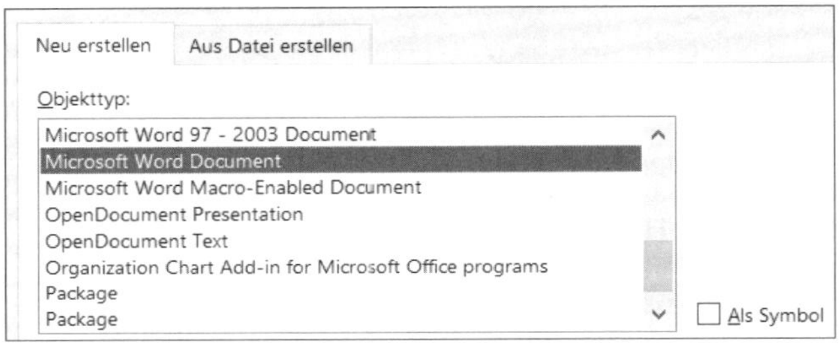

3. In diesem Fall wählen Sie den Objekttyp **Microsoft Word Document** aus. Im Menüband erscheinen Befehle von Word. Außerdem werden oben noch die Menüs **Datei** und **Fenster** eingeblendet. Innerhalb der Tabelle wird ein Rahmen für einen Text angelegt, der mit den Anfassern vergrößert werden kann. In der Titelleiste erscheint **Dokument von ...** als Hinweis auf die das Objekt aufnehmende Arbeitsmappe.

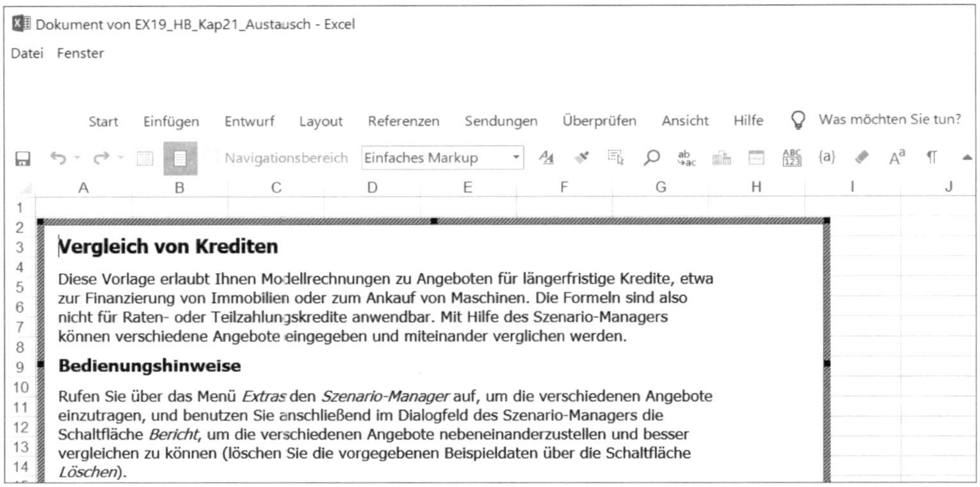

4 Nun können Sie den Text eingeben und mit den Werkzeugen von Word bearbeiten und gestalten.

5 Um die Bearbeitung abzuschließen, genügt ein Klick oder Tipp auf eine normale Excel-Zelle. Der Text erscheint dort wie in einem Textfeld. Das Objekt kann auch wie ein Textfeld verschoben oder in den Abmessungen geändert werden.

Wenn Sie das Objekt auswählen, finden Sie folgende Formel eingetragen:

```
=EINBETTEN("Word.Document.12";"")
```

Wollen Sie den Text erweitern oder ändern, holt ein Doppelklick oder -tipp auf das Objekt die Word-Funktionen sofort wieder zurück. Ein so eingebettetes Objekt kann also »vor Ort« geändert werden. Um ein Objekt aus einem Dokument herauszunehmen, muss es zunächst ausgewählt werden. Drücken Sie dann `Entf`.

21.4.2 Diagramme aus Excel in Word

Wird ein Diagramm in Excel über die Zwischenablage nach Word kopiert, erscheint beim Einfügen in Word ein Menü, das Ihnen verschiedene Möglichkeiten anbietet:

- Die erste Option liefert ein Diagramm, das die Formatierung an Word als Zielanwendung anpasst und zugleich das zugehörige Arbeitsmappenobjekt einbettet.
- Die zweite Option liefert ein Diagramm, das die Formatierung aus Excel übernimmt und ebenfalls das zugehörige Arbeitsmappenobjekt einbettet. In beiden Fällen kann das Diagramm unabhängig von der Quellarbeitsmappe verwendet werden.
- Die beiden nächsten Optionen erzeugen dagegen ein Diagramm – mit der Formatierung von Word oder von Excel –, das mit den Quelldaten in Excel verknüpft ist. Ändern sich diese, wird auch das Diagramm verändert.

Für alle vier Optionen gilt nun, dass für das in Word ausgewählte Diagramm die **Diagrammtools** aus Excel zur Verfügung stehen. Über das Register **Format** lässt sich das Diagramm bearbeiten. Auf dem Register **Entwurf** steht in der Gruppe **Daten** die Schaltfläche **Daten bearbeiten** zur Verfügung, die die Daten des Diagramms wieder in Excel zur Bearbeitung anbietet. Die neuen Werte werden dann sofort in das Word-Diagramm übernommen (siehe Abbildung 21.12).

Ist das Diagramm verknüpft, wird in Word die Schaltfläche **Daten aktualisieren** verwendet, um Änderungen von Excel zu übernehmen. Die letzte Option des Menüs **Einfügen** fügt das Diagramm als grafisches Objekt ein, das keine Verknüpfung mit den Quelldaten hat. Dafür stehen aber alle Bearbeitungsmöglichkeiten zur Verfügung, die für grafische Objekte angeboten werden (siehe Abbildung 21.13).

Abbildung 21.12 Übernahme eines Diagramms in Word

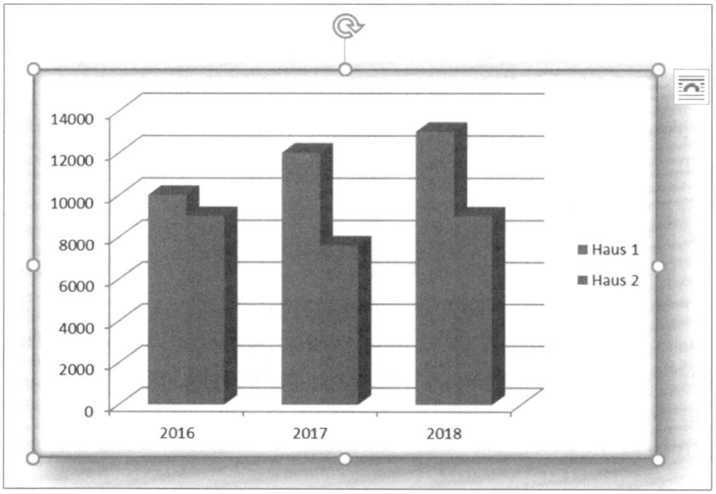

Abbildung 21.13 Das Diagramm als grafisches Objekt

21.4.3 Diagramme für PowerPoint-Folien

Nicht viel anders als bei der Übergabe von Excel-Diagrammen an Word-Dokumente können Sie vorgehen, wenn Sie Diagramme für eine Präsentation mit PowerPoint übergeben wollen. Die folgende Abbildung zeigt ein in eine Folie eingefügtes Diagramm. Die Optionen der Schaltfläche **Einfügen** bieten hier folgende Möglichkeiten:

1. Das Diagramm zusammen mit den zugrundeliegenden Tabellendaten einbetten unter Anpassung an das PowerPoint-Format für Diagramme.
2. Das Diagramm einbetten unter Beibehaltung des von Excel vorgegebenen Formats.
3. Das Diagramm einbetten und mit den zugrundeliegenden Tabellendaten verknüpfen unter Anpassung an das PowerPoint-Format für Diagramme.
4. Das Diagramm einbetten und verknüpfen unter Beibehaltung des von Excel vorgegebenen Formats.

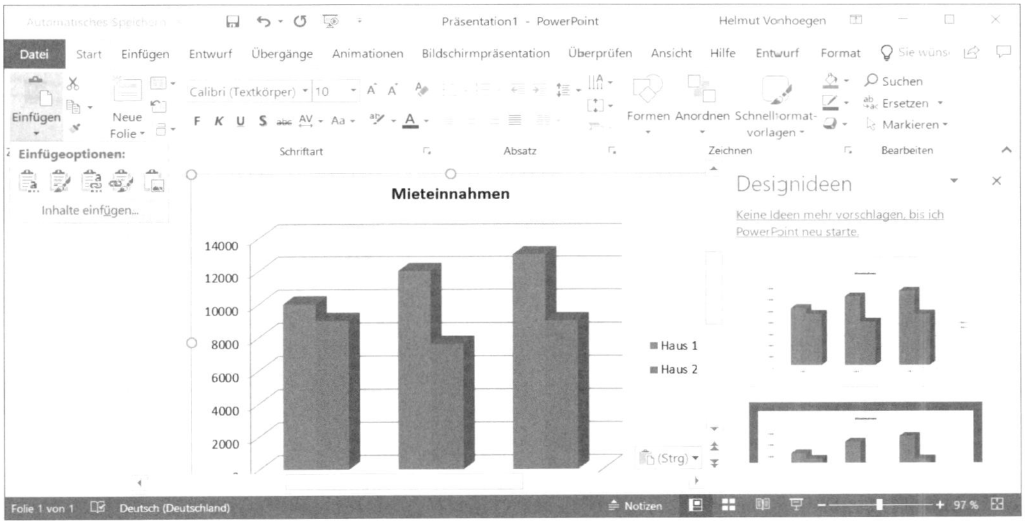

Abbildung 21.14 Übernahme eines Excel-Diagramm in eine PowerPoint-Folie

Sobald das Diagramm in der Folie eingefügt ist, bietet PowerPoint in einem eigenen Aufgabenbereich **Designideen** Vorschläge für die weitere Gestaltung an.

21.4.4 Einbetten oder Verknüpfen?

Wann ist das Einbetten günstiger, wann das Verknüpfen? Die Handhabung ist beim Einbetten sicher einfacher. Außerdem sind keine zusätzlichen Dateien notwendig, wenn die Objekte in der Tabelle eingebettet sind. Allerdings können die Dateien eine Menge Speicher benötigen, wenn mehrere Objekte in eine Arbeitsmappe eingebettet werden, insbesondere bei Bild-, Ton- oder Videoobjekten. Eine Verknüpfung ist dann interessant, wenn ein Objekt einheitlich in mehreren Dokumenten erscheinen soll. Da Änderungen ja zu allen verknüpften Dokumenten durchdringen, kann auf diese Weise leicht die Übereinstimmung gewährleistet werden.

22 Routineaufgaben mit Makros automatisieren

Ein großer Teil der Büroarbeit mit Excel ist Routine. Immer wieder werden Tabellen benötigt, die denselben Aufbau haben, immer wieder müssen bestimmte Formulare ausgefüllt und ausgedruckt werden. Schon seit den ersten Versionen von Excel gibt es die Möglichkeit, derartige Aktionen zu automatisieren, indem sie als Makros aufgezeichnet werden. Excel bietet dafür die Programmiersprache Visual Basic für Applikationen (kurz: VBA) an, eine Variante von Visual Basic (VB), einer der wichtigen Programmiersprachen unter Windows.

Während Visual Basic als eigenständige Programmiersprache zur Erstellung kompletter Anwendungen benutzt wird, arbeitet Visual Basic für Applikationen in einer Gastrolle bei einer laufenden Anwendung. Solange Sie Makros nur aufzeichnen, brauchen Sie diese Sprache allerdings kaum zur Kenntnis zu nehmen, denn Excel generiert die Programme beim Aufzeichnen automatisch. Eine Einführung in VBA finden Sie im nächsten Kapitel.

22.1 Makros aufzeichnen

Erster Kandidat für eine Makroaufzeichnung soll hier ein Zeitplan für Projekte sein, der jeweils die nächsten 30 Tage berücksichtigt. Könnte der Zeitplan immer an der gleichen Stelle in einer Tabelle stehen, wäre eine Mustervorlage angebracht. Soll der Zeitplan dagegen an einer beliebigen Stelle einer Arbeitsmappe verwendet werden, ist es sinnvoll, dafür ein Makro aufzuzeichnen.

	A	B	C
1	**Zeitplan**		
2		Aufgabe	Status
3	Freitag, 7. Dezember 2018		
4	Samstag, 8. Dezember 2018		
5	Sonntag, 9. Dezember 2018		
6	Montag, 10. Dezember 2018		
7	Dienstag, 11. Dezember 2018		
8	Mittwoch, 12. Dezember 2018		
9	Donnerstag, 13. Dezember 2018		
10	Freitag, 14. Dezember 2018		

Abbildung 22.1 Zeitplan mit Wochentagen

Bevor Sie mit der Aufzeichnung eines entsprechenden Makros beginnen, lohnt es sich, den Arbeitsablauf zunächst einmal manuell durchzuführen und sich dabei eventuell die einzelnen Arbeitsschritte zu notieren, damit Sie bei der Aufzeichnung nicht »hängenbleiben« und von vorne beginnen müssen.

22.1.1 Vorbereitungen

Zunächst sollten Sie sicherstellen, dass die Registerkarte **Entwicklertools** eingeblendet ist. Dies geschieht über **Datei ▸ Optionen** auf der Seite **Menüband anpassen**. Aktivieren Sie dort im rechten Fenster unter **Hauptregisterkarten** die Option **Entwicklertools**. Die Leiste bietet folgende Gruppen an: **Code**, **Add-Ins**, **Steuerelemente** und **XML** (Abbildung 22.2). Eine Abwahl einzelner Gruppen ist hier nicht möglich (Abbildung 22.3).

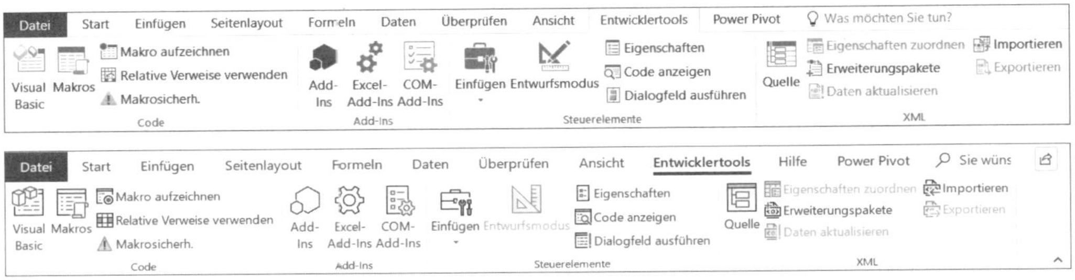

Abbildung 22.2 Das Register »Entwicklertools« – oben Excel 2019, unten Excel 365

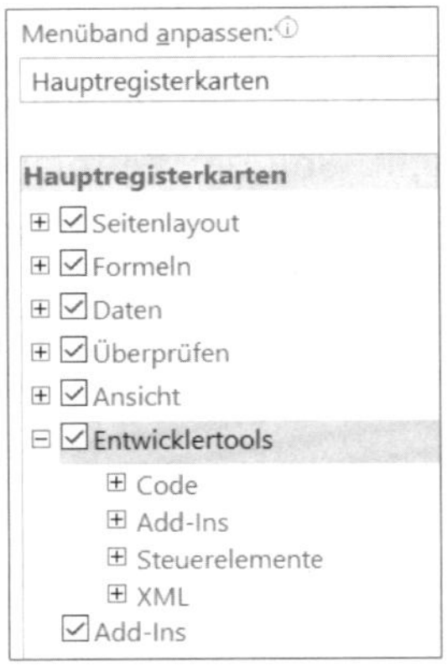

Abbildung 22.3 Einblenden der Registerkarte »Entwicklertools«

Außerdem sollten Sie dafür sorgen, dass in der Statusleiste im linken Teil das Symbol **Makroaufzeichnung** angeboten wird. Ist das nicht der Fall, öffnen Sie das Kontextmenü der Statusleiste und aktivieren die Schaltfläche.

Abbildung 22.4 Die Schaltfläche zum Start der Makroaufzeichnung in der Statusleiste

Wenn Sie ausschließlich mit aufgezeichneten Makros arbeiten wollen, haben Sie auch die Möglichkeit, die Registerkarte **Entwicklertools** ausgeblendet zu lassen, was die Vorgabe ist. Die Aufzeichnung und der Start von Makros können Sie dann über die Gruppe **Makros** auf dem Register **Ansicht** vornehmen. Die Schaltfläche **Makros** bietet dazu ein kleines Menü an.

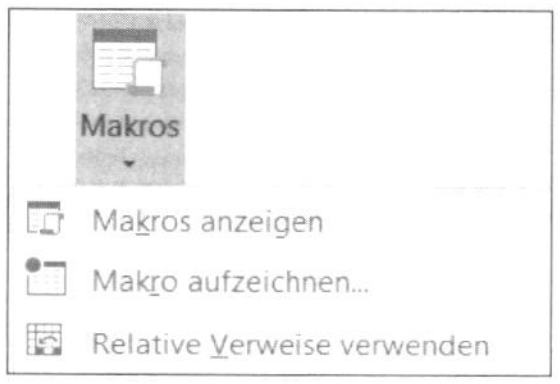

Abbildung 22.5 Makrobefehle im Register »Ansicht«

Die folgenden Schritte bereiten die eigentliche Aufzeichnung vor:

1 Sie wählen ein leeres Blatt in einer leeren Arbeitsmappe und verwenden das Symbol **Makroaufzeichnung** oder auf dem Register **Entwicklertools** in der Gruppe **Code** den Befehl **Makro aufzeichnen**.

2 Im Dialogfeld sollte zunächst ein sprechender Name den Vorgabenamen ersetzen, also eine Bezeichnung, bei der Sie auch nach einem halben Jahr noch wissen, worum es sich handelt. Soll der Name aus mehreren Wörtern bestehen, müssen diese durch Unterstriche verbunden werden. Punkte sind innerhalb der Makronamen nicht zulässig. Das erste Zeichen muss ein Buchstabe sein.

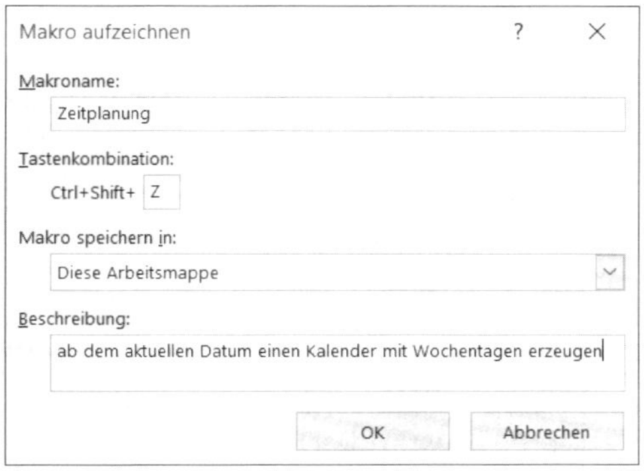

3 Auch eine kurze Beschreibung kann sich durchaus als nützlich erweisen. Hier könnte z. B. stehen, was das Makro genau macht und was bei seiner Verwendung zu beachten ist.

4 Makros können auf verschiedene Weise gestartet werden. Eine Möglichkeit ist, an dieser Stelle eine Tastenkombination für den Start des Makros festzulegen. Sie geben unter **Tastenkombination** einen Buchstaben an, der in Kombination mit den vorher gedrückt gehaltenen Tasten [Strg] und [⇧] verwendet werden soll. In diesem Fall wäre vielleicht *Z* günstig, zur besseren Erinnerung an *Zeitplan*. Excel prüft übrigens bei der Bestätigung des Dialogs, ob die Tastenkombination noch frei ist, und bringt einen entsprechenden Hinweis, wenn das nicht der Fall ist. Dann sollten Sie eine andere Taste versuchen.

HINWEIS

Unerlaubte Tasten

Für die Tastenkombination dürfen keine Zahlen oder Sonderzeichen verwendet werden. Die verwendeten Tastenkombinationen in einer Arbeitsmappe überschreiben übrigens andere vorgegebene Tastenkombinationen, solange die Arbeitsmappe geöffnet ist.

5 Unter **Makro speichern in** müssen Sie nun noch die Entscheidung treffen, wo Ihr Makro aufgezeichnet werden soll. Hier haben Sie wieder mehrere Möglichkeiten. Die Entscheidung hängt davon ab, wofür das Makro benötigt wird:

- **Diese Arbeitsmappe** bedeutet, dass das Makro innerhalb der aktuellen Arbeitsmappe aufgezeichnet wird und zunächst in dieser zur Verfügung steht. Es steht anderen Mappen nur dann zur Verfügung, wenn diese Arbeitsmappe gleichzeitig geöffnet ist. Diese Option sollten Sie in der Regel wählen, wenn das Makro tatsächlich nur für diese eine Arbeitsmappe benötigt wird.
- **Neue Arbeitsmappe** heißt, dass für das Makro eine eigene Arbeitsmappe eingerichtet wird. Das Makro steht zur Verfügung, wenn diese Arbeitsmappe geladen ist. Diese Option ist zu empfehlen, wenn Makros nicht immer, aber doch häufiger von verschiedenen Arbeitsmappen aus eingesetzt werden sollen.
- Eine Aufzeichnung in die **Persönliche Makroarbeitsmappe** bedeutet, dass das Makro in einer speziellen Arbeitsmappe mit dem Namen *Personal.xlsb* aufgezeichnet wird, die von Excel automatisch in dem Ordner *XLSTART* untergebracht wird, und zwar im ausgeblendeten Zustand. Das bedeutet zweierlei: Erstens wird diese Datei immer automatisch geöffnet, wenn Sie Excel starten, die Makros stehen also stets zur Verfügung. Zweitens sehen Sie diese Datei

nicht, sie wirkt hinter den Kulissen. Damit ist diese Option die erste Wahl bei allen Makros, die Sie häufig benötigen, die also prinzipiell in jeder Arbeitssitzung von Excel zugänglich sein sollten. Bei dem geplanten Makro wäre diese Wahl durchaus sinnvoll, wenn der Zeitplan immer wieder genutzt wird. Der Einfachheit halber soll aber zunächst die Speicherung in der aktuellen Arbeitsmappe verwendet werden.

6 Nach Bestätigung des Dialogs kann die Aufzeichnung beginnen. Das Symbol **Makroaufzeichnung** ändert etwas sein Aussehen und kann nun zum Beenden der Aufzeichnung verwendet werden. Das gilt auch für den entsprechenden Befehl **Makro aufzeichnen** in der Gruppe **Code**, der dann **Makro beenden** anbietet.

7 Die Gruppe **Entwicklertools ▸ Code** enthält noch eine weitere Schaltfläche mit der Bezeichnung **Relative Verweise verwenden**. Sie sollte angeklickt werden, wenn die Aufzeichnung mit relativen Zelladressen arbeiten soll. Diese Aufzeichnungsart wird für diesen Fall benötigt, da der Zeitplan ja immer an der Stelle eingetragen werden soll, die Sie vorher mit dem Zellzeiger markieren.

HINWEIS

Mischen von Bezügen

Durch An- und Abschalten der relativen Aufzeichnung können in einem Makro relative und absolute Zellbezüge bei Bedarf gemischt werden. Solange Sie absolute Verweise benötigen, darf die Schaltfläche **Relative Verweise verwenden** nicht ausgewählt sein. Sobald Sie zu relativen Verweisen wechseln wollen, klicken Sie auf diese Schaltfläche. Erneutes Klicken schaltet wieder auf absolute Verweise um.

22.1.2 Aufzeichnung für einen Zeitplan

Nun steht der Aufzeichnung nichts mehr im Wege. Sie können der Reihe nach die Schritte für den Zeitplan ausführen:

1 In die aktuelle Zelle wird zunächst die Überschrift *Zeitplan* geschrieben und mit dem Symbol **Fett** und dem Schriftgrad **12** formatiert.

2 Dann markieren Sie eine Zelle, die zwei Zeilen tiefer liegt. Dort tragen Sie das aktuelle Tagesdatum über die Funktion `HEUTE()` ein. Da ein fixer Wert benötigt wird, kopieren Sie die Zelle und fügen den Wert, den die Formel liefert, anschließend mit **Einfügen ▸ Werte** in derselben Zelle ein.

3. Anschließend markieren Sie einen Bereich von 20 Zellen ab der Zelle mit dem ersten Datum.
4. Über **Start ▸ Bearbeiten ▸ Ausfüllen ▸ Datenreihe** öffnen Sie den Dialog **Reihe** und wählen **Reihe in: Spalten, Typ: Datum, Zeiteinheit: Wochentag** und **Inkrement**: 1, um die Datumsreihe zu erzeugen, die nur die Wochentage liefert.
5. Der markierte Bereich wird dann noch in dem Format **Datum, lang** formatiert, bei dem der Tagesname vor dem Datum erscheint.
6. Anschließend wird die Spalte per Doppelklick oder -tipp auf die Spaltenbegrenzung noch an die neuen Einträge angepasst.
7. Die Zelle über der noch freien Nachbarspalte wird mit *Aufgabe*, die Zelle daneben mit *Status* beschriftet. Die Aufgabenspalte muss dann noch etwas verbreitert werden, damit Platz für die Einträge vorhanden ist.
8. Der ganze Bereich wird markiert und durch ein Rahmengitter und einen anderen Zellhintergrund abgehoben.
9. Der Zellzeiger wird in die erste Eingabezelle gesetzt. Dann kann die Aufzeichnung mit **Aufzeichnung beenden** gestoppt werden.

TIPP

Kopieren des Makros

Wenn Sie sich später entschließen, ein Makro aus einer Arbeitsmappe in eine andere Arbeitsmappe oder die »persönliche Arbeitsmappe« zu übernehmen, müssen Sie das Makro natürlich nicht neu aufzeichnen. Sie kopieren den Text aus dem Modulfenster über die Zwischenablage an den neuen Platz. Die »persönliche Arbeitsmappe« muss dazu vorübergehend eingeblendet werden. Dies geschieht über **Ansicht ▸ Fenster ▸ Einblenden.**

22.1.3 Wie sieht die Aufzeichnung aus?

Bei diesem Makro, das so, wie es ist, immer wieder verwendet werden kann, müssen Sie im Prinzip nicht wissen, wie Excel die Befehle aufgezeichnet hat. Das Makro funktioniert, das ist die Hauptsache. Werfen Sie trotzdem mal einen Blick auf das Ergebnis der Aufzeichnung. Die Makros werden in einem eigenen Fenster, dem Fenster des VBA-Editors, angezeigt und bearbeitet:

1 Wenn Sie das Ergebnis sehen und möglicherweise nachbearbeiten wollen, wählen Sie den Befehl **Entwicklertools ▸ Code ▸ Makros** oder die Tastenkombination `Alt` + `F8`, um den Dialog **Makro** zu öffnen.

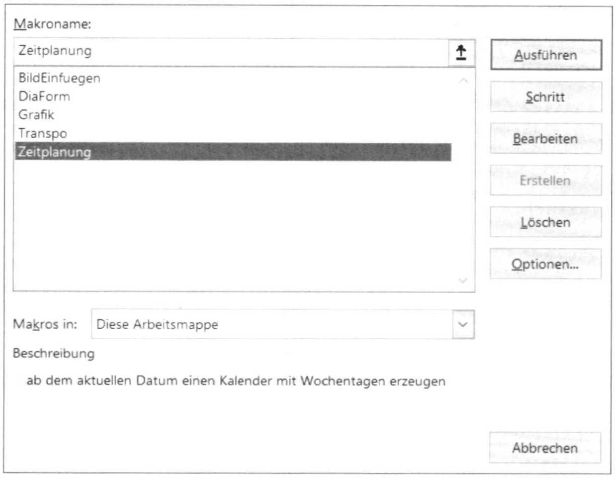

2 In der Liste unter **Makroname** finden Sie den Eintrag **Zeitplanung**, wenn Sie die Schritte oben korrekt ausgeführt haben. Ist das Makro ausgewählt, erscheint unten die kurze Beschreibung. Markieren Sie den Makronamen, und klicken Sie auf die Schaltfläche **Bearbeiten**.

3 Excel öffnet das VBA-Fenster und stellt das Makro darin in einem eigenen Modulfenster zur Ansicht und Überarbeitung bereit.

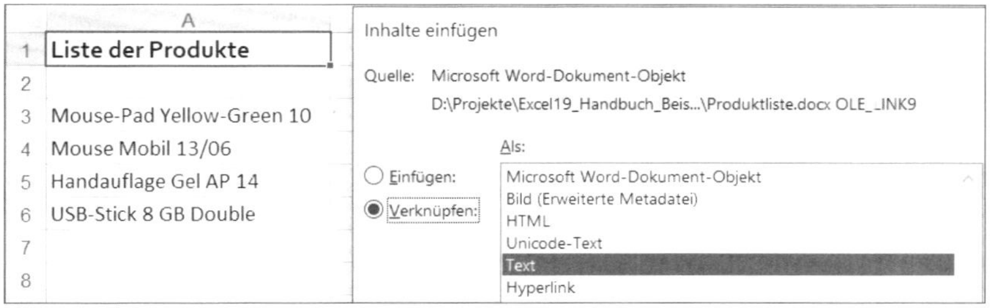

Wie Sie sehen, hat Excel eine `Sub`-Prozedur aufgezeichnet. Die meisten Zeilen beginnen mit `ActiveCell` oder mit `Selection`, also einem Bezug auf die gerade aktive Zelle oder Bereichsauswahl, und legen für diese Zellen bestimmte Eigenschaften fest, z. B. `Size = 12` für den Schriftgrad, oder wenden die Methode `DataSeries` darauf an, was dem Erstellen der Reihe entspricht. Mehr dazu erfahren Sie in Kapitel 23, »Visual Basic für

Applikationen«. Um das VBA-Fenster wieder zu verlassen, nutzen Sie den Pfad **Datei ▸ Schließen und zurück zu Microsoft Excel** oder drücken [Alt]+[Q].

HINWEIS

Was Excel aufzeichnet und was nicht

Excel zeichnet praktischerweise immer nur abgeschlossene Schritte auf. Wenn Sie also z. B. nacheinander verschiedene Zellen auswählen, bevor Sie etwas eintragen, zeichnet Excel nur die Auswahl der Zelle auf, in die Sie tatsächlich etwas eintragen. Ähnliches gilt für die Auswahl in einem Dialogfeld. Es wird nur der endgültige Stand aufgezeichnet, den Sie bestätigen, abgebrochene Befehle hingegen nicht. Es macht also nichts, wenn Sie sich mal in ein falsches Dialogfeld verirren und es mit [Esc] verlassen.

22.1.4 Die Arbeitsmappe mit dem Makro speichern

Excel 2019 verwendet für Arbeitsmappen, die Makros enthalten, einen eigenen Dateityp, wenn das XML-basierte Standardformat eingesetzt wird. Dies ist etwas gewöhnungsbedürftig. Deshalb müssen Sie beim Abspeichern der Arbeitsmappe darauf achten, dass unter **Dateityp** auch der passende Typ – **Excel-Arbeitsmappe mit Makros (*.xlsm)** – im Dialog **Speichern unter** ausgewählt ist. Falls dies nicht der Fall ist, erhalten Sie einen Warnhinweis.

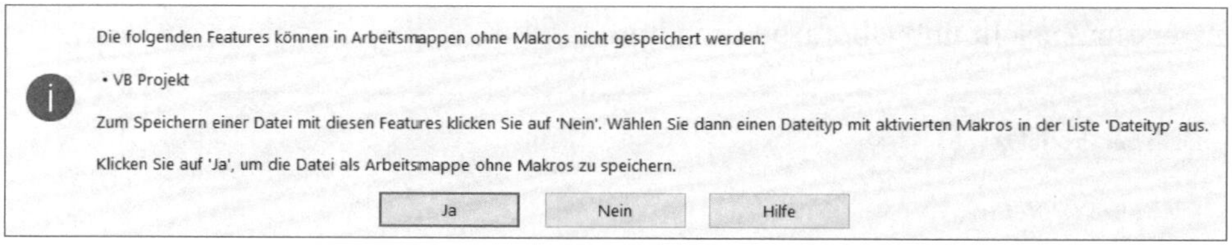

Abbildung 22.6 Warnhinweis beim Speichern mit dem falschen Dateityp

Falls Sie die Arbeitsmappe als Excel-Binärarbeitsmappe speichern, also mit der Dateiendung *.xlsb*, macht es dagegen keinen Unterschied, ob sie Makros enthält oder nicht.

22.1.5 Das Makro ausführen

Um das aufgezeichnete Makro auszuführen, stehen zunächst zwei Wege offen:

1. Der schnellste Weg ist, die Tastenkombination zu wählen, die Sie beim Start der Aufzeichnung angegeben haben. Sobald Sie den Zellzeiger in die Zelle gesetzt haben, ab der der Zeitplan eingetragen werden soll, drücken Sie [Strg] und die angegebene Taste – in unserem Beispiel [Z]. Der komplette Zeitplan wird blitzschnell in die Tabelle eingetragen.
2. Ein weiterer Weg führt über **Entwicklertools ▸ Code ▸ Makros** oder **Ansicht ▸ Makros ▸ Makros anzeigen**. Wird im Dialogfeld der Name des auszuführenden Makros ausgewählt, kann das Makro mit der Schaltfläche **Ausführen** gestartet werden. Unter **Makros in** können Sie noch auswählen, welche Makros angezeigt werden sollen: nur diejenigen aus der aktuellen Arbeitsmappe oder die Makros aus allen gerade geöffneten Arbeitsmappen.

Die Zuordnung zu einer Tastenkombination kann auch später vorgenommen werden. Klicken Sie dazu auf die Schaltfläche **Optionen**, wenn das Makro ausgewählt ist.

22.2 Makros in den Arbeitsablauf einbinden

Was Sie bis jetzt kennengelernt haben, ist die einfachste Form, ein Makro aufzuzeichnen und zu starten. Für einige Makros ist sie durchaus brauchbar. Wenn Sie dagegen häufiger mit Makros arbeiten, bleibt eine Reihe von Wünschen offen. Der Start über Tastenkombinationen ist zwar schnell, aber die Anzahl der möglichen Kombinationen begrenzt. Ein Problem ist ebenfalls, dass das normale menschliche Gedächtnis sich nicht viele Kombinationen merken kann.

Der Start über **Entwicklertools ▸ Code ▸ Makros** ist eher mühsam, gemessen an dem Ziel, mit Makros Dinge schneller zu erledigen. Bei Makros, die häufig verwendet werden, ist die Methode zu umständlich. In diesem Fall bieten sich einige andere Wege an. Zunächst ein kurzer Überblick:

- **Symbole**: Sie können das Makro mit einem Schaltflächensymbol verknüpfen und dieses in die Schnellzugriffssymbolleiste integrieren. Dies ist sinnvoll für Makros, die allgemeine Aufgaben erledigen und immer zur Verfügung stehen sollen.
- **Schaltflächen oder grafische Objekte**: Ähnlich wie bei den Symbolen kann ein Makro mit einer eigenen Schaltfläche gestartet werden, die direkt in der Arbeitsmappe angelegt wird. Anstelle der Schaltfläche können auch andere grafische Objekte verwendet werden. Dies empfiehlt sich für Makros, die nur in einer bestimmten Arbeitsmappe oder einem Formular benötigt werden, oder für Vorlagen, die für Arbeitsmappen angelegt werden.

- **Ereignisse**: Makros lassen sich über bestimmte Ereignisse auch automatisch starten. Ein einfaches Beispiel ist ein Makro, das anläuft, wenn die Arbeitsmappe, zu der es gehört, geöffnet oder geschlossen wird. Änderungen an einem Arbeitsblatt können ebenso ein Makro aufrufen.

In den folgenden Abschnitten finden Sie Beispiele, wie Sie Ihre Makros möglichst effektiv in Ihre Arbeitsumgebung einbinden.

Schnellstart mit Symbolen

Es ist sicher praktisch, ein häufig benötigtes Makro mit einem Klick in Gang zu setzen. Hier die Schrittfolge zu einem selbst definierten Symbol, mit dem ein Makro gestartet werden kann:

1. Gehen Sie über **Datei ▸ Excel-Optionen** auf die Seite **Symbolleiste für den Schnellzugriff**.
2. Wählen Sie unter **Befehle auswählen** den Eintrag **Makros** aus. Im Listenfeld rechts daneben legen Sie fest, ob die Anpassung für alle Dokumente oder nur für die aktuelle Arbeitsmappe gelten soll.

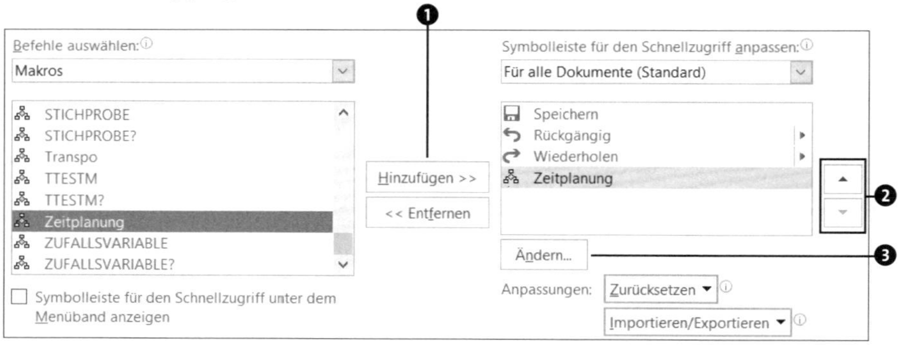

3. Wählen Sie das gewünschte Makro aus, und klicken Sie auf die Schaltfläche **Hinzufügen** ❶. Mit den kleinen Pfeilschaltflächen ❷ lässt sich die Position des neuen Symbols beliebig anpassen.
4. Excel ordnet dem ausgewählten Makro zunächst ein Standardsymbol zu. Soll eine andere Schaltfläche verwendet werden, klicken Sie auf **Ändern** ❸.
5. Im Dialog werden zahlreiche Symbole angeboten. Der Anzeigename wird als Vorgabe vom Makronamen übernommen, kann hier aber auch geändert werden.

Je nach der oben gewählten Einstellung wird die so vorgenommene Erweiterung der Schnellzugriffsleiste entweder für alle Arbeitsmappen oder nur für die ausgewählte Mappe angeboten.

Makrostart über Schaltflächen oder grafische Objekte

Das Verfahren, um ein Makro mit einer im Tabellenblatt abgelegten Schaltfläche oder einem anderen grafischen Objekt zu verknüpfen, ist sehr einfach. Die Schaltfläche kann über das Register **Entwicklertools** eingefügt werden:

1. Klicken Sie in der Gruppe **Steuerelemente** auf die Schaltfläche **Einfügen**, die eine Palette mit Steuerelementen einblendet.

2. Wählen Sie das Symbol **Schaltfläche** in der Gruppe **Formularsteuerelemente**, und ziehen Sie mit der Maus eine Schaltfläche im Tabellenblatt auf. Im Modus **Fingereingabe** wird eine Schaltfläche in einer vorgegebenen Größe eingefügt, die Sie verschieben und mit den Anfassern in der Größe anpassen können.

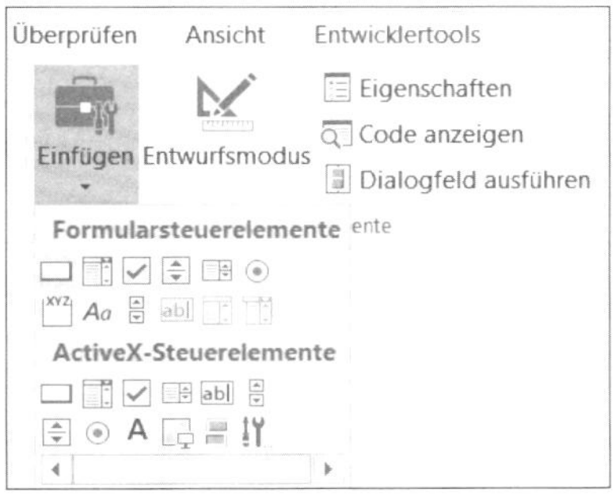

3 Sobald die Schaltfläche eingefügt ist, wird das Dialogfeld **Makro zuweisen** geöffnet, um das Makro auszuwählen, das verknüpft werden soll.

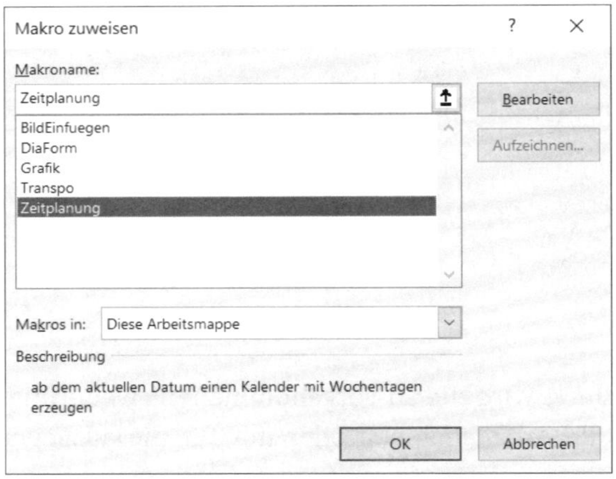

4 Wählen Sie im Kontextmenü der Schaltfläche den Befehl **Text bearbeiten**, um die Beschriftung anzupassen.

5 Die Option **Textbearbeitung beenden** im selben Menü schließt den Vorgang ab.

Bei Objekten, die mit den Werkzeugen in der Gruppe **Einfügen ▸ Illustrationen** oder **Einfügen ▸ Text** erstellt worden sind – etwa ein grafisches Element oder ein WordArt-Schriftzug –, steht der Befehl **Makro zuweisen** über das Kontextmenü des Objekts zur Verfügung.

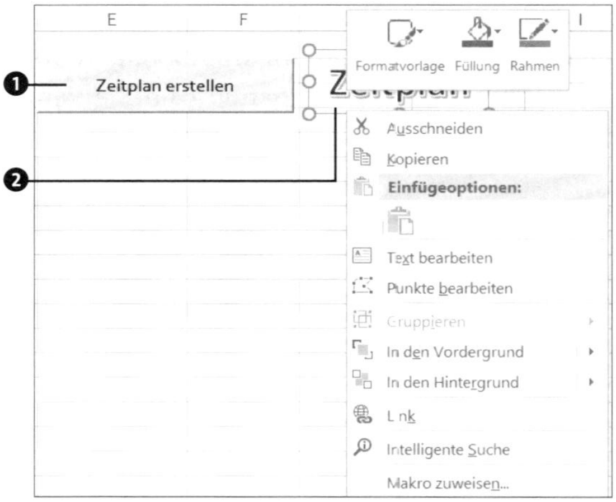

Abbildung 22.7 Start des Makros über eine Schaltfläche ❶ oder über ein grafisches Objekt ❷

HINWEIS

Schaltflächen oder Symbole?

Obwohl diese beiden Varianten ganz ähnlich aussehen – bei beiden wird das Makro mit einem Mausklick gestartet –, verkörpern sie zwei ganz unterschiedliche Typen: Symbole sind sozusagen die globalste und Schaltflächen die lokalste Möglichkeit. Das hat natürlich auch Konsequenzen für den Ort, an dem die zugehörigen Makros abgespeichert sein sollten. Makros für Schaltflächen gehören in die gleiche Arbeitsmappe wie die Tabellen mit den Schaltflächen, Makros für Symbole möglichst in die persönliche Makroarbeitsmappe.

22.3 Eine Tabelle per Makro kippen

Manchmal ist es erforderlich, eine Aufzeichnung durch kleine Veränderungen so zu präparieren, dass sie bei möglichst vielen Gelegenheiten eingesetzt werden kann. Dies soll hier an einem Makro gezeigt werden, mit dessen Hilfe bei einer Tabelle Spalten und Zeilen vertauscht (transponiert) werden. Das ist häufig sinnvoll, wenn Tabellen in die falsche Richtung wachsen. Wegen der Übersichtlichkeit ist es nämlich meist günstiger, eine Tabelle in die Länge statt in die Breite wachsen zu lassen.

Zum Beispiel sind bei der Auswertung eines Tests im Laufe der Zeit immer neue Spalten mit Testergebnissen hinzugekommen. Es wäre demnach günstig, die Tabelle zu kippen. Manuell müssten Sie die Tabelle kopieren, mit **Transponieren** außerhalb der alten Tabelle einfügen, die alte Tabelle löschen und die neue transponierte Tabelle an diesen Ort verlagern. Es würde aber nicht ausreichen, diese Schritte einfach aufzuzeichnen. Das Makro würde dann nur bei Tabellen funktionieren, die immer gleich groß sind. Der Nutzen des Makros wäre gering.

	Test 1	Test 2	Test 3	Test 4	Test 5	Test 6	Test 7	Test 8
Testperson 1	51	26	34	73	61	75	94	62
Testperson 2	22	104	23	68	49	110	111	28
Testperson 3	74	20	93	40	66	98	47	107
Testperson 4	60	93	55	27	52	107	101	71

Abbildung 22.8 Die Ausgangstabelle, die gekippt werden soll

Per Makro transponieren

Es soll erreicht werden, dass sich das Makro zunächst den Ort der alten Tabelle merkt, um am Ende dort die transponierte Tabelle wieder einzufügen. Auch die dafür notwendigen Anweisungen lassen sich aufzeichnen. Hier die einzelnen Schritte:

1 Zunächst wird die Tabelle markiert, die transponiert werden soll. Rechts neben der Tabelle muss ein hinreichend großer Bereich frei sein, in dem die transponierte Tabelle vorübergehend Platz finden kann.

2 Dann wird die Aufzeichnung mit der Schaltfläche **Makro aufzeichnen** und der Einstellung **Relative Verweise verwenden** gestartet.

3 Die markierte Tabelle wird über das Namenfeld mit dem Namen *Quelle* versehen. Anschließend wird sie mit **Kopieren** in die Zwischenablage übertragen.

4 Mit zweimal `Strg`+`→` und `→` wird der Zellzeiger rechts neben die markierte Tabelle gesetzt. Mit **Zwischenablage ▸ Einfügen** und der Option **Transponieren** wird die gedrehte Tabelle vom Zellzeiger an eingefügt (dafür der freie Bereich).

5 Ohne an der Markierung etwas zu ändern, wird diesem Bereich wie oben beschrieben der Name *Versetzt* zugewiesen.

6 Mit **Start ▸ Bearbeiten ▸ Suchen und Auswählen ▸ Gehe zu** und dem Eintrag *Quelle* wird die Markierung zur ursprünglichen Tabelle zurückgebracht. Dann wird diese Tabelle mit `Entf` gelöscht. Mit **Gehe zu** wird wieder die transponierte Tabelle markiert, also die mit dem Namen *Versetzt*, und mit **Ausschneiden** in die Zwischenablage übernommen.

7 Wieder mit **Gehe zu** wird der Bereich *Quelle* markiert, dort der Zellzeiger mit der Pfeiltaste `←` in die oberste linke Zelle dieses Bereichs gesetzt und der Bereich dabei aufgelöst. Das ist wichtig, weil sonst beim Einfügen die Größe des Zielbereichs nicht brauchbar ist. Mit **Einfügen** wird die transponierte Tabelle hier untergebracht.

8 Abschließend wird noch einmal das Dialogfeld für den Namens-Manager mit **Formeln ▸ Definierte Namen ▸ Namens-Manager** aufgerufen. Dort werden die beiden Namen *Quelle* und *Versetzt* markiert und mit **Löschen** entfernt. Nach dem Schließen des Dialogfeldes wird die Aufzeichnung mit dem Symbol **Aufzeichnung beenden** in der Statusleiste abgeschlossen.

	Testperson 1	Testperson 2	Testperson 3	Testperson 4
Test 1	51	22	74	60
Test 2	26	104	20	93
Test 3	34	23	93	55
Test 4	73	68	40	27
Test 5	61	49	66	52
Test 6	75	110	98	107
Test 7	94	111	47	101
Test 8	62	28	107	71

Abbildung 22.9 Gekippte Tabelle

Abbildung 22.10 zeigt das Makro. Es hat aber immer noch eine Schwachstelle, die beim Blick auf die Makroaufzeichnung schnell sichtbar wird.

(Allgemein) | Transpo

```
Sub Transpo()
    ActiveWorkbook.Names.Add Name:="Quelle", RefersToR1C1:= _
        "=Tabelle2!R2C1:R6C9"
    Selection.Copy
    Selection.End(xlToRight).Select
    Selection.End(xlToRight).Select
    ActiveCell.Offset(0, 1).Range("A1").Select
    Selection.PasteSpecial Paste:=xlPasteAll, Operation:=xlNone, SkipBlanks:= _
        False, Transpose:=True
    Application.CutCopyMode = False
    ActiveWorkbook.Names.Add Name:="Versetzt", RefersToR1C1:= _
        "=Tabelle2!R2C10:R10C14"
    Application.Goto Reference:="Quelle"
    Selection.ClearContents
    Application.Goto Reference:="Versetzt"
    Selection.Cut
    Application.Goto Reference:="Quelle"
    ActiveCell.Select
    ActiveSheet.Paste
    ActiveWorkbook.Names("Quelle").Delete
    ActiveWorkbook.Names("Versetzt").Delete
End Sub
```

Abbildung 22.10 Aufgezeichnetes Makro zum Transponieren einer Tabelle

Beide Male werden für die Bereiche, die das Makro vorübergehend benennt, feste Tabellenbereiche angegeben. Das passt aber hier gerade nicht, denn das Makro soll verwendet werden können, egal, an welcher Stelle die Tabelle liegt und wie groß sie ist. Hier ist also ein manueller Eingriff erforderlich. Über das Dialogfeld **Makro** kann das neue Makro ausgewählt und mit der Schaltfläche **Bearbeiten** das VBA-Modulfenster geöffnet werden.

(Allgemein) | Transpo

```
Sub Transpo()
    ActiveWorkbook.Names.Add Name:="Quelle", RefersTo:=Selection
    Selection.Copy
    Selection.End(xlToRight).Select
    Selection.End(xlToRight).Select
    ActiveCell.Offset(0, 1).Range("A1").Select
    Selection.PasteSpecial Paste:=xlPasteAll, Operation:=xlNone, SkipBlanks:= _
        False, Transpose:=True
    Application.CutCopyMode = False
    ActiveWorkbook.Names.Add Name:="Versetzt", RefersTo:=Selection
    Application.Goto Reference:="Quelle"
    Selection.ClearContents
    Application.Goto Reference:="Versetzt"
    Selection.Cut
    Application.Goto Reference:="Quelle"
    ActiveCell.Select
    ActiveSheet.Paste
    ActiveWorkbook.Names("Quelle").Delete
    ActiveWorkbook.Names("Versetzt").Delete
End Sub
```

Abbildung 22.11 Korrigiertes Makro

Setzen Sie bei den Zeilen mit `Names.Add Name` hinter den jeweiligen Namen den Bezug `RefersTo=Selection` anstelle der bisherigen Bereichsadressen, und zwar ohne Anführungszeichen. Das korrigierte Makro kann jetzt für jeden beliebigen Bereich benutzt werden. Wählen Sie im VBA-Fenster den Befehl **Datei ▸ Speichern** und **Schließen und zurück zu Microsoft Excel**, um wieder in das normale Excel-Fenster zu wechseln.

HINWEIS

Zellverweise in Makros

In Visual Basic werden zwei Adressierungsarten verwendet: die *R1C1-Schreibweise* und die *A1-Schreibweise*, die bei der Arbeit mit Tabellen üblich ist. Die seltener verwendete R1C1-Schreibweise benennt die einzelnen Zellen nach ihrer Zeilen- und Spaltenposition (R steht für *Row*, C für *Column*), R3C2 bedeutet »3. Zeile, 2. Spalte«, entspricht also B3. Da die A1-Adressen Zeichenketten sind, können Sie sie mit Operatoren für Zeichenketten verändern: Anstelle von *A5* könnte also auch *A & 5* stehen. Die R1C1-Schreibweise gestattet es, besonders elegant relative Verweise wiederzugeben. RC ist immer die aktuelle Zelle, R(1)C ist eine Zeile tiefer, R(-1)C eine Zeile höher, RC(1) eine Spalte nach rechts, R(2)C(3) zwei Zeilen tiefer und drei Spalten nach rechts etc.

22.4 Makros für die Diagrammgestaltung

Seit Excel 2010 kann auch die Gestaltung von Diagrammen aufgezeichnet werden. Das Objektmodell, das Excel zugrunde liegt, wurde dazu entsprechend erweitert. Das ist eine durchaus wertvolle Erweiterung, insbesondere, wenn es darum geht, ein einheitliches Design in Serien von Diagrammen zu realisieren.

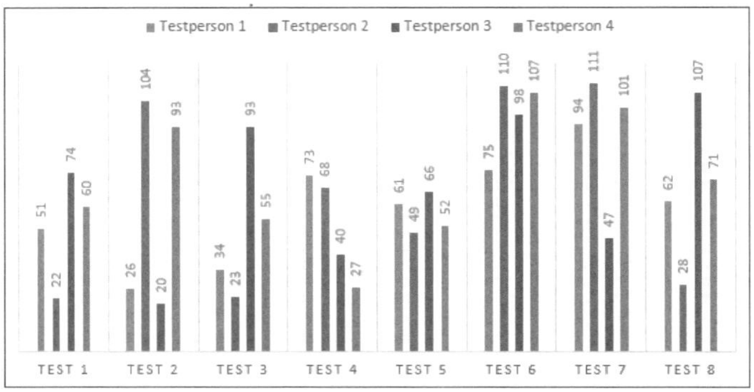

Abbildung 22.12 Ursprüngliches Format

Der folgende Code zeigt ein Beispiel, in dem ein bereits bestehendes Diagramm in einem Arbeitsblatt auf eine bestimmte Größe gesetzt und ein Farbverlauf für die Diagrammfläche vergeben wird. Das Makro setzt voraus, dass sich in einem Tabellenblatt genau ein Diagramm befindet. Dazu wurde der von Excel automatisch vergebene Diagrammname wie in

```
ActiveSheet.ChartObjects("Diagramm 1").Activate
```

durch einen Index ersetzt:

```
ActiveSheet.ChartObjects(1).Activate
```

```
(Allgemein)                                   DiaForm
Sub DiaForm()

    ActiveSheet.ChartObjects(1).Activate
    ActiveSheet.Shapes(1).Width = 500
    ActiveSheet.Shapes(1).Fill.Visible = msoTrue

    With ActiveSheet.Shapes(1).Fill
        .Visible = msoTrue
        .ForeColor.ObjectThemeColor = msoThemeColorAccent1
        .ForeColor.TintAndShade = 0.3399999738
        .ForeColor.Brightness = 0
        .BackColor.ObjectThemeColor = msoThemeColorAccent1
        .BackColor.TintAndShade = 0.7649999857
        .BackColor.Brightness = 0
        .TwoColorGradient msoGradientHorizontal, 2
    End With

End Sub
```

Abbildung 22.13 Formatierung eines Diagramms per Makro

Im Ergebnis sieht das Diagramm dann so aus, wie es in Abbildung 22.14 zu sehen ist.

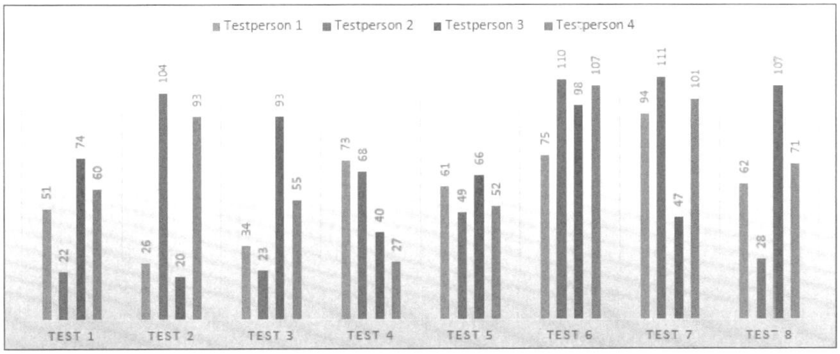

Abbildung 22.14 Das neu formatierte Diagramm

22.5 Makros von älteren Excel-Versionen

Makros in dem Dateiformat Excel 97/2000 laufen unter Excel 2019 normalerweise problemlos. Die Makros in Excel 5 und 7 wurden zwar auch schon in VBA programmiert, aber mithilfe einer anderen Programmierumgebung. Insbesondere werden die Makros nicht mehr in eigenen Arbeitsblättern angezeigt und bearbeitet, sondern im Fenster des VBA-Editors. Die Rückübersetzung ist ebenfalls meist ohne große Probleme möglich, allerdings nur, solange keine Objekte, Methoden oder Eigenschaften verwendet worden sind, die die ältere VBA-Version noch nicht kannte.

```
Ansicht = ActiveWindow.View
```

ist z. B. für Excel 95 nicht möglich. Lästig kann werden, dass auch

```
Fehler = Err.Description
```

nicht funktioniert, was häufig in Fehlerroutinen verwendet wird. Wenn Sie eine Datei mit Makros aus den Versionen Excel 5 und 7 öffnen, verschwinden die Modulblätter aus der Arbeitsmappe. Die Module wechseln aber nur den Ort. Sie werden mit der Datei gespeichert und in den speziellen Modulfenstern des VBA-Editors angezeigt und bearbeitet. Sind die Makros in der deutschen VBA-Version entwickelt worden, werden sie automatisch ins Englische übersetzt. Obwohl seit Excel 97 an die Stelle der bisherigen Dialogblätter die Formulare getreten sind, bleiben die Dialogfelder, die über Dialogblätter definiert worden sind, weiter lauffähig.

23 Visual Basic für Applikationen

Die Aufzeichnung von Makros liefert lediglich die Möglichkeiten, Arbeitsfolgen, die in Excel immer wieder manuell durchgeführt werden, auf einen Tastendruck, Mausklick oder Fingertipp zusammenschrumpfen zu lassen. Damit sind aber die Optionen, die Excel in dieser Hinsicht bietet, keineswegs erschöpft. Mit Visual Basic für Applikationen können Sie komplette Anwendungen programmieren. So lassen sich Funktionen verwirklichen, die Excel selbst nicht anbietet. VBA-Programme können sogar über die Grenze von Excel hinaus andere Anwendungen in ein Programm einbeziehen.

23.1 Grundlagen von VBA

Visual Basic für Applikationen ist – wie schon angedeutet – eine spezielle Version von Visual Basic, der an Basic orientierten Programmiersprache, die Microsoft für die Windows-Umgebung entwickelt hat. Die Entwicklungsumgebung von VBA enthält insbesondere leistungsfähige Werkzeuge für die Entwicklung von Formularen. Dass in diesem Buch nicht mehr als eine Einführung in die Möglichkeiten dieser mächtigen Sprache gegeben werden kann, versteht sich von selbst. Diese Einführung beschränkt sich darauf, Ihnen einen kurzen Überblick über die Sprache zu geben, die integrierte Programmierumgebung vorzustellen und einige Beispiele der Verwendung von VBA innerhalb von Excel zu zeigen.

23.1.1 Das Objektmodell von Excel

Visual Basic und Visual Basic für Applikationen teilen mit anderen objektorientierten Programmiersprachen die Idee, dass Anwendungen mit Objekten zu tun haben und auch selbst aus Elementen bestehen, die als Objekte ansprechbar sind. Die Definition eines bestimmten Objekttyps wird als Klasse bezeichnet. Für jedes dieser Objekte gibt es einen bestimmten Satz von Eigenschaften und eine Reihe von Verfahren, mit dem Objekt umzugehen, die »Methoden« genannt werden. Ein Objekt ist z. B. ein Zellbereich, eine Pivot-Tabelle oder ein Diagramm. Ein Zellbereich hat etwa die Eigenschaft, fett formatiert zu sein. Eigenschaften können abgefragt oder verändert werden. Wenn Sie einen Bereich kopieren, wird die Methode `Copy` auf den Bereich angewendet.

Welche Objekte eine Anwendung bereitstellt und wie diese miteinander zusammenhängen, wird durch das Objektmodell – eine vorgegebene Hierarchie von Objekten – festgelegt, in dem die *Application* das oberste Objekt darstellt. Die Zuordnung der Objekte kann über den Objektkatalog eingesehen werden.

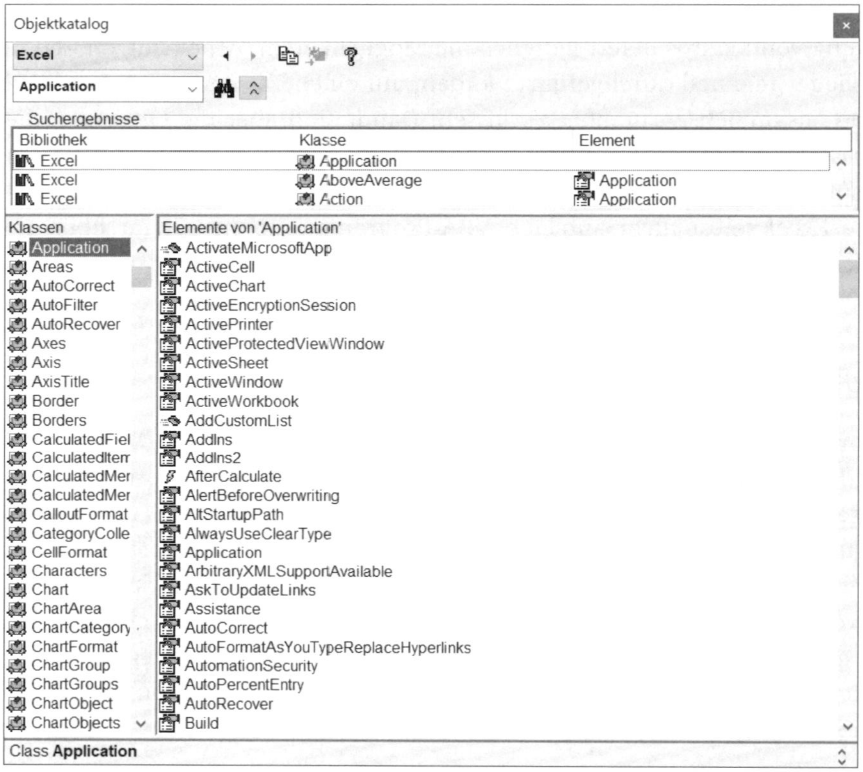

Abbildung 23.1 Der Objektkatalog für Excel 2019

Die verschiedenen Symbole weisen darauf hin, ob es sich um ein Objekt, eine Methode des Objekts, eine Eigenschaft des Objekts oder um ein Ereignis handelt, das mit dem Objekt zu tun hat.

Um einen sicheren Umgang mit den Objekten von Excel oder auch mit den Objekten einer anderen Office-Anwendung zu erreichen, auf die von Excel aus zugegriffen wird, ist es von grundlegender Bedeutung, das Objektmodell zu verstehen und zu überblicken, das den einzelnen Anwendungen zugrunde liegt. Das Objektmodell von VBA ist mit jeder neuen Excelversion weiter ausgebaut worden, um den erweiterten Funktionen des Programms zu entsprechen. So wurden beispielsweise neue Elemente für neue Diagrammtypen, neue Tabellenfunktionen oder für die Arbeit mit Datenmodellen hinzugefügt.

Die Objektmodelle haben eine gewisse Ähnlichkeit mit Matroschkas, den bekannten russischen Puppen. Das oberste Objekt ist die Anwendung selbst. Die anderen Objekte sind in diesem Gesamtobjekt eingeschlossen. Die nächsttiefere Ebene bei Excel etwa sind die Arbeitsmappen. Innerhalb der Arbeitsmappen werden verschiedene Auflistungen – *Collections* – von gleichrangigen Objekten unterschieden: Arbeitsblätter, Diagramme, Module. Die einzelnen Elemente einer solchen Auflistung können über Indizes oder über zugeordnete Namen angesprochen werden. `Worksheets(3)` oder `Worksheets("Prognose")` sind Beispiele, wie ein Element einer Sammlung von Objekten angesprochen werden kann.

Etwas verwirrend ist allerdings, dass in VBA manchmal für ein Objekt und für eine Eigenschaft dieselbe Bezeichnung verwendet wird. `Legend` ist z. B. eine Eigenschaft, die ein `Chart`-Objekt hat. Diese Eigenschaft liefert aber als Ergebnis wieder ein Objekt, nämlich das Objekt `Legend`, das ein Unterobjekt eines `Chart`-Objekts ist. In einer Programmzeile wird deshalb oft anstelle eines Objekts die Eigenschaft angegeben, die ein Objekt liefert.

Drei Fragen stellen sich beim Umgang mit Objekten immer wieder:

1. Wie wird ein Objekt oder Unterobjekt korrekt angesprochen?
2. Welche Eigenschaften hat ein Objekt?
3. Welche Methoden können unter welchen Voraussetzungen benutzt werden?

Wenn z. B. in einer Excel-Prozedur das Innere eines Zellbereichs mit einer anderen Farbe belegt werden soll, kann das mit folgender Codezeile erreicht werden:

```
Worksheets("Tabelle1").Range("A1").Interior.Colorindex = 3
```

In die Umgangssprache übersetzt, lautet diese Anweisung: »Ordne der Eigenschaft `Colorindex` den Wert `3` zu, und zwar für das Objekt `Interior`, Hintergrund, das enthalten ist in dem Objekt `Range` A1, also dem Bereich `A1`, das wiederum enthalten ist in dem Objekt mit dem Namen `Tabelle1` aus der Objektauflistung `Worksheets`.«

Die Programmentwicklungsumgebung stellt Ihnen handliche Hilfsmittel zur Verfügung, mit den Objekten zurechtzukommen, insbesondere den angesprochenen Objektkatalog und verschiedene Editierhilfen direkt bei der Programmeingabe. Als Objekte behandelt werden auch die zahlreichen Steuerelemente – die *Controls* –, die einfach in ein Formular hineingezogen werden können. Wenn z. B. in einer Anwendung ein Listenfeld benötigt wird, um einen bestimmten Wert – etwa einen Ländernamen – auszuwählen, kann das komplette Listenfeld in das entsprechende Formular übernommen werden. Geklärt werden muss nur noch, wie das Listenfeld mit den Ländernamen verknüpft werden kann und wo diese erscheinen sollen.

23.1.2 Ereignisse steuern den Programmablauf

Die zweite charakteristische Eigenschaft von VBA-Programmen ist, dass der Ablauf einer Anwendung in der Regel keinem fest vorgegebenen Plan folgt, sondern von Ereignissen (*Events*) gesteuert wird. Wenn Sie diese oder jene Schaltfläche anklicken, passiert etwas; wenn ein Arbeitsblatt aktiviert wird, werden automatisch bestimmte Berechnungen ausgeführt. Eine Datei kann geöffnet, gespeichert oder geschlossen werden. Ein Arbeitsblatt kann aktiviert, geändert, neu berechnet, ein Fenster kann aktiviert, deaktiviert oder in der Größe geändert werden.

Die Programmierung mit VBA besteht deshalb in den meisten Fällen hauptsächlich aus folgenden Schritten:

- Entwurf von Formularen, die der Anwender für den Datenaustausch und die Interaktion mit der Anwendung benutzt
- Wahl der Eigenschaften der darin verwendeten Steuerelemente
- Programmierung der Schritte, die das Programm ausführt, wenn bestimmte Ereignisse mit diesen Steuerelementen oder anderen Objekten stattfinden

23.1.3 Variablen und Konstanten in VBA

Variablen werden in VBA wie in jeder anderen Programmiersprache benutzt, um bestimmte Werte, die während des Programmablaufs entstehen, festzuhalten, sodass sie bei Bedarf an einer anderen Stelle weiterverwendet werden können. Um die verschiedenen Werte unterscheiden zu können, werden Namen für die Variablen vergeben. Zusätzlich wird festgelegt, welche Art von Informationen mithilfe einer bestimmten Variablen gespeichert werden soll, etwa Zahlenwerte, Texte etc. Diese Festlegung erfolgt mithilfe des Datentyps, der zudem auch Bedeutung für die maximale Größe oder Länge der von der Variablen festgehaltenen Information hat.

Variablen können entweder implizit oder explizit deklariert werden. Im ersten Fall wird der Datentyp `Variant` benutzt. Dieser Datentyp ist besonders flexibel, weil er Daten jeder Art akzeptiert. Allerdings müssen Sie darauf achten, welche Daten einer Variablen dieses Typs tatsächlich zugeordnet werden, bevor Sie damit weiterarbeiten können.

Implizit ...

Implizit wird eine Variable direkt innerhalb einer Prozedur durch eine Wertzuweisung definiert. So werden z. B. durch die beiden Zeilen

```
wert1 = 3
wert2 = "xyz"
```

zwei Variablen mit den Namen `wert1` und `wert2` definiert und zugleich mit den Werten `3` bzw. `xyz`, also einer Zahl und einer Zeichenkette belegt. Diese einfache Art der Variablendefinition ist sehr bequem. Sie definieren eine Variable genau dann, wenn Sie sie benötigen, können also ziemlich intuitiv arbeiten. Es ist nicht festgelegt, was für ein Datentyp (Zahl, Text etc.) für die Variable gilt, d. h., die Definition ist sehr flexibel. Ein und dieselbe Variable könnte innerhalb einer Prozedur einmal für eine Zahl und einmal für eine Zeichenkette etc. verwendet werden.

Dieser Bequemlichkeit stehen zwei Nachteile gegenüber. Zum einen hat eine so definierte Variable nur innerhalb der Prozedur Gültigkeit, in der sie definiert ist. Aus anderen Prozeduren können Sie daher die Werte der Variablen nicht abfragen. Zum anderen verlieren Sie bei etwas umfangreicheren Programmen sehr schnell den Überblick, welche Variablen wo verwendet werden. Trotzdem ist diese Methode für die schnelle Entwicklung kleinerer Programme durchaus nützlich.

... oder explizit

Die Variablen werden am Anfang einer Prozedur oder am Anfang eines Moduls – unter *Deklarationen* – explizit unter Verwendung etwa der Anweisung `Dim` definiert. In diesem Fall wird der Datentyp ausdrücklich festgelegt, es sei denn, es wird der Typ `Variant` verwendet. Diese Form der Variablendefinition ist bei größeren Projekten auf jeden Fall die programmtechnisch sauberere Lösung. Sie gestattet eine übersichtliche Arbeit, bei der Sie auch später noch wissen, was Sie gemacht haben. Als Variablentypen stellt VBA die in der Tabelle aufgeführten Möglichkeiten zur Verfügung.

Variablentyp	**Bedeutung**
`Byte`	0–255
`Boolean`	Wahrheitswerte (`WAHR` oder `FALSCH`). Anstelle der Wahrheitswerte werden auch Zahlen akzeptiert, wobei 0 `FALSCH` und alle anderen Zahlen `WAHR` ergeben.
`Integer`	ganze Zahlen von –32.768 bis 32.767
`Long`	ganze Zahlen von ca. –2 Mrd. bis +2 Mrd.
`Single`	Gleitkommazahlen von 1,4 E–45 bis 3,4 E38, positive und negative Werte

Variablentyp	Bedeutung
Double	Gleitkommazahlen von 4,9 E–324 bis 1,79 E308, positive und negative Werte
Decimal	28 Stellen vor und nach dem Komma
Currency	Zahlen von –9,22 E15 bis 9,22 E15 auf vier Stellen hinter dem Komma gerundet
String	Zeichenfolge (bis ca. 2 Billionen Zeichen)
String * Length	Zeichenfolge mit festgelegter Länge; längere Folgen werden auf die vorgegebene Länge gestaucht, und zwar 1 bis 65.400.
Date	serielle Zahlen (wie in den Tabellenfunktionen für Datum und Zeit) oder Datums- und Zeitangaben, die zwischen #. . . # geschrieben werden
Object	Verweise auf ein Objekt
Variant	numerische Werte (wie *Double*) oder Zeichenfolgen

Wer mit der 64-Bit-Version von Excel 2019 arbeitet, kann außerdem noch den Datentyp LongLong einsetzen, der mit Vorzeichen versehene 64-Bit-Zahlen speichert. Der Wertebereich liegt zwischen –9.223.372.036.854.775.808 und 9.223.372.036.854.775.807.

Die folgende Prozedur zeigt eine kleine Übung mit der Zuweisung von Variablen zu unterschiedlichen Dateitypen.

```
Sub variablenkette()
  Dim logischer_wert As Boolean
  Dim betrag As Currency
  Dim anmerkung As String
  Dim datum As Date
  logischer_wert = 77 * 13 < 12 * 84
  betrag = 10
  anmerkung = "Spielerei mit Datentypen"
  datum = #7/30/2018#
  MsgBox anmerkung & " am " & datum & ": " & " Wette " & betrag _
       & " Euro, dass das " & logischer_wert & " ist."
End Sub
```

Die Prozedur liefert einen Meldungsdialog, in dem die Werte der verschiedenen Variablen mit dem Verknüpfungsoperator & zu einem Text verkettet werden.

Abbildung 23.2 Alle Variablen werden zu einem Text verkettet.

Diese Verknüpfung belegt die Flexibilität der Variablendefinition in VBA: Da mit dem Operator `&` eigentlich nur Zeichenketten verknüpft werden, behandelt VBA in diesem Moment offensichtlich alle Variablentypen als Zeichenketten.

Arrays mit mehreren Dimensionen

Variablen können auch als *Arrays* definiert werden, die über die Indizes angesprochen werden. Das gestattet es, mit einer Variablendefinition gleich eine große Anzahl gleichartiger Variablen festzulegen. Dies ist natürlich nur sinnvoll, wenn es sich tatsächlich um Arrays gleichartiger Variablen handelt, vergleichbar etwa mit einer Matrix in Excel. Die einzelnen Elemente eines Arrays werden über Indizes angesprochen.


```
Dim gebiete() As String
gebiete = Array("Nord","Ost","Süd","West")
region = gebiet(0)
```

Ob die Indizes mit 0 oder 1 beginnen, kann generell mit dem Befehl `Option Base` festgelegt werden. Die Vorgabe ist 0. Die Anweisung `Option Base 1` muss am Anfang eines Moduls noch vor der Deklaration von Datenfeldern eingetragen werden.

Benutzerdefinierte Variablen

Besonders interessant sind die Möglichkeiten, eigene komplexe Variablentypen zu definieren (üblicherweise wird dieser Variablentyp als *Record* bezeichnet). Dies gestattet es, mit einem Variablennamen einen ganzen Datensatz (z. B. für eine Tabelle in Excel) festzulegen.

```
Option Base 1

Private Type kontakte
    name As String
```

```
    email As String
    webadresse As String
End Type

Sub datensatz()
  Dim kontakt As kontakte
  kontakt.name = "Jan Willem"
  kontakt.email = "jw@net.de"
  kontakt.webadresse = "www.jw.net"
  MsgBox kontakt.name & " " & kontakt.email
End Sub
```

Bei der Definition eigener Datentypen müssen Sie darauf achten, dass zunächst mit der Anweisung `Type` lediglich der Datentyp definiert wird, jedoch noch keine Variable. Erst mit der Anweisung `Dim` wird die eigentliche Variable deklariert. Diese Deklaration kann sowohl auf Modul- als auch auf Prozedurebene erfolgen. Wie Sie die einzelnen Elemente der Variablen ansprechen, zeigt die Prozedur.

Geltungsbereich von Variablen

Alle Variablen haben einen Geltungsbereich, mit dem festgelegt wird, für welche Teile des Programms sie gelten und wann sie wieder aus dem Speicher gelöscht werden. Eine Anwendung in VBA ist meist ein Bündel von Modulen und Formularen. Die Module wiederum sind gegliedert in einzelne Prozeduren. Eine Variable, die innerhalb einer Prozedur deklariert wird, ist normalerweise nur innerhalb dieser Prozedur verwendbar. Sie können mithilfe dieser Variablen also nicht einen Wert an eine andere Prozedur oder ein anderes Modul übergeben. Ausgenommen sind allerdings Variablen, die mit dem Schlüsselwort `Static` deklariert worden sind.

```
Static Variablenname As Datentyp
```

bewirkt, dass die Variable über den normalen Geltungsbereich hinaus benutzt werden kann. Wenn eine Variable für alle Prozeduren eines Moduls verwendet werden soll, muss sie innerhalb der *Declaration Section* des Moduls deklariert werden. Diese Sektion wird automatisch im Modulfenster eines Moduls angeboten. Soll eine Variable innerhalb der gesamten Anwendung benutzt werden, muss sie zur globalen Variablen erklärt werden. Dies geschieht mit dem Schlüsselwort `Public`, z. B.:

```
Public Variablenname As Datentyp
```

Benutzerdefinierte Variablentypen müssen auf der Modulebene festgelegt werden (also nicht innerhalb von Prozeduren); ihre Gültigkeit kann sich entweder auf das Modul beschränken oder auf alle Module erstrecken.

Spezialfall Objektvariable

Programmcode in VBA hat – wie schon angesprochen – hauptsächlich mit der Manipulation von Objekten zu tun. Um den Bezug auf Objekte herzustellen, können den Objekten Objektvariablen zugeordnet werden. Dabei werden, ähnlich wie bei den anderen Variablen, verschiedene Typen unterschieden. Bei den Objektvariablen sind dies die verschiedenen Objektklassen. Bei Excel gibt es z. B. die Klassen `Workbook`, `Worksheet` und `Range`. Ist der Objekttyp nicht vorweg bekannt, kann der generische Objekttyp `Object` verwendet werden.

Sollen einem Objekt bestimmte Eigenschaften zugeordnet oder sollen die Eigenschaften abgefragt werden, kann dazu anstelle des Objekts auch eine Objektvariable verwendet werden. Ebenso ist es bei der Verwendung von Methoden eines Objekts. Die Zuordnung einer Objektvariablen zu einem Objekt erfolgt mit der Anweisung `Set`. Hier ein kleines Beispiel:

```
Dim topbereich As Objekt
Set topbereich = Worksheets(1).Range("Topliste")
topbereich.Copy
```

Zunächst wird die Objektvariable `topbereich` deklariert. Dann wird der Variablen ein Objekt `Range` aus einem Arbeitsblatt zugeordnet. Mit dem letzten Befehl wird auf das von der Objektvariablen `topbereich` vertretene Objekt `Range` die Methode `Copy` angewendet. Mithilfe der Objektvariablen kann der Bezug auf häufig verwendete Objekte vereinfacht werden, sodass Sie weniger Arbeit beim Schreiben des Programmcodes haben.

Zur Wahl der Variablennamen

In der Wahl der Namen für die Variablen besteht in VBA eine große Freiheit. Der Name muss mit einem Buchstaben beginnen und darf keine Punkte enthalten. In Grenzen ist es sogar möglich, Begriffe aus dem Vokabular von VBA zur Benennung von Variablen zu verwenden.

Trotz dieser Freiheiten sollten Sie einige Dinge vermeiden. Die Verwendung von Visual-Basic-Vokabeln kann nur Verwirrung stiften. Sie wissen bald nicht mehr, was eine eigene Variable ist. Aus dem gleichen Grund ist es nicht angebracht, die Variablen so zu schreiben, dass sie wie Visual-Basic-Vokabeln aussehen: `MeinText` mag als Name ganz nett aussehen, ist aber von der Typografie her nicht sofort als Variable zu erkennen. Aus den genannten Gründen ist es sinnvoll, alle Variablen einheitlich zu schreiben.

VBA gestattet es, wie andere Basic-Dialekte auch, am Ende des Namens einer Variablen ein Kennzeichen für den Variablentyp anzuhängen. Das Dollar-Zeichen etwa legt fest, dass es sich um eine Zeichenfolge handelt. Bei der Anweisung `Dim` darf dann nicht mehr stehen `... As ...`, sondern lediglich der Variablenname.

TIPP

Sprechende Namen

Es ist zwar möglich, sich bei der Namensvergabe für die Variable kurzzufassen: vn und nn für Vor- und Nachnamen lassen sich beim Programmieren schneller schreiben als lange Variablennamen. Derartige Kürzel sind aber nach einiger Zeit oft gänzlich undurchschaubar.

Kommentare

Es ist ratsam, längeren Code mit Kommentaren auszustatten, damit er auch noch nach einiger Zeit verständlich bleibt. Die Texte hinter einem Apostroph sind immer Kommentare, die vom Programm nicht beachtet werden.

Benutzerdefinierte und eingebaute Konstanten

Werden immer wieder bestimmte Werte in einer Anwendung benötigt, ist es sinnvoll, sie als Konstanten zu deklarieren. Auch hier muss der Geltungsbereich wie bei den Variablen beachtet werden. Sollen Konstanten für die gesamte Anwendung festgelegt werden, müssen Sie mit dem Schlüsselwort `Public` arbeiten. Ein simples Beispiel sind die beiden Mehrwertsteuersätze:

```
Public Const MWST1 = 19%
Public Const MWST2 = 7%
```

erlaubt es, in der gesamten Anwendung mit den beiden Werten zu arbeiten. Ändert sich der Mehrwertsteuersatz, muss nur die Wertzuweisung in der betreffenden Konstantendeklaration geändert werden, nicht jede einzelne Berechnung, die mit den Mehrwertsteuersätzen zu tun hat.

Neben solchen vom Benutzer festgelegten Konstanten können zahlreiche eingebaute Konstanten verwendet werden, die den einzelnen Objekten von Office zugeordnet sind, insbesondere, um Eigenschaften festzulegen. Welche vorgegeben sind, kann im Objektkatalog geprüft werden. Ansonsten werden sie wie die anderen Konstanten eingesetzt.

23.1.4 Grundeinheiten und Sprachelemente

Größere Anwendungen in VBA bestehen in der Regel aus mehreren Modulen und meist einigen dazugehörigen Formularen. Die Module wiederum setzen sich aus einzelnen Prozeduren zusammen. Die Kunst der Programmierung besteht insbesondere darin, die Aufgaben, die eine Anwendung erledigen soll, so geschickt in kleine Unteraufgaben zu zerlegen, dass bestimmte Prozeduren möglichst mehrfach verwendet werden können und der Programmieraufwand insgesamt verringert wird.

Prozeduren und Funktionen

Die unterste Einheit von Programmen in VBA sind die Prozeduren. Drei Typen werden unterschieden: `Sub`-Prozeduren, `Function`-Prozeduren und `Property`-Prozeduren.


```
Sub Prozedurname()
   ... Anweisungen
End Sub

Function (Argumente)
   ... Anweisungen
End Function

Property Get ... Let ... Set
   ... Anweisungen
End Property
```

Die `Property`-Prozeduren werden nur verwendet, wenn Sie selbst Eigenschaften im Zuge der Programmierung von Klassen definieren wollen. `Get` liest den Wert der Eigenschaft aus. `Let` legt für eine Eigenschaft einen Wert fest. `Set` legt ebenfalls für eine Eigenschaft einen Wert fest, aber einschließlich einer Objektreferenz. Klassen sind so etwas wie Schablonen für Objekte, Objekte sind wiederum Instanzen von Klassen. Seit Excel 97 können Anwender eigene Klassen programmieren und mit Objektinstanzen dieser Klassen arbeiten. Doch geht dieses Thema über den Rahmen eines Einstiegs hinaus.

Im Unterschied zu den `Sub`-Prozeduren liefern die `Function`-Prozeduren als Ergebnis einen Wert, mit dem im Programmablauf weitergearbeitet werden kann. Innerhalb einer solchen `Function`-Prozedur sind allerdings nicht alle Anweisungen möglich, die in einer `Sub`-Prozedur verwendet werden können.

Prozeduren und Funktionen können innerhalb des Programmablaufs von verschiedenen Stellen aus aufgerufen werden. Bei den `Sub`-Prozeduren reichen dafür der `Sub`-Prozedurname und die eventuell nötigen Argumente. Befindet sich die Prozedur in einem anderen als dem aktuellen Modul, muss der Modulname noch davorgesetzt werden:

```
Modulname.Prozedurname Argument1, Argument2, ...
```

Bei den Funktionen ist das Verfahren etwas anders. Der Wert, den eine verwendete Funktion liefert, wird gleich einer Variablen zugeordnet, damit das Ergebnis der Funktion für den weiteren Programmablauf festgehalten werden kann:

```
Variablenname = Modulname.Funktionsname(Argument1, Argument2 ...)
```

Eine Funktion wird meist zusammen mit den Argumenten definiert, die an sie übergeben werden. Es kann auch der Datentyp für den Wert festgelegt werden, den die Funktion zurückgibt. Sollen für die Funktion keine Argumente angegeben werden, müssen trotzdem die Klammern gesetzt werden. Gelten mehrere Argumente, werden sie in der Klammer durch Kommata getrennt. Beachten Sie, dass in Funktionen nicht alle Visual-Basic-Schlüsselwörter auftauchen können. Es ist z. B. nicht möglich, einer Zelle über eine Funktion eine bestimmte Schrift zuzuweisen. Selbst definierte Funktionen können nicht nur innerhalb von Programmen, sondern auch direkt im Tabellenblatt verwendet werden.

Die beiden folgenden Listings zeigen eine Funktion für die Berechnung des Kreisumfangs und ihren Aufruf innerhalb einer Prozedur, die zunächst den Radius abfragt.

```
Public Function Kreisumfang(Radius)
   Kreisumfang = Radius * 2 * Application.WorksheetFunction.Pi
End Function
Sub kreisumfangsberechnung()
  Radius = InputBox("Radius")
  MsgBox ("Der Kreisumfang ist " & Kreisumfang(Radius))
End Sub
```

Programmaufbau

Auf der Basis des bisher Gesagten können grob drei Bestandteile eines Visual-Basic-Programms unterschieden werden:

1. **Der allgemeine Teil**: Hier stehen allgemeine Einstellungen (wie `Option Base`), Variablendeklarationen (`Dim ...`) und Definitionen für eigene Variablentypen (`Typ ...`).
2. **Sub-Prozeduren**: Diese bilden den eigentlichen Programmkörper, also die Anweisungen, die das Programm insgesamt ausführen soll.
3. **Funktionen**: Funktionen werden definiert, um spezielle Werte zu ermitteln, die im Programm benötigt werden.

Ein Modul in VBA – Programme, die sich über mehrere Module erstrecken, bleiben in dieser Einführung ausgespart – sollte in der Regel so aussehen: Am Anfang steht der allgemeine Teil. Hier finden sich Überschrift und Beschreibung des Programms und allgemeine Hinweise. Ebenfalls zum allgemeinen Teil gehören die Deklaration derjenigen Variablen, die für das ganze Modul gelten sollen, und die Definition eigener Datentypen.

Dann folgen die Funktionen, auf die von Prozeduren des Moduls zugegriffen werden soll. Diese Funktionen könnten im Prinzip überall stehen, es macht das Modul aber übersichtlicher, wenn sie in einem Block zusammengefasst sind. Kurze Kommentare (beginnend mit einem Apostroph) erleichtern das Verständnis.

Schließlich folgen die Prozeduren des Moduls, wobei auch hier wieder kurze Kommentare die Übersicht erleichtern.

Objekte und ihre Eigenschaften

Der Umgang mit Objekten spielt in der Programmierarbeit mit VBA die zentrale Rolle. Das Programm schreibt, allgemein gesprochen, vor, was mit welchen Objekten unter welchen Bedingungen im Lauf der Zeit geschehen soll. Ein Programm soll etwa ein bestimmtes Tabellenblatt aus einer Blattliste (Objekt) auswählen (Methode), die Zellinhalte (Eigenschaften) dort verändern, ein Dialogfeld (Objekt) aktivieren, die Eingaben (Eigenschaften) in bestimmte Elemente des Dialogfeldes lesen und verarbeiten.

Wenn in einer Programmzeile die Eigenschaften eines Objekts ermittelt werden sollen, wird das Ergebnis meist an eine Variable übergeben, sodass damit weitergearbeitet werden kann. Wenn Sie z. B. wissen wollen, welchen Wert eine Zelle im Arbeitsblatt einer Arbeitsmappe hat, können Sie schreiben:

```
wert1 = Range("F7").Value
```

Der in einer Zelle eingetragene Wert wird von Excel als eine Eigenschaft des Objekts `Range` angesehen. Die Bezeichnung des Objekts und die der Eigenschaft werden durch einen Punkt getrennt. Anstelle der Übergabe an eine Variable kann aber auch z. B. eine Übergabe an ein Dialogfeld erfolgen:

```
MsgBox Range("F7").Value
```

Soll der Zelle dagegen ein anderer Wert zugeordnet, die Eigenschaft `Wert` also geändert werden, lautet die Schreibweise:

```
Range("F7").Value = "John Haenks"
```

Soll die Zelle F7 den Wert der Zelle F17 erhalten, können Sie schreiben:

```
Range("F7").Value = Range("F17").Value
```

Die meisten Eigenschaften lassen sich sowohl abfragen als auch ändern, einige lassen sich dagegen nur abfragen. Bei vielen Eigenschaften werden die Werte über eingebaute Konstanten festgelegt.

Einsatz von Excel-Konstanten

Für die Bestimmung der Eigenschaften werden häufig Excel-interne Konstanten eingesetzt, die gemeinsam haben, dass sie mit `xl` (für *Excel*), `mso` (für *MS Office*) oder `vb` (für *Visual Basic*) beginnen. Diese Konstanten lassen sich in vielen Zusammenhängen verwenden. Sie stehen meistens für Kennziffern, die an sich schwerer zu durchschauen sind. Beim Aufzeichnen von Makros werden sie automatisch verwendet; ihre Anwendung beim Programmieren macht ein Programm übersichtlicher, ist aber etwas aufwendiger.

Einsatz von Methoden

Wenn eine Methode benutzt werden soll, die auf ein bestimmtes Objekt anwendbar ist, sind verschiedene Schreibweisen möglich. Die meisten Methoden verlangen bestimmte Argumente, die näher spezifizieren, wie die Methode eingesetzt werden soll. Meistens sind einige dieser Argumente notwendig, andere dagegen können zwar verwendet werden, müssen es aber nicht. Einige Methoden kommen dagegen ohne Argumente aus.

```
Worksheets(1).Columns("D:F").AutoFit
```

wendet z. B. die Methode `AutoFit` auf die drei Spalten des ersten Blatts einer Mappe an. Damit wird die Spaltenbreite automatisch angepasst. Bei einigen Methoden werden bestimmte Standardvorgaben verwendet, wenn keine Argumente angegeben werden.

Benannte Argumente

Hat eine Methode mehrere Argumente, gibt es zwei Möglichkeiten. Die erste ist, alle Argumente in der richtigen Reihenfolge anzugeben bzw. wenigstens Platzhalter für Argumente vorzusehen, die nicht angegeben werden. Zum Beispiel hat die Methode `SaveAs`, mit der Arbeitsmappen gespeichert werden, fast ein Dutzend Argumente. Sie könnten in der Form

```
Workbook.SaveAs(Dateiname, DateiFormat, , Schreibkennwort ...)
```

eingegeben werden. Diese Eingabetechnik wäre aber sehr umständlich und fehleranfällig. Die Alternative ist die Verwendung von benannten Argumenten. In diesem Fall werden nur die Argumente aufgeführt, für die Werte bestimmt werden, und diese Argumente werden einzeln benannt und durch Kommata getrennt. Dabei spielt die Reihenfolge keine Rolle, was eine große Erleichterung ist!

```
Workbook.SaveAs Filename:="Plan2018.xlsx", WriteResPassword:="geheim"
```

wäre ein Beispiel. Der VBA-Editor hilft Ihnen bei der Wahl der Argumentnamen, wie Sie weiter unten noch sehen werden.

Methoden mit Rückgabewert

Methoden geben, wenn sie eingesetzt werden, gegebenenfalls Rückmeldungen, die Sie im Programm verwerten können. Wenn Sie z. B. die Methode `CheckSpelling` auf einen Zellbereich anwenden, also eine Rechtschreibprüfung durchführen, kann das Prüfungsergebnis abgefragt werden. Wenn kein Fehler gefunden wird, liefert die Methode den Rückgabewert `True`, der an eine Variable übergeben werden kann.

```
korrekt = Worksheets("Plan_2018").CheckSpelling(IgnoreUppercase:=True)
```

Wie Sie an der Zeile sehen, sind diesmal die Argumente der Methode in Klammern gesetzt. Das ist notwendig, wenn der Rückgabewert einer Methode verwendet werden soll.

Methoden, die Objekte liefern

Bestimmte Methoden liefern selbst wieder ein neues Objekt. In der Anweisung

```
ActiveCell.Offset(1,0).Range("A1").Select
```

liefert z. B. die Methode `Offset` ein neues Objekt, zu dem ein Unterobjekt (`Range`) existiert, auf das wiederum die Methode `Select` angewendet wird. Auch diese Methode führt zu einem neuen Objekt, nämlich `Selection`, auf das dann wiederum eine Methode wie `Copy` angewendet werden kann.

Die Tatsache, dass viele Methoden ihrerseits wieder ein Objekt liefern, also innerhalb eines Programms wie ein Objekt gehandhabt werden können, schafft die Möglichkeit, die von Methoden gelieferten Objekte in Objektvariablen zu übernehmen und im Programm mit diesen Variablen weiterzuarbeiten. Ein Beispiel sind die folgenden Zeilen:

```
Dim Auswahlbereich As Object
Set Auswahlbereich = Selection.Offset(5,2)
Auswahlbereich.Copy
```

Der Objektvariablen wird ein Objekt zugewiesen, und anschließend kann auf die Variable die Methode `Copy` angewendet werden.

Bereichsobjekte

Bereiche gehören in einem Tabellenblatt zu den Objekten, die wohl am häufigsten verwendet werden. Für dieses Objekt sind im aktuellen Objektmodell über 170 Eigenschaften und Methoden verfügbar. Ein Beispiel: Zunächst wird die Auswahlmethode `Select` auf `Sheets()`, die Liste der Blätter, angewendet, dann auf `Range()`, also einen Bereich. In beiden Fällen handelt es sich um Objekte, wobei `Sheets` ein Unterobjekt einer Arbeitsmappe (z. B. *ActiveWorkbook*) ist und selbst wieder Unterobjekte enthält, nämlich die einzelnen Blätter einer Arbeitsmappe. Auch der ausgewählte Bereich `Range` ist seinerseits wieder ein Unterobjekt zu dem ausgewählten Blatt. Das Innere des ausgewählten Blattbereichs wird anschließend eingefärbt.

```
Sub bereichseinfaerbung()
    Sheets("Tabelle1").Select
    Range("A1:B12").Select
    With Selection.Interior
        .Pattern = xlSolid
        .PatternColorIndex = xlAutomatic
        .Color = 49407
        .TintAndShade = 0
        .PatternTintAndShade = 0
    End With
End Sub
```

Zum Einsatz von Operatoren

In vielen der vorangegangenen Beispiele sind Operatoren verwendet worden, ohne dass dies weiter kommentiert wurde. Das war auch insofern nicht erforderlich, als die bis jetzt verwendeten Operatoren weitgehend identisch waren mit denen, die Sie schon bei der Bildung von Formeln in den Excel-Tabellen kennengelernt haben. Da sie aber nicht völlig identisch sind und da bei der Aufstellung von Bedingungen für den Programmablauf häufig Operatoren benötigt werden, folgt hier ein kurzer Überblick. VBA unterscheidet zwischen arithmetischen, logischen, Vergleichs- und Verkettungsoperatoren:

- Die *arithmetischen Operatoren* `+`, `-`, `*`, `/` und `^` sind identisch mit den in Tabellen verwendeten Operatoren. `\` ist der Operator für die ganzzahlige Division (`5\3` liefert `1`), `Mod` liefert den Rest einer derartigen Division (`5 Mod 3` liefert `2`).
- Die *logischen Operatoren* (mit Ausnahme von `Not`) dienen der Verknüpfung von Ausdrücken, die Wahrheitswerte liefern, und führen selbst wieder zu Wahrheitswerten. Ihre Funktion lässt sich am besten in sogenannten Wahrheitswerte-Tafeln erfassen.

Wahrheitswerte-Tafel für die logischen Operatoren (in Visual Basic)							
a	**b**	**Nicht a**	**a Äqv b**	**a Imp b**	**a Oder b**	**a Und b**	**a XOder b**
Wahr	Wahr	Falsch	Wahr	Wahr	Wahr	Wahr	Falsch
Wahr	Falsch	Falsch	Falsch	Falsch	Wahr	Falsch	Wahr
Falsch	Wahr	Wahr	Falsch	Wahr	Wahr	Falsch	Wahr
Falsch	Falsch	Wahr	Wahr	Wahr	Falsch	Falsch	Falsch

Abbildung 23.3 Wahrheitswerte-Tafel für logische Operatoren

In dieser Tabelle sollen `a` und `b` Ausdrücke sein, die Wahrheitswerte liefern. Die Möglichkeit, solchen Ausdrücken den Wert null (d. h. gar keinen Wert) zuzuordnen, wird hier nicht berücksichtigt. Für die Operatoren gilt:

- `Not a` ist wahr, wenn `a` falsch, und falsch, wenn `a` wahr ist.
- `a Eqv b` (a ist äquivalent b) ist wahr, wenn `a` und `b` den gleichen Wahrheitswert haben.
- `a Imp b` (a impliziert b) ist wahr, wenn `b` wahr ist oder wenn `a` falsch ist.
- `a Or b` ist wahr, wenn mindestens einer der beiden Ausdrücke wahr ist.
- `a And b` ist wahr, wenn beide Ausdrücke wahr sind.
- `a XOr b` (a exklusiv oder b) ist wahr, wenn genau einer der beiden Ausdrücke wahr ist.

Wenn die logischen Operatoren in Kombinationen verwendet werden, müssen die zusammengehörenden Elemente eingeklammert werden (ähnlich wie bei arithmetischen Operatoren). Wer sich die Klammerregeln nicht eigens merken will, kann einfach prinzipiell einklammern.

- *Vergleichsoperatoren* dienen dem Vergleich von Werten. Sie sind identisch mit den in Tabellen verwendeten: <, >, <=, >=, = und <>. Sie stehen für »kleiner«, »größer«, »kleiner/gleich«, »größer/gleich«, »gleich« und »ungleich«. Bei Zahlen ist die Bedeutung klar, bei Zeichenfolgen heißt > »später in der alphabetischen Reihenfolge« (a > b ist demnach falsch).
- *Verkettungsoperatoren* sind & und +. Mit & lassen sich (wie in Tabellen) Zeichenketten verknüpfen. Dagegen sollte + als Verkettungsoperator nicht verwendet werden.

Anweisungen und VBA-Funktionen

Anweisungen steuern, ganz allgemein gesagt, den Programmablauf. Die Deklarierung und Definition von Variablen, die Festlegung von Anfang und Ende einer Prozedur oder Funktion, die Konstruktion von Verzweigungen und Schleifen – dies alles wird über Anweisungen erledigt. Neben den schon angesprochenen Funktionen, die Sie selbst programmieren können, bietet VBA eine große Zahl integrierter Funktionen. Auch diese Funktionen dienen dazu, Werte zu liefern oder umzuwandeln. Im Allgemeinen werden an eine Funktion Werte übergeben, und die Funktion liefert Werte zurück. Ein Teil dieser Funktionen leistet Ähnliches wie die entsprechenden Tabellenfunktionen, etwa die mathematischen Funktionen: *Abs()*, *Cos()*, *Exp()*, *Log()* etc. Neben den mathematischen Funktionen gibt es integrierte Funktionen, die Datums- und Zeitwerte verarbeiten, Funktionen, die Zeichenketten manipulieren oder auswerten etc.

Mit Verzweigungen und Schleifen Abläufe steuern

Unabhängig von der programmtechnischen Realisierung lassen sich viele Arbeitssituationen innerhalb eines Programms als Verzweigungen oder Schleifen betrachten. Ein Programm soll etwa auf unterschiedliche Eingaben unterschiedlich reagieren, das heißt: Wenn die Eingabe so ist, dann diese Reaktion, wenn sie anders ist, dann jene Reaktion etc. Ein Programm soll eine bestimmte Aktivität so lange ausführen, bis der Benutzer eine bestimmte Aktion unternimmt oder bis ein bestimmtes Ereignis eintritt. Das heißt, solange etwas nicht der Fall ist, wird diese Aktivität ausgeführt; sobald es der Fall ist, erfolgt eine andere.

Oder: Ein Programm soll eine bestimmte Aktivität in einer bestimmten Häufigkeit durchführen, d. h., es wird mitgezählt, wie oft die Aktivität durchgeführt wurde; wenn die vorgegebene Zahl erreicht ist, wird mit anderen (oder keinen) Aktivitäten fortgefahren.

If-Then

Eine häufige Aufgabe besteht darin, auf das Eintreten einer Situation zu reagieren. Diese Aufgabe wird in VBA im einfachsten Fall mit einer Wenn-dann-Struktur gelöst. Soll z. B. eine Funktion ein optionales Argument enthalten, kann mit einer solchen Verzweigung geregelt werden, was zu geschehen hat, wenn das Argument nicht angegeben wird, etwa die Zuordnung eines vorgegebenen Werts:

```
Function Woche(Optional d As Date)
  If d = 0 Then
    d = Date
  ...
End If
```

Derartige Strukturen können mit einem `Else`-Zweig erweitert werden. Dafür wieder ein Beispiel aus einer Funktion, die weiter unten noch vorgestellt wird:

```
If d7 <= 31 Then
  Datum = CDate(CStr(d7) & ". 3. " & CStr(Jahr))
Else
  Datum = DateValue(CStr(d7 - 31) & ". 4. " & CStr(Jahr))
End If
```


Da sich Unterverzweigungen auch noch mit `Else-If` aufbauen lassen, können beliebig komplexe Entscheidungsstrukturen in einem Programm konstruiert werden, was aber schnell dazu führt, dass Sie die Übersicht verlieren. Bei komplexen Verzweigungen sollten Sie deshalb prüfen, ob sich das Problem nicht mit der folgenden Struktur lösen lässt.

Select Case

Wenn die Verzweigung davon abhängt, welchen Wert ein Ausdruck annimmt, können Sie mit einer Struktur arbeiten, die für verschiedene Werte eines Ausdrucks unterschiedliche Reaktionen anbietet. Beim folgenden Beispiel kann der Benutzer unterschiedliche Perioden für eine Berechnung auswählen. Die Funktion reagiert darauf mit einer `Select Case`-Verzweigung, die sehr übersichtlich ist:

```
Select Case periode
      Case "Jahre"
         fn = 1
      Case "Monate"
         fn = 1 / 12
```

```
      Case "Tage"
         fn = 1 / 360
End Select
```

Diese Art der Verzweigung bleibt immer übersichtlich. Natürlich kann die Übersichtlichkeit auch durch Verschachtelung innerhalb dieser Struktur zerstört werden, aber das muss hier nicht vorgeführt werden.

While

Eine oft beim Programmieren auftretende Aufgabe besteht darin, dass ein Programmteil so lange ablaufen soll, bis eine bestimmte Bedingung eintritt. Das ist z. B. der Fall, wenn Benutzereingaben in eine Liste oder eine Feldvariable eingelesen werden sollen, bis der Benutzer den Vorgang beendet, oder wenn eine Operation so lange durchgeführt werden soll, bis ein bestimmter Wert erreicht ist.

```
While diff < 0
    versuch = nomrzins(m, erg, bab)
        diff = versuch - nz
    erg = erg + 0.1
Wend
```

Diese Schleife wird so lange durchlaufen, bis die Variable `diff` einen Wert < `0` hat. Innerhalb der Schleife stehen alle Anweisungen, die für diesen Fall auszuführen sind.

Do-Loop

Besonders elegant lassen sich derartige Aufgaben mit einer ähnlichen, aber flexibleren Struktur lösen. Sie gestattet es, die Bedingung für die Schleife an den Anfang oder an das Ende der Schleife zu setzen (im vorangegangenen Beispiel muss die Bedingung am Anfang stehen). Außerdem können innerhalb der Schleife noch Abbruchbedingungen formuliert werden. Das Beispiel könnte so umformuliert werden:

```
Do While diff < 0
    versuch = nomrzins(m, erg, bab)
        diff = versuch - nz
    erg = erg + 0.1
Loop
```

For-Next

Wenn der Fall auftritt, dass eine Anweisung oder eine Folge von Anweisungen in einer definierten Häufigkeit wiederholt werden soll, wird eine `For-Next`-Schleife verwendet. Ein Beispiel dafür ist das Einlesen der Blattnamen in ein Array:

```
anzahl = Sheets.Count
Dim bliste() As String
ReDim bliste(anzahl)
For i = 1 To anzahl
    bliste(i) = Sheets(i).Name
Next i
```

Zunächst wird die Anzahl der Blätter an die Variable `anzahl` übergeben. Damit kann das zunächst variabel definierte Array `bliste` redimensioniert werden. Die Schleife kann dann bis zur festgestellten Anzahl durchlaufen werden, um die Blattnamen in das Array zu schreiben.

Mit diesem Überblick über die Programmstrukturen in VBA soll die allgemeine Einführung in VBA erst einmal abgeschlossen sein. Im Folgenden wird die Entwicklungsumgebung für VBA vorgestellt.

23.2 Die Entwicklungsumgebung

Die Programmentwicklung für VBA findet in einem eigenen Fenster mit eigenen Menü- und Symbolleisten statt. Innerhalb des VBA-Editor-Fensters werden nach Bedarf weitere Fenster geöffnet. Dies erfolgt teilweise automatisch, wenn bestimmte Objekte ausgewählt werden, oder über das Menü **Ansicht** bzw. die entsprechenden Symbole in der Symbolleiste. Auch in Excel 2019 verwendet die Programmierumgebung also noch die traditionelle Benutzeroberfläche mit Menüs und frei platzierbaren Symbolleisten. Das Symbol **Hilfe** öffnet den Zugang zur Entwicklerreferenz und bietet ausführliche Unterstützung bei der VBA-Entwicklung.

HINWEIS

Lieber öfter speichern

Ein Projekt samt den dazugehörenden Elementen wird automatisch gespeichert, wenn die Arbeitsmappe gespeichert wird, zu der das Projekt gehört. Da Programmentwicklung eine Zeit verschlingende Angelegenheit sein kann, schadet es aber nicht, wenn Sie auch zwischendurch mal abspeichern, damit nicht durch ein Unglück wertvolle Arbeit verloren geht. Verwenden Sie dazu **Datei ▸ ... speichern** im Fenster des Editors oder `Strg` + `S`.

23.2.1 Projekt-Explorer und Modulfenster

Der Projekt-Explorer ist das Verwaltungszentrum, von dem aus Sie die Entwicklung Ihrer Projekte steuern können. Er zeigt die Dateien und Objekte an, die zu einem Projekt gehören, und erlaubt Ihnen, diese auszuwählen, das ausgewählte Objekt oder den dazugehörenden Programmcode anzuzeigen bzw. ein Fenster dafür neu zu öffnen. Das Projekt-Explorer-Fenster gibt Ihnen einen schnellen Überblick über den Entwicklungsstand des Projekts und gewährt Zugang zu allen seinen Elementen.

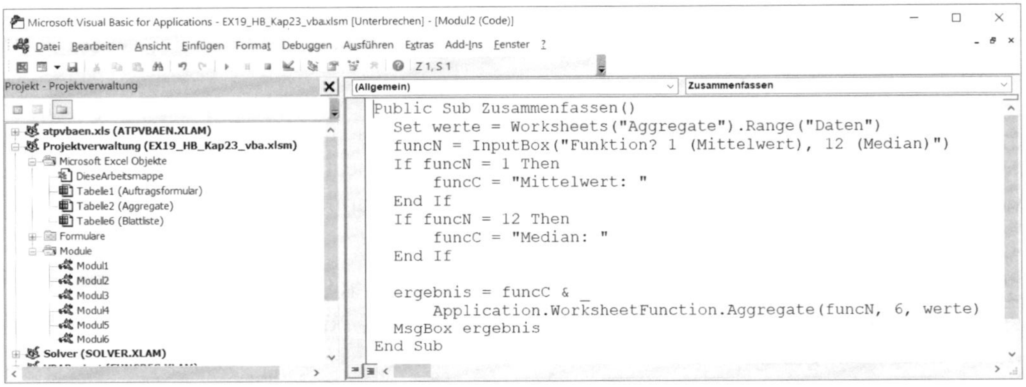

Abbildung 23.4 Projekt-Explorer und Modulfenster innerhalb des VBA-Fensters

Dabei wird dieselbe Baumstruktur wie im Explorer verwendet. Für jedes Projekt wird ein eigener Baum begonnen. Sie können also bequem an mehreren Projekten gleichzeitig arbeiten, ohne die Übersicht zu verlieren. Für jede geöffnete Arbeitsmappe in Excel kann ein Projekt angelegt werden. Das Projekt gehört dann zu dieser Datei. Markierte Codeelemente können innerhalb des Projekts oder auch in ein anderes Projekt verschoben oder kopiert werden. Enthält die Datei einzelne Elemente, die mit Programmcode verknüpft werden können, etwa Tabellen- oder Diagrammblätter, werden Symbole dafür in der Baumstruktur angezeigt. Hinzu kommen im Laufe der Projektentwicklung Symbole für benutzerdefinierte Formulare, für Programmcode und Klassen-Module und für Referenzen auf andere Office-Dokumente.

Die entsprechenden Unterordner **Formulare** und **Module** werden erst angelegt, wenn Sie entsprechende Elemente einfügen. Wenn Sie Makros aufzeichnen, werden diese zunächst alle als Prozeduren in **Modul1** eingefügt. Falls Sie Makros später auf verschiedene Module verteilen, um sie z. B. nach bestimmten Merkmalen zu ordnen, hat das keinen Einfluss auf die Arbeitsweise der Makros. Um den vorgegebenen Projektnamen **VBAProject** zu ändern, wählen Sie im Kontextmenü die Option **Eigenschaften von** und geben einen passenden Namen ein.

HINWEIS

Export – Import: Programmcode für mehrere Projekte

Um Formulare oder Programmcode für andere Projekte zur Verfügung zu stellen, können die Daten auch in separate Dateien gesichert werden. Mit **Datei ▸ Datei exportieren** lassen sich für ausgewählte Formulare Dateien mit der Endung *.frm*, für Basic-Code Dateien mit der Endung *.bas* und für Klassen Dateien mit der Endung *.cls* erzeugen. Um diese Daten in andere Projekte zu übernehmen, wird der Befehl **Datei ▸ Datei importieren** verwendet. Markieren Sie vorher im Projekt-Explorer die Stelle, an der die Datei eingefügt werden soll. Sollen dagegen bestehende Codezeilen an einer bestimmten Stelle eines Moduls übernommen werden, können Sie mit dem Befehl **Einfügen ▸ Datei** arbeiten.

Fenster für den Programmcode

Geschrieben wird der Code in speziellen Fenstern. VBA stellt für jede Arbeitsmappe und für jedes Blatt, für jedes Modul und für die Formulare des Projekts eigene Fenster zur Verfügung. Wird z. B. im Projekt-Explorer das Symbol für die Arbeitsmappe selbst doppelt angeklickt, öffnet der VBA-Editor ein Modulfenster, in dem im rechten Listenfeld schon ein Prozedur-Skelett für jedes Ereignis angeboten wird, das bei dem Objekt `Workbook` möglich ist, wenn Sie im linken Listenfeld **Workbook** auswählen.

Das Modulfenster enthält unter der Titelleiste, die den Namen des Moduls und des zugehörigen Dokuments anzeigt, immer zwei Listenfelder. Links ist die Liste der Objekte ❶ enthalten, rechts die Liste der einzelnen Prozeduren ❷, die zum Modul gehören (Abbildung 23.5). Links unten in der Ecke können Sie mit den beiden kleinen Schaltflächen ❸ wählen, ob gerade nur eine oder alle Prozeduren des Moduls nacheinander im Fenster angezeigt werden sollen.

Wollen Sie z. B. festlegen, was jedes Mal beim Öffnen des aktiven Dokuments geschehen soll – etwa die Wahl bestimmter Einstellungen –, tragen Sie die entsprechenden Befehle in die Ereignisprozedur zu `Open` ein. Um etwa die Gitternetzlinien rot einzufärben, reichen die folgenden Zeilen:

```
Private Sub Workbook_Open()
    ActiveWindow.GridlineColorIndex = 3
End Sub
```

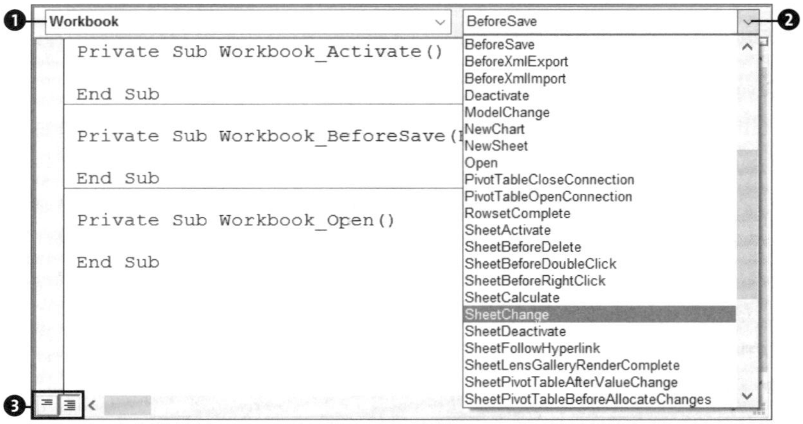

Abbildung 23.5 Prozedur-Skelette für Ereignisse

Editieren im Modulfenster

Die Arbeitsweise in einem Modulfenster entspricht weitgehend der einer einfachen Textverarbeitung. Sie können Code schreiben, einfügen, kopieren etc. Zwei Unterschiede werden aber sofort sichtbar: Es erfolgt kein automatischer Zeilenumbruch bei längeren Zeilen; sobald eine Zeile mit [↵] abgeschlossen wird, ändert sich unter Umständen das typografische Erscheinungsbild dieser Zeile. Farbliche Veränderungen finden statt, möglicherweise werden einige Kleinbuchstaben in Großbuchstaben umgewandelt, Leerzeichen eingefügt, zuweilen wird auch eine Meldung eingeblendet. Das hängt damit zusammen, dass als Vorgabe eine automatische Syntaxprüfung eingeschaltet ist.

Bei der Bewegung innerhalb eines Moduls können Sie die Einfügemarke mit einem Klick oder Tipp positionieren. Durch Drücken der [Einfg]-Taste können Sie zwischen dem Einfügemodus, zugleich die Vorgabe, und dem Überschreibemodus hin- und herschalten. Auch mit den Pfeiltasten können Sie sich in einem Modulfenster leicht bewegen. In Verbindung mit [Strg] bewegen Sie sich wortweise nach links und rechts und absatzweise nach oben oder unten. Wollen Sie bei der Bewegung Text markieren, müssen Sie die [⇧]-Taste gedrückt halten. Mit der Maus wird Text durch einfaches »Überziehen« mit gedrückter linker Maustaste markiert. Markierter Text kann mit den bekannten Symbolen oder Menübefehlen ausgeschnitten oder kopiert und wieder eingefügt werden.

Die Kopieroption werden Sie zu schätzen lernen, wenn Sie feststellen, dass es in VBA zuweilen notwendig ist, zahlreiche ellenlange Zeilen mit nur leichten Abwandlungen zu schreiben. Da bietet das Kopieren mit anschließenden kleinen Korrekturen eine große Arbeitserleichterung.

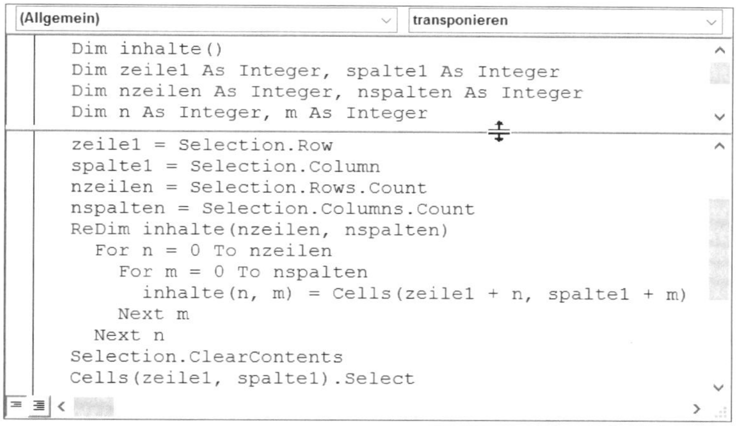

Abbildung 23.6 Das Modul in zwei Fenstern

Angenehmerweise lässt sich das Modulfenster auch teilen, sodass Sie verschiedene Bereiche eines größeren Moduls überblicken können. Dadurch lassen sich das Hin- und Herkopieren von Programmtext, aber auch das Vergleichen von Prozeduren, das Kontrollieren der Variablendefinitionen etc. leichter erledigen. Mit **Fenster ▶ Teilen** wird das Modulfenster zunächst mittig waagerecht geteilt; die Teilungslinie lässt sich mit Maus oder Finger nach oben oder unten ziehen.

TIPP

Lange Zeilen aufteilen

Da in VBA schnell recht lange Zeilen für einen Befehl entstehen können, ist es wichtig, zu wissen, wie damit umgegangen wird. Es ist ziemlich unübersichtlich, wenn Teile eines Befehls im Fenster nicht sichtbar sind. Sie können eine Zeile auf mehrere Zeilen verteilen, wenn Sie jeweils ein Leerzeichen und einen Unterstrich an das Zeilenende setzen. Diese beiden Zeichen sorgen dafür, dass Excel die folgende Zeile noch zu dem Befehl rechnet.

Schriftformate als Programmierhilfe

Die typografische Gestaltung des Moduls können Sie frei wählen. Dies betrifft besonders die Farbgebung, mit der unterschiedliche Textelemente belegt werden. Aber auch der Schrifttyp und die Schriftgröße lassen sich bestimmen. Zugang zu diesen Möglichkeiten finden Sie im VBA-Fenster über **Extras ▶ Optionen** auf dem Register **Editierformat**.

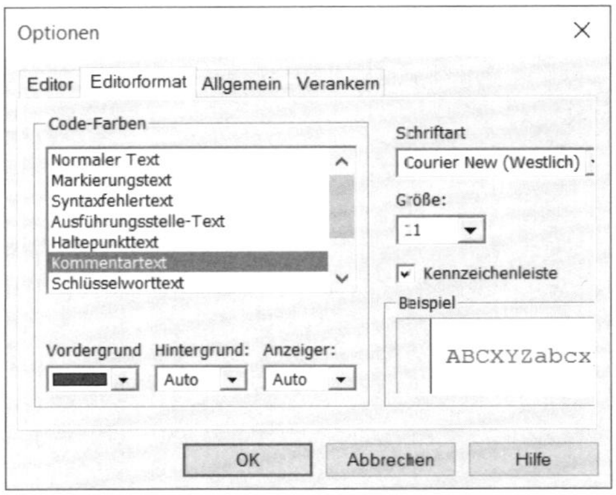

Abbildung 23.7 Das Dialogfeld für das Editierformat

Optionen für die Codeeingabe

Weitere wichtige Optionen finden sich unter dem Register **Editor**. Das obere Segment betrifft teilweise noch die typografische Darstellung. Sie können den automatischen Einzug an- oder abstellen. Der Effekt des automatischen Einzugs ist, dass durch Setzen von Tabulatoren am Anfang einer Zeile alle folgenden Zeilen entsprechend eingerückt sind. Die einzelnen Programmteile werden dadurch übersichtlicher.

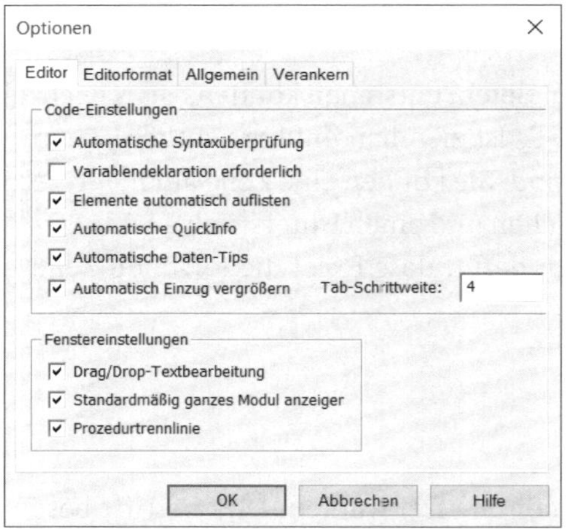

Abbildung 23.8 Einstellungen für den VBA-Editor

Die Tabulatorweite lässt sich separat einstellen; bei sehr verschachtelten Programmteilen ist zwei eine günstige Einstellung, da die Zeilen sonst leicht zu weit nach rechts ausgerückt werden. Mit [⇧] + [⇆] lässt sich der Einzug rückgängig machen.

Die **Automatische Syntaxüberprüfung** können Sie abschalten. Das kann sinnvoll sein, wenn Sie z. B. am Anfang noch mit unvollständigen Codezeilen arbeiten oder sich Codestückchen aus verschiedenen Quellen zusammenkopieren wollen. Auf diese Weise unterbinden Sie hinderliche Fehlermeldungen.

Wichtig ist die Voreinstellung für die **Variablendeklaration**. Mit der Entscheidung, dass Deklarationen erforderlich sind, wird die Möglichkeit abgeschnitten, Variablen ohne die Anweisung `Dim` einfach durch Wertfestlegung zu definieren, wenn sie gebraucht werden. Das dient sicher dem guten Programmierstil, macht das Programmieren aber etwas mühsamer. Denselben Effekt erreichen Sie mit der Anweisung `Option Explicit` am Anfang eines Moduls. Dann gilt diese Festlegung allerdings nur für das jeweilige Modul.

Fensteroptimierung

Nicht ganz unwichtig im Fenster des VBA-Editors ist ein geschickter Umgang mit den vielen Fenstern, die hier auftreten. Sie können die einzelnen Fenster frei auf der Arbeitsfläche verschieben. Als Hilfe bietet Excel an, die Fenster wahlweise an bestimmten Seiten des Gesamtfensters zu verankern. Das ist meist sinnvoll, weil sonst leicht ein ziemliches Wirrwarr entsteht, wenn viele Fenster geöffnet sind. Welche Fenster verankerbar sein sollen, können Sie auf der Registerkarte **Verankern** im Dialogfeld **Optionen** festlegen.

Abbildung 23.9 Fenster, die verankert werden können

Schieben Sie die einzelnen Fenster mit der Titelleiste an den gewünschten Fensterrand. Es ist z. B. ganz praktisch, die Fenster für Projekte und Überwachungsausdrücke so zu verankern, dass Sie immer alle wichtigen Daten im Blick haben. Durch Ziehen an den Rahmen zwischen den Fenstern können Sie die Raumaufteilung bei Bedarf beliebig verändern, wobei die anderen Fenster automatisch angepasst werden. Mit dem Feld **Schließen** lassen sich einzelne Fenster ausblenden, und die übrigen Fenster nehmen sich den frei gewordenen Platz.

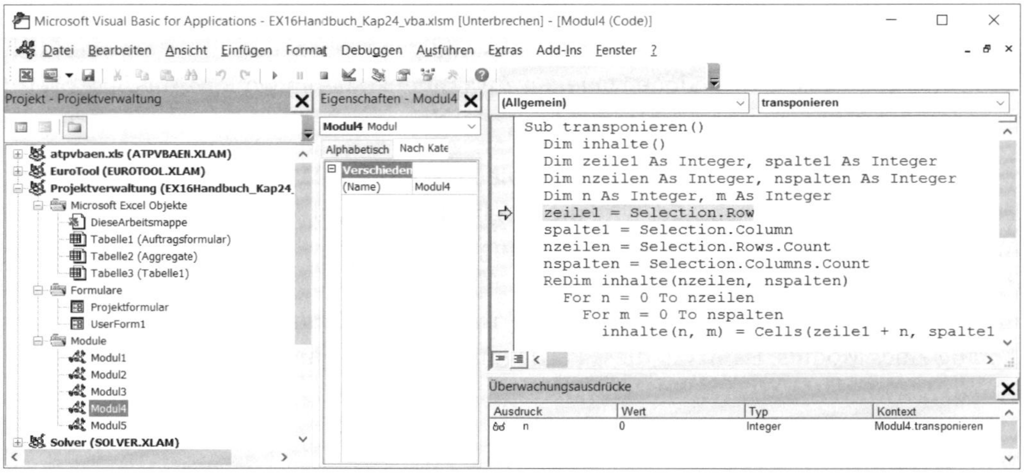

Abbildung 23.10 Beispiel für verankerte Fenster

23.2.2 Editierhilfen

Der VBA-Editor prüft die Syntax eingetippter Programmzeilen sofort bei der Eingabe, sofern diese Verhaltensweise nicht auf dem Register **Editor** im Dialogfeld **Optionen** abgeschaltet wird. Wenn Sie z. B. ein Komma zwischen zwei Argumenten oder eine schließende Klammer vergessen, erhalten Sie einen entsprechenden Fehlerhinweis.

TIPP

Kleinbuchstaben bei der Eingabe

Da in VBA die reservierten Schlüsselwörter immer mit einem Großbuchstaben anfangen, sollten Sie die Schlüsselwörter möglichst ganz in Kleinbuchstaben eingeben. Erscheint ein Wort dann nach Beendigung der Zeile mit [↵] nicht mit einem Großbuchstaben am Anfang, haben Sie vielleicht einen Tippfehler eingebaut oder ein falsches Wort verwendet.

Für die Arbeit in einem Modulfenster bietet VBA komfortable Erleichterungen an. Die Symbolleiste **Bearbeiten** enthält dafür eine Reihe von Symbolen. Sie kann eingeblendet werden, wenn Sie die Symbolleiste über **Ansicht ▸ Symbolleisten** auswählen. Sind genügend Zeichen eingegeben, sodass ein Wort eindeutig zu identifizieren ist, kann VBA das Wort automatisch ergänzen.

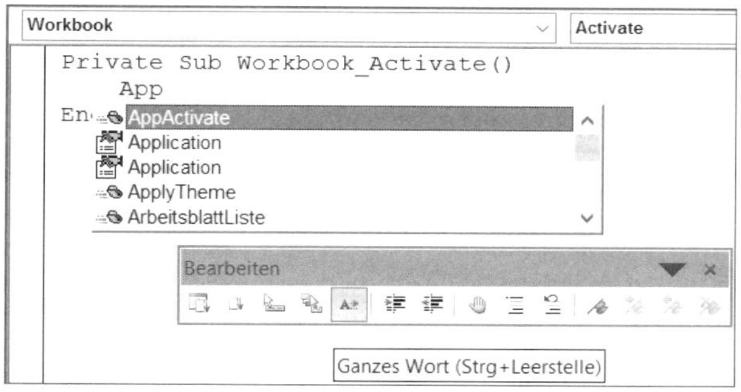

Abbildung 23.11 Die Symbolleiste »Bearbeiten« und das Symbol »Ganzes Wort«

Wenn Sie z. B. `App` eintippen und dann das Symbol **Ganzes Wort** anklicken, erscheint eine kleine Liste mit den möglichen Wörtern. Ein Doppelklick oder -tipp auf das gewünschte Wort vervollständigt den Eintrag.

Auswahl von Eigenschaften und Methoden

Wird der Name eines Objekts eingegeben, erscheint nach der Eingabe des folgenden Punktes eine Auflistung der für dieses Objekt möglichen Methoden und Eigenschaften. Wird ein weiterer Buchstabe eingetippt, werden nur noch die Eigenschaften und Methoden angezeigt, die in der alphabetischen Reihenfolge ab diesem Buchstaben liegen.

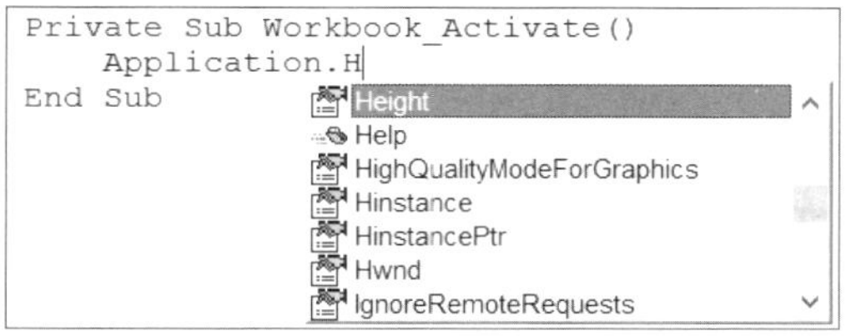

Abbildung 23.12 Auflistung der Methoden und Eigenschaften eines Objekts

Eigenschaften werden durch das Symbol mit der Hand, Methoden durch das fliegende Päckchen gekennzeichnet. Der gewünschte Eintrag kann direkt per Doppelklick oder -tipp übernommen werden. Soll eine Eigenschaft für ein Objekt bestimmt werden, erhalten Sie nach dem Gleichheitszeichen die möglichen Konstanten angeboten.

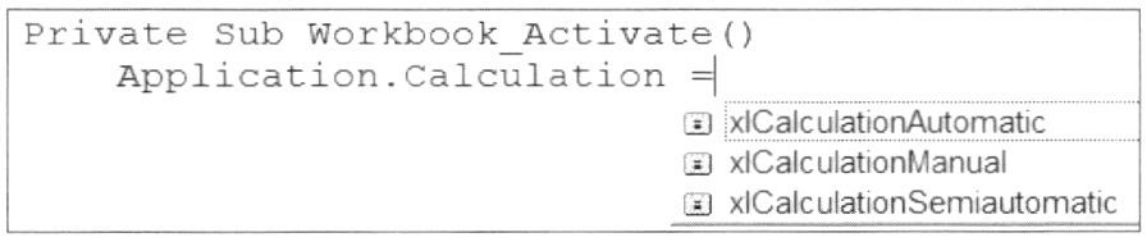

Abbildung 23.13 Mögliche Konstanten für eine Eigenschaft

QuickInfo

Sehr praktisch ist auch die jeweilige **QuickInfo** zur Syntax von Funktionen, Methoden oder Prozeduren. Wird z. B. eine Methode eingegeben, erscheint nach der Eingabe der nächsten Leerstelle oder einer öffnenden Klammer eine Kurzreferenz zu dieser Methode mit den notwendigen und möglichen Argumenten direkt unter der Einfügestelle.

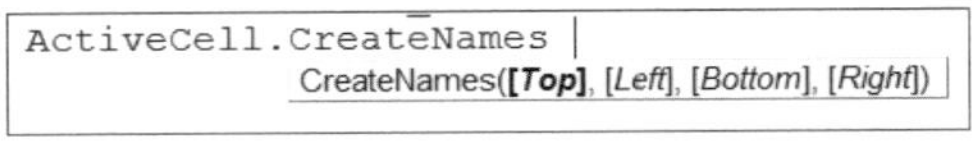

Abbildung 23.14 QuickInfo zu einer Methode

Lesezeichen und Haltepunkte

Um schnell kritische oder noch unfertige Stellen im Programmcode zu erreichen, lassen sich in der linken Randleiste des Modulfensters Lesezeichen einfügen. Sie setzen die Einfügestelle in die betreffende Zeile und verwenden das Fähnchensymbol **Lesezeichen setzen/zurücksetzen** in der Symbolleiste **Bearbeiten**. Dasselbe Symbol wird auch zum Löschen einzelner Lesezeichen verwendet. Mit den beiden anderen Fähnchensymbolen können Sie zu einem Lesezeichen vor- oder zurückspringen.

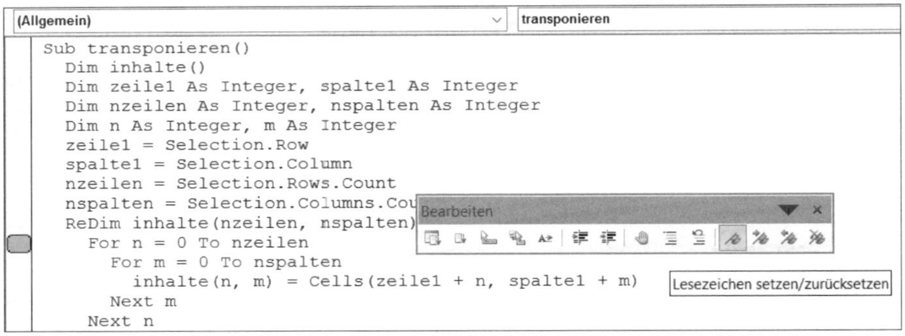

Abbildung 23.15 Setzen eines Lesezeichens

Um einen Haltepunkt für den Programmtest zu setzen, klicken oder tippen Sie einfach auf der Höhe der entsprechenden Zeile in die linke Randspalte. Ein erneuter Klick hebt den Haltepunkt wieder auf.

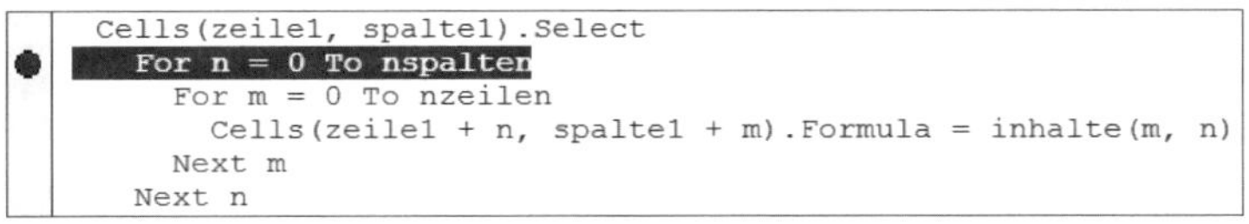

Abbildung 23.16 Haltepunkt in der Randleiste

Ganz praktisch sind auch die beiden Kommentarsymbole. Das eine verwandelt alle gerade markierten Zeilen in einen Kommentar, das Symbol rechts daneben verwandelt die Kommentare wieder in Programmcode. Auf diese Weise können bestimmte Teile des Codes z. B. vorübergehend aus dem Programmtest herausgenommen werden.

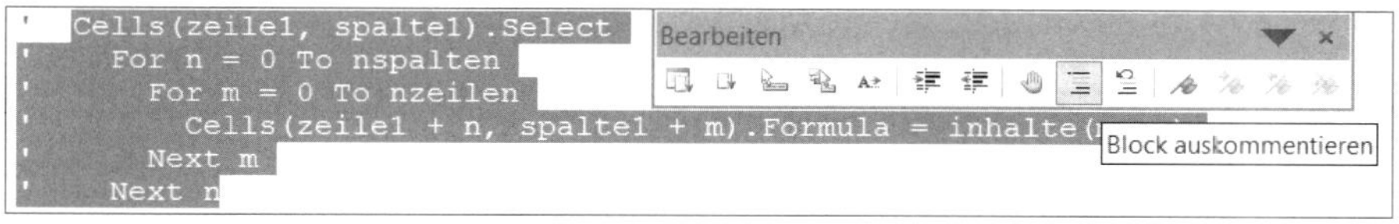

Abbildung 23.17 Auskommentierter Prozedurteil

Auch für das Einrücken von Codezeilen gibt es ein Symbolpaar. Es ist zwar keine Vorschrift, aber doch eine gute Praxis, z. B. die Codezeile innerhalb einer Schleife oder Verzweigung einzurücken. Markieren Sie einfach die entsprechenden Zeilen, und benutzen Sie das Symbol **Einzug vergrößern**.

Arbeit mit dem Objektkatalog

Die Fülle der Objekte, die Excel bereitstellt, und die zahllosen Methoden und Eigenschaften, die dazugehören, wären eine Herausforderung an das Gedächtnis der Entwickler, wenn es nicht ein paar Hilfen gäbe. Eine wesentliche Hilfe bei der Programmentwicklung ist der Objektkatalog. Mit dem Symbol **Objektkatalog** oder mit F2 öffnen Sie den Katalog. Das Fenster kann während der ganzen Arbeit geöffnet bleiben.

Was der Objektkatalog anzeigt, hängt von der Auswahl ab, die Sie im ersten Listenfeld treffen. Wählen Sie ein Projekt aus, werden in der linken Hälfte des Fensters die Objekte der Arbeitsmappe, die Tabellenblätter, Diagrammblätter etc. und die Module aufgelistet. Ist dann links ein Modul ausgewählt, erscheinen rechts die einzelnen Prozeduren, die dazugehören. Der Befehl **Ansicht ▸ Code**, die Taste F7 oder ein Doppelklick oder -tipp öffnen das Modulfenster dieser Prozedur.

Wird im ersten Listenfeld der Name einer Objektbibliothek, z. B. *Excel* oder *MSForms*, ausgewählt, erscheinen in der linken Hälfte alle Objekte, über die in dieser Bibliothek Informationen enthalten sind. Sie haben die Möglichkeit, in dieser Objektliste ein bestimmtes Objekt zu markieren, damit in der rechten Fensterhälfte die zu diesem Objekt gehörenden Eigenschaften, Methoden und eventuelle Ereignisse oder Konstanten angezeigt werden.

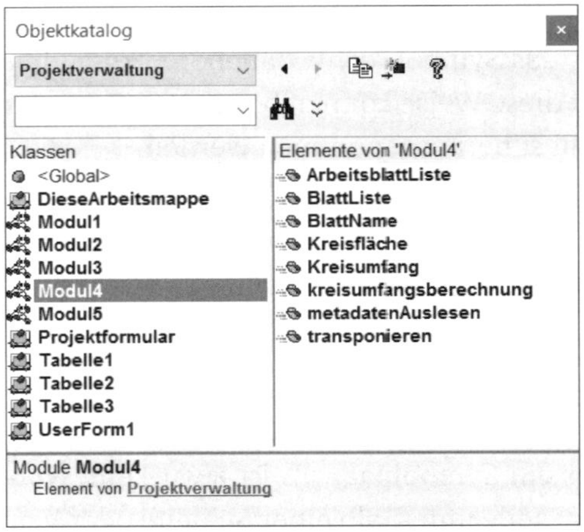

Abbildung 23.18 Liste der Elemente zu einem Modul

Wenn z. B. die Objektbibliothek von Excel ausgewählt ist und unter den Objekten `Chart`, also das Diagramm-Objekt, erscheinen rechts die Eigenschaften und Methoden des Diagramm-Objekts. Das Symbol mit dem Fragezeichen ❶ liefert nähere Informationen und häufig auch brauchbare Codebeispiele, die Sie sich in die eigene Prozedur kopieren können. Wird etwa die Methode `PrintOut` markiert, erscheinen im Fuß des Objektkatalogs die Argumente der Methode ❷. Außerdem wird die Objekthierarchie angezeigt. Der Link für eines der Objekte in dieser Hierarchie wählt das Objekt in der linken Fensterhälfte aus.

Der Objektkatalog ist aber nicht nur zum Nachschauen da, er kann auch direkt als Eingabehilfe benutzt werden. Ist z. B. die Methode `PrintOut` für das Objekt `Chart` ausgewählt, können Sie das Kopiersymbol ❸ und im Modulfenster **Einfügen** wählen.

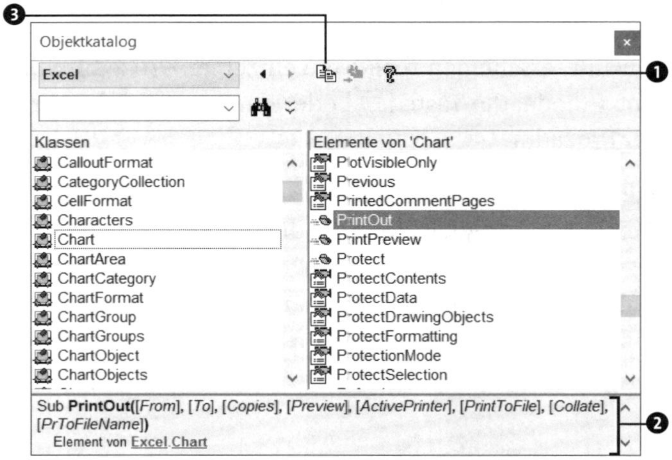

Abbildung 23.19 Eigenschaften und Methoden des Chart-Objekts

Elemente suchen

In dem zweiten Listenfeld unter der Titelleiste kann ein Suchtext eingegeben werden, etwa der Name eines Objekts, einer Methode oder Eigenschaft. Das Symbol mit dem Feldstecher ❹ startet die Suche. Das Ergebnis wird unter **Suchergebnisse** angezeigt.

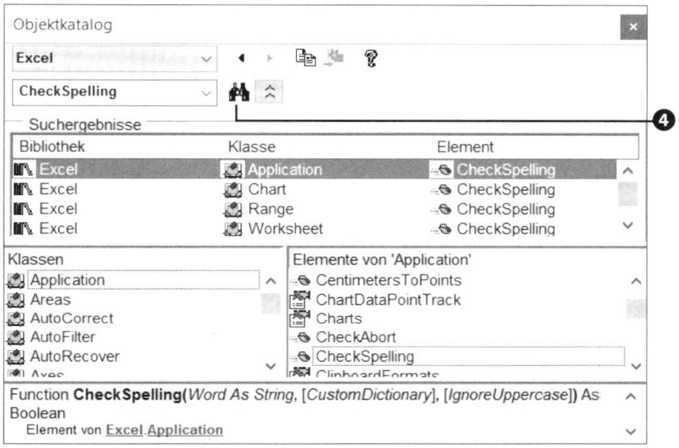

Abbildung 23.20 Objekte, auf die die Methode »CheckSpelling« (Rechtschreibprüfung) angewendet werden kann

Hinzuziehen weiterer Objektbibliotheken

Bei bestimmten Projekten werden Sie vielleicht zu den vorhandenen Objektbibliotheken noch weitere hinzuziehen wollen, um die darin definierten Objekte verwenden zu können. Dies ist möglich, wenn ein Verweis auf eine solche Bibliothek hergestellt wird. Wählen Sie dazu im Fenster des VBA-Editors den Befehl **Extras ▸ Verweise**.

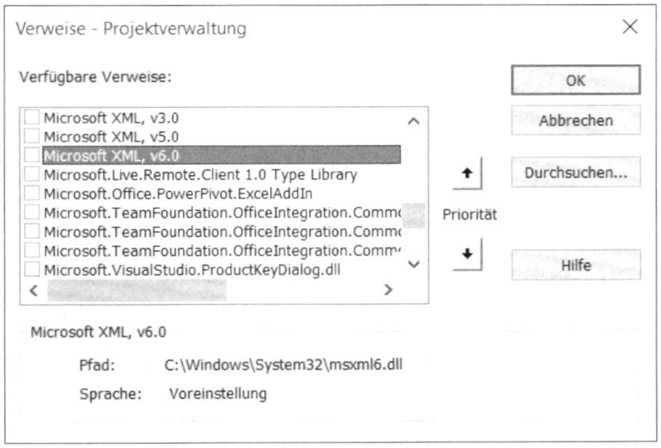

Abbildung 23.21 Verweis auf den XML-Parser

Haken Sie die Objektbibliothek ab, auf die ein Verweis hergestellt werden soll, etwa den XML-Parser v6.0. Wird eine Bibliothek nicht mit aufgelistet, können Sie die Datei über **Durchsuchen** aufspüren. Ist ein Verweis erstellt, werden die Objekte dieser Bibliothek im Objektkatalog angezeigt.

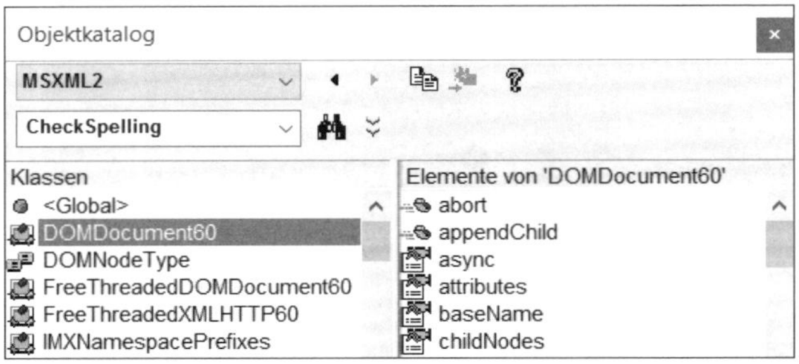

Abbildung 23.22 Liste der Klassen in der XML-Bibliothek

HINWEIS

Vorsicht bei Verweisen

Verweise gelten immer nur für das einzelne Projekt, für das sie erstellt worden sind. Wenn Sie Makroanwendungen an andere Stellen weitergeben, müssen Sie beachten, dass Bibliotheken, auf die Sie z. B. in einer Arbeitsmappe verweisen, auf dem anderen Rechner ebenfalls installiert sein müssen, damit die Makros auch dort korrekt ablaufen. Ansonsten erhält der andere Nutzer eine Fehlermeldung, dass die betreffende Bibliothek nicht vorhanden ist.

Fenster für den Formularentwurf

Bei den meisten VBA-Anwendungen werden dem Benutzer ein oder mehrere Formulare angeboten, über die er Informationen mit der Anwendung austauschen kann. Für den Entwurf dieser Formulare stehen Entwurfsfenster mit der zugehörigen Toolsammlung zur Verfügung. Um mit dem Entwurf eines Formulars zu beginnen, wählen Sie den Befehl **Einfügen ▸ UserForm**.

Das angebotene Leerformular kann durch Ziehen an den Anfassern vergrößert oder verkleinert werden. Die Gestaltung des Formulars besteht im Wesentlichen darin, aus der gleichzeitig eingeblendeten Toolsammlung die gewünschten Steuerelemente auszuwählen, ihre Position und Größe im Formular festzulegen und die Eigenschaften des Steuerelements zu bestimmen.

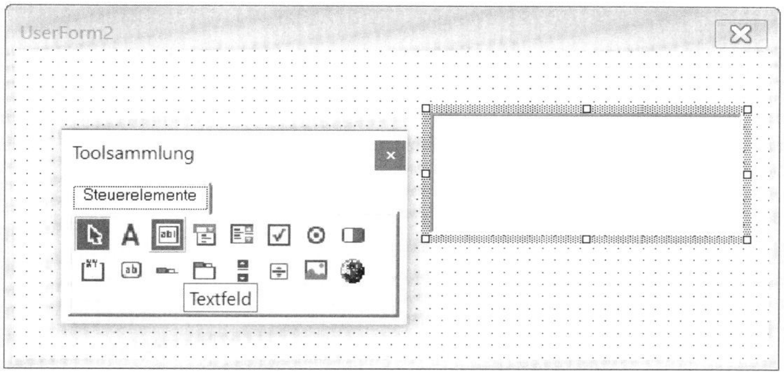

Abbildung 23.23 Aufziehen eines Textfeldes im Formularentwurf

Eigenschaftenfenster

Jedes Steuerelement-Objekt hat bestimmte Eigenschaften, die festgestellt oder verändert werden können. Ist ein Steuerelement im Formular ausgewählt, kann mit dem Symbol **Eigenschaftenfenster** oder mit [F4] das zugehörige Eigenschaftenfenster eingeblendet werden.

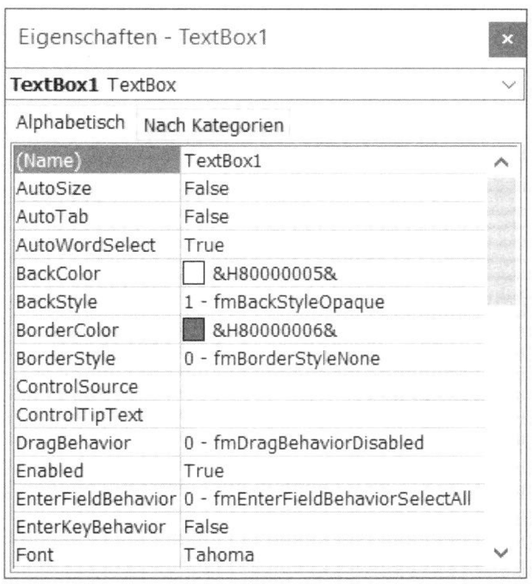

Abbildung 23.24 Eigenschaftenfenster für das ausgewählte Textfeld

In diesem Fenster sind die Eigenschaften des ausgewählten Objekts aufgelistet. Auf dem Register **Alphabetisch** erfolgt dies in alphabetischer Reihenfolge, auf dem Register **Nach Kategorien** sind die verschiedenen Eigenschaften nach bestimmten sachlichen Kriterien geordnet, etwa **Darstellung**, **Position** oder **Verhalten**. Links wird die Eigenschaft aufgelistet, rechts der aktuelle Wert genannt. Ist eine Eigenschaft markiert, erscheinen in vielen Fällen kleine Schaltflächen, um Werte auszuwählen. Ansonsten können Sie den gewünschten Wert direkt eintragen.

23.2.3 Programme testen

Programmcode in VBA wird kompiliert, bevor er verwendet werden kann. Wenn der Befehl **Ausführen ▸ Sub/UserForm ausführen** gewählt oder [F5] gedrückt wird, und der Code ist vorher nicht mit den letzten Änderungen kompiliert worden, geschieht dies normalerweise automatisch. Oft ist es aber sinnvoll, Programmcode schon vorher zu kompilieren, um Fehler aufzuspüren, die erst der Compiler finden kann. Wählen Sie **Debuggen ▸ Kompilieren von**, um die Kompilierung anzustoßen. Findet der Compiler einen Fehler, wird er im Code markiert und eine entsprechende Fehlermeldung ausgegeben.

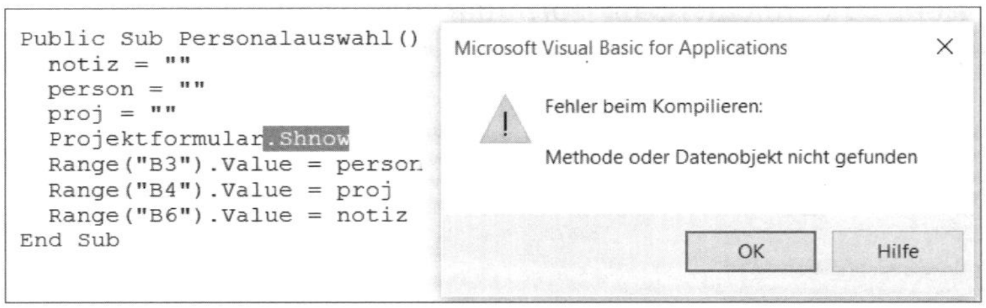

Abbildung 23.25 Den Tippfehler bei der markierten Methode findet der Compiler sofort.

Die Schaltfläche **Hilfe** bringt nähere Erläuterungen, soweit es möglich ist. Ansonsten bietet der VBA-Editor drei spezielle Fenster für den Programmtest. Außerdem steht noch die Symbolleiste **Debuggen** zur Verfügung. Der Test selbst kann im Einzelschritt ausgeführt werden – am besten mit dem Symbol **Einzelschritt** oder mit [F8], im Prozedurschritt oder bis zur Position der Einfügestelle. Diese Befehle werden auch im Menü **Debuggen** angeboten. Die einzelnen Programmzeilen werden farbig markiert, sodass der Programmverlauf genau kontrolliert werden kann.

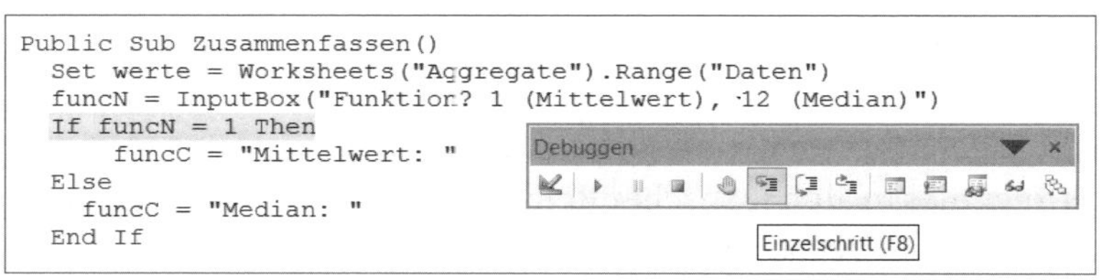

Abbildung 23.26 Einzelschritttest

Mit **Ausführen ▸ Sub/UserForm ausführen** oder F5 kann das fertige Programm im Fenster des Editors ausgeführt werden. Sind Haltepunkte definiert, wird das Programm mit F5 bis zum ersten Haltepunkt ausgeführt, etwa um dort bestimmte Werte abzufragen.

Werte prüfen

Die zusätzlichen Fenster für den Test können Sie über das Menü **Ansicht** oder über die entsprechenden Symbole in der Symbolleiste **Debuggen** einblenden. Im **Überwachungsfenster** wird verfolgt, welche Werte bestimmte Variablen annehmen, die vorher der Überwachung unterstellt worden sind. Dies geschieht am einfachsten, indem Sie in der Prozedur den Namen der Variablen oder den Ausdruck markieren, den Sie überwachen wollen. Bei Namen genügt es, wenn Sie den Namen mit der rechten Maustaste anklicken oder den Finger kurz daraufhalten und aus dem Kontextmenü der Befehl **Überwachung hinzufügen** verwenden.

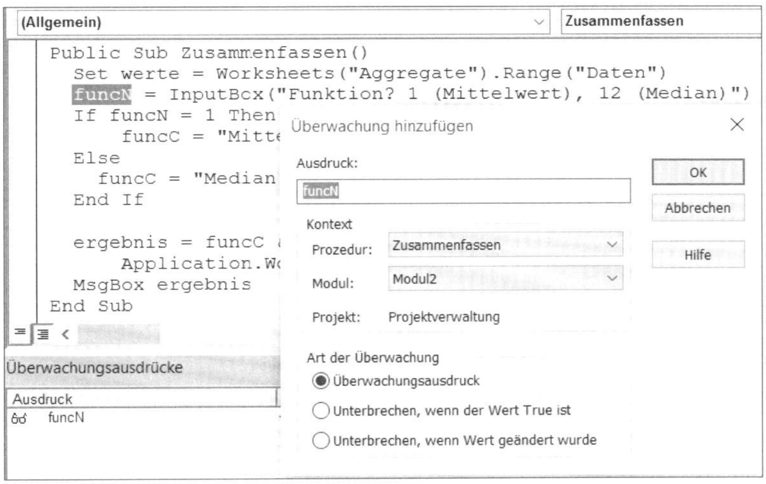

Abbildung 23.27 Ausdruck im Dialogfeld »Überwachung hinzufügen«

Der Editor öffnet ein Dialogfeld, in dem der Name der Variablen oder der Ausdruck noch einmal zur Kontrolle angezeigt wird. Unter **Art der Überwachung** wählen Sie, in welcher Weise die Überwachung vorgenommen wird. Die Option **Überwachungsausdruck** heißt, der Wert der Variablen oder des Ausdrucks wird nur angezeigt. Bei den beiden anderen Optionen wird die Ausführung des Programmtests unterbrochen, sobald der Ausdruck den Wert `True` angenommen hat oder sobald er geändert wurde. Wenn Sie dies bestätigen, wird das Überwachungsfenster geöffnet und der eingetragene Überwachungsausdruck mit seinem augenblicklichen Wert angezeigt.

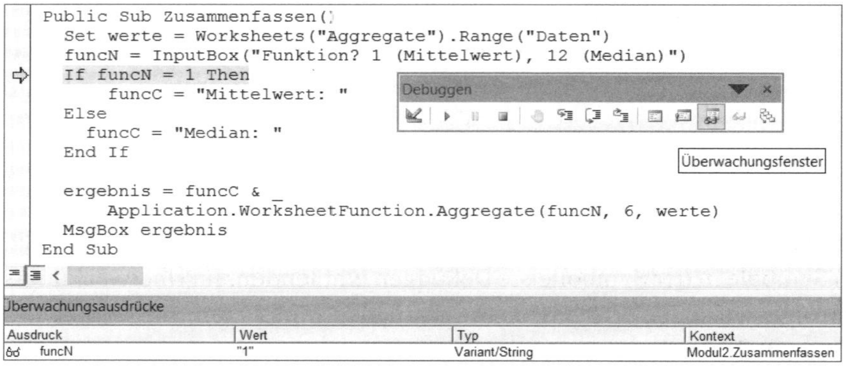

Abbildung 23.28 Überwachungsausdruck im Überwachungsfenster

Lokal- und Direktfenster

Soll für den Test probeweise ein anderer Wert für eine Variable ausprobiert werden, können Sie über **Ansicht ▸ Lokalfenster** das Fenster für lokale Ausdrücke einblenden. Wenn Sie dort einen der angezeigten Werte überschreiben, arbeitet die Prozedur mit diesem Wert, wenn Sie mit **Debuggen ▸ Einzelschritt** oder [F8] im Programmtest fortfahren.

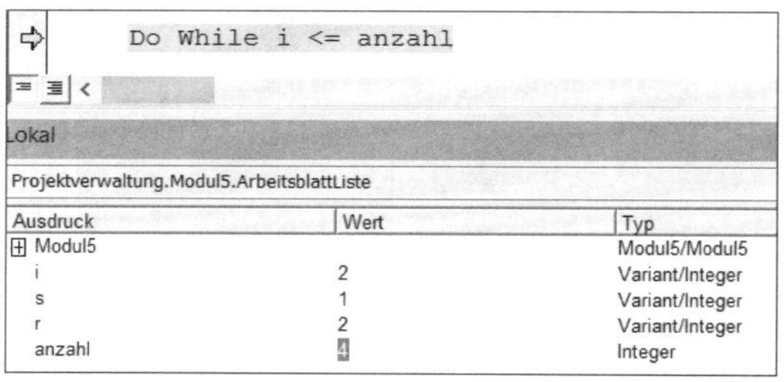

Abbildung 23.29 Geänderter Wert im Fenster »Lokal«

Variablen oder Ausdrücke können beim schrittweisen Test einer Prozedur auch unmittelbar im Modulfenster geprüft werden, wenn der Mauszeiger direkt auf den Variablennamen oder Ausdruck gesetzt wird. Ist der Variablen durch den Programmverlauf bereits ein Wert zugewiesen worden, wird er unter der Zeile angezeigt.

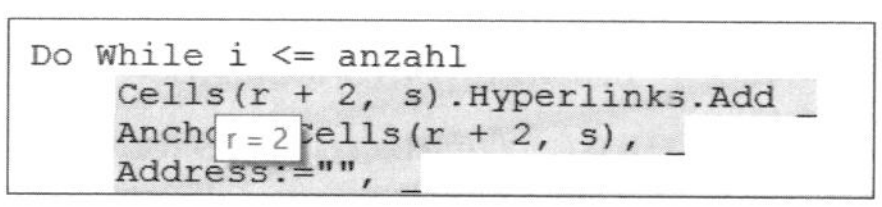

Abbildung 23.30 Wertanzeige für eine markierte Variable

Im **Direktfenster** kann außerdem mit den Befehlen `Print` und `MsgBox` gezielt der Wert von Variablen oder das Ergebnis von Funktionen abgefragt werden. Soll ein Modul wieder in die Anfangsposition gesetzt werden, klicken Sie am besten auf das Symbol **Zurücksetzen**. Das entspricht dem Befehl **Ausführen ▸ Zurücksetzen**.

TIPP

Wechsel zwischen VBA- und Anwendungsfenster

Für den schnellen Wechsel ins VBA-Editor-Fenster und zurück können Sie die Tastenkombination `Alt`+`F11` verwenden. Da der VBA-Editor auch über eine eigene Schaltfläche in der Gruppe für die Excel-Fenster in der Taskleiste verfügt, kann auch über die Schaltflächen schnell hin- und hergeschaltet werden.

23.2.4 Ausdruck von Code und Formularen

Um die Programmierarbeit zu dokumentieren, ist es in der Regel sinnvoll, den Programmcode und die Formulare auch einmal auszudrucken. Das ist über den Befehl **Datei ▸ Drucken** möglich. Im Dialogfeld kann der Druck für ausgewählte Bereiche, für das aktuelle Modul oder für das ganze Projekt bestimmt werden. Ist ein Formular ausgewählt, können Sie den Formularentwurf und den Code zum Formular ausdrucken.

23

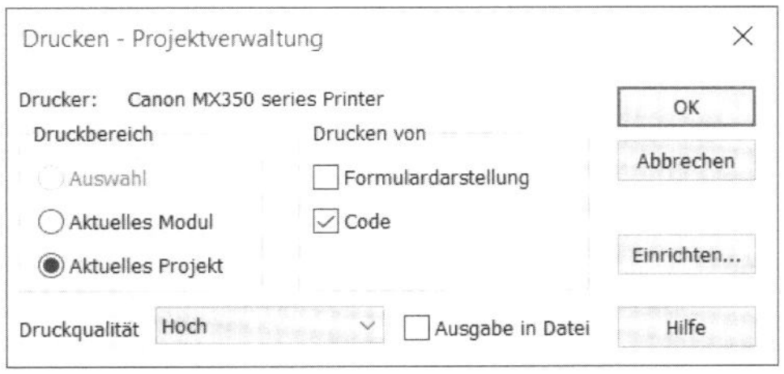

Abbildung 23.31 Das Dialogfeld für den Druck in einem VBA-Projekt

23.3 Ein- und Ausgabe

Ein zentraler Bereich der Programmierung ist die Gestaltung der Interaktion zwischen einem Programm und denen, die es benutzen. Diese Interaktion findet auf zwei Ebenen statt. Zum einen gibt es den direkten Dialog zwischen Programm und Benutzer, bei dem der Benutzer Werte eingibt oder Ereignisse (z. B. Mausklicks) auslöst, auf die das Programm reagiert. Zum anderen kann das Programm dazu veranlasst werden, aus Tabellen zu lesen und in Tabellen zu schreiben.

23.3.1 Einfacher Eingabedialog

Die einfachste Form, in einem Programm Benutzereingaben vorzunehmen, ist das Eingabedialogfeld. Hier handelt es sich um ein Standarddialogfeld, das von VBA mit der Funktion `InputBox()` aufgerufen werden kann. Das ausgabeseitige Äquivalent zum Eingabedialog ist der Meldungsdialog. Dafür wird die Funktion `MsgBox()` genutzt.

Für Programme, die nur wenige Eingaben erfordern, ist das Eingabedialogfeld sehr praktisch; bei komplexeren Eingaben sollten dagegen die weiter unten besprochenen Formulare verwendet werden. Das Dialogfeld ist schon mit den Schaltflächen **OK** und **Abbrechen** ausgestattet. Wird **OK** angeklickt, liefert das Dialogfeld die Eingabe als Ergebnis an eine Variable. In der einfachsten Version kommt die Funktion `InputBox()` mit einem einzigen Argument aus, etwa

```
InputBox("Betrag")
```

Durch zusätzliche Argumente kann die Gestaltung des Dialogfeldes modifiziert werden: eine Eingabeaufforderung, ein eigener Fenstertitel oder eine Vorgabe, die verwendet wird, wenn nichts eingetragen wird.

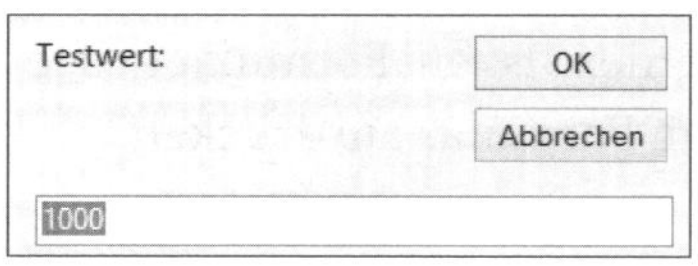

Abbildung 23.32 Beispiel für ein Eingabefenster ...

Der Code für diesen Dialog sieht so aus:

```
Sub eingabeTestwert()
    Dim eingabe As Variant
    eingabe = _
      InputBox("Testwert: ", "Eingabe Testwerte", "1000", 200, 150)
    MsgBox eingabe
End Sub
```

Das Wesentliche am Eingabefenster ist natürlich die Übernahme des eingegebenen Werts in eine Variable. Dabei gibt der Dialog sein Ergebnis immer als Zeichenfolge zurück. Wenn Sie mehr Kontrolle über den Datentyp haben wollen, verwenden Sie anstelle der Funktion `InputBox()` besser die gleichnamige Methode `InputBox`, die eine direkte Methode des Objekts `Application` ist. Diese Methode nutzt nach den Argumenten, die auch bei der Funktion `InputBox()` möglich sind, noch das zusätzliche Argument `Type`, womit der Datentyp des Ergebnisses festgelegt wird. Zum Beispiel verlangt `Type:=` 1 eine Zahl, 2 einen Text und 8 einen Zellbezug. Sie können auch Kombinationen verwenden:

```
zt = InputBox(Prompt:= "Bitte Zahlen oder Text:",Type:=3)
```

23.3.2 Meldungsdialoge

Das Gegenstück zum Eingabedialog ist der Meldungsdialog. Den Text, der ausgegeben werden soll, können Sie entweder direkt als Zeichenfolge in Anführungszeichen oder als Variable angeben.

```
Sub melden()
    Dim meldung As String
    meldung = "Immer noch Regen im August 2015"
    MsgBox "Unerfreulich: "
    MsgBox meldung
End Sub
```

23

Nur auf den ersten Blick ist das Meldungsfenster ein reines Ausgabemedium. Durch zusätzliche Argumente lässt es sich so gestalten, dass die Reaktion des Benutzers im weiteren Verlauf des Programms berücksichtigt werden kann, wobei sich die Benutzerreaktion allerdings auf das Anklicken von Schaltflächen beschränkt. Um auszuwählen, mit welchen Schaltflächen das Meldungsfenster zu versehen ist, wird gleich nach dem Meldungstext als Argument eine Kennziffer eingefügt: 0 (**OK**); 1 (**OK** und **Abbrechen**); 2 (**Abbrechen**, **Wiederholen** und **Ignorieren**); 3 (**Ja**, **Nein** und **Abbrechen**); 4 (**Ja** und **Nein**); 5 (**Wiederholen** und **Abbrechen**). Zu den Ziffern für die Schaltflächen können noch Kennziffern für eingeblendete Symbole addiert werden: 16 (Stopp); 32 (?); 48 (!); 64 (i für Info). Die Kennziffer 68 etwa liefert ein Meldungsfenster mit einem Infosymbol und den Schaltflächen **Ja** und **Nein**.

Wie schon für die Methoden beschrieben, gibt es auch bei den Funktionen zwei Schreibweisen:

```
meldung = MsgBox(ausdruck)
MsgBox ausdruck
```

Soll eine einfache Meldung ausgegeben werden, genügt die zweite Schreibweise. Soll aber das Ergebnis des Meldungsdialogs (welche Schaltfläche wurde angeklickt) in eine Variable übernommen werden, muss die erste Form verwendet werden.

23.3.3 Bereiche in Tabellen auswählen

Bei der Arbeit mit VBA innerhalb von Excel ist natürlich der zentrale Punkt der Programmierung die Arbeit mit Tabellen: das Auswählen von Zellen oder Bereichen, das Lesen von Daten aus diesen Bereichen und das Schreiben von Daten in diese Bereiche. Um eine Zelle in einer Arbeitsmappe auszuwählen, verwenden Sie die Eigenschaft `Range` des Objekts `Worksheets` und die Methode `Select`. Die einzelne Zelle wird also in VBA als Bereich mit nur einem Element behandelt.

```
Worksheets("Blatt1").Range("A3").Select
```

wählt z. B. die Zelle A3 auf Blatt1 aus. Das gleiche Ergebnis erhalten Sie, wenn Sie die Auswahl auf zwei Anweisungen verteilen:

```
Worksheets("Blatt1").Select
Range("A3").Select
```

Die zweite Anweisung bezieht sich dann schon auf das vorher ausgewählte Blatt. Wird eine Prozedur von einem bestimmten Tabellenblatt aus aufgerufen, können Sie direkt mit dem Objekt `Range` und der Methode `Select` arbeiten.

```
Range("A3").Select
```

Soll ein Zellenbereich ausgewählt werden, geben Sie die entsprechenden Adressen an:

```
Range("A3:F3").Select
```

Ist der Zellbereich benannt worden, können Sie hier auch anstelle der Zelladressen den Namen einsetzen. Der Name muss in Anführungszeichen gesetzt werden:

```
Range("Bereich1").Select
```

Navigation im Tabellenblatt

Nimmt ein Makro Bezug auf die Zelle, die beim Aufruf die aktive Zelle ist, können Sie von diesem Punkt aus beliebige Bewegungen auf dem Blatt mit der Methode `Offset()` ausführen.

```
ActiveCell.Offset(3, 5).Select
```

wählt eine Zelle aus, die drei Zeilen unter und fünf Spalten links von der aktiven Zelle liegt. Beachten Sie, dass die Reihenfolge der Argumente – Zeilennummer, Spaltennummer – genau umgekehrt ist wie bei einer Zelladresse, wo erst der Buchstabe der Spalte und dann die Zeilennummer angegeben werden. Eine solche Anweisung kann noch um eine zusätzliche Bereichsangabe erweitert werden.

```
ActiveCell.Offset(3, 5).Range("A1:A10").Select
```

verschiebt die Auswahl zunächst von der aktiven Zelle weg und markiert von diesem neuen Ausgangspunkt einen Bereich mit zehn Zellen in einer Spalte. Dabei wird die Bereichsadresse A1:10 aber nicht als absolute Adresse interpretiert, sondern relativ zu der Zelle, die durch `Offset(3, 5)` erreicht worden ist. Ist die aktive Zelle z. B. A1, würde also F4:F13 ausgewählt.

Variable Zellauswahl

Im folgenden Listing werden zunächst die Zeilen- und Spaltennummern der aktiven Zelle abgefragt und aus diesen Werten neue Zeilen- und Spaltennummern errechnet, die für die nächste Auswahl verwendet werden:

```
Sub berechneteAuswahl()
  Dim zeile, spalte, neuezeile, neuespalte
  zeile = ActiveCell.Row
  spalte = ActiveCell.Column
  neuezeile = zeile + 1
  neuespalte = spalte + 2
  Cells(neuezeile, neuespalte).Select
  With Selection.Interior
    .Pattern = xlSolid
    .PatternColorIndex = xlAutomatic
    .Color = 65535
  End With
End Sub
```

Die Eigenschaft »Cells«

Eine andere Möglichkeit, Zellen oder Bereiche auszuwählen, arbeitet mit der Eigenschaft `Cells`. Wenn Sie diese Eigenschaft als Eigenschaft von `Application` benutzen, erhalten Sie ein Objekt `Range`, das alle Zellen des aktiven Arbeitsblatts umfasst. Die folgende Prozedur zeigt, wie Sie diese Eigenschaft nutzen können, um den Zellhintergrund eines Tabellenblatts komplett einzufärben.

```
Sub zellenZugriff()
    Application.Cells.Select
    With Selection.Interior
        .Pattern = xlSolid
        .PatternColorIndex = xlAutomatic
        .Color = 65535
    End With
End Sub
```

Das zweite Objekt, bei dem Sie die Eigenschaft `Cells` nutzen können, ist `Range`. Mit der Anweisung

```
Range(Cells(1,1), Cells(8, 5).Select
```

wählen Sie auf dem aktiven Tabellenblatt einen Zellbereich mit der Adresse A1:E8 aus.

23.3.4 Zellen Werte zuweisen

Soll in eine Zelle ein Wert oder eine Formel eingetragen werden, verwenden Sie ebenfalls Eigenschaften. Für Werte – Texte, Zahlen, Datums- oder Zeitangaben – benutzen Sie die Eigenschaft `Value`. Im Unterschied zur manuellen Arbeit auf dem Tabellenblatt ist es in einem Programm nicht zwingend notwendig, eine Zelle, in die etwas geschrieben werden soll, vorher zur aktiven Zelle zu machen. VBA gestattet es, sowohl mit absoluten als auch mit relativen Bezügen direkt in Zellen zu schreiben.

```
Range("A3").Value = "Titel"
Cells(3, 2).Value = Range("A3").Value & "ID"
Range("A3:F3").Value = "SSV"
```

Die letzte Anweisung zeigt, dass Sie einen Wert auch in mehrere Zellen gleichzeitig schreiben können.

23.3.5 Formeln eintragen

Soll in eine Zelle oder einen Zellbereich eine Formel eingetragen werden, stehen Ihnen mehrere Eigenschaften zur Verfügung. Die einfachste Variante ist `Formula`. Hier einige Beispiele:

```
Range("A3").Value = "Titel"
Range("A4").Formula = "=Left(A3,2)"
Cells(5, 1).Formula = Range("A4").Formula
```

Die zweite Anweisung verwendet den englischen Funktionsnamen und deshalb auch als Trennzeichen zwischen den Argumenten ein Komma. In Zelle A4 erscheint aber automatisch eine Formel mit dem deutschen Funktionsnamen.

Die alternative Eigenschaft ist hier `FormulaLocal`. Sie erlaubt es, die Funktion in der lokalen Sprache des Systems anzugeben, hier wäre das also

```
Range("A4").FormulaLocal = "=Links(A3;2)"
```

Weitere Eigenschaften, die Sie verwenden können, sind `FormulaR1C1` und `FormulaR1C1Local`. Wie die Namen erkennen lassen, wird in beiden Fällen die alternative Z1S1-Adressierung der Bereiche verwendet. Die Anweisungen sehen dann so aus:

```
Range("A4").FormulaR1C1 = "=Left(R3C1,2)"
Range("A4").FormulaR1C1Local = "=Links(R3C1;2)"
```

Die *R1C1*-Schreibweise in VBA hat den Vorteil, dass sie die Arbeit mit relativen Bezügen übersichtlicher machen kann. Die folgende Tabelle macht dies deutlich.

Adresse	Bedeutung
R1C1	die Zelle A1 (1. Zeile, 1. Spalte)
RC(1)	eine Spalte weiter
RC(-1)	eine Spalte vorher
R(1)C(1)	eine Zeile tiefer, eine Spalte rechts

Im nächsten Beispiel werden zwei ineinander verschachtelte `For-Next`-Schleifen dazu benutzt, einen Zellbereich mit Zufallszahlen zu füllen. Dabei sollen die Zeilen- und Spaltennummern bestimmte Werte durchlaufen.

```
Sub mehrfachSchreiben()
   Dim i As Integer, j As Integer
   For i = 1 To 8
      For j = 1 To 8
         Cells(i, j).Formula = _
            "=RANDBETWEEN(0,9)"
      Next j
   Next i
End Sub
```

23.3.6 Daten aus Tabellen auslesen

Beim Lesen von Zellinhalten aus einem Tabellenblatt in eine Variable können Sie neben der Eigenschaft `Value` auch die Eigenschaft `Text` verwenden. Das ist auch dann möglich, wenn in der Zelle ein numerischer Wert steht. Der Unterschied ist nur der, dass die Eigenschaft `Text` immer eine Zeichenfolge liefert, auch wenn die Zelle eine Zahl oder eine Formel enthält. Das folgende Beispiel zeigt die Übernahme von Zellwerten in drei Variablen und das Zurückschreiben in benachbarte Zellen.

```
Sub zellwerteAuslesen()
    Dim wert1, wert2, wert3
    wert1 = Range("A2").Value
    wert2 = Range("A3").Value
    wert3 = Range("A4").Value

    Range("B2").Value = wert1
    Range("B3").Value = wert2
    Range("B4").Value = wert3

    wert1 = Range("A2").Text
    wert2 = Range("A3").Text
    wert3 = Range("A4").Text

    Range("D2").Value = wert1
    Range("D3").Value = wert2
    Range("D4").Value = wert3

End Sub
```

Um eine Formel aus einer Zelle der Tabelle auszulesen, werden wieder die Eigenschaften `Formula` oder `FormulaR1C1` eingesetzt.

```
Dim formel1 As Variant
Range("A4").Formula = "=SQRT(16)"
formel1 = Range("A4").Formula
Range("A5").Formula = formel1
```

Enthält die ausgelesene Zelle keine Formel oder ist sie leer, liefern die beiden Eigenschaften einfach den Zellinhalt – eine Konstante oder eine leere Zeichenfolge.

23.3.7 Makro für eine Blattliste

Bei Arbeitsmappen mit vielen Blättern ist der Zugang über die Register häufig suboptimal, weil immer nur ein Teil der Register sichtbar ist. Eine ganz praktische Lösung ist eine Blattliste auf einem vorne eingefügten Arbeitsblatt, das die anderen Blätter per Hyperlink anbietet. Eine solche Liste lässt sich durch ein kleines Makro leicht anlegen. Das folgende Listing zeigt eine einfache Lösung, die die Blattnamen einer Mappe in einer Schleife ausliest und in einer bei Bedarf mehrspaltigen Tabelle anordnet. Die Prozedur legt zunächst am Anfang der Arbeitsmappe ein neues Blatt mit dem Namen *Blattliste* an.

Die Variable `anzahl` übernimmt die aktuelle Anzahl der Blätter in der Mappe. Mit diesem Wert wird die Schleife kontrolliert, in der die Namen der anderen Blätter in den Zellbereich eingetragen werden. Um bequem von der Blattliste zu den entsprechenden Blättern zu springen, werden mithilfe der Blattnamen entsprechende Hyperlinks zusammengesetzt. Die Blattnamen liefern dabei einfach sowohl die Subadresse als auch die in der Zelle angezeigte Beschriftung des Links. Damit die Liste mehrspaltig erscheint, kontrolliert das Makro jeweils die aktuell erreichte Zeilennummer und wechselt in die nächste Spalte, wenn 25 Zeilen ausgefüllt sind.


```
Public Sub ArbeitsblattListe()
  Dim i, s, r, anzahl As Integer
  i = 2
  r = 2
  s = 1
  If Sheets(1).Name = "Blattliste" Then Sheets(1).Delete
  End If
  Sheets.Add Before:=Sheets(1)
  Sheets(1).Name = "Blattliste"
  anzahl = Sheets.Count
  titel = ActiveWorkBook.Name
  Cells(2, s).Value = titel

  Do While i <= anzahl
    Cells(r + 2, s).Hyperlinks.Add _
    Anchor:=Cells(r + 2, s), _
    Address:="", _
    SubAddress:=Sheets(i).Name & "!A1", _
    TextToDisplay:=Sheets(i).Name
    i = i + 1
    r = r + 1
```

```
    If r > 25 Then
      r = 2
      s = s + 1
    End If
  Loop
End Sub
```

23.4 Entwurf von Formularen

Die Meldungs- und Eingabedialoge, die Sie im letzten Abschnitt kennengelernt haben, sind nur für minimale Ein- und Ausgaben geeignet. Sobald größere Mengen von Eingaben benötigt werden, ist es lästig, wenn für jede einzelne Eingabe ein eigenes Dialogfeld auftaucht. Hinzu kommt, dass die Eingabemöglichkeiten der Eingabefenster sehr beschränkt sind: Sie können weder Listenfelder enthalten, aus denen Eingaben ausgewählt werden, noch Optionsfelder oder Kontrollkästchen, die einfach nur angeklickt werden. Das zentrale Werkzeug, um für ein Programm in VBA komplette Dialogfelder zu erstellen, ist das Formular, das im Fenster des VBA-Editors erstellt werden kann.

23.4.1 Entwicklung eines Eingabeformulars

Über das Formular kann der Benutzer seine Anweisungen an das Programm geben, Daten eingeben, abfragen oder auswählen. Um die Formulartechnik etwas näher kennenzulernen, soll hier ein kleines Formular entwickelt werden, in dem Daten aus zwei Listen ausgewählt werden können. Es handelt sich um eine Liste von Mitarbeitern und eine von Projekten. Über das Formular soll jeweils ein Mitarbeiter einem Projekt zugeordnet werden, zugleich soll noch eine Notiz möglich sein. Das Formular entwickeln Sie folgendermaßen:

1. Zunächst öffnen Sie die Arbeitsmappe, die das Programm mit dem Formular enthalten soll. Wechseln Sie mit `Alt`+`F11` in das VBA-Fenster.

2. Öffnen Sie mit **Einfügen ▸ UserForm** ein Fenster für den Entwurf eines Formulars. Ändern Sie die Größe nach Wunsch durch Ziehen an den Markierungen.

3. Als Erstes soll ein Beschriftungsfeld, ein Label, eingefügt werden, das eine Beschriftung für das nächste Steuerelement, das Listenfeld für die Mitarbeiter, liefern soll. Wählen Sie aus der Toolsammlung – sie wird automatisch eingeblendet – das Symbol **Beschriftungsfeld** ❶, und ziehen Sie ein passendes Feld für die Anzeige der Listenbeschriftung auf.

4 Das Feld lässt sich frei verschieben oder auch an den Rasterpunkten ausrichten. Durch Ziehen an den Markierungspunkten können Größe und Proportion geändert werden.

5 Im Entwurfsfenster erscheint zunächst eine vorgegebene Beschriftung, die ersetzt werden soll. Öffnen Sie mit F4 das Eigenschaftenfenster für das erste Steuerelement. Wählen Sie das Register **Nach Kategorien** ❷. Unter **Darstellung** finden Sie einige Eigenschaften, die für das Projekt wichtig sind. Unter **(Name)** ❸ erscheint zunächst der Name, den VBA dem Steuerelement automatisch zugewiesen hat. Unter diesem Namen kann das Steuerelement im Programmcode angesprochen werden. Es ist zu empfehlen, hier einen sprechenden Namen einzugeben, es ist aber nicht notwendig.

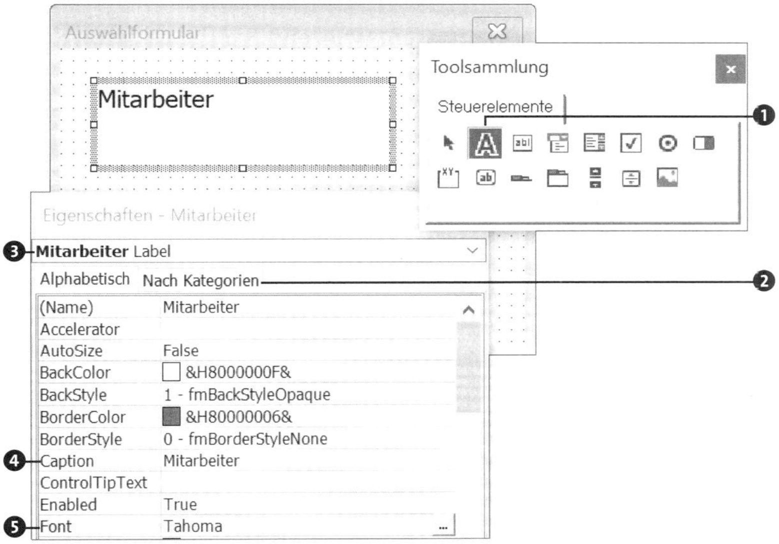

6 Bei **Caption** ❹ wird zunächst noch einmal der gerade erwähnte Name als vorläufiger Text vorgegeben. Dieser Text wird hier durch die Beschriftung der vorgesehenen Liste ersetzt, für die ein Kombinationsfeld verwendet werden soll.

7 Soll die Schriftart geändert werden, gehen Sie unter **Schriftart** ❺ in die **Font**-Zeile und klicken auf die Schaltfläche mit den drei Pünktchen. Im Dialogfeld können Sie die gewünschte Schrift auswählen.

8 An dieser Stelle sollte möglichst auch noch ein anderer Titel für die Titelzeile des Formulars festgelegt werden. Markieren Sie das Formular, solange das Eigenschaftenfenster noch geöffnet ist. Geben Sie unter **Caption** einen anderen Titel ein, etwa *Auswahlformular*. Auch hier können Sie unter **Name** eine andere Bezeichnung für das Formular eingeben, unter der das Formular im Programm angesprochen werden kann, etwa *Projektformular*.

TIPP

Orientierung am Raster

Um Steuerelemente exakt in einem Formular zu platzieren, ist es meistens praktisch, die Ausrichtung an den Rasterpunkten eingeschaltet zu haben. Dies erfolgt im Dialogfeld **Extras ▸ Optionen** unter **Allgemein**. Um ein feineres Raster zu erreichen, müssen Sie dort nur den Punktwert für die Rastereinheiten verringern.

23.4.2 Eingabeelemente einbauen

Sie können das Eigenschaftenfenster geöffnet lassen, während Sie die anderen Steuerelemente einbauen. Wenn die Toolsammlung einmal nicht eingeblendet ist, klicken Sie auf das Symbol **Werkzeugsammlung** in der voreingestellten Symbolleiste. Bauen Sie die Eingabeelemente wie folgt ein:

1. Zunächst soll ein Kombinationsfeld für die Liste der Mitarbeiter hinzugefügt werden, das die Namen der Mitarbeiter zur Auswahl stellt. Wählen Sie das Symbol für ein Kombinationsfeld in der Toolsammlung aus. Ziehen Sie ein Rechteck für das Feld im Formular auf. Als Name des Steuerelements soll wieder ein sprechender Name verwendet werden: *Mitarbeiterliste*.

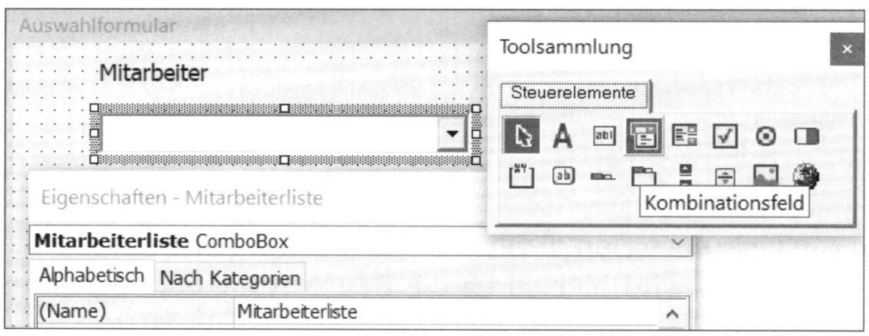

2. Der nächste Schritt ist ein zweites Beschriftungsfeld, das als Eigenschaft `Caption` den Text *Projekte* erhält. Der Text kann auch direkt in das Feld eingegeben werden, ohne das Eigenschaftenfenster zu öffnen. Markieren Sie das Feld, und überschreiben Sie die Vorgabe.

3. Auch für die Projekte wird wieder ein Kombinationsfeld benötigt, am besten eines mit dem Namen *Projektliste*. Ansonsten verfahren Sie entsprechend wie beim Feld für die Mitarbeiter.

4 Für die Eingabe der Notizen wird ein Textfeld herangezogen. Wählen Sie aus der Toolsammlung das Steuerelement **Textfeld**, und ziehen Sie ein größeres Feld im Formular auf.

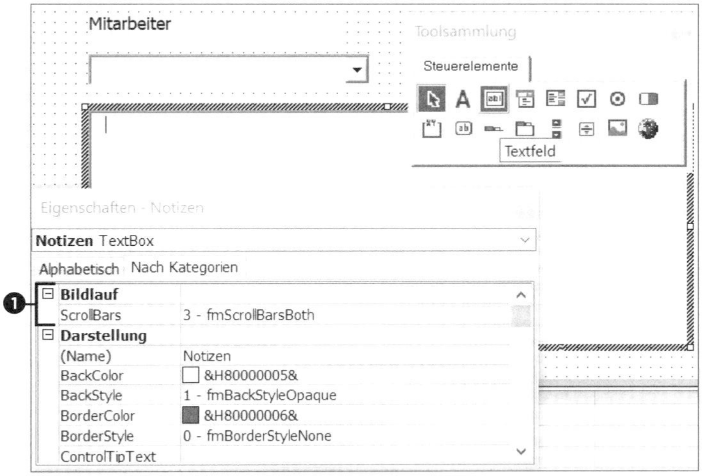

5 Bei einem Textfeld sind folgende Eigenschaften wichtig: Um auch längere Eingaben zu ermöglichen, sollten Bildlaufleisten hinzugefügt werden. Unter **Bildlauf** und **ScrollBars** ❶ wählen Sie den Wert `3`, um vertikale und horizontale Bildlaufleisten einzufügen.

6 Unter **Verhalten** setzen Sie den Wert für **MultiLine** auf `True`, um mehrzeilige Einträge zu gestatten.

Damit sind die Steuerelemente für die Dateneingabe eingerichtet und ihre Eigenschaften festgelegt.

23.4.3 Einbau von Schaltflächen

Nun fehlen noch zwei Schaltflächen: eine, um die ausgewählten und eingegebenen Daten in die Arbeitsmappe zu übernehmen, und eine, um das Dialogfeld abzubrechen, wenn die Daten nicht übernommen werden sollen.

1 Wählen Sie aus der Toolsammlung das Symbol **Befehlsschaltfläche**. Ziehen Sie die gewünschte Schaltfläche im Formular auf.

2 Markieren Sie die neue Schaltfläche, und überschreiben Sie die Beschriftung mit **OK**. Auch hier wird so die Eigenschaft `Caption` geändert.

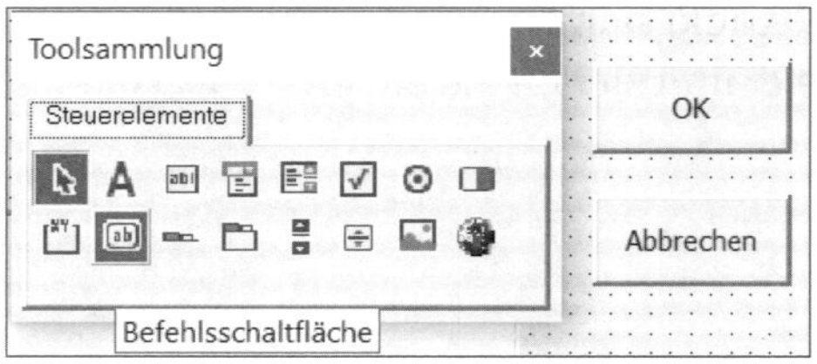

3 Verfahren Sie mit der anderen Schaltfläche entsprechend.

4 Ändern Sie jeweils im Eigenschaftenfenster unter **Name** den Namen, über den Sie im Programm die Schaltfläche ansprechen. Das macht das Programm lesbarer.

5 Speichern Sie das bisherige Ergebnis noch einmal mit dem Symbol **Speichern** ab.

Die Reihenfolge, in der die einzelnen Steuerelemente ausgewählt werden, wenn Sie beim Ausfüllen mit der [Tab]-Taste arbeiten, wird durch den **TabIndex** gesteuert. Excel verfährt nach der Reihenfolge, in der die Steuerelemente angelegt worden sind. Passt dies nicht, müssen Sie im Eigenschaftenfenster die Werte für die verschiedenen Steuerelemente unter **TabIndex** entsprechend ändern.

23.4.4 Eingabe der Prozeduren

Nachdem das Formular für die Kommunikation zwischen Benutzer und Programm entworfen ist, kann mit der Programmierung der Prozeduren begonnen werden, die das Formular aufrufen und die Daten am Ende in die Arbeitsmappe übernehmen:

1 Öffnen Sie das Fenster des Projekt-Explorers. Im Baum des Projekts ist unter **Formulare** das entwickelte Formular sichtbar.

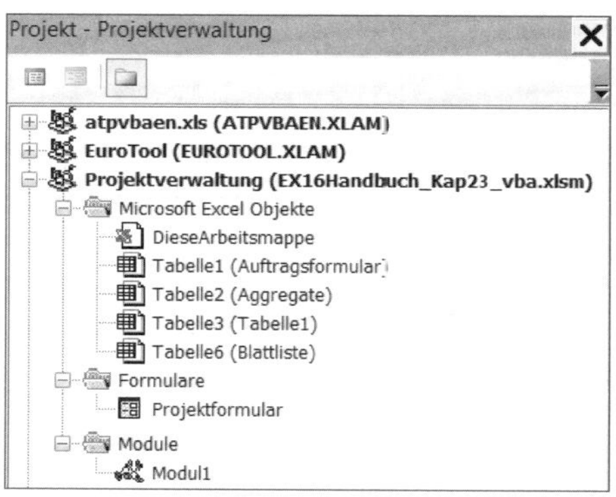

2 Wählen Sie nun **Einfügen ▸ Modul**, um das kleine Programm einzugeben. Excel öffnet ein Modulfenster und erwartet zunächst die Deklaration von Variablen. Links steht deshalb **Allgemein** und rechts **Deklarationen**. Nötig ist in diesem Fall eine Deklaration für drei Variablen.

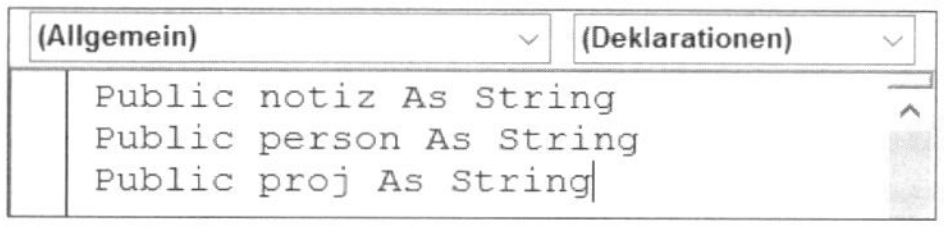

3 Tragen Sie im Textbereich die Deklarationen für `notiz`, `person` und `proj` jeweils als String ein.

4 Wählen Sie nun den Befehl **Einfügen ▸ Prozedur**. Geben Sie einen Namen für die Prozedur ein, etwa *Personalauswahl*, und übernehmen Sie als Typ die Option **Sub**. Dann klicken Sie auf **OK**.

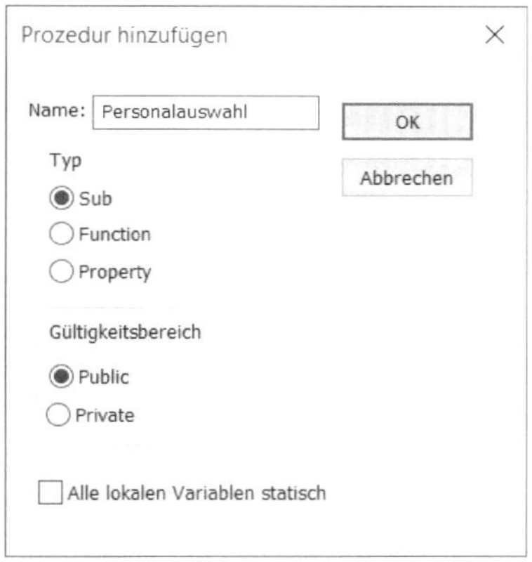

5 In den ersten Zeilen der neuen Prozedur werden den oben deklarierten Variablen zunächst leere Zeichenfolgen als Eingangswerte zugewiesen. Dann wird das Formular angezeigt, wobei einfach auf das Objekt `Formular` die Methode `Show` angewendet wird.

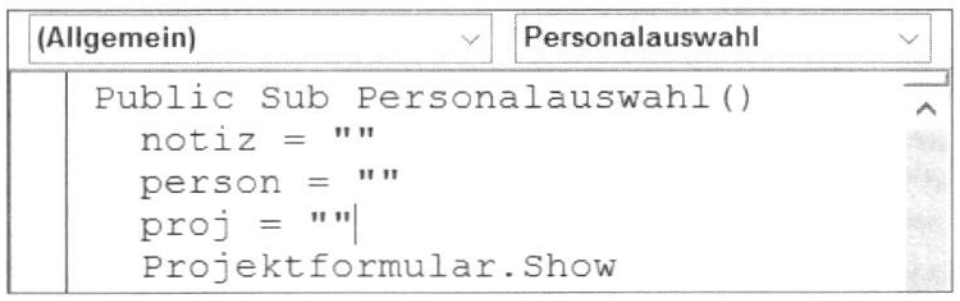

Der Code zum Formular

Mit dem Befehl `Show` geht die Programmkontrolle vorübergehend an das Formular über. Dieses soll aber natürlich nicht leer angezeigt werden, sondern mit den Namen der Mitarbeiter und Projekte. Die Verwendung des Formulars wird mit einer der beiden Schaltflächen abgeschlossen. Für diese beiden Ereignisse – Aktivierung des Formulars und Klick auf eine der Schaltflächen – kann der Programmcode nun direkt bezogen auf das Formular eingegeben werden:

1 Wählen Sie im Projekt-Explorer das Formular aus, und wählen Sie **Ansicht ▸ Code** oder drücken [F7], sodass die Codeanzeige geöffnet wird.

```
UserForm                                   Activate
Private Sub UserForm_Activate()
  Projektformular.Mitarbeiterliste.AddItem "Hamann"
  Projektformular.Mitarbeiterliste.AddItem "Stein"
  Projektformular.Mitarbeiterliste.AddItem "Werle"
  Projektformular.Mitarbeiterliste.AddItem "Stohaus"
  Projektformular.Mitarbeiterliste.Text = _
    Projektformular.Mitarbeiterliste.List(0)
  Projektformular.Projektliste.AddItem "Berlin"
  Projektformular.Projektliste.AddItem "Köln"
  Projektformular.Projektliste.AddItem "Bonn"
  Projektformular.Projektliste.AddItem "Hamburg"
  Projektformular.Projektliste.Text = _
    Projektformular.Projektliste.List(0)
End Sub
```

2 In der Objektliste des Modulfensters ist `UserForm`, also das Formular, ausgewählt. Wählen Sie aus der rechten Liste das Ereignis `Activate`, also den Fall, dass das Formular durch den vorhin eingetragenen Befehl `Show` aktiviert wird.

3 Sofort wird wieder ein Prozedur-Skelett für dieses Ereignis bereitgestellt. Hier müssen nun zunächst die beiden Listen mit Einträgen gefüllt werden. Das geschieht mit der Methode `AddItem()`. In diesem Fall werden die Werte für die Liste einfach direkt eingegeben. Sie könnten natürlich auch aus einem Zellbereich im Tabellenblatt übernommen werden, z. B. über einen Bereichsnamen mit `AddItem Range("Mitarbeiter")` etc.

4 Mit der letzten Zeile wird der erste Eintrag der Liste ausgewählt. Dazu wird die Eigenschaft `Text` verwendet und dieser Eigenschaft der erste Listeneintrag zugeordnet, der den Index 0 hat, da bei solchen Listen von 0 aus gezählt wird.

5 Nun fehlen noch die Prozeduren für die beiden Schaltflächen. Sie können im Codefenster bleiben, im linken Listenfeld den Namen der Schaltfläche und dann dazu im rechten Listenfeld das Ereignis `Click` auswählen.

```
Private Sub OK_Click()
  person = Projektformular.Mitarbeiterliste.Text
  proj = Projektformular.Projektliste.Text
  notiz = Projektformular.Notizen.Value
  Projektformular.Notizen.Value = ""
  Projektformular.Hide
End Sub
```

6 Bei der Prozedur für die Schaltfläche **OK** müssen die in den Listen für Mitarbeiter und Projekte jeweils ausgewählten Einträge an die beiden Variablen `person` und `proj` übergeben werden. Dies geschieht mithilfe der Eigenschaft `Text`, die den ausgewählten Eintrag liefert.

7 Dann wird die in dem Textfeld eingegebene Notiz an die Variable `notiz` übergeben, die ja als `Public` deklariert worden ist. Dies geschieht dadurch, dass die Eigenschaft `Value` des Steuerelements `Notizen` abgefragt wird. Anschließend wird diese Eigenschaft für die nächste Eingabe zurückgesetzt und das Formular mit der Methode `Hide` wieder verborgen.

```
Private Sub Abbrechen_Click()
    Projektformular.Hide
End Sub
```

8 Für die Prozedur zur Schaltfläche **Abbrechen** wird nur dieser letzte Befehl benötigt.

Damit ist die Arbeit an dem Formular abgeschlossen. Es ist geklärt, was geschehen soll, wenn der Benutzer mit dem Formular arbeitet.

Abschluss der Hauptprozedur

Nun wechselt die Kontrolle wieder zur Hauptprozedur. Hier bleibt noch die Übergabe der Variablen an das Tabellenblatt. Klicken Sie im Projekt-Fenster das Modul doppelt an. Nun wird einfach dreimal die Eigenschaft `Value` der Objekte `Range` verwendet. Die Auswahl und die Eingaben aus dem Formular können direkt in die angegebenen Zellen geschrieben werden, ohne sie erst auszuwählen (siehe Abbildung 23.23).

Sichern Sie das Projekt mit **Datei ▸ ... speichern**. Wechseln Sie mit **Datei ▸ Schließen und zurück zu Microsoft Excel** wieder in das Arbeitsmappen-Fenster. Wenn Sie das Makro starten – über **Entwicklertools ▸ Code ▸ Makros** oder über eine Schaltfläche, die Sie dem Makro zuordnen –, kann das Formular ausgefüllt werden (siehe Abbildung 23.24).

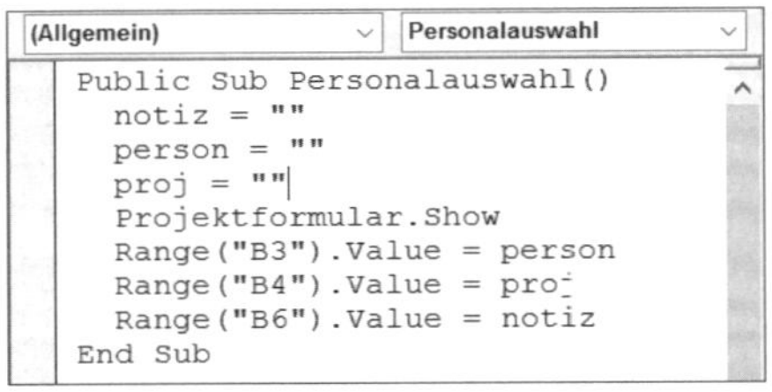

Abbildung 23.33 Fertige Hauptprozedur

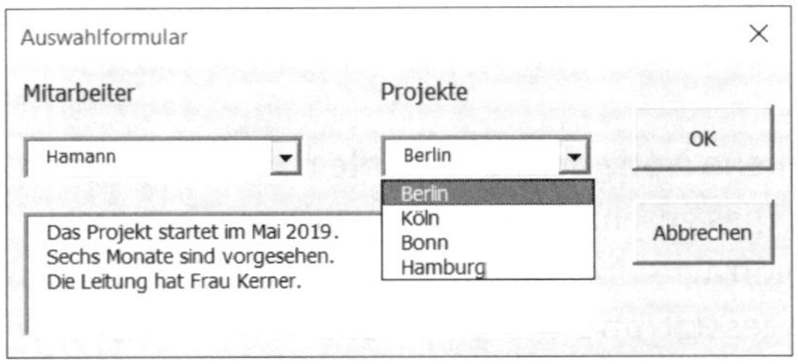

Abbildung 23.34 Eingabe in das Formular

Das Beispiel ist bewusst einfach gehalten. Es ging ja hier zunächst nur darum, zu zeigen, wie Daten in einem Formular überhaupt eingetragen und dann in eine Arbeitsmappe übernommen werden. Sie können das Projekt leicht weiter ausbauen. Zum Beispiel könnten die Werte aus dem Formular direkt in eine Tabellenvorlage – einen Arbeitsauftrag – geschrieben werden, der dann ausgedruckt wird. Mithilfe einer Schleife können gleich mehrere solcher Arbeitsaufträge ausgefüllt werden.

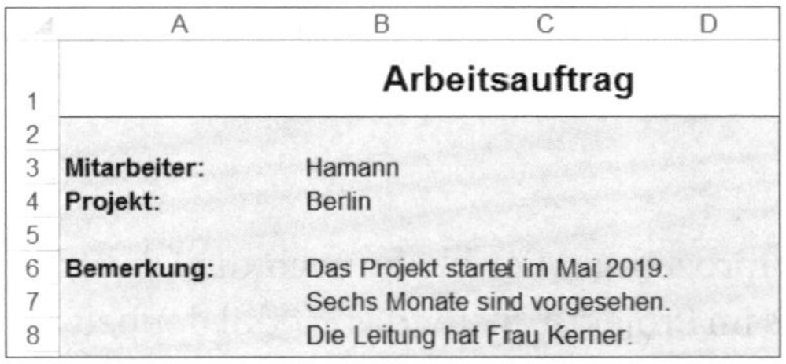

Abbildung 23.35 Daten im Tabellenblatt

Außerdem können Sie mit benannten Bereichen arbeiten, in denen die Namen der Mitarbeiter und die der Projekte abgelegt sind. Für die Übernahme der Namen in die Formularlisten können Sie dann mit einer `For-Each`-Schleife arbeiten, z. B.:

```
For Each c In Worksheets("Tabelle1").Range(Mitarbeiter).Cells
  Projektformular.Mitarbeiterliste.Additem c.Value
Next c
```

23.4.5 Erweiterbare Toolsammlung

Die Toolsammlung von VBA enthält eine Reihe vorgegebener Elemente, von denen die geläufigsten hier kurz vorgestellt werden. Abgesehen von dem Symbol **Objekte auswählen**, ist der Umgang mit den Elementen immer gleich. Sie werden in der Toolsammlung ausgewählt, und auf dem Formular wird ein Rechteck für den Ort aufgezogen, den das Element einnehmen soll. Die Elemente werden dabei immer zunächst mit durchnummerierten englischen Vorgabenamen belegt.

	**Label – Beschriftungsfeld**: Labels oder Beschriftungsfelder können im Dialogfeld überall als Beschriftungen, Hinweistexte und Ähnliches verwendet werden. Sie haben meist weiter keine Funktion für die spätere Arbeit mit dem Dialogfeld, ihr Inhalt kann aber über das Programm geändert werden, d. h., sie können auch dynamisch zur Anzeige nicht veränderbarer Daten verwendet werden.
	**Textbox – Textfeld**: Für die Eingabe von Inhalten (Texte, Zahlen, Bezüge oder Formeln) werden Textfelder verwendet. Diese können beliebig groß angelegt werden, sodass auch mehrzeiliger Text Platz findet.
	**ComboBox – Kombinationsfeld**: Dabei handelt es sich um ein Listenfeld, das mit einem Textfeld kombiniert ist, in dem der ausgewählte Listeneintrag erscheint und ausgegeben wird.
	**ListBox – Listenfeld**: Ein Listenfeld steht für eine Liste mit einer Bildlaufleiste, in der im Formular ein Element ausgewählt werden kann.
	**CheckBox – Kontrollkästchen**: Die Kontrollkästchen ähneln den Optionsfeldern, schließen sich aber gegenseitig nicht aus. Sie können auch in Positionsrahmen untergebracht werden, um ihre Zusammengehörigkeit zu unterstreichen.
	**OptionButton – Optionsfeld**: Zusammengehörige Optionsfelder, d. h. Optionsfelder, von denen jeweils nur eines aktiviert sein darf, sollten immer innerhalb eines gemeinsamen Positionsrahmens untergebracht werden. Damit ist gewährleistet, dass bei der Aktivierung eines Feldes alle anderen deaktiviert werden.
	**ToggleButton – Umschaltfeld**: Doppelschaltfläche zum Umschalten zwischen zwei Zuständen
	**Frame – Rahmen**: Sobald Optionsfelder benötigt werden, also mehrere runde Schaltflächen, von denen nur eine gewählt werden kann, sollten sie innerhalb eines Positionsrahmens angeordnet werden. Auch Kontrollkästchen oder andere Elemente können in einem Positionsrahmen untergebracht werden, was aber keinen Einfluss auf ihre Funktion hat.

	CommandButton – Befehlsschaltfläche: Damit lassen sich beliebige Schaltflächen mit beliebigen Funktionen einrichten.
	ScrollBar – Bildlaufleiste: Dieses Element gibt bei der Bedienung im Formular den Wert zurück, der der aktuellen Auswahl durch die Laufleiste entspricht.
	SpinButton – Drehfeld: Funktioniert ähnlich wie die Bildlaufleiste, wobei für die Einstellung aber nur die beiden Pfeile, nicht jedoch das Ziehkästchen zur Verfügung stehen.
	Image – Anzeige: Das Anzeige-Steuerelement erlaubt es, ein Bild oder eine Grafik in das Formular einzufügen.
	TabStrip – Register: Mit diesem Steuerelement können Registerkarten im Formular angelegt werden, die weitere Steuerelemente aufnehmen können.
	MultiPage – Multiseiten: Mit diesem Steuerelement können zusätzliche Seiten im Formular angelegt werden, die weitere Steuerelemente aufnehmen können.

Weitere Steuerelemente einfügen

Die Zahl der für den Entwurf zur Verfügung stehenden Steuerelemente kann bei Bedarf über den Befehl **Extras ▸ Zusätzliche Steuerelemente** erweitert werden. Wird ein Steuerelement im Dialogfeld abgehakt, erscheint es sofort in der Toolleiste.

23.5 Tabellenfunktionen in VBA

Es ist in Kapitel 15, »Tabellenfunktionen«, bereits angesprochen worden, dass die Tabellenfunktionen auch innerhalb eines Makros aufgerufen werden können. Dabei werden die Eigenschaft `WorksheetFunction` des Objekts `Application` und der englische Funktionsname verwendet. In der Klammer müssen die Argumente dann auch mit einem Komma anstelle des sonst üblichen Semikolons getrennt werden. Enthält der Funktionsname einen Punkt, wird er durch einen Unterstrich ersetzt, etwa `VAR_P()` anstelle von `VAR.P()`.

23.5.1 Integrierte Funktionen aufrufen

Im Folgenden finden Sie ein kleines Beispiel für eine Prozedur, die die Funktion `AGGREGAT()` verwendet. Sie fragt ab, ob von einem benannten Bereich `Daten` in einem Tabellenblatt der Mittelwert oder der Median ausgegeben werden soll, und zeigt ihn dann an.

```
Public Sub Zusammenfassen()
  Set werte = _
    Worksheets("Aggregate").Range("Daten")
  funktion = _
    InputBox("Funktion? 1 (Mittelwert), 12 (Median)")
  If funktion = 1 Then
     beschriftung = "Mittelwert: "
  Else
    beschriftung = "Median: "
  End If
  ergebnis = beschriftung & _
    Application.WorksheetFunction. Aggregate(funktion, 6, werte)
  MsgBox ergebnis
End Sub
```

Listing 23.1 Aufruf der Funktion »AGGREGAT()« in einem Makro

Die Abbildung zeigt das Ergebnis, wenn der Mittelwert als Funktionsargument für die `AGGREGAT()`-Funktion ausgewählt wird.

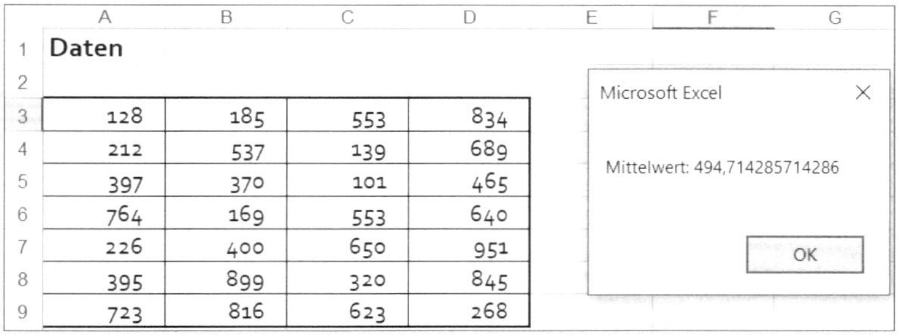

Abbildung 23.36 Aufruf der Funktion »AGGREGAT()« in einem Makro

23.5.2 Eigene Tabellenfunktionen

Mit den rund 450 Tabellenfunktionen, die Excel mitbringt, müssen Sie sich nicht zufriedengeben. Wenn sich bei Ihnen spezielle Berechnungen häufig wiederholen, können Sie sich mithilfe von VBA auch eigene Funktionen zusammenbauen, die Ihnen aus bestimmten Ausgangsdaten einen berechneten Wert zurückgeben.

Im Folgenden zeigen wir Ihnen die Schritte zur Definition einer Tabellenfunktion am Beispiel einer einfachen Kreisumfangsberechnung.

1 Damit Sie die Funktion in allen Arbeitsmappen anwenden können, ist es sinnvoll, sie in der normalerweise verborgenen persönlichen Arbeitsmappe *Personal.xlsb* einzutragen.

2 Wechseln Sie mit `Alt` + `F11` in die VBA-Umgebung, und wählen Sie in dem Fenster **Projekt** den Eintrag **VBAProjekt(PERSONAL.XSLB)** aus. Wenn Sie die neuen Funktionen in einem eigenen Modul sammeln wollen, wählen Sie **Einfügen ▶ Modul**, ansonsten können Sie auch ein bereits bestehendes Modul per Doppelklick oder -tipp im Projekt-Explorer öffnen.

3 Wählen Sie **Einfügen ▶ Prozedur**, und tragen Sie den Namen der Funktion ein. Wählen Sie unter **Typ** die Option **Function** aus. Übernehmen Sie die Option **Public** für den Gültigkeitsbereich, damit die Funktion allseitig aufgerufen werden kann.

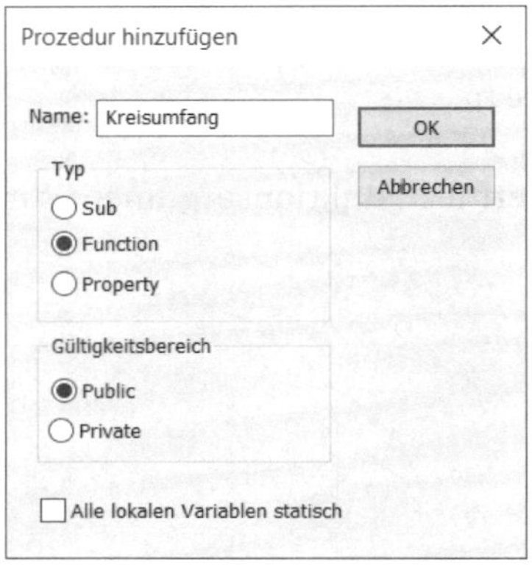

4 Im Modulfenster erscheint ein Skelett für die Funktion. Fügen Sie in die Klammer hinter dem Funktionsnamen die Namen der Argumente ein, die an die Funktion übergeben werden sollen. In diesem Fall reicht ein einziges Argument: `Radius`.

5 Nun schreiben Sie zwischen die beiden Zeilen die Anweisung für die vorgesehene Berechnung.

```
Public Function Kreisumfang(Radius)
 Kreisumfang = Radius * 2 * _
   Application.WorksheetFunction.Pi
End Function
```

6 Sichern Sie das VBA-Projekt mit der Schaltfläche **Speichern**. Wechseln Sie zurück in das Fenster der Arbeitsmappe über das Symbol **Ansicht Microsoft Excel**.

Soll diese Funktion innerhalb einer Prozedur zur Berechnung des Kreisumfangs aufgerufen werden, können Sie verfahren, wie im folgenden Listing zu sehen:

```
Sub kreisumfangsberechnung()
  radius = InputBox("Radius")
  MsgBox ("Der Kreisumfang ist " & Kreisumfang(radius))
End Sub
```

Um die Funktion direkt auf dem Tabellenblatt zu verwenden, benutzen Sie wie gewohnt den Dialog **Funktion einfügen**. Wählen Sie unter **Kategorie auswählen** den Eintrag **Benutzerdefiniert** und dann die neue Funktion.

Funktionsbeschreibung einfügen

Wenn Sie die Sache noch etwas perfektionieren wollen, geben Sie noch eine Beschreibung der Funktion dazu und sorgen dafür, dass die Funktion im Dialog **Funktion einfügen** in einer bestimmten Kategorie angezeigt wird. Dazu brauchen Sie eine Prozedur, die nur einmal in der Arbeitsmappe, die die Funktion enthält, aufgerufen werden muss. Für unsere Kreisfunktion könnte sie so aussehen:


```
Sub funktionsbeschreibung()
  Dim funktionsname As String
  Dim funktionsbeschreibung As String
  Dim funktionskategorie As String
  Dim argumentbeschreibung(1 To 3) As String
  funktionsname = "Kreisumfang"
  funktionsbeschreibung = "Berechnet aus dem Radius den Kreisumfang"
  funktionskategorie = 3 'Math

  argumentbeschreibung(1) = "Radius des Kreises"
  Application.MacroOptions  Macro:=funktionsname, _
    description:=funktionsbeschreibung, _
    Category:=funktionskategorie, _
    ArgumentDescriptions:= argumentbeschreibung
End Sub
```

Beim Einfügen über den Dialog **Funktion einfügen** erscheint die Funktion in der von Ihnen gewählten Kategorie, und im Dialog **Funktionsargumente** finden Sie die Beschreibung des benötigten Arguments. Die Beschreibung wird mit der Arbeitsmappe gespeichert, in der die Funktion definiert ist.

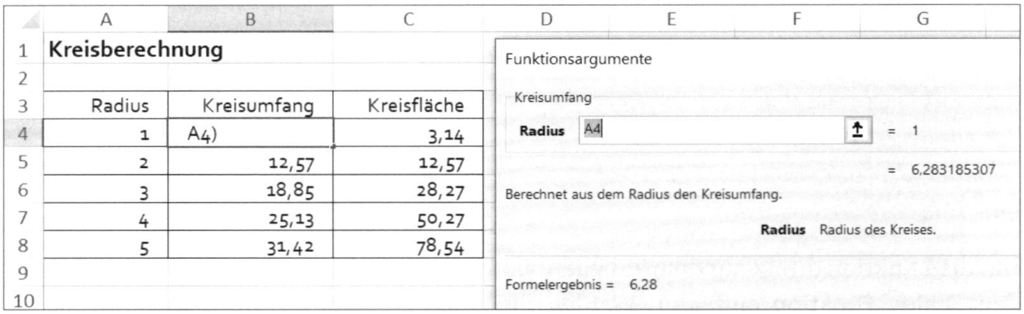

Abbildung 23.37 Eigene Funktion zur Kreisumfangsberechnung

23.5.3 Den Blattnamen abfragen

Wollen Sie die Namen der Blätter in einer Arbeitsmappe in einer Tabelle zusammenstellen, hilft eine Funktion, die die Namenseigenschaft der Blätter abfragt:

```
Public Function BlattName (id As Integer) As Variant
    BlattName = Sheets(id).Name
End Function
```

Liste der Tabellenblätter

Blatt	Name
1	Blattliste
2	Liste
3	Kreisberechnung
4	Osterdatum

Abbildung 23.38 Liste der Blätter einer Arbeitsmappe

Beachten Sie, dass Excel bei benutzerdefinierten Funktionen, die nicht in der aktiven Arbeitsmappe gespeichert sind, erwartet, dass der Name der Mappe, die die Funktion enthält, vor den Namen der Funktion gesetzt wird, etwa `=Personal.xlsb!Blattname()` anstelle von `=Blattname()`.

Wenn Sie die Funktion in die aktive Arbeitsmappe kopieren, müssen Sie dagegen nur den Funktionsnamen angeben. Häufig ist es auch praktisch, eigene Funktionen in Vorlagen einzufügen, sodass sie in allen Arbeitsmappen, die auf der Basis dieser Vorlage angelegt werden, automatisch zur Verfügung stehen.

23.6 Prozeduren für Standardaufgaben

In diesem Abschnitt ist eine Reihe von Prozeduren zu häufig vorkommenden Aufgaben zusammengestellt, die Sie für eigene Entwicklungen auswerten können.

23.6.1 Prozedur zum Formatieren

Wenn Ihnen die Formate in der Titelzeile Ihrer Arbeitsmappen nicht mehr gefallen, hilft ein kleines Makro dabei, Schrift, Schriftfarbe und Zellhintergrund auszutauschen. Das Makro formatiert 25 Zellen der ausgewählten Zeile neu:

```
Sub titelersetzen()

z = Selection.Row
s = 1

    For s = 1 To 25
    Cells(z, s).Select
    If Selection.Font.Name = "Arial" Then
       Selection.Font.Name = "Verdana"
       Selection.Font.ColorIndex = 2
       Selection.Font.Size = 12
    End If
    If Selection.Interior.ColorIndex = 15 Then
        Selection.Interior.ColorIndex = 16
    End If
    Next s

Cells(z, 1).Select

End Sub
```

23.6.2 Beispiele für Plausibilitätsprüfungen

Vor dem nächsten Schritt in einem Programm ist es häufig sinnvoll, bestimmte Daten auf Plausibilität hin zu prüfen. Hier ein kleines Beispiel, bei dem geprüft wird, ob in einem benannten Bereich überhaupt Werte eingetragen worden sind. Dabei wird die Summenfunktion verwendet:

23

```
Set MBereich = Range("Mengen")
Summe = Application.WorksheetFunction.Sum(MBereich)

If Summe = 0 Then
        MsgBox ("Keine Positionen eingetragen!")
        Exit Sub
End If
```

23.6.3 Daten aus einem Formular in eine neue Zeile übernehmen

Die folgenden Codezeilen setzen voraus, dass in einem Bestellformular Daten erfasst worden sind. Die Daten stehen in benannten Zellen und in der Positionszeile. Nun sollen sie an eine Liste der Bestelldaten angehängt werden:

```
Application.ScreenUpdating = False

    ' Bestelldaten in Bestellliste übertragen
    Sheets("BestellListe").Select
    zeindex = 24

    Do
        Do While Worksheets("Bestellformular")._
                                    Cells(zeindex, 1) = ""
        zeindex = zeindex + 1
        Loop
        If zeindex > 49 Then Exit Do

        bestelldaten(1) = Range("Belegnummer")
        bestelldaten(2) = Worksheets("Bestellformular")._
                                    Cells(zeindex, 2)
        bestelldaten(3) = Worksheets("Bestellformular")._
                                    Cells(zeindex, 3)
        bestelldaten(4) = Worksheets("Bestellformular")._
                                    Cells(zeindex, 5)
        bestelldaten(5) = Worksheets("Bestellformular")._
                                    Cells(zeindex, 6)
```

```
        bestelldaten(6) = Worksheets("Bestellformular")._
                                         Cells(zeindex, 8)
        bestelldaten(7) = Range("Liefnr")
        bestelldaten(8) = Range("LiefName")
        bestelldaten(9) = Range("Belegdatum")
        bestelldaten(10) = Range("LiefTermin")
```

An dieser Stelle wird die erste freie Zeile in der Tabelle gesucht:

```
    If Range("A5") <> "" Then
        Range("A4").End(xlDown).Select
        ActiveCell.Offset(1, 0).Select
    Else
        Range("A5").Select
    End If
```

Hier werden die Daten aus den Variablen in die neue Zeile der Tabelle übertragen:

```
    For i = 1 To 10
        ActiveCell.Offset(0, i - 1).Value = bestelldaten(i)

    Next i
    zeindex = zeindex + 1

    Loop

  ' Belegnummer höher setzen und Bereiche löschen
```

Das Formular wird für die nächste Bestellung bereit gemacht:

```
    Sheets("Bestellformular").Select
    ActiveSheet.Unprotect

    Range("AktBelegnr").Value = Range("AktBelegnr").Value + 1
    Range("LiefTermin").ClearContents
    Range("Artikelnummern").ClearContents
    Range("Mengen").ClearContents
    Range("LiefNR").ClearContents
    Range("Sachbearbeiter").ClearContents
    Range("Versandart").ClearContents
    Range("Bemerkung").ClearContents
```

23.6.4 Lesen von Daten aus einer Textdatei

Ein Makro kann auch Daten aus einer Textdatei in eine Tabelle einlesen und dabei zwischen Feldnamen und Wert mithilfe des in der Textdatei verwendeten Trennzeichens unterscheiden. Beides wird in die Tabelle auf ein Blatt *Firmendaten* übernommen. Verwendet werden dabei »alte« Basic-Befehle, die auch in VBA funktionieren:

```
Sub firmendaten_uebernehmen()
    Dim FDatName ' Declare variables.
    Dim FeldName()
    Dim FeldWert()
    i = 1
    ReDim Preserve FeldName(i)
    ReDim Preserve FeldWert(i)
' Da der Zugriff auf die externe Datei auch scheitern kann, ist hier
eine Fehlerbehandlung aktiviert:
   On Error GoTo errormessage
   Application.ScreenUpdating = False

    Sheets("Firmendaten").Visible = True
    Sheets("Firmendaten").Select

    FDatName = "D:\Projekte\Excel2010\firma.txt"

    Open FDatName For Input As #1

    Line Input #1, FNamen ' Zeile in Variable einlesen.
    Line Input #1, FWerte
    Close #1     ' Datei schließen.

    'Feldnamen und -werte auslesen

    f = 1
    w = 1
    fpos = InStr(f, FNamen, ";")
    wpos = InStr(w, FWerte, ";")

    Do While fpos > 0
      FeldName(i) = Mid$(FNamen, f, fpos - f)
```

```
      FeldWert(i) = Mid$(FWerte, w, wpos - w)
      i = i + 1
      ReDim Preserve FeldName(i)
      ReDim Preserve FeldWert(i)
      f = fpos + 1
      w = wpos + 1
      fpos = InStr(f, FNamen, ";")
      wpos = InStr(w, FWerte, ";")
    Loop

    FeldName(i) = Right$(FNamen, Len(FNamen) - f + 1)
    FeldWert(i) = Right$(FWerte, Len(FWerte) - w + 1)
    LetztIn = i
    ' Feldnamen urd Feldwerte auf Firmenblatt schreiben

    izeile = 2
    ispalte = 1

    For i = 1 To LetztIn

         Cells(izeile, ispalte).Value = FeldName(i)
         Cells(izeile, ispalte + 1).Select
         ActiveWorkbook.Names.Add Name:=FeldName(i), _
                                 RefersToR1C1:=Selection
         Selection.Value = FeldWert(i)
         izeile = izeile + 1

    Next i
   Application.ScreenUpdating = True
   Exit Sub

errormessage:

    Fehler = Err.Description
    MsgBox Fehler

End Sub
```

23.6.5 Einen Bereich neu definieren

Häufig ist es bei der Ausführung eines Makros notwendig, einen Tabellenbereich neu zu definieren. Hier ein einfaches Verfahren, das voraussetzt, dass der Bereich keine Leerzeilen enthält:

```
Sub kundenbereichneu()

    Range("A4").Select
    ActiveCell.CurrentRegion.Select
    Selection.Name = "Kunden"

End Sub
```

23.6.6 Einen Wert in einer Spalte finden und ersetzen

Mit den folgenden Anweisungen können Sie in einer Kundenliste in der betreffenden Spalte den Namen des Kunden suchen und dann in der dafür vorgesehenen Spalte den Wert für den aufgelaufenen Umsatz ändern:

```
Sheets("Kundenliste").Select
Set zelle = Range("Kunden").Columns(1).Find(kundenname, _
                                             LookIn:=xlValues)
zelle.Select
ActiveCell.Offset(0, 9).Value = ActiveCell.Offset(0, 9) _
                                                 + rechbetrag
```

23.6.7 Werte in eine Liste von Arbeitsmappen einfügen

Wenn Sie in einer Gruppe von Arbeitsmappen bestimmte benannte Werte einheitlich ändern oder etwa immer in der ersten Zeile eine bestimmte Beschriftung eintragen wollen, können Sie ein Makro schreiben, das dies erledigt.

Kopieren Sie die Mappen in einen temporären Ordner, damit die Originaldateien zunächst unberührt bleiben. Das Makro arbeitet dann alle Mappen in diesem Ordner nacheinander ab:

```
Sub Datenaustausch()
    Dim f As String
```

```
' Ausschalten automatisch startender Makros
    Application.EnableEvents = False

    Application.ScreenUpdating = False

    f = Dir("C:\temp\*.xlsx")
    Do Until f = ""
        Workbooks.Open "C:\temp\" & f
        MsgBox f

        Range("MWST").Value = 19%
        ActiveWorkbook.Save
        ActiveWorkbook.Close
        f = Dir()
    Loop
    Application.EnableEvents = True
    Application.ScreenUpdating = True

End Sub
```

24 Excel online und mobil

Wer sich die Mühe gemacht hat, mit Excel Kalkulationsmodelle, Datenlisten oder Planungshilfen zu entwickeln, wird ein Interesse daran haben, auf seine Arbeitsergebnisse immer dann zugreifen zu können, wenn sie benötigt werden oder wenn ihm dazu noch etwas einfällt. Wenn Sie auf Ihre Kalkulationsmodelle auch von anderen Orten oder von unterwegs zugreifen wollen, steht dem nichts im Wege. Für Excel stehen Onlinevarianten zur Verfügung, die Sie über den Browser nutzen können, unabhängig davon, ob Excel auf dem Gerät, das Sie gerade verwenden, lokal installiert ist. Auch über Ihr Tablet oder Smartphone können Sie Ihre Arbeitsmappen einsehen. In bestimmtem Umfang sind auch Änderungen möglich, wenn Sie nicht gerade so spezielle Funktionen wie den Solver nutzen wollen.

Das Internet bietet riesige Serverfarmen an, die als Speicheralternative zur lokalen Festplatte oder dem lokalen Datenserver dienen können. Gleichzeitig nimmt die Zahl der Geräte, die Tabellendaten anzeigen und verarbeiten können, ständig zu.

Deshalb ergänzt Microsoft die Desktop-Version von Excel einerseits durch *Excel Online*, eine Web-App, die innerhalb des Browsers läuft, und anderseits durch die App *Excel Mobile*, die Arbeitsmappen auf mobilen Geräten – Tablets oder Smartphones – anbietet, und zwar nicht nur zum Ansehen, sondern auch zum Bearbeiten. Auf diese Weise stehen Ihnen Ihre Arbeitsergebnisse jederzeit zur Verfügung. Auch andere Plattformen wie Android, Mac, iPhones oder iPads werden unterstützt.

24.1 Kalkulationstabellen im Web

Die Vorstellung, dass die lokalen Office-Anwendungen in kurzer Zeit durch die entsprechenden Webanwendungen ganz ersetzt werden könnten, ist vielleicht übertrieben. Allerdings hat das Cloud Computing inzwischen eine enorme Dynamik entwickelt. Dabei werden ja nicht nur die Speicherung der Daten, sondern auch die Anwendungen selbst ins Netz ausgelagert.

Vermutlich bleibt es aber noch einige Zeit dabei, dass die meisten Excel-Dokumente über lokale Programme erstellt werden. Der Zugriff über den Browser ist dann eine praktische Ergänzung. Das hat auch mit Einschränkungen zu tun, die bisher noch dazu führen, dass sich die lokalen Programme und ihre Onlinevarianten im Funktionsumfang unterscheiden, ganz abgesehen von der Frage, ob immer die Bereitschaft besteht, die eigenen Daten auf fremden Servern abzulegen.

Excel Online kann eine lokal erstellte Arbeitsmappe immerhin weitgehend verlustfrei anzeigen. Die Bearbeitungsmöglichkeiten sind aber auf den Kern der Programmfunktionen konzentriert. Da viele Anwender aber sowieso hauptsächlich mit diesen Kernfunktionen arbeiten, muss dieser Mangel in der Praxis nicht oft von Bedeutung sein. Was vielleicht größeren Anlass zur Sorge gibt, ist die Tatsache, dass die Sicherheitsprobleme des Internets ungelöst sind. Sie werden wohl auch nicht gelöst werden, solange die IT-Branche so tut, als könne sie diese Probleme rein technisch und also auch allein lösen. Das entpuppt sich immer mehr als eine gefährliche Illusion. Es ist deshalb zumindest für die nächste Zeit realistischer, die Webanwendungen als zusätzlichen Zugang zu den Informationen zu nutzen, die das Office braucht.

Arbeitsmappen auf OneDrive

Wenn Sie sich mit einem Konto bei Microsoft OneDrive anmelden, wird Ihnen Excel Online kostenlos zur Verfügung gestellt. Sie können den Zugang über *http://onedrive.live.com* einrichten. Im Moment sind 5 GB Speicher auf OneDrive kostenlos, die Abonnenten von Office 365-Versionen erhalten 1–5 TB Speicher, die OneDrive for Business-Angebote arbeiten mit Jahresgebühren und erweiterten Sicherheitsfunktionen.

Für die professionellen Anwender lässt sich Office Online auch im Zusammenhang mit einer SharePoint-Umgebung nutzen. Die meisten Browser unterstützen Excel Online, also auch Chrome, Firefox und Safari, sodass Sie unabhängig vom Betriebssystem damit arbeiten können.

Öffnen und Bearbeiten einer Arbeitsmappe im Browser

Wenn Sie oder jemand, den Sie dazu berechtigt haben, die auf OneDrive abgelegte Arbeitsmappe nur im Browser aufrufen wollen, muss die URL zu diesem Ort angegeben werden. In Kapitel 14, »Gemeinsame Arbeit an Arbeitsmappen«, wurde schon beschrieben, wie solche Einladungen erfolgen können.

Die Webseite von OneDrive bietet die dort abgelegten Dateien in verschiedenen Ansichten an, Abbildung 24.1 zeigt die Dateien als Schaltflächen. Ein Klick oder Tipp öffnet die gewünschte Mappe im Browser. Im linken Fensterbereich finden Sie die Ordnerstruktur des Cloud-Speichers ❶. Über die Schaltfläche rechts oben ❷ können Sie zu einer Listenansicht der Ordnerinhalte wechseln. Außerdem stehen Ihnen verschiedene Sortierungen ❸ zur Verfügung.

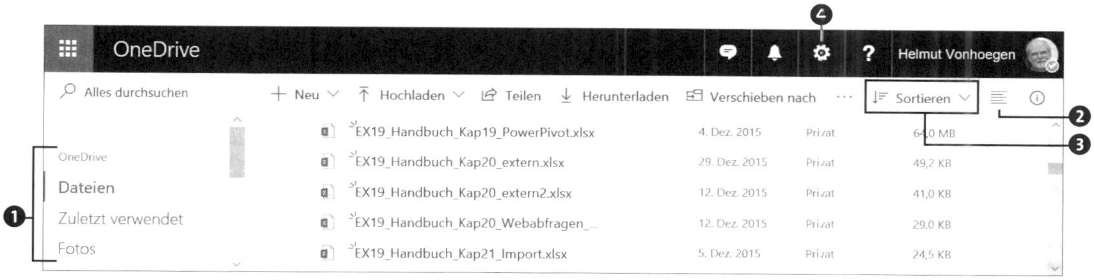

Abbildung 24.1 Anzeige von Arbeitsmappen auf OneDrive

Über die Schaltfläche mit dem Rad ❹ wählen Sie Optionen, die die Speicherverwaltung und das Standarddateiformat betreffen. Sie können hier immer sehen, wie viel Speicher noch zur Verfügung steht, und bei Bedarf zusätzlichen Speicher abonnieren.

Abbildung 24.2 Die Seite mit den Optionen zeigt den verfügbaren Speicher.

Das Kontextmenü zu einer Datei erlaubt die üblichen Aufgaben der Dateiverwaltung wie Umbenennen, Löschen, Kopieren oder Verschieben.

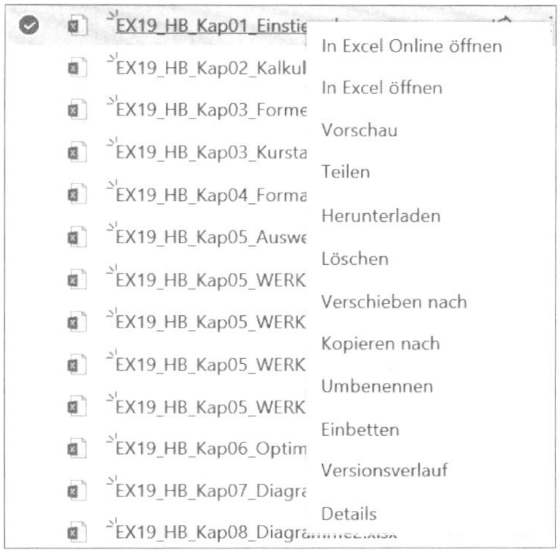

Abbildung 24.3 Kontextmenü zu einer Datei auf OneDrive

Ein Klick oder Tipp auf einen Dokumentnamen reicht, um die Arbeitsmappe im Browser zu öffnen.

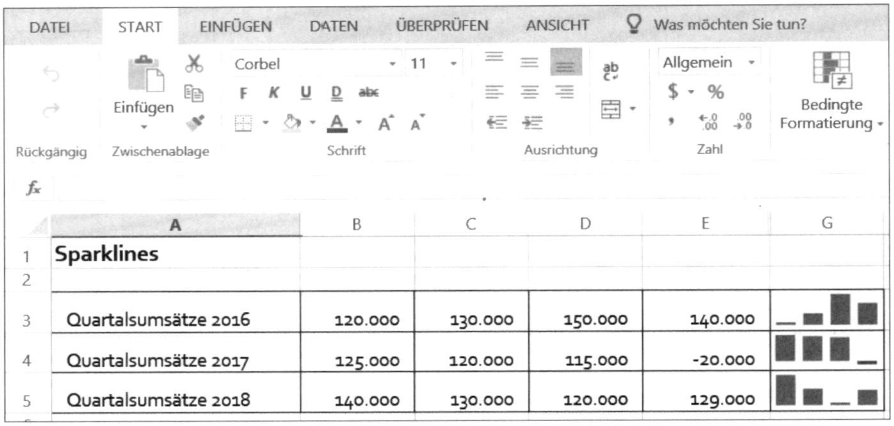

Abbildung 24.4 Eine Arbeitsmappe mit Sparklines im Browser

HINWEIS

Einschränkungen

Es kann vorkommen, dass Sie beim Versuch, eine Arbeitsmappe zu öffnen, den Hinweis erhalten, dass die Arbeitsmappe nicht im Browser geöffnet werden kann, weil sie ein Feature verwendet – etwa ein Szenario –, das nicht im Browser unterstützt wird. Eventuell können auch nur bestimmte Merkmale der Mappe nicht angezeigt werden. Wenn Excel lokal installiert ist, können Sie dann die Option **Arbeitsmappe bearbeiten ▸ In Excel öffnen** verwenden, um die Mappe dort zu öffnen.

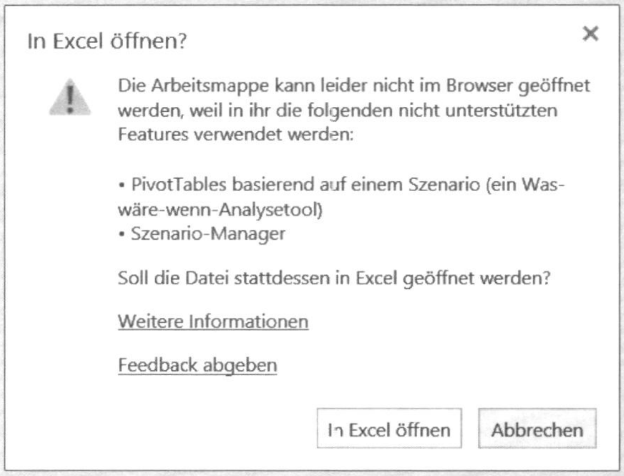

Abbildung 24.5 Hinweis auf nicht anzeigbare Merkmale

Excel Online zeigt ungefähr die gleiche Benutzeroberfläche wie die lokale Anwendung, allerdings ist die Zahl der Register geringer, weil nur die Grundfunktionen des Programms in der Webanwendung angeboten werden. Die Registerkarte **Start** ❶ entspricht mit den ersten Gruppen ungefähr dem entsprechenden Register in der lokalen Anwendung. In der Gruppe **Tabellen** finden Sie den Befehl **Als Tabelle formatieren**, der einem markierten Bereich ein Tabellenformat zuordnet und Filterschaltflächen einblendet.

Über das Register **Daten** ❷ werden die Aktualisierung von Datenverbindungen, die Sortierung von Zellbereichen und die Neuberechnung des Tabellenblatts angeboten. Über die Registerkarte **Einfügen** ❸ lassen sich Tabellenfunktionen für entsprechende Berechnungen, Formulare für Umfragen, Tabellen, Diagramme, Hyperlinks und Kommentare in das Arbeitsblatt einfügen.

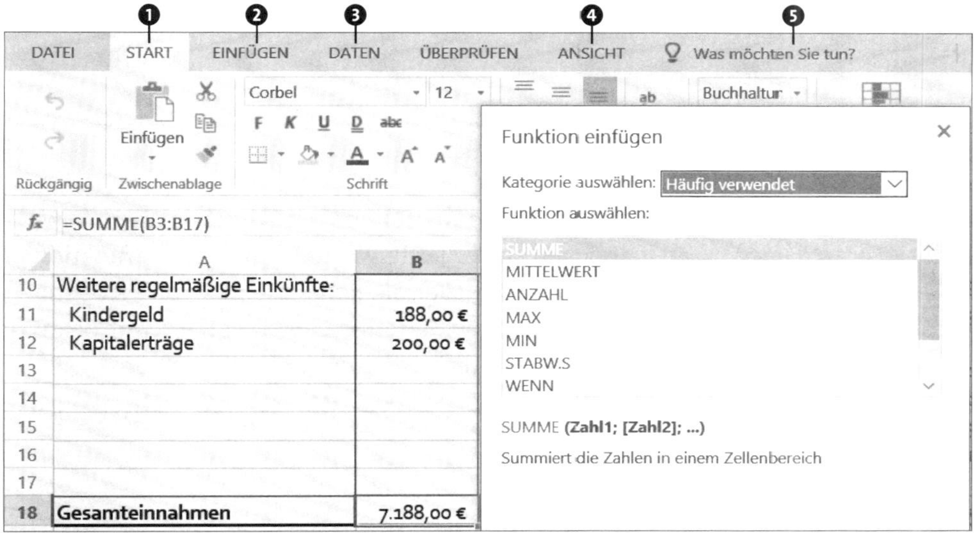

Abbildung 24.6 Der Dialog für die Eingabe von Funktionen

Wenn Sie zu einem markierten Datenbereich ein Diagramm erzeugen, wird für dessen Bearbeitung ein Register **Diagramm** eingeblendet, das die wichtigsten Bearbeitungsmöglichkeiten anbietet. Über das Register **Ansicht** ❹ können Sie zwischen einer Leseansicht und einer Bearbeitungsansicht wechseln.

Rechts neben den Registern finden Sie ein Suchfeld ❺, in dem Sie Fragen stellen können, wenn Sie Hilfe brauchen, und die Schaltfläche **In Excel öffnen**, die die Arbeitsmappe in der lokalen Excel-Version öffnen kann, wenn diese vorhanden ist.

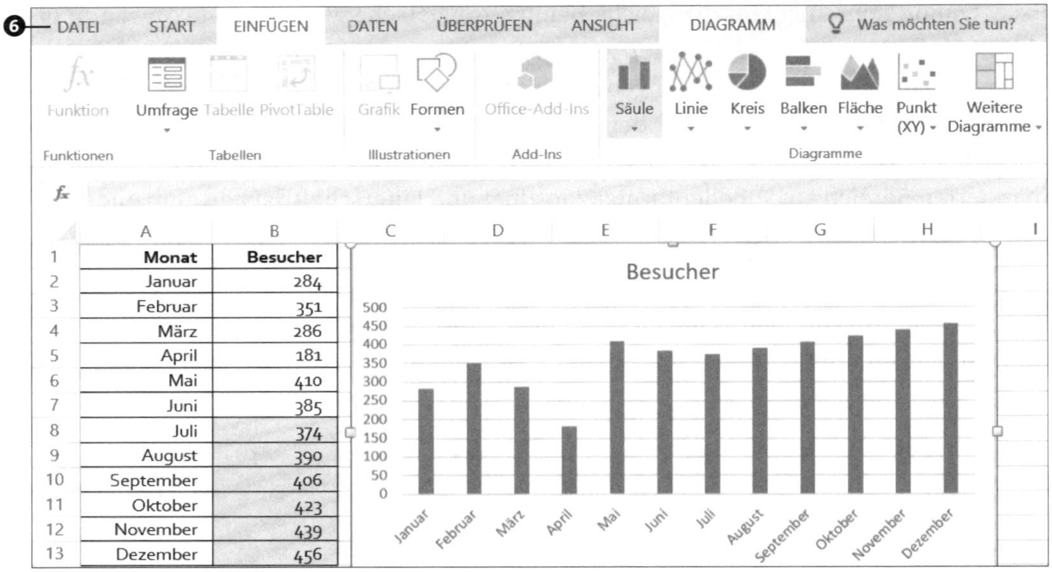

Abbildung 24.7 Ein Diagramm zu einem Tabellenbereich

Das Markieren von Zellen und Zellbereichen funktioniert wie in der lokalen Anwendung, die Kontextmenüs zu Zellbereichen sind allerdings auf wenige Grundfunktionen reduziert. Die Filter der Datenschnittelemente oder die Schaltflächen von Pivot-Tabellen oder -Diagrammen funktionieren auch im Web anstandslos. Eine lokal erstellte Arbeitsmappe wird also durchaus in hoher Qualität im Browser bereitgestellt.

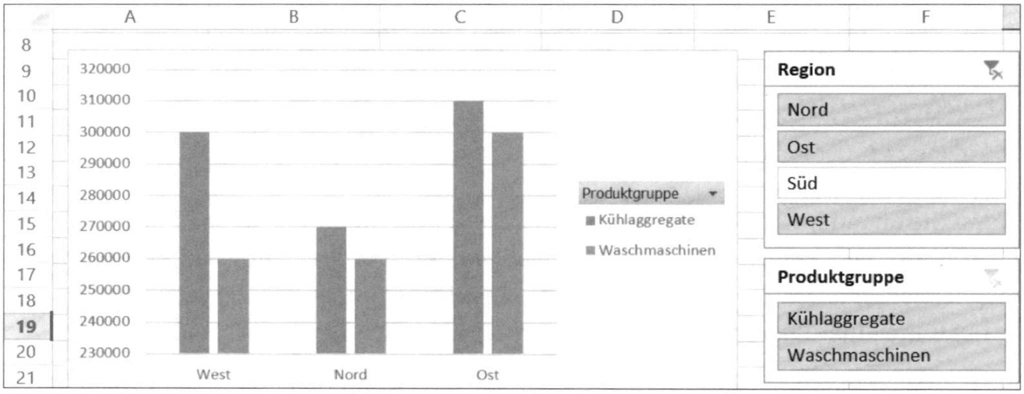

Abbildung 24.8 Datenschnitte lassen sich auch im Browser verwenden.

Über das Register **Datei** ❻ werden Befehle angeboten, um die Arbeitsmappe unter einem neuen Namen online zu speichern oder eine Kopie der Arbeitsmappe auf den lokalen Rechner herunterzuladen ❼. Über **Drucken** ❽ kann entweder die aktuelle Auswahl oder das aktuelle Blatt gedruckt werden, eine Vorschau zeigt das zu erwartende Ergebnis an.

Abbildung 24.9 Speicheroptionen auf dem Register »Datei«

24.2 Excel Mobile

Für den Umgang mit Tabellen und Kalkulationsmodellen können Sie aus dem Office-Angebot von Microsoft auch die App **Excel Mobile** nutzen. Sie lässt sich kostenfrei auf sehr vielen Geräten installieren – PCs, Notebooks, Tablets und Smartphones. Auch auf Android-Tablets, iPads oder anderen Apple-Geräten gibt es entsprechende Apps, die sich in der Bedienung kaum von den Apps unter Windows unterscheiden.

Diese Apps decken den Kern der Excel-Funktionen ab, viele wichtige Funktionen der Desktop-Version wurden allerdings von vornherein herausgenommen, so die Nutzung von Makros, die Datenanalyse mithilfe von Pivot-Tabellen oder der Einsatz von Szenarios. Arbeitsmappen, die Szenarios enthalten, werden nicht geöffnet. Filter und Sparklines werden dagegen unterstützt. Mappen mit Pivot-Tabellen zeigen die aktuellen Werte dieser Tabellen, es sind aber keine interaktiven Umstellungen möglich.

Wenn Sie sich eine Arbeitsmappe ansehen wollen, öffnen Sie die App **Excel Mobile** über das Startmenü oder die Taskleiste. Sie finden beim Start eine Liste der zuletzt verwendeten Arbeitsmappen. Ein Klick oder Tipp auf den Namen genügt, um eine Arbeitsmappe zu öffnen. Finden Sie die Mappe in der Liste nicht, klicken Sie zuerst auf die Schaltfläche **Durchsuchen**, um andere Arbeitsmappen zu öffnen. Wollen Sie mit einer neuen Mappe beginnen, geben Sie neben **Neu** zunächst den Speicherplatz an – lokal oder z. B. auf OneDrive – und verwenden die Vorlage **Leere Arbeitsmappe**. Beim Speichern über **Datei ▶ Speichern** müssen Sie nur noch den Dateinamen angeben. Ansonsten speichert die App alle weiteren Änderungen an der Mappe automatisch. Während der Sitzung verwenden Sie die Optionen des Registers **Datei**, um Dateien zu öffnen, neu anzulegen oder Kopien zu speichern.

Falls bereits eine Arbeitsmappe geöffnet wurde, wird diese geschlossen, bevor die ausgewählte Mappe oder eine neue Mappe geöffnet wird. Die gleichzeitige Arbeit an zwei Arbeitsmappen ist also nicht möglich. Greifen mehrere Personen auf die gleiche Mappe zu, werden die später geöffneten Mappen nur schreibgeschützt geöffnet, sie sind also gegen Änderungen gesperrt, anders als bei Excel Online.

Ist eine Arbeitsmappe geöffnet, zeigt die App das zuletzt aktive Tabellenblatt in der Mappe unter einer Leiste mit mehreren Registern an. Aktiviert ist zunächst immer das Register **Start** ❶. Unter der Leiste mit den Registern werden jeweils die Symbole und Schaltflächen angezeigt, die zu einem bestimmten Register gehören. Die Oberfläche ist insbesondere für den **Touch**-Modus optimiert. Sie können, wenn Sie mit einem Tablet arbeiten, um in eine Zelle etwas einzutragen, diese doppelt antippen oder zunächst die Zelle nur mit einem Tipp auswählen und dann mit einem Tipp in die Bearbeitungsleiste ❷ den Eintrag beginnen, wobei die Bildschirmtastatur automatisch eingeblendet wird.

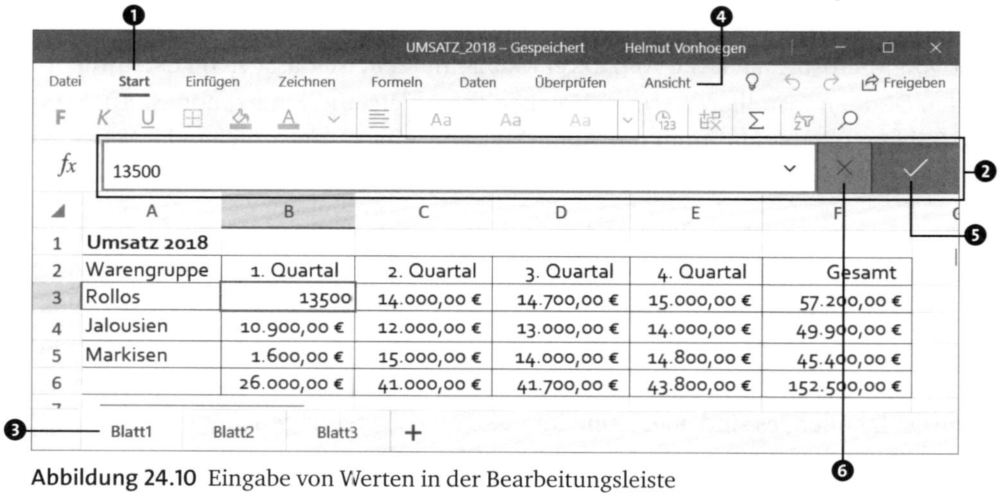

Abbildung 24.10 Eingabe von Werten in der Bearbeitungsleiste

Zellbereiche, die verdeckt sind, ziehen Sie mit dem Finger ins Bild. Häufig ist es auch sinnvoll, durch Spreizen oder Zusammenziehen über dem Zellgitter die Anzeige zu zoomen. Hat die Arbeitsmappe mehrere Blätter, reicht ein Tipp auf den Blattnamen ❸ in der untersten Zeile, um das Blatt in den Vordergrund zu holen. Ist ein Blattregister nicht sichtbar, reicht eine kurze Wischbewegung.

Über die Optionen zu dem Register **Ansicht** ❹ können Sie einzelne Elemente wie die Blattregister oder die Zeilen- und Spaltenüberschriften ausblenden, um mehr Platz für die Tabellendaten zu schaffen. Praktisch gerade bei langen Tabellen ist hier auch die Option **Fenster fixieren**. Wenn Sie eine Zelle unter der ersten Spaltenbeschriftung antippen und dann die Option aktivieren, bleiben die Beschriftungen immer eingeblendet, auch wenn Sie mit einem Wisch nach oben weit entfernte Zeilen einblenden.

Wie Sie auf dem Tablet eigene Tabellen anlegen, werde ich im Folgenden an einem typischen Beispiel wenigstens im Ansatz demonstrieren. Dabei geht es um die Erfassung einfacher Daten zu verschiedenen Warengruppen und die Auswertung von Quartalsumsätzen für eine fiktive Firma:

1. Öffnen Sie Excel Mobile, und beginnen Sie unter **Neu** mit der Vorlage **Leere Arbeitsmappe**.
2. Tippen Sie nacheinander die Zellen der Tabelle an, in die Sie Ihre Daten eingeben wollen. Tragen Sie zunächst die Beschriftungen für die Zeilen und Spalten ein.
3. Füllen Sie die Zellen mit den Werten aus. Die Einträge in den Zellen erscheinen immer gleichzeitig auch in der Bearbeitungsleiste. Sie bestätigen die Eingaben mit dem Häkchen ❺ oder verwerfen sie mit dem Andreaskreuz ❻.
4. In unserem Fall interessieren die Summen für die einzelnen Quartale und für die verschiedenen Warengruppen. Diese Berechnungen können Sie in einem Zug generieren, wenn Sie im Beispiel den Zellbereich B6 bis F6 markieren. Tippen Sie dazu zunächst die Zelle B3 an, und ziehen Sie den Anfasser in der Ecke unten rechts bis zur Zelle F6.
5. Tippen Sie auf dem Register **Start** auf das Summensymbol ❼ und dann auf die Option **Summe**. Die Spalten- und Zeilensummen werden berechnet und angezeigt.
6. Vielleicht gefällt Ihnen nicht, wie die Zahlen erscheinen: Ziehen Sie über den Bereich B3 bis F6, tippen Sie auf das Symbol für die Zahlenformate ❽, und wählen Sie das Format **Buchhaltung** ❾.

24

7 Nun haben Sie vielleicht noch den Wunsch, die Daten in einem Diagramm zu visualisieren. Ziehen Sie dazu über den Bereich A2 bis E5, lassen Sie also die Zellen mit den Summen außen vor.

8 Tippen Sie auf das Register **Einfügen** und anschließend auf die Option **Diagramm ▸ Säule** ❿. Tippen Sie auf eins der dann angebotenen Vorschaudiagramme.

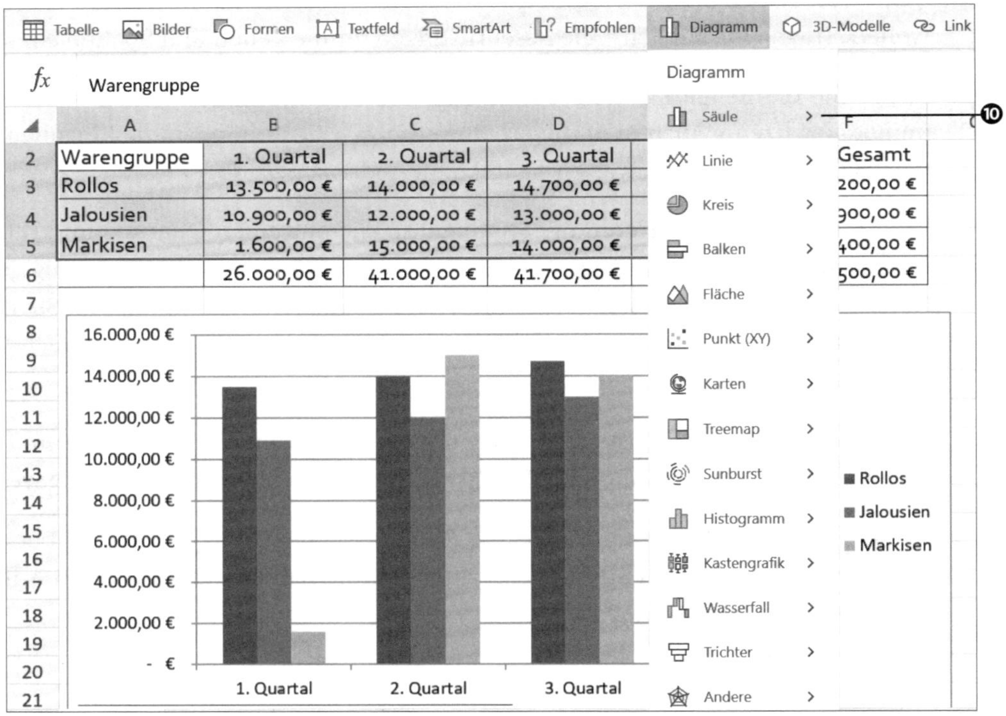

9 Das Diagramm wird als frei verschiebbare Grafik in das Tabellenblatt gezeichnet, wobei die Spaltenbeschriftungen für die untere x-Achse und die Zeilenbeschriftungen für die Legenden verwendet werden.

Neben den Befehlen in den Symbolleisten zu den verschiedenen Registern werden auch hier Befehle über Kontextmenüs angeboten.

HINWEIS

Einschränkungen

Arbeitsmappen, die Pivot-Tabellen enthalten, können zwar mit der App geöffnet werden. Bis auf die Filterfunktionen lassen sich die Pivot-Funktionen aber nicht nutzen, die entsprechenden Feldschaltflächen und Steuerelemente sind entfernt. Die Tabellen zeigen jeweils die aktuellen Werte der letzten Auswertung.

A Funktionstasten, Tasten und Tastenkombinationen

A.1 Allgemeine Tastenfunktionen im Überblick

In der folgenden Tabelle finden Sie eine Reihe einzelner Tasten, Funktionstasten und Tastenkombinationen, mit denen Sie zahlreiche Aufgaben in Excel erledigen können, ohne das Menüband oder die Schnellzugriffsleiste bemühen zu müssen. Das ist oft eine große Hilfe, insbesondere für Anwender, die sich durch zu viel Mausarbeit Empfindlichkeiten an den Sehnenscheiden zugezogen haben.

Für Tastenkombinationen werden mehrere Tasten entweder einzeln oder gemischt verwendet: [Strg], [⇧], [Alt], manchmal auch zwei davon gleichzeitig. In all diesen Fällen müssen alle Tasten der Kombination gleichzeitig gedrückt werden, anders also als bei den Tastenreihen, mit denen Befehle des Menübands ebenfalls aufgerufen werden können.

Taste/Tastenkombination	Beschreibung
[Alt]	Zeigt die Tasteninfos für den Zugriff auf die Befehle im Menüband.
[Alt]+[=]	Fügt die Funktion =SUMME() ein.
[Alt]+[F1]	Erstellt aus den markierten Daten ein eingebettetes Diagramm mit dem Standarddiagrammtyp.
[Alt]+[F4]	Beendet Excel.
[Alt]+[F8]	Zeigt das Dialogfeld **Makro** an.
[Alt]+[F11]	Öffnet das Fenster des VBA-Editors.
[Alt]+[⇧]	Wechselt zwischen Tastaturlayouts, wenn mehrere aktiviert sind.
[Alt]+[⇧]+[F1]	Fügt ein neues Tabellenblatt in die Arbeitsmappe ein.
[↵]	Bestätigt eine Eingabe oder einen Befehl.
[Esc]	Bricht eine Eingabe oder einen Befehl ab.
[F1]	Ruft die Hilfe auf.
[F2]	Öffnet die Zelle zur Bearbeitung.

Taste/Tastenkombination	Beschreibung
F5	Öffnet den Dialog **Gehe zu**.
F6	Wechselt zwischen Fenster, Menüband und Aufgabenbereich oder springt zum nächsten Fensterausschnitt, wenn das Fenster geteilt ist.
F7	Aktiviert die Rechtschreibprüfung.
F8	Schaltet den Erweiterungsmodus ein oder aus.
F9	Startet die Neuberechnung in allen offenen Arbeitsmappen, falls die automatische Neuberechnung abgeschaltet ist.
F10	Zeigt die Tasteninfos für den Zugriff auf die Befehle im Menüband.
F11	Erstellt aus den aktuell markierten Tabellendaten ein Diagramm auf einem eigenen Blatt mit dem Standarddiagrammtyp.
F12	Öffnet den Dialog **Speichern unter**.
Strg + .	Fügt das aktuelle Systemdatum in die Zelle oder das Eingabefeld ein.
Strg + :	Fügt die aktuelle Systemzeit in die Zelle oder das Eingabefeld ein.
Strg + ,	Kopiert die Formel der Zelle über der aktiven Zelle in die aktive Zelle.
Strg + -	Entspricht dem Befehl **Zellen löschen**.
Strg + +	Öffnet den Dialog **Zellen einfügen**.
Strg + `	Entspricht dem Befehl **Formeln anzeigen**.
Strg + 1	Öffnet den Dialog **Zellen formatieren**.
Strg + 2	Formatiert die Auswahl fett oder hebt die Formatierung auf.
Strg + 3	Formatiert die Auswahl kursiv oder hebt die Formatierung auf.
Strg + 4	Unterstreicht die Auswahl oder hebt die Formatierung auf.

Taste/Tastenkombination	Beschreibung
Strg + 5	Streicht die Auswahl durch oder hebt die Formatierung auf.
Strg + 6	Blendet grafische Objekte ein oder aus.
Strg + 7	Blendet die Gliederungssymbole ein oder aus.
Strg + 8	Blendet die Spalten aus, in denen die aktuell markierten Zellen liegen, wobei auch eine Mehrfachauswahl möglich ist.
Strg + 9	Blendet die Zeilen aus, in denen die aktuell markierten Zellen liegen, wobei auch eine Mehrfachauswahl möglich ist.
Strg + Alt + V	Öffnet den Dialog **Inhalte einfügen**.
Strg + Bild ↑	vorheriges Blatt
Strg + Bild ↓	nächstes Blatt
Strg + A	Markiert das gesamte Tabellenblatt.
Strg + C	Kopiert die aktuelle Auswahl in die Zwischenablage.
Strg + F	Öffnet den Dialog **Suchen und Ersetzen** mit dem Register **Suchen**.
Strg + F1	Blendet das Menüband aus und ein.
Strg + F10	Schaltet für die aktive Arbeitsmappe die maximierte Ansicht ein und aus.
Strg + F11	Fügt ein neues Blatt für Excel-4-Makros in die Arbeitsmappe ein.
Strg + F2	Zeigt die Druckvorschau an.
Strg + F3	Öffnet den Dialog des Namens-Managers.
Strg + F4	Entspricht dem Befehl **Datei ▸ Schließen**.
Strg + F5	Stellt die gewählte Größe des Arbeitsmappenfensters wieder her, wenn es maximiert worden ist.
Strg + F6	Wechselt zur nächsten offenen Arbeitsmappe, falls mehrere Mappen geöffnet sind.
Strg + F7	Erlaubt das Verschieben des Arbeitsmappenfensters, falls dieses nicht maximiert ist.

Taste/Tastenkombination	Beschreibung
Strg + F8	Erlaubt das Ändern der Größe des Arbeitsmappenfensters, falls dieses nicht maximiert ist.
Strg + F9	Reduziert das Arbeitsmappenfenster auf ein Symbol.
Strg + G	Öffnet den Dialog **Gehe zu**.
Strg + H	Öffnet den Dialog **Suchen und Ersetzen** mit dem Register **Ersetzen**.
Strg + K	Öffnet den Dialog **Hyperlink einfügen**.
Strg + L	Öffnet den Dialog **Tabelle erstellen**.
Strg + Leertaste	Wählt die Spalte der aktiven Zelle aus.
Strg + N	Fügt eine neue Arbeitsmappe ein.
Strg + O	Öffnet den Dialog **Öffnen**.
Strg + P	Öffnet das Register **Datei** mit der Seite **Drucken**.
Strg + R	Kopiert in einem mehrspaltigen Bereich den Inhalt und das Format der ersten Spalte in die rechts benachbarten Zellen, entspricht also dem Befehl **Füllbereich ▸ Rechts**.
Strg + S	Öffnet den Dialog **Speichern unter**.
Strg + ⭾	Wechselt zur nächsten Arbeitsmappe, wenn mehrere Mappen geöffnet sind.
Strg + U	Kopiert in einem mehrzeiligen Bereich den Inhalt und das Format der ersten Zeile in die darunterliegenden Zellen, entspricht also dem Befehl **Füllbereich ▸ Unten**.
Strg + ⇧ + +	Markiert den kompletten Datenblock, in dem die aktive Zelle liegt.
Strg + ⇧ + ;	Kopiert den Wert der Zelle über der aktiven Zelle in die aktive Zelle, bei einer Formel also das Ergebnis, nicht die Formel.
Strg + ⇧ + /	Wählt das komplette Array aus, in dem die aktive Zelle liegt.
Strg + ⇧ + F12	Öffnet das Register **Datei** mit der Seite **Drucken**.

Taste/Tastenkombination	Beschreibung
Strg + ⇧ + F3	Öffnet den Dialog **Namen aus Auswahl erstellen**, um Werte mit den benachbarten Beschriftungen zu benennen.
Strg + ⇧ + Leertaste	Wählt das ganze Tabellenblatt aus.
Strg + ⇧ + O	Wählt alle Zellen aus, für die Kommentare vorhanden sind.
Strg + ⇧ + ⭾	Wechselt zur vorherigen Arbeitsmappe, wenn mehrere Mappen geöffnet sind.
Strg + ⇧ + $	Weist der Markierung ein zweistelliges Währungsformat zu.
Strg + ⇧ + %	Weist der Markierung ein Prozentformat zu.
Strg + ⇧ + !	Weist der Markierung ein zweistelliges Zahlenformat zu.
Strg + ⇧ + *	Markiert den aktuellen Zellbereich, der um die aktive Zelle herum vorhanden ist.
Strg + ⇧ + U	Unterstreicht die Auswahl oder hebt die Unterstreichung auf.
Strg + V	Fügt die aktuelle Auswahl aus der Zwischenablage ein.
Strg + W	Schließt das ausgewählte Arbeitsmappenfenster.
Strg + X	Schneidet die aktuelle Auswahl aus und übernimmt sie in die Zwischenablage.
Strg + Y	Wiederholt eine Aktion oder einen Befehl.
Strg + Z	Macht eine Aktion oder einen Befehl rückgängig.
⇧ + F10	Zeigt das Kontextmenü der aktuellen Auswahl an.
⇧ + F11	Fügt ein neues Tabellenblatt in die Arbeitsmappe ein.
⇧ + F2	Fügt einen neuen Kommentar hinzu oder öffnet einen Kommentar zur Bearbeitung.
⇧ + F3	Öffnet den Dialog **Funktion einfügen**.
⇧ + F5	Öffnet den Dialog **Suchen und Ersetzen**.

Taste/Tastenkombination	Beschreibung
⇧ + F6	Rücksprung zwischen Fenster, Menüband und Aufgabenbereich oder Sprung zum nächsten Fensterausschnitt, wenn das Fenster geteilt ist
⇧ + F8	Schaltet den Modus **Hinzufügen** ein oder aus, um eine bestehende Auswahl zu erweitern.
⇧ + F9	Berechnet nur das aktive Tabellenblatt neu, falls die automatische Neuberechnung ausgeschaltet ist.
⇧ + Leertaste	Wählt die Zeile der markierten Zellen aus.

A.2 Editiertasten und -tastenkombinationen

Die Tasten und Tastenkombinationen in dieser Tabelle können nur bei der Bearbeitung von Formeln oder anderen Zellinhalten verwendet werden.

Taste/Tastenkombination	Beschreibung
Alt + ↵	Beginnt eine neue Zeile in der Bearbeitungsleiste.
Ende	zum Ende des Eingabefelds
F2	Wechselt zwischen den Modi **Bearbeiten** und **Eingeben**.
F3	Öffnet bei der Eingabe von Formeln den Dialog **Namen einfügen**.
F4	Wechsel zwischen relativen und absoluten Adressen
F9	Verwandelt eine Formel in ihr Ergebnis.
→ / ←	ein Zeichen nach rechts/links
Pos1	zum Anfang des Eingabefelds
Strg + → / ←	zum Anfang des nächsten/letzten Wortes oder zum Ende/Anfang einer Zahl
Strg + ⇧ + → / ←	Erweitert die Markierung nach rechts/links bis zum Ende oder Anfang eines Datenblocks.
⇧ + → / ←	Erweitert die Markierung nach rechts/links.

A.3 Navigations- und Markierungstasten

Die Navigationstasten beschleunigen die Bewegung im Tabellenblatt und die Auswahl.

Taste/Tastenkombination	Beschreibung
[Bild ↑]	ein Fenster nach oben
[Bild ↓]	ein Fenster nach unten
[←] oder [⇧] + [↹]	Spalte nach links
[↑]	Zeile nach oben
[→] oder [↹]	Spalte nach rechts
[↓]	Zeile nach unten
[Pos1]	Sprung zum Zeilenanfang
[Strg] + [Bild ↑]	Sprung zum vorherigen Blatt
[Strg] + [Bild ↓]	Sprung zum nächsten Blatt
[Strg] + [Ende]	Sprung an das Ende des benutzten Tabellenbereichs
[Strg] + [←]	Macht die aktive Zelle wieder sichtbar, wenn der Ausschnitt vorher mit einer Bildlaufleiste oder mit [Rollen] verschoben worden ist.
[Strg] + [←]	Sprung in der Zeile nach links zum Anfang eines Datenblocks bzw. zum Ende des nächsten Datenblocks
[Strg] + [↑]	Sprung in der Spalte nach oben zum Anfang eines Datenblocks bzw. zum Ende des nächsten Datenblocks
[Strg] + [→]	Sprung in der Zeile nach rechts zum Ende eines Datenblocks bzw. zum Anfang des nächsten Datenblocks
[Strg] + [↓]	Sprung in der Spalte nach unten zum Ende eines Datenblocks bzw. zum Anfang des nächsten Datenblocks
[Strg] + [Pos1]	Sprung zum Tabellenanfang

Mit den Markierungstasten lassen sich Tabellenbereiche schnell und praktisch auswählen.

Tastenkombination	Beschreibung
Strg + ⇧ + Richtungstaste	Ausweiten der Auswahl zum Ende/Anfang des Blocks in die Richtung der jeweiligen Taste bzw. zum Anfang/Ende des nächsten Datenblocks
Strg + ⇧ + Ende	Ausweiten der Auswahl bis an das Tabellenende
Strg + ⇧ + Leertaste	Auswählen des ganzen Datenblocks
Strg + ⇧ + Pos1	Ausweiten der Auswahl bis zum Tabellenanfang
⇧ + Richtungstaste	Ausweiten der Auswahl um eine Zeile oder Spalte
⇧ + Bild ↑	Ausweiten der Auswahl um ein Fenster nach oben
⇧ + Bild ↓	Ausweiten der Auswahl um ein Fenster nach unten
⇧ + Leertaste	Auswählen der ganzen Zeile
⇧ + ←	Reduzieren der Auswahl auf die aktive Zelle
⇧ + Pos1	Ausweiten der Auswahl bis zum Zeilenanfang

Stichwortverzeichnis

####-Anzeige ... 168
#NV ... 340
1904-Datumswert ... 321
2D-Diagramm ... 480
3D
Bezug ... 257
Diagramm ... 534
Effekt ... 533, 582
Flächendiagramm ... 535
Karte ... 105
Liniendiagramm ... 536
Säulendiagramm ... 536
64-Bit-Version ... 140, 978

A

A1-Schreibweise ... 970
Abfrage-Editor ... 906
Abfragen
anzeigen ... 930
bearbeiten ... 911
kombinieren ... 928
zusammenführen ... 926, 928
Abfragen und Verbindungen ... 915
Abhängige Variable ... 455
ABRUNDEN() ... 719
ABS() ... 719
Abschreibung ... 695, 696
Absoluter Bezug ... 270
Abstand von Datenreihen ... 539
Access ... 908
Achse ... 455
Beschriftung ... 459
numerische ... 457
Skalierung ... 457, 497
Unterteilung ... 459
ACHSENABSCHNITT() ... 731
ActiveX-Einstellungen ... 134
Add-In ... 103, 134
erstellen ... 104
Überblick ... 104, 105
Addition ... 248
Adresse, Bezug ... 270
ADRESSE() ... 747
Adressierung ... 970
AGGREGAT() ... 719
Aktionen ... 103
Aktualisierung von Verknüpfungen ... 947
Alternativer Text ... 574
AMORDEGRK() ... 700
AMORLINEARK() ... 700
Analyse-Funktion ... 104, 416, 417
Änderungen verfolgen ... 681, 683
Änderungswert, maximaler ... 319
Ansicht ... 97, 237
ANSI-Code ... 937
Anteilsdiagramm ... 461
Anwortbericht ... 452
ANZAHL() ... 731
ANZAHL2() ... 731
ANZAHLLEEREZELLEN() ... 731
Anzeige ... 1030
App-Katalog ... 133
ARABISCH() ... 720
Arbeitsbereich ... 77
Arbeitsblatt ... 44
auswählen ... 150
mit der Tastatur blättern ... 150
organisieren ... 200
Arbeitsmappe ... 44
automatisch öffnen ... 57
freigeben ... 680
neue ... 958
Optionen ... 320
Arbeitsmappenabfragen ... 920
Arbeitsmappenfenster ... 72
ARBEITSTAG.INTL() ... 709
ARBEITSTAG() ... 709
Arbeitsumgebung anpassen ... 93
ARCCOS() ... 720
ARCCOSHYP() ... 720
ARCCOT() ... 720

ARCCOTHYP() ... 720
ARCSIN() ... 720
ARCSINHYP() ... 720
ARCTAN() ... 720
ARCTAN2() ... 720
ARCTANHYP() ... 720
Arithmetische Formel ... 245
Arithmetische Reihe ... 188
Array ... 979
ASCII ... 936, 937
Aufgabenbereich ... 471, 478, 525
andocken ... 478
Datenbeschriftungen ... 531
Datenreihen formatieren ... 530
Diagrammbereich formatieren ... 489
Intelligentes Nachschlagen ... 142
AUFGELZINS() ... 700
AUFGELZINSF() ... 701
AUFRUNDEN() ... 720
Ausblenden von Spalten ... 226
Ausfüllen einer Reihe ... 191
Ausgabebereich ... 823
Ausgabeformat ... 167
Ausschneiden ... 203, 942
Auswahl
Bereichsmarkierung ... 157
Cursor in Zellbereichen bewegen ... 154
Mehrfachauswahl ... 153
per Tastatur ... 156
Zeilen und Spalten ... 153
AUSZAHLUNG() ... 701
AutoAusfüllen ... 184, 192, 802
Optionen ... 167
AutoBerechnung ... 243
AutoFormat für Hyperlinks ... 658
AutoGliederung ... 400
AutoKorrektur ... 182, 658
Optionen ... 182
AutoVervollständigen ... 166
für Formeln ... 259
AutoWiederherstellen ... 128

B

BAHTEXT() ... 755
Balkendiagramm ... 517
Barrierefreiheit ... 612
Barwertberechnung ... 407
BASIS() ... 720
Batch-Prozedur ... 1040
Bearbeiten von Zellinhalten ... 172
Bearbeitungsleiste ... 72, 252, 945
Bedingte Formatierung ... 389, 397
Formatierungsregel ... 392, 396
Regel bearbeiten ... 396
Regel löschen ... 396
Symbolsätze ... 393
Zellenregel ... 395
Befehlsschaltfläche ... 1030
Benutzer, lokaler ... 62
Benutzerdefinierte Ansicht ... 236
Benutzerdefinierte Liste ... 192, 802
Benutzerdefinierter Filter ... 820
Benutzerdefiniertes Format ... 336
Benutzerkonto ... 62
Benutzername ... 684
Benutzerrechte ... 374
Berechnete Spalte ... 790
Berechnetes Kriterium ... 830
Berechnung ... 316
Anzahl der Wiederholungen und minimale Abweichung ... 319
Kontrolle iterativer Berechnungen ... 317
Optionen ... 316
periodische Datumsreihen ... 705
periodische Zeitreihen ... 706
Registerkarte ... 316
Standardabweichung ... 729
Bereich ... 1014
Adresse ... 269
für Benutzer ... 375
Markierung ... 157
Namen festlegen ... 280
Objekt ... 988
BEREICH.VERSCHIEBEN() ... 747
BEREICHE() ... 747
Bereichsauswahl ... 150
Bereichsname ... 276
Berichtsfilter ... 851
Bereich ... 842
Beschriftungsfeld ... 1029
Beschriftungsfilter ... 846
Bessel-Funktion ... 769
BESSELI() ... 771

BESTIMMTHEITSMASS() 731
Bestimmtheitsmaß 511
Besuchter Hyperlink 663
BETA.INV() 731
BETA.VERT() 732
BETAINV() 739
BETAVERT() 739
Betrachtungshöhe 492
Bewegen in der Tabelle 156, 1061
Bewertung von Tabellen mit bedingten Formaten 392
Bézierkurve 566, 577
Bezug
absoluter 269, 270
Bezugsart 46
eingeben 253
externer 308
gemischter 271
Korrigieren von Bezügen in Formeln 296
Name 276
relativer 269, 270
teilabsoluter 273
Bezugsarten 271
Bild
auf Form zuschneiden 593
Effekte 595
Formatvorlage 594
freistellen 592
komprimieren 595
Korrektur 592
künstlerische Effekte 591
Bildlaufleiste 1030
Bildschirmanzeige 97
Bildschirmelemente ein- und ausblenden 97
Bildschirmtastatur 60
Bing-Bildersuche 606
BININDEZ() 771
BININHEX() 772
BININOKT() 772
BINOM.INV() 732
BINOM.VERT.BEREICH() 732
BINOM.VERT() 732
BINOMVERT() 739
BITODER() 772
BITRVERSCHIEB() 772
BITUND() 772
BITXODER() 772
Blatt 44
hinzufügen 229
löschen 232
verschieben/kopieren 234
BLATT() 766
BLÄTTER() 766
Blattname 79, 280, 308, 1034
Blattregister 78
Blitzvorschau 193
BOGENMASS() 720
Boolean 977
Börsendiagramm 524
BRTEILJAHRE() 709
BW() 701
Byte 977

C

Cascading Style Sheets 648
CHIINV() 739
CHIQU.INV.RE() 732
CHIQU.INV() 732
CHIQU.TEST() 732
CHIQU.VERT.RE() 732
CHIQU.VERT() 732
CHITEST() 739
CHIVERT() 739
Cloud 138, 685
CODE() 756
Codierung 651
COM-Add-Ins 103
Container 543
COS() 720
COSEC() 720
COSECHYP() 720
COSHYP() 720
COT() 720
COTHYP() 720
CSS 648
Cube 751
CUBEELEMENT() 752
CUBEELEMENTEIGENSCHAFT() 752
CUBE-Funktionen 898
CUBEKPIELEMENT() 752
CUBEMENGE() 752
CUBEMENGENANZAHL() 753

CUBERANGELEMENT() 753
CUBEWERT() 753
Currency, Zahlenformat 978

D

Dashboard 904
DATEDIF() 709
Datei
Informationen 609
öffnen 116
Dateiname 46, 108, 111, 113
Datei-Registerkarte 38, 39, 70
Dateityp 89, 114
Dateiverwaltung 125
Daten
Analyse 416
automatisch erzeugen 184
konsolidieren 411
transponieren 219
Datenanalyse 389
Datenänderung 163
Datenaustausch 941
Datenbalken 390
Datenbereichsformat erweitern 788
Datenbeschriftung 506, 521
Datenblock 155
Dateneingabe 163
Datenliste per Makro erstellen 1036
Datenmodell 886, 887, 895
Datenpunkt
formatieren 505
gestalten 503
Datenreihe
formatieren 492
selbst definierte 192
Datenschnitt 821, 858
Datenschnitttools 859
Datentabelle 420, 777
Datentools 195, 412
Datentyp 49, 976
Datenüberprüfung 195, 197
Datenverbindungs-Assistent 912
Datenvisualisierung 551
Datum
als numerischer Wert 171
Datumsformat 334, 939
Datum und Zeit, Seriennummer 172
DATUM() 709
Datumsfilter 813, 814
Datumsfunktion 343
DATWERT() 709
DAX 891
DBANZAHL() 750
DBANZAHL2() 750
DBAUSZUG() 750
DBMAX() 750
DBMIN() 750
DBMITTELWERT() 750
DBPRODUKT() 750
DBSTDABW() 750
DBSTDABWN() 751
DBSUMME() 751
DBVARIANZ() 751
Decimal, Zahlenformat 978
Definition eines Szenarios 426
Deklaration 980, 985
DELTA() 772
Design 363, 367
anpassen 369
Farbauswahl 369
Schriftart 370
Designfarbe 362
DEZIMAL() 720
Dezimalstelle 336
DEZINBIN() 772
DEZINHEX() 772
DEZINOKT() 772
DIA() 701
Diagnoseblatt 437
Diagramm
Achsen 496
Achsenoptionen 497
allgemeines 455
Ansicht 896
Ausrichtung der Schrift 496
Bereich formatieren 492
Datenbeschriftung 506
Datenreihe 503
eingebettetes 475
Element hinzufügen 470
empfohlene Diagramme 465
erstellen 463
Farbe 490
Filtersymbol 469

Diagramm (Forts.)
Formatierung ... 477
Formatvorlage ... 487, 490
Gitternetzlinien ... 501
Innenringgröße ... 526
Kontextmenü ... 479
Kopie ... 484
Layout ... 487
Legende ... 471
Muster ... 496
Plusschaltfläche ... 472, 539
Skalierung ... 496
Tiefe ... 539
Titel ... 470
Trendlinie ... 509
Vergrößerung ... 483
verknüpftes ... 475
Zahlenformat ... 500
Zeile/Spalte tauschen ... 469
Diagrammformatvorlagen ... 486
Diagrammtyp ... 455, 460
ändern ... 485
auswählen ... 485
Kartendiagramme ... 548
mischen ... 480
Netz ... 545
Oberflächen ... 545
Trichter ... 545, 547
Wasserfall ... 545
Dialogfeldstarter ... 67
Dim-Anweisung ... 977
DISAGIO() ... 701
Diskreter Wert ... 461
Division ... 248
durch null ... 249
DM() ... 756
Dokument
prüfen ... 180, 182
schützen ... 372
wechseln ... 56
Dokumentation ... 238
Dokumentinspektion ... 609
Dokumentprüfung ... 610
Do-Loop ... 992
Double, Zahlenformat ... 978
Drehfeld ... 1030
Dreidimensionale Formel ... 257
Drilldown ... 901
Drillup ... 901
Dropdown-Auswahlliste ... 166
Drucken ... 619
Druckbereich festlegen ... 620
Drucker ... 639
Druckqualität ... 627
Drucktitel ... 236
Entwurfsqualität ... 630
Seitenreihenfolge ... 629
Duplikat ... 787, 795, 825
DURATION() ... 701

E

EDATUM() ... 709
Editierformat ... 997
Editor-Optionen ... 998
EFFEKTIV() ... 701
Eigene Datenquellen ... 911
Eigenschaften ... 573
Einblenden von Spalten ... 226
Einfügemodus ... 996
Einfügen ... 942
Einfügebereich ... 203
Funktion ... 103
Kommentar ... 240
Objekt ... 948, 950
Optionen ... 208, 212
von Zeilen und Spalten ... 223
Eingabe
fixe Dezimalstelle ... 170
von Bezügen ... 253
von Zahlen ... 166
Eingabedialog ... 1012
Eingabeformat ... 167
Eingeben-Modus ... 254
Einheiten anzeigen ... 500
Elementfilter ... 846
Ende-Modus ... 158
Entfernen ... 315
Entwicklertools ... 104, 405
Ereignis ... 976
Ergebniszelle ... 425
ERSETZEN() ... 756
ERSTERWERT() ... 760
ETS ... 691
Euro ... 340
Eurowährungstool ... 105

Event ... 976
Excel 365 ... 27
Excel Mobile ... 1043, 1049
Excel Online ... 1043, 1044
EXP() ... 720
EXPON.VERT() ... 732
Exponentialschreibweise ... 327
Exponentiell ... 511
EXPONVERT() ... 739
Export von Daten ... 931
Externe Daten abrufen ... 908
  SQL Server ... 912
Externer Bezug ... 308
Externer Datenbereich ... 911

F

F.INV.RE() ... 732
F.INV() ... 732
F.TEST() ... 732
F.VERT.RE() ... 733
F.VERT() ... 732
FAKULTÄT() ... 720
FALSCH() ... 765
Farbe in Diagrammen ... 538
Farbmuster ... 504
Farbskalen ... 392
Fehler vermeiden ... 294
FEHLER.TYP() ... 766
Fehlerindikator ... 301
Fehlersuche in Tabellen ... 303
Fehlerüberprüfung ... 164, 300, 302, 342
Fehlerwert ... 300
Fenster
  ausblenden ... 231
  fixieren ... 236, 786
FEST() ... 756
Filter ... 809
FINDEN() ... 756
Fingereingabe ... 59, 153, 166, 270, 346, 348, 350, 368
FINV() ... 739
FISHER() ... 733
FISHERINV() ... 733
Fixe Dezimalstelle setzen ... 170
Fixieren von Beschriftungen ... 235
Flächendiagramm ... 523
Flussdiagramm ... 569
Form
  formatieren ... 575, 586
  Formeffekte ... 482, 570, 582, 595
  Formkontur ... 570
Format
  bedingte Formatierung ... 392
  filtern ... 819
  Formatbeschreibung ... 335
  markierte Achse ... 496
  suchen ... 176
  übertragen ... 328, 377
  Zellen ... 324, 325
Formatcode ... 336
Formatierung
  Formatsymbol ... 328
  Formatvorlage ... 376, 378, 379, 381
  Hyperlink-Eintrag ... 663
  kopieren ... 217
  Zellformat löschen ... 178
Formatierungswerkzeuge ... 324
Formel ... 49, 243
  arithmetische ... 245
  ausblenden ... 372
  Auswirkung des Einfügens ... 314
  benannte Werte oder Formeln definieren ... 283
  dokumentieren ... 307
  dreidimensionale ... 257
  Eingabe über den Funktions-Assistenten ... 262
  erweitern ... 788
  externer Bezug ... 258
  Fehler durch Werte ... 299
  logische ... 245, 250
  Namen anwenden ... 285
  noch nicht definierte Namen ... 288
  Operator ... 246
  Priorität ... 246
  prüfen ... 306
  Tabellen verknüpfen ... 308
  Typ ... 245
  Überwachung ... 302, 306
  Verwendung von Bereichen ... 254
  Verwendung von Formeln ... 252
  Zeichenfolge ... 245

Formelkette ... 244
FORMELTEXT() ... 747
Formeltools ... 307
Formula ... 1017
Formular entwickeln ... 1020
For-Next ... 993
Freigabelink ... 686
Freigeben ... 685, 686
Freihandform ... 567
FTEST() ... 740
Führende Null ... 169
Füllbereich ... 184
Fülleffekte ... 483, 570, 576
Füllfarbe ... 362
Function ... 1032
Function-Prozedur ... 984
Funktion ... 245, 251, 985
- *bearbeiten* ... 264
- *Eingabe* ... 258
- *verschachtelte* ... 265

Funktions-Assistent ... 262, 265
Funktionsleiste ... 72
Funktionsordnung ... 510
Fußzeile ... 459, 630, 632
FVERT() ... 740

G

G.TEST() ... 733
GAMMA.INV() ... 733
GAMMA.VERT() ... 733
GAMMA() ... 733
GAMMAINV() ... 740
GAMMALN.GENAU() ... 733
GAMMALN() ... 733
GAMMAVERT() ... 740
GANZZAHL() ... 720
GAUSS() ... 733
GAUSSF.GENAU() ... 772
GAUSSFEHLER() ... 772
GAUSSFKOMPL.GENAU() ... 772
GAUSSFKOMPL() ... 772
GDA() ... 701
GDA2() ... 701
Gehe zu
- *aktueller Bereich* ... 162
- *aktuelles Array* ... 162

Gehe zu (Forts.)
- *bedingtes Format* ... 163
- *Gültigkeitsprüfung* ... 163
- *Leerzelle* ... 162
- *letzte Zelle* ... 163
- *Markieren von Zellinhalten* ... 161
- *Nachfolgerzelle* ... 163
- *nur sichtbare Zellen* ... 163
- *Objekt* ... 162
- *Spaltenunterschied* ... 163
- *Vorgängerzelle* ... 163
- *Zeilenunterschied* ... 162

Gemischter Bezug ... 271
Genauigkeit
- *festlegen* ... 326
- *wie angezeigt* ... 320

Geometrische Reihe ... 188
GEOMITTEL() ... 733
GERADE() ... 721
Gesamtsumme ... 268
Gesperrtes Objekt ... 573
GESTUTZTMITTEL() ... 733
GGANZZAHL() ... 772
GGT() ... 721
Gitternetzlinien ... 359, 459, 536, 629
GLÄTTEN() ... 756
Gleichung
- *mit einer Unbekannten* ... 439
- *mit mehreren Unbekannten* ... 442

Gleitender Durchschnitt ... 511
Gliederungsebene ... 399
Gliederungssymbol ... 401
GRAD() ... 721
Grafik einfügen ... 590
Grafisches Objekt ... 561
Grauabstufung ... 629
Grenzwertbericht ... 452
GROSS() ... 756
GROSS2() ... 756
Größenachse ... 455, 517, 542
Grundgesamtheitsbericht ... 452
Gruppe
- *Analyse* ... 416
- *Änderungen* ... 680
- *anordnen* ... 579, 580
- *Arbeitsmappenansicht* ... 623
- *bearbeiten* ... 566, 797

Gruppe (Forts.)
- *Code* 959
- *Daten* 469, 787, 788
- *Formatvorlage* 663
- *Formenarten* 482, 570
- *Hyperlink* 656
- *Illustration* 561, 588
- *PivotTable* 841
- *Seite einrichten* 621, 624, 634
- *SmartArt-Formatvorlage* 589
- *Sortieren und Filtern* 809
- *Steuerelement* 965
- *Tabelle* 839
- *Text* 561

Gruppenbearbeitung 151
Gruppierung 404, 804
Gruppierung und Gliederung 400
GTEST() 740
Gültigkeitsregel 195, 240

H

HARMITTEL() 733
HÄUFIGKEIT() 733
Hauptintervall 498
HEUTE() 709
HEXINBIN() 773
HEXINDEZ() 773
HEXINOKT() 773
Hilfe bei der Eingabe von Funktionen 260
Hilfsintervall 498
Hintergrund 366
Histogramm 417, 542
Hochformat 625
Höchstwert 524
Höchstzeit der Berechnung 451
HTML 648, 943
- *Hilfsdatei* 648, 650

Hyperlink 655, 664
- *Adresse* 662
- *als Tabellenfunktion* 661
- *Formel* 662
- *von grafischem Objekt aus* 664
- *Ziel ändern* 664

HYPERLINK() 661, 747
HYPGEOM.VERT() 733
HYPGEOMVERT() 740

I

IDENTISCH() 756
IKV() 701
IMABS() 773
Image 1030
IMAGINÄRTEIL() 773
IMAPOTENZ() 773
IMARGUMENT() 773
IMCOS() 773
IMCOSECHYP() 773
IMCOSHYP() 773
IMCOT() 773
IMDIV() 773
IMEXP() 773
IMKONJUGIERTE() 773
IMLN() 773
IMLOG10() 773
IMLOG2() 773
Import von Daten 931
IMPRODUKT() 774
IMREALTEIL() 774
IMSEC() 774
IMSECHYP() 774
IMSIN() 774
IMSINHYP() 774
IMSUB() 774
IMSUMME() 774
IMTAN() 774
IMWURZEL() 774
In der Cloud speichern 685
INDEX() 744, 747
INDIREKT() 747
INFO() 766
Informationen
- *als abgeschlossen kennzeichnen* 615
- *Dokument prüfen* 610
- *Dokument verschlüsseln* 616
- *Kompatibilitätsprüfung* 613

Inhalte einfügen 313, 410, 946
Integer, Zahlenformat 977
Intelligente Suche 84
Intelligentes Nachschlagen 142
Interpolation 461, 519
ISOKALENDERWOCHE 709
Isometrische Darstellung 492
ISPMT() 701

ISTBEZUG() ... 766
ISTFEHL() ... 766
ISTFEHLER() ... 766
ISTFORMEL() ... 766
ISTGERADE() ... 766
ISTKTEXT() ... 767
ISTLEER() ... 767
ISTLOG() ... 767
ISTNV() ... 767
ISTTEXT() ... 767
ISTUNGERADE() ... 767
ISTZAHL() ... 767
Iterationszahl, maximale ... 319
Iterative Berechnung ... 317

J

JAHR() ... 709
Jahreszahl ... 341
Jahrhundertangabe ... 342
JETZT() ... 709
Jokerzeichen ... 122

K

Kachel ... 51
KALENDERWOCHE() ... 709
KAPZ() ... 701
Kastengrafik ... 544
Kennwort
entfernen/ändern ... 128
Schreibschutz ... 127
wiederfinden ... 128
Zugangsschutz ... 127
KGRÖSSTE() ... 733
KGV() ... 721
KKLEINSTE() ... 733
Klasse ... 973
Klassenbereich ... 417
KLEIN() ... 756
KOMBINATIONEN() ... 721
KOMBINATIONEN2() ... 721
Kombinationsfeld ... 1029
Kommentar ... 47, 240, 982
bearbeiten ... 241
drucken ... 629
Komplexe Zahlen ... 770
KOMPLEXE() ... 774
KONFIDENZ.NORM() ... 733
KONFIDENZ.T() ... 733
KONFIDENZ() ... 740
Konfidenzintervall ... 435, 437
Konsolidieren ... 412
nach Rubrik ... 414
Quellbereich ... 411
Zielbereich ... 412
Konstante ... 49
Konto ... 62
Kontrollkästchen ... 1029
Konverter ... 931
Konvertieren ... 90
Koordinatensystem ... 455
Kopf ... 77
Kopfzeile ... 630, 632
Kopieren ... 201, 942
auf andere Blätter oder Mappen ... 207
Auswirkungen ... 314
in mehrere Blätter gleichzeitig ... 214
in Nachbarzellen ... 205
in nicht angrenzende Zellen ... 206
Kopieren und Verschieben mit dem Kontextmenü ... 214
von Formaten ... 217
von Formeln ... 314
KORREL() ... 734
KOVAR() ... 740
KOVARIANZ.P() ... 734
KOVARIANZ.S() ... 734
Kreisdiagramm ... 457, 462
Kreissegment ... 520
Kreisumfang() ... 1032
KRITBINOM() ... 740
Kriterien ... 826
Bereich ... 779, 822, 826
KUMKAPITAL() ... 701
KUMZINSZ() ... 701
KURS() ... 702
KURSDISAGIO() ... 702
KURSFÄLLIG() ... 702
KURT() ... 734
Kurve ... 567
KÜRZEN() ... 721
Kurzes Datumsformat ... 342

L

LÄNGE() 756
Legende 459
Lese-/Schreibkennwort 127
LIA() 702
Linearitätsbericht 453
Liniendiagramm 518
LINKS() 756
Listenfeld 1029
Livevorschau 347
LN() 721
LOG() 721
LOG10() 721
Logarithmische Skalierung 516
LOGINV() 740
Logische Formel 245, 250
Logischer Vergleich 758
LOGNORM.INV() 734
LOGNORM.VERT() 734
LOGNORMVERT() 740
Long, Zahlenformat 977
LongLong 978
Löschen 179
Bereiche 179
Methode 221
von Zellen 221
Zellformat 178
Zellinhalt 178

M

mailto 661
Makro
aufzeichnen 955, 956
Diagrammgestaltung 971
in Arbeitsmappe 958
relative Aufzeichnung 959
zuweisen 966
Manuelle Gliederung 404
Manueller Seitenumbruch 621
Markierungen 111
Mathematische AutoKorrektur 183
Matrix 289, 314
Matrixformel 289, 291
ändern 293
Eingabe 291
MAX() 734
MAXA() 734
Maximaler Änderungswert 319
MAXWENNS() 730, 734
MDET() 721
MDURATION() 702
MEDIAN() 734
Mehrfachauswahl 153, 159
Mehrfachoperation 316, 419
MEINHEIT() 721
Meldungsdialog 1013
Menüband
anpassen 80
Optionen 65
Metadaten 115
MHTML-Dokument 650
MIN() 734
MINA() 734
Minisymbolleiste 94, 329
MINUTE() 709
MINV() 721
MINWENNS() 730, 734
Mischbezüge 274
MITTELABW() 734
MITTELWERT() 734
MITTELWERTA() 734
MITTELWERTWENN() 735
MITTELWERTWENNS() 735
MMULT() 721
MODALWERT() 740
Modus 75
MODUS.EINF() 735
MODUS.VIELF() 735
MONAT() 709
MONATSENDE() 709
MTRANS() 747
Multiplikation 248
Multithreadberechnung 319
Muster 364, 504
Vorlage 89, 381

N

N() 767
Name 426
aus Beschriftung übernehmen 284
blattspezifischer 279
definieren 279

Name (Forts.)
Definition korrigieren 287
erstellen 279, 284
festlegen 79, 276
übernehmen 285
Namenfeld 73, 160, 308
Namens-Manager 279, 282
Navigator 913
NBW() 702
Nebenbedingung 445
NEGBINOM.VERT() 735
NEGBINOMVERT() 740
NETTOARBEITSTAGE.INTL() 710
NETTOARBEITSTAGE() 710
Netzdiagramm 457
Neuberechnung 316
Neue Abfrage aus CSV 919
Neuerungen 28
Neues Fenster 230
NICHT() 765
Nichtnumerische x-Achse 461
NOMINAL() 702
Nominalskala 724
NORM.INV() 735
NORM.S.INV() 735
NORM.S.VERT() 735
NORM.VERT() 735
NORMINV() 740
NORMVERT() 740
NOTIERUNGBRU() 702
NOTIERUNGDEZ() 702
Nullwert 99, 340
Numerische Achse 457
Numerischer Wert
Datum 171
Uhrzeit 171
NV() 767

O

OBERGRENZE.MATHEMATIK() 714, 721
OBERGRENZE() 741
Object, VBA 978
Objekt 985
3D-Drehung 584
3D-Format 583
Abschrägung 583
ausrichten 580

Objekt (Forts.)
einbetten 949
einfügen 948
gruppieren 581
markieren 566
Objektkatalog 974
Objektmodell 970, 973
Objektsymbol 949
Perspektive 585
Positionierung 573
schattieren 582
Sichtbarkeit 580
Verknüpfung 949
ODC 910
ODER() 765
Office
Add-Ins 107
Apps 105
Design 96
Hintergrund 95
Office 365 27
Office Online 230
OKTINBIN() 774
OKTINDEZ() 774
OKTINHEX() 774
OLAP 751
OneDrive 62, 138, 685
Apps 140
Kopie speichern 688
Versionsverlauf 687
Onlinegrafik 561, 606
Operator 246
Optimale Breite bestimmen 226
Optimierung 439
Optionen 93, 97, 131, 302, 621
anpassen 660
Optionsfeld 1029
Ordinalskala 724
Ordner 108
Organigramm 589
Orientierung 625

P

Papierformat 624, 625
Papierkorb 126
Paretodiagramm 543

PDF ... 645
PDURATION() ... 702
PEARSON() ... 735
People Graph ... 106
Periode ... 511
Personal.xlsb ... 958, 1032
Persönliche Makroarbeitsmappe ... 958
Perspektive ... 492
PHI() ... 735
PI() ... 721
PIVOTDATENZUORDNEN() ... 748
Pivot-Diagramm ... 837
Datenschnitt ... 885
Pivot-Tabelle ... 836, 837
aktualisieren ... 855
anlegen ... 838
Auszug ... 858
bedingte Formatierung ... 880
berechnetes Element ... 877
berechnetes Feld ... 876
Berichtsfilter ... 867
Datenquelle ändern ... 881
Elementsuche ... 847
externe Datenquelle ... 881
Feldeinstellungen ... 865
Felder ... 840, 862
Feldliste ... 842
Format ... 878
gruppieren ... 871, 873
Layout ... 864
Optionen ... 852
Standardlayout ... 882
Wertfeldeinstellungen ... 865
Zellformatierung ... 853
PivotTable-Tools ... 841
Plausibilitätsprüfung ... 1035
POISSON.VERT() ... 735
POISSON() ... 741
Polarkoordinatendiagramm ... 526
POLYNOMIAL() ... 721
Positionsrahmen ... 1029
POTENZ() ... 721
POTENZREIHE() ... 721
Power BI ... 902
Power Map ... 105
Power View ... 105
Power-BI-Dataset ... 903
PowerPivot ... 105, 889
Hierarchie ... 900
PowerPoint ... 953
Power-Query-Editor ... 918
Priorität ... 246
PRODUKT() ... 721
Prognose ... 420, 434
PROGNOSE.ETS.KONFINT() ... 437, 691, 736
PROGNOSE.ETS.LINEAR() ... 736
PROGNOSE.ETS.SAISONALITÄT() ... 736
PROGNOSE.ETS.STAT() ... 691, 736
PROGNOSE.ETS() ... 434, 691, 735
PROGNOSE.LINEAR() ... 691
PROGNOSE.SAISONALITÄT() ... 691
Prognoseblatt ... 434
Programmstart
mit Dokument ... 53
Startoptionen ... 31
Projekt-Explorer ... 994
Prozedur ... 977, 985, 1024

Q

QIKV() ... 702
QUADRATESUMME() ... 721
QUANTIL.EXKL() ... 736
QUANTIL.INKL() ... 736
QUANTIL() ... 741
QUANTILSRANG.EXKL() ... 736
QUANTILSRANG.INKL() ... 736
QUANTILSRANG() ... 741
Quartilberechnung ... 545
QUARTILE.EXKL() ... 736
QUARTILE.INKL() ... 736
QUARTILE() ... 741
Quellarbeitsmappe ... 308
Quellenangabe ... 459, 495
Querformat ... 625
Querverbindung ... 660
QuickInfo ... 258
QUOTIENT() ... 721

R

R1C1-Schreibweise ... 970
Rahmen ... 358
Ränder ... 623, 634, 639

RANG.GLEICH() ... 737
RANG.MITTELW() ... 737
RANG() ... 741
RECHTS() ... 756
Rechtschreibung ... 180
RefEdit ... 1030
Register ... 44
Analyse ... 885
Daten ... 809
Entwicklertools ... 665
Entwurf ... 467, 589, 784
Format ... 467
Optionen ... 841
PivotTable-Tools ... 841
PowerPivot ... 891
Registerkarte, überprüfen ... 680
Regressionsanalyse ... 510
Reihe
arithmetische ... 188
ausfüllen ... 191
geometrische ... 188
Optionen ... 521
Zeitreihe ... 187
Relativer Bezug ... 270
Relativer Verweis ... 970
Remotebezug aktualisieren ... 320
RENDITE() ... 702
RENDITEDIS() ... 702
RENDITEFÄLL() ... 702
REST() ... 721
RGP() ... 511, 737
Ringdiagramm ... 462, 525
RKP() ... 511, 737
RMZ() ... 702
Rollen-Modus ... 159
RÖMISCH() ... 721
RTD() ... 748
Rubrikenachse ... 455, 517
RUNDEN() ... 722

S

Saisonalität ... 434, 436
SÄUBERN() ... 756
Säulendiagramm ... 515, 516
Säulenformen ... 486
SCHÄTZER() ... 434, 691, 741
SCHIEFE.P() ... 737
SCHIEFE() ... 737
Schlüsselfeld ... 781
Schlusswert ... 524
Schnellanalyse ... 94, 276, 398, 466
Schnellanalysetool ... 69
Tabellen ... 784
Schnelldruck ... 641
Schnelllayout ... 486
Schnellzugriff ... 68
Schnittmenge ... 275
Schreibschutz ... 127
Schriftart ... 344, 346
Listenfeld ... 346
Standardschriftart ... 345
Schriftattribut ... 345
Schriftfarbe ... 348
Schriftgestaltung ... 344
Schriftgrad ... 345, 623
Schriftgröße ... 345, 623
Schriftschnitt ... 344
Schutz ... 573
vor Bearbeitung ... 374
Schwarz-Weiß-Druck ... 629
Screenshot ... 596
SEC() ... 722
SECHYP() ... 722
Seite
einrichten ... 620
Reihenfolge beim Drucken ... 629
Seitenwechsel ... 622
Seitenansicht ... 622, 625, 638
Seitenlayout ... 363, 366, 622
Ansicht ... 622, 624
Seitenumbruch ... 621
aufheben ... 622
automatischer ... 621
Linie ... 636
manueller ... 621
Seitenzahl ... 627
SEKUNDE() ... 710
Selbst definierte Datenreihe ... 192
Select Case ... 991
Sensitivitätsbericht ... 452
Sicherheit ... 126
Sicherheitscenter ... 131
SIN() ... 722
Single, Zahlenformat ... 977

SINHYP() 722
Skalierung 457, 626, 724
logarithmische 516
Skizze 568
SmartArt 562, 588
Solver 105, 439, 441, 442, 454
Optionen 450
Sonderformat 334
Sortieren
benutzerdefiniert 798
Reihenfolge 795
Sortierschlüssel 794
spaltenweise 800
Textfarbe 800
Zellenfarbe 794
Spalte 77
allgemeine 45
Beschriftungsbereich 842
Breite 168, 327, 623, 781
ein- und ausblenden 226
einfügen 223
Name 782, 787
SPALTE() 748
SPALTEN() 748
Spannweitendiagramm 523
Sparkline 551
Achse 557
Datumsachsentyp 557
einfügen 552
Gewinn/Verlust 555
gruppieren 554
Linie 553
Säule 555
Sparklinetools 553
Speichern unter 108
Spezialfilter 809, 820, 822, 825
Sprungliste 54
Spuren entfernen 304
STABW.N() 737
STABW.S() 737
STABW() 741
STABWA() 737
STABWN() 741
STABWNA() 737
Standardbenutzerwörterbuch 181
Standardbreite 225
Standardformat 327
Standardhöhe 227
STANDARDISIERUNG() 737
Standardschriftart 345
STANDNORMINV() 741
STANDNORMVERT() 741
Startbildschirm 31, 96
Startoptionen 31
Statistikdiagramm einfügen 542
Statusleiste 74
STEIGUNG() 737
Stellvertreterzeichen 829
Stetiger Wert 461
Steuerelement 976, 1020, 1029
Eigenschaften 406
STFEHLERYX() 737
Stichprobe 723
Strict Open XML 705, 933
Arbeitsmappe 88
String, Variable 978
Strukturierter Verweis 791
STUNDE() 710
Stützpunkt 578
Sub-Prozedur 984
Subtraktion 248
Suchen und Ersetzen 175
SUCHEN() 756
Suchfeld 141
Suchkriterium 781
Suchschablone 122
SUMME() 722
Summenfunktion 266
SUMMENPRODUKT() 722
Summensymbol 149, 267, 270
SUMMEWENN() 722
SUMMEWENNS() 722
SUMMEX2MY2() 722
SUMMEX2PY2() 722
SUMMEXMY2() 722
SUMQUADABW() 737
Sunburst 546
SVERWEIS() 742, 748, 925
Syntaxfehler 299
Syntaxprüfung 298
Szenario
anzeigen 429
löschen 430
Szenariobericht 432
Szenarios zusammenführen 431, 432
Szenario-Manager 423, 430

T

T.INV.2S() ... 737
T.INV() ... 737
T.TEST() ... 738
T.VERT.2S() ... 738
T.VERT.RE() ... 738
T.VERT() ... 738
T() ... 756
Tabelle ... 777, 778
allgemeine ... 146
Dateneingabe ... 787
einfügen ... 783
filtern ... 809
formatieren ... 42, 785
Formatvorlage ... 383, 786
in Bereich konvertieren ... 389, 785
mit Formeln verknüpfen ... 308
sortieren ... 793
Tabellenimport ... 892
Tabellenbereich ... 385, 779
Ergebniszeile ... 790
erstellen ... 782
erweitern ... 789
fotografieren ... 608
Tabellenblatt ... 44
Tabellenformat ... 385, 786
Tabellentools ... 385, 784
TAG() ... 710
TAGE360() ... 710
TAN() ... 722
TANHYP() ... 722
Tastatureinstellungen ... 76
Tausenderabtrennung ... 167
TBILLÄQUIV() ... 703
TBILLKURS() ... 703
TBILLRENDITE() ... 703
Teamarbeit im Netz ... 679
TEIL() ... 756
Teilabsoluter Bezug ... 273
Teilergebnis ... 803, 863
TEILERGEBNIS() ... 722
Text
in Spalten ... 940
Umbruch ... 164
verketten ... 249
TEXT() ... 753, 757
Textelement ... 495
Texterkennungszeichen ... 937
Textfeld ... 239, 495, 586, 1029
Textfilter ... 811
Textformat ... 334, 935
Textfunktionen ... 753
TEXTKETTE() ... 754, 757
Textkonvertierungs-Assistent ... 936
TEXTVERKETTEN() ... 754, 757
Tiefenachse ... 456
Tiefstwert im Diagramm ... 524
TINV() ... 741
Titel im Diagramm ... 459
Tortendiagramm ... 457, 520
Touch-/Mausmodus ... 58, 59
Transformieren ... 919
Transparenz ... 576
Transponieren von Daten ... 219
Treemap ... 547
TREND() ... 738
Trendanalyse ... 189
Trendermittlung ... 509
Trust Center ... 131
TTEST() ... 741
TVERT() ... 741
Typ ... 980
TYP() ... 767

U

Übergangspunkt ... 578
Überprüfen ... 374
Überschreibmodus ... 996
Überschriftenzeile ... 782, 785
Überwachungsausdruck ... 999
Überwachungsfenster ... 305
Uhrzeit als numerischer Wert ... 171
Umbruch
in der Zelle ... 164
Seitenumbruch ... 621
Umbruchvorschau ... 636
Umschaltfeld ... 1029
UMWANDELN() ... 774
Unabhängige Variable ... 455
UND() ... 765
UNGERADE() ... 722
Ungleichung ... 442
UNICODE() ... 757

UNIZEICHEN() 757
UNREGER.KURS() 703
UNREGER.REND() 703
UNREGLE.KURS() 703
UNREGLE.REND() 703
UNTERGRENZE.MATHEMATIK() 714, 722
UNTERGRENZE() 741
Unterteilung, numerische 461
Unvollständige Jahreszahl 341
URLCODIEREN() 775
UserForm 1020

V

VAR.P() 738
VAR.S() 738
Variable 976
abhängige 455
Name 981
Typ 982
unabhängige 455
Variablendefinition 977, 979
Variablendeklaration 999
Variant 976
VBA 978
VARIANZ() 741
VARIANZA() 738
VARIANZEN() 742
VARIANZENA() 738
VARIATION() 738
VARIATIONEN() 738
VARIATIONEN2() 738
VBA 955, 973
Argument 987
Editor-Fenster 993
Eigenschaft 985
Fenster verankern 999
Funktion 984
Konstante 986
Methode 986
Operator 989
Programmablauf 990
Prozedur 983
Schleife 990
Select 1014
VBA-Projekt 1032
Verweis 1006
Verzweigung 990
VDB() 703
Veränderbare Zelle 425
Verbindungsdatei 910, 914
Verbindungsdefinition 905
Verbindungslinie 569
Verbindungszeichenfolge 915
Verborgenes Blatt 232
Verbunddiagramm 532
Verbundene Spalten 786
Verbundene Zeilen 786
Vererbung von Formatvorlagen 381
VERGLEICH() 748
VERKETTEN() 742, 754
Verknüpfte Bereiche und Schnittmengen 275
Verknüpfung 55, 56, 946
aktualisieren 311
auflösen 313
bearbeiten 947
durch Kopieren 309
korrigieren 310
mit Quelldaten 415
Verknüpfungswert speichern 321
Veröffentlichen 902
Verpackungsproblem 446
Verschieben 201
Auswirkung 314
mit dem Kontextmenü 214
über die Zwischenablage 203
Versetzen und einfügen 202
Versionsverwaltung 130
Vertrauenswürdiger Speicherort 131
VERWEIS() 748
Visual Basic für Applikationen 955, 973
Visualisierung 904
Vorhandene Verbindungen 911
Vorlagen 118
Vorlagenpalette 388
VORZEICHEN() 723
VRUNDEN() 723

W

WAHL() 745, 748
WAHR() 765
WAHRSCHBEREICH() 738
Wahrscheinlichkeitsrechnung 723

Wahrscheinlichkeitsverteilungen von Zufallsvariablen ... 723
Währungszeichen ... 341
Wasserfall ... 545
Was-wäre-wenn-Analyse ... 423
WEBDIENST() ... 775
Weboptionen ... 650
WECHSELN() ... 757
WEIBULL.VERT() ... 738
WEIBULL() ... 742
WENN() ... 765
WENNFEHLER() ... 765
WENNNV() ... 765
WENNS() ... 760
Wert ... 49
diskreter ... 461
stetiger ... 461
WERT() ... 757
Wertebereich ... 842
Wertefilter ... 846
Wertpapier ... 697
Verkauf ... 699
Wertzuweisung ... 976
WIEDERHOLEN() ... 757
WOCHENTAG() ... 710
WordArt ... 587
WorksheetFunction ... 1030
Wörterbuch ... 180
WURZEL() ... 723
WURZELPI() ... 723
WVERWEIS() ... 742, 748

X

x-Achse ... 455
nichtnumerische ... 461
XINTZINSFUSS() ... 703
XKAPITALWERT() ... 703
XLAM ... 90
XLSB ... 90
XLSTART ... 958
XLSX ... 89
XML ... 86
Aufgabenbereich XML-Quelle ... 673
Daten aktualisieren ... 675
Eigenschaften der XML-Verknüpfung ... 669
exportieren ... 677
importieren ... 670

XML (Forts.)
Schema ... 666
Verknüpfung ... 676
Wurzelelement ... 676
XML-Daten aktualisieren ... 669
XML-Dokument als Liste einlesen ... 666
XSD-Datei ... 676
zum Exportieren überprüfen ... 677
XML-Dateien abfragen ... 916
XMLFILTERN ... 775
XMLFILTERN() ... 774
XmlMaps ... 676
XODER() ... 757, 765
XPath ... 670
XPS ... 645
XSLT-Stylesheet ... 671
xy-Diagramm ... 529

Y

y-Achse ... 455

Z

z-Achse ... 456, 457, 534
Zahl
Eingabe von Brüchen ... 169
Filter ... 812
Zahlenformat ... 166, 326, 332
Bruch ... 333
Buchhaltung ... 35, 332
Prozent ... 333
Währung ... 332
ZÄHLENWENN() ... 739
ZÄHLENWENNS() ... 739
ZAHLENWERT() ... 757
ZEICHEN() ... 757
Zeichenfläche ... 484
Zeichenfolge ... 49, 164
Formel ... 245
Zeichenmodus sperren ... 564
Zeichenwerkzeug ... 563, 564
Zeichnen von freien Objekten ... 561
Zeigen-Modus ... 254
Zeile
allgemeine ... 45
Beschriftungsbereich ... 842

Zeile (Forts.)
einfügen 223
Höhe ändern 227
Kopf 77
ZEILE() 748
ZEILEN() 748
ZEIT() 710
Zeitachse 873
Zeitfenster 342
Zeitreihe 187
ZEITWERT() 710
Zellbereich 47
Auswahl 152
Zellbezug 46
Zelle 44
auswählen 151
Auswirkung beim Entfernen von Zellen 315
Eintrag verschieben 201
Format 47, 378, 663
ZELLE() 767
Zellenformatvorlage 378, 663
Zellgruppe 47
Zellinhalt 47
bearbeiten 172
Ziehpunkt 572
Zieldatei 946
Zielwert 445
Zielwertsuche 439
Zielzelle 440
ZINS() 703
ZINSSATZ() 703
ZINSTERMNZ() 704
ZINSTERMTAGE() 704
ZINSTERMTAGNZ() 704
ZINSTERMTAGVA() 704
ZINSTERMVZ() 704
ZINSTERMZAHL() 704
ZINSZ() 704
Zirkelbezug 318
Zirkuläre Formel 305
ZSATZINVESTZ() 704
ZUFALLSBEREICH() 723
Zufallsvariable 725
ZUFALLSZAHL() 723
Zusätzlicher Startordner 57
ZW() 704
ZW2() 704
ZWEIFAKULTÄT() 723
Zwischenablage 215, 328
alle einfügen 217
Zylinderfunktion 769
ZZR() 704